2014

河南社会科学年鉴

HE NAN SHE HUI KE XUE NIAN JIAN

河南省社会科学界联合会 编

河南人民出版社

图书在版编目(CIP)数据

河南社会科学年鉴. 2014/ 河南省社会科学界联合会编.
— 郑州 : 河南人民出版社, 2014.12
ISBN 978-7-215-09117-7

Ⅰ. ①河… Ⅱ. ①河… Ⅲ. ①社会科学-河南省-2014-年鉴 Ⅳ. ①C126.1-54

中国版本图书馆 CIP 数据核字(2014)第 303837 号

河南人民出版社出版发行
(地址:郑州市经五路 66 号　　邮政编码:450002)
承印单位:郑州毛庄印刷厂
开本:889mm×1194mm　1/16　印　张:38 个印张
2015 年 3 月第 1 版　2015 年 3 月第 1 次印刷

定价:398.00 元

河南省社会科学界联合会第八次代表大会

▲ 12月19日，河南省社科联第八次代表大会在省人民会堂隆重开幕

▲大会开幕式会场全景

▲中共河南省委书记、省人大常委会主任郭庚茂出席开幕式

▲中共河南省委副书记、省长谢伏瞻出席开幕式

▲中共河南省委副书记邓凯在开幕式上作重要讲话

▲中共河南省委常委、宣传部长赵素萍出席开幕式

▲副省长张广智出席开幕式

▲省政协副主席靳绥东出席开幕式

▲河南省社科联第八届主席团成员

从左至右依次为：张宝锋、王喜成、王亚明、王永苏、郑永扣、孟繁华、朱清孟、李庚香、何白鸥、关爱和、喻新安、蒿慧杰、唐玉宏

主要社科活动

▲1月16日，河南省社科联七届七次主席团会暨顾问座谈会在郑州召开

▲2月19日，2013年度河南省社科联系统工作会议在郑州召开

▲ 3月15日，河南发展高层论坛第54次会议在郑州举行

▲4月3日，省社科界加快产业集聚区建设提升城镇化质量理论研讨会在郑州召开

▲4月10日，中原大讲堂·郑州航空港经济综合实验区建设与发展报告会在郑州举行

▲5月10日，京豫社科工作座谈会在郑州召开

▲7月7日，由省社科联主办的中国产业集聚区发展中原高峰论坛在郑州召开

▲7月11日，河南省社科界“群众路线是党的生命线”理论研讨会在郑州召开

▲8月5日，河南省社科界“学习弘扬焦裕禄精神做为民务实清廉表率”理论研讨会在郑州召开

▲8月7日，河南省社会科学普及基地揭牌仪式在兰考县焦裕禄纪念园举行

▲8月9日，2013河南社会科学学术年会启动仪式暨民营经济高峰论坛在郑州举行

▲9月27日，2013河南社会科学学术年会主会场报告会在郑州举行

▲11月15日，河南省社科理论界学习贯彻十八届三中全会精神座谈会在郑州召开

▲11月16日，2013年度全省社科联系统舆情信息工作会在郑州召开

编 辑 说 明

一、《河南社会科学年鉴》是一部全面系统记述河南省哲学社会科学事业发展状况的年度资料性工具书，由河南省社会科学界联合会编纂，每年出版一卷。

二、《河南社会科学年鉴》以邓小平理论、“三个代表”重要思想、科学发展观为指导，深入贯彻习近平总书记系列重要讲话精神，坚持为人民服务、为社会主义服务的方向，坚持百花齐放、百家争鸣的方针，全面记录河南省哲学社会科学事业发展进程，客观展示河南哲学社会科学领域发展现状，力求年鉴的全面性、客观性和实用性。

三、《河南社会科学年鉴》旨在为党和政府科学决策提供社会科学方面的参考，为社会科学工作者从事教学科研工作提供资料和借鉴，为社会各界了解河南哲学社会科学领域的发展现状提供有价值的信息。

四、《河南省社会科学年鉴》(2014 卷)，主要记述 2013 年度河南省社会科学发展的基本情况。设有特载、学科综述、学术活动、社科普及、科研课题、获奖成果、社科成果选摘、科研机构、学术团体、附录等栏目。

《河南社会科学年鉴》在编纂、出版过程中，得到了省委宣传部、省社科联领导的关心和指导，各省辖市社科联、部分省级学会(协会、研究会)、省社科院、郑州大学等省内社会科学教学、研究和科研管理等机构的领导和专家学者在资料收集、条目撰写等方面提供了大力支持和帮助，谨在此表示衷心的感谢！

《河南社会科学年鉴》编辑部

2014 年 10 月

《河南社会科学年鉴》(2014卷)编纂委员会名单

目　　录

社科普及

会议综述

河南省社科联第八次代表大会

科研课题

获奖成果

中原学人

社科成果选摘

重点理论文章

河南省中特中心署名文章

其他重点理论文章

科研机构

高等院校

省直社科研究机构

省部级人文社科重点研究基地

学术团体

成果载体

附　录

特　　载

中共中央关于全面深化改革若干重大问题的决定

（2013 年 11 月 12 日中国共产党第十八届中央委员会第三次全体会议通过）

为贯彻落实党的十八大关于全面深化改革的战略部署，十八届中央委员会第三次全体会议研究了全面深化改革的若干重大问题，作出如下决定。

一、全面深化改革的重大意义和指导思想

（1）改革开放是党在新的时代条件下带领全国各族人民进行的新的伟大革命，是当代中国最鲜明的特色。党的十一届三中全会召开三十五年来，我们党以巨大的政治勇气，锐意推进经济体制、政治体制、文化体制、社会体制、生态文明体制和党的建设制度改革，不断扩大开放，决心之大、变革之深、影响之广前所未有，成就举世瞩目。

改革开放最主要的成果是开创和发展了中国特色社会主义，为社会主义现代化建设提供了强大动力和有力保障。事实证明，改革开放是决定当代中国命运的关键抉择，是党和人民事业大踏步赶上时代的重要法宝。

实践发展永无止境，解放思想永无止境，改革开放永无止境。面对新形势新任务，全面建成小康社会，进而建成富强民主文明和谐的社会主义现代化国家、实现中华民族伟大复兴的中国梦，必须在新的历史起点上全面深化改革，不断增强中国特色社会主义道路自信、理论自信、制度自信。

（2）全面深化改革，必须高举中国特色社会主义伟大旗帜，以马克思列宁主义、毛泽东思想、邓小平理论、“三个代表”重要思想、科学发展观为指导，坚定信心，凝聚共识，统筹谋划，协同推进，坚持社会主义市场经济改革方向，以促进社会公平正义、增进人民福祉为出发点和落脚点，进一步解放思想、解放和发展社会生产力、解放和增强社会活力，坚决破除各方面体制机制弊端，努力开拓中国特色社会主义事业更加广阔的前景。

全面深化改革的总目标是完善和发展中国特色社会主义制度，推进国家治理体系和治理能力现代化。必须更加注重改革的系统性、整体性、协同性，加快发展社会主义市场经济、民主政治、先进文化、和谐社会、生态文明，让一切劳动、知识、技术、管理、资本的活力竞相迸发，让一切创造社会财富的源泉充分涌流，让发展成果更多更公平惠及全体人民。

紧紧围绕使市场在资源配置中起决定性作用深化经济体制改革，坚持和完善基本经济制度，加快完善现代市场体系、宏观调控体系、开放型经济体系，加快转变经济发展方式，加快建设创新型国家，推动经济更有效率、更加公平、更可持续发展。

紧紧围绕坚持党的领导、人民当家作主、依法治国有机统一深化政治体制改革，加快推进社会主义民主政治制度化、规范化、程序化，建设社会主义法治国家，发展更加广泛、更加充分、更加健全的人民民主。

紧紧围绕建设社会主义核心价值体系、社会主义文化强国深化文化体制改革，加快完善文化管理

体制和文化生产经营机制,建立健全现代公共文化服务体系、现代文化市场体系,推动社会主义文化大发展大繁荣。

紧紧围绕更好保障和改善民生、促进社会公平正义深化社会体制改革,改革收入分配制度,促进共同富裕,推进社会领域制度创新,推进基本公共服务均等化,加快形成科学有效的社会治理体制,确保社会既充满活力又和谐有序。

紧紧围绕建设美丽中国深化生态文明体制改革,加快建立生态文明制度,健全国土空间开发、资源节约利用、生态环境保护的体制机制,推动形成人与自然和谐发展现代化建设新格局。

紧紧围绕提高科学执政、民主执政、依法执政水平深化党的建设制度改革,加强民主集中制建设,完善党的领导体制和执政方式,保持党的先进性和纯洁性,为改革开放和社会主义现代化建设提供坚强政治保证。

(3)全面深化改革,必须立足于我国长期处于社会主义初级阶段这个最大实际,坚持发展仍是解决我国所有问题的关键这个重大战略判断,以经济建设为中心,发挥经济体制改革牵引作用,推动生产关系同生产力、上层建筑同经济基础相适应,推动经济社会持续健康发展。经济体制改革是全面深化改革的重点,核心问题是处理好政府和市场的关系,使市场在资源配置中起决定性作用和更好发挥政府作用。市场决定资源配置是市场经济的一般规律,健全社会主义市场经济体制必须遵循这条规律,着力解决市场体系不完善、政府干预过多和监管不到位问题。

必须积极稳妥从广度和深度上推进市场化改革,大幅度减少政府对资源的直接配置,推动资源配置依据市场规则、市场价格、市场竞争实现效益最大化和效率最优化。政府的职责和作用主要是保持宏观经济稳定,加强和优化公共服务,保障公平竞争,加强市场监管,维护市场秩序,推动可持续发展,促进共同富裕,弥补市场失灵。

(4)改革开放的成功实践为全面深化改革提供了重要经验,必须长期坚持。最重要的是,坚持党的领导,贯彻党的基本路线,不走封闭僵化的老路,不走改旗易帜的邪路,坚定走中国特色社会主义道路,始终确保改革正确方向;坚持解放思想、实事求是、与时俱进、求真务实,一切从实际出发,总结国内成功做法,借鉴国外有益经验,勇于推进理论和实践创新;坚持以人为本,尊重人民主体地位,发挥群众首创精神,紧紧依靠人民推动改革,促进人的全面发展;坚持正确处理改革发展稳定关系,胆子要大、步子要稳,加强顶层设计和摸着石头过河相结合,整体推进和重点突破相促进,提高改革决策科学性,广泛凝聚共识,形成改革合力。

当前,我国发展进入新阶段,改革进入攻坚期和深水区。必须以强烈的历史使命感,最大限度集中全党全社会智慧,最大限度调动一切积极因素,敢于啃硬骨头,敢于涉险滩,以更大决心冲破思想观念的束缚、突破利益固化的藩篱,推动中国特色社会主义制度自我完善和发展。

到二〇二〇年,在重要领域和关键环节改革上取得决定性成果,完成本决定提出的改革任务,形成系统完备、科学规范、运行有效的制度体系,使各方面制度更加成熟更加定型。

二、坚持和完善基本经济制度

公有制为主体、多种所有制经济共同发展的基本经济制度,是中国特色社会主义制度的重要支柱,也是社会主义市场经济体制的根基。公有制经济和非公有制经济都是社会主义市场经济的重要组成部分,都是我国经济社会发展的重要基础。必须毫不动摇巩固和发展公有制经济,坚持公有制主体地位,发挥国有经济主导作用,不断增强国有经济活力、控制力、影响力。必须毫不动摇鼓励、支持、引导非公有制经济发展,激发非公有制经济活力和创造力。

(5)完善产权保护制度。产权是所有制的核心。健全归属清晰、权责明确、保护严格、流转顺畅的现代产权制度。公有制经济财产权不可侵犯,非公有制经济财产权同样不可侵犯。

国家保护各种所有制经济产权和合法利益,保证各种所有制经济依法平等使用生产要素、公开公平公正参与市场竞争、同等受到法律保护,依法监管各种所有制经济。

(6)积极发展混合所有制经济。国有资本、集体资本、非公有资本等交叉持股、相互融合的混合所有制经济,是基本经济制度的重要实现形式,有利于国有资本放大功能、保值增值、提高竞争力,有利于各种所有制资本取长补短、相互促进、共同发展。允许更多国有经济和其他所有制经济发展成为混合所有制经济。国有资本投资项目允许非国有资本参股。允许混合所有制经济实行企业员工持股，形成资本所有者和劳动者利益共同体。

完善国有资产管理体制，以管资本为主加强国有资产监管，改革国有资本授权经营体制，组建若干国有资本运营公司，支持有条件的国有企业改组为国有资本投资公司。国有资本投资运营要服务于国家战略目标，更多投向关系国家安全、国民经济命脉的重要行业和关键领域，重点提供公共服务、发展重要前瞻性战略性产业、保护生态环境、支持科技进步、保障国家安全。划转部分国有资本充实社会保障基金。完善国有资本经营预算制度，提高国有资本收益上缴公共财政比例，二〇二〇年提到百分之三十，更多用于保障和改善民生。

(7)推动国有企业完善现代企业制度。国有企业属于全民所有，是推进国家现代化、保障人民共同利益的重要力量。国有企业总体上已经同市场经济相融合，必须适应市场化、国际化新形势，以规范经营决策、资产保值增值、公平参与竞争、提高企业效率、增强企业活力、承担社会责任为重点，进一步深化国有企业改革。

准确界定不同国有企业功能。国有资本加大对公益性企业的投入，在提供公共服务方面作出更大贡献。国有资本继续控股经营的自然垄断行业，实行以政企分开、政资分开、特许经营、政府监管为主要内容的改革，根据不同行业特点实行网运分开、放开竞争性业务，推进公共资源配置市场化。进一步破除各种形式的行政垄断。

健全协调运转、有效制衡的公司法人治理结构。建立职业经理人制度，更好发挥企业家作用。深化企业内部管理人员能上能下、员工能进能出、收入能增能减的制度改革。建立长效激励约束机制，强化国有企业经营投资责任追究。探索推进国有企业财务预算等重大信息公开。国有企业要合理增加市场化选聘比例，合理确定并严格规范国有企业管理人员薪酬水平、职务待遇、职务消费、业务消费。

(8)支持非公有制经济健康发展。非公有制经济在支撑增长、促进创新、扩大就业、增加税收等方面具有重要作用。坚持权利平等、机会平等、规则平等，废除对非公有制经济各种形式的不合理规定，消除各种隐性壁垒，制定非公有制企业进入特许经营领域具体办法。

鼓励非公有制企业参与国有企业改革，鼓励发展非公有资本控股的混合所有制企业，鼓励有条件的私营企业建立现代企业制度。

三、加快完善现代市场体系

建设统一开放、竞争有序的市场体系，是使市场在资源配置中起决定性作用的基础。必须加快形成企业自主经营、公平竞争，消费者自由选择、自主消费，商品和要素自由流动、平等交换的现代市场体系，着力清除市场壁垒，提高资源配置效率和公平性。

(9)建立公平开放透明的市场规则。实行统一的市场准入制度，在制定负面清单基础上，各类市场主体可依法平等进入清单之外领域。探索对外商投资实行准入前国民待遇加负面清单的管理模式。推进工商注册制度便利化，削减资质认定项目，由先证后照改为先照后证，把注册资本实缴登记制逐步改为认缴登记制。推进国内贸易流通体制改革，建设法治化营商环境。

改革市场监管体系，实行统一的市场监管，清理和废除妨碍全国统一市场和公平竞争的各种规定和做法，严禁和惩处各类违法实行优惠政策行为，反对地方保护，反对垄断和不正当竞争。建立健全社会征信体系，褒扬诚信，惩戒失信。健全优胜劣汰市场化退出机制，完善企业破产制度。

(10)完善主要由市场决定价格的机制。凡是能由市场形成价格的都交给市场，政府不进行不当干预。推进水、石油、天然气、电力、交通、电信等领域价格改革，放开竞争性环节价格。政府定价范围主要限定在重要公用事业、公益性服务、网络型自然垄断环节，提高透明度，接受社会监督。完善农产品价格形成机制，注重发挥市场形成价格作用。

(11)建立城乡统一的建设用地市场。在符合规划和用途管制前提下，允许农村集体经营性建设用地出让、租赁、入股，实行与国有土地同等入市、同权同价。缩小征地范围，规范征地程序，完善对被征地农民合理、规范、多元保障机制。扩大国有土地有偿使用范围，减少非公益性用地划拨。建立兼顾国家、集体、个人的土地增值收益分配机制，合理提高个人收益。完善土地租赁、转让、抵押二级市场。

(12)完善金融市场体系。扩大金融业对内对外开放，在加强监管前提下，允许具备条件的民间资本依法发起设立中小型银行等金融机构。推进政策性金融机构改革。健全多层次资本市场体系，推进股票发行注册制改革，多渠道推动股权融资，发展并规范债券市场,提高直接融资比重。完善保险经济补偿机制,建立巨灾保险制度。发展普惠金融。鼓励金融创新,丰富金融市场层次和产品。

完善人民币汇率市场化形成机制,加快推进利率市场化,健全反映市场供求关系的国债收益率曲线。推动资本市场双向开放,有序提高跨境资本和金融交易可兑换程度,建立健全宏观审慎管理框架下的外债和资本流动管理体系,加快实现人民币资本项目可兑换。

落实金融监管改革措施和稳健标准,完善监管协调机制,界定中央和地方金融监管职责和风险处置责任。建立存款保险制度,完善金融机构市场化退出机制。加强金融基础设施建设,保障金融市场安全高效运行和整体稳定。

(13)深化科技体制改革。建立健全鼓励原始创新、集成创新、引进消化吸收再创新的体制机制,健全技术创新市场导向机制,发挥市场对技术研发方向、路线选择、要素价格、各类创新要素配置的导向作用。建立产学研协同创新机制,强化企业在技术创新中的主体地位,发挥大型企业创新骨干作用,激发中小企业创新活力,推进应用型技术研发机构市场化、企业化改革,建设国家创新体系。

加强知识产权运用和保护,健全技术创新激励机制,探索建立知识产权法院。打破行政主导和部门分割,建立主要由市场决定技术创新项目和经费分配、评价成果的机制。发展技术市场,健全技术转移机制,改善科技型中小企业融资条件,完善风险投资机制,创新商业模式,促进科技成果资本化、产业化。

整合科技规划和资源,完善政府对基础性、战略性、前沿性科学研究和共性技术研究的支持机制。国家重大科研基础设施依照规定应该开放的一律对社会开放。建立创新调查制度和创新报告制度,构建公开透明的国家科研资源管理和项目评价机制。

改革院士遴选和管理体制,优化学科布局,提高中青年人才比例,实行院士退休和退出制度。

四、加快转变政府职能

科学的宏观调控,有效的政府治理,是发挥社会主义市场经济体制优势的内在要求。必须切实转变政府职能,深化行政体制改革,创新行政管理方式,增强政府公信力和执行力,建设法治政府和服务型政府。

(14)健全宏观调控体系。宏观调控的主要任务是保持经济总量平衡,促进重大经济结构协调和生产力布局优化,减缓经济周期波动影响,防范区域性、系统性风险,稳定市场预期,实现经济持续健康发展。健全以国家发展战略和规划为导向、以财政政策和货币政策为主要手段的宏观调控体系,推进宏观调控目标制定和政策手段运用机制化,加强财政政策、货币政策与产业、价格等政策手段协调配合,提高相机抉择水平,增强宏观调控前瞻性、针对性、协同性。形成参与国际宏观经济政策协调的机制,推动国际经济治理结构完善。

深化投资体制改革,确立企业投资主体地位。企业投资项目,除关系国家安全和生态安全、涉及全国重大生产力布局、战略性资源开发和重大公共利益等项目外,一律由企业依法依规自主决策,政府不再审批。强化节能节地节水、环境、技术、安全等市场准入标准,建立健全防范和化解产能过剩长效机制。

完善发展成果考核评价体系,纠正单纯以经济增长速度评定政绩的偏向,加大资源消耗、环境损害、生态效益、产能过剩、科技创新、安全生产、新增债务等指标的权重,更加重视劳动就业、居民收入、社会保障、人民健康状况。加快建立国家统一的经济核算制度,编制全国和地方资产负债表,建立全社会房产、信用等基础数据统一平台,推进部门信息共享。

(15)全面正确履行政府职能。进一步简政放权,深化行政审批制度改革,最大限度减少中央政府对微观事务的管理,市场机制能有效调节的经济活动,一律取消审批,对保留的行政审批事项要规范管理、提高效率;直接面向基层、量大面广、由地方管理更方便有效的经济社会事项,一律下放地方和基层管理。

政府要加强发展战略、规划、政策、标准等制定和实施,加强市场活动监管,加强各类公共服务提供。加强中央政府宏观调控职责和能力,加强地方政府公共服务、市场监管、社会管理、环境保护等职责。推广政府购买服务,凡属事务性管理服务,原则上都要引入竞争机制,通过合同、委托等方式向社会购买。

加快事业单位分类改革,加大政府购买公共服务力度,推动公办事业单位与主管部门理顺关系和去行政化,创造条件,逐步取消学校、科研院所、医院等单位的行政级别。建立事业单位法人治理结构，推进有条件的事业单位转为企业或社会组织。建立各类事业单位统一登记管理制度。

（16）优化政府组织结构。转变政府职能必须深化机构改革。优化政府机构设置、职能配置、工作流程，完善决策权、执行权、监督权既相互制约又相互协调的行政运行机制。严格绩效管理，突出责任落实，确保权责一致。

统筹党政群机构改革，理顺部门职责关系。积极稳妥实施大部门制。优化行政区划设置，有条件的地方探索推进省直接管理县（市）体制改革。严格控制机构编制，严格按规定职数配备领导干部，减少机构数量和领导职数，严格控制财政供养人员总量。推进机构编制管理科学化、规范化、法制化。

五、深化财税体制改革

财政是国家治理的基础和重要支柱，科学的财税体制是优化资源配置、维护市场统一、促进社会公平、实现国家长治久安的制度保障。必须完善立法、明确事权、改革税制、稳定税负、透明预算、提高效率，建立现代财政制度，发挥中央和地方两个积极性。

（17）改进预算管理制度。实施全面规范、公开透明的预算制度。审核预算的重点由平衡状态、赤字规模向支出预算和政策拓展。清理规范重点支出同财政收支增幅或生产总值挂钩事项，一般不采取挂钩方式。建立跨年度预算平衡机制，建立权责发生制的政府综合财务报告制度，建立规范合理的中央和地方政府债务管理及风险预警机制。

完善一般性转移支付增长机制，重点增加对革命老区、民族地区、边疆地区、贫困地区的转移支付。中央出台增支政策形成的地方财力缺口，原则上通过一般性转移支付调节。清理、整合、规范专项转移支付项目，逐步取消竞争性领域专项和地方资金配套，严格控制引导类、救济类、应急类专项，对保留专项进行甄别，属地方事务的划入一般性转移支付。

（18）完善税收制度。深化税收制度改革，完善地方税体系，逐步提高直接税比重。推进增值税改革，适当简化税率。调整消费税征收范围、环节、税率，把高耗能、高污染产品及部分高档消费品纳入征收范围。逐步建立综合与分类相结合的个人所得税制。加快房地产税立法并适时推进改革，加快资源税改革，推动环境保护费改税。

按照统一税制、公平税负、促进公平竞争的原则，加强对税收优惠特别是区域税收优惠政策的规范管理。税收优惠政策统一由专门税收法律法规规定，清理规范税收优惠政策。完善国税、地税征管体制。

（19）建立事权和支出责任相适应的制度。适度加强中央事权和支出责任，国防、外交、国家安全、关系全国统一市场规则和管理等作为中央事权；部分社会保障、跨区域重大项目建设维护等作为中央和地方共同事权，逐步理顺事权关系；区域性公共服务作为地方事权。中央和地方按照事权划分相应承担和分担支出责任。中央可通过安排转移支付将部分事权支出责任委托地方承担。对于跨区域且对其他地区影响较大的公共服务，中央通过转移支付承担一部分地方事权支出责任。

保持现有中央和地方财力格局总体稳定，结合税制改革，考虑税种属性，进一步理顺中央和地方收入划分。

六、健全城乡发展一体化体制机制

城乡二元结构是制约城乡发展一体化的主要障碍。必须健全体制机制，形成以工促农、以城带乡、工农互惠、城乡一体的新型工农城乡关系，让广大农民平等参与现代化进程、共同分享现代化成果。

（20）加快构建新型农业经营体系。坚持家庭经营在农业中的基础性地位，推进家庭经营、集体经营、合作经营、企业经营等共同发展的农业经营方式创新。坚持农村土地集体所有权，依法维护农民土地承包经营权，发展壮大集体经济。稳定农村土地承包关系并保持长久不变，在坚持和完善最严格的耕地保护制度前提下，赋予农民对承包地占有、使用、收益、流转及承包经营权抵押、担保权能，允许农民以承包经营权入股发展农业产业化经营。鼓励承包经营权在公开市场上向专业大户、家庭农场、农民合作社、农业企业流转，发展多种形式规模经营。

鼓励农村发展合作经济，扶持发展规模化、专业化、现代化经营，允许财政项目资金直接投向符合条件的合作社，允许财政补助形成的资产转交合作社持有和管护，允许合作社开展信用合作。鼓励和引导工商资本到农村发展适合企业化经营的现代种养业，向农业输入现代生产要素和经营模式。

（21）赋予农民更多财产权利。保障农民集体经济组织成员权利，积极发展农民股份合作，赋予农民对集体资产股份占有、收益、有偿退出及抵押、担保、继承权。保障农户宅基地用益物权，改革完善农村宅基地制度，选择若干试点，慎重稳妥推进农民住房财产权抵押、担保、转让，探索农民增加财产性收入渠道。建立农村产权流转交易市场，推动农村产权流转交易公开、公正、规范运行。

(22)推进城乡要素平等交换和公共资源均衡配置。维护农民生产要素权益，保障农民工同工同酬，保障农民公平分享土地增值收益，保障金融机构农村存款主要用于农业农村。健全农业支持保护体系，改革农业补贴制度，完善粮食主产区利益补偿机制。完善农业保险制度。鼓励社会资本投向农村建设，允许企业和社会组织在农村兴办各类事业。统筹城乡基础设施建设和社区建设，推进城乡基本公共服务均等化。

(23)完善城镇化健康发展体制机制。坚持走中国特色新型城镇化道路，推进以人为核心的城镇化，推动大中小城市和小城镇协调发展、产业和城镇融合发展，促进城镇化和新农村建设协调推进。优化城市空间结构和管理格局，增强城市综合承载能力。

推进城市建设管理创新。建立透明规范的城市建设投融资机制，允许地方政府通过发债等多种方式拓宽城市建设融资渠道，允许社会资本通过特许经营等方式参与城市基础设施投资和运营，研究建立城市基础设施、住宅政策性金融机构。完善设市标准，严格审批程序，对具备行政区划调整条件的县可有序改市。对吸纳人口多、经济实力强的镇，可赋予同人口和经济规模相适应的管理权。建立和完善跨区域城市发展协调机制。

推进农业转移人口市民化，逐步把符合条件的农业转移人口转为城镇居民。创新人口管理，加快户籍制度改革，全面放开建制镇和小城市落户限制，有序放开中等城市落户限制，合理确定大城市落户条件，严格控制特大城市人口规模。稳步推进城镇基本公共服务常住人口全覆盖，把进城落户农民完全纳入城镇住房和社会保障体系，在农村参加的养老保险和医疗保险规范接入城镇社保体系。建立财政转移支付同农业转移人口市民化挂钩机制，从严合理供给城市建设用地，提高城市土地利用率。

七、构建开放型经济新体制

适应经济全球化新形势，必须推动对内对外开放相互促进、引进来和走出去更好结合，促进国际国内要素有序自由流动、资源高效配置、市场深度融合，加快培育参与和引领国际经济合作竞争新优势，以开放促改革。

(24)放宽投资准入。统一内外资法律法规，保持外资政策稳定、透明、可预期。推进金融、教育、文化、医疗等服务业领域有序开放，放开育幼养老、建筑设计、会计审计、商贸物流、电子商务等服务业领域外资准入限制，进一步放开一般制造业。加快海关特殊监管区域整合优化。建立中国上海自由贸易试验区是党中央在新形势下推进改革开放的重大举措，要切实建设好、管理好，为全面深化改革和扩大开放探索新途径、积累新经验。在推进现有试点基础上，选择若干具备条件地方发展自由贸易园(港)区。

扩大企业及个人对外投资，确立企业及个人对外投资主体地位，允许发挥自身优势到境外开展投资合作，允许自担风险到各国各地区自由承揽工程和劳务合作项目，允许创新方式走出去开展绿地投资、并购投资、证券投资、联合投资等。

加快同有关国家和地区商签投资协定，改革涉外投资审批体制，完善领事保护体制，提供权益保障、投资促进、风险预警等更多服务，扩大投资合作空间。

(25)加快自由贸易区建设。坚持世界贸易体制规则，坚持双边、多边、区域次区域开放合作，扩大同各国各地区利益汇合点，以周边为基础加快实施自由贸易区战略。改革市场准入、海关监管、检验检疫等管理体制，加快环境保护、投资保护、政府采购、电子商务等新议题谈判，形成面向全球的高标准自由贸易区网络。

扩大对香港特别行政区、澳门特别行政区和台湾地区开放合作。

(26)扩大内陆沿边开放。抓住全球产业重新布局机遇，推动内陆贸易、投资、技术创新协调发展。创新加工贸易模式，形成有利于推动内陆产业集群发展的体制机制。支持内陆城市增开国际客货运航线，发展多式联运，形成横贯东中西、联结南北方对外经济走廊。推动内陆同沿海沿边通关协作，实现口岸管理相关部门信息互换、监管互认、执法互助。

加快沿边开放步伐，允许沿边重点口岸、边境城市、经济合作区在人员往来、加工物流、旅游等方面实行特殊方式和政策。建立开发性金融机构，加快同周边国家和区域基础设施互联互通建设，推进丝绸之路经济带、海上丝绸之路建设，形成全方位开放新格局。

八、加强社会主义民主政治制度建设

发展社会主义民主政治，必须以保证人民当家作主为根本，坚持和完善人民代表大会制度、中国共产党领导的多党合作和政治协商制度、民族区域自治制度以及基层群众自治制度，更加注重健全民主制度、丰富民主形式，从各层次各领域扩大公民有序政治参与，充分发挥我国社会主义政治制度优越性。

(27)推动人民代表大会制度与时俱进。坚持人民主体地位，推进人民代表大会制度理论和实践创新，发挥人民代表大会制度的根本政治制度作用。完善中国特色社会主义法律体系，健全立法起草、论证、协调、审议机制，提高立法质量，防止地方保护和部门利益法制化。健全“一府两院”由人大产生、对人大负责、受人大监督制度。健全人大讨论、决定重大事项制度，各级政府重大决策出台前向本级人大报告。加强人大预算决算审查监督、国有资产监督职能。落实税收法定原则。加强人大常委会同人大代表的联系，充分发挥代表作用。通过建立健全代表联络机构、网络平台等形式密切代表同人民群众联系。

完善人大工作机制，通过座谈、听证、评估、公布法律草案等扩大公民有序参与立法途径，通过询问、质询、特定问题调查、备案审查等积极回应社会关切。

(28)推进协商民主广泛多层制度化发展。协商民主是我国社会主义民主政治的特有形式和独特优势，是党的群众路线在政治领域的重要体现。在党的领导下，以经济社会发展重大问题和涉及群众切身利益的实际问题为内容，在全社会开展广泛协商，坚持协商于决策之前和决策实施之中。

构建程序合理、环节完整的协商民主体系，拓宽国家政权机关、政协组织、党派团体、基层组织、社会组织的协商渠道。深入开展立法协商、行政协商、民主协商、参政协商、社会协商。加强中国特色新型智库建设，建立健全决策咨询制度。

发挥统一战线在协商民主中的重要作用。完善中国共产党同各民主党派的政治协商，认真听取各民主党派和无党派人士意见。中共中央根据年度工作重点提出规划，采取协商会、谈心会、座谈会等进行协商。完善民主党派中央直接向中共中央提出建议制度。贯彻党的民族政策，保障少数民族合法权益，巩固和发展平等团结互助和谐的社会主义民族关系。

发挥人民政协作为协商民主重要渠道作用。重点推进政治协商、民主监督、参政议政制度化、规范化、程序化。各级党委和政府、政协制定并组织实施协商年度工作计划，就一些重要决策听取政协意见。完善人民政协制度体系，规范协商内容、协商程序。拓展协商民主形式，更加活跃有序地组织专题协商、对口协商、界别协商、提案办理协商，增加协商密度，提高协商成效。在政协健全委员联络机构，完善委员联络制度。

(29)发展基层民主。畅通民主渠道，健全基层选举、议事、公开、述职、问责等机制。开展形式多样的基层民主协商，推进基层协商制度化，建立健全居民、村民监督机制，促进群众在城乡社区治理、基层公共事务和公益事业中依法自我管理、自我服务、自我教育、自我监督。健全以职工代表大会为基本形式的企事业单位民主管理制度，加强社会组织民主机制建设，保障职工参与管理和监督的民主权利。

九、推进法治中国建设

建设法治中国，必须坚持依法治国、依法执政、依法行政共同推进，坚持法治国家、法治政府、法治社会一体建设。深化司法体制改革，加快建设公正高效权威的社会主义司法制度，维护人民权益，让人民群众在每一个司法案件中都感受到公平正义。

(30)维护宪法法律权威。宪法是保证党和国家兴旺发达、长治久安的根本法，具有最高权威。要进一步健全宪法实施监督机制和程序，把全面贯彻实施宪法提高到一个新水平。建立健全全社会忠于、遵守、维护、运用宪法法律的制度。坚持法律面前人人平等，任何组织或者个人都不得有超越宪法法律的特权，一切违反宪法法律的行为都必须予以追究。

普遍建立法律顾问制度。完善规范性文件、重大决策合法性审查机制。建立科学的法治建设指标体系和考核标准。健全法规、规章、规范性文件备案审查制度。健全社会普法教育机制，增强全民法治观念。逐步增加有地方立法权的较大的市数量。

(31)深化行政执法体制改革。整合执法主体,相对集中执法权,推进综合执法,着力解决权责交叉、多头执法问题,建立权责统一、权威高效的行政执法体制。减少行政执法层级,加强食品药品、安全生产、环境保护、劳动保障、海域海岛等重点领域基层执法力量。理顺城管执法体制,提高执法和服务水平。

完善行政执法程序,规范执法自由裁量权,加强对行政执法的监督,全面落实行政执法责任制和执法经费由财政保障制度,做到严格规范公正文明执法。完善行政执法与刑事司法衔接机制。

(32)确保依法独立公正行使审判权检察权。改革司法管理体制,推动省以下地方法院、检察院人财物统一管理,探索建立与行政区划适当分离的司法管辖制度,保证国家法律统一正确实施。建立符合职业特点的司法人员管理制度,健全法官、检察官、人民警察统一招录、有序交流、逐级遴选机制,完善司法人员分类管理制度,健全法官、检察官、人民警察职业保障制度。

(33)健全司法权力运行机制。优化司法职权配置,健全司法权力分工负责、互相配合、互相制约机制,加强和规范对司法活动的法律监督和社会监督。

改革审判委员会制度,完善主审法官、合议庭办案责任制,让审理者裁判、由裁判者负责。明确各级法院职能定位,规范上下级法院审级监督关系。

推进审判公开、检务公开,录制并保留全程庭审资料。增强法律文书说理性,推动公开法院生效裁判文书。严格规范减刑、假释、保外就医程序,强化监督制度。广泛实行人民陪审员、人民监督员制度,拓宽人民群众有序参与司法渠道。

(34)完善人权司法保障制度。国家尊重和保障人权。进一步规范查封、扣押、冻结、处理涉案财物的司法程序。健全错案防止、纠正、责任追究机制,严禁刑讯逼供、体罚虐待,严格实行非法证据排除规则。逐步减少适用死刑罪名。

废止劳动教养制度,完善对违法犯罪行为的惩治和矫正法律,健全社区矫正制度。

健全国家司法救助制度,完善法律援助制度。完善律师执业权利保障机制和违法违规执业惩戒制度,加强职业道德建设,发挥律师在依法维护公民和法人合法权益方面的重要作用。

十、强化权力运行制约和监督体系

坚持用制度管权管事管人,让人民监督权力,让权力在阳光下运行,是把权力关进制度笼子的根本之策。必须构建决策科学、执行坚决、监督有力的权力运行体系,健全惩治和预防腐败体系,建设廉洁政治,努力实现干部清正、政府清廉、政治清明。

(35)形成科学有效的权力制约和协调机制。完善党和国家领导体制,坚持民主集中制,充分发挥党的领导核心作用。规范各级党政主要领导干部职责权限,科学配置党政部门及内设机构权力和职能,明确职责定位和工作任务。

加强和改进对主要领导干部行使权力的制约和监督,加强行政监察和审计监督。

推行地方各级政府及其工作部门权力清单制度,依法公开权力运行流程。完善党务、政务和各领域办事公开制度,推进决策公开、管理公开、服务公开、结果公开。

(36)加强反腐败体制机制创新和制度保障。加强党对党风廉政建设和反腐败工作统一领导。改革党的纪律检查体制,健全反腐败领导体制和工作机制,改革和完善各级反腐败协调小组职能。落实党风廉政建设责任制,党委负主体责任,纪委负监督责任,制定实施切实可行的责任追究制度。各级纪委要履行协助党委加强党风建设和组织协调反腐败工作的职责,加强对同级党委特别是常委会成员的监督,更好发挥党内监督专门机关作用。

推动党的纪律检查工作双重领导体制具体化、程序化、制度化,强化上级纪委对下级纪委的领导。查办腐败案件以上级纪委领导为主,线索处置和案件查办在向同级党委报告的同时必须向上级纪委报告。各级纪委书记、副书记的提名和考察以上级纪委会同组织部门为主。

全面落实中央纪委向中央一级党和国家机关派驻纪检机构,实行统一名称、统一管理。派驻机构对派出机关负责,履行监督职责。改进中央和省区市巡视制度,做到对地方、部门、企事业单位全覆盖。

健全反腐倡廉法规制度体系,完善惩治和预防腐败、防控廉政风险、防止利益冲突、领导干部报告个人有关事项、任职回避等方面法律法规,推行新提任领导干部有关事项公开制度试点。健全民主监督、法律监督、舆论监督机制,运用和规范互联网监督。

(37)健全改进作风常态化制度。围绕反对形式主义、官僚主义、享乐主义和奢靡之风,加快体制机制改革和建设。健全领导干部带头改进作风、深入基层调查研究机制,完善直接联系和服务群众制度。改革会议公文制度,从中央做起带头减少会议、文件,着力改进会风文风。健全严格的财务预算、核准和审计制度,着力控制"三公"经费支出和楼堂馆所建设。完善选人用人专项检查和责任追究制度,着力纠正跑官要官等不正之风。改革政绩考核机制,着力解决"形象工程"、"政绩工程"以及不作为、乱作为等问题。

规范并严格执行领导干部工作生活保障制度,不准多处占用住房和办公用房,不准超标准配备办公用房和生活用房,不准违规配备公车,不准违规配备秘书,不准超规格警卫,不准超标准进行公务接待,严肃查处违反规定超标准享受待遇等问题。探索实行官邸制。

完善并严格执行领导干部亲属经商、担任公职和社会组织职务、出国定居等相关制度规定,防止领导干部利用公共权力或自身影响为亲属和其他特定关系人谋取私利,坚决反对特权思想和作风。

十一、推进文化体制机制创新

建设社会主义文化强国,增强国家文化软实力,必须坚持社会主义先进文化前进方向,坚持中国特色社会主义文化发展道路,培育和践行社会主义核心价值观,巩固马克思主义在意识形态领域的指导地位,巩固全党全国各族人民团结奋斗的共同思想基础。坚持以人民为中心的工作导向,坚持把社会效益放在首位、社会效益和经济效益相统一,以激发全民族文化创造活力为中心环节,进一步深化文化体制改革。

(38)完善文化管理体制。按照政企分开、政事分开原则,推动政府部门由办文化向管文化转变,推动党政部门与其所属的文化企事业单位进一步理顺关系。建立党委和政府监管国有文化资产的管理机构,实行管人管事管资产管导向相统一。

健全坚持正确舆论导向的体制机制。健全基础管理、内容管理、行业管理以及网络违法犯罪防范和打击等工作联动机制,健全网络突发事件处置机制,形成正面引导和依法管理相结合的网络舆论工作格局。整合新闻媒体资源,推动传统媒体和新兴媒体融合发展。推动新闻发布制度化。严格新闻工作者职业资格制度,重视新型媒介运用和管理,规范传播秩序。

(39)建立健全现代文化市场体系。完善文化市场准入和退出机制,鼓励各类市场主体公平竞争、优胜劣汰,促进文化资源在全国范围内流动。继续推进国有经营性文化单位转企改制,加快公司制、股份制改造。对按规定转制的重要国有传媒企业探索实行特殊管理股制度。推动文化企业跨地区、跨行业、跨所有制兼并重组,提高文化产业规模化、集约化、专业化水平。

鼓励非公有制文化企业发展,降低社会资本进入门槛,允许参与对外出版、网络出版,允许以控股形式参与国有影视制作机构、文艺院团改制经营。支持各种形式小微文化企业发展。

在坚持出版权、播出权特许经营前提下,允许制作和出版、制作和播出分开。建立多层次文化产品和要素市场,鼓励金融资本、社会资本、文化资源相结合。完善文化经济政策,扩大政府文化资助和文化采购,加强版权保护。健全文化产品评价体系,改革评奖制度,推出更多文化精品。

(40)构建现代公共文化服务体系。建立公共文化服务体系建设协调机制,统筹服务设施网络建设,促进基本公共文化服务标准化、均等化。建立群众评价和反馈机制,推动文化惠民项目与群众文化需求有效对接。整合基层宣传文化、党员教育、科学普及、体育健身等设施,建设综合性文化服务中心。

明确不同文化事业单位功能定位,建立法人治理结构,完善绩效考核机制。推动公共图书馆、博物馆、文化馆、科技馆等组建理事会,吸纳有关方面代表、专业人士、各界群众参与管理。引入竞争机制,推动公共文化服务社会化发展。鼓励社会力量、社会资本参与公共文化服务体系建设,培育文化非营利组织。

(41)提高文化开放水平。坚持政府主导、企业主体、市场运作、社会参与,扩大对外文化交流,加强国际传播能力和对外话语体系建设,推动中华文化走向世界。理顺内宣外宣体制,支持重点媒体面向国内国际发展。培育外向型文化企业,支持文化企业到境外开拓市场。鼓励社会组织、中资机构等参与孔子学院和海外文化中心建设,承担人文交流项目。

积极吸收借鉴国外一切优秀文化成果,引进有利于我国文化发展的人才、技术、经营管理经验。切实维护国家文化安全。

十二、推进社会事业改革创新

实现发展成果更多更公平惠及全体人民,必须加快社会事业改革,解决好人民最关心最直接最现实的利益问题,努力为社会提供多样化服务,更好满足人民需求。

(42)深化教育领域综合改革。全面贯彻党的教育方针,坚持立德树人,加强社会主义核心价值体系教育,完善中华优秀传统文化教育,形成爱学习、爱劳动、爱祖国活动的有效形式和长效机制,增强学生社会责任感、创新精神、实践能力。强化体育课和课外锻炼,促进青少年身心健康、体魄强健。改进美育教学,提高学生审美和人文素养。大力促进教育公平,健全家庭经济困难学生资助体系,构建利用信息化手段扩大优质教育资源覆盖面的有效机制,逐步缩小区域、城乡、校际差距。统筹城乡义务教育资源均衡配置,实行公办学校标准化建设和校长教师交流轮岗,不设重点学校重点班,破解择校难题,标本兼治减轻学生课业负担。加快现代职业教育体系建设,深化产教融合、校企合作,培养高素质劳动者和技能型人才。创新高校人才培养机制,促进高校办出特色争创一流。推进学前教育、特殊教育、继续教育改革发展。

推进考试招生制度改革,探索招生和考试相对分离、学生考试多次选择、学校依法自主招生、专业机构组织实施、政府宏观管理、社会参与监督的运行机制,从根本上解决一考定终身的弊端。义务教育免试就近入学,试行学区制和九年一贯对口招生。推行初高中学业水平考试和综合素质评价。加快推进职业院校分类招考或注册入学。逐步推行普通高校基于统一高考和高中学业水平考试成绩的综合评价多元录取机制。探索全国统考减少科目、不分文理科、外语等科目社会化考试一年多考。试行普通高校、高职院校、成人高校之间学分转换,拓宽终身学习通道。

深入推进管办评分离,扩大省级政府教育统筹权和学校办学自主权,完善学校内部治理结构。强化国家教育督导,委托社会组织开展教育评估监测。健全政府补贴、政府购买服务、助学贷款、基金奖励、捐资激励等制度,鼓励社会力量兴办教育。

(43)健全促进就业创业体制机制。建立经济发展和扩大就业的联动机制,健全政府促进就业责任制度。规范招人用人制度,消除城乡、行业、身份、性别等一切影响平等就业的制度障碍和就业歧视。完善扶持创业的优惠政策,形成政府激励创业、社会支持创业、劳动者勇于创业新机制。完善城乡均等的公共就业创业服务体系,构建劳动者终身职业培训体系。增强失业保险制度预防失业、促进就业功能,完善就业失业监测统计制度。创新劳动关系协调机制,畅通职工表达合理诉求渠道。

促进以高校毕业生为重点的青年就业和农村转移劳动力、城镇困难人员、退役军人就业。结合产业升级开发更多适合高校毕业生的就业岗位。政府购买基层公共管理和社会服务岗位更多用于吸纳高校毕业生就业。健全鼓励高校毕业生到基层工作的服务保障机制,提高公务员定向招录和事业单位优先招聘比例。实行激励高校毕业生自主创业政策,整合发展国家和省级高校毕业生就业创业基金。实施离校未就业高校毕业生就业促进计划,把未就业的纳入就业见习、技能培训等就业准备活动之中,对有特殊困难的实行全程就业服务。

(44)形成合理有序的收入分配格局。着重保护劳动所得,努力实现劳动报酬增长和劳动生产率提高同步,提高劳动报酬在初次分配中的比重。健全工资决定和正常增长机制,完善最低工资和工资支付保障制度,完善企业工资集体协商制度。改革机关事业单位工资和津贴补贴制度,完善艰苦边远地区津贴增长机制。健全资本、知识、技术、管理等由要素市场决定的报酬机制。扩展投资和租赁服务等途径,优化上市公司投资者回报机制,保护投资者尤其是中小投资者合法权益,多渠道增加居民财产性收入。

完善以税收、社会保障、转移支付为主要手段的再分配调节机制,加大税收调节力度。建立公共资源出让收益合理共享机制。完善慈善捐助减免税制度,支持慈善事业发挥扶贫济困积极作用。

规范收入分配秩序,完善收入分配调控体制机制和政策体系,建立个人收入和财产信息系统,保护合法收入,调节过高收入,清理规范隐性收入,取缔非法收入,增加低收入者收入,扩大中等收入者比重,努力缩小城乡、区域、行业收入分配差距,逐步形成橄榄型分配格局。

(45)建立更加公平可持续的社会保障制度。坚持社会统筹和个人账户相结合的基本养老保险制度，完善个人账户制度，健全多缴多得激励机制，确保参保人权益，实现基础养老金全国统筹，坚持精算平衡原则。推进机关事业单位养老保险制度改革。整合城乡居民基本养老保险制度、基本医疗保险制度。推进城乡最低生活保障制度统筹发展。建立健全合理兼顾各类人员的社会保障待遇确定和正常调整机制。完善社会保险关系转移接续政策，扩大参保缴费覆盖面，适时适当降低社会保险费率。研究制定渐进式延迟退休年龄政策。加快健全社会保障管理体制和经办服务体系。健全符合国情的住房保障和供应体系，建立公开规范的住房公积金制度，改进住房公积金提取、使用、监管机制。

健全社会保障财政投入制度，完善社会保障预算制度。加强社会保险基金投资管理和监督，推进基金市场化、多元化投资运营。制定实施免税、延期征税等优惠政策，加快发展企业年金、职业年金、商业保险，构建多层次社会保障体系。

积极应对人口老龄化，加快建立社会养老服务体系和发展老年服务产业。健全农村留守儿童、妇女、老年人关爱服务体系，健全残疾人权益保障、困境儿童分类保障制度。

(46)深化医药卫生体制改革。统筹推进医疗保障、医疗服务、公共卫生、药品供应、监管体制综合改革。深化基层医疗卫生机构综合改革，健全网络化城乡基层医疗卫生服务运行机制。加快公立医院改革，落实政府责任，建立科学的医疗绩效评价机制和适应行业特点的人才培养、人事薪酬制度。完善合理分级诊疗模式，建立社区医生和居民契约服务关系。充分利用信息化手段，促进优质医疗资源纵向流动。加强区域公共卫生服务资源整合。取消以药补医，理顺医药价格，建立科学补偿机制。改革医保支付方式，健全全民医保体系。加快健全重特大疾病医疗保险和救助制度。完善中医药事业发展政策和机制。

鼓励社会办医，优先支持举办非营利性医疗机构。社会资金可直接投向资源稀缺及满足多元需求服务领域，多种形式参与公立医院改制重组。允许医师多点执业，允许民办医疗机构纳入医保定点范围。

坚持计划生育的基本国策，启动实施一方是独生子女的夫妇可生育两个孩子的政策，逐步调整完善生育政策，促进人口长期均衡发展。

十三、创新社会治理体制

创新社会治理，必须着眼于维护最广大人民根本利益，最大限度增加和谐因素，增强社会发展活力，提高社会治理水平，全面推进平安中国建设，维护国家安全，确保人民安居乐业、社会安定有序。

(47)改进社会治理方式。坚持系统治理，加强党委领导，发挥政府主导作用，鼓励和支持社会各方面参与，实现政府治理和社会自我调节、居民自治良性互动。坚持依法治理，加强法治保障，运用法治思维和法治方式化解社会矛盾。坚持综合治理，强化道德约束，规范社会行为，调节利益关系，协调社会关系，解决社会问题。坚持源头治理，标本兼治、重在治本，以网格化管理、社会化服务为方向，健全基层综合服务管理平台，及时反映和协调人民群众各方面各层次利益诉求。

(48)激发社会组织活力。正确处理政府和社会关系，加快实施政社分开，推进社会组织明确权责、依法自治、发挥作用。适合由社会组织提供的公共服务和解决的事项，交由社会组织承担。支持和发展志愿服务组织。限期实现行业协会商会与行政机关真正脱钩，重点培育和优先发展行业协会商会类、科技类、公益慈善类、城乡社区服务类社会组织，成立时直接依法申请登记。加强对社会组织和在华境外非政府组织的管理，引导它们依法开展活动。

(49)创新有效预防和化解社会矛盾体制。健全重大决策社会稳定风险评估机制。建立畅通有序的诉求表达、心理干预、矛盾调处、权益保障机制，使群众问题能反映、矛盾能化解、权益有保障。

改革行政复议体制，健全行政复议案件审理机制，纠正违法或不当行政行为。完善人民调解、行政调解、司法调解联动工作体系，建立调处化解矛盾纠纷综合机制。

改革信访工作制度，实行网上受理信访制度，健全及时就地解决群众合理诉求机制。把涉法涉诉信访纳入法治轨道解决，建立涉法涉诉信访依法终结制度。

(50)健全公共安全体系。完善统一权威的食品药品安全监管机构，建立最严格的覆盖全过程的监管制度，建立食品原产地可追溯制度和质量标识制度，保障食品药品安全。深化安全生产管理体制改革，建立隐患排查治理体系和安全预防控制体系，遏制重特大安全事故。健全防灾减灾救灾体制。加强社会治安综合治理,创新立体化社会治安防控体系,依法严密防范和惩治各类违法犯罪活动。

坚持积极利用、科学发展、依法管理、确保安全的方针,加大依法管理网络力度,加快完善互联网管理领导体制,确保国家网络和信息安全。

设立国家安全委员会,完善国家安全体制和国家安全战略,确保国家安全。

十四、加快生态文明制度建设

建设生态文明,必须建立系统完整的生态文明制度体系,实行最严格的源头保护制度、损害赔偿制度、责任追究制度,完善环境治理和生态修复制度,用制度保护生态环境。

(51)健全自然资源资产产权制度和用途管制制度。对水流、森林、山岭、草原、荒地、滩涂等自然生态空间进行统一确权登记,形成归属清晰、权责明确、监管有效的自然资源资产产权制度。建立空间规划体系,划定生产、生活、生态空间开发管制界限,落实用途管制。健全能源、水、土地节约集约使用制度。

健全国家自然资源资产管理体制,统一行使全民所有自然资源资产所有者职责。完善自然资源监管体制,统一行使所有国土空间用途管制职责。

(52)划定生态保护红线。坚定不移实施主体功能区制度,建立国土空间开发保护制度,严格按照主体功能区定位推动发展,建立国家公园体制。建立资源环境承载能力监测预警机制,对水土资源、环境容量和海洋资源超载区域实行限制性措施。对限制开发区域和生态脆弱的国家扶贫开发工作重点县取消地区生产总值考核。

探索编制自然资源资产负债表,对领导干部实行自然资源资产离任审计。建立生态环境损害责任终身追究制。

(53)实行资源有偿使用制度和生态补偿制度。加快自然资源及其产品价格改革,全面反映市场供求、资源稀缺程度、生态环境损害成本和修复效益。坚持使用资源付费和谁污染环境、谁破坏生态谁付费原则,逐步将资源税扩展到占用各种自然生态空间。稳定和扩大退耕还林、退牧还草范围,调整严重污染和地下水严重超采区耕地用途,有序实现耕地、河湖休养生息。建立有效调节工业用地和居住用地合理比价机制,提高工业用地价格。坚持谁受益、谁补偿原则,完善对重点生态功能区的生态补偿机制,推动地区间建立横向生态补偿制度。发展环保市场,推行节能量、碳排放权、排污权、水权交易制度,建立吸引社会资本投入生态环境保护的市场化机制,推行环境污染第三方治理。

(54)改革生态环境保护管理体制。建立和完善严格监管所有污染物排放的环境保护管理制度,独立进行环境监管和行政执法。建立陆海统筹的生态系统保护修复和污染防治区域联动机制。健全国有林区经营管理体制,完善集体林权制度改革。及时公布环境信息,健全举报制度,加强社会监督。完善污染物排放许可制,实行企事业单位污染物排放总量控制制度。对造成生态环境损害的责任者严格实行赔偿制度,依法追究刑事责任。

十五、深化国防和军队改革

紧紧围绕建设一支听党指挥、能打胜仗、作风优良的人民军队这一党在新形势下的强军目标,着力解决制约国防和军队建设发展的突出矛盾和问题,创新发展军事理论,加强军事战略指导,完善新时期军事战略方针,构建中国特色现代军事力量体系。

(55)深化军队体制编制调整改革。推进领导管理体制改革,优化军委总部领导机关职能配置和机构设置,完善各军兵种领导管理体制。健全军委联合作战指挥机构和战区联合作战指挥体制,推进联合作战训练和保障体制改革。完善新型作战力量领导体制。加强信息化建设集中统管。优化武装警察部队力量结构和指挥管理体制。

优化军队规模结构,调整改善军兵种比例、官兵比例、部队与机关比例,减少非战斗机构和人员。依据不同方向安全需求和作战任务改革部队编成。加快新型作战力量建设。深化军队院校改革,健全军队院校教育、部队训练实践、军事职业教育三位一体的新型军事人才培养体系。

(56)推进军队政策制度调整改革。健全完善与军队职能任务需求和国家政策制度创新相适应的军事人力资源政策制度。以建立军官职业化制度为牵引,逐步形成科学规范的军队干部制度体系。健全完善文职人员制度。完善兵役制度、士官制度、退役军人安置制度改革配套政策。

健全军费管理制度,建立需求牵引规划、规划主导资源配置机制。健全完善经费物资管理标准制度体系。深化预算管理、集中收付、物资采购和军人医疗、保险、住房保障等制度改革。

健全军事法规制度体系，探索改进部队科学管理的方式方法。

(57)推动军民融合深度发展。在国家层面建立推动军民融合发展的统一领导、军地协调、需求对接、资源共享机制。健全国防工业体系，完善国防科技协同创新体制，改革国防科研生产管理和武器装备采购体制机制，引导优势民营企业进入军品科研生产和维修领域。改革完善依托国民教育培养军事人才的政策制度。拓展军队保障社会化领域。深化国防教育改革。健全国防动员体制机制，完善平时征用和战时动员法规制度。深化民兵预备役体制改革。调整理顺边海空防管理体制机制。

十六、加强和改善党对全面深化改革的领导

全面深化改革必须加强和改善党的领导，充分发挥党总揽全局、协调各方的领导核心作用，建设学习型、服务型、创新型的马克思主义执政党，提高党的领导水平和执政能力，确保改革取得成功。

(58)全党同志要把思想和行动统一到中央关于全面深化改革重大决策部署上来，正确处理中央和地方、全局和局部、当前和长远的关系，正确对待利益格局调整，充分发扬党内民主，坚决维护中央权威，保证政令畅通，坚定不移实现中央改革决策部署。

中央成立全面深化改革领导小组，负责改革总体设计、统筹协调、整体推进、督促落实。

各级党委要切实履行对改革的领导责任，完善科学民主决策机制，以重大问题为导向，把各项改革举措落到实处。加强各级领导班子建设，完善干部教育培训和实践锻炼制度，不断提高领导班子和领导干部推动改革能力。创新基层党建工作，健全党的基层组织体系，充分发挥基层党组织的战斗堡垒作用，引导广大党员积极投身改革事业，发扬“钉钉子”精神，抓铁有痕、踏石留印，为全面深化改革作出积极贡献。

(59)全面深化改革，需要有力的组织保证和人才支撑。坚持党管干部原则，深化干部人事制度改革，构建有效管用、简便易行的选人用人机制，使各方面优秀干部充分涌现。发挥党组织领导和把关作用，强化党委(党组)、分管领导和组织部门在干部选拔任用中的权重和干部考察识别的责任，改革和完善干部考核评价制度，改进竞争性选拔干部办法，改进优秀年轻干部培养选拔机制，区分实施选任制和委任制干部选拔方式，坚决纠正唯票取人、唯分取人等现象，用好各年龄段干部，真正把信念坚定、为民服务、勤政务实、敢于担当、清正廉洁的好干部选拔出来。

打破干部部门化，拓宽选人视野和渠道，加强干部跨条块跨领域交流。破除“官本位”观念，推进干部能上能下、能进能出。完善和落实领导干部问责制，完善从严管理干部队伍制度体系。深化公务员分类改革，推行公务员职务与职级并行、职级与待遇挂钩制度，加快建立专业技术类、行政执法类公务员和聘任人员管理制度。完善基层公务员录用制度，在艰苦边远地区适当降低进入门槛。

建立集聚人才体制机制，择天下英才而用之。打破体制壁垒，扫除身份障碍，让人人都有成长成才、脱颖而出的通道，让各类人才都有施展才华的广阔天地。完善党政机关、企事业单位、社会各方面人才顺畅流动的制度体系。健全人才向基层流动、向艰苦地区和岗位流动、在一线创业的激励机制。加快形成具有国际竞争力的人才制度优势，完善人才评价机制，增强人才政策开放度，广泛吸引境外优秀人才回国或来华创业发展。

(60)人民是改革的主体，要坚持党的群众路线，建立社会参与机制，充分发挥人民群众积极性、主动性、创造性，充分发挥工会、共青团、妇联等人民团体作用，齐心协力推进改革。鼓励地方、基层和群众大胆探索，加强重大改革试点工作，及时总结经验，宽容改革失误，加强宣传和舆论引导，为全面深化改革营造良好社会环境。

全党同志要紧密团结在以习近平同志为总书记的党中央周围，锐意进取，攻坚克难，谱写改革开放伟大事业历史新篇章，为全面建成小康社会、不断夺取中国特色社会主义新胜利、实现中华民族伟大复兴的中国梦而奋斗！

来源:2013 年 11 月 13 日《人民日报》

关于《中共中央关于全面深化改革若干重大问题的决定》的说明

习近平

受中央政治局委托，现在，我就《中共中央关于全面深化改革若干重大问题的决定》向全会作说明。

一、关于全会决定起草过程

改革开放以来，历届三中全会研究什么议题、作出什么决定、采取什么举措、释放什么信号，是人们判断新一届中央领导集体施政方针和工作重点的重要依据，对做好未来5年乃至10年工作意义重大。

党的十八大之后，中央即着手考虑十八届三中全会的议题。党的十八大统一提出了全面建成小康社会和全面深化改革开放的目标，强调必须以更大的政治勇气和智慧，不失时机深化重要领域改革，坚决破除一切妨碍科学发展的思想观念和体制机制弊端，构建系统完备、科学规范、运行有效的制度体系，使各方面制度更加成熟更加定型。我们认为，要完成党的十八大提出的各项战略目标和工作部署，必须抓紧推进全面改革。

从党的十一届三中全会作出把党和国家工作中心转移到经济建设上来、实行改革开放的历史性决策以来，已经35个年头了。中国人民的面貌、社会主义中国的面貌、中国共产党的面貌能发生如此深刻的变化，我国能在国际社会赢得举足轻重的地位，靠的就是坚持不懈推进改革开放。

1992年，邓小平同志在南方谈话中说："不坚持社会主义，不改革开放，不发展经济，不改善人民生活，只能是死路一条。"回过头来看，我们对邓小平同志这番话就有更深的理解了。所以，我们讲，只有社会主义才能救中国，只有改革开放才能发展中国、发展社会主义、发展马克思主义。

正是从历史经验和现实需要的高度，党的十八大以来，中央反复强调，改革开放是决定当代中国命运的关键一招，也是决定实现"两个一百年"奋斗目标、实现中华民族伟大复兴的关键一招，实践发展永无止境，解放思想永无止境，改革开放也永无止境，停顿和倒退没有出路，改革开放只有进行时、没有完成时。面对新形势新任务，我们必须通过全面深化改革，着力解决我国发展面临的一系列突出矛盾和问题，不断推进中国特色社会主义制度自我完善和发展。

当前，国内外环境都在发生极为广泛而深刻的变化，我国发展面临一系列突出矛盾和挑战，前进道路上还有不少困难和问题。比如：发展中不平衡、不协调、不可持续问题依然突出，科技创新能力不强，产业结构不合理，发展方式依然粗放，城乡区域发展差距和居民收入分配差距依然较大，社会矛盾明显增多，教育、就业、社会保障、医疗、住房、生态环境、食品药品安全、安全生产、社会治安、执法司法等关系群众切身利益的问题较多，部分群众生活困难，形式主义、官僚主义、享乐主义和奢靡之风问题突出，一些领域消极腐败现象易发多发，反腐败斗争形势依然严峻，等等。解决这些问题，关键在于深化改革。

今年4月，中央政治局经过深入思考和研究、广泛听取党内外各方面意见，决定党的十八届三中全会研究全面深化改革问题并作出决定。

4月20日，中央发出《关于对党的十八届三中全会研究全面深化改革问题征求意见的通知》。各地区各部门一致认为，党的十八届三中全会重点研究全面深化改革问题，顺应了广大党员、干部、群众的愿望，抓住了全社会最关心的问题，普遍表示赞成。

改革开放以来历次三中全会都研究讨论深化改革问题，都是在释放一个重要信号，就是我们党将坚定不移高举改革开放的旗帜，坚定不移坚持党的十一届三中全会以来的理论和路线方针政策。说到底，就是要回答在新的历史条件下举什么旗、走什么路的问题。

党的十八届三中全会以全面深化改革为主要议题，是我们党坚持以邓小平理论、“三个代表”重要思想、科学发展观为指导，在新形势下坚定不移贯彻党的基本路线、基本纲领、基本经验、基本要求，坚定不移高举改革开放大旗的重要宣示和重要体现。

议题确定后，中央政治局决定成立文件起草组，由我担任组长，刘云山、张高丽同志为副组长，相关部门负责同志、部分省市领导同志参加，在中央政治局常委会领导下进行全会决定起草工作。

文件起草组成立以来，在将近7个月的时间里，广泛征求意见，开展专题论证，进行调查研究，反复讨论修改。其间，中央政治局常委会会议3次、中央政治局会议2次分别审议决定，决定征求意见稿还下发党内一定范围征求意见，征求党内老同志意见，专门听取各民主党派中央、全国工商联负责人和无党派人士意见。

从反馈情况看，各方面一致认为，全会决定深刻剖析了我国改革发展稳定面临的重大理论和实践问题，阐明了全面深化改革的重大意义和未来走向，提出了全面深化改革的指导思想、目标任务、重大原则，描绘了全面深化改革的新蓝图、新愿景、新目标，汇集了全面深化改革的新思想、新论断、新举措，反映了社会呼声、社会诉求、社会期盼，凝聚了全党全社会关于全面深化改革的思想共识和行动智慧。

各方面一致认为，全会决定合理布局了全面深化改革的战略重点、优先顺序、主攻方向、工作机制、推进方式和时间表、路线图，形成了改革理论和政策的一系列新的重大突破，是全面深化改革的又一次总部署、总动员，必将对推动中国特色社会主义事业发展产生重大而深远的影响。

在征求意见过程中，各方面共提出了许多好的意见和建议。中央责成文件起草组认真整理研究这些意见和建议，文件起草组对全会决定作出重要修改。

二、关于全会决定的总体框架和重点问题

中央政治局认为，面对新形势新任务新要求，全面深化改革，关键是要进一步形成公平竞争的发展环境，进一步增强经济社会发展活力，进一步提高政府效率和效能，进一步实现社会公平正义，进一步促进社会和谐稳定，进一步提高党的领导水平和执政能力。

围绕这些重大课题，我们强调，要有强烈的问题意识，以重大问题为导向，抓住关键问题进一步研究思考，着力推动解决我国发展面临的一系列突出矛盾和问题。我们中国共产党人干革命、搞建设、抓改革，从来都是为了解决中国的现实问题。可以说，改革是由问题倒逼而产生，又在不断解决问题中得以深化。

35年来，我们用改革的办法解决了党和国家事业发展中的一系列问题。同时，在认识世界和改造世界的过程中，旧的问题解决了，新的问题又会产生，制度总是需要不断完善，因而改革既不可能一蹴而就、也不可能一劳永逸。

全会决定起草，突出了5个方面的考虑。一是适应党和国家事业发展新要求，落实党的十八大提出的全面深化改革开放的战略任务。二是以改革为主线，突出全面深化改革新举措，一般性举措不写，重复性举措不写，纯属发展性举措不写。三是抓住重点，围绕解决好人民群众反映强烈的问题，回应人民群众呼声和期待，突出重要领域和关键环节，突出经济体制改革牵引作用。四是坚持积极稳妥，设计改革措施胆子要大、步子要稳。五是时间设计到2020年，按这个时间段提出改革任务，到2020年在重要领域和关键环节改革上取得决定性成果。

在框架结构上，全会决定以当前亟待解决的重大问题为提领，按条条谋篇布局。除引言和结束语外，共16个部分，分三大板块。第一部分构成第一板块，是总论，主要阐述全面深化改革的重大意义、指导思想、总体思路。第二至第十五部分构成第二板块，是分论，主要从经济、政治、文化、社会、生态文明、国防和军队6个方面，具体部署全面深化改革的主要任务和重大举措。其中，经济方面开6条（第二至第七部分），政治方面开3条（第八至第十部分），文化方面开1条（第十一部分），社会方面开2条（第十二至第十三部分），生态方面开1条（第十四部分），国防和军队方面开1条（第十五部分）。第十六部分构成第三板块，讲组织领导，主要阐述加强和改善党对全面深化改革的领导。

这里，我想就全会决定涉及的几个重大问题和重大举措介绍一下中央的考虑。

第一，关于使市场在资源配置中起决定性作用和更好发挥政府作用。这是这次全会决定提出的

一个重大理论观点。这是因为,经济体制改革仍然是全面深化改革的重点,经济体制改革的核心问题仍然是处理好政府和市场关系。

1992 年,党的十四大提出了我国经济体制改革的目标是建立社会主义市场经济体制,提出要使市场在国家宏观调控下对资源配置起基础性作用。这一重大理论突破,对我国改革开放和经济社会发展发挥了极为重要的作用。这也说明,理论创新对实践创新具有重大先导作用,全面深化改革必须以理论创新为先导。

经过 20 多年实践,我国社会主义市场经济体制已经初步建立,但仍存在不少问题,主要是市场秩序不规范,以不正当手段谋取经济利益的现象广泛存在;生产要素市场发展滞后,要素闲置和大量有效需求得不到满足并存;市场规则不统一,部门保护主义和地方保护主义大量存在;市场竞争不充分,阻碍优胜劣汰和结构调整,等等。这些问题不解决好,完善的社会主义市场经济体制是难以形成的。

从党的十四大以来的 20 多年间,对政府和市场关系,我们一直在根据实践拓展和认识深化寻找新的科学定位。党的十五大提出“使市场在国家宏观调控下对资源配置起基础性作用”,党的十六大提出“在更大程度上发挥市场在资源配置中的基础性作用”,党的十七大提出“从制度上更好发挥市场在资源配置中的基础性作用”,党的十八大提出“更大程度更广范围发挥市场在资源配置中的基础性作用”。可以看出,我们对政府和市场关系的认识也在不断深化。在这次讨论和征求意见过程中,许多方面提出,应该从理论上对政府和市场关系进一步作出定位,这对全面深化改革具有十分重大的作用。考虑各方面意见和现实发展要求,经过反复讨论和研究,中央认为对这个问题从理论上作出新的表述条件已经成熟,应该把市场在资源配置中的“基础性作用”修改为“决定性作用”。

现在,我国社会主义市场经济体制已经初步建立,市场化程度大幅度提高,我们对市场规律的认识和驾驭能力不断提高,宏观调控体系更为健全,主客观条件具备,我们应该在完善社会主义市场经济体制上迈出新的步伐。

进一步处理好政府和市场关系,实际上就是要处理好在资源配置中市场起决定性作用还是政府起决定性作用这个问题。经济发展就是要提高资源尤其是稀缺资源的配置效率,以尽可能少的资源投入生产尽可能多的产品、获得尽可能大的效益。理论和实践都证明,市场配置资源是最有效率的形式。市场决定资源配置是市场经济的一般规律,市场经济本质上就是市场决定资源配置的经济。健全社会主义市场经济体制必须遵循这条规律,着力解决市场体系不完善、政府干预过多和监管不到位问题。作出“使市场在资源配置中起决定性作用”的定位,有利于在全党全社会树立关于政府和市场关系的正确观念,有利于转变经济发展方式,有利于转变政府职能,有利于抑制消极腐败现象。

当然,我国实行的是社会主义市场经济体制,我们仍然要坚持发挥我国社会主义制度的优越性、发挥党和政府的积极作用。市场在资源配置中起决定性作用,并不是起全部作用。

发展社会主义市场经济,既要发挥市场作用,也要发挥政府作用,但市场作用和政府作用的职能是不同的。全会决定对更好发挥政府作用提出了明确要求,强调科学的宏观调控,有效的政府治理,是发挥社会主义市场经济体制优势的内在要求。全会决定对健全宏观调控体系、全面正确履行政府职能、优化政府组织结构进行了部署,强调政府的职责和作用主要是保持宏观经济稳定,加强和优化公共服务,保障公平竞争,加强市场监管,维护市场秩序,推动可持续发展,促进共同富裕,弥补市场失灵。

第二,关于坚持和完善基本经济制度。坚持和完善公有制为主体、多种所有制经济共同发展的基本经济制度,关系巩固和发展中国特色社会主义制度的重要支柱。

改革开放以来,我国所有制结构逐步调整,公有制经济和非公有制经济在发展经济、促进就业等方面的比重不断变化,增强了经济社会发展活力。在这种情况下,如何更好体现和坚持公有制主体地位,进一步探索基本经济制度有效实现形式,是摆在我们面前的一个重大课题。

全会决定强调必须毫不动摇巩固和发展公有制经济,坚持公有制主体地位,发挥国有经济主导作用,不断增强国有经济活力、控制力、影响力。

全会决定坚持和发展党的十五大以来有关论述,提出要积极发展混合所有制经济,强调国有资本、集体资本、非公有资本等交叉持股、相互融合的混合所有制经济,是基本经济制度的重要实现形式，有利于国有资本放大功能、保值增值、提高竞争力。这是新形势下坚持公有制主体地位，增强国有经济活力、控制力、影响力的一个有效途径和必然选择。

全会决定提出，完善国有资产管理体制，以管资本为主加强国有资产监管，改革国有资本授权经营体制；国有资本投资运营要服务于国家战略目标，更多投向关系国家安全、国民经济命脉的重要行业和关键领域，重点提供公共服务、发展重要前瞻性战略性产业、保护生态环境、支持科技进步、保障国家安全；划转部分国有资本充实社会保障基金；提高国有资本收益上缴公共财政比例，更多用于保障和改善民生。

国有企业是推进国家现代化、保障人民共同利益的重要力量。经过多年改革，国有企业总体上已经同市场经济相融合。同时，国有企业也积累了一些问题、存在一些弊端，需要进一步推进改革。全会决定提出一系列有针对性的改革举措，包括国有资本加大对公益性企业的投入；国有资本继续控股经营的自然垄断行业，实行以政企分开、政资分开、特许经营、政府监管为主要内容的改革，根据不同行业特点实行网运分开、放开竞争性业务；健全协调运转、有效制衡的公司法人治理结构；建立职业经理人制度，更好发挥企业家作用；建立长效激励约束机制，强化国有企业经营投资责任追究；探索推进国有企业财务预算等重大信息公开；国有企业要合理增加市场化选聘比例，合理确定并严格规范国有企业管理人员薪酬水平、职务待遇、职务消费、业务消费。这些举措将推动国有企业完善现代企业制度、提高经营效率、合理承担社会责任、更好发挥作用。

坚持和完善基本经济制度必须坚持“两个毫不动摇”。全会决定从多个层面提出鼓励、支持、引导非公有制经济发展，激发非公有制经济活力和创造力的改革举措。在功能定位上，明确公有制经济和非公有制经济都是社会主义市场经济的重要组成部分，都是我国经济社会发展的重要基础；在产权保护上，明确提出公有制经济财产权不可侵犯，非公有制经济财产权同样不可侵犯；在政策待遇上，强调坚持权利平等、机会平等、规则平等，实行统一的市场准入制度；鼓励非公有制企业参与国有企业改革，鼓励发展非公有资本控股的混合所有制企业，鼓励有条件的私营企业建立现代企业制度。这将推动非公有制经济健康发展。

第三，关于深化财税体制改革。财政是国家治理的基础和重要支柱，科学的财税体制是优化资源配置、维护市场统一、促进社会公平、实现国家长治久安的制度保障。现行财税体制是在1994年分税制改革的基础上逐步完善形成的，对实现政府财力增强和经济快速发展的双赢目标发挥了重要作用。

随着形势发展变化，现行财税体制已经不完全适应合理划分中央和地方事权、完善国家治理的客观要求，不完全适应转变经济发展方式、促进经济社会持续健康发展的现实需要，我国经济社会发展中的一些突出矛盾和问题也与财税体制不健全有关。

这次全面深化改革，财税体制改革是重点之一。主要涉及改进预算管理制度，完善税收制度，建立事权和支出责任相适应的制度等。

全会决定提出，要实施全面规范、公开透明的预算制度，适度加强中央事权和支出责任，国防、外交、国家安全、关系全国统一市场规则和管理等作为中央事权；部分社会保障、跨区域重大项目建设维护等作为中央和地方共同事权，逐步理顺事权关系；中央可通过安排转移支付将部分事权支出责任委托地方承担；对于跨区域且对其他地区影响较大的公共服务，中央通过转移支付承担一部分地方事权支出责任。

这些改革举措的主要目的是明确事权、改革税制、稳定税负、透明预算、提高效率，加快形成有利于转变经济发展方式、有利于建立公平统一市场、有利于推进基本公共服务均等化的现代财政制度，形成中央和地方财力与事权相匹配的财税体制，更好发挥中央和地方两个积极性。

财税体制改革需要一个过程，逐步到位。中央已经明确，要保持现有中央和地方财力格局总体稳定，进一步理顺中央和地方收入划分。

第四，关于健全城乡发展一体化体制机制。城乡发展不平衡不协调，是我国经济社会发展存在的突出矛盾，是全面建成小康社会、加快推进社会主义现代化必须解决的重大问题。改革开放以来，我国农村面貌发生了翻天覆地的变化。但是，城乡二元结构没有根本改变，城乡发展差距不断拉大趋势没有根本扭转。根本解决这些问题，必须推进城乡发展一体化。

全会决定提出，必须健全体制机制，形成以工促农、以城带乡、工农互惠、城乡一体的新型工农城乡关系,让广大农民平等参与现代化进程、共同分享现代化成果。

全会决定提出了健全城乡发展一体化体制机制的改革举措。一是加快构建新型农业经营体系。主要是坚持家庭经营在农业中的基础性地位,鼓励土地承包经营权在公开市场上向专业大户、家庭农场、农民合作社、农业企业流转,鼓励农村发展合作经济,鼓励和引导工商资本到农村发展适合企业化经营的现代种养业,允许农民以土地承包经营权入股发展农业产业化经营等。二是赋予农民更多财产权利。主要是依法维护农民土地承包经营权,保障农民集体经济组织成员权利,保障农户宅基地用益物权,慎重稳妥推进农民住房财产权抵押、担保、转让试点。三是推进城乡要素平等交换和公共资源均衡配置。主要是保障农民工同工同酬,保障农民公平分享土地增值收益;完善农业保险制度;鼓励社会资本投向农村建设,允许企业和社会组织在农村兴办各类事业;统筹城乡义务教育资源均衡配置,整合城乡居民基本养老保险制度、基本医疗保险制度,推进城乡最低生活保障制度统筹发展,稳步推进城镇基本公共服务常住人口全覆盖,把进城落户农民完全纳入城镇住房和社会保障体系。

第五,关于推进协商民主广泛多层制度化发展。协商民主是我国社会主义民主政治的特有形式和独特优势,是党的群众路线在政治领域的重要体现。推进协商民主,有利于完善人民有序政治参与、密切党同人民群众的血肉联系、促进决策科学化民主化。

全会决定把推进协商民主广泛多层制度化发展作为政治体制改革的重要内容,强调在党的领导下,以经济社会发展重大问题和涉及群众切身利益的实际问题为内容,在全社会开展广泛协商,坚持协商于决策之前和决策实施之中。要构建程序合理、环节完整的协商民主体系,拓宽国家政权机关、政协组织、党派团体、基层组织、社会组织的协商渠道;深入开展立法协商、行政协商、民主协商、参政协商、社会协商;发挥统一战线在协商民主中的重要作用,发挥人民政协作为协商民主重要渠道作用,完善人民政协制度体系,规范协商内容、协商程序,拓展协商民主形式,更加活跃有序地组织专题协商、对口协商、界别协商、提案办理协商,增加协商密度,提高协商成效。

第六,关于改革司法体制和运行机制。司法体制是政治体制的重要组成部分。这些年来,群众对司法不公的意见比较集中,司法公信力不足很大程度上与司法体制和工作机制不合理有关。

司法改革是这次全面深化改革的重点之一。全会决定提出了一系列相互关联的新举措,包括改革司法管理体制,推动省以下地方法院、检察院人财物统一管理,探索建立与行政区划适当分离的司法管辖制度;健全司法权力运行机制,完善主审法官、合议庭办案责任制,让审判者裁判、由裁判者负责;严格规范减刑、假释、保外就医程序;健全错案防止、纠正、责任追究机制,严格实行非法证据排除规则;建立涉法涉诉信访依法终结制度;废止劳动教养制度,完善对违法犯罪行为的惩治和矫正法律,等等。

这些改革举措,对确保司法机关依法独立行使审判权和检察权、健全权责明晰的司法权力运行机制、提高司法透明度和公信力、更好保障人权都具有重要意义。

第七,关于健全反腐败领导体制和工作机制。反腐败问题一直是党内外议论较多的问题。目前的问题主要是,反腐败机构职能分散、形不成合力,有些案件难以坚决查办,腐败案件频发却责任追究不够。

全会决定对加强反腐败体制机制创新和制度保障进行了重点部署。主要是加强党对党风廉政建设和反腐败工作统一领导,明确党委负主体责任、纪委负监督责任,制定实施切实可行的责任追究制度;健全反腐败领导体制和工作机制,改革和完善各级反腐败协调小组职能,规定查办腐败案件以上级纪委领导为主;体现强化上级纪委对下级纪委的领导,规定线索处置和案件查办在向同级党委报告的同时必须向上级纪委报告;全面落实中央纪委向中央一级党和国家机关派驻纪检机构,改进中央和省区市巡视制度,做到对地方、部门、企事业单位全覆盖。

这些措施都是在总结实践经验、吸收各方面意见的基础上提出来的。

第八,关于加快完善互联网管理领导体制。网络和信息安全牵涉到国家安全和社会稳定,是我们面临的新的综合性挑战。

从实践看,面对互联网技术和应用飞速发展,现行管理体制存在明显弊端,主要是多头管理、职能交叉、权责不一、效率不高。同时,随着互联网媒体属性越来越强,网上媒体管理和产业管理远远跟不上形势发展变化。特别是面对传播快、影响大、覆盖广、社会动员能力强的微客、微信等社交网络和即时通信工具用户的快速增长,如何加强网络法制建设和舆论引导,确保网络信息传播秩序和国家安全、社会稳定,已经成为摆在我们面前的现实突出问题。

全会决定提出坚持积极利用、科学发展、依法管理、确保安全的方针,加大依法管理网络力度,完善互联网管理领导体制。目的是整合相关机构职能,形成从技术到内容、从日常安全到打击犯罪的互联网管理合力,确保网络正确运用和安全。

第九,关于设立国家安全委员会。国家安全和社会稳定是改革发展的前提。只有国家安全和社会稳定,改革发展才能不断推进。当前,我国面临对外维护国家主权、安全、发展利益,对内维护政治安全和社会稳定的双重压力,各种可以预见和难以预见的风险因素明显增多。而我们的安全工作体制机制还不能适应维护国家安全的需要,需要搭建一个强有力的平台统筹国家安全工作。设立国家安全委员会,加强对国家安全工作的集中统一领导,已是当务之急。

国家安全委员会主要职责是制定和实施国家安全战略,推进国家安全法治建设,制定国家安全工作方针政策,研究解决国家安全工作中的重大问题。

第十,关于健全国家自然资源资产管理体制和完善自然资源监管体制。健全国家自然资源资产管理体制是健全自然资源资产产权制度的一项重大改革,也是建立系统完备的生态文明制度体系的内在要求。

我国生态环境保护中存在的一些突出问题,一定程度上与体制不健全有关,原因之一是全民所有自然资源资产的所有权人不到位,所有权人权益不落实。针对这一问题,全会决定提出健全国家自然资源资产管理体制的要求。总的思路是按照所有者和管理者分开和一件事由一个部门管理的原则,落实全民所有自然资源资产所有权,建立统一行使全民所有自然资源资产所有权人职责的体制。

国家对全民所有自然资源资产行使所有权并进行管理和国家对国土范围内自然资源行使监管权是不同的,前者是所有权人意义上的权利,后者是管理者意义上的权力。这就需要完善自然资源监管体制,统一行使所有国土空间用途管制职责,使国有自然资源资产所有权人和国家自然资源管理者相互独立、相互配合、相互监督。

我们要认识到,山水林田湖是一个生命共同体,人的命脉在田,田的命脉在水,水的命脉在山,山的命脉在土,土的命脉在树。用途管制和生态修复必须遵循自然规律,如果种树的只管种树、治水的只管治水、护田的单纯护田,很容易顾此失彼,最终造成生态的系统性破坏。由一个部门负责领土范围内所有国土空间用途管制职责,对山水林田湖进行统一保护、统一修复是十分必要的。

第十一,关于中央成立全面深化改革领导小组。全面深化改革是一个复杂的系统工程,单靠某一个或某几个部门往往力不从心,这就需要建立更高层面的领导机制。

全会决定提出,中央成立全面深化改革领导小组,负责改革总体设计、统筹协调、整体推进、督促落实。这是为了更好发挥党总揽全局、协调各方的领导核心作用,保证改革顺利推进和各项改革任务落实。领导小组的主要职责是:统一部署全国性重大改革,统筹推进各领域改革,协调各方力量形成推进改革合力,加强督促检查,推动全面落实改革目标任务。

三、关于讨论中要注意的几个问题

这次全会的任务就是讨论全会决定提出的全面深化改革的思路和方案。这里,我给大家提几点要求。

第一,增强推进改革的信心和勇气。改革开放是我们党在新的时代条件下带领人民进行的新的伟大革命,是当代中国最鲜明的特色,也是我们党最鲜明的旗帜。35 年来,我们党靠什么来振奋民心、统一思想、凝聚力量?靠什么来激发全体人民的创造精神和创造活力?靠什么来实现我国经济社会快速发展、在与资本主义竞争中赢得比较优势?靠的就是改革开放。

面对未来,要破解发展面临的各种难题,化解来自各方面的风险和挑战,更好发挥中国特色社会主义制度优势,推动经济社会持续健康发展,除了深化改革开放,别无他途。

当前,在改革开放问题上,党内外、国内外都很关注,全党上下和社会各方面期待很高。改革开放到了一个新的重要关头。我们在改革开放上决不能有丝毫动摇,改革开放的旗帜必须继续高高举起,中国特色社会主义道路的正确方向必须牢牢坚持。全党要坚定改革信心,以更大的政治勇气和智慧、更有力的措施和办法推进改革。

第二,坚持解放思想、实事求是。高举改革开放的旗帜,光有立场和态度还不行,必须有实实在在的举措。行动最有说服力。中央决定用党的十八届三中全会这个有利契机就全面深化改革进行部署,是一个战略抉择。我们要抓住这个机遇,努力在全面深化改革上取得新突破。要有新突破,就必须进一步解放思想。

冲破思想观念的障碍、突破利益固化的藩篱,解放思想是首要的。在深化改革问题上,一些思想观念障碍往往不是来自体制外而是来自体制内。思想不解放,我们就很难看清各种利益固化的症结所在,很难找准突破的方向和着力点,很难拿出创造性的改革举措。因此,一定要有自我革新的勇气和胸怀,跳出条条框框限制,克服部门利益掣肘,以积极主动精神研究和提出改革举措。

提出改革举措当然要慎重,要反复研究、反复论证,但也不能因此就谨小慎微、裹足不前,什么也不敢干、不敢试。搞改革,现有的工作格局和体制运行不可能一点都不打破,不可能都是四平八稳、没有任何风险。只要经过了充分论证和评估,只要是符合实际、必须做的,该干的还是要大胆干。

第三,坚持从大局出发考虑问题。全面深化改革是关系党和国家事业发展全局的重大战略部署,不是某个领域某个方面的单项改革。“不谋全局者,不足谋一域。”大家来自不同部门和单位,都要从全局看问题,首先要看提出的重大改革举措是否符合全局需要,是否有利于党和国家事业长远发展。要真正向前展望、超前思维、提前谋局。只有这样,最后形成的文件才能真正符合党和人民事业发展要求。

全面深化改革需要加强顶层设计和整体谋划,加强各项改革的关联性、系统性、可行性研究。我们讲胆子要大、步子要稳,其中步子要稳就是要统筹考虑、全面论证、科学决策。经济、政治、文化、社会、生态文明各领域改革和党的建设改革紧密联系、相互交融,任何一个领域的改革都会牵动其他领域,同时也需要其他领域改革密切配合。如果各领域改革不配套,各方面改革措施相互牵扯,全面深化改革就很难推进下去,即使勉强推进,效果也会大打折扣。

来源:2013/22《求是》

深入阐释毛泽东思想的精神实质和当代价值

——在全国纪念毛泽东同志诞辰 120 周年学术研讨会上的讲话

刘云山

同志们：

今年是中国共产党、中国人民解放军、中华人民共和国的主要缔造者，中国各族人民的伟大领袖毛泽东同志诞辰 120 周年。在隆重召开纪念座谈会的同时，中央决定由中央有关部门举办全国纪念毛泽东同志诞辰 120 周年学术研讨会，深切缅怀毛泽东同志的丰功伟绩，学习他的光辉思想、崇高品德和革命风范。这对于进一步推动毛泽东思想和中国特色社会主义理论体系的学习研究宣传，对于推动实现党的十八大提出的“两个一百年”奋斗目标、实现中华民族伟大复兴的中国梦，具有十分重要的意义。

毛泽东同志是伟大的马克思主义者，伟大的无产阶级革命家、战略家、理论家，是马克思主义中国化的伟大开拓者，是近代以来中国伟大的爱国者和民族英雄，是党的第一代中央领导集体的核心，是领导中国人民彻底改变自己命运和国家面貌的一代伟人。以毛泽东同志为主要代表的中国共产党人创立和形成的毛泽东思想，是马克思列宁主义在中国的创造性运用和发展，是关于中国革命和建设的正确理论原则和经验总结，是中国共产党集体智慧的结晶。在中国人民追求民族独立与解放的道路上，自从有了毛泽东同志的英明领导，有了毛泽东思想的正确指导，中国共产党和中国人民才真正掌握了自己的命运，使中国革命不断从胜利走向胜利，中华民族迎来伟大复兴的光明前景。中国出了个毛泽东，这是中国共产党的骄傲、中国人民的骄傲、中华民族的骄傲。邓小平同志指出，没有毛主席，至少我们中国人民还要在黑暗中摸索更长的时间。在为中国人民不懈奋斗的光辉一生中，毛泽东同志以其高瞻远瞩的政治远见、坚定不移的革命信念、勇于开拓的非凡魄力、炉火纯青的斗争艺术、杰出高超的领导才能，赢得了全党全国各族人民的由衷爱戴和敬仰。毛泽东同志虽然已离开我们 37 年，但他的名字、他的思想、他的风范，将永远激励党和人民奋勇前进。

历史和实践反复证明，毛泽东思想具有科学的真理性和强大的生命力，不因时代变迁而褪色，始终是中国共产党人、中华民族和中国人民团结奋斗、开拓前进的强大精神支柱，是我们世世代代要高举的伟大旗帜。丢掉了毛泽东思想这个旗帜，就等于否定了我们党的光辉历史；放弃了毛泽东思想的学习研究宣传，我们党的思想理论建设就会失去根基。深入学习研究宣传毛泽东思想，始终是党的思想理论建设的一项根本任务。在党中央高度重视和大力推动下，在社科理论界辛勤努力下，毛泽东生平和毛泽东思想研究，领域不断扩大、深度不断拓展。近些年，有关方面编辑出版《毛泽东思想年编》、《毛泽东年谱（1949—1976）》、《毛泽东思想形成与发展大事记》等重要文献，推出《中国共产党历史（第二卷）》、《中华人民共和国史稿》等重要成果，组织召开一系列专题研讨会，出版发表一大批有分量的研究专著和学术文章，推出一大批反映毛泽东生平和毛泽东思想的通俗读物、高校教材、文艺作品、电影电视剧、文献片和专题片，有力推动了毛泽东思想的学习研究宣传，也有力促进了党和国家事业发展。

当代中国已站在一个新的历史起点上，中国人民正致力于坚持和发展中国特色社会主义，为实现中华民族伟大复兴的中国梦而奋斗。党的十八大对全面建成小康社会、夺取中国特色社会主义新胜利作出战略部署。党的十八届三中全会描绘了全面深化改革的新蓝图，为推进改革开放和社会主义现代化建设注入新的强大动力。新中国成立初期毛泽东同志曾豪迈地指出，社会主义事业是“我们的前人从来没有做过的极其光荣伟大的事业”，而今天我们正在建设的中国特色社会主义,就是对毛泽东同志等老一辈革命家开创的伟大事业的继承和发展。昨天的奋斗成就着今天的发展,今天的发展蕴涵着先辈的理想。在新的形势下深入研究毛泽东思想,必须把历史、现在和未来结合起来,把总结历史经验同进行具有许多新的历史特点的伟大斗争结合起来,认真学习贯彻习近平总书记在纪念毛泽东同志诞辰120周年座谈会上的重要讲话精神,全面科学认识毛泽东同志和毛泽东思想的历史功绩和历史地位,深入阐释毛泽东思想的精神实质和当代价值,为坚持和发展中国特色社会主义凝聚起强大的精神力量。

第一,深入研究毛泽东思想,就要科学总结我们党90多年波澜壮阔的奋斗历程和历史经验,进一步坚定在中国特色社会主义道路上实现中华民族伟大复兴的中国梦的信念和信心。实现中华民族伟大复兴,是近代以来中国人民最伟大的梦想,是一代又一代中国共产党人接续奋斗的崇高事业。而以什么样的路径实现这样的梦想,是一个根本性问题。鸦片战争以后,包括许多仁人志士在内的中国人民为此进行了不屈不挠的斗争和探索,但都没有成功。对此,毛泽东同志指出,一切别的东西都试过了、都失败了,若要救亡图存、改变民族命运,就要另辟道路、另造环境。以毛泽东同志为主要代表的中国共产党人自觉担当起探索民族复兴道路的历史重任,担当起实现民族独立、人民解放和国家富强、人民幸福的历史使命,历经千辛万苦,付出最大牺牲,带领人民成功走出一条中国式的革命道路,取得了新民主主义革命的胜利,使中国人民从此站立起来了。新中国成立后,又领导人民实现从新民主主义向社会主义的转变,对社会主义建设道路进行了艰辛探索,取得了社会主义建设的重大成就,为开创中国特色社会主义提供了宝贵经验、理论准备和物质基础。

实现中华民族伟大复兴是接力探索的历史进程,而中国特色社会主义就是党和人民长期艰辛探索取得的根本成就。在以毛泽东同志为核心的党的第一代中央领导集体开创的伟大事业基础上,以邓小平同志为核心的党的第二代中央领导集体成功开创了中国特色社会主义,以江泽民同志为核心的党的第三代中央领导集体成功把中国特色社会主义推向二十一世纪,以胡锦涛同志为总书记的党中央成功在新的历史起点上坚持和发展了中国特色社会主义。党的十八大以来,以习近平同志为总书记的党中央高举中国特色社会主义伟大旗帜,带领全党全国各族人民承前启后、继往开来,迈上实现中华民族伟大复兴的中国梦的新征程。中央特别强调新民主主义革命的胜利成果决不能丢失、社会主义革命和建设的成就决不能否定、改革开放和社会主义现代化建设的方向决不能动摇,就是因为我们党长期奋斗的根本方向、根本目标是有机联系、一以贯之的。

新形势下深入研究毛泽东思想,就要紧密联系我们党领导人民进行的革命史、创业史、改革开放史,紧紧围绕坚持和发展中国特色社会主义、实现中华民族伟大复兴的中国梦这个时代主题来展开、来推进。要深入研究近代以来170多年、中国共产党成立90多年、新中国成立60多年、改革开放30多年的奋斗历程,深刻阐释中国特色社会主义的历史逻辑、理论逻辑,讲清楚中国特色社会主义是历史的选择、人民的选择,是实现中华民族伟大复兴的必由之路,引导人们不走封闭僵化的老路,不走改旗易帜的邪路,坚定不移走中国特色社会主义道路。要深刻阐释中国特色社会主义道路的独特创造、理论的独特贡献、制度的独特优势,讲清楚中国特色社会主义植根于中华文化沃土、反映中国人民意愿、适应中国和时代发展进步要求,讲清楚这条道路的强大生命力和光明前景,坚定人们的道路自信、理论自信、制度自信。要深刻阐释中华民族伟大复兴的中国梦的历史渊源、现实基础、基本内涵和实践要求,讲清楚实现中国梦就要坚持中国道路、弘扬中国精神、凝聚中国力量,大力培育和践行社会主义核心价值观,更好地引导全国各族人民为实现国家富强、民族振兴、人民幸福而顽强奋斗、艰苦奋斗、不懈奋斗。

第二,深入研究毛泽东思想,就要正确把握马克思主义中国化两大理论成果的关系,在继承和发展中不断推进党的理论创新。我们党的奋斗史,就是一部推进马克思主义中国化、不断进行理论创新的历史。毛泽东同志一贯主张按照中国的特点去运用马克思主义,使马克思主义在中国具体化,强调用马克思列宁主义之“箭”射中国革命之“的”。正是在把马克思列宁主义基本原理同中国革命具体实践相结合过程中,在同教条主义、经验主义等错误倾向进行斗争中,形成了毛泽东思想,实现了马克思主义中国化的第一次历史性飞跃,为中国革命和建设实践提供了正确思想指导。改革开放新时期，我们党创造性地坚持马克思主义基本原理，继承和发展毛泽东思想，紧密联系中国实际和时代特征，深刻回答了什么是社会主义、怎样建设社会主义，建设什么样的党、怎样建设党，实现什么样的发展、怎样发展三大基本问题，形成了包括邓小平理论、“三个代表”重要思想、科学发展观在内的中国特色社会主义理论体系，实现了马克思主义中国化的第二次历史性飞跃，为推进改革开放和社会主义现代化建设提供了科学指南。毛泽东思想和中国特色社会主义理论体系这两大理论成果，在理论渊源上都坚持了马克思主义基本原理，在根本立场上都是为了实现最广大人民根本利益，在社会理想上都坚持了社会主义、共产主义。两者既一脉相承又与时俱进，是坚持和发展、继承和创新的关系。

时代和实践在不断发展，马克思主义中国化进程也在继续向前推进。党的十八大以来，习近平总书记坚持以马克思主义的宽广眼界观察当今世界、当代中国，准确把握时代、实践和人民群众的新要求，围绕坚持和发展中国特色社会主义、实现中华民族伟大复兴的中国梦，围绕治党治国治军、内政外交国防、改革发展稳定，发表一系列重要讲话，提出许多富有创见的新思想、新观点、新论断、新要求。讲话深入阐释了党的十八大精神，深刻回答了新的历史条件下党和国家事业发展的一系列重大理论和现实问题，丰富发展了党的科学理论，进一步深化了我们党对中国特色社会主义建设规律和马克思主义执政党建设规律的认识，充分体现了对马克思列宁主义、毛泽东思想、中国特色社会主义理论体系的坚持和发展。

新形势下深入研究毛泽东思想，就要紧密联系党的理论创新的历史进程，正确把握党的两大理论创新成果的关系，进一步揭示马克思主义中国化的基本规律。要深刻阐明毛泽东思想和中国特色社会主义理论体系在理论渊源、根本立场、社会理想上的内在一致性，阐明几代中国共产党人对推进马克思主义中国化的独特贡献，阐明在当代中国坚持中国特色社会主义理论体系就是真正坚持马克思列宁主义、毛泽东思想，引导全党坚持不懈地用党的理论创新成果武装头脑、指导实践。要深刻认识坚持是发展的前提、发展是最好的坚持，深刻认识马克思列宁主义、毛泽东思想这个老祖宗不能丢，丢了就会丧失根本、偏离方向，理论创新就会成为无源之水、无本之木；同时又要坚持解放思想、实事求是、与时俱进、求真务实，坚持立足新的实践进行新的理论概括和理论创造，不断开辟马克思主义中国化新境界，让当代中国马克思主义放射出更加灿烂的真理光芒，更好地发挥对实践的指导作用。

第三，深入研究毛泽东思想，就要注重阐释贯穿其中的辩证唯物主义和历史唯物主义，帮助人们更好地用马克思主义立场观点方法观察、分析和处理问题。坚持用辩证唯物主义和历史唯物主义分析中国社会矛盾运动及其发展规律，指导中国革命和建设的具体实践，是毛泽东思想的精髓所在，也是毛泽东同志留给我们党的传家宝。毛泽东同志很早就提出，我们不但应当了解马克思、列宁得出的关于一般规律的结论，而且应当学习他们观察问题和解决问题的立场和方法。在中国革命和建设实践中，毛泽东同志紧密联系中国实际，深刻阐述了马克思主义认识论和辩证法，为我们党树立了掌握和运用辩证唯物主义、历史唯物主义的光辉典范。毛泽东同志撰写的《改造我们的学习》、《实践论》、《矛盾论》、《人的正确思想是从哪里来的?》等经典著作蕴含着深邃的哲学思想，不仅正确指引了中国革命和建设的历史进程，而且至今还闪耀着熠熠思想光辉。人们常说，对中国革命规律、对中国发展前途、对世界发展大势，毛泽东同志总是比别人看得更远、想得更深、讲得更透，归根到底就在于他对马克思主义世界观和方法论这个望远镜、显微镜，运用得比别人更加自觉、更加自如。

辩证唯物主义和历史唯物主义是马克思主义立场观点方法的集中体现，是人类思想精华和智慧结晶。只有坚持并运用辩证唯物主义和历史唯物主义，才能科学揭示事物发展的趋势和本质，才能正确把握中国革命、建设、改革的规律。毛泽东同志曾经说过，马克思主义中基础的东西是马克思主义哲学，这个东西没有学通，我们就没有共同的语言，没有共同的方法。习近平总书记反复强调，全党要学哲学、用哲学，学习马克思主义哲学基本著作，学习毛泽东同志的重要哲学著作，努力把马克思主义哲学作为自己的看家本领。实践证明，越是形势复杂、任务繁重，越是矛盾多、困难多，越要运用好辩证唯物主义和历史唯物主义这个强大思想武器，不断改进我们的思维方式和思想方法，不断提高分析形势、观察问题、驾驭复杂局面的能力，努力开辟事业发展的新局面。

新形势下深入研究毛泽东思想,就要始终坚持辩证唯物主义和历史唯物主义,牢牢把握实事求是、群众路线、独立自主这个活的灵魂,并用以指导和推动改革发展实践。要坚持一切从实际出发的观点,着力阐明我国仍处于并将长期处于社会主义初级阶段,阐明我国现阶段的社会主要矛盾和根本任务,阐明全面深化改革、解放和发展社会生产力、解放和增强社会活力的社会基础和政策依据。要坚持人民群众是历史的创造者的观点,着力阐明贯彻党的群众路线的重大意义和基本要求,阐明人民是真正英雄的历史观、以人为本人民至上的价值观、立党为公执政为民的执政观,阐明为了谁、依靠谁、我是谁的问题,引导党员干部不断增强贯彻党的群众路线的自觉性坚定性。要坚持独立自主、走自己的路的观点,着力阐明中国独特的文化传统、独特的历史命运、独特的基本国情,注定了我们必然要走适合自己特点的发展道路,帮助人们更好地把握当代中国的发展大势、发展方向,不忘本来、吸收外来,增强在纷繁复杂形势下的战略定力。

第四,深入研究毛泽东思想,就要坚持以中国的实际问题、以我们正在做的事情为中心,着力回答改革开放和社会主义现代化建设中的重大课题。问题是时代的声音、实践的起点。毛泽东同志曾指出,只有用马克思主义观点来研究实际问题、解决实际问题,对中国的经济、政治、军事、文化种种问题给予科学的解释,才算真正的理论家。我们党领导人民干革命、搞建设、抓改革,从来都是为了解决中国的现实问题。毛泽东思想就是在科学回答中国革命和建设历史性课题中形成和发展的,其力量也是在推动中国革命和建设历史进程中展现的。毛泽东同志撰写的《中国的红色政权为什么能够存在?》、《中国革命战争的战略问题》、《论持久战》、《新民主主义论》、《论联合政府》、《论人民民主专政》、《论十大关系》、《关于正确处理人民内部矛盾的问题》等不朽篇章,都是在重大历史关头深刻回答中国革命和建设重大问题的光辉著作,有力拨开了人们思想迷雾,指明了中国发展进步方向。可以说,强烈的问题意识、正确的问题导向,是毛泽东思想的一个鲜明特征,是毛泽东同志科学思想方法和理论品格的重要体现,也是他留给我们党的宝贵思想财富。

每个时代总有属于它自己的问题,只有科学认识、正确解决这些问题,才能不断推动时代发展进步。现在,世情、国情、党情发生深刻变化,我国正处于改革攻坚期、发展关键期、矛盾凸显期,既面临难得历史机遇,也面临许多严峻挑战。各种问题层出不穷,有些是老问题,但大量是新出现的问题,这些问题就像前进道路上的一座座“碉堡”,必须攻破才能继续顺利前行。习近平总书记强调,改革是由问题倒逼而产生,又在不断解决问题中而深化,要以重大问题为导向,抓住关键问题进一步研究思考,找出答案。这就赋予理论工作者更大的责任和使命,迫切要求把理论联系实际的关节点放到现实问题上来,放到全局性、战略性、前瞻性的重大问题上来,在研究回答和推动解决问题中不断取得新的成果。

新形势下深入研究毛泽东思想,就要弘扬毛泽东同志一贯倡导的理论联系实际的学风,始终以我们正在做的事情为中心,深入研究回答改革发展中的重大理论和现实问题。当前和今后一个时期,要紧紧围绕贯彻落实党的十八届三中全会精神,深入研究阐释全面深化改革的重大理论和实践课题,帮助人们深入领会全会提出的一系列新的思想观点和决策部署。比如,如何推进国家治理体系和治理能力现代化,如何使市场在资源配置中起决定性作用和更好发挥政府作用,如何发挥经济体制改革的牵引作用、全面深化各领域改革,如何正确处理改革中的重大关系、增强改革的系统性整体性协同性,如何深化党的建设制度改革、提高党领导和推动改革的能力,等等,都需要我们作出科学有力的回答。问题源于实践,智慧来自群众。要像毛泽东同志那样,主动走出书斋、走出“象牙塔”,深入基层开展调查研究,拜人民为师,甘当群众的小学生,在人民群众的实践中寻找解决问题的答案,在解决实际问题中展示科学理论的价值和作用。

第五,深入研究毛泽东思想,就要传承和弘扬党的优良传统和作风,保持和发展党的先进性纯洁性,全面推进党的建设新的伟大工程,为推进中国特色社会主义伟大事业提供有力支撑。毛泽东同志在领导中国革命和建设的过程中,始终高度重视党的自身建设,称其是一项“伟大的工程”,并为此倾注了心血,作出了开创性的贡献。毛泽东同志特别注重党的作风建设,把作风问题当作事关党的生死存亡的大问题,当作事关红色江山永不变色的大问题,从倡导三大纪律、八项注意,到主持开展延安整风,反对主观主义、宗派主义和党八股;从提出全心全意为人民服务，到号召全党牢记“两个务必”；从提倡勤俭建国、勤俭办一切事业，到强调反对官僚主义、做官当老爷，防止革命意志衰退，确立了一系列关于作风建设的方针原则和途径办法。毛泽东同志不仅是党的优良作风的倡导者，更是优良作风的践行者。他一生勤勉朴素，心系人民，敢于坚持原则，勇于开展批评，表现出革命领袖非凡的人格魅力。毛泽东同志领导我们党培育形成的理论联系实际、密切联系群众、批评和自我批评三大优良作风，培育形成的井冈山精神、长征精神、延安精神、西柏坡精神、“两弹一星”精神等，为中国革命和建设事业提供了作风保证，也为我们今天加强党的作风建设提供了重要经验。

加强作风建设是马克思主义执政党的永恒课题，无论我们党所处的历史方位如何变化，党的优良传统和作风永远不能丢，抓作风、改作风的劲头永远不能松。党的十八大以来，以习近平同志为总书记的党中央坚持以作风建设开局起步，出台改进工作作风、密切联系群众的八项规定，开展党的群众路线教育实践活动，有力促进了党风政风民风转变，汇聚了推动事业发展的强大正能量。同时要看到，作风建设的任务依然艰巨繁重，许多问题还远未得到根本解决。这就要求我们结合新的形势和任务，深入学习毛泽东同志关于作风建设的光辉思想，总结运用我们党加强作风建设的成功经验，扎实推进党的群众路线教育实践活动，坚持不懈贯彻中央八项规定精神，持之以恒反对形式主义、官僚主义、享乐主义和奢靡之风，努力使党的优良作风得到传承和弘扬。

新形势下深入研究毛泽东思想，就要围绕毛泽东同志关于管党治党的一系列重要论述，深入研究阐释关于加强理论武装、加强思想教育等注重思想建党的重要思想，研究阐释关于坚持任人唯贤、反对任人唯亲的重要思想，研究阐释关于坚持民主集中制、维护党的团结统一的重要思想，研究阐释关于一切为了群众、一切依靠群众、从群众中来、到群众中去的重要思想，研究阐释关于严肃党内生活、开展批评和自我批评、加强党性锻炼的重要思想，研究阐释关于坚持“两个务必”、厉行廉洁政治、依法严惩腐败行为、保持无产阶级先锋队本色的重要思想。通过深入的理论研究阐释，为推进党的建设新的伟大工程、永葆党的先进性纯洁性提供有力理论支撑，进而以党的坚强领导保障中国特色社会主义伟大事业顺利推进。

毛泽东思想哺育了一代又一代中国共产党人，学习毛泽东思想、研究毛泽东思想，是我们党一项重要的政治责任，是社科理论界的一项重要任务，一定要以深厚感情和高度责任做好这方面工作。有关部门要加强组织协调、创造良好条件，充分发挥马克思主义理论研究和建设工程、中国特色社会主义理论体系研究基地、哲学社会科学基金的引领作用，发挥党史、文献、社科研究、党校、高校等部门和单位的主力军作用，调动好各方面研究毛泽东思想的积极性主动性创造性。毛泽东思想研究涉及许多重大历史问题，政治性、政策性很强，一定要把握政治方向、正确导向。对有关重大问题、重要事件的解读和评价，要认真贯彻中共中央《关于若干历史问题的决议》和《关于建国以来党的若干历史问题的决议》，符合中央基本精神，防止历史虚无主义，坚决反对否定党的历史、否定老一辈革命家的错误倾向。要坚持与时俱进，紧密结合时代发展变化，不断拓展研究的内容、形式和方法，更好地展示毛泽东思想博大精深的内涵和历久弥新的魅力。

同志们，新形势下深入研究毛泽东思想，意义重要、责任重大、使命光荣。我们要紧密团结在以习近平同志为总书记的党中央周围，深入贯彻落实党的十八大和十八届二中、三中全会精神，求真务实、潜心钻研，以更加丰硕的研究成果推动党的思想理论建设，为坚持和发展中国特色社会主义作出新的更大贡献。

来源：2013 年 12 月 30 日《人民日报》

为实现中国梦提供有力理论支持

刘奇葆

繁荣发展哲学社会科学,是坚持和发展中国特色社会主义的必然要求,是实现国家富强、民族振兴、人民幸福的强烈呼唤。十六大以来,在党中央的坚强领导下,哲学社会科学战线牢牢把握正确政治方向,紧紧围绕党和国家工作大局,大力度推进各项工作,取得新的明显进展,为巩固主流思想舆论、繁荣学术理论事业,为推动改革开放和现代化建设,作出了重要贡献。在实现民族复兴中国梦的伟大征程中,哲学社会科学天地广阔、大有可为。

一、科学把握党的十八大对哲学社会科学工作提出的新任务新要求

以十八大为标志,党和国家各项事业发展已站在新的起点上,哲学社会科学工作同样也站在新的起点上。繁荣发展哲学社会科学,必须认真学习和深刻把握十八大提出的新任务、新要求。十八大把科学发展观确立为党必须长期坚持的指导思想并写入党章,这就要求我们深入研究科学发展观,进一步推动用科学发展观武装头脑、指导实践。十八大提出夺取中国特色社会主义新胜利的根本要求,这就要求我们深入研究什么是中国特色社会主义、怎样建设中国特色社会主义,不断深化规律性认识。十八大提出全面建成小康社会和全面深化改革开放的目标,这就要求我们深入研究加快社会主义现代化建设的新思路新举措,更好地推动科学发展、促进社会和谐。十八大提出扎实推进社会主义文化强国建设的战略任务,这就要求我们深入研究深化文化体制改革的途径办法,推动兴起社会主义文化建设新高潮。十八大作出我国发展仍处于可以大有作为重要战略机遇期的科学判断,这就要求我们深入研究重要战略机遇期内涵和条件的变化,为抓住新机遇、应对新挑战、创造新优势提供有力支撑。十八大在对中国特色社会主义事业作出全面部署的同时,对全面提高党的建设科学化水平也作出重大部署,这就要求我们深入研究加强和改进党的建设的新任务新要求,全面推进党的建设新的伟大工程。十八大以来,习近平总书记发表一系列重要讲话,对十八大精神作了进一步深化和拓展,要认真学习和深刻领会,很好地贯彻到哲学社会科学各项工作之中。总之,我们一定要增强责任感使命感,坚定学术自觉、提升学术自信,为实现十八大确定的目标任务贡献智慧和力量。

推动哲学社会科学繁荣发展,必须以学习宣传贯彻十八大精神为主线,认真贯彻我们党关于繁荣发展哲学社会科学的一系列重要方针原则,做到坚持正确方向、服从服务大局、发扬学术民主、锐意改革创新。坚持正确方向,就是要始终坚持马克思主义指导地位不动摇,自觉用中国特色社会主义理论体系统领学术研究,站稳政治立场、保持政治定力,确保哲学社会科学沿着正确方向前进。服从服务大局,就是要坚持为人民服务、为社会主义服务,紧紧围绕党和国家中心工作和决策需求,植根人民、聚焦实践,着力攻关重大理论和现实问题,发挥好思想库和智囊团作用。发扬学术民主,就是要坚持百花齐放、百家争鸣,尊重劳动、尊重知识、尊重人才、尊重创造,遵循学术规律,鼓励大胆探索,倡导兼收并蓄,提倡不同观点和学派充分讨论,营造生动活泼、宽松和谐的学术氛围。锐意改革创新,就是要坚持解放思想、实事求是、与时俱进,着力创新体制机制,丰富内容形式,拓展方法手段,以创新精神推动哲学社会科学繁荣发展,为实现民族复兴中国梦贡献力量。

二、加强中国特色社会主义和中国梦研究阐释

中国特色社会主义是新时期我们党全部理论和实践的主题,中国梦是近代以来中华民族最伟大的梦想。哲学社会科学要把研究阐释中国特色社会主义和中国梦作为首要任务,集中骨干力量,集

聚优势资源，加强综合攻关，努力推出一批重大理论成果，为增强道路自信、理论自信、制度自信提供坚实学理支撑。

十八大精神的核心，就是坚持和发展中国特色社会主义。这既是一个重大实践问题，也是一个重大理论问题。我们的理论研究越深入，对中国特色社会主义的把握就越深刻，对事业发展就越有利。要紧密联系中华民族5000多年的文明历史，联系社会主义思想500年的发展进程，联系我国革命、建设、改革90多年的伟大实践，深入研究坚持和发展中国特色社会主义的历史必然、基本要求和重大意义，深刻阐释我们在道路上的创造、理论上的贡献、制度上的优势，深刻阐释中国特色社会主义是社会主义而不是其他什么主义，深刻阐释改革开放前和改革开放后两个历史时期是相互联系又有重大区别的历史时期，深刻阐释马克思主义必定随着时代、实践和科学的发展而不断发展、社会主义从来都是在开拓中前进的，不断赋予中国特色社会主义丰富的实践特色、理论特色、民族特色、时代特色。要深入研究阐释科学发展观的历史地位和指导意义，研究阐释贯彻落实科学发展观的实践要求，进一步增强贯彻落实科学发展观的自觉性坚定性。社会主义核心价值体系是兴国之魂，决定着中国特色社会主义发展方向。要紧扣十八大提出的“三个倡导”“24个字”，加强理论研究和概括提炼，引导人们自觉践行社会主义核心价值观，推动社会主义核心价值体系建设不断深入。

民族复兴中国梦，是新一届中央领导集体提出的重大战略思想，是党和国家未来发展的政治宣言，是全党全国各族人民共同的奋斗目标，是团结凝聚海内外中华儿女的一面精神旗帜，充分体现了我们党高度的历史担当和使命追求。中国梦一经提出，就引起了强烈反响，释放出强大的号召力和感染力。要把研究中国特色社会主义与研究中国梦统一起来，深入阐释中国梦的重大意义、精神实质和实践要求，讲清楚中国梦在国家、民族、个人三个层面的深刻内涵和有机联系，讲清楚实现中国梦在经济建设、政治建设、文化建设、社会建设、生态文明建设等方面的目标要求，讲清楚实现中国梦的现实路径、精神支撑和动力源泉。要深入阐释中国梦是和平之梦、和谐之梦，不仅造福中国人民，也造福世界人民，能够为世界和平发展带来新机遇，有利于推动世界持久和平、共同繁荣。研究中国特色社会主义、研究中国梦，要同研究马克思列宁主义、毛泽东思想结合起来，深入研究马克思主义基本观点，研究毛泽东思想独创性的理论贡献，深刻阐明党的理论创新成果是对马克思列宁主义、毛泽东思想的坚持和发展，既一脉相承又与时俱进。

马克思主义理论研究和建设工程，是十六大以来我们党实施的最重大、最基础、最具深远意义的思想理论建设工程，在推动实践基础上的理论创新、繁荣发展哲学社会科学上发挥了龙头作用、基础作用和导向作用。要坚持工作不断、力度不减、队伍不散，结合时代和实践的新发展，把工程不断引向深入。要继续推进哲学社会科学学科体系和教材体系建设，把工程教材编写的后续工作完成好，把已出版教材使用好、修订好，推进党的理论创新成果进教材、进课堂、进头脑。

三、深化关系全局的重大现实问题研究

我们的事业，是在发现问题、研究问题、解决问题中不断前进的。研究回答时代提出的问题，是哲学社会科学的重要职责所在、价值所在。要牢固树立问题意识，主动迎上去，直面现实矛盾，回应时代声音，立足实践进行理论创造，积极服务党和国家工作大局，更好推动经济社会持续健康发展。

当前，我国正处于发展关键期、改革攻坚期、矛盾凸显期，面临的困难和问题很多。只有把这些困难和问题研究透、解决好，我们的事业才能往前走、才能走得好。要围绕全面落实中国特色社会主义事业“五位一体”总体布局，加强推动科学发展、转变经济发展方式的研究，加强破解发展不平衡、不协调、不可持续问题的研究，加强稳增长、控通胀、防风险的研究，推动实现有质量、有效益、可持续的发展，不断开拓生产发展、生活富裕、生态良好的文明发展道路。要围绕构建系统完备、科学规范、运转有效的制度体系，认真开展改革顶层设计和总体规划的研究，开展改革系统性、整体性、协同性的研究，开展重要领域和关键环节改革的研究，推动改革不断深化，促进各方面制度更加成熟更加定型。要围绕确保人民安居乐业、社会安定有序、国家长治久安，不断深化加强和创新社会管理的研究，深化保障和改善民生的研究，深化涉及群众切身利益问题的研究，解疑释惑、推动工作，促进社会主义和谐社会建设。要围绕推动形成有利于我国改革发展稳定的国际环境，积极研究国际国内两个大局的互动规律，研究当今世界格局调整的未来走向，研

究大国力量变化和博弈的基本态势,着力维护国家利益和安全。

党的十八大立足形势的发展、事业的开拓、人民的期待,对全面提高党的建设科学化水平作出战略部署。要围绕这一部署,深入研究加强党的执政能力建设、先进性和纯洁性建设的新挑战新要求。特别是要结合即将开展的以为民务实清廉为主要内容的群众路线教育实践活动,深入研究新形势下群众工作的特点和规律,研究提高做好群众工作能力、保持党同人民群众血肉联系的制度措施,研究解决群众反映强烈的形式主义、官僚主义、享乐主义和奢靡之风等问题的有效途径,推动教育实践活动扎实深入开展,努力建设学习型、服务型、创新型马克思主义执政党。

现在,我国意识形态领域活跃复杂,各种社会思潮竞相发声,深层次思想理论问题不少,在一定范围内产生了影响,迫切需要加强正面引导、深度引导。在这方面,哲学社会科学战线应当积极作为、有所作为。要加强跟踪分析和科学研判,有针对性地推出一批研究成果,以正确的立场、鲜明的观点、坚定的态度,对各种错误思潮和观点进行深入辨析和有力批驳,帮助人们划清是非界限、澄清模糊认识,坚定不移地巩固和壮大主流思想舆论。

四、积极推进哲学社会科学创新体系建设

建设哲学社会科学创新体系,是十八大提出的一项重要任务,也是当前哲学社会科学工作的战略重点。建设创新体系,就是要坚持走自己的学术发展道路,促进学科体系、学术观点、科研方法创新,赋予哲学社会科学更加鲜明的中国特色、中国风格、中国气派,推动建立植根民族沃土、体现时代精神的学术家园。

建设哲学社会科学创新体系,关键是要加强基础研究,打牢学术根基。没有扎实深入的基础研究作支撑,学术的影响力和生命力就难以持久。纵观哲学社会科学发展史,基础领域的重大发现和突破往往孕育着新的学术变革,不仅能催生新的研究领域、思想观点,而且会极大改变学术的概念范畴、话语系统。要从战略上重视基础研究,立足中国学术实际,瞄准世界学术前沿,实施一批"高、精、尖"重大基础科研专项,增强学术发展后劲,培育新的学科生长点,提升我国学术原创能力。要积极为基础研究创造良好条件,设立一批特色鲜明、结构合理的研究基地,加大投入、加强扶持,吸引更多专家学者安心基础研究、乐于基础研究。

建设哲学社会科学创新体系,很重要的是构建当代中国的学术话语体系。学术话语问题,表面上是一个"说什么话、怎么说话"的问题,实质上则是一个涉及思想传播、价值认同、形象塑造等多方面的重大问题。这个问题解决不好,我们就难以在国际学术交流交融交锋中掌握话语权、赢得主动,就难以抢占世界学术制高点。经过新中国成立以来特别是改革开放30多年的努力,我国成功走出了一条自己的路,创造了发展的"中国奇迹",这是开展学术研究、赢得话语优势的丰厚资源。我们要有这个底气、有这个自信,建立自己的学术话语体系。要秉持中国立场,坚持开放包容,以宽广的视野和胸怀,主动回应当今时代面临的重大挑战,着力打造融通中外的新概念、新范畴、新表述,形成富有吸引力和感染力的中国话语。现在,国际上很多人并不真正了解中国。面对这种情况,必须进一步加强理论构建和对外宣传阐释,着力构建让世界听得懂、能信服的理论和话语,让国际上了解和理解中国道路、中国制度。要广泛开展对外学术交流,既要积极"发声"、又要善于"发声",既要阐述学术见解、又要传递中国理念,在国际学术舞台上唱响"中国声音"。

国家社科基金是繁荣发展哲学社会科学的有力抓手,是团结凝聚广大专家学者的重要平台。要按照坚持正确导向、突出国家水准、注重科学管理、服务专家学者的要求,把政治上的严要求和学术上的高标准结合起来,把多出精品力作和培养优秀人才结合起来,把完善资助机制和弘扬优良学风结合起来,把加强科学管理和服务专家学者结合起来,增强示范性、导向性和权威性,做大做强国家社科基金,把广大社科工作者更好地凝聚起来,推动哲学社会科学繁荣发展。

(本文系中共中央政治局委员、中央书记处书记、中宣部部长、全国哲学社会科学规划领导小组组长刘奇葆在2013年度国家社科基金项目评审工作会议上的讲话,发表时有删节。)来源:2013/11《求是》

坚持真抓实做 推动教育实践活动健康开展

郭庚茂

求真务实是党的思想路线的重要内容，是坚持党的群众路线的必然要求。党的群众路线教育实践活动（以下简称“教育实践活动”）开展以来，河南省委深入学习贯彻习近平同志一系列重要讲话和指示精神，严格落实“照镜子、正衣冠、洗洗澡、治治病”的总要求，聚焦解决“四风”问题，强化领导责任，着力真抓实做，坚持创新推进，促进了活动不断深入、取得实效。

深刻认识教育实践活动的重要性、必要性、紧迫性

习近平同志在河北调研时指出，“知”和“行”是相辅相成的，只有把道理真正弄懂了，行动才能自觉持久；只有行动上落实了，对道理的领悟才能更深入。通过学习教育、听取意见、对照自查，我们对深入开展教育实践活动的重要性、必要性、紧迫性有了更加深刻的认识。

一是改进作风势在必行。以习近平同志为总书记的新一届中央领导集体把作风建设作为推进党的建设的突破口，出台改进作风的一系列有力措施，特别是在全党深入开展教育实践活动，抓住了党的建设的关键，体现了实事求是的精神，反映了我们党适应时代发展要求、始终保持先进性纯洁性的高度自觉，表明了党要管党、从严治党的坚定决心。

二是聚焦“四风”切中要害。河南党员干部的作风状况总体是好的，但“四风”问题仍不同程度存在，有些方面还比较突出，更令人担忧的是一些干部对此习以为常，甚至不以为耻、反以为荣。“四风”问题到了非抓不行、抓不好也不行的地步。

三是人民群众寄予厚望。离“四风”越远，离群众就越近。活动搞好了，能极大地鼓舞士气、增添正能量；如果搞不好，就会涣散民心、削弱斗志，给党的执政地位和执政基础带来消极影响。

总之，教育实践活动不是搞不搞的问题，而是必须搞、必须搞好的问题。为此，我们坚持真抓实做，在“深入”上下功夫，深入学习、深入征求意见、深入查摆问题、深入剖析根源；在“认真”上下功夫，真学真查真改，确保解决实际问题；在“严格”上下功夫，把“严”的要求贯穿全过程，坚持时间服从质量、措施保障效果，拧紧“螺丝扣”，把好质量关，不敷衍了事，确保活动不虚、不空、不偏、不走过场。

牢牢把握教育实践活动的三个环节

河南的教育实践活动开展以来，群众切实感受到了新气象新变化。我们也认识到，真正达到活动预期效果是不容易的，需要重重地给一个刺激，使患者为之一惊，出一身汗，然后对症治疗。一是解决思想问题很不容易。作风问题根子在思想上。当前，各种思想文化交流激荡，一些党员干部放松了主观世界改造，理想信念动摇，价值观念扭曲，有些人甚至丧失党性原则和做人的起码准则，是非颠倒、良莠不分、敌我不辨。治标不易，治本更难，解决思想上的问题不可能一蹴而就，需要从理想信念、宗旨意识、党性修养、政治纪律等方面找根源，对症下药、锲而不舍。二是整治不良风气很不容易。不良风气一旦形成，受法不责众观念的影响，往往陷入恶性循环，容易形成“破窗效应”。面对不良风气，单兵突进容易孤立，蜻蜓点水难以见效，既要抓住要害、举纲带目，又需综合施策、常抓不懈。三是完善和落实制度很不容易。风气不好，“潜规则”容易盛行，制度往往变成“稻草人”。建立一套成熟的制度体系并严格照章办事，需要切实划出“红线”、标明“雷区”、架起“高压线”。

基于对活动面临困难的清醒认识，我们切实增强思想自觉和行动自觉，下大决心，扎实推进，把活动的三个环节融合起来、把工作和活动结合起来，提出“一学三促四抓”,将其作为真抓实做、求得实效的整体部署、重要方法和有效途径。“一学”,就是通过学习教育,强化宗旨意识和执政观念,增强历史责任感,着力解决好理想信念、群众观点、思想方法、精神状态、执政能力等五个方面的问题,打牢纠正“四风”问题的思想基础。“三促”,就是坚持开门搞活动,调动领导干部和广大群众两个积极性,以群众评价促反思、以群众评议促查摆、以群众评判促整改。围绕以“群众三评”实现“三促”,着力抓好三个关键点,即在学习教育、听取意见环节“梳辫子”,对群众提出的意见进行梳理,写出集体和个人征求意见的综合书面报告,让群众来评价;在查摆问题、开展批评环节“照镜子”,查摆集体和个人存在问题,剖析思想根源,形成自我检查剖析报告,交由群众评议;在整改落实、建章立制环节“拉单子”,根据集体和个人存在的问题,逐条制定整改措施,明确任务时限、责任主体,建立工作台账,形成整改报告,交由群众评判。“四抓”,就是领导班子集中抓一批整改建设性制度,抓一批群众反映强烈的热点问题,抓一批事关经济社会发展全局的重大调研专题,抓一批促进发展和改善民生的大事。省委已确定了第一批“四抓”事项并通报全省,以后还要陆续跟进。我们把“四抓”任务分解到每位省级领导干部,明确抓好“三件事”,即改进作风整改什么,围绕影响经济社会发展的难题研究破解什么,促进发展、改善民生做什么。通过“一学三促四抓”,把教育实践活动的“十二字”总要求具体化,务求工作有抓手、活动能深入、问题快解决。

充分发挥领导干部的示范带动作用

习近平同志强调,一把手是关键,一把手以身作则并有力推动班子切实贯彻中央精神很重要。我们坚持从省委常委会做起,常委以身作则,带动各部门各单位一把手作出示范,努力走在活动前头。一是带头加强学习,并为全省党员干部作了“学习弘扬焦裕禄精神,做为民务实清廉表率”的辅导报告。二是深入基层,与群众及基层干部面对面交流,问大家最难办的事情是什么,问干部最应该办的事情是什么,问最需要党委政府解决的事情是什么,通过群众的困难和基层干部的困惑反思自身存在的问题。三是欢迎群众监督,公开“约法三章”:向全省人民保证,绝不以权谋私;向全省人民承诺,愿意接受方方面面监督;向全省各方申明,凡是有人打着我的旗号、以我的亲友名义假公谋私的,务必严肃查办。四是带头执行中央八项规定和河南20条意见,认真反思问题并率先整改。

搞好教育实践活动,一把手要切实承担起第一责任人的责任,舍得花时间、投入精力,用心思考、用心谋划,把握和引导方向,调动各方面积极性,形成齐心协力抓活动的生动局面。一是发挥省级领导班子集体带头作用。先后召开8次省委常委会,举办6次专题学习会、一次为期3天的集中封闭学习。省级领导带头作辅导报告,带头听取意见,带头确定整改事项。二是抓好下级一把手。重点抓住第一批开展活动单位的领导班子,引导他们带头研究方案,带头抓好活动方案落实,一级抓一级、一级带一级、一级促一级。三是认真筹备专题民主生活会。我们强调,严格落实中央纪委、中组部、中央教育实践活动领导小组关于开好专题民主生活会的通知要求,以整风的精神,会前下足功夫准备,会上开展严肃的批评和自我批评,会后扎实抓好整改落实,确保召开一次高质量的专题民主生活会。四是搞好督促检查和专项治理。要求督导组既督又导,“盯住、盯紧、盯实”,思想认识上不去的不放过,查摆问题不聚焦的不放过,自我剖析不深刻的不放过,整改措施不到位的不放过,人民群众不满意的不放过。要求纪检监察部门加大专项治理力度,对活动中明确整改的事项推出一批抓一批,对违反中央八项规定和河南20条意见的突出问题在全省范围内进行监督检查,对群众反映强烈的突出问题发生在哪里就查到哪里。五是引导活动健康有序开展。把握好四个方面,即聚焦“四风”,防止走偏;把握政策,规范有序;重在纠风,突出解决共性问题;把活动开展与改革发展稳定结合起来,两手抓、两促进。

积极探索符合自身实际的活动方式

我们积极探索新形势下解决作风问题的有效方法,既不折不扣做好中央“规定动作”,又灵活安排具有河南特色的“自选动作”。

一是科学设计方案,扎实有序推进。制定方案近详远略、统筹兼顾、适时调整。把学习、查摆、整改三个环节串起来,实现“波浪式前进”“螺旋式上升”“阶梯式深入”。活动开展区分层级、梯次衔接、压茬推进,避免上下“一般粗”、大小“一块煮”、多头齐步走。

二是学习弘扬焦裕禄精神,做到“六问六带

头”。“六问”就是着眼于解决思想问题，问问自己是否像焦裕禄那样，始终做到一心为民、真抓实做、敢于担当、科学求真、艰苦奋斗、廉洁奉公，问出自责、问出“汗珠子”、问出整改的内生动力；“六带头”就是着眼于真抓实做，以焦裕禄同志为标杆，带头学习提高、带头服务群众、带头开拓创新、带头务实重干、带头廉洁自律、带头推动发展。

三是引导群众有序参与，以群众满意为标准。开展“群众三评”，作风现状由群众评价、查摆问题由群众评议、整改落实由群众评判，把“群众三评”结果在单位内部党员干部、下级机构领导班子、服务对象和群众代表中公开，“群众三评”不过关的责令返工补课。开通“中原民意快线”手机短信平台，面向社会直接受理群众意见建议，及时反馈，跟踪督办。

四是坚持上下联动、相互促进。要求暂未参加活动的市县和单位不等待不观望，与参加第一批活动的单位协同配合、正风肃纪。在学习上联动，全省各地各部门都树立主动学习意识，认真学习领会习近平同志一系列重要讲话和指示精神，自觉把思想和行动统一到中央决策和省委要求上来；在征求意见上联动，暂未参加活动的市县和单位积极主动配合第一批活动单位搞好征求意见工作，帮助其查找存在问题，同时也注意对照反思，主动查找自身问题；在整改上联动，对第一批活动中查摆出来的共性问题和省里确定的专项治理重点问题，不但第一批活动单位立改立行，其他单位也要解决突出问题，努力形成全省上下共同树正气、聚民心、促发展的良好局面。

（作者系中共河南省委书记）

来源:2013 年 09 月 23 日　　《人民日报》

坚持以人民为中心的工作导向

赵素萍

今年以来开展的以为民务实清廉为主要内容的党的群众路线教育实践活动,其主旨是加强党同人民群众的血肉联系,巩固党的执政基础和执政地位。通过参加教育实践活动,尤其是通过深入学习习近平总书记在全国宣传思想工作会议上的重要讲话精神,深刻认识到党的群众路线在宣传思想文化工作中的体现,突出反映在是否解决了"为了谁、依靠谁、我是谁"的根本立场问题,能否把握好党性和人民性等重大原则,能否树立以人民为中心的工作导向,能否坚持重心下移、做好基层基础工作。我们必须以党的群众路线教育实践活动为动力,以习近平总书记重要讲话精神为指导,强化基本职责,牢记根本任务,把握规律特点,不断强化群众思想、群众意识、群众观点,以奋发有为的精神状态努力开创宣传思想文化工作的新局面。

站稳根本立场

做好宣传思想工作,首先要解决好"为了谁、依靠谁、我是谁"的问题。

"为了谁"。《共产党宣言》开宗明义指出:"过去的一切运动都是少数人的或者为少数人谋利益的运动。无产阶级的运动是绝大多数人的、为绝大多数人谋利益的独立的运动"。我们党作为以马克思主义为指导的无产阶级政党,她的全部任务和责任,一切工作的出发点和落脚点,都是为人民谋利益,党除了人民的利益没有自己的任何私利,任何时候我们都要把人民利益放在第一位,把群众呼声作为第一信号,把群众需要作为第一选择,把群众满意作为第一标准。

"依靠谁"。马克思主义群众史观认为,人民群众是社会物质财富和精神财富的创造者,是社会变革的决定力量。我们党的历史也充分证明,无论在战争年代,还是建设时期和改革开放过程中,我们都必须相信群众,依靠群众,与群众同呼吸、共命运、心连心,只有这样才能取得胜利,才能战胜任何强大的敌人,否则必然一事无成,甚至走向失败。

"我是谁"。历史唯物主义指出,社会的一切权力属于人民,人民赋予的权力只能用来为人民谋利益。我们党来自人民、为了人民,长期以来党与人民同甘苦、共患难,心相连、情相系,党的根基在人民,血脉在人民,力量在人民,我们只有牢固树立起群众观点,与群众站在一起,永远保持鱼水关系、血肉联系,才能永远得到人民的支持和拥护。

做好宣传思想文化工作,必须始终相信群众、依靠群众、植根群众,明确"为什么宣传"、"为谁宣传"、"宣传什么"、"怎么宣传",坚持带着感情、带着责任,把人民放在心中最高位置,顺应人民愿望,符合人民利益,帮助人民过上美好生活,使宣传思想文化工作充分发挥出引领社会、凝聚人心、推动发展的作用。

把握重大原则

做好宣传思想文化工作,要牢牢把握好基本要求和基本遵循。

第一,要正确把握党性和人民性的关系。我们党是全心全意为人民服务、代表中国最广大人民根本利益的马克思主义政党,从本质上说,坚持党性就是坚持人民性,坚持人民性就是坚持党性。只有坚持讲党性,宣传思想工作才有明确的立场和指向;只有坚持人民性,宣传思想工作才能获得活力源泉和动力根基。宣传思想文化工作者只有把党性和人民性统一好、实践好,把体现党的主张和反映人民心声统一起来,把坚持正确导向与通达社情民意统一起来,才能更有效地把党和政府的声音传播好,把社会进步的主流展示好,把人民群众的要求反映好。

第二,要坚持正确的舆论导向。团结稳定鼓劲、正面宣传为主,是宣传思想文化工作必须遵循的重要方针。坚持以正面宣传为主、凝聚力量、激励精神,对我国经济发展、社会稳定、人民幸福至关重要。我们要坚持马克思主义的新闻观,善于用历史的、辩证的思想方法,透过现象看本质,客观准确地反映社会现实。要坚持主流媒体的引领作用,加强思想的领导,在当今人人都有麦克风的时代背景下,主流媒体要充分发挥主旋律的作用,在各种价值观的激烈碰撞中,在涉及重大的民生利益面前,主流媒体要积极占领舆论阵地,引导社会情绪,增进社会共识,促进社会和谐。

第三,要做到守土有责。在当前意识形态领域各种思想文化相互激荡,社会呈现多元、多样、多变的形势下,我们要不断强化阵地意识,敢于开展有理有力有节的舆论斗争,在重大政治原则问题上,敢抓敢管、敢于亮剑,不给错误思想观点提供任何传播渠道。要始终坚持党管媒体原则,坚持政治家办报、办刊、办台、办新闻网站,切实守好意识形态阵地,确保意识形态工作的领导权牢牢掌握在忠于党和人民的人手里。同时,还要善于打好主动仗,要找准思想认识的共同点、利益关系的交汇点、化解矛盾的切入点,主动设置议题进行引导,帮助干部群众划清是非界限、澄清模糊认识,引导社会情绪、社会心理朝着积极健康的方向发展,达到在多元中立主导,在多样中谋共识,在多变中把方向。

树立民本导向

做好宣传思想工作,必须树立以人民为中心的工作导向。

首先,要坚持为人民放歌。人民是我们的衣食父母和精神父母,我们必须感恩人民、回报人民。要突出宣传社会主流,大力宣传改革开放的巨大成就和人民群众中的先进典型和感人事迹,宣传党员干部弘扬优良作风、密切联系群众的良好风貌,宣传社会各方面温暖人心的善行义举,在全社会唱响昂扬向上的正气歌。要坚持用先进文化引领社会风尚,大力弘扬社会上的真善美,传播有利于振奋人民精神、凝聚民族力量的正能量,形成推动社会发展的强大动力源。要努力满足人民群众的精神文化需求,多向人民群众提供丰富多彩、健康有益的精神文化产品,多用群众喜闻乐见、通俗易懂的方式讲故事、讲道理,多为普通群众提供喜欢的文化服务,不断丰富人民群众的精神世界和文化需求。

其次,要善于为人民解疑释惑。要把服务群众同教育引导群众相结合,加强正面宣传,弘扬主旋律,传播正能量,搞好思想政治教育,给群众指出前进的方向,知晓自身利益所在,积极投身改革建设实践,争取和创造自己的幸福生活。要树立“分众营销”的意识,认真研究不同群体的精神文化需求,弄清楚他们各自的共性需求和个性需求,采取“分众化”的工作方式,有针对性地开展工作。要加强面对面的交流互动,根据当前人们思想活动的独立性、选择性、多变性、差异性的特点和人们关心关注的重大问题和热点难点问题,及时解疑释惑,析事明理,把党的理论和政策送到干部群众之中,推动中国特色社会主义深入群众、深入人心。

其三,要反映人民心声、谋取群众利益。坚持“三贴近”的原则,克服宣传思想文化工作中脱离生活、不接地气、同群众贴得不紧的问题,坚持面向基层、深入群众、服务群众,敏锐感知群众冷暖,关注群众诉求,反映群众心声,回应群众关切,维护群众权益,说群众想说的话,办群众欢迎的事,在了解群众、引导群众的过程中服务群众、教育群众,更好地架起党和政府联系群众的桥梁。要强化社会责任,宣传思想工作既要反映社会生活,又要服务社会生活。坚决克服一味迎合市场带来的低俗化现象,把满足需求与引领需求结合起来,强化服务意识,在宣传服务中陶冶情操、提升境界,把党的群众路线贯彻到宣传思想文化工作的各个方面。

坚持重心下移

宣传思想工作的服务对象在基层,工作主体在基层,任务落实在基层,做好宣传思想工作,必须眼睛向下、重心下移,做好基层基础工作。

一要抓好基层宣传干部队伍建设。切实解决目前宣传队伍“上强下弱”、“头重脚轻”的问题,建立一支熟悉基层、勤于奉献、敢于创新的骨干队伍;树立大宣传的工作理念和格局,切实解决一些地方不重视宣传思想工作的问题,解决基层宣传队伍的编制、经费和工作条件困难的问题。

二要建好基层宣传文化阵地。加大政策支持力度,完善公共文化服务标准和基层文化设施投入机制,坚持建设、管理、运用并重,在确保基层宣传思想文化设施有效覆盖的基础上,加强科学管理,提升服务效能。

三要积极推进文化惠民工程。以满足群众的基本需求为立足点,不断满足群众日益增长的精神文化需求,让人民群众享有健康丰富的精神文化生活。敏锐把握群众需求的变化,科学把握需求与供给的对接,多做雪中送炭的工作,把群众满意度作为衡量工作成效的标准。

四要深化“新闻、文艺、理论界走转改活动”,建立新闻工作者、文艺家、理论家走基层的工作机制,锻炼队伍,服务群众,使宣传思想文化工作者始终牢记党的宗旨,坚持群众路线,坚持人民至上的价值观、人民是真正英雄的唯物史观、立党为公执政为民的执政观,始终把群众评价作为最高标准,真正做到思想上尊重群众、感情上贴近群众、工作上依靠群众,不断推出“接地气”、“有底气”、“聚人气”的精品力作,为实现中华民族伟大复兴的中国梦提供强有力的精神动力、智力支持和良好的舆论氛围。

(作者系中共河南省委常委、宣传部长

来源:2013 年 11 月 13 日　《光明日报》

学科综述

党史·党建

2013 年河南省党史学科研究综述

尹书博　叶春涛

河南省党史学科教学与研究工作人员主要分布于全省高校系统、党校系统、党史研究室、社科院等教学和科研单位。据不完全统计,2013 年河南党史学科教学与研究人员在公开出版的期刊上共发表论文近 500 篇,出版与党史学科有关的专著近 20 部。本文主要从新民主主义革命时期、社会主义革命和建设时期、改革开放新时期和对重要党史人物的研究等四个方面对 2013 年河南省党史学科研究概况进行一下梳理。

一、关于新民主主义革命时期的研究

(一)关于井冈山道路的研究

井冈山道路历来是党史研究的重点内容之一。2013 年,河南大学的谷正博士在《中国共产党开辟井冈山道路原因探析》一文中指出:“井冈山道路的开辟彰显了中国共产党人对运用马克思主义解决中国问题的主体地位的自觉,从实践意义上理解,马克思主义中国化开始于井冈山道路的开辟。中国共产党开辟的井冈山道路极具中国特色,是‘历史的合力’的结果:三大起义的失败迫使中国共产党人开始思索更加有效的革命道路;半殖民地半封建社会的国情也让中国共产党人认识到别国的经验并不适用于中国;以毛泽东为代表的中国共产党人具有中国革命以农村为中心发展的初步的思想意识助推了井冈山道路的形成。”他最后得出结论:就革命道路思想的发展而言,在大革命失败前后,以毛泽东为代表的中国共产党人对革命空间转移到农村的认识并没有完全上升到马克思主义的理论高度,但这些以农村为中心开展革命的初步思想在当时党内是非常先进的思想,这为中国共产党在革命的荆棘中走出一条适合中国国情的革命道路提供了前提。随着农村革命根据地的星火渐趋形成燎原之势,以毛泽东为代表的中国共产党人在复杂的时代条件下不断增强井冈山道路的理论自觉和理论自信,这种理论自觉和理论自信体现为中国共产党不断推进马克思主义理论创新,创造性地回答“什么是马克思主义,怎样坚持和发展马克思主义”这一重大问题。事实证明,这种清醒的理论自觉和理论自信成为中国共产党战胜敌人、夺取胜利的重要力量源泉。

(二)关于鄂豫皖苏区的土地改革研究

鄂豫皖苏区的土地改革一直是河南地方党史研究关注的热点问题之一。2013 年,信阳师范学院的刘喜元同志在《试论鄂豫皖苏区的土地制度与土地革命》一文中指出,“土地革命战争时期,鄂豫皖苏区先后制定并实施的《临时土地政纲》等土地制度,为根据地的土地革命提供了法律基础和制度依据。这些土地制度的制定和实施,不仅有力地促进了鄂豫皖苏区的快速发展,而且也为该时期中共土地制度的发展完善提供了经验借鉴。”比如“鄂豫皖苏区在创建和发展过程中,先后颁布并实施的土地制度主要有《临时土地政纲》、《鄂豫边革命委员会土地政纲实施细则》、《六安六区土地政纲实施细则》、《土地暂行法》、《土地法草案》和《关于怎样分配土地的宣传材料》等。作为对封建落后的私有土地制度的一种否定,鄂豫皖苏区土地制度的制定和实施,无论是对鄂豫皖苏区本身,还是对中共的革命实践,均产生了十分重要的影响。……为中共土地制度的发展完善提供了经验借鉴。”最后,他得出结论,由于土地革命战争时期中共革命本身的特殊性、复杂性和不成熟性,鄂豫皖苏区的土地制度在短短的四年时间内就几经调整,以其为法律依据的土地革命也随之几度开展,从而给苏区的广大群众造成了一些不必要的麻烦和困扰。但就制度本身而看,土地制度的制定使得中共的土地革命有法可依、有章可循。鄂豫皖苏区如此,同时期中共创建的其他苏区也同样如此。

(三)关于毛泽东与陕甘革命根据地的巩固研究

关于陕甘根据地政权的研究也是党史界研究的重要内容之一。2013 年,河南科技大学张俊国教授在《毛泽东与陕甘革命根据地的稳固和发展》一文中指出,“陕甘革命根据地是中国共产党创建的第一块革命根据地,当中国工农红军开始长征之时,这块革命根据地由于受到王明“左”倾错误思想的影响和干扰,正在经受着前所未有的生存挑战与考验。中共中央和中央红军长征到达陕北时毛泽东不仅及时发现了“陕北肃反”的严重问题,而且坚决果断地纠正和处理了“陕北肃反”的错误做法,这不仅使陕甘革命根据地转危为安,而且也使陕甘革命根据地重新获得了新生的机会。”最后,他得出结论,陕甘宁根据地是在陕甘根据地的基础上逐步发展起来的。自此,陕甘革命根据地既结束了它原有的历史使命,又迎来了它进一步发展壮大的春天。“以毛泽东为代表的中国共产党人以力挽狂澜的勇气,在经过二万五千里长征到达陕北后,以延安为依托建立了革命根据地,很快又让它成为一个抗日救国中心,并让自己仅存下来的军队开赴抗日前线与敌作战。从此,中国共产党开始进入到‘以中国工农红军’为主力的民族革命战争的新的历史阶段。”

(四)关于大别山斗争时期、延安时期群众工作研究

新民主主义革命时期,开展群众工作是我党取得胜利的法宝之一。党史界对这一问题的研究一直热度不减。2013 年,信阳师范学院田青刚副教授在《大别山革命斗争时期中国共产党群众工作的历史经验》一文中指出,密切联系群众既是中国共产党在长期的革命斗争中形成的优良作风,也是始终保持党与人民群众血肉联系的经验总结。无论是在土地革命战争时期、抗日战争时期还是解放战争时期,大别山地区始终有中国共产党领导和组织的成规模、成建制的革命武装力量在那里进行革命斗争,并创造了 20 多年“红旗不倒”的奇迹。大别山革命根据地的党组织对“为什么要依靠群众,怎样依靠群众,怎样做好群众工作”这一重大历史课题从实践上作出了很好的回答,并为新时期深入开展群众工作提供了有益的历史借鉴。最后,他得出结论,在长期的革命斗争中,大别山革命根据地的中国共产党人在联系群众、宣传群众、组织群众、服务群众和团结群众等方而开展了卓有成效的工作,并在紧紧依靠群众,夺取斗争胜利;关心群众利益,组织发动群众;坚持以身作则,赢得群众信任;结合革命工作实际,创新工作方法等方面积累了宝贵的历史经验。这些经验,不仅是大别山地区坚持革命斗争的重要保证,而且是新时期学习贯彻党的群众路线的重要借鉴。

2013 年,中共河南省委党史研究室王黎锋同志在《延安时期毛泽东群众工作思想与实践探析》一文中指出,“群众路线的发展、完善与成熟是党在延安时期的重要理论成果之一。延安时期,毛泽东秉承马克思主义的群众观,结合中国革命的具体实际,形成了丰富的群众工作理论,积淀了科学的群众工作方法,为新民主主义革命的胜利奠定了坚实群众基础。”最后他指出,“延安时期,毛泽东为党的群众路线的确立作出了重要贡献。毛泽东在延安时期开展群众工作沉淀的科学思想和积累的丰富工作经验,为新形势下构建和谐的党群干群关系提供了重要的借鉴和宝贵的经验。”

(五)统一战线和谐发展研究

统一战线是我们党取得革命、建设、改革事业胜利的重要法宝。在新民主主义革命时期,统一

战线与党的建设、武装斗争,并称为党的“三大法宝”。在社会主义建设时期,统一战线又被视为党执政兴国的重要法宝,实现中华民族伟大复兴中国梦的重要法宝,夺取中国特色社会主义新胜利的重要法宝。究其原因,在于统一战线内在的包容性、团结性和凝聚力,它关乎社会力量的布局、整合,是党和国家凝聚力量、协调关系、调动积极因素的重要途径与载体。信阳师范学院教授李俊博士和蔡宇宏教授合著的《统一战线和谐发展研究》,对此进行了比较深入系统的研究。

《统一战线和谐发展研究》从思想或理论的源头,梳理出马克思、恩格斯关于统一战线和谐发展的哲学基础;从中国传统文化中的“和谐”思想,论证了统一战线和谐发展的历史继承性。在论述统一战线内部五大关系和谐时,依据党的文献,运用马克思主义哲学、政治学、社会学、民族性、宗教学的有关原理进行分析和阐述。例如,在论述统一战线政党关系和谐时,运用政党利益、政党价值观或意识形态、政党文化等相关原理进行分析。在阐述统一战线阶级、阶层关系和谐时,运用经济学、社会学的相关理论,提出新民主主义革命时期的统一战线,坚持经济分层与政治分层相结合,明确划分团结的对象与革命的对象,以求联合与革命;社会主义过渡时期的统一战线,围绕由新民主主义国家向社会主义国家转变的总任务,坚持“又团结 又斗争”的策略,以和平方式消灭剥削阶级;社会主义建设和改革开放时期的统一战线,摒弃“以阶级斗争为纲 ”的思想路线,大力发展广泛的爱国统一战线;新世纪新阶段的统一战线,坚持多元的社会分层立场,构建和谐的统一战线等。

二、关于社会主义建设时期的研究

(一)关于抗美援朝的研究

朝鲜战争结束已 60 多年,国内外研究这一问题的学者,针对毛泽东出兵朝鲜决策的原因进行了广泛的研究和探讨,也取得了丰硕的成果,但由于档案文献资料的不足,这些问题仍有广阔的研究空间。

2013 年郑州大学吴宏亮、孟涛在《“抗美援朝保家卫国”——毛泽东出兵朝鲜艰难决策的背后》一文中指出,“笔者在查阅了大量英文文献和论著的基础上,从中朝关系、中苏同盟的结成和中美冲突的升级以及毛泽东个人因素的决定作用等几个方面入手,对影响毛泽东出兵朝鲜决策的因素进行梳理分析,纠正了以往研究中的某些偏颇观点,弥补了研究中的不足。他们认为,第一,朝鲜战争爆发前的中朝关系对毛泽东决策的影响。以往学术界对中国出兵朝鲜决策过程的研究常从中美关系以及中苏关系的角度进行分析和研究,而中朝关系对中国出兵决策的影响却鲜有学者深入探讨。笔者认为,朝鲜战争爆发前的中朝关系以及毛泽东与金日成的微妙关系也是影响毛泽东出兵决策的不可忽视的因素。第二,中苏同盟的结成对毛泽东决策的影响。由于历史的原因,中国共产党在成立之初就得到了苏俄的帮助和指导。随着解放战争的胜利,毛泽东更加重视与苏联的关系。尽管中苏两党之间的关系在历史上出现过波折,毛泽东与斯大林之间也存在着分歧和恩怨,但由于相同的政治制度和意识形态,以及中共长期以来将自己依附于苏联领导的国际进步力量的革命政策,特别是在二战结束以后,毛泽东等中共领导人清楚地认识到战后的国际秩序将被分成两个阵营,一个是由苏联领导的社会主义革命阵营,另一个是由美国领导的资本主义反革命阵营。共产党中国毫无疑问地将自己的革命看作是苏联领导的国际无产阶级革命的一部分,而倒向苏联一边。第三,中美冲突的升级对毛泽东决策的影响。抗战结束后,由于意识形态的差异,蒋介石一意孤行,执行反共政策。而美国却转向支持蒋介石与中共打内战,事实上就成了蒋介石打击共产党的帮凶。到 1949 年年底和 1950 年年初,中共与美国冲突已经到了白热化的程度。随着蒋介石败走台湾,中共基本上解放了除西藏和台湾以外的绝大部分领土,毛泽东等中共领导人相信美国不可能直接参与中国内战。美国对中国大陆安全威胁解除,使中共领导人对美国政府的态度更加强硬。出于政治和经济等多方面的考虑,中共决定采取一边倒的对外政策与苏联结成联盟。中苏联盟是一种在全球范围内反对资本主义的联合,矛头直接对准了战后美国在亚洲的扩张,以及以美国为首的西方资本主义制度。

(二)关于毛泽东与新中国大国地位的确立

2013 年河南大学何云峰教授在《毛泽东与新中国大国地位的确立》一文中指出,毛泽东领导中国人民取得了中国革命的伟大胜利,实现了国家的独立、统一和稳定,建立了高效廉洁的人民政权,并且顶住外来压力坚持走自己的路,从政治上确立了新中国的大国之轨;毛泽东领导中国人民自力更生,艰苦奋斗,建立了独立的比较完整的国民经济体系,从经济上确立了新中国的大国之基;毛泽东领导中国人民取得了抗美援朝的伟大胜利,成功研制"两弹一星",从军事上确立了新中国的大国之力;毛泽东领导中国人民坚决捍卫国家主权与领土完整,反对霸权主义和大国沙文主义,支持援助弱国穷国,从外交上确立了新中国的大国形象。新中国在国际上的大国地位的确立,实现了近代以来无数炎黄子孙的梦想,其价值随着时间的推移愈发清晰。

毛泽东时代的中国内忧外患,多灾多难,但毛泽东领导全党和全国人民不怕压,不信邪,自力更生,艰苦奋斗,在一穷二白的基础上,仅仅花了不到30年的时间,就把中国建成一个敢于与美国和苏联分庭抗礼的政治大国、具有坚实工业基础的经济大国、能够发射"两弹一星"的军事大国。到毛泽东逝世时,中国在国际上的大国地位已经牢固确立,中国在国际上的影响力得到空前提高。中国已经从一个在世界上受人欺辱被人们看不起的贫弱国家,变成一个受到国际社会普遍尊重的强大国家。虽然毛泽东时代出现过"大跃进"、"文革"等严重失误,致使中国的社会主义建设受到很大的挫折,但无论是成绩还是失误,毛泽东时代的探索和奋斗都为新时期的社会主义现代化建设提供了宝贵的经验、教训和借鉴。中国在改革开放新时期取得了举世瞩目的建设成就,在很多方面已经不仅是世界大国而且是世界强国。抚今追昔,我们不能忘记以毛泽东为核心的新中国第一代领导人做出的丰功伟绩。没有他们努力奋斗奠定的基础,中国取得今天的辉煌成就和国际地位是不可想象的。

(三)关于马克思主义知识分子观中国化研究

马克思主义知识分子理论中国化是马克思主义中国化的重要组成部分。2013年,中央文献出版社出版了河南师范大学孟轲博士的专著《轨迹与启迪——马克思主义知识分子观中国化研究》。作者认为,马克思主义知识分子理论中国化是马克思主义中国化的重要组成部分,自中国共产党成立并领导革命开始,迄今已经走过90多年的历程,其历史轨迹与马克思主义中国化发展历程基本一致,历经早期探索、初步成熟、曲折发展、拨乱反正、创新发展和理论升华等阶段。马克思主义知识分子理论中国化90多年的历程启示我们:必须坚持以马克思主义知识分子理论为指导,彻底摆脱在知识分子理论和政策上的"苏联式"机械模仿,科学认识和正确评价知识分子的社会地位和历史作用,科学制定和认真落实党对知识分子的各项基本政策。

三、关于改革开放新时期的研究

(一)关于党的若干历史经验的研究

1. 关于加强党性修养的经验总结

2013年,中共河南省委党史研究室王黎锋发表了《中国共产党加强党性修养的历史考察及其启示》一文,文章认为,党性修养是党的优秀品质和良好素质的集中体现,重视加强党性修养是中国共产党的优良传统和显著优势。我们党90多年的历史,就是一部高度重视党性、始终注重加强党性修养的历史。90多年来,在革命、建设和改革的各个历史阶段,党对加强党员干部的党性修养进行了大量的理论和实践探索,形成了丰硕的理论和实践成果,积累了宝贵的历史经验:注重理论武装是加强党性修养的首要任务;围绕中心服务大局是加强党性修养的主要目的;站稳群众立场是加强党性修养的重要着力点;注重运用正确方法是加强党性修养的有效途径。党性修养不是与生俱来的,也不是一成不变的,是经过长期刻苦学习和实践历练逐步养成的。广大党员干部应该牢记历史,身体力行,不断提升党性修养,为实现"两个一百年"的奋斗目标和民族伟大复兴的"中国梦"提供强有力的党性保障和修养支撑。

2. 关于社会价值观创新发展的经验总结

2013年,信阳师范学院朱进芳在《十六大以来中国共产党社会价值观的创新发展及其历史经验》一文中指出,社会价值观是一种观念模式,核心是反映主体价值追求的社会理想或目标。中国共产党的社会价值观,是其作为一个政治团体,在评价和选择近期和将来要建立的社会形态以及相应的政策原则时所坚持的价值目标、价值取向与价值标准、价值尺度的总和。作为政党的行动纲领,它具有为党的执政进行合法性辩护、动员激励、价值导向、社会整合的功能,因此是一种重要的执政资源。十六大以来,随着党的执政生态的变迁,为使社会价值观保持先进,以胡锦涛为总书记的党中央在政治实践中自觉加强社会价值观建设,调整和变革了自身的社会价值观念,这不仅使党的社会价值观展现出了新的时代特色,进一步增强了党的吸引力、凝聚力和竞争力,为推动中国社会的发展提供了内在的精神动力和支持,而且为党的社会价值观建设积累了丰富经验。十六大以来,面对国际经济的全球化、国内社会利益复杂化、价值观念多元化的执政生态的复杂变化,以胡锦涛为总书记的党中央及时调整和拓展了党的社会价值观,从以效率为核心的价值取向进一步向以人为本的价值取向转变,兼顾公平与效率,把社会公正、和谐作为现代社会发展的基本价值理念,在新的历史条件下充分发挥了党的社会价值观的合法性辩护、动员激励、价值导向、社会整合的功能。可以说,这种价值观的拓展和升华已经也必将成为现在和未来中国社会更加和谐美好的重要动力。

(二)关于重大现实问题的研究

1. 关于群众路线与中国梦的研究

中共河南省委党校尹书博教授在《群众路线是实现中国梦的生命线》一文中指出,实现中华民族伟大复兴的中国梦,就是要实现国家富强、民族振兴、人民幸福。这既彰显了新一届中央领导集体的执政理念和政治智慧,还勾画了全国各族人民的共同期待和宏伟愿景。实现中国梦与践行群众路线之间存在着紧密内在关联:群众路线不仅是党的生命线,也是实现中国梦的生命线;坚守群众路线是实现中国梦的前提和基础,只有植根人民、服务人民、造福人民,党才能领导团结全国各族人民稳步走向民族复兴;只有做到为民务实清廉,才能有效地应对在党群关系问题上面临的严峻考验,以优良作风把人民紧紧凝聚在一起,从而不断推进中华民族伟大复兴的历史进程。文章结合正在开展的群众路线教育实践活动的实际,指出,党的群众路线教育实践活动,要集中解决群众深恶痛绝、反映最强烈的形式主义、官僚主义、享乐主义和奢靡之风这"四风"问题,对作风之弊、行为之垢来一次大排查、大检修、大扫除。把为民务实清廉的价值追求深深植根全党同志的思想和行动中,夯实党的执政基础,巩固党的执政地位,增强党的创造力、凝聚力、战斗力。从而让人民群众不断从党的群众路线中,从党员干部为民务实清廉的形象中感受到温暖和实惠,使之更加信任党、拥护党、热爱党、紧跟党,为全面建成小康社会、实现中华民族伟大复兴的中国梦而不懈奋斗!

2. 关于新型党群关系的研究

中共河南省委党校赵士红教授在《构建新型党群关系的五大取向》一文中指出,不同的历史时期,党群关系会具有不同的特点,搞好党群关系也会有不同要求。我们所处的时代是一个伟大变革的时代,是一个社会发生深刻转型的时代。时代对社会各方面的影响是广泛、深刻而长远的,对党群关系的影响也是如此。时代在变,客观事物在变。新的历史时期,党的角色功能发生了变化,群众的阶层结构、利益诉求发生了变化,党和群众所处的环境也发生了变化,我们必须把握时代特征,根据时代的发展变化和要求,努力构建新型党群关系。新型党群关系是结合新的政治生态环境对传统党群关系的继承、创新和升华。构建新型党群关系要以和谐为指向、以利益为核心、以制度为保障、以民主为基础、以服务为依托。把群众满意作为检验各项工作的"第一标准"。对于一个干部来说,你的工作到底如何,最有发言权的是你服务的主体—人民群众。我们要树立正确的政绩观,把群众满意不满意、拥护不拥护作为检验工作的第一标准。对一个政党的评价也是如此,党执政的效果如何,不是党自己说了算,最终要看人民如何评价。

四、关于重要历史人物的研究

2013 年河南党史界对重大历史人物的研究主要集中于邓小平、周恩来、习仲勋、张国华等人物身上,并且大多从某一个侧面对历史人物进行研究。

1. 邓小平

2013 年,河南省社会科学院的闫德民研究员发表了《论邓小平分权制约思想及其当代实践价值》一文,文章认为,邓小平关于分权制约的思想,是在中国共产党执政以后特别是改革开放和社会主义现代化建设新时期提出并集中阐发的。这一重要思想第一次比较系统地阐述了在中国实行分权制约的一系列基本问题,不仅有力地指导了党风廉政建设实践,而且极大地丰富了马克思主义的理论宝库,推进了马克思主义权力制约思想中国化的历史进程。邓小平分权制约思想内涵非常丰富,主要包括执政党的权力必须受到制约、权力不宜过分集中、加快推进分权改革、构建中国特色权力制约机制等重要思想,这些重要思想至今仍具有重大的理论价值和实践指导意义。

2. 周恩来

2013 年,中共河南省委党校赵璐博士在《周恩来人格魅力的时代意义》一文中指出,在中国共产党的领袖群体中,周恩来无疑是最具人格魅力的。他在生前赢得人民广泛炽烈的爱戴,身后得到人民深切而持久的怀念。周恩来的人格魅力有着极为丰富的内涵。他将炽烈的爱国热情和坚定的理想信念化为无私无畏的革命实践,以驾驭局势、知权变通的“和谐”理念成功地化解各种矛盾和冲突,以戒慎恐惧之心对待人民赋予的权力,以心中无我的情怀和求真务实的工作作风为人民殚精竭虑,最终赢得“人心之和”。当前认真体会学习周恩来的人格魅力,对于广大党员干部切实加强自身修养、不断改进工作作风,具有十分重要的现实意义。

3. 习仲勋

2013 年,中共河南省委党史研究室李海民在《习仲勋在河南》一文中指出,河南,对于习仲勋来说,具有多重含义:既是他的祖籍地,也是他人生落难时的“体养地”;既是他作为党和国家领导人付出心血的希望之地,也是他获得人间真情和温暖的感恩之地。在这里,他曾经深入工厂、矿山、农田指导工作;在这里,他曾经深入群众中了解冷暖,如实向中央反映百姓疾苦;也是在这里,他获得了许许多多的人间真情和友谊。如今,习仲勋虽然已经离开了我们,但他在中原大地上留下的足迹,他与人民结下的深情厚谊,却永远镌刻在了人民心中,中原人民也永远怀念这位为河南发展倾注了无限关怀、为党和国家作出了卓越贡献的无产阶级革命家、政治家。

4. 张国华

2013 年,中共河南省委党史研究室郭晓平研究员在《“军政两全”张国华》一文中指出,张国华既是一个善做政治工作的军事指挥员,又是善打硬仗的军队政治工作者,可谓“军政两全”。新中国成立后,人民解放军进军西藏平叛和自卫作战,张国华作为主要的指挥者名扬天下。高级指挥员的才华,是战争实践的结晶。在土地革命、抗日战争、解放战争中,无数次出生入死征战沙场,无数次运筹帷幄洞观风云,使张国华成为具有政治家气质的解放军高级将领。张政委成为张司令员,既体现了党赋予张国华更重的使命和承担更重的责任,也体现了党识才任人和张国华军事政治兼备的领导能力。从组织游击战到进行运动战,从坚持敌后战场到进军大西南,从带领地方武装到运筹千军万马,张国华的戎马生涯和赫赫战绩,都在展示着优秀的军事才能和政治素质。

主要参考文献

[1]吴宏亮;孟涛:《“抗美援朝保家卫国”——毛泽东出兵朝鲜艰难决策的背后》,《史学月刊》,2013 年第 10 期。

[2]尹书博:《群众路线是实现中国梦的生命线》,《学习论坛》,2013 年第 11 期。

[3]赵士红:《构建新型党群关系的五大取向》,《中州学刊》,2013 年第 5 期。

[4]何云峰:《毛泽东与新中国大国地位的确立》,《史学月刊》,2013 年第 12 期。

[5]谷正:《中国共产党开辟井冈山道路原因探析》,《长白学刊》,2013 年第 4 期。

[6]闫德民:《论邓小平分权制约思想及其当代实践价值》,《中国浦东干部学院学报》,2013 年第 7 期。

[7]李海民:《习仲勋在河南》,《百年潮》,2013 年第 11 期。

[8]郭晓平:《“军政两全”张国华》,《百年潮》,2013 年第 8 期。

[9]王黎锋:《延安时期毛泽东群众工作思想与实践探析》,《上海党史与党建》,2013 年第 12 期。

[10]王黎锋:《中国共产党加强党性修养的历史考察及其启示》,《福建党史月刊》,2013 年第 16 期。

[11]赵璐:《周恩来人格魅力的时代意义》,《中共山西省委党校学报》,2013 年第 2 期。

[12]张俊国:《毛泽东与陕甘革命根据地的稳固和发展》,《理论学刊》,2013 年第 1 期。

[13]田青刚:《红四方面军撤离鄂豫皖苏区行动考论》,《党史研究与教学》,2013 年第 2 期。

[14]田青刚:《大别山革命斗争时期中国共产党群众工作的历史经验》,《中州学刊》,2013 年第 6 期。

[15]刘喜元:《红军公田与鄂豫皖苏区的土地制度》,《黄冈师范学院学报》,2013 年第 2 期。

[16]刘喜元:《试论鄂豫皖苏区的土地制度与土地革命》,《信阳师范学院学报》,2013 年第 3 期。

[17]朱进芳:《十六大以来中国共产党社会价值观的创新发展及其历史经验》,《理论导刊》,2013 年第 2 期。

(尹书博　中共河南省委党校教授　叶春涛　中共河南省委党校讲师)

2013年河南省党的建设学科研究综述

刘 辉

2013年度党建研究工作迎来了良好的契机：一是党的十八大、十八届三中全会就党的建设提出了许多新论断、新观点，进一步拓宽了党建研究范围。二是新任总书记习近平同志围绕党的建设发表了一系列讲话，为党建研究指明了方向。三是2012年底和2013年初，赵乐际同志先后在中组部党建研究所成立25周年大会和全国党建研究会上就党建研究作出重要指示，明确了党建研究的范围和重点难点。四是中共中央出台了改进工作作风、密切联系群众的八项规定以及作出在全党范围内深入开展群众路线教育实践活动的决定，为党建研究进一步明确了重点。

在此背景下，河南省党建研究工作者坚持以中国化的马克思主义为指导，坚守党在意识形态领域的前沿阵地，紧密联系社会主义现代化建设和改革开放实际，紧密结合河南实际，顺应新形势新变化，顺应人民群众的新期待，广泛收集资料，深入调查研究，在党建研究尤其是党的作风建设和基层党组织建设研究方面取得了可喜的成果，开拓了党建研究的新局面，得到了省委省政府的充分肯定。

一、关于党的建设主线研究

党的十八大对党的建设主线作了新的概括，增加了"党的纯洁性建设"这一内容，体现了党的建设的理论创新。党建研究工作者围绕党的建设主线这一命题尤其是党的纯洁性建设展开多角度论述。有研究者回顾总结了无产阶级革命导师以及中国共产党几代中央领导集体核心关于党的纯洁性问题的有关阐述。赵华灵探讨了列宁关于党的纯洁性建设的思想并指出，列宁通过加强党的思想建设、组织建设和作风建设，构建无产阶级执政党建设的内在系统保持党的纯洁性；通过加强立法和执法、建立权力监督机构和机制、开展文化革命等举措，构建无产阶级执政党建设的社会系统保持党的纯洁性。[1]张永刚论述了毛泽东关于党的纯洁性建设的思想，他进一步指出，毛泽东从完成党的执政使命需要，践行无产阶级政党宗旨需要，经受住执政考验需要三个方面重视党的纯洁性建设。[2]有研究者探讨了党的纯洁性建设提出的时代背景，闫德民认为，把纯洁性建设列入党的建设主线，绝不是心血来潮，绝不是空穴来风，有着很强的现实针对性，是中国共产党为积极应对"四大考验"和"四大危险"作出的一项重大战略抉择，是建设廉洁政治、永葆党的政治本色的迫切要求。[3]也有学者就党的纯洁性的内涵作出详尽阐释，张永刚指出，党的纯洁性包括政治纯洁、思想纯洁、作风纯洁和行为纯洁。[4]还有学者从政治学的角度论述党的纯洁性建设，欧健从政治价值、政治功能、政治途径三个方面对中国共产党纯洁性建设进行了政治学分析。[5]此外，党的纯洁性建设提出的重大意义，实现途径以及党的执政能力建设、先进性建设和纯洁性建设的辩证关系等，均是重要研究内容。

二、关于党的思想建设研究

思想建设是党建的灵魂和根本，党的十八大把坚定理想信念，坚守共产党人的精神追求作为党的建设的首要战略任务。党建研究者们着重围绕十八大的有关论断展开研究。王旭丽紧密结合十八大报告，从抓好思想理论建设、抓好党性教育、抓好道德建设这"三个抓好"，阐述了党的思想建设的主要任务。[6]《河南日报》评论员从抓好领导干部的理想信念教育的角度谈思想建设，他指出，坚守共产党人的理想信念，就要用科学的理论武装头脑，要牢固树立宗旨意识，要坚持务实重干、推动发展。有研究者从加强领导干部的理论学习这一角度论述党的思想建设，楚向红认为，加强理论学习是每一个领导干部进行党性修养、提高领导水平和执政能力的前提和基础。她从提高认识、拓展内容、丰富形式、联系实际、健全机制等几个方面提出了加强领导干部的理论学习的主要举措。[7]也有论者从党性教育的角度进行阐述,何天毅从加强理想信念教育、个人修养教育、模范意识教育等方面论述了党的思想建设的一个侧面。[8]

总的来看,2013 年度党的思想建设研究成果较少,这说明,理论界对党的思想建设研究存在着一定程度的忽略,这是一个值得注意的问题。

三、关于党的组织建设研究

组织建设尤其是干部队伍建设既是党建研究的重要内容,又是抓好党建工作的重要保证,党的十八大从四个大的方面作出明确部署,按照十八大的新要求并结合地方实际,2013 年度河南党建研究工作者主要围绕以下三个方面展开研究:

一是基层党组织建设的研究。党的十六大以来,河南不断创新基层党组织建设的方式方法,一些做法如“”四议两公开”工作法、“三级联创”活动、“三票制”评选村干部制度、“金桥工程”、党员中心户制度、社区党员网格化管理在全省闻名,有的做法在全省推广。基层党组织建设的不断创新为党建研究者提供的新的视角。作为地方研究人员,河南相当多的专家学者把更多的精力倾注到本地区的党建研究上来,为省委省政府提供决策服务。2013 年,党建研究工作者继续深入地方,深入基层,就农村、城市社区,非公经济组织,社会组织党建情况进行详细调研并撰写了大量论文和调研报告,相关成果得到省四大班子领导的充分肯定。如河南省社科院科研人员撰写的调研报告“党员干部密切联系群众的新探索——鹤壁市三下三进工作机制的调查与思考”得到副省长李亚同志的重要批示,河南省新野县党员的“四式管理”调查得到省委常委、郑州市委书记吴天君的肯定批示。

二是党内民主的研究。党内民主是党的生命,能否贯彻好党内民主直接关系到党的生死存亡。牛安生教授长期致力于民主集中制研究,他认为,坚持好民主集中制要特别重视解决三个问题,即民主集中制的内容必须与时俱进,坚持好民主集中制必须注意消除党内生活的潜规则,坚持好民主集中制的重点是发展党内民主。[9]他指出,发扬党内民主必须注重领导干部主观世界的改造。牛教授在其中标的国家哲学社会科学基金规划项目《改革和完善党内选举制度研究》中还探讨了党内选举制度存在的弊端、危害以及进一步完善党内选举制度的重要举措。

三是干部队伍建设研究。党的十八大提出要深化干部人事制度改革,建设高素质执政骨干队伍。研究者围绕干部选拔“三坚持”原则、干部考核评价机制、干部管理体制、干部教育培训等问题展开研讨。胡隆辉等人指出,领导干部是党和人民事业的骨干,是推动改革发展的中间力量,要建设一支过硬的干部队伍,就是要坚持选人用人的正确导向,坚持五湖四海、任人唯贤,坚持德才兼备、以德为先,坚持注重实绩、群众公认,真正把想干事、能干事、干成事的干部选拔出来,把关键时刻勇于担当、能打硬仗的干部用到重要岗位。[10]陈东辉提出,在选拔干部时,既要坚持党管干部原则,也要体现群众公认的原则,把那些政治坚定、能力突出、作风过硬、群众信任的干部选拔到关键岗位上来。[11]

四、关于党的作风建设研究

以习近平同志为核心的新一届中央领导集体高度重视党的作风问题。十八大闭幕不久,中央政治局召开会议,提出要下大决心改进作风,切实解决群众反响强烈的问题,会议一致同意改进工作作风、密切联系群众的八项规定。2013 年下半年,全党深入开展群众路线教育实践活动,这次活动也是聚焦在“四风”上。在此背景下,河南党建研究者高度重视党的作风建设并涌现了一批高质量研究成果。有的成果在《人民日报》、《经济日报》等重要报刊上发表。如郭学德在《人民日报》发表《以人民满意为标准 切实改进工作作风》一文,该文阐述了当前领导干部工作作风方面存在的问题:官僚主义、形式主义、铺张浪费、享乐奢靡,文章提出了切实改进工作作风的四点重大举措。[12]翟道武在《河南日报》上发表《扫除“四风” 永葆本色》一文,从认清危害、牢记宗旨、建章立制、领导带头、群众满意五个方面论述扫除“四风”的途径。[13]闫德民在《经济日报》上发表《破除官僚主义必须标本兼治》一文,文章就“四风”中的官僚主义展开深入阐述,提出从思想、组织、制度等方面多管齐下,标本兼治官僚主义。[14]赵士红撰文回顾了中国共产党加强作风建设的历程,总结了党进行作风建设的宝贵经验:党的作风建设要以密切党群关系为核心;党的作风建设必须坚持领导带头;党的作风建设必须坚持教育和制度相结合。[15]为开展好群众路线教育实践活动,进一步加强作风建设,省委书记郭庚茂作了《弘扬焦裕禄精神 做为民务实清廉的表率》的报告,《河南日报》开辟了题为"以焦裕禄为镜"的专栏,编辑了一系列文章。《郑州大学》学报也组织专家学者围绕焦裕禄精神谈作风建设,辛世俊指出,领导干部在工作作风上应该做人民的孝子,对人民怀着一份深深的情感,把老百姓的安危冷暖挂在心头,把人民放在心中最高位置,为了人民的利益而始终如一,不离不弃,奋斗终身。[16]

五、关于党的群众路线以及群众路线教育实践活动研究

党的十八大提出要围绕保持党的先进性和纯洁性,在全党深入开展以为民务实清廉为主要内容的群众路线教育实践活动。为贯彻十八大精神,从下半年开始,全党自上而下掀起了此次教育活动。理论研究服从实践的需要,在此种时代背景下,河南理论界掀起研究党的群众路线和群众路线教育实践活动的热潮。据不完全统计,在各类报刊上发表的论文不下数百篇。《河南日报》理论版刊发了大量关于党的群众路线以及群众路线教育实践活动的文章,《河南社会科学》、《郑州大学学报》、《河南大学学报》、《党的生活》等省内期刊开辟了群众路线教育实践活动研究专栏,主要研究方向包括:教育活动提出的背景、意义;"四风" 的表现、成因及对策;活动的主要内容、切入点及总要求;焦裕禄精神与群众路线教育实践活动。如何开展好教育实践活动是不少专家学者关注的问题,郭献功提出要以整风精神开展党的群众路线教育实践活动,即要在联系实际的基础上认真读书学习;要相信和依靠群众;要认真开展批评和自我批评;要坚持"惩前毖后、治病救人"的方针。[17]辛世俊认为,开展好群众路线教育实践活动关键要在在"真"字上做文章,在"真"字上下工夫。一是动真心:解决群众立场问题;二是动真情:解决与群众感情问题;三是做真功:解决群众最关心的实效问题。[18]蒋仁勇认为,学习是搞好此次教育实践活动的基础与首要环节,而领导干部的带头学习,是教育实践活动能否取得实效的关键。领导干部要做到带头重视学习、学会学习、学以致用、讲求实效。[19]专家学者也就群众路线这一议题进行热烈的探讨。7 月 11 日,由省社科联、河南日报报业集团联合举办的"群众路线是党的生命线"理论研讨会在郑州召开,来自全省社科界的 20 名专家、学者围绕"群众路线是党的生命线"这一主题,就群众路线的重大意义,面临的新情况、新问题,如何更好地贯彻、落实群众路线等作了深入的探讨,为当前正在开展的群众路线教育实践活动提供了理论支撑和智力支持。河南财经政法大学赵增彦教授提出,要坚守好、维护好生命线,而不让其变成致命线,必须两手抓、两手硬。高金光提出让群众路线深入党员干部内心。丁素认为,走好群众路线,需要把握五个着力点,即群众路线的认知教育,群众观点的实践养成,服务群众的体制机制,群众工作的方式方法,群众觉悟的道德修养。杨群红认为,群众路线是我们党的三大作风之一。无论是从理论层面还是实践层面来看,群众路线都是事关党的生存和发展的生命线,是党在任何时刻都不能抛弃、不能背离的根本工作路线。[20]关于群众路线的研究也包括:中国共产党群众路线的形成发展过程及其意义,中国共产党坚持群众路线的基本经验,毛泽东、邓小平、江泽民、胡锦涛等中央领导集体核心关于群众路线的思想,还有专家把践行群众路线与实现中国梦结合起来,尹书博认为,实现中国梦与践行群众路线之间存在着紧密的内在关联:群众路线不仅是党的生命线,也是实现中国梦的生命线;坚守群众路线是实现中国梦的前提和基础,只有植根人民、服务人民、造福人民,党才能领导团结全国各族人民稳步走向民族复兴。[21]

开展群众路线教育实践活动是 2013 年度党和人民群众共同关注的热点、焦点问题,群众路线、群众观点是老百姓街头巷议的高频词、关键词。可以预见,对党的群众路线教育实践活动的研究在相当长的一段时期必将是党建研究的重中之重。

六、关于反腐倡廉建设研究

反腐倡廉建设是党的十七大报告提出的一个新概念,表明中国共产党将反腐倡廉工作提升到一个更为显著的地位。党的十八大报告把反腐倡廉建设作为党的建设"五位一体" 总布局的重要组成部分。不进如此,十八大报告详细阐述了反腐倡廉建设的重要举措,其中不乏新观点、新提法。研究者们在深入学习十八大报告的基础上,就反腐倡廉建设进行多角度的思考并发表不同的见解。有学者强调坚持标本兼治、综合治理、惩防并举、注重预防的方针,推进惩治和预防腐败体系建设,孙功奇提出要统筹协调,多策并举,构建党风廉政建设和反腐败工作的责任体系防线、思想道德防线、制度机制防线、监督保障防线、廉情预警防线、党纪国法防线,做到职责有界、教育有术、预防有方、制度有用、监督有效、惩治有力。[22]有学者提出建立反腐倡廉建设的长效机制,常希梅认为,反腐倡廉建设是一项长期的、复杂的系统工程,必须建立和完善反腐倡廉建设的长效机制,这些机制包括教育机制、预防机制、权力制约机制、监督机制、制度机制和惩处机制。[23]有论者探讨廉政风险防控问题。葛本成认为,廉政风险防控作为我国预防腐败的一项创新措施,还存在一些问题和困境,制约着廉政风险防控效力的进一步发挥。他提出了加强廉政风险防控有效性的几点对策:加强理论研究,做好廉政风险防控的"顶层设计";推进综合配套改革,提高廉政风险防控指导规范层次;创造条件增加社会参与程度,增强风险点排查的真实性和有效性;借助科学信息系统技术,创新廉政风险防范管理机制。[24]

党建研究者也就反腐倡廉的基本理论以及如何反对腐败、建设廉洁政治阐述了各自的看法。徐喜林全面论述了腐败、廉政等基本概念,深入探讨了古今中外反腐倡廉的做法、经验,回顾总结了中国共产党反腐倡廉的历程,展望了中国反腐倡廉的前景。[25]关于如何反腐败,臧豪杰认为,根除腐败,权力制约是前提、体制完善是关键、传统人性论的反思是基础。[26]薛瑞汉从网络反腐的角度出发,倡导草根权力在现实的腐败治理中有效地参与。他指出,网络监督是舆论监督的一种新形式,网络监督能将领导干部的一言一行置于公众的审视之下,这种经网络曝光、由网民参与的网络反腐热潮能有效补充党和国家机关内部自我监督的不足,正改变着我国的反腐格局。[27]徐喜林提出健全纪检监察体制,完善派驻机构统一管理,更好地发挥巡视制度的监督作用,等等。

除以上议题外,"三新型"马克思主义执政党建设;"四大考验"、"四种危险";领导干部理想信念教育;基层服务型党组织建设;密切党群、干群关系,保持党同人民群众的血肉联系;严明党的纪律;把权力关进制度的笼子等都是2013年度河南党建研究的重要方向。

综上所述,2013年度河南党建研究呈现以下特点:一是研究面广。研究者们从不同的角度、侧面进行广泛的探究,综观这一年的研究成果不难看出,党建研究覆盖了党的建设的各个方面。二是成绩斐然。不论从量上看,还是从质上看,2013年度河南党建研究均取得不俗的成就,尤其是涌现了一批精品力作。三是重点突出。研究者们结合新形势新情况,对党的建设进行针对性的研究,做到重点突出,详略得当。四是观点新颖。专家学者们在深入思考的基础上提出了一些新论断、新概括,体现了他们锲而不舍的钻研精神。

主要参考文献

[1]赵华灵.列宁对保持执政党纯洁性的探讨.经济研究导刊[J].2013(03).

[2]张永刚.毛泽东关于党的纯洁性建设的思考及其现实意义.毛泽东思想研究[J].2013(05).

[3]闫德民.把纯洁性建设列入党建主线——历史前提、实践价值与完善拓展.党的生活[J].2013(03).

[4]张永刚.加强党的纯洁性建设 提高党的建设科学化水平.华北水利水电学院学报(社科版)[J].2013(02).

[5]欧健.中国共产党纯洁性建设的政治学分析.社会主义研究[J].2013(04).

[6]王旭丽."三个抓好":坚守共产党人精神追求的新要求.党的生活[J]. 2013(05).

[7]楚向红.领导干部要不断加强理论学习.中共山西省委党校学报[J]. 2013(05).

[8]何天毅.新时期如何加强党性教育.理论观察[J]. 2013(08).

[9]牛安生.坚持好民主集中制三题.中共宁波市委党校学报[J]. 2013(03).

[10]陈东辉.坚持党管干部与群众公认有机结合.河南省党建研究会通讯49[C].2013.

[11]胡隆辉 康来云.一定要建设过硬的干部队伍.河南日报[N].2013—06—05.

[12]翟道武.扫除"四风" 永葆本色.河南日报[N].2013—10—16.

[13]郭学德.改进工作作风需要着力解决几个突出问题.人民日报[N].2013—04—16.

[14]闫德民.破除官僚主义必须标本兼治.经济日报[N].2013—11—01.

[15]赵士红.优良作风是党不断取得胜利的根本保证.学习论坛.[J]. 2013(02).

[16]辛世俊.共产党的领导干部应做人民的孝子.郑州大学学报[J]. 2013(03).

[17]郭献功.以整风精神推进党的群众路线教育实践活动.学习论坛[J]. 2013(08).

[18]辛世俊.群众路线教育实践活动应在“真”字上下功夫.河南工程学院学报[J].2013(04).

[19]蒋仁勇.领导干部在群众路线教育实践活动中要带头学习.河南省党建研究会通讯49[C].2013.

[20]杨群红.坚守生命线 增强生命力.河南日报[N].2013—07—12.

[22]尹书博.群众路线是实现中国梦的生命线.学习论坛[J].2013(08).

[23]孙功奇.高校反腐倡廉建设科学化的实现路径.郑州航空工业管理学院学报(社会科学版)[J].2013(03).

[23]常希梅.浅谈构建反腐倡廉建设的长效机制.党史文苑[J].2013(24).

[24]葛本成.廉政风险防控在实践中的困境与对策探讨.广州大学学报(社会科学版)[J].2013(08).

[25]徐喜林.中国特色反腐倡廉基础理论研究[M].中国方正出版社.2013—07—01.

[26]臧豪杰.透视腐败:权力体制与人性论.宁夏党校学报[J].2013(10).

[27]薛瑞汉.发挥网络监督正能量作用.河南日报[N].2013—06—05.

(作者系河南省社会科学院政治与法学研究所副研究员)

哲学

2013 年河南省逻辑学学科发展综述

许锦云

一、年度发展概况

2013 年,在河南省社科联的关心和支持下,河南逻辑学界积极开展学术研究活动,继续勤奋钻研,努力工作,在逻辑教学和科研活动中取得了较好成绩。

(一)学术研究成果丰硕

本年度我省逻辑学界科研积极性仍保持高涨态势,学术研究取得可喜成绩。在论文方面,据不完全统计,在 CN 刊物上发表论文数十篇,其中有些论文发表的刊物层次高,影响大。如,河南大学的马佩教授八十多岁高龄,仍笔耕不辍,他的《黑格尔论逻辑学、普通逻辑与辩证逻辑》在全国中文核心期刊《河南大学学报(社会科学版)》2013 年第 5 期上发表;他的《关于中国古代逻辑史研究的几个问题——与孙中原教授商榷》在全国中文核心期刊《中州学刊》2013 年第 1 期上发表。河南大学的郭桥教授《名家辨名方法探要》在全国中文核心期刊《河南师范大学学报》2013 年第 1 期上发表。杨红玉博士《四谓词理论中的本质——兼论现代哲学中的本质主义困境》在全国中文核心期刊《河南大学学报(社会科学版)》2013 年第 1 期上发表;她的《弗雷格的量词 - 变元理论》在全国中文核心期刊《中州学刊》2013 年第 2 期上发表。河南省委党校柳昌清研究员的《渗透逻辑与中医理论现代化》在《内蒙古中医药》2013 年第 33(4)期上发表。华北水利水电学院王湘云的《劳动价值论中价值创造与价值分配关系的深层解读》在《华北水利水电学院学报》2013 年第 1 期发表,她的《集合与图》在《毕节学院学报》2013 年第 4 期上发表。河南大学程献礼博士的《现代经验主义:困境、出路和遗产》在《洛阳师范学院学报》2013 年第 7 期上发表。等等。

多年来,我省现代逻辑的研究相对来说是弱项,但最近两年华北水利水电学院的左卫兵副教授致力于现代数理逻辑的研究,发表了多篇高质量的论文,使我省现代逻辑研究有了新突破。2013 年仍有 2 篇高质量的文章发表,《有限 Boole 语义中基于前提信息的随机真度》在全国中文核心期刊《数学杂志》2013 年第 33(3)期上发表、《基于 MV 代数语义的格值逻辑的程度化方法》在全国中文核心期刊(EI 检索)《电子学报》2013 年第 41(10)期上发表。

逻辑学是一门以推理、论证为主要研究对象的基础学科,它有两千多年的悠久历史,逻辑学对哲学、数学、计算机科学、人工智能、语言学、法学、管理学等的发展具有重要的作用,并且与这些学科有着密切的联系。因此在著作方面, 2013 年我省逻辑界出版了一批将逻辑学理论运用于教育、管理等研究领域的逻辑学应用性质的著作,如曾庆福教授主编的“十二五”规划教材《大学生心理健康教育指导教程》,中国人民大学出版社 2013 年 9 月出版;许锦云教授主编的《教育管理发展创新与实践探索》(四卷本),光明日报出版社 2013 年 7 月出版;河南检察职业学院冯彦波博士主编的《当代大学生素质教育理论与实践探究》,吉林大学出版社 2013 年 6 月出版。等等。

(二)项目立项总体较好,突显了部分领域的研究实力

2013 年我省逻辑学项目的立项和结项情况总体较好,项目级别较均匀,既有国家级项目,也有省部级和地厅级项目,特别是有些高级别课题的立项突显了我省部分研究领域的优势和实力。

中国逻辑史是我省逻辑研究的强项,有辉煌的历史,研究成果颇为丰富,在国内外具有较大的影

响,曾经有中国逻辑史研究方向的博士曾昭式(后调到外地)、郭桥、张晴、许锦云等,先后出版学术专著多部,如早期梁周敏教授的《墨家逻辑论》(河南大学出版社)、曾昭式的《包容与拒斥——逻辑学东渐命运研究》(吉林人民出版社)、郭桥的《逻辑与文化》、张晴的《20 世纪的中国逻辑史研究》和许锦云的《墨辩与亚里士多德逻辑——比较逻辑的个案研究》等。中国古代逻辑是与西方古代逻辑和印度古代逻辑相并列三大逻辑传统之一,中国古代名辩学即是中国古代逻辑学。近几年,国内对中国逻辑史的研究对象、具体内容、研究的原则和方法等进行了深入的研究,但也存在一些较为激烈的争论。中国古代到底有没有逻辑、中国古代逻辑学的结构体系究竟是怎样的,河南大学的郭桥教授一直致力于这方面的研究。在 2013 年,由他主持申报的"中国古代名辩学的结构体系研究"中标国家社科基金项目,这是我省逻辑学研究的又一突破,也说明了我省在中国逻辑史方面较强的研究实力。

辩证逻辑也是我省的研究优势。以马佩教授为代表的辩证逻辑研究团队为河南逻辑发展作出了突出贡献。近年来,博弈论作为一门工具学科,在经济学中获得广泛的运用。博弈论是研究理性人如何选择策略和如何作出行动的理论。博弈论中包含着丰富的辩证思维思想,博弈过程实际上是运用辩证思维的过程,博弈论中包含的矛盾思想为我们提供了刻画和处理现实社会矛盾的结构模型和逻辑分析的构架,特别是运用辩证思维的眼光来看待博弈论,从而开发出潜在的丰富辩证思维思想,能够为未来辩证逻辑的发展提供一种新的思路。因此,博弈思维实际就是一种辩证思维。河南财政税务高等专科学校的曾庆福教授长期致力于博弈论的研究,近几年也有不少的成果问世。他的"博弈论中的辩证思维思想研究"中标 2013 年中国逻辑学会学术研究项目,这是河南省唯一获得的立项,该项目主要研究的是博弈论中包含的辩证思维思想;他的"博弈论在分析的马克思主义中的应用研究"中标 2013 年度河南省教育厅人文社会科学研究项目;他主持的河南省教育厅人文社会科学重点研究项目"辨证矛盾与分析的马克思主义矛盾理论研究",2013 年 8 月完成结项。

此外,还有华北水利水电学院李志国副教授主持的"运用批判性思维提升社会矛盾化解能力研究"中标 2013 年河南省高等学校人文社会科学研究项目,杨红玉博士主持的河南教育厅人文社会科学基金项目"擶因与西方哲学的当代发展",2013 年 9 月完成结项,等等。其他一些省级课题和地厅级课题的立项和结项,在这里不再一一列举。

(三)获奖情况整体较为平淡,但仍有收获

2013 年度我省逻辑学奖项方面整体较为平淡,但在个别研究领域仍有获奖。曾庆福教授的论文《埃尔斯特社会矛盾思想解析》获得河南省教育厅人文社会科学研究成果奖一等奖;许锦云教授的论文《墨家与亚里士多德语义学思想初探》获河南省党校系统优秀科研成果一等奖,等等。

二、年度发展特征

从本年度的科研成果、项目立项、获奖等情况来看,我省逻辑学研究与全国逻辑学研究整体的气候息息相关。得益于我省逻辑学界同仁的种种努力,本年度我省逻辑学研究在中国逻辑史、辩证逻辑等方面都有良好表现,在现代逻辑研究上有了新突破,展示出河南逻辑学较为广阔的发展潜力与前景。但是,我们也应当看到在现代逻辑、应用逻辑、因明学等领域还有待进一步的深入研究,良好的结果不仅需要逻辑学同仁的共同努力,还需要较好的环境来培育。

(一)研究领域进一步拓宽,研究方向多元化

本年度我省逻辑界不仅在传统研究领域如普通逻辑、辩证逻辑、中国逻辑史、比较逻辑研究、逻辑应用等都有高质量的成果问世,并且研究领域进一步拓展到批判性思维、数理逻辑等多个研究领域,这些成果已有多个方向在国内逻辑界形成一定影响。我省逻辑研究的传统优势是以马佩教授为代表的辩证思维研究和悖论研究;以柳昌清研究员为代表的渗透逻辑及其应用研究;中国逻辑史研究进入国内研究前沿,以郭桥、张晴、许锦云等为代表的中国逻辑史研究在国内外产生重大影响,其中逻辑与文化的研究引起逻辑界、中国哲学界、史学界广泛关注;席升阳、曾庆福、苑存成在西方逻辑史、哲学逻辑的某些领域的研究也取得丰硕成果;在逻辑应用研究方面,楚明锟、田心军、席升阳、杨金长、赵国栋、冯彦波等同志都有成果问世。本年度以左卫兵、王湘云、冯彦波等为代表的一批年轻博士、硕士对现代逻辑的深入研究,弥补了近几年来我省逻辑学研究的空缺,使我省逻辑学研究领域进一步拓展,研究方向呈现多元化趋势。当然,我们还有一

些领域研究的很不够,如现代逻辑中的认知逻辑、直觉主义逻辑、多值逻辑研究,逻辑史中的因明学研究,等等,有待进一步深入研究。

(二)创新形式和载体,进一步发挥传统研究优势

2013年河南大学成立了"马佩逻辑研究中心"。马佩教授是我国知名的逻辑学家,是河南省逻辑学会前会长、现任名誉会长。他于1950年毕业留校从事逻辑教学和研究的60余年来,在为我省培养、输送大量逻辑学人才的同时,共撰写、参编著作28部,发表文章90余篇,是建国以来国内逻辑学界最有影响力的学者之一。马佩教授的研究领域涉及到普通逻辑、逻辑哲学、辩证逻辑等,他所主编的《普通逻辑》长期是我国高校逻辑教学的统编教材;在逻辑哲学和辩证逻辑领域,他开创了用马克思主义理论研究逻辑的先河。甚至在其退休以后,马佩教授仍躬耕不辍,在继续给研究生上课的同时,他又发表了六十余篇学术论文,学术影响力仍在不断增加和扩展。该中心一方面协助马佩教授整理、出版其手稿及著作,另一方面,定期举办讲座、专题座谈会及学术会议讨论、研究马佩教授的逻辑思想。目前,马佩教授任该研究中心名誉主任,杨红玉博士任马佩逻辑研究中心执行主任,李振江教授和郭桥教授任研究员。"马佩逻辑研究中心"的成立不仅能够推进马佩教授的本人的逻辑研究工作的深入发展并使其逻辑影响力进一步提高,而且能够使河南省逻辑学传统研究优势辩证逻辑、逻辑哲学等得到进一步发挥和提升,为我省逻辑学发展研究提供了新的形式和载体。

(三)坚持探索逻辑教学规律

科研与教学紧密相联系,教学出题目,科研做文章。在讨论逻辑学研究的同时不能不讨论逻辑教学。在全国各高等院校逻辑学教学及课时的安排不景气的情况下,2013年我省逻辑学界继续深化逻辑教学改革,注重逻辑理论与实际相结合,坚持探索逻辑教学规律,保持较宽的逻辑教学内容和较高的教学水平。我省逻辑学界积极参与高等学校的教学改革,为逻辑学的改革项目提供必要的支持。河南大学一直重视逻辑教学的安排及对逻辑规律的探索。其教研人员正在进行教学改革项目,把"逻辑学导论"这一课程作为专业基础课在河南大学哲学与公共管理学院下设的所有专业,包括哲学专业、思想政治教育专业、行政管理专业、公共事业管理专业、社会工作专业、劳动与社会保障专业以及城市管理专业等中开设必修课,这也是唯一一门所有专业都必修的专业基础课,可见逻辑学在河南大学被重视的程度。在研究生培养方面,河南大学的逻辑学硕士点从1980年开始招收研究生,是我国最早由国务院学位委员会批准建立的硕士学位授予权单位之一,我省有相当一部分逻辑研究人员都是河南大学研究生毕业的。目前,该逻辑硕士点现设逻辑学基础理论、法律逻辑、决策逻辑和中国传统医学的逻辑基础四个方向。该硕士点重视和国内外重点大学、科研院所的学术交流,在长期的研究生培养过程中,积累了丰富的研究生培养经验,向国内外著名高校输送了一批优秀的博士生,众多优秀的毕业生活跃在省内外教育、管理等社会的各个领域,也为河南省逻辑学发展提供了后备人才。

由洛阳师范学院时明德教授主持、河南省教育厅批准的"河南省思想政治教育专业教学团队"(省级教学团队),把《逻辑与论辩》、《中国古代名辩思想》作为该教学团队开设的主要课程;另外,该校周柏红同志主持的省级教学团队,把《中国古代名辩思想》作为其网络课程之一。华北水利水电学院的教育教学改革项目"创新人才培养模式改革研究与实践"把"逻辑学教学思维创新与通识教育"作为一个子课题组织专人研究;同时,继续在法学院开设《法律逻辑》必修课,继续在数学学院开设《数理逻辑》必修课,这说明我省高校数理逻辑教学已经保住了应有的地位。河南警察学院仍然针对不同的教学对象,不同专业开设不同的逻辑课。如,全校通识课开设《普通逻辑》;针对侦查专业的特点,开设《侦查逻辑》;法律专业开设法律审判推理;针对公务员考试,在行测中开设判断推理课。目前已经在五届专科生中开设了判断推理课,效果显著,不仅为学生参加公务员考试直接提供智力支持,提高了学生参加招警考试和其他公务员考试的通过率,而且凸显了逻辑学的社会文化功能,发挥了积极作用。河南省检察职业学院运用案例教学法,使用多媒体播放或者叙述一个已经发生过的案件,让学生扮演侦探,根据案件情节去推理破案,提高了学生学习逻辑的积极性;同时,结合公务员考试,对其中的逻辑试题进行讲解,并加强练习;将理论与实践相结合,组织学生进行辩论赛,锻炼学生的论辩与思维能力。以上方法,激发了学生

的学习兴趣，受到了学生的欢迎，收到了很好的教学效果。正是因为河南省逻辑界坚持探索逻辑教学规律，逻辑知识的普及教育扎实有效，才为河南省逻辑学的发展提供了后备人才。目前，我省逻辑学队伍存在高职称、高学历的良好发展态势，其中具有博士学位的已有十多人，时明德、席升阳、郭桥、许锦云、张晴、杨红涛、曾庆福、冯彦波、赵庆灿、王湘云、杨红玉、程现礼等，教授数十人，老中青三代，结构合理，特别是一批中青年学者开始成为我省逻辑学术骨干；还有一些同志担任领导工作，为逻辑学的研讨和交流提供一定条件。

(四)积极探索创新逻辑研究的途径和方法

学术交流和研讨是提高学术研究水平的有效途径和方法。本年度河南省逻辑学界经常进行学术交流，邀请国内知名专家学者讲学或做报告，或者参加全国性的逻辑学会，与国内外知名专家学者进行交流讨论，进一步提高自身的研究能力和水平。一是省逻辑学会为逻辑学研究人员搭建平台，定期展开学术活动。省逻辑学会坚持每年一次学术会议，会议由学会的理事轮流承办，保证学会活动的正常开展。在每年的学术年会上，都要邀请国内知名专家针对我省弱项研究领域进行讲学或做报告，开阔研究视野，丰富研究内容，有些研究人员还与这些知名专家建立了长期的联系。此外，郑州市逻辑学会定期开展学术交流活动。作为河南省唯一的市级逻辑学会，他们克服困难，坚持定期学术交流活动，邀请国内知名学者做报告，为促进河南省逻辑学的发展作出较大的贡献。2013 年 10 月郑州市逻辑学会邀请中国社会科学院哲学所著名的逻辑学专家刘培育研究员来郑州做题为《怎样提高国民思维素质》的报告。他强调思维素质是国民素质的基础，提高国民素质首先要提高国民的思维素质，所以我们逻辑工作者要增强责任感，做好逻辑教育与普及。他的报告内容丰富，信息量大，使人耳目一新，给我们以极大的振奋与鼓舞。二是逻辑研究人员积极参加全国性学术活动。参加全国性学术活动，与国内外知名专家交流研讨，是研究人员保持学术前沿、提升研究能力的有效途径之一。本年度我省逻辑学研究人员积极参加全国性学术会议，并进行会议发言，如 2013 年 6 月在河南省鲁山县召开的“中国逻辑史年会”，我省有 7 名研究人员参加；2013 年 8 月在内蒙古召开的“逻辑教学研讨会”，我省有近 10 名研究人员参加；2013 年 11 月在广东省肇庆市召开的“第九届全国因明学术研讨会”，我省有多名研究人员参加。此外，柳昌清研究员还参加中科院举办的“首届世界现代化论坛”会议，入选论文 2 篇(中英文各一篇)，并作大会发言。三是我省逻辑学界放眼国外，利用在海外求学和访学的有利条件，与国外诸多高校和科研机构以及知名专家建立了长期而友好的发展关系。如，河南大学的郭桥教授已经走出国门，去美国访学一年，与国外学者进行逻辑学交流与研究，相信这必然会给我省逻辑学界的研究和发展带来新的气象。

三、发展建议与前景展望

经过一年来的发展，河南逻辑学在中国逻辑史、辩证逻辑等方面的研究发展形势尚好。但我们反思过去，在保持自身优势的同时，河南逻辑学应该对弱势研究领域有所关注与调整，在逻辑哲学、现代逻辑、批判性思维等领域有待进一步深入研究。为使我省逻辑学整体发展更加均衡，本文谨提出以下建议：

(一)注重应用逻辑的研究，突显逻辑学的文化社会功能

逻辑学是一门工具学科，逻辑的真正价值在于应用。我省曾经非常重视对应用逻辑的研究，如，上世纪八九十年代，已故的郑州大学周洪仁教授曾提出和研究过商贸逻辑，构建了商贸逻辑体系，并为当时郑州商贸城的建设发挥了一定的作用。在 2010 年 10 月 30 日在郑州市绿城广场举办省会“中原经济区建设”广场宣传咨询活动中，我省逻辑学会积极参与，制作了题为“提高全民逻辑思维水平，促进中原经济区建设”宣传展板，副会长曾庆福、会员常和平在现场接受广大市民的对逻辑学与中原经济区建设的咨询问答，向广大市民解释、宣传逻辑学的基础性、工具性与人文性等重要性质及其所具有的多方面社会文化功能。2013 年逻辑界人士积极参入河南省经济社会发展的洪流中，参加了一些重要的学术活动，如聆听了河南社会科学学术年会的“郑州航空港经济实验区建设”和“中国梦：河南路径之选择”等学术报告，努力提高我省逻辑学的影响力和参与省情社情研究的能力，为逻辑学研究进一步服务河南省经济社会发展打下基础。目前，在我省打造“四个河南”推进“两项建设”中，我省逻辑学工作者更加应该继续发挥学科优势，从经济逻辑、创新思维、创业思维、中华民族

精神家园建设、河南省文化建设等方面,发挥人才培养、提高思维能力和水平的逻辑学社会功能,为河南省经济社会发展发挥应有的作用。因此,今后我省逻辑界应该在进行逻辑元理论研究的同时,继续加强应用逻辑的研究,把逻辑思维与科学发展观、和谐社会构建结合起来,从逻辑学视角,研究中华民族精神家园建设问题,研究河南省文化建设问题,尤其要与国家粮食生产核心区建设、中原经济区建设、郑州航空港综合经济综合实验区建设和“四个河南”建设等结合起来,发挥逻辑学的社会文化功能,更好地服务河南经济社会的发展。

(二)完善制度,营造良好的学术研究环境

尽管河南省逻辑学会定期举办学术交流活动,进行学术研讨交流。但由于理事人员的不断变动,近两年学术会议没有这么频繁,会员参加的热情也有所减退。因此,我们认为首先完善相关制度,除坚持每年一次的学术年会外,要发挥各理事自身的资源优势,多次召开小型研讨会,或就某个具体问题,召开专题研讨会。如,郑州市逻辑学会学术交流活动开展得比较好。其次,就我省逻辑研究弱项领域,如现代逻辑的各个分支学科、因明学等,邀请国内外知名专家讲学或做报告或举办短期培训班,并使之常态化、制度化,以开阔我省逻辑研究视野,丰富我省逻辑研究内容,提高我省逻辑研究的层次,使我省逻辑研究水平与国内国际接轨。再次,积极争取省教育厅或各高校及其有关院系等部门的政策支持,给逻辑教学、研究、展开学术活动提供宽松优良的环境,建立相应的人才交流和推介制度,稳定和扩大逻辑教学研究队伍。另外,建立相应的逻辑研究基地,为逻辑学的研究讨论提供渠道与平台,鼓励逻辑学研究者进行广泛交流,开拓视野。

(三)发挥团队优势,开展学术集体攻关

从全国范围看,逻辑学发展前景不容乐观,高校逻辑课程减少,课时减少,逻辑研究队伍也在缩减,一些科班出身的逻辑研究人员也不得不改弦易辙,从事其他方面的研究;但也有一些单位没有专业的逻辑学教研人员,而是由其他专业的人员代教逻辑课。在这种情况下,我们一方面应该更加积极主动地把热爱逻辑事业、从事逻辑学教学的同志吸收到学会中来,扩大逻辑研究队伍。另一方面,发挥群体优势,做好逻辑科学研究和普及工作。我省逻辑科学研究与普及已经积累了丰富的经验,在一些方向上有了良好的开端。今后要认真总结经验,好好谋划,组织力量开展学术攻关。有条件的单位要力争在国家级课题的立项和硕士点的申报上有所建树。因我省逻辑研究人员大多分布在各高等院校,有些单位逻辑研究力量较强,如河南大学,自己能够形成很强的研究团队,但多数院校就一两位老师,很难形成有力的研究团队,这就需要省逻辑学会积极主动协调研究力量,形成合力,进行集体攻关,力争在逻辑学重大问题的研究上突出特色,做出成绩。

(作者系中共郑州市委党校教授,河南省逻辑学会秘书长。)

应用经济学

2013 年河南经济研究综述

彭俊杰

2013 年,在国内外经济形势极其严峻复杂的情况下,全省上下认真贯彻落实中央和省委关于经济工作的决策部署,全省经济运行表现出总体平稳、稳中有升、稳中向好的总体态势。初步核算,全年全省生产总值 32155.86 亿元,比上年增长 9.0%。其中,第一产业增加值 4058.98 亿元,增长 4.3%;第二产业增加值 17806.39 亿元,增长 10.0%;第三产业增加值 10290.49 亿元,增长 8.8%。三次产业结构为 12.6:55.4:32.0。

面对严峻形势,省委、省政府紧紧围绕粮食生产核心区、中原经济区、郑州航空港经济综合实验区三大战略规划,深入推进"一个载体、三个体系"建设,着力把国家战略转化为发展新优势,打造河南经济升级版,各项经济指标趋于协调,经济效益明显向好。在当前经济平稳运行和风险挑战并存的发展环境下,全省经济学者围绕"河南宏观经济运行"、"产业经济发展"、"科学推进新型城镇化研究"、"中原城市群建设"、"航空港经济综合实验区建设"等热点问题进行了跟踪研究,其中不乏真知灼见。为此,本文通过对 2013 年河南经济研究的最新成果进行系统的梳理、归纳、分析与总结,并在此基础上提出对策建议,旨在为河南经济平稳健康发展提供借鉴。

一、2013 年河南宏观经济运行研究综述

2013 年河南经济增长速度为 9.0%,高于全国平均水平。在国家宏观调控的背景下,河南经济增长的前景如何,如何保持河南省经济的可持续发展,特别是河南省委经济工作会议提出的打造河南经济升级版的战略目标如何实现等问题,成为河南理论界研究的热点和重点。

1. 对河南宏观经济形势的判断。目前在全国经济增速回落的大背景下,如何看待当前的河南经济形势,认识不尽一致。一种观点认为,目前全省经济运行的总体态势是"稳、升、好":"稳"主要表现在经济运行低位徘徊的局面得到扭转,主要经济指标表现平稳;"升"主要表现为第三季度主要经济指标增长速度有所加快,总体出现小幅攀升态势;"好"主要表现农业生产形势较好,工业效益开始向好,财政形势总体趋好,城乡居民收入进一步提高。另一种观点认为,河南宏观经济运行质量堪忧,需求不足问题依然突出,结构性矛盾短期内难以根本缓解,主要表现在:一是稳增长的基础仍不牢固,内需增长动力偏弱;二是经济结构性矛盾仍然突出,高科技、高附加值、高竞争力的增长形式尚未形成;三是工业持续回升压力依然很大,传统支柱产业面临严峻考验;四是企业生产经营面临困难仍然较大,中小企业经营状况欠佳;五是农业稳定增产形势不容乐观,农业基础投资缺口依然较大。

2. 对如何打造河南经济升级版的探讨。主要表现在以下四个方面:一是对打造河南经济升级版的现实意义的探讨。打造河南经济升级版是加快中原崛起河南振兴的战略选择,是适应国内外环境变化的必然要求,是加快经济发展方式转变的根本举措,是实现全面建成小康社会目标的现实需要,是增强发展动力的有效途径,也是提升经济发展可持续性的重要保障;二是对打造河南经济升级版的形势分析。三大国家战略为打造河南经济升级版带来了前所未有的机遇,"一个载体、三个体系"建设为打造河南经济升级版进行了总体布局,深化改革开放为打造河南经济升级版激发了动力活力,高端要素汇聚为打造河南经济升级版提供了重要支撑,现代枢纽建设为打造河南经济升级版构筑了重要平台;三是对打造河南经济升级版的前景展望。升级版的河南经济最终将进入一个新的上升阶段,即通过贯彻内涵发展、融合发展、高端发展、开放发

展的新理念,跨越中等收入陷阱,实现创新能力更强、市场活力更足、经济结构更优化、城乡与区域发展更协调、生态环境更优美、民生保障更稳固的新局面。

3. 对宏观调控背景下河南经济走向的研究。当前,世界经济将延续不均衡的复苏趋势,虽然国际经济发展环境有所改善,但是复苏进程仍面临诸多风险。国内经济环境继续企稳向好,但是加快转型升级更为迫切。众所周知,目前国家实施的宏观调控是在市场经济体制下进行的,因此,宏观调控的机制和效应与前几次大有不同,由于中央和地方分灶吃饭的财税体制和传统的政绩观导向,使全国各地发展经济的热情都十分高涨,由此导致中央和地方对经济形势的估计存在很大差别,中央认为经济过热,而地方认为经济不热。在这种热体制、冷政策的背景下,中央站在全国的角度,通过控制财政、信贷、土地三个闸门,实施宏观调控是十分必要的,但中央制定的宏观调控政策对全国各地是一样的。而由于各省经济发展所处阶段不同,宏观调控作用的结果不尽一样,比如沿海地区已经走过了工业化的初期阶段,规模扩张已经完成,大批占用土地发展工业的阶段已经过去。所以,从整体上说,宏观调控对沿海地区的影响和制约要小于其他地区。而河南地处中部,按照梯度发展理论讲,正处于工业化的加速阶段,换句话说,就是正处于工业规模扩张阶段,大规模的工业扩张必然对土地、能源有较大的需求,而节能减排压力持续增大,土地闸门、信贷闸门控紧以后,对河南工业化进程必然产生一定的影响。尤其是进入第三季度以来,随着市场需求回暖,产品价格逐步回升,企业用电量增加,工业经济逐步回升,全省能源消费呈现稳步回升,逐步加快的运行态势,节能降耗压力逐步增大。因此,在国家宏观调控背景下,如何既执行国家宏观调控政策,又谋求较快的发展,这是河南经济发展中面临的一个重大课题。

二、科学推进新型城镇化研究综述

2013 年,河南省高度重视新型城镇化,以推进农业转移人口市民化、加强载体建设、优化城市系统、强化城乡建设等为重点,推进了城镇化快速发展,增强了城镇综合承载能力,促进了产城互动融合发展,加快了城乡统筹步伐。但也面临着城镇化滞后、城镇化质量不高等突出问题,亟需认清新型城镇化面临形势。明确新型城镇化发展趋势,采取有效措施,合理优化城镇体系,全面提升城镇功能,加快推进城乡一体化,坚持产城互动发展,推进农业人口有序转移,探索走出一条符合河南实际、具有中原特色的新型城镇化发展道路。

1. 对农业转移人口市民化的研究。主要表现在以下四个方面:一是对农业转移人口市民化的理论探讨。当前河南农业转移人口市民化进程存在制度性和非制度性障碍,其中制度性障碍主要包括户籍制度、土地管理制度、农村产权制度、社会保障制度等;非制度性障碍主要包括城镇基本公共服务水平、城镇化发展水平、产业支撑能力以及农民自身经济实力等。为此,要着力从城镇基础承载、产业就业承载、人口素质结构、思想观念意识、公共产品供给、法律法股制度等方面创造条件实现人口的有序转移;二是促进农业转移人口就业创业对策研究。通过增加第二产业支撑能力创造更多就业岗位,以产业集聚区建设为平台吸引农业转移人口就近就地就业,扶持中小企业发展,鼓励农民自主创业并建立资金投入长效机制是促进农业转移人口就业创业的根本路径;三是如何提升城市综合承载能力研究。实施可持续发展的资源环境战略,综合运用经济、行政、法律和技术等方面的手段,推进资源和要素价格改革,促进资源优化配置。多维度提升城市的经济承载力,全面提升城市的社会承载力,并协调好资源环境与经济社会之间的关系,真正实现资源环境、经济、社会各子系统的承载力在城市区域内协同推进。

2. 对河南省城市形态的研究。主要体现在以下两个方面:一是河南城镇化空间布局优化研究。主要依托主体功能区划和资源环境承载能力差别,完善交通等基础设施支撑体系,建立健全城镇化区域综合协调机制,引导城镇化空间的网络和轴线扩展,能够有效解决河南城镇化空间布局中存在的区域发展不平衡、城镇化形态不优等问题。二是河南省中心城市组团发展研究。通过建立完善组团式发展规划体系、加快快速交通体系建设、推动产业分工合作体系建立、提升组团城市功能现代化水平、发挥中心城市组团式发展建设示范工程几个方面,围绕促进产业集群与城市组团耦合发展、加快中心城市和组团城市配套设施建设、拓宽投融资渠道、完善中心城市组团式发展的制度体系等措施,加快推进中心城市组团发展。

3. 对河南省城市生态建设的研究。主要表现在以下五个方面：一是关于城市休闲研究。休闲满意度已经成为居民幸福感的重要影响因子和宜居城市的重要指标，发展休闲产业与休闲事业，加强休闲空间建设与公共服务，是建设生态宜居城市的重要抓手和切入点。二是城市绿色低碳发展研究。城市走绿色低碳的发展道路，重点要在能源、交通、建筑等方面推行绿色低碳发展方式，通过规划引领、产业支撑、政策保障、技术支持、宣传引导等措施，推进城市转型发展。三是城市生态系统建设研究。以提升城市生态系统环境资源承载力为前提、以增强城市生态系统抵抗力为关键、以保障城市生态系统物质循环和能量流动的连续性为重点、以协调城市中人与环境的关系为核心来建设城市生态系统，实现城市生态系统的可持续发展。四是河南省生态补偿机制构建研究。构建系统有效的生态补偿机制，需要建立在理论创新和实践探索基础上的制度建设。从加强生态环境保护体制机制创新，加快生态补偿制度建设的现实需求和发展需要出发，加强制度建设，深入开展理论创新和实践创新，并且发力重要领域生态补偿机制的特色探索，推动省际生态补偿机制发展，进一步健全和完善生态补偿机制。五是健全河南生态环境保护制度研究。健全的生态环境保护制度是扎实推进文明河南、美丽河南建设的重要保障和必由之路，主要从加快体制机制创新、完善相关法律和技术体系建设、加强人才队伍和科技研发能力建设、以及增强执法宣传能力等方面完善和实施。

三、河南产业经济发展研究综述

产业是区域经济竞争的基础，如何壮大河南优势产业，提升产业竞争力，是 2013 年河南理论界讨论的一个热点问题。综述这方面的研究主要体现在三个方面：

一是关于培育优势产业问题的研究。2013 年，全省规模以上工业增加值累计同比增长 11.8%，与前三年相比，同比增速明显再下台阶，进入中速增长新常态。从减速开局到企稳回升，2013 年河南工业总体上趋稳特征明显，但增速难以再回到高位，波动比较明显，呈现出低位趋稳、波动回升态势。作为一个农业大省和资源大省，如何使资源优势转化为产业优势、竞争优势，这是一个理论和实践都需要解决好的问题。一种观点认为，企业规模较小、研发能力弱、受资源环境约束较强等问题是制约河南优势产业持续发展的重要因素，只有积极调动政府、市场、企业的积极性，通过培植骨干企业、推进自主创新、培育高等要素、发展新的优势产业等措施，才能促进河南优势产业健康持续发展；一种观点认为，河南优势产业发展具有一定的综合竞争优势，多数行业的竞争优势来自于河南的资源禀赋条件，如食品、有色金属冶炼、机械、石油、化工产业等的迅速发展体现了河南工业发展利用本地自然资源和劳动力丰富的特点。但是，利用有限的自然资源和低素质的劳动力资源发展经济，必然导致产业选择范围狭窄，产业技术升级缓慢，因此今后在培育优势产业方面要立足于省内，充分利用外部资源，以发展壮大高科技产业和旅游产业为抓手培育和发展新的优势产业；另一种观点认为，近年来河南省物流业的发展速度明显高于经济发展速度，因为物流业的快速发展大大提高了商品流通速率，对经济发展的促进作用更为明显，因此在今后的发展中河南省应加快制定交通物流发展规划，加大对物流基础设施方面的投入力度，通过用地、税收、管理、财政等多方面的支撑，为物流业的发展创造更好的基础条件，从而为经济持续、稳定发展提供保障。

二是关于产业转型升级问题的研究。产业转型升级与经济增长相互促进、相互依赖、共同发展。产业之间的关联度以及产业各阶段的发展状况决定经济发展前景。河南省作为我国内陆新兴的经济大省，经济发展空间和环境决定产业呈“二三一”的结构特点。然而，从全球化的视角和全球竞争的格局看，我省产业主要存在三大问题：一是产业层次低。主要表现为传统农业比重大，现代农业比重小；传统工业比重大，高新技术产业比重小；一、二产业比重大，第三产业比重小；传统服务业比重大，现代服务业比重小，特别是重化工工业特征，增大了节能降耗和环境保护的压力。二是产业素质低。主要表现是：产业技术水平低、工业装备落后、产品科技含量低。三是产业集中度低。主要表现是：行业龙头企业数量少、规模小；要素向优势行业、优势企业集中缓慢。河南产业存在的问题，使其在今后的发展中面临产业竞争、资源约束、环境容量、国际贸易摩擦等四方面的压力。在产业路径选择方面，任杰和钱发军结合河南省实际，建立了循环经济评价指标体系，包括资源产出指标、资源消耗指标、资源综合利用指标和废物排放指标 4 类 15 个指标，并采用层次分析法对河南循环经济试点省建设成效进行评价。将循环经济发展划分为起步、发展和成熟3个阶段,分别代表循环经济发展水平由低到高的发展阶段,建立阶段评分区间,由综合得分评价循环经济发展阶段,评价结果表明河南省循环经济已进入发展阶段后期,接近成熟阶段。陈光磊和王智红针对河南不同地区特点,构建出平原粮食主产区物质循环利用模式、水域生态系统农林牧副渔一体化模式、山林果园立体种养殖模式、矿区生态综合治理模式四种循环经济型生态农业模式,从思想、规划、制度、技术、宣传、推广六个层面,提出实施循环经济型生态农业的政策建议。因此,要加快河南产业转型升级:一种观点认为,要以生产性服务业推进河南省工业转型升级,针对性的吸引外资服务业进入,重点吸引国内外知名度比较高的生产性服务业来我省设立分支机构或者区域总部,同时,应充分利用这些公司的溢出效应,提升我省生产性服务业的发展水平;一种观点认为,要坚定不移地走新型工业化道路,坚持以信息化带动工业化,以工业化促进信息化,大力发展高新技术产业,提高高新技术产业在整个产业中的比重,加快用高新技术和先进适用技术改造提升传统产业;一种观点认为,大力发展循环经济,减少废物排放,提高资源利用效率。

三是关于产业集聚区问题的研究。自2009年,省委、省政府做出了加快产业集聚区科学规划、科学发展的重大战略决策,着力培育产业集聚区科学发展载体和现代产业体系、现代城镇体系、科技创新体系。短短5年时间,我省建设了180个工业产业集聚区和一批商务中心区、特色商业区,它们不仅在应对国际金融危机中发挥了关键性作用,也日益成为河南实现转型发展的新载体和突破口。2013年,全省产业集聚区完成固定资产投资12700.26亿元,同比增长26.2%;规模以上工业主营业务收入达到31263.81亿元,同比增长19.8%;实际利用外资76.33亿美元,同比增长19.2%;高技术和高成长性产业增加值增速分别为28.2%和21.7%;规模以上工业从业人员348.8万人。蒿慧杰以河南省产业集聚区现状和发展发展为研究对象,系统总结了发展产业集聚区的必要性、可行性、限制因素和存在的主要问题,客观分析产业集聚区发展的SWOT评价,并提出从优化产业集聚区发展布局、合理确定产业集聚区发展规模、明确产业集聚区发展定位、建设产业集聚区发展载体、完善产业集聚区服务配套、创新产业集聚区发展机制等六个方面实现产业集聚区健康发展。魏艳通过分析河南省旅游产业集聚区的发展现状和存在的问题,针对性的提出了创新旅游集聚区体制机制、充分发挥政府的主导作用、进一步完善旅游产业链条、加大旅游集聚区投入力度和加强旅游人才体系建设等对策建议。卢定月和张传林以河南省产业集聚区建设为例,在全面分析产业集聚区建设中的金融需求和供给的基础上,深入剖析制约金融支持产业集聚区建设的因素,提出金融支持的思路和建议。张占仓等系统调研了河南省安阳、濮阳、鹤壁三市产业集聚区建设发展基础,分析了其发展特色和建设贡献,指出了产业集聚区发展中存在的问题,系统提出产业集聚区主要发展产业集群的核心观点,并提出了促进产业集聚区发展的对策:持续深入贯彻落实国务院《指导意见》和河南省委九次党代会精神,持续推进产业集聚区产业集群发展,持续推进产业结构调整与升级。

四、中原城市群建设研究综述

中原城市群不仅是我国中部地区经济发展的重点区域,而且在全国区域发展格局中也同样占有重要的地位。加快中原城市群经济的发展,是实现河南经济腾飞和全国区域经济协调发展的关键。理论界对中原城市群建设的研究主要体现在以下四个方面:

一是关于中原城市群现状的研究。近年来,在科学规划引导、交通先行推进、做强核心城市、城乡一体试点等系列措施的推动下,中原城市群协调发展取得了积极成效,但还存在着一些突出问题。蒋桂芳指出整体实力不强、中心城市的首位作用不突出、城市群内部产业结构趋同、对外开放的程度低等问题是制约中原城市群的发展,因此要必须突出一个中心、加强内在联系、争取外力支持、提升人力素质。杨若晶则从推动交通一体化形成城市群基本"骨架"、推动产业对接夯实城市群发展基础、推动资源共享实现城市群服务联通、推动生态共建环保同治提高城市群资源环境承载力等四个方面加快中原城市群建设。张旭健指出中原城市群产业集群在经济贡献度、行业同构性、产业链、可持续发展等方面与发达省份存在较大差距,提出要立足省情,按照市场机制的要求构建中原城市群产业集群重点产业发展平台,通过加强集群产业的扩展与整合,提升城市群的产业关联度和竞争力。刘喆提出通过发展优化产业结构发展高新技术产业、建成区域性金融中心、提高城市科技创新能力等方面增强郑州市的综合实力来发挥中原城市群中心城市的辐射带动作用。夏保林和吕连琴指出中原城市群目前急需解决空间一体化的整体协调、产业布局、基础设施建设、环境保护等问题。打造大郑州都市圈,促进区域均衡发展,建设黄河南北两条工业发展带,构造生态功能体系框架是中原城市群的空间发展战略思路。而形成“三圈、四带、多中心、多层次”的城市功能格局,建设以大城市发展为主导的城市规模结构和集群化的产业发展体系则构成中原城市群的总体空间结构布局。王发曾等通过中原城市群初步整合,以及内聚和外联两个方面的进一步实践,探索了省域城市群整合理论的深化及其与实践相结合的问题。具体来说,内聚以营造现代都市区,构建能够带动城市群快速发展的“核心增长极”,外联以营造省域现代城镇体系,构建能够承载城市群健康发展的“区域支撑体系”。

二是关于中原城市群协调发展机制的研究。协调发展是城市群发展的核心要义。中原城市群作为河南省区域经济发展的核心增长板块,在全省经济社会发展和中原经济区建设中,发挥着举足轻重的作用。中原城市群能否分工合理、良性互动的协调发展格局,不仅事关城市群的持续健康发展,而且事关中原崛起河南振兴的发展大计。杨兰桥提出促进中原城市群协调发展,应在推进郑州市跨越式发展、合理城市间的产业分工、建立区域协调发展机构、完善区域交通体系建设、着力破解区域发展约束等方面着手和努力。岳红举认为城市群形成协调有序、分工合理的产业体系和产业集群,有利于减少雷同,避免盲目竞争和资源浪费,城市群协调发展的要求使得其对诱致性和强制性制度变迁产生需求,在区域经济一体化进程中,市场调节、行政协调、立法协调的制度变迁模式便成为城市群协调发展的解决路径。郭小燕从区域趋异论出发,从理论上探讨了城市群实现城乡统筹发展的理论依据。然后在分析中原城市群实现城乡统筹发展的现实基础及制约因素的基础上,指出建立城乡统筹改革发展试验区是中原城市群实现城乡统筹发展的有效路径,并提出了相应的对策措施。冯德显和汪雪峰以中原城市群与周边地区协调发展为重点,在对区域经济协调发展进行理论辨析的基础上,从整体经济效益和地区发展公平角度出发,提出河南省“适度差别化”的区域经济协调发展内涵。并结合对河南省中心城市协调发展、产业关联发展以及与相邻省份地区合作发展等问题的分析,提出中原城市群和周边地区协调发展的途径,即建立“城市群 - 城市圈 - 城市带“的整体价值链条。

三是关于中原城市群城市承载力的研究。城市承载力指一个城市在可以预见到的期间内,利用本地能源及其自然资源和智力、技术等条件,在保证符合其社会文化准则的物质生活水平条件下能持续供养的人口数量,在很大程度上取决于产业支撑能力和城市基础设施建设的完善程度。吕斌等选取中原城市群中土地、水资源、交通和环境要素承载力指标,建立城市综合承载力评价指标体系。通过综合评价与比较分析,得出如下结论:水资源承载力对中原城市群的发展影响最大,而且是城市群发展中的短板要素,城市群供给指数低于需求指数;中原城市群城市综合承载力在五大城市群中处于中等水平,郑州和洛阳引领城市群发展的能力有限。并从城市发展速度、模式以及居民行为方式等方面提出提高承载力的政策建议。王倩通过研究中原城市群土地资源开发利用现状,构建了适合区域土地综合承载力评价的指标体系,并运用层次分析法对中原城市群土地综合承载力进行评价,在此基础上,提出了通过加快经济发展、提高水资源利用率、提高农业技术、节约利用土地、控制人口数量等措施增强中原城市群土地综合承载能力。张谦治和吴国玺从土地利用优化配置入手,阐述了中原城市群土地资源利用现状及存在问题,提出中原城市群地区土地资源优化配置的基本思路,即加强土地资源优化配置的综合研究,促进经济效益与生态效益的同步提高,根据各地区的具体情况采用合适的土地利用模式。

四是关于中原城市群文化的研究。当前,我国中西部城市群的布点数量已超过东部。但是由于城市群涉及的人口更多、经济体量更大、发展层次更复杂、矛盾也更多,因而需要有更科学的规划和系统的设计,在避免走经济型城市群老路子的同时,把中西部地区丰富的文化资源和资产盘活和用好。王晓静提出将中原文化资源划分为物质文化资源、社会文化资源及审美文化资源的分类发展模式。王敏通过分析文化旅游产业的概念,考察中原城市群区域内旅游资源的构成和分布,并运用SWOT 理论分析中原城市群发展区域文化旅游的合作基础，提出了中原城市群区域文化旅游的可行性市场营销路径。翟宁结合国内外文化产业发展态势，对中原城市群文化产业的发展进行了探讨，归纳为文化产业的规模化、集团化、一体化、创意化及融合化发展的趋势，构建了中原城市群文化产业发展“一核两带五大产业集聚区”的战略空间布局。并提出加快区域文化产业结构的调整、推进区域文化产业的集群化发展、提高区域文化市场一体化的水平、强化区域文化产业人力资本培育、构建发展区域文化产业的投融资体系、完善政府服务文化产业相关政策的措施及建议。

五、航空港经济综合实验区建设研究综述

2013 年，国务院批准郑州航空港经济综合实验区建设，彻底改变了河南地处内陆的区位条件，形成了临港发展新优势，支撑了内陆开放高地建设。郑州国际航空物流中心的战略定位，为临空经济大发展创造了历史性机遇，而临空经济发展将为中国经济升级版开创新途径，增添新内涵。因此，包括郑州在内的中国中西部地区未来建设与发展将出现新的重大跨越。综述这方面的研究主要体现在三个方面：

一是郑州航空港经济综合实验区产业发展与布局的研究。耿纯主要从产业发展和产业空间布局两个方面对航空港区发展进行研究，通过对国内外航空港区发展脉络的梳理，从动力机制、内涵特征、产业构成、空间布局等多方面总结了航空港区发展的一般规律。并结合郑州航空港区现状分析，遵照一定原则，最后提出了“两轴、三片、四带”的簇状空间布局结构。曹允春和董磊根据郑州航空港区现有产业基础，运用波特的钻石模型对郑州航空港区临空高科技产业选择的影响因素进行详细分析，建立临空高科技产业选择模型，提出产业联动发展模式。贺卫华指出实验区在建设过程中也存在诸多制约因素，如临空产业布局不合理、管理体制不通畅、资金制约明显等。必须从深化认识倾力支持实验区建设，遴选临空产业发展临空经济，创新体制机制破解制度“瓶颈”，探索融资新模式，解决资金难题等方面入手加快推进郑州航空港经济综合实验区建设。龚绍东认为，实验区加快推进产业发展优化产业布局应协调好几方面的关系：一是核心区产业与外围地区产业的辐射带动关系；二是高端制造业、航空运输业等主导产业与现代服务业等辅助产业的关联依存关系；三是二产与三产布局的空间融合关系，使实验区高端制造业与现代服务业特别是生产性服务业空间布局呈现无缝对接、产业链嵌入形态；四是在重视引进大企业的同时积极引进具有产业链生态关系的小企业集群；五是近期快速扩大规模和长远可持续发展的关系。

二是郑州航空港经济综合实验区建设路径的研究。张占仓认为，实验区建设路径包括：建设竞争力强的国际航空货运枢纽，完善陆路交通运输体系，发展多式联运；高起点建设绿色智慧航空都市，打造集约、智能、绿色、低碳现代航空都市；建设内陆开放型航空港区，提升开放平台服务功能，构建国际化营商环境，创新对外开放体制机制等。卢金婷认为将文化创意产业纳入临空经济发展中，通过文化创意产业建立起一条连通临空经济和城市品牌传播的桥梁，将极大提升中原城市群的辐射力和城市竞争力。高璇认为从智慧航空都市发展条件来看，郑州航空港已初步具备建设智慧航空都市的信息基础、产业基础和政策保障。要深入推进郑州智慧航空建设必须要实现电子信息产业建设与智慧城市互动发展、坚持技术创新和金融创新双驱动战略、推动基础信息设施建设与公共服务平台建设相结合、构建市场需求调节和政府引导共同作用机制、实现城市差异化发展和特色发展。王景全认为要以国务院批复的《郑州航空港综合经济发展试验区发展规划》（以下简称《规划》）为蓝图，把生态文明建设放在优先地位，把生态理念贯穿于经济建设、政治建设、文化建设、社会建设的各方面和全过程，推进绿色航空都市建设。柏程豫认为应当从统筹规划航空都市与腹地的发展、强化各项设施建设和功能开发、培育特色鲜明的产业集群、营造良好的发展环境等方面入手着力构建航空都市驱动型发展模式，为郑州乃至更大区域的经济发展注入强大动力。

三是郑州航空港经济综合实验区政策支持的研究。高传华认为当前河南亟待结合临空产业发展时间序列与空间圈层布局，合理构建临空产业体系，总体布局临空基础产业，优先发展临空核心产业，统筹规划临空关联产业，积极培育临空引致产业。郭志远和安晓明认为郑州航空都市建设需要从产业、土地、资金、环境、体制、规划等方面给予相应的政策支持。产业方面要高端布局，强化航空都市建设产业支撑；土地方面要多策并举，化解航空都市建设土地难题；资金方面要开拓创新，加强航

空都市建设资金保障；体制方面要先行先试，深化航空都市体制机制创新；环境方面要生态为基，提高航空都市环境承载能力；规划方面要规划先行，确保航空都市建设有规可依。殷杰兰提出要充分发挥政府职能作用，完善临空经济发展的领导与协调机制，制定总体规划，打造“点－线－面”的临空经济发展格局，成立航空物流、贸易保税加工区，完善临空经济基础设施建设，积极培育壮大重点产业，提高临空经济发展的层次。

六、促进河南省经济平稳、健康发展的政策建议

党的十八大报告首次提出“经济建设、政治建设、文化建设、社会建设、生态文明建设”五位一体的总布局。“富强河南、文明河南、平安河南、美丽河南”四个河南建设是河南省在贯彻落实党的十八大精神、推进“中原崛起、河南振兴、富民强省”的宏伟实践中，关于河南发展思路的深化、发展与完善。其中“美丽河南”是河南发展的迫切要求。“美丽河南”建设，就是要全面落实节约资源和保护环境基本国策，优化国土空间开发格局，推进绿色、循环、低碳、可持续发展的发展模式。自改革开发以来，河南经济快速发展，综合实力大幅提升。但是从长期来看，高投入、高消耗、高排放、低效率的不可持续性经济增长模式依然存在，不仅造成资源结构扭曲、投资率过高、产能过剩和生产效率低下，更容易影响区域经济的良性运行。因此，绿色经济是河南未来经济发展的基本方向和基本途径，不但具有人类发展的必然诉求，同时也具有巨大的利益空间，绿色发展是河南未来的唯一选择。建立全面的绿色经济体系，将助推河南实现“三化”协调发展。

一是发展循环经济，提高生态文明水平。发展循环经济，走减量化、再利用和资源化道路，努力降低不可更新资源能值投入，提高太阳能、风能等可更新能源的能值比率；立足于河南省实际，围绕资源开发、资源消耗、废弃物产生、再生资源利用和社会消费等五个关键环节，重点打造有色、煤炭、非金属矿、生态农业和持续性服务业等领域循环产业链，整体提升全省生态文明水平。

二是推进节能减排，提高资源利用效率。加快传统制造业向服务业转型升级，重点围绕钢铁、建材、有色、化工、装备制造等行业推广使用低碳技术，加强淘汰落后产能，降低单位 GDP 总能耗和煤炭能耗；大力开发和利用太阳能、风能、核能等无偿环境资源，并逐步取代煤炭、石油等矿产资源在经济发展中的主导地位，提高环境资源的利用效率，努力推动支柱产业向生态化、集约化方向转型发展。

三是优化能值结构，提高经济安全指数。鼓励发展信息产业和服务产业等高附加值、深加工、高端价值链行业，在保持能值自给率基本不变的前提下，调整对外贸易结构，减少资源型产品的能值输出；推动工业转型升级，优化三次产业结构，控制高能耗、高排放产业过快增长，逐步降低第二产业在国民经济生产总值中所占的比例。

四是实施创新驱动，提高可持续发展能力。加大高科技和教育投入，培育壮大自主创新主体，提高企业自主创新能力；围绕河南省现代产业体系建设，以主导产业和高新技术产业为核心，优化布局产业集聚区，加快建设企业研发中心，探索建立产业技术创新战略联盟，旨在降低废弃物能值比率，实现生态经济系统的永续、绿色发展。

主要参考文献

[1] 喻新安：2014 年河南经济发展报告：打造河南经济升级版，科学文献出版社，2013 年 12 月.

[2] 谷建全，王建国：2014 年河南城市发展报告：科学推进新型城镇化，科学文献出版社，2013 年 12 月.

[3] 陈光磊，王智红：循环经济型生态农业模式构建—以我国中原经济区建设为例，《生态经济(学术版)》2013 年 01 期.

[4] 曹允春：临空经济发展的关键要素、模式及演进机制分析，《城市观察》2013 年 02 期.

[5] 贺卫华：建设郑州航空港经济综合实验区打造中原经济区核心增长极，《黄河科技大学学报》2013 年 05 期.

[6] 任杰，钱发军：河南循环经济试点省建设评价研究，《河南科学》2013 年 04 期.

[7] 王晓静：中原城市群文化资源保护与开发研究，《河南社会科学》2013 年 21 期.

[8] 王敏：浅析中原城市群区域文化旅游的合作动力，《新乡学院学报(社会科学版)》2013 年 04 期.

[9] 张占仓：郑州建设国际航空港的历史趋势与战略方向，《区域经济评论》2013 年 03 期.

[10] 张占仓:河南省安濮鹤产业集聚区发展研究,《河南科学》2013 年 03 期.

[12] 卢金婷:依托郑州航空港的文化创意产业与中原城市群品牌传播的关系研究,《企业技术开发(下半月)》2013 年 03 期.

[13] 白小明:河南优势产业的制约因素与发展对策研究,《科技和产业》2011 年 08 期.

[14] 蒿慧杰:河南省产业集聚区科学发展问题研究,郑州大学 2009 年硕士论文.

[15] 魏艳:河南旅游产业集聚区发展研究,《郑州航空工业管理学院学报》2012 年 30 期.

[16] 卢定月,张传林:金融支持产业集聚区发展研究—以河南省产业集聚区建设为例,《金融理论与实践》2010 年 12 期.

[17] 蒋桂芳:中原城市群发展中的问题与对策,《经济经纬》2005 年 03 期.

(作者系河南省社会科学院助理研究员)

2013年河南省旅游文化研究综述

戴庞海　黄昌艳　高雨青

旅游文化是包含在旅游客体、旅游媒体和旅游审美活动中的各种物质和精神文化现象的总和，由景观文化、服务文化和审美文化3个层次的内容构成。旅游文化研究伴随着旅游业的发展而发展，随着旅游产业的成熟和壮大，旅游文化的研究成果也层出不穷。

2013年，旅游文化仍然是旅游研究中最活跃领域之一，在省内外学者的不懈努力下，河南旅游文化研究取得了较好成绩，其表现是相关成果数量在增长，研究范围也有所扩大。这些研究主要集中在以下五个方面，即：旅游文化建设、旅游文化开发、中国传统旅游文化研究、相关方法技术和学科在旅游文化中的作用以及以专著形式进行综合研究。

一、研究综述

（一）旅游文化建设

随着人们对旅游认识的加深，文化在旅游业中的地位和作用越来越高，已经成为整个旅游业的灵魂和支柱，越来越受到人们的重视。加强对旅游文化建设的研究，对促进我省旅游业可持续发展具有重要意义，如果能将文化渗透到旅游诸多要素及相关服务方面，旅游业就拥有了丰富的文化内涵，也拥有了无限的魅力。河南地处中原，除了得天独厚的自然风光，更拥有源远流长的历史文化，如何充分开发我省的文化资源，更好地使其服务于旅游业，很多学者都进行了全面细致的研究。如杨艳华的《河南省旅游文化产业发展的问题与对策探讨》[1]就详细分析了河南省旅游文化产业发展的优势及在发展中存在的问题，为今后我省旅游文化产业的发展出谋划策。葛露的《河南旅游文化发展战略探析》[2]提出我省在文化旅游资源开发上起步较晚，文化旅游资源内涵挖掘、资源整合、市场宣传等方面均有待进一步加强，并提出通过挖掘文化旅游产业的巨大潜力和能量，有力地助推河南旅游业跨越式发展，实现"中原崛起"。同样是着眼于文化旅游资源，王晓卉的《河南文化旅游资源对外传播研究》[3]则试图通过加强河南省旅游文化资源的对外传播及其吸引力来助推中原经济区建设，王文提出通过转变观念、培养人才和改善环境三方面来促进我省旅游文化资源的对外传播，这无疑是具有远见卓识的。孙东阳的《河南省非物质文化遗产和地方旅游开发结合形式研究》[4]深入研究了我省非物质文化遗产和地方旅游开发结合的途径，同时也呼吁政府加强行政保护，挖掘更多的旅游资源，打造旅游品牌，力争社会效益和经济效益双丰收。江旅冰、许韶立《论嵩山竹林寺文化产业园的建设》[5]从竹林寺的起源、发展、演变以及综合分析嵩山竹林寺建设的可行性与必要性，论述了嵩山竹林寺的建设主题、发展思路、空间布局及应重视的问题。谭艳洁的《基于自驾游的河南旅游服务体系建设》[6]指出传统的服务已无法满足新兴旅游方式之一的自驾车旅游，需要构建一个高效、低廉的旅游服务体系，将自驾车旅游与物流服务有机结合起来。她认为自驾旅游服务体系至少应包括旅游车辆服务、旅游物流配套服务、智能交通系统服务、游前咨询服务、景区自驾车配套服务等。

（二）旅游文化开发研究

省内对旅游文化开发的研究，主要是从旅游文化资源的开发利用这个角度展开的。本文将分区域旅游文化开发、专项旅游文化开发作进一步的综述。

1. 区域旅游文化开发研究

区域旅游文化开发研究可以分为大区域、城市、旅游景区（点）、乡村旅游文化开发等四类大小不同空间地域的旅游文化综合开发研究。

龚新《河南省旅游度假区的发展对策》[7]分析了河南省发展旅游度假区的优势和不足，对河南省度假区发展作了总体布局并提出相应的发展对策。陈太政、陈准、王吉祥、李锋《中原经济区建设背景下河南文化旅游产业融合发展研究》[8]指出了中原经济区建设中,文化旅游产业融合发展存在的障碍,并提出发展对策。华萍《中原经济区河南旅游产业转型升级路径研究》[9]指出了河南旅游产业转型升级的必要性,分析了河南旅游产业转型升级的障碍因素,指出河南旅游产业转型升级的路径。雷俊霞《河南发展文化旅游产业的思路与对策》[10]从产业链的角度提出河南省文化旅游发展思路及对策。谌静《中原经济区建设视域下河南省旅游产业竞争力研究》[11]分析了影响河南旅游竞争力提升的六个因素并提出相关发展建议。牛森《"中原经济区"建设背景下河南体育旅游业 SWOT 分析及发展对策研究》[12]对河南省体育旅游业的基础、优势和劣势进行分析,深层次剖析了河南省发展体育旅游业面临的机遇和挑战,针对现状提出发展河南省体育旅游业的对策。王丽霞《河南非物质文化遗产旅游开发研究》[13]分析了河南非物质文化遗产旅游开发中存在的问题,提出了河南非物质文化遗产旅游开发模式构想。刘际平《中原经济区背景下河南文化旅游发展探析》[14]分析了河南文化旅游发展存在的五个问题,提出新时期河南文化旅游发展对策。葛露《河南旅游文化发展战略探析》[15]分析了河南省旅游文化资源的特色和河南旅游文化产品开发存在的问题,提出了相应的对策和建议。罗艳玲《产业融合背景下河南省旅游新业态发展研究》[16]对河南省旅游新业态发展动力进行了分析,指出产业融合背景下河南省旅游新业态发展过程中面临的瓶颈问题,并提出了相应的发展路径。刘华《河南省旅游业文化营销策略分析》[17]论述了河南省旅游业实施文化营销的优势、必要性和机会。这方面的研究成果较为丰富,在此不一一赘述。

从旅游文化的角度研究各地的旅游开发建设近年来成为热点。许韶立《论开封县旅游开发定位与发展战略》[18]评价了开封县旅游资源,对开封县旅游资源开发进行了 SWOT 分析,对其发展进行了宏观定位并提出开发战略。崔艳艳《驻马店旅游文化创意产业发展对策分析》[19]认为在发展驻马店旅游业的过程中,可以将创意产业与旅游文化有机结合起来,在驻马店政府部门的扶持之下,通过全新的旅游营销和旅游项目策划,开发具有创意性的旅游文化产品,同时着力培养当地的旅游创意人才,提升驻马店的旅游形象,使驻马店的旅游业健康发展。王颖《试论商丘在中原古都群中的发展定位》[20]认为商丘可以利用商文化、火文化和以商丘古城为载体的传统民间风俗,将商丘打造成古都群中独特的民俗之都。王玉玺《栾川县旅游产业集聚区发展模式研究》[21]论述了栾川县旅游产业集聚区的概况、优势与问题,并对其开发提出了合理化建议。赵洁《郑州市文化创意旅游发展研究》[22]分析了郑州市发展文化创意旅游产业的意义和优势,并提出了郑州市文化创意旅游发展对策。旅游景区的旅游文化开发也受到了学者的关注。吴玉霞《浅析河南旅游景区营销模式的创新思路——以龙门石窟风景名胜区为例》[23]以营销模式的内涵为基础,剖析了龙门石窟风景名胜区的成功营销模式,提出了旅游景区营销模式的创新思路。丁晓楠《嵖岈山旅游资源开发的 SWOT 分析》[24]论述了嵖岈山旅游资源的多重价值和诸多优势,对其开发进行了 SWOT 分析,并提出开发嵖岈山旅游资源的对策。鲁迪、王素娜、梁亚红《伏牛山生态旅游开发与文化建设的互动效应》[25]在对伏牛山生态旅游开发与文化建设中所存在问题进行分析的基础上,提出伏牛山生态旅游开发与文化建设互动发展的举措。

近年来乡村旅游文化受到重视,对其研究也愈来愈深入。闫喜琴《河南古村镇旅游可持续发展的制度安排》[26]运用制度经济学和新公共管理理论,从制度安排角度分析了河南古村镇旅游开发中存在的问题,提出了河南地方政府应通过制度安排来转变自身职能,促进河南古村镇旅游的可持续发展。朱琳《文化创意视角下河南乡村旅游产品的创新开发研究》[27]以文化创意的视角,研究了河南乡村旅游产品创新开发的原则和对策。秦娟在《河南乡村旅游发展现状及对策研究》[28]一文中对乡村旅游的概念进行阐述,提出了我省乡村旅游的发展构想。李梦雅《河南鄢陵县乡村旅游的可持续发展研究—以柏梁镇为例》[29]通过实地调研,分析了柏梁镇以花卉为特色的乡村旅游在发展过程中出现的问题,提出了科学、合理的发展思路。杨应杰《河南省发展休闲农业与乡村旅游的对策研究》[30]通过对河南休闲农业与乡村旅游 SWOT 分析,指出河南发展休闲农业与乡村旅游的有利条件及发展对策。乔新建、李梦雅《乡村旅游与新农村建设和谐发展研究—以河南鄢陵县为例》[31]阐述了新农村建设对乡村旅游的重要作用,并归纳出鄢陵县在新农村建设中乡村旅游发展的对策。

2. 专项旅游开发

侯俊《河南省武术旅游产业开发研究》[32]通过分析当前河南武术旅游产业开发存在的主要问题入手,从突出地域特点、注重顶层设计、挖掘文化内涵、构建体验氛围四个方面对河南省武术旅游产业提出了建议。曹石《河南省水体旅游资源开发的问题与对策》[33]以河南省水体旅游资源的开发为研究对象,调查研究河南省水体旅游资源开发中存在的问题,从各个方面提出了开发对策和建议。杨静《浅析河南省饮食文化资源的旅游开发》[34]分析了河南饮食文化资源旅游开发的现状,剖析其所存在的问题,并提出河南饮食文化资源的开发策略。李晓楠《河南省佛教文化旅游资源的深度开发研究》[35]详细阐述了河南省佛教旅游文化资源,分析了发展佛教文化旅游的优势,继而提出了一些合理化建议。魏俊巧《河南农业旅游存在的问题及对策》[36]阐述了河南农业旅游的主要类型,分析了河南农业旅游发展中存在的问题,并提出了解决对策。杨艳华《茶文化生态旅游发展策略探究—以信阳市为例》[37]分析了发展茶文化生态旅游的意义及信阳市开发茶文化生态旅游具备的优势,提出了具体的发展策略。董丹丹《河南民俗旅游资源开发的对策》[38]对河南民俗旅游资源的开发提出了建议。李娜《河南音乐旅游发展策略研究》[39]注重发挥河南音乐旅游产业的综合功能和引领作用,致力于全面拓展河南音乐旅游发展空间,就河南省音乐旅游发展存在的不足提出了合理化建议。张倩《河南节事旅游发展初探》[40]从研究河南省节事旅游发展现状入手,总结河南节事旅游发展的成败,并提出有益建议,由此找寻我省发展节事旅游的突破口。焦春《河南省体育休闲旅游产业开发的战略研究》[41]通过文献研究、调查研究等方法,对河南省体育休闲旅游产业开发的现实条件进行正确和深入的分析,确立了河南省体育休闲旅游产业开发的对策。许琰《伏牛山旅游区自驾游专项旅游开发研究》[42]根据伏牛山旅游区的旅游资源条件,分析了伏牛山旅游区自驾游的特色,并结合全国其他地区山地休闲度假旅游等综合休闲区的建设经验,提出伏牛山旅游区自驾游开发的应对策略。高芳艳《论河南当代文学旅游价值的开发策略》[43]分析了河南当代文学旅游资源的利用现状和河南当代文学所蕴含的独特旅游资源,提出了河南当代文学旅游资源开发的具体策略。

3. 旅游产品开发

伴随着旅游业的发展,具有浓郁地方特色和本土文化特色的旅游产品也迅速产生,这些旅游产品是当地旅游资源的一种缩影,能作为媒介,把本地区的特色旅游文化向外传播,无形中增强其旅游竞争力。于是,有不少学者高度关注我省旅游产品问题。如王宇的《河南文化旅游产品设计开发的产学研之路》[44]一文就从我省良好的地域优势、历史优势、文化优势、教育优势等多种有利条件出发,提出利用产学研合作的方法,科学、有效、合理地设计开发具有河南特色的文化旅游产品。李霞的《河南文化特色旅游产品设计开发的对策》[45]则在我省文化特色旅游产品开发现状的基础上,具体地提出了文化旅游产品应该分主题、分层次的开发策略,并且从根文化旅游产品、花卉文化旅游产品、茶文化旅游产品、戏曲文化旅游产品、饮食文化旅游产品和武术文化旅游产品六个方面提出了自己的真知灼见。张春玲的《淮阳泥泥狗旅游文化系列产品创新设计研究》[46]一文从艺术设计的角度对淮阳的泥泥狗等旅游特色产品的设计提出建议,通过这些既具有民族文化情感体验又饱含地方特色文化的旅游产品,更能发挥中原经济区的文化资源优势,更好地传承优秀传统民族文化。

(三)相关方法技术和学科在旅游文化中的作用

1. 相关研究方法在旅游文化中的作用

新的研究方法的利用从多角度分析河南省旅游业的现状,为我们今后更好的研究提供新方法、新思路。

吴丽霞的《基于 AHP 方法的河南省旅游竞争力研究》[47]运用西方的层次分析法(简称“AHP”)对河南的旅游竞争力进行定量评估,通过构建一个区域旅游竞争力测评模型,用以描述不同概念和因素之间的关系结构,并以此为导向,分析诊断河南省旅游产业发展中存在的问题,并提出针对性的解决方案。张众的《基于灰色关联分析法的河南省旅游经济增长影响因素探讨》[48]将旅游经济的增长看作一个灰色系统,运用灰色关联分析法定量分析河南旅游经济增长的影响因素,并提出了一系列促进河南旅游经济发展的相关建议,如提高旅游消费水平,加强政策引导并营造旅游大环境及加大人才开发力度等。在关于旅游市场的规划方面,吴佳、张岩的《基于行为者网络理论的河南旅游市场规划方法研究》[49]合理运用源自西方的“行为者网络理论”,基于这一理论的旅游市场规划,在对河南旅游市场进行有效扩大与发展的同时,合理地分配其中的旅游资源,考虑经济因素之间相联系的特性和当地、外部力量之间的互动平衡,让河南有限的旅游资源有序、可持续地循环发展。

2. 相关技术在旅游文化中的作用

如何使一些相关技术在旅游文化中发挥更好的作用,以促进旅游文化的发展,成为近年来学者们新的研究热点。樊娜娜、王雯雯、罗少华、张珍珍、尚真真、郭梦雅《龙门石窟微博营销对河南旅游业的影响研究》[50]以龙门石窟为例,剖析了龙门石窟微博营销的优缺点,探讨了微博营销对河南旅游业的影响。王继夏、高杨等的《高铁建设对沿线城市旅游业发展的影响研究—以郑西高铁为例》[51]以郑西高铁为例,阐述了高铁建设对沿线城市旅游业发展的促进作用。张慧、田韫智《高铁效应对旅游产业集聚区规划建设影响探析——以河南省高铁为例》[52]分析了河南省旅游产业集聚区规划建设现状和河南省高铁效应对旅游产业集聚区规划建设的影响。

3. 相关学科在旅游文化中的作用

近年来,为了促使旅游文化更好的发展,更多的学者也开始从跨学科的角度,对部分学科在旅游文化中的作用进行了研究。

例如,随着我国日益与国际化接轨,英语在日常生活中的作用越来越突出,而中原经济区的建立,使河南的旅游业也大为发展,吸引了国内外的游人前来参观旅游,作为景区建设的软件部分,公示语的翻译是发展旅游业不可缺少的一部分。学者罗薇在《规范汉英公示语,提升河南旅游大省形象》[53]一文就提出“旅游翻译必须跟上旅游事业发展的国际化步伐,为世界游客了解原汁原味的传统文化提供方便。”全文从“公示语的正确理解和合理运用”、“汉英公示语存在的问题和不良影响”、“规范公示语的有效对策”、“汉英公示语宣传意义和健康导向”四个方面论述,为我们规范景区汉英公示语提供了很好的建议。无独有偶,彭东晓的《全球标准化环境下河南公示语翻译研究》[54]一文也关注到了我省的旅游景区公示语翻译问题,彭文更多地关注到了现有中英文公示语的八种典型错误,并对公示语的翻译提出了一些中肯的建议,例如公示语翻译要有跨文化意识;翻译的过程中要考虑到读者的反应;应当注意分析语境,采用正确的翻译技巧;译文要做到通俗易懂,符合国际规范与标准等切实可行的措施。与此同时,刘岚的《河南入境旅游发展的现状及其与翻译的关系》[55]一文中则提出在关于河南的旅游信息网站上设置英文版,这样便于境外的游客通过互联网更好的了解我省的旅游信息。

(四)对中国传统旅游文化的研究

随着国内旅游的蓬勃兴起和中西旅游文化的交流,认识中国传统旅游文化的任务被提上日程。周岩《基于河南中原古代圣贤文化现代价值探究》[56]认为中原古代圣贤文化是河南旅游业的核心价值,河南旅游业是中原古代圣贤文化的发展平台,提出促进中原古代圣贤文化与河南旅游融合发展。薛改辉《中原崛起—传统文化旅游业的发展》[57]论述了旅游经济在当今社会的重要性和中原地区的传统文化旅游的现状,提出搞好传统文化旅游的措施。周歌《浅谈中原汉代乐舞艺术与旅游业的发展》[58]通过将中原汉代乐舞艺术与旅游开发进行结合,从观赏价值、考古价值、市场价值等方面提出了一些对策和建议。

(五)以专著形式进行综合研究

2013 年河南旅游文化著作除了上述文献外,还有一些关于旅游文化的专著。苗长虹、陈德广、李学鑫的《旅游资源开发研究 - 以河南省为例》[59]就河南省自然旅游资源与人文旅游资源的类型、空间分布与评价、旅游目的地系统空间结构、旅游产品开发、旅游市场系统、旅游业可持续发展支持系统与发展战略,以及沿黄、伏牛山、太行山、桐柏 - 大别山这四大重点旅游区(带)的旅游业现状、特色、定位与发展对策,进行了较为全面系统的理论与实证研究。余永霞的《旅游法原理与实务》[60]立足于培养应用型旅游管理人才,反映出最新法律法规知识,注重理论阐述与实际案例相结合,在系统介绍旅游行业各个方面法律知识的前提下,全面提高了学生解决实际问题的能力。贾云峰等编著的《老家的时光》[61]以新媒体为应用平台,围绕“老家河南”口号,推出一系列旅游活动,此书以新的视角,新的方向,真实记录了所有“老家河南”活动的现场实况,一群新锐的年轻人,他们用独特的视角结合新媒体的方式,带着对家的渴望和思念,穿行了老家河南,完成了一次在旅途中的心灵成长。

二、问题及展望

与以前相比,2013 年河南省的旅游文化研究,无论是研究广度还是研究深度都有了很大进步,也取得了较为丰硕的成果。但是目前仍然存在着不足:一是基础理论研究不足,旅游文化的概念、特征、内容等问题仍然没有达成共识,这直接影响到旅游文化的开发实践活动;二是理论脱离实践。理论研究的目的就是为了指导实践,而现在的旅游文化研究成果很少能在开发实践中得到运用,没有发挥其理论指导实践的作用;三是很多学者主要从开发和利用的角度来研究旅游文化,而较少研究旅游文化资源的保护。究其原因,一方面是因为旅游文化理论研究本身不太成熟,另一方面是因为研究者主要以传统的描述和分析方法为主,实证研究不足。

因此,今后的旅游文化研究要在以下几个方面不断加强和重视。

第一,加强旅游文化的基础理论研究,建立完善的学科体系。基础理论研究是省内旅游文化研究的薄弱环节,需要加强对旅游文化的内涵、外延及其形成演进规律进行充分的认识和理解。作为一门新兴的学科,旅游文化学科框架尚未建立,只有构建一个完整的学科体系,未来的研究才能取得更大成就。

第二,创新旅游文化的研究方法,重视实证研究。在我国,旅游业的发展是 20 多年来的事,对旅游文化的研究也只是近年来才渐渐兴起,而西方的旅游文化研究已经达到了比较成熟的地步,已经形成了比较科学的理论体系。所以我省要在借鉴外国相关理论的研究基础上,在理论尤其是研究方法上进行更多的探索。综合借鉴旅游学、文化学、经济学、管理学、社会学、美学、心理学等学科的研究方法,推进研究方法的改进和创新;其次对该旅游文化的研究着眼于现实,多采用案例分析及实证研究的方法,体现旅游文化研究的实用价值。

第三,注重旅游文化资源的保护研究。保护是利用和开发的前提,是利用和开发的终极目的,二者是相辅相成的关系。今后学者们的注意力应多放一些在旅游文化的保护研究上,只有这样旅游业才能更快更好地发展。

主要参考文献

[1]杨艳华.河南省旅游文化产业发展的问题与对策探讨[J].经济研究导刊,2013(19).

[2]葛露.河南旅游文化发展战略探析[J].知识经济,2013(03).

[3]王晓卉.河南文化旅游资源对外传播研究[J].安阳工学院学报,2013(01).

[4]孙东阳.河南省非物质文化遗产和地方旅游开发结合形式研究[J].大众文艺,2013(02).

[5]江旅冰,许韶立.论嵩山竹林寺文化产业园的建设[J].学理论,2013(32).

[6]谭艳洁.基于自驾游的河南旅游服务体系建设[J].河南商业高等专科学校学报,2013(05).

[7]龚新.河南省旅游度假区的发展对策[J].郑州航空工业管理学院学报,2013(03).

[8]陈太政,陈准,王吉祥,李锋.中原经济区建设背景下河南文化旅游产业融合发展研究[J].河南大学学报,2013(03).

[9]华萍.中原经济区河南旅游产业转型升级路径研究[J].商业经济,2013(09).

[10]雷俊霞.河南发展文化旅游产业的思路与对策[J].新乡学院学报,2013(03).

[11]谌静.中原经济区建设视域下河南省旅游产业竞争力研究[J].产业与科技论坛,2013(07).

[12]牛森.中原经济区'建设背景下河南体育旅游业 SWOT 分析及发展对策研究[J].商丘师范学院学报,2013(06).

[13]王丽霞.河南非物质文化遗产旅游开发研究[J].文教资料,2013(27).

[14]刘际平.中原经济区背景下河南文化旅游发展探析[J].焦作师范高等专科学校学报,2013(02).

[15]葛露.河南旅游文化发展战略探析[J].知识经济,2013(03).

[16]罗艳玲.产业融合背景下河南省旅游新业态发展研究[J].旅游纵览,2013(04).

[17]刘华.河南省旅游业文化营销策略分析[J].中国市场,2013(33).

[18]许韶立.论开封县旅游开发定位与发展战略[J].经济研究导刊,2013(22).

[19]崔艳艳.驻马店旅游文化创意产业发展对策分析[J].龙岩学院学报,2013(03).

[20]王颖. 试论商丘在中原古都群中的发展定位[J]. 商丘师范学院学报,2013(08).

[21]王玉玺. 栾川县旅游产业集聚区发展模式研究[J]. 河南科技,2013(20).

[22]赵洁. 郑州市文化创意旅游发展研究[J]. 地域开发与研究,2013(04).

[23]吴玉霞. 浅析河南旅游景区营销模式的创新思路—以龙门石窟风景名胜区为例[J]. 漯河职业技术学院学报,2013(04).

[24]丁晓楠. 嵖岈山旅游资源开发的SWOT分析[J]. 河南财政税务高等专科学校学报,2013(01).

[25]鲁迪,王素娜,梁亚红. 伏牛山生态旅游开发与文化建设的互动效应[J]. 国土与自然资源研究,2013(06).

[26]闫喜琴. 河南古村镇旅游可持续发展的制度安排[J]. 新乡学院学报,2013(3).

[27]朱琳. 文化创意视角下河南乡村旅游产品的创新开发研究[J]. 太原城市职业技术学院学报,2013(05).

[28]秦娟. 河南乡村旅游发展现状及对策研究[J]. 商丘职业技术学院学报,2013(06).

[29]李梦雅. 河南鄢陵县乡村乡村旅游的可持续发展研究—以柏梁镇为例[J]. 经营管理者,2013.

[30]杨应杰. 河南省发展休闲农业与乡村旅游的对策研究[J]. 河北科技师范学院学报,2013(02).

[31]乔新建,李梦雅. 乡村旅游与新农村建设和谐发展研究—以河南鄢陵县为例[J]. 经营管理者,2013.

[32]侯俊. 河南省武术旅游产业开发研究[J]. 搏击,2013(07).

[33]曹石. 河南省水体旅游资源开发的问题与对策[J]. 首都师范大学学报,2013(02).

[34]杨静. 浅析河南省饮食文化资源的旅游开发[J]. 商丘职业技术学院学报,2013(03).

[35]李晓楠. 河南省佛教文化旅游资源的深度开发研究[J]. 佳木斯教育学院学报,2013(10).

[36]魏俊巧. 河南农业旅游存在的问题及对策[J]. 信阳农业高等专科学校学报,2013(04).

[37]杨艳华. 茶文化生态旅游发展策略探究—以信阳市为例[J]. 安阳工学院学报, 2013(05).

[38]董丹丹. 河南民俗旅游资源开发的对策[J]. 科技创业家,2013(12).

[39]李娜. 河南音乐旅游发展策略研究[J]. 学术论坛,2013(05).

[40]张倩. 河南节事旅游发展初探[J]. 长春教育学院学报,2013(02).

[41]焦春. 河南省体育休闲旅游产业开发的战略研究[J]. 体育人文社会学,2013(29).

[42]许琰. 伏牛山旅游区自驾游专项旅游开发研究[J]. 华北水利水电学院学报,2013(06).

[43]高芳艳. 论河南当代文学旅游价值的开发策略[J]. 河南机电高等专科学校学报,2013(02).

[44]王宇. 河南文化旅游产品设计开发的产学研之路[J]. 河南科技学院学报,2013(03).

[45]李霞. 河南文化特色旅游产品设计开发的对策[J]. 神州文化,2013.

[46]张春玲. 淮阳泥泥狗旅游文化系列产品创新设计研究[J]. 包装工程,2013(02).

[47]吴丽霞. 基于AHP方法的河南省旅游竞争力研究[J]. 地域研究与开发,2013(02).

[48]张众. 基于灰色关联分析法的河南省旅游经济增长影响因素探讨[J]. 商业时代,2013(31).

[49]吴佳,张岩. 基于行为者网络理论的河南旅游市场规划方法研究[J]. 吉林工程技术师范学院学报,2013(03).

[50]樊娜娜,王雯雯,罗少华,张珍珍,尚真真,郭梦雅. 龙门石窟微博营销对河南旅游业的影响研究[J]. 绿色科技,2013(04).

[51]王继夏,高杨,李宛冰,卜琳. 高铁建设对沿线城市旅游业发展的影响研究—以郑西高铁为例[J]. 新西部,2013(11).

[52]张慧,田韫智. 高铁效应对旅游产业集聚区规划建设影响探析—以河南省高铁为例[J]. 旅游与发展研究,2013(05).

[53]罗薇. 规范汉英公示语,提升河南旅游大省形象[J]. 长春理工大学学报,2013(01).

[54]彭东晓. 全球标准化环境下河南公示语翻译研究[J]. 金田,2013(306).

[55]刘岚. 河南入境旅游发展的现状及其与翻译的关系[J]. 内江科技,2013(03).

[56]周岩.基于河南中原古代圣贤文化现代价值探究[J].名作欣赏,2013.

[57]薛政辉.中原崛起—传统文化旅游业的发展[J].湖北经济学院学报,2013(02).

[58]周歌.浅谈中原汉代乐舞艺术与旅游业的发展[J].黄河之声,2013(12).

[59]苗长虹,陈德广,李学鑫.旅游资源开发研究—以河南省为例[M].北京:科学出版社,2013.

[60]余永霞.旅游法原理与实务[M].河南:河南大学出版社,2013.

[61]贾云峰.老家的时光[M].北京:中国旅游出版社,2013.

(戴庞海　郑州大学历史学院教授)

2013 年河南省城市金融研究综述

孙庆阳　武金峰

2013 年,河南省城市金融学会认真贯彻十八大精神,围绕中原崛起河南振兴富民强省及城市金融工作中的热点问题,积极组织重点课题研究工作,取得了一定学术成果。

一、2013 年城市金融研究的热点问题

(一)国有商业银行支持城镇化建设研究

十八大报告首次提出,新型城镇化是中国全面建成小康社会的载体和实现经济发展方式转变的重点。以河南省为代表的中西部地区城镇化水平相对较低,发展潜力更大,城镇化对经济发展的拉动作用会更强。国有商业银行是中西部地区新型城镇化建设的金融主力军。新型城镇化建设,既有利于中西部地区国有商业银行实现可持续发展、加速推进经营转型、提升经营效率、壮大目标客户群,也对其优化资源配置、调整业务结构、防控经营风险带来新的挑战。国有商业银行如何加强对新型城镇化的支持,实现自身的良性发展,是必须面对的一个重大现实课题。

(二)商业银行如何应对互联网金融崛起的挑战

近两年国内外的网络化金融发展势头非常迅猛,包括第三方支付、电子商务平台和电信运营商在内的各类机构、平台,不断推出个性化金融产品,满足客户需求。这些机构和平台开始成为现代金融体系中一股迅速崛起、颇具潜力、不容忽视的新势力。仅以第三方支付为例,2007 ~2012 年,中国第三方支付市场交易规模由 900 亿元迅速增至 3.5 万亿元,年均增速高达 108%。利用所掌握的海量用户数据,互联网企业开始逐步将服务由支付渗透到转账汇款、小额信贷、现金管理、资产管理、供应链金融、基金和保险代销等领域。这些都是银行的核心业务领域或转型重点领域,对商业银行提出了严峻的挑战。商业银行必须加强研究,积极应对互联网金融的挑战。

(三)商业银行经营转型问题研究

有数据表明,2012 年央行加快利率市场化步伐后,两次调息使得国内商业银行的净利差再次出现收窄,五大行中已经有两行净利差收窄 6 -7 个 BP。下一步,利率市场化将会进一步推进,中国银行业的利差在今后几年可能会收窄至 2.2 -2.3% 左右。银行业还面临金融脱媒的重要挑战,经过 20 多年的发展,中国直接融资已经有了长足发展,银行贷款占比从 2000 年的 97.4% 下降至 2012 年的 57.9%,下降了 39.5 个百分点。中央在关于十二五规划的建议中明确表述,要加快直接融资的发展,在债券市场发展已经提速的基础上,股票、基金、期货等都将加快发展步伐,证券业和保险业发展滞后于银行业的局面将得到明显改善。更为严格的资本约束将是银行业面对的另一个重大挑战,中国银监会已经颁布了中国版的巴塞尔协议,中国版的资本充足规定不仅保留了国际巴塞尔协议Ⅲ关于留存超额资本 2.5% 的要求和反周期超额资本 0 -2.5% 的要求,而且提出了更加严格的核心一级资本要求。这将使银行高资本耗用的贷款业务扩张受到硬约束,从而将会使国内商业银行以往那种主要靠贷款增长拉动业务增长和盈利增长的传统模式一去不复返。结合国家金融体系调整的趋势和银行发展演进的历史规律,探讨银行业经营模式调整的方向和路径,是商业银行必须研究解决的重大问题。

(四)商业银行拓展县域市场研究

随着城乡一体化和新城镇化的发展,县域土地、生产资料、劳动力资源与城市的技术、管理、信息、资金资源实现深度融合,现在县域已成长为国内产业集群的繁衍地、金融资源的富集区,成为国

内发展速度最快、最活跃和最富潜力的区域。对国内银行来说，得县域者得天下，必须顺应中国经济发展重心下沉的大趋势，尽快占领县域市场。过去银行以城市为主要市场，对县域市场的发展变化关注度不够，政策、制度、流程、产品、管理的设计和实施多是从城市市场角度出发，将城市市场的经营管理方法、业务制度和产品工具直接套用在县域，圆凿方枘，往往在竞争中处于被动局面。因此，商业银行必须深化对县域经济发展特征和规律的研究和认识，创新建立针对县域市场特点的制度、方法、流程与产品，在城市、县镇和乡村之间，构建起连接通畅、衔接有序的业务和管理通道，全面提升服务县域经济的经营管理能力。

（五）商业银行全面风险管理创新研究

商业银行作为经营风险的特殊企业，全面风险管理工作是其实现经营管理目标的重要支撑。但由于经营改革的不断深化、业务的不断创新与发展以及内外部经营环境的不断变化，原有的全面风险管理工作的一些内容有的将不再适应风险管理的要求，因此，商业银行的全面风险管理工作只有与时俱进，通过创新才能保障风险管控目标的实现，也就是说通过全面风险管理的创新来适应不同时期经营环境和业务产品创新对风险管理的需要，从而达到减少风险甚至杜绝风险的目的，最终通过减少风险的发生而减少不必要的支出或者风险损失，从而取得经营价值。因此，商业银行的全面风险管理创新工作不仅具有防范风险的功能，而且还具有提升经营价值的功能，做好全面风险管理的创新可以为经营价值的实现构筑基础平台，对当前商业银行的健康持续发展具有很强的现实意义。

二、2013年主要学术成果

（一）商业银行支持新型城镇化研究

孙庆阳、武金峰、胡强英等完成中国城市金融学会重点课题《国有商业银行服务中西部地区新型城镇化建设研究－以河南省为例》。课题在河南省城镇化发展现状和未来发展思路的基础上，指出国有商业银行是河南省城镇化建设的金融主力军，具有资金实力雄厚、机构广布、产品种类齐全、创新能力强等突出特点。积极服务新型城镇化建设，有利于国有商业银行的可持续发展，有利于国有商业银行经营转型的加速推进，有利于国有商业银行经营效率的提升，有利于国有商业银行目标客户数量的提升。国有商业银行应重点从业务布局和渠道布局两大方面加强对河南省新型城镇化建设的支持，业务布局措施包括合理支持城镇化基础设施建设，支持城市新区和产业集聚区企业发展，支持创新性工业企业、现代服务业和文化产业的发展，加大对转移人口市民化的金融支持力度，加大对农业现代化的支持力度，加大对城镇化建设的信贷资源倾斜力度等；渠道布局包括调整优化物理网点分布，跨越式建设离行式自助银行，大力提升POS的布放密度和辐射范围，继续着力发展互联网金融等。同时，还应注意企业信用风险、产品创新风险、声誉风险的防范。

（二）互联网时代银行客户行为研究

张庆新、邢予峰完成中国城市金融学会重点课题《网络金融时代银行客户行为变化趋势及对策》。通过调研，两作者认为网络金融背景下客户行为变化的趋势主要体现在五个方面：一是在渠道上由线下向线上金融转移，也就是由物理渠道转向电子渠道，电子渠道包括网络、手机、自助设备等；二是在年龄结构上主要集中在20－40岁的年龄段；三是高学历的客户将成为网络金融的主群体，四是在金融产品使用上超过70%以上客户主要使用“支付结算”“缴费”“查询”等网络业务；五是消费心理上安全性是客户考虑网络金融的重要性因素，选择第三方支付的客户还有一个明显心理变化，就是追求时尚和个性化消费。也就说网络金融背景下影响银行客户行为变化的因素——主要是来自银行本身的内生力量，即银行渠道、服务、产品创新等。而网络金融本身影响客户行为变化的因素是来自心理层面的。针对网络金融背景下客户行为特点，课题指出银行要从提升核心竞争力和推进结构调整、经营转型的战略高度，整体规划和协调推进网络银行发展，把网络渠道作为营销各类金融产品和服务客户的重要渠道，作为打造“特色业务”的重要手段强力推进。一是提高认识，规划发展战略；二是创新思路，提升网银功能；三是夯实基础，加强风险管理；四是注重合作，开拓客户市场；五是主动营销，推进电商平台。六是深化内涵，延伸微信服务。

（三）商业银行风险管理研究

杨晏忠在河南省金融学会重点课题《以全面风险管理创新提升商业银行经营价值的研究》认为，商业银行全面风险管理创新是将全面风险管理理论与创新理论进行有机的结合，全面风险管理创新既包括自身内部研究开发的科技成果和方法,也涵盖从外部引进的风险管理技术的吸收和消化,而其作用发挥与否的关键则取决于创新成果的转化应用速度和效果。当前商业银行全面风险管理创新在提升经营价值方面存在的问题为:对全面风险管理提升经营价值理念的认识还不充分,风险管理体系还不够健全,全员参与风险管理创新的程度不高,有效进行全面风险管理创新的能力亟待提高,风险管理技术方法落后,不合理的激励约束机制造成逆向激励。为此,建议采取以下措施实现全面风险管理对经营价值的创新:提升全面风险管理创新对获取经营价值理念的认识,建立健全全方位的风险管理体系,转变风险管理的内容、方式和机制,狠抓制度建设提高制度执行力,运用连续审计手段实现全面风险管理,对全面风险管理及其创新工作的效果进行评估,创新全面风险管理的激励机制。

张庆新在《后危机时代商业银行风险管理策略》认为后危机时代,商业银行风险管理面临五个方面的主要挑战,一是适应经济金融形势变化,保持资产质量持续优良的挑战;二是适应日趋严格的监管要求,降低信用资产资本消耗的挑战;三是利率、汇率市场化及贵重金属价格异常波动带来的挑战;四是操作风险管理面临的挑战;五是不良影响给道德风险管理带来的挑战。随着中国银行业国际化水平不断提高和国际金融一体化程度不断加深,商业银行虽然风险管理日趋完善,但依然存在一些问题,主要表现在四个方面:一是尚未形成良好的风险管理文化;二是风险管理理念落后;三是风险管理措施不到位;四是风险管理人才基础比较薄弱。商业银行应从三个方面加强风险管理:第一,加强国别风险管理,建立国别风险管理的互动机制,细化分支机构的管理,明确国别风险限额监测要求。第二,构建商业银行风险管理文化,应对原本已经拥有的风险好的风险文化因素进行充分挖掘和梳理,精心提炼特色风险管理理念。第三,实施全面风险管理,加快推进风险高级计量法(AMA)的实施,加强经济资本管理,完善风险限额管理机制,满足风险偏好要求。

(四)商业银行拓展县域业务研究

张庆新在《国有商业银行县域支行经营发展策略》中认为河南省县域经济实力差异显著,不同区域的县域金融需求侧重点不同:一是经济发达县域金融需求:金融服务需求占主导地位,金融生态环境良好,需求旺盛;二是经济较发达县域金融需求:生产性、金融服务需求占主导地位,金融生态环境较好好,潜力需求旺盛;三是经济欠发达县域金融需求:以生产性、生活型金融服务需求为主导地位;四是经济不发达县域金融需求:以生活型金融服务需求为主导地位。银行在县域分支机构发展存在的共性问题是:一是产品结构较为单一,县域支行缺乏相关的专业化营销和管理模式,金融产品较集中于传统存款业务衍生的品种上;二是员工工作积极性不高,激励机制不到位,员工年龄老化;三是电子渠道布局不合理,在自助网点、ATM 较少,并且 ATM 的类型基本上是“取款机”,而“存款机”较少。国有商业银行要结合河南省县域经济实际情况,全面梳理发展思路,立足优越条件,理清业务短板及发展瓶颈,从统筹规划设计、分类指导经营,变思维盘存量、激发内生动力,促强项带新兴、力争全面突破,重管理调结构、加强队伍建设,添帮扶扩渠道、加大政策倾斜,控案防避风险、护航发展成果六个方面制定经营发展策略,深入推进县域机构经营转型,切实提高发展速度、发展效率和发展质量。

(五)商业银行经营转型研究

陈秀禄、韩爱旗在《工商银行中间业务转型研究》中分析指出,中国经济的货币环境正在发生改变,国内商业银行过去严重依赖信贷资产规模不断扩张获得存贷息差支撑盈利的传统经营模式不可持续,应该加快结构调整、产品创新和经营转型,全面拓展金融资产服务业务,改变商业银行传统货币市场经营模式向先进的现代投资银行资本市场经营模式转型。应重视以下问题,以加快中间业务的转型:积极主动做好适应存款保险制度推出的前瞻性工作,逐步适应完全实现利率市场化节奏,逐步提高混业经营程度增强自身竞争力,适应业务转型需要加强高端人才培养,健全激励机制鼓励创新用新,加强系统内“大数据”挖掘积极参与电子商务。

范国庆、申志明在《工商银行网点经营转型研究》中认为众多网点构成的服务网络是工商银行的优势之一,但工商银行的网点主要集中于完成客户交易和业务核算方面,对市场营销、服务能力提升及营销经验明显不足。网点转型的目的就是改进网点功能,解决服务标准化、规范化问题,这也是服务差别化和专业化的重要前提。作者通过对国外银行网点转型情况的案例分析和对国内银行网点转型情况的案例分析,对工商银行网点经营转型过程中提出了几点启示:一是硬件设施的改造和完善,为网点转型经营奠定良好基础;二是领导和员工思想意识上的转型,为网点转型发展提供根本保证;三是激励机制的完善,为充分调动员工的工作积极性提供必要动力;四是转型工作的全面推进,为支持区域经济建设和发展互惠互利创造有利条件。

三、城市金融研究发展态势

(一)存款利率市场化下商业银行稳定负债的策略研究

存款利率的市场化将加剧商业银行存款的竞争与分流,如何稳定包括存款在内的负债已成为商业银行的当务之急,前瞻性地研究分析利率完全市场化条件下商业银行负债发展的趋势和稳定负债可能遇到的挑战,在此基础上提出商业银行稳定负债的应对策略。

(二)小微企业金融业务发展模式重构研究

小微企业金融是商业银行业务发展的新蓝海,深入研究小企业金融发展的战略和策略,提出与小企业金融发展战略相匹配的机构、队伍和渠道建设等配套措施,通过重构小企业金融业务的发展模式,更好的平衡市场和风险,开创小企业金融业务新的局面。

(三)提升支持中国企业"走出去"金融服务能力的研究

着眼于现阶段中国企业"走出去"以及金融机构支持企业"走出去"存在的不足,研究商业银行从"跟随"企业"走出去"到"引领"企业"走出去"所应具备的能力、应选择的战略和应采取的措施,旨在探索一条商业银行引领中国企业"走出去"金融服务的转型、升级、再造之路。

(四)中国居民储蓄模式特点、转变及其对商业银行的影响研究

在分析揭示未来国内居民储蓄模式变化趋势和特点的基础上,预测国内储蓄模式转变的方向和规律,着重分析这种转变对国内商业银行的影响,研究提出商业银行的应对策略。

(五)国家解决产能过剩过程中商业银行风险对策研究

解决产能过剩问题是今年和今后几年国家调整经济结构的主要举措之一,而去产能化过程也将是商业银行风险集中暴露的过程。分析揭示去产能化过程带给国内商业银行的风险与影响,研究提出应对这些风险和影响的策略和措施,特别是对商业银行债权保全的影响和保全债权的措施。

(孙庆阳 河南省城市金融学会秘书长;
武金峰 河南省城市金融学会副秘书长)

2013 年河南粮食经济发展综述

周双喜　徐蕴辉　王亚平

一、2013 年全省粮食工作概述

2013 年,河南粮食总产 1142.7 亿斤,实现了“十连增”。全社会粮食经营企业完成粮食收购 674 亿斤(不含中储粮系统),占省政府考核责任目标的 143%,销售粮食 894 亿斤,除了解决河南 1 亿人口的粮食消费,还调出原粮及加工制成品 400 多亿斤。为确保国家粮食安全作出了重要贡献,为中原经济区建设做出了贡献。

(一)严格执行国家粮食购销政策,切实保护种粮农民利益

一是切实抓好粮食收购。加强粮食收购政策宣传,开展“粮食收储政策三下乡”活动,利用粮食局资源网、在收粮库点开辟宣传栏等形式将粮食收购政策、农户科学储粮技术知识、为农服务和保护农民售粮权益的有关内容传递给农民,积极主动地执行好国家粮食最低收购价政策。提前腾仓备库。摸底调查粮食收购企业基本情况及预测夏粮生产、市场价格;对现有危旧仓房进行维修改造,扩大储存能力;购置、配备和维修各种收购物资器材,对质检、保管、司磅、统计等人员进行专业培训。全省提前腾出有效仓容 609 亿斤,满足了农民售粮需要。各级粮食部门认真组织政策性收购,积极引导多元主体开展市场化收购。与中储粮河南分公司等部门建立了沟通协调机制。联合确定了 1346 家小麦托市收购企业和 136 家中晚稻托市收购库点。并分别于 5 月 31 日和 9 月 30 日及时启动了小麦、中晚稻最低价收购预案,实行常时敞开收购,便于农民售粮。河南省粮食局印发了关于做好夏粮和中晚稻最低收购价收购工作的通知,还召开秋粮收购现场观摩会议。对外公布 3 部投诉举报电话,24 小时接听群众来电,积极受理农民群众的举报、投诉,促进了收购工作的顺利进行。针对今年豫南地区小麦不完善粒超标的情况,省局及时组织小麦质量调查,并向上级反映情况,得到国家有关部门放宽不完善粒标准的批复同意,为争取农民增收创造了政策环境。截止 2013 年 9 月 30 日,全省累计收购小麦 242.8 亿斤,平均收购价比上年同期增加 0.15 元/斤,实现种粮农民增收 36 亿元。2013 年 9 月 27 日,信阳、南阳、驻马店等 3 市启动中晚稻最低收购价政策。截至 2013 年 12 月 31 日,全省收购秋粮 91.6 亿斤。

二是积极组织粮食销售。组织国家政策性粮油销售,认真细致地做好入市企业资格的审核申报工作,组织好“河南专场”拍买 ,取得良好的效果。1 ~12 月份,全省共成交政策性粮食 342.38 亿斤,其中最低收购价小麦 287.18 亿斤,临时储备小麦 55.2 亿斤,保证了市场有效供应和价格基本稳定,保障了灾区、贫困区等政策性粮食正常供应。加强产销衔接。继续巩固发展我省与全国 18 个省市(区)建立的长期稳定产销合作关系。吸引省外企业来我省建立生产基地、发展订单粮食或办厂加工消化粮源,拓宽农民售粮渠道。指导粮食经营企业采取灵活多样的销售方式,努力搞活粮食经营。组织企业参加“第九届福建九省粮食产销合作洽谈会”,共签订各类粮食购销合作项目 4.72 亿斤。还与甘肃省签订了我省每年向甘肃优先供应 10 亿斤小麦的产销合作协议。积极争取北京市储备粮继续在我省有关企业代储,并配合北京市粮食局做好代储粮轮换和协查监管工作。做好我省粮食企业到东北采购稻谷(大米)相关工作,确定河南豫粮物流有限公司为到东北地区采购新产粳稻(米)委托企业,促进了东北稻谷(大米)入关采购和运销。

(二)强化地方粮食储备管理,完善应急体系建设,增强粮食安全保供能力

启动《河南省省级储备粮管理办法》修订工作。2013 年 2 月 7 日,省政府将修订该办法正式立项。完成了省级储备粮油代储企业的摸底调查,调查结果显示省级储备粮油数量真实、质量良好、

储存安全。落实地方储备粮规模和食用植物油增储计划，指导市、县增加地方粮食储备2.4亿斤。完善全省粮食应急体系建设，确定了全省1557个应急供应网点。按照《河南省省级储备粮管理办法》，完善对省级储备粮的统一管理。协调落实地方储备粮规模和食用植物油增储计划，督促薄弱地区适当增加应急成品粮油储备，增强调控粮油市场的物质基础，市、县两级新增地方粮食储备2.4亿斤。同时向国家粮食局上报请示，积极向国家争取增加玉米从东北跨省移库到河南的数量。认真做好包括代储企业重大变更事项管理在内的各项代储资格企业管理工作，确保中央、省级储备粮代储资格企业质量。全省共受理中央储备粮代储资格申请企业9家；上报中央储备粮代储资格重大变更6家；审核确认省级储备粮代储资格企业6家。

（三）健全军粮供应服务体系，增强军粮供应保障能力

坚持实行"统筹粮源、联购分销"的军粮筹措供应机制，切实抓好军粮加工企业资质审查和军粮统筹采购竞价工作，形成稳定可靠的军供粮源供货渠道；加强军粮质量管理工作，2013年把军粮质量工作纳入全年目标管理体系，各地军供站严格落实"一批一检一存档"制度和出入库检验制度。同时牢固树立"以兵为本"的思想，建立军供站站长第一责任人制度，严格落实"一批一检一存档"制度和出入库检验制度，严禁不合格粮油进入部队，驻豫部队官兵对我省军粮质量和军供服务满意率均为100%。不断改善军供站设施条件，健全军粮供应服务体系。在全省军供系统开展"三优一满意"活动，与驻军建立定期走访和交流机制，深入部队伙食单位征求意见，最大限度地满足部队官兵生活需求。各地军供站还组织有关技术人员，主动上门为部队后勤人员传授储粮知识和"放心粮油"的鉴别技巧，并聘请餐饮师傅对副食品的烹饪进行辅导，有效地提高了部队司厨人员的业务素质。主动实行电话预约义务送粮，切实做到"只要听到电话响，及时送粮到营房"。全省为驻豫部队义务送粮占供应总量的80%以上。驻豫部队对我省军粮质量和服务满意率达到100%。

（四）大力推进主食产业化，着力打造放心主食工程

一是认真落实省政府大力推进主食产业化和粮油深加工的意见，落实扶持资金，坚持项目带动。河南省粮食局联合河南省财政厅集中使用产粮大省奖励资金4700万元，对全省18个省辖市和10个省直管县74个主食产业化及粮油深加工项目给予了贴息支持，贴息流动资金总额近50亿元。河南省主食工业化率突破18%，粮油加工转化率达到75%。2013年主食产业化和粮油深加工项目共计203个，其中粮油深加工项目76个，主食产业化项目127个，总投资174亿元，国家粮食局推广了河南发展主食产业化的基本做法和工作经验。财政部肯定了我省使用"商品粮大省奖励资金"支持主食产业化发展的做法。二是以主食放心工程为重点，做好粮油食品安全工作。主办了以"打造放心粮油品牌惠及人民幸福生活"为主题的2013河南省粮油食品安全倡议主题日活动，组织全省80家粮油龙头企业向全国同行发出《粮油食品安全倡议》。参加省委宣传部组织的媒体面对面活动，介绍河南省粮食行业食品安全监管工作以及放心粮油工作开展情况。"放心主食"工程被省政府列为年度食品安全工作重点和"十大民心工程"。

（五）编制"粮安工程"规划，加强粮食流通基础设施建设，确保储粮安全

加强库存粮油安全和粮食仓储设施管理，全省"一符四无"粮油率达95%以上，储备粮实现"一符、三专、四落实"100%的目标。完成了《河南省"粮安工程"建设规划》编制上报工作。争取国家支持粮库建设项目6个，总投资1亿元。争取国家及省财政"危仓老库"维修资金2.1024亿元。认真实施粮食物流节点建设规划，争取国家支持河南省粮食物流建设项目5个，中央财政直接投资1900万元，带动企业投资1.7亿元。发放农户科学储粮专项建设小粮仓5万套，减少了农户储粮损失。

（六）加大行业开放力度，深化国有粮食企业改革，提高粮食产业发展水平

积极创造条件，鼓励我省粮食企业"走出去"。3月29日至4月6日，组织永城市面粉企业代表团赴台开展了粮油深加工暨主食产业化招商引资活动，共签署意向合作项目7个，意向合资金额24.8亿元；河南永粉投资管理有限公司与台湾丰盟企业有限公司、台湾长安面制品厂、台湾三叔公食品有限公司联合签署总投资6.5亿元的"30万亩富硒小麦种植及小麦产业链加工食品园区"项目，已于10月25日奠基，项目一期到位资金7000

万元。持续推进柬埔寨稻米公共收储体系项目。根据省委巡视组的要求,完成对局属企事业单位的资产清查工作,基本摸清了家底。局属企业稳中求进,经营效益、管理水平持续提高。进一步深化产权制度改革,建立现代企业制度,积极推动市县粮食企业拓展粮食购销业务,大力推进农村购销服务体系和城市粮油供应体系建设。新乡、鹤壁、信阳等地建设了一批以粮食物流园区为平台,集粮油购销、精深加工和现代物流等为一体的产业集群。安阳、信阳等市政府制定了进一步加强粮食流通工作、促进国有粮食企业改革的政策措施。漯河、濮阳、周口等市粮食局积极深化企业改革,转变经营机制,积极探索地方国有粮食企业面向市场求生存、搞活经营谋发展的新途径。

(七)积极推进依法管粮,认真开展监督检查,确保粮食市场平稳有序

全省具有粮食收购资格的经营者7044个,其中非国有主体占67%。积极推进粮食行业普法和依法行政工作,切实抓好粮食收购资格审核管理;坚持国家粮食政策落实情况和粮食流通秩序检查并重,较好地保障了粮食生产者和消费者合法利益。2013年全省各级粮食行政管理部门开展行政执法活动5379次,出动人员29364人次,检查企业19843个次,共查处各种涉粮案例1251例,依法取消粮食收购资格37家。2013年河南省3个县级粮食局被命名为全国粮食流通监督检查示范单位。郑州、洛阳、焦作、滑县等粮食局在依法行政、监督检查工作上都取得了突出成效。

(八)加强保障体系建设,健全粮油质检网络,夯实行业发展基础

进一步完善粮油价格监测体系,完成了2012年度社会粮食供需平衡调查,加强我省粮食质量安全检验监测体系建设,河南省4家粮油质检单位被国家粮食局初步认定为国家粮油标准研究验证测试中心(站)备选单位。设立了河南省粮油信息中心,切实加强粮油信息化建设。编制了《2013年河南省小麦质量品质报告》,与农业厅共同举办了第二次河南省收获小麦质量信息发布会。2013年全省新收获小麦总体质量较好,品质特性较优。根据省政府领导指示精神,先后两次组织开展了2013年收获玉米质量安全监测和玉米质量安全全面核查,针对监测中发现的问题,积极向省政府建议尽快妥善解决。

(九)建立健全粮食预警机制,完善省粮油应急供应预案

认真指导各地分级确定粮食预警调控指标、责任单位和应急保障单位。紧密结合我省实际,对目前全省粮食应急体系建设进行了规划,确定了全省1557个应急供应网点。进一步完善粮油价格监测体系,对主要粮食品种的购销、批发零售价格实时监测,整理上报市场价格周报24期。成立了粮油信息化专门机构,夯实粮油信息化发展载体。圆满完成了2012年度社会粮食供需平衡调查工作,在全省范围内分别对5151户农户、1597户城镇居民、2400家企业的收入、支出及库存情况进行调查,全面掌握了全省粮油供需基本形势,调查数据得到了国家粮食局的认可。调查结果为各级粮食部门制定粮食政策、研究粮食发展问题提供了基础数据。

(十)改善企业经营管理,提高企业经济效益

一是积极协调财政厅、农发行等相关部门做好全省粮食企业占用商业银行贷款的政策性粮食财务挂账工作,挂账遗留问题得到根本性解决。积极争取国家拨付的超级产粮大省奖励资金用于粮食流通产业发展。协调督促落实,较好解决了信阳、三门峡等地基层粮食企业长期遗留的“开仓借粮”贷款和上蔡、辉县等地县级储备粮贷款落实问题。二是深化银企对接。经过与中国银行河南省分行、兴业银行郑州分行多次协调沟通,我局与两家银行分别签订了银企战略合作协议。全省初步确定合作项目企业500家左右,金融支持金额超过100亿元。促成河南粮食产业投资担保公司建立,组建方案已经省政府批复。三是实行扭亏增盈目标考核,做好全省粮食系统国有粮食企业经营管理工作。制定了国有粮食购销企业净资产收益率大于等于零的考核目标,促进全省国有粮食企业加强经营管理,逐步扭转了亏损局面。

(十一)切实加强粮食库存管理,确保国家粮食安全

一是严格落实《河南省省级储备粮管理办法》,协调落实地方储备粮规模和食用植物油增储计划,督促薄弱地区适当增加应急成品粮油储备,增强调控粮油市场的物质基础,市、县两级新增地方粮食储备2.4亿斤。二是完成了“一符四无”粮油率目标任务。制定《全省一符四无粮油率考核办法》,规范考核工作。严格按照《粮油储藏技术

规范》、《河南省露天储粮技术管理规范》规定，对库存粮油进行规范管理。结合全省粮食库存检查工作组织开展了春季和冬季粮油安全普查，全省“一符四无”粮油率95%以上，储备粮实现“一符、三专、四落实”100%的目标。三是加强对粮食流通基础设施管理工作。按照要求严格控制国有粮食流通基础设施的处置，建立储备粮库发展长效机制。规范仓储设施建设，对仓库的所有仓储设施建立档案，严格仓储设施的转让、改用、报废和拆除管理，确保粮食仓储设施性能完好和正常运行。并且争取国家和省财政补助资金分两批联合财政厅组织评审粮油“危仓老库”维修改造项目397个。认真执行《河南省粮食行业储粮化学药剂管理办法》和河南省粮食局、农业厅、工商行政管理局《关于进一步加强粮食熏蒸化学药剂管理的通知》精神，加强对各地中心药库的管理，使河南省粮食熏蒸化学药剂的管理工作更加规范，杜绝了违规操作和各项事故的发生。

二、工作思路、主要目标及建议

2013年，河南粮食经济得到进一步发展，为维护国家粮食安全、支持中原经济区建设做出了贡献。下一步，应按照“切实保障国家粮食安全”的总要求，立足全省经济社会发展和“三农”工作大局，以推进粮食流通产业发展为主线，全面深化粮食流通体制改革，落实“粮安工程”建设，抓好粮食收购、促进农民增收，加强宏观调控、保证市场供应，转变发展方式、推动产业发展，加强市场监管、确保口粮安全，守住管好“天下粮仓”，为服务粮食核心区建设做出积极贡献。重点做好以下工作。

（一）切实落实国家粮食安全战略，履行好保障粮食市场基本稳定的责任

1. 继续落实国家粮食最低价收购政策。针对国家最低收购价政策中，地方政府和粮食行政管理部门将承担更多责任的情况，要按照国家的统一安排部署，会同有关部门，切实做好国家最低收购政策在我省的改革、完善和落实工作。认真总结2013年信阳秋粮收购工作经验，学习东北、内蒙等省玉米临储办法，提前做好备仓工作及制定收购预案，统筹做好夏粮、秋粮收购各项工作，促进种粮农民持续增收。

2. 积极组织好粮食销售工作。在做好小麦购销业务的同时，搞活玉米、稻谷等其他品种粮食经营。继续协调组织好最低收购价和国家临时存储粮食的竞价销售出库工作，保证市场有效供给。主动向国家粮食局沟通汇报，积极与中储粮河南分公司对接，做好真菌毒素超标小麦的处理工作，严防真菌毒素超标小麦流入口粮市场。组织委托省粮食交易物流市场做好东北粳稻（大米）的采购、运输及销售工作。

3. 进一步加强地方储备粮油管理。继续推动对省级储备粮实行统一管理，加强省级储备粮轮换和代储资格认定，推进储备粮监管工作常态化。充分利用政策，积极争取扩大地方储备粮规模和食用植物油增储计划。指导和督促市、县核定充实必要的地方粮食储备规模。根据粮食供求需要，增加成品粮油储备，充实薄弱地区库存，增强调控粮食市场的物质基础。积极配合做好省际间粮食移库工作。

4. 完善粮食应急保障机制。按照《河南省粮食应急预案》要求，不断完善粮食应急网络体系建设，健全粮食应急管理相关制度，明确年度应急工作目标，增强应急保障能力。加强粮油市场监测分析，定期发布粮食供求及市场价格信息，正确引导粮食生产和流通。

5. 推进粮食信息化建设。稳步推进统计信息化建设，进一步完善省、市、县三级统计信息网络。加强粮食统计分析和统计制度培训。探索统计监测基层企业直报体系。密切跟踪市场供应和价格情况，科学研判价格形势和预测价格走势，推动建立面向社会的市场信息发布制度。

（二）深化粮食流通产业发展方式改革，提升粮食经济发展水平

1. 推进主食产业化。抓好主食产业化发展的推动和指导工作。切实做好2013年流动资金贷款贴息主食产业化项目的跟踪指导和督促落实，继续推进“放心主食”工程，开展放心粮油、放心主食的达标示范评选活动。开展“放心主食、放心粮油”供应服务体系建设试点工作，总结试点经验在全省推广。组织有关高校、企业和科研机构，会同卫生、质监部门，进一步完善主食产品地方标准。

2. 巩固产销合作。加强粮食产销衔接，鼓励与销区建立多形式、深层次、长期稳定的粮食产销合作关系，促进粮食总量、区域和品种平衡。适时安排豫沪双方交流考察活动，组织全省各类涉粮企业做好豫沪粮食流通合作。

3. 争取信贷支持。继续贯彻落实国家粮食局、

中国农业发展银行国粮财〔2012〕205 号 文件精神,最大限度争取农发行信贷支持。加快河南粮食产业投资担保有限公司组建工作,争取在夏粮收购前运营。继续加强与邮储银行、中国银行、兴业银行、农业银行等金融机构的合作。

(三)深化粮食流通行政管理体制改革,切实提高依法管粮、监督检查水平

1. 加强依法行政。坚持抓好粮食行业"六五"普法工作,深入推进依法行政工作。从加快转变政府职能、创新行政管理方式出发,提高服务意识和服务水平。

2. 强化监督检查。切实履行监督检查职责,加强粮食流通全程监管,确保口粮绝对安全。加大随机抽查和突击检查力度,建立健全库存检查工作评价考核机制,不断巩固国家宏观调控的物质基础。深入开展政策性粮食购销活动检查,继续加强对政策性出库的监督检查,加大对"出库难"问题的整治。指导各地开展以落实《粮食流通管理条例》为主要内容的粮食流通监督检查活动。加大对涉粮案件的查处力度,完善案件通报机制,建立地方重点案件查处上报机制,切实提高办案质量和效率。

(四)深化粮食流通质检体制改革,保障粮油储存及行业生产安全。

1. 完善粮油质量检验监测体系。认真贯彻实施国家有关粮食质量方面的法规、制度及标准,建立健全全省粮食质检机构。按照国家有关部门通知精神,认真做好质量调查、品质测报、质量会检、安全监测工作,积极探索建立粮食标示制度和质量可追溯机制。落实省政府省长办公会议纪要精神,认真做好玉米收购和问题玉米的定向销售工作。

2. 提升仓储设施水平。按照国家粮食局有关要求,继续做好《河南省"粮安工程"建设规划》的修改、完善工作。加强粮库新建和维修改造项目管理及验收工作,确保 2013 年底确定的财政资金补助维修改造项目按期、保质、保量完工,并在 2014 年夏粮收购之前投入使用。

3. 推进科学储粮。确保全年科学储粮率达到 85% 以上。推动仓储信息化建设,开展数字化粮库建设试点。重点做好大农户科学储粮试点工作,大力推进节粮减损。

4. 加强行业安全生产。突出抓好储粮安全。继续开展粮食行业安全生产"百日行动",重点抓好粮油加工企业的生产安全和粮油购销企业的出库安全。抓好行业内的各类学校、多种经营企业消防安全,避免事故发生。

(周双喜　河南省粮食经济学会副会长
徐蕴辉　河南省粮食经济学会副会长
王亚平　河南省粮食经济学会秘书长)

社会学

2013 年河南社会学发展总结与展望

范会芳　　彭　飞

自 2013 年以来，河南省社会学取得了长足的发展。河南省社会学会依托高等院校、科研机构、政府与社会各界的力量，努力将自身打造为扶持优秀人才、发掘学科潜力、促进社会发展的学术交流与学科建设的平台。借助十八大和十八届三中全会的春风，河南省社会学界在学科建设、人才培养、学术研究、社会服务等方面取得了显著的成绩。

一、2013 年河南省社会学发展形势

（一）社会学学科建设与学生培养机制持续完善

完整的社会学一级学科包含民俗学、人类学、人口学、社会保障、社会工作等学科，建设门类齐全的社会学学科体系一直是河南社会学界的共同夙愿。近年来，河南社会学界立足于健全、完善社会学科体系，并围绕此目标，作出了不懈努力。

郑州大学作为河南省唯一一所具有社会学硕士培养权的高校，从 2002 年起开始招收社会学专业硕士研究生，迄今已经为社会输送社会学专业毕业生十多届。此外，郑州大学也是省内高校中最早（2009 年）获得社会工作专业硕士（MSW）授予权的高校。截至目前，郑州大学已累计为社会培养社会学专业硕士毕业生 300 余人，社会保障专业研究生 90 余人，社会工作专业硕士 100 余人。仅 2013 年，郑州大学共培养全日制社会学硕士研究生 16 人，社会保障硕士研究生 9 人，社会工作专业硕士（MSW）32 人。2013 年，郑州大学社会学硕士点积极参与申报全国社会学专业一级硕士学位点，并有望获得批准。

郑州轻工业学院社会工作专业学位硕士点也于 2013 年获得批准，截止至 2013 年底，河南省开设社会工作本科专业的高等院校已达 14 所，开设社会学、社会保障专业的高校也近 10 所，遍布河南省各地市，社会学学科建设取得显著成绩。

（二）学术交流日益频繁、课题科研再创佳绩

2013 年是河南省社会学取得重大突破的一年。在学术交流方面，河南省社会学会组织各高校，科研机构中的社会学领域骨干力量召开多次学术交流研讨会，内容涵盖社会综合治理、社会协同创新、民生保障等多方面内容，并将与会学者的研究与探讨成果编汇于《2013 河南省社会蓝皮书》，并付梓出版。

2013 年，河南省社会学会积极组织会员参与国内外学术交流与研讨活动，据不完全统计，参加 2013 年中国社会学年会和社会工作年会的会员共计多达 100 余人次，参与省内社会学领域学术交流共计 150 余人次，赴国外访学、参加学术交流约 20 余人次。

在课题科研方面，河南社会学界在 2013 年中取得了令人瞩目的成就，无论是课题数量，课题质量以及科研经费方面与往年相比都有了显著提升。2013 年，河南省有 8 人获得国家社会科学基金项目立项。（详见下表）

	课题名称	申请人	所在单位	项目类型	结项形式
1	网络公共空间官民共识的生成机制研究	殷辂	河南省社科院	一般项目	专题论文 研究报告
2	用于择偶适合度分析的婚姻三维度匹配模型及测评系统的编制研究	王宇中	郑州大学	一般项目	专题论文 研究报告
3	我国中西部农村地区受虐儿童保护体系的构建研究	张长伟	河南师范大学	一般项目	专著
4	统筹推进城乡社会养老保障体系建设研究	凌文豪	河南大学	一般项目	专题论文 研究报告
5	农村基督教的皈信机制及管理策略研究	韩恒	郑州大学	青年项目	研究报告
6	农村基督徒政治认知的社会－文化－心理机制研究	徐凯	洛阳师范学院	青年项目	专题论文 研究报告
7	城市贫困阶层的再生产机制及其治理政策研究	孙远太	郑州大学	青年项目	专著 研究报告
8	“承认社会工作”的理论建构和实践循证研究	王君健	河南师范大学	青年项目	专题论文 研究报告

同时,2013 年河南社会学界在教育厅,省部级以及省社科联等其他级别的课题申报方面也同样取得了丰硕成果,不作细表。

另外,在 2013 年度,河南社会学界课题申请经费有了显著地提升,从侧面说明,社会学在河南,乃至在全国的影响力正处于上升趋势,研究成果得到社会各界越来越多的认可。

近年来,河南社会学界中接连涌现出一批年轻有为的杰出青年学者,他们具备成熟的科研能力与学术素养,为河南社会学界的发展注入了新的血液。

(三)学会平台的作用进一步发挥

2013 年以来,河南省社会学会不断发挥自身平台功能,积极推动河南省社会学不断向前进步。2013 年 4 月,河南省社会学会第五届学术年会在郑州召开,会议由河南省社会学会主办,来自全省各地的社会学会员近 200 余人参加了此次会议,此外会议还邀请了来自政界、学界、机关等各部门的领导专家出席会议,充分展示了河南省社会学领域内学者专家的专业学术素养、精神面貌与科研力量。

截止至 2013 年,河南省社会学学术年会已经连续举办了 5 届,日益规范化,制度化的学会活动与学会制度安排为河南省社会学的良性发展奠定了基础。同时,河南社会学会依托《河南社会科学》与《河南省社会蓝皮书》等杂志刊物为主要阵地,不断向外展示我省社会学领域研究水平与科研力量,社会学专业在我省的影响力持续提升。

二、当前河南省社会学发展的契机

(一)河南省经济与社会的不断发展为河南省社会学的发展提供了现实需求与动力

2013 年,《郑州航空港经济综合实验区发展规划(2013－2015)》正式得到国务院批复,郑州航空港成为国内唯一一个国家级的航空港综合实验区;加之几年前已列入国家战略发展规划的“中原经济区建设规划”,河南的发展得到了国家大力度支持。然而必须承认的是,在河南经济社会不断发展的背后，也必将伴随着形形色色的社会问题不断涌现。在这样的背景下，河南社会学的发展在愈来愈受到社会各界的关注与扶持的同时，也面临着来自更加严格，更加复杂的外部环境的新挑战。

同时，不断变化的经济社会环境也是河南社会学不断前进的重要驱动力。一方面，经济与社会的飞速发展与愈加开放的交流环境将会促使来自省外，乃至来自国外的先进经验，理论学说，工作模式的引入与融合，有助于河南省社会学界更新理论，转换思想，完善研究与工作模式，开阔眼界，提升整体水平；而另一方面，高速发展所带来的社会变革，经济，社会，文化，乃至市民心理的转型都意味着更多社会问题的涌现——这些问题都需要学者以专业的眼光加以审视与关注——为河南省社会学提供了新的研究对象与关注热点。

（二）中央与各级政府对于社会事业加大关注为河南社会学的发展带来了新的机遇

2013 年召开的十八届三中全会对于推进社会事业，社会科学事业的发展做出了新的说明。会议上明确强调要推进文化体制机制创新、加强中国特色新型智库建设、建立健全决策咨询制度、建设国家创新体系。这些都为深化社会科学研究、推进社会学科领域改革、推动社会科学事业繁荣发展指明了方向。

这样的背景下预示着，在未来一段时间内，中央与各级政府对于社会事业的关注与投入将不断递增，作为与社会事业建设紧密相连的社会科学专业，其学科地位自然也将水涨船高，愈来愈受到各界的重视与关注。这不仅需要河南社会学界紧抓机遇实现发展，也要更加深入参与到社会管理，决策咨询，综合治理等相关政府行动之中，形成多赢的良性互动，带动河南社会学进入人才规模不断扩大，课题项目持续增加，课题经费有所提高的快速发展轨道，也同时能够拓宽社会学的研究领域与问题域，将河南省社会学引领至更高的发展层次。

（三）不断壮大的社会学人才队伍为河南省社会学发展注入了新的活力

河南省社会学界相比以往已经有了长足的发展，河南省各校不断增置的社会学、社会工作，社会保障等社会学类专业，不断完善的人才培养机制，日益扩大的杰出人才引进规模，都为河南社会学界日后的腾飞做着准备。单就近几年来来看，每年河南省内的高校与研究机构都会引进 3—5 名学术素养高、科研能力强、具有极强创新意识的社会学专业博士，在河南省从事社会学教学与科研的的队伍越来越壮大。

（四）课题数量与经费的倾斜与投入力度的加大为河南社会学的发展提供支持与保障

近年来，河南社会学的发展得到了来自社会各界的关注与扶持，其中的代表现象便是河南社会学界无论是获批的课题数量，还是课题经费都呈现逐年递增的趋势，为了河南社会学界的的不断进步提供了物质上的支持与保障。

一方面，河南社会学界内获批的课题数量逐年上升，并且课题层次与规模不断提升。从近几年情况来看，每年获批课题项目的数量呈现递增态势，其中国家级、省部级的课题数量呈现稳步上升态势。同时，在课题经费方面，也得到了一定程度的提高与改善。资金与项目的倾斜与扶持使得学科发展获得了直接助力，保障了河南省社会学平稳向前发展。

三、制约当前河南社会学发展的瓶颈

（一）河南省社会学依然缺乏足够的关注力度，学科发展存在一定的误区

尽管社会各界对于社会学的关注力度持续上升，但我们也需要清楚地看到，社会学学科本身依旧处于相对边缘的位置，还未能被社会各界更广泛、更清楚地认知。社会学学科的发展依旧缺乏有力的政策支撑，缺乏宽松认同的外部环境，也缺乏进一步的课题与经费的支持。来自社会各界的关注与扶持，尚不能完全满足社会学学科建设发展的诉求。也正是归因于缺乏理想的发展空间，河南社会学学科自身的发展潜力与社会功能受到了制约与阻碍。

其次，社会学研究中出现了一定的误区与局限。社会学研究对象来自于鲜活流动的生活世界，本应注重对于现实生活的把握，观察与分析；需要看到的是，这几年来，河南社会学在快速发展中的确出现了一定程度的理论与现实有所脱节的现象。部分高校中，学者只顾埋首书斋，未能深入接触河南当地现实，充斥着“学院派”气息，缺乏因地制宜的可行性与创造性。而另一方面，大量的经验研究又缺乏清晰明确的理论思考与支撑，尽管数据详实，内容丰富，却缺乏学术意义，反倒成了无用之功。

同时，河南社会学界依旧缺乏强大的凝聚力。

尽管河南社会学会一直以来发挥着团结学界同仁,促进学界内交流的功能,但碍于规模与管理制度,仅仅依靠每年一度的学术年会维持学界的凝聚力是远远不够的。学界内部依然缺乏整合与统筹管理,这些都在一定程度上制约着河南社会学界的发展与壮大。

(二)河南社会学人才引进与培养规模有待扩大

一个学科要在学科的理论体系上有所建树,才能标志着这一个学科的成熟,才能使这个学科的学术创新及解决实际问题的能力得到提升,在国内以及国际学术环境中有自己的地位。如前所述,河南社会学的大发展离不开大量优秀青年人才的支持与奉献,然而我们需要正视的是,尽管河南社会学的人才引进规模在不断扩大,但依然存在着不小的人才需求缺口,不能够满足学科发展的需求。

另外,河南社会学界存在这样一个局面:对于具有科研能力,学术素养的高素质社会学博士、博士后,河南社会学界只能依靠"输血",从省外、国外引进,而无法真正做到"造血",即依靠自身力量来进行培养。尽管河南省内已经有多所院校设立了社会学、社会工作专业的本科、硕士学位,但至今仍旧没有一所省内高校获批社会学博士培养资格。这可谓是河南社会学的一大遗憾。

同时,健全的学科体系有待建立。目前,河南省高校中社会学仅仅作为二级学科设立,同样属于社会学一级学科门类下属的二级学科诸如人类学,人口学、民俗学,社会政策研究等学科依然处于空置状态。建立起下属门类完整的社会学学科体系,是河南社会学向前发展道路上所面临的重大问题,也关乎着是否能够在河南高校设立社会学博士学位,完成从"输血"到"造血"的重要一环。

(三)学术交流的规模与途径需要拓展

学术交流是学科建设的基本要求。只有通过不断地交流充分了解国内外相关领域学术研究的基本状态,适时跟踪本学科发展的前沿,才能科学定位学科发展目标,实现河南省社会学学科建设的与时俱进和国际化水准。尽管近年来我省社会学界内学术交流活动频次、规模、参与人数都呈现逐年递增的趋势,然而必须正视的是,河南社会学界的交流方式略显单一,交流次数明显不能满足学科发展的要求,学术交流的层次也有待提升。

一方面,河南省社会学界需要举办更多高质量的、有影响力的学术交流活动,仅仅依靠每年一度的河南社会学年会是明显不够的。另一方面,河南省社会学界交流渠道受到限制,专业的社会学学术报刊杂志太少,还不能满足河南社会学发展的需求。

四、推进河南社会学发展的具体建议

(一)加强自身建设,推进河南社会学本土化与全球化发展

河南社会学发展,首要在于学科自身建设与发展。河南社会学界需要拿出一批有代表性,有可行性,有实际价值的学术成果,来为自己争取到更多的关注与支持。在这样的过程中,逐渐修正与扭转单纯重视理论,或是单纯重视实践的局限与误区,实现社会学研究本土化与全球化相接轨,在不断与国内外现今研究水平保持接轨的同时,能够保持自身对于本土的亲和力,打造出河南社会学界自身的风格与特色。

(二)进一步建设社会学会,凝聚学界同仁

要整合河南社会学界内部资源,提升学界同仁的凝聚力,实现河南省社会学的大发展,河南社会学会的组织作用必不可少。

学会的建设与发展,首先要坚持结合本学科特点,注重学术积淀和文化积累,充分彰显社会学在社会、经济、文化中的重要作用。其次要强化精品意识,致力理论创新,提升学会在自身领域的研究水准,扩大学会的学术影响。在推动学科建设与发展的同时,严守科学风范和学术操守,努力将学会建设成为标示本学科最高学术水准的权威组织。

另外在学会发展中,必须坚持开放式办会,不断更新学会内部的经验模式办法,创造条件搭建学术交流平台,将自己打造为开展学术互助、互动的优良载体,同时积极组织国内外同行间的学术交流,扩大自身影响力。

同时在学会发展中,进一步加强学会内部组织管理,明确职能分工,完善学会工作机制,实现组织内部管理活动与交流常态化,制度化。并充分发挥组织功能,保障与支持学者课题研究,抓住机遇,发挥学科特长,为河南社会学发展贡献力量。

(三)积极引进人才,增强研究力量,为学科建设提供核心竞争力

高素质高能力的人才队伍建设是打造优势和

特色学科创造高水平研究成果，培育河南社会学学科发展的根本保证，是学科建设的核心问题所在。河南社会学界要立足河南社会发展的需求和现有学科发展的实际，通过各种方式和途径，力争打造一支在国内社会学研究领域有影响力的高水平专家队伍。

当前阶段河南社会学人才队伍建设要立足实际，围绕完整学科体系建设、实现博士点申报突破、国内有影响力的研究团队的打造、国家重大项目申报成果的扩大等任务，有系统地培育和凝聚学科研究人才，进一步凝练队伍，提升实力。

（四）促进学术交流与合作，拓展学科建设的平台与空间

一方面来看，河南社会学的发展现状，决定了只有突破封闭的学术环境，不断与国内外先进研究水平接轨，结合河南本土特质实际完成河南社会学的本土化与全球化的融合与交流，才能有所作为。正是在这样的需求与动力之下，促进层次更高，规模更大，更多专业人员参与学术交流活动今后必将成为河南社会学发展的硬性需求。

从另一角度来说，拓展学科建设的平台与空间，丰富学科内涵，不仅要求拓宽国际视野，以开放的心态，利用多元化的途径和方法，主动跟踪和更新国内外学科发展的最新动态，在不断地交流、了解和学习中提升河南社会学学科建设的前瞻性、开放性和独到性；在不断丰富学科内涵的基础上，积极创造条件，搭建国内外学术交流平台，力争举办或承办国内外高水平学术会议，参与高水平团队的课题攻关等，以此拓展河南社会学学者学术活动空间，提升科研水平和“圈内”认同度。

（范会芳　郑州大学公共管理学院副教授
彭　飞　郑州大学2013级社会学研究生）

宗教学

2013 年河南省宗教学研究综述

李晓敏　沈鲁

2013 年河南省宗教学研究在原有基础上继续取得进展,现从宗教理论及宗教与社会研究、佛教研究、道教研究、基督教研究、伊斯兰教和犹太教研究、民间信仰研究等方面分述于下。

一、宗教理论及宗教与社会研究

2013 年河南宗教理论的研究主要侧重于马克思主义宗教理论和宗教世俗化的研究,而宗教与社会研究涉及到法律、民族、文化、城乡建设、教育等多个方面。研究工作继续取得进展。

(一)宗教理论

在马克思主义宗教理论的研究中,主要包含了马克思主义宗教观和马克思主义宗教观的中国化。刘晓欣《青年马克思宗教批判思想的政治哲学意蕴》(《新乡学院学报》(社会科学版)2013 年 03 期)认为青年时期马克思对宗教的批判有着追寻自由的原初动力,政治解放的现实诉求,人类解放的价值取向,宗教批判也是马克思全部哲学展开的起点。牛苏林在《从"鸦片论""幻想论"到"掌握论"——看马克思主义宗教观的理论基石》(《马克思主义宗教观研究》2013 年 07 期)中认为:"鸦片论"和"幻想论"都不是马克思主义宗教观的理论基石,马克思把宗教看成是人类掌握世界的一种特殊方式,"掌握论"才是马克思主义宗教观的理论基石。刘明定《胡景涛中国化马克思主义宗教观研究》(《喀什师范学院学报》2013 年 02 期)从宗教工作的领导、宗教工作的基本方针、宗教工作的根本任务和宗教工作的作用解读了胡景涛中国化马克思主义宗教观。杨合理《新时期以来当对马克思主义宗教观的新发展》(《中共南京市委党校学报》2013 年 02 期)指出新时期以来,党中央从构建社会主义和谐社会的总体战略出发,提出了建立和谐宗教关系的理论;强调要充分发挥宗教在促进社会和谐方面的积极作用,发挥宗教界人士和信教群众在促进经济社会发展中的积极作用; 进一步明确了宗教工作在党和国家工作中的地位,要求加强和改善党对宗教工作的领导,实现了党对马克思主义宗教观的新发展。

宗教世俗化理论的研究是本年度对西方宗教理论研究的主流,这方面李明轩发表了两篇文章,在《彼得·贝格尔世俗化理论范式的致理思路——基于<神圣的帷幕>的基督》(《哈尔滨师范大学社会科学学报》2013 年 04 期)中作者介绍了世俗化定义、世俗化表现、世俗化原因以及世俗化对宗教的影响,并指出:"我们需要正视世俗化过程,因为世俗化是现代社会发展的必然过程,给社会和宗教的发展带来了重要的影响,世俗化并不意味着宗教的全面弱化,世俗化同样为宗教在现代社会的新发展提供了新的机遇和挑战,需要对世俗化理论进行反思,进而正确地看待宗教的世俗化。"他的另一篇文章《试析世俗化社会与宗教世俗化的契合——以宗教伦理的基本结构为视角》(《湖北经济学院学报(人文社会科学版)》2013 年 12 期)认为宗教伦理自身结构的神本性和人本性的二重性特点有助于宗教世俗化与世俗化社会的契合。此外,李韦《卡萨诺瓦论世俗化、公共宗教和现代性——<现代世界中的公共宗教>评介》(《宗教社会学》2013 年 01 期)介绍和评价了卡萨诺瓦的《现代世界中的公共宗教》一书,对书中的个案进行了解析,指出该书的全球化视野、对待世俗化的独特立场、对宗教和现代性关系的思考,极具理论意义。

此外,还有多篇文章涉及到其他方面的研究,如:郭武轲《宗教本质新思考》(《宿州教育学院学报》2013年03期),李明轩,姚丹丹《试论宗教伦理的现实担当》(《许昌学院学报》2013年04期),李清聚《宗教信仰人生维度之审视》(《时代经贸》2013年21期)。

(二)宗教与社会

在宗教与法律方面,姜保忠的《法律的信仰与信仰的法律——伯尔曼的法律与宗教观及其对现代司法的影响》(《河南财经政法大学学报》2013年01期)通过对伯尔曼的《法律与宗教》一书的解读,指出了法律与宗教的关系,他认为:"现代社会中法律与宗教的涵义应当在最广泛的意义上加以探讨,法律与宗教构成社会经验的两个向度,二者相互依存,彼此渗透。法律与宗教具有共同的要素,法律必须被信仰,否则形同虚设。"杨合理《论宗教自由法律保障的基本原则》(《郑州大学学报(哲学社会科学版)》2013年05期)认为法律在保障宗教自由上应遵循以下原则,即:宗教自由原则、平等保护原则、国家中立原则和宗教宽容原则。

在宗教与民族方面,陈文祥、郭胜利的《论杨增新署理河洲时期的民族宗教政策》(《青海民族大学学报(社会科学版)》2013年03期)论述了清代新疆河洲知州的民族宗教政策,指出在民族问题上,采取弱化民族身份、分而治之,镇压与安抚并用,推行儒家思想,化解民族嫌怨;在宗教问题上,主张裁革门宦,禁绝教派,专崇旧教,专重天经,加强政府对寺约和回约的控制。此外还有郝双红《民族、宗教一线牵》(《教育教学论坛》2013年35期)。

在宗教和城乡建设方面,陈肖飞与艾少华的《关系构建与信仰认同:城市回族社区转型的地理学阐释——基于西宁东关田野调查》(《回族研究》2013年02期)在深入问卷调查的基础上发现,随着现代化和城市化进程,城市回族社区的社会关系和信仰认同发生重大变化,并推动传统回族社会空间结构迅速瓦解转型,逐渐由"单一认同空间"转变为"多元认同空间",而宗教信仰和民族认同在城市回族社区转型过程中的变化具有复杂性。徐姗和丁蕴哲的《河南农村宗教信仰现状与对策探析——基于新农村建设视域》(《重庆科技学院学报(社会科学版)2013年09期》)指出河南农村宗教信仰具有无序性、盲从性、功利性的特点,宗教信仰对村民产生了心理调节和日常管理的积极影响,同时也有着使村民依赖宗教、逃避现实,让邪教和非法宗教乘机流传的消极影响。所以应该加强宗教宣传和管理,规范农村宗教信仰行为。

在宗教与文化方面,赵文清在《科学与宗教的关系及其与中国文化的涵容——谢扶雅论中国文化建设视域下的宗教与科学》(《自然辩证法研究》2013年05期)介绍了谢扶雅关于宗教与科学关系的论述,即:宗教和科学在理论上是并行的,在实践中是对立的;基督化和科学化是中国文化建设的两大支柱;要用"创造的综合"的方法,有机结合中西文化。作者认为谢扶雅通过重建社会文化和价值观念来提高人类福祉,和吸收西方文化中精髓的观点,对于当前文化建设具有一定启发意义。呼延胜《社会生活与宗教艺术的相互影响——以延安老醮会的"影"为例》(《南京艺术学院学报》(美术与设计版)2013年03期)通过对延安老醮会的"影"的研究,指出民间宗教艺术与社会生活相互依存,相互影响的鱼水关系。王慧林《宗教文化对"剪灯二话"的影响》(《郑州航空工业管理学院学报(社会科学版)》2013年06期)研究了儒教与佛教观念对成书于元末至明代中期的瞿佑《剪灯新话》与李昌祺《剪灯余话》二书的影响。李艳华《宗教改革与西方早期体育》(《北京体育大学学报》2013年07期)研究指出宗教改革之于西方早期体育的开创作用不容小觑,但对于体育的继续成长则有辖制之虞。

在宗教与教育方面,万秀梅在《论美国宗教教育对中国思想政治教育的启示》(《思想政治教育》2013年07期)指出:美国宗教是开启美国历史的钥匙,国家政治的基本依托,美德的孵化器,民族精神的来源以及公民宗教的讲坛,具有宗教教育日常化的特征。魏莹《奥古斯丁宗教道德教育方法研究》(河南科技大学硕士学位论文)论述了奥古斯丁宗教道德教育方法产生的背景及理论前提,对奥古斯丁的道德教育方法进行了归纳与总结,提出我国的道德教育应借鉴信仰教育、礼仪教育、情感教育等有益的道德教育方法,分析了这些道德教育方法在我国的具体开展形式,认为学校、家庭、社会都应参与到道德教育中来,丰富我们的道德教育实践方式,使我们的道德教育能够真正实现从理论到实践的转变。

二、佛教研究

2013年,河南省的佛教研究主要集中在中国佛教历史、佛教艺术文化、佛寺旅游开发等三个方面。

(一)中国佛教历史研究

中国佛教历史研究依然是佛教研究的主流。陈开颖《北魏平城初期佛教在后宫的传播途径》(《兰台世界》2013 年 03 期)研究认为,北魏早期十六国佛教已经通过联姻等方式渗入宫廷,随着道武皇后慕容氏、明元皇后姚氏、杜氏及太武皇后赫连氏这些女性进入北魏,她们的佛教信仰也深入宫廷,开始在后宫传播;而北魏后妃真正深入了解佛教是从文成帝保太后常氏开始的。河南大学卢誉的硕士学位论文《三阶教无尽藏寺院经济研究》对隋代佛教宗派三阶教无尽藏寺院经济做了研究。谢山《佛教思想对唐代法律的影响》(《河南司法警官职业技术学院学报》2013 年 03 期)指出了唐代政府给予了佛教法律支持,同时唐代的法律也吸收了佛教“十恶”、“五逆”理念,受到佛教戒律的影响。张磊《读 <洛阳伽蓝记> 论佛教与世俗的交互影响》(《河南科技大学学报(社会科学版)》)认为《洛阳伽蓝记》中的佛教与世俗社会有着特殊的相互嵌入关系。黄莹《宋代临终偈创作繁盛之因探析》(《语文学刊》2013 年 06 期)研究指出宋代高僧临终示偈从个别现象发展成为佛门传统,这与宋代佛教的世俗化与平民化以及宋代文人与佛教之因缘契合有关。展龙《元末士人的佛道情缘及其文化意蕴》(《华夏文化论坛》2013 年 01 期)指出,由于受到传统和时局的影响,元末士人与佛道交游蔚然成风,他们借助佛道填补内心的空虚、无奈和不安。赵长贵《明太祖佛教政策演变论说》(《北方论丛》2013 年 05 期)指出以洪武十五年和二十年为界,明太祖的佛教政策可分为三个时期。前期大力扶持佛教,中期由扶持向限制过渡,后期则系统的整顿和限制。总体上以限制为主,扶持为辅,这一政策影响着明初社会经济恢复发展,以及佛学的式微。许效正《民国初年上海庙产纠纷透视》(《史学月刊》2013 年 09 期)中将 1912 ~ 1915 年间上海发生一系列庙产纠纷案分为三类即:普通乡民与社团的争讼、僧人与官厅的争讼和僧人与社团的争讼;并指出这些庙产纠纷既是经济利益的激烈争夺,又是新旧观念的严重对抗,又是多种社会因素综合作用的结果;其中庙产兴学运动的持续发展是其经济原因,禁止迷信运动的迅速蔓延是其文化原因,庙产管理政策的不断变化是其政治原因,宗教社团的空前活跃是其社会原因。关于我国境外佛教历史研究上,有王宏涛《安息帝国的佛教》(《黑龙江史志》2013 年 13 期)一文,论述了安息帝国的佛教信仰状况。

关于佛教寺院和僧人的研究也是中国佛教历史研究的一个主要内容。于志刚《唐代的僧人、寺院与社会生活——以《太平广记》为中心》(郑州大学硕士学位论文,2013 年)利用《太平广记》中佛教故事的记载,认为唐代僧人积极入世的态度,寺院的世俗性活动体现了唐代僧人和寺院神圣和世俗共存的特点,而正是这一特点才使佛教容易被民众所接受而融入民间社会,使佛教最终成为民间宗教。杜宝明《玄奘恳请回少林寺译经原因探析》(《河南教育学院学报(哲学社会科学版)》2013 年 04 期)和朱丽霞《藏族史书中的玄奘形象分析》(《北方民族大学学报(哲学社会科学版)2013 年 04 期》)研究了唐代高僧玄奘。杜文认为玄奘多次请求回故乡少林寺翻译佛经是多种因素综合作用的结果,摆脱统治者弃缁还俗的要求则是导致他产生回乡翻译佛经愿望的直接原因。朱文指出:藏族史书中对玄奘的记载可分为元明和清代两个阶段,元明时期的记载较为粗浅,对玄奘的评价在鸠摩罗什之下,而到了清代对玄奘的记载比较全面和系统,评价也较高,表明汉藏佛教交流程度的加深。而葛淑珍《印光法师的女性观探析》(《华夏文化》2013 年 01 期)一文认为印光法师的女性观可以概括为三个方面:肯定女性的价值和社会地位;维护传统,反对男女平权;对女性身体观的革新。在寺院研究方面王宏涛《洛阳广化寺钩沉》(《河南科技大学学报(社会科学版)》2013 年 06 期)对广化寺做了考证指出龙门广化寺为密宗的祖庭之一实建于唐代,而不是被人们认可的北魏;五代时广化寺高僧云集,宋代时仍为朝野瞩目的著名寺庙。赵会军、赵明星的《篙山竹林寺略考》利用碑刻、地方志等多种文献资料研究认为竹林寺是佛教圣寺的一种特有名称,篙山竹林寺为众多竹林寺传说的重要组成部分。此外,还有杨焕成《世界文化遗产少林寺塔林研究》(《黄河科技大学学报》2013 年 01 期)等。

(二)佛教艺术文化研究

在佛教艺术文化研究方面,主要体现在了佛教造像艺术和佛教文学方面。陈开颖《北魏后期佛教艺术的世俗化倾向——以古阳洞为中心的供养人像研究》(《濮阳职业技术学院学报》2013 年 04 期)通过对龙门石窟古阳洞供养人像的研究,指出北魏后期的供养人像在艺术形式上不再仅仅是佛与菩萨像的牺牲品，而具备了独立表现性和世俗化倾向，这种倾向最终导致佛教艺术宗教意义的消解。尤为《北魏永宁寺造像艺术特征与风格演变》(《中小企业管理与科技(下旬刊)》2013 年 02 期)则通过对永宁寺造像的研究认为：在孝文帝迁都洛阳之后北魏的佛教造像发生了承前启后的风格变化，同时北魏后期造像风格受到南朝张僧繇的影响，"张家样"的造像风格则可谓大唐造像的先声。相关的，还有柳恒《馆藏北朝佛教造像碑三尊》(《中原文物》2013 年 05 期)。

关于佛教文学方面，袁书会、王彦明《佛典譬喻与西藏民间故事比较研究——以 <金玉凤凰> 为中心》(《西藏大学学报(社会科学版)2013 年 03 期》)一文在考察《金玉凤凰》佛典渊源的基础上从构成要素、文体功能诸方面，揭示出由佛典譬喻到西藏民间故事间的变异。李金松《演义及其文体生成的佛经渊源》(《人文杂志》2013 年 04 期)认为：成为后世章回体小说代称的演义这一概念及其文体的生成渊源自佛经，是由佛教法师向广大民众宣传佛经经义的俗讲发展而来。张富春的《玄言佛理交融：从支遁诗看东晋诗歌之新变》(《北方论丛》2013 年 05 期)认为支遁诗开赞佛咏怀之新题材，促玄言诗之繁盛，导山水诗之先路，对东晋诗歌文学产生重要影响。

(三)佛寺旅游开发研究

在当代佛教研究方面，佛寺旅游开发则是研究的主流。这方面，王宏涛《"洛阳佛教祖庭游"的价值、内涵与开发》(《当代旅游(学术版)》2013 年 08 期)一文论述了"洛阳佛教祖庭游"的价值与意义及文化内涵，并就洛阳佛教祖庭资源的开发提出了建议。赵威钧《湖北广水乾明寺重建规划设计研究》(河南大学硕士学位论文，2013 年)通过对湖北广水乾明寺重建的项目规划分析，探讨了广水市地区的佛寺建筑如何面对在建设过程中遇到的神圣性与世俗化之间的矛盾，以及如何更好的将两者融合在一起的问题，并针对这些问题做出相应的调整，做出合理、合情的规划设计方案；同时对如何将佛教艺术的瑰宝继承和发扬做出了发展趋势的预期和展望。王奇、张立生《汉传佛教寺院的旅游开发模式研究——以妙乐寺遗址旅游开发构想为例》(《中国商贸》2013 年 27 期)一文在对当前我国汉传佛教旅游发展存在问题进行研究的基础之上，提出了汉传佛教寺院旅游开发的三种主要模式，并对焦作市妙乐寺遗址的旅游开发构想进行了验证。江旅冰、许韶立《论嵩山竹林寺文化产业园的建设》(《学理论》2013 年 32 期)一文通过研究竹林寺的起源、发展、演变以及综合分析嵩山竹林寺建设的可行性与必要性，论述了嵩山竹林寺的建设主题、发展思路、空间布局及应重视的问题。这类文章还有：李湘豫《开封大相国寺游憩价值 TCIA 分析》(《地域研究与开发》2013 年 02 期)，昝惠芳《浅析我国宗教文化旅游的开发——兴教寺事件有感》(《青年与社会》2013 年 09 期)。

其他方面的研究主要包括：心理学与佛教思想如王长坤《佛教"三学"理论与青少年心理保健》(《湖北工业职业技术学院学报》2013 年 03 期)指出佛教以戒、定、慧三学对治贪、嗔、痴三毒的理论可以有效地提高青少年的心理健康水平。原露铭《佛教徒死亡态度及其与自尊的关系研究》(河南大学硕士学位论文，2013 年)一文采用包括台湾中文版的死亡态度描绘量表(DAP - R)、罗森伯格自尊量表和个人及环境变量信息三部分合成的问卷作为研究工具，对佛教徒的死亡态度特点和佛教徒死亡态度与自尊的关系进行了考察，并探讨了佛教的生死观在生命教育，丧亲创伤治疗及临终关怀方面的应用意义。佛教理论研究如王卓菲《浅析净土宗的人间佛教思想》(《吉林广播电视大学学报》2013 年 05 期)一文中从佛教中关于西方净土和人间净土的比照，论述了在佛教世俗化、入世化的过程中以及随着净土宗对人临终往生的关怀和对慈善事业的关注，而强调化导世人行善、建立和谐生存环境的人间净土思想世界。寺院经济研究如黄德金的《西藏寺院经济中人力资本报酬制度的发展及现状》(《学术交流》2013 年 S1 期)和《现代西藏寺院经济中人力资源报酬制度特点及优化研究》(《社科纵横(新版理论)》2013 年 01 期)两篇文章研究了当代西藏寺院的经济问题。前一篇文通过实地调查对藏寺院经济中人力资本报酬制度的发展及现状进行了阐释；后一篇文章认为人力资源管理过程中激励机制的滞后是寺院人力资源主体缺乏工作动力和效率不高的主要原因，应通过有效激励机制的建立实现西藏现代寺院人力资源报酬制度的创新，从而充分发掘寺院人力资源的潜力。

三、道教研究

2013 年河南省的道教研究主要表现在了道教历史研究，道教文化研究和道教理论研究，其中道教历史的研究较为充实。

道教历史研究方面,米定均《汉代儒道思想关系探讨》(河南大学硕士学位论文,2013 年)儒家学说与道家学说一直是中国思想的两条主线,儒、道的融合为儒家理想提供了极为稳定的思想模型。赵玉玲《金元全真道社会功能分析》(《河南师范大学学报(哲学社会科学版)》2013 年 06 期)指出金元全真道的社会功能主要体现在精神慰藉、社会教化和文化整合三个方面。宋娟《王屋山道教研究》(河南大学硕士学位论文,2013 年)以碑刻资料为基础阐述了王屋山道教的发展历史,文章还针对王屋山道教的发展现状,从道教的自身发展方面提出了发展王屋山道教应坚定道众的信仰,应加强对道教领袖、道众的专业素质培养;从社会的角度发展王屋山道教应加大道教文化旅游的内涵、层次以及对王屋山道教文化的创新,通过各种形式弘扬王屋山道教文化。王永宽《老子神化过程论略》(《天中学刊》2013 年 01 期)一文从著作经典化、圣师化、龙化、道家始祖化、仙化、异人化、帝王化七个方面论述了老子神化的历史过程,并认为《老子》书中神话内容,理论的神学品格,促使老子其人在人们的心目中上升到神的层次,是老子神化的内在原因。孙永芝《宋代宗教文献的刊刻》(《黄冈师范学院学报》2013 年 02 期)指出宋代宗教文献的刊刻主要表现在《道藏》和《佛藏》方面。

道家文化的研究主要包括了古代道教小说的研究和当代民间道教音乐的研究。程丽芳《六朝隋唐神仙考验小说的道教意蕴》(《北方论丛》2013 年 06 期)认为六朝与隋唐神仙考验小说结构形态存在差异,六朝时期强调成仙过程的严苛考验,否定世俗欲望,而隋唐时期则表现对求仙怀疑和动摇的矛盾心态,注重享乐,肯定世俗文化心态;这一主旨的变化反映了神仙小说的世俗化趋势。娄红岩《明清神魔小说中的道士形象研究》(河南大学硕士学位论文,2013 年)对明清神魔小说中的道士形象进行了归类、分析和阐述,并探讨了明清神魔小说中道士形象的文化意蕴和文学功用。此外还有刘育霞《试论道教对王羲之及其文学作品的影响》(《东南大学学报(哲学社会科学版)》2013 年 02 期)。在当代民间道教音乐方面,金平《关于信阳民间道教音乐的抢救、保护与传承的思考》(《学术界》2013 年增刊)和《淮河流域河南民间道教音乐概述》(《山东社会科学》2013 年 S1 期)研究了当代河南民间道教音乐,前文追述了信阳民间道教音乐的历史,考察了包括分布状况、乐器编制、声腔分类、乐谱传承在内的信阳民间道教音乐的现状,论述了信阳民间道教音乐的实用和研究价值,最后提出了对这一文化的保护措施。后一篇文章通过调查指出:豫南民间道教音乐乐器编织单一;乐风飘逸超然,同时融入了地方民族音乐特征;结构上近似戏曲音乐,旋律上婉转悠扬;主要应用于民间丧葬,并对豫南民间道教音乐文化自身发展建设提出建议。

道教理论研究方面有:王定功《"炁"道教生命观的内核》(《青年与社会》2013 年 13 期)通过对道家"炁"概念的研究,认为道家生命现从形上的"炁"出发,草蛇灰线,逐渐铺陈,以至得出"天人合一"的结论,整个道教的生命观就是:明心见性是要求,形神合一是关键,尊道贵德是基础,顺应自然是根本。刘宁《两个出世神秘主义的典范——论马克斯·韦伯学说中的道教与佛教》(《太原理工大学学报》2013 年 02 期)一文阐释了马克斯·韦伯学说中的入世理性主义和出世神秘主义理论,并认为道教与佛教是出世神秘主义的典范,二者的价值诉求和神秘主义的行动倾向决定了道教和佛教的宗教精神不可能现实地导致社会生活的理性化和祛魅化。

四、基督教研究

在基督教历史研究方面,苏全有、张超《对近代中国教案史研究的回顾与反思》(《湖南工程学院学报》2013 年 02 期)一文对 20 世纪 90 年代以来我国近代教案史研究做了综述,并指出了研究中四个重点是个体及区域教案研究、文化层面的教案研究、不同利益群体与教案研究以及宏观教案研究;研究中的五个视角是法律及政府视角、中外及古近比较视角、谣言及大众传媒视角、少数民族视角和区域差异及战争视角;同时还指出了研究中存在着重要的概念未达成共识、新视角和部分问题研究不够深入、个体教案研究流于叙述,革命史观印迹犹存,宏观论述减少以及资料整理出版不足,海外的资料尚未得到有效利用的问题。马晓宁《"礼仪之争"中的权力交锋》(《濮阳职业技术学院学报》2013 年 03 期)阐述了明末清初基督教与儒家的"礼仪之争",认为由于权力的交互抗争使争论过程复杂,最终两败俱伤,失去了一次跨文化交流与借鉴的机会。王新环《传教士徐宗泽与地方志》

(《黑龙江史志》2013 年 19 期)一文指出民国时期耶稣会传教士徐宗泽收集购买地方志,并呼吁传教士搜集地方志中传教史料,为地方志中"宗教"一目的修撰以及战乱年代地方志的保存做出了贡献。

在圣经研究方面,梁煜《论"第一部民众的 < 圣经 >"的翻译目的与方法》(《重庆电子工程职业学院学报》2013 年 05 期)探讨了德国文艺复兴时期"第一部民众的《圣经》"的翻译问题,发现一定社会条件下,翻译目的决定翻译方法,翻译方法又会促进翻译目的的实现。张艳《论 < 圣经 > 二次创世中的多神论因素》(《焦作大学学报》2013 年 04 期)在传统四底本理论的基础上,结合文本内容以及以色列周边地区宗教神系等方面的研究分析,认为二次创世与古希伯来民族的多神崇拜传统有密切关系。孙慧《论 < 圣经 > 中的兄弟关系》(《德州学院》2013 年 05 期)指出《圣经》中兄弟关系,尤其是对领袖人物的兄弟关系的叙述和评判有着重要的宗教意义与人伦价值,雅各与以扫、摩西与亚伦以及耶稣与施洗约翰这三对兄弟关系就不仅与宗教和民族的前途息息相关,而且投射出时代变迁给希伯来文明所带来的深刻影响。侯春林《论圣经中的复调与狂欢》(《安阳师范学院学报》2013 年 04 期)认为,在具体叙事层面,圣经不乏因"对话"而产生的复调式人物和复调式结构;在宏观层面,圣经又体现出狂欢化的诗学追求;对话理论与犹太释经传统具有某种渊源关系;巴赫金的宗教哲学思想,为分析圣经中的复调与狂欢提供了理论工具。梁工《神话学视野中的 < 圣经 > 观照》(《民俗研究》2013 年 04 期)指出 19 至 20 世纪,《圣经》日益遭受到"去神圣化"解构,显露出人类学的本真面目。此外,在圣经文学上还有梁工的《德里达与圣经文学解构批评》(《文艺研究》2013 年 06 期)和 2013 年河南大学杜倩的硕士学位论文《远藤周作的文学与基督教》。

其他方面的研究如:基督教与当代社会研究有乔飞的《基督教与多元社会结构的形成》(《湖北社会科学》2013 年 09 期),以及李炜玮、庞勃、茹静文的《当代乡村视野下基督教葬礼与传统葬礼的调查对比——以洛阳市汝阳农村地区为例》(《神州民俗》2013 年 203 期)两篇文章。在基督教文化方面则有刘汉州、郭兆儒《哥特式教堂的宗教文化探析》(《河南大学学报(自然科学版)》2013 年 03 期)和王毛子的《墙上讲述的故事——管窥文艺复兴初期基督教壁画艺术》(《大众文艺》2013 年 11 期)。

五、伊斯兰教和犹太教研究

在伊斯兰教研究方面,康智《传播学视域中的"卧尔兹"——兼谈其在伊斯兰宣教中的作用》(《中国穆斯林》2013 年 05 期)指出伊斯兰教的创立和后期的发展传播中,讲"卧尔兹"起到了重要的作用,而讲"卧尔兹" 正是伊斯兰宣教的根本方式,也是伊斯兰文化的传播媒介,更是当今传播学值得研究的一个课题。文章从信源、信息、媒介、受众、效果等几个方面探讨了讲"卧尔兹"在伊斯兰宣教及其传播中所起的作用,以及对穆斯林产生的重大影响。武启祥《伊斯兰教生态保护思想及当代践行》(《中国宗教》2013 年 06 期)认为在伊斯兰教的生态思想中包括:仁慈的思想、人和自然相互依存、相互制衡的观念、尊重自然规律,人与自然和谐共存的生态观;同时作者还指出倡导生态保护、设立生态保护区、珍惜自然资源、提倡可持续发展是伊斯兰教生态保护思想的实践路径和伊斯兰教的生态实践。

在犹太教研究方面,刘百陆《开封犹太人清真寺规模与格局变迁》(《河南大学学报(社会科学版)》2013 年 03 期)考察了开封犹太人清真寺的历史,指出清真寺格局由"一进院"变为"四进院",从独尊上帝增添了尊崇民族祖先、社团及家族先人的宗教设施。张礼刚、晁燕燕《断代研究犹太教的一部力作——读 < 古典时代犹太教导论 >》(《宗教学研究》2013 年 03 期)一文介绍了美国学者沙亚·科亨的著作《古典时代犹太教导论》,指出该书研究资料来源丰富,综合运用多种研究方法,作者秉持客观严谨的学术态度,避免了犹太教历史研究的碎片化,具有较大的学术价值;同时书中也存在对宗教思想论述不够和对宗派主义产生与消失的原因论述不详的问题。胡浩《亚伯拉罕·盖革对犹太经典的批判》(《河南大学学报(社会科学版)》2013 年 01 期)一文指出盖革从"历史犹太教"的观念出发,重新审视了《圣经》和《塔木德》,盖革认为《圣经》作为天气的宗教真理是犹太民族创造性的产物,体现普世伦理,同时也强调《圣经》的历史性和文本的流动性;盖革承认犹太经典的价值,但否定其决定现代犹太教权威的作用。胡浩的另一篇文章《犹太教科学运动及其影响》(《宗教学研究》2013 年 01 期)认为出于对犹太启蒙运动造成的激进同化倾向的抵制,19 世纪初,现代犹太史中开始出现一种新观念,要求以科学方式重新定义和解释犹太教。聪茨和沃尔夫提出并阐释了"犹太教科学"的观念并推动了犹太教科学研究的发展,犹太科学文化协会成为早期科学运动的实践机制。科学观念还影响了诸如约斯特、格列茨、盖格尔、弗兰克尔等一大批犹太学者对犹太史学和犹太教改革运动的发展有着重要意义。

六、民间信仰研究

关于古代民间信仰研究方面,李龙《中原史前聚落原始宗教文化探略》(《中原文化研究》2013 年 06 期)中原史前聚落的原始宗教信仰主要是自然崇拜与祖先崇拜,继而是图腾崇拜。中原史前早期聚落社会的原始宗教形式简单,以"坑祭"为主,史前中期聚落社会的原始宗教以图腾崇拜最为发达多样,史前晚期聚落社会的原始宗教祭祀形式最丰富,影响深远。赵蕾《"干戚舞"对武当山武术形成的促进作用》(《兰台世界》2013 年 11 期)认为宗教祭祀时跳的执干戚武舞是武当山武术形成的标志。在禹伐三苗战争中士兵和人们的竞争、战斗意识被激发出来从而萌生武当山武术加上武舞是手执武器进行舞蹈主要用来歌颂武功的舞蹈更激发了人们的武术形成思想。原始武舞和武当山武术成一体武舞具有武术表演作用,同时实现威慑对方的宣示作用。因此执干戚武舞促进了武当山武术的形成。王凌风《略论宋代民间神祠信仰的塑成范式——以城隍神信仰为中心》(《黑龙江史志》2013 年 09 期)指出以城隍神信仰为例,宋代开始城隍信仰经由官方权力被注入了儒教思想中的"正统、礼制"观念,从而脱离了传统民间神祠系统中山狐野鬼的原始面貌;其生存期直接地显露于民众与神灵的沟通之中,城隍开始成为为市民服务的神祇。在宋代这一变革性的特殊时期,民间神祠信仰一方面体现出传统儒家思想对底层文化的渗透,另一方面也体现了底层文化自身的生长。宋代民间信仰话语的争夺,既展示了精英文化与大众文化相互趋离的方向,同时也蕴含了两者相互妥协的新特性。刘德杰《汉代对黄帝始祖的认知与接受》(《中原文化研究》2013 年 03 期)和卫绍生《黄帝传说的三个系统》(《寻根》2013 年 05 期)是两篇关于黄帝信仰研究的文章,刘文指出黄帝本为华夏族首领,在历史进程中却逐渐被中华各民族追认成共同的血缘始祖、人文始祖,甚至被宗教神化,成为国家祀典中的"中央之帝",最早被祭祀的道教之神。在此文化进程中,汉代人对黄帝始祖地位的正统化认知与典制化接受发挥了至关重要的作用。卫文阐释了黄帝传说的三个系统即:作为人文始祖的黄帝、作为中医之祖的黄帝和作为道教之神的黄帝,并且认为三个系统的出现不仅有先后之分,而且内容互为补充,事迹互为印证,使黄帝传说更为丰富多彩,黄帝形象更为栩栩如生,黄帝文化影响力更为巨大深远。此外,高丽杨《试论中国宗法性传统宗教的世俗性特征》(《中共郑州市委党校学报》2013 年 03 期)指出中国宗法性传统宗教本身具有的世俗性特征,塑造了中华民族的宗教信仰性格。正是这种世俗性特征,使得中国宗法性传统宗教变成了国人日常生活的一部分,使得中国宗法性传统宗教直到现在还是国人接受其他宗教形式的底色。

关于当代民间信仰研究方面,牛峰《祭祀文化在淮阳泥泥狗造型艺术中的体现》(《河南机电高等专科学校学报》2013 年 04 期)认为淮阳"泥泥狗"是伴随着宗教祭祀和古老的民俗而诞生的,实质是一种原始艺术的延续和拓展。泥泥狗造型体现出的象征性与寓意性是原始的生殖崇拜观的体现,同时也是社会状态的显现。它是一部真实的人类文化发展的记录书,折射了民间艺术与原始艺术之间同构互渗的血缘关系,并传承至今。河南大学的两篇硕士学位论文开展了民间信仰的田野研究,关琰《从一个乡村庙宇的重建看中国民间信仰的未来走向》通过对河南省省淇县南关村关帝庙的田野研究指出,关帝庙的重建不仅仅是民间信仰的复兴,更掺杂了许多其他方面的因素。同时文章还探讨了关帝庙复建之后在南关村中所发挥的作用,认为在南关村中,公共生活匮乏,而关帝庙无疑为民众提供了一个公共生活的场所,但是民众在这里共同关注的领域仅仅限于传播、交流神与人的故事,因此,这个场所并不能称之为"公共领域"。在南关村的公共生活中,完全见不到以关帝庙为中心的民间信仰的力量。魏小魁《作为非物质文化遗产的中国民间信仰:组织现状及未来走向》通过河南省浚县东街村社火会的田野研究,认为认为社火会类型的民间信仰组织不能发展成为自立、自治的公民社会性质的民间组织。

综上,2013 年河南省宗教学研究继续稳步前进,既有理论性研究又有实践性研究,研究内容十分广泛,体现出了研究的多角度性和多学科交叉性,但也存在着重复研究和理论创新不足的问题。

(李晓敏郑州大学历史学院副教授
沈　鲁郑州大学历史学院研究生)

中国文学

2013 年河南省文学发展综述

靳瑞霞

一 河南文学年度发展面貌

2013 年度河南文学获得了较为稳定的发展，在保持自身优势的同时，也做出了不少调整，在体裁方面显得均衡了许多。在创作出版方面依然是长篇小说领军，诗歌与散文紧随其后；在文学获奖方面，本年度全国文学奖项评选活动较少，但我省小说、诗歌、散文等仍有多部作品获奖；在文学活动组织上散文创作研讨热度有所升温；诗歌为主题的活动尤为丰富。

（一）各类新作持续推出

今年我省的长篇小说创作依然给力，文学作品以中青年作家创作为主，有效承接了 2012 年老作家爆发过后的接力棒。2013 年 5 月 10 日，我省著名作家杨东明创作的长篇小说《爱上阿波罗》由河南文艺出版社出版；6 月 21 日，我省著名女作家邵丽潜心 10 年创作的最新长篇小说《我的生存质量》在中原图书大厦与广大读者见面，成为继《我的生活质量》之后又一部“官场”外围人生之力作。6 月 24 日，由我省著名作家李洱创作、上海文艺出版社出版的《李洱作品系列》新书首发；10 月，我省著名青年女作家乔叶的长篇小说《认罪书》经由北京十月文艺出版社出版，得到众多评论家的热评；同月，我省另一位著名作家墨白历时 19 年创作的长篇小说《欲望》由湖南文艺出版社出版，引起众多学者热议。

诗歌方面依然持续了近年来的发展势头。信阳诗歌学会会长田君诗集《忐忑》于 2013 年 9 月出版；2013 年 10 月，河南省诗歌学会吴元成最新诗集《花木状》由河南大学出版社出版。

散文方面，本年度散文集出版数量明显增多，质量也有所提升，展示出中原作家在散文创作上的努力与突破。台湾九歌出版社于 2013 年 4 月推出我省青年作家冯杰散文新书《捻字为香》。冯杰曾多次获得台湾《联合报》文学奖、《中国时报》文学奖、梁实秋文学奖。这是冯杰继《丈量黑夜的方式》《泥花散帖》《一个人的私家菜》散文集之后在台湾文坛连续出版的第四本散文集。我省作家尚新娇由河南文艺出版社出版了散文集《雨夜的列车》；河南信阳作家胡昌国出版第二部散文集《心有多远》等等。

文学评论方面则有我省著名评论家何弘的文学评论集《超越还是重复——中原文学论稿》，于 2013 年 5 月由河南文艺出版社出版，是专门对中原文学进行评论的文学评论力作。报告文学方面，则有萧根胜长篇报告文学《青海长云》等等。另外，8 月 2 日，由省文学院主编、河南文艺出版社发行的“中原之星文库”在郑州首发。

（二）研讨体裁更为均衡

本年度以来，围绕文学各类体裁的新作及名作研讨会承续了往年的热烈气氛，并在体裁上表现更为均衡，囊括了小说、诗歌、散文、报告文学四大体裁，体现出河南文学在发展过程中对自身不足的反观与调整。

小说研讨方面，2013 年 1 月 7 日，中国作协创研部、省委宣传部、省作家协会等在中国现代文学馆就李天岑的“人”字系列长篇小说召开研讨会。李天岑是南阳作家群主力作家之一。他的《人精》、《人道》、《人伦》“人”字系列长篇小说，以改革开放以来的城乡变化为背景，聚焦了农民企业家（《人精》）、官场沉浮（《人道》）、社会矛盾冲突（《人伦》）等等受人关注的社会问题，受到专家学者瞩目，获得大量读者的认可。10 月，著名作家墨白的长篇小说《欲望》研讨会在河南大学召开。与会专家一致认为该作品是一部展示当代知识分子心灵史的《喧哗与骚动》。另外,由省作家协会、省文学院主办的“赵俊杰长篇小说《箕山小吏》研讨会”在郑州召开。

在诗歌方面,本年度诗歌研讨会、诗歌发展高峰论坛、诗学思想研讨会及各种诗会等异彩纷呈。2013年9月14日,由省作协、省文学院、省诗歌创作研究会、省大河文业有限公司主办,《河南诗人》编辑部承办的第三届中原诗群高峰论坛在郑州举行。至此中原诗群高峰论坛已连续举办三届,多位国内诗歌名家如谢冕、杨匡汉、吴思敬、程光炜、韩作荣、唐晓渡等前来参会,为河南当代诗歌的发展厘清思路,献计献策。11月3日,中原诗群在郑州召开了吴思敬诗学思想研讨会,来自省内外的70余名学者、批评家、诗人就吴思敬的诗学思想进行了深入探讨。本年度河南散文方面,研讨热度提升,分别针对相关作家作品进行了多场研讨。2013年3月13日由河南省文学院、河南省作协主办的尚新娇散文作品研讨会在河南省文学院召开。3月22日我省青年作家冯杰散文作品研讨会在河南省文学院举行;3月30日,由省作协、省散文学会等主办的胡昌国散文集《心有多远》研讨会在郑州大学举行。4月19日我省著名散文家王剑冰散文作品研讨会在省文学院举行等等。河南散文的发展一方面有名家圣手,并向青年才俊传递,形成了散文发展的人才梯队雏形;二是充分体现了“散文在民间”,业余散文写作者数量巨大,难以估量,且频频有河南散文作者在全国各类写作或征文中获奖。

报告文学方面,2013年9月18日,萧根胜长篇报告文学《青海长云》研讨会举行,我省著名作家南丁、李佩甫、郑彦英、何弘等齐聚一堂,对该书进行了深入研讨。

(三)奖项不多分布平均

2013年度国内文学奖项方面整体较为平淡,但从体裁分布来看,本年度,我省在各类文学体裁上仍有所斩获。

在小说方面,2013年1月30日,河南省微小说大赛在郑州颁奖,我省著名小小说作家孙方友创作的微小说《寻找》获得唯一的一等奖。9月初,第六届《北京文学》奖暨第五届《北京文学中篇小说月报》奖在京颁发,方方等29位作家上榜。其中河南作家占了三位,我省作家邵丽的《刘万福案件》、乔叶的《盖楼记》和刘庆邦的《东风嫁》获得第五届《北京文学·中篇小说月报》奖。刘庆邦则一人独得两奖。其另一作品《皂之白》获第五届《北京文学》奖报告文学奖。

诗歌方面,2013年8月23日,河南诗人马新朝在辽宁省沈阳市召开的《中国诗人》创办25周年纪念会上荣获“中国诗人奖”。6月3日,第三届“河南十佳诗人”评选活动在洛阳揭晓。李清联、张国领、丁启豹、刘桉银、刘艳丽、杨凡、董振国、樊青戈、潘景义、彭进当选。“河南十佳诗人”评选活动是中原诗群持续繁荣发展的一个重要平台。

在散文方面,河南作家再次体现出创作多面手的写作特质。2013年3月8日,由省文联、《散文选刊》杂志社主办的“嘉应观杯”2012年度华文最佳散文奖颁奖典礼在焦作市武陟县举行,我省著名小说家李佩甫的作品《我怀念》名列10篇获奖作品之一。

二、河南文学发展年度特征

从本年度的创作、奖项、活动等表现来看,我省文学表现与全国整体的文学气候息息相关。得益于我省文学界的种种努力,本年度我省在名家新作、新人新作、团队形象打造、人才梯队建设等方面都有良好表现,展示出中原作家群广阔的发展潜力与前景。当然,报告文学、儿童文学等弱势体裁的提升非一日之功,效果良好的试验性举措最好规范为制度保障。

(一)积极开拓文学新人培养渠道

在文学新人培养与支持方面,河南省文学院积极配合省委宣传部文艺政策,做出了积极努力,出台了相关措施。首先是“中原文学之星”文库的推出。该文库的建设是省委宣传部、省文联、省作协主抓的“中原作家群”建设工程之一,河南省省文学院从2012年开始组织编辑“中原作家群”丛书,共包括“中原作家群文库”、“中原学派文库”和“中原之星文库”三套大型丛书。在丛书的命名上,三套丛书与近年来的“中原作家群”团队概念保持一致,使“中原文学”与“中原作家群”这些概念更加稳定,使我省的文学创作阵容形象更加齐整。“中原之星文库”主要是有一定水平的青年作家的作品选辑。本年度推出的首辑出版的“中原之星文库”,共包括我省青年作家八月天的《现实书》、尚攀的《青春破》、丛戎的《最后的龙舟》、陆静的《给过往的光阴命名》、晁耀先的《逮个老鼠咬布袋》、聂虹影的《岁月虹影》、于华的《小杨庄之恋》、东流熵的《种》、邵远庆的《乡村寓言》和墨柳的《校姬》。青年作家尤其是“90后”作家的快速成长才能为中原作家群提供新鲜血液，使中原作家群这一梯队保持稳定和完整。

其次，河南省文学院还于2013年10月份举办了文学创作高级研修班。研修班聘请了国内著名作家、诗人、评论家、文学期刊主编李敬泽、何向阳、孟繁华、李佩甫、田中禾、孙荪、张宇、何弘、马新朝、李静宜、墨白、乔叶等以专题讲座的方式授课，并组织学员进行广泛的交流研讨，受到我省文学创作爱好者的欢迎。这对我省文学创作人才的培养无疑大有裨益，是我省文学新人培养的一个很好的渠道。研修班制度早在2002年已经实施过，从近年来我省文学梯队的情况看，文学创作研修班制度是可以作为一项长期的人才梯队建设制度的，是文学梯队建设的一个很好的抓手，值得提倡和延续下去。

（二）坚持创新探索作家与现实的关系

首先是探索作家与体制的关系。2003年，河南省首批签约作家由省委宣传部直接与作家签约，在全国这是第一次。十年来，河南在作家与体制的关系上一直在努力探索。2013年10月30日，我省第三届签约作家签约仪式在省文学院举行。本次共签约作家32位，创下历年来签约人数的新高。32位作家是从130名候选人中严格评选出来的，其中囊括了文学工作者、打工者、农民、工人等。省文学院院长何弘说，自2003年开始，省文学院受省委宣传部委托开始负责签约作家的选拔管理工作，目前共有50多位作家签约，极大地调动了我省作家和业余作者的创作积极性，也为中原作家群的发展壮大发挥了积极作用。目前不少签约作家已经在全国产生较大影响，成为中原作家群的后备军和有生力量。签约作家制度是我省推动文学创作发展、培养壮大中原作家群的重要举措，为我省作家的创作和成长提供了良好的环境和平台，同时形成了多出作品、出好作品的竞争激励机制，在推出文学精品、加强文学创作队伍建设等方面都发挥了积极作用。

其次是文学下基层。“基层”的概念有广义与狭义之分，任何题材的写作者都有一个“基层”的写作空间。对以乡土气著称的中原作家群来说，保持与基层的血肉联系，尤为重要。作家要创作出好作品就要到基层去，到群众中去，要贴近生活，贴近群众，贴近实际，接地气、接人气。中国现当代文学史上，许多优秀作家都来自于基层。河南作家作品更天然地显露出乡土气。当下，在新农村建设日新月异发展的情况下，下基层仍然是作家最应该重视的一个课题。在河南著名作家邵丽的近年短篇小说中，诸如《人民政府爱人民》、《挂职笔记》、《刘万福案件》等等皆出自她挂职基层的生活经历，经过文学的思考与构思，凝结成文学精品。我省著名诗人马新朝、著名作家李佩甫等都是主动下基层、深入基层民众生活，才创作出接地气的优秀的文学作品。乔叶的中篇姊妹篇“双楼记”也都出自她的基层生活体验。文学下基层实质就是作家要下基层，河南作家作为乡土题材写作重镇，更是要坚持这一创作与生活的血脉相连的体验方式。这是“中原作家群”的立足之本。

（三）寻找适合体裁自身的发展道路

从目前河南省的文学体裁发展来看，极为不均衡，小说尤其长篇小说因其体量庞大、涵括力强表现最为突出；报告文学因其文学性与新闻性的冲突问题最为弱势。其他如小小说、诗歌与散文同为小体量之文学体裁，在河南的发展也有相当差别。小小说毋庸置疑已经成为郑州的一张文化名片。河南的诗歌发展近几年也呈现出一派欣欣向荣的气象。唯独散文的发展起色不大，与诗歌试作比较，也许可有所借鉴。综观河南诗歌的发展，可以总结出以下规律：

首先，河南诗歌是结合自身体裁特点，有机融入当代生活，尤其是网络生活，抓住了网络这一最能体现当代信息变化特征的新媒体。上世纪末至今，河南有一大批诗人活跃于省内外各大诗歌论坛，在新浪网等门户网站开设诗歌博客。河南各地大批的青年诗人群落于2000年后先后创办了诗先锋（安阳）、大河风（平顶山）、短歌行（南阳）、大河诗歌（郑州）、汉诗公社（洛阳）等等数十个诗歌论坛。河南各省辖市甚至一些县区，都建立了自己的诗歌网站，培育和团结了一批网络诗人。洛阳有河洛诗群，开封、南阳、周口、平顶山等都有一批当地的诗人群体。这些将诗歌融入网络写作的诗作者们，构成了河南诗歌创作队伍的主体和专业作家的后备力量。其次，河南诗歌学会及《河南诗人》、民刊《阵地》等相关诗歌杂志发挥了组织诗人、诗歌传播与交流等方面的中介与平台作用。在每年的文学活动中，诗歌体裁的活动最为丰富，包括诗会、朗诵会、笔会、作品研讨会、高峰论坛、诗歌评奖等，为诗人们的创作与交流提供了足够多的契机，不断吸纳着新的诗作者，互相学习交流，源源不断产生诗歌新人新作。“诗歌群落”效应吸引全国诗坛及相关出版社的关注，相关诗作得以结集出版，形成了以诗歌为内核的良性发展的文学生态环境。

与诗歌相比较，河南散文的发展在相关方面是缺失的，呈现出零散的状态。既没有抓住自身的体裁特点，对自身的存在认识不清，没有紧密结合当代社会网络媒介的变换，也没有利用好散文学会或者散文选刊等相关中介与平台，人才队伍构不成群落，难以言及梯队，少数几个专门的散文大家自然显得寥落得多。报告文学与儿童文学虽然体裁各异，但与散文的发展同理，没有在本省形成一个良性的体裁群落，便难以获得长足的发展与兴盛。

三、发展建议及前景展望

经过一年来的发展，目睹了戏剧剧本创作质量的“井喷”，河南文学界获得了更为充足的文学自信，中原厚土是一块可以长久耕耘下去的写作资源宝地。在保持自身优势的同时，河南文学应该对弱势体裁有所关注与调整，散文、文学评论、报告文学及儿童文学等体裁方面仍有待于多方面的提升，针对我省文学整体发展及更加均衡发展，本文谨提出以下建议：

(一)对各类文学体裁自身特点进行反观与研讨

首先，各类体裁的写作者们应该对所从事的写作体裁有一个清晰的专业的认识。可以以作协、省文学院或者各体裁学会为媒介，组织相关体裁研讨。以散文为例，研讨内容可以包括：什么是散文，什么是好散文，散文与当代新媒介，河南散文发展现状，河南散文发展建议，河南散文写作队伍的打造，河南散文刊物的发展与开拓，河南散文发表与出版，散文写作题材的河南特色，散文写作与河南当代社会发展等等。报告文学与儿童文学与此类似。作为生活有一亿人民的人口大省，又处于经济社会发展的转型期、新农村建设及城镇化建设等“三化”建设的浪潮中，报告文学人才队伍不应局限于新闻记者中间，应该在人才建设上有更大拓展。同时，作为人口大省，儿童是我们不可忽视的最重要的读者群体之一，与此相对应，我省的儿童文学创作也亟待提高。建议召集相关体裁研讨会，研讨本体裁文学特征，如探讨报告文学的文学性，报告文学的发展情况，报告文学的写作对象，报告文学的读者范围，报告文学怎样与河南当代社会发展相融合，与当代新媒体的发展相融合，以及怎样反映我省的实际建设变化等等；儿童文学本身的体裁特征、写作特点、读者范围，儿童文学在我省的发展情况及与全国乃至世界儿童文学的距离，及发展建议对策等等。省察问题所在，才能有效制定针对性发展对策。

(二)打造各文学体裁良性发展的外围生态环境

在“内省”文学体裁自身特点的基础上，要打造良好的外围发展环境。首先，要建立相应体裁的文学学会，并大力发展民间学会，鼓励企事业单位、民间团体成立相应的文学学会；要积极发挥相关文学学会的中介及普及推广作用，及时联络、组织写作者们进行相关的写作交流、研讨，并积极组织相关讲座、学习，交流写作经验，提高写作技能；其次，要支持与鼓励相关文学刊物的创办与发行，对民间文学刊物予以政策及资金方面的适度支持。我省的文学刊物数量屈指可数，纯文学类仅有《莽原》、《东京文学》、《牡丹》、《黄河文学》、《百花园》等几种，诗刊仅有《河南诗人》与《阵地》，文学刊物数量严重与我省文学创作人数不符，影响我省业余作者群体的作品发表。建议争取打造出国内一流的文学刊物，将全国好的文学作品集中到河南，必然会带动我省的文学创作氛围。再次，要建立相关人才政策，在发现人才、培养人才、推介人才、资助人才方面建立相应的制度；在弱势体裁发展上人才政策可以有所倾斜，对省外的优秀人才予以引进，对省内的优秀人才予以重视。如文学评论人才，我省产生出了为数不少的文学评论人才，但流失非常严重，要建立相应的人才挽留相关政策，在各项待遇上有所倾斜。另外，要建立相应的创作基地，为作家体验生活提供渠道与平台，鼓励相关作家进行异地交流，开拓视野。

(三)依托各地市特色文化资源培育文学新势力

我省是历史文化资源大省，全省十八个地市绝大部分有独特的文化资源、文艺特色，或者文化节会。首先，我省的文学发展可以和各地市相关文化部门多加交流，利用各地市厚重的中原文化资源，依托各地市特色文化品牌，举办相关文学节会和文学赛事，提高文学在各地市民间的认知度，挖掘潜藏于民间的文学热情。河南的节会如每年4月的洛阳牡丹花会、9月左右的开封菊花花会都已经在全国树立了品牌效应，当地的文学发展可以以此为依托，举行相关文学活动，与文化节庆形成联动效应。文学是文化的一个组成部分，河南文学的发展要善于借助河南文化的力量。在华夏历史文明传承创新建设中，河南文学既是建设的主体之一，也是建设的手段和平台。近年来，我省周口作家群和南阳作家群的文学品牌力量逐步显现，与当地作家积极汲取本地的历史文化底蕴分不开。其次，我省要增加相关文学奖项的设立，并制定措施予以落实，按计划逐步提升奖项影响力，最终打造为全国知名文学奖项，以此扩大我省在全国的文学影响力，乃至文化影响力。目前，我省的最高文学奖为杜甫文学奖（前身为河南文学奖），文学奖项呈现出数量少、品牌辐射度窄、社会影响力弱等特点，对我省的文学发展激励作用不够突出，对全国的影响力不够。从外省来看，辽宁省作家协会现共设有3种文学奖，即辽宁曹雪芹长篇小说奖、辽宁文学奖、辽宁优秀儿童文学奖。其中辽宁曹雪芹长篇小说奖作为地方名牌文学奖项，素来以标准高、质量严、宁缺毋滥而著称。该奖自1996年设立以来，以其立足精品的导向性、权威性、公正性和鲜明的地域文化特色令人瞩目，极大地调动了辽宁省作家面向时代、努力写出长篇力作的积极性，在文坛与读者中也产生了良好的社会声誉与影响，扩大了辽宁省的文学声誉。在体制内奖项之外，以南方都市报创办的“华语文学传媒大奖”为代表的民间奖项和以新浪原创文学大赛为代表的网络文学奖项方面，也为文学奖项的设立做出了示范。建议在杜甫文学奖之外，以河南独特的历史文化资源命名，多设立几个单项奖，达到既激励文学发展，又宣传我省文化形象的目的。

在鼓励文化大发展大繁荣的国家大环境下，在华夏历史文明传承与创新区建设中，河南当代文学汲取中原文化之肥沃滋养，不断反观自身，取长补短，结合我省地域特点，立足当代社会现实，贴近基层，贴近生活，贴近民众，一定能走出一条富有当代中原特色的文学道路，创作出富有当代中原人文精神的、对当代社会、人生有深度思考与探索的文学精品名作。

（作者系河南省社会科学院中原文化研究所助理研究员）

语言学

河南省公示语翻译研究及应用综述

尚　宏

随着经济的发展和国际文化交流的日益频繁,越来越多的外国人来到中国工作、投资或旅游,公示语成为建立国际化都市的重要组成部分。公示语是有效的交流工具和特殊的文化现象,它不仅能促进文化交流,而且还能约束人们的行为,是建设和谐社会的重要因素。正确的公示语翻译能够提升一个地方的文化形象,推进其国际化进程 ,让世界人民了解它丰富的文化资源。公示语翻译在国外发展比较快,相对比较成熟和规范。在中国,尽管公示语应用也比较广泛,但是针对公示语翻译方面的研究起步晚,发展慢,缺乏系统性、完整性和规范性。河南省内的公示语翻译研究则更显落后,体现在省内旅游景点、医疗机构和道路交通等公共场合的翻译问题不胜枚举。对河南省的公示语翻译研究及应用进行梳理和规范,将会提高河南省的公示语翻译水平,促进河南省的文化交流与传播。

一、公示语的内涵

公示语是社会用语的一个重要组成部分,是用于告知公众信息的语言文字,其形式很多,主要有告示、指示、提示、显示、警示、标示以及与生活、生产、生命、生态、职业息息相关的文字及图形信息。公示语的特点是通过简洁易懂的文字表述,借助一定的媒介在公共场所传递特定的信息。英文中与之相对应的说法为“public signs”。因此,标准简单的英译公示语可提供良好的语言环境,打造国际化旅游城市 。

二、公示语翻译研究回顾

公示语由于应用广泛、俯拾皆是,已引起学术界的关注。国外的公示语翻译研究多侧重语言政策问题的研究以及广义的文化学讨论,强调公示语的信息功能和符号功能。我国学者何自然较早关注公示语研究,并于1998 年主编了《社会语用建设论文集》一书,从语用学的角度探讨了公示语的英译及语用失误问题 (何自然,1998)。倪传斌和刘治于 1998 年在《上海科技翻译》第 2 期发表文章,题目为《标记语的英译原则及实例分析》。吕和发(2005)、贺学耘(2006)、龙江华(2007)等都从不同角度对公示语翻译进行了分析、阐述。但早期的公示语研究多侧重语言层面的错误分析,缺少公示语双语建设的宏观指导性研究和微观实证性调查。新世纪,公示语建设得到了前所未有的重视与发展,逐渐成为学术界关注的热点。北京第二外国语学院于 2002 年 成立了公示语翻译研究中心,2005年成功召开了具有里程碑意义的“首届全国公示语翻译研讨会”,开始了有规模、有组织的正式研究。该研究中心 2008 年又开发研制了“全国公示语翻译语料库”,为 2008 年北京奥运会和 2010 年上海世博会的语言人文环境建设提供专业化服务,并为其他国际化都市和旅游目的地提供标示语的规范标准。上海市也专门成立了“上海市公共场所名称英译专家委员会”,为世博会的成功举办营造和谐的人文环境。上述研究改变了以往我国公示语翻译缺少严谨、统一的应用对策和国际化的规范与标准的局面。然而,河南省的公示语翻译研究与应用规范成果却不容乐观。

三、公示语的文本类型和语用功能

Newmark(1981)将语言的功能分为表达功能、信息功能和呼唤功能,并据此将文本的类型分为三种:表达功能型文本(如诗歌、小说、戏剧、权威声明、自传、散文、私人通信等)、信息功能型文本(以科技、工商、经济等为主题的一切格式文本)和呼唤功能型文本(能够感染读者并使其获得信息的所有文本)。呼唤型文本功能的核心是读者层,是唤起他们去行动、去思考、去感受,按照文本预想的方式做出反应(Newmark,1988)。公示语文本最主要的目的是唤起读者注意,使其受到感染并采取行动继而按照标示语的指示去做。因此,公示语文本应归入呼唤功能型文本。标示语的意图在于向人们传达警告、提醒、请求、指示或宣传等目的,并从各方面影响着人们的日常生活和工作。公示语的应用范围很广,如街头的路标、路牌、广告牌、商店招牌、警示语、宣传语、旅游简介等。标示语具有短小精悍、言简意赅的特点。作为一种交际工具,它用寥寥文字、简明易解的图标或文字与图标相结合等方式把必要的、有用的信息传达给大众,是人们生活中不可或缺的帮手(贺学耘,2006)。从语用学角度来看,标示语具有指示性、提示性、限制性、强制性四种突出的应用功能,所展示的信息状态既有"静态"也有"动态"。

1、指示功能

指示性公示语不具有任何限制或强制意图,体现的是周到的信息服务,不要求读者采取某种行动,其功能在于指示服务的内容,例如:Conference Center 会议中心、Washing Bay 洗车场、International Departure 国际出发等。此类标示语广泛应用于城市或旅游景区内的设施及宗教会所、涉外机构等方面,在语言风格上大量使用名词,展示的往往是"静态"意义的信息。

2、提示功能

提示性标示语的主要目的是提示读者,但没有任何特指意义。此类标示语的用途十分广泛,如:Check In 入住登记、Admission Free 免票入场、Cable Car Entrance 缆车入口、Smoke—Free Scenic Area 无烟景区等。在语言风格上多使用动词短语、名词短语,结构简短,易于识别。

3、限制功能

限制性标示语往往措辞直接了当,目的在于对相关公众的行为提出限制、约束要求,如:Ticket Entry 凭票入场、Keep Silence 保持安静、Give Way To Buses 公交优先、Keep Distance 保持车距等。

4、强制功能。

强制性标示语要求相关公众必须采取或不得采取任何行动,语言应用直白,语气生硬,直接禁止和命令读者做出某一行为。如:No Parking 禁止泊车、No Littering 请勿乱扔废弃物等。限制性、强制性标示语将读者的注意力集中在要求其采取的行动上,在语言风格上大量使用动词、动名词,展示的往往是"动态"意义的信息。就标示语的语用功能而言,除了四大功能外,生态环保性也是其重要功能(吕和发,2004;2005)。如"请勿攀折花木"、"提布袋购物是一种时尚"等。标示语以其语言的简洁性、规范性、标准性、沿袭性等特点,将规约模式和个性化结合起来,成为一种特殊的社会方言,目的在于约束公众行为,如号召人们遵守公德,禁绝有损公众的行为。

四、规范公示语翻译的现实意义

(一)实现英语公示语的示意功能

公示语的应用存在于我们生活的各个方面,直接影响到我们生活的衣食住行。英语公示语需要实现的是满足国外旅游者、国外来华人员的社会和心理需求。"表达形式服从语言功能"正是设置公示语的基本标准。比如在城市各个街道的入口处都放置道路标志,如"建设路",标志上方是汉语,下方是英文表达"Jianshe Lu"。此类标志,国人一看汉语就明白,几乎很少看下面的汉语拼音,但是对于国外人士不懂汉语,即便是看了下面的拼音也搞不懂"lu"的含义。如果能将其修改为"Jianshe Road",这样就能准确实现英语公示语的示意功能。

(二)有利于加强对外经济文化交流

只有实现了英语公示语的示意功能之后,我们才能建立起完备、标准、健康的对外经济文化交流体系,才能实现我国与世界经济文化的完整接轨。如果国外来华人士旅游或投资时,所见标识全是看不懂的汉语拼音标识牌、不理解的或错误的英语标识牌,那么他们便只能依靠翻译,离开翻译便会焦急不安,产生误会,最后他还愿意选择中国作为下一次旅游地点吗?他回国后又会如何向他的亲戚朋友描述他在中国尴尬的旅游经历呢?一个小小的公示标志对我们国家对外经济交流、对我们城市建设与发展带来的负面影响是无法估算的。

(三)有利于树立我国对外经济文化交流的良好形象

中国历来都有"礼仪之邦"的称号,因此,一方面,我们应该为来华投资发展、旅游学习的海外朋友创造出一种热情、友善、好客的氛围,规范好我们的英语公示牌,方便国外游客无需翻译也能轻松进行简单的出行与自我服务。另一方面规范美观的标示牌也反映了我们民族崭新积极的精神面貌,检验了城市国际化发展程度,体现了城市综合素质,有助于树立对外交流的良好形象。

(四)服务于英语学习,起到标准示范作用

随着国际交流的日益频繁和全球经济的快速融合,我国经济对综合素质的人才需求量进一步加大,"英语热"持续升温,大街上和旅游景区数不胜数的英语公示牌就是我们随时随地学习英语的"移动教科书",规范、标准的标示牌对我们的日常学习起到非常重要的作用。

五、公示语翻译的原则

霍恩比将翻译分为三大类:文学翻译、专门用途翻译和实用英语翻译。该分类法认为实用英语翻译包括新闻翻译、广告翻译、电影翻译、公示语翻译等。

传统的翻译标准"信达雅"不适合实用英语的翻译,有时候甚至会产生负面作用。因此,林克难提出了"看易写"原则。"看"是指充分阅读并积累说英语国家的实用英语材料,以备适时地直接借用。"易"是指仿照英语中同类文本的格式、语言特点、甚至措辞去翻译,更重视读者的反应和译文效果。"写"则是基于需要翻译的材料,按照英语中同类文本的格式,直接用英语将其内容反映出来。该翻译原则不再认为"信"是翻译的唯一标准,认为重在"看",从而使实用英语翻译更简便、地道。然而,"看易写"原则里漏掉了在英语国家看不到的中国特色的事物、活动或机构。因此,丁衡祁又提出实用英语翻译 ABC 模式(the Adapt - Borrow. Create 模仿——借用——创新)。该模式与"看易写"原则基本一致。所不同的是,丁衡祁又补充了一点,那就是"如果我们要翻译的公示语在英语里找不到相同或相近的表达,那么就必须按照英语的习惯和思路进行创译,一定要防止对号入座的机械翻译"。至此,中国的实用英语翻译理论摆脱了"信达雅"的束缚,逐渐成熟。

然而,上述翻译原则并非永远适用,有时"不译"比生硬的翻译更合适。比如,一是国际通用的或者中外人士都能理解的明显易懂的图片,比如残疾人设施标志等。二是一些有损我们国民形象的公示语,比如公交车上的"请勿随地吐痰"、"请排队上车"等约束人们行为的公示语。这些公示语如果翻译出来,有损国民形象,因此,我们建议这部分内容还是不译为好。

六、河南省公示语翻译的问题

目前,河南省公示语翻译研究主要体现在旅游景点、医疗机构以及道路交通等方面,相关的研究成果主要有河南大学任凤梅的论文《汉英公共标示语的语用功能及其翻译策略》、洛阳理工学院张倩的论文《跨文化交际下公示语翻译中的应用研究》、漯河医学高等专科学校李静的论文《英语公示语翻译现状的调查研究》、河南理工大学燕玉芝的论文《医疗机构公示语英语翻译的规范化研究》、《河南省医疗机构双语公示语建设》以及《道路交通公示语的翻译规范化研究》、周口师范学院黄青云的论文《河南省旅游景点公示语翻译规范性研究》、郑州航空工业管理学院史春柳的论文《河南省旅游景区解说系统英译的现状调查与分析》、郑州成功财经学院韩笑的论文《生态翻译视角下河南省旅游景区英文网站翻译研究》等。综观这些成果,按照行业分类,可以发现河南省公示语翻译的问题集中体现在以下三个方面:

(一)旅游景点公示语的翻译问题

河南不仅有悠久的历史,更有秀丽的自然景色。全省旅游景点众多:世界文化遗产 3 处,国家 5A 级景区 3 家,古都 4 个,历史文化名城 8 座,国家园林城市 10 个,国家地质公园 11 个,中国书法名城 2 个,此外还有若干省级自然保护区和风景名胜区。然而,上述研究者在其研究成果中认为有些景点只有中文标示牌,有些景点虽然有双语标示牌,但英文翻译并不规范,错译、误译随处可见,主要表现为以下几个方面。

1、单词拼写错误

单词拼写错误是景点公示语翻译中普遍存在的一种不规范现象。究其原因可能是在公示语印刷、制作过程中混淆了相似字母、漏写字母、颠倒字母顺序等造成的。例 1:清明上河园的河岸警示语:水深 3 米岸陡! 译为:DEEP WATER! STEEP BAND! 暂且不论译文是否完全表达了这则公示语的警示功能,其明显的错误就是将"bank"错拼为"band"。例 2:龙门石窟景区:西山石窟译为:Caves on the wast hill 很显然,将"west"错拼为"wast"。例 3:淮阳太昊陵庙岳飞观简介:明代建筑,单檐硬山式殿房……译为:The tempie is the architecture of Ming Dynasty with single eave and hard gable... 将"temple"错拼为"tempie"。

2、语法运用错误

除单词拼写错误外,旅游景点公示语译文中语法运用错误的例子也很多,主要表现在单复数错误、词性混淆、介词错误及句法错误等。例4:开封包公祠简介:包拯(公元999—1062年)安徽合肥人。译为:Lord Bao(999—1062), native of Hefei City, capital city of An Hui province。分析:汉语属于汉藏语系,英语属于印欧语系;汉语重意合,英语重形合。因此,二者的语言表达方式存在诸多不同之处。在此例中,汉语句子中无动词和冠词,但英语中必须添加,否则就是语法病句。所以,建议修改为:Lord Bao(999—1062) was a native of Hefei, the capital city of Anhui Province。例5:淮阳太昊陵庙午朝门简介:……红门金钉,九排九路,属帝王规制。译为.... The gate is red with lines rows golden door nails according to the emperor rule system。分析:在句法结构上,汉语意合重于形合,英语形合重于意合。中文"九排九路"属于意合,省去了连词"和",而英语中必须添加"and",否则,外国游客会感到困惑。因此,"9 lines 9 rows"应修改为"9lines and 9 rows"。

3、同一景点名称翻译不一致

同一旅游景点名称翻译得五花八门,这难免会使外国游客感到困惑,分不清是同一个景点还是不同的景点。河南省很多景区内都普遍存在这种现象。例6:清明上河园译为:(1) Qingming Festival on the River Park;(2) Along the River During the Qingming Festival;(3) Millennium City Park;(4) Qingming River Garden。分析:清明上河园是对北宋画家张择端的代表作《清明上河图》复原再现的大型宋代历史文化主题公园。根据目前一些省市出台的旅游景点名称翻译的方法和原则——旅游景区(点)名称强调其文化内涵和性质的,宜采用意译法。显然,译文(1)和(2)累赘冗长,不宜作景点名称。游客从清明上河园里看到的是北宋年间的风俗民情,时间又跨越千年,所以,笔者认为译文(3)优于译文(4)。例7:太昊陵庙译为:Taihao Mausoleum;Taihao Tomb。分析:根据《牛津高阶英汉双解词典》(第7版),mausoleum:a special building made to hold the dead body of an important person or the dead bodies of a family,即陵墓。tomb:a large grave, especially one built of stone above or below the ground,即坟墓或冢。显然,Taihao Mausoleum 比 Taihao Tomb 更准确。

4、呼吁型公示语翻译不规范

龙门石窟风景区有这样一则警示语"上下台阶,注意安全",却被译为"Up and down be safety",看后真是让人哭笑不得。根据北京市地方标准《公共场所双语标识英文译法通则》,警示或提示性公示语翻译要求采用国际通行惯例,一般用祈使句或短语表示,句中或短语中实意单词的首字母大写。所以,此公示语可译为 Watch Your Step 或 Mind the Step,既传递了文本信息又符合译入语语言习惯。事实上,呼吁型公示语翻译不规范在旅游景点中是一个常见的问题。例8:云台山风景区:禁止通行译为:Forbid to pass through 建议译为:No Passing。例9:少林寺景区:除游客外,其他闲杂人等不得在大厅内逗留或休息译为:Except visitors, other miscellaneous personnel are not allowed to stay or rest inside the hall。译文既冗长又不符合英语使用习惯,建议译为:Visitors Only。

5、文化缺失

旅游景点通常具有丰富的文化蕴含,尤其是一些知名度较高的风景名胜区,更是代表着某种独特的文化。许多外国游客慕名前来也正是出于对异域文化的好奇。然而,在河南一些旅游景点公示语翻译中,文化缺失现象非常严重。例10:南阳景点"内乡衙门",被译为 Yamen in Neixiang Country。分析:内乡衙门是我国唯一保存最完整的封建时代县级官署衙门,享有"龙头在北京,龙尾在内乡"的美誉。何为"衙门"?中国人是不难理解的,但对于不懂中国封建文化的外国游客来说,就难以理解"Yamen"是何物了。根据"全名译音+通名译意"的翻译策略,建议改为:Neixiang County Office - - China's First Feudal County Office。例11:龙门石窟风景区景点"白园",被译为 Bai Garden。分析:白园,唐代大诗人白居易后半生留恋并安息的地方,以它特有的人文魅力与自然景观吸引着成千上万的中外游客,是龙门风景区的重要旅游景点。但简单地将之对应成 Bai Garden,恐怕外国游客是难以理解的。因此,建议改为:Garden of Bai Juyi。以上5种类型的错误,在景点公示语翻译中是比较典型的。当然,景点公示语翻译中还存在诸如排版不规范、专有名词汉语拼音翻译、文体翻译不当等问题,但囿于篇幅不再一一列举。

(二)医疗机构公示语的翻译问题

近年来,中国经济高速发展,改革开放日益深入,2008 年成功举办的北京奥运会,更是吸引来了不少外国朋友。医院及其他相关机构由于所承担的特殊职能,需要为外国朋友提供相关服务,但这些场所目前尚缺乏标准的英文公示语,无疑会给来华的外国友人带来困扰。2003 年诺贝尔经济学奖学金获得者 Granger 教授在接受北京电视台《世纪之约》栏目专访时专门提到了北京的公示语设置和使用问题,他说:"外国人来中国会有一些紧张感,比如公共标识看不懂"。据此,Granger 教授建议:北京的公示语应该双语化。首都北京尚且如此,全国很多的其他地方就更值得关注了。

目前,河南省的高速发展也吸引来了不少外籍人士。但我省很多医院的英语公示语现状不容乐观,和首都北京相比有差距,更谈不上国际化水平。其主要表现是

1、英语公示语缺失

在河南省多家大型医院都有英语公示语缺失现象。比如,河南省肿瘤医院大厅的"住院部"、"门诊 "、"夜间取药请按铃"等都没有翻译成英语。济源市妇幼保健院的"保健楼"、"发热门诊"和电梯门口的"请靠右排队"等也没有英文标识。焦作市妇幼保健院大部分地方的英文标识缺失,包括"收费处"、"取药处"、"西药房"、"服务台",以及很多科室的门牌等,势必会给外国人士的就医带来不便。济源市第二人民医院,不但"防火设备"、"咨询台"没有英语公示语,甚至连医院名字都没有英文标识。以上情况充分说明这些医院的双语公示语非常不健全,亟待完善。

2、以汉语拼音代替英文公示语

这个现象在焦作市妇幼保健院最为明显。比如,"医院办公室"被译为"YiYuanBanGongShi";楼梯侧墙上的"消火栓箱"则是 XiaoHuoShuanXiang。这些汉语拼音形同虚设,外国人看了仍然是丈二和尚摸不着头脑。因此,相关部门要呼吁并监督其公示语的规范化,真正方便外国友人,并提升城市的国际形象。

3、拼写错误

在洛阳市中心医院的室外路牌上发现了一个"体检中心"的标识,译文是 Medicalenter。这个翻译显然很糟糕,其中最显而易见的错误就是拼写错误。正确译法应该是 Medical Examination Center。在焦作市妇幼保健院的门诊楼里,"手动报警按钮"的英文译法是 Frielaram。懂英语的人一看就明白,这里应该拼写为 Fire Alarm。但这么明显的错误公示语却赫然出现在每个楼层的电梯旁边,不得不引起相关部门的注意。

4、语法错误

在洛阳市中心医院,"病检室"对应的英文是 Disease Examines the Room。这是逐字翻译的结果,跟"病检室"要表达的内容相去甚远。外国人看了,定会感到莫名其妙,疾病怎么会检查房间呢?之所以出现这样的错误,就是因为翻译时出现了语法错误,把原本的中心名词变成了宾语。在美国北卡一家名叫 Nursing Home 的医疗机构里,上述研究者注意到有"Examination Room#2","Observation Room"等标识,我们稍微"嫁接改造"一下,就可以将"病检室"译为"Disease Examination Room"。在郑州市第一人民医院,"收费处"对应的英文是 room charges,把 room 做了主语,charge 做了谓语,宾语缺失,同样让人费解。这里只指出其语法错误,正确译法将在下文出现。同样是在这家医院,"禁止喧哗"被译为"Forbid Making Noise"。显然,这是一个动词短语,不能作为标志语出现在医院里。

5、用词错误

在济源市第二人民医院的一楼大厅,"中药房"被译为 Currently,显然不着边际,而研究者在同一家医院的电梯旁边却发现"门诊 中药房"被译为 Out - patient pharmacies。其实,在美国的各大医疗机构 ,pharmacy 被用来指"药房",也就是我们说的西药房,因为美 国是以西药为主的,中药基本上不会在大医院出现。那么,"中药房"作为一个中国特色的东西,英文里没有现成的可以借鉴,它到底该怎么翻译呢?研究者认为 TCM(Traditional Chinese Medicine Pharmacy 比较合适,既体现了药房的基本指示功能,又让外国人一看就明白这里是中药房,而非他们经常见到的西药房。

6、英文表达不统一造成概念混乱

同样是"收费处",在郑州市第一人民医院被译为 room charges,在焦作市妇幼保健院被译为 Cashier,其他两家医院也各有各的译法。上述研究者专门留意了美国医疗机构"收费处"的译法,在 MosesCone Health System 和北卡州立大学 Greensboro 分校的校医院里，都有“Cashier'S Room”的标志，其功能和我们的“收费处”是一样的，所以我们完全可以直接“拿”来使用。

7、不符合英文表达习惯

这一方面最典型的例子是男女卫生间。在美国，它们分别被译为“Men's Restroom”和“Women's Restroom”，有些地方则直接是“Men”和“Women”。但在以上四家医院，其对应的英文却五花八门，有 Male Toilet，Female Toilet，也有 Man's Toilet；Woman's Toilet，还有 Men's Room，Ladies' Room 等等。根据英语表达习惯，我们可以直接借用国外的现成译法，既可以方便快捷地与世界接轨，又服务了前来就医的外国人士。

8、拼音和英语混合翻译

在河南省肿瘤医院，项目组成员采集到“Jianka Value”这样一个公示语，百思不得其解。其对应的汉语竟然是“建卡充值”。很显然，这是一个汉语拼音和英语混合翻译的例子。“建卡”被直接用汉语拼音代替了，“充值”则被译为“Value”。此处译为“Card Applying & Recharging”比较合适。在开封市第一人民医院，同样存在用汉语拼音代替英文译法的现象，比如“肛肠科”被译为“GangChangKe”。绝大部分外国人士不懂汉语拼音，因此上述不规范的公示语对他们来说根本起不到应有的作用。

9、语法错误

和其他医院相比，济源市妇幼保健院英文公示语的语法错误稍微多些。例如：“婴儿洗澡间”被翻译成了“Baby Take a Shower Room”。很显然，这是逐字翻译的恶果。在外国人看来，这只不过是几个单词的罗列，根本不符合语法规则。“婴儿洗澡间”是一个名词性短语，其中心词是“房间”，也就是 room。那么，应该怎样翻译才地道呢？在美国北卡罗来纳州，有一家医院的名字就叫做 Nursing Home，我们稍微“嫁接改造”一下，就可以将“婴儿洗澡间”译为“Baby Bathing Room”。需要指出的是，在修改后的译文里我们没有使用 shower 一词，这涉及到词语的误用。

10、词语误用

上述“婴儿洗澡间”对应的英文里用了“shower”一词，属于词语误用，因为 shower 一般指洗淋浴。刚出生的婴儿自己根本无法站立，他们需要在医护人员帮助下才能洗澡，所以此处应该选择表示泡浴的“bath”一词。其他几家医院也存在词语误用现象，比如新乡市中心医院的“仓库”被译为“Treasury”，开封市第一人民医院的“仓库”被译为“Depot”。这些译法为什么不正确呢？因为“Treasuyr”侧重指存放金银财宝的仓库，而“Depot”一般是指“军需库”。那么，英语国家的医疗机构是怎么表达这个场所的呢？上述研究者在 High Point Regional Health System 这家医院里注意到有“Storage”这样一个公示语。“Storage”指的是“存放货物的地方”“仓库”。所以，我们可以直接借用英语国家的这一地道说法。

（三）道路交通公示语的翻译问题

虽然近些年来河南省工作、旅游的外国人士与日俱增，但这些国际友人的出行却非常不方便，因为我省很多地方的道路交通双语公示语尚不规范，很多地方甚至还没有设置英文公示语。这种现象和中原地区经济文化的快速发展、对外交流的日益增加极不相称，很大程度上影响了我省的整体形象。

1、英文公示语缺失

长途汽车站、火车站和公交车上等大部分地方都存在此问题。比如焦作市汽车站候车区的“服务台”、“售票厅”、“旅游咨询电话”等都没有对应的英文公示语。火车站一楼安检处旁边的“亲情服务台”、“焦作站警务区”和“客运室”等也没有英文翻译。此外，公交车上的“老弱病残孕”、“禁止手扶”等也只有汉语公示语。以上英文公示语的缺失势必会给外国人士在焦作市的出行带来不便。

2、以汉语拼音代替英文翻译

这个现象集中体现在焦作市区各个道路和街道的英文名称上。比如，“工业路”被译为“GONGYELU”；“自立西街”被译为“ZILI XI JIE”；等等。这些译法让不懂汉语拼音的外国人看了不知所云。结合在美国搜集到的大量道路和街道名称，以上两个译法可以改成“Gongye Rd”和“Zili Xi St”。此外，公交站牌上也存在以汉语拼音来代替英文翻译的现象。比如，37 路公交车站牌上的“火车站”和“第二人民医院”分别被译为“HUO CHEZHAN”和“DI ER REN MIN YI YUAN”。

3、同一公示语，多种译法

在焦作市火车站一楼候车厅的墙上有两个“安全出口”的英文公示语，分别为“AN QUAN CHUKOU”和“EMERGENT EXIT”。此类不规范现象还有很多,这里不一一列举。

4、语法错误

上面提到过,“安全出口”有两个翻译版本,其中之一是“EMERGENT EXIT”。这是个名词性短语,用形容词 emergent 来修饰 exit,其汉语意思是“紧急的出口”。外国人看了肯定会感到莫名其妙,因为 exit 是客观存在的一个通道,无所谓紧急与否,怎么能用 emergent 来修饰呢?显然,这是翻译时的词性误用,属于语法错误。那么,标准译法应该是什么呢?在美国北卡罗来纳州 Greensboro 这个城市的火车站,研究者曾搜集到“Emergency Exit”的公示语,我们完全可以直接采用英语国家的地道说法,将“EMERGENT EXIT”改为“Emergency Exit”,这样既地道又简便。

5、用词错误

在焦作市火车站的行包房,研究者采集到了“行李包裹交付口”这样一个公示语,对应地被译为“Package Shell Out”,这是典型的用词错误。Shell out 是一个动词短语,表示“交付”,经常指的是不情愿地付款,用在这里显然不合适。在美国各大国际机场和火车站都有“Package Delivery”的公示语,我们不妨直接“拿来”为我所用,将令人费解的“Package Shell Out”改为“Package Delivery”。

6、公示语信息不完整

焦作市 20 路公交车上有这样的公示语:“Smash the edge of Window Pane”。旁边的中文显示“敲击玻璃窗边缘”。外国人看了难免会为问:为什么要敲击玻璃窗边缘?什么时候敲击玻璃窗边缘?显然,该公示语虽然简洁,但提供的信息不够完整,令乘车的外国人费解。那么,怎样翻译才能使该公示语信息完整,同时又起到警示作用呢?美国的电梯外经常出现如下警示性公示语“In Case of Fire,Do Not Use Elevator. Use Stairs.”,或者“In Case of Fire,Elevators Are Out Of Service.”这两个公示语是警告电梯乘客遇到火灾时,要使用楼梯而不是电梯。既然同为警示性的公示语,我们就可以将“敲击玻璃窗边缘”改为“In Case of Danger,Smash the Edge of Window Pane”。这个译法借用了地道英文公示语的句子结构,巧妙增加了警告的场景,外国人士看了也不会再迷茫了。

七、规范公示语翻译的建议

(一)加强对公示语的管理

目前,河南省并未对省内各种公共场合公示语的翻译制定统一可行的标准,这是导致河南省各类公示语翻译出现上述问题的原因之一。因此,河南省政府主管部门对此应给予足够的重视,可从省内高校等教育机构挑选翻译界相关专家,组织成立相关行业公示语翻译委员会,专门负责省内主要行业公示语的翻译、校对、检查、评审等工作。对于新增的双语标示牌,必须经过公示语翻译委员会的审查以及相关管理部门的认可才能得以张贴或树牌。制作双语标示牌的单位必须有相关的资格认证和参照规范,否则不能承接双语标示牌的制作工作。对由于各种原因而导致部分字母脱落的标示牌应及时修补,对不同时期制作的公示语应做到译文规范统一。

(二)加强术语的规范性

术语是一种形式和意义相结合的语言符号。术语的意义必须以明确定义的科学概念为基础,具有单一的理性意义和感情色彩,它是描述和传播科学概念、定义和规律的基本要素,也是促进学科建设的有力工具。公示语翻译研究术语不统一,不仅不利于该领域进一步深入的研究,还会为该领域的研究带来极大的混乱。

(三)提高译者的素养

公示语翻译是否准确、得体很大程度上取决于译者的素养。首先,译者应了解公示语的文本类型,熟知各文本的语言特点及功能意义,熟练掌握基本的翻译技巧和策略,了解英汉语言在理性、内涵、社会及情感上的差异。其次,译者要有跨文化意识,注重译语读者的反应。例如:“请勿践踏草坪”国内译者常将之译为祈使句:“Please Keep off the Grass”或“Please Don't Step on the Grass”,但在西方国家的一些草坪上常采用的是“Please give me a chance to grow”,语气间接委婉,让人产生情不自禁想去呵护这块草坪的感觉。最后,译者要有高度的责任感。翻译是一项严肃的工作,公示语的翻译更是至关重要,因为它不仅担负着跨文化交流的重任,还直接影响一个省、市的形象,所以,公示语翻译无小事。

(四)增加对国际游客的满意度调查

河南省作为一个旅游文化大省,每年接待大量的外国游客,可以借助这个条件来改善目前的公示语英译水平。研究者认为可以通过各酒店的帮助进行一个较大范围的调查,试图了解一下外国游客对河南省各主要公共场所英语公示语的满意程度,从而有助于采用积极有效的改进措施。另外,还可以通过其他方式与外国游客进行沟通与交流,这样才能充分了解目前我省英语公示语建设所存在的问题。

(五)筹建双语或多语公示语的语料库

公示语应用范围非常广泛,其对大众的认知影响范围大,为提高公示语翻译质量,统一规范公示语翻译,应投入大量人力、物力和财力筹建双语或多语公示语的语料库。根据公示语的功能、内容分门别类地整理、构建语料库。建成后,负责公示语翻译和使用的人员只需查询公示语语料库即可找到相应的内容,这样就可以避免翻译过程中出现的种种问题,提高翻译效果和效率。公示语属于社会语言学,随着社会发展和进步,公示语也会随之发生变化,因此语料库也需要不断更新。

(六)充分利用河南省的文化资源

公示语语料库的建设需要很长一段时间,在过渡时间内,对于目前存在的公示语翻译错误仍需及时纠正。语料库只能尽量保证公示语的翻译环节不出错,但无法保证在投入使用过程中是否会出现难以预料的其他问题。故仍需成立一个纠错机构,定期排查公共场所的公示语翻译质量,找出存在的错误,及时修正,保证公示语的使用统一规范。目前河南省有几十所高校,各高校都设有英语专业,其间就不乏高水平的语言专家和愿意为英语公示语建设服务的英语专业学生。我们完全可以充分利用这些有利的条件来改善当前的英语公示语建设情况。

公示语直观生动地反映了我国当前时代发展和语言应用的现状,公示语翻译应采取应用翻译的方法,达到精准、等效、规范的翻译效果。公示语翻译研究的重点,应从简单的查找分析错误转移到实际应用研究上来,唤起社会各方关注,全面改善双语标示语的使用现状,创造标准的公示语应用环境,提升河南省总体形象和软实力,构建和谐的人文和语言应用环境。

主要参考文献

[1]赵湘. 公示语翻译研究综述[J]. 外语与外语教学,2006,(12).

[2]丁衡祁. 努力完善城市公示语逐步确定参照性译文[J]. 中国翻译,2006,(6).

[3]皮德敏. 公示语及其汉英翻译原则研究[J]. 外语学刊,2010,(2).

[4]贺学耘. 汉英公示语翻译的现状及其交际翻译策略[J]. 外语与外语教学,2006,(3).

[5]刘法公,徐蓓佳. 公示语汉英翻译原则的探索[J]. 外语与外语教学,2008,(2).

[6]莫红利,金美兰. 目的论观照下的中文旅游宣传资料的翻译. 安徽工业大学学报(社会科学版),2009,

[7] 任凤梅. 汉英公共标示语的语用功能及其翻译策略[J]. 齐齐哈尔大学学报,2010,(4)

[8]黄青云. 河南省旅游景点公示语翻译规范性研究[J]. 周口师范学院学报,2014,(1)

[9]任凤梅. 道路交通公示语的翻译规范化研究[J]. 华北水利水电学院学报,2013(10)

[10]韩笑. 生态翻译视角下河南省旅游景区英文网站翻译研究[J]. 科教文汇,2012,(26)

[11]张倩. 跨文化交际下公示语翻译中的应用研究[J]. 新余学院学报 2012,(2)

[12]李静. 英语公示语翻译现状的调查研究[J]. 外语交流,2013,(11)

[13]燕玉芝. 医疗机构公示语英语翻译的规范化研究[J]. 河南工业大学学报,2013,(2)

[14] 燕玉芝. 河南省医疗机构双语公示语建设[J]. 河北联合大学学报,2012,(2)

(作系系河南广播电视大学文法学院副院长、博士、教授)

新闻学与传播学

2013 年河南省新闻传播学研究综述

贾士秋 李婷婷 申 华

2013 年河南省新闻传播学研究和实践在层次上有所提升,对原有话题有深层次挖掘,对新研究方向有建设性思考,注重理论研究的同时,实践能力出色。本文主要从新闻传播理论、新闻传播实务、新闻传播史、媒介与文化四个方面对 2013 年河南省新闻传播学取得的科学成果进行回顾。

一、新闻传播理论

河南大学新闻与传播学院的李建伟和李梦龙两位作者,以 2010 年 - 2012 年发表在新闻传播领域八个核心期刊的新媒体研究方面的论文为文本,分析微博、手机等新媒体的研究现状,归纳总结了新媒体在政治、文化等领域的影响,并对以后的发展前景做出了展望。(李建伟 李梦龙 2013)

随着科技的高速发展,微博、微信、易信、微视、微电影等层出不穷,形成人人都有麦克风,人人都有发言权的自媒体时代,有作者通过研究自媒体时代中的社会化媒体和个人"媒体"的互动,阐述这种互补互动的重要性及如何促进自媒体时代的快速发展和对我国经济、政治、文化建设稳步前进的助推作用。(邱淑贞 李轩英 2013)

编辑出版学是新闻传播的一个重要方面,然而随着新媒体的出现,编辑出版事业出现衰退倾向,有作者关注到这一现状,力求寻找解决困境的方法。从编辑出版的兴起、衰落、发展基础和振兴对策几个方面探讨了编辑出版学学科建设的发展未来。(李建伟 2013)也有作者从价值链理论角度展开研究,通过对比分析 9 家出版发行上市公司的新业态建设现状,指出当前新业态建设上的经验和不足,并从出版和发行两个维度对出版企业和发行企业的新业态建设进行解构。(刘志杰 2013)还有作者研究编辑出版业与广告产业的结合体——书媒广告,通过分析书媒广告的发展现状来探寻制约其发展的各种因素。(董世斌 2013)

在创新研究方面,有作者提出人体是最天然、最高级、最综合的传播媒体,以传播学视角审视人的身体,认为人全面具备"传播五要素",人是活媒体、移动媒体,人体携带着"能力信息密码",主张交往和交流不能把人体排除在外。(赵建国 2013)

郑州大学新闻与传播学院的汪振军从尼尔·波兹曼的《娱乐至死》和《童年的消逝》出发,研究当前电视娱乐化现象,一方面肯定了尼尔·波兹曼对电视娱乐化研究的价值,也指出了该书对造成电视娱乐化的深层原因揭示得不够,对应对泛娱乐化的办法思考得还不成熟等片面性的不足,同时指出该书在媒介研究人文立场、媒介研究忧患情怀与批判态度等方面给中国传媒界以启迪。(汪振军 2013)

在受众关注方面,有作者关注到儿童在信息时代媒介使用情况,提出儿童媒介素养教育在理念上应该超越保护主义,让儿童学会建设性的使用大众传媒;应该注重培养儿童对媒介信息的解读和批判能力。而儿童媒介素养教育的最高目标是使儿童学会通过媒介发出自己的声音。(郑素侠 2013)

在新媒体环境下,有作者观察到在诸多影响公共政策决策的因素中,媒介舆论是最能诱导、鼓动或阻碍决策过程的因素。媒介舆论对公共政策决策过程的影响是一个多棱镜式的全方位透视过程。国家政治体制、经济体制、政治文化传统、习俗、公民媒介素养等因素构成了媒介舆论影响决策的外在环境,而媒介管理体制及媒介环境则构成媒介舆论影响公共政策决策的内在要素,该作者指出媒介舆论影响公共政策决策的过程和模式取决于媒介语境,而媒介语境的产生与权力的运行密不可分,政治制度对媒介体制的影响集中体现在政治对大众媒介的影响和控制上,而媒介的所有制则是媒介体制中起决定性作用的因素,政治体制决定了媒介、政府和公众三者之间的互动关系。(周宇豪 2013)

二、新闻传播实务

新闻传播实务的研究基于当下新媒体的背景,结合国内媒介环境的整体趋势,主要集中在基于网络传播的,以微博为代表的新媒体研究这一方面。对于传统媒体,以及新闻生产的研究也有所涉及。此外,还有一些学者的研究涉及了河南形象宣传、媒介素养教育、广告营销等方面。

(一)新媒体与舆论

有学者对于2012年河南省重大突发事件的舆情进行了系统的分析与梳理。结合突发事件"突然发生、快速形成、影响范围大"的特点,对于新时代下的重大突发事件舆情引导提出了可行性建议。目前我省在处理重大突发事件时,所体现的不足主要是:相关部门反映滞后,对于信息的公开程度不够透明,并且相关法律机制和应急预案并不健全。因此,在舆情出现危机时,应当以引导为主,第一时间主动公布信息,保证向外传播的统一口径,加强监管并且防患于未然。(李建伟 尚露露 2013)

网络的普及为公众舆论的形成和发展提供了肥沃的土壤,其中网络推手在舆论营造方面发挥着重要作用。不管网络推手是从个人或组织的角度出发,为了营造活动、推行广告还是缔造网络文化,其演变已从单纯的事件营销过渡到高层面的文化缔造。迎合受众的消费趋向,借助由小及大的舆论设置议题,是网络推手营造舆论的惯用技巧。从流行文化渗透到主流文化,网络推手的舆论营造价值体现在唤醒了网民的群体意识,改变了社会阶层的价值趋向,使网民对于自身的存在感有了重新的定位与认知。网络推手在营造舆论的同时,也是在进行文化的缔造。(严励 丘理 2013)

网络舆论在反腐领域的作用近年来空前高涨。以"'表叔'杨达才事件为例"网络反腐日渐呈现符号化传播的趋势,由于新媒体的"赋权"使得公众有更多、更便捷的渠道发出自己的声音。网民"发声"目的性强并且极有讲究,并且其极具传播性和感染力,形成"扩音效应"。基于对抗心理的网络舆论反腐,在很大程度上影响着政府的应对决策,网络舆论监督无时无刻不在挑战着政府的执政能力。因此政府只有正确看待网络舆论监督,提高政府官员的媒介素养,科学制定公共决策等,才能处理好网络舆论监督与被监督之间的关系。(张淑华 2013)

基于网络的大学生伦理道德失范现象并不鲜见。由于网络管理建设并不健全,大学生面对虚拟世界的诱惑,并不能够充分正确的辨别善恶是非。有学者指出,高校图书馆在参与大学生网络道德失范行为监管方面是具有优势的。在读书氛围培养、网络监管与信息过滤等方面,高校图书馆具有资源、技术、人才和环境等诸多优势。(刘志杰 2013)

(二)微博

微博目前已经发展成为新闻传播的新渠道和主力军,微博新闻的传播具有零成本、碎片化、无限增值等特点。在全民皆记者的时代,微博新闻报道的记者和编辑已不仅仅局限于具有专业素质的专职记者编辑人员,大众媒介的权威性和专业性也在接受着挑战。但是微博新闻报道依然延续了传统新闻报道的要求。对于新闻客观、真实、时效的要求并没有改变,并且"传统新闻写作的结构形态仍然是微博新闻的首选"。(陈丹 2013)

2013年4月,河南日报媒体部对于媒体微博进行了全局的审视与探究。作者站在全国的视角范围内,对于微博的蓬勃发展进行了系统的梳理,借助分析典型的微博事件,阐释了媒体微博的影响在新闻传播领域的重要作用。而以"人民日报官方微博"为典型的党报微博已经在微博传播应用中展露头角,这不禁发人深思,微博等一系列新媒体的出现不仅影响着受众接受信息的习惯,并且也给新闻生产带来了深刻的变革。以《人民日报》为代表的党报,应当如何借助媒体微博进行"突围",这是值得我们在今后的实践中不断摸索与探讨的问题。(河南日报新媒体部 2013)

微博带来的"微博问政"时代让政务微博应运而生。相关学者基于对河南政务微博的规模、影响力、服务力和覆盖面的全方位分析,指出了河南政务微博的现存问题,从管理、内容、数量、认证和定位这五个方面提出解决建议和可行性方案。政务微博在政府提升执政能力方面与时俱进的新渠道,将这条渠道建设好、维护好,既是时代的趋势,又是时代的要求。(李建伟 焦娇 2013)

当出现某公共危机事件的时候,政务微博也在接受着最严峻的考验。相关学者以敏锐的嗅觉,探析出微博时代信息传播模式的变化下,公共危机事件的应对中微博所能够发挥的重要作用。从正面和负面两个角度出发,微博既可以充当信息的源头和扩散者,也是谣言滋生的沃土;既可以发挥议程设置的功能,也同时会出现公共信息和隐私信息的交锋;其"人肉搜索"的功能也是一把"双刃剑"。因此,企业或组织在进行微博的日常维护时,应对公共危机事件制定相应预警机制,事后应尽量公开信息,保持信息的透明度,并与受众积极互动,正面应对受众的质疑。(贾菁 2013)

与政务微博不同,企业微博需要能够为企业带来更多商业上的可观利润和价值。面临着越来越多的企业微博在网上拓展商业上的"新蓝海",企业"玩转"微博靠的是策略。企业微博在内容编辑、受众互动、活动策划和微博推广方面,应进行整体的整合营销策划,为企业的经营与运作提供新的思路。(李建伟 王蒙 2013)

(三)新闻生产研究

1. 新闻采访

采访活动在很大程度上来讲,属于人与人之间的交流与沟通。在新闻史上,很多记者的采访成功依托于善于用眼睛进行与被采访者的交流。因此,眼睛是开启采访制胜阀门的关键。眼睛是记者探索、发现第一手新闻资源的"镜头"。"百闻不如一见",有些新闻事实只有亲眼去证实才有其震撼力和感染力。善于用眼睛进行采访的记者,能够更出色的进行新闻的采访与报道。(南振中 2013)

作为中国知名的调查记者,邓飞可谓是用自己的眼睛探索和发掘了很多重大的、有价值的新闻事实。在专职做调查记者时,他就重点关注弱势群体的生活和生存。在自身的追求和凤凰周刊相关领导的大力支持下,近年来邓飞转型投身公益,真正用自己的行动去为弱势群体谋求变革,争取利益。由"单纯的记录者、观察者"转变为当下的"行动者、组织者、执行者",邓飞不再用一篇篇报道去拯救个别个体,而是真正投身公益去为整个群体谋求改善。他称自己为"融合者",融合各界精英,融合各个渠道,融合各方资源,迎合各方需求,在公益的道路上奉献出自己的全部力量。(赵志敏 2013)

2. 新闻编辑

目前新闻出版面临着产业化的时代变革,这就要求图书出版编辑也要具备相应的时代要求。除了要具备以往传统的高学历专业资格、良好的中文写作功底和外语沟通能力,在编辑工作中能够熟练运用计算机和积极的工作态度之外,面对新媒体的发展趋势,编辑要能够具备"多媒体的策划素质";面对竞争激烈的市场,编辑能够具备"人脉经营素质"和"发行营销素质"。当然,在内容为王的时代,出版编辑的"精品意识"是不可缺失的。在与国际接轨的同时,保持民族特色,增强版权意识是重要理念。充分利用数字化出版技术,将出版真正做成产业链,也是编辑在新环境中所要追求的目标。(赵明杰 阎现章 2013)

随着大数据的兴起,新闻出版事业也在经历一场革命。分析当前我国新闻出版编辑的现状,发现编辑对新闻出版的数字化趋势并不敏感,这很大程度可能基于其对数字化的认知存在误区。因此面临着整个行业的数字化改良,编辑应相应的对自己的编辑理念进行调整,培养全新的编辑、校对、版式、策划和利润模式。(苗卉 2013)

3. 新闻叙述研究

在报道新闻的时候,究竟应该选择什么样的语气、选择哪种角度、哪些事实进行报道,这些都涉及到新闻报道客观、全面的永恒命题。

有学者认为,新闻的真实性如何是根据其选择报道的新闻事实而定的。新闻事实本身的复杂性决定了在进行新闻报道时,绝对的客观和过分的主观都是不可取的。这涉及到新闻的本质真实、新闻的整体真实和具体真实等等。因此,在报道方式上选择理性,尊重新闻报道的客观性原则,用马克思主义新闻观指导现实的新闻报道工作,这是每个新闻工作者永恒的追求。(张长笙 2013)

以中国红十字会"污名化"现象为例,新闻报道在组织或个人的形象塑造过程中的极具导向性。从认识论的角度出发,新闻报道的全面性其实是辩证的、无时无刻不在变化着的。对于新闻报道全面性的标准,只能是新闻记者的永恒追求。有时报道"片面的深刻"会叠加为"社会的深刻"。在进行新闻报道中守住道德底线,坚持正确的方向,才是我们真正要坚持的。(魏少华 2013)

同样是探讨新闻报道的客观性和全面性,有的学者以《纽约时报》为分析蓝本,从文本描述、话语实践过程和社会历史文化语境三个维度进行考量,指出外媒所谓的"客观、公正"新闻报道其实是有失偏颇的。(李瑛 2013)

我国的新闻报道坚持以正面宣传为主,这是社会主义新闻事业的必然要求，也是社会稳定发展的必要前提。正面宣传要求“党性和人民性相统一”，努力做到“吃透‘上情’把握‘下情’”“内容和形式协调”。在这些传统要求之外，面对新媒体发展趋势，正面宣传还应注重传统媒体与新兴媒体的融合。借助新技术手段和渠道，为正确的舆论导向和社会稳定服务。（赵素萍 2013）

其实从泛化的角度来讲，新闻报道的标签化现象也属于新闻报道有失偏颇的范畴。基于经验主义的错误，编辑记者在进行新闻报道的过程中，由于没有亲身去发掘事实，道听途说，人云亦云，造成了当下新闻报道“标签化”现象泛滥。马克思主义新闻观中，要求以辩证的眼光去进行新闻报道，因此只有在自律和他律的双重作用之下，才能有效减少新闻报道有失偏颇的现象。（郭奇 姚亚楠 2013）

在全民娱乐化的当下，一些原本严肃的民生新闻也沾染上了娱乐化的味道。以河南电视台《都市报道扩大版》为例，民生新闻以娱乐化的风格进行播报，更具人情味，使观众更易接受。在主持风格、字幕设计、播报方式等方面的娱乐化改良和微博、微信增设的与观众互动，使得原本严肃、单向传播的民生新闻变得鲜活而有声有色。但是新闻的娱乐化色彩要掌握好度，还是要将新闻的时效性和真实性放在首位，在尊重百姓话语权的基础上，着力提升政府在民生建设方面的现实作为。（马婧 2013）

在一些灾难性的新闻报道中，为了追求新闻事实的真实呈现，而忽视了人文关怀。这不同程度体现了对“人性”“受害者”“受众”的忽视。不管其是从新闻专业主义的角度出发，是为了追求社会效益或经济利益，还是真正缺乏情感上的考量，都为人们带来了不同程度上的心理伤害。在进行灾难性报道的同时，应注重从多维的视角进行事实呈现，充分考虑到人文关怀，对受害者和受众给予正面积极的引导，避免对其进行二次伤害。（邵卫科 2013）

公众接触信息的渠道较之以前大大增加，在重大突发事件中，公众对于信息的透明度要求更高了，这就使得以党报为首的传统媒体在信息的披露方面做出标准更高的改变。以《河南日报》对义昌大桥坍塌事件的报道为例，《河南日报》选择摒弃以往惯例，将此次重大安全事故放在头版头题位置进行刊发，并结合事件的进展，配发现场救援图片，不断补充通告内容，增加服务性信息。这次事件的报道，既体现了政府对于此类信息开诚布公的态度，也使普通民众了解到事故发生后政府的积极应对姿态，保持了信息的公开和透明，充分尊重了民众的知情权。（张光辉 2013）

新闻报道中的语言时刻都处在微妙的平衡之下，“新闻的语言必须做到准确表达内容而又有恰当的艺术性，在准确性和艺术性之间找到恰当的平衡点”。这即使新闻时效性的要求，又是广大读者的需求，受行业竞争和语言本身活跃性增强的趋势所迫。在语言求新、求真两者之间寻求平衡，把握读者的阅读兴趣和新闻语言的发展规律，是新闻报道者要做的长期功课。（冯芸 2013）

4、传统媒体的转型

基于纸媒的转型，有学者提出了迎合新的趋势，打造全媒体的采、编、播队伍，在新媒体中开辟新的市场份额，整合资源进行资本运作，总之就是为纸媒的发展谋求新的思路。（李东红 2013）以大河报为例，从手中的报纸跃然成为人们掌上的大河报微博与微信，不仅成功度过报业的淡季，并且与新媒体的融合使得大河报增强了在受众中的影响力与公信力，“停刊不停报”的创新理念使得大河报成功打通了新媒体时代下的转型之路。（贡振国 朱琨 陈 东 卢亚伟 2013）

不仅是纸媒，电视这一传统媒体也需要进行转型。面对新媒体，城市电视台应把握好原有的资源优势，将本地新闻资讯和本土文化氛围做好，同时借助新媒体对电视台的节目进行营销推广，使其成为城市电视台发展的高效率平台。新媒体带来的不只是冲击，更重要的是契机。（于春生 2013）

5. 城市宣传

城市形象片的宣传和主题定位应围绕着城市的整体规划，为宣传的预期效果服务，并且在尊重历史和事实的前提下，展现城市的时代风貌和风土人情。可以从“历史文化”“现代文明”“山水风光”“民俗民风”等入手，选取题材。（曹毅梅 2013）关于河南的形象宣传，有学者对河南形象宣传片提出了自己的研究体会。在拍摄制作的过程中，宣传片中出现的问题体现在“镜头叙事平淡”“品牌识别度低”“现代气息不足”“‘人’的主体地位缺失”。也就是说宣传片在突出河南本土资源优势的同时，应与时俱进，切实体现河南人民整体精神风貌，同时注重本省优秀品牌的推

广,在影响力、传播力和感染力上下功夫。(曹毅梅 杨洋 2013)

而辽宁电视台拍摄的以保护环境为主题的电视片《天使》,却是电视宣传片成功的典范。其开头就预设了悬念,人物设置精准,故事情节饱满,冲突的设计极具戏剧性,并且在镜头和细节的处理上都展现精心。这些都是我们可以借鉴的。(曹毅梅 2013)

6. 媒介素养教育

新媒介技术带来的变革遍布社会生活的方方面面,在教学领域中,信息化教学已经不再是一个陌生的概念。从教育学和信息技术这两个维度,探讨信息化在我国教学中的普及,是目前相关学者的研究出发点。信息化教学不仅仅意味着教学工具全面被新媒体覆盖,并且意味着在传播学的领域下,"学"与"教"的双向互动。"信息化教学需要坚持人文主义、历史主义的研究思路,从媒介技术的发展史入手,探究技术变革在不同历史阶段的社会意义与教学功能。"(郑达威 2013)

对于社会中弱势群体的关注不仅仅是给予物质上的帮扶,精神层面的建设也许会使其获得更丰厚的财富。相关学者对于农村留守儿童这一弱势群体的关注,就集中在对其的媒介素养教育探索之上。受到客观条件的约束,农村留守儿童接触新媒体的几率并不高,传统的媒介和人际交往方式是其进行传播的主要渠道。媒介素养教育的开展既属于新闻传播学视域,也属于社会学范畴,但是也与很多学科有着交叉性的区域,如心理学等。因此,只有近距离与其接触,为其制定切实可行的媒介教育,使其充分认识外界与自己,才能从根本上解决这一弱势群体的问题。(郑素侠 2013)

对于儿童的媒介素养教育其实有很多成功的经验可供我们进行参照。欧洲针对移民儿童的而开展的 CHICAM 项目,就是以参与式的行动,对相关儿童群体进行的媒介素养教育。通过"倾听儿童声音""使其学会表达""赋权——参与社会行动"等等,说明了媒介素养教育对于移动儿童的积极影响和良好作用。(郑素侠 2013)

也存在这样的声音,认为电子媒介和网络的发展侵蚀了"童年"。"电子和网络媒介消弭了儿童和成人之间的界限",基于网络的多种媒介的迅速发展,使得当代儿童大部分时间被电子和网络媒介侵占、掠夺。便捷的电子产品逐步替代了厚重的书本印刷品,改变了儿童、青少年的学习方式,而一些缺乏监管的网络负面信息在毫无防备的孩子们眼中,成为了被模仿的对象。因此,如何从孩子自身和成年人的角度维护儿童纯真的童年,是我们需要进一步探讨和深思的问题。(李凌凌 陈楠 2013)

7. 广告

创意是广告的灵魂,而成功的广告可以成就一个品牌。以河南日报广告部成功打造豫酒"六朵金花"品牌为例,在新的时代环境下"酒香也怕巷子深",好的产品依旧需要高明的策划。河南日报广告部借助自身的媒体优势,在深入调研河南省白酒市场的基础上,针对豫酒行业缺乏"领头羊"、定位模糊,品牌意识淡薄的现状,精心策划创意,提出豫酒"六朵金花"的品牌价值,助推豫酒打造品牌,实现豫酒的"突围",为本省的白酒行业服务。不仅仅是白酒行业,任何行业的广告都要侧重于创意的策划和品牌价值的发掘。(王俊本 2013)

"广告语言是广告的灵魂,没有灵魂的人只能是生物意义上而非社会意义上的人,没有语言文字的广告则已经从根本上失去了它作为广告存在的意义。"新媒体视域下的广告正以全媒体的形式到达受众,而广告的语言环境也在发生着变化。当下新媒体广告语言也出现了一些误区。"无中生有,捏造词语""乱套成语,滥用谐音""低级粗俗,故意双关"都是这些误区的具体体现。新媒体环境下的广告语言除了要延续以往的精准、简洁之外,还要更加注重人情化感染,力求以情动人的功效。(于莹 2013)

为了对当今的书刊广告提供有利的借鉴,有学者梳理了《现代》杂志书刊广告的宣传策略,从其广告价格、广告类型、广告内容、推广与宣传策划等方面给出详细的阐释,分析其商业化运作,借助多元的媒体作为广告载体、名人效应的运用等等,最大限度为我们提供借鉴效用。(黄雅玲 2013)

8. 电视节目研究

在限娱令一再加强对于我国电视节目过度娱乐化限制的前提下,分析我国现有的节目状况,有助于厘清我国电视节目的发展趋势。当前我国电视节目娱乐化的误区大致体现在"色情渲染""过度娱乐""恶性炒作"这三个方面。娱乐化的泛滥很容易进一步导致其向低俗化发展。以江苏教育台被封事件为例,受到市场化冲击的各级电视台为了吸引观众注意力,不惜拉低下线,没有正确的价值观做导向,仅仅以收视率和广告客户来衡量电视节目的价值,很容易导致过度娱乐化、低俗化的恶果。针对电视节目的低俗化,有学者提出了增强媒介的社会责任、加强创新意识,引进高素质人才将优质节目做成品牌,提升节目制作者的媒介素养和专业化素质等等对策。(李建伟 李梦龙 2013)

我国目前很多社会效益与经济效益俱佳的电视节目来自海外优秀节目版权的引进。《中国好声音》就是引进海外电视节目并进行本土化改良之后大获成功的优秀电视节目之一。其中颇具实力的歌手唱将,权威的导师的助阵加盟,让第一季的好声音大放异彩,并实现了主流价值观的输出。好声音的成功使其收获的不只是社会效益,还有巨大的商业利润和源源不断的广告客户。因此对于好声音的过度营销外界一直褒贬不一,还有节目中痕迹过重的选手故事编排,令节目整体少了几分真诚。这个夏天,《中国好声音》的传奇仍将续写,对于此节目的研究也将继续进行。(段海晴 2013)

同样属于歌唱真人秀竞技类的《我是歌手》也是从海外引进并经过本土化改良的优秀电视节目。与《中国好声音》不同的是,此节目的参赛者皆是明星,并且选手的"生杀大权"由观众决定。节目内容的编排与设置也充分迎合了观众的新鲜感。选手的年龄在各个层次都有所分布以吸引不同年龄段的受众。作为"舶来品"的《我是歌手》在充分迎合国内市场的前提下,所作出的节目创新和娱乐元素的融合,对于我国电视娱乐节目的制作具有普遍的借鉴意义。(王超然 2013)

三、新闻传播史

由河南日报报业集团组织编写的《河南新闻传播史》,从纵与横的角度考察了河南自文明产生以来的新闻舆论传播历史,包括最早的人类传播:歌谣、英雄史诗、民间故事,《诗经》、《史记》等古籍中记载的新闻传播、邸报和民间小报;近代报刊产生以来的官报和民报;国内革命战争、抗日战争、解放战争时期的政党报刊、军队报刊、进步报刊乃至日伪报刊;社会主义建设和改革开放新时期的报纸、电台、电视、互联网等新闻传播事业的发展。在世界新闻传播发展的大格局下,全方位地记述了河南新闻传播业的发展历程,涉及新闻采编、新闻出版管理、新闻业务建设、新闻出版理论研究、新闻法制、媒体经营与发行、新媒体的产生与发展、新闻专业教育与培训等各个领域,并将新闻实践与新闻理论论述有机地结合起来,构成河南新闻传播事业的一幅历史长卷。(赵素萍 2012)

在学者个人研究方面,宋金辽元时期编辑出版成果丰硕,在中国编辑传播史上具有一定历史地位。有作者借鉴书目文献编辑解题、提要的方法对宋金辽元时期 960 ~1368 年大事件进行整理编辑,撰写《中国古代编辑传播史大事年表》,对中国编辑传播历史上一些重要编辑作品的主要内容和特色,进行解题和提要式的分析与介绍。(阎现章 2013)

有作者对河南留学生在日本创刊《河南》杂志展开研究,论述了其在 20 世纪初内忧外患的历史背景下所承载的启迪民众思想的重要历史责任。鲁迅曾在《河南》上发表了《人间之历史》、《摩罗诗力说》等六篇文章,这些文章是青年鲁迅倡导文艺救国,以唤醒民众救亡图存的有力"呐喊",也是他苦苦思索后的思想结晶。《河南》为青年鲁迅提供了一个进行思想文化批判的阵地,施展才华的舞台,而鲁迅的文章则使《河南》熠熠生辉、大放异彩。《河南》为研究鲁迅早期著述、青年鲁迅的思想转变,提供了珍贵的原始资料。(韩爱平 2013)

河南日报报业集团的王长杰在阅读大量的相关资料的基础上,通过对现有研究成果进行梳理和分析,结合辛亥革命时期的历史背景对各个政治派别的代表性报刊做出列举和分析,主要包括以孙中山为代表的资产阶级革命派和以梁启超为代表的资产阶级改良派,对当时的新闻思想做出归纳和评价,并评析辛亥革命时期的新闻思想对后世产生的影响。(王长杰 2013)

韩爱平、曹辰波从发展演变过程、办报宗旨和戏剧改良道路分析"五四"新文化运动之后戏剧改良产物《京报·戏剧周刊》,指出该周刊在剧评、艺评、剧本、人物专评等方面各类文章深受广大读者好评,在推进戏剧改良和提倡贴近生活方面具有带头作用。二人的另一篇文章《戏剧评论家徐凌霄和他的《京报·戏剧周刊》》则主要是以周刊主编徐凌霄为主线,介绍他弃工从文,擅其所长投身戏剧评论事业,并随邵飘萍掌《京报·戏剧周刊》的经历。(韩爱平、曹辰波 2013)

在当代新闻传播发展方面,张霁月归纳总结了我国 1949 年 –1979 年这一特殊的历史时期,我国农村运动和农村广播发展的关系,研究发现,在农村开展的重大运动有合作化、"大跃进"、"四清"和

波及农村的“文革”。这些运动对农村各项事业的破坏较大,唯独农村广播在运动中得到迅猛发展。(张霁月 2013)

有作者针对苏联戈尔巴乔夫执政期间推行的新闻改革措施进行研究,一篇文章从舆论多元化的内涵、本质以及对苏联晚期新闻思想的影响几个方面进行论述,用以说明舆论多元化在推行过程中偏离初衷,对苏联晚期新闻思想造成的危害。(张举玺 2013)而另一篇则主要针对新闻公开性改革措施,客观分析了苏联当时的政治、经济、文化状况,认为这一改革有其必要性和合理性,新闻公开性改革在改革初期发挥了积极作用,它使新闻媒体的舆论监督功能得到增强,冲击着苏联的僵化体制,提高了政府反腐能力,有助于促进政治改革,提出有些研究把戈尔巴乔夫推行的新闻公开性改革视为苏联解体的原因之一,这种认识是非常片面的。应该说是新闻公开性改革的走形而非新闻公开性本身直接或间接导致了苏联的解体。(张举玺 朱立芳 2013)

四、媒介与文化

河南学者从本土出发,致力于探索研究华夏璀璨文明,响应号召,弘扬中原人文精神,推动中原文化产业化发展。有作者提出建设华夏历史文明传承创新区是推动中原经济区建设、促进经济社会协调发展、传承与创新中原文化的重大战略举措。而在具体的路径选择上,他建议要加强重大文化遗产保护,建设四大古都特色文化街区,做好非物质文化遗产保护传承,建设公共文化服务示范区,实施文化产业支柱产业计划,构建黄河文化带”发挥一带两翼的带动作用,培育大师、打造品牌,做好文化的教育传承,加大文化传播力度,挖掘培育中原文化精神。(汪振军 2013)

随着互联网的普及,新媒体迅猛发展,不少学者关注到媒介文化领域,有作者在已有研究成果的基础上,立足于我国媒介产业发展现状以及当前媒介文化的存在状态,力图构建我国媒介文化的价值模型,提出了重构我国文化价值的思路。(苏士梅 2013)

文化的媒介化概念是英国剑桥大学社会学家约·汤普森提出的,意指文化的系统演变,知识和学习在现代社会变得世俗化,媒介工业兴起并日益成为符号权力的主要基础。现代传媒深度介入并主导文化符号的生产、传播与消费,文化的媒介化趋势日益显现,不仅表现在对传统文化的传承和再造上,也表现在新文化符号的生产与消费上。文化的媒介化不仅为我们理解现代传媒的角色与功能提供了新的视角和维度,同时也要求我们重新审视现代传媒的社会责任:一是发挥现代传媒在符号生产中的主导作用,防止现代社会的符号鸿沟;二是善用传播符号的权利,化解现代社会文化消费中的符号暴力;三是坚守现代传媒的公共性,警惕文化媒介背后的权力渗透。(陈辉 张淑华 2013)

在中原文化传播方面也有作者注意到媒介传承是文化传承的重要方式,将河南丰富历史文化资源转化为媒介品牌是河南媒体的责任,该作者通过对河南媒体当前知名品牌栏目,例如《梨园春》、《武林风》、《华豫之门》、《知根知底》等节目进行剖析,指出媒介在传播中原文明过程中的优势和不足,并提出媒介在传播中原文化方面的创新策略,从而有益于中原文化品牌的打造。(辛欣 2013)

河南是中国武术的摇篮,在武术文化传播方面有着天然优势,有作者将这一传统文化放在大众传播视域下研究探索河南武术文化传播,当然,河南电视台的《武林风》节目自然成为其研究蓝本。(宋玉杰 2013)

武术热不仅仅局限于介绍武术文化知识的电视节目,也同样出现在电影领域。当代华语电影史上一共出现过三次武术热潮,而当代武术发祥地河南始终未能形成少林电影和少林文化品牌产业。有作者仔细梳理三次少林电影兴衰流变的轨迹,指出这些电影对少林寺和少林武术内涵缺乏起码的认知和理解,造成了少林地域性漂流沦落到镜头盲区,他所代表的中原地域和文化完全被遮蔽与放逐,河南要拍出真正意义上的少林电影,其关键是以理论研究为依托,来实行“产学研究一体化”,培养发现本土人才,凸显少林文化的地域性和中原文化的厚重感。(张霁月 2013)

孔子学院作为语言教育和文化交流的平台,其担负的重要使命就是传承中国优秀传统文化。郑州大学新闻与传播学院周宇豪老师以孔子学院为例,探讨文化的输出性和渗透性,孔子学院所传达的“仁”、“和”理念充分体现了中国传统文化价值观念,这种传播不是“意识形态”或“政治制度”的渗透,而是文化作为软实力重要组成因素的自觉输出及合理渗透。以“和为贵”、“和而不同”为代表的中国传统文化核心价值观的魅力在于其不断促

使人类追求善的力量和不同理想、观念、价值、传统等所形成的不同文明之间的和平共处及相互交融。(周宇豪 2013)

中央电视台《舌尖上的中国》栏目，在全国刮起了一场美食之风，有作者透过节目呈现的垂涎欲滴的食物看到蕴含中华民族所共有的思维模式、相同的思维符号，共同的文化理念和民族精神。(常纾涵 2013) 更有作者从仪式传播的角度看待问题，透过日常美食的仪式镜像，看到的是蕴藏在中国文化深处的遗传密码和文化图景，是一个民族的文化传统伦理道德、价值信仰、审美情趣最生动的展现，片中凸显的对普通人的人生价值和生活信仰的礼赞，既是对中华民族独特精神气质及生存智慧的讴歌也让人体认到美食背后强大的人文力量和对共同体价值的一种深深认同。文章以食物为引，探讨百姓日常生活中的风俗仪式，阐明仪式传播对共同价值观的塑造。(张兵娟 2013)

总之，2013 年河南省新闻传播学研究成绩斐然，以上梳理只是具有代表性的一部分，发表在《新闻与传播研究》、《现代传播》、《新闻大学》、《学习论坛》等杂志上的文章不胜枚举，这些优秀作品都呈现出 2013 年河南省新闻传播学研究的不凡业绩。

主要参考文献

[1]李建伟 李梦龙：我国新媒体的研究现状及展望 出版广角 2013(10).

[2]邱淑贞 李轩英：自媒体时代社会化媒体与个人“媒体”的互补互动 中国传媒科技 2013(1).

[3]李建伟：编辑出版学学科建设现状与发展 中国出版 2013(3).

[4]刘志杰：价值链理论视角下的出版发行企业新业态建设 编辑之友 2013(6).

[5]赵建国：传播学视野下的人的身体 赵建国 现代传播 2013(12).

[6]汪振军：电视娱乐化的陷阱——读尼尔·波兹曼的《娱乐至死》与《童年的消逝》新闻与传播研究 2013(9).

[7]郑素侠：儿童媒介素养教育的理念与方法 新闻爱好者 2013(6).

[8]周宇豪：媒介舆论影响公共政策决策的过程及模研究 周宇豪 郑州大学学报 2013(5).

[9]李建伟 尚露露：河南省 2012 年重大突发事件舆情分析 中州大学学报 2013(2).

[10]严励 丘理：网络推手在舆论营造中的文化缔造作用探析 中州学刊 2013(5).

[11]张淑华：浅论网络舆论监督对执政能力的挑战 新闻知识 2013(4).

[12]张淑华：网络反腐的符号传播逻辑及其社会整合作用《新闻与传播研究》2013(10).

[13]牛梦媛：大学校园微博舆情特点与引导策略 新闻爱好者 2013(5).

[14]刘志杰：高校图书馆参与大学生网络伦理行为调控的优势与途径 河南科技 2013(5).

[15]陈丹：新媒体时代微博新闻的变与不变 新闻爱好者 2013(10).

[16]河南日报新媒体部 ：媒体微博发展的现状与思考 新闻爱好者 2013(3).

[17]李建伟 焦娇 ：我国政务微博现状及发展研究——以河南政务微博为例 中州学刊 2013(4).

[18]贾菁：微博在公共危机事件中的影响及应对策略 新闻爱好者 2013(3).

[19]李建伟 王蒙：企业微博的编辑策略 新闻爱好者 2013(5).

[20]胡志芳：微博的社会化传播机制探析 新闻爱好者 2013(7).

[21]严励 关文慧：微博“圈子”划分与作用空间 中国出版 2013(12).

[22]南振中：眼睛在采访中的作用 采写编 2013(5).

[23]赵志敏：从调查者到融合者——邓飞访谈录 新闻爱好者 2013(9).

[24]赵明杰 阎现章：出版产业时代编辑素质的共同点与新素质研究——以“百伯网”编辑招聘信息为研究对象 青春岁月 2013(6).

[25]苗卉：大数据时代编辑理念的更新 新闻爱好者 2013(7).

[26]张长笙：究竟该用何种事实说话——新闻真实性实现方法之我见 新闻爱好者 2013(8).

[27]魏少华：论新闻报道的“片面性”——从中国红十字会“污名化”现象谈起 新闻爱好者 2013(8).

[28]李瑛：从《纽约时报》看外媒所谓“客观、公正”传媒观察 2013(2).

[29]赵素萍：正面宣传关键是要提高质量和水平 求是 2013(20).

[30]郭奇 姚亚楠：新闻报道“标签化”现象探析中州大学学报 2013(4).

[31]马婧:电视民生新闻的娱乐化现象研究——以河南电视台《都市报道扩大版》为例 新闻爱好者 2013(9).

[32]李瑞峰:让民生新闻唱主角 新闻爱好者 2013(12).

[33]邵卫科:灾难报道中人文关怀缺失探析 新闻爱好者 2013(9).

[34]张光辉:党报在突发事件报道中要坚持五"重"——《河南日报》对义昌大桥坍塌事件报道版面三变之后的思考 新闻爱好者 2013(3).

[35]冯芸:浅论新闻语言的平衡艺术 新闻大学 2013(10).

[36]李东红:新媒体时代传统报业的突围之路 新闻爱好者 2013(11).

[37]贡振国 朱琨 陈东 卢亚伟:探析纸媒和新媒体融合的新趋势——以大河报停刊不停"报"为例 新闻爱好者 2013(3).

[38]于春生:新媒体视域下城市电视的本土化优势重构 现代传播 2013(8).

[39]曹毅梅:城市营销与形象传播的建构——河南城市形象宣传片剖析 城市发展研究 2013(9).

[40]曹毅梅 杨洋:浅析城市形象宣传片存在的问题——以河南省城市形象宣传片为例 媒体时代 2013(4).

[41]曹毅梅:电视片《天使》的形象宣传方法与功效分析 青春岁月 2013(3).

[42]郑达威:媒介技术变革视域下的信息化教学初探 新闻传播 2013(1).

[43]郑素侠 农村留守儿童的媒介素养教育:参与式行动的视角 现代传播 2013(4).

[44]李凌凌 陈楠:保护电子和网络媒介影响下的童年 新闻爱好者 2013(6).

[45]王俊本:创意无限 品牌无价——河南日报广告部打造豫酒"六朵金花"的实践与启示 新闻爱好者 2013(8).

[46]于莹 :新媒体视觉下的广告语言艺术 新闻爱好者 2013(11).

[47]黄雅玲:《现代》杂志书刊广告宣传策略 编辑之友 2013(9).

[48]李建伟 李梦龙:电视娱乐节目低俗化现象的分析及对策 今传媒 2013(2).

[49]段海晴:中国好声音"热播的几点思考 新闻爱好者 2013(2).

[50]王超然:论真人秀节目 $ 我是歌手% 的成功之道 新闻爱好者 2013(6).

[51]赵素萍:《河南新闻传播发展史》序言 河南日报 2012(10).

[52]阎现章:中国古代编辑传播史大事年表 宋金辽元时期 960 ~ 1368 德州学院学报 2013(2).

[53]韩爱平:兼论《河南》杂志的时代意义及其影响 河南大学学报(社会科学版)2013(11).

[54]王长杰:辛亥革命时期的新闻思想研究 新闻爱好者 2013(11).

[55]韩爱平 曹辰波:漫谈《京报·戏剧周刊》 新闻传播 2013(10).

[56]韩爱平 曹辰波:《戏剧评论家徐凌霄和他的《京报·戏剧周刊》》戏剧文学 2013(7).

[57]张霁月:中国农村运动与农村广播发展关系研究 青年记者 2013(4).

[58]张举玺:论舆论多元化对苏联晚期新闻思想的影响 新闻爱好者 2013(9).

[59]朱立芳:再论戈尔巴乔夫新闻公开性改革 新闻爱好者 2013(11).

[60]汪振军:华夏历史文明传承创新区建设的路径选择 学习论坛 2013(8).

[61]苏士梅:当前我国媒介文化的存在状态与价值重构路径 中国出版 2013(7).

[62]陈辉 张淑华:文化媒介化中现代传媒的角色和责任初探郑州大学学报(哲学社会科学版) 2013(1).

[63]辛欣:中原文化的媒介呈现及传播创新 新闻爱好者 2013(5).

[64]张霁月:传统文化与大众传媒视阈下的武术传播要要要以叶武林风曳的成功元素为例 河南大学学报(社会科学版)2013(5).

[65]宋玉杰:少林电影热与河南少林文化产业构建发展研究 新闻爱好者 2013(8).

[66]周宇豪:文化软实力传播过程中的输出性与渗透性研究——以孔子学院为例 现代传播 2013(5).

[67]常纾涵:从"舌尖"到"中国"——从文化认同到国家认同 新闻爱好者 2013(10).

[68]张兵娟:日常生活的仪式与共同体的价值建构——从舌尖上的中国谈饮食文化的传播意义 新闻爱好者 2013(10).

(贾士秋　郑州大学新闻与传播学院教授
李婷婷　郑州大学新闻与传播学院研究生
中　华　郑州大学新闻与传播学院研究生)

图书馆学与文献学

2013年河南省图书·情报与文献学研究综述

张怀涛　耿伟杰

2013年，河南省图书馆学、情报学、文献学学者充分发挥自身优势，不断提高学习能力和创新能力，形成了不少亮点，在其学术研究中，围绕学科领域深入研究、继往开来，取得了丰硕的成果，发表学术论文470余篇，编写著作27部，主持、参于各类课题180余项，在下列主要论题中取得丰硕成果。

1. 图书馆学理论研究

图书馆不仅仅是获取文化知识的场所，更是一个民族的文化体现，是社会整体素质的重要提升手段，刘泳俊在《图书馆人的责任与使命》(《内蒙古科技与经济》2013－15)一文中阐述了图书馆人的责任和使命，并指出图书馆人要敢于创新。为了进一步了解、认识图书馆文化，更好地发展、建设新环境下的图书馆文化，张怀涛在《图书馆文化的特征与建设》(《河南图书馆学刊》2013－07)一文中研究了图书馆文化的内涵、特征、价值功能及其建设等问题。

近年来，我国图书馆学、情报学专业研究生教育发展迅猛，势头良好，办学点的数量和结构日趋合理，已成为图情专业教育的主流人才培养模式。陆博瑶在《以研究生视域审视图书情报专业研究生教育》(《图书馆学研究》2013－01)一文中立足于一名图书情报专业研究生的视角，从图情专业研究生关注的焦点和需求出发，结合国外图情专业教育的成功经验，探讨了我国图书情报专业研究生教育如何能更好地满足研究生及社会发展的需要。为了对国际图书馆学前沿进行跟踪，杨俊丽在《图书馆，谁在关注国外》(《图书馆理论与实践》2013－04)一文中选取国内研究国外图书馆的文献，以文献类型、年代、期刊、作者及机构等为指标对目前国内图书馆研究缺乏国外一手资料的现状和困境进行分析，并提出引领我国研究国外图书馆潮流的创新路径和优化措施，指明了我国图书馆学科发展的方向和趋势。“斯诺命题”产生于20世纪60年代末期，李燕波在《我国图书馆学研究中的“斯诺命题”破解之道——跨学科研究的路径选择》(《图书情报工作》2013－16)一文中从“斯诺命题”中“两种文化”分裂的角度对国内图书馆学研究中技术与人文之间的争论进行阐释，提出跨学科研究是破解图书馆学研究中“斯诺命题”的有效方法。

罗丹说“美是到处都有的”。大千世界，凡有人类生活的地方，都存在着“美”，同样，“美”也存在于图书馆学中。丁丽鸽在《国内图书馆美学研究综述》(《情报探索》2013－09)一文中通过对1989—2012年我国图书馆美学的相关研究文献进行统计与分析，总结出图书馆美学的含义、内容、学科性质及功能等的研究现状，并得出我国图书馆美学研究在基本理论方面取得了不少成果的结论。马豫文在《女性视野中的中国图书馆美学》(《河南图书馆学刊》2013－11)一文中以女性的视觉感受简单阐述了独具特色的中国图书馆美学，并论述了图书馆在保护人类文化遗产、传递信息的同时，以自己个性化的建筑设计、室内装饰、色彩搭配来陶冶人们的审美情操，达到社会文化教育的职能。

张謇是我国著名的近代实业家，也是一名出色的教育家，由于受传统藏书体制弊端的影响、西学东渐浪潮的影响和古越藏书楼的启发，杨红玲在《近代实业家张謇对图书馆事业发展的影响》(《科技情报开发与经济》2013－12)一文中研究了张謇兴办近代公共图书馆的动机，及其形成的近代公共图书馆理论体系。

我国著名的图书馆学家、图书馆学教育家杜定友先生曾经在20世纪50年代，冷静审视和研究了全国各地的图书馆掀起为科学研究服务的做法，韩香花在《杜定友为科学研究服务思想对学科服务的启示》(《国家图书馆学刊》2013－01)一文中从图书馆性质的定位、人才培养、馆藏资源建设等方面分析了图书馆为科学研究服务的意见和建议。

2. 图书情报工作研究

信息技术的高速发展使高校图书馆的发展面临着诸多问题，王歌文在《高校图书馆的发展路径》(《安阳师范学院学报》2013－02)中认为走出瓶颈的关键在于改变传统观念，确立服务理念，加强基础建设，丰富文献资源，强化人员培训，提高服务能力，突出特色建设，拓展服务口径。李明理在《泛在知识环境下图书馆学五定律的演绎》(《情报资料工作》2013－01)中从图书馆学五定律的精神实质出发，结合图书馆的时代特征，演绎出了五定律的新版本，并阐述了如何运用新版五定律对泛在知识环境下的图书馆工作进行理论指导。范兴坤在《我国当代图书馆事业政策的时代特征研究》(《图书与情报》2013－04)中借助公共政策过程理论，在研究我国当代图书馆政策的形成途径基础上重点论述了我国图书馆事业政策的从属性、系统性、同质性、阶段性、发展性等不同关系特征。刘小锋在《本土图书馆竞争格局的变化及发展战略》(《图书馆学研究》2013－13)中以目前我国本土图书馆的基本格局、竞争变化趋势和图书馆的应对策略为研究基点，详细阐述了我国图书馆的现状和变化趋势以及如何应对市场挑战，在应对策略中，提出“管理信息化、运作规范化、决策透明化、业务国际化、服务品牌化和客户全球化”的发展战略目标，分析了其内涵和我国图书馆所存在的问题。赵庆玲在《后现代主义语境中的图书馆服务工作》(《河南图书馆学刊》2013－01)中以后现代文化为语境，分析了该文化思想对图书馆服务工作的影响和借鉴意义，认为图书馆服务应该在个性化、平等、休闲等方面有所侧重和作为，突出其“服务”职能，在后现代主义放弃对终极价值的追求之背景下，更加注重人文关怀及对终极价值的倡导。杨晓农在《基本公共服务均等化视角下图书馆社会教育功能重建与服务创新刍议》(《图书馆》2013－06)中在综述基本公共服务均等化研究的基础上，探讨了图书馆社会教育与基本公共服务均等化的契合关系，指出新时期加强图书馆的社会教育功能是实现基本公共文化服务的均等化，提升图书馆服务的能力，以及践行现代图书馆理念的重要途径。赵春辉在《近十年图书馆现代管理理念研究综述》(《河北科技图苑》2013－04)中以中国期刊全文数据库为依据，对2003年至2012年图书馆现代管理理念学术论文进行统计，并对其研究主题从读者管理层面、馆员管理层面、资源管理层面、组织管理层面进行了综述，指出图书馆现代管理理念研究中存在的问题。

王桂玲在《信息时代图书馆如何为领导决策服务》(《管理工程师》2013－04)中通过研究信息对领导决策的重要性，领导对信息需求的特点，提出了图书馆应依托自身的馆藏信息资源，利用现代化的网络平台，提供舆情监测服务，建立信息服务反馈机制，为领导决策提供信息服务。面对高校协同创新中心的建立和持续发展，王会丽在《“2011计划”对高校图书馆协同创新的影响分析》(《图书馆工作与研究》2013－09)中认为图书馆应通过培育协同创新的组织文化、提供协同知识服务、实施协同知识管理、构建知识协同平台、协同进行信息资源建设、组建协同知识服务团队等，为学校教学、科研的协同创新提供切实高效的文献信息保障。开展学科化服务作为高校图书馆提升服务水平的一个重要举措，在具体的实践中面临着诸多问题，王运显在《高校图书馆学科化服务的动力问题解析》(《图书馆学研究》2013－06)中在分析学科化服务相关问题的基础上，提出了通过加强理论力、素质力、制度力和资源力等几个方面来促进学科化服务的开展和提升。在高校图书馆服务地方经济的实践中，图书馆在社会化服务还存在着问题，马新艳在《高校图书馆服务地方经济社会发展的实践与探讨——以南阳师范学院图书馆为例》(《图书馆界》2013－06)中从服务理念、服务机制、服务内容、服务模式、服务手段和社会的角度出发，提出了图书馆服务地方经济社会发展的对策。

读者与书库馆员的矛盾是阻碍图书馆事业和谐发展的重要因素，谢德华在《高校书库馆员与读者的和谐关系之我见》(《科技情报开发与经济》2013－02)中认为解决这一矛盾的关键是从图书馆书库自身抓起，提升馆员素质，改善书库的整体环境，同时用制度规范借阅服务流程，拓宽读者与书库馆员的沟通渠道，最终提升书库管理水平。让读者满意是图书馆服务的最终目的，秦春阳在《关于高校图书馆人性化服务细节的思考》(《河南图书馆学刊》2013－08）中指出在服务理念、服务环境、服务内容、服务方式以及服务管理等方面把细节做好是赢得读者认可的关键，也是整体提升图书馆服务内涵和层次的保证。陆博瑶在《基于BSC理论的高校图书馆绩效评估体系研究》（《现代情报》2013－06）中运用平衡计分卡的相关理论，结合我国高校图书馆的发展现状、用户需求及发展趋势，在已有的图书馆BSC评估体系研究基础上，对具体的评价维度和指标进行改良，构建了高校图书馆绩效评估体系。高校图书馆自倡行“人性化服务”以来，服务质量有显著提高，但有不少偏颇之处，朱玉婵在《高校图书馆“人性化服务”的反思》（《河南图书馆学刊》2013－06）中认为要从“人性化服务”的内涵、理念及现实问题等方面进行反思，切实提高图书馆员的主人翁意识，回归图书馆员的主体地位。易靖涵在《高校图书馆“大流通”服务模式探析——以周口师范学院图书馆为例》（《周口师范学院学报》2013－04）中结合实际工作情况，以周口师范学院图书馆“大流通”服务模式为例，对其服务现状进行分析，指出存在的问题，并提出了相应的对策。朱向林在《“985”高校图书馆读者违规处理政策比较分析》（《图书馆学研究》2013－16）中通过调查“985工程”高校图书馆读者违规处理政策，从逾期不还、污损书刊、遗失书刊和偷盗书刊4种高校图书馆读者违规行为入手，对高校图书馆违规处理政策进行分析，发现其中存在的问题，并提出合理化的建议。新媒体技术的出现及广泛应用，大大改变了读者的信息行为，也促使图书馆积极拓展服务方式，周蕊在《数字时代高校图书馆服务危机管理研究》（《河南工业大学学报》2013－01）中从高校图书馆服务工作内容出发，以服务危机为研究对象，提出了高校图书馆应对服务危机的对策。“90后”的大学生，其认知行为碎片化、视觉化，认知途径网络化、移动化，针对这些特征，刘涛在《“90后”大学新生图书馆入馆教育方式创新》（《学理论》2013－15）中通过研究对大学新生图书馆入馆教育工作提出学习内容设计单元化、形式视觉化、教学沟通方式网络化、教育学习方式实践化等与“90后”认知特征相适应的创新性教育方法。我国高校图书馆志愿者服务尚处于探索发展阶段，陈钟彬在《高校图书馆志愿者服务长效机制研究》（《河北科技图苑》2013－03）中通过对我国高校图书馆志愿者服务现状的分析，寻求了可行的对策，希望能建设并不断完善高校图书馆志愿者服务长效机制。国内高校图书馆的展览大都处于临时筹划、规模偏小、循环利用性差、主管不明确、场所不固定的边缘状态，王丽娜在《刍议高校图书馆展览服务及其德育功能》（《河北科技图苑》2013－03）中分析了这种现状的形成原因，并针对大学生思想道德中出现的不良现象，阐述了高校图书馆展览服务的德育功能。

公共服务供给理论经历了公共服务单中心供给、双主体联合供给、多元主体供给三个阶段，刘阳在《公共服务供给理论对校市共建图书馆管理的启示》（《图书馆学研究》2013－07）中研究了其对校市共建图书馆管理提供的几方面启示。王晓燕在《基于均等服务的图书馆公共价值诠释》（《图书馆学研究》2013－02）中从公共价值的内涵和属性角度分析了公共图书馆公共价值的基本特征，阐述了公共图书馆均等服务的重要意义，提出了公共图书馆均等服务的基本路径。徐丽晓在《公共文化服务体系中的公共图书馆服务建设研究——以河南省省市级公共图书馆为例》（《河南图书馆学刊》2013－01）中通过对河南省省市级公共图书馆如何发挥在公共文化服务体系建设中发挥作用进行调研，并在此基础上进行分析，提出建立区域性公共图书馆服务网络、建设多样化的服务模式、依托“文化共享工程”拓展服务领域、创办丰富多彩的公共文化活动、建设特色资源打造品牌文化等建议。陈辉玲在《政府主导乡镇图书馆建设的公共政策分析——以河南信阳“平桥模式”为例》（《图书与情报》2013－06）中从公共政策的视角，以伦理学为分析工具，分析和评价政府主导乡镇图书馆建设的政策过程，并指出乡镇图书馆建设应从政府主导向政府保障与行业自主、社会自治方向转化。针对新生代农民工的城市融入问题，王凌在《新生代农民工市民化中的社区图书馆服务研究》（《河南图书馆学刊》2013－02）中进行了农民工需求调查研究，在分析新生代农民工与第一代农民工文化信息需求、教育培训需求代际差异的基础上，阐述图书馆应以建立健全均等化的服务保障体系为主线，以推进新生代农民工服务市民化为重点，以强化农民工教育培训为突破口，以创新农民工教育培训模式为支撑的服务模式。问卷调查是获取数据的重要途径，而调查内容有一定的敏感性，张东华在《高校图书馆服务质量评价指标敏感程度研究》

(《图书馆论坛》2013－03)中用定性分析 LibQUAL＋TM 评价体系中 7 个指标敏感性可能的来源,用定量研究的方法探究每个问题是否具有敏感性,指出敏感问题的敏感性真实来源,最后利用统计方法构建了敏感度的计算公式。

针对当前图书馆开架流通过程中因图书乱架等原因造成读者查找图书费时费力的问题,龙文在《基于 RFID 的图书管理研究》(《黑龙江教育学院学报》2013－03)中探讨了基于射频识别技术 RFID 的图书管理系统,利用 RFID 远距离读取、快速读取等特点实现对在库图书精确定位等功能,有利于读者借阅图书,优化图书馆服务工作。张辉在《RFID 技术应用于高校图书馆的思考》(《科技信息》2013－14)中分析了 RFID 技术在高校图书馆的功能与应用现状,针对实际应用中存在的一些问题进行了探讨,并对 RFID 技术应用于图书馆的未来提出一些设想。

3. 文献学研究

《百川学海》是我国历史上第一部大型的、综合性丛书,陈隆予在《论〈百川学海〉在我国丛书编撰史上的重要地位和影响》(《黄河科技大学学报》2013－03)中通过研究指出,它的诞生标志着我国古代丛书编撰体例的成熟,对后来丛书的编撰产生了深远的影响,是名副其实的丛书之祖,在我国丛书编撰史上占有重要的地位,具有重要的文献价值和版本学意义。《列女传》作为第一部以女性故事为题材的作品,因其独特的语言技巧、写作手法而为后人所津津乐道,李英珍在《以〈列女传〉为例论刘向图书编撰技法》(《兰台世界》2013－33)中以《列女传》为例,分析其传记体例、整体构思、故事性质、素材资源以及写作艺术等五方面。

宋代的藏书家多属于博学多才的学者型,他们不仅仅停留在保存和鉴赏的阶段,而是为了研究学问和进行著述,通过对家藏图书进行校勘、编目、辑佚、注释等一系列整理工作,提高图书质量及其学术价值,促进了图书的流传及其文献价值的充分利用,为后人留下许多宝贵的文化典籍,王东峰在《宋代学者型藏书家对图书馆事业的贡献》(《图书馆杂志》2013－07)中通过总结认为他们丰富了中国传统图书馆学、目录学、版本学、校勘学理论,对后世学术产生重大影响,此外,宋代的藏书家还大规模地收藏和研究金石文献,开辟了图书收藏的新途径。

一百年来对魏晋南北朝家庭史的研究,王仁磊在《百年来魏晋南北朝家庭史研究述评》(《许昌学院学报》2013－03)中认为可分为三个阶段,其较快发展是在 1981 年以来的最近三十年,这三十年的研究又以 1990 年为界,分为前后两个阶段,前一阶段,多存在于通论性论著之中,或是依附于家族史、婚姻史之中,少见专门论著,1990 年以后,专门论著才较多出现,并且向着更为专业和深入的方向发展,该时期的研究主要集中在家庭规模与结构、婚姻形态、家庭关系、家庭教育等几个方面。此外,通过分析对比正史等传世文献中的户口统计材料与出土文书、简牍中的户籍档案材料,可得知魏晋北朝时期的家庭规模比秦汉时期有扩大的趋势,户均人口在 2－7 人之间变动,并推断认为魏晋北朝时期的家庭规模始终是五口之家而无太大变化的观点是与史实不符的。

古代学者对书厄原因的探讨主要蕴含在书厄的分类之中,近代学者将书厄分类进一步系统化,更加强调人为因素对书厄形成的影响,当代学者则将战乱、政治、文化、经济、社会风尚、保管和自然等各种因素纳入分析书厄原因形成的视野,研究角度日益多元化,认识逐步趋向一致,陈忠海在《我国古代书厄的原因研究及其特点》(《河南图书馆学刊》2013－03)中归纳了古代书厄形成原因的历史演变,并分析了该主题研究的特点。

典籍捐公是一种近现代藏书家将私藏古籍捐给公共文化机构的公益行为和历史现象,王安功在《近现代典籍捐公行为试析》(《图书馆理论与实践》2013－10)中通过研究发现图书典籍捐公现象始于晚清,发展于北洋政府、民国时期,鼎盛于四五十年代,在典籍藏书的捐公史上,大批传世经典得以妥善集中庋存,呈现出善本多、孤本多、品种广、研究性强等特点。

文献信息资源可按照历史时期划分为古籍文献和现代文献,牛红广在《古籍文献数字化与现代文献数字化的区别分析》(《沧桑》2013－02)中认为现代计算机信息技术环境下的古籍文献数字化和现代文献数字化均服务于学术研究和大众阅读,并分析了二者之间性质上的区别和社会意义方面的不同。受造纸、印刷技术的限制,民国文献极难保存,造成距今虽不足百年但受损严重的情况,程趁娜在《议民国文献的数字化》(《科技视界》2013－11)中阐述了民国文献数字化的方式、问题及建议。中国当代古籍保护技术的新旧混杂现象显示了古籍保护技术体系建设路径和实践的无序，中国古籍保护技术体系建设的基本路径是关于古籍保护技术的体系构建和实践导向的根本性、全局性问题，王国强在《中国古籍保护技术体系建设的基本路径研究》(《图书情报工作》2013－08)中通过研究提出中国古籍保护技术体系建设的基本路径，并从理论依据、实践效果以及保护对象和传统保护技术与基本路径的适应性等方面论证了这一基本路径的合理性。

4.阅读推广研究

阅读可以强化文化认同、振奋民族精神、凝聚民心、提升整个国家的竞争力，张怀涛在《"阅读"概念的词源含义、学术定义及其阐释》(《图书情报研究》2013－04)中从词源学角度对"阅读"的概念进行了初始含义的辨析，且以阅读结构图的形式对阅读的学术定义加以阐释，并针对阅读中存在的不足状态做了进一步推论。此外，张怀涛在《阅读的多重价值》(《华北水利水电学院学报》2013－03)中还认为：人类的阅读活动具有多重价值，阅读的基本作用是获取信息，阅读的个人意义包括增进知识、提升智慧、愉悦身心、修养品行、成就事业等，阅读的社会效应包括传承文化、教化民众、开发智源、促进创新、助力生产等。

全民阅读水平是衡量一个国家社会文明程度的重要标志，是一个国家综合实力的重要组成部分，张磊在《图书馆在推动全民阅读中的作用》(《科技情报开发与经济》2013－08)中认为推动全民阅读是图书馆的社会职责之一，图书馆应发挥自身优势，开展丰富多彩的阅读宣传活动，要增强创新意识，不断延伸服务领域，更好地推动全民阅读活动的发展。郭文玲在《"985"高校图书馆常态化阅读指导调查与分析》(《图书馆学研究》2013－08)中通过对39所"985"高校图书馆的常态化阅读指导进行系统调研，从阅读指导形式、栏目名称、移动阅读指导、特色栏目等方面梳理了高校图书馆常态化阅读指导状况，发现高校图书馆阅读指导存在重信息素养教育轻人文素养教育、栏目名称不规范等问题，并建议高校图书馆阅读指导应体现"育人"理念，成立常设化的阅读指导机构，打造特色栏目，加强移动阅读指导。此外，郭文玲在《大一学生阅读现状调查及对策研究》(《图书馆论坛》2013－05)中还对郑州大学大一学生利用图书馆情况、阅读量、阅读动机、阅读内容和阅读结构等进行调研，探析大一学生阅读现状及存在的问题，提出高校图书馆进行阅读指导的对策，保持阅读指导的连续性，加强阅读指导的针对性。黄健在《高校阅读推广活动的影响因素及其评价》(《大学图书馆学报》2013－02)中采取座谈会和问卷调查的形式，对17种高校图书馆的阅读推广活动进行了简要评价，并结合读者看法，就如何提高大学生的阅读兴趣、阅读能力、阅读素养，如何丰富阅读推广活动形式，如何加强阅读推广活动的宣传效果等六个问题进行分析并提出建议。肖湘在《高校图书馆在推进全民阅读活动中的作用》(《河南图书馆学刊》2013－01)中论述了我国国民以及当代大学生的阅读状态、高校图书馆资源及人才优势，探讨了高校图书馆推动全民阅读、建设阅读型社会的作用和策略。

在数字信息时代，网络环境下的阅读方式被更多的现代人所接受和使用，李辉在《网络环境下高校图书馆导读研究》(《科技情报开发与经济》2013－11)中通过对高校图书馆的调查与研究，揭示了网络环境下高校图书馆导读工作所呈现出的特点，探讨了数字化时代高校图书馆的发展与规划，并指出在虚拟网络环境下高校图书馆可以通过有效的方式来引导读者阅读，从而提高网络阅读的效率。伴随着科技的发展和网络的普及，网络阅读成为一种主流阅读方式，在阅读文本、阅读环境、阅读主体等均发生变化的情况下，谢凝在《试论我国高校阅读文化建设的未来发展趋势》(《河南图书馆学刊》2013－08)中通过研究发现我国高校阅读文化建设突破了校园的藩篱而与周边社区、学生家庭连结成为一个有机的整体，并认为这种形式或许是我国高校阅读文化建设的未来发展趋势之一。

近年来，随着阅读率的下降，人们将原因归结为功利性阅读，同时大力提倡养心式经典阅读，院蕾在《论"功利性阅读"与"养心阅读"》(《创新科技》2013－10)中认为：选择功利性文献是读者的自由，进行功利性阅读是读者的权利，应受到充分尊重和公正对待，同时功利性阅读和养心阅读是相互依存、相互联系、相互推动、相互转化的，两者的结合才能培养合格的、复合型的、社会需要的人才。

在积极倡导全民阅读推广的今天，需要不断创新阅读推广的形式，读书达人秀作为郑州大学阅读推广活动的一个新品牌，融入了时尚、竞赛、娱乐等诸多元素,把同学们的"读"、"记"、"悟"、"行"有机结合,使读书活动开展得更加生动活泼,曹炳霞在《图书馆阅读推广的新形式——读书达人秀》(《大学图书馆学报》2013-06)中总结了读书达人秀活动的经验教训,为探索新的阅读推广形式提供了借鉴。"图书漂流"是一种源自国外的阅读方式,它起源于20世纪六十年代的欧洲,我国的"图书漂流"活动最早可以追溯到2004年春风艺社发起的"图书漂流"活动,马志杰在《高校图书馆"图书漂流"发展模式与策略研究》(《图书馆工作与研究》2013-09)中分析了我国高校图书馆"图书漂流"活动中存在的问题,探讨了高校图书馆在"图书漂流"活动中的权利和责任,并有针对性地提出了具体的建议。

另外,赵春辉在《2012年度好书榜统计分析》(《新世纪图书馆》2013-11)中统计了14个2012年度好书榜单并筛选出入选次数较多的前39种好书,然后从发布机构、出版社、作者、中图分类号、图书馆采购情况等方面对榜单进行分析和归纳,最后针对各榜单的不足之处提出了建议。

5.图书馆员研究

馆员素质是决定图书馆服务质量的关键因素,图书馆的发展离不开馆员素质的不断提高,谢德华在《刍议转型期高校图书馆员素养的探索与思考》(《河南图书馆学刊》2013-06)中针对高校图书馆员的现状和面临的挑战进行了分析,就提高高校图书馆员素质提出了看法。杨珏在《试论高校图书馆馆员的自身素质建设》(《广东技术师范学院学报》2013-05)中对目前高校图书馆馆员的素质现状进行了分析,阐述了新时期高校图书馆馆员应具备的素质,还对加强图书馆馆员素质建设的措施提出了建议。冯艳艳在《浅析高校图书馆数字环境下图书馆员应具备的信息素养》(《科技信息》2013-22)中从图书馆员的任职资格、专业素养、必备技能、文化修养等方面入手,讨论当代馆员应具备的素养,提出全球视野下学科馆员专业信息素养能力的养成策略与途径,不断加强学科馆员的教学、科研能力。

随着信息技术、网络技术的发展,信息用户对信息需求的要求越来越高,对图书馆馆员的素质和能力要求也越来越高,读者需求的多样化、个性化对高校图书馆员的知识和能力提出了新的更高的要求,而继续教育是丰富馆员的知识,提升能力的很好的途径,刘丽在《信息时代高校图书馆员的继续教育》(《创新科技》2013-06)中认为对高校图书馆员进行继续教育势在必行,因此分析了高校图书馆人员现状,指出了继续教育的必要性,并根据继续教育的发展趋势提出了相应的对策。郭琼在《对新时期高校图书馆员继续教育的探讨》(《科技信息》2013-34)中探讨了馆员继续教育的内容及方式。刘丽辉在《国外图书馆员继续教育对我国图书馆的启示》(《河北科技图苑》2013-06)中以美国、日本等发达国家为借鉴,针对我国图书馆馆员继续教育中存在的问题,探讨了图书馆馆员继续教育的策略。

馆员通过在线知识交流能够不断更新知识,更好地解决工作中出现的问题,制定馆员在线知识交流的内容分析框架能够提高在线知识交流的质量和效率,张展在《馆员在线知识交流的内容分析框架研究》(《图书馆学研究》2013-03)中首先介绍了几个经典的内容分析框架,并在此基础上设计出了用于评价馆员在线知识交流的内容分析框架。

女性馆员是高校图书馆工作人员的主要组成部分,其作为高校图书馆的发展主体是一种必须面对的客观事实,发挥她们的主体作用事关高校图书馆事业发展的全局,杨桂花在《关于高校图书馆发挥女性馆员主体作用的思考》(《河南图书馆学刊》2013-08)中认为摒弃性别主义的传统偏见,承认女性员工的主体作用并采取各种有效措施激发女性馆员的工作潜能是高校图书馆建设的明智选择。女性馆员职业倦怠已成为影响高校图书馆事业健康发展的重要问题,王芳芳在《高校图书馆女性馆员职业倦怠探析》(《黑龙江史志》2013-13)中从高校图书馆女性馆员职业倦怠的生理和心理特征出发,分析了高校图书馆女性馆员职业倦怠成因,提出了降低高校图书馆女性馆员职业倦怠的策略。李俭在《对高校图书馆女性群体职业幸福感的探讨》(《图书馆理论与实践》2013-01)中在对图书馆女性群体职业幸福感现状调查的基础上,分析了图书馆女性群体职业幸福感缺失的原因,并提出提升图书馆女性职工职业幸福感的对策和建议。图书馆馆员职业幸福指数是衡量馆员工作和生活质量的重要指标,王瑞珍在《图书馆馆员职业生涯早期幸福指数调查及幸福管理研究》(《河北科技图苑》2013-06)中认为关注青年馆员的幸福指数、积极情绪体验、消极情绪体验以及基于组织的职业满意度,可以有针对性地开展幸福管理,提升青年馆员的职业成就感、职业自豪感、职业安全感和职业自信心,在提高青年馆员主观幸福感的同时,实现图书馆的高效、创新和可持续发展。

6. 数字资源与网络工具

数字图书馆是社会发展的必然产物,它继承并发展了传统图书馆的优点,随着现今科学技术的飞速发展和不断进步,图书馆数字资源的优化与发展也将带动整个社会朝着资源利用更简约、快捷与高效的方向发展。继云计算、物联网和移动互联网后,大数据成为信息和互联网行业的研究热点,张心源在《大数据的概念、技术及应用》(《创新科技》2013－09)中通过文献调研法对大数据的概念和技术做了阐释,并对其在各个行业的应用进行了简单评价。数字图书馆建设同样离不开对大数据的存储和利用,李白杨在《数字图书馆建设中大数据问题初探》(《情报科学》2013－11)中结合国家图书馆数字资源建设情况和大数据时代图书馆的实际需求,采用跨学科分析法,提出了数字图书馆建设中的数据存储、数据处理和数据分析的方法。武宗锋在《高校图书馆数字教学科研信息服务平台建设探析》(《新世纪图书馆》2013－06)中设计构思了一个高校图书馆数字教学科研信息服务平台,该平台由数字教学信息服务子平台、数字科研信息服务子平台、文献信息传递咨询子平台及信息服务保障子平台四部分组成,将高校图书馆各类型数字化资源整合成一个有机体,从而高效、快速、全面地为校数字教学科研提供信息服务。

随着新技术的迅猛发展,高校图书馆存储信息量越来越丰富,传播形式越来越复杂,因此,数字图书馆应运而生,王芳芳在《高校图书馆数字版权困境及其应对策略》(《学理论》2013－18)中阐述了数字版权的基本概念,对高校图书馆数字版权困境及其根源进行了分析,并阐述了高校数字版权建设的应对策略。付立宏在《我国"985高校"图书馆网站版权政策调查分析》(《图书馆学研究》2013－04)中通过对14个"985高校"图书馆网站版权政策的主要内容、作品保护范围进行调查分析,并围绕版权归属、法律依据、权利确认、合理使用、侵权形式、救济措施、免责条款七个方面比较分析了我国"985高校"图书馆网站版权政策的利弊。臧国全在《国内外图书馆2.0的实践与思考》(《图书情报工作》2013－08)中通过考察发现,目前图书馆2.0的典型做法有馆藏资源标引、完善数字对象的组成及其描述、馆藏资源建设、馆藏资源质量评价、用户交流与协同创作、吸引和扩大用户群体6个方面,图书馆2.0网站的考察项目有:网站的基本情况、标签的使用、受控词表的使用、图书馆对用户贡献内容的使用方式、对用户贡献内容的审查、方针政策。基于考察,臧国全还认为实施方式选择、用户参与和项目政策是影响图书馆2.0项目成效的重要因素。

李诗苗在《我国数据库评价研究现状与发展趋势》(《图书馆学研究》2013－16)中通过分析研究我国数据库评价的相关文章(以CNKI收录为检索范围),从数据库的评价主体、评价对象、评价指标和评价方法四个方面对我国数据库评价的研究现状进行了概括总结,提出一些看法和建议,并探讨了我国数据库评价研究的发展趋势。图书特色资源的建设已成为高校图书馆建设的重要组成部分,薛巧云在《高校图书馆特色资源库的建设及展望》(《农业图书情报学刊》2013－04)中在总结了国内外图书特色资源建设的状况以及存在问题的基础上,提出今后特色资源库建设的方向与内容。庄青青在《高校图书馆特色数据库的建设思路及策略分析》(《科技情报开发与经济》2013－15)中探讨了高校图书馆开展特色文献信息资源数字化建设的意义,阐述了特色数据库的建设原则、选题、资料来源和知识产权等问题,分析了特色数据库建设工作具体实施过程中需要注意的问题,提出了相应的解决对策。

数字保存项目的投资存在着众多可以延迟的因素,不同时机投资获取的效益可能很不一样,因此寻求最佳投资时机是项目的一个重要决策,在假设投资和预期收益都遵从几何布朗运动模型的前提下,臧国全在《数字保存项目的投资时机研究》(《情报科学》2013－01)中建立了数字保存项目投资机会价值模型,分析了投资机会收益率,探讨了影响投资机会选择的重要参数,并结合具体实例计算了投资机会价值和最佳投资规则,得出了投资时机选择对数字保存项目价值具有重大影响的结论。数字保存项目的投资存在众多不确定因素,导致该类项目存在延迟期权,臧国全在《基于延迟期权的数字保存项目投资规则建立——基于对用户数量的离散变化分析》(《图书馆理论与实践》2013－07)中分析了数字保存项目中影响用户数量的因素，建立了基于两段式和三段式用户数量离散变化的数字保存项目投资规则，并结合案例进行了计算，说明用户数量的变化对投资规则具有较大影响。此外，还分析了数字保存项目存在的延迟期权，构建了基于延迟期权的数字保存项目投资机会价值模型，并基于该模型探讨了延迟期权在数字保存项目建设中的作用。

马志杰在《国外搜索引擎评价研究综述》（《图书馆学研究》2013－02）中针对目前国外的搜索引擎评价研究，从评价指标、评价方法、评价对象、评价主体等4个方面对国外搜索引擎评价领域进行总结和分析，指出了国外搜索引擎评价研究的主要特点和趋势。此外，马志杰在《我国搜索引擎评价研究的现状、问题及对策》（《图书馆学研究》2013－04）中通过研究发现我国搜索引擎评价研究存在研究团队薄弱，缺乏创新性、实证研究，绩效评价研究较少，综合评价方法不太成熟等问题，为促进该研究，认为应坚持定性与定量相结合的发展方向，坚持用户导向开展搜索引擎评价工作，坚持理论与实践相结合，加强实证研究与创新研究，建立权威的搜索引擎评价组织，加强绩效评价。

与传统的高校图书馆服务相比，移动图书馆能够为用户提供更加人性化和个性化的服务，提高资源的利用率和用户的满意度，孔功胜在《基于3G移动技术的高校图书馆个性化服务研究》（《图书馆学刊》2013－01）中在对移动图书馆功能分析的基础上，指出了移动图书馆的发展趋势和移动图书馆建设过程中应该注意的一些问题。图书馆移动服务，泛指图书馆借助移动工具提供借阅、咨询等服务，包括多种服务模式，其中，微博、微信和移动图书馆是三种用户最多、成熟度最高的模式。李白杨在《三种图书馆移动服务现状、评价与展望》（《图书馆学研究》2013－18）中采用实证研究法对三种服务现状进行了调研，然后对三种服务的功能性、内容性、互动性、易用性、拓展性进行评价，最后对三种服务提出了合理展望。刘淑萍在《中韩高校图书馆移动服务对比研究》（《图书馆学研究》2013－20）中在介绍中韩两国图书馆移动服务概况的基础上，从中国和韩国分别选取20所著名高校图书馆为研究对象，通过在线调查、文献查询和手机登录图书馆移动网站浏览等方法，对其提供的移动服务方式和移动网络服务内容进行统计和比较分析，并针对目前我国高校图书馆移动服务中存在的问题提出建议。丁爱虹在《国内手机图书馆的现状调查与思考》（《图书馆界》2013－04）中通过对国内11所已经开通手机图书馆服务的图书馆进行调查，对其现状进行分析，指出存在的问题，并提出了发展建议。郭文玲在《“985”高校图书馆移动阅读指导研究》（《图书馆学刊》2013－12）中采用网络调查法，以39所“985”高校图书馆为基础数据，对移动阅读指导的形式、特点等进行分析，对“985”高校图书馆移动阅读指导的现状进行了分析。

近年来，以科学网为代表的实名学术博客发展迅速，这为我们研究网络学术社区提供了便利，为考察图情界在科学网博客社区的开博情况及学术交流情况，周春雷在《科学网图情博客发展现状研究》（《图书情报知识》2013－05）中从博客分类目录和专业群组角度揭示了科学网图情博客社区的人员构成及学科间知识交流情况，并就研究中发现的问题给出了建议，为我们从全球华人科学社区这一宏观视角了解图情学与相关学科的交叉渗透情况提供了一些参考信息。杨瑞仙在《Web2.0环境下的链接关系研究——以博客和百度百科为例》（《情报杂志》2013－09）中结合Web2.0的特征，以博客和百度百科为研究对象，探讨了Web2.0环境下好友链接、参考链接、评论链接、评论－反馈链接、合作链接等5种链接关系及其在知识交流中作用。针对目前电子商务安全的瓶颈，杨瑞仙在《电子商务保险业务模式探究——以网上购物为例》（《现代情报》2013－05）中以网上购物为例，提出了一种新的网上购物保险业务模式，并解决了所提出保险模式将面临的现实问题及实现的方法，总结了这种保险模式的意义及它会对网上购物方式产生怎样的影响。

在移动互联网和数字图书馆的双向发展下，图书馆服务正在走向集成化、智能化、知识化和移动化，信息技术正在影响着图书馆服务模式和服务内容的变革与发展，博客、WIKI协作、微博等Web2.0技术自诞生之初就被图书馆界研究并引入服务中，图书馆服务从单向的资源供给发展到了以用户需求和资源供给为主的双向控制阶段。李白杨在《面向知识咨询的图书馆移动服务设计与实现——以微信公共平台为例》（《图书馆学研究》2013－19）中介绍了图书馆基于微信公共平台服务的设计与实现，并以湖北省图书馆为例，分析了微信服务的内容，讨论了微信服务的优势、缺陷与展望。Blog作为一种充分发挥个人主导型和积极性的新型网络信息组织，已经被越来越多的人接受和认可，将Blog应用于图书馆参考咨询工作不仅是顺应知识社会的需要，也是图书馆自身发展的需要，李倩在《Blog在图书馆参考咨询工作中的应用》（《河南科技学院学报》2013－11）中介绍了Blog的由来和发展情况，分析、归纳了Blog的特点，探讨了Blog在图书馆参考咨询工作中的应用问题。

7. 信息资源建设

图书馆作为储存人类知识的宝库，自古以来就受到了洪儒硕学之士的普遍重视和利用，因此，对大学图书馆馆藏文献进行研究很有必要，寇硕在《大学图书馆馆藏文献分析及其利用》（《漯河职业技术学院学报》2013－02）中从图书馆是人类知识的宝库，文献的类型及特征，馆藏目录的组织与检索，各类文献信息检索的基本理论与方法，参考工具书的管理与利用，如何阅读与积累资料，图书馆馆藏的未来七大方面对大学图书馆馆藏文献的价值进行了分析。信息资源的整合与利用是图书馆信息化建设中极为重要的内容，杨雯在《数字信息资源的深度整合与利用研究》（《学理论》2013－24）中从图书馆信息资源面临的问题入手，重点从利用率低、资源分散、相互独立、重复建设等方面进行了分析，并结合信息资源整合利用的原则，提出了如何在协作整合与合作共享服务上下功夫和促进信息资源整合与共享的对策和建议。选择合适的成员馆合作伙伴是高校图书馆服务联盟组建的关键问题，也是能否实现优势互补、开展优质联合服务的前提条件，袁静在《高校图书馆服务联盟中的成员馆选择研究》（《图书馆学研究》2013－15）中认为高校图书馆服务联盟在选择成员馆时应遵循资源与能力互补性、兼容性、合作态度积极、敏捷性等原则，采用科学的选择程序与方法，根据制定的成员馆选择标准，选择最合适的合作伙伴，从而为开展高质量的联合服务提供保障。

白新勤在《高校信息资源共建共享的新态势》（《情报科学》2013－03）中总结了国内影响较大的CALIS、CASHL、NSTL、DRAA等信息资源共建共享项目提供的典型服务，并通过图书馆网站，调研了河南高校信息资源保障项目应用现状，分析了其存在的主要问题，提出了强化高校信息资源共建共享服务的举措。商业化信息资源数据库已成为网络学术信息的主流载体，数据库商为了追求自身利益的最大化，往往通过“资源独占”、“捆绑销售”、“技术控制”、“政策优势”等方法增强自身的垄断地位，阻碍了知识的有效传播，损害了知识受众和著作者的权益，李明理在《商业化信息资源数据库垄断问题及对策》（《图书情报工作》2013－16）中认为采取“开放存取”、“买断服务”及“资助开放出版”等知识信息获取方式能够缓解当前存在的问题，另外，从国家层面完善知识产权保护法和反垄断法是解决问题的长效机制。数字灰色文献资源是高校图书馆馆藏资源的有效补充和完善，能够有效增强图书馆馆藏特色，我国对灰色文献开发利用的研究晚于国外学者，在高校灰色文献开发利用方面也是如此，近年来，随着人们对灰色文献资源使用价值的重视，对灰色文献数字化开发和利用的研究及相关实践也逐步展开，葛洁敏在《对高校开发利用灰色文献的思考》（《河南科技学院学报》2013－07）中在介绍高校灰色文献数字化开发现状的基础上，详细探讨了高校图书馆灰色文献资源的利用情况，提出了开发利用灰色文献的具体措施。接受赠书是图书馆文献资源建设的重要来源之一，董迎霜在《高校图书馆赠书工作探讨》（《艺术科技》2013－11）中从高校图书馆接受捐赠图书的来源与特点入手，分析高校图书馆接受捐赠图书工作的现状及存在的问题，提出了一些解决的方法和对策。

王晓梅在《基于相关文献对信息用户研究现状的可视化分析》（《图书馆理论与实践》2013－10）中以2001—2011年ISI的Web of Science所收录的关于信息用户研究的论文作为数据源，借助CitespaceⅡ软件对相关文献的分布年度、学科、地区和作者等数据进行分析处理，以知识图谱的方式对信息用户研究的核心作者、研究热点和前沿进行分析，从而直观地揭示信息用户研究现状和发展趋势。赵春辉在《基于文献计量的国内知识地图研究述评》（《情报杂志》2013－11）中运用文献计量结合内容分析的方法，从研究阶段和研究力量两个方面分析了国内知识地图的研究现状，然后从理论研究、技术研究、应用研究三个方面归纳了研究论文的主要内容，最后对研究现状和存在问题进行了综述并提出了相应的对策。杜晓敏在《高校图书馆资源利用影响因素研究方法探析》（《科技情报开发与经济》2013－05）中通过分析高校图书馆资源利用影响因素研究方法的现状,结合图书馆统计学理论和方法,提出将定量描述与定性描述相结合,运用单因素和多元统计学分析方法分析了高校图书馆资源利用的影响因素。金燕在《国内信息资源管理研究(2007—2012)评述》(《兰台世界》2013-26)中运用文献计量学方法,对近五年来信息资源管理的相关研究文献进行统计分析,并对研究内容进行评述,指出相关研究取得的成果、存在的不足,并对该领域研究的未来发展趋势作出预测。

针对目前期刊网络传播力评价相对薄弱的状况,许新军在《h_d 指数评价期刊网络传播力的探讨》(《中国科技期刊研究》2013-01)中提出了运用 h 指数评价期刊网络传播力的设想,阐释了运用基于下载频次的 h 指数评价期刊网络传播力的可行性和必要性,然后又以 CNKI 为数据源,选取法律学核心期刊为研究对象,通过实证说明了基于下载量的期刊 h 指数的计算方法,分析了运用 h 指数评价期刊网络传播力的有效性和合理性,最后探讨了其局限性。鉴于传统 h 指数统计方法的不足之处,周春雷在《作者 h 指数分布规律研究》(《情报杂志》2013-07)中采用由 h 指数批量统计法测得的领域内全部作者的 Dh 指数作为替代物研究作者 h 指数分布规律,以部分 WoS 数据、CSSCI 各学科数据为数据集进行了大规模实证研究,发现随着指标数值降低相应等级作者的数量越来越大,作者 h 指数分布符合幂律分布,广义洛特卡定律在 h 指数领域大体适用,认为 h 指数的区分能力会随着指标门槛的降低而急剧下降,指出盲目推崇 h 指数指标的后果并给出了合理使用建议。

闫晓妍在《电子政务环境下政府信息资源共建共享的运行机制研究》(《兰台世界》2013-26)中分析了电子政务环境下政府信息资源的特点,对政府信息资源共建共享提出新的机制要求,并结合国家统计局"调查数据采集处理平台"进行了实证研究。王亚军在《河南省地方政府网站信息资源共建共享现状与发展》(《农业图书情报学刊》2013-07)中通过对河南省 177 家地方政府网站信息资源共建共享现状进行调查分析,指出河南省地方政府网站政府信息资源共建共享过程中存在的问题及其症结所在,并在此基础上,提出了河南省地方政府网站加强信息资源共建共享工作的意见和建议。

1991 年 xerox 实验室的计算机科学家 M. Weiser 首次提出"泛在计算"的思想,日本野村综研所在泛在计算概念基础上提出泛在网络,将泛在计算模式应用到网络服务中,王娜在《泛在网络中信息资源的层次结构与价值增值机理研究》(《情报理论与实践》2013-10)中在界定泛在网络概念的基础上,探讨泛在网络与互联网的关系,分析泛在网络中信息源的类型,提出泛在网络中信息资源的层次结构模型,并在此基础上构建了泛在网络中信息资源价值增值的机理图,指出应通过构建智能化的信息共享平台、制定统一的信息描述标准和应用集成的知识组织系统,来推进泛在网络中信息资源价值的增值。此外,王娜在《泛在网络中基于用户的电子期刊订阅模式研究》(《图书馆学研究》2013-15)中还对泛在网络中电子期刊的概念进行界定,在分析泛在网络中电子期刊特点的基础上,从可行性、功能、实现步骤、特点等方面探讨了基于用户的电子期刊订阅模式,指出了该模式实施中在知识产权保护、技术、资源组织、期刊评价等方面可能面临的问题,并认为泛在网络环境下逐步实现基于用户的电子期刊订阅是必然趋势。傅维刚在《泛在网络信息生态系统的构建及失衡防范策略》(《图书情报工作》2013-06)中指出泛在网络信息生态系统的构建、系统的稳定性和微观层面的具体应用是相关研究的重点,在界定泛在网络信息生态系统内涵的基础上,结合泛在网络的特点与信息生态理论,提出泛在网络中信息生态因子的构成模型,并运用协同学方法和系统科学方法,构建泛在网络信息生态系统模型,且进一步阐述模型内的价值链、信息群落与各生态因子间的关系,最后分析泛在网络信息生态系统失衡的危害与原因,提出相应的防范策略。

在高校图书馆信息服务所处的竞争格局中,龙文在《基于安索夫矩阵的高校图书馆竞争格局分析及对策》(《现代情报》2013-12)中研究分析,发现高校图书馆面临愿望竞争者、潜在竞争者、平行竞争者、直接竞争者,并针对这 4 种竞争者提出相应的竞争策略。目前,我国高校图书馆很少真正走出校园为地方企业开展全方位的信息服务,其信息服务社会化尚处于初级阶段,孙安在《高校图书馆面向区域企业开展信息服务的策略研究》(《图书馆建设》2013-02)中通过研究发现高校图书馆与地方企业开展信息合作可以有效弥补企业信息资源缺失,减少企业不必要的信息开支,降低信息获取成本,同时也可以提高信息资源的利用率,并认为高校图书馆应与企业在相互定位的基础上建立长效合作伙伴关系,与院系合作,改变与区域企业的弱耦合关系,同时地方政府也应积极推动区域内高校图书馆与企业之间的合作。尚新丽在《我国高校图书馆网站新书通报服务现状调查分析》(《图书馆学研究》2013－12)中在对"985"高校图书馆网站调查的基础上,从新书通报栏目名称、显示位置、书目信息、支持系统、发布方式、更新周期和服务功能等方面对其新书通报服务现状进行分析,并在此基础上从栏目设计、范围拓展、可操作性和读者互动等方面提出完善我国高校图书馆网站新书通报服务的建议。

信息社会日新月异,读者对图书馆信息的需求不断增强,为了更好地服务于读者,图书馆通过网上荐书来帮助读者获得更多与图书相关的信息,皇甫娟在《高校图书馆网上荐书调查及思考》(《图书馆学刊》2013－07)中在分析图书馆网上荐书现状的基础上,指出当前图书馆网上荐书模式的优点和存在的问题,就提升网上荐书科学化程度的策略进行了探讨。在高校图书馆这个大舞台,学生是主角,可以管理图书馆信息资源,按照自己的兴趣、计划、特长进行自主阅读,杨晓东在《高校图书馆信息资源主人的角色定位分析》(《漯河职业技术学院学报》2013－06)中认为图书馆应进行科学的"信息推送",培养学生成为图书馆的主人,使学生养成终身利用图书馆、终身阅读的习惯,让学生站在信息资源的高地上看清楚并掌握自己的命运。

8.知识组织与管理

知识传播是图书馆的核心功能,将图书馆知识传播置于大众传播视野之下加以研究,有助于推动图书馆在新的传播技术条件下更好地进行知识的传递与交流,崔秋丽在《大众传播视野下的图书馆知识传播研究》(《农业图书情报学刊》2013－05)中分析了图书馆知识传播与大众传播两者之间的关系,并就图书馆知识传播的优化路径给出了建议。研究知识服务的运行规律和内部结构层次,可以更好地开展知识服务,刘军在《面向需求的知识服务共时和历时结构研究》(《图书馆论坛》2013－04)中借鉴马斯洛需求层次理论和格拉斯需求生命周期理论,将读者的知识需求分为五个层次和四个生命周期,据此绘出知识服务的共时、历时结构图,并基于共时历时结构图探索了信息服务机构的服务策略。知识管理关键技术是知识管理的基础和重要推手,李国朋在《基于知识管理关键技术环境下高校图书馆服务创新研究》(《河南科技学院学报》2013－01)中从分析图书馆资源和服务入手,着重研究知识管理关键技术在图书馆资源建设、用户服务和形象宣传中的重要作用,指出利用知识管理关键技术对提高图书馆知识管理水平和用户服务的能力,对建设资源型、服务型图书馆具有重要作用。在高校图书馆管理中引进知识管理,能够促进图书馆先进化管理模式的形成,王超在《新形势下高校图书馆知识管理实践分析》(《兰台世界》2013－26)中结合我国高校图书馆管理中存在的问题,阐述了新形势下高校图书馆知识管理实践的具体对策。

知识地图一词最早由英国情报学家布鲁克斯1980年提出,近年来关于知识地图概念的描述有知识指南与目录说、知识管理工具说、知识导航系统说、知识分布图说、关系说等,赵春辉在《基于知识地图的图书馆知识服务研究》(《创新科技》2013－11)中介绍了知识地图的概念、类型、功能,然后分析了图书馆信息服务的现状及发展趋势,最后对知识地图在图书馆知识服务中的应用进行了归纳,以期通过引入知识地图提升图书馆知识服务效能。随着Web2.0的出现,Web2.0环境下的知识交流受到广泛关注,杨瑞仙在《Web2.0环境下知识交流模式的特征及面临挑战》(《情报探索》2013－11)中通过对Web2.0环境下知识交流模式的特征进行分析,认为Web2.0环境下知识交流具有传统纸质文献环境下知识交流无法替代的优势,如交流速度快、成本低、不受时空限制、交流者身份虚拟化等,同时认为甄别知识的难度加大、同行评议的复杂程度加大、知识交流的安全性有待进一步提高、对知识产权的保护提出了新的挑战等,是Web2.0环境下知识交流所面临的问题,而克服这些问题,有待计算机网络技术的进一步发展、网络管理人员管理水平的提高以及法律制度的完善。

知识管理思想为推动利用知识资源,提升自然灾害应急管理效率提供了途径。刘焕成在《基于电子政务的自然灾害应急知识管理系统建设》(《图书情报知识》2013－03)中将自然灾害应急管理同知识管理相结合,分析了我国目前自然灾害应急知识管理现状,提出了基于电子政务构建自然灾害应急知识管理系统框架，希望借助我国电子政务的建设成果，推动和辅助自然灾害应急知识管理的切实实施，提升我国自然灾害应急管理的整体水平。刘永在《面向情境的情报服务理论问题研究》(《情报理论与实践》2013－11)中针对传统情报服务模式存在的问题，提出了情报服务的情境分析方法，在情境情报相关概念的内涵和开展情境情报的优越性讨论的基础上，从情报服务思维、主体与客体、资源组织和技术支撑4个方面对面向情境的情报研究定位进行了初步分析和探讨。近年来，情报服务问题引起企业越来越多的关注，对于公共图书馆而言，积极构建企业情报服务平台并非偶然，而是各因素综合作用的结果，杨敏在《公共图书馆企业情报服务平台构建探究》(《农业图书情报学刊》2013－04)中基于各类因素的考虑，认为公共图书馆构建企业情报服务平台有着其现实可行性，在实践中，公共图书馆要增强平台构建的针对性与实效性，积极构建基于图书馆的企业情报服务平台。王娜在《企业知识管理与服务创新的互动机理研究》(《图书情报工作》2013－05)中通过回顾企业知识管理与服务创新之间关系的研究现状，在界定企业服务创新中知识要素与服务要素的基础上，根据知识管理的“PSCA”闭环理论，从知识管理对服务创新的推动与服务创新对知识管理的促进两个角度深入剖析企业知识管理与服务创新之间的互动机理，并以联想集团为例，对其知识管理与服务创新之间的互动进行实证分析。

电子商务的高度发展，使得人们对电子商务网站的要求进一步提高，网站优化的必要性大大增加，李敏在《分面分类法在电子商务网站中的应用调查分析》(《图书馆研究》2013－01)中从网站经营的商品角度将现有主要的电子商务网站分为三种类型，并以淘宝网、酒仙网和当当网为例，分析了分面分类法在电子商务网站中的应用，并提出电子商务网站应用分面分类法的建议。鲁晓明在《淘宝网商品信息组织分析》(《图书情报工作》2013－S2)中在传统信息组织原理的基础上，结合电商网站商品信息组织流程，以淘宝网为例探讨其商品信息组织模式，具体分析其为商家提供的分类标引体系，最后提出一些优化电子商务网站信息组织的建议和想法。王博文在《淘宝网首页类目体系探析》(《知识管理论坛》2013－04)中介绍了等级列举式和列举组配式分类既是淘宝网商品分类体系展开方式也是其特点，并进一步探讨淘宝网首页类目体系与传统分类体系在物品分类标准、适用范围、类目的稳定性等方面的不同，最后探讨以淘宝网为代表的电子商务网站的分类体系，预测今后将在电子商务合作化的基础上朝着列举组配式的方向进一步发展。

超链接网络分析在网络信息计量学中的应用，引起国内外学者的广泛关注，王佩在《超链接网络分析理论在图书情报学领域应用展望》(《图书馆学研究》2013－13)中首先简述了超链接网络分析对开展图书情报领域研究工作的作用，接着从概念、用户范围、侧重点3个方面对超链接网络与其他网络进行了比较，然后运用SWOT分析法对超链接网络进行分析，最后探讨了超链接网络分析的主要应用领域和未来研究可行的拓展方向。文献标注的准确与否关系到作者和论文的严谨性和科学性，但引用文献的格式、标注和排序等工作繁杂而琐碎，郑玉萍在《参考文献管理软件比较分析》(《科技情报开发与经济》2013－10)中通过对Endnote、NoteExpress、NoteFirst、Mendeley和Zotero这5个参考文献管理软件的主要功能进行对比，分析了各自的优势和不足，为实际中参考文献软件的使用提供了参考。

9.信息检索与咨询

目前我国高校图书馆数字参考咨询服务还处于起步阶段，程趁娜在《对我国高校图书馆数字参考咨询服务的探讨》(《内蒙古科技与经济》2013－04)中对国内七所具有代表性的高校图书馆数字参考咨询服务开展情况进行了调查分析，提出高校图书馆数字参考咨询服务存在的问题，并认为各高校图书馆要逐步提高认识，对本馆的机构和人员进行合理调配，从而为读者提供多层次、主动化、个性化、高质量、全程式的参考咨询服务，以适应时代发展的需要。张怀涛在《现代信息咨询的功能透视》(《信阳师范学院学报》2013－05)中通过研究认为现代信息咨询的功能包括多个层面，如微观功能和宏观功能、即时功能和长效功能、基本功能和延伸功能，信息咨询的基本功能是决策辅助功能，信息咨询的延伸功能主要包括推动经济建设、促进科技进步、加快变革步伐、益于终身教育、增强信息水平、提升生活质量等方面。参考咨询服务是图书馆服务体系的重要组成部分，也是著作权问题较多、容易引发著作权纠纷的业务领域，张娟在《图书馆参考咨询服务的版权风险及其规避》(《河南科技学院学报》2013 - 11)中探讨了传统参考咨询服务、数字参考咨询服务的版权风险,提出了加强著作权管理人才队伍建设,灵活采取著作权授权路径,把握好著作权的法律标准等版权管理对策。

信息的需求和搜索是一个学者工作的重要组成部分,学者需要查找相关信息,评估信息的质量,并在研究过程中使用信息,检索和搜集信息对于学者工作研究来说具有重要的战略意义,李燕波在《特定研究任务下学术用户的信息搜索行为特征分析——基于高校研究生的实证研究》(《图书馆学研究》2013 - 12)中通过实验法、日志法和访谈法分析了某高校 12 个研究生的信息搜索行为特征,发现学术用户在特定研究任务下,通常使用多个搜索系统、首选流行搜索引擎作为搜索入口、使用基本的搜索功能、采用多个搜索策略等来进行信息搜索。杜晓敏在《大学生信息检索行为影响因素分析》(《农业图书情报学刊》2013 - 06)中通过问卷调查的形式了解大学生的信息检索行为,发现大部分学生表现出较低水平的信息检索能力,其中使用电脑、搜索引擎、电子资源的经验是影响大学生信息检索行为的主要因素,并建议图书馆充分利用其资源优势、人才优势和技术优势,发挥其培养大学生信息素质教育的主力军作用。

科技查新是一种深层次的情报咨询工作,我国从 20 世纪 80 年代中期开始,经过 20 余年的发展,科技查新在科研活动中的作用日益明显,朱榕在《高校图书馆科技查新人员专业素质培养探索》(《大学图书馆学报》2013 - 03)中采用 AHP 法测定科技查新人员素质因素的相对权重,结果表明,专业能力、专业知识、检索能力、分析能力、职业道德、沟通能力是影响科技查新员素质的重要因素,其中专业能力与专业知识居于核心地位,其他能力和知识是必要的辅助,并提出建立内部培训与外部引进相结合的人才培养模式、“专业 + 技能”的查新资格培训模式、按专业分工的查新工作模式和打破地域限制的馆际合作模式来提高科技查新人才培养的策略。韩香花在《科技查新的研究与思考》(《科技管理研究》2013 - 05)中根据文献计量分析,对科技查新研究文献的年代、类型、出版来源、作者、作者机构、基金资助和研究主题等进行定量研究,提出科技查新研究存在的主要问题包括理论研究与实践工作脱节、研究主题重复、理论研究深度不够、研究力量薄弱、多学科合作研究缺乏等。针对这些问题,并建议主管部门和科技查新机构应该有长远规划,重视理论研究,建立科研激励制度,培养和引进专业人才,凝练查新员的查新方向,培养研究型科技查新员,加强科技查新机构与其他机构科研人员的科研合作,组建知识结构互补的科研团队等方式推动科学查新的发展。

10. 信用用户研究

图书馆用户权利政策涵盖开馆时间政策、借阅政策、隐私政策、导读政策、用户参与政策、培训政策和服务公益性政策等方面,李永秀在《中美研究型图书馆用户权利政策比较述评》(《图书馆学研究》2013 - 16)中通过研究比较中美两国研究型图书馆用户政策发现,国内研究型图书馆在浅层次的用户权利政策建设方面具有优势,美国研究型图书馆在较深层次的用户权利政策建设方面建树较多。

尽管图书馆工作人员奉行“以人为本,无私奉献”的宗旨,一丝不苟地工作,但由于种种原因,他们不可能满足每一位读者的要求,因此,如何正确理解和处理读者的关系,使每一位读者都满意是需要认真研究的问题。图书馆在对读者服务的过程中,会收到读者的投诉和各种各样的建议,刘志杰在《从“果酱定律”看读者投诉与建议》(《周口师范学院学报》2013 - 03)中从“果酱定律”的角度,分析了读者投诉与建议对于图书馆工作的积极意义,从读者投诉和建议的定义、类别、形式、原因以及应对措施等方面探讨了如何加强图书馆的管理工作。高校图书馆的借阅数据库记录了读者的大量借阅信息,为分析读者的借阅行为提供了很好的依据,李艳在《高校图书馆读者借阅行为分析》(《科技情报开发与经济》2013 - 12)中通过数据挖掘技术对图书馆读者的借阅记录进行了挖掘和分析,首先对图书馆借阅数据库的原始数据进行了整理和计算,进而分析了读者的借阅行为(包括借阅偏好、借阅次数及频率)及其与读者的专业、性别、年级等因素之间的关系,并基于这种关系分析为图书馆工作提出了有益的建议。读者违规是指读者用户在利用图书馆资源的过程中,不遵守图书馆的相关规章制度,违反图书馆的有关规定或者违反社会公德的种种行为,张会芳在《高校图书馆读者违规的管理创新研究》(《创新科技》2013 - 06)中在分析高校图书馆读者违规管理现状的基础上,探讨了读者违规行为的表现形式,并提出了减少和防范读者违规的新举措。

职业生涯规划是指个人结合自身情况、眼前机遇和制约因素,为自己确立职业目标,选择职业发展路径,确定学习计划,为实现职业生涯目标预先设计的系统安排。丁丽鸽在《高校图书馆推进大学生职业生涯规划的思考》(《教育论丛》2013－02)中论述了大学生职业生涯规划的概念及重要意义,从高校图书馆在帮助大学生建立职业生涯规划中的地位和作用出发,提出了高校图书馆帮助大学生制定职业生涯规划与实施的措施。

11. 国外图书情报工作研究

英国是版权制度的首创者、倡导者和有力捍卫者,其版权法的效力延及社会生活的各个领域,英国图书馆文献提供中心的版权保护实践在国际图书馆界具有典范意义,贾淑敏在《大英图书馆文献传递服务中的版权保护实践与评价》(《图书馆工作与研究》2013－04)中以介绍和分析英国对图书馆合理使用问题的立法为切入点,阐述了英国图书馆文献传递中心版权保护活动的主要内容。付立宏在《英国三大国家图书馆网站版权政策比较分析》(《国家图书馆学刊》2013－05)中从版权归属、受保护资源类型、法律依据、权利确认、权利管理信息、合理使用、侵权形式、免责条款和移除政策等九个方面对英国的大英图书馆、苏格兰国家图书馆和威尔士国家图书馆的网站版权政策进行了分析,认为英国三大国家图书馆网站的版权政策比较系统、版权归属比较明确、新型版权利用形式受到重视、大英图书馆的免责条款比较周全,但就如何有效地避免用户侵权行为、怎样完善权利管理信息政策等方面还有待完善。

盲人图书馆是俄罗斯联邦图书馆网和它的文化和信息资源不可分割的一部分,俄罗斯盲人图书馆工作的基本原则是保证视障人士(包括盲人和弱视人群)自由、公平利用图书馆馆藏信息资源,王林军在《俄罗斯盲人图书馆宣传活动的特点及启示》(《图书馆建设》2013－12)中通过研究发现俄罗斯盲人图书馆非常重视宣传工作,其通过在各种媒体上做公益广告、出版盲文文献、开展娱乐休闲活动、参加阅读活动和比赛、建立流动图书馆等方式,吸引视障人士利用图书馆,使读者、同行、合作伙伴对盲人图书馆保持正确的认知,提高图书馆的社会地位。

欧美国家的图书馆员职称评审制度始于20世纪70年代初,其中美国图书馆员职称评审机制最具代表性,其职称评审的主要依据是《大学教职工与图书馆馆员地位的声明》,该声明对图书馆员职称评审的条件和程序等都做了严格的规定,刘丽辉在《美国图书馆员职称评审机制对我国图书馆的启示》(《图书馆建设》2013－12)中从职称的划分与评审条件和职称评审程序两方面进行了分析。美国在隐私保护方面一直走在世界的前列,田甜在《美国国会图书馆隐私政策内容探析》(《农业图书情报学刊》2013－12)中介绍了目前世界上最大的图书馆——美国国会图书馆的概况及其隐私政策,对其政策内容进行了分析,总结出读者隐私政策应包含明确收集读者信息的内容、明确收集读者信息的目的、读者信息收集的方法、读者具有先择权、用户数据安全、说明披露用户信息的条件、详细叙述儿童隐私政策等方面。

12. 档案学研究

随着重视民生问题的提出,民生档案进入了档案界的视野,并逐渐成为了关注的热点,自2007年国家档案局提出加强民生档案工作以来,学者们从民生档案的内涵和特点、资源建设与管理、服务与利用等角度进行了多方面的研究,取得了阶段性的成果,陈忠海在《2007—2012年我国民生档案研究举要——基于档案学、档案事业类10种核心期刊的论文综述》(《北京档案》2013－03)中对此进行分析和总结。郭静在《2000—2012年企业档案与企业文化建设研究综述》(《兰台世界》2013－14)中分析了我国企业档案与企业文化建设的内涵和关系,概括和揭示我国企业档案对企业文化建设的作用,进一步指出企业档案在企业文化建设中存在的不足之处,并提出了相应的对策。病历档案数据库的建设是医院系统自动化的重要组成部分,为了提高病历档案数据库的质量,建立起高质量高效能的病历档案数据库,周拴龙在《病历档案数据库质量控制研究》(《兰台世界》2013－14)中探讨了病历档案数据库建设的内容与病历档案数据库质量控制的体系。此外,在《国外电子病历档案国家项目研究进展》(《兰台世界》2013－11)中还以加拿大、澳大利亚、英国为例,探讨了他们国家级电子病历项目的发展现状和应用情况,并概述了这三个国家建设电子病历的策略,分析总结了他们在电子病历建设中取得的经验。

陈忠海在《2008—2011年我国档案学硕士论

文文献计量分析》(《档案学通讯》2013－02)中运用文献计量学方法,在“中国知网”、“万方数据”《硕士学位论文数据库》中,统计了2008－2011年间发表的档案学硕士学位论文,从载文量、关键词、学位授予单位和学科4个方面对论文的研究方向和热点进行探讨和分析。在《2008年—2012年河南省档案学作者期刊论文统计分析》(《档案管理》2013－05)中通过统计2008年—2012年河南省档案学作者在各类期刊上发表的学术论文,对核心作者分布、合著情况、作者单位分布、论文被引率、研究热点、期刊分布和作者地域分布等方面进行了分析。还在《2008年～2012年我国高校档案学研究生发表论文统计分析》(《档案管理》2013－03)中以中国知网《期刊全文数据库》中,统计2008年—2012年档案学9种核心期刊刊载的各高校研究生研究论文,从年度分布、期刊分布、主题分布与作者分布等方面,分析近五年各高校研究生的科学研究状况。许烨婧在《〈档案管理〉(2008年～2012年)核心著者分析》(《档案管理》2013－04)中以2008年至2012年为时间跨度,采用文献分析法、综合指数分析法对《档案管理》期刊相关数据进行统计,通过对发文量、被引频次、著者机构、论文发表时间等指标因素的分析,阐述了《档案管理》核心著者的构成与现状,在此基础上对刊物办刊特点进行了归纳总结。张垒在《我国档案学硕博学位论文研究热点透视》(《档案管理》2013－01)中通过选取我国档案学硕博士学位论文的高频关键词,构造共词矩阵,并进行因子分析、聚类分析和多维度分析,客观形象地展示出我国档案学研究生教育的主要知识群和研究重点、热点、方向和趋势。陈忠海在《档案学硕士研究生教育存在问题与对策研究述评》(《档案学通讯》2013－04)中对档案学硕士研究生教育存在问题与对策的研究成果进行总结、分析和评价。

高等教育事业的不断发展,对高校档案工作提出了更高要求,学生档案工作作为高校档案工作的重要组成部分备受关注,为充分开发学生档案信息资源,做好学生档案利用工作,毛灵芳在《高校学生档案利用工作的现状分析与对策探讨——基于驻地在郑州市的14所本科院校的调查》(《档案管理》2013－01)中基于郑州地区14所本科院校的学生档案利用工作调查数据的分析,从社会、学校、学生三方面探究高校学生档案利用工作现状的原因,并提出了加强高校学生档案利用工作的对策。近几年,多种形式的档案类节目在国内各电视台热播,如北京电视台的《档案》,福建综合频道的《发现档案》,广东电视台的《解密档案》,湖南电视节目中心联合几家单位摄制的《清宫秘档》,以及上海电视台纪实频道的《档案》,无一不受关注,档案类节目的风靡使得档案材料在其中的公开利用得到关注,孙洋洋在《档案类节目中档案材料的利用现状与思考》(《兰台世界》2013－26)中结合大众传媒利用档案材料的特殊性,对档案类节目中档案材料的利用现状进行分析,并提出了相关建议。此外,针对档案领域引入业务外包问题,学者们对档案业务外包进行了探讨,毛灵芳在《对主张档案业务外包的反思》(《档案管理》2013－03)中从业务开展、队伍建设、费用、外包市场、外包机构、从业人员水平等方面对业务外包进行了分析。

档案网站是通过在线展示馆藏、及时发布档案信息等功能实现档案资源共享的网络平台,同时也是档案信息化发展过程中的直接产物和成果体现,金凡在《河南省高校档案网站建设对策分析》(《现代商贸工业》2013－17)中以郑州大学等13所河南省内本科高校档案网站的调研为基础,分析了高校网站建设的现状,指出现阶段网站建设中存在的问题并提出相应的改善对策。此外,金凡在《为网络群体性事件建立专题档案的探讨》(《兰台世界》2013－26)中还结合不断发生的网络群体事件,就事件及为其建立专题档案的内涵、建立网络群体事件专题档案的必要性展开了探讨。陈忠海在《中原经济区部分地市档案网站建设的评估与分析》(《档案管理》2013－04)中在中部六省市级档案网站评估指标体系及指标权重的基础之上,结合中原经济区地市档案网站建设的实际,形成中原经济区地市档案网站评估指标体系,并据此对中原经济区部分地市档案网站建设状况进行评估与分析。云计算是以互联网为基础的信息化深层次发展的产物,刘永在《论数字档案云存储》(《档案管理》2013－05)中叙述了计算机局域网、互联网和云计算的发展历程及其相互间的内在联系,阐明了云计算和云存储的概念内涵,提出了结合数字档案存储特点进行档案云存储探索的基本思路,并在数字档案云存储可行性分析的基础上,着重探讨了数字档案云存储的优势和存在的问题,最后,分别从云存储的应用性、统筹性、适用性和共享性等四个方面探讨了数字档案云存储建设原则。

陈忠海在《依法治档课题报告》(《档案管理》2013－06)中认为:依法治档就是要按照档案法律体系提供的规范,科学地处理档案事务,合理地调整档案社会关系,推动档案事业进步,促进经济和社会发展的过程,依法治档的主要内容是档案行政执法、依法办理档案事务、依法科学管理档案。随着数字档案馆建设的推进,数字档案馆中的电子档案逐渐丰富起来,刘扬在《英美两国国家档案馆网站版权政策比较研究》(《档案管理》2013－04)中从政策法源、档案范围、档案利用、权利确认、免责声明、移除封存和链接说明七个方面对英美两国国家档案馆网站版权政策进行比较分析,发现两国政策具有覆盖面广、针对性强、版权保护与反版权保护相结合等优点,但也存在政策分散、有关私人档案的政策不完备、对版权作品的具体使用规定含糊等不足。

以上学者对2013年河南省图书馆学、情报学与文献学的研究做了比较清晰、客观的分析和述评,不难看出,河南省关于图书馆学、情报学与文献学的研究既有宏观理论的深化,也有微观史实的升华,既有系统的总结,也有新观点的诠释,涉及面广、思路开阔,体现了河南省社会科学工作者的智慧和力量,将图书馆学、情报学与文献学的研究推向了新境。

(张怀涛　中原工学院图书馆馆长、研究馆员
耿伟杰　中原工学院图书馆馆员)

人口学

2013 年河南省人口学学科研究综述

张原震

作为社会学的重要分支学科，人口学科在人口大省河南的研究显得更为重要。2013 年，河南人口学者围绕人口学科的热点展开全方位的研究，取得了丰硕成果。

一、2013 年人口学科研究概况及特点

梳理2013 年人口学科发展脉络，有以下几个特点：

(一)重大决策多

一是机构改革。2013 年 3 月，中央决定撤销国家卫生部和国家人口计生委，组建国家卫生计生委，其意图是为了更好地坚持计划生育的基本国策，确保这项工作得到加强。在这次机构改革中，新增加的计划生育基层指导司，就是为了落实“三不变”，即计划生育基本国策不变，计划生育党政一把手负总责不变，计划生育一票否决不变；新增加的计划生育家庭发展司，就是我们要把更多关注的目光从宏观投向微观，特别是响应国家号召的计划生育家庭，从制度层面解决这些家庭的实际困难，让他们享受到社会经济发展带来的实惠。二是生育政策调整。2013 年 11 月，党的十八届三中全会《关于全面深化改革若干重大问题的决定》(以下简称《决定》)提出，“坚持计划生育的基本国策，启动实施一方是独生子女的夫妇可生育两个孩子的政策，逐步调整完善生育政策，促进人口长期均衡发展。”这是依据中国人口发展态势、综合考虑各方面因素作出的正确决策。三是城镇化进程加速。党的十八届三中全会《决定》对加快城镇化建设作如下表述：“推进农业转移人口市民化，逐步把符合条件的农业转移人口转为城镇居民。创新人口管理，加快户籍制度改革，全面放开建制镇和小城市落户限制，有序放开中等城市落户限制，合理确定大城市落户条件，严格控制特大城市人口规模。”并在 2013 年 12 月份召开中央城镇化工作会议，李克强总理在讲话中论述了当前城镇化工作的着力点，提出了推进城镇化的具体部署。从机构改革到政策调整，必将对未来人口发展产生一定的影响，也为人口学科研究指明了方向。

(二)科研成果多

目前，河南正处于社会经济转轨、人口转型的特殊时期，低生育水平下的多元化人口问题错综复杂，出生人口素质的提高、流动人口卫生计生基本公共服务均等化的推进、出生人口性别比居高不下、人口老龄化日益严重等问题都是摆在我们面前的崭新课题。第六次人口普查提供了丰富的资料，有关部门组织省内高校、科研单位的人口及相关专业学者从不同领域、不同角度对“六普”资料展开深入开发、研究，取得了累累硕果。河南省第六次人口普查办公室招标62 项地方课题和专项课题研究，编印了《河南省第六次人口普查课题汇编》；河南省人口计生委继续开展人口发展战略研究，招标12 项课题，其成果《河南人口转移战略研究》由河南人民出版社结集出版；加上一些人口学者参加的省社科联、省政协、省科技厅等部门的课题研究，2013 年，仅人口学科研课题就达到 100 余项，40 余家高校、科研单位和政府部门参加课题研究，这是近年来少有的现象。河南人口研究呈现出一派繁荣景象。

(三)部分科研成果填补了历史空白

龚文海[1]在《河南农村转移人口市民化的成本和政府公共政策选择研究》一文中以农民工群体为例，对河南农村转移人口市民化的成本进行测算。他将农民工市民化成本分为个人成本和公共成本。个人成本包括：等同于城市居民的生活成

本、住房成本;公共成本包括:城市基础设施建设成本、社会保障成本、随迁子女义务教育差异成本。根据2012年河南省统计年鉴、地市统计公报、权威报刊公布的相关数据,对上述五个指标进行测算,得出河南省农民工人均市民化成本为102804.69元。面对高昂的市民化成本,单靠农民工个人无法承担,完全推给政府同样不科学。为此,应建立长效的融资机制,确保农民工市民化转型所需资金能够顺利筹措。王健、张曼平、任晓静等[2]对河南农村富余劳动力转移问题进行研究。该研究运用第六次普查资料,分别采用全员劳动生产率法和耕地法测算出2010年河南农村富余劳动力数量大约在1800万人左右,10年间约减少600万人左右。若以跨产业和跨乡镇为划分标准,2010年河南农村劳动力转移总量达1843万人,与"五普"比,农村劳动力转移数量平均每年增加154万人。从发展趋势看,他们采用动态的固定时期测算法估算出2010年河南农村富余劳动力趋势值为1960万人,按照预测模型的解释,河南农村富余劳动力未来将延续下降趋势,2020年为1715万人,2030年降至1207万人。该研究还首次计算出2010年河南人口经济压力指数为1.34,在全国经济人口承载力匹配模式类型中属于B类,即经济承载力轻微超载,这也是河南城镇化水平发展缓慢的原因之一。与2000年相比,人口经济压力指数略有上升,说明河南经济人口承载力正逐渐减弱,农村劳动力的转移空间正在逐步缩小,相当一部分劳动力将向省外转移。施学忠等[3]运用"六普"数据,采用简略生命表方法,计算出2010年河南省居民的平均预期寿命为77.92岁(男性为75.18岁,女性为80.80岁),较之"五普"的72.8岁有明显提高,但低于全国平均水平。张原震等[4]采用趋势分析法,用出生率指标估算出1973~2010年因实行计划生育减少出生人口3776万人,为河南社会经济发展创造了宽松的人口环境。如果不实行计划生育,1993年河南省人口总数就超过1亿,2010年达到13769万人。这些研究运用定量分析的方法,从不同的侧面和视角对河南省人口问题进行深入研究,填补了相关领域的空白,推动了区域人口学的发展。

二、2013年人口学科主要研究成果

(一)人口城镇化问题

河南提出实现以新型城镇化为引领的"三化"协调发展,引起了许多学者对新型城镇化的关注。作为一个创新概念,其内涵为:城乡统筹、城乡一体、产城互动、节约集约、生态宜居、和谐发展。从河南人口城镇化发展历程来看,各位学者从不同视角进行梳理界定,虽然存在较大差异,但都认为河南人口城镇化进程加快,水平不高,长期低于全国平均水平,并滞后于经济发展水平和工业化水平,存在城镇空间布局不均衡、规模结构不尽合理、产业支撑能力不强、基础设施落后等问题。如何推进河南城镇化战略转型?安建军等[5]认为,应从土地管理制度改革入手,把新型农村社区建设作为统筹城乡发展的切入点,以产业支撑强化城乡统筹,建立城乡统一的就业制度、社会保障体系和公共服务体系。王建国等[6]提出优化城镇布局和形态,促进大中小城市和小城镇协调发展;完善城镇功能,提高城镇辐射带动能力;加强城乡融合互动,提高城乡一体化水平;深化城乡体制改革,强化城镇化战略转型的制度保障;推进产城融合,增强城镇化战略转型的内生动力;坚持可持续发展,强化城镇化战略转型资源和环境保障。在王千[7]看来,"人"是城镇化的惟一主体,中国城镇化水平的提高,很大程度来源于农民工进城就业,这些农民工被统计为城镇人口,但他们并未享受与城市居民平等的权利和待遇,因此,城镇化建设必须把人的城镇化放在优先位置。

(二)流动人口问题

1、流动人口的社会融合

大规模的人口流动迁移是我国20世纪80年代以来影响深远的重大事件,也是工业化和城镇化进程中最引人注目的人口现象。"六普"数据显示,2010年河南省流动人口规模近2000万人,呈现流量大、乡-城流动为主、新生代农民工为主体的特点。流动人口进入城市后,如何融入城市社会生活之中,国家、流入地政府和公民社会如何帮助有融入意愿的外来人顺利融入到流入地社会,不仅是社会学家一直关注的经典学术命题,也是相关政府部门极为重视的现实问题。流动人口的社会融合包含经济、社会、文化和心理四个层面,分别对应着四个依次递进、又交叉互动的融合维度:经济立足、社会适应、文化交融和心理认同。经济立足是流动人口生存和扎根的基础,包括平等的劳动就业机会、公平公正的提升机会和获得均等公共服务的机会。社会适应和文化交融这两个层面的融合是城镇生活的进一步要求,反映的是融入城镇生活的

广度和深度,主要是指流动人口是否适应并接纳流入地的风俗习惯、文化理念,按照流入地习俗行事,并能平等地与当地市民沟通往来,甚至成为朋友等。心理认同属于精神层面,反映的是参与城镇生活的深度,是社会融合的最高形式,只有实现了心理上的交融和身份上的认同,才能真正地融入城镇社会。省人口计生委组织专门调查,对流动人口的社会融合问题进行研究。张原震[8]根据调查数据,运用因子分析、静态分析与动态分析等方法,对河南省流动人口社会融合状况和社会融合程度进行定量分析,得出结论:河南省流动人口经济融合状况较好,但社会融合的整体水平偏低,社区融入度低;住房对流动人口公共服务融合指数有重大影响;流动人口与本地居民虽相处比较融洽,但留城意愿不强;流动人口的社会保障水平有待提高。王献芝等[9]在《河南流动人口的变化特征及其融入问题研究》一文中指出,河南流动人口社会融入面临流动人口"半城市化"、缺乏认同感和归属感、基本权益难以保障、社会冲突和矛盾加剧等问题,面临以户籍制度不完善为核心的制度障碍、流入地文化理念排斥障碍和流动人口自身素质低下的障碍,通过改革户籍制度、创新土地制度、完善社会保障体系、提高农民工的综合素质等途径,促进流动人口的社会融合。

2、留守人口

农村劳动力流动是我国工业化和城镇化的必然。二元经济社会结构使农村务工人员城乡两栖,由此产生了农村留守老人、留守儿童和留守妇女。当前,我国社会保障体系尚不完善,农村地区养老方式仍以家庭养老为主,而承担赡养义务的青壮年劳动力长期在外,影响了老年人的生活。不仅如此,这些留守老人还要干农活、照看孙辈。同时,留守儿童的成长成才问题、留守妇女的家庭生活及教育子女等问题应当引起全社会的高度关注。梁洪斌等[10]利用"六普"资料,对周口市农村留守人口的状况进行了探讨,指出,留守老人存在生活条件差、负担过重、精神匮乏等问题,留守儿童存在安全、学习和心理健康问题。解决留守人口的措施有五个方面:一是加快"三化"协调发展步伐,促进农村经济发展;二是各级政府要切实行动起来,高度重视留守人口问题;三是调整村级土地管理制度,加速土地合理流转;四是多管齐下,破解农村养老问题;五是延伸留守儿童监管链条,促进农村留守儿童健康发展。

3、流动人口计生公共服务

流动人口计划生育管理与服务始终是人口计生工作中的重点和难点,新组建的国家卫生计生委在机构设置上保留了流动人口管理司,就是要继续加强这一领域的工作。近年来,流动育龄妇女数量和比重在不断增加,流动育龄妇女在户籍地以外生育的比例逐年提高。据国家卫生计生委推算,2012年流动已婚育龄妇女约为6307万人,占全国已婚育龄妇女的近1/4。流动人口家庭上一年出生的孩子数量约占全国同期出生数量的1/3,已孕妇女选择在现居住地分娩的比例已接近70%。在孕产期保健、儿童健康管理、预防接种等方面,流动孕产妇和儿童是应当关注的重点人群。同时,新生代流动人口婚前同居、婚前怀孕、生殖健康问题比较突出。这些都对流动人口卫生计生服务管理提出了更高要求。龚文海[11]在分析全国五地市调查问卷的基础上发现,在流动人口计生公共服务方面还存在诸多问题和不足。一是服务内容不丰富。二是服务方式不科学。三是政策执行不到位。四是保障机制不健全。五是管理机制不协调。六是服务不均等。针对存在的问题,提出完善流动人口计生公共服务创新的对策建议。一是强化公共服务的职能和意识,提升流动人口计生公共服务质量;二是拓展服务内容,建立综合性流动人口计生公共服务体系;三是丰富服务方式和手段,提高流动人口计生公共服务的可及性和便利性;四是完善保障机制,增强流动人口计生公共服务的可持续发展能力。

推进流动人口卫生计生基本公共服务均等化工作是国家卫生计生委机构改革后确定的一项重点工作。2013年,国家卫生计生委在前期开展计划生育基本公共服务均等化试点的基础上,增加基本公共卫生服务内容,选择40个城市启动新一轮试点工作。通过试点带动,加快流动人口卫生计生基本公共服务均等化进程。

(三)人力资本问题

人力资本是指劳动者受到教育、培训、实践、迁移、保健等方面的投资而获得的知识和技能的积累。它具有依附性、无形性、能动性、增值性、时效性和可再生性等特征。河南是人口大省,但不是人力资源强省。白玉红等[12]以经典的C－D生产函数为基础,采用对劳动要素逐步引入人力资本因子的方法,构筑不同人力资本结构类型下的产出模型,对河南人力资本与经济增长关系进行了实证分析。指出,河南人力资本与经济发展二者相互影响、相互制约,关系密切。人力资本对经济发展的影响更大一些,而经济的快速增长并没有带来人力资本存量的相应增加,这与多年来执行的重视物质资本的积累和投资的经济政策有关,在短期内能为地区经济带来明显效果。但从长期看,这种发展方式必将进一步加剧人口资源大省、人力资本弱省之间的矛盾,制约河南社会经济的发展。无论在省际层面还是在省内层面,河南人力资本与经济发展之间存在不一致性。从省际层面看,河南在全国排名靠后,但人力资本的的四个因子(健康水平、教育水平、储备水平、技能水平)排名差异很大,说明人力资本的培育和发展具有较大的不平衡性;从省内层面看,郑州作为省会城市具有一定优势,但这一优势更多是由于其地缘优势和资源优势所带来的更多教育投资、良好的医疗卫生条件等体现出来,反映人力资源水平的综合因子得分落后于洛阳、焦作等城市,说明郑州市人力资本的欠缺。从人力资本的结构(基础人力资本、知识人力资本、技能人力资本、制度人力资本)上看,不同类型的人力资本与经济发展之间的关系呈现多样性。基础人力资本和知识人力资本具有明显的滞后效应,与当期的经济发展水平联系不明显,而技能人力资本和制度人力资本对经济发展的影响则明显得多,且技能人力资本的当期效应显著。人力资本水平与经济发展水平之间的关系具有阶段性。不同时期会呈现出不同的特点,未来二者关系将更加紧密。如何发挥人力资本对经济发展的推动作用?该研究提出了提高人力资本存量和质量、加大人力资本投资、发展多种形式的职前教育和在教育等政策建议。

(四)人力资源问题

人力资源是推动整个社会经济发展、具有治理劳动和个体劳动的人口总和。河南是人力资源十分丰富的大省,人力资源作为产业集聚的要素投入和人口重要的组成群体,在全面建设小康社会、加快中原经济区建设中,担负着协调“三化”良性互动的重任。卢方元等[13]在《河南省人力资源现状及发展战略》研究中分析了河南省人力资源现状:近年来,学历结构虽不断改善和优化,但与北京、上海等地区相比仍有较大差距;人力资源的老龄化状况有所缓解;第三产业人力资源素质最高,其次是第二产业、第一产业最低;具有大专及以上学历的人力资源主要集中在教育行业、公共管理和社会组织、制造业。作为推动河南经济发展的第二大因素,人力资源对河南经济增长的贡献率为28.71%(资本投入是河南经济增长的主要动力,对河南经济增长的贡献率为69.15%),但低于全国平均水平。同时,也存在一些问题,诸如河南人力资源在地区、产业、行业间分布不合理,结构性矛盾突出,素质偏低,回报率低,科技人员创新、创业能力不强,人才流失严重,就业形势比较严峻,对经济增长贡献率较低等。为此,应制定适合河南省情的人力资源发展战略,促进河南人力资源健康发展。一要努力提升经济发展水平,二要认识到健全人才培育机制的紧迫性,三要不断加大教育和科研投入,四要不断完善人才市场体系和人才中介制度建设。

(五)人口老龄化问题

人口老龄化问题是当今世界各国在经济发展过程中面临的共同难题。庞大的人口基数、快速的人口转变、未富先老的显著特征,使解决河南人口老龄化的困难更大。从皇甫小雷、赵华[14]的研究中可看出,老年人口规模大、发展速度快、性别比失调、老龄化程度高是河南人口老龄化社会的主要特征。解决河南人口老龄化问题必须站在全面建成小康社会的高度,未雨绸缪,科学谋划,从加强战略研究、制订人口老龄化发展规划入手,夯实承受人口老龄化的物质基础,加快建立健全覆盖城乡的社会养老服务保障体系(包括社会保险制度、多元化养老模式、发展老龄产业等),加大人力资源的开发力度(包括加大人力资本投入、深化职业教育改革、提升高等教育水平等),进一步健全完善老龄工作法规,统筹解决河南人口老龄化过程中的矛盾和问题。

刘明宪等[15]对河南城镇居民养老模式进行了探讨,指出,作为城镇居民主要的养老模式,家庭养老正面临挑战,应当学习借鉴国外养老先进经验,加强机构养老建设,提高机构养老质量,大力发展社区养老模式。

(六)出生性别比问题

伴随中国计划生育的进程,出生性别比一直偏离正常值,在高位运行。虽不能说计划生育政策导致出生性别比偏高,但生育政策的挤压作用对出生性别比的直接影响却是不争的事实。在影响出生性别比的因素中,传统文化渗透力强且根深蒂固,塑造着人们的生育观念,是一个十分重要的因素。作为文化底蕴深厚、生育政策严格的人口大省,河南的出生性别比长期高于全国平均水平,处于不均衡状态,引发省内外学者的持续关注。杨永利等[16]利用"六普"数据和2011年河南省统计年鉴等资料,采用二水平线性回归模型,对河南省人口出生性别比及其影响因素进行全面深入的研究。总体看,"六普"出生性别比为117.77,比"五普"稍有降低,也略低于同期全国平均水平,但仍远远超出正常范围。从空间分布看,18个省辖市出生性别比均偏高;158个县(市、区)中,出生性别比高于107的占85%,极度偏高的占10%,出生性别比最高的达144.94。考察导致全省出生性别比升高的主要因素,分地域来看,农村地区"贡献"最大,其贡献率为68.47%;分孩次来看,二孩"贡献"最大,其贡献率为45.96%;分受教育水平来看,初中教育水平"贡献"最大,贡献率为56.98%,其次为小学教育水平,贡献率为25.67%。此外,卫生事业和经济发展水平越低的地区,出生性别比越高。该研究还利用曲线拟合对河南省出生性别比未来变化趋势进行了预测。结果表明,"七普"时河南省出生性别比的95% CI在105.03~123.69之间,届时有望进一步降低。

(七)婚姻家庭问题

生育有三维性,即生育时间、生育性别、生育数量。家庭具有生育的职能,其生育行为影响社会人口再生产。婚姻是家庭的前提,其对人口发展规模、速度的影响主要体现在初婚年龄上。周福林等[17]从婚姻家庭视角考察发现,河南省早婚现象依然存在,农村地区更为严重。2010年农村15~19岁组的有配偶比例为1.74%,城市为0.47%,这一数据无论男性女性均比2000年有所上升。不仅如此,男性平均初婚年龄和女性平均初婚年龄"六普"比"五普"均有下降,分别下降了0.22岁和0.61岁。对于正处于第四次人口出生高峰期的河南来讲,上述两个指标的变化会对河南人口发展产生不利影响。在定量研究的基础上,该研究归纳了河南家庭结构变迁的主要特征。一是城市家庭规模小于农村,家庭结构比农村简单;二是家庭规模小型化、结构核心化,大家庭逐渐消失,小家庭占主导地位,家庭代际层数减少;三是空巢家庭明显增多;四是隔代家庭显著增加。这些变化将会带来一系列社会问题,特别是空巢家庭的大幅增加,应当引起政府重视和社会的关注。

(八)人口均衡发展问题

人口均衡指人口的发展与经济社会发展水平相协调、与资源环境承载能力相适应,并且人口总量适度、人口素质优良、人口结构优化、人口分布合理,人口系统内部各个要素之间协调平衡发展。它包括两层含义:人口内部均衡和人口外部均衡。新中国成立60年,中国人口发展面临不同形式的问题和挑战,其实质可归纳为一句话:人口发展不均衡。不同时期解决人口问题的政策和手段多种多样,却有一个共同的政策目标:纠正人口不均衡发展态势,引导人口均衡发展。崔志军[18]在《河南省经济社会发展与人口均衡型社会建设研究》一文中对河南建设均衡型社会进行了优势(经济基础坚实、文化资源厚重、市场潜力巨大)和劣势(经济结构不协调、资源短缺与利用效率低下并存)分析,指出河南建设均衡型社会面临的挑战(城镇化发展水平低、人口转移任务大)。周全德[19]则从性别平等的角度探讨人口均衡发展,认为在新型城镇化背景下,过去由人口无序流动造成的流动妇女和留守妇女的各种民生问题,将会在科学的制度安排及政策谋划下得到有效化解,但这一良好预想建立在对促进性别平等的重要社会意义的认知和理解上。

人口均衡的理念是对我国多年来人口调控、统筹解决人口问题的理论思考与政策实践的精准概括。虽然"人口均衡"是近年出现的一个新提法,但是,40年来中国人口调控的实践就是追求人口均衡发展的实践。

三、2013年人口学科研究存在的问题

人口问题是一个古老的问题,人口学在我国则是20世纪70年代新兴的一门边缘学科。人口学科发展初期,河南的人口学研究曾经十分活跃,涌现出在全国有一定知名度的学科带头人。伴随生育率的快速下降,中国人口问题更加复杂,呈现多元化的特点,从而推动人口学科的繁荣发展。河南是中国的缩影,人口大省的人口与计划生育实践亟需人口理论指导。然而,进入新世纪以后,河南人口学研究却大大落后了。一是人口学科科研机构少,目前,全省专门从事人口学研究的机构不足5家,这与人口大省的地位极不相称。二是缺少领军人物。领军人物具有号召力,其带领、引导、指导的

作用有利于学科建设与规划、专业人才的培养。三是人口学科研究成果精品少,可持续性不强。近年来,以省人口计生委"河南人口发展战略研究"为学科导向,每年都组织一批省内外高校、科研机构的专家学者聚焦人口学科热点问题开展研究,取得了可喜成果,发挥了理论对实践的指导作用,但鲜有精品、力作。同时,坚守人口学领域特别是区域人口学领域的专业科研人员少,缺乏对河南人口深入可持续研究。

四、人口学科发展态势

(一)人口发展战略研究

始于2005年河南人口发展战略研究,随着政府新一轮的机构改革将告一段落。面对错综复杂的人口形势,从更广阔的视野研究人口发展战略显得更为迫切和重要。比如,"单独二孩"新政实施后,是否会造成生育堆积,影响人口计划的完成和低生育水平的适度稳定?是否会缓解人口老龄化?是否有利于出生性别比回归平衡?对出生人口素质和人口空间分布是否产生影响?对经济、社会、资源、环境又会产生怎样的影响?从人口自身规律和省情出发,研究河南人口变化引发的后果,加强人口发展战略研究,为调整完善生育政策,制定社会经济政策提供依据。

(二)人口城镇化研究

毋庸置疑,河南的人口城镇化水平大大落后于全国。按照"十二五"规划,2015年河南省城镇化率要达到48%左右,年平均增长速度在1.8%以上,河南人口城镇化已经进入加速发展阶段。省第九次党代会明确提出河南实施新型城镇化发展战略,国家支持河南探索统筹城乡、"三化"协调发展之路,以及允许先行先试的政策给河南城镇化发展带来新的机遇。加强科学研究,借鉴国内外城镇化建设先进经验,注意解决城镇化进程中出现的新问题,走出一条适合河南省情的新型城镇化道路,充分发挥新型城镇化在"三化"协调发展中的引领作用显得尤为重要。

(三)人口老龄化研究

快速的人口转变,导致与众不同的人口老龄化过程,从而使中国人口老龄化问题独具特色,成为今后相当长一个时期社会普遍关注的热点问题。国务院《关于加快发展养老服务业的若干意见》(国发[2013]35号)明确了我国养老服务业发展的基本定位、依靠力量、主要路径和最终目标,是指导今后一个时期我国养老服务业发展的纲领性文件。2013年8月16日国务院常务会议要求,加强养老服务能力建设,分层分类提供养老服务,创新养老服务模式,到2020年全面建成以居家养老为基础、社区养老为依托、机构养老为支撑的覆盖城乡的多样化养老服务体系。作为经济欠发达省份,面对庞大的老年群体,河南将面临重大考验。从可持续发展的战略高度研究人口老龄化的现状及发展趋势,积极为政府制定应对人口老龄化的政策与发展规划建言献策,人口学及相关学科科研工作者肩负重任,责无旁贷。

主要参考文献

[1]龚文海.河南农村转移人口市民化的成本和政府公共政策选择研究. 河南人口转移战略研究.河南省人口发展战略课题汇编(2013).

[2]王健、张曼平、任晓静等.河南农村富余劳动力转移问题研究.河南省第六次人口普查课题汇编.河南省人口普查办公室,2013.9.

[3]施学忠等.河南省人口死亡水平和期望寿命研究.河南省第六次人口普查课题汇编.河南省人口普查办公室,2013.9.

[4]张原震等.河南省人口效益研究. 河南省第六次人口普查课题汇编.河南省人口普查办公室,2013.9.

[5]安建军等.走向城乡统筹的河南新型城镇化研究. 河南省第六次人口普查课题汇编.河南省人口普查办公室,2013.9.

[6]王建国等.统筹城乡背景下河南省城镇化战略转移研究. 河南省第六次人口普查课题汇编.河南省人口普查办公室,2013.9.

[7]王千.基于城乡人口统筹视角的河南特色的新型城镇化研究. 河南省第六次人口普查课题汇编.河南省人口普查办公室,2013.9.

[8]张原震. 河南省人口发展战略课题汇编(2013).

[9]王献芝等.河南流动人口的变化特征及其融入问题研究. 河南省第六次人口普查课题汇编.河南省人口普查办公室,2013.9.

[10]梁洪斌等:分析新生代农民工和农村留守人口的状况、问题及原因.河南省人口普查办公室,2013.9.

[11]龚文海.流动人口计划生育公共服务评估及创新——基于五地市的调查.《西北人口》,

2013(2).

[12]白玉红等.河南省人力资本与经济增长关系研究.河南省第六次人口普查课题汇编.河南省人口普查办公室,2013.9.

[13]卢方元等.河南省人力资源现状及发展战略.河南省第六次人口普查课题汇编.河南省人口普查办公室,2013.9.

[14]皇甫小雷、赵华.河南省人口老龄化发展对策研究.河南省第六次人口普查课题汇编.河南省人口普查办公室,2013.9.

[15]刘明宪等.河南城镇居民养老模式研究.河南省第六次人口普查课题汇编.河南省人口普查办公室,2013.9.

[16]杨永利等.河南省人口出生性别比及影响因素的二水平模型.河南省第六次人口普查课题汇编.河南省人口普查办公室,2013.9.

[17]周福林等.河南省人口普查数据的婚姻家庭视角研究.河南省第六次人口普查课题汇编.河南省人口普查办公室,2013.9.

[18]崔志军等.河南省经济社会发展与人口均衡型社会建设研究.河南省第六次人口普查课题汇编.河南省人口普查办公室,2013.9.

[19]周全德.人口均衡发展与性别平等.中国人口报,2013.9.16.

(作者系河南省人口和计划生育干部学院教授)

管理学

2013年河南省管理学研究综述

翟运开

管理学是系统研究管理活动的基本规律和一般方法的科学。作为一门交叉学科,管理学是适应现代化大生产需要产生的,它的实质是探求外部环境、内部条件和管理目标三者之间的动态平衡。本文着重从管理科学与工程、工商管理、图书馆、情报与档案管理等几个一级学科重点介绍下2013年河南省管理学研究概况。

1. 管理科学与工程

近年来,河南省管理科学与工程研究领域日趋细化,对一些重点问题的研究也不断深入,尤其是2013年度,学者对管理科学与工程学科领域的研究更是与时代特征紧密结合,研究成果也呈现丰富多样,向具有中国特色的管理学体系迈出了新的步伐。为了解河南省2013年管理科学与工程学科的研究现状和进展,文章以中国知网文献总库为数据来源,对河南省管理科学与工程学科各个方向文章进行检索和分析。本文对每个领域有代表性的文献进行分析,主要介绍各个热点领域的发展态势和主要研究成果,总结出2013年河南省管理科学与工程学科的研究热点和研究不足。

1.1 管理科学发展态势与主要研究成果

管理科学始终是管理科学与工程学科的重点研究领域,2013年该领域的研究成果也比较丰富,主要侧重于研究的是知识管理、绩效管理、成本财务管理、人力资源管理、安全管理以及医院管理等方面。张建华[1]在文章中研究设计了知识进化绩效测度指标体系,详细讨论了指标评分策略、权重配置方案,并基于熵和粗糙集理论阐释了权重定量计算方法,继而提出了知识进化绩效的整合计算方案,最后通过案例对前述原理与方法进行了验证与分析。张磊磊[2]等分析并设计了知识辨识绩效测度指标体系,通过层次分析法实现指标权重配置,进而设计模糊综合评判算法与方案,完成对知识辨识绩效的整合计算,并通过算例检验了前述成果的适宜性。研究成果可有效指导企业知识辨识活动的绩效改进与提升,进而为企业知识管理的有效实施奠定坚实的基础。别荣海[3]认为在现代高校管理中,有效的管理制度创新,需要以提高财务绩效为逻辑起点;提高财务绩效,则要相应地进行管理制度创新。把财务绩效作为逻辑起点,推动高校管理制度创新的具体路径包括:推进人才培养制度改革,提高人才培养质量;加强科研管理制度改革,提高科技创新能力;深化教师管理制度改革,提高人员绩效;健全后勤管理制度,构建保障有力的后勤体系。王琳[4]在结合卫生部医改要求的前提下,以郑州大学第一附属医院为例探讨了电子病历的安全现状以及相应的安全管理措施。吕书博[5]等对激励理论及人才激励机制进行详细阐述,并针对医院现状及人力资源管理的特点,提出建立人才激励机制的重要性以及具体构建的思路。

1.2 工程管理发展态势与主要研究成果

工程管理作为管理科学与工程的重要学科领域,一直有着不错的发展,虽然最近两年的工程项目没有之前发展迅速,但工程管理领域的研究成果还是不断创新,不断进步。学者对2013年河南省工程管理学科的研究主要包括招投标管理、施工安全管理、成本管理、质量管理等方面。刘伟利[6]认为受目前工程招投标制度不完善的影响,存在着许多违规操作,不仅造成了交易的不公平性,而且给工程安全和质量带来隐患。为此,他从多方面对造成这种现象的原因进行详细分析,并针对现存问题采取一定的措施以创造真正公开、公平、公正的竞争平台，确保工程质量。王爱领[7]指出在明确工程管理专业实验中心建设的必要性的基础上，工程管理实验即是对工程管理全过程的仿真，并对工程管理专业实验室的构建提出建设性意见。芮大虎[8]等结合北京市南水北调配套工程南干渠3#盾构竖井深基坑工程，并依据该工程地质特点及周边环境等条件，采用工程分解结构法（WBS）对该工程分解，然后应用故障树法（FTA）对该工程的风险事件和风险因素进行识别，最后利用综合集成评估方法，计算出该工程风险等级，结果为三级，属较高等级；该评估方法可为同类工程参考借鉴。

1.3 物流工程发展态势与主要研究成果

物流工程领域的发展在最近几年非常迅速，特别是2013年度，发展态势强大迅猛，研究成果也特别丰富。主要研究内容包括低碳经济下物流企业面临的挑战与对策、物流中心选址、新型技术在物流工程中的应用与分析以及物流产业效率和影响因素的分析等等。

低碳经济背景下，低碳物流是实现低碳经济的重要途径，中小企业作为国民经济的主体，其低碳物流的实现对低碳经济计划的实施起着决定性的影响。闫丽霞[9]通过实地调查中小企业的物流现状，指出低碳经济背景下，中小企业物流面临着政策变化、信息化、物流模式创新等方面的挑战，应结合自身的物流现状，转变物流管理观念，分阶段、有计划地对物流模式、信息化、物流技术等进行改进，最终实现中小企业的低碳物流。马志军[10]认为物流新业态的发展必须适应低碳经济的要求，只有从复合型人才培养、物流资源整合、技术装备改进、能源管理信息系统导入和低碳物流法律制度完善几个方面入手，才能走出一条持续、良性发展之路。

为提高冷链食品物流管理绩效，狄卫民等[11]提出一种基于双层规划的冷链食品零售店选址方法，建立了以企业总费用最小化、销售量最大化为上层目标和以用户综合运输满意度最大化为下层目标的双层规划模型。该模型可以确定零售店的开设位置及其服务用户，更加有利于企业的销售管理，同时通过算例验证了模型及其算法的有效性。狄卫民等[12]还建立了易腐农产品配送中心选址问题的0—1整数非线性规划模型来提高物流管理绩效、降低物流运作成本。利用该模型可以确定配送中心的位置和各配送中心与零售店之间的配送关系，并可得到配送中心的订货周期和订货批量。针对危险品在物流中容易造成安全事故的现象，虞洋等[13]介绍了RFC技术及其在危险品物流三大方式中的应用，指出RFC技术能够从根本上解决危险品物流中的安全隐患，以提高整个危险品管理中的安全性，同时提出今后在安全监管方面应采取的措施和技术改进应注意的事项，并展望其应用前景。

刘华[14]在结构方程基本原理的基础上，建立了物流配送企业客户关系管理评价模型，通过调查问卷获得研究数据，利用AMOS17.0软件对相关数据进行处理，并得出结果：在客户支持与服务管理中，服务档案管理对其影响最大，对销售管理影响最大的观测变量是企业资源查询，对客户市场管理影响最大的因素是客户市场信息管理，对客户服务影响最大的因素是抱怨投诉。余沛[15]以DEA模型为工具，对41家上市物流企业的生产效率与规模效率进行实证分析，研究我国企业整体运作效率以及规模大小对物流企业效率的影响。同时，他认为物流企业首先要从企业内部入手，提高企业管理水平，提升企业运作效率，而不是以企业规模扩大作为目标，过度追求企业资产规模的扩张。刘威[16]通过分析农产品物流配送的主要分类、实施特点与现实价值，认为物流基础设施、物流管理、物流技术、宏观调控是我国农产品物流配送发展的主要阻碍因素，并提出了建立多功能配送中心、促进投资主体多元化等具体对策。

1.4 项目管理发展态势与主要研究成果

项目管理作为管理科学与工程学科的热点领域，在2013年也出现了不少重要研究成果。主要研究内容包括项目进度管理、风险管理、质量管理、成本管理、施工组织管理以及信息管理等。陈桂香等[17]在分析大型粮库进度管理特点的基础上，引入工期折减系数和位置权数对缓冲区设置方法进行改进，综合考虑了工序的复杂程度、资源约束及管理者的风险偏好度等对工期的影响；并以某大型粮库进度控制为例进行了实证研究。曹飞等[18]采用TOPISIS评估分析方法对采购风险进行分析，提出了应对不同类型风险的具体措施，为大型工程采购风险提供技术和方法支持。刘建宁[19]等对我国高铁建设过程中存在的质量问题及原因进行分析，指出施工层面上的不良行为是造成质量问题的主要因素，并在此基础上，从业主、施工方、监理和勘察设计单位四个方面给出相应的质量风险控制措施。江永良[20]通过考虑矿山项目建设自身的特点,重点分析矿山项目建设中的管理问题,包括施工进度管理、施工质量管理、安全管理等内容,为矿山工程施工提出合理性建议。徐传光[21]在总结重点工程发展困窘的基础上提出了加强重点工程项目信息化管理水平的迫切性,同时分析了我国工程项目信息化管理的现状,在实践分析的基础上,总结了我国项目信息化管理中存在的一些问题,并据此提出了解决相关问题的一些方法,希望能对我国重点工程领域特别是建筑项目的信息化发展方有所借鉴,也为中原经济区的建设尽份绵薄之力。

1.5 信息管理与信息系统发展态势与主要研究成果

信息管理与信息系统也是管理科学与工程学科研究的重要领域,2013 年度该领域主要关注基于 GIS 的信息管理系统研究、基于 SOA 的信息管理系统研究、档案信息管理、医疗信息系统与管理以及其他技术在信息管理与信息系统上的应用。常静等[22]借助 SuperMap GIS 软件开发平台,采用 C + +编程语言开发了河南省航运经济信息分析系统,实现了研究区域内航运信息的存储、显示、管理和分析;同时引入了地理空间自相关模型和灰色关联度模型,对河南省航运发展和地区经济发展的相关性进行了分析,还利用指数平滑模型预测了河南省未来年份内河航运货运吞吐量,为航运管理部门的规划与决策提供了科学依据和技术支持。孙志勇等[23]通过合理的调试与应用,并与门诊药房实际工作相结合,进行系统优化,得出自动化药房管理信息系统可以让患者享受更加安全、优质、高效的药学服务的结论。牛小娟等[24]指出通过条形码技术和无线条码数据采集设备对实验室信息管理系统进行改进,就可以简化实验室的管理工作,节省人力,同时可以实现实时采集与传送数据,对实验室的设备进行统一管理。

近几年我国管理科学与工程学科的研究热点发生了明显变化,研究热点领域从以往的"知识管理"、"信息技术"、"金融工程"、"预测理论与技术"等,转变为"激励管理与委托代理理论"、"物流与供应链"、"电子商务"、"运筹与管理"、"工程管理"等领域。其中,"激励管理"、"供应链管理"、"电子商务"、"工程项目管理"这几个主题长期以来得到持续关注,发展比较稳定。不难发现,河南省乃至我国管理科学与工程的研究热点是围绕着社会经济发展中亟需解决问题展开的。信息技术和知识资本的发展改变了人们的生活和工作方式,扩大了管理学科的研究内容,促进了改革方式的变革。适应社会经济发展和理论研究的进步,诞生了很多新的领域,旧的领域逐渐被淘汰。而且国内外的管理科学研究的热门话题也不断变化更新。每一次新的研究都会促进管理学科与工程的进一步完善和创新,为今后的研究工作起到很好的指导作用。

2 工商管理

工商管理学是一门综合性的学科,是研究盈利性组织经营活动的规律以及企业管理的理论、方法和技术的学科。主要包含会计、企业管理、财务管理、市场营销、人力资源管理、旅游管理、技术经济及管理等方向。通过文献搜索可以看出,该学科研究热点主要集中于企业管理和技术经济及管理等两个领域。

2.1 企业管理发展态势及主要研究成果

近年来,随着河南省经济的迅猛发展及中原经济区的建设,河南省的各种企业的发展呈现出较好的发展趋势,因此,对于企业管理研究的文献也呈逐年上涨的态势,企业管理、财务管理和人力资源管理方面的论文占了相当大的比重。

各单位所著文献对于企业管理的研究主要是企业的管理创新及激励相关问题。谭玉成[25]通过论述企业管理创新的概念、管理创新的必要性及管理创新的具体实践,对现代企业管理创新做了全面的探讨,提出了转变观念把管理创新作为企业经营管理战略思想、建立有效的机制培养专业化的企业队伍、加快制度的创新促进企业管理创新、建立现代化法人治理结构、健全现代化的流程管理体系、构建创新文化形成良好的管理创新氛围有效促进企业的管理创新等具体举措来促进企业管理创新。刘广武[26]指出,经济转型期企业过去的低成本优势正逐渐丧失,尤其是中小企业面临的生存与发展环境更加严峻。同时在介绍创新管理的基础上,分析中小企业在管理中存在的理念落后、决策缺乏理性、缺乏科学的战略规划、技术基础薄弱和缺乏创新人才等问题,提出应从管理理念、组织结构、战略管理和企业文化四方面入手,实现企业管理体制的创新,从而提高企业的管理水平和增强企业的核心竞争力。马丹[27]通过分析企业激励实践中存在的主要问题,如激励方式单一并缺乏有效性、激励缺乏人文关怀、激励只停留在制度层面且不健全贯彻不力的问题，针对性的提出了多种激励方式相结合提高激励的有效性、重视人关心人注重人性化的激励方式、建立健全激励机制等有效的激励措施，以及企业实施激励措施应遵循物质激励与精神激励相结合、正激励和负激励相结合、外在激励和内在激励相结合、按需激励、民主公正公平等原则。让员工真正地感受到自己受到了尊重，从而更充分地发挥出积极性和创造性，为企业的发展贡献自己的力量。

对于财务管理方向主要是从知识经济时代财务管理的发展趋势、网络环境下财务管理转型及财务管理中存在的问题方面进行了研究。赵海军[28]指出，在知识经济时代财务管理面临重心、目标、会计核算等方面的转变，必然要求财务管理以全新的观念和模式来紧跟时代的步伐的基础上，从财务管理的目标、模式和人员创新方面进行了阐述，就高级财务管理的发展前景进行了阐述。朱尧[29]则针对当前许多企业面临着财务安全隐患多、财务管理模式落后等财务管理问题制约企业的可持续发展，提出了健全企业财务风险预警机制、完善企业网络信息安全保障体系、完善企业内部管理制度等措施来完善企业财务管理制度，促进企业的可持续发展。对于中原经济区企业存在内部控制不健全、管理观念淡薄、重视程度不够、会计机构欠缺、财务人员素质低、融资困难、资金严重不足等问题，卢茜[30]又提出了争取政府支持、观念革命、加强企业的内部管理与控制的主要对策。

人力资源管理方面的研究主要集中在研究激励在人力资源管理中的作用及河南省人力资源管理能力建设。而程东霞[31]在《激励在人力资源管理中的作用》一文中就激励在人力资源管理中的作用，激励制度应遵循的原则和激励在人力资源管理中如何良好地运用进行了探讨，加强企业对激励的认识，以更好的将激励运用在企业的人力资源管理中，给企业带来新鲜活力。

2.2 技术经济及管理发展态势和主要研究成果

技术经济及管理方面的文献研究的内容在近阶段研究的相对较少。栾殿飞[32]通过对开放经济环境中研发与技术创新活动中的影响因素进行定量分析，发现贸易开放水平对国家的整体技术创新水平有显著的正效应，外商直接投资需要结合人力资本的因素才能对技术创新有正影响，其它自身因素如经济发展水平，资本投入和劳动投入也显示出正效应，其中最具影响力的因素是经济发展水平。但分区域来看，开放程度对我国各区域的影响存在明显差异，对外贸易因素只对中部地区的专利申请量有正向作用，外商直接投资仍需与人力资本因素综合起来才能对各区域的自主创新发挥促进作用。田超杰[33]在《技术进步对经济增长与碳排放脱钩关系的实证研究》一文中，以河南省为例，应用STIRPAT模型、EKC理论和IPAT方程，分析和讨论技术进步对经济增长与碳排放脱钩的影响，发现目前技术进步对河南经济增长和环境改善的作用有限，河南省经济增长与碳排放之间的环境库兹涅茨曲线是不规则的N型曲线，河南省经济增长与碳排放之间目前处于脱钩、复钩交替阶段，还没有出现永久性脱钩的拐点。

3 图书馆、情报与档案管理

通过系统的检索、阅读并分析相关文献，不难看出2013年度，河南省的图书馆学科研究主要集中在图书馆的服务与建设实践方面，同时也有关于图书的管理、图书馆理论研究以及图书馆的知识管理研究。而对于情报学的研究仍然是以情报分析为主。相比较之下，档案学的研究显得暗淡许多，当然这也是和档案学这一管理学科的定位与现状相适应的。

3.1 图书馆学的研究

3.1.1 关于图书馆知识共享与管理的研究

这方面的研究主要是周九常和郑州轻工业学院的江涛、吴起立、杨岚以及穆颖丽的研究团队做出的。周九常，付永华[34]研究了图书馆进行知识共享的方法，将图书馆知识共享概括为三件事：说出来、写出来、做出来。并一一进行了详细介绍。江涛[35]从知识协同的视角来探讨虚拟咨询团队知识共享机制的构建，从共享环境、知识协同、存储系统、共享平台4个方面构建了知识共享机制的模型，并对共享机制进行了深入分析，为研究网络环境下图书馆参考咨询服务工作提供了新思路。吴起立[36]从分析基于知识转移绩效的图书馆咨询团队运行保障机制的定义及其类型入手，对其安全保障因素特征进行剖析，提出了图书馆知识转移绩效的安全保障策略，找到了图书馆咨询团队运行保障的具体措施，从而保障图书馆咨询团队知识转移绩效的顺利进行。穆颖丽[37]对图书馆协同知识转移的情景问题（因素分析、优化策略等）进行了研究，为促进图书馆协同知识转移的情景优化和提高图书馆在社会中的知识地位做出了贡献。杨岚[38]分析了知识管理和数字图书馆系统的构架结构,揭示了两者之间的内在联系及共同点,并在探讨两者相互融合的基础上,提出了知识管理在数字图书馆中的实际应用构想。

3.1.2 关于图书馆管理实践的研究

刘阳[39]在对国外公共服务供给理论的历史沿革、国内公共服务供给的文献研究进行系统梳理的基础上,探讨了公共服务供给理论对校市共建图书馆管理的启示。周九常[40]提出了公共图书馆社会形象体系的八个构成因素,即建筑形象、基础设施形象、知识资源形象、馆员形象、服务形象、管理形象、文化形象和综合形象等,最后构建出公共图书馆社会形象体系模型。白新勤[41]探讨了实施读者决策采购服务的基本路径,包括服务平台搭建、馆员筛选、书目维护和预算调整等。其中,读者决策采购是一种基于读者使用需求的重要馆藏资源建设模式。

3.2 情报学的研究

这一年度的河南省情报学的研究仍然可喜,尽管大多涉及信息领域,但研究内容广泛并对实践具有重大意义。杨俊丽[42]通过分析国外有代表性的图情类期刊 Journal of the American Society for Information Science and Technology(JASIST)10 年来的发文特征,发现国外图书情报的研究热点主要集中在信息检索、h 指数、社会网络等领域,同时也提出了我国在图书情报研究领域的发展策略。王佩[43]研究了超链接网络分析对开展图书馆情报领域工作的作用;刘永,许烨婧[44]针对传统情报服务模式存在的问题,提出了情报服务的情境分析方法。在情境情报相关概念的内涵和开展情境情报的优越性讨论的基础上,从情报服务思维、主体与客体、资源组织和技术支撑 4 个方面对面向情境的情报研究定位进行了初步分析和探讨。李白杨,张心源[45]以人工蜂群算法为基本理论,结合我国中小企业开展竞争情报工作的困难和对竞争情报的需求,利用实证分析法和跨学科分析法,构建了一个适用于中小企业的竞争情报"蜂巢模型",为我国中小企业构建低成本、易组织、高效用的竞争情报系统模型提供了参考。

3.3 档案管理学的研究

2013 年度对于档案利用的研究主要集中于如何更好地提高利用服务质量,以及妥善处理利用过程中的权利与义务问题。企业档案作为企业生产、经营、技术和科研等活动的真实记录,更是一种信息资源,在企业管理各方面发挥着重要作用。因此,企业档案成为学者们关注的重点之一,主要集中于企业档案管理体制、管理方法、开发利用与信息增值服务等方面的研究。张予宏,李莹[46]做了2004 年到 2012 年我国新型农村合作医疗档案研究综述,详细分析了新农合医疗档案的构成、制度建设、信息化建设和人才队伍的建设等热点研究内容,并提出了一些研究的不足之处。郭静,毛灵芳[47]对 2000 – 2012 年企业档案与企业文化建设研究进行了综述,概括和揭示了我国企业档案对企业文化建设的作用。朱兰兰[48]从档案信息产品、服务环境、服务人员三方面入手探讨了档案信息服务质量优化的内容,提出调查研究、优化档案信息、改善服务设施等优化策略。张惠[49]研究了科研档案信息资源服务于地方经济建设的主要举措。郭慧波[50]对药物临床试验档案的管理进行了研究,分析了药物临床试验档案的意义、特点及管理方法。金凡[51]运用文献统计与分析的方法,围绕十年来我国档案管理信息系统理论研究的现状,对"中国知网""万方数据库"以及"中国国家数字图书馆"中的数字期刊、硕博士论文及国家图书馆联机公共目录检索进行了解析。

随着信息化的飞速发展和计算机应用的普及,在越来越多的行政机关、公司企业中,电子公文逐步取代了传统的纸质公文,于是,电子公文档案的管理吸引了学者们的关注。邵景辉[52]重点介绍了电子档案管理过程中的原则和需要处理好的几方面问题。张慎武等[53]在项目实践和文献的基础上对电子公文档案管理系统安全机制进行了研究介绍了电子公文档案数据的特点,选择了光盘库和非关系数据库作为存储平台,采用了 C/S 和 B/S 相结合的系统方案,并详细设计了业务处理和档案利用方案。

针对目前的研究现状及热点,河南省图书馆、情报与档案管理在 2013 年的研究取得了一定的成果,但也存在一些不足之处。首先,理论研究不够。有关研究多是研究者根据管理实践而提出的经验总结,虽然对图书馆、情报与档案的管理具有一定的指导和现实意义,但缺乏理论高度。其次,缺乏定量研究。研究方法上,学者们大多采用了观察法和文献法进行主观描述和定性分析，缺乏定量研究。研究者可以选择定性研究和定量研究相结合的方法，使研究内容更加丰富，论证更加全面。重视上述两个方面的研究，提高成果的理论性和精确性，会进一步加强图书馆、情报与档案管理的指导意义，从而使图书馆、情报与档案管理真正服务于民。

4 结论

通过以上的文献整理和分析，不难看出，2013年河南省管理学研究都是围绕社会经济发展中亟需解决的问题展开的，例如管理科学与工程领域主要围绕“物流与供应链”、“电子商务”、“工程项目管理”、“信息管理与信息系统”等几个研究热点展开，工商管理领域围绕“企业管理”、“技术经济管理”展开。另外，在图书馆、情报与档案管理也有了长足的进步。不难看出，随着信息技术和知识资本的发展，人们的生活和工作方式也随着改变。管理学科为适应经济社会发展，诞生了很多新的研究领域，每一次新的研究都会促进管理学科的进一步完善和创新，对现实生活中的生产工作起到了很好的指导作用。虽然2013年河南省管理学研究工作取得了一定的成果，但也存在一些不足，主要表现在理论研究不足，缺乏理论高度。并且河南作为农业大省，在农林经济方面的研究几乎没有，图书馆、情报与档案管理方面则主要是一些学者的主观描述和定性分析，缺乏相应的定量研究，使研究的内容更加丰富，论证更加全面。

主要参考文献

[1] 张建华. 知识管理中的知识进化绩效评价机制研究[J]. 科学学与科学技术管理,2013,07:28-37.

[2] 张磊磊，张建华. 知识管理中知识辨识绩效测度研究[J]. 郑州大学学报(理学版),2013,01:119-124.

[3] 别荣海. 基于财务绩效视角的高校管理制度创新思考[J]. 河南理工大学学报(社会科学版),2013,03:274-278.

[4] 王琳. 电子病历的安全管理策略分析[J]. 当代医学,2013,07:17-18.

[5] 吕书博，李利娜. 人才激励机制在医院现代化管理中的应用[J]. 中国卫生监督杂志,2013,05:423-427.

[6] 刘伟利. 工程招投标的研究[J]. 中外企业家,2013,18:95.

[7] 王爱领. 工程管理专业实验中心建设研究[J]. 黑龙江教育(高教研究与评估),2013,04:87-88.

[8] 芮大虎，张长海，王杨等. 盾构竖井深基坑工程风险识别与评估[J]. 土木建筑与环境工程,2013,S1:117-120.

[9] 闫丽霞. 低碳经济背景下中小企业物流面临的挑战与对策[J]. 特区经济,2013,06:128-130.

[10] 马志军. 基于低碳经济的物流新业态发展路径探析[J]. 物流工程与管理,2013,01:1-2+12.

[11] 狄卫民，李炳军，王金凤. 冷链食品零售店选址问题的双层规划方法[J]. 统计与决策,2013,08:46-48.

[12] 狄卫民，聂森，王怡宏. 考虑批量订货的易腐农产品配送中心选址方法[J]. 物流技术,2013,11:115-117.

[13] 虞洋，梁峙，马捷等. RFID技术在化学危险品物流管理中的技术示范和应用[J]. 物流工程与管理,2013,12:88-89+114.

[14] 刘华. 基于结构方程模型的物流配送企业客户关系管理研究[J]. 物流技术,2013,21:256-258.

[15] 余沛. 中国物流企业生产效率与规模效率实证分析[J]. 商业时代,2013,19:30-32.

[16] 刘威. 我国农产品物流配送发展的影响因素及对策分析[J]. 江苏农业科学,2013,09:395-397.

[17] 陈桂香，刘旭，宋久乐. 大型粮库施工进度优化设计[J]. 河南工业大学学报(自然科学版),2013,04:74-77.

[18] 曹飞，郜红虎. 基于TOPISIS评估的大型工程项目采购风险管理[J]. 价值工程,2013,15:34-36.

[19] 刘建宁，邓国取. 我国高铁建设项目质量风险管理研究[J]. 中外企业家,2013,06:160-161.

[20] 江永良. 浅谈矿山建设工程项目的施工管理[J]. 中国高新技术企业,2013,22:78-79.

[21] 徐传光. 重点工程项目信息化管理研究

[J]. 河南科技,2013,08:222 - 223.

[22] 常静,崔雅博,窦晓楠. 基于 GIS 的河南省航运经济信息分析系统的设计与开发[J]. 电脑知识与技术,2013,02:269 - 271.

[23] 孙志勇,史香芬,张俊珂等. 自动化药房管理信息系统在医院门诊药房的应用[J]. 中国医院药学杂志,2013,18:1535 - 1536.

[24] 牛小娟,李亚东. 基于条形码技术的实验室信息管理系统设计与实现[J]. 实验室科学,2013,04:112 - 114.

[25] 谭玉成. 分析现代企业管理创新[J]. 企业导报,2013,11:29 - 30

[26] 刘广武. 关于我国中小企业管理创新的思考[J]. 对外经贸,2013,02:126 - 128.

[27] 马丹. 企业管理中的激励问题研究[J]华北水利水电学院学报,2013,04:77 - 79.

[28] 赵海军,陈晓. 浅谈知识经济时代财务管理的发展趋势[J]. 时代金融,2013,15:94 - 95.

[29] 朱尧. 浅析网络环境下的企业财务管理转型[J]. 河南师范大学学报,2013,03:88 - 90.

[30] 卢茜. 中原经济区背景下中小企业财务管理存在的问题及改进措施[J]. 经济研究导刊,2013,22:162 - 163.

[31] 程东霞,李龙,隋晓雨等. 激励在人力资源管理中的作用[J]. 中国科技投资,2013,17:178 - 179.

[32] 栾殿飞,陈慧慧,侯金莉. 开放经济环境中技术创新的影响因素分析[J]. 东北农业大学学报,2013,03:18 - 24

[33] 田超杰. 技术进步对经济增长与碳排放脱钩关系的实证研究——以河南省为例[J]. 科技进步与对策,2013,14:29 - 31.

[34] 周九常,付永华. 图书馆如何进行知识共享[J]. 国家图书馆学刊,2013(1):52 - 55.

[35] 江涛. 基于知识协同的图书馆虚拟咨询团队知识共享机制研究[J]. 情报理论与实践,2013(2):72 - 75.

[36] 吴起立. 基于知识转移绩效的图书馆咨询团队运行保障机制研究[J]. 图书馆,2013(5):82 - 85.

[37] 穆颖丽. 图书馆协同知识转移的情境因素分析及优化策略[J]. 图书馆建设,2013(8):57 - 60.

[38] 杨岚. 知识管理与数字图书馆系统的融合与应用[J]. 观点,2013(10):94 - 97.

[39] 刘阳. 公共服务供给理论对校市共建图书馆管理的启示[J]. 图书馆学研究,2013(7):13 - 17.

[40] 周九常. 公共图书馆社会形象体系模型构建[J]. 图书馆理论与实践,2013(5):11 - 15.

[41] 白新勤. 图书馆实施读者决策采购(PDA)的基本路径探讨[J]. 图书情报工作,2013(5):76 - 80.

[42] 杨俊丽. 基于 JASIST 的图书情报研究热点透视[J]. 图书馆工作与研究,2013(2):22 - 25.

[43] 王佩. 超链接网络分析理论在图书馆情报学领域应用展望[J]. 图书馆学研究,2013(13):5 - 8.

[44] 刘永,徐烨婧. 面向情境的情报服务理论问题研究[J]. 情报理论与实践,2013(11):1 - 5.

[45] 李白杨,张心源. 基于人工蚁群算法的中小企业竞争情报系统模型[J]. 情报杂志,2013(7):33 - 36.

[46] 张予宏,李莹. 2004 年 ~2012 年我国新型农村合作医疗档案研究综述[J]. 档案管理,2013(4):72 - 73.

[47] 郭静,毛灵芳. 2000 - 2012 年企业档案与企业文化建设研究综述[J]. 兰台世界,2013(5):13 - 14.

[48] 朱兰兰. 档案信息服务质量的优化策略分析[J]. 兰台世界,2013(1):3 - 4.

[49] 张惠. 高校科技档案服务区域经济建设研究[J]. 档案管理,2013(6):64 - 65.

[50] 郭慧波. 浅谈药物临床试验档案管理[J]. 档案管理,2013(3):87.

[51] 金凡. 十年来我国档案管理信息系统理论研究统计分析[J]. 兰台世界,2013(12):6 - 7.

[52] 邵景辉. 简说电子档案管理[J]. 档案管理,2013(2):93.

[53] 张慎武,王玉霞,李国伟. 电子公文档案管理系统安全机制研究[J]. 档案管理,2013(4):48 - 49.

[54] 张慎武,高艳霞,王玉霞. 电子公文档案管理系统方案设计[J]. 兰台世界,2013(7):23 - 24.

(作者系郑州大学管理工程学院副教授)

2013 年河南省物流学科研究综述

李玉民

1. 研究概况

河南省地处我国中部核心区域，承东启西，陆路交通发达。随着国家粮食生产核心区建设的稳步推进、郑州航空港经济区的瞩目发展、中原经济区战略的迅速实施，作为中部地区区域核心的河南，凭借着其优越的区位优势、便捷的交通条件、丰富的物质资源、快速发展的经济实力，现代物流业也如雨后春笋般飞速发展。物流学是一门综合性、应用性、系统性和拓展性很强的科学。2013 年我省物流学术研究也呈现一派繁荣景象，全省高校与研究机构的物流学者及专家，在物流学科领域做了大量深入研究，取得了多项有价值的研究成果。其中，公开发表期刊论文 300 余篇，硕博士物流专业毕业论文 24 篇，重要国际会议论文 5 篇。这些研究成果在河南省现代物流产业发展和企业物流运营实践过程中，都具有非常重要的指导作用和参考价值。

2. 研究方向

2.1 区域物流发展

(1)区域物流整体发展研究

河南省区域物流能力的提升，不仅是当前中原经济区建设的重要基础，而且对我国区域物流整体能力的提升意义重大。介翔对河南省 1991 - 2011 年物流业发展的有关统计数据进行了分析，将物流发展与经济发展之间的互动关系分为三个阶段：1991 - 1995 年的水平落后阶段，1996 - 2004 年的齐头并进阶段，2005 - 2011 年的超速发展阶段，并通过相关性分析论证了物流业与区域经济发展的相互促进关系。介翔认为，要想保持和加强物流业发展对经济的促进作用，河南省必须加强统筹规划，减少物流基础设施的重复建设和资源浪费，优化和调整物流布局，鼓励整合、改造和提升现有的物流资源，坚决杜绝部门分割和地区封锁，充分考虑河南省的区位特点，重视和加强公路港物流园区和集装箱中转站的建设，发挥交通枢纽对物流发展的促进作用。同时应该加大物流基础设施建设方面的投入力度，通过用地、税收、管理、财政等多方面的支持，为物流业的发展创造更好的基础设施条件，从而为经济的持续、稳定发展提供保障[1]。

王小丽利用因子分析法对河南省区域物流发展状况进行了分析，表示河南省区域物流发展整体水平还较弱，省各地市物流能力有明显差异，物流能力发展呈现不均衡态势[2]。孙植华应用主成分分析法分析了中部地区 6 个城市的物流产业集群竞争力，发现郑州市作为区域性物流中心的竞争优势不强，建议郑州应该加快经济方式转变，提高经济总量水平；加快产业结构调整，促进主导产业发展；落实物流产业规划，促进物流产业集群发展；扩大对外开放力度，制定人才开发战略[3]。王啸啸等人构建了区域物流与区域经济系统耦合协调发展评价指标体系，利用耦合协调模型对河南省 2005 - 2011 年物流与经济系统耦合协调发展状况进行了定量分析。认为河南省物流与区域经济系统表现出一定的协调发展态势，今后应以中原经济区发展为契机加快物流通道网络、物流园区、分拨节点、配送网点体系建设，推进物流服务的社会化、专业化和信息化进程，重视区域物流与区域经济在量、质两方面的协调发展，促进区域物流与经济形成良性互动[4]。

(2)物流园区

物流园区是区域经济发展的重要载体和基础设施。为充分实现物流园区的功能，需要不断改善物流园区运营管理模式，通过选择最优的管理模式从而提升物流园区的使用效率。王志峰从物流园区企业化运营管理模式入手，在此基础上探讨分析了该模式在园区整体上的优势。认为采用企业化运营管理不仅可以加快企业之间市场信息的整合，还可以针对城市环境的需要改善自身的整体能力[5]。白东灵从中原经济区建设、汽车产业及物流产业角度,根据园区的主体规划,结合园区建设运营的实际情况,从建设模式、运营模式、招商及筹融资三个方面对园区进行了规划[6]。刘旭基于关键链技术对大型粮食物流园区在进度上的风险进行了研究,通过对影响粮食物流园区建设项目进度的因素进行调研,利用 SPSS 软件分析了粮食物流园区进度延误的主要影响因素;并且以改进的关键链技术方法为基础,开发了基于关键链理论的粮食物流园区进度风险控制管理软件[7]。

(3)中原经济区发展研究

2012 年 11 月 17 日,国务院正式批复《中原经济区规划》,中原经济区建设上升为国家战略。国务院对中原经济区的战略定位为:国家重要的粮食生产和现代农业基地,全国工业化、城镇化、信息化和农业现代化协调发展示范区,全国重要的经济增长板块,全国区域协调发展的战略支点和重要的现代综合交通枢纽,华夏历史文明传承创新区。作为中原经济区核心的河南省,在物流建设与发展上具有得天独厚的优势,河南省要大力发展现代物流业,这也必将推动中原经济区建设,助力河南。

方伟磊认为中原经济区建设产生大量的物流服务需求,河南省物流业应利用自身优势,大力发展第三方物流,加快结构调整和转型升级;加快物流公共信息平台建设;鼓励第三方物流企业开展电子商务;创新金融工具,积极发展物流金融;物流业发展与制造业发展协同,物流发展与中原经济区建设协同;统一物流管理,加强法制建设,创造良好的市场环境;充分发挥省政府的规划和投资作用方面进行完善和发展[8]。刘建朋根据国家加快建设中原经济区的指导意见,分析了城市物流配送存在的主要问题,从城市化进程、城市经济发展、商品品质、市场竞争等方面对中原经济区建设城市物流配送体系进行需求分析,提出了完善城市公共配送系统、培育大型物流配送企业、创新城市物流配送模式、建立物流人才培养机制等完善城市物流配送体系的建议[9]。常林朝等人分析了物流业与中原经济区建设之间关系,认为中原经济区建设需要完善农村现代物流体系、健全农产品物流网络。建议尽快建立以第三方物流,企业为主导的社会化、专业化的物流服务体系,释放工业物流(供应物流、销售物流、生产物流等)需求,实施物流外包,提升企业核心竞争力[10]。

(4)郑州航空港建设

2013 年 3 月 7 日,郑州航空港经济综合实验区获国务院批复,成为国内首个获批的国家级航空经济实验区,这无疑给郑州航空物流业务的发展带来了新的契机,但也给郑州物流企业带来了不小的挑战。张红丽等人在这样的背景下深入分析了郑州航空物流发展的现状,指出了郑州市物流企业面临的机遇与挑战,他认为郑州市物流企业应该抓住产业发展机会,通过流程整合和业务转变,积极参与市场竞争、调整业务模式、转变运输方式,积极参与航空物流竞争,以期促进郑州航空物流业务的发展[11]。张占仓等人认为郑州国际航空物流中心的战略定位为临空经济大发展创造了历史性机遇,而临空经济发展将为中国经济升级版发展开创新途径,增添新内涵,这将对包括郑州在内的中西部地区建设与发展提供新的重大跨越。同时,他建议要尽快形成全省推动实验区建设的工作合力;按照集约智慧绿色低碳要求做好实验区现代航空都市建设规划;继续探索内陆地区持续跟进式外向型经济发展新模式[12]。鞠红从供应链整合的角度,结合郑州航空港经济综合实验区航空物流实际发展,提出核心企业、航空物流外部环境和航空物流数据中心是航空港区航空物流服务链整合的关键点,指出郑州航空港区航空物流服务链整合的核心企业应该是郑州机场;在航空物流外部环境的建设上,除了大力发展配套的立体交通体系外,还应该关注航空物流市场的规范性和物流技术的统一性;在物流公共信息网络平台建设上应首先搭建航空物流数据中心[13]。

朱一鸣认为郑州区域性金融中心、郑州航空港经济综合实验区的建设,对金融的发展与创新、物流运作的效率提出了更高的要求。提出应促进物流金融产品的创新,引导金融机构与物流企业合作开展贸易融资业务,剖析了郑州航空港经济综合实验区开展物流金融的业务模式。魏华阳对郑州航空港经济综合实验区的金融创新提出了几点建议:首先,金融创新以减少风险、稳定收益为航空港区内高端制造业的创新提供金融支持,分散风险、实现创新以带动中原经济区制造业整体水平的提升,以区域经济的整体收益来支撑港区内高端制造业的创新;其次,航空物流与现代服务业的生产性服务必须以提高商品流转速度、降低商品流转费用为目标，再次，非生产性服务业的发展是航空港区实现社会、生态、文化一体化的关键所在，规模化的大银行与民间中小金融服务机构的有效结合是共同满足金融创新的现实路径；最后，金融业作为现代服务业，必须不断与各产业实现融合，利用信息化手段进行非制度化的金融创新，以适应航空港区特有的政治、文化、经济、社会建设是金融创新的自身发展之路[14]。

2.2 行业物流发展

(1)物流企业发展研究

物流企业是物流业发展的主体，企业的发展状况也是物流业发展状况的一个体现。因此对物流企业的研究始终是我省学者们研究的重点方向之一。

对河南省物流企业的整体分布情况，贾兴洪从微观层面分析了河南省各市物流企业网点的空间集聚状况，发现物流企业网点向主城区集中，在主城区则明显有物流企业网点集聚区的存在。这些集聚区主要分布在外环高速路、物流服务市场和火车站场附近，并且每个城市都形成了数量不同、规模不一的物流网点集聚区。对于物流企业网点空间聚集研究，有利于宏观把握河南省物流发展变化和方向，为省物流整体规划提供参考[15]。

张平从风险管理的角度研究了物流企业转型，认为由于社会经济的进一步发展以及物流行业功能的增加和改变，物流企业将面临着更为繁杂的发展环境和较高的业务执行标准，新的发展形势意味着物流企业将面临更多的风险。物流行业具有广阔的发展前景，从风险管理角度出发推进物流企业管理转型，将使物流企业更好地面对新的发展环境，减少风险隐患，控制风险成本，从而推动物流行业的良性稳健发展[16]。张莉以企业信用评价的相关理论研究为基础和指导，对交通运输物流企业信用评价体系及评价模型进行了基于不同评价主体的具有针对性的分析和研究，并对企业诚信水平的监控和维护提出了诚信预警机制和保障机制。熊育伟提出用“物流低碳度”的概念对物流企业的低碳发展水平进行衡量和测算。从物流设施、技术装备、运营管理、能耗与碳排放以及生态环境等方面，构建了一个多指标、多层次、综合全面性的评价指标体系，科学合理地评价物流企业的低碳发展水平。通过建立的评价模型，为各地开展的物流企业低碳发展提供参考，帮助企业管理者更好地量化对物流企业的低碳管理，实现物流企业的低碳发展[17]。刘华利用结构方程模型对物流配送企业客户关系管理影响因素之间的关系进行了深入研究，发现在客户支持与服务管理中，服务档案管理对其影响最大，对销售管理影响最大的观测变量是企业资源查询，对客户市场管理影响最大的因素是客户市场信息管理，对客户服务影响最大的因素是抱怨投诉[18]。

戚萌认为运用营销手段指导第三方物流企业运营发展已成为大势所趋，提出根据用户期望细分市场，能够找到物流供给及需求之间的内在联系，最大限度地发挥各物流企业的优势，建立其核心竞争力。通过对外部环境、竞争结构和企业能力的分析，帮助第三方物流企业选择合适的目标市场。通过市场细分和定位目标市场，最终确定第三方物流服务可选模式为标准化和个性化的定制服务模式[19]。第四方物流是物流业发展的必然趋势，“菜鸟”计划的实施引起了人们对第四方物流的讨论。程婕认为，第四方物流的基本含义是指不参与具体物流活动，只对物流活动进行系统设计、资源整合、经营管理、信息共享，提供物流解决方案或供应链方案，并以此为交易活动的全过程，是一种新的物流运作模式。第四方物流是物流市场发展的阶梯，它集电子商务与电子政务于一身，是物流市场运作活动的具体组织者、协调者、服务者和监督者，是传统物流向现代物流发展的引导者，中国第四方物流发展的条件已基本成熟[20]。

刘菲运用 DEA 方法将物流企业的生产过程分为盈利化和市场化两个阶段，构建了基于两阶段 DEA 模型的物流企业经营效率投入产出指标体系，对物流上市公司经营效率评价。结果发现我国物流上市公司在两个阶段的经营效率普遍未达到技术有效，存在着较大的改进空间；市场化效率低于盈利化效率，普遍存在重视盈利能力而忽视市场能力的现象；技术无效性在盈利化阶段主要由纯技术无效引起，在市场化阶段主要由规模无效性引起；经营效率受宏观环境影响较大，随经济波动变化明显[21]。

2013 年 8 月 1 日，在全国范围内开展“营改增”试点行业，包括交通运输业和部分现代服务业的 7 个门类。但“营改增”试点推行后，不少物流企业却出现了税负增加的现象。因此王淑英等人对新办物流企业增值税纳税人身份运用净利润法进行选择,研究进行合理的纳税人身份选择是否可以有效减少物流企业的税收负担,提出在利用净利润法选择新办纳税人身份时,要注意企业应满足的前提条件,在对新办纳税人身份选择时还要考虑企业的成本效益原则[22]。

(2)农村物流

作为粮食核心生产区的河南省,其农村物流的发展对农业、农村的发展都是至关重要的因素。我省学者对农村物流的研究也投入了大量的精力。主要从农产品物流及粮食生产进行研究。除此,随着电子商务的发展及在农村中的应用,电子商务与农村物流的关系研究也逐渐成为了一个趋势。这些研究不仅指出了我省发展农村物流中存在的问题,也对我省农村物流发展提出了不少可取建议。

对于农产品物流的研究,刘阳从供应链一体化导向的视角分析了农产品物流整合模式的问题,认为农产品供应链一体化物流模式可以将分散而薄弱的农民生产者以公司的形式组织起来,从而增强对于农产品流通环节的影响力,实现增收的目的;充分发挥农产品流通里中介组织的作用,可以提高农产品物流的效率和质量,并最终可以给农产品消费者提供更加准时、优质、安全的农产品[23]。城市作为农产品的最终销售地,迫切需要新鲜、低价、多品种的农产品供应,如何以最快的速度、最好的质量将新鲜的农产品运送到消费者手中是城市农产品配送系统亟待解决的关键问题。曹立新针对城市生活小区农产品配送系统进行了分析研究,为解决当前城市农产品的配送问题、改善城市居民生活水平、提高农民收入提供参考。考虑到农产品的易腐败特征和配送中心的配送能力限制,狄卫民建立了易腐农产品配送中心选址问题的0-1整数非线性规划模型,可以对农产品配送中心选址提供理论指导[24]。

对于粮食生产的研究,赵予新认为我国粮食产业总体上还没有改变低层次、高消耗、低效率的发展方式,小农经济为主、加工企业的集约化程度低、粮食现代物流发展滞后、产业链条短。提出要推进粮食产业发展方式的根本转变必须实现五个转变:投入产出效率的转变;粮食经济运行质量的转变;产业发展动力的转变;产业结构升级的转变;产业发展内涵的转变。并认为粮食产业发展方式转变的基本路径是:走向全产业链整合;走向以先进科技为引领;走向规模化发展;走向有序的产业化积聚[25]。李凤廷等人系统研究了粮食生产核心区建设中的粮食物流问题,根据粮食物流的实际需求和粮食供应链的本质特点,从供需双重驱动视角阐述了粮食生产核心区建设中的粮食物流运作框架[26]。

随着中国互联网的普及和网络营销的发展,未来农业电子商务将呈现巨大的发展空间。卢秋萍分析了我国有机蔬菜供应链存在的问题及电子商务与有机蔬菜供应链结合的优势,认为电子商务环境下以大型企业自身独立的封闭式一体化供应链物流模式更加适合有机蔬菜行业的性质和需求。既能使有机蔬菜企业在管理方面减少大量的资金损耗,又可以减少中间环节,提高有机蔬菜供应链的效率、质量和安全性,从而更好地解决我国当前蔬菜供应方面的诸多问题[27]。通过对规模种植农户、农资经销商、农资生产企业和电子商务平台进行调研与对比分析,任保才等人认为农资电商平台已成为今后农资销售的主要模式,发展农资电商平台的销售模式具有显著的优势,前景美好,趋势明显,其在未来3~5年内将会对整个农资行业进行重新洗牌[28]。

(3)制造业与物流业

两业联动是促进物流业发展和发挥物流业基础性支撑作用的有效途径。我省的学者对我省两业联动的发展现状进行了分析并提出了发展两业联动的路径。

江银娟通过文献查询、专家咨询的方法,分析了河南省物流业和制造业联动发展现状,运用灰色关联模型对我省制造业里的不同行业与物流业的联动发展的关联度进行测算,阐述了当前我省制造业与物流业联动发展的所处水平[29]。高詹通过对我国制造业与物流业耦合联动现状的分析,提出从营造平等发展氛围、产业集群与城市网络体系互动、信息管理水平、城镇化质量等方面进行两业联动发展路径的选择[30]。

田振中则从定量的角度对我省两业联动的发展现状进行了分析。他建立了物流业与制造业发展水平的评价指标体系,运用基于熵值法的评价模型对1991-2010年河南省物流业与制造业发展水平进行定量测度,表示河南省物流业发展综合指数、制造业发展指数及二者的协调性均处于上升态势。他建议政府应该为物流业与制造业联动发展营造宽松环境,大力促进物流外包,加强物流基础设施建设和物流标准化；制造企业应该改变“大而全，小而全”的传统观念，将主要精力集中于核心竞争力上，开展多层次的物流业务外包，加快现代物流技术在制造业物流发展中的应用，同时物流企业要通过加强物流资源整合，不断扩大网络，推进物流信息化建设，增强一体化服务能力等方面来加快物流业的发展，从而促使河南省物流业与制造业相互促进、联动发展[31]。

(4)电子商务与物流管理

电子商务的快速发展对物流企业而言，既意味着机遇也意味着挑战。针对电子商务环境下物流企业服务能力问题，赵亮等人从第三方物流角度出发研究如何提高物流服务水平，认为应用先进的物流管理系统，合理利用运输设备，减少物流运输时间会更有益于物流服务水平的提升[32]。薛朝改研究了一种新的基于 GQM 的第三方物流企业服务能力的量化评价方法。这一研究丰富了物流企业服务能力的评价理论，为企业在电子商务环境下赢得市场竞争奠定了基础[33]。

朱福庆综合运用熵权法及模糊综合评价的相关理论和方法，建立了电子商务企业物流配送中心绩效评价的模型，为电子商务企业物流配送中心的发展提出一些切实可行的建议[34]。龚婷婷通过分析网购物流配送的特点，从网购企业的角度，运用矩阵图、层次分析、多目标决策法对网购企业物流配送模式的选择进行了研究，为我国网购企业选择物流配送模式提供借鉴作用[35]。

(5)零售业与物流

随着零售业连锁销售规模逐步扩大，物流配送能力的强弱就直接决定着企业经营成本的高低，并直接影响企业的盈利能力。徐梦阳认为通过两业融合，零售业可以节省开支成本，优化供应链，提高效率，缩减运营费用成本，有利于物价的稳定，增加新的经济增长点[36]。

念延辉研究和探讨了连锁经营超市物流服务能力构成及其与物流服务质量相互关系和作用机制，从物流作业系统总体要素选择、过程要素选择和支持性要素选择三个方面进行了方案设计，从而帮助连锁经营超市在拥有既定物流服务资源的情况下，通过资源优化配置和组合最大限度地生成最优的物流服务能力，从而向市场和顾客提供最优的物流服务质量，同时降低物流运作成本，获取最佳的经济效益[37]。

(6)煤矿物流

煤炭是我省重要的能源来源，而煤炭生产危险性较大，如何在将物流相关理论运用在煤矿企业，帮助企业降低危险性，提高效率，是学者们研究的重点。

谭黎运用演化博弈论和委托一代理模型的相关理论和方法，研究了煤矿逆向物流各参与主体及其相互关系，建立了煤矿实施逆向物流的激励机制。对逆向物流构建的理论研究做了更加深入的研究，其研究侧重于研究煤矿逆向物流参与主体[38]。胡利娜采用系统协调度思想，改进原有协调度模型，进而构建了煤矿生产物流系统安全与效率动态协调发展度模型，对煤矿生产物流系统安全与效率的协调性进行了较为科学全面的动态评价及优化[39]。余华杰提出了一种新的逆向物流网络模型，即带有灰色参量的煤矿逆向物流网络混合整数非线性规划(MINLP)模型，通过分析建立逆向物流的优化模型[40]。

(7)钢铁物流

周燕飞结合河南省钢铁企业的发展现状，从实施逆向物流的驱动因素、原则等方面分析了河南省钢铁企业构建逆向物流的必要性和可行性。通过建立钢铁企业逆向物流的数学模型，分别构建了河南省钢铁企业在循环经济环境下的内部逆向物流体系和外部逆向物流体系[41]。

(8)花卉物流

张明铎，李珂等人结合河南省镇平县花卉产业发展现状分析了镇平县花卉物流运输存在的问题，从花卉冷链物流配送体系、配送机制、配送中心及信息平台建设等方面提出了镇平县花卉物流产业发展的对策[42]。

2.3 物流运作优化

(1)物流成本优化

现代物流管理理论引入我国的时间较短，目前物流成本等问题的研究还处于起步摸索阶段。郑斌斌认为物流成本与企业其他成本在性质上的最大区别是物流成本不是面向企业经营结果，而是面向客户服务过程的，因此物流成本的大小就具有了以客户服务需求为基准的相对性特点。物流成本成为企业应对市场竞争和维护客户关系的重要战略决策资源。因此他提出了从提高供应链管理能力方面控制企业物流成本[43]。对于对物流成本控制的方法，胡斌等人认为作业成本法不仅是一种有效的物流成本核算方法,而且是一种物流成本控制和管理方法。通过对作业成本的确认和计量,对所有作业活动进行跟踪、动态反映,及时提供有用的信息,促使损失、浪费减少到最低限度,提高决策、计划、控制的科学性和有效性,促进企业管理水平提高[44]。同时,张帅,李蕾分析了我国通信企业在物流成本控制与管理中存在的主要问题,通过对通信企业现有技术条件的分析,提出了具体的作业成本法应用思路[45]。另外,吕君等从成本、提前期和客服水平三方面,探讨联合库存对闭环供应链的影响,发现联合库存能够降低闭环供应链成本[46]。

与郑彬彬的思想相对应的,孙文清构建了基于APIOBPCS调节系数的三级供应链的系统动力学模型,基于库存调节系数和在途库存调节系数,对供应链牛鞭效应与供应链总成本的影响以及二者之间的关系等问题进行了探讨研究。他认为缺少调节策略的APIOBPCS模式下的牛鞭效应表现严重、供应链总成本最大;与库存调节系数相比,在途库存调节系数对供应链成本的影响更大,形成的成本更多,总成本对在途库存调节系数的变化表现出更强的敏感性;供应链牛鞭效应的放大程度跟供应链总成本的大小不存在明显的相互影响[47]。

(2)物流系统评价与预测

预测及评价是系统优化发展的两个重要方面,我省物流学者对其研究也投入了相当的精力。对我省物流整体发展的情况,有学者从定性及定量两个方面对其进行了研究分析。高詹利用数据包络分析方法中的Malmquis指数,对河南省城市物流活动效率变化进行了研究,结果表明河南省城市物流活动效率处于全面改进状态。技术进步是城市物流活动改进的主要动力,纯技术效率和规模效率的下降制约了整体效率的提高。河南省城市物流活动分布不均衡,呈现“北高南低”的空间分布。

物流服务商的评价和选择是物流外包成功与否的关键环节。刘丽琴在传统的物流服务商评价指标基础上,加入了合作稳定性和社会环境保护评价指标,构建了物流服务商的综合评价指标体系,采用AHP法与熵值法相结合确定各评价指标最终权重,并运用灰色多层次评价模型,对物流服务商做了综合评价[48]。张炎亮等人在建立了满意度评价指标体系的基础上,运用神经网络集成模型对第三方物流客户满意度进行评价,不仅解决了客户满意度评价的多输入、非线性问题,而且能够解决神经网络中泛化能力弱、极易陷入局部最小值的缺点[49]。洪运华通过建立粮食物流能力评价指标体系,并利用三标度层次分析法确定各指标权重,建立三标度层次分析法和模糊综合评价相结合的粮食物流能力评价模型,用改进的AHP法确定相应的权重,避免了使用传统方法的主观性和不一致性[50]。

物流需求量的预测对一个区域经济的发展至关重要,对区域资源的高效、合理配置影响极大。王小丽利用多因素灰色预测模型,把灰色GM(1,1)模型与多元线性回归模型加以整合,以2002~2011年河南省物流需求量实际统计数据为例,对河南省2012~2015年的物流需求量进行了预测,提高了预测的精度和可靠性,为物流需求量的预测提供了一种可靠的科学方法[51]。为促进河南省物流企业的发展和推进物流产业规划及物流政策的制定,倪金升、狄卫民利用双指数平滑法对2012~2020年河南省铁路、公路、水运和航空四种运输模式的物流需求量进行预测,并在此基础上,结合河南省实际情况提出了协调投资比例、平衡物流发展、优化产业结构、发展第三方物流、加强物流网络化建设、完善物流法律法规等建议[52]。吕淑丽利用焦作市1996年~2010年间统计数据资料作为实证研究对象,建立城市物流的支持向量机预测模型,预测结果表明该模型具有较好的拟合,支持向量机针对城市物流需求预测精度较高,为城市物流需求预测提供了有效的方法,实现了支持向量机分析方法在物流需求预测中的应用[53]。

(3)物流方案优化

在配送环节,徐光联等人研究了有容量节点在物流配送中的调节作用,提出使用带扩展的有节点环流的NIO网络流模型,为优化配送提供了一种计算方法;可以合理布局节点环流,生成网格间的物流分配优化方案。NIO网络的节点结构可用来描述现代流通网络中各节的进、出、储存等应用功能。李周芳等人利用多蚁群并行优化算法,建立了带多个约束条件的某粮库粮食物流配送问题的数学模型,优化了粮食物流的配送路径[54]。同时李周芳建立了城市蔬菜物流配送中心选址问题模型,以配送成本最低为原则,运用聚类思想以及蚁群算法在求解多目标优化问题方面的优势,提出了一种具有聚类性质的改进蚁群算法[55]。为了能较客观地选择配送中心地址,轩华等人在假定各种可量化的选址影响因素的前提下，建立了以总成本最低为目标的连锁超市配送中心选址模型，然后运用启发式法求出最优解。然而，由于选址问题往往涉及大量的数据处理及各方面的因素分析，因此未来的研究可深入探讨涉及更全面影响因素的选址问题[56]。

张毅等人建立了带软时间窗的车辆路径模型，在标准遗传算法的基础上提出了改进的遗传算法，分别运用标准的遗传算法和改进的遗传算法对模型进行了求解。通过求解的结果，可以看出改进的遗传算法在达到最优解代数、总等待时间、总延误时间、总路程和总成本等方面优于标准的遗传算法，对于解决带软时间窗车辆路径问题具有一定的实际意义和参考价值[57]。李利晓提出一种基于代价目标约束的物流车辆最优路径选择算法，对各个意外和惩罚性因素统一为代价因子，对各个环节下的代价因子进行目标约束，运用多目标约束理论，计算最优化的路径选择结果，提高物流网络调度效率[58]。

(4)物流技术设备升级

先进的物流设施与设备是物流过程高效、优质、低成本运行的保证。随着城镇化的发展，传统的物流作业方式已无法满足快速消费品物流增长的需求。张飞飞介绍了一种新型袋装物资仓储入库设备，并通过与传统人工作业、柔性集装袋作业方式比较，从先进性、经济性、绿色环保等方面分析了桥式自动码垛机在仓储作业中应用的可行性[59]。陈宏斌等人根据我国平房仓、楼房仓、立筒仓和浅圆仓等不同仓型的发展历程，阐述了各种仓的仓型特点，他们认为新仓型和新技术发展是完善粮食储备和应急加工体系，增强粮食宏观调控能力，适应粮食现代物流发展趋势，确保粮食安全的关键[60]。通风除尘系统是现代粮食物流系统中不可或缺的一部分，良好的除尘系统也日渐成为粮食物流企业对粮食物流系统设计的重要要求。秦彦霞等人通过对通风除尘系统设计中几个重要参数的选取进行分析和研究，从而改进对整个粮食物流系统的优化设计[61]。

(5)物流相关法律规范

蒋军洲对物流的法律适用进行了细致地分析，这是物流在法律领域研究的一个重要学术成果。他认为物流是一种包含了多种内容的一体化给付，根据合同法所坚持的合同类型化立场，其法律含义不太容易明确。在学术界，物流合同被视为非典型合同，在商事实践中尚未形成固化的模式，在司法实践中尚未形成具有司法实践指导意义的法律适用规则，其法律适用的合适通道只能是法律类推，因此物流合同适用的是承揽规范。他提出物流的法律适用与规范自然涉及两个方面：物流服务的法律适用与物流营业的市场准入与调控。物流的法律面相首先应该是且确实是私法的面相，国家对其发展干预的一面，应完全归于法律政策学的思考范围，其背后的理论基础应更多来源于经济学论景。由此而言，物流法的研究应该是预先准确界定物流的本性，然后在现行法律框架内探索其法律规范的适用，之后是对物流营业的宏观调控，抓住物流营业所涉及的公共利益与公共安全，准确掌握管制与放松的度[62]。

2.4 物流信息系统与信息技术

信息是物流发展过程中至关重要的问题，而信息共享及有效传播是学者研究的热点。肖荣娜，安刚认为从促进物流信息微循环的角度出发，应建立一个“智能的、公共的、多协议的单证交换系统”作为企业间数据交换的中转中心，使用该交换系统可实现与公共平台之间或企业之间单证信息的快速、准确交换及共享，从而解决企业间的数据传输和数据异构问题[63]。智慧物流公共信息化平台是另一解决此问题的方法。智慧物流公共信息化平台是基于智慧物流理念，融合云计算、物联网、三网融合等最新技术，提供物流信息、技术、设备等资源的共享服务，通过网络统一管理和调度计算资源，整合供应链各环节物流信息、物流监管、物流技术和设备等资源，面向社会用户提供信息服务、管理服务、技术服务和交易服务。龚关探讨了智慧物流的概念、基本特征及功能、智慧物流公共信息平台功能和平台结构模型，给出了智慧物流的典型应用与发展方向[64]。

物流信息技术是物流现代化的标志，不仅可以使企业获得更大的竞争优势，更能产生新的物流经营方式。如何将先进的技术引入物流领域亦是学者关注的重要方面。高连周将 ERP 与物流信息管理系统联合论述，试图通过 ERP 技术和企业物流管理思想的有机结合，促使一个崭新的、具有先进科学管理优势的物流运作模式得以产生并发挥作用，从而使得物流供应链一体化思想和信息化的系统性、集成性优势得到体现。同时他还探讨了物联网的原理与特点和物流信息系统的要求,论述了基于物联网的现代企业物流信息系统的设计原则与原理,提出了基于物联网的现代企业物流信息系统的设计目标与结构设计模型,并通过数据分析实现了系统的应用[65]。刘兆瑜深入探讨了传统物流信息系统,以及借助于GIS技术平台的物流信息系统的特征与不足;提出了面向服务的GIS物流信息系统的构架,并以ArcIMS以及ArcSDE为基础,开发出原型系统[66]。

条码技术是实现物流信息自动采集与输入的重要信息技术。于彦峰等人采用基于SOPC技术来实现二维条形码识别的方法,建立了识别系统。他们认为这种系统可以大大提高条码识别速度,简化了设计电路,增强了系统稳定性,提高了系统资源利用率,且便于维护和升级,对算法进行了优化,进一步提高整个系统的识别速度[67]。李怀强提出RFID与3G技术在物流管理中综合应用,使我国物流管理业借助物联网技术,形成物畅其流、快捷准时、经济合理、用户满意的智慧物流管理服务体系,将促使中国物流管理业技术变革,为物流管理的发展提供新的市场机遇[68]。

焦爱军指出开元对接团队从铁道货运作业过程和货车中转通过效率入手,跟踪交通运输领先企业的现场信息管理技术实况,进一步协同已采用多年的RFID货车跟踪系统;持续以动态信息资源优化配置和站场安全风险过程控制提升为例,建设性对接当前货运机车已普遍装备的车载LKJ、LAIS等物联信息采集与无线传输模块。系统专业化提出基于既有车载无线接入与载运车辆局界间刷卡动态、云计算信息[69]。

2.5 供应链管理

供应链是由供应商、制造商、仓库、配送中心和渠道商等构成的物流网络。供应链管理,是指使供应链运作达到最优化,以最少的成本,令供应链从采购开始,到满足最终客户的所有过程。2013年主要针供应链节点管理、供应链合作机制、供应链行业应用等进行了研究。

(1)供应链节点管理

在供应链系统中,节点企业之间的有效协作能够解决核心企业因自身运作能力的不足而无法独立完成某项任务的问题。为解决节点企业行为的不确定影响供应链系统性能的问题,黄永涛等人提出了一种应用Pi-演算对供应链的节点企业行为进行随机分析的新方法,发现各节点企业订单处理能力的强弱可以决定其对供应链上客户订单操作成功率的相对影响的大小[70]。姚远分析了零售商的支付方式问题,得出当供应商适当的选择交货付款价格和提前支付价格时,零售商采取提前支付或交货付款的预期收益相同;其次,违约事件比较少的情况下,供应商的违约概率很大程度上取决于供应商违约的相关系数,且随着供应商违约相关性从高度正相关到高度负相关变化时,零售商的收益逐渐减小,供应商收益逐渐增加,整个供应链的收益逐渐增加[71]。王志涛等人以交易成本的三个维度为研究视角,从理论上分析了食品供应链上的交易主体在交易成本约束下的契约选择行为,进而考察其对食品安全供给的影响[72]。王振锋在研究供应链系统设计问题时,将服务供应链系统设计分解为截流选址问题、服务供应商选择问题和服务设施选址问题,发现在服务供应链系统进行设计时,服务水平高低均不意味着高利润,应该综合考虑各方面因素,选择合适的服务供应商、服务设施和服务水平,来实现系统的利益最大化[73]。

(2)供应链合作关系

供应链管理的核心内容是如何构建长期稳固的供应链合作伙伴关系。供应链合作关系是供应链内部两个或两个以上独立的成员为实现某个特定的目标而形成的一种合作关系。通过建立供应链合作伙伴关系,企业可以借助于合作伙伴之间快速的信息传递和高度的信息共享,充分利用各合作方的核心资源,加快新产品的设计、制造和配送,实现产品和服务的差异化,降低供应链运营成本,缩短供应链的响应周期进而提高整个供应链的运作绩效和竞争能力。为了充分利用产业集群的内部和外部资源,增强我国产业集群的竞争优势,集群式供应链被认为是一个能够起到关键作用的模式。薛霄,魏哲等人认为集群式供应链的实施亟需将管理理论与服务系统的实际构建相结合,解决企业协作联盟构建中的各种障碍。同时他们也描述了集群式供应链协作联盟的静态模型和动态模型[74]。作为一种新管理模式的集群式供应链,还可帮助中小型企业实现“蚁群效应”,获取更多利润,但其目前缺乏技术支撑。针对该情况,安吉宇等人采用Agent技术构建集群式供应链的业务逻辑模型,提出一种将Agent技术与Web Service技术优缺点互补的建模方法,在Swarm中仿真Agent模型,在

MyEclipse 的 XFire 中开发 Web Service 模型。仿真结果表明,该建模方法将建模技术与经济管理技术相结合,通过重复实验挖掘现象背后的经济学、社会学本质,为集群式供应链提供技术支撑[75]。

供应链协同从系统和全局的高度看待企业关系,在追求整体绩效目标的同时实现成员企业更为持久的利益。张倩放宽一般博弈论中理性人的假设,运用混合建模方法构建了有限理性下的供应链合作博弈模型,从模拟结果来看,对于供应链整体来讲,无论采取什么样的利益分配方式,合作总是有效的,即供应链成员的利益不是对立的,而是一致的,通过合作,在个体理性的基础上可以一定程度地实现集体理性,供应链合作博弈是非零和博弈[76]。曹永辉运用实证方法探讨了供应链协同与供应链运营绩效的维度构成,以及供应链协同对供应链运营绩效的影响。他认为供应链协同中的信息共享对供应链运营绩效中的交货期、柔性能力、产品质量具有正向作用,而同步决策对供应链运营绩效中的交货期、顾客服务、产品质量具有正向作用,只有激励联盟对供应链运营绩效的全部维度具有正向作用。因此对企业而言,为提高供应链运营绩效,除注重信息共享、同步决策外,还要特别注重激励联盟给合作带来的利益,只有充分发挥协同效应,才能提高供应链运营绩效[77]。杨利军认为分散型决策结构更符合供应链管理的一般特征,多参与主体、多目标冲突环境等复杂因素共同影响协同的实现。利益-风险机制和关系机制在分散型决策结构下共同推动企业参与协同,两种机制相互影响。利益-风险机制具有基础性作用,关系机制通过资产专用性投资来建立,是供应链协同实现的必要条件[78]。

曹永辉认为供应链合作关系中的信任和未来期许均对于供应链运作绩效中的产品质量和客户服务水平具有正向影响作用,而对于产品具有负向作用。供应链合作关系中的合作意愿仅仅对于产品质量和客户服务水平具有正向影响作用,但是对于成本的影响没有明显作用。因此对于企业而言,要提高供应链运作绩效水平,应综合考虑供应链合作关系的维度,可根据实际情况加强各种合作行为,全面提升双方合作的绩效[79]。同时,孙文清以二级供应链为研究对象,建立了基于合作变量的核心制造商与零售商的供需数学模型,并对模型进行了分析和仿真。他认为与非合作模式相比,制造商与零售商的合作程度增强,有利于产品销售量和供应链总利润的增加;供应链合作存在一个稳定的利益分配平衡点,从而论证了供应链成员企业建立长期双赢的战略同盟的理论基础,为供应链企业的合作提供了理论依据[80]。

(3)供应链的行业应用

供应链作为现今企业面对竞争的战略选择,在实践中已经经过了充分的应用。孟超分析了我国鲜活农产品的质量安全的现状、供应链各环节存在的问题及农产品质量安全问题发生的机理,综合运用供应链理论、现代农业产业化经营理论,并结合国外供应链管理中质量安全保障的先进经验,构建出基于供应链管理的协调优化的鲜活农产品质量安全体系[81]。

张世勋基于再制造和生态的视角将影响系统的因素进行了简量化处理,借助系统反馈结构模型对变量之间的因果关系和数量关系进行了确定,建立了再制造生态供应链系统的动力学模型,并对其进行仿真,根据仿真的结果给出了再制造生态供应链优化的政策建议[82]。

陈展则对供应链金融进行了研究。供应链金融是专门针对中小企业融资难而产生的一种金融创新模式,主要利用了供应链中核心企业与配套企业的合作关系,是基于核心企业的信用担保,分析配套企业是否能够通过经济运营获得足够的未来现金流来保证还款的进行,与物流企业进行合作,灵活地使用存货、应收账款等动产作为担保,为供应链上下游企业提供的创新型金融产品和服务[83]。

2.6 物流金融

目前,中小企业的发展备受关注,融资是制约中小企业发展的重要因素。物流金融是解决此问题的重要途径。物流金融作为物流业与金融业的结合物,是一种新兴的金融服务产品,能有效整合物流、资金流、信息流,提高整个供应链的效率,对促进金融业、物流业和整个经济发展都具有重要作用。

耿甜甜分析了河南省"中小企业"物流金融模式的发展现状,存在的问题,并通过国内外融资模式比较与借鉴,说明各融资模式的优点,在此基础上完善河南省"物流金融"融资模式[84]。欧阳菲详细分析了物流金融业务的发展历程与创新模式,研究了物流金融业务的风险识别,有针对性地提出物流金融业务风险防范的措施[85]。刘康分析了国内外的物流金融业务模式,国外的有存货抵押融资模式和应收账款融资模式,国内的有代客结算服务模式、质押模式、信用担保模式和综合业务发展模式,提出了中原经济区开展物流金融的业务模式[86]。

供应链融资作为涵盖传统流动资金贷款、国际贸易融资以及相关负债、中间业务的整合性概念,具有适应变化的市场环境和中小企业的迫切融资要求的旺盛生命力。王殊将传统贸易融资置于供应链背景下,根据目前中小贸易企业实施供应链面临的问题,探讨其发展的生态环境,构建了适合中小企业的供应链融资体系[87]。胡晓在对供应链融资的三种现行模式(融通仓融资模式,保兑仓融资模式,应收账款融资模式)进行分析的基础上,阐述了供应链融资体系中各个主体带来的五种风险,并针对每种风险提出了相应的规避措施[88]。

在物流金融的具体开展形式上,任慧军等指出保兑仓模式是惠及买方、银行、卖方和物流企业资源参与主体的一种多赢的新兴模式,该模式一般适用于市场相对稳定或呈上升趋势的环境中。依据该模式业务的流程,分别对各个业务环节上可能存在的风险进行分析,并提出了防范与控风险的措施,进而达到降低整体交易风险的目的,以实现参与主体的利益最大化[89]。吴浩等人针对将结构金融应用于道路运输产业的实施方案,运用规范研究与逻辑演绎相结合的研究方法,分别探讨结构金融应用于道路运输产业的实施思路和企业主导模式与政府主导模式,并结合道路运输产业的运营与管理特点,提出结构金融产品应用的四种设计方案。认为应用结构金融产品促进资金向优势道路运输企业集中,对于推进道路运输企业规模化经营和跨越式发展,推动道路运输产业向现代物流业升级和实现可持续发展意义重大[90]。念延辉指出在物流产业集群内部构建政策性融资平台是在物流产业领域对公共财政资金的一次创新性使用,通过该平台可以有效地解决我国物流产业集群发展的融资瓶颈和提升其整体竞争力[91]。

2.7 低碳绿色物流

随着大家对低碳绿色经济发展日益重视,低碳物流、逆向物流及绿色物流近几年也是我省研究的重点。

余沛对 2001 到 2010 年河南省物流行业的 CO2 排放数据进行了核算和分析后得到:2001 年到 2010 年河南省物流业碳排放总量从 510.3 亿 t 增加到 1 972.6 亿 t,总量增长迅速,年均增长速度高达 20.9%,是同期 GDP 增长速度的 2 倍,因此河南省物流业面临的碳排放压力十分重大。而马志军基于对低碳经济对经济可持续发展的重要性和物流发展与低碳经济的相关性研究,提出了物流新业态的发展必须通过复合型人才培养,物流资源整合,技术装备改进,能源管理信息系统导入和低碳物流法律制度完善几个方面入手,才能走出一条可持续、良性发展之路[92]。

李伟等人在对具有混合销售渠道和回收渠道的闭环供应链研究下,以博弈论为研究方法建立了集中决策和分散决策 3 种回收模式下的定价模型。并根据最优利润策略的比较发现:存在一个回收价格差敏感度的临界值,当消费者对回收价的敏感度大于此临界值时,制造商参与回收的 2 种模式是最好的选择;否则,委托零售商和第三方混合回收。二部定价契约可实现分散决策下闭环供应链的协调。渠道间竞争加剧对制造商和整个闭环供应链系统是有益的,但其不是越剧烈越好[93]。

任玉焕从绿色物流的角度,对河南省发展农产品绿色物流进行了分析,找出制约其发展的主要问题:农产品绿色物流观念上的认识不足,绿色物流技术落后,物流信息化水平不高,缺乏专业的农产品绿色物流人才,农产品物流的现代化程度低,政策和制度不完善。最后提出了河南省发展农产品绿色物流的对策,认为要加大政府扶持力度,提高对农产品绿色物流价值的认识;加快培养专业的农产品绿色物流人才;提高农产品物流现代化水平;在包装、储运和加工环节实行绿色化[94]。潘云飞等以绿色物流企业为主要研究对象,建立了一套基于模糊综合评价方法的绿色物流绩效评价指标体系,对绿色物流的绩效进行综合评价,通过深入分析,发现绿色物流企业仅仅依靠自身进行"绿色"的过程中,对生态环境的影响十分有限,对自身业绩的提升不明显。政府应通过合理的税收政策和绿色补贴来鼓励企业的绿色物流行为[95]。

3 学科未来的发展趋势

物流管理作为一门新兴学科,有无限的发展潜力。事物的真理是在前仆后继的研究探索中显现出来。在以往的研究基础上,物流学科的理论和实践研究,也将会随着社会经济的繁荣发展而一步一步地深入精髓,未来的物流学科研究应该还会有更大突破。

从河南省现代物流发展态势和区域经济社会发展趋势来看,未来几年我省在现代物流方面的研究,可能会偏重于以下几个领域:

(1)临空产业作为一种新兴的经济形态,对区域经济的引擎作用日益凸显。地处内陆腹地的河南,随着郑州航空港经济综合实验区的建立和瞩目发展,临空产业的不断壮大发展,参与全球产业链的分工与合作将日益深入,承接国内东部发达地区产业梯度转移的速度将日益加快。因此,支撑临空产业发展的现代物流产业,尤其是航空物流业,将是近几年河南省物流学术界研究的追捧热点,同时也期待有建设性的物流研究成果用以推动临空产业和航空物流的突飞猛进。

(2)郑欧国际铁路货运班列2013年7月18号于郑州启程。截止到2013年底已开行了10余趟国际班列。郑欧班列不仅是连通郑州到欧洲、沟通世界的国际铁路物流通道,也是支撑"丝绸之路经济带"快速发展的重要纽带和物流大动脉。因此着眼于由郑欧班列所拉动的"丝绸之路经济带"区域经济变革与供应链协同的实现,将是未来河南省物流领域研究的另一个热点。

(3)自2012年9月,郑州与杭州、宁波、上海、重庆一起成为国家五个"E贸易"试点城市。其中,郑州成为全国唯一一个综合性"E贸易"试点,这将为河南省开通一条网上"丝绸之路"。同时,临空产业、郑欧班列的崛起为河南E贸易的发展提供了更有力的契机,三者之间紧密相连,共同将郑州与全国、与世界联系起来。因此,E贸易对我省物流业、电子商务等的发展将是河南省物流领域研究的另一个热点。

(4)建设国家粮食生产核心区,与建设中原经济区、郑州航空港经济综合实验区一起,并称为河南三大战略目标。粮食问题现今已经成为世界性的问题,具有"中国粮仓"美誉的河南省是我国重要的粮食生产基地。因此,我省大力发展粮食物流及粮食供应链,实现生产环节与加工环节的对接与整合,将有效降低粮食物流成本,更好地推动粮食生产核心区的建设。因此,基于粮食生产核心区的粮食物流等相关研究将是河南省物流领域研究的另一个热点。

主要参考文献

[1]介翔.物流发展与地方经济发展关系研究——以河南省为例[J].物流技术,2013,13:351-353.

[2]王小丽.河南省区域物流能力评价及实证研究[J].物流技术,2013,03:12-14.

[3]孙植华.郑州市物流产业集群竞争力评价研究——以中部地区为研究区域[J].物流技术,2013,13:249-252.

[4]王啸啸,张蕾,李爱增,胡治杰.河南物流与区域经济发展协调性研究[J].河南科技,2013,21:234+240.

[5]王志峰.物流园区企业化运营管理模式分析[J].中国储运,2013,11:105-106.

[6]白东灵.郑州中牟汽车物流园区规划方案[D].郑州大学,2013.

[7]刘旭.基于关键链技术的大型粮食物流园区进度风险控制研究[D].河南工业大学,2013.

[8]方伟磊.中原经济区背景下河南物流业如何发展[J].经济研究导刊,2013,36:87-88.

[9]刘建朋.中原经济区完善城市物流配送体系研究[J].铁道运输与经济,2013,07:80-83.

[10]常林朝,仝新顺.中原经济区三化协调的物流业发展思考[J].物流工程与管理,2013,02:4-7.

[11]张红丽,宋闯.面向郑州航空经济综合实验区的郑州物流企业应对策略研究[J].物流科技,2013,09:28-30+33.

[12]张占仓,孟繁华,杨迅周,李明,陈峡忠.郑州航空港经济综合实验区建设与发展研究综述[J].河南科学,2013,07:1080-1084.

[13]鞠红.郑州航空港经济综合实验区航空物流服务链整合研究[J].物流工程与管理,2013,02:8-10.

[14]朱一鸣.郑州航空港经济综合实验区发展物流金融模式探析[J].金融理论与实践,2013,07:66-68.

[15]贾兴洪.河南省物流企业网点空间集聚的实证研究[J].河南科技学院学报,2013,09:10-12.

[16]张平.基于风险管理视野推进物流企业管理转型[J].物流技术,2013,21:70-72.

[17]熊育伟.物流企业低碳发展水平评价研究[D].郑州大学,2013.

[18]刘华.基于结构方程模型的物流配送企

业客户关系管理研究[J]. 物流技术,2013,21:256－258.

[19]戚萌. 基于市场细分的第三方物流服务模式选择[J]. 物流技术,2013,21:73－75.

[20]程婕. 我国第四方物流发展新进程——“菜鸟”计划的性质及其前景分析[J]. 中外企业家,2013,13:15－17.

[21]刘菲. 基于两阶段DEA模型的物流上市公司经营效率评价研究[D]. 河南工业大学,2013.

[22]王淑英,侯红纳,时郁. 基于净利润法的增值税纳税人税务筹划研究——“营改增”政策下新办物流企业的身份选择[J]. 河南财政税务高等专科学校学报,2013,06:1－5.

[23]刘阳. 供应链一体化导向下农产品物流整合模式研究[J]. 物流技术,2013,09:51－53.

[24]狄卫民,岳耀雪,陈国民. 有配送能力限制的易腐农产品配送中心选址方法[J]. 计算机应用研究,2013,01:202－205.

[25]赵予新. 粮食产业发展方式转变的标志与路径选择[J]. 农村经济,2013,08:51－54.

[26]李凤廷,侯云先,胡会琴. 粮食生产核心区建设中的粮食物流运作模型——基于供需双重驱动的视角[J]. 中国流通经济,2013,05:35－41.

[27]卢秋萍. 电子商务环境下有机蔬菜供应链的设计及应用对策[J]. 物流技术,2013,15:221－223＋247.

[28]任保才,马新明. 农资电商平台发展浅析[J]. 中国农学通报,2013,11:198－202.

[29]江银娟. 河南省制造业与物流业联动发展的路径与对策研究[D]. 河南工业大学,2013.

[30]高詹. 城镇化进程中的制造业与物流业联动发展研究[J]. 兰州学刊,2013,09:113－118.

[31]田振中. 河南省物流业与制造业联动发展的协调性评价[J]. 物流技术,2013,09:350－352.

[32]赵亮,张茜,王莹. 基于系统动力学的电子商务第三方物流研究[J]. 物流技术,2013,09:319－322.

[33]薛朝改. 电子商务环境下第三方物流企业服务能力的评价[J]. 物流技术,2013,09:18－22.

[34]朱福庆. B2C电子商务企业物流配送中心绩效评价研究[D]. 郑州大学,2013.

[35]龚婷婷. 网购企业物流配送模式选择研究[D]. 河南工业大学,2013.

[36]徐梦阳. 城镇化建设背景下零售业物流业融合问题研究[J]. 物流技术,2013,13:64－66.

[37]念延辉. 连锁经营超市的物流服务能力及服务质量研究[J]. 物流技术,2013,09:147－149＋152.

[38]谭黎. 煤矿企业逆向物流的演化博弈分析及激励机制研究[D]. 郑州大学,2013.

[39]胡利娜. 煤矿生产物流系统安全与效率动态协调发展度模型研究[D]. 郑州大学,2013.

[40]余华杰. 煤矿逆向物流网络建模与优化研究[D]. 郑州大学,2013.

[41]周燕飞. 循环经济下河南省钢铁企业逆向物流体系构建[D]. 郑州大学,2013.

[42]张明铎,李珂,张俊博. 浅析镇平县花卉物流运输发展对策[J]. 交通科技,2013,S1:131－133.

[43]郑斌斌. 基于提高供应链管理能力的物流成本控制研究[J]. 中国市场,2013,22:15－16＋34.

[44]胡斌,冯艳薇. 实例分析作业成本法优化物流作业流程[J]. 物流工程与管理,2013,07:80－81.

[45]张帅,李蕾. 通信企业物流成本控制中作业法的应用[J]. 会计之友,2013,04:38－39.

[46]吕君,丁乙然. 面向闭环供应链柔性的联合库存管理研究[J]. 管理现代化,2013,03:57－59.

[47]孙文清. 基于APIOBPCS调节系数的供应链系统仿真与成本优化[J]. 工业工程,2013,06:134－140.

[48]刘丽琴. 基于组合权法的物流服务商灰色多层次评价与选择[J]. 物流技术,2013,21:318－320＋335.

[49]张炎亮,胡琳琳,李亚东. 基于神经网络集成的第三方物流客户满意度测评[J]. 工业工程,2013,03:84－88.

[50]洪运华. 基于改进AHP的粮食物流能力模糊综合评价模型研究[J]. 物流技术,2013,05:387－389＋398.

[51]王小丽. 河南省区域物流能力评价及实证研究[J]. 物流技术,2013,03:12－14.

[52]倪金升,狄卫民. 河南省物流需求预测分析及发展对策研究[J]. 物流技术,2013,17:178-181.

[53]吕淑丽. 基于支持向量机的城市物流需求预测研究[J]. 现代管理科学,2013,11:88-90.

[54]徐光联,马晓录. 基于节点环的物流网格配送方法[J]. 科技和产业,2013,07:110-115.

[55]李周芳,杨桦,徐振强. 具有聚类性质的蚁群算法在城市蔬菜物流配送中心选址问题中的应用[J]. 中国农机化学报,2013,05:206-209.

[56]轩华,郑民,王庆爽. 连锁超市自建配送中心的选址问题研究[J]. 物流技术,2013,21:126-129.

[57]张毅,丘海礼,朱江. 改进逼近理想解排序法的供应商评价和优选[J]. 河南科技大学学报(自然科学版),2013,03:100-104+112.

[58]李利晓. 基于代价目标约束的物流车辆最优路径选择[J]. 科技通报,2013,08:214-216.

[59]张飞飞. 桥式自动码垛机在物流企业应用的可行性分析[J]. 中国储运,2013,04:97-98.

[60]陈宏斌,魏克娴,王永巍. 我国粮食储备库新仓型的现状及发展[J]. 农业机械,2013,17:67-70.

[61]秦彦霞,夏永星. 粮食物流系统中通风除尘系统几个重要参数的选择[J]. 粮食流通技术,2013,03:40-41.

[62]蒋军洲. 物流的定性及其法律适用与规范[J]. 中国流通经济,2013,03:107-114.

[63]肖荣娜,安刚. 供应链企业信息交换与共享存在问题分析[J]. 中国物流与采购,2013,11:70-71.

[64]]龚关. 信息技术视角—构筑智慧物流公共信息平台 开启智慧物流新时代[J]. 物流技术,2013,18:87-90.

[65]高连周. 物流企业信息平台安全体系研究[J]. 信息安全与技术,2013,03:38-40.

[66]刘兆瑜. 面向服务的GIS物流信息系统构架研究[J]. 物流技术,2013,05:452-454.

[67]于彦峰,任全会. 基于SOPC二维条形码识别系统设计与实现[J]. 电子器件,2013,02:278-281.

[68]李怀强. 物联网在物流管理中应用研究[A]. 中国运筹学会企业运筹学分会. 中国企业运筹学[2013(1)][C]. 中国运筹学会企业运筹学分会:,2013:6.

[69]焦爱军,. 基于北斗应用对接的车载物联节点框架与开发[A]. 中国科学技术2013:6.

[70]黄永涛,王刚,任秉银,张浩云. 基于Pi-演算的供应链节点企业行为的随机分析[J]. 计算机集成制造系统,2013,01:165-172.

[71]姚远. 供应商的相关违约对供应链的收益影响分析[J]. 运筹与管理,2013,05:84-89.

[72]王志涛,谢欣. 契约选择与食品的安全供给:基于交易成本的视角[J]. 江苏商论,2013,10:3-8.

[73]王振锋,徐广印,姚新胜,于恩中. 考虑服务水平的服务供应链系统设计[J]. 上海管理科学,2013,03:22-24.

[74]薛霄,魏哲,曾志峰. 基于集群式供应链的企业协作联盟及其服务支持系统[J]. 小型微型计算机系统,2013,01:107-114.

[75]安吉宇,翟钰琦,薛霄,梁艳敏,王珍珍. 基于集群式供应链的建模方法研究[J]. 计算机工程,2013,05:88-91+100.

[76]张倩. 有限理性假设下供应链合作博弈的定性模拟研究[J]. 上海管理科学,2013,03:25-30. [77]曹永辉. 供应链协同对运营绩效的影响[J]. 中国流通经济,2013,03:44-50.

[78]杨利军. 分散型决策结构下供应链协同实现机制的理论探讨[J]. 科技管理研究,2013,15:256-259.

[79]曹永辉. 供应链合作关系对供应链绩效的影响——基于长三角企业的实证研究[J]. 经济与管理,2013,02:44-50.

[80]孙文清. 基于核心企业的二级供应链成员利益分配机制研究[J]. 物流技术,2013,23:312-314+355.

[81]孟超. 基于供应链管理的鲜活农产品质量安全研究[D]. 河南师范大学,2013.

[82]张世勋. 再制造生态供应链建模及仿真研究[D]. 郑州大学,2013.

[83]陈展. 中国供应链金融的发展研究[D]. 河南大学,2013.

[84]耿甜甜. 河南省中小企业“物流金融”融资模式研究[D]. 郑州大学,2013.

[85]欧阳菲. 我国物流企业物流金融风险的

防范措施研究[J]. 金融理论与实践,2013,11:109-111.

[86]刘康. 中原经济区物流金融业务发展研究[D]. 河南大学,2013.

[87]王姝. 商业银行对中小贸易企业实施供应链融资问题研究[J]. 金融理论与实践,2013,06:48-53.

[88]胡晓. 供应链环境下透视中小企业融资新模式[J]. 科技创业月刊,2013,09:68-69+72.

[89]任慧军,李智慧,方毅. 物流金融下保兑仓模式中的风险分析[J]. 物流技术,2013,13:24-26.

[90]吴浩. 结构金融应用于道路运输产业的思路、模式与方案选择[J]. 征信,2013,01:78-81.

[91]念延辉. 物流产业集群融资平台构建问题研究[J]. 物流技术,2013,13:108-110.

[92]余沛. 河南物流行业碳排放总量分析与节能减排前景展望[J]. 物流技术,2013,15:118-120.

[93]李伟,孔造杰,肖美丹. 混合渠道下闭环供应链回收与协调定价研究[J]. 工业工程,2013,05:45-52.

[94]任玉焕. 河南省发展农产品绿色物流的策略[D]. 河南师范大学,2013.

[95]潘云飞,曲峰庚. 基于模糊理论的绿色物流绩效评价方法研究[A]. 中国管理现代化研究会、复旦管理学奖励基金会. 第八届(2013)中国管理学年会论文集(选编)[C]. 中国管理现代化研究会、复旦管理学奖励基金会:2013:7.

(作者系郑州大学管理工程学院教授)

学术活动

河南省社会科学2013学术年会

省社科联主办的河南省社会科学2013学术年会以“中国梦:河南路径之选择”为主题,开展了一系列学术活动。8月9日,在省社科联报告厅举行年会启动仪式,并举办了“中国梦·河南路径之选择暨民营经济高峰论坛”。省民营经济研究会顾问、省人大常委会原副主任李中央,省民营经济研究会会长、原省高级人民法院院长李道民,省社科联主席杨杰、副主席唐玉宏,省政府发展研究中心主任王永苏、省科学院副院长张占仓以及来自金龙精密钢管集团、河南煤化集团、建业住宅集团、仰韶酒业等知名企业的代表共计120余人参加启动仪式,并围绕新形势下民营企业如何助力中国梦进行深入研讨。9月27日,学术年会主会场活动在省博物院举行,省人大常委会副主任、省总工会主席张大卫出席并围绕《构筑经济发展新高地 打造河南经济升级版》作主题报告。省社科联主席杨杰主持,党组书记李庚香宣读第二届河南省经济学优秀成果奖表彰决定。省委党校、省政府发展研究中心、省社科院、郑州大学等单位和高校的领导同志,省社科联干部职工,各省级学会(协会、研究会)、省辖市社科联的负责同志,部分高校师生代表500余人参加会议。10月13日,学术年会分会场暨城镇化与金融创新论坛在省人民会堂隆重举行。会议由河南省金融学会主办,经济视点报承办。省政府发展研究中心主任王永苏、省社科联副主席唐玉宏、中国农业发展银行河南省分行副行长陶伟梁、省金融学会秘书长张树忠、省保险学会秘书长牛新中以及专家学者百余人出席会议。10月15日,学术年会驻马店市分会场成功举办,主题为“中国梦:富民强市加快崛起”。省社科联副主席唐玉宏,驻马店市委常委、宣传部长赵焕之出席会议并讲话。驻马店市发改委主任刘明放作了题为《富民强市加快崛起 同筑中国梦》的主题报告,部分参会代表作了重点发言。会议由驻马店市社科联主席杜萍主持。来自驻马店市各县区委宣传部、社科联负责人、市级社科类学会负责人以及优秀青年社科专家近百人参加会议。10月17日,学术年会分会场暨河南民办高等教育改革发展论坛在河南大学民生学院举办。论坛由省民办教育研究会秘书长曹占武主持。省社科联副主席唐玉宏、省教育厅社科处处长王亚洲、台湾优质教育协会理事长杨中介、河南大学常务副校长赵国祥、河南大学民生学院院长李文山以及河南省30余所民办高等学校60余名代表参加了论坛。

河南发展高层论坛

2013年,由省社科联主办的河南发展高层论坛共成功举办6次活动,分别为:3月15日,以“消费者权益及其保护”为主题举办第54次研讨会,与会专家学者就如何保护消费者权益、如何促进企业诚信守法经营、河南如何铸造消费者的安全生产环境提出了不少有价值的对策建议。5月24日,以“加快郑州航空港经济综合实验区建设与发展”为主题举办第55次研讨会,与会专家学者紧紧围绕如何加快郑州航空港经济综合实验区建设与发展这个主题,各抒己见,畅所欲言,提出了许多有针对性的意见和建议,真正做到了为加快郑州航空港经济综合实验区建设与发展献计献策。6月22日,以“土地流转、集约利用与加快发展新型农业现代化”为主题举办第56次研讨会。9月17日,以“河南省工业经济结构升级”为主题举办第57次研讨会,与会专家就工业经济结构升级的基础与关键、工业经济结构升级的主体及其政府与企业职能定位、工业经济结构升级与工业生态环境、工业经济结构升级与新型工业化发展、工业经济结构升级与工业化和信息化融合、以及河南比较工业结构优势、诚信工业经济等进行了互动交流研讨。9月22日,以“河南新型城镇化与城乡统筹”为主题举办第58次研讨会,会与专家紧紧围绕新型城镇化与中原经济区建设、河南省新型城镇体系建设、郑汴都市区建设、传统城镇化与新型城镇化、政府在新型城镇化建设中的作用、河南新型城镇化与产业支撑体系构建、农民进城保障体系建设等内容展开互动研讨交流,并对如何促进河南新型城镇化建设与城乡统筹发展提出了有针对性的对策建议。11月8日,以“河南承接产业转移与产业集聚区转型升级”为主题举办第59次研讨会。以上六场活动均取得良好效果,会议综述多次被省领导圈阅,副省长王艳玲对以“消费者权益及其保护”为主题举办第54次研讨会会议综述作出重要批示,“感谢省社科联对我省工商工作的支持及对民生热点的关注。请春燕同志阅,可将合理化建议吸纳入工作中”。

主要社科动态

2013年河南省社会科学规划工作会议
2013年1月11日,在郑州召开。省委宣传部副部长李宏伟出席会议并讲话。郑州大学、河南大学、河南财经政法大学等单位先后做了交流发言,从不同侧面介绍了各自的经验和做法。

河南省法学会六届七次常务理事扩大会议
2013年2月26日,在郑州召开。省委常委、政法委书记刘满仓出席会议并讲话。会议传达了中国法学会常务理事扩大会议精神,讨论通过了省法学会2012年工作报告,授予吴泽勇等十名同志为首届“河南省十大优秀中青年法学家”称号。省法学会会长李新民就法学会如何在法治建设中发挥作用提出明确要求。

河南省高校社科界学习贯彻十八大精神座谈会 2013年3月14日,在郑州召开,来自郑州大学、河南大学、河南师范大学等高校的社科界专家齐聚一堂,共谈社科繁荣发展大计。省委高校工委副书记、省教育厅副厅长张亚伟出席会议并讲话。座谈会上,郑州大学副校长高丹盈、河南大学党委副书记王凌、河南师范大学副校长杨林、河南理工大学党委副书记张国臣、洛阳师范学院党委副书记张宝明、郑州大学教授辛世俊、河南财经政法大学教授朱金瑞、河南农业大学教授陈娱等我省高校社科界专家,分别围绕学习贯彻十八大精神、立足河南实际繁荣社会科学谈了自己的看法,并结合所在学校实际,介绍了好的经验和做法,提出了一些建议和意见。

河南省姓氏文化研究会2013年年会
2013年3月16日,在郑州召开。会议讨论通过了学会2012年工作总结和2013年工作计划,表彰了2012年度先进单位和先进个人。会议决定增补孙战英、曾德魁为河南省姓氏文化研究会副会长,李乔、任华为河南省姓氏文化研究会副秘书长。会议提出,省姓氏文化研究会今后应在以下三个方面着力:一是立足于中原是中华民族的根脉所在地,借助外力,开展一些大的文化活动;二是立足于各个二级学会,依托内力,开展一系列研究联谊活动;三是立足于河南强大的姓氏文化研究力量,形成合力,做大做强河南的根亲文化和寻根经济。中国新闻社、河南日报、大河报、东方今报等媒体对本次年会进行了报道关注。

河南省地方史志协会召开七届四次理事会议

2013年3月19日,在郑州召开。18个省辖市的理事、常务理事、十个直管县理事以及省直史志协会理事参加会议。省地方史志办公室主任、省地方史志协会会长霍宪章作七届四次理事会议报告,副会长王中华宣读理事、常务理事、副会长调整名单,秘书长王卫明汇报2012年协会财务情况。会议总结了2012年的工作,安排了2013年的工作,讨论并通过了理事、常务理事、副会长的人员调整名单。

河南省高校哲学社会科学工作会议 2013年3月21日,在郑州召开。会议要求,2013年我省高校社科工作要坚持引领风尚、服务社会,改革创新、激发活力,优化配置、提高质量,全面提升河南高校文化影响力和软实力,为华夏文明传承创新,加快中原经济区建设提供坚实的思想基础和理论支撑。会议对2012年度河南省高等学校繁荣发展哲学社会科学先进单位和哲学社会科学研究管理先进单位进行了表彰。郑州大学、河南大学等10所高校被授予"河南省高等学校繁荣发展哲学社会科学先进单位",河南农业大学科研处、河南工业大学科研处被授予"河南省高等学校哲学社会科学研究管理先进集体"。

河南省法学会刑法学研究会第五次会员代表大会暨学术年会 2013年4月20日,在郑州大学召开。省内80多名刑法学界的专家学者和实务工作者参加会议。会议选举产生了刑法学研究会第五届理事会,省高院常务副院长田立文连任会长,刘德法等七人当选副会长,李剑非当选秘书长。

河南省法学会宪法学研究会第二次会员代表大会 2013年4月20日,在郑州召开。来自省人大、省高院、省检察院、省司法厅、省政府法制办、郑州大学、河南大学及省委党校等单位的代表参加会议。会议选举产生了第二届理事会。省委党校副校长郭学德教授连任会长,郑州大学法学院教授苗连营当选常务副会长,卫媛峰等8人当选副会长,杨合理连任秘书长。

河南省法学会律师学研究会第三次会员代表大会 2013年4月23日,在郑州召开。省内从事律师学理论研究的有关专家学者、从事实务工作的律师、热心律师业发展的企业界及河南日报、河南法制报、大河网、河南商报等单位的代表共80余人参加会议。会议选举产生第三届理事会,推举第二届理事会会长、省司法厅副厅长周济生为名誉会长,省政协常委、省政协社会和法制委员会副主任孙世海当选为会长,河南财经政法大学法学国际学院院长李卫平教授当选为常务副会长,王京宝、马书龙、刘卫星、赵朝琴、乔金茹、司莉、安立民、张景峰、王双对、韩先保、郑金玉当选为副会长,乔金茹当选为秘书长(兼),李晴川等66人当选为常务理事。

河南省法学会民事诉讼法学研究会成立大会 2013年4月24日,在郑州举行。来自省内高校、政府部门、政法系统以及仲裁、律协、金融等行业的民事诉讼理论界与实务界代表近百人参加会议。会员代表大会选举产生民事诉讼法学研究会第一届理事会,省高院审委会专职委员、院长助理王韶华当选河南省法学会民事诉讼法学研究会第一届理事会会长。

河南省法学会刑事诉讼法学研究会换届大会暨第六届学术年会 2013年4月25日,在郑州召开。来自省内公、检、法、司系统、高校及律师行业的240名代表参加会议。会上河南省法学会诉讼法学研究会更名为河南省法学会刑事诉讼法学研究会。会议选举产生第二届理事会,省检察院党组副书记、副检察长贺恒扬连任会长,陆咏歌等9人当选副会长,田凯连任秘书长,付宝玉等87人当选常务理事,高跃波等189人当选理事。

河南省法学会经济法学研究会第四次会员代表大会 2013年4月26日,在河南财经政法大学召开。来自省内经济法学领域的理论工作者和实务部门80余人参加会议。会议选举产生第四届理事会,推举省高院副院长、第三届理事会会长谢德安为名誉会长,河南财经政法大学副校长华小鹏当选为会长,王新民、李成宽、程宝山、金多才、张林海、张道庆、涂永珍、娄丙录、黄进才、李琴当选为副会长,刘彤当选为秘书长。

《中部蓝皮书(2013)》发布暨新型城镇化与中部崛起理论研讨会 2013年5月19日,在郑州举行。研讨会由河南省社会科学院、社会科学文献出版社联合主办的。《中国中部地区发展报告(2013)》(中部蓝皮书)由中部六省二市社会科学院的专家学者共同编撰,河南省社会科学院院长喻新安担任主编,社会科学文献出版社出版发行。《中部蓝皮书(2013)》以"新型城镇化与中部崛起"为主题,立足中部地区各省实际,对新形势、新要求下中部地区新型城镇化的发展进行了系统回顾与展望,深入分析了新型城镇化发展中存在的问题,提出了加快新型城镇化发展的政策建议。全书分为总报告、分报告、专题报告三个部分。

全国“区域化视角下的红色资源与大别山精神”学术研讨会 2013年5月25日,在信阳举行。会议由信阳师范学院、中共信阳市委党史研究室联合主办,河南省红色资源研究中心承办。来自光明日报、华中师范大学、井冈山大学、中共信阳市委党史研究室、信阳市博物馆、鄂豫皖革命纪念馆、苏区首府博物馆、信阳师范学院等单位的专家学者60余人参加了会议。研讨会上,中共河南省委党史研究室副主任路海江和信阳师范学院副院长刘彦明共同为河南省红色资源研究中心揭牌。著名党史专家、华中师范大学教授李良明等专家学者从不同角度对红色资源的内涵、大别山精神以及红色资源的开发利用以及协同创新路径进行了深入研讨。

河南省高校学报发展论坛 2013年5月25日,在河南师范大学举行。来自郑州大学、河南工业大学等省内各高校学报的代表就全省高校学报发展现状与趋势进行了研讨交流。河南师范大学副校长徐存拴致辞。省新闻出版局巡视员何新年作了题为“河南省期刊的现状分析、发展趋势与责任担当”的专题报告。省高校学报研究会会长、郑州大学学报编辑部主任辛世俊就“如何建设学习型学报编辑部”作了探讨。论坛由省高校学报研究会常务副会长、河南师范大学学报编辑部主任王荣阁主持。本次论坛由河南省高校学报研究会主办、河南师范大学学报编辑部承办,旨在全面了解河南高校学报发展的基本态势和面临形势,研讨河南高校学报发展的总体思路和主要模式,更好地服务河南高等教育发展和中原经济区建设。

河南省纪检监察学会第四次会员代表大会 2013年5月29日至30日,在郑州召开。省委常委、纪委书记尹晋华出席会议并做重要讲话。中国监察学会秘书处派员参加会议。会议审议通过了第三届理事会工作报告,审议通过了章程修正案和财务收支报告,选举产生了第四届理事会。随后召开的第四届理事会第一次全体会议上,选举产生了第四届常务理事、会长、副会长、秘书长,任命了副秘书长。会议还决定聘请尹晋华为名誉会长。省纪委副书记齐新安当选为会长,省纪委常委、秘书长侯玉林、省监察厅副厅长周富强、省预防腐败局副局长刘林、省纪委副秘书长、研究室主任郭佑安当选为副会长,郭佑安兼任秘书长。换届会后,组织召开了提高反腐倡廉建设科学化水平理论研讨会,郑州市纪委等8个单位作了优秀成果交流发言。

“三化”协调发展协同创新中心理事会成立大会 2013年6月15日,在河南财经政法大学召开。大会推举省人大常委会副主任张大卫为首届理事会理事长。中原经济区“三化”协调发展河南省协同创新中心是我省首批13个省级协同创新中心之一,由河南财经政法大学牵头,河南大学、河南农业大学、河南工业大学、省委政策研究室、省政府发展研究中心等省内科研院所和相关政府机构共同组建而成。中心的定位和目标是建设成为服务于省委、省政府的高级智库,中原经济区发展理论探索的研究高地,中原经济区建设高级管理人才的培养基地,高校体制机制改革与创新的实验基地。

第四届“空间综合人文学与社会科学国际论坛” 2013年6月18－19日在河南大学举行。河南大学常务副校长赵国祥,河南财经政法大学校长、黄河文明与可持续发展研究中心主任李小建、香港中文大学太空与地理信息科学研究所所长林珲教授以及来自肯特州立大学、密歇根大学、美国Esri公司、路易斯安那州立大学亚利桑那大学、威斯康辛大学,以及北京大学、复旦大学、天津大学、武汉大学、美国Esri公司、北京天下图集团公司等国内外知名高校的60余名专家学者与会。与会专家紧密围绕“空间综合人文学与社会科学”的主题,并结合当前国外研究的前沿动态,以及国内实际情况,进行了深入交流与探讨。论坛期间,还举行了河南大学与北京天下图集团签署合作框架战略协议、河南大学“时空综合社会科学研究所”揭牌仪式。本次论坛由教育部人文社会科学重点研究基地——河南大学黄河文明与可持续发展研究中心、密歇根大学中国信息研究中心、香港中文大学太空与地球信息科学研究所、肯特州立大学计算社会科学实验室及“黄河文明传承与现代文明建设”河南省协同创新研究中心共同组织举办。

“中国外交的新起点”高端论坛 2013年6月20至21日,在郑州大学举行。论坛由郑州大学公共管理学院、外交学院《外交评论》编辑部、中国国际关系学会联合主办。来自外交学院、北京大学、清华大学、复旦大学、中国社会科学院、中国现代国际关系研究院、中国人民大学、南开大学、中央党校以及郑州大学的二十多位国际问题专家、学者参加了本次论坛。省政府副秘书长介新,外交学院副院长、中国国际关系学会秘书长朱立群,郑州大学党委书记郑永扣等分别出席论坛开幕式和会议有关活动。论坛的研讨分为三个单元,议题涵盖了“中国外交的战略调整”、“中国外交的新政策议程”、“中国外交的新行为方式”三大国际关系学界及外交界普遍关注的前沿性、焦点性的问题。郑州大学公共管理学院教授、中国国际关系学会常务理事、河南省国际政治研究会会长余丽,郑州大学历史学院教授、越南研究所所长于向东分别就“安全与规范:中国互联网战略的建构”及“近期中越双边合作与海上摩擦”问题作了主题发言。

首届中原国际金融论坛 2013 年 6 月 23 日,在郑州举行。来自国内外的有关领导、专家、金融专业人士代表围绕“新形势下的国际金融和中国金融——挑战、机遇、创新和发展”这一主题进行了深入探讨与交流。论坛开幕式由中原发展研究院院长、河南大学经济学院教授耿明斋主持。开幕式上,省人大常委会副主任、中国国际经济交流中心秘书长张大卫和河南大学党委书记关爱共同为“河南大学国际金融研究院”揭牌。国务院发展研究中心金融研究所所长张承惠、省政府金融办主任孙新雷、省银监局局长李伏安等省内外金融专业人士就“经济金融业现况、发展前景与创新”,“省内金融业发展面临的诸多问题”等问题从宏观和微观方面分别做了主题演讲。本次论坛由河南大学主办,由中原发展研究院、河南大学经济学院、河南大学国际金融研究院共同承办。

河南省愚公移山精神研究会第一次会员代表大会暨成立大会 2013 年 6 月 25 日,在济源举行。会议由省交通运输厅、中共济源市委、济源市人民政府联合主办,省委组织部、省委宣传部、省交通厅、省民政厅等部门的领导出席会议。会上,宣读了《关于同意成立河南省愚公移山精神研究会的批复意见》并通过了河南省愚公移山精神研究会章程和选举办法,选举产生了第一届理事会、常务理事和首届会长、副会长。省人大常委会原副主任李长铎当选为首届会长,省交通运输厅厅长孙廷喜、济源市委书记何雄、济源市市长王宇燕、省委党校副校长梁周敏、省社会科学院副院长刘道兴、郑州大学党委副书记吴宏亮当选副会长,济源市委副书记、组织部部长王天顺当选秘书长。愚公移山精神研究会的成立,为弘扬愚公移山精神搭建了新的载体,对于重新认识愚公移山精神的价值,用愚公移山精神引领和指导经济社会发展将起着重要作用。

河南省冯友兰学术思想研讨会 2013 年 6 月 8 日 -9 日,在南阳市唐河县召开。省政协原副主席、省冯友兰研究会名誉会长郭国三、中州大学原党委书记、校长、省冯友兰研究会会长王廷信,省社科院研究员、省冯友兰研究会副会长兼秘书长高秀昌,南阳市人大常委会副主任王清选和来自湖北、河南等地的有关专家学者 200 余人参加会议。此次研讨会重点研讨了以冯学“贞元六书”为主要内容的哲学思想,并从不同侧面,深化拓展了冯友兰学术思想的研究,对宣传南阳名片冯友兰先生,促进中原文化和经济发展有着重要的意义。会上,还通过了新增补的副会长、常务理事、理事人员名单。

纪念京汉铁路工人运动 90 周年学术研讨会 2013 年 6 月 27 至 28 日,在郑州召开。本次会议由郑州二七纪念馆联合武汉江岸二七纪念馆、北京长辛店二七纪念馆主办。来自中央党史研究室、中国社会科学院当代中国研究所、北京大学马克思主义学院、华中师范大学马克思主义学院等单位的 40 多位专家学者以及“二七”工人运动烈士后代聚集一堂,缅怀二七烈士,传承二七精神。在开幕式上,华中师范大学马克思主义学院李良明教授、北京大学马克思主义学院仝华教授分别作了《中国共产党早期领导人与“二七”纪念》《正确评价“二七”运动坚定推进中国特色社会主义事业》的主题报告。随后,8 名专家先后作了主题发言。

新型智库建设研讨会 2013 年 6 月 30 日,在郑州召开。副省长张广智出席并讲话。张广智指出,建设中原经济区、加快中原崛起河南振兴,迫切需要通过强化智库建设提供强有力的理论支撑和智力服务。包括省社科院在内的我省哲学社会科学研究的学术机构,要不断加大省情的调查研究力度,切实提高服务决策的能力和水平,为河南发展提供务实管用的智力服务。

河南省社科界“学习弘扬焦裕禄精神,做为民务实清廉表率”理论研讨会 2013 年 8 月 5 日,在郑州召开。本次研讨会省委宣传部、省社科联、河南日报报业集团、省焦裕禄精神研究会联合举办。省委常委、宣传部部长赵素萍出席会议并作重要讲话。省委宣传部副部长、河南日报报业集团党委书记、董事长、社长朱夏炎,省委宣传部副部长李宏伟,省社科联主席杨杰、党组书记李庚香,焦裕禄精神研究会会长鲁献启,省高校工委副书记、省教育厅副厅长张亚伟,焦裕禄同志女儿焦守云,省委党校、省社科院、郑州大学、河南财经政法大学等单位的专家学者以及省社科联处级以上干部共50余人参加会议。会议由杨杰主持。研讨会上,专家学者围绕焦裕禄精神的丰富内涵、时代精神与现实意义进行深入研讨,既有理论的阐释又有实践的思考。专家们指出,焦裕禄精神是一种公仆精神、奋斗精神、求实精神、大无畏精神、奉献精神,这种精神的内涵和本质集中表现为为民务实清廉。大家一致认为,学习弘扬焦裕禄精神是共产党员的一门必修课,要把握其亲民爱民的本质、领会其科学求真的精髓、抓住其无私奉献的真谛,增强践行群众路线的思想自觉与行动自觉;要像焦裕禄那样堂堂正正做人、清清白白做官、踏踏实实做事,牢记宗旨、把人民放在心中更高的位置,敬畏群众、把群众的冷暖安危挂在心上,心系群众、实实在在为群众办事。焦守云用真实的故事、鲜活的语言展现了父亲焦裕禄的人生经历,还原了"人民的儿子"焦裕禄的伟大形象,让大家了解了一个更加鲜活的焦裕禄,在感动中更加深刻地领会了焦裕禄精神的实质。

中原文化传承和创新理论与实践研讨会 2013年10月21日,在郑州召开。由省社科联、省先进文化研究会共同举办。省社科联副主席唐玉宏出席会议并讲话。河南大学历史系教授朱绍侯、郑州师范学院教授刘玉娥、省委讲师团副教授赵琳应邀出席研讨会并作重点发言。部分获奖征文作者在会上作交流发言。省先进文化研究会会长张放涛主持会议。来自省内专家学者、高校学生代表等共70多人参加会议。

河南省博物馆学会第七届会员代表大会暨华夏历史文明传承区与博物馆建设研讨会 2013年10月29日,在洛阳召开。省人大常委会副主任李文慧,省社科联副主席唐玉宏,洛阳市人大副主任黄元元,中国博物馆协会副理事长、秘书长安来顺,河南博物院院长张文军,中国文字博物馆书记冯克坚,河南省文物局副局长李玉东,河南博物院副院长田凯,洛阳市文物管理局调研员韩玉玲等领导出席会议。来自全省文博系统以及省内高校相关专业专家等150余名会员代表参加了会议。会议选举产生了省博物馆学会第七届理事会理事、常务理事、副会长和会长,聘请省人大常委会副主任张大卫、李文慧为名誉会长。会议期间,与会人员还分别围绕华夏历史文明传承创新区和博物馆建设等议题进行了交流与探讨。大会认真分析新形势下博物馆发展面临的新问题、新趋势和新机遇,提出了今后的工作思路。一是紧紧围绕大局,服务全局;二是围绕博物馆新使命、新任务,服务会员单位与会员;三是以培训、学术交流带动博物馆科研与业务水平的提高;四是以学会为平台促进与相关学会的合作交流,带动会员单位业务工作外向型发展。

河南省社科理论界学习贯彻党的十八届三中全会精神座谈会 2013年11月15日,在省社科联召开。省社科联主席杨杰、党组书记李庚香,省政府发展研究中心主任王永苏、省委党校常务副校长焦国栋、河南农业大学党委书记程传兴、省农村信用社主任陈益民、省科学院副院长张占仓、河南大学经济学院名誉院长耿明斋以及来自省委党校、省社科院、郑州大学、河南大学、河南财经政法大学等单位的30余位专家学者与社科界代表参加座谈会。会议由杨杰主持。与会专家围绕党的十八届三中全会精神畅谈学习体会与认识思考。座谈会后,部分专家学者还接受了河南电视台、河南广播电台等媒体的采访。

2013法治中原铁道论坛 2013年1月24日,河南省铁路法学会以贯彻落实中共十八大精神为主题,发出《关于举办"2013·法治中原铁道论坛"征文的通知》,收到应征论文327篇。评出特别贡献奖24篇、优秀集体奖9篇、一等奖15篇、二等奖20篇、三等奖30篇、入选奖21篇。8月15日经河南省新闻出版局批准,出版发行《2013·法治中原铁路论坛文集》,收入论文120篇。9月19日印发《关于表彰奖励2013·法治中原铁道论坛优秀论文作者、集体的决定》,对119个获奖作者和单位进行表彰奖励。

"新乡南太行旅游资源整合"座谈会 2013年4月24日,由河南师范大学旅游学院和新乡南太行旅游度假区集团公司联合召开。与会人员就新乡南太行旅游集团的标准化管理、品牌营销、景区文化、功能分区和利益分配等关键问题进行了热烈的讨论，双方就进一步联合研究制订了初步方案。此外，双方还对建立长效合作机制、在景区建立旅游学院实习基地等问题达成了共识。

“专家助力信阳工业发展”高层论坛 2013年6月26日，由信阳市委宣传部统筹，市社科联与市工信局承办的“专家助力信阳工业发展”高层论坛举行。工信部消费品工业司原司长、中国纺织工业联合会副会长张莉，中国物流与采购联合会副会长、研究员蔡进，中国工业报社社长陈卫等20余名专家出席论坛并发言。专家们发挥各自的研究所长，结合在信阳的参观考察情况，纷纷为信阳工业发展出谋划策。大家一致认为，信阳发展工业有机遇、有优势、有条件，亮点很多，全市上下思路清晰、干劲十足。同时，也指出当前信阳工业发展中存在的主导产业不够强、新兴产业发展不够快等问题，并从电子、物流、建材、金融等各个视角，对信阳工业发展存在的问题和今后努力的方向提出了很多富有建设性的意见及建议。

老年人权益保障法专题讲座 2013年7月2日，河南省铁路法学会与郑州铁路局离退休管理委员会办公室首次联合举办《中华人民共和国老年人权益保障法》专题讲座，全局100余名专职管理干部参加，为依法做好全局6万余名离退休人员的管理服务工作提供法律保证。

“保险行业核心价值理念”有奖征文活动 2013年7月8日河南省保险学会与《大河报》共同组织，开展面向全省保险消费者、面向保险经营主体的新华保险杯“保险行业核心价值理念”有奖征文活动。本次征文活动得到了社会各界的热情参与，共收到文章267篇。经过评选小组研究讨论，共评出一等奖3名，二等奖6名，三等奖9名，优秀奖若干。

2013年“预防职务犯罪、维护企业合法权益”座谈会 2013年6月25日至7月11日、7月18日，分别在郑州、焦作、洛阳三地区召开了会员单位预防渎职犯罪与维护铁路企业合法权益座谈会，参加会议人员主要是各会员单位党委书记、总经理、纪委书记；参加会议人员处级以上干部有180人。会议的主要议题是预防渎职犯罪和维护企业合法权益。研究室主任姜新国从渎职犯罪的新形式新发展、查处渎职犯罪三十年回顾、当前铁路企业渎职犯罪的形势与发展、渎职犯罪的成因和预防等五个方面，运用近年发生的典型案例，生动地阐释了渎职犯罪的原因，提出预防渎职犯罪应从主观方面树信念、客观方面建机制着手，从根源上遏制职务犯罪。介绍了签订合同应注意的问题，签订合同前要调查对方的资信情况，避免合同诈骗；合同条款用语要准确，避免文字歧义产生纠纷；并就撤销权、诉讼时效、主要业务人员管理等容易出现问题的环节，结合具体案例，给大家提供了较好的防范方法。

2013年全国高等院校体育教学训练论文报告会 2013年8月5日，由中国高等教育学会体育专业委员会主办、全国高等院校体育教学训练研究会和河南师范大学承办的2013年全国高等院校体育教学训练论文报告会在河南师范大学思想政治课实践教学平台举行。河南师范大学副校长杨林出席报告会，来自全国各地高等院校的近200名代表参加了此次报告会。报告会上，毛振明教授作了题为《体育教学训练学的困境与使命》的报告，深入解读了体育教学训练的历史、困境及研究使命，指出了深入研究学理，形成科学的体育教学设计的必要性。上海体育学院体育教育训练学院副院长张庆文教授作了题为《上海体育学院体育教育专业教学实践能力培养的探索》，向大家介绍了上海体育学院体育教育专业、专业建设理念、专业建设方向及主要成果。在下午的报告会分会场，9名高校代表分别作了精彩的论文报告。围绕报告内容，与会专家展开了积极的讨论，气氛热烈。

第五届全国青少年研究基础理论研讨会 2013年8月11日至13日，青少年研究协同创新工作会暨第五届全国青少年研究基础理论研讨会在河南师范大学召开。本次会议由河南师范大学青少年问题研究中心承办，来自上海社会科学院青少年研究所的研究员金志堃、孙抱弘，武汉大学马克思主义学院院长、发展与教育心理所所长佘双好教授，浙江大学大学生心理健康研究中心主任马建青教授，以及来自中国人民大学、北京师范大学等高校的专家学者应邀出席会议。河南师范大学社科处相关领导和青少年问题研究中心的专兼职研究人员参加了研讨会。会议由青少年问题研究中心主任高中建教授主持。研讨会上，上海社会科学院金志堃教授作了“关于青年研究基础理论建设的一些思考”的主题报告；孙抱弘研究员作了“哲学立场、话语体系与历史反思——当代中国青少年研究及其基础理论研究的一些想法"的主题报告;武汉大学佘双好教授作了"改革开放三十年来青年研究方法的发展"的主题报告。他们分别从传统、现代和后现代不同的话语系统和视角,就改革开放以来的青少年研究展开回顾性的讨论和反思。主题报告会后进行了分组讨论,并就青少年研究协同创新、青少年研究丛书的编写等问题展开研讨。

2013 翻译学国际高端论坛　2013 年 9 月 19 日至 20 日,由国际翻译与跨文化研究学会(IATIS)与河南师范大学联合主办的"2013 翻译学国际高端论坛"在河南师范大学举行。河南师范大学校长王键吉、副校长杨林会见了来自英国、美国、德国、香港和内地的 10 位专家。论坛期间,4 位外国专家受聘为河南师范大学荣誉教授。本次翻译学高端论坛持续两天。论坛包括主题发言、专家点评、现场提问、海报交流、专题问答等环节。英国曼彻斯特大学教授、国际著名翻译理论家、国际顶尖学术期刊《译者》(Translator)的创刊主编 MonaBaker,美国著名比较文学教授、普林斯顿大学惠特曼学院院长 SandraBermann,伦敦大学学院比较文学系主任、伦敦大学跨文化研究中心主任 TheoHermans 教授,德国汉堡大学应用语言学和翻译学教授、曾任德国口笔译学会主席、现任国际翻译与跨文化研究学会会长 JulianeHouse,香港岭南大学翻译系主任、香港翻译学会会长、中国翻译协会理事会理事陈德鸿教授,国内外著名语言学家、中英双语专家、中国英汉语比较研究会会长、华东师范大学教授潘文国等 11 位国内外翻译学的领军人物先后做大会主题发言。来自英、美、德、韩、内地和港澳等 7 个国家地区的 160 余位与会学者围绕"口笔译的社会性"主题,从语言学、社会学、政治学等角度展开深入探讨和交流,共举办 11 场专题报告。专家之间的点评、与会代表与专家之间交流深入、讨论热烈,收到良好效果。

第九届河南金融文化节暨投资理财博览会

由省金融学会、省保险学会主办、经济视点报承办的 2013 年 10 月 13 日在省人民会堂广场拉开序幕。作为河南省的品牌节会,河南金融文化节已走过悠悠九载。与往届相比,本届文化节共有 14 家银行,33 家保险公司参加,参展单位数量创历届新高。中国人民银行郑州中心支行巡视员徐卫中出席活动并为活动剪彩。

第 23 个世界爱粮节粮宣传周活动　2013 年 10 月 16 日,河南省粮食经济学会组织理事单位分别在花园路和二七广场等公共场所,张贴标语,制作展板,开辟宣传专栏,开展粮食日纪念活动,提出"节粮、爱粮、惜粮"的理念,呼吁广大市民为保障粮食安全作出应有的贡献。当天,学会还组织理事单位参加了由河南粮食局主办,在河南工业大学钟楼广场举办的 2013 世界粮食日烛光守夜晚会。

河南省铁路法学会换届　2013 年 10 月 18 日,第六次会员代表大会在郑州召开,174 人出席。审议通过五届理事会工作报告,修改学会章程,选举产生 153 人组成的第六届理事会,推举中共郑州铁路局委员会书记杨建祥为名誉会长。六届一次理事会选举杨贵钧、任雪芳、李学安、王德福、张会中、刘玉生、王建新、江宜怀、黄惠卿为常务理事、杨贵钧为会长。

河南省纪检监察学会业务培训班　2013 年 10 月 29 日至 11 月 1 日,河南省纪检监察学会业务培训班在河南省纪委宣教基地举办。省纪委常委、秘书长,省纪检监察学会副会长侯玉林参加开班仪式并讲话。学会会员 100 余人参加培训。

中国监察学会中南学联组理论研讨会

2013 年 11 月 5 日,会议主题为"贯彻落实中央'八项规定'长效机制建设研究"。中央纪委廉政理论研究中心、中国监察学会秘书处副局级纪律检查员、监察专员陈国仕局长、曹静静同志到会指导,并全程参加理论研讨会。河南省、湖北省、湖南省、广东省、广西省、海南省、深圳市(纪检)监察学会代表共 16 人参加会议。参会的六省一市监察学会结合地区实际,交流了落实中央"八项规定"的实践,分析了落实中央"八项规定"中存在的问题及原因,探讨了建立落实中央"八项规定"的长效机制,形成了一批有价值的研究成果。

"保险与安全"知识大赛河南分赛场知识竞赛

2013 年 11 月 23 日,中国保监会河南保监管局主办、河南省保险学会承办、中国·中学保险教育项目组支持的第五届保诚杯"保险与安全"知识大赛河南分赛场知识竞赛在郑州举行。来自洛阳、南阳等九个地市的中学保险教育项目试点学校代表队参加了比赛。经过两轮预赛和决赛,来自商丘的代表队获得一等奖,濮阳、洛阳代表队获得二等奖,开封、三门峡、信阳代表队则获得三等奖。平顶山、安阳、南阳代表队获得优秀奖。

信阳市社科界学习贯彻党的十八届三中全会

精神座谈会 2013年12月5日,信阳市社科理论界学习贯彻党的十八届三中全会精神座谈会召开,来自全市各大专院校、市级学会、市直各有关单位的优秀社科专家及社科工作者代表共60余人参加了会议。与会者围绕学习贯彻党的十八届三中全会精神这一主题,就党的十八届三中全会召开的重大意义,全会审议通过的《中共中央关于全面深化改革若干重大问题的决定》中一系列新思想、新观点、新论断等内容进行了座谈和讨论,并以全会精神为指导,结合省、市实际,深入研究讨论如何解决影响改革发展的重大问题和群众反映强烈的突出问题,研究讨论如何以改革创新精神促进信阳工业快速发展,为信阳加快发展、如期全面建成小康社会提供思想力量和学理支撑。

全省党史界学术年会论文征集活动 河南省中共党史学会2013年以纪念毛泽东同志诞辰120周年主题,联合中共河南省委党史研究室、河南省中共党史人物研究会举办全省党史界学术年会论文征集活动,共收到论文159篇。所收论文内容涉及毛泽东生平事迹、毛泽东思想研究、河南地方党史重大问题、党的群众路线理论与实践、中原经济区与郑州航空港经济综合实验区建设研究等多个方面。省中共党史学会联合省委党史研究室组成专家评审委员会,对征集到的论文进行严格公正的评审,共评选出65篇高质量的论文入选2013年学术年会论文集。其中,1篇论文入选全国党史界纪念毛泽东同志诞辰120周年学术研讨会并在大会作典型发言。

中国当代政治文化建设学术研讨会 为深入贯彻落实党的十八大关于建设社会主义文化强国的精神,充分发挥政治文化研究在全面建成小康社会中的重要作用,多层次搭建政治学学科交流平台,进一步促进政治学学科建设深入发展,中国当代政治文化建设学术研讨会于2013年7月13日在河南师范大学隆重举行。本次研讨会由中国社会科学院《政治学研究》编辑部主办、河南师范大学和河南省中国特色社会主义理论体系研究中心承办。来自教育部、中国社科院、天津大学、中国人民大学、华东师范大学等国内政治学领域著名专家、学者应邀与会。《政治学研究》、《中州学刊》、《探索》、《学习论坛》等权威期刊的编审及河南师范大学相关职能部门负责人、教师、研究生等200余人参加会议。国务院学位委员会政治学学科评议组召集人、国家社科基金评委、教育部首批人文社科领域长江学者、教育部人文社科重点研究基地华中师范大学徐勇教授;国务院学位委员会政治学学科评议组成员、天津师范大学政治与行政学院院长马德普教授;教育部长江学者、中国人民大学比较政治制度研究所所长杨光斌教授;华东师范大学政治学系主任齐卫平教授;苏州大学政治与公共管理学院院长金太军教授以及来自中国政法大学、西北政法大学、东北大学、郑州大学、河南大学等国内政治学领域著名学者应邀参加会议。

社科普及

中原大讲堂 2013 年，中原大讲堂·省会中心讲堂共组织举办 6 场讲座。6 场讲座先后以“历史与艺术”、“美国战略东移与中日钓鱼岛问题”、“国家宏观调控与房地产业发展趋势”、“贯彻科学发展观，应对我国周边安全形势”、“电影艺术欣赏——带您走进银色的梦”、“周易文化赏析”为主题分别邀请著名作家二月河、解放军信息工程大学教授肖占中、河南财经政法大学教授李晓峰、郑州防空兵学院教授武文军、河南大学国际汉学院院长李卫国、郑州大学图书馆馆长崔波作专题演讲，听众累计达 2500 余人次。各省辖市分讲堂全年累计举办 323 场，听众达 7 万人次。

河南省社会科学普及基地 2013 年，为充分调动社会力量参与全省社科普及工作的积极性，省社科联在现场实地考察、各省辖市社科联推荐的基础上，命名了河南博物院、河南省图书馆、郑州二七纪念馆、兰考县焦裕禄纪念园、安阳市图书馆、许昌市快乐妈妈读书会、三门峡市虢国博物馆、鄂豫皖苏区首府革命博物馆、周口市文化艺术中心、确山竹沟革命纪念馆（中共中央中原局旧址）等 10 个单位为首批“河南省社会科学普及基地”，并予以挂牌。

第六届河南省社会科学普及优秀作品评选 2013 年 7 月 12 日，第六届河南省社会科学普及优秀作品评选会在郑州举行。经专家委员会评审，评选领导小组审定，《为官者应做到“十不”》等 4 项作品被评为荣誉奖，《印象安阳》等 10 项作品被评为特等奖，《古都洛阳》等 51 项作品被评为一等奖，《走进内乡县衙》等 60 项作品被评为二等奖。

第六届河南省社会科学普及优秀作品获奖名单

荣誉奖(4 项)

作品名称	形式	发表媒体	作者姓名	主要参与者	工作单位
为官者应做到“十不”	论文	《学习时报》	尹晋华		中共河南省纪委
鹤壁概览	著作	大象出版社	魏小东	李　军　刘炳强 王志强　王中文	中共鹤壁市委宣传部
跳出资源陷阱	著作	中央党校出版社	杨树平		中共三门峡市委
弘扬传统廉政文化 建设风清气正的中原政治生态	论文	《党的生活》杂志	米剑锋		中共河南省纪委

特等奖(10 项)

作品名称	形式	发表媒体	作者姓名	主要参与者	工作单位
印象安阳	著作	百花文艺出版社	周艳丽		安阳师范学院
郑州市社区科普大学系列科普读物	著作	河南人民出版社	郑州市科协		郑州市科协
商丘民间歌谣	著作	河南人民出版社	商丘市地方史志办公室		商丘市地方史志办公室
河洛文明	著作	中州古籍出版社	谢虎军	高西省　王军华	洛阳博物馆
泥猴张爷爷教我学泥塑	著作	大象出版社	谷朝众	张希和　晁明芳 张国祥　宋宝琴 尚学义　万成云	鹤壁市湘江小学
E 博士电力科普漫画系列	著作	中国电力出版社	王存华		濮阳供电公司
话说焦作	著作	河南人民出版社	王先鹏		焦作市马村区政协
洛阳传统、现代、新编儿歌丛书	著作	河南人民出版社	赵金昭		洛阳理工学院
知行八谈	著作	中国环境科学出版社	刘士欣		中共周口市委党校
亲娘	音像	商丘广播电视台	祁明杰		商丘市文联

一等奖(51 项)

作品名称	形式	发表媒体	作者姓名	主要参与者	工作单位
古都洛阳	著作	杭州出版社	吴　迪		洛阳市文物考古研究院
学习科学	著作	中国文联出版社	邱　亮		驻马店市基础教育研究室
现代商务礼仪	著作	天津大学出版社	余　兵		信阳农业高等专科学校
博物馆紧急情况处理程序手册	著作	大象出版社	河南博物院		河南博物院
太极拳	著作	文化艺术出版社	严双军		温县政协
中国检察权配置问题研究	著作	中国检察出版社	韩成军		河南社会科学杂志社
让过去启示未来——中原铁路经营管理涉法案例选	著作	中国法制出版社	张清晨		河南省铁路法学会
商丘睢阳区志(1886－2005)	著作	中州古籍出版社	朱思君		商丘市睢阳区地方史志办公室
解读朝歌	著作	河南人民出版社	燕昭安		鹤壁市淇县政协
屈原:南阳诵歌	著作	河南人民出版社	张俊伟		西峡县回车镇政府
阳光下的罪恶—侵华日军浚县暴行实录	著作	中国文史出版社	侯杏林	和荣华　李全有　何爱军	浚县党史研究室
弦歌八千载—华夏古乐专题音乐会	音像	河南电子音像出版社	李　宏	霍　锟　王歌扬　王　雷	河南博物院
2011 年“豫图讲坛”讲座视频集	音像	河南省文化艺术音像出版公司	李克征	孙忆华　安　娜　杨利超	河南省图书馆
游戏中的生成活动	论文	《南北桥》杂志	毕雁红		驻马店市人民政府机关幼儿园
让幼儿在独立中越走越坚强	论文	《中国教育改革与教学研究》杂志	王　云		驻马店市人民政府机关幼儿园
高等教育发展“以人为本”的基本问题探讨	论文	《教育探索》杂志	苏　济		商丘师范学院
需求、认证与教学	论文	《电脑知识与技术》杂志	薛清平	李卫红	平顶山市青少年科技中心
中国历史文化名城浚县·影踪文迹	著作	河南人民出版社	马金章		浚县县委宣传部
古风新意齐兼备，雏风清于老凤声	论文	《音乐创作》杂志	梁　冰		商丘师范学院
追逐梦想——养成教育的探索与实践	著作	台海出版社	丁继章		商城县上石桥高中

续表

作品名称	形式	发表媒体	作者姓名	主要参与者	工作单位
读万卷书 行万里路	著作	河南人民出版社	李怀安		河南工业职业技术学院
端午节庆体育研究	论文	《体育文化导刊》杂志	张祝平		中共河南省委党校
脚印	著作	海燕出版社	许顺湛		河南博物院
成圣成贤的契遇	著作	河南人民出版社	郭正方		鹤壁市民政局
自主能力概论	著作	河南人民出版社	王名平		濮阳市油田教育中心
365 贴心灵良方	著作	安徽科学技术出版社	刘立胜		许昌学院
摄影场有多少不着调	著作	中国摄影出版社	孙振军		黄河时报社
我思故我在	著作	山东画报出版社	王海琴		河南师范大学
初中语文学海淘贝	著作	文心出版社	史丽平		濮阳市油田十三中
动漫洛阳(书、光盘)	著作	九州出版社	梁　之		洛阳市艺术研究所
论《道德经》的哲学观	论文	《芒种》杂志	何春阳		平顶山教育学院
人的全面自由发展之路——一个马克思主义中国化的命题叙述	著作	河南人民出版社	姚巧华		中共河南省委党校
新形势下社会中介组织党建的新探索	论文	《决策探索》杂志	朱文伟		中共河南省直机关党校
长安之梦	译著	漓江出版社	陈　巍		洛阳师范学院
健康养生靠自己——中医精髓诀窍万言	著作	华艺出版社	郭庆梓		洛阳市教育局
平舆革命老区史	著作	新华出版社	张耀征		平舆县老区建设促进会
商丘年鉴(2012)	著作	中州古籍出版社	马时全		商丘市地方史志办公室
汉函谷关	著作	白云出版社	吕克勇	丁会生	新安县文物局
中国古代墓葬吉祥文化研究	著作	中州古籍出版社	王爱文		洛阳市文物交流中心

续表

作品名称	形式	发表媒体	作者姓名	主要参与者	工作单位
三门峡典故	著作	南方出版社	姚千文		陕县文物局
先秦诸子选读精神	著作	江西高校出版社	刘　伟		河南工业职业技术学院
解读卧龙岗	著作	陕西出版集团	刘红玉		南阳市博物馆
焦作市博物馆馆藏文物精粹	著作	中州古籍出版社	郭继宾		焦作市博物馆
古代科技档案在甲骨文中的存在	论文	《兰台世界》杂志	张　珊		河南大学出版社
建设中原经济区商丘怎么办	著作	河南人民出版社	王家思		中共商丘市委党校
推广南阳汉画动漫来帮忙	音像	南阳电视台	岳　爽	田亚兵 张　峰　李　征 马怡琨　王　好	南阳电视台
科学发展观是我党必须长期坚持的指导思想	论文	《焦作日报》	苗国富		焦作市社科联
音乐鉴赏	著作	武汉理工大学出版社	张国延		河南工业职业技术学院
新生代农民工市民化途径研究	论文	商丘师范学院学报	杨云霞		商丘师范学院
顾笑瑜中国钢琴作品演演奏辑	音像	河南人民广播电台	顾笑瑜		河南大学
新形势下高校思想政治教育实效性研究	著作	现代教育出版社	马新平		黄河科技学院

二等奖(60 项)

作品名称	形式	发表媒体	作者姓名	主要参与者	工作单位
走进内乡县衙	著作	中州古籍出版社	徐向声		内乡县文广新局
装饰画	著作	中国青年出版社	李淑琴		河南广播电视大学
英语教学语言艺术	著作	知识产权出版社	李　鋆		信阳市浉河区教育科学研究所

续表

作品名称	形式	发表媒体	作者姓名	主要参与者	工作单位
申遗纪实	著作	河南人民出版社	赵富海		郑州市文物局 嵩山文明研究院
三门峡地区考古集成	著作	大象出版社	李久昌		三门峡职业技术学院
基层医疗卫生机构财务管理与会计核算操作指南	著作	西南财经大学出版社	蒋日平	蒋颜玲	河南卫生经济学会
大学生特殊群体教育对构建和谐校园的影响	论文	《科学时代》杂志	马　香		黄河科技学院
如何提高非英语专业学生词汇学习能力	论文	《北京电力高等专科学校学报》	丁明明		河南商业高等专科学校
领导风格对差错管理文化和组织创新绩效的影响研究	论文	领导科学	尹润锋		郑州航空工业管理学院
摄影艺术图解教程	著作	北京大学出版社	孙钢军		中州大学
提升政务微博质量促进社会管理创新	论文	《中国浦东干部学院》学报	董立人		中共河南省委党校
慈善事业发展面临的困惑与对策研究	论文	《黄河科技大学学报》	冯晶丽		中共郑州市二七区委党校
文化产业概论	著作	化学工业出版社	王志标		河南大学
如何培养幼儿对体育游戏活动的兴趣	论文	《考试周刊》杂志	徐秋艳		驻马店市人民政府机关幼儿园
浅谈幼儿教师的心理健康	论文	《教育教研》杂志	张秀平		驻马店市人民政府机关幼儿园
心理暗示在幼儿教育中的作用	论文	《教育教研》杂志	陈　丽		驻马店市人民政府机关幼儿园
从兴趣出发培养幼儿的探索能力	论文	《课程教育研究·新教师教学》杂志	臧歌咏		驻马店市人民政府机关幼儿园

续表

作品名称	形式	发表媒体	作者姓名	主要参与者	工作单位
兴趣,叩开潜能的钥匙	论文	《中国教育改革与教学研究》杂志	李爱玲		驻马店市人民政府机关幼儿园
高职英语教学中文化缺失的问题分析及对策	论文	《吉林省教育学院学报》	段海霞		济源职业技术学院
简述拓片类文物的收藏与保护	论文	《中国文物科学研究》杂志	李耀华		河南博物院
信阳民歌音乐结构研究	著作	河南大学出版社	韩　冰	黄铁成	信阳师范学院新县文化馆
和谐阳光家园	著作	河南人民出版社	李孟德		镇平县涅阳三初中
厌学少年的沙盘疗法个案研究	论文	《中小学心理健康教育》杂志	李文姣		中共河南省委党校
中职学校数学教学中的创造性思维	论文	《科技导向》杂志	马向丽		河南省会计学校
大学生安全教育	著作	北京邮电大学出版社	焦金雷		焦作大学
浅论我国目前影视文化信息传播的误缺	论文	《电影文学》杂志	洪卫中		许昌学院
浅析三大构成在环境艺术设计教学中的创新与改革	论文	《美与时代·美术学刊》杂志	范静静		郑州成功财经学院
发展性教育探索	著作	河南人民出版社	马新功		濮阳市油田第一小学
秋天的收获	著作	河南人民出版社	刘　铭		焦作市广播电视台
反科学主义思潮下中国现代史学的人文指向	著作	光明日报出版社	张秀丽		河南理工大学
以文化人 促进学生的全面发展	论文	《辅导员》杂志	毛　珍	马新功　陈淑华	濮阳市油田第一小学

续表

作品名称	形式	发表媒体	作者姓名	主要参与者	工作单位
曹洪彪新概念快速作文	著作	西南师范大学出版社	曹洪彪		濮阳市中小学教育教研室
细剪纤云	著作	河南人民出版社	吴金山		中共商丘市委办公室
贪官的忏悔告诉我们什么——党员干部的12堂警示教育课	著作	中国方正出版社	靳长根		焦作市纪检委
党政领导干部如何做好新闻发言工作	论文	《领导科学》杂志	范茹平		中共濮阳市委党校
弘扬孝道文化构建和谐社会	论文	《时代报告》杂志	张丽枫		《老人春秋》杂志社
实施项目带动工程的典型范例——河南省开展农村涉财信访突出问题专项治理	论文	《调研河南》杂志	省纪委研究室		中共河南省纪委
海空雄鹰的飞天之路——从国外经验看我国第一代舰载飞机飞行员的产生	论文	《军事文摘》杂志	潘文林		河南省审计科研所
中国特色社会主义制度体系探析	论文	《中州学刊》杂志	侯远长		郑州华信学院
我国企业社会责任实现与完善的立法研究	论文	《山东行政学院学报》	冯留坡		中共商丘市委党校
中国共产党运用和发展马克思主义党内民主理论的基本经验探析	论文	《商丘师范学院学报》	张素芝		中共商丘市委党校
诚信问题刍议	论文	《华人时刊》杂志	翟书俊		中共驻马店市委党校
周口市姓氏文化丛书《完颜姓》	著作	中州古籍出版社	完颜三坤		周口市姓氏历史文化研究会
天地之中——嵩山地区的文明核心地位	论文	《中国文化遗产》杂志	任　伟		郑州市文物局
周口市姓氏文化丛书《白姓》	著作	中州古籍出版社	白保迎		周口市姓氏历史文化研究会

续表

作品名称	形式	发表媒体	作者姓名	主要参与者	工作单位
试论商代金文的装饰图案特征	论文	《华夏考古》杂志	苗利娟		安阳师范学院
资源与区域发展	著作	煤炭工业出版社	乔旭宁	常春勤　陈小秦　杨永菊　聂小军	河南理工大学
高等学校财务档案信息化建设存在的问题及应对策略	论文	《财会研究》杂志	候贤祥		商丘师范学院
中部地区旅游合作研究	著作	知识产权出版社	吴国琴		信阳师范学院
后危机时代农村土地承包经营权流转问题研究—以河南为例	论文	《辽宁经济管理干部学院学报》	赵胜男		商丘市委党校
文化创意产业融资问题研究—基于中原经济区建设的视角	论文	《管理学刊》杂志	李佳勋		河南师范大学
新型城镇化引领管城新发展	论文	《郑州市委党校学报》	张玉侠		郑州市管城区委党校
"一个鸡蛋"蕴藏的致富之路	音像	渑池县广播电视台	王　娟	段　飞　彭　诚	渑池县广播电视台
古玉珍赏	著作	印刷工业出版社	姚江波		三门峡博物馆
《卫生与健康》—介绍艾滋病的流行态势与危害	音像	濮阳广播电视台	崔淑芬	王艳慧　杨志平　谢启帅	濮阳市广播电视台
80后诗丛	著作	河南文艺出版社	王　飞		洛阳文化艺术研究会
在快乐的情境中学好相反词	论文	《华章》杂志	张卫红		驻马店市人民政府机关幼儿园
踏着月光归去	著作	文心出版社	胡光明		新县县委宣传部
会计信息化环境下期末转账处理探析	论文	《财会通讯》杂志	乔　荣		商丘职业技术学院
高校实施实践式教学法的探讨	论文	《河南教育》杂志	王伟芹		河南中医学院

会议综述

关注民生热点　保护消费者权益

——河南发展高层论坛第54次研讨会综述

为深入学习和贯彻落实党的十八大报告提出的"在改善民生和创新管理中加强社会建设"的要求，加快打造诚信河南形象，规范我省市场经济秩序，助力中原经济区建设，省社科联、省法律咨询协会、省消费者协会以"消费者权益及其保护"为主题在郑州联合举办了河南发展高层论坛第54次研讨会。省人大常委会原副主任张世军、张世英出席会议并讲话，社科界专家学者代表、企业界代表、消费者代表、省会媒体单位代表共120余人参加会议。会议由省社科联副主席孟繁华主持。现将与会代表研讨的主要观点综述如下。

一、要充分认识保护消费者权益的重大意义

我国是人口大国，更是消费大国。经过30多年的改革开放，我国经济社会发展迅速，但较为粗放的发展模式使民众的生存环境、生态环境日益恶化，民生问题渐趋突出。在群众关心的民生问题中，消费者权益受到侵害是热点之一。审时度势，以人为本，关注消费者权益，保护消费者权益，是民心所向，意义重大而深远。会议认为：

保护消费者权益能有效拉动消费需求，促进经济快速增长。居民消费需求的提升是推动经济快速增长的"加速器"，合理有效地保护消费者权益能有效提升消费者的信心，加速提高居民消费需求，使消费在拉动经济增长中的作用得到有效释放，进而促进经济快速增长。

保护消费者权益是保障和改善民生的重要手段。消费行为存在于人民生活的方方面面，无论是柴米油盐酱醋茶，还是衣食住行教医保，消费都与人民生活息息相关。保障和改善民生要从保护消费者权益做起，从人民群众关心和关注的热点做起。通过保护消费者权益，让消费者能够购买到称心如意的商品和服务，才能真正提高人民群众的生活水平。

保护消费者权益能促进企业转变生产经营方式。消费者是企业的衣食父母，消费者的"货币选票"就是企业的生命线。通过政府和社会共同努力，切实保护消费者的合法权益，堵住不法企业和商家不正当经营的渠道，才能促进生产者诚实守信经营，促进企业打造品牌、提升品质。

保护消费者权益有利于打造诚信河南。当前，我国区域竞争日趋激烈，中原经济区已经上升为国家战略，打造诚信河南的形象，及时并且必要。保护消费者权益是打造诚信河南的重要举措。保护消费者权益有利于在我省形成良好的市场经济秩序，形成有序竞争的市场氛围，保护企业合法经营的权利，提高企业利润，促进招商引资，加快中原经济区建设步伐。

二、消费者权益保护中存在的主要问题

随着我国经济社会的快速发展，消费品数量逐渐增大，消费范围逐渐扩大，消费维权纠纷也日益

增多,与会专家认为在消费者权益保护中存在着诸多亟待解决的问题。

法律法规滞后。《中华人民共和国消费者权益保护法》自1994年实施以来,为保护消费者的合法权益,维护社会经济秩序,促进社会主义市场经济健康稳定发展起到了重要作用。虽然2009年全国人大常委会对《中华人民共和国消费者权益保护法》部分条款进行了修改,但随着市场经济的发展,营销方式的变化,消费形式的多样,特别是网络经济的出现,现行法律法规已经不能很好地保护消费者的权益。

消费维权渠道不畅。消费维权是保护消费者权益的关键问题。法律为消费提供了协商和解、调解、申诉、仲裁和诉讼五种维权途径,但是消费者在现实生活中往往是协商不欢而散、调解难见分晓、申诉久拖不决、仲裁没有依据、起诉又有法律盲点,最后弄得消费者筋疲力尽,以致不了了之。

职能部门职责不明确。在制定消费者保护措施方面,如果一个部门制定的规章涉及其他部门的权限,就容易裹足不前。在受理消费者申诉方面,由于各部门分工不明确,受理范围不清,各部门只好谨慎行事,甚至相互推诿。在打击违法行为方面,由于涉及部门较多,相互协调存在较多困难,这就弱化了对不法商家的打击力度。

消费者自身素质有待提高。面对市场上琳琅满目的商品和服务,消费者普遍存在选择困境。特别是老年人、城市低收入人群和农村居民,他们更是普遍缺乏辨别商品品质的能力,容易被商品虚假宣传所欺骗,在权益受到侵害时,又缺乏维权意识与维权能力。

三、保护消费者权益的建议

保护消费者权益重要并且紧迫,政府部门、企业、消费者都有权利和义务承担相应的责任。与会专家提出的主要建议有:

进一步完善相关法律法规。针对消费过程中不断出现的新情况、新问题、新变化,立法机构和执法部门要切实提高认识,关注民生,与时俱进,认真调研,及时修订完善法律法规,在法律层面上做到无缝对接,为消费者维权提供法律武器。

加强行政执法部门的协调配合。保护消费者权益是政府不可推卸的职责,政府是消费者权益的主要维护者。政府部门要建立和畅通消费者的维权渠道,化解消费矛盾,使消费维权工作成为维护社会稳定的重要组成部分。要完善消费维权预警机制,加强对消费品市场的信息监测和风险防范。要进一步强化消费维权救助机制,整合各种资源,倡导政府引导,企业自律,消费者参与,真正把消费维权救助落到实处。建立由政府主管部门牵头、相关部门联合执法机制,如成立消费者维权工作领导小组,公安、医疗、工商、税务、质检等部门参与,联合执法,切实方便消费者维权。

提高生产者守法经营意识。要加大行政执法力度,对于侵害消费者权益的行为坚决给予打击,做到执法必严,违法必究。要通过宣传,在企业中树立生产者也是消费者的意识。要通过学习教育,提高企业的诚信意识、品牌意识,自觉杜绝生产假冒伪劣产品和虚假宣传,勇于承担社会责任,自觉维护消费者的合法权益。

提高消费者自身素质。要通过普及消费知识,提高消费者辨别产品和服务质量优劣的能力,特别要提高农村居民和低收入群体的消费常识和辨识技能。要提高消费者维权保护意识。消费者维权的效果相当程度上取决于消费者维权意识的觉醒,取决于消费者捍卫自身合法权益的积极性与主动性。要逐步普及消费者权益保护知识的宣传,从我做起,从现在做起,维护自身合法消费权益。要提高消费者维权的自我保护能力。通过宣传教育,使广大消费者掌握维权、投诉、诉讼等相关程序、内容和要求,增强自身权益保护的能力。

加强社会监督。要动员社会力量共同关注和推进消费维权工作,在全社会形成齐抓共管的良好氛围,共同保护消费环境。要利用广播、电视、报刊等社会传播媒介,发挥舆论的引导和监督职能,曝光不法产品和企业,披露损害消费者权益的事件,为消费维权工作营造良好的舆论氛围。要努力拓宽消费者参与市场监督的渠道和方式,扩大社会监督的广度和深度。

抓住机遇　加快推进　郑州航空港经济综合实验区建设

——河南发展高层论坛第55次会议综述

为全面推进郑州航空港经济综合实验区又好又快发展，省社科联在组织社科专家深入调查研究的基础上，以“加快郑州航空港经济综合实验区建设与发展”为主题，召开了河南发展高层论坛第55次专题研讨会。会议由省社科联副主席孟繁华主持，省科学院副院长张占仓作主旨发言，来自高校、科研院所的社科专家和郑州市发改委、郑州航空港经济综合实验区等部门的实际工作者共计40余人参加研讨。现将与会专家的主要观点综述如下。

一、建设郑州航空港经济综合实验区意义重大

与会专家一致认为，郑州航空港经济综合实验区成为全国首个上升为国家战略的航空港经济发展先行区，对中原经济区建设乃至全国的对外开放、临空经济发展、新型城镇化建设等，都具有重大而深远的意义。

（一）郑州航空港经济综合实验区首开中国临空经济大发展的先河

在中国经济持续稳定发展并且日益加快赶超世界先进国家的过程中，我们需要在很多新领域大胆创新、大胆试验、大胆突破，大胆超越。作为拥有善于集中力量办大事的一种国家体制优势，河南在深入研究全球航空经济的发展模式后，以空前的胆识上报国务院批复郑州航空港经济综合实验区建设规划，争取了一系列优惠政策与措施支持其加快发展，首开以国家力量推动中国临空经济大发展的先河。这对中国经济发展方式的转变、对中国区域经济结构的转型、对中国中部的崛起、对中原经济区的建设均将产生重要影响。这个先河的标志性意义还体现在中国大胆向先进的临空经济领域挺进，将吸引更多全球的高端制造业向中国集中、集聚，并进一步引导更多中高端优秀人才的集中、集聚。可以说，临空经济加速发展，将加快改变中国在全球高端制造业产业链上过去一直占据末端位置的劣势，促进中国向产业链前端移动，大幅度提升中国在全球经济发展中的核心竞争力。

（二）中原经济区迎来产业结构调整的战略机遇

中原经济区包括河南省及周边地区，过去由于地处内陆，远离沿海和沿江，与全球大市场联系的便利程度偏低，综合性商务成本偏高，这直接影响了国际化企业在中原经济区的集中、集聚、集群、集约发展。尽管中原经济区拥有非常多的发展优势，但是外向型经济发展受到严重制约，国际化企业进出不够便利，以至于形成了以资源型产业为主的区域经济特征。与科技进步日新月异的时代背景相比，资源型产业发展活力有限，盈利空间较小，直接制约了区域发展效益的提高。郑州航空港经济综合实验区的全面建设与发展，将以全球最为时尚的航空偏好性产业，特别是郑州航空港目前已经形成优势的以智能手机生产为依托的IT产业为主要发展方向，将彻底改变中原作为内陆地区的发展思想，促进全球高端制造业以及与其相关的中高端优秀人才的集中、集聚，为中国内陆地区，特别是中原经济区调整产业结构创造了历史性的机遇和实实在在的支撑条件，将有效促进当地产业结构的重大调整，促进中原经济区实现跨越式发展，为中原人民实现过上好日子的中原梦创造支撑条件。

（三）郑州航空都市建设与发展将为中国新型城镇化提供示范

2013年中央经济工作会议提出，要把生态文明理念和原则全面融入城镇化全过程，走集约智能绿色低碳的新型城镇化道路。这是一个全新的概念，那么，什么是集约、智能、绿色、低碳的新型城镇化？在中央经济工作会议战略部署之后，国务院对郑州航空港经济综合实验区的批复，就明确要求建设集约智能绿色低碳的航空都市，这是全国第一例实验性新型城市。郑州市已经在国务院批复之后开始向全球招标航空都市的概念性建设规划方案。如果工作顺利，必将在全球科技进步与城市建设最新理念的支撑下，规划建设最为典型的体现集约智能绿色低碳的新型城市。如果这个过程能够正常运行并成功的话，将为中国新型城镇化进行试验，将为更多的新型城镇化探索提供示范。

（四）河南首创中国内陆地区持续跟进式外向型经济发展的新模式

面对内陆地区发展外向型经济的历史性困惑，河南省委省政府不等不靠，大胆开拓，勇于创新，积极谋划建设内陆开放高地。先以很高的行政效率，引进具有标志性意义的国际化企业富士康，创造了“郑州速度”。为了让富士康这样的国际化企业顺利发展，郑州建设了全国中西部第一个综合保税区，保税区封关运行之后，引致大批外向型国际化企业落地。富士康以及大批国际化企业的集聚，促使河南省进出口额在全国异军突起，连续两年的增长速度都在58%以上，外向型经济发展实现重大突破，并进一步导致郑州航空港客货运输的飞速增长。正是因为客货运输的持续快速增长，在全国各地竞相竞争航空港经济综合实验区上升为国家战略的过程中，国务院看到了郑州航空港的巨大潜力与希望，让全国第一个航空港经济综合实验区落地郑州。有了这个中国独具特色的航空港经济综合实验区，郑州市的建设与发展迅疾具有了现代国际都市的战略意义与前景，并将促进郑州市以及中原经济区外向型经济的空前发展。这种逻辑性、关联性非常紧密的内陆地区持续跟进式发展外向型经济的路径，非常经典，必成为一种经济全球化条件下内陆地区发展外向型经济的新模式，这对中国中西部地区以及发展中国家的内陆地区均具有重要的理论借鉴意义和实际应用价值。

二、建设郑州航空港经济综合实验区前景光明

与会专家在发言中谈到，建设郑州航空港经济综合实验区前景光明、大有可为。

（一）郑州航空港经济综合实验区建设将支撑内陆开放型经济实现跨越式发展

建设郑州航空港经济综合实验区，将彻底拉近中原与世界市场的距离，克服我们不沿海、不沿江、地处内陆的区位制约，有利于整合海关特殊监管区域，加快对外口岸建设，促进通关便利化，构造国际化营商环境，创新对外开放的新型体制机制，提高开放型经济发展效率，为内陆开放型高地建设提供制度保障和创新创造的空间。

（二）郑州航空港经济综合实验区建设将促进郑汴都市区实现一体化大发展

郑州市作为河南省省会，首位度一直比较低，对全省经济社会发展的辐射力、影响力、带动力不足，在河南省中心地带形成强大的中心城市是中原经济区建设的客观需要。建设郑汴都市区，就是在郑州市区、开封市区，加上郑汴之间的航空港区，形成集聚人口1000万以上的都市区。郑州航空港经济综合实验区，规划面积415平方公里，正常情况下能够容纳400万人左右，把郑汴两个城市连为一体，将成为我国中部地区一个新的增长极。

（三）郑州航空港经济综合实验区建设将为中原经济区建设乃至中国经济发展创造新优势

当今全球经济发展乏力，中国经济虽然一枝独秀，但是尽快寻找新的经济发展动力仍是一个迫在眉睫的问题。如何寻求新的发展动力，激发新的发展活力，创造新的经济形态，突破原来的发展模式，适应新产业革命的需要，都有赖于各地大胆创新与探索。郑州航空港经济综合试验区有很多方面的独特性，在全国发展大局中具有重要创新价值。河南乘国务院批准建设中原经济区的特殊机遇，再加上获批的航空港经济综合实验区的特殊性，这都非常有利于我们创新发展思路，实现重大跨越，在内陆地区创造新的增长点和发展动力，迅速形成新优势。

（四）郑州航空港经济综合试验区建设将促进郑州发展实现新的重大跨越

1906年，京汉铁路与陇海铁路在郑州交叉，郑州在中国版图的经济地位提升，成为由火车拉来的城市。1954年，河南省省会由开封迁到郑州，郑州成为河南省省会，这掀开了郑州作为河南省中心城市的建设序幕。1990年，郑州著名的商战打响，郑州在全国的战略地位得到有效提升。2011年，中原经济区获批建设，郑州成为中原经济区的中心城市(全国区域性中心城市)。2013年，郑州航空港经济综合实验区规划获批，郑州拉开新一轮大规模建设的发展序幕(国际影响城市)。

（五）郑州航空港经济综合实验区建设将为中原人民创造更加幸福的新生活

体制机制创新，是促进区域经济发展的不竭动力。区域经济发展了，最终是为居民创造更加幸福的生活条件。全球自工业革命以来，发达地区主要集中在沿海或者有通航能力的沿江地区，内陆地区由于商务成本较高，特别是传统的以海洋运输为主要形式的国际物流对内陆地区的发展影响巨大。面对航空货运在高新技术产品国际物流中地位大幅度提升的历史转折点，我们在全国率先建设航空港经济综合实验区，有可能创造一系列内陆地区现

代产业发展的奇迹，真正造福于当地居民。

三、加快郑州航空港经济综合实验区建设的对策建议

一要高起点做好建设规划。在国务院批复郑州航空港经济综合实验区发展规划以后，有关部门应立即着手在全球范围内征集建设规划，力争在已经创造的郑东新区规划荣获联合国人居奖的基础上，再创航空港经济综合实验区规划世界一流的奇迹。这个规划要真正吸收与借鉴国内外最新的城市规划理念，从长计议，高瞻远瞩，增强战略性、国际性、超前性、科学性，拿出体现时代特征、能够吸引世界关注的建设规划。只有规划具有战略性，具有世界眼光，具有强烈的创新意识，才能够创造出世界一流的建设发展业绩。郑州航空港经济综合实验区的建设规划要根据新型城镇化的要求，具有如下主要特征：一是建设与新型工业化、信息化相结合，实现创新驱动的城镇化；二是建设城市体系合理、城市形态优化、产城结合，并与区域经济发展和产业布局紧密衔接的城镇化；三是实现农民工市民化，以人为本，建设注重地域文化传承创新条件下的城镇化；四是建设适应资源环境承载能力、可持续发展的城镇化；五是建设融入生态文明理念，绿色、低碳、集约发展的城镇化。

二要在体制机制和政策创新上下功夫。充分利用《国务院关于支持河南省加快建设中原经济区的指导意见》给予我们先行先试的历史机会，吸收借鉴国内外航空港经济发展与创新的经验，发挥我们文化积淀丰厚的优势，探索制定促进内陆地区航空港经济快速、健康、智慧、可持续发展的政策架构，在金融支持、土地资源管理、人地挂钩、城市投融资、居民收入水平提升、环境治理与改善、信息产品进出口、研发行业发展、人才引进与培养、服务外包、国际商务合作等方面大胆创新、大胆探索、大胆试验、大胆突破，创造出全球产业转型、新产业革命来临时代的软环境、硬环境优势，为航空港经济综合实验区创新发展提供支撑。

三要在思想开放上有新突破。建设郑州航空港经济综合实验区主要是为了打开中原地区对外开放的通道，彻底克服我们不沿海、不沿江的区位劣势。不全方位开放，就失去了建设国际航空港的意义。在郑州航空港经济综合实验区，世界各国的资本、技术、人才、产业都可以来（以不损害国家主权和污染环境为限），世界各国风格的建筑都可以有。国际航空港高度开放，对于我省干部来说，是一个崭新的课题，我们必须自觉地强化开放意识，也必须有计划地培训开放型经济管理的基本课程，训练大批懂得开放型经济发展的管理骨干。

四要尽快提高临空经济科学管理水平。临空经济是以航空货流和商务人流为支撑的经济，在枢纽机场周边地区形成的以临空产业为主的产业集群。这种经济形态是崭新的领域，我们对其运行规律的认识非常有限，相关信息了解的很少。在干部层面认真学习这方面的知识与技能至关重要。

五要在招商引资上围绕临空产业集群做文章。按照郑州航空港经济经济综合实验区的产业发展定位，加大招商引资力度，吸引航空核心产业（航空运输、航空制造、航空服务）、航空关联产业（高科技产业、现代制造业、现代物流业、商务会展业、总部经济、园艺观光农业等）和航空引致产业（宾馆餐饮、商贸、房地产、教育、研发、文化旅游等）集聚发展。对符合航空港发展需要的具有影响力、辐射力、整合力的重大项目，制定工作方案，明确责任人，持续跟踪对接，争取一批代表性项目早日落实、早日落地生根，早日开花结果。

六要打造一流的人才高地。没有一流的人才平台就不可能吸引和集聚一流的高端人才，没有一流的人才服务保障就不可能用好和用活一流的高端人才，最终将是一流高端人才的流失与优秀人才的枯竭。所以，要努力打造郑州航空港经济综合实验区一流的人才高地，吸引、集聚、用好、用活一流的高端人才，特别是具有创新精神的优秀青年人才，为郑州航空港经济综合实验区建设提供强有力的智力支撑和人才保障。

四、与会专家提出的一些个人观点

一是建立国税、海关、出入境检验检疫的“大通关”机制，实现货物通关便捷化；二是有关部门要切实采取有效措施，尽快破解征地难题，真正实现土地流转；三是尽快理顺郑州航空港经济综合实验区与郑州市之间的关系，理顺郑州航空港经济综合实验区自身的管理体制、机制中存在的问题；四是考虑省、市联合设立郑州航空港经济综合实验区产业发展基金，规模50亿元左右；五是适时在郑州航空港经济综合实验区召开国际性的航空经济论坛；六是考虑在郑州新郑综合保税区内建立消费品中心，适应奢侈品消费需求在郑州或郑州航空港经济综合实验区设立美国等国家领事馆的可能性。

积极推进土地流转和集约利用　加快发展新型农业现代化

——河南发展高层论坛第56次会议综述

一、河南省土地流转具有重要意义

土地是“三农”问题关键和城乡关系结点，在推进新型农业现代化和推进中原经济区建设的背景下，河南省农村土地流转不仅是实现集约化经营和加快新型农业现代化建设的必由之路，还是实现“三化”协调发展的重要举措。土地流转是当前家庭承包经营制度下优化配置农村土地、劳动力、资本、技术等生产力要素的根本途径，是推进农业规模化经营，提高农业集约化水平的前提和基础，更是转变农业发展方式、加快新型农业现代化进程的客观需要，也是促进农业增效、农民增收的现实选择。因此，当前以完善土地制度为目标的土地流转，已经成为解决“三农”问题的一个重要突破口。

河南省作为产粮大省，耕地面积占全国十分之一，河南省土地流转制度的改革与探索，在全国的地位是不言而喻的。今年的中央农村工作会议，特别突出强调“农村土地进一步向种粮大户、专业农户流转，通过规模化、集约化经营，提高土地的利用效率，进而加快我国农业现代化的步伐”。因此对河南省土地流转现状、问题、影响因素等方面进行研究，对土地流转的主体，价格形成，权益分配，交易规则等展开讨论，对土地流转与粮食安全，农业现代化等问题提出思考，具有十分重要的意义。

河南省土地流转所体现出的重要意义不仅仅在土地集约利用和农业现代化上，更要从当前的“双推”背景，即推进新型农业现代化，推进中原经济区建设，结合时间和空间两个维度上去认识。

从时间维度上，上世纪60、70年代，亚洲的农业现代化进程中，日韩等国家粮食自给率不断下降，中国是否会出现这一问题，关键是粮食安全。河南农业是中国农业的缩影，它在中国具有典型性，目前河南农业进入了一个发展现代农业的阶段。现在推进的农业现代化是“新型农业现代化”，这个新型农业现代化区别于单纯工业化条件下的资本和技术集约型的农业。它更突出管理、信息和计算机技术集约度的提高，比单纯的工业化条件下的农业现代化集约度更高。

从空间维度上，推进中原经济区建设和郑州航空港建设的过程中，河南的土地空间利用具有特殊性，这个特殊性是河南的社会经济发展面临一个约束条件，就是“两不牺牲”，即“不牺牲农业”、“不牺牲粮食”，最根本的还是“不牺牲粮食”。那么在这样的约束下，选择“三化”协调的发展道路就是要求我们要发展土地密集型的粮食生产，并且要保证工业化和城市化用地。

二、河南省农村土地流转现状

从河南全省情况来看，至2012年底，全省农村土地流转面积2616万亩，占家庭承包面积的27%。其中，转包1088万亩，占流转总面积的41.6%；出租639万亩，占24.4%；互换711万亩，占27.2%。在流转的农村土地中，用于粮食生产的1684万亩，占流转总面积的64.4%。土地经营面积在20~50亩之间的31.4万户，占70.7%；50~100亩之间的9.3万户，占20.9%；100~200亩之间的2.8万户，占6.3%；200~1000亩之间的6400户，占1.4%；1000亩以上的2600户，占0.6%。以上数据反映出，河南的土地流转已经发展到了一定的阶段，进一步与全国现状，区域内部现状等方面进行比较分析，当前河南省的土地流转可以归纳为以下几个方面的特征：

一是土地流转比例增长速度在加快，但是与现代农业发展的需求差距较大。1996年第二次全国农业普查的时候，河南的农业土地流转率在全国倒数第一，到2012年，土地流转率已经超过全国水平，全国流转2.78亿亩，占18.22%，河南流转2616亩，占21.38%，占家庭承包面积26.9%。

二是当前土地流转仍以短期流转为主。主要的流转形式，是转包、出租、互换，特别是转包和互换，它都是局限于本组织内部，并且这种流转方式一般是期限比较短，使用权不稳定。

三是非农主体作用影响较大。目前土地流转有政府和村集体主导农村土地流转,也有农民主导的土地流转,相比较而言,政府、村集体所主导的土地流转具有速度快、规模化的特征,交易成本也低,但是使用权不稳定;农民主导的土地流转,虽然自愿公平,但交易成本太高。

四是区域差异较大。例如,信阳、商丘等地流转比例比较高,是全省最高的,超过57%,特别是商丘的“小块并大块”,济源已经超过41%,漯河、许昌达到34.1%和24.7%。

五是规模化经营初显,效益增长显著。根据调查,流转后通过合并地块,扩大规模,消除田埂地边,增加土地面积,能达到7%;在此过程中通过提高机械作业率,减少种子、化肥、农药的投入,每亩可以节约成本投入60~70元钱。

三、河南省土地流转面临的问题

与会专家认为河南省土地流转主要面临以下几个问题:

一是土地流转的成本高,降低了农业生产经营者的收益。目前河南省的流转土地的租金一般是每亩800—1000元,或者折合小麦800到1000斤,郑州市成本比较高,有的能达到1500元以上,这样降低了农业生产经营者的收益,增加了经营的风险。

二是非农化和非粮化问题突出。目前河南省流转的土地中,用于粮食生产占64.4%,其余的就是非粮化占36.9%,这种较高比例的非粮化利用对粮食安全是一个很大的冲击。

三是流转服务体系尚不健全,流转不规范。由于重视程度和财力方面的原因,目前,全省农村土地流转服务体系还不健全,与迅猛发展的土地流转形势还不相适应,流转双方信息交流不对称。还有近30%的流转土地和近20%的流转农户没有签订规范的流转合同。

四是政策支持体系还不完善。农村土地流转政策支持体系不完善,扶持力度不大,促进流转的激励机制没有形成,制约流转进一步发展的瓶颈没有得到有效缓解。融资难、农业保险投保难,是当前制约土地规模经营发展的重要因素。

五是解决承包地块细碎化问题还没有引起普遍重视。今年的中央1号文件提出要结合农田基本建设,鼓励农民采取互利互换方式,解决承包地块细碎化问题。从我省情况看,除商丘市外,其他省辖市在引导农户以“互换并地”方式解决承包地块细碎化方面还没有行动和效果。

六是个别地方不能严格按照依法自愿有偿原则推进农村土地流转。农村土地流转的基本原则是依法自愿有偿,任何单位和个人都不得强迫或者阻碍农户进行土地承包经营权流转。但也有个别地方为达到连片成方规模经营的目的,过份看重整村流转,在引导农户流转土地的过程中,没有把依法自愿作为前提,放松了土地流转的原则要求。

四、影响河南省土地流转的深层次原因

与会专家认为制约河南省土地流转进一步发展的深层次原因主要有:

一是农村土地产权制度不明晰,农民对土地流转有顾虑。《农村土地承包法》规定,“耕地的承包期为三十年。”党的十七届三中全会明确指出,要“赋予农民更加充分而有保障的土地承包经营权,现有土地承包关系要保持稳定并长久不变”。如何理解、兑现“长久不变”的政策,需要进一步明确。目前我省只有开封通许县作为农业部的试点,开展了农村土地承包经营权确权登记发证工作,但由于财政投入资金不足也还没有全部完成,其他地方没有开展这项工作。由于农村土地承包经营权确权登记不到位,农民担心土地流转出去以后收不回,对土地流转有很大顾虑。

二是农村土地流转制度不健全,土地流转缺乏有效指导。主要有两方面:一是土地流转平台没有完全建立起来。按照农业部要求的土地流转平台建设标准,县(市)有土地流转服务中心、乡(镇)有土地流转服务站,目前全省达到标准的县、乡比例只有73%和58%。由于缺乏土地流转平台,土地流转的供需双方不能有效对接,如同有桥墩,没有桥面,形不成土地流转的通道。“要转的,转不出;要租的,租不到”,在很大程度上延缓了土地流转进程。二是土地流转政策落实不到位。2009年国家出台了《农村土地承包经营纠纷调解仲裁法》,规定农村土地承包仲裁委员会在当地人民政府指导下设立,仲裁工作经费纳入财政预算予以保障。目前我省依法成立仲裁委员会127个,但是开展工作的不多,原因是地方财政没有按照法律列支工作经费。郑州市六个县(市)全部建立了仲裁委员会,但只有荥阳市列支经费,开展了工作。由于土地仲裁机制不健全,不能够有效保护土地出让方的利益。

三是农业兼业化,农民不愿意流转土地。农业兼业化问题,是在我国人多地少矛盾比较尖锐和农村社会保障制度还不健全的约束下形成的农户家庭内分工的均衡形态。农业兼业化意味着农村劳动力转移采取离乡不离土的方式,导致农民不愿意流转土地。一是机械化程度提高,替代了大量劳动力。当前我省粮食作物的机械化程度高,尤其是小麦生产的机械化程度高,解放了农村大量劳动力,农村劳动力在外打工,家里留守妇女、老人,就完全可以解决种地问题,不需要放弃耕地。二是中国传统思想,农民眷恋土地。中国传统文化,"百善孝为先"。农民在外面打工,无论走多远,都十分惦记家里的亲人,要时常回家看看,因此虽然外出打工有一份收入,对土地仍有深深的眷恋之情,不舍得放弃自己的耕地。

四是种粮效益低,土地流转种粮积极性不高。一是与其它农作物比较,种粮效益低。河南省地方经济社会调查队2009年对全省40个县(市、区)360个农户的调查结果表明,种植不同农作物,亩均粮食、露地蔬菜、大棚蔬菜和水果的纯收益分别为302.1元、1770元、4693.7元和2025.4元,比例为1:5·8:15·5:6.7。二是与打工收入增长比较,种粮收益增长慢。河南省地方经济社会调查队发布的2012年河南小麦生产成本及收益调查报告显示,2012年河南省农民种小麦收益为314元,与2008年相比,四年间增加了122元,每年增加仅30元左右。2012年全国农民工月均工资达到2284.43元,和2008年相比,四年间增加了1079元,每年增加270元,是种粮增收的9倍。

五是农业投入少,土地集约要素投入不足。一是农业科技投入不足。表现在农业科技创新投入不足和农业科技推广经费不足两方面,我省农业科技投入强度不到发达国家平均水平的1/10,也远远低于非农业部门;省级和地市级农技推广部门为国家全额拨款单位,并有一定的推广经费,办公和仪器设备比较完善,而县、乡两级的经费来源比较复杂,在基层财政普遍紧张的状况下,农业科技推广经费大多难以保障,严重影响了推广工作的顺利开展。二是缺乏种粮利益导向机制。我省保粮任务重和种粮效益低是一对矛盾,解决这个矛盾的有效措施,就是加大种粮扶持力度,建立种粮利益导向机制,激励农民种粮,但是目前还没有建立这项机制。三是省级层面没有土地流转专项资金。为加快土地流转,目前我省部分地市和县(市、区)安排了专项经费,对鼓励和引导土地流转发挥了积极作用,但是省级层面没有专项资金。

五、促进河南省土地流转健康发展的对策建议

在深入研讨的基础上,与会专家提出了促进河南省土地流转健康发展的主要对策建议。

第一,加快城镇化,发展非农产区和粮区的非农产业的发展。加快城镇化发展促进农民向城镇和非农产业转移,为土地流转打开空间,解决土地供给问题。

第二,加快培育各类新型农业经营主体,促进农业规模化经营,解决土地流转的土地需求问题。大力支持农业龙头企业带动农户发展设施农业和规模养殖,开展多种形式的适度规模经营,充分发挥龙头企业示范引领作用。大力发展专业大户和家庭农场,推动土地流转。要按照"生产有规模、产品有标牌、经营有场地、设施有配套、管理有制度"的要求,鼓励和支持家庭承包耕地向专业大户、家庭农场流转。鼓励龙头企业与农民加强利益联结,形成"龙头企业+专业合作社+农户"的产业化模式,与农民利益共享、风险共担。引导农户把手中的承包土地集中向农民专业合作社流转,引导合作社加强产品营销和市场建设,加强合作社品牌建设,推进农民专业合作社标准化生产,增强合作社辐射带动能力,推动合作社广泛开展合作和联合,共同发展。

第三,创新政府服务,加大对经营主体的奖补力度。创新政府服务要求我们过去从为资本服务转变为粮农服务,为工商资本进入农业提供服务,更多地瞄准粮食核心区。加大对经营主体的奖补力度要求省、市两级政府财政应通过不同的奖补方法对符合条件的各类规模经营主体进行奖补,刺激农业经营者扩大经营规模,吸引各种社会资本投资农业,发展规模经营。积极为经营主体提供金融服务,帮助扩大经营规模。

第四,创新土地流转模式,发展多种形式的农业规模化经营。积极探索土地入股、土地预流转、土地银行等多种模式,支持建立农村土地股份合作组织,探索建立以股份合作形式推进农业规模化经营的路子,做好农村土地流转调研、总结和经验推广工作。因地制宜,以"互换并地"方式流转土地,为农民整块流转土地创造有利条件。引入金融机制,开展土地信用合作,实现土地的规模化、集约化

经营。积极引导和推行土地托管与土地预流转，实现农业规模化经营。

第五，加快农村土地流转服务体系建设。支持县、乡建设土地流转服务大厅，尽快健全村有信息员、乡镇有中心、县市有网络的土地流转服务体系，为土地流转提供有关法律政策宣传、信息、咨询、价格评估等服务工作。有条件的地方可建立城乡统一的土地产权交易市场，建立完善的农业生产要素交易机构。建立管理与服务机制，促进土地快速有序流转。进一步加强土地流转服务体系建设，搞好土地流转管理与服务，强化政策研究与培训宣传，做好农村土地承包经营纠纷调解仲裁工作，切实保护农民的合法权益。对土地流转管理与服务工作给予奖励。对村级土地流转信息员进行误工补贴，以调动其工作积极性。结合土地确权，建立退出机制，让农民得到土地利益兑现，解决占而不用的问题。

第六，改革粮食补贴政策，从普惠制的补贴转变为差异化的支持，解决土地流转的非粮化问题。现在之所以流转到手的土地，比较少的用到粮食生产，是因为保持原来的种粮用途，生产经营者很难收益。种粮补贴政策是原有土地承包人获取，而目前的粮食政策是地补政策，已经脱离了它预设的粮食生产补贴政策的性质。因此必须适时改革粮食补贴政策。

第七，鼓励和引导有条件的地方解决地块细碎化问题。支持有条件的地方在不改变享受农村土地承包人员和承包地面积的前提下，稳步开展“互换并地”工作，逐步解决农村承包地块细碎化问题，为促进农村土地流转，发展农村土地适度规模经营奠定基础。

除了以上对策建议外，与会专家还认为要做好土地流转的有序发展，在具体实施过程中还应坚持好四个原则，完善五个机制。做好土地流转坚持四个原则，一是坚持稳定放活的原则；二是坚持依法、自愿、有偿的原则；三是坚持集中联片，集约经营的原则；四是坚持规模有序的原则。完善五个机制，一是土地流转价格的指导机制；二是建立土地规模流转的主体转入制度；三是建立土地承包经营权的流转服务机制；四是建立土地流转风险防范机制；五是要建立土地流转的纠纷调解机制。

加快河南省工业经济结构升级

——河南发展高层论坛第57次会议综述

一、关于河南省工业经济结构升级的形势和要求

河南财经政法大学教授郭军指出，加快河南省工业经济结构升级，既是建立河南现代工业体系的基础和前提，也是实现新型工业化，促进“三化”协调、“四化”同步发展的内容和要求。改革开放以来，特别是这些年，省委、省政府高层决策者非常重视河南工业经济结构升级问题，从“拉长工业短腿”、确立“工业兴省”理念，到变“经济大省”为“工业大省”战略谋划；从强调以产业结构调整为主线、提升河南工业经济层次、追求河南工业经济高级化发展，到立基工业，“大招商”、“招大商”，引进或嫁接世界500强；从传统工业化，到新型工业化；从散乱的、一般的“工业园区”，到以战略性支撑产业为主体的“产业集聚区”建设。省委、省政府实际上一直都在努力梳理着河南工业经济运行的思路定位，而梳理也好，调整也好，其出发点和落脚点、亦即河南工业经济运行的基本预期都在于趋向结构升级。统计数据表明，截止到2013年8月，全省规模以上工业增加值持续保持在两位数增长，尤其是汽车、电子信息、装备制造、食品、轻工、建材六大高成长行业呈现出良好发展态势，足以说明河南工业经济结构调整不仅达到了预期目标，而且正在逐步的、有序的实现着河南工业经济结构的优化升级。郭军强调，目前，河南工业经济运行面临着机遇和挑战。机遇是国家粮食生产核心区、中原经济区、郑州航空港经济综合试验区三大国家战略运作发力，国内外投资者看好河南；挑战是，世界经济复苏缓慢、国内经济曲线向下，特别是省际间经济空间再洗牌，重组区域经济一体化发展新板块，形成产业梯度转移和投资者与地方（引进者）之间、地方与地方之间的竞争博弈，这是我们在继续寻求

新形势下加快河南工业经济结构升级时必须应注意到的。

省政府发展研究中心研究员李政新认为,河南产业结构、尤其是工业经济结构的调整升级迫在眉睫。李政新说,改革开放以来,河南的经济发展取得非常显著的成就,经济总量在全国占据重要的地位,但是河南与中部其他省份的比较优势正在逐步衰退。以郑州与武汉发展为例,到2012年,郑州和武汉GDP的总量相差近3000亿元,郑州与武汉的差距正在拉大。差距在哪儿?差距就在工业经济结构水平上。现在看来,单靠招商引资恐怕并不能使河南建立起完整的工业经济体系,河南工业要实现快速发展,就必须要追求一流,必须紧跟世界工业调整升级的潮流,抢占产业发展的战略制高点。因此,在招商引资过程中,应该从什么都不讲的"全收",转变到为我所需的、有选择的"非全收"。同时,在工业经济结构升级过程中,要注重招商引资与自主创新相结合,工业经济的载体与主体相结合,工业发展与就业发展相结合,战略性支柱产业与战略性新兴产业相结合,民生产业、财政产业与可持续产业相结合,发挥河南比较优势,增强河南经济、尤其是河南工业经济的竞争力。

二、关于河南省工业经济结构升级的意识和观念

河南大学中原发展研究院教授赵志亮认为,从当前看,推进河南工业经济结构升级应跳出四个意识误区,即一要跳出河南看河南。河南作为全国经济布局的一个重要的省份,其工业经济的发展会受到国家工业布局、宏观调控,包括产业政策、税收等方面的影响,因此,在河南工业经济结构调整升级中,要立足于全国,协调好国家工业经济结构与河南省工业经济结构关系,明确河南工业发展的地域定位。二要跳出政府看政府。工业经济运行有自身的规律,企业和政府的行为必须顺应这个规律,这就要求在河南工业经济结构升级过程中,明晰企业与政府的功能边界,明确政府在工业经济结构调整升级中扮演的角色。三要跳出工业看工业。不能简单的就工业谈工业,要把握河南经济结构全局,既要研究工业内部行业之间的关联与互动性,也要研究工业与农业、与服务业,与城镇化、农业现代化,以及工业与信息业等"三化"协调、"四化"同步的关系,发挥工业经济结构升级对整体经济结构的带动作用。四要跳出眼前看发展。河南工业经济结构的升级不能仅仅只盯住河南眼前的工业状况,而要着眼于世界工业发展趋势,紧跟世界工业发展潮流。

河南财经政法大学教授刘美平指出,河南经济结构升级面临的最大问题是当前河南工业发展创新力不足。围绕工业结构升级,一方面要积极引进现代高科技工业项目,也要注意河南工业经济创新平台、创新团队的建设。要认真选择基础好、有潜力、创新能力强的研究团队,上升到省级层面,甚至组建由省长亲自负责的工业经济的政产学研联盟基地,精心培育河南自己的工业经济研发平台和队伍,谋求河南工业经济结构依靠自己的创新源持续升级,这才是战略性的。当代中国的体制、我们河南经济、特别是工业经济的现状,决定了我们必须有自己的工业经济研发平台,有我们自己的工业经济研发队伍。

郑州航空工业管理学院教授贺金社提议,树立河南工业经济结构调整升级要"顶天立地"的观念。"顶天"就是要依托郑州航空港经济综合实验区,发展航空工业经济。实现工业经济、航空经济、速度经济的统一;"立地"就是要着眼于国内外资源的开发利用,特别是要立足地方经济社会现实需求,发展科技含量高、附加值高的工业,以工业实体经济带动地方经济。

三、关于河南省工业经济结构升级的环境和措施

河南日报理论部主任孙德中认为,一个区域产业结构的发展需要一定的生态环境,河南当前的工业结构体系与生态环境因素影响有关。河南工业经济结构的调整既要发挥政府和市场"两只手"的作用,也要注意政府的职能定位,该由企业通过市场作为的,政府就不要替代包办,否则搞来搞去可能又会回到企业躺在政府身上,一心找市长,无心跑市场的、新的政企错位中去。

洛阳师范学院教授刘玉来也认为,当前工业经济运行中,经济杠杆缺乏,行政杠杆过大,影响了工业经济结构的调整升级。从一些地方的招商引资看,政府非常投入,往往起主导的、主体的作用,而企业在招商引资方面则显得被动、无力,过度依赖政府。实际上,作为国民经济的细胞和市场经济主体的企业,更能准确地把握产业发展信息和企业发展方向,怎么招?招什么?什么时间招?企业完全应该在招商引资中发挥出积极性、主动性、创造性的作用,现在反过来了,这是我们要思考的。

省农村信用联社研究员陈益民认为,河南工业经济结构升级所需要的环境支撑首先就是要有充分的金融支持。金融是现代经济的核心,没有丰实的金融作后盾,经济结构的升级就是一句空话,金融资本与产业资本、以及技术资本从来都是不可分的。从金融支持地方经济视角看,以人均贷款额度为例,2012 年全国该指标是 5 万,而河南省仅为 2 万,金融对河南工业经济结构升级的影响是不言而喻的,现在重要的是抓紧研究工业经济结构升级和金融业的互动、金融产业如何顺应工业经济结构升级需求、工业经济结构如何取得金融产业支持的问题。

省发改委财金处处长高树印研究员认为,河南省产业结构升级、调整,应从三个方面形成具体的保障性措施:一是有效的知识产权保护,注重技术、知识的创新结合;二是构建新型诚信社会;三是建立公平性、竞争性市场环境。高树印强调,增强工业知识产权保护意识,构筑诚信社会里的诚信工业,不仅是有效降低经济社会运行成本的一般规律,也是真正推动工业经济结构升级的一般路径。

河南财经政法大学教授樊明认为,研究河南工业经济结构升级问题,应该对以往河南"五年计划"间产业结构的变化进行分析,梳理河南"五年计划"中产业结构调整目标的效果,深层次分析河南产业结构演变的根本影响因素。樊明说,对一个一个"五年计划"的分析,也就是对以往经济运行周期性进行比较研究,价值无限,国外政府、国外的经济学家们非常重视这一方面的研究。樊明建议,如果政府或企业力量有限忙不过来,可以委托有关科研单位,如高校、社科研究部门、咨询公司等进行专项研究。

省统计局统计科研所所长金美江从智库打造的角度谈了工业经济结构升级问题。金美江说,当前我国、我省宏观经济的一些问题往往是由于政府决策缺乏积极的学术支撑,造成了政府直接面对着很多现实问题不能自拔,也由于缺少了学术的缓冲地带,又往往是出现了问题才去想着解决问题的办法,即老百姓讲的"按下葫芦浮起瓢"的被动局面。国外经济社会运行中的问题也很多,但他有智库,政府总是借助智库的力量作出决策、化解矛盾。在我国古代就存在有言官制度,为政府提供更多的决策预案,从而形成政府决策的缓冲地带,增添了政府决策的科学性和可行性。

河南师范大学教授任太增指出,要明确企业家、市场和政府在产业结构调整中的定位,即到底是谁来主导河南工业经济结构升级?如何保证河南工业经济结构升级规划科学合理?只有把这些问题交给企业家和市场,政府只起一个扶持和引导的作用,才能保证河南工业经济结构升级的效率和效果。樊明等也就此发表了自己的看法,认为一定要对工业经济结构的调整升级与政府的界限进行明晰,科学界定政府在工业经济结构调整升级中的职责。

四、关于河南省工业经济结构升级的目标和方向

河南财经政法大学教授郭爱民认为,工业经济结构升级的研究应该和新型工业化发展研究联系起来,并通过新型工业化的评价指标及其变化,看工业经济结构升级的内容目标与方向。比如新型工业化相比传统工业化,具有更加注重人力资源的发展,注重可持续性发展,注重比较优势发展,注重生态与环境保护发展等,这就为工业经济升级提供了着力点。再比如,新型工业化的评价指标,包括工业化程度(工业化占有率、消费指标)、工业化升级(技术和产品两个层面)、工业企业效益、工业创新与量化结合程度、资源利用与环境保护、人力资源的开发利用等的变化及其原因分析,都可以成为工业经济结构升级的实践参考依据,从而为工业经济结构升级提供积极的动力与目标方向。

河南师范大学教授任太增也认为,河南工业经济结构的调整升级,首先要明确其调整升级的方向,要根据河南的比较优势和世界产业发展的趋势,把产业结构升级与河南的比较优势结合起来。

省社科院研究员龚绍东认为,对于工业经济结构的调整升级,要注重对工业历史背景的研究。当前中国正从传统工业向新型工业转变,还处于工业化中期,但是第三次工业潮流是"革命"性的,信息化正终结着传统工业的发展模式,面对国际经济的新形势,必须要有更高的、超时空的眼光来看工业,要深入研究新老产业的生存状况和演变过程,否则"底特律"的今天就会成为我们的明天。龚绍东对未来河南工业经济结构升级持乐观态度,他说,我们的研究发现,河南的工业经济,有着悠久的历史,人类最初的工业基地就诞生在河南,正是河南工业

的兴盛,铺垫了华夏文明的灿烂坦途。中原崛起、河南振兴,首先是河南工业的振兴。想想前人创造的辉煌,我们没有理由不加快河南工业经济结构升级的步伐,这是我们的责任与使命所在。

河南财经政法大学教授郭军从美国“再工业化”战略及其实施提出了工业经济结构升级的方向。郭军说,美国“再工业化”战略的实施,是基于进入21世纪以来,美国整个国家从实体经济脱轨,陷入虚拟经济,制造业等创造国民财富的生产性劳动部门弱化、萎缩,以至于到2007年金融大厦失去物质能量的支撑而坍塌,爆发了金融危机,迫使美国不得不思考与探讨新的经济路径,即以2011年由奥巴马总统提出建立“白宫制造业政策办公室”为标志,开始实施“再工业化”战略。其实“再工业化”战略早在1970年代就提出来了,主要是强调在发达国家,尽管工业化程度已经很高,但依然必须重视工业在国民经济中的地位作用,发挥工业、特别是制造业对整个经济的带动性作用,并且能够不断地随着工业革命的浪潮,实现整个经济社会的跨越与发展。郭军指出,今天我们研究“再工业化”,一方面是要坚持走好新型工业化发展的道路不动摇,另一方面,就是要从“再工业化”战略实施中,认识“再工业化”与工业经济结构升级的目标预期和方向定位——“再工业化”不是要恢复传统工业,而是要重视和引导工业的发展趋向先进的制造业,包括精密仪器、新能源、新材料、新技术、新工艺等。也就是说,工业经济结构升级,必须要注重面向高附加值、高知识密集度、高级化产品生产,以推进高新的、先进的技术为内容特征的现代工业体系的发展,以减低逐渐增大的来自于资源、生态、环境和人力资本的高成本压力。

加快河南新型城镇化建设　促进城乡统筹协调发展

——河南发展高层论坛第58次会议综述

一、新型城镇化的科学内涵

与会专家指出,城镇化是伴随着非农产业的发展而发生的要素流动、聚集与用途转换的过程。城镇化分为传统城镇化与新型城镇化。新型城镇化,是指坚持以人为本,以统筹兼顾为原则,推动城市现代化、城市集群化、城市生态化,全面提升城镇化质量和水平,走科学发展、集约高效、功能完善、环境友好、社会和谐、个性鲜明、城乡一体的城镇化建设路子。

新型城镇化有三个特点:一是有规划。即在市场条件下,政府通过合理规划、利益诱导,实现要素的自主选择、自由流动并集聚的过程。二是开放。即打破计划经济体制遗存的各种制度壁垒,在全方位开放背景下实现要素的流动和聚集。三是集约。城市单位土地面积承载更多的人口和资本。现阶段新型城镇化是融合了信息化的城镇化,是智慧城市和低碳环保城市。

推进新型城镇化主要有两个目的:一是效率的要求,二是居民生活质量提高的要求。从目前来说,推进新型城镇化,是为了解决经济社会发展在现阶段所遇到或面临的四个问题:一是应对经济持续下行的压力,为现阶段经济增长寻求新的动力,保持经济持续稳定增长,确保跨越中等收入陷阱;二是缓解劳动力供给短缺压力,为工业发展注入动力与活力;三是为农业现代化创造条件;四是增加农民收入,提升农民的生活水平和生活质量,解决三农问题。

二、政府在新型城镇化建设中的作用

与会专家认为,政府在推动新型城镇化建设中应发挥的作用是:行使国家权力、培育城镇化要素、协调各要素之间的相互作用关系、解决城镇化进程中的矛盾和问题、推动城镇化在科学的轨道上健康发展。政府在新型城镇化建设中发挥作用的途径主要有两条:一是为新型城镇化培育发展动力,二是为新型城镇化构建承载平台。培育的动力越强劲,新型城镇化的深层次发展才能绵延不断;平台越宽厚,新型城镇化转移的人口才能真正找到归宿。

城镇化是我国全面建成小康社会的重要方略,

行使国家权力推动城镇化建设是必要的，但不意味着政府可以包揽一切；行使国家权力为城镇化制定发展目标也是必要的，但不意味着指标越高越好。在当前新型城镇化建设空前炽热的状况下，我们尤其要保持冷静的头脑，保证政府在推进新型城镇化建设中始终发挥正能量。这对于较早关注新型城镇化的中原经济区及其主体区河南省尤为重要，因为新型城镇化建设关系着中原崛起、河南振兴的进程。

三、加快河南新型城镇化建设的对策

与会专家经过深入交流研讨，认为加快河南新型城镇化建设要做到以下几点：

一是认清新型城镇化建设的发展背景，不要用已经僵化的计划经济代替社会主义市场经济。计划经济主导了传统城镇化，政府的主观意志与计划脱离实际已经暴露出诸多缺陷。新型城镇化建设要注重运用市场经济的推动作用，尊重城镇化自身发展的客观规律，走有中国特色的城镇化道路。

二是认清新型城镇化建设的发展目标，不要用城镇化的规模扩张代替城镇化的内涵优化。传统城镇化以规模扩张为主要目标，依靠扩大发展要素投入来实现规模增长。新型城镇化在合理的规模扩张的同时，以内涵优化为主要目标，追求优化与扩张的和谐统一，资源节约、环境友好、以人为本，进而实现质量提升。但是，由于规模扩张是能够立刻显现的短期显形成果，而内涵优化是滞后显现的长期隐形成果，因此新型城镇化建设不能操之过急。

三是认清新型城镇化建设的发展重点，不要只盯着城市而忽略了乡村和县城。传统城镇化的重点在城市，特别是大中城市，有时为了城市甚至不惜牺牲乡镇、县城的利益。新型城镇化强调大中小城市和小城镇协调发展，城乡统筹发展，兼顾各方利益。四是认清新型城镇化建设的发展主体，政府不要“包打天下”而忽略了其他社会力量在城镇化进程中的主体地位。推动传统城镇化的主体力量主要是各级政府，政府要“自上而下”地掌控城镇化。一旦政府的行政掌控出现偏差，城镇化必然出现问题，而纠正问题就只能靠事后的总结“经验教训”。推动新型城镇化建设的主体力量是多元化的，包括政府、企业、公众等，要把“自下而上”与“自上而下”结合起来，由“政府主导”转为“多方参与、政府引导”来助推城镇化。这样，及时纠正偏差的安全机制会大大加强——这也是群众路线在新型城镇化建设中的运用。

五是认清新型城镇化建设的发展方式，不要单纯追求城镇化率而忽视了城镇化水平的提高。传统城镇化盲目追求城镇化率这一单一指标，并在相互攀比中不断推升城镇化率的提高速度，导致城市环境质量下降、基础设施不足、社会保障欠缺，转移人口不能完全实现市民化，造成城镇化的泡沫。新型城镇化注重城镇化水平这一综合指标的提升，旨在提高城镇质量、优化城镇结构、强化城镇功能，重在传承文化精髓、塑造个性特色。

六是认清新型城镇化建设的发展动力，不要局限于传统工业化的单一推动力而忽略了其他积极因素的巨大能量。传统城镇化的根本动力主要来自于传统工业化，以工业经济的高速增长与规模增长为目的，产业要素向城市无序堆积，拉大了城乡差异。新型城镇化的根本动力同样多样化，新型工业化、信息化、农业现代化在推动新型城镇化进程中的作用不可偏废，现代服务业的特殊作用不可忽视，其综合效应具有可持续性，有利于城乡之间的协调、互补、互动和联合。

四、推进城乡统筹协调发展的建议

在推进新型城镇化建设的同时，解决三农问题，消除城乡二元经济结构，让广大农民分享发展成果，迫切需要推进城乡统筹协调发展。

一是加大城乡共建力度，推动形成城乡共建机制。建立健全城乡共建机制是推进城乡统筹协调发展的根本保障。要把共建项目、时间安排、考评措施具体化，使各项工作持续推进、落实到位。

二是加大农民教育力度，提高农民素质。要抓住素质教育这个根本，大力开展理想信念教育、思想道德教育、科技培训和法制教育，不断提高广大农民的素质。农民素质教育要适合农民的特点，要根据农民的不同工作、生活、创业等需求，确定教育的内容和方式，把大道理和小道理结合起来，把解决思想问题和解决实际问题结合起来，把要求自己做好和带动他人做好结合起来。要普及环保理念，培育生态文化，保护自然资源，提高农民的节约意识和环保意识。

三是加大农村基础设施建设力度。要吸收借鉴城市的公共设施、社会管理、文化服务等方面的经验，按照建设资源节约型、环境友好型社会的要求，全面推动农村、乡镇基础设施建设，改善村容村貌、人居环境和生产生活条件。

四是提升农村精神文明建设水平。在推动农村经济发展的同时,也要在提升农村精神文明建设水平上下功夫。近年来,我省农村精神文明建设中涌现了一些全国文明村镇和一大批全省文明村镇,始于上世纪80年代的“十星级文明户”评选活动和好婆婆、好妯娌、好媳妇等评选活动在农村仍具有广泛影响力和号召力,要发挥典型的示范带动作用,并继续深化这些创评活动,不断开创农村精神文明建设新局面。

五、与会专家提出的一些个人观点

一是把推进新型城镇化建设的重点放在省辖中心城市以上的大中城市。

二是确立中原经济区核心区的概念,尽快启动以郑州为中心、以周边若干中心城市为支点的大都市区规划。

三是强化政府职能部门的服务意识,尽快扫清影响农民进城的体制机制障碍。

四是加大农民工权益保护力度,提高农民工在养老、社保、生育等保险上的参保率,为农民工进城安居创造条件。

五是城乡统筹发展要确保基本公共服务均等化。

六是土地征收过程中要确保农民权益,提高农民在土地增值收益中的分配比例。

七是我省新型城镇化建设要随着产业发展水平的提高、产业结构的调整和收入水平的提高、就业结构的调整逐步提高,不要想着能够毕其功与一役。八是注重吸引人才,实现人的全面流动,这涉及到户口制度与集体产权制度的变革。

九是领导考核指标要去GDP化,要更加关注城市软环境,更加关注经济社会发展质量。

加快承接产业转移　促进产业集聚区转型升级

——河南发展高层论坛第59次会议综述

一、河南承接产业转移、产业集聚区承接产业转移的特点

与会专家指出,河南承接产业转移具有以下特点:一是承接产业转移的步伐明显加快;二是制造业成为承接转移最多的行业;三是承接转移主要集中于劳动和资本密集型产业;四是产业集聚区成为承接产业转移的主要载体;五是承接来源以东部沿海省份为主;六是承接区域主要集中于中原城市群,特别是沿京广线的安阳、鹤壁、新乡、许昌、漯河和沿陇海线的三门峡、洛阳、郑州、开封;七是承接产业转移的就业带动效果显著。

产业集聚区承接产业转移具有以下特点:一是集群发展态势持续强化。各地围绕主导产业,大力开展针对性招商引资,推动同类和关联项目集中布局,加快培育壮大特色产业集群。二是项目建设质量持续提升。各地围绕产业结构调整的方向和重点,积极承接龙头型、基地型项目和集群类项目,一大批竞争力强、关联度高、成长性好的产业结构转型升级项目开工建设。三是结构升级步伐持续加快。各地抢抓产业转移机遇,加快产业结构调整步伐,高成长性产业和高技术产业保持强劲增长。四是产业集聚区配套服务功能持续完善,公共服务能力显著提高。五是吸纳就业能力持续扩大。河南依托产业集聚区承接产业转移主要有六种类型:成本驱动型(如富士康内迁之路)、市场追逐型(如奇瑞布局中原)、战略性资源追逐(如鹤壁打造中国镁谷)、配套能力追逐型(如民权打造中国冷谷)、战略性产业的培育型(如电子信息产业的河南现象)、产业链延伸型(如河南能源原材料产业的转型升级)。

二、承接产业转移对产业集聚区转型升级的作用

与会专家认为承接产业转移对产业集聚区转型升级的作用主要有:一是促进了产业集聚区集群化发展。在承接产业转移的过程中,各产业集聚区普遍加强了产业链和价值链的打造,高度重视大型产业项目的储备,并充分利用全球新一轮产业结构调整的契机,积极促使一批综合效益好、对区域经济带动性强的大型产业项目落地,且引导企业按产业链上、下游延伸,带动了一批配套项目,拓展了产业集聚的空间。二是改善了产业集聚区的创新环境。为了更好地承接产业转移,各产业集聚区不断提升行政服务水平和公共服务能力,并按照重点承接的产业发展方向,积极引进各类高层次优秀人才和创新人才,在产业集聚区内营造创新氛围。三是促使产业集聚区加快确定特色主导产业。在承接产业转移的过程中,产业集聚区从本身的产业基础和资源优势出发,尽快确定特色主导产业,进而通过大型龙头企业的引入,吸引相关上下游企业进驻,并带动相关产业的成长,最终在集聚区形成龙头企业主导,相关上下游企业、科研机构良性互动的产业形态。

三、河南承接产业转移过程中存在的主要问题

与会专家在研讨时指出,当前我省承接产业转移主要存在以下几个问题:一是河南工业基础相对薄弱,产业配套能力不足。二是投资环境需要进一步改善。在硬环境上,河南除了拥有中部地区的区位地理优势外,在交通基础设施建设、信息化建设等方面与东部地区甚至中西部一些省份相比有明显差距;在软环境上,河南在人才培养、研发能力、员工素质培训、市场管理水平与效率、地区开放程度和供应链效率等方面也存在诸多需要改进的地方。三是承接的部分项目产业层次低、污染重。四是承接的部分产业根植性差,与当地产业融合困难。五是产业集聚度低,产业综合配套能力不足。六是承接产业转移存在低水平重复建设现象。七是产业集聚区作为主要承接载体,各方面建设还有待完善。

四、加快承接产业转移推进产业集聚区转型升级的对策建议

与会专家经过深入交流研讨,认为加快承接产业转移推进产业集聚区转型升级要做到以下几点:

一要深化对产业转移战略机遇期的认识,打造中原经济区全方位开放的新格局。对河南而言,其对外开放既面临机遇也面临挑战。启动以全球化和国内东中西互动发展为依托的新的“东引西进战略”,是抓住新机遇的重要方略。“东引”,即向东部沿海和发达国家与地区引进转移产业,推动产业结构调整和转型升级。“西进”,即向西开放,向西部地区、中亚、西亚开放,打造“新丝绸之路经济带”的桥头堡。

二要将中原经济区打造成“国家级产业转移示范区”和“国家东中西互动合作发展实验区”。国家政策对一个地区承接产业转移的影响不容忽视,河南在未来国家区域发展格局中要真正成为“全国区域协调发展的战略支点”,需要在全方位开放的基础上以中原经济区为依托积极申请“国家级产业转移示范区”和“国家东中西互动合作发展实验区”,并以这两大示范区为政策和体制机制创新平台,进一步强化全国重要的现代综合交通枢纽的功能,形成与“东引西进”战略相呼应的全方位开放格局。

三要把产业集聚区转型升级作为全省转变经济发展方式的战略抓手。加快产业集聚区转型升级是河南创新体制机制、培育竞争新优势、推进新型工业化的客观需要。一是突出产业创新,加快发展战略新兴产业;二是实现由加工型产业集聚区向研发型产业集聚区转型;三是从强调引进大型公司向与重点培育科技型中小企业集群并重转变;四是由功能单一的产业集聚区向现代化综合城市转型。

四要优化产业集聚区空间布局,促进中原经济区一体化发展,增强中原经济区承接产业转移的整体竞争力。要建设“一港、二区、三心、四带、五门户”的宏观产业布局空间结构,打造结构合理、功能完善的产业集聚区空间载体体系。“一港”即郑州航空港经济综合实验区,是中原城市群的核心增长极;“二区”即郑汴都市区和洛阳都市区,是中原城市群新型工业化的核心支撑载体;“三心”即以郑州为核心的郑—汴—新—焦工业主核心、以洛阳为核心的洛阳—济源工业副中心、以许昌—平顶山—漯河为核心的许昌—平顶山—漯河—周口—驻马店工业副中心;“四带”即陇海沿黄产业带、京广产业带、濮阳—开封—许昌—南阳产业带、焦作—郑州—许昌—周口产业带;“五门户”即商丘(豫鲁苏皖门户)、安阳—鹤壁—濮阳(豫鲁晋冀门户)、南阳(豫鄂陕门户)、信阳(豫鄂门户)、三门峡(豫陕晋门户)。

五要着力优化产业集聚区空间布局,持续提升集聚区的产业质量。要按照国家产业政策、城市总体规划和产业集聚区规划,严格项目入驻门槛,完善入园企业激励约束机制,严格控制能耗高、低水平项目建设,加快淘汰现有技术落后、污染严重的企业,严格限制三类工业项目进入城市规划区域内的产业集聚区。

六要强化科技和组织创新,提升产业集聚区内生发展能力。要加快创新平台建设,鼓励产业集聚区依托现有基础和优势产业,发展创业中心、研发中心、重点实验室、孵化中心等各种创新载体。引导产业集聚区建立科技服务体系,加快培育技术咨询、技术转让、知识产权代理等中介机构。积极实施重大科技立项,加大产业技术研发的投入力度,突出解决产业集聚区主导产业发展的共性和关键技术,促进产业升级和产业链条延伸。支持产业集聚区重点企业引导高层次人才,在研发经费、住房补贴、家属随迁等方面提供优惠政策。

七要突出地方特色,完善产业链条,加强特色产业集群培育。要围绕集聚区主导产业,进一步明确产业链上下游关键环节和关联产业,确定重点招商区域和目标企业,强化针对性招商引资,加快推动集群式发展。加强面向行业龙头企业的定向招商和关联招商,加强面向国内一流科研院所和高等院校的定向招商和引智招商,大力发展战略性新兴产业、现代服务业和高端装备制造业,并充分发挥政府的引导作用,统筹推动市域范围内同类和关联项目在集聚区集中建设,提升产业集群发展水平。

八要推进产业集聚区向产业新城进行功能转型。产业集聚区要实现产城融合发展,必须坚持二、三产业并重,工业化与城市化并进,产业与城市相互依托、相互促进,努力建设现代产业、现代生活、现代服务、现代城市四位一体的宜业宜居科技新城。

五、与会专家提出的一些个人观点

一是决定产业转移的因素不仅包括时间、空间要素,还应该包括地方政府的主观努力,特别是主要领导的发展思路、个人能力,和对招商引资、产业转移的重视程度。

二是加强信息化建设,用信息化改造提升传统产业。

三是强化绿色、生态理念,积极承接低碳技术产业,加强资源综合利用。

四是产业集聚区建设要实现“全省一盘棋、建设重能力、管理分层次、考核不排序”。

五是地方政府要避免偏重于产业集聚区这个载体建设,要把“一个载体”同“三个体系”有机地结合起来。

六是理论研究要从全省经济社会发展的全局出发,科学系统地回答“发展什么”、“在哪发展”、“怎样发展”等问题,避免局限于某个具体问题而就事论事。

“十八大报告对经济学理论贡献暨推进中原经济区建设”研讨会综述

2013年1月8日，“十八大报告对经济学理论贡献暨推进中原经济区建设研讨会”在河南财经政法大学举行。来自郑州大学、河南大学、河南财经政法大学、平顶山学院、洛阳师范学院、郑州轻工业学院、河南日报社、《领导科学》杂志社、省社科联研究中心，以及省农村信用联社、省统计科学研究所的学者专家与会研讨交流。

著名经济学家、孙冶方经济学奖获得者、省经济学学会会长杨承训研究员在主题演讲中说，二十一世纪头十年有两大重要变化，即持续性、多发性的美国金融危机和世界经济格局演变，因此，党的十八大强调要立足“世情、国情、党情”的深刻变化来形成新时期、新形势下的经济学视野和理念，“经济转型与保持稳定的关系、经济转型与财政能力的关系、改革红利与改革成本的关系、顶层设计与摸着石头过河的关系”等问题正在对当前的经济学理论研究形成“倒逼态势”、“倒逼压力”，我们应藉此从被动变主动，化压力为动力。

杨先生结合十八大报告首提的“五位一体”新概念，即把“生态文明建设与经济建设、政治建设、文化建设、社会建设”并列，认为生态文明建设将引发经济学革命，并提出了生态经济影响经济学基础理论的八大启示：1.生态经济赋予了经济学新理念，自然规律将驾驭经济规律并拥有最终否决权；2.生态经济确立了经济学的新目标。经济学不仅要研究生产关系，研究人的全面发展，更要研究人与自然的和谐关系；3.生态经济拓展了经济学的新境界。经济学要研究生态生产力，要在适应自然规律的基础上改天换地；4.生态经济优化了经济学的新方式。生态意识带来生产方式、生活方式的转变，更打破了节约与开发之间的界限、资源有限性与发展无限性之间的界限、废物与产品之间的界限；5.生态经济造就了经济学的新类目。生态农业、绿色工业、环保产业、修复产业的出现，破除了狭隘的块状型产业分类思路，形成链环经济；6.生态经济构筑了经济学的新机理。生态经济要求经济学的研究，既要揭示经济社会运行的内生性机理，也要反映经济社会运行的外生性机理，特别是政府在一定时空条件下所创造的经济社会运行的受动性机理，达成生态经济良性发展过程的政府作用与市场调节的优势互补；7.生态经济开辟了经济学的新范式。生态经济在继苏联范式、西欧范式、中国特色社会主义范式之后，提出了经济学研究的新命题，开辟了新的研究范式；8 生态经济带来了经济学新的评价指标。生态经济主张以综合效益替代单纯的经济效益，并形成了绿色GDP、环境消耗、环境损失等新的理念，从而使经济领域开发出一系列更全面、更可行的新的国民经济核算体系及其指标。

中国《资本论》研究会副会长、省经济学会副会长、河南大学许兴亚教授在主题演讲中强调“丰富发展社会主义理论体系，就是丰富发展马克思主义经济理论”。他指出，马克思主义理论体系包括政治经济批判、社会主义批判和经济史研究，尽管马克思借助实证方法论证了共产主义的必然性，但其本人并未经历过工人阶级夺取政权之后的社会主义国家建设，其后的苏维埃社会主义国家也只是通往社会主义的一种过渡尝试。因此，中国特色社会主义的建设之路，是一条前无古人的探索之路，社会主义经济理论正是马克思主义理论体系中有待进一步丰富和发展的重要部分。许兴亚认为，十八大报告对社会主义理论体系至少有六大贡献：1.突出其历史性观察。十八大特别指出，中国的发展是一脉相承的，中国特色社会主义是近90年来的发展成果，不能以改革开放后的发展成就来否定改革开放前的实践探索；2.澄清了中国特色社会主义的深刻内涵。十八大在对过左、过右观念加以批判的基础上，对中国特色社会主义道路、中国特色社会主义理论体系、中国特色社会主义制度三者之间的关系进行了科学界定；3.科学发展观进一步丰富和发展。十八大报告以更明确、更具体的表述进一步阐明了科学发展观的第一要义、基本立场、基本方法;4. 指出中国特色社会主义建设是社会主义制度的自我完善与发展,从而进一步明确了社会主义中国改革开放的理论根基和正确方向;5. 提出共产主义之路是一条实践之路,必须坚持真理、修正错误;6. 澄清了中国特色社会主义建设过程中必须坚持马克思主义、科学社会主义理想与信念的问题。

河南财经政法大学仉建涛教授指出,生态文明建设事关中华民族的生存与发展,事关人民群众的切身利益。但由于缺乏应有的人文精神、科学素养、历史担当,以及体制、机制和吏制等方面的问题,决策者的生态环境意识尚未完全建立起来,研讨十八大报告的经济学思想,就要用这些经济学思想告诫人们"警惕盛世中蕴含着的危机"。

河南农业大学王文亮教授从创新管理理论的视角,解析了中国特色社会主义道路中对创新问题的认识深化过程。他说,从党的八大首次提出"向科学进军",到十六大提出"创新就是要不断解放思想、实事求是",要"构建国家创新体系",再到十七大把自主创新上升到国家战略,更加强调协同创新,"要坚持走出一条具有中国特色的社会主义自主创新之路",今天,十八大又进一步把创新上升为国家政策和发展目标追求,不仅对创新理论、创新目标、创新政策作了更加全面的阐述,而且直接提出"实施创新驱动型发展战略",这是我们在学习研究十八大报告对经济学理论贡献时必须予以高度认识的。

郑州大学李燕燕教授指出,中国特色社会主义经济理论研究,要拉近社会主义初级阶段,注重处理好政府主导型经济与市场主导型经济的关系,尤其应该在学习十八大报告的经济学理论过程中,应进一步加大生产要素的市场化取向研究。实践中的经济政策引导,仅在产业链末端投资会加剧产品市场的过剩,这是政府主导型经济发展的常见问题,而市场化是对人口、资本、资源等生产要素价格信号的释放,只有加快推动生产要素的市场化才能真正实现良性发展的社会主义市场经济。

平顶山学院苏晓红教授通过对比分析历次党代会对我国经济体制改革核心问题的表述发现亮点。她指出,在十二大、十四大时期强调的"正确认识和处理计划与市场的关系",已演变成十八大首次明确提出的"正确处理政府与市场的关系"。除计划外,政府还可以通过经济的、法律的、行政的手段干预经济活动,调节资源配置,因此,政府与市场的关系比计划与市场的关系涵义更加广泛。理论创新是在实践基础上的创新,新提法是一种理性回归,表明新一任政府将更加尊重市场规律,将致力于更好地发挥政府作用。

郑州大学杜书云教授剖析了城镇化过程中亟待解决的关键问题。城镇化的实质是要素的非农化,因此解决好土地城镇化与人口城镇化的关系至关重要。我国历来只偏重于土地的城镇化,十八大特别强调了土地城镇化与人口城镇化的匹配问题,这为我国城镇化进程的加速推进带来了转折契机。

河南财经政法大学樊明教授阐述了由政府主导型收入分配政策向市场主导型收入分配政策转型的必要性。他指出,土地私有制、城乡户籍制度是中国收入差距拉大的根本原因,收入分配政策的实效发挥高度依赖于市场、政府的关系理顺,只有让各类资源在市场中自由地流动配置,以市场主导型政策替代政府主导型收入分配政策,才能彻底解决我国的收入分配难题。

洛阳师范学院刘玉来教授探讨了十八大对应用经济理论研究的启示。十八大所提出的"五位一体"是对一直以来"顶层设计"模式的反思与改革,此举将有助于从根本上推动经济发展方式的转变。未来阶段,经济学研究还应继续牢牢把握实体经济这一坚实基础,深入探讨"到底要建立什么样的机制"和"区域需要什么样的发展模式"这两大核心发展问题。

平顶山学院罗士喜教授指出,研究经济发展的出发点和落脚点都在于"以人为本"。十八大提出的"要以最大的勇气、最大的智慧,整体地、系统地、全面地、协同地推进改革",传递出了坚定的改革决心。下一步,要继续改革社会保障和户籍制度,推动人力资源流动配置,"解放生产力"。要推动教育领域改革,实现人力资源开发,鼓励技术创新,"发展生产力"。要推动资源资产化、资产证券化,"提高生产力使用效率和资源配置效率"。要加快政治体制改革,建立廉洁高效的法治服务型政府,使"生产力与生产关系更好地相适应"。

河南农村信用联社主任陈益民研究员指出,中国金融体制有别于美国的显著特征,是将金融发展定位于支撑实体经济发展。而要想证明这一中国金融发展模式在全世界的普适性价值,还有必要进一步深化中国特色社会主义金融理论的总结提炼，并结合地域实情，加强中原经济区建设中的金融支持问题研究。

省统计科研所金美江研究员指出，“十六大”第一次提出“到2020年实现国内生产总值翻两番的全面建设小康社会奋斗目标”；“十七大”又提出了“到2020年实现人均GDP翻两番”的新目标；“十八大”进一步提出“实现国内生产总值和城乡居民人均收入比2010年翻一番”的新目标；建设是过程，建成是结果，回顾十年建设历程可见，全面小康社会是一个动态的过程，历次党代会对终点量化目标的表述也在不断地与时俱进。

河南日报高级记者孙德中从传媒视角，畅谈了经济学研究所必需的科学精神和问题意识。理论界必须研究现实问题，拿出真知灼见去影响实践环节，深入探究学者、官员、从业者各自的责任和角色。

与会学者普遍认为，党的十八大报告对经济学理论的贡献是丰富和深刻的，我们需要认真的学习、研讨、深化，特别是关于中国特色社会主义道路，即工业化、信息化、城镇化、农业现代化“四化”同步理论；中国特色社会主义市场经济理论，即深化经济体制改革、全面提高开放型经济水平理论；中国特色社会主义自主创新理论，即科技创新、创新驱动理论；中国特色社会主义经济运行理论，即经济关系、经济结构调整理论，转变经济发展方式理论；中国特色社会主义城乡发展一体化理论，即解决“三农”问题、统筹城乡发展、建立新型工农关系、新型城乡关系理论等。

有的学者还指出，党的十八大报告对社会主义经济理论以及发展经济学、宏观经济学、区域经济学、产业经济学等都形成了积极的、深刻的影响，同时也必将会进一步深化我们对中原经济区建设的理论的、政策的、现实的认识，探索并走好“两不三新”科学发展的路子。

省经济学学会副会长兼秘书长、河南财经政法大学河南经济研究中心主任郭军教授主持会议并进行了总结性发言。

全省社科界加快产业集聚区建设提升城镇化质量研讨会综述

2013年4月3日,省社科联组织召开"加快产业集聚区建设,提升城镇化质量"研讨会。来自省政府发展研究中心、省科学院、郑州大学、河南大学、河南工业大学等省社科界的专家学者和社科工作者出席会议。研讨会由省社科联党组书记李恩东主持,省社科联主席杨杰及班子成员参加会议。与会专家学者从我省经济社会发展实际出发,围绕研讨会主题进行了深入研讨,提出了许多有价值的观点和建议。

一、加快产业集聚区建设是提升城镇化质量的重大战略决策

专家学者指出,城镇化建设是十八大作出的一项重要部署,李克强总理非常关注,省委、省政府对此也很重视。郭庚茂书记在十二届全国人代会上向中央建议,河南是中国的缩影,城镇化水平低,现在正处于城镇化快速发展阶段,在全国具有代表性和典型性,中央应把河南作为全国新型城镇化试点,探索路子、积累经验。当前在城镇化建设快速发展当中,必须着力提升城镇化质量,切实以新型城镇化为引领、新型工业化为主导、新型农业现代化为基础,充分发挥信息化的综合带动提升作用,在坚持推动"三化协调"的同时促进"四化同步"。产业集聚区的建设提高了城镇规划的科学性、布局的合理性、设施的共享性,推动了新型城镇化道路的发展;可以提高土地投资强度与利用效率,实现资源集约利用;同时通过产业链式发展、专业化分工协作,可以增强集群协同效应,实现二、三产业融合发展。因此,加快产业集聚区建设,是提升城镇化质量的战略选择。同时,也是谋跨越求崛起、建小康富人民、兴河南强中原,实现"中原梦"的现实需要,必须紧紧抓住产业集聚区建设不放松。

专家学者认为,在过去相当长的一个历史时期内,我国绝大多数地区的城镇化建设,客观上讲都是摊大饼,项目来了,围绕城区左放一个右放一个,非常无序。自2009年省委省政府出台《关于加快推进产业集聚区科学规划科学发展的指导意见》以来,全省各地把产业集聚区建设和城镇规划紧密地结合在一起,使城镇化建设由无序的摊大饼向有序的集中连片发展,有效地支持了地方产城融合,支持了地方新型城镇化建设。从科学的角度讲,提升城镇化质量,必须加快产业集聚区建设,使城镇化建设具备自我造血功能。否则,城镇化建设就会失去活力和生机。

专家学者强调,城镇化实质上是人的城镇化,是人从农村农业向城镇非农产业转移的过程。在我省人口多、底子薄、基础弱、发展不平衡的前提下,要实现真正意义上的城镇化,首先要考虑人在城镇的就业和现代生活。任何城市的发生、发展及其现代化转型均离不开现代产业作支撑。发展现代产业既提供了城镇化的物质基础,也决定了城市的性质和发展方向。一个城市如果没有现代产业作支撑,这个城市就会成为"空城"甚至贫民窟。提升城镇化质量,要把产业集聚区建设放在重要位置,促进城镇化科学发展。

二、充分认清产业集聚区建设中存在的问题

专家学者指出,近年来,在省委、省政府的正确领导下,我省产业集聚区建设稳步推进,积极有为,成效明显,为中原经济区建设提供了有力支撑。但是,产业集聚区发展还不够平衡,其间的互补性还有待提高。有的只重视主导产业发展,而忽视配套产业发展;有的只重视全面开花,而忽视一枝独秀。比如:周口、驻马店、信阳、商丘四市,有34个产业集聚区规划的主导产业都定位于食品加工或农副产品加工业,占四市产业集聚区个数的比重为69.4%。产业集聚是指上游下游相关产业、左右配套产业集聚在一起,形成一个产业园区,以便发展得更快更好,节约成本,形成科技实力、生产实力、销售实力和物流实力。在相邻产业集聚区规划大量的产业相同、产品趋同的低端加工制造业,必将使

得产业集聚区产业、资源的配置使用效率低下,产品互补性低,不利于产业产品功能化、专业化分工。

专家学者认为,目前,我省一些地方在建设产业集聚区中,虽然都重视产业发展,但主导产业规模不大,集群集聚难以产生规模效应。特别是从产业及其链条的发展看,不仅产业规模偏小,而且产业链条不完整;不仅主导产业没有形成规模效应,而且不少主导产品也还处于产业的中、低端节点,产品附加值相对较低。如我省个别地方现有的产业集聚区中,部分产业集聚区的主导产业发展还处于起步阶段,仅仅是确立一两个龙头企业,有的产业集聚区尚未形成明显的主导产业,布局分散,产业链条过短,上下游和外围服务企业配套不紧密,产业集中度较低,整体市场竞争优势不突出。

专家学者强调,技术创新能力弱、发展后劲需要加强是当前产业集聚区建设中普遍存在的问题。一是有些产业集聚区尚未形成技术创新体系。如安阳、濮阳和鹤壁三市的24个产业集聚区中,虽然目前拥有57个省级(含省级)以上、80个市级企业研发中心,但省级以上重点实验室和孵化中心偏少,不同类型研发机构比例失衡比较突出,难以形成"以企业为主体,企业与高校、科研院所结合"的科学完善的技术创新体系。二是缺少科学配套的人才引进机制。多数产业集聚区企业专业人才少、农民工转化为技能型工人速度慢。同时,集聚区由于编制、待遇等因素制约,又很难引进优秀专业科技人才和高端管理人才,造成企业发展动力不足。三是大企业、大项目和知名品牌的支撑力不强。

三、加快产业集聚区建设,提升河南城镇化质量的路径选择

专家学者指出,产业集聚区不是传统意义上的开发区、工业园区,更不是企业在地理上的简单扎堆或平面扩张,而是在更高层次、更大范围进行资源配置和发展布局,是区域发展模式的优化升级。要准确把握产业集聚区的科学内涵和规律要求,立足于实现"中原梦"的客观需要,坚持把"一个载体、三个体系"作为科学发展的实现途径和重要抓手,持续丰富内涵、完善举措,着眼于人的现实需要和民生改善,进一步提升城镇化质量,全面建设中原经济区,加快中原崛起、河南振兴。

专家学者谈到,产业集聚区的发展方向就是产业集群,这也是产业集聚区升级的重点。因为,从世界市场的竞争来看,那些具有国际竞争力的产品,如法国的香水、瑞士的钟表和我国义乌的小商品等,其产业内的企业往往是群居在一起而不是分散的。要从我省经济战略全局出发,按照产业集聚、人口集中、土地集约的原则,妥善处理好主导产业和配套产业的关系,突出主导产业,兼顾配套产业,在全省和各地因地制宜打造专业化、特色化、规模化、国际化的产业集群,进而打造在国内国外有影响力和创造力的特色城市,充分发挥产业集聚效应,促进产业集聚区科学发展。

专家学者认为,当前,我省产业集聚区建设已进入新的发展阶段,进一步优化产业集聚区布局,平衡产业集聚区发展,增强他们之间的互补性,是加快产业集聚区建设的关键。要遵循市场机制的要求,探索符合实际的产业集聚区高效管理体制,通过市场机制和行政机制的有效耦合(结合),努力改变不适应产业集聚区快速发展的体制性障碍,最后形成一种文化,凝聚各方面的智慧和力量,在全省范围内建立布局合理、特色鲜明、优势互补的产业集聚区发展新格局。

专家学者强调,近年来,随着经济结构的调整,河南山西两省经济增长率下滑的幅度最大。但是同山西相比,河南能源原材料产业的比较优势已经不存在,高度依赖资源型的产业结构亟需调整,已成为全省上下的共识。加快产业集聚区建设,要高度重视科技创新,不断加大重大科技创新项目的实施力度,加快重大成果的转化和产业化步伐,促进创新要素向产业集聚。同时,要深刻认识到以产业为支撑的中心城市在新型城镇化建设中的带动作用,结合郑州航空港经济综合实验区建设把郑州做成大城市,真正提升郑州的实力;进一步强化中原城市群的支撑带动能力,构建现代城镇体系;在切实保障农民利益和农民充分就业的基础上,建设新型农村社区。

研讨会上,与会专家学者还就产业集聚区和城镇化建设的其它问题进行了广泛探讨。大家一致认为,产业集聚区和城镇化建设,是省委、省政府关心的重大课题,也是贯彻落实党的十八大精神,保持我省经济社会持续健康发展的重要举措。社科界要不断深化这方面的研究,努力为省委、省政府决策服务,使产业集聚区真正成为推进城镇化的"发动机",在实现"中原梦"中发挥更大作用。

“五四”的追叙与回响

——“‘五四’的反思与文化自觉”学术研讨会综述

时值“五四”运动94周年之际,由河南省社会科学院主办,《中原文化研究》杂志社承办的“‘五四’的反思与文化自觉”学术研讨会于2013年4月19－21日在郑州召开。清华大学人文学院教授、博士生导师解志熙,河南大学党委书记、教授、博士生导师关爱和,河南师范大学副校长、教授、博士生导师孙先科,河南省社会科学院研究员袁凯声,河南省社会科学院闫德亮研究员,洛阳师范学院副院长、教授、博士生导师张宝明,河南师范大学文学院院长、教授曹书文,河南大学文学院副院长、教授刘进才,河南大学文学院教授、博士生导师张先飞,河南大学文学院副教授刘涛、孟庆澍,河南大学《汉语言文学研究》常务副主编杨萌芽等来自省内外20多位学者出席会议。

会议以“五四”的反思与文化自觉为题,旨在通过对这一问题的讨论,自觉推动当代文化的建设与思考,目的在于让用力方向不同而各有建树的诸位学者在相对宽松的范围内进行自由交流与碰撞,为每一种立场与态度开放空间,从而抵达更具深度的认知与理解。经过学者们热烈讨论,最终在“五四”的内涵与意义、“五四”的精神文化遗产、“五四”的研究与阐释,以及如何重新认识“五四”等议题上形成了较为集中的认识与看法。

“五四”内涵与意义。袁凯声研究员首先援引雅斯贝尔斯的概念,认为“五四”可视为中国近现代文化的轴心时代。“五四”不仅集中地提出了中国社会、历史、文化、政治和经济等方面面临的诸多问题,而且在此后近百年的历史发展中“五四”提出的一些核心的理念和价值取向仍然在当代中国发生影响,而后来者在承接、超越,甚至颠覆“五四”开创的传统时,依然还是在围绕着“五四”的精神探索和问题展开着。这一观点得到了不少与会学者的认同。关爱和教授认为,从鸦片战争到“五四”80年的发展历史,从器物革命到政治革命再到文化革命是符合历史梯度的一种升华,这个思想逻辑是符合后发现代化国家的思想历程的。中国知识分子的思索层层深入,到“五四”时期真正进入到对文化的反思和批判,出现所谓反传统的思想潮流。“五四”之后中国进入了文化转化和重建的艰难历史时期。经过90多年的转化与重建,基本的雏形已经建立,逐渐走到了文化的自信和历史的自信这样一个节点,形成了当下的文化支撑和文化理念。关教授强调,不同时代对“五四”的清理与反思与其所处的社会环境息息相关,今天我们也不例外。十八大提出文化自信、自觉、自强的问题,其中涉及中国文化重建的两个重要基础是爱国主义与时代精神。没有爱国主义,可能国家会缺乏应有的民族团结和凝聚力,没有时代精神,可能会失去发展方向和发展目标。关教授的发言立足于中国文化自觉与文化重建,以历史视野对“五四”的内涵与意义进行了梳理和把握。

有学者指出“五四”始终是近百年来政治、社会、经济、文化等不同思想层面的源头活水。这一观点得到了与会学者的一致赞同,并引发了关于“五四”精神文化遗产的讨论。孙先科教授认为,“五四”存在不同层面,一是主流话语中革命的、政治的、广场的“五四”,核心话语是爱国主义;二是在不同时代根据自我阐释需要而升华出来的“五四”叙事或者“五四”话语,这就是启蒙的“五四”,其以个人主义和人的解放为核心;三是上世纪80－90年代“五四”反思热潮之后出现的审美现代性的“五四”。孙教授以红色经典《青春之歌》为例,通过分析“五四话语”在红色经典中隐然可辨的诸多面向,认为已有的“五四话语”很难全面概念“五四”,研究者不能被已经形成“五四话语霸权”所笼罩,学术的姿态应该重新把“五四”历史化,还原“五四”的“真实”。孙教授也提醒,就像一个有机体一样,能否在“五四”现场里边看到更鲜活的个案,它可能比我们已经触摸到的东西还要丰富得多。孙教授的发言给了“五四”研究一个新的启发,也为“五四”的叙事学分析如何应用于思想史研究提供了更丰富的思考空间。

曹书文教授以家族小说的研究经验为例,指出“五四”知识分子对封建伦理的“孝”与“忠”的批判态度不同,而他们对家族的批判既是建设现代民族国家的政治需要,也是青年知识分子自身解放的个体需要。值得注意的是,“五四”知识分子在批判传统家族文化时,未能理清“家”在不同层面的文化内涵。在秩序与规范之外,“家”也蕴含了血缘情感与道德情怀以及无形的价值理想。尽管“五四”时期已经有人提出了救人比救国重要的命题,但未能引起时人的足够重视,有可能在民族救亡的旗帜下形成对人的解放的遮蔽。有学者也指出曹教授提出的家/国、理性/情感、自我/群体的几对矛盾,在“五四”时期的知识分子身上均有鲜明体现,这些矛盾与问题至今仍缠绕着我们,在研究“五四”人物时,应注意对人物的思想和人格进行双重分析。

刘进才教授从语言变革角度考察“五四”知识分子的文化担当和责任意识。他认为,与“五四”本身相比,对“五四”时期知识人的分析与思考同样重要。胡适对白话文的倡导、鲁迅的“硬译”、大众语论争、通俗语文运动等语言变革问题的持续讨论,实际上承载了一代“五四”知识分子为了建构一个统一国音、统一语法的现代民族国家的语言理想,这种对语言本身的清理与反思,深刻反映了“五四”知识分子的文化担当和责任意识。

在“五四”研究日趋多元化的学术语境中,研究方法的细化深入一方面的确有助于我们跳出传统主流叙事造成的困扰,另一方面却又有可能陷入“化简为繁”的误区,因此“五四”的研究与阐释也成为会议讨论的另一个热点。

孟庆澍副教授指出,随着学界对“五四”前史的热烈讨论,“五四”与近代的界限正在消退。他回顾了《甲寅》与《新青年》杂志的历史渊源,通过分析章士钊在民初政论文言文变革方面做出的努力,指出章士钊实践的文言文欧化与胡适倡导的白话文欧化,实质上采取了某种共通的知识策略,也反映了当时知识分子对现代西方文法的重视。他同时强调,“五四”新文化运动除了以往讨论较多的语言文学,实际还包括其他路径的制度设计。孟教授对“五四”时期主流与边缘刊物的细腻分析,有助于我们理解“五四”时代文学生态的复杂性。解志熙教授指出,“五四”前后的社会语境有较大的差别,例如章士钊等人在清末创办《甲寅》杂志,主要面对的是政治问题,其共同思想基础是政治问题的讨论,这也造成了章士钊对文化持与胡适迥然不同的态度。他同时也指出,“五四”研究要注重具体的、丰富的个案研究,但不能因此而忽视历史的大脉络、主线索。

刘涛副教授在“五四”的研究方法上与孟教授持相似的观点,他强调应该重视从横向的空间角度去研究“五四”思想的发散与传播,比如考察“五四”事件的发生地北京与其他城市对“五四”的不同态度,以及“五四”在不同地域表现出的差异性影响。张先飞教授指出,“五四”研究容易陷入理论与概念的拘囿,因而对词语和概念的厘清有助于问题的讨论和深入,这也应纳入“五四”反思的重要议题。袁凯声研究员也指出,对历史现象的把握与认识,应该的逻辑是从认识论到价值论,从贴近历史到解释历史,在对历史阐释中,应对自我的“先验”认识与判断保持必要的警惕。总的来说,这些观点有助于更好地深化理解与阐释“五四”。

对“五四”的重新认识不可能脱离每一时期讨论的现实语境,因而如何重新认识“五四”也成为不同时代“五四”反思的讨论热点。解教授认为,“五四”是意识形态的革命,当中国传统的意识形态无法面对国际国内问题时,在现实危机下需要意识形态的革命,需要有新的意识形态的安排,当然也包括制度安排。“五四”运动节省了很多无谓的争论,直接将焦点聚焦于意识形态层面的讨论。“五四”有深刻的政治经济背景,值得未来从经济学角度进行更充分的认识,而目前我们对“五四”的认识仍然偏于简单和抽象。张宝明教授也认同在各种文化盛宴争相粉墨登场的今天,重提“五四”话题有其必要。他认为,文化自觉与自信是当今时代的主旋律,文化并非一切社会问题产生的根源。“五四”时期在某些问题的价值判断上有比较极端的倾向。张教授的观点触及了“五四”反思的另一层面,也有学者以鲁迅铁屋子的比喻为例提出不同意见,认为这一价值判断的标准可能有策略上的考量。

杨萌芽副主编认为陈三立等在“五四”以后仍坚持古典文学阵地的创作者多具有参加现实政治的经验,从其思想构成上看,一定程度上说明新旧文学之间并非截然二分的关系。他强调的新旧文学伴生的观点也是目前学界重新认识“五四”的一个重要议题,引起了不少与会专家的回应。袁凯声研究员认为,新旧文人面对国家民族的命运思考的逻辑指向是共同的,即民族危亡与国家的复兴。要重视文学描绘的“五四”经验,因为在理性与知识之外,对个人经验、情感的体悟与描述往往更能凸显文学超越时代的敏感性和先导性。解教授指出,旧文学与“五四”新文学如何呼应值得关注,更重要的是我们如何思考内发于文学本身的新旧交融的复杂现象。关教授也认为,对新旧文学作先验的人为的区隔不符合文学发展的客观规律,这就要求研究者既能把握历史本身的复杂性,又能够准确把握历史过程中的大背景与主脉络。

袁凯声研究员在会议小结时指出,这次研讨会虽然以激辩和激情的话语方式讨论“五四”,实际上蕴含着理性的精神与严肃的态度。“五四”具有复杂的内涵和指向,其复杂现象之间又存在着相互联系、相互交叉、相互影响,杂糅交织在一起,可以认为是属于不同层面的“五四”。具体而言,一是民族国家层面的“五四”。其产生于中国所面临的民族存亡的危机与挑战;二是启蒙的“五四”,即“五四”新文化运动。其奠定塑造了中国现代社会最基本的核心价值观,并开出了近百年来中国文化的前进方向;三是“五四”参与者的“五四”。不同的“五四记忆”影响甚至决定了他们对“五四”的理解;四是被阐释的“五四”。在这个层面上,“五四”真正成为中国近现代思想文化的源头活水。他提出“五四气质”问题,认为“五四气质”是由理想主义、担当精神、开放宽容、创造激情和历史缺憾等关键词组成的。

在一个开放的世界里,中国的发展牵动着世界,世界的发展影响着中国。现在我们面对的是一个全新的世界,面临着新的挑战,要解决新的问题。正如讨论中关爱和教授所言,“五四”之所以成为说不完的“五四”,是因为“五四”的任务至今尚未完成。在一个全球化的世界格局中,我们的文化该怎么做?我们的梦想又该如何实现?“五四”不可能提供某种确定的答案,但却有可能吸引一代又一代中国人不断去追寻,去探问。

与会专家还在拓展对一些问题的研究上形成了共识。《中原文化研究》副主编闫德亮研究员也明确表示,《中原文化研究》乐意为这一深入拓展的研究提供阵地。

河南省社科联第八次代表大会

在河南省社科联第八次代表大会上的讲话

（2013 年 12 月 19 日）

邓　凯

各位代表、同志们：

河南省社会科学界联合会第八次代表大会今天隆重开幕了，这是共商我省哲学社会科学发展大计的一次盛会。开好这次会议，对于团结动员全省广大社科工作者认真贯彻党的十八大和十八届三中全会精神，进一步繁荣发展我省哲学社会科学事业，推动全省经济社会持续健康发展，具有十分重要的意义。在此，我代表省委、省政府，对大会的召开表示热烈的祝贺！向出席大会的各位代表并通过你们向全省广大社科工作者致以亲切的问候和崇高的敬意！

过去的几年，全省经济社会快速发展。伴随着全省经济社会的发展变化，我省哲学社会科学事业也取得了长足进步。省社科联第七次代表大会以来，全省各级社科联组织认真贯彻中央和省委、省政府关于繁荣发展哲学社会科学的各项部署，紧紧围绕全省大局，深入开展现实问题和重大理论问题研究，积极组织各类学术活动，着力推进队伍建设和阵地建设，广泛进行理论宣传和社科普及，充分发挥了桥梁纽带、组织协调、咨询服务、宣传普及作用，有力地促进了我省哲学社会科学繁荣发展。广大社科工作者潜心研究、辛勤耕耘，推出了一批富有时代特征、具有广泛影响的理论研究成果，创建了一批彰显河南特色、体现中原风格的社科品牌，涌现了一批理论功底扎实、锐意开拓创新的优秀社科人才，为服务全省经济社会发展作出了重要贡献。

哲学社会科学是人们认识世界、改造世界的重要工具，是推动历史发展和社会进步的重要力量。繁荣发展哲学社会科学，是关系全面建成小康社会、开创中国特色社会主义新局面的重大战略任务。中央始终把繁荣发展哲学社会科学摆在重要位置，党的十八大提出，要扎实推进社会主义文化强国建设，建设哲学社会科学创新体系。习近平总书记强调，意识形态工作是党的一项极端重要的工作，宣传思想工作的根本任务是巩固马克思主义在意识形态领域的指导地位，巩固全党全国人民团结奋斗的共同思想基础。省委、省政府认真贯彻落实中央精神，强调要繁荣发展哲学社会科学。郭庚茂书记在全省宣传思想工作会议上指出，要深刻认识意识形态和宣传思想工作对党、对国家、对民族的根本性、战略性、全局性意义，增强做好意识形态工作的历史责任感和使命感。哲学社会科学是意识形态工作的重要内容,是宣传思想工作的重要组成部分。中央精神和省委要求是我们做好新形势下哲学社会科学工作的行动指南和重要遵循。立足当前,放眼未来,我们要深刻认识到,波澜壮阔的改革发展实践,鲜活生动的群众历史创造,广泛深刻的经济社会变革,既需要哲学社会科学作出理论回答,也为哲学社会科学繁荣发展提供了广阔舞台。广大社科工作者一定要牢记责任使命,把握方向要求,抓住历史机遇,勇于探索创新,促进我省哲学社会科学繁荣发展,为全省经济社会发展提供强有力的思想保证、精神动力和智力支持。

希望广大社科工作者更加自觉地高举旗帜、坚定方向,始终坚持马克思主义指导地位。方向问题是根本问题,哲学社会科学坚持正确的方向尤为重要。马克思主义是科学的世界观和方法论,是我们立党立国的根本指导思想,是哲学社会科学的发展之基、繁荣之本。中国特色社会主义理论体系是马克思主义中国化的最新理论成果,是当代中国的马克思主义。要认真学习中国特色社会主义理论体系,学习党的十八大、十八届三中全会精神和习近平总书记系列重要讲话精神,准确把握基本内涵、重要观点和科学思想方法,坚定对马克思主义的信仰,坚定对中国特色社会主义的道路自信、理论自信和制度自信,始终做到思想上清醒、政治上坚定、行动上自觉。要坚持把马克思主义立场、观点和方法贯穿到学科建设、课题研究、学术交流等各个环节,用发展着的马克思主义指导哲学社会科学,以社会主义核心价值体系引领社会思潮,坚决反对和抵制各种错误思潮,确保哲学社会科学始终沿着正确方向前进。

希望广大社科工作者更加自觉地围绕中心、服务大局,为中原崛起河南振兴富民强省提供理论支撑。每一个时代总有属于它自己的问题,准确地把握和解决这些问题,才能把社会推向前进。哲学社会科学只有围绕中心、服务大局,正确回答好时代提出的问题,科学回应好实践提出的课题,才能更好地展现自身价值和理论力量。当前我省正处于爬坡过坎、攻坚转型的关键时期,也面临着千载难逢的发展机遇,有很多问题需要研究,有很多难题需要破解,有很多瓶颈需要突破,迫切需要全省广大社科工作者增强问题意识,充分发挥思想库和智囊团作用。要围绕全省重大思路举措,坚持世界眼光、战略思维,开展多形式、多领域的调查研究和多学科、跨学科的联合攻关,围绕全面实施三大国家战略规划,围绕打造富强河南、文明河南、平安河南、美丽河南“四个河南”和推进社会主义民主政治制度建设、加强和提高党的执政能力制度建设“两项建设”,围绕深入推进“一个载体三个体系”建设,围绕省委、省政府的重大决策部署,主动开展深入研究,积极为省委、省政府科学决策提供参考。要针对经济社会发展难题,着力研究转变发展方式、破解资源环境约束、提高城镇化水平、提高城乡居民收入、完善公共服务体系等问题,努力探寻科学的对策和方法。要针对群众关心的热点难点,着眼群众长远利益与现实需求,重点研究就业、教育、医疗、社会保障等问题,不断推出有深度、有分量、有价值的研究成果,为保障改善民生提供建议,协助党委、政府实现好、维护好、发展好广大人民群众的根本利益。

希望广大社科工作者更加自觉地解放思想、大胆探索,不断创造出创新理论、推动实践的优秀社科成果。实践发展永无止境,解放思想永无止境。创新是推动哲学社会科学繁荣发展的灵魂,是哲学社会科学的生机和活力所在。建设哲学社会科学创新体系,是党的十八大提出的一项重要任务,也是当前哲学社会科学工作的战略重点。全省广大社科工作者要始终坚持解放思想、实事求是、与时俱进、求真务实,积极推动学术观点创新、科研方法创新和学科体系创新。要充分挖掘中原文化深厚底蕴,善于从优秀传统文化中汲取智慧营养,认真总结提炼基层群众创造的经验做法,注重吸收借鉴世界一切文明成果,努力创造出更多的优秀哲学社会科学成果。要在继续保持传统优长学科、特色学科的基础上,适应学科综合化的趋势,重点建设前沿性、前瞻性的新兴学科和交叉学科,构建具有河南特色和优势、在全国处于领先地位的哲学社会科学学科体系,不断推进我省哲学社会科学在创新中繁荣发展。

希望广大社科工作者更加自觉地走进群众、服务公众,凝聚起推动我省改革发展的正能量。理论只有被人民群众掌握和运用,才能真正发挥武装人、塑造人、引导人、鼓舞人的作用。深入开展社科普及,让社科理论更好地服务社会、服务人民、服务基层,不断提升全民思想理论素质和人文社科素养,是广大社科工作者的重要职责和长期任务。要坚持贴近实际、贴近生活、贴近群众,深入宣传阐释党的十八大和十八届三中全会精神，宣传阐释习近平总书记系列重要讲话精神，宣传阐释省委、省政府的重大决策部署和推进措施，为人民群众释疑解惑，推动党的创新理论成果和路线方针政策更加深入人心。要顺应人民群众对社科知识的现实需要，进一步丰富普及内容、创新普及形式、健全普及网络，持续深入开展各类行之有效的社科普及活动，架起理论与群众、政策与百姓之间的桥梁，凝聚形成全面深化改革、推动科学发展的共识与力量。

希望广大社科工作者更加自觉地秉承优良传统、提升素质，树立德才兼修、知行并重的优秀社科工作者良好形象。长期以来，我省社科界形成了严谨治学、实事求是、注重实践、崇德向善等优良传统和作风，这是我们最值得珍惜的宝贵财富。广大社科工作者要继承和发扬优良传统，适应时代的发展和实践的深化，注重探索和把握规律，紧跟党的理论创新步伐。要大力弘扬马克思主义学风，深入我省改革发展一线，从实践中学习知识、汲取营养、潜心治学，努力成为本领域本学科的带头人。要进一步增强社会责任感，自觉把对社科事业的热爱和人生价值的追求，同实现中华民族伟大复兴的中国梦联系起来，在积极投身服务河南、建设家乡的具体实践中展现作为。要坚持做人、做事、做学问相一致，加强学术道德修养，坚守学术良知，自觉维护哲学社会科学工作者的声誉，不断提升哲学社会科学界的公信力和影响力。

社科联是党领导下的人民团体，是党委、政府密切联系广大社科工作者的桥梁和纽带。全省各级社科联组织要坚持正确的政治方向，团结带领广大社科工作者在党的领导和马克思主义指导下开展工作。要坚持为大局服务的工作指导思想，引导广大社科工作者加强对我省全局性、战略性、前瞻性问题的研究，不断推出经得起实践和历史检验的理论成果，使社科联真正成为党委、政府决策的重要助手。要充分发挥联系协调作用，组织党校、高校、科研院所、党政研究机构和学术团体等社科研究力量，开展联合攻关、协同创新、深度合作，使社科联真正成为整合社科资源的重要平台。要深化社科普及，拓展载体平台，传播科学知识，武装干部群众，使社科联真正成为普及社科知识的重要阵地。要竭诚搞好服务，以开展党的群众路线教育活动为契机，进一步转变作风、改进工作，尊重并保护社科工作者的创造和权益，帮助解决社科工作者的困难，使社科联真正成为社科工作者的温暖之家。

哲学社会科学事业是党和国家事业的重要组成部分。全省各级党委和政府要从事关全局的战略高度出发，深刻认识哲学社会科学的地位和作用，将哲学社会科学摆上更加重要的位置。要定期听取社科联工作汇报，及时研究解决社科工作中遇到的困难和问题。要关心社科联干部成长，关心社科工作者的工作和生活，加强对社科事业的投入，为开展社科工作创造条件。要支持社科联组织依照法律和章程开展工作，重视发挥社科界的思想库和智囊团作用，重视和用好哲学社会科学研究成果。要广泛宣传哲学社会科学方面的方针政策和法规制度，宣传社科界涌现出来的先进典型、创新团队和优秀成果，努力营造全社会关心和支持哲学社会科学工作的浓厚氛围。

同志们，伟大的理论指导伟大的实践，伟大的实践呼唤理论的创新。哲学社会科学繁荣发展正当其时，广大社科工作者责任重大、使命光荣。让我们紧密团结在以习近平同志为总书记的党中央周围，高举中国特色社会主义伟大旗帜，以党的十八大和十八届三中全会精神为指导，扎实工作，奋发进取，努力谱写我省哲学社会科学事业发展新篇章，为实现中原崛起河南振兴富民强省作出新的更大贡献！

最后，祝河南省社会科学界联合会第八次代表大会圆满成功！

在河南省社科联第八次代表大会上的讲话

(2013 年 12 月 20 日)

赵素萍

各位代表,同志们:

在省委、省政府的正确领导下,经过全体代表的共同努力,省社科联第八次代表大会就要完成各项议程,即将胜利闭幕了。大会认真听取和审议通过了省社科联第七届委员会工作报告和《河南省社会科学界联合会章程》,选举产生了新一届省社科联委员会和主席团,取得了圆满成功,必将对推动我省哲学社会科学事业繁荣发展,更好地服务全省经济社会发展大局,产生重大而深远的影响。在此,我代表省委、省政府,向新当选的省社科联领导班子表示热烈的祝贺!向离任的同志表示衷心的感谢并致以崇高的敬意!向大家并通过你们向全省广大社科工作者致以诚挚的问候和良好的祝愿!

省委、省政府对开好这次大会高度重视。省委书记郭庚茂同志、省长谢伏瞻同志率四大班子有关领导出席大会,邓凯同志代表省委作了重要讲话。邓凯同志的讲话,充分肯定了近年来我省社科理论界取得的成绩,对繁荣发展哲学社会科学工作提出了五个方面的希望。我们一定要认真学习领会,深入贯彻落实。

下面,我就扎实做好新一届省社科联工作,进一步繁荣发展我省哲学社会科学事业,讲五点意见。

一、在政治方向上更加坚定,牢牢把握“两个巩固”的根本任务。哲学社会科学具有鲜明的意识形态属性,坚持什么方向尤为重要。习近平总书记指出:“宣传思想工作就是要巩固马克思主义在意识形态领域的指导地位,巩固全党全国人民团结奋斗的共同思想基础”,明确了宣传思想工作的根本任务,为哲学社会科学工作指明了努力方向。我们要按照省委提出的坚持正确的政治方向、坚持正确的政治立场、正确的思想方法和坚持围绕中心、服务大局“四个坚持”要求,不断巩固马克思主义在意识形态领域的指导地位,不断巩固全省人民团结奋斗的共同思想基础。一要坚持马克思主义的指导地位。马克思主义决定了哲学社会科学的性质和方向,既是哲学社会科学最核心的组成部分,又是哲学社会科学最根本的理论基础。繁荣发展哲学社会科学,首先必须认真学习马克思主义基本原理,把系统掌握马克思主义基本理论作为看家本领,自觉把马克思主义的立场、观点、方法贯穿到哲学社会科学工作中,不断增强我省哲学社会科学的生命力、创造力和感召力。二要坚定理想信念。习近平总书记指出:“崇高信仰、坚定信念不会自发产生。要炼就‘金刚不坏之身’,必须用科学理论武装头脑,不断培植我们的精神家园。”全省社科工作者要把深化中国特色社会主义的学习作为着力点,把学习中国梦这一重要战略思想作为必修课,坚定理想信念,增强政治定力。要深入开展中国特色社会主义和中国梦的宣传教育和研究阐释,不断增强广大党员干部群众的道路自信、理论自信、制度自信,为实现“两个一百年”奋斗目标、实现中华民族伟大复兴不懈奋斗。三要守住思想理论阵地。思想理论阵地,我们不去占领,人家就会去占领。要坚持客观全面地看待问题、分析问题,分清主流与支流,透过现象看本质,不跟风、不盲从、不崇洋媚外。要把“双百”方针与学术批评统一起来,把好政治关、学术关,始终在政治上、思想上、行动上与党中央和省委保持高度一致。要坚持用社会主义核心价值体系引领多样化的社会思潮,在事关政治方向和根本原则等大是大非问题上,敢抓敢管、敢于斗争、敢于亮剑,防止噪音杂音,为经济社会发展营造良好的思想理论氛围。

二、在围绕大局上更加主动,积极发挥“思想库”和“智囊团”的作用。习近平总书记强调:“宣传思想工作一定要把围绕中心、服务大局作为基本职责。”明确了宣传思想工作的方位和坐标,为哲学社会科学指明了工作切入点和着力点。我们一定要按照中央和省委的要求,发挥好哲学社会科学

"思想库"和"智囊团"的作用。一要牢固树立大局意识。始终胸怀大局、把握大势、着眼大事,坚持一切在大局下思考谋划、一切在大局下推动落实、一切在大局下检验评估,因势而谋、应势而动、顺势而为,多做统一思想的工作,多做推动发展的工作,多做凝聚人心的工作。二要以重大现实问题为主攻方向。紧密结合实施国家粮食生产核心区、中原经济区、郑州航空港经济综合实验区"三大战略性规划",围绕着力打造富强河南、文明河南、平安河南、美丽河南"四个河南"和推进社会主义民主政治制度建设、加强和提高党的执政能力制度建设"两项建设",加强规划,列出专题,组织力量深化研究,为我省全面深化改革提供学理支持和智力支撑。三要大力提倡自主创新。社科研究提倡自主创新,就是不能老是"跟跑",还要有更多的"领跑"动作。要深入实施哲学社会科学创新工程,发挥省社科基金的示范引导作用,推进学科体系、学术观点、科研方法创新,重点扶持立足于河南全面深化改革实践的研究项目,争取在国际国内学术舞台上发出河南的声音。

三、在服务人民上更加自觉,努力奉献更多更好的精神食粮。"为了谁"的问题,是哲学社会科学研究的根本性、方向性、原则性问题。为人民群众做学问、为人民群众拿笔杆子,是社科工作者的神圣职责,是实现自身价值的必然途径。一要不断满足人民群众精神文化需求。始终坚持以人民为中心的工作导向,坚持"二为"方向和"双百"方针,坚持"三贴近"原则,深入开展哲学社会科学知识的普及宣传,提供更多更好的精神文化产品和文化服务,不断丰富群众精神文化生活。二要善于为群众解疑释惑。把热点问题引导好,把人们的情绪疏导好,我们的社会就能平稳度过成长期,走向更加成熟的阶段。要紧紧围绕干部群众关心的热点难点问题和人们深层次思想问题,既讲"怎么看",又讲"怎么办",引导人们多看主流、多看本质、多看光明面,最大限度地凝聚思想共识,形成全社会团结奋进、推动改革的浓厚氛围和强大合力。三要坚持解决思想问题与解决实际问题相结合。实践证明,如果不注意解决群众的实际问题,理论引导、思想教育就会脱离群众,难以收到实效。要强化社会责任,走出书斋,转换话语体系,克服脱离生活、不接地气、同群众贴得不紧的问题,把教育引导群众与服务群众有机统一起来,多为群众办好事办实事,更好地架起党和政府联系群众的桥梁。

四、在建强队伍上更加扎实,着力建设高素质的人才队伍。繁荣发展哲学社会科学,关键是努力造就一批用马克思主义武装起来、立足中国、面向世界、学贯中西的思想家和理论家,造就一批理论功底扎实、勇于开拓创新的领军人物,造就一批年富力强、政治和业务素质良好、锐意进取的青年理论骨干,建立一支宏大的哲学社会科学队伍。一要注重培养。深入实施文化名家暨"四个一批"人才培养工程,搞好河南省优秀青年社科专家评选工作,加强教育培训,着力选拔培养优秀青年社科人才、社科知识普及人才,让哲学社会科学走进群众的生活,真正为广大人民服务,不断提高全省人民的思想道德素质和科学文化素质。二要完善机制。紧紧抓住培养人才、吸引人才、用好人才三个环节,建立健全人才培养开发、评价发现、选拔任用、流动配置、激励保障机制,深化职称评审改革,为优秀人才脱颖而出、施展才干创造有利的制度环境。完善相关政策措施,多渠道吸引国内外优秀人才。三要提升素质。全省社科工作者要深入开展党的群众路线教育实践活动,不断深化"走转改"活动,弘扬理论联系实际的优良学风,勤学善思,爱岗敬业,真抓实做,争当繁荣发展哲学社会科学的排头兵。

五、在加强领导上更加有力,充分发挥社科联桥梁纽带作用。哲学社会科学工作是我们党的事业的重要组成部分,加强党对哲学社会科学的领导,是哲学社会科学繁荣发展的根本保证。一要摆上重要位置。各级党委、政府要高度重视哲学社会科学工作,切实负起政治责任和领导责任,坚持把哲学社会科学工作与自然科学及其他工作协调推进、同步发展。要加强对思想理论领域重大问题的分析研判和重大战略性任务的统筹指导,经常为社科工作者出思路、点题目、教方法、提要求。要注重吸收哲学社会科学研究成果运用,做到科学决策。二要积极关心支持。各级领导干部要学会做知识分子工作,注重同思想界、理论界、知识界等方面建立良好沟通关系,关心和爱护社科工作者,努力营造一个鼓励探索、激励创新、推动创造的宽松氛围和环境,充分调动社科工作者的积极性、主动性和创造性。三要加强组织协调。省、市社科联要充分发挥桥梁纽带作用,切实履行规划、组织、协调、管理、服务等职能,统筹协调,系统布局,团结带领全省广大哲学社会科学工作者,在学科建设、课题研究、学术交流、人才培养、阵地建设、宣传普及、项目管理等方面,不断上水平、上台阶,努力把我省哲学社会科学事业推向前进,不辜负省委、省政府的厚望和全省哲学社会科学界的期待。

各位代表、同志们,以本次代表大会为标志,我省哲学社会科学工作站在了新起点、开启了新征程。我们要牢记肩负的重大责任和光荣使命,抓住机遇、乘势而上,锐意进取、改革创新,努力开创我省哲学社会科学繁荣发展的新局面,为加快中原崛起河南振兴富民强省,实现中华民族伟大复兴的中国梦,做出新的更大贡献!

谢谢大家!

凝聚社科力量　勇于改革创新 为实现中原崛起河南振兴富民强省而努力奋斗

——在河南省社科联第八次代表大会上的工作报告

（2013年12月19日）

杨　杰

各位代表：

现在，我代表省社科联第七届委员会，向大会作工作报告，请予审议。

一、第七次代表大会以来的工作回顾

第七次代表大会以来，省社科联在省委省政府的正确领导下，在省委宣传部的具体指导下，高举中国特色社会主义伟大旗帜，以马克思列宁主义、毛泽东思想、邓小平理论、"三个代表"重要思想、科学发展观为指导，坚持"二为"方向，贯彻"双百"方针，充分发挥桥梁纽带、组织协调、咨询服务、宣传普及作用，积极推动全省哲学社会科学繁荣发展，为我省经济社会的全面进步提供了强有力的精神动力和智力支持。

（一）围绕中心、服务大局，为我省经济社会全面发展作出新贡献

发挥社科界的优势，服务经济社会发展大局，是社科联的使命所在。几年来，省社科联积极创新工作思路，凝聚全省社科界的力量，充分发挥"思想库""智囊团"作用，更好服务我省工作大局。一是学习宣传贯彻中央精神和省委省政府决策部署成效显著。围绕学习宣传贯彻党的十八大和十八届三中全会精神、习近平总书记系列重要讲话精神以及全国全省宣传思想工作会议精神，组织召开了全省社科理论界学习宣传贯彻党的十八大精神座谈会、中国梦：社科理论界使命和担当理论研讨会、全省社科理论界学习贯彻党的十八届三中全会精神座谈会；与省委宣传部、河南日报报业集团等有关部门联合召开了中国特色社会主义道路理论与实践、科学发展与和谐社会构建等系列学术研讨会；与团省委联合举办十八大精神走进青年宣讲活动等系列活动。二是省领导与社科界专家学者座谈会作用彰显。省领导与社科界专家学者座谈会是2001年省委常委会研究确定的制度，旨在充分发挥社科理论界在决策科学化、民主化方面的重要作用，在省领导与社科界专家学者之间搭建直通车，努力破解河南经济社会发展难题，为省委省政府科学决策服务，已坚持了11年。本届先后围绕以新型城镇化为引领、积极推进"三化"协调科学发展，全面落实科学发展观、奋力实现中原崛起等主题举办了6次座谈会。时任省委书记卢展工多次指出，中原经济区的概念，就是在2009年专家学者座谈会上萌发的，中原经济区上升为国家战略，河南社科界是作出贡献的。三是河南发展高层论坛成果丰硕。论坛以服务中原崛起、河南振兴、富民强省为宗旨，围绕中原经济区建设的重点任务及政策研究、打造华夏历史文明传承创新区的思路与对策等事关全省经济社会发展的重大问题，共举办了46次活动，切实推动了研究成果向现实生产力的转化。四是课题调研工作扎实有效。作为社科界服务全省经济社会发展大局的有效途径，课题调研工作水平持续提高，影响不断扩大。第七次代表大会以来，省社科联年度调研课题申报数量突破了3万项，参与课题调研的社科工作者达到15万余人次，调研成果有效服务了我省经济社会发展。我们围绕省委省政府中心工作，每年确定一批重点调研课题，在全省开展调研活动，徐光春、卢展工、郭庚茂等省领导对调研报告批示百余次，部分调研报告或被一些职能部门采用或在公开刊物发表，产生了较好的社会反响。

（二）提升水平、培育品牌，学术活动开创新局面

开展学术交流、促进学术繁荣是社科联的职责

所系。几年来,我们充分发挥学科齐全、人才荟萃、联系面广的综合优势,开展了一系列学术活动,活跃了学术氛围,促进了学术繁荣。针对河南经济社会发展中的热点难点问题,开展了一系列主题突出、特点鲜明的学术研究和理论研讨活动。比如,河南省建设社会主义核心价值体系理论研讨会、加快产业集聚区建设、提升河南城镇化质量研讨会、十八大报告对经济学理论贡献暨推进中原经济区建设研讨会、全国社科联系统网站建设暨信息工作交流会等200余场。我们积极创新工作思路,打造了"河南省社会科学学术年会"工作品牌,并分别以"传承创新·繁荣发展"和"中国梦:河南路径之选择"为主题成功举办了两届学术年会,邀请省领导在主会场作了主题报告,近2000位专家学者围绕年会主题在主会场进行了学术交流,郑州大学、河南大学等分会场也分别举办了系列理论研讨会。年会搭建了多学科、高层次、品牌化的学术交流平台,集中展示了专家学者研究的新成果。与省委宣传部、河南日报报业集团、省焦裕禄精神研究会联合举办了"群众路线是党的生命线"、"弘扬焦裕禄精神,做为民务实清廉表率"理论研讨会,取得了较好的社会效果。同时,积极组织省级学会(协会、研究会)、省辖市社科联,结合专业特点和地域优势,开展学术活动,加强学术交流,提高学术水平,不断推进学科发展和新兴学科建设。

(三)创新形式、丰富内容,社科普及工作实现新突破

开展社科知识普及、推进社会主义核心价值体系深入人心、弘扬中原人文精神是社科联的一项重要任务。几年来,我们不断拓宽工作思路,创新工作形式,开展了系列活动,实现了新的突破。一是中原大讲堂活动持续推进。中原大讲堂是省社科联和各省辖市社科联共同举办的面向社会公众的大型公益讲座,已成为我省社会科学普及工作的重要品牌。省会中心讲堂先后以南海局势与中国战略、中原经济区战略及其影响、郑州航空港经济综合实验区建设与发展等为主题举办50余场讲座,听众达2万余人次;新乡市社科联举办的"中原大讲堂·新乡讲堂"成为市委中心组的一种学习形式;洛阳市社科联与市电视台联合开办"中原大讲堂·洛阳讲堂"电视专栏节目,深受观众好评。截至目前,中原大讲堂共举办活动近800场,听众达30余万人次。二是社科知识大篷车进基层活动蓬勃开展。省社科联和各省辖市社科联组织广大社科工作者在全省范围内连续开展了此项活动。周口市社科联举办社科知识进村入户活动100余场;驻马店市社科联采取专题讲座、现场解答、发放宣传资料等形式开展社科知识大篷车进基层活动,受众达3万余人;省铁路法学会送法律服务进基层,积极为企业提供法律咨询服务、法律帮助,共为企业挽回经济损失近4000万元。中宣部《宣传工作》第106期头篇介绍了我们的做法。三是社科知识广场宣传咨询活动有声有色。全省社科界围绕加快推进中原经济区建设、学习实践科学发展观以及基层群众关注的热点和焦点问题,举办了多次广场宣传咨询活动。比如,省社科联与郑州市社科联在郑州绿城广场共同举办的省会社科界为加快推进中原经济区建设做贡献广场宣传咨询活动,特色突出,效果明显。省金融学会举办的河南金融文化节暨投资理财博览会,吸引了广大群众参与,社会反响良好。四是命名首批河南省社会科学普及基地。为了充分调动社会力量参与我省社科普及工作的积极性,不断提高公众社会科学素养,在现场实地考察、各省辖市推荐的基础上命名了河南博物院、兰考县焦裕禄纪念园等10个单位为首批河南省社会科学普及基地,并予挂牌,创新了社科普及工作形式。五是社科普及优秀作品创作繁荣活跃。连续开展了6届河南省社会科学优秀普及作品评选活动,共评出优秀作品450项,有14部作品荣获全国优秀普及作品,14位同志被评为全国社科普及专家,9位同志被评为全国社科普及先进个人,8个单位被评为"全国人文社会科学普及基地"。

(四)注重服务、整合资源,社科人才队伍建设取得新成效

建设一支高素质人才队伍是繁荣发展哲学社会科学的重要保证。我们采取有效措施,加强社科人才队伍理想信念教育,切实增强政治意识、大局意识、服务意识、创新意识,着力建设一支政治强、业务精、作风正的社科人才队伍。一是通过学习培训培养人才。按照"注重综合素质、提升业务能力"的总体要求,我们着眼全省社科工作大局,在省委有关部门的指导下,分期分批对全省社科系统的干部进行了培训,进一步提高了社科干部的政治思想素质和业务能力。二是通过活动锻炼人才。积极鼓励和推荐优秀中青年社科工作者踊跃参与省领导与社科界专家学者座谈会、河南发展高层论

坛、课题大调研等活动,使他们在活动中得到锻炼和提高。按照要求在全省社科界深入开展了“走转改”活动,广大社科工作者的作风得到新的转变。三是通过科研资助扶持人才。在社科联经费比较紧张的情况下,我们积极创造条件,设立了“河南省社科联优秀社科成果出版资助项目”,进行专项资助。截至目前,共有70项优秀成果列入《河南社会科学文库》获得资助,资助总额超过100万元,为优秀社科著作出版和人才脱颖而出创造了有利条件。四是通过评选推出人才。为表彰我省在哲学社会科学研究中成绩突出的青年社科工作者,与省委组织部、省委宣传部、省人力资源和社会保障厅联合开展了河南省优秀青年社科专家评选工作,截至目前,共评出60名优秀青年社科专家。和省委宣传部一起开展了河南省社科优秀成果评奖活动,积极推动解决社科优秀成果奖获得者的待遇问题。为更好地服务中原经济区建设,打造优长学科,设立了河南省经济学奖,已进行两届评选。目前,我省社科界已经形成了一支学科门类齐全、政治和业务素质较高的专业队伍,并正在建立人才培养、评价、奖励机制。

(五)强化服务、加强管理,社科联自身建设迈上新台阶

加强社科联自身建设是做好各项工作的前提,是实现持续发展的基础。几年来,我们强化服务、加强管理,自身建设迈上新的台阶。一是省社科联和省级学会(协会、研究会)、各省辖市社科联的自身建设进一步加强。我们通过召开省辖市社科联协作会和省级学会工作会议等形式,进一步统筹省社科联与各团体会员单位的指导与协作关系,形成了更加健全的工作网络和良好的运行机制,为我省哲学社会科学事业的繁荣发展奠定了良好基础。目前,省社科联所属省级学会(协会、研究会)131个,省辖市社科联18个,部分县(市、区)成立了社科联。二是理论阵地建设卓有成效。全省社科类刊物在促进学术交流、培养社科人才、普及社科知识等方面发挥着积极作用。省社科联主办的《河南社会科学》、《领导科学》、《人生与伴侣》三个刊物,坚持正确的舆论导向和办刊方针,保持了良好的发展态势,有的不断提升水平,获得新荣誉。三是积极应对新形势、新任务对社科工作提出的新挑战,不断强化思想作风建设。按照省委的统一部署,先后开展了“学习实践科学发展观活动”、“学习弘扬焦裕禄精神活动”、“党的群众路线教育实践活动”等。通过系列活动的有效开展,全省各级社科联组织的凝聚力、战斗力、向心力明显提高,干部队伍素质、工作作风等不断增强。省社科联、郑州市社科联等先后进入省级文明单位行列。

各位代表、同志们,我省哲学社会科学事业取得的成绩有目共睹,振奋人心。这些成绩的取得,体现着省委省政府的正确领导和深切关怀,凝聚着全省广大社科工作者的辛勤劳动和默默奉献,饱含着社会各界的无私帮助和通力协作。在此,谨向全省哲学社会科学工作者,向所有关心、支持哲学社会科学工作的同志们、朋友们,致以崇高的敬意和衷心的感谢!

在总结成绩的同时,我们也清醒地看到,与时代变化和实践发展相比,我们的工作还存在不足之处。比如,哲学社会科学事业发展状况同我省经济社会发展在全国的地位还不相适应;在全国居于领先水平的学科和学术带头人还比较少;研究成果数量可观,但具有重大学术创新价值和应用价值的精品力作还不是很多等等。这些不足,需要我们高度重视并以积极态度加以解决。

各位代表、同志们,发展历程让人难忘,发展成果令人欣慰,发展经验弥足珍贵。回顾和总结第七次代表大会以来的工作,我们主要有以下几个方面的体会。

——坚持党的领导、把握正确方向,是社科事业繁荣发展的根本保证。我省哲学社会科学始终坚持以马克思主义为指导,始终坚持在党的领导下开展工作。省委省政府高度重视哲学社会科学工作,把繁荣发展我省哲学社会科学作为事关改革开放和现代化建设全局的重要工作。省委主要领导连续多年参加省领导与社科界专家学者座谈会等重要活动,省委省政府有关领导经常听取社科工作汇报,帮助解决工作中的困难和问题,我省的哲学社会科学事业因此获得长足发展。实践证明,坚持党的领导,我省的社科事业走过了辉煌的昨天,沿着这条路子持续前行,我们必将迎来更加辉煌的明天。

——坚持改革创新、推动科学发展,是社科事业繁荣发展的强大动力。改革创新是时代精神的核心,是社科工作的动力源泉。面对当今经济社会转型发展的新形势、新变化,哲学社会科学要发挥应有的作用,需要不断解放思想、改革创新、与时俱

进。第七次代表大会以来,我们适应时代发展、社会进步的新要求,把握社科工作的规律和特点,强化改革意识,培育创新精神,积极探索工作思路和工作方法,不断完善各项工作机制,在基础理论研究、应用对策研究、社科理论宣传普及和学术研讨交流等方面,培育了一系列工作品牌,取得了实实在在的效果。实践证明,只有把改革创新深化在理念上、落实在行动上、体现在发展上,才能为社科事业的大发展大繁荣提供不竭动力。

——坚持围绕中心、服务大局,是社科联体现价值的有效途径。围绕中心、服务大局,是做好社科工作的应有之义。第七次代表大会以来,我们本着实事求是的原则,坚持一切从河南实际出发,注重求实求效,以省领导与社科界专家学者座谈会、河南发展高层论坛等为载体,围绕省委省政府中心工作和重大决策部署,积极建言献策,服务领导决策,为我省经济社会发展不断提供精神动力和智力支持。坚持用党的创新理论武装人,用人文社科知识熏陶人。实践证明,坚持围绕中心、服务大局是新时期社科工作的重要使命,是社科工作者实现自身价值的有效途径。

——坚持上下联动、形成合力,是社科联履职尽责的必然要求。作为社会科学界的联合组织,社科联最大的特点在于"联",最大的优势在于"合",上下联动,左右贯通,才能形成合力、充满活力。第七次代表大会以来,我们积极发挥学科齐全、人才荟萃、联系面广等综合优势,大力促进高等院校、科研院所和党政机关研究部门、社科学术团体之间的相互协作,积极推动自然科学与社会科学之间、社会科学内部各学科之间、理论工作者与实际工作者之间、专家学者与党政领导之间的相互联系,形成了社科战线的整体合力,实现了社科资源的优势互补和功能整合。实践证明,只有做足做好"联"字文章,坚持合作发展、互助共赢,社科联工作才能不断取得进步和发展。

二、今后五年的工作建议

党的十八大报告为进一步繁荣发展中国特色哲学社会科学指明了方向。今后五年工作的指导思想是:高举中国特色社会主义伟大旗帜,以马克思列宁主义、毛泽东思想、邓小平理论、"三个代表"重要思想、科学发展观为指导,认真学习习近平总书记系列重要讲话,全面贯彻落实党的十八大、十八届三中全会和全国全省宣传思想工作会议精神,团结带领广大社科工作者,解放思想、开拓进取,为实现中原崛起、河南振兴、富民强省提供强大思想保证、精神动力和智力支持。围绕总的指导思想,今后五年的主要奋斗目标是:探索建立适应社会主义市场经济体制要求、符合哲学社会科学发展规律的工作体制和运行机制;建立学科结构合理、重点突出、特色鲜明的哲学社会科学理论研究格局;建设一支政治强、业务精、作风正的哲学社会科学人才队伍,培养一批在国内外有影响的哲学社会科学专家;推出一批水平高、影响大的精品力作。

今后五年,省社科联要重点抓好以下几个方面的工作。

(一)高举旗帜、把握导向,在中国特色社会主义和中国梦的宣传阐释上求深化

把深入开展中国特色社会主义和中国梦的宣传阐释作为当前和今后一个时期的首要任务。组织引导全省广大社科工作者认真学习,深刻理解十八大和十八届三中全会提出的一系列新思想、新观点、新论断、新部署和新要求,深刻理解习近平总书记系列重要讲话精神,自觉用中国特色社会主义理论体系统领学术活动,站稳政治立场,确保哲学社会科学沿着正确方向前进。要在宣传阐释上求深化。把宣传阐释中国特色社会主义、中国梦和党的十八届三中全会精神作为重大政治任务,精选一批理论基础扎实、表达能力较强的专家学者,以中原大讲堂和社科知识大篷车进基层等活动为平台,联系实际、研机析理、解疑释惑,推动科学理论更好地走进基层、走进群众。同时积极探索新形式、新载体,通过电视、报刊、广播、互联网等多种媒介,开展社科知识宣传普及。要在贯彻落实上求深化。坚持学以致用、用以促学,引导全省广大社科工作者紧紧围绕打造富强河南、文明河南、平安河南、美丽河南和推进社会主义民主政治制度建设、加强和提高党的执政能力制度建设的实际,深入研究中国特色社会主义的重大理论和现实问题,深入阐释中国梦的重大意义、精神实质和实践要求,集中推出一批研究成果,并努力把研究成果转化为促进科学发展的思路,转化为推动工作的良策。

(二)履职尽责、发挥优势,在促进河南经济社会发展上求作为

研究回答时代提出的问题,是哲学社会科学的职责所在、价值所在。目前,我省经济社会发展正处于爬坡过坎、转型攻坚的关键时期,作为省委省政府与社科工作者沟通交流的重要平台，省社科联要充分发挥“联”的优势，加强组织协调，通过学术活动、理论研讨、论坛交流等形式组织社科理论工作者开展有河南特色的基础理论研究与应用对策研究，使研究成果更好地服务社会，指导实践。一是要通过举办不同形式的研讨会、座谈会等活动，组织专家学者围绕粮食生产核心区、中原经济区、郑州航空港经济综合实验区三大国家战略规划的实施，围绕全省人民关注的热点难点问题，集中力量联合攻关，努力推出一批具有重要理论价值和实践意义的成果，更好推动我省经济社会持续健康发展。二是要继续办好省领导与社科界专家学者座谈会。围绕省委省政府的中心工作，不断丰富内容、创新形式，进一步增强服务领导科学决策的针对性和实效性。三是要继续办好河南发展高层论坛。不断提高论坛的质量和水平，积极引导更多的专家学者参与进来，发挥好为决策服务的作用；要拓展研讨领域，在重点研究经济问题的同时，向政治、文化、社会、生态等领域延伸，扩大影响，把品牌做大做强。四是继续以年度课题调研工作为抓手，认真组织，加强引导，不断总结经验，完善课题立项办法和中期管理办法，积极探索成果转化的新途径，在稳定数量的同时，着力提高课题质量。

在加强应用对策研究的同时要重视基础理论的研究，以基础理论研究带动应用对策研究。加大对具有中原文化特色的优长学科的扶持力度，增强活力，使之不断适应时代的发展。采取切实措施促进哲学社会科学各学科之间相互渗透，促进人文社会科学与自然科学之间的交叉融合，构建具有河南特色和优势、立足学术前沿、在全国处于领先地位的哲学社会科学学科体系。

（三）打造品牌、突出重点，在开创社科普及工作新局面上求拓展

开展社科普及咨询活动，传播科学知识，武装干部群众，提高公民素质，是社科联的一项基本职能。要进一步探索宣传普及的新途径，开创普及工作的新局面。一是通过举办报告会、演讲会、社科知识竞赛等活动，大力宣传中国特色社会主义、中国梦和十八届三中全会精神，大力宣传习近平总书记系列重要讲话精神，大力宣传马克思主义基本理论、哲学社会科学基础知识，让科学理论走出书斋，走出学术殿堂，走进普通民众，不断增强人们的道路自信、理论自信、制度自信。二是用改革创新的思路继续办好中原大讲堂和社科知识大篷车进基层活动。进一步总结经验，巩固成果，积极探索，大胆尝试，不断丰富内容，全面提升活动质量，推动活动向广度、深度拓展。充分利用社科界专家学者的智慧，面向基层，服务群众，将社科知识送进学校、企业、军营、农村，努力用社会主义核心价值体系引导公众。三是繁荣社科普及作品创作。认真抓好社科普及优秀作品评选，支持和鼓励广大社科工作者的创作热情，不断推出具有较高的思想性、科学性、艺术性和实用性，主题思想和内容健康向上的社科普及作品，满足人民群众精神需求。四是丰富手段，不断增强社会科学知识的渗透力。要善于运用现代科技丰富理论传播的手段，依托各种公共教育资源和平台，不断开拓宣传普及工作的新阵地。

（四）营造环境、完善机制，在加强社科人才队伍建设上求实效

建设一支高素质的哲学社会科学队伍，是繁荣发展我省哲学社会科学事业的前提和基础。省社科联要坚持把加强人才队伍建设作为一项基础工程、战略任务来推进，按照政治强、业务精、作风正的要求，遵循哲学社会科学队伍建设的特点和规律，联合有关部门，进一步完善哲学社会科学人才培养和管理机制，努力营造有利于哲学社会科学繁荣发展、有利于优秀人才脱颖而出的环境。要紧紧抓住培养人才、吸引人才、用好人才三个环节，用足用好人才政策，不断形成优秀人才竞相涌现、人尽其才的良好机制和环境。要按照客观、公正，有利于理论创新及成果应用的原则，进一步完善成果评价和激励机制，对有突出贡献的优秀人才，对有重大应用价值、学术价值的社科研究精品要给予精神和物质奖励，进一步调动广大社科工作者的积极性创造性。要继续做好省社科联社科成果出版资助工作，采取切实措施加大对社科联课题优秀调研报告的奖励力度，努力推出更多的新人新作。继续做好河南省优秀青年社科专家的评选工作，切实营造尊重劳动、尊重知识、尊重人才、尊重创造的良好社会风尚。引导广大哲学社会科学工作者树立正确的世界观、人生观和价值观，坚持严谨治学、实事求是、民主求实的学风，加强学术道德修养，自觉维护哲学社会科学工作者的良好形象。要关心专家学者的学习、工作和生活，多为他们办实事、办好事，为其创造健康成长和多出成果的条件和氛围，努力造就一批用马克思主义武装起来、立足中国、面向

世界、学贯中西的思想家和理论家,造就一批理论功底扎实、勇于开拓创新的领军人物,造就一批年富力强、政治和业务素质良好、锐意进取的青年理论骨干。

(五)强化职能、提高素质,在加强自身建设上求提升

在新的历史条件下,社科工作面临着新的形势和任务,肩负着新的历史使命,加强社科联自身建设,事关社科事业发展的大局。省社科联要切实担负起繁荣发展哲学社会科学的历史重任,必须强化职能、提高素质,在自身建设上求提升。一是要进一步强化工作职能,构建"大社科"的工作格局。要适应新时期社科工作的要求,充分发挥"联"的优势、"合"的效能,凝聚"五路大军"的力量,在服务社科工作者,强化学会管理与学会建设,推进社科普及与咨询,构筑学术交流平台,推进成果转化,加强刊物阵地建设等方面进一步强化职能作用,求实求效,促进哲学社会科学的繁荣发展。要积极创造条件,逐步建立健全县级社科联组织和大专院校、大型企业的社科网络,形成社科资源优化融合的"大社科"工作格局。二是要不断创新工作思路,持续求进,务实发展。面对新形势、新任务和新要求,我们一定要进一步解放思想,勇于创新,主动作为,努力在推进中原崛起、河南振兴、富民强省的大局中,在促进全省哲学社会科学的繁荣发展中,实现社科联工作新的跨越。三是要通过开展群众路线教育实践活动,不断加强作风建设。着眼于自我净化、自我完善、自我革新、自我提高,反对形式主义、官僚主义、享乐主义和奢靡之风,不断提高全心全意为人民服务的意识。四是以重建省级文明单位为契机,全面提升省社科联干部职工的工作能力和服务水平。

各位代表,同志们、朋友们:

凝心聚力谋发展,砥砺奋进续新篇。在实现民族复兴中国梦的伟大征程中,哲学社会科学天地广阔、大有可为。让我们以这次大会为新的起点,在省委省政府的正确领导下,高举中国特色社会主义伟大旗帜,以党的十八大、十八届三中全会和全国宣传思想工作会议精神为引领,团结全省广大哲学社会科学工作者,解放思想,实事求是,扎实工作,开拓进取,奋力把我省哲学社会科学事业推向繁荣发展的新阶段,为实现中原崛起、河南振兴、富民强省作出新的更大的贡献!

在河南省社科联八届一次主席团暨顾问会议上的讲话

（2013年12月20日）

李庚香

各位主席、各位顾问：

刚刚闭幕的省社科联第八次代表大会选举产生了河南省社科联第八届委员会，八届一次全会又选举产生了新一届主席团，通过了顾问名单。选举结果的产生，意味着一种信任、一种嘱托、一种责任，这是省委和全省社科界对我们的信任与嘱托，是省委和全省社科界赋予我们的责任。

从现在起，新一届主席团将正式开始履行职责。省社科联第八次代表大会确定的未来五年全省哲学社会科学事业发展的总体要求、奋斗目标、主要任务和重大举措，要靠八届委员会和主席团来组织实施。我们要承担起省委和全省社科界交给的重任，切实增强使命感、责任感，团结带领全省广大社科工作者，把省社科联第八次代表大会确定的各项目标任务完成好，不辜负省委的期望，不辜负全省社科界的重托。

这里，我提几点希望，与大家共勉。

一、强化政治意识，坚持正确立场

社科工作要坚持把正确政治立场放在首位，既要贯彻党的意志、也要体现人民的要求，始终坚持党性和人民性相统一，把对党负责，和对人民负责统筹好、实践好、统一好。我们要认真学习习近平总书记系列重要讲话精神，按照全国、全省宣传思想工作会议总体要求，坚持以人民为中心的工作导向，站稳马克思主义的基本立场，在思想上、政治上、行动上与党中央保持高度一致，要组织和带领全省社科工作者，高举中国特色社会主义伟大旗帜，坚定中国特色社会主义道路自信、理论自信、制度自信，统一思想意志，凝聚发展共识。

二、强化团结意识，凝聚正能量

团结是领导班子的生命所系、力量所在。讲团结是大智慧，会团结是大本事，真团结是大境界。希望新一届主席团成员要相互尊重、相互理解、相互支持，大事讲原则、小事讲风格，形成干事创业的强大合力，带动全省社科工作者队伍的大团结，把团体会员协调组织起来，把广大社科工作者的力量调动起来，把社科联的优势发挥出来，在全省社科界形成一种势能、一种场能、一种力能，为加快富强河南、文明河南、平安河南、美丽河南建设贡献智慧和力量。

三、强化责任意识，展现良好形象

当前，我省正处于爬坡过坎、攻坚转型的关键时期，作为引领思想、指导实践的社科理论界，应担负起引领和推动社会发展进步的使命，深入研究党委政府的政策导向和工作部署，及时把握党委政府决策者想了解什么，希望社科理论工作者研究些什么，以“等不起”的紧迫感、“慢不得”的危机感、“坐不住”的责任感，急党委政府之所急、谋人民群众之所需，植根人民、聚焦实践。要进一步增强服务意识，准确把握提升社科工作水平的新要求，努力在决策服务、理论研究、课题调研、社科普及等方面实现新突破、取得新成效，发挥好思想库和智囊团作用；要积极作为，为全省广大社科理论工作者搭建平台、创造条件，建设一批社科研究学术平台，打造一批辐射面广、影响力大的学术活动品牌，不断提高组织能力和工作效能，展现社科联良好形象。

四、强化问题意识，推动科学发展

“问题”是时代的声音，也是哲学社会科学研究的起点和实现哲学社会科学价值的源泉。研究回答时代提出的问题,是哲学社会科学的重要职责所在、价值所在。我们讲坚持理论联系实际,最重要的就是拿起理论的武器,到社会实践中敏锐发现问题、正确分析问题、切实解决问题。当前,全国上下正在全面深入贯彻十八届三中全会精神,面对全面深化改革的新情况、新问题,我们必须要有强烈的问题意识,组织广大社会科学工作者对涉及改革开放重大理论问题和实际问题进行深入思考和研究,并给予科学解答,提高服务决策的质量和水平。要紧密结合粮食生产核心区、中原经济区、郑州航空港经济综合实验区三大国家战略规划,大力开展应用对策性研究,努力推出一批有深度、有分量、有说服力的哲学社会科学研究成果,为省委省政府科学决策提供高水平的智力支持。

五、强化创新意识,激发创造活力

哲学社会科学要不断繁荣发展,适应时代发展的要求,真正在党和人民的事业中发挥作用,就必须进行创新。我们必须清醒地看到,当前哲学社会科学在发展中还面临许多问题和困难。比如,基础设施缺失、政策不到位的局面还未从根本上改变,学术和理论创新力度还需进一步加大,理论联系实际、服务经济社会发展的能力还需进一步增强,社科队伍素质还有待进一步提高,等等。要解决这些问题和困难,还靠老习惯、老套路、老动作,是难以有大的作为的。我们必须积极创新思维方法和工作方式,推进体制机制创新、内容形式创新,在创新中破解发展难题,在创新中寻求发展的新途径。要组织广大社科工作者进一步解放思想、勇于冲破观念束缚,勇于突破思想障碍,最大限度地激发社科界创新动力和创造潜力。

同志们,新的形势赋予了我们新的使命,新的任务需要我们共同承担。我相信,在省委省政府的正确领导下,在全省社科工作者的共同努力下,我们一定不会辜负省委的嘱托和社科工作者的期盼,把我省哲学社会科学事业不断推向新的台阶,实现更大发展。

关于河南省社会科学界联合会第八届委员会委员候选人情况的说明

（2013年12月20日）

何白鸥

经省委同意，河南省社科联第八届委员会由236人组成。考虑到届中委员增补的需要，预留若干名额。根据第八届委员会委员候选人名额分配、委员候选人条件和产生办法的细则规定，各有关单位经过协商，并经委员候选人单位党组织和大会筹备工作领导小组审定，提交本次代表大会的委员候选人为232人。委员候选人构成情况如下：

一、单位构成情况

省级学会（协会、研究会）116人，占总额的50%；省辖市35人，占总额的15.09%；重点联系单位37人，占总额的15.94%；特邀单位18人，占总额的7.76%；省社科联机关11人，占总额4.74%；主席团15人，占总额的6.47%。

二、学科组成情况

委员候选人中，经济类61人，占总额的26.29%；哲政类42人，占总额的18.10%；历史类11人，占总额的4.74%；文教类41人，占总额的17.67%。

三、委员候选人中，青年29人，占总额的12.50%；妇女29人，占总额的12.50%；少数民族6人，占总额的2.59%；具有大学学历119人，占总额的51.29%；研究生学历的62人，占总额的26.72%；博士研究生学历的43人，占总额的18.53%；具有高级专业技术职称135人，占总额的58.19%。

四、委员候选人中，中共党员206人，占总额的88.79%，民主党派12人，占5.17%，无党派14人，占6.04%。

河南省社会科学界联合会第八届委员会主席、副主席、顾问名单(共15名)

主　席:李庚香
副主席:何白鸥 孟繁华 唐玉宏 王喜成
王永苏(兼) 王亚明(兼) 关爱和(兼)
朱清孟(兼) 张宝锋(兼) 郑永扣(兼)
徐衣显(兼) 喻新安(兼) 焦国栋(兼)
蒿慧杰(兼)

顾　问:(按姓氏笔画排序)
万　兵　王彦武　刘长典　赵德山　詹玉

河南省社会科学界联合会
第八届委员会委员名单
(共232人,按姓氏笔画排序)

丁　红(女)	于郑生	马卫华(女)	马世民	马玉屏(女)	孔　岩	孔令晨
尹书博	毛　兵	牛书成	牛玉乾	牛苏林	牛翊洁(女)	王　放
王　鑫	王仁海	王艺瑾(女)	王永苏	王玉斌	王生交	王亚明
王秀芝(女)	王和平	王建生	王建国	王英杰	王彦涛	王振江
王桂兰(女)	王艳成	王银安	王喜成	王朝纪	王新民	王殿民
王蕴智	卢彦超	左守亭	田　凯	田伟华	田宪臣	申　涛
石　峰	石国华	乔学杰	乔法容(女)	任守春	关玉梅(女)	关爱和
刘　森	刘　源	刘宁宁(女)	刘红旗	刘明阁	刘炳强	刘荣增
刘雪峰	吕太昌	孙庆阳	孙英民	孙保群	孙德中	师　维
庄　涛	朱天舒	朱清孟	江甦民	许圣道	许贵舫	许颖杰
齐鸿儒	严全治	何白鸥	何松林	何泽斌	何新年	余方忠
吴天顺	吴合振	吴宏亮	宋树魁	宋淑芳(女)	宋绪钦	完世伟
张　锐	张　鑫	张子敬	张少波	张文军	张功富	张正德
张生汉	张立功	张亚伟	张会萍(女)	张西瑞	张志坚	张志强
张进芳(女)	张国臣	张学功	张宝锋	张建民	张建航	张树忠
张钢杰	张淑彩(女)	张新斌	张德娟(女)	时明德	李　杰	李　欣(女)
李　俊	李么丁	李太淼	李文良	李文郑	李玉洁(女)	李立新
李兴成	李军华(女)	李军法	李同新	李齐越	李利宏	李庚香
李建华	李帮儒	李政新	李晓峰	李新年	杜　萍(女)	杨　田
杨　扬	杨自清	杨国安	杨诚勇	杨新新(女)	肖玉森	苏锡国
谷建全	辛世俊	邱天河	邱国鑫	邵金路	闵　娟(女)	陈书英
陈更生	陈建国	陈剑江	陈春凯	陈济鹏	周义军	周全德
周志敏	周宝荣	周春辉	周淑英(女)	孟繁华	岳建淅	罗延峰
苗书梅(女)	苗国富	苗树群(女)	郑永扣	郑泰森	金美江(女)	侯天成
姜明生	胡隆辉	赵　阳	赵　君	赵士红	赵团欣	赵志泉
赵秋文	赵锡昌	钟凤仙(女)	剧乂文	唐玉宏	夏海波	徐万山
徐大海	徐衣显	栗贯清	袁凯声	袁建生	袁保东	贾书魁
郭　军	郭　萍(女)	郭建军	郭春社	郭晓平	郭献功	高丹盈
高元志	高文献	高秀昌	寇　伟	寇怀民	扈晓杰	曹占武
曹振宇	梁文贤	梁留科	梁翠华(女)	梅春飞	随新玉	黄　伟
黄　辉	黄为忠	黄国治	喻新安	彭承烈	曾庆福	焦国栋
程传兴	董浩平	蒋文龙	蒿慧杰	解鹏里	路海江	雷耀新
廖海敏	蔡令帅	蔡树峰	蔡璐刚	樊万选	潘克勤	霍宪章
魏瑞霞(女)						

融汇社科智慧　促进崛起振兴

——热烈祝贺河南省社会科学界联合会第八次代表大会召开

本报评论员

硕果累累迎盛会,号角声声助发展。在全省各地深入开展群众路线教育实践活动,全面学习贯彻落实党的十八届三中全会精神,积极投身“富强河南、文明河南、平安河南、美丽河南”建设宏伟实践的关键时期,河南省社会科学界联合会第八次代表大会在郑州隆重召开。

这次大会是对我省社科界的一次盛大检阅,是对社科界积极谋划实施河南发展战略的一次总动员,对于深入学习贯彻党的十八大和十八届三中全会精神以及习近平总书记一系列重要讲话精神,坚持不懈推进改革开放,促进我省十二五规划的顺利实施,实现富民强省目标,进一步繁荣发展我省哲学社会科学,必将起到强有力的推动作用。

繁荣发展哲学社会科学,是坚持和发展中国特色社会主义的必然要求,是实现国家富强、民族振兴、人民幸福的迫切需要,对于引导人们增强道路自信、理论自信、制度自信,不断培植我们的精神家园,增强全民族的凝聚力向心力,具有重要的作用。我们党一贯重视发展哲学社会科学,善于运用哲学社会科学界的力量与智慧促进党的战略目标实现,是我们党成功的领导经验。各级党委政府和领导干部在实际工作中应高度重视哲学社会科学工作,为哲学社会科学繁荣发展营造优良的发展环境。在我省扎实推进国家粮食生产核心区、中原经济区、郑州航空港经济综合实验区建设三大国家战略规划,健全城乡发展一体化体制机制,深入研究解决影响改革发展的重大问题等方面,需要大力繁荣发展哲学社会科学,充分发挥社科界“参谋”和“智囊”的作用,为打造“四个河南”和推进社会主义民主政治制度建设、加强和提高党的执政能力制度建设凝聚共识,提供精神动力和智力支持。

2007年省社科联第七次代表大会以来,在省委的正确领导下,省社科联更新理念、开阔视野、积极作为,不断创新社科工作的形式和路径,在服务大局、推动我省经济社会发展方面作出了新的贡献,在开展学术交流、促进学术繁荣发展方面开创了新局面,在传播社会科学知识、提高全民人文素养方面实现了新突破,在社科人才培养、社科队伍建设方面获得新进展,在加强自身建设、提升工作科学化水平方面取得新成效,在社科专家与省委省政府领导沟通交流上有效发挥了桥梁和纽带作用。面对河南发展的宏伟蓝图和新的伟大实践,全省社科界应把学习党的十八届三中全会精神放在突出位置,坚持以重大现实问题为主攻方向,加强专题研究、对策探讨,推进哲学社会科学学科体系、学术观点、科研方法和体制机制的创新,不断提升研究水平,丰富研究成果。

乘势而上开新局,奋发作为谱新篇。面对新形势新任务,全省社科界要以此次换届为契机,牢牢把握党的十八届三中全会全面深化改革的主线,借助群众路线教育实践活动的强大动力,紧紧抓住社科事业蓬勃发展的大好机遇,切实围绕中心服务大局,积极推进哲学社会科学基础研究和应用对策研究,开创河南哲学社会科学繁荣发展的新局面,为加快中原崛起河南振兴富民强省作出更大贡献!

(来源:2013年12月20日《河南日报》)

出精品接地气助发展
我省社科工作者畅谈社科事业发展

12月19日，在省社科联第八次代表大会上，我省广大社科工作者共聚一堂，共谋哲学社会科学繁荣发展。我省社科事业发展面临哪些新机遇，对社科工作者提出哪些新要求，大家思考着、探讨着。

围绕中心服务大局

田宪臣（省委党校教授）：随着全省经济社会的发展，我省哲学社会科学事业有了长足的进步。但整体上说，河南的社科理论研究水平在全国仍处于中等位置，还有很多需要提高的地方。这次大会是全省社科工作者的一次盛会，必将对我省哲学社会科学事业的发展起到积极推动作用。

哲学社会科学只有围绕中心服务大局，正确回答好时代提出的问题，才能更好地展示自身价值和理论力量。当前，我省提出打造“四个河南”、推进“两项建设”，这是未来河南发展总体思路。在这个过程中，有很多新问题需要研究，有许多难题需要破解，有许多瓶颈需要突破。这些都对我们社科工作者提出了更高的要求。我们应该围绕全省重大的思路举措，针对经济社会发展难题，针对群众关心的热点难点，深入调查研究，积极建言献策，不断推出有深度、有分量、有价值的研究成果，为河南发展提供强有力理论支撑。

注重应用打造精品

李永贤（河南师范大学社科处处长）：关注社会、关注现实、关注生活，应是哲学社会科学的应有之义。应用研究是哲学社会科学研究不可或缺的重要方面。以往高校研究偏向于纯粹性的学术研究，存在重基础研究轻应用研究的现象，导致学问远离社会。河南师范大学通过政策引导、建设特色与应用研究基地等一系列措施，促进了应用研究的蓬勃发展。

这些年来，我省社科工作者的队伍不断壮大，研究成果每年也不少。数量有了，质量有待提高。今天省社科联在报告中也提出“精品少”的问题。出精品，关键是要建立精品的机制。比如分层级立项，对不同层级的项目给予相应的资金支持。目前省社科联的研究项目都没有经费资助，专家学者积极性不高，精品力作自然就少。项目成果出来后，对优秀社科成果还要加大推广力度，扩大影响力。总之，多出精品力作，既需要社科工作者解放思想、大胆创新，也需要为社科工作者提供必要的政策支持。

走进群众服务公众

牛翊洁（新乡市社科联主席）：哲学社会科学不是阳春白雪，不需要曲高和寡。理论只有被人民群众掌握和运用，才能真正发挥作用。有人提出让社会科学自然化，我觉得值得探索。比如幸福新乡的建设，围绕“幸福”，既有量化的自然科学的内容，也有个人感受的社会科学的内容，二者相关相连。社科理论工作者，要学会用老百姓的话讲道理，用老百姓听得懂的话做工作，也就是“接地气”的问题。河南在这方面做了很多的尝试，比如说“河南省社科理论大篷车”活动，带着社会科学专家以及政治、军事、文史、书画艺术等知识走进学校、企业、农村和社区，使专家学者从学术殿堂走向社会大众。我们也尝试让“新乡大讲坛”进校园、车间、田间地头，和民间组织开展合作，通过创新普及形式，健全普及网络，架起理论和群众、政策和百姓之间的桥梁，凝聚形成全面深化改革、推动科学发展的共识和力量。

（来源：2013年12月21日《河南日报》）

抓住改革新机遇　开创发展新局面

——访河南省社科联主席李庚香

12月20日,河南省社会科学界联合会第八次代表大会胜利闭幕。大会选举产生了新一届省社科联领导班子。会后,记者采访了河南省社科联主席李庚香。

在这次会议上,省委省政府对我省社科工作寄予厚望,对全省社科工作者提出了新的更高要求。李庚香说,省社科联将认真组织全省各级社科组织和广大社科工作者认真学习,准确把握中央和省委省政府对社科联和社科工作者提出的新要求,自觉把社科联工作融入全省工作大局之中,努力开创社科工作繁荣发展新局面。

党的十八届三中全会吹响了全面深化改革的号角。李庚香表示,哲学社会科学理论在全面深化改革过程中具有不可替代的作用。一方面,哲学社会科学能够融入全面深化改革的进程中去,为全面深化改革提供理论基础、理论准备、理论指导、理论支撑;另一方面,哲学社会科学理论从实践中来,到实践中去,紧紧围绕社会主义经济建设、政治建设、文化建设、社会建设以及生态文明建设和党的建设进行深入研究,不断总结改革新经验、探索改革新规律、作出改革新判断,从而促进改革在新的起点上取得新的突破。省社科联将组织社科理论工作者围绕十八届三中全会精神确立的改革路线图,围绕三大国家战略规划,大力开展应用对策性研究,为省委省政府科学决策提供高水平的智力支持。

就如何繁荣发展我省哲学社会科学事业,李庚香表示,省社科联将着力建设哲学社会科学创新体系,推进学科体系创新、学术观点创新、科研方法创新,打造河南哲学社会科学升级版;充分调动广大社科理论工作者的积极性、创造性,引导他们做建设哲学社会科学创新体系的探路者与先行者,提振精气神、传播正能量;围绕学科建设,推出河南特色学科,建立河南未来10年发展战略、文明河南、河南华夏历史文明传承创新等研究基地;大力宣传推介河南哲学社会科学名家,打造中原思想家群,培养新生代思想家,建设哲学社会科学研究人才高地;强化马克思主义坚强阵地建设,努力建设中原智库,建设中国特色社会主义理论学术传播平台,繁荣学术活动局面,积极打造学术精品工程。

李庚香表示,省社科联将紧紧围绕改革发展大局,始终以服务省委、省政府决策为工作中心,充分发挥社科联联系社会科学工作者的桥梁纽带作用,团结凝聚广大社会科学工作者的智慧和力量,加强决策咨询,推进理论创新,为建设"四个河南"、推进"两项建设"作出积极贡献。

(来源:2013年12月22日《河南日报》)

科研课题

2013 年度河南省承担的国家社会科学基金项目立项名单

序号	项目名称	负责人	工作单位	项目类别	计划完成时间	预期成果	学科分类	批准号
1	以人为本核心立场的基本要求与实践路径研究	辛世俊	郑州大学	重点项目	2016－7－1	专著	马列·科社	13AKS002
2	社会主义核心价值体系引领中国特色人文学科和人文文化研究	王少安	河南理工大学	重点项目	2016－6－30	专著 专题论文集	马列·科社	13AKS009
3	列宁民主法治思想研究	王建国	郑州大学	重点项目	2015－12－30	专著	法学	13AFX001
4	提高农民在征地过程中土地增值收益分配比例立法研究	沈开举	郑州大学	重点项目	2015－12－1	专著 研究报告	法学	13AFX006
5	中国民间信仰与民间组织关系的田野研究	吴效群	河南大学	重点项目	2016－7－31	专著 研究报告	社会学	13ASH010
6	宋元明清中央监察机构的演变及其职能变迁研究	贾玉英	河南大学	重点项目	2016－6－30	专著	中国历史	13AZS011
7	商代人殉人祭习俗与羌人的种族及文化研究	唐际根	安阳师范学院	重点项目	2014－12－31	专著	考古学	13AKG002
8	中国学术论著出版业态与编审评价体制研究	王振铎	河南大学	重点项目	2016－7－30	专著 研究报告	新闻学与传播学	13AXW007
9	建设体育强国促进群众体育与竞技体育全面发展研究	袁凤生	河南大学	重点项目	2016－7－30	专著 研究报告	体育学	13ATY002
10	环境伦理与绿色发展的互动机制及路径研究	田文富	河南省委党校	一般项目	2015－10－16	研究报告	马列·科社	13BKS044
11	“华夏历史文明传承创新区”建设的现实意义和路径选择研究	胡昌国	河南理工大学	一般项目	2015－12－31	研究报告	马列·科社	13BKS026

续表

序号	项目名称	负责人	工作单位	项目类别	计划完成时间	预期成果	学科分类	批准号
12	新时期领导干部践行实事求是思想路线的难点和对策研究	朱海风	华北水利水电学院	一般项目	2016－7－1	专著 研究报告	马列·科社	13BKS037
13	中华民族伟大复兴与增强国家凝聚力问题研究	朱耀先	河南省委党校	一般项目	2015－12－30	研究报告	马列·科社	13BKS024
14	国民素质提升中的道德信仰问题研究	魏长领	郑州大学	一般项目	2016－6－30	专著	马列·科社	13BKS100
15	青少年道德信仰认同模式与生成路向研究	魏雷东	河南师范大学	一般项目	2016－9－1	专著	马列·科社	13BKS096
16	“微”视角下思想政治教育沟通机制创新研究	张　浩	周口师范学院	一般项目	2015－6－30	专著 研究报告	马列·科社	13BKS076
17	大学生政治认同及对社会稳定的影响研究	顾成敏	郑州大学	一般项目	2016－6－30	专著	马列·科社	13BKS041
18	建设学习型、服务型、创新型的马克思主义执政党研究	蒋仁勇	河南省委党校	一般项目	2015－12－25	研究报告	党史·党建	13BDJ030
19	延安时期中国共产党凝聚党心民心的实践路径及基本经验研究	张俊国	河南科技大学	一般项目	2016－12－30	专著	党史·党建	13BDJ006
20	传统家训视野下的儒学传播与实践研究	赵　振	河南师范大学	一般项目	2016－6－30	专著	哲学	13BZX044
21	中国古代名辩学的结构体系研究	郭　桥	河南大学	一般项目	2016－7－1	专著	哲学	13BZX067
22	欧债危机的政治经济学分析研究	李本松	郑州升达经贸管理学院	一般项目	2015－6－30	研究报告	理论经济	13BJL007
23	人地要素匹配视角下我国半城镇化困局破解机制研究	杜书云	郑州大学	一般项目	2016－7－1	专著 研究报告	理论经济	13BJL057
24	近代中国城市文化娱乐消费需求变迁研究(1861－1937)	郭立珍	洛阳师范学院	一般项目	2016－5－30	专著	理论经济	13BJL017
25	农业生产性服务业外溢效应研究	郝爱民	郑州航空工业管理学院	一般项目	2016－5－28	专题论文集 研究报告	应用经济	13BJY116
26	单整变量之间 Granger 因果关系检验理论及应用研究	靳庭良	河南财经政法大学	一般项目	2016－6－30	专题论文集 研究报告	应用经济	13BJY010

续表

序号	项目名称	负责人	工作单位	项目类别	计划完成时间	预期成果	学科分类	批准号
27	审计信息公开运行机制研究	叶忠明	郑州航空工业管理学院	一般项目	2016-6-30	专著 研究报告	应用经济	13BJY019
28	城乡劳动市场演进中贸易、就业与收入耦合机制研究	张　扬	河南财经政法大学	一般项目	2015-12-20	专题论文集 研究报告	应用经济	13BJY040
29	支持中小企业发展的梭形投融资机制构建研究	谷秀娟	河南工业大学	一般项目	2015-12-31	研究报告	应用经济	13BJY085
30	基于多主体利益均衡的农村宅基地退出和补偿机制研究	宋　伟	河南省委党校	一般项目	2014-10-31	研究报告	应用经济	13BJY092
31	政府社会协同提高农田水利供给绩效的制度建设研究	马培衢	河南科技大学	一般项目	2016-6-30	研究报告	应用经济	13BJY100
32	农地边际化下种粮大户粮作经营行为及政策扶持机制研究	张改清	河南财经政法大学	一般项目	2016-6-30	专著 研究报告	应用经济	13BJY101
33	组织演进、供应链优化与我国农业产业集群创新发展研究	魏剑锋	河南大学	一般项目	2016-7-30	研究报告	应用经济	13BJY111
34	产品内分工背景下我国贸易差额真实利益分析与评估研究	张　纪	河南科技大学	一般项目	2016-7-1	专著 研究报告	应用经济	13BJY134
35	基于农户生产行为视角的种植业保险保费补贴政策绩效研究	李琴英	郑州大学	一般项目	2016-7-1	专题论文集 研究报告	应用经济	13BJY180
36	战略机遇期中国特色社会主义政治发展道路运行机制研究	秦国民	郑州大学	一般项目	2016-12-30	专著 专题论文集	政治学	13BZZ003
37	县域维稳运行逻辑与制度化研究	樊红敏	郑州大学	一般项目	2016-12-31	研究报告	政治学	13BZZ030
38	法治中国建设中司法权力运行机制研究	石茂生	郑州大学	一般项目	2015-7-1	专著	法学	13BFX002
39	农村殡葬领域"公权"与"私权"平衡研究	汪俊英	河南行政学院	一般项目	2015-12-31	研究报告	法学	13BFX038

续表

序号	项目名称	负责人	工作单位	项目类别	计划完成时间	预期成果	学科分类	批准号
40	非传统安全犯罪治理创新模式研究	王君祥	河南科技大学	一般项目	2015－12－31	专著	法学	13BFX060
41	审判环节刑事错案实证分析与防控机制研究	姜保忠	河南财经政法大学	一般项目	2015－6－30	专著 研究报告	法学	13BFX074
42	自由刑变更执行研究	张亚平	河南大学	一般项目	2016－6－30	专著	法学	13BFX076
43	民事裁判理由论证的实证研究	王合静	河南财经政法大学	一般项目	2015－12－8	专著 研究报告	法学	13BFX078
44	商会调处商事纠纷法律问题研究	谈　萧	河南大学	一般项目	2015－6－30	专著	法学	13BFX100
45	国有企业区分理论与立法研究	宁金成	郑州大学	一般项目	2016－7－1	专著	法学	13BFX097
46	先秦诉讼制度研究	程政举	河南财经政法大学	一般项目	2015－12－31	专著	法学	13BFX022
47	网络公共空间官民共识的生成机制研究	殷　铬	河南省社科院	一般项目	2014－12－31	专题论文集 研究报告	社会学	13BSH035
48	用于择偶适合度分析的婚姻三维度匹配模型及测评系统的编制研究	王宇中	郑州大学	一般项目	2015－12－15	研究报告 专题论文集	社会学	13BSH057
49	我国中西部农村地区受虐儿童保护体系的构建研究	张长伟	河南师范大学	一般项目	2016－6－30	专著	社会学	13BSH083
50	统筹推进城乡社会养老保障体系建设研究	凌文豪	河南大学	一般项目	2016－3－31	专题论文集 研究报告	社会学	13BSH097
51	应对未来老龄化高峰时期养老金缺口的政策选择研究	王利军	河南财经政法大学	一般项目	2014－12－31	专著	人口学	13BRK002
52	宋代官方史学与私家史学互动关系探析	王盛恩	河南师范大学	一般项目	2016－6－30	专著	中国历史	13BZS004
53	巫术文化视域下的汉画像和原始道教研究	张保同	南阳师范学院	一般项目	2016－12－31	专著	中国历史	13BZS025
54	麻风病与汉唐佛教社会专题研究	高　凯	郑州大学	一般项目	2016－6－30	专著	中国历史	13BZS022
55	冷战与美国对南非政策研究(1948－1991)	冯志伟	商丘师范学院	一般项目	2016－6－30	专著	世界历史	13BSS036

续表

序号	项目名称	负责人	工作单位	项目类别	计划完成时间	预期成果	学科分类	批准号
56	新密古城寨与周围聚落1997－2003年考古调查发掘报告	蔡全法	河南省文物考古研究所	一般项目	2015－12－20	专著	考古学	13BKG005
57	淅川沟湾2007－2009年田野考古发掘报告	靳松安	郑州大学	一般项目	2016－7－1	专著	考古学	13BKG003
58	中国天主教教区的历史沿革与现状研究	刘志庆	安阳师范学院	一般项目	2016－6－30	专著 研究报告	宗教学	13BZJ027
59	国外马克思主义《圣经》批评研究	梁　工	河南大学	一般项目	2016－12－31	专著	宗教学	13BZJ022
60	中国诗趣理论及诗趣形态研究	陈世杰	河南财经政法大学	一般项目	2015－8－30	专著	中国文学	13BZW015
61	明清小说评点的诠释学研究	刘继保	洛阳师范学院	一般项目	2015－12－30	专著	中国文学	13BZW037
62	神仙信仰与六朝隋唐小说研究	程丽芳	河南师范大学	一般项目	2016－6－30	专著 研究报告	中国文学	13BZW055
63	先唐符瑞文化研究	龚世学	南阳师范学院	一般项目	2016－6－30	专著	中国文学	13BZW057
64	古籍目录集部学术源流及其文学影响研究	赵　涛	河南大学	一般项目	2016－7－30	专著	中国文学	13BZW089
65	文学期刊与中国当代文学	武新军	河南大学	一般项目	2016－7－30	专著	中国文学	13BZW155
66	中西比较诗学视阈下唐诗“客观诗本体”及其世界性影响研究	张少扬	河南理工大学	一般项目	2016－6－30	专著	外国文学	13BWW008
67	美国当代科学散文的生态批评	张建国	郑州大学	一般项目	2016－7－1	专著	外国文学	13BWW046
68	空间理论视阈下英国田园诗歌研究	姜士昌	河南师范大学	一般项目	2016－9－1	专著	外国文学	13BWW051
69	比较文学视野中的《摩诃婆罗多》、《罗摩衍那》与荷马史诗研究	苏永旭	河南教育学院	一般项目	2016－9－30	专著 专题论文集	外国文学	13BWW059
70	名词指称义的情境植入理论研究	牛保义	河南大学	一般项目	2016－12－31	专著 专题论文集	语言学	13BYY002

续表

序号	项目名称	负责人	工作单位	项目类别	计划完成时间	预期成果	学科分类	批准号
71	边界移动与语言创新	刘辰诞	河南大学	一般项目	2016-6-30	专著	语言学	13BYY006
72	“政治等效”视角下中国外交话语翻译原则与策略研究	杨明星	信阳职业技术学院	一般项目	2016-7-1	专著 专题论文集	语言学	13BYY060
73	汉语言文化在海外的传播与发展研究	耿红卫	河南师范大学	一般项目	2016-7-31	专著	语言学	13BYY091
74	汉语句子的非现实情态研究	张雪平	河南大学	一般项目	2016-6-30	专著	语言学	13BYY115
75	壮侗语族语言致使范畴的类型学研究	袁善来	南阳师范学院	一般项目	2016-6-30	专著	语言学	13BYY147
76	新媒体时代政策传播的路径和效能研究	张淑华	郑州大学	一般项目	2015-12-30	专著	新闻学与传播学	13BXW026
77	网络“围观”与政府形象传播研究	詹绪武	郑州大学	一般项目	2015-7-2	专题论文集 研究报告	新闻学与传播学	13BXW056
78	移动互联时代政府公共服务信息传播的创新模式研究	栗　平	中原工学院	一般项目	2015-7-1	专题论文集 研究报告	新闻学与传播学	13BXW057
79	民间文化对外传播与国家形象构建研究	张　莉	河南农业大学	一般项目	2016-7-1	专著	新闻学与传播学	13BXW058
80	《舶载书目》研究	孙　文	河南大学	一般项目	2016-7-31	专著	图书馆、情报与文献学	13BTQ030
81	现当代中国文献辨伪学(1912-2012)研究	王国强	郑州大学	一般项目	2016-5-31	专著	图书馆、情报与文献学	13BTQ035
82	河洛地区名人家谱收集、整理与研究	谢琳惠	洛阳理工学院	一般项目	2015-12-30	专著	图书馆、情报与文献学	13BTQ038
83	依法治档研究	陈忠海	郑州大学	一般项目	2016-6-30	专著 研究报告	图书馆、情报与文献学	13BTQ068
84	少林武术文化历史流变与社会互动发展研究	张振东	郑州大学	一般项目	2016-7-1	专题论文集 研究报告	体育学	13BTY057

续表

序号	项目名称	负责人	工作单位	项目类别	计划完成时间	预期成果	学科分类	批准号
85	中国武术百年转型历程的时代语境与宏观特征研究	申国卿	河南理工大学	一般项目	2015-12-31	研究报告	体育学	13BTY060
86	物联网走进家庭的时机、路径及对社会生产方式变革研究	陈玉川	河南财经政法大学	一般项目	2014-6-30	专著 研究报告	管理学	13BGL014
87	新型城镇化与产业集聚政策的联动效用及创新研究	魏文轩	信阳师范学院	一般项目	2015-6-30	专著 研究报告	管理学	13BGL015
88	上市公司终极股东股权结构的动态调整机制与优化路径研究	万立全	河南财经政法大学	一般项目	2016-6-30	专题论文集 研究报告	管理学	13BGL047
89	高管薪酬契约设计、研发配置优化与公司价值创造	刘　振	郑州航空工业管理学院	一般项目	2016-6-26	专著	管理学	13BGL051
90	基于企业基因重组理论的模块化制造网络的构建与管理研究	王　伟	郑州大学	一般项目	2016-12-30	专题论文集 研究报告	管理学	13BGL061
91	上市公司管理层道德风险防范研究	李培林	河南财经政法大学	一般项目	2015-12-31	专题论文集 研究报告	管理学	13BGL080
92	我国城镇公共休闲服务供给方式及基本公共休闲服务均等化研究	程遂营	河南大学	一般项目	2016-7-1	专著	管理学	13BGL095
93	低碳发展下中国环境治理模式创新与制度建构研究	杨健燕	河南财经政法大学	一般项目	2016-7-1	研究报告	管理学	13BGL107
94	高校学术生产数量繁荣的制度问题研究	杨光钦	洛阳师范学院	一般项目	2015-12-1	专著 专题论文集	管理学	13BGL124
95	双面信息策略在突发公共事件传播中的谣言抵制作用研究	刘中刚	河南大学	一般项目	2015-12-30	专题论文集 研究报告	管理学	13BGL131

2013 年河南省哲学社会科学规划重大项目立项名单

(排名不分先后)

序号	项目名称	首席专家	单位
01	河南加快形成全方位宽领域多层次开放新格局对策研究	焦锦淼	省商务厅
02	促进人口有序转移,实现人口集中,推动新型城镇化健康发展研究	郑永扣	郑州大学
03	促进产业集聚,加快构建现代产业发展新体系研究	李　俊	信阳师范学院
04	促进土地流转,实现土地集约利用,加快发展新型农业现代化研究	焦国栋	省委党校
05	促进土地流转,实现土地集约利用,加快发展新型农业现代化研究	李燕燕	郑州大学
06	郑州航空港经济综合试验区建设研究	申振君	省国有资产监督管理委员会
07	完善基础支撑能力,加快交通物流发展研究	潘　勇	河南财经政法大学
08	新形势下我省加强人才和人力资源保障研究	杨盛道	省人力资源和社会保障厅
09	加快科技创新,实施创新驱动发展战略研究	谷建全	省社会科学院
10	建立和完善投融资体系,解决城镇化和基础设施建设筹资机制研究	张维宁	省发展和改革委员会

2013 年度河南省教育厅人文社会科学研究项目立项计划

编号	项目名称	学科门类	申报单位	申报人	项目类别 2	支持经费
2013 - ZC - 115	财政支农、人口转变对河南省农村居民消费的影响研究	经济学	安阳工学院	王　超	自筹经费项目	
2013 - ZC - 128	殷商青铜艺术应用研究	艺术学	安阳工学院	崔　波	自筹经费项目	
2013 - ZD - 051	新生代农民工市民化的意愿及长期定居决策研究	经济学	安阳师范学院	张福建	重点项目	20000
2013 - ZD - 101	动漫文化与青少年价值观念研究	艺术学	安阳师范学院	王华威	重点项目	20000
2013 - ZD - 125	当代语境下的新媒体文学研究	中国文学	安阳师范学院	韩　啸	重点项目	20000
2013 - GH - 020	低就业、高失业困境下高校法学教育对策研究	法学	安阳师范学院	胡　伟	规划项目	8000
2013 - GH - 042	公共租赁住房混合供应模式——基于河南省的实施战略构建	管理学	安阳师范学院	李海涛	规划项目	8000
2013 - GH - 099	文学的审美功能与和谐社会构建研究	交叉学科/综合研究	安阳师范学院	温长青	规划项目	8000
2013 - GH - 109	图书馆、博物馆、文化艺术馆等文化机构 协同保护非物质文化遗产研究	交叉学科/综合研究	安阳师范学院	杨志永	规划项目	8000
2013 - GH - 131	河南省民办特教机构社会支持现状与发展研究	交叉学科/综合研究	安阳师范学院	刘军奎	规划项目	8000
2013 - GH - 132	文本解释的理论探索与实践操作	交叉学科/综合研究	安阳师范学院	王　飞	规划项目	8000
2013 - GH - 142	百年话剧中的音乐元素研究	交叉学科/综合研究	安阳师范学院	郭怀玉	规划项目	8000
2013 - GH - 147	我国木质林产品贸易和森林生态安全耦合机理研究	交叉学科/综合研究	安阳师范学院	牛利民	规划项目	8000
2013 - GH - 152	可视化技术支持的科学 - 技术 - 社会（STS）教育策略研究	交叉学科/综合研究	安阳师范学院	马明山	规划项目	8000
2013 - GH - 176	中日教师教育大学化背景下课程设置比较研究	教育学	安阳师范学院	郭仁天	规划项目	8000
2013 - GH - 297	袁世凯与晚清政局研究	历史学	安阳师范学院	丁　健	规划项目	8000

续表

编号	项目名称	学科门类	申报单位	申报人	项目类别2	支持经费
2013－GH－341	新生代农民工社会认同研究	社会学	安阳师范学院	孙朝阳	规划项目	8000
2013－GH－354	中小学体育与健康课程内容与组织方式改革研究	体育科学	安阳师范学院	乔秀梅	规划项目	8000
2013－GH－383	基于本体的甲骨文知识图谱构建与分析研究	图书情报文献学	安阳师范学院	熊　晶	规划项目	8000
2013－GH－420	《白噪音》的“生存焦虑”主题研究	外国文学	安阳师范学院	郝现文	规划项目	8000
2013－GH－453	多维度模式在高师钢琴教学中可行性研究	艺术学	安阳师范学院	周　芳	规划项目	8000
2013－GH－558	开元天宝遗事辑补与考索	中国文学	安阳师范学院	张同利	规划项目	8000
2013－GH－570	分合与取舍——新诗与民歌关系研究	中国文学	安阳师范学院	杨献锋	规划项目	8000
2013－QN－010	民事诉讼案件管理机制研究	法学	安阳师范学院	宋汉林	青年项目	5000
2013－QN－046	HACCP在留固镇A养殖场畜牧产品安全风险控制中的应用研究	管理学	安阳师范学院	王继鹏	青年项目	5000
2013－QN－095	文本信息可视化及其教育应用研究—以中文文字云图为例	交叉学科/综合研究	安阳师范学院	杜丙新	青年项目	5000
2013－QN－109	新型城镇化背景下河南新型农村社区建设研究	交叉学科/综合研究	安阳师范学院	李克锋	青年项目	5000
2013－QN－251	河南省新型文化产业集聚体系建设研究	经济学	安阳师范学院	喻莎莎	青年项目	5000
2013－QN－271	河南农产品流通现代化进程及发展路径研究	经济学	安阳师范学院	安鑫丽	青年项目	5000
2013－QN－280	河南与清修《四库全书》	历史学	安阳师范学院	高　远	青年项目	5000
2013－QN－391	论薇拉·凯瑟作品的现代性与反现代性	外国文学	安阳师范学院	杜巧玲	青年项目	5000
2013－QN－398	保罗·奥斯特玄学侦探小说《纽约三部曲》的叙事特征研究	外国文学	安阳师范学院	刘建华	青年项目	5000
2013－QN－404	薇拉·凯瑟短篇小说研究	外国文学	安阳师范学院	王　晶	青年项目	5000
2013－QN－446	安阳历史文化旅游资源保护与开发问题探索——以彰德府城隍庙为例	艺术学	安阳师范学院	郭晓冰	青年项目	5000

续表

编号	项目名称	学科门类	申报单位	申报人	项目类别2	支持经费
2013－QN－463	媒介融合背景下地方高校影视艺术教育人才培养模式研究	艺术学	安阳师范学院	杜　华	青年项目	5000
2013－QN－548	英语阅读策略教学叙事研究	语言学	安阳师范学院	张利杰	青年项目	5000
2013－QN－556	范畴容忍是否有“度”——如何看待英语中的“异质同构词”	语言学	安阳师范学院	柳明月	青年项目	5000
2013－QN－569	信息技术环境下三维立体英语学习方式研究	语言学	安阳师范学院	孙小红	青年项目	5000
2013－QN－597	美德的关联性论证之新方法——美德内在构成要素的维度	哲学	安阳师范学院	黎良华	青年项目	5000
2013－ZC－082	大学生哲学素养培养研究	哲学	安阳师范学院人文管理学院	张荣芳	自筹经费项目	
2013－ZC－086	对高校美术学专业素描教学的探讨	艺术学	安阳师范学院人文管理学院	王　凯	自筹经费项目	
2013－ZC－087	河南省人才发展策略研究——以郑州市为例	管理学	安阳师范学院人文管理学院	杨黎艳	自筹经费项目	
2013－ZC－091	河南省新型农村社区建设健康发展研究	经济学	安阳师范学院人文管理学院	王杰峰	自筹经费项目	
2013－ZC－100	冷链下蔬菜第三方物流商评价与激励	管理学	安阳师范学院人文管理学院	仝好林	自筹经费项目	
2013－GH－191	豫北地区高职高专学生人格状况的分析研究	教育学	安阳职业技术学院	李美玲	规划项目	8000
2013－GH－521	通用航空机务专业英语实作教学模式的探索与研究	语言学	安阳职业技术学院	张国英	规划项目	8000
2013－ZC－012	河南食品企业危机营销研究	管理学	安阳职业技术学院	焦乃洹	自筹经费项目	
2013－ZC－088	医疗美容专业“工学结合、校院企三方合作”途径及人才培养模式的探索研究	交叉学科/综合研究	安阳职业技术学院	苏亚妹	自筹经费项目	
2013－ZD－003	司法公信语境下我国刑事错案问题研究	法学	河南财经政法大学	姜保忠	重点项目	20000
2013－ZD－008	基于情绪劳动视阈下的人本管理新模式研究	管理学	河南财经政法大学	冷元元	重点项目	20000
2013－ZD－011	我国上市公司终极股东股权结构的动态调整机制与优化路径研究	管理学	河南财经政法大学	万立全	重点项目	20000

续表

编号	项目名称	学科门类	申报单位	申报人	项目类别2	支持经费
2013-ZD-055	基于市场感知的郑州国际旅游目的地形象研究	经济学	河南财经政法大学	吴丽霞	重点项目	20000
2013-ZD-070	美国激进政治经济学六大学派研究	马克思主义理论	河南财经政法大学	张新宁	重点项目	20000
2013-GH-010	著作权规范模式演进问题研究	法学	河南财经政法大学	许辉猛	规划项目	8000
2013-GH-028	政府监管、审计监督与财务重述时滞的关系研究	管理学	河南财经政法大学	刘　阳	规划项目	8000
2013-GH-054	基于物联网技术的突发公共卫生事件食品溯源管理机制研究	管理学	河南财经政法大学	李怀强	规划项目	8000
2013-GH-063	审计供给、审计需求与审计质量——基于被审计单位所有权性质视角	管理学	河南财经政法大学	路云峰	规划项目	8000
2013-GH-074	全面预算管理在我国国有企业运用情况的调查	管理学	河南财经政法大学	刘艳伟	规划项目	8000
2013-GH-097	本体论视域下当代地理学哲学研究	交叉学科/综合研究	河南财经政法大学	刘　凯	规划项目	8000
2013-GH-114	中国传统民本理念与制度对当代民生法制建设之借鉴研究	交叉学科/综合研究	河南财经政法大学	张道强	规划项目	8000
2013-GH-162	新形势下大学生就业指导中的思想政治教育问题及对策研究	教育学	河南财经政法大学	陆　辉	规划项目	8000
2013-GH-209	河南省高等教育的发展现状与可持续发展研究	教育学	河南财经政法大学	刘志梅	规划项目	8000
2013-GH-238	普惠金融体系与小微企业金融支持问题研究	经济学	河南财经政法大学	王桂堂	规划项目	8000
2013-GH-239	中原经济区内生型发展模式研究	经济学	河南财经政法大学	王娜娜	规划项目	8000
2013-GH-246	中国农户融资选择行为及结构研究	经济学	河南财经政法大学	张　扬	规划项目	8000
2013-GH-312	团中央早期机关刊物政治导向机制与功效研究(1922-1927)	马克思主义理论	河南财经政法大学	周树立	规划项目	8000
2013-GH-374	新型城市化的内涵及其统计测度——以河南省为例	统计学	河南财经政法大学	张玉周	规划项目	8000
2013-GH-404	大数据时代图书馆信息服务创新研究	图书情报文献学	河南财经政法大学	郭育艳	规划项目	8000

续表

编号	项目名称	学科门类	申报单位	申报人	项目类别 2	支持经费
2013 – GH – 408	美国作家欧茨的生态思想研究	外国文学	河南财经政法大学	杨建政	规划项目	8000
2013 – GH – 487	隐喻的 RST 机制生成及其语篇模块识别	语言学	河南财经政法大学	魏纪东	规划项目	8000
2013 – GH – 599	人民币国际化中回流机制研究	经济学	河南财经政法大学	杨　华	规划项目	8000
2013 – GH – 621	中原经济区产业聚集实现机理及对策研究	经济学	河南财经政法大学	李新安	规划项目	8000
2013 – GH – 628	中国现代新诗理论资源研究	中国文学	河南财经政法大学	王淑萍	规划项目	8000
2013 – QN – 004	民间文学艺术的权利主体问题研究	法学	河南财经政法大学	张　洋	青年项目	5000
2013 – QN – 006	河南中小企业知识产权质押融资的法律问题研究	法学	河南财经政法大学	戚笑雨	青年项目	5000
2013 – QN – 024	动态能力视角下资源型企业国际化发展与风险防范研究	管理学	河南财经政法大学	陈　冲	青年项目	5000
2013 – QN – 034	不平衡条件下河南省推进城乡义务教育均衡发展的调查研究	管理学	河南财经政法大学	李军超	青年项目	5000
2013 – QN – 101	基于参与者视角的郑州会展业发展研究	交叉学科/综合研究	河南财经政法大学	王　珺	青年项目	5000
2013 – QN – 238	支持河南中小企业发展的财税政策研究——基于县域经济的视角	经济学	河南财经政法大学	贾洁蕊	青年项目	5000
2013 – ZC – 066	中原经济区新型城镇化动力机制研究	经济学	河南财经政法大学	侯金莉	自筹经费项目	
2013 – ZD – 044	构建大学生创业服务体系研究	教育学	河南财政税务高等专科学校	董晓青	重点项目	20000
2013 – ZD – 105	中医药文化国际价值及其对外翻译传播研究	语言学	河南财政税务高等专科学校	王继慧	重点项目	20000
2013 – GH – 174	高校思想政治教育载体创新研究	教育学	河南财政税务高等专科学校	雷友华	规划项目	8000
2013 – GH – 286	河南省建筑业诚信体系构建研究	经济学	河南财政税务高等专科学校	闫振林	规划项目	8000
2013 – GH – 290	中原经济区现代科技服务业发展战略研究	经济学	河南财政税务高等专科学校	黄祖梅	规划项目	8000

续表

编号	项目名称	学科门类	申报单位	申报人	项目类别 2	支持经费
2013 - GH - 295	我省推进建设用地流转规范化研究	经济学	河南财政税务高等专科学校	史　翔	规划项目	8000
2013 - GH - 318	微博与高校思想政治教育创新研究	马克思主义理论	河南财政税务高等专科学校	魏向阳	规划项目	8000
2013 - GH - 349	河南建筑生产安全隐患的症结与对策研究	社会学	河南财政税务高等专科学校	杜兴亮	规划项目	8000
2013 - GH - 429	青年抑郁症学生的应对方式分析及压力管理训练	心理学	河南财政税务高等专科学校	马利红	规划项目	8000
2013 - GH - 578	专科学校法学实训基地建设研究	法学	河南财政税务高等专科学校	相天起	规划项目	8000
2013 - GH - 585	城镇化建设的核心是人的城镇化问题研究	交叉学科/综合研究	河南财政税务高等专科学校	李　妍	规划项目	8000
2013 - GH - 588	城镇化战略下河南省高等职业教育发展研究	交叉学科/综合研究	河南财政税务高等专科学校	杨　芳	规划项目	8000
2013 - GH - 604	博弈论在分析的马克思主义中的应用研究	马克思主义理论	河南财政税务高等专科学校	曾庆福	规划项目	8000
2013 - QN - 059	旅游业与区域经济耦合：协调度研究—以河南省为例	管理学	河南财政税务高等专科学校	孟莉娟	青年项目	5000
2013 - QN - 075	河南省政务微博路径选择研究	管理学	河南财政税务高等专科学校	李　瑶	青年项目	5000
2013 - QN - 088	我国大中型城市网格化管理研究—以郑州市为例	交叉学科/综合研究	河南财政税务高等专科学校	马洁华	青年项目	5000
2013 - QN - 103	中原经济区城镇化建设背景下河南高职工程管理类专业毕业生就业的机遇和挑战	交叉学科/综合研究	河南财政税务高等专科学校	蔡　颖	青年项目	5000
2013 - QN - 167	战略性新兴产业视阈下河南省高职教育发展研究	教育学	河南财政税务高等专科学校	罗东芳	青年项目	5000
2013 - QN - 269	河南省农村金融创新研究	经济学	河南财政税务高等专科学校	邹锦吉	青年项目	5000
2013 - QN - 326	科学构筑内陆开放型人才高地研究	社会学	河南财政税务高等专科学校	李光泉	青年项目	5000
2013 - QN - 625	城市突发事件应急体系网格化管理研究	管理学	河南财政税务高等专科学校	孙惠娟	青年项目	5000
2013 - ZC - 035	河南促进土地流转，实现土地集约利用，加快发展新型农业现代化研究	经济学	河南财政税务高等专科学校	高瑞华	自筹经费项目	

续表

编号	项目名称	学科门类	申报单位	申报人	项目类别2	支持经费
2013 - GH - 140	河南文化产业结构调整与转型升级研究	交叉学科/综合研究	河南城建学院	徐艳秋	规划项目	8000
2013 - GH - 447	省域城市景观设计中文化认同的特性研究——以河南省为例	艺术学	河南城建学院	孙国丹	规划项目	8000
2013 - ZD - 006	挑战性 - 阻断性压力对员工创造力的影响机制研究	管理学	河南大学	张永军	重点项目	20000
2013 - ZD - 025	产业转移中企业空间组织协同机制研究	交叉学科/综合研究	河南大学	卓素燕	重点项目	20000
2013 - ZD - 030	马克思科学观与建设美丽中国研究	交叉学科/综合研究	河南大学	殷华成	重点项目	20000
2013 - ZD - 064	北宋文官政治与科举进士同年关系研究	历史学	河南大学	祁琛云	重点项目	20000
2013 - ZD - 080	中原经济区城乡图书馆事业一体化建设研究	图书情报文献学	河南大学	刘陆军	重点项目	20000
2013 - ZD - 084	民国文献保护技术与保护方法研究	图书情报文献学	河南大学	朱腾云	重点项目	20000
2013 - ZD - 086	转向抑或回归——后现代语境下西方文学伦理学研究	外国文学	河南大学	炎萍	重点项目	20000
2013 - ZD - 088	“俄语布克奖”获奖作品的历史性研究	外国文学	河南大学	闫吉青	重点项目	20000
2013 - ZD - 090	near - miss 效应的认知机制及其病理研究	心理学	河南大学	索　涛	重点项目	20000
2013 - ZD - 091	中学生写作学习策略及其对写作成绩的预测	心理学	河南大学	王　可	重点项目	20000
2013 - ZD - 093	跨文化语境下欧美媒介批判理论研究	新闻学与传播学	河南大学	李　勇	重点项目	20000
2013 - ZD - 097	“歌、表、舞”复合型表演人才培养模式探究	艺术学	河南大学	邱雅洲	重点项目	20000
2013 - ZD - 110	认知视角下中国气象节目多模态隐喻研究	语言学	河南大学	王丽娟	重点项目	20000
2013 - ZD - 117	“个人口味谓语”的认知研究	语言学	河南大学	李淑静	重点项目	20000
2013 - ZD - 128	李春祥《红学二百年》整理与研究	中国文学	河南大学	李　兵	重点项目	20000

续表

编号	项目名称	学科门类	申报单位	申报人	项目类别2	支持经费
2013-GH-017	中原经济区法律硕士专业学位教育研究	法学	河南大学	姚显森	规划项目	8000
2013-GH-030	企业员工组织公平感的形成机制研究	管理学	河南大学	陈超然	规划项目	8000
2013-GH-095	跨文化交际视角下英语思辨能力培养策略研究	交叉学科/综合研究	河南大学	王玉敏	规划项目	8000
2013-GH-125	以中原经济区建设为视阈的河南优秀外语人才培养与流失问题研究	交叉学科/综合研究	河南大学	张聪沛	规划项目	8000
2013-GH-181	教师培训机构国家标准建设研究	教育学	河南大学	李中亮	规划项目	8000
2013-GH-216	“创业教育学”构建的基本理论问题研究	教育学	河南大学	张务农	规划项目	8000
2013-GH-237	利率市场化对河南省中小商业银行的影响与应对策略研究	经济学	河南大学	王铭利	规划项目	8000
2013-GH-249	中国地区间对外直接投资差异的收敛性、形成机制及空间效应研究	经济学	河南大学	郑展鹏	规划项目	8000
2013-GH-260	生态文明建设背景下中原经济区养生旅游开发研究	经济学	河南大学	王淑曼	规划项目	8000
2013-GH-287	贫困地区留守老人生活质量研究	经济学	河南大学	管　明	规划项目	8000
2013-GH-385	数字图书馆变革与著作权保护研究协调	图书情报文献学	河南大学	吉宇宽	规划项目	8000
2013-GH-412	美国9/11文学研究	外国文学	河南大学	刘荡荡	规划项目	8000
2013-GH-417	点染:意象派诗歌对中国古典诗歌的吸纳创新	外国文学	河南大学	杜爱平	规划项目	8000
2013-GH-425	青春期艾滋病孤儿污名应对及归因	心理学	河南大学	卢光莉	规划项目	8000
2013-GH-444	当代日本电影创作策略研究	新闻学与传播学	河南大学	闫彩蝶	规划项目	8000
2013-GH-466	宋词乐舞传承与发展研究	艺术学	河南大学	张　英	规划项目	8000
2013-GH-477	“少林电影”与河南少林品牌文化产业构建与发展研究	艺术学	河南大学	张霁月	规划项目	8000

续表

编号	项目名称	学科门类	申报单位	申报人	项目类别 2	支持经费
2013－GH－491	汉语动词时意义的认知语法研究	语言学	河南大学	任凤梅	规划项目	8000
2013－GH－539	伦理学视域下中西方分配正义思想比较及现代启示	哲学	河南大学	王黎明	规划项目	8000
2013－GH－543	制度廉洁性评估科学化研究	政治学	河南大学	葛本成	规划项目	8000
2013－QN－002	我国环境群体性事件的法律对策研究	法学	河南大学	王　利	青年项目	5000
2013－QN－076	河南省大中型企业管理会计应用案例研究——战略管理与控制视角	管理学	河南大学	罗红雨	青年项目	5000
2013－QN－079	基于仿生智能的新型农村社区空间规划研究—以开封新区为例	交叉学科/综合研究	河南大学	王海鹰	青年项目	5000
2013－QN－163	美国高校新教师发展研究:历史的视角	教育学	河南大学	王　立	青年项目	5000
2013－QN－177	学前教育纳入义务教育的可行性及政策建议研究	教育学	河南大学	王振存	青年项目	5000
2013－QN－193	在校大学生舆情分类与引导研究	教育学	河南大学	吴苏苏	青年项目	5000
2013－QN－230	中原经济区经济发展与生态系统服务功能综合评价——以郑汴新区为例	经济学	河南大学	元　媛	青年项目	5000
2013－QN－235	河南省金融发展与收入差距的实证研究	经济学	河南大学	赵华伟	青年项目	5000
2013－QN－244	资产价格、金融稳定与货币政策——基于 DSGE 模型的分析	经济学	河南大学	仝冰	青年项目	5000
2013－QN－256	河南省城乡公共服务均等化研究	经济学	河南大学	李晓敏	青年项目	5000
2013－QN－258	河南省产业部门的收入分配结构分析及调整对策研究	经济学	河南大学	张晓芳	青年项目	5000
2013－QN－268	传统农区工业化进程中的企业家形成机制研究	经济学	河南大学	余　萍	青年项目	5000
2013－QN－276	中原地区魏晋北朝墓葬的民族考古学观察	考古学	河南大学	刘中伟	青年项目	5000

续表

编号	项目名称	学科门类	申报单位	申报人	项目类别2	支持经费
2013－QN－285	民国时期河南底层民众生活映像研究	历史学	河南大学	付燕鸿	青年项目	5000
2013－QN－363	当代公共图书馆形象重塑的话语体系研究	图书情报文献学	河南大学	闫芳芳	青年项目	5000
2013－QN－382	君特·格拉斯小说艺术研究	外国文学	河南大学	侯景娟	青年项目	5000
2013－QN－386	《骨》的象征主义研究	外国文学	河南大学	杨　霞	青年项目	5000
2013－QN－427	传媒企业绩效管理与激励机制研究	新闻学与传播学	河南大学	刘志杰	青年项目	5000
2013－QN－429	新媒体时代的品牌传播研究——信息、对话和关系	新闻学与传播学	河南大学	白志如	青年项目	5000
2013－QN－445	大众传媒时代审美教育困境及对策研究	艺术学	河南大学	李　姣	青年项目	5000
2013－QN－509	现代汉语单音节动词性语素研究	语言学	河南大学	郭　华	青年项目	5000
2013－QN－511	《歧路灯》语言与文化研究	语言学	河南大学	崔晓飞	青年项目	5000
2013－QN－514	句法－语义错配：汉语伪定语现象研究	语言学	河南大学	庄会彬	青年项目	5000
2013－QN－522	语言评价、协商、参与三系统与司法语篇研究	语言学	河南大学	何占磊	青年项目	5000
2013－QN－526	刘炳善与高健散文翻译对比研究	语言学	河南大学	张　鸽	青年项目	5000
2013－QN－533	认知语言学观照下汉语动补结构的解读	语言学	河南大学	张培翠	青年项目	5000
2013－QN－546	汉语V1＋N＋V2构式多义性的认知语法研究	语言学	河南大学	李恩光	青年项目	5000
2013－QN－573	《頑童流浪記》汉译研究	语言学	河南大学	杜　娟	青年项目	5000
2013－QN－578	态度系统视角下的汉语天气预报语言研究	语言学	河南大学	苗丽丽	青年项目	5000
2013－QN－594	神经伦理学的视阈与进展	哲学	河南大学	符　征	青年项目	5000
2013－QN－661	大学教师发展与高水平大学建设研究	教育学	河南大学	李文芳	青年项目	5000

续表

编号	项目名称	学科门类	申报单位	申报人	项目类别2	支持经费
2013-ZC-021	大学英语教学汉语文化主体意识缺失之隐忧	交叉学科/综合研究	河南大学	于建凯	自筹经费项目	
2013-ZC-036	夏商时期汉水流域考古学文化交流的廊道功能研究	考古学	河南大学	徐　燕	自筹经费项目	
2013-ZD-023	南水北调中线水源区生态环境保护与可持续发展研究	交叉学科/综合研究	河南工程学院	付景保	重点项目	20000
2013-ZD-053	河南省现代服务业结构特征及优化研究	经济学	河南工程学院	邹坦永	重点项目	20000
2013-GH-062	河南省煤层气行业发展战略及产业促进管理策略研究	管理学	河南工程学院	路金芳	规划项目	8000
2013-GH-311	多元并存与一元指导——中国公民文化构建指导思想研究	马克思主义理论	河南工程学院	周书焕	规划项目	8000
2013-GH-317	大学生社会主义核心价值观教育研究	马克思主义理论	河南工程学院	徐金超	规划项目	8000
2013-GH-465	新媒体环境下设计批评传播方式转型研究	艺术学	河南工程学院	刘永涛	规划项目	8000
2013-GH-475	非物质文化遗产在河南高校艺术设计教育中的实践研究	艺术学	河南工程学院	张咏梅	规划项目	8000
2013-GH-554	基于社会主义核心价值体系的我国公民文化建设研究	政治学	河南工程学院	桂　玉	规划项目	8000
2013-GH-617	翻译目的论视角下高校外事文本翻译研究	语言学	河南工程学院	赵　涛	规划项目	8000
2013-GH-626	苏共丧失执政地位的历史教训研究	历史学	河南工程学院	卢爱真	规划项目	8000
2013-QN-362	学科主题演进深度挖掘研究	图书情报文献学	河南工程学院	王莉亚	青年项目	5000
2013-QN-395	简·奥斯丁笔下的男性人物	外国文学	河南工程学院	王红丽	青年项目	5000
2013-QN-444	中原会馆建筑装饰艺术雕刻纹样的应用研究	艺术学	河南工程学院	苏　湉	青年项目	5000
2013-QN-455	新媒体环境下高校动画人才培养模式研究	艺术学	河南工程学院	秦　成	青年项目	5000
2013-QN-456	康百万庄园建筑空间形制特色探析	艺术学	河南工程学院	朱梦莉	青年项目	5000
2013-QN-538	过程写作教学法在大学英语写作教学中的应用研究	语言学	河南工程学院	魏京京	青年项目	5000

续表

编号	项目名称	学科门类	申报单位	申报人	项目类别 2	支持经费
2013－QN－663	网上支付风险分析及监管策略研究	管理学	河南工程学院	偰　娜	青年项目	5000
2013－QN－666	包豪斯现代设计教育体系研究	艺术学	河南工程学院	姚　瑶	青年项目	5000
2013－ZC－001	媒体与司法的良性互动关系构建研究	法学	河南工程学院	王沛莹	自筹经费项目	
2013－ZD－013	基于演化博弈论的网上信用风险扩散机理研究	管理学	河南工业大学	肖开红	重点项目	20000
2013－ZD－017	河南省创业投资体系的建设路径及政策取向研究	管理学	河南工业大学	孟丽莎	重点项目	20000
2013－ZD－054	河南新型农业经营主体培育研究——以农机专业合作社为例	经济学	河南工业大学	李铜山	重点项目	20000
2013－ZD－065	从可持续发展到建设美丽中国：十六大以来党的生态文明建设的理论与实践	马克思主义理论	河南工业大学	杨卫军	重点项目	20000
2013－ZD－066	儒家文化底蕴下中韩传统德育思想资源现代转化比较研究	马克思主义理论	河南工业大学	靳义亭	重点项目	20000
2013－ZD－068	中美高校德育发展趋势比较研究	马克思主义理论	河南工业大学	钱同舟	重点项目	20000
2013－ZD－095	1949 以来的中国美术体制研究	艺术学	河南工业大学	李朝霞	重点项目	20000
2013－GH－022	我国未成年人侵权责任制度之研究	法学	河南工业大学	刘　桦	规划项目	8000
2013－GH－033	河南高新技术企业研发团队创新氛围培育研究	管理学	河南工业大学	贾　丹	规划项目	8000
2013－GH－051	税收负担对企业绩效影响	管理学	河南工业大学	牛彦绍	规划项目	8000
2013－GH－065	河南省食品加工企业电子商务应用成功路径研究	管理学	河南工业大学	李　震	规划项目	8000
2013－GH－066	基于路径依赖的中原经济区自主创新能力提升机制研究	管理学	河南工业大学	张宝强	规划项目	8000
2013－GH－106	质量发展视域下的学科专业布局与人口职业结构关系研究—以河南省理工类本科院校为例	交叉学科/综合研究	河南工业大学	王　磊	规划项目	8000
2013－GH－148	中原经济区文化软实力建设机制研究	交叉学科/综合研究	河南工业大学	孙志明	规划项目	8000

续表

编号	项目名称	学科门类	申报单位	申报人	项目类别2	支持经费
2013-GH-203	高校教学档案原生态模块化建设标准研究	教育学	河南工业大学	许 文	规划项目	8000
2013-GH-206	基于思辨能力训练的外语人才培养模式构建	教育学	河南工业大学	李学晋	规划项目	8000
2013-GH-251	基于创业投资视角的中小企业融资机制问题研究	经济学	河南工业大学	刘变叶	规划项目	8000
2013-GH-259	有序推进中原经济区农业转移人口市民化制度构建研究	经济学	河南工业大学	康涌泉	规划项目	8000
2013-GH-282	进一步完善我省县级国库集中支付制度改革研究	经济学	河南工业大学	马 强	规划项目	8000
2013-GH-298	汉唐中原交通与社会发展研究	历史学	河南工业大学	杨 丽	规划项目	8000
2013-GH-330	社会主义核心价值观基本范畴研究	马克思主义理论	河南工业大学	李红钦	规划项目	8000
2013-GH-343	网络时代的社会管理创新研究——城市社区的网格化信息管理	社会学	河南工业大学	宋芙晖	规划项目	8000
2013-GH-346	强国梦背景下河南农村居民收入倍增问题研究	社会学	河南工业大学	张公信	规划项目	8000
2013-GH-409	文化叙事批评:理论与实践	外国文学	河南工业大学	陈 霞	规划项目	8000
2013-GH-416	“卸负”与“融合”—苏珊·桑塔格小说研究	外国文学	河南工业大学	宁慧霞	规划项目	8000
2013-GH-439	网络群体性事件的公共价值研究	新闻学与传播学	河南工业大学	李晓云	规划项目	8000
2013-GH-441	网络媒介视阈下地方政府形象管理体系构建研究——以河南为例	新闻学与传播学	河南工业大学	张合斌	规划项目	8000
2013-GH-442	中原传统文化品牌传播策略研究	新闻学与传播学	河南工业大学	吴文瀚	规划项目	8000
2013-GH-533	反基础模型论原理及其在解悖中的应用研究	哲学	河南工业大学	赵 鹏	规划项目	8000
2013-GH-605	出国学生党建工作的实践和探索	马克思主义理论	河南工业大学	高海晨	规划项目	8000
2013-QN-014	近代中国国际法的观念与实践:以铁路借款交涉为中心	法学	河南工业大学	李耀跃	青年项目	5000

续表

编号	项目名称	学科门类	申报单位	申报人	项目类别2	支持经费
2013-QN-039	企业社会责任信息披露与投资价值研究	管理学	河南工业大学	宋晓文	青年项目	5000
2013-QN-049	河南省第三方物流企业金融服务模式及风险控制研究	管理学	河南工业大学	张红丽	青年项目	5000
2013-QN-062	河南省国际科学合作的研究绩效评价与对策研究	管理学	河南工业大学	钟　镇	青年项目	5000
2013-QN-158	提高就业质量的路径选择：培养大学生的职业生涯适应力	教育学	河南工业大学	郭少东	青年项目	5000
2013-QN-223	河南省食品安全的治理研究：机制构建与效应模拟	经济学	河南工业大学	樊慧玲	青年项目	5000
2013-QN-245	粮食安全视角下中国粮食国际贸易战略研究	经济学	河南工业大学	朱坤林	青年项目	5000
2013-QN-303	邓小平的文化思想研究——基于构建中国特色社会主义文化范式的思考	马克思主义理论	河南工业大学	金　莉	青年项目	5000
2013-QN-424	政务公开背景下的电视政务报道研究	新闻学与传播学	河南工业大学	刘　娜	青年项目	5000
2013-QN-425	全媒体时代传播模式的嬗变及政府应对策略研究	新闻学与传播学	河南工业大学	黄俊华	青年项目	5000
2013-QN-492	河南省非物质文化多媒体保护和衍生产品设计开发的研究	艺术学	河南工业大学	宋　黎	青年项目	5000
2013-QN-576	公示语旅游文本翻译动态顺应研究	语言学	河南工业大学	靳亚铭	青年项目	5000
2013-QN-592	环境美学视野下的身体研究	哲学	河南工业大学	王　燚	青年项目	5000
2013-QN-619	城市景观与城市空间美学研究	中国文学	河南工业大学	刘保庆	青年项目	5000
2013-QN-667	多模态外语学习的模态配合研究	语言学	河南工业大学	韦　华	青年项目	5000
2013-QN-669	大学生创业教育模式研究	教育学	河南工业大学	赵　静	青年项目	5000
2013-ZC-033	中原经济区粮食安全责任及其实施战略研究	经济学	河南工业大学	刘清娟	自筹经费项目	
2013-ZC-053	宋代陶瓷茶器造型样式研究	艺术学	河南工业大学	孙晓燕	自筹经费项目	
2013-GH-130	二语交互课堂的“支架”构建	交叉学科/综合研究	河南工业贸易职业学院	范勇慧	规划项目	8000

续表

编号	项目名称	学科门类	申报单位	申报人	项目类别2	支持经费
2013－GH－589	基于“输入－输出假说”理论的高职英语教学研究	交叉学科/综合研究	河南工业贸易职业学院	张　喆	规划项目	8000
2013－QN－182	河南高职外语人才培养与河南省外向型经济适应性研究	教育学	河南工业贸易职业学院	郜　珂	青年项目	5000
2013－ZC－055	英语长句的变序译法研究	语言学	河南工业贸易职业学院	赵现标	自筹经费项目	
2013－GH－476	高职高专艺术教育课程建设应用性研究	艺术学	河南工业职业技术学院	张国廷	规划项目	8000
2013－QN－121	生态环境价值计量与实现方法研究	交叉学科/综合研究	河南工业职业技术学院	金　阳	青年项目	5000
2013－QN－351	新型农村社区体育的可持续发展研究	体育科学	河南工业职业技术学院	冯庆雨	青年项目	5000
2013－ZC－107	体育文化对中原经济区建设的促进作用研究	交叉学科/综合研究	河南工业职业技术学院	刘文军	自筹经费项目	
2013－ZC－118	历史演进中的马克思主义中国化方法论研究	马克思主义理论	河南工业职业技术学院	赵书策	自筹经费项目	
2013－GH－194	基于现代远程教育推进农村实用人才培养的实践与研究	教育学	河南广播电视大学	胡文举	规划项目	8000
2013－GH－469	我国高校艺术设计专业教学实践问题的分析与研究	艺术学	河南广播电视大学	李淑琴	规划项目	8000
2013－GH－584	预算软约束与高等学校负责研究的问题	管理学	河南广播电视大学	白　洁	规划项目	8000
2013－GH－607	河南文化产业创意机制研究	社会学	河南广播电视大学	魏　珍	规划项目	8000
2013－QN－214	高职院校影视多媒体技术专业高素质技能型人才的培养	教育学	河南广播电视大学	陈晶晶	青年项目	5000
2013－QN－459	多元文化格局下社会舞蹈民族特色研究	艺术学	河南广播电视大学	李　萍	青年项目	5000
2013－QN－495	地方传统文化资源与高职院校艺术特色建构研究	艺术学	河南广播电视大学	张　琰	青年项目	5000
2013－QN－627	河南省涉农企业开展网络营销现状调查及对策研究	管理学	河南广播电视大学	石　玺	青年项目	5000
2013－QN－660	中原传统文化与台湾女性文学之间的关系	中国文学	河南广播电视大学	张　杨	青年项目	5000
2013－ZC－011	新形势下河南省建设人力资源强省路径研究	管理学	河南广播电视大学	田俊敏	自筹经费项目	

续表

编号	项目名称	学科门类	申报单位	申报人	项目类别 2	支持经费
2013-ZC-019	数字化学习资源整合及共享模式探索	交叉学科/综合研究	河南广播电视大学	曹 卉	自筹经费项目	
2013-ZC-030	提高职业院校毕业生就业质量的研究	教育学	河南广播电视大学	向春枝	自筹经费项目	
2013-ZC-067	高校思政教育模式创新研究—从物本到人本	教育学	河南护理职业学院	崔淑芳	自筹经费项目	
2013-ZC-071	高校思政教育模式创新研究—从物本到人本	教育学	河南护理职业学院	崔淑芳	自筹经费项目	
2013-ZC-081	"1+1"课程整合模式对提高护生职业礼仪 素养的研究	教育学	河南护理职业学院	王艾青	自筹经费项目	
2013-GH-160	高职院校学生综合素质和职业能力培养关系研究	教育学	河南化工职业学院	柴凤兰	规划项目	8000
2013-QN-016	农村生态环境保护标准体系构建	法学	河南化工职业学院	张芬霞	青年项目	5000
2013-QN-615	20 世纪中国历史小说研究	中国文学	河南化工职业学院	黄体锐	青年项目	5000
2013-QN-650	多模态语法教学对提升翻译技能的研究——以高职商务英语专业学生为例	语言学	河南化工职业学院	游 渊	青年项目	5000
2013-ZD-078	基于 AHP 的普通高校学生体育投入评价研究	体育科学	河南机电高专	孙文琦	重点项目	20000
2013-GH-278	以中原经济区建设为引领推动河南失地农民可持续发展研究	经济学	河南机电高专	张映锋	规划项目	8000
2013-GH-548	微博时代政府在危机应对中的公信力建设研究	政治学	河南机电高专	刘云兵	规划项目	8000
2013-QN-057	河南省物流产业效率评价研究	管理学	河南机电高专	田 丽	青年项目	5000
2013-QN-129	微博视域下高校网络思想政治教育工作研究	交叉学科/综合研究	河南机电高专	王 卉	青年项目	5000
2013-QN-184	任务驱动下的合作学习方式在高职英语口语教学中的应用研究	教育学	河南机电高专	靳静波	青年项目	5000
2013-QN-414	高校辅导员职业认同与职业倦怠相关研究	心理学	河南机电高专	郭志立	青年项目	5000
2013-QN-574	高职英语第二课堂教学体系建设的研究与实践	语言学	河南机电高专	韩 慧	青年项目	5000

续表

编号	项目名称	学科门类	申报单位	申报人	项目类别2	支持经费
2013 – QN – 590	合作学习理论指导下的外语写作教学应用研究	语言学	河南机电高专	李东君	青年项目	5000
2013 – QN – 591	语料库视角下的母语迁移现象与河南省高职学生二语写作的关联性研究	语言学	河南机电高专	普　昆	青年项目	5000
2013 – QN – 599	生态文明视野下的科技价值取向问题研究	哲学	河南机电高专	于明华	青年项目	5000
2013 – QN – 645	原生态包装设计的传承与发展研究	艺术学	河南机电高专	王云英	青年项目	5000
2013 – QN – 646	我国影视植入广告创意研究	艺术学	河南机电高专	魏琼靓	青年项目	5000
2013 – GH – 068	科学防治腐败—高校工程建设领域管理方法问题研究	管理学	河南机电职业学院	靳艳芳	规划项目	8000
2013 – GH – 202	高职教育与区域产业协同发展对策研究	教育学	河南机电职业学院	鲁俊民	规划项目	8000
2013 – GH – 226	面向区域产业聚集群的机电类专业应用型创新人才培养模式研究与实践	教育学	河南机电职业学院	朱振伟	规划项目	8000
2013 – GH – 273	河南新型城镇化问题的研究与对策	经济学	河南机电职业学院	于　莹	规划项目	8000
2013 – GH – 635	基于校企合作职业教育课程建设的研究	交叉学科/综合研究	河南机电职业学院	武　燕	规划项目	8000
2013 – QN – 162	我省职业教育集团化办学产权制度改革现状、困境与对策	教育学	河南机电职业学院	陈玉华	青年项目	5000
2013 – QN – 332	我省城市病治理的研究与对策	社会学	河南机电职业学院	张春丽	青年项目	5000
2013 – ZC – 039	河南高职院校学生思想政治教育的有效性研究	马克思主义理论	河南机电职业学院	李军伟	自筹经费项目	
2013 – ZC – 084	后国际金融危机背景下的价格监管机制和手段研究	管理学	河南检察职业学院	贺澜涛	自筹经费项目	
2013 – GH – 609	对我市足球进校园开展及现状的调查	体育科学	河南建筑职业技术学院	吕一沙	规划项目	8000
2013 – QN – 560	幽默教学法在高职英语课堂氛围构建中的应用研究	语言学	河南交通职业技术学院	姬　姝	青年项目	5000
2013 – QN – 639	河南省新型农村建设过程中的居民就业问题研究——以新乡县古固寨镇祥和社区为例	历史学	河南交通职业技术学院	孙艳娜	青年项目	5000

续表

编号	项目名称	学科门类	申报单位	申报人	项目类别 2	支持经费
2013－GH－070	基于华夏历史文明传承创新区背景下河南非物质文化遗产旅游保护与开发研究	管理学	河南教育学院	王黎明	规划项目	8000
2013－GH－292	制度变迁理论视角下河南省保障性住房投融资体系研究	经济学	河南教育学院	万永彬	规划项目	8000
2013－GH－462	元代历史剧研究	艺术学	河南教育学院	丁合林	规划项目	8000
2013－GH－464	基于中原地域的传统手工麦草编织产业化发展与创新研究	艺术学	河南教育学院	高　飞	规划项目	8000
2013－GH－620	文学与媒体关系研究	中国文学	河南教育学院	杨少伟	规划项目	8000
2013－QN－051	高校女教师人力资本价值实现的障碍研究	管理学	河南教育学院	何艳娜	青年项目	5000
2013－QN－491	佛教“禅”境在包装设计中的应用研究	艺术学	河南教育学院	鲁叶滔	青年项目	5000
2013－QN－637	高校辅导员与学生谈话艺术运用研究	教育学	河南教育学院	杨要杰	青年项目	5000
2013－ZC－008	中原经济区建设进程中扶贫开发机制研究	管理学	河南教育学院	岑晓芳	自筹经费项目	
2013－ZC－024	大学生培养中道与术的关系研究	教育学	河南教育学院	王喜峰	自筹经费项目	
2013－ZD－024	中原古都遗产旅游资源体验式开发模式研究	交叉学科/综合研究	河南经贸职业学院	陈开颖	重点项目	20000
2013－GH－134	网络环境下高校网络舆情危机应对机制研究	交叉学科/综合研究	河南经贸职业学院	周晓利	规划项目	8000
2013－GH－165	龙子湖高校园区教育资源共享模式的研究	教育学	河南经贸职业学院	杜月菊	规划项目	8000
2013－GH－211	顺应论视角下应用英语项目课程开发规格的提高与研究	教育学	河南经贸职业学院	李冬颖	规划项目	8000
2013－GH－518	英语教育中的国际理解教育探究	语言学	河南经贸职业学院	杨晓丽	规划项目	8000
2013－GH－598	新型城镇化建设视角下的中小企业融资难问题研究	经济学	河南经贸职业学院	李　婧	规划项目	8000
2013－GH－613	河南省高校辅导员职业倦怠研究	心理学	河南经贸职业学院	张建明	规划项目	8000
2013－GH－627	环境会计在我省企业中应用情况的调查与研究	经济学	河南经贸职业学院	夏维华	规划项目	8000

续表

编号	项目名称	学科门类	申报单位	申报人	项目类别2	支持经费
2013－QN－172	高职艺术设计专业工作室化教学模式研究	教育学	河南经贸职业学院	李 晶	青年项目	5000
2013－QN－651	职业能力为本位的高职旅游双语教学改进研究	语言学	河南经贸职业学院	任 霞	青年项目	5000
2013－GH－008	非物质文化遗产的私权保护研究—以中原经济区为例	法学	河南警察学院	刘 杰	规划项目	8000
2013－GH－023	河南省公安机关社会管理创新——以完善县级立体化社会治安防控体系建设为视角	法学	河南警察学院	王龙天	规划项目	8000
2013－ZD－016	供应链知识协同的风险管理研究	管理学	河南科技大学	杨利军	重点项目	20000
2013－ZD－022	期权贿赂式腐败的法律防治机制研究	交叉学科/综合研究	河南科技大学	魏世梅	重点项目	20000
2013－ZD－063	先秦时期的史学生活研究	历史学	河南科技大学	王 灿	重点项目	20000
2013－ZD－114	新时期地方高校中外合作办学项目中的英语课程体系构建研究	语言学	河南科技大学	王 春	重点项目	20000
2013－ZD－118	生态翻译批评研究	语言学	河南科技大学	岳中生	重点项目	20000
2013－GH－013	城市化进程中失地农民权益保护问题研究	法学	河南科技大学	崔自力	规划项目	8000
2013－GH－018	毛泽东新民主主义宪政制度思想研究	法学	河南科技大学	张景峰	规划项目	8000
2013－GH－021	区域法治环境的治理和评估研究	法学	河南科技大学	郭国坚	规划项目	8000
2013－GH－035	"三化"协调背景下河南农业发展动力影响因素及促进机制构建	管理学	河南科技大学	张学军	规划项目	8000
2013－GH－037	河南省企业诚信与社会责任建设问题研究	管理学	河南科技大学	张宏山	规划项目	8000
2013－GH－038	基于共生视角的河南省农村小额信贷发展研究	管理学	河南科技大学	韩 红	规划项目	8000
2013－GH－083	社会大变局与隋唐五代历史思想研究	交叉学科/综合研究	河南科技大学	韩宏韬	规划项目	8000
2013－GH－143	非言语交际信息对提高景区隐形服务质量的促进作用——以景区标识系统为中心	交叉学科/综合研究	河南科技大学	张富军	规划项目	8000

续表

编号	项目名称	学科门类	申报单位	申报人	项目类别2	支持经费
2013－GH－213	日本义务教育均衡发展经验在河南省的适用性研究	教育学	河南科技大学	张卫娣	规划项目	8000
2013－GH－235	“三化”协调发展与农户劳动力配置行为的契合性问题研究	经济学	河南科技大学	朱云章	规划项目	8000
2013－GH－371	基于“结构方程式”模型的河南大学生参与休闲体育行为意向研究	体育科学	河南科技大学	魏　烨	规划项目	8000
2013－GH－386	宋代书目叙录(南宋卷)	图书情报文献学	河南科技大学	牛卫东	规划项目	8000
2013－GH－390	《洛阳龙门志》整理与研究	图书情报文献学	河南科技大学	许智银	规划项目	8000
2013－GH－484	网络多媒体环境下高校外语专业听力教学的理论和实践研究	语言学	河南科技大学	张　喆	规划项目	8000
2013－GH－488	象似性在中英广告翻译中的应用研究	语言学	河南科技大学	温玲霞	规划项目	8000
2013－GH－489	基于认知语言学理论的日语阅读教学策略研究	语言学	河南科技大学	张建芳	规划项目	8000
2013－GH－500	形成性评价体系对大学英语学习焦虑的回拨效应研究	语言学	河南科技大学	郭明阳	规划项目	8000
2013－GH－522	语料库在英语专业教学中应用的实证性研究	语言学	河南科技大学	任培红	规划项目	8000
2013－GH－530	中国古典牡丹诗日语翻译研究	语言学	河南科技大学	荣喜朝	规划项目	8000
2013－GH－572	当代河南籍作家阎连科作品中的性别文化	中国文学	河南科技大学	裴艳艳	规划项目	8000
2013－QN－013	涉诉信访法治化的多元路径选择	法学	河南科技大学	李延舜	青年项目	5000
2013－QN－123	综合性大学优势学科培育机制研究——以河南省为例	交叉学科/综合研究	河南科技大学	张晶晶	青年项目	5000
2013－QN－146	河南省工业遗产资源的保护与开发研究	交叉学科/综合研究	河南科技大学	廖　亮	青年项目	5000
2013－QN－212	权力视阈下高校组织内部冲突机理研究——以河南省为例	教育学	河南科技大学	尤　莉	青年项目	5000
2013－QN－226	利益协调视域下不可再生资源优化配置研究——以中原经济区为例	经济学	河南科技大学	叶青海	青年项目	5000

续表

编号	项目名称	学科门类	申报单位	申报人	项目类别2	支持经费
2013－QN－281	否认纳粹屠犹现象研究	历史学	河南科技大学	葛淑珍	青年项目	5000
2013－QN－284	洛阳民俗博物馆藏契约文书与河南地方社会研究	历史学	河南科技大学	王云红	青年项目	5000
2013－QN－289	明清时期中原地区生态环境研究	历史学	河南科技大学	吴小伦	青年项目	5000
2013－QN－355	河南省城市社区篮球运动现状调查与发展对策研究	体育科学	河南科技大学	田玲玲	青年项目	5000
2013－QN－361	泛在知识环境下图书馆创新服务模式研究	图书情报文献学	河南科技大学	庄青青	青年项目	5000
2013－QN－448	文化生态学视域下的河洛文化生态保护实验区建设与开发研究	艺术学	河南科技大学	霍纪超	青年项目	5000
2013－QN－531	全球化背景下加强英语教育人文素养培育功能的研究	语言学	河南科技大学	高海燕	青年项目	5000
2013－QN－579	河南大学生英语自主学习意识和自主学习能力现状及对策研究	语言学	河南科技大学	牟维静	青年项目	5000
2013－QN－617	古代文学作品中放生现象的文化考查	中国文学	河南科技大学	冯　军	青年项目	5000
2013－QN－620	河南道教社会公益慈善现状调查	宗教学	河南科技大学	谌　娟	青年项目	5000
2013－QN－655	中国现代化进程中政治认同问题与意识形态建构研究	政治学	河南科技大学	范迎春	青年项目	5000
2013－ZD－014	家庭农场培育中的社会责任问题研究	管理学	河南科技学院	李　玮	重点项目	20000
2013－ZD－104	中原民间美术在现代艺术设计中的创新应用	艺术学	河南科技学院	张利丽	重点项目	20000
2013－GH－053	河南省公共就业服务的政府责任研究	管理学	河南科技学院	张宏军	规划项目	8000
2013－GH－060	中国高校反腐倡廉制度执行力系统性提升研究	管理学	河南科技学院	宋亚伟	规划项目	8000
2013－GH－084	豫商文化资源整合及网络共享研究	交叉学科/综合研究	河南科技学院	徐兆栋	规划项目	8000
2013－GH－164	美国综合大学融合型教师培养模式研究	教育学	河南科技学院	刘朝锋	规划项目	8000
2013－GH－171	中等职业学校教师专业化问题研究	教育学	河南科技学院	李小丽	规划项目	8000

续表

编号	项目名称	学科门类	申报单位	申报人	项目类别 2	支持经费
2013 - GH - 180	河南省中等职业学校兼职教师补充机制研究	教育学	河南科技学院	李建芹	规划项目	8000
2013 - GH - 193	省级政府在农村义务教育发展中的财政责任研究	教育学	河南科技学院	张红岩	规划项目	8000
2013 - GH - 196	职业教育在"国民收入倍增"计划中的作用研究	教育学	河南科技学院	于洪姣	规划项目	8000
2013 - GH - 253	商业银行系统性风险与监管改革研究	经济学	河南科技学院	孙志娟	规划项目	8000
2013 - GH - 264	基于供求视角的河南省农村金融改革创新研究	经济学	河南科技学院	程晓娟	规划项目	8000
2013 - GH - 281	基于中原崛起战略的我省县域经济跨越式发展对策研究	经济学	河南科技学院	曹永辉	规划项目	8000
2013 - GH - 288	河南省装备制造业产业竞争力研究	经济学	河南科技学院	郭庆然	规划项目	8000
2013 - GH - 309	人的全面发展理论引领大学生思想政治教育创新研究	马克思主义理论	河南科技学院	李修超	规划项目	8000
2013 - GH - 348	中原传统农区新型农村社区建设研究	社会学	河南科技学院	孙喜英	规划项目	8000
2013 - GH - 362	河南省竞技体育可持续发展的对策研究	体育科学	河南科技学院	高　泳	规划项目	8000
2013 - GH - 451	结合地域文化特色的城市地铁交通设计研究——以郑州为例	艺术学	河南科技学院	蒲　军	规划项目	8000
2013 - GH - 454	以"新乡非遗项目"为样本的高校音乐学特色专业构建与应用研究	艺术学	河南科技学院	李　娜	规划项目	8000
2013 - GH - 457	中原经济区建设与河南动漫形象品牌发展研究	艺术学	河南科技学院	冯建永	规划项目	8000
2013 - GH - 492	网络流行体对汉语言生态环境的影响	语言学	河南科技学院	刘　明	规划项目	8000
2013 - GH - 606	科学发展观视阈下高校学生干部队伍建设研究	马克思主义理论	河南科技学院	吴玲玲	规划项目	8000
2013 - QN - 007	农民专业合作社与农业发展的关系及其影响——基于对河南省的实证分析	法学	河南科技学院	睢利萍	青年项目	5000
2013 - QN - 011	基本公共服务均等化的法治保障体系研究——以河南省为例	法学	河南科技学院	王　娟	青年项目	5000

续表

编号	项目名称	学科门类	申报单位	申报人	项目类别 2	支持经费
2013 – QN – 018	以隐私权保护为视角的网络法制建设问题研究	法学	河南科技学院	王静然	青年项目	5000
2013 – QN – 033	河南省上市公司的财务核心竞争力研究	管理学	河南科技学院	焦小静	青年项目	5000
2013 – QN – 035	规模化经营指向下河南省家庭农场培育机制研究	管理学	河南科技学院	聂艳玲	青年项目	5000
2013 – QN – 037	基于创新驱动的中原经济区现代产业发展新体系研究	管理学	河南科技学院	张秀峰	青年项目	5000
2013 – QN – 069	河南省大学生村官政策机制研究	管理学	河南科技学院	丁海玲	青年项目	5000
2013 – QN – 081	经济学视角下河南省环境治理的工具选择	交叉学科/综合研究	河南科技学院	苏　明	青年项目	5000
2013 – QN – 093	中原经济区建设与大学生就业互动效应研究	交叉学科/综合研究	河南科技学院	李小琼	青年项目	5000
2013 – QN – 096	网络时代个人信息安全问题研究	交叉学科/综合研究	河南科技学院	徐　涛	青年项目	5000
2013 – QN – 113	河南民俗文化的当代影视传播研究	交叉学科/综合研究	河南科技学院	王卫波	青年项目	5000
2013 – QN – 114	文化自觉视域中的河南生态文明建设研究	交叉学科/综合研究	河南科技学院	常云秀	青年项目	5000
2013 – QN – 131	乞食文化与民间音乐传播研究	交叉学科/综合研究	河南科技学院	熊秋玲	青年项目	5000
2013 – QN – 152	地方大学办学特色的嵌入性策略选择及效能研究	教育学	河南科技学院	陈锋正	青年项目	5000
2013 – QN – 156	职业倦怠视阈下地方高校辅导员职业认同问题研究	教育学	河南科技学院	付爱敏	青年项目	5000
2013 – QN – 178	科研考核压力对高校英语教师自主发展的影响及调试研究	教育学	河南科技学院	马利娟	青年项目	5000
2013 – QN – 180	以大学生成长规律为着眼点的思想政治教育路径探析	教育学	河南科技学院	董华明	青年项目	5000
2013 – QN – 224	河南省非物质文化遗产结构特征、空间分布及政策含义	经济学	河南科技学院	肖　华	青年项目	5000
2013 – QN – 275	基于产业转移的河南省产业集聚区发展对策研究	经济学	河南科技学院	雒海潮	青年项目	5000
2013 – QN – 292	历史地理视角下辽代腹心地区城市群体研究	历史学	河南科技学院	王淑兰	青年项目	5000

续表

编号	项目名称	学科门类	申报单位	申报人	项目类别2	支持经费
2013－QN－318	高校在华夏历史文明传承创新区建设中的任务及对策研究	民族学	河南科技学院	黄文熙	青年项目	5000
2013－QN－368	河南省高校大学生手机阅读研究	图书情报文献学	河南科技学院	王俭敏	青年项目	5000
2013－QN－405	20世纪美国文学中“动物主题”小说的生态思想研究	外国文学	河南科技学院	褚慧敏	青年项目	5000
2013－QN－442	高校艺术设计教育与本地文化产业互动发展研究——以新乡地区为例	艺术学	河南科技学院	陈芊宇	青年项目	5000
2013－QN－479	桐柏皮影造型艺术研究及其引入工笔人物画教学的探索	艺术学	河南科技学院	王　松	青年项目	5000
2013－QN－498	民间传统艺术在现代服饰中的创新应用	艺术学	河南科技学院	张　翔	青年项目	5000
2013－QN－502	本土图形元素在现代设计中的拓展性探索	艺术学	河南科技学院	刘晨洁	青年项目	5000
2013－QN－530	基于ESP需求分析的英语双学位人才培养模式研究	语言学	河南科技学院	张超清	青年项目	5000
2013－QN－653	从系统功能语法视角对商务英语写作的人际意义探究	语言学	河南科技学院	李　景	青年项目	5000
2013－ZC－031	河南新型农业现代化发展的金融支持问题研究	经济学	河南科技学院	刘利宽	自筹经费项目	
2013－GH－257	河南省特色农业产业集群发展模式研究	经济学	河南科技学院新科学院	张明霞	规划项目	8000
2013－GH－590	高校协同创新组织变革中的文化认同研究	教育学	河南科技学院新科学院	辛学东	规划项目	8000
2013－QN－015	河南省农村养老保险制度调查研究报告	法学	河南科技学院新科学院	刘松梅	青年项目	5000
2013－QN－106	河南省农村地区食品质量安全监控体系研究	交叉学科/综合研究	河南科技学院新科学院	张晓娜	青年项目	5000
2013－QN－118	新时期高校学生管理工作法治化问题研究	交叉学科/综合研究	河南科技学院新科学院	王君君	青年项目	5000
2013－QN－165	建设中原经济区背景下高校德育实效性研究	教育学	河南科技学院新科学院	高普梅	青年项目	5000
2013－QN－242	基于移动电子商务的河南旅游产业发展研究	经济学	河南科技学院新科学院	张素杰	青年项目	5000

续表

编号	项目名称	学科门类	申报单位	申报人	项目类别2	支持经费
2013 - QN - 327	高校网络舆情管理研究	社会学	河南科技学院新科学院	郑俊珂	青年项目	5000
2013 - QN - 397	动画电影中的生态思想	外国文学	河南科技学院新科学院	赵莉莉	青年项目	5000
2013 - QN - 611	中国当代文学中的河南作家创伤体验现象研究	中国文学	河南科技学院新科学院	周淑贞	青年项目	5000
2013 - ZD - 020	突发事件网络舆情热变机理与降温机制研究	交叉学科/综合研究	河南理工大学	张玉亮	重点项目	20000
2013 - ZD - 021	基于情景分析的旅游景区突发事件应急能力评估研究	交叉学科/综合研究	河南理工大学	张永领	重点项目	20000
2013 - ZD - 026	基于中原商文化的河南商业企业道德责任研究	交叉学科/综合研究	河南理工大学	魏新强	重点项目	20000
2013 - ZD - 028	城市“草根商业”功能空间研究与完善——以中原经济区为例	交叉学科/综合研究	河南理工大学	张付刚	重点项目	20000
2013 - ZD - 059	基于CGE模型的企业环境管制政策绩效评价与竞争力提升策略研究	经济学	河南理工大学	李　创	重点项目	20000
2013 - ZD - 067	农业现代化与新型城镇化协调发展的机制研究	马克思主义理论	河南理工大学	袁　方	重点项目	20000
2013 - ZD - 071	开放条件下西方思潮对我国意识形态建设的影响研究	马克思主义理论	河南理工大学	程　伟	重点项目	20000
2013 - ZD - 083	国外数据库商业版权保护模式及图书馆应对策略研究	图书情报文献学	河南理工大学	鲍甬婵	重点项目	20000
2013 - ZD - 109	网络语言中的英文缩略词使用状况调查与对策分析	语言学	河南理工大学	秦彩玲	重点项目	20000
2013 - ZD - 111	《玉篇》三种比较研究	语言学	河南理工大学	魏现军	重点项目	20000
2013 - ZD - 113	搭配框架意义单位的搭配特征研究	语言学	河南理工大学	杨素香	重点项目	20000
2013 - GH - 036	城市应急避难场所运营制约因素的影响及减缓措施	管理学	河南理工大学	钱洪伟	规划项目	8000
2013 - GH - 039	面向订单的煤炭供应链计划与调度优化研究	管理学	河南理工大学	屈国强	规划项目	8000
2013 - GH - 047	社会组织参与突发公共事件治理边界与实现机制研究	管理学	河南理工大学	孔娜娜	规划项目	8000
2013 - GH - 078	基于激励导向的中小企业年金集合计划运作模式研究	管理学	河南理工大学	王　挺	规划项目	8000

续表

编号	项目名称	学科门类	申报单位	申报人	项目类别2	支持经费
2013-GH-093	顺应理论与《法显传》两个英译本的翻译策略研究	交叉学科/综合研究	河南理工大学	李明心	规划项目	8000
2013-GH-111	中原经济区土地资源综合评价及管控研究—以新郑市为例	交叉学科/综合研究	河南理工大学	蔡太义	规划项目	8000
2013-GH-115	亚太介入模式下的中美文化冲突研究	交叉学科/综合研究	河南理工大学	张少扬	规划项目	8000
2013-GH-116	欧美图书馆人力资源管理机制对我国图书馆的启示	交叉学科/综合研究	河南理工大学	刘丽辉	规划项目	8000
2013-GH-136	河南省环境突发事件发生机理及风险控制研究	交叉学科/综合研究	河南理工大学	杨小林	规划项目	8000
2013-GH-173	中原经济区复合型外语人才培养模式研究	教育学	河南理工大学	范登伟	规划项目	8000
2013-GH-182	基于"三重螺旋"理论的高校协同创新联盟建设研究	教育学	河南理工大学	杨晓斐	规划项目	8000
2013-GH-212	河南省高校学生资助资金管理与评价体系构建问题研究	教育学	河南理工大学	王玉法	规划项目	8000
2013-GH-241	河南省高校内部审计管理现代化实现机制的创新研究	经济学	河南理工大学	王红亮	规划项目	8000
2013-GH-244	河南省新型农业经营体系成长的影响因素与推进机制研究	经济学	河南理工大学	刘　涛	规划项目	8000
2013-GH-307	河南省历史文明传承创新区建设中名人文化传承与创新辩证关系研究	历史学	河南理工大学	陈　康	规划项目	8000
2013-GH-310	高校校、处级领导干部与学生座谈制度在大学生思想政治教育中的作用研究	马克思主义理论	河南理工大学	刘文军	规划项目	8000
2013-GH-321	中原经济区文化人才队伍建设研究	马克思主义理论	河南理工大学	南大伟	规划项目	8000
2013-GH-361	高校学生篮球自主服务体系的构建	体育科学	河南理工大学	张　洁	规划项目	8000
2013-GH-368	河南省普通高校体育弱势群体学生体育行为现状与对策研究	体育科学	河南理工大学	任天平	规划项目	8000
2013-GH-389	高校图书馆学术共享空间构建模式研究	图书情报文献学	河南理工大学	田海燕	规划项目	8000
2013-GH-401	公共文化服务视域下商业信息数据库反垄断策略研究	图书情报文献学	河南理工大学	李明理	规划项目	8000

续表

编号	项目名称	学科门类	申报单位	申报人	项目类别2	支持经费
2013 - GH - 403	高校图书馆移动服务模式与效率评价研究	图书情报文献学	河南理工大学	韩娟娟	规划项目	8000
2013 - GH - 440	数字未来:媒介融合与报业发展	新闻学与传播学	河南理工大学	郜书锴	规划项目	8000
2013 - GH - 482	《太极拳谱》在英语世界的译介研究	语言学	河南理工大学	朱宝锋	规划项目	8000
2013 - GH - 511	大学生社会称谓语的社会语言学研究	语言学	河南理工大学	曹旺儒	规划项目	8000
2013 - GH - 526	元认知策略与大学生外语磨蚀的相关性研究	语言学	河南理工大学	杨国旗	规划项目	8000
2013 - GH - 630	高职院校学生行为习惯养成教育方法与实践研究	管理学	河南理工大学	张　霖	规划项目	8000
2013 - GH - 632	网络时代高校校报的困境及破局之道	新闻学与传播学	河南理工大学	杜笑宇	规划项目	8000
2013 - QN - 027	中原经济区农业环境污染突发事件应急能力建设与提升	管理学	河南理工大学	揣小明	青年项目	5000
2013 - QN - 030	河南省县域旅游品牌构建研究	管理学	河南理工大学	李大林	青年项目	5000
2013 - QN - 056	突发事件中政府对媒体管制与合作研究	管理学	河南理工大学	杨桂英	青年项目	5000
2013 - QN - 073	小微企业知识资产经营与关系型融资耦合机制研究	管理学	河南理工大学	王　鑫	青年项目	5000
2013 - QN - 089	河南省传统村镇文化遗产旅游开发与保护传承研究	交叉学科/综合研究	河南理工大学	王　伟	青年项目	5000
2013 - QN - 105	基于期望值理论的辅导员职业化路径研究	交叉学科/综合研究	河南理工大学	薛艺君	青年项目	5000
2013 - QN - 126	煤炭装备类产品造型特征与矿工正面情感激发关联性研究	交叉学科/综合研究	河南理工大学	王海涛	青年项目	5000
2013 - QN - 145	基于消费心理的电动汽车情感化设计研究	交叉学科/综合研究	河南理工大学	黄　晶	青年项目	5000
2013 - QN - 221	河南省典型农村生活垃圾集中处理协同治理机制研究	经济学	河南理工大学	许增巍	青年项目	5000
2013 - QN - 266	河南农村民间金融及其规范化研究	经济学	河南理工大学	李　剑	青年项目	5000
2013 - QN - 297	社会主义廉洁从政文化视域中的政府诚信建设研究	马克思主义理论	河南理工大学	王建州	青年项目	5000

续表

编号	项目名称	学科门类	申报单位	申报人	项目类别2	支持经费
2013-QN-304	大学生“爱国敬业诚信友善”价值观日常生活化研究	马克思主义理论	河南理工大学	彭红赟	青年项目	5000
2013-QN-311	理性爱国:当代大学生爱国主义教育的指向——基于大学生对钓鱼岛争端认识的调查分析	马克思主义理论	河南理工大学	胡春艳	青年项目	5000
2013-QN-313	社会主义廉洁文化视野下的公共安全服务管理能力建设研究	马克思主义理论	河南理工大学	刘春德	青年项目	5000
2013-QN-322	农村居民对新型城镇化的社会期待研究	社会学	河南理工大学	许坤红	青年项目	5000
2013-QN-328	基于社会化偏差理论的大学生失业问题实证研究	社会学	河南理工大学	李翔海	青年项目	5000
2013-QN-337	中原经济区背景下河南省弱势民俗体育非物质文化遗产传承策略的研究	体育科学	河南理工大学	王 燚	青年项目	5000
2013-QN-339	大学生特殊群体体育权利的研究——以河南省高校大学生特殊群体为调查对象	体育科学	河南理工大学	韩玉彬	青年项目	5000
2013-QN-340	全民健身视域下中原地区城镇农民工体育权利保障体系研究	体育科学	河南理工大学	原颜东	青年项目	5000
2013-QN-343	河南省大学生身体活动量及其干预研究	体育科学	河南理工大学	张军鹏	青年项目	5000
2013-QN-353	社会分层理论视野下中原城镇居民体育消费力研究	体育科学	河南理工大学	刘永强	青年项目	5000
2013-QN-394	诡异与幽灵,战争与创伤——女性哥特视域下伊丽莎白·鲍恩战时小说研究	外国文学	河南理工大学	李芳芳	青年项目	5000
2013-QN-402	文化身份视域下V.S.奈保尔《抵达之谜》中的意象解读	外国文学	河南理工大学	陈 蕊	青年项目	5000
2013-QN-437	居家养老的老年人住宅设计及更新性研究	艺术学	河南理工大学	刘照国	青年项目	5000
2013-QN-438	中国现代钢琴音乐的价值与教学实践分析	艺术学	河南理工大学	张 婧	青年项目	5000
2013-QN-457	民间艺术的产业化创新和推广研究——以朱仙镇木版年画为例	艺术学	河南理工大学	崔 晓	青年项目	5000
2013-QN-460	彩陶纹样审美对标志设计的启示及应用研究	艺术学	河南理工大学	刘 艳	青年项目	5000

续表

编号	项目名称	学科门类	申报单位	申报人	项目类别2	支持经费
2013-QN-557	"诗歌话语分析"框架视域下的盛唐时期经典诗歌传播与接受效果研究	语言学	河南理工大学	常呈霞	青年项目	5000
2013-QN-566	对比语言学与二语习得关联性研究	语言学	河南理工大学	余　阳	青年项目	5000
2013-QN-571	功能语言学视角下中国相声语篇的衔接分析	语言学	河南理工大学	陈大维	青年项目	5000
2013-QN-614	当代文学雅俗问题分段分层研究	中国文学	河南理工大学	朱智秀	青年项目	5000
2013-QN-656	全员育人理念在大学生思想政治教育工作中落实问题研究	政治学	河南理工大学	张　明	青年项目	5000
2013-GH-052	河南省煤炭企业社会责任会计信息披露研究	管理学	河南理工大学万方科技学院	蒋晓改	规划项目	8000
2013-GH-059	国外图书馆人力资源管理机制对我国图书馆的启示	管理学	河南理工大学万方科技学院	刘丽辉	规划项目	8000
2013-GH-449	豫西北地区清代民居建筑装饰纹样研究	艺术学	河南理工大学万方科技学院	刘　伟	规划项目	8000
2013-GH-535	建国以来国民素质现代化建设基本经验研究	哲学	河南理工大学万方科技学院	刘齐征	规划项目	8000
2013-QN-314	高校思想政治理论课实践教学运行机制研究	马克思主义理论	河南理工大学万方科技学院	裴建伟	青年项目	5000
2013-QN-315	人的全面发展与高校思想政治教育创新研究	马克思主义理论	河南理工大学万方科技学院	史　银	青年项目	5000
2013-QN-616	新时期我国文学理论课程建设研究——以童庆炳《文学理论教程》为例	中国文学	河南理工大学万方科技学院	柴　瑜	青年项目	5000
2013-ZC-027	独立学院专业素质教育体系探讨性研究	教育学	河南理工大学万方科技学院	桂伟峰	自筹经费项目	
2013-ZC-046	新农村建设进程中的村民自治研究	社会学	河南理工大学万方科技学院	褚颜魁	自筹经费项目	
2013-GH-233	高职高专公共英语教学状况分析和对策研究	教育学	河南林业职业学院	宋建龙	规划项目	8000
2013-ZD-007	生物质能产业发展原料瓶颈与供应链组织模式创新研究	管理学	河南农业大学	何泽军	重点项目	20000
2013-ZD-009	基于农超对接的生鲜农产品物流耗损研究	管理学	河南农业大学	李　晔	重点项目	20000
2013-ZD-048	党建工作项目化推进党建工作创新研究	教育学	河南农业大学	李少兰	重点项目	20000

续表

编号	项目名称	学科门类	申报单位	申报人	项目类别2	支持经费
2013－ZD－076	校地共建新型农村社区公共体育服务体系的探索与实践	体育科学	河南农业大学	王亮清	重点项目	20000
2013－ZD－123	城乡一体化进程中的村庄治理转型与农民权利研究	政治学	河南农业大学	张国富	重点项目	20000
2013－GH－071	中原经济区建设中的旅游活动对生态环境的影响及其协调发展研究	管理学	河南农业大学	阎　丽	规划项目	8000
2013－GH－079	国际竞争背景下河南粮食种子企业知识管理水平研究	管理学	河南农业大学	郑伟程	规划项目	8000
2013－GH－119	生物技术背景下我国植物新品种保护发展问题研究	交叉学科/综合研究	河南农业大学	杨红朝	规划项目	8000
2013－GH－236	农民专业合作社横向联合的动力、制因与政策研究	经济学	河南农业大学	梅付春	规划项目	8000
2013－GH－316	生态文明建设与社会发展模式关系研究	马克思主义理论	河南农业大学	孙玉健	规划项目	8000
2013－GH－359	文化强国战略目标下我国新农村体育文化建设的目标与实现路径分析	体育科学	河南农业大学	邵玉辉	规划项目	8000
2013－GH－360	中原地区民俗体育文化资源的特征与开发研究	体育科学	河南农业大学	胡勇刚	规划项目	8000
2013－GH－393	大学生使用社交网络情况的调查分析及其信息素养教育研究	图书情报文献学	河南农业大学	李　静	规划项目	8000
2013－GH－411	伊恩麦克伊万小说的创伤叙事研究	外国文学	河南农业大学	杨　澜	规划项目	8000
2013－GH－415	莫里森小说中的生态伦理思想	外国文学	河南农业大学	李喜芬	规划项目	8000
2013－GH－419	薇拉凯瑟中短篇小说研究	外国文学	河南农业大学	李永红	规划项目	8000
2013－GH－504	体验与认知:视觉隐喻的寻根之旅	语言学	河南农业大学	余红卫	规划项目	8000
2013－GH－505	留学生汉语名词短语习用偏误的认知研究	语言学	河南农业大学	卢鑫莹	规划项目	8000
2013－GH－525	大学英语通识教育中的教师素养研究	语言学	河南农业大学	刘艳君	规划项目	8000
2013－GH－595	新形势下加强大学生党员队伍建设的实践与探索	教育学	河南农业大学	杨志清	规划项目	8000
2013－QN－041	河南省农村土地流转瓶颈研究	管理学	河南农业大学	黄珺嫦	青年项目	5000

续表

编号	项目名称	学科门类	申报单位	申报人	项目类别2	支持经费
2013－QN－050	中原经济区历史文化资源的挖掘、保护及管理机制研究	管理学	河南农业大学	郭二艳	青年项目	5000
2013－QN－052	河南省农村土地流转中的政府责任研究	管理学	河南农业大学	苏玉娥	青年项目	5000
2013－QN－147	文化旅游园区开发中游客满意度研究——以龙门文化旅游园区为例	交叉学科/综合研究	河南农业大学	孙刘伟	青年项目	5000
2013－QN－218	英语专业全程实习模式研究	教育学	河南农业大学	吕晶晶	青年项目	5000
2013－QN－229	利益均衡视角下粮食主产区耕地生态补偿机制研究——以河南省为例	经济学	河南农业大学	刘　宁	青年项目	5000
2013－QN－265	河南省农业劳动力短缺与老龄化问题研究	经济学	河南农业大学	朱　颖	青年项目	5000
2013－QN－308	生活世界视域下大学生信仰问题研究	马克思主义理论	河南农业大学	鹿　林	青年项目	5000
2013－QN－329	城市绿地与居民心理健康的关系研究	社会学	河南农业大学	李卓	青年项目	5000
2013－QN－348	体育锻炼对河南省大学生手机依赖症患者的影响	体育科学	河南农业大学	卜彦丽	青年项目	5000
2013－QN－401	后现代语境下朱利安·巴恩斯作品叙事	外国文学	河南农业大学	聂宝玉	青年项目	5000
2013－QN－449	文化创意产业与河南艺术设计教育创新研究	艺术学	河南农业大学	贾丽丽	青年项目	5000
2013－QN－452	鹤壁黄河古陶的数字化保护与再设计研究	艺术学	河南农业大学	王　娜	青年项目	5000
2013－QN－541	汉日否定表达对比研究——以否定的领域和焦点为核心	语言学	河南农业大学	韦克利	青年项目	5000
2013－QN－564	前景化理论与文学翻译研究	语言学	河南农业大学	豆　涛	青年项目	5000
2013－QN－603	南宋江西与江湖诗派诗学传承研究	中国文学	河南农业大学	王　睿	青年项目	5000
2013－QN－631	软实力建设中英语人才培养研究	交叉学科/综合研究	河南农业大学	张　璐	青年项目	5000
2013－QN－662	网络隐私权保护的法律机制研究	法学	河南农业大学	申　娜	青年项目	5000

续表

编号	项目名称	学科门类	申报单位	申报人	项目类别2	支持经费
2013-ZC-060	泛在学习视域下大学英语生态学习体系构建探究	语言学	河南农业大学	吴　玲	自筹经费项目	
2013-ZC-083	河南省农村初中中央专项资金使用与绩效评价研究	经济学	河南农业大学	唐华仓	自筹经费项目	
2013-QN-036	古都郑州虚拟旅游研究	管理学	河南农业职业学院	徐　静	青年项目	5000
2013-QN-117	河南省金融资源配置问题及法律保障研究	交叉学科/综合研究	河南农业职业学院	牟爱州	青年项目	5000
2013-QN-140	新媒体时代食品安全舆情引导机制研究	交叉学科/综合研究	河南农业职业学院	葛向华	青年项目	5000
2013-ZC-048	新公共服务视角下的服务型政府建设研究	管理学	河南农业职业学院	高玉贵	自筹经费项目	
2013-ZC-072	职业院校学生就业创新型团队的组织与运作模式研究	教育学	河南农业职业学院	郭小粉	自筹经费项目	
2013-ZC-077	高职非英语专业新生英语自我概念与课堂学习策略的相关性研究	教育学	河南农业职业学院	樊琳琳	自筹经费项目	
2013-GH-040	河南省旅游网络营销研究	管理学	河南商专	李娜	规划项目	8000
2013-GH-050	中原经济区新生代员工人本管理研究	管理学	河南商专	王丽洁	规划项目	8000
2013-GH-057	中原经济区建设中资源型企业社会责任研究	管理学	河南商专	苗　霞	规划项目	8000
2013-GH-072	郑州城市化进程中零售业的发展研究	管理学	河南商专	曹　迪	规划项目	8000
2013-GH-126	河南省食品企业文化建设研究	交叉学科/综合研究	河南商专	李国英	规划项目	8000
2013-GH-217	信息化环境下校际合作资源共享机制研究	教育学	河南商专	李井竹	规划项目	8000
2013-GH-314	文化自觉视域下大学生马克思主义信仰教育问题研究	马克思主义理论	河南商专	张　静	规划项目	8000
2013-GH-497	影视剧中修辞语言及其翻译研究——以美剧《绝望的主妇》为例	语言学	河南商专	袁思源	规划项目	8000
2013-GH-503	基于语料库的国际学术话语多维度研究	语言学	河南商专	刘雨轩	规划项目	8000
2013-GH-639	新建本科院校师资队伍建设研究	管理学	河南商专	张　琳		8000

续表

编号	项目名称	学科门类	申报单位	申报人	项目类别2	支持经费
2013 - QN - 064	中原经济区建设背景下河南省现代服务业竞争力研究	管理学	河南商专	陈瑞霞	青年项目	5000
2013 - QN - 144	河南省非物质文化遗产的数字化保护研究	交叉学科/综合研究	河南商专	高　岩	青年项目	5000
2013 - QN - 420	当代大学毕业生心理耐挫力状况研究	心理学	河南商专	董晓倩	青年项目	5000
2013 - QN - 436	以感知价值为核心的包装产品的信息设计研究	艺术学	河南商专	彭　辉	青年项目	5000
2013 - QN - 466	基于中原文化的河南地域性建筑色彩研究	艺术学	河南商专	闫　慧	青年项目	5000
2013 - ZC - 017	政务微博传播效果研究	交叉学科/综合研究	河南商专	李红娟	自筹经费项目	
2013 - ZC - 032	国外经验视角下看我国的农村金融体系建设	经济学	河南商专	宋晓薇	自筹经费项目	
2013 - ZC - 034	河南省在中部崛起中的比较优势分析	经济学	河南商专	丁玉国	自筹经费项目	
2013 - ZW - 001	纪检监察案件检查工作创新研究	综合研究	河南省教育厅	李功勋	重大委托	60000
2013 - ZD - 010	基于协同创新的中原经济区产业升级路径与对策研究	管理学	河南师范大学	潘宏亮	重点项目	20000
2013 - ZD - 012	产学联盟中隐性知识共享与转移机制研究	管理学	河南师范大学	海本禄	重点项目	20000
2013 - ZD - 018	哲学社会科学服务中原经济区建设的机制创新研究	交叉学科/综合研究	河南师范大学	张云昊	重点项目	20000
2013 - ZD - 033	中日教育督导制度比较研究	教育学	河南师范大学	李帅军	重点项目	20000
2013 - ZD - 039	教育博客支持下的深度教学反思研究	教育学	河南师范大学	陈红普	重点项目	20000
2013 - ZD - 060	河南促进产业集聚中的现代产业体系构建	经济学	河南师范大学	刘英基	重点项目	20000
2013 - ZD - 061	明代《孙子兵法》传播与应用研究	历史学	河南师范大学	阎盛国	重点项目	20000
2013 - ZD - 075	河南省中学体育均衡发展评价指标体系的构建与实证研究	体育科学	河南师范大学	苏　朋	重点项目	20000
2013 - ZD - 079	基于“原真性”理念的河南省民族传统体育文化体验性旅游产品设计研究	体育科学	河南师范大学	岳贤锋	重点项目	20000

续表

编号	项目名称	学科门类	申报单位	申报人	项目类别2	支持经费
2013－ZD－081	电子期刊h指数实证分析研究	图书情报文献学	河南师范大学	许新军	重点项目	20000
2013－ZD－082	民国通俗讲演所与基层民众知识普及关系研究	图书情报文献学	河南师范大学	苏全有	重点项目	20000
2013－ZD－092	留守儿童情绪调节的发展与干预的实证研究	心理学	河南师范大学	刘小先	重点项目	20000
2013－ZD－096	中原戏曲文化生态及其保护模式研究——以河南曲剧为例	艺术学	河南师范大学	吉　莉	重点项目	20000
2013－ZD－099	比较视野中的新世纪中国电影现象研究	艺术学	河南师范大学	李钦彤	重点项目	20000
2013－ZD－106	MTI“双语工程”的翻译策略研究	语言学	河南师范大学	齐建晓	重点项目	20000
2013－ZD－119	人类增强及其伦理意蕴	哲学	河南师范大学	冯　烨	重点项目	20000
2013－ZD－122	当代西方自由主义理论的语言学转向	政治学	河南师范大学	艾昆鹏	重点项目	20000
2013－GH－007	民间资本发展社区类金融服务企业研究	法学	河南师范大学	李佳勋	规划项目	8000
2013－GH－044	我国系统工程科学合作的复杂性研究	管理学	河南师范大学	韩　强	规划项目	8000
2013－GH－049	河南动漫产业发展的路径优化问题研究	管理学	河南师范大学	汤跃明	规划项目	8000
2013－GH－064	河南省“十二五”时期旅游集聚区建设的制约因素与应对机制研究	管理学	河南师范大学	赵成福	规划项目	8000
2013－GH－082	生态文化建设的社会学习机制及其政府引导研究	交叉学科/综合研究	河南师范大学	张保伟	规划项目	8000
2013－GH－100	河南省新能源电池产业集聚区建设现状分析和发展对策研究	交叉学科/综合研究	河南师范大学	薛万新	规划项目	8000
2013－GH－127	基于内容分析法的河南旅游形象研究	交叉学科/综合研究	河南师范大学	王雯雯	规划项目	8000
2013－GH－128	“智慧旅游”时代下河南省旅游公共服务体系建设的现状及对策研究	交叉学科/综合研究	河南师范大学	王占华	规划项目	8000
2013－GH－157	职业教育统筹城乡发展研究	教育学	河南师范大学	刁桂梅	规划项目	8000
2013－GH－163	基于教师标准的智慧教师的理论与实践研究	教育学	河南师范大学	宋　晔	规划项目	8000

续表

编号	项目名称	学科门类	申报单位	申报人	项目类别 2	支持经费
2013 – GH – 175	构建国民安全教育课程的研究	教育学	河南师范大学	陈勇	规划项目	8000
2013 – GH – 231	面向虚拟学习社区的个性化学习资源推荐研究	教育学	河南师范大学	田小勇	规划项目	8000
2013 – GH – 274	我国平原地区发展现代农业的思路研究——以可持续发展为指导	经济学	河南师范大学	张秀玲	规划项目	8000
2013 – GH – 277	基于风险预防与控制的高校财务管理体系研究	经济学	河南师范大学	宋海红	规划项目	8000
2013 – GH – 293	中国居民低收入分配格局的形成及演变	经济学	河南师范大学	王　萌	规划项目	8000
2013 – GH – 299	河南特色农业传统的开发与利用——以地方志为中心的探究	历史学	河南师范大学	王新环	规划项目	8000
2013 – GH – 329	二十世纪五十年代的学习毛泽东著作运动及其历史经验研究	马克思主义理论	河南师范大学	许红霞	规划项目	8000
2013 – GH – 337	中小学非物质文化遗产教育现状与对策研究	民族学	河南师范大学	李秀萍	规划项目	8000
2013 – GH – 345	城市社区居家养老模式研究——以河南新乡 市卫滨区为例	社会学	河南师范大学	李　翔	规划项目	8000
2013 – GH – 353	中原经济区传统体育类非物质文化遗产传承与发展的研究	体育科学	河南师范大学	关朝阳	规划项目	8000
2013 – GH – 375	中国书院文化的阅读学审美观照研究	图书情报文献学	河南师范大学	任文香	规划项目	8000
2013 – GH – 376	中原经济区建设中图书馆联盟贡献力度研究	图书情报文献学	河南师范大学	张文娟	规划项目	8000
2013 – GH – 378	汉代简牍官文书运行机制与信息传递研究	图书情报文献学	河南师范大学	贺科伟	规划项目	8000
2013 – GH – 379	智慧图书馆心本管理研究	图书情报文献学	河南师范大学	王瑞珍	规划项目	8000
2013 – GH – 380	近代中国图书馆开办模式研究	图书情报文献学	河南师范大学	翟志宏	规划项目	8000
2013 – GH – 402	高校图书馆微博应用特征与发展策略研究	图书情报文献学	河南师范大学	俞　雁	规划项目	8000
2013 – GH – 410	达菲诗歌的女性身体叙事研究	外国文学	河南师范大学	梁晓冬	规划项目	8000
2013 – GH – 421	中学教师教材加工能力评价指标体系的心理学研究	心理学	河南师范大学	李西营	规划项目	8000

续表

编号	项目名称	学科门类	申报单位	申报人	项目类别2	支持经费
2013-GH-433	大学生冲动性与酒精成瘾的关系及相关脑机制研究	心理学	河南师范大学	魏曙光	规划项目	8000
2013-GH-455	“中国梦”视野下河南戏剧类非物质文化遗产的传承	艺术学	河南师范大学	焦志丽	规划项目	8000
2013-GH-479	日语能力考试改革后听力课程的策略探索	语言学	河南师范大学	罗晓莹	规划项目	8000
2013-GH-502	中原经济区建设背景下中原文化外宣翻译研究	语言学	河南师范大学	刘丽娟	规划项目	8000
2013-GH-534	I. A. 理查兹的意义理论研究	哲学	河南师范大学	陈四海	规划项目	8000
2013-GH-553	李光耀新加坡人民行动党建党思想及其启示	政治学	河南师范大学	李社亮	规划项目	8000
2013-GH-560	支遁及其诗文研究	中国文学	河南师范大学	张富春	规划项目	8000
2013-GH-564	新时期中原作家群创作与外国文学	中国文学	河南师范大学	许相全	规划项目	8000
2013-GH-568	中国现代文学若干热点问题研究	中国文学	河南师范大学	崔宗超	规划项目	8000
2013-QN-022	基于知识整合的区域产业创新体系构建研究	管理学	河南师范大学	李俊华	青年项目	5000
2013-QN-023	城镇化进程中农村留守老人照料动员机制研究	管理学	河南师范大学	贺书霞	青年项目	5000
2013-QN-108	河南省乡村旅游转型升级路径研究	交叉学科/综合研究	河南师范大学	安传艳	青年项目	5000
2013-QN-150	教育人文本性回归的现代性论域	教育学	河南师范大学	崔振成	青年项目	5000
2013-QN-151	河南省学前教育师资“职前培养”、“职后培训”、“就业”三位一体化良性发展机制研究	教育学	河南师范大学	刘晓红	青年项目	5000
2013-QN-154	学徒观察对师范生学习教学影响的实证研究	教育学	河南师范大学	苗学杰	青年项目	5000
2013-QN-199	翻转课堂教学模式在大学外语教学中的应用研究	教育学	河南师范大学	李　娜	青年项目	5000
2013-QN-209	未来教室的互动模型及构建要素研究	教育学	河南师范大学	王春丽	青年项目	5000
2013-QN-222	基于农户需求的公共服务绩效评价研究	经济学	河南师范大学	陈浩天	青年项目	5000

续表

编号	项目名称	学科门类	申报单位	申报人	项目类别 2	支持经费
2013 - QN - 274	我国农地流转中粮食安全风险防范机制研究	经济学	河南师范大学	李刘艳	青年项目	5000
2013 - QN - 277	新见考古材料与钟离国史	考古学	河南师范大学	张志鹏	青年项目	5000
2013 - QN - 278	魏晋南北朝时期的政治格局与史学正统	历史学	河南师范大学	马小能	青年项目	5000
2013 - QN - 279	中世纪英国货币制度与经济社会变迁研究(973 - 1485)	历史学	河南师范大学	崔洪健	青年项目	5000
2013 - QN - 282	公共领域视阈下的英国早期政治史研究	历史学	河南师范大学	张建辉	青年项目	5000
2013 - QN - 287	清至民初卫河流域水灾与地方社会研究	历史学	河南师范大学	孟祥晓	青年项目	5000
2013 - QN - 293	转型时期的英国城市社会治理问题研究(1300 - 1500)	历史学	河南师范大学	陈　灿	青年项目	5000
2013 - QN - 296	当代中国消费主义思潮的意识形态批判研究	马克思主义理论	河南师范大学	余保刚	青年项目	5000
2013 - QN - 300	思想政治教育现代性问题研究	马克思主义理论	河南师范大学	闫立超	青年项目	5000
2013 - QN - 309	自媒体时代高校宣传思想文化工作创新研究	马克思主义理论	河南师范大学	肖亮亮	青年项目	5000
2013 - QN - 320	中原地区快速工业化中的土地冲突研究	社会学	河南师范大学	石方军	青年项目	5000
2013 - QN - 321	河南省农村儿童社会福利制度创新实践的社会学研究——以“中国儿童福利示范区”为例	社会学	河南师范大学	赵晓歌	青年项目	5000
2013 - QN - 336	河南省农村体育公共服务体系实施路径研究	体育科学	河南师范大学	霍　军	青年项目	5000
2013 - QN - 338	我国动漫体育电影发展研究	体育科学	河南师范大学	岳新坡	青年项目	5000
2013 - QN - 366	新中国图书馆学翻译史研究	图书情报文献学	河南师范大学	姚玲杰	青年项目	5000
2013 - QN - 371	读者行为数据的粒度决策演化研究	图书情报文献学	河南师范大学	胡玉文	青年项目	5000
2013 - QN - 377	河南省高校图书馆古籍资源整合与服务模式创新研究	图书情报文献学	河南师范大学	郑　爽	青年项目	5000

续表

编号	项目名称	学科门类	申报单位	申报人	项目类别2	支持经费
2013－QN－378	高校图书馆培养大学生自主学习能力研究	图书情报文献学	河南师范大学	卢晓君	青年项目	5000
2013－QN－383	当代英国非裔诗人群体民族性研究	外国文学	河南师范大学	孙银娣	青年项目	5000
2013－QN－390	中法古典悲剧中个体意识体现的对比	外国文学	河南师范大学	楚　歌	青年项目	5000
2013－QN－497	河南传统戏曲曲剧走进高校校园的探索与研究	艺术学	河南师范大学	李佳佳	青年项目	5000
2013－QN－508	汉语副词来源的语义模式研究	语言学	河南师范大学	褚俊海	青年项目	5000
2013－QN－510	多媒体及网络环境下大学英语教学资源整合与共享研究	语言学	河南师范大学	王清杰	青年项目	5000
2013－QN－520	国际英语视角下大学英语听力学习研究	语言学	河南师范大学	杨　密	青年项目	5000
2013－QN－527	基于正则表达式技术的语料库研发与应用	语言学	河南师范大学	吴进善	青年项目	5000
2013－QN－544	基于语料库的中国英语学习者关系从句习得 研究	语言学	河南师范大学	赵　波	青年项目	5000
2013－QN－545	《歧路灯》中河南方言词汇研究	语言学	河南师范大学	关伟华	青年项目	5000
2013－QN－547	河南省对外宣传材料中文化负载词的生态翻译研究	语言学	河南师范大学	刘　艳	青年项目	5000
2013－QN－582	内隐学习理论指导下不同输入语速对大学英语听力习得影响研究	语言学	河南师范大学	徐　华	青年项目	5000
2013－QN－586	英语专业学生英语语篇衔接手段习得模式研究	语言学	河南师范大学	蒋俊梅	青年项目	5000
2013－QN－610	非物质文化遗产的审美意象生成——以淮阳泥泥狗为例	中国文学	河南师范大学	贾怀鹏	青年项目	5000
2013－QN－659	中美新能源合作研究——基于建构主义的视角	政治学	河南师范大学	李京桦	青年项目	5000
2013－ZC－025	外语焦虑与压力的应对策略研究	教育学	河南师范大学	徐　丹	自筹经费项目	
2013－ZC－058	对比汉英教材文化蕴含探讨中原文化国际推广	语言学	河南师范大学	白　丽	自筹经费项目	
2013－GH－122	网络虚拟社会中信息传播途径与人群划分的问题研究	交叉学科/综合研究	河南师范大学新联学院	董永亮	规划项目	8000

续表

编号	项目名称	学科门类	申报单位	申报人	项目类别2	支持经费
2013－ZC－092	河南省农村环境污染防治的路径选择与法律问题研究	法学	河南司法警官职业学院	任会杰	自筹经费项目	
2013－ZC－093	网络交易平台服务商间接侵权责任研究	法学	河南司法警官职业学院	冀彩芳	自筹经费项目	
2013－ZC－139	“剪灯二话”精神向度及其传播研究	中国文学	河南司法警官职业学院	王慧林	自筹经费项目	
2013－ZC－079	基于高职学生职业素养生成的教学变革研究	教育学	河南卫生职工学院	殷文杰	自筹经费项目	
2013－ZC－119	马克思的自然观对我国生态文明建设的启示	马克思主义理论	河南卫生职工学院	武　讳	自筹经费项目	
2013－GH－448	河南本土音乐文化在幼儿园的渗透研究	艺术学	河南艺术职业学院	廉玉柱	规划项目	8000
2013－GH－468	对高校艺术特长生教育的探讨	艺术学	河南艺术职业学院	时　茜	规划项目	8000
2013－GH－566	20世纪唐宋词选本研究	中国文学	河南艺术职业学院	许菊芳	规划项目	8000
2013－GH－633	郑州市当前社会钢琴教育的现状调查	艺术学	河南艺术职业学院	孙　玥	规划项目	8000
2013－QN－091	中原城市群电视文化创新发展研究	交叉学科/综合研究	河南艺术职业学院	丁　涛	青年项目	5000
2013－QN－506	高校音乐教育资源在大学校园文化构建中的作用	艺术学	河南艺术职业学院	李春晓	青年项目	5000
2013－ZD－036	高校形势与政策课程校本化研究	教育学	河南职业技术学院	李永会	重点项目	20000
2013－GH－058	中国传统文化在茶馆经营中的应用研究	管理学	河南职业技术学院	郑　鑫	规划项目	8000
2013－GH－073	中原经济区建设视角下河南文化旅游产业发展战略研究	管理学	河南职业技术学院	李雪琴	规划项目	8000
2013－GH－154	高等教育和区域经济协调发展研究	交叉学科/综合研究	河南职业技术学院	李玉峰	规划项目	8000
2013－GH－161	高校社团的思政教育功能和实现路径及对策研究	教育学	河南职业技术学院	樊明光	规划项目	8000
2013－GH－219	职业教育中的双证书衔接问题	教育学	河南职业技术学院	霍书海	规划项目	8000
2013－GH－227	中原经济区高职院校对接区域协同创新的机制研究	教育学	河南职业技术学院	汤敏骞	规划项目	8000

续表

编号	项目名称	学科门类	申报单位	申报人	项目类别2	支持经费
2013－GH－232	高等院校思政教育中的道德教育研究	教育学	河南职业技术学院	姚晓辉	规划项目	8000
2013－GH－434	高职新生适应问题的实证研究—基于河南某高职院校13级新生心理普查与干预实效分析	心理学	河南职业技术学院	温娟娟	规划项目	8000
2013－GH－461	网络音乐资源在当今音乐教育中的利用途径研究	艺术学	河南职业技术学院	郭晓雯	规划项目	8000
2013－GH－519	与专业课相结合的高职高专英语听说教学模式研究	语言学	河南职业技术学院	汤　宁	规划项目	8000
2013－GH－591	能力本位的项目化高职英语课程研究	教育学	河南职业技术学院	殷　昊	规划项目	8000
2013－GH－597	基于中原经济区建设的河南旅游业竞争力提升对策研究	经济学	河南职业技术学院	李　岚	规划项目	8000
2013－QN－306	当代大学生认同与践行社会主义核心价值观研究	马克思主义理论	河南职业技术学院	马金伟	青年项目	5000
2013－QN－376	老年人参与公共图书馆志愿服务之研究	图书情报文献学	河南职业技术学院	张振吉	青年项目	5000
2013－QN－477	产业融合背景下高职院校音乐文化产业化发展路径研究	艺术学	河南职业技术学院	马　雯	青年项目	5000
2013－QN－577	高职学生英语自主学习能力培养研究	语言学	河南职业技术学院	刘　莹	青年项目	5000
2013－QN－635	高职英语导游培养模式与实践	教育学	河南职业技术学院	史珠子	青年项目	5000
2013－QN－644	基于职业能力的高职音乐表演专业实践教学体系研究	艺术学	河南职业技术学院	武　霄	青年项目	5000
2013－QN－647	关于“任务型”教学模式在高职音乐表演教育中的应用研究	艺术学	河南职业技术学院	唐慧霞	青年项目	5000
2013－GH－001	当代河南秘密宗教组织法律问题研究	法学	河南中医学院	乔　飞	规划项目	8000

续表

编号	项目名称	学科门类	申报单位	申报人	项目类别2	支持经费
2013－GH－012	医疗损害鉴定体制变革研究	法学	河南中医学院	段晓鹏	规划项目	8000
2013－GH－045	基于GIS的区域人群健康状况评价方法研究	管理学	河南中医学院	赵春霞	规划项目	8000
2013－GH－069	金融机构绩效审计研究	管理学	河南中医学院	闵泽豪	规划项目	8000
2013－GH－098	河南省HIV/AIDS患者心理健康状况与生存质量调查与干预研究	交叉学科/综合研究	河南中医学院	刘欣欣	规划项目	8000
2013－GH－103	药品价格管理中政府职能转变问题研究	交叉学科/综合研究	河南中医学院	李红丽	规划项目	8000
2013－GH－133	河南人群中医体质、生活方式与心血管疾病相关性及干预研究	交叉学科/综合研究	河南中医学院	李　明	规划项目	8000
2013－GH－151	全球化视角下的中医药文化继承与创新	交叉学科/综合研究	河南中医学院	李志毅	规划项目	8000
2013－GH－189	基于“挑战杯”平台的大学生创新能力培养研究	教育学	河南中医学院	郭　婧	规划项目	8000
2013－GH－223	硕士研究生就业能力培养探讨	教育学	河南中医学院	白　明	规划项目	8000
2013－GH－225	医学院校药理学教学与临床实践相结合的研究	教育学	河南中医学院	刘亚敏	规划项目	8000
2013－GH－269	中原经济区“三化”协调发展的模式选择和机制创新研究	经济学	河南中医学院	李君茹	规划项目	8000
2013－GH－308	《黄帝内经》逻辑思想与中医思维方法研究	逻辑学	河南中医学院	孙可兴	规划项目	8000
2013－GH－320	高校研究生思想政治教育实效性研究	马克思主义理论	河南中医学院	陈相新	规划项目	8000
2013－GH－332	基于素质教育的高校贫困生就业能力对策研究——以河南省为例	马克思主义理论	河南中医学院	白海霞	规划项目	8000
2013－GH－350	河南省推进新型农村社会养老保险制度发展研究	社会学	河南中医学院	仲利娟	规划项目	8000
2013－GH－396	《医林一致》后期研究	图书情报文献学	河南中医学院	田艳霞	规划项目	8000
2013－GH－427	农村大学生的社会支持、心理弹性与主观幸福感的关系研究	心理学	河南中医学院	朱平生	规划项目	8000
2013－GH－623	中原历代医家思想对当代中医药发展的启示	历史学	河南中医学院	许二平	规划项目	8000

续表

编号	项目名称	学科门类	申报单位	申报人	项目类别2	支持经费
2013-GH-638	健康保险实务理论与实践研究	经济学	河南中医学院	刘全有		8000
2013-QN-001	文化全球化语境下的少林武术外宣翻译研究	交叉学科/综合研究	河南中医学院	李晓婧	青年项目	5000
2013-QN-122	依托“微媒介”开展大学生思想政治工作研究	交叉学科/综合研究	河南中医学院	岳　颀	青年项目	5000
2013-QN-148	豫剧的大众化途径研究——以产业化为切入点	交叉学科/综合研究	河南中医学院	庞文奇	青年项目	5000
2013-QN-169	高校思想政治教育中的中医药文化价值及应用探究	教育学	河南中医学院	郭小磊	青年项目	5000
2013-QN-185	社会主义核心价值观引领高校校园文化建设的实践与思考	教育学	河南中医学院	毛海燕	青年项目	5000
2013-QN-196	我省研究生教育贡献率实证性研究-以河南中医学院为例	教育学	河南中医学院	刘　阳	青年项目	5000
2013-QN-205	创建高校学习型学生组织的实践探索	教育学	河南中医学院	李　宁	青年项目	5000
2013-QN-665	高校图书馆在大学生德育教育中的功能研究	交叉学科/综合研究	河南中医学院	孟　复	青年项目	5000
2013-ZC-010	新形势下中医药企业开拓国际市场的营销战略研究	管理学	河南中医学院	赵绿明	自筹经费项目	
2013-ZC-026	提高大学生可雇佣性的培养模式研究	教育学	河南中医学院	杨　赦	自筹经费项目	
2013-ZC-041	关于将人力资源管理理念纳入到高校学生管理工作的研究	马克思主义理论	河南中医学院	王北溟	自筹经费项目	
2013-ZC-141	就业导向的中医院校毕业实践教学模式研究	教育学	河南中医学院	方晓艳	自筹经费项目	
2013-ZC-114	做好我国高职教育招生的理论与实践研究	教育学	鹤壁汽车工程职业学院	叶萧然	自筹经费项目	
2013-ZC-117	高职院校物流专业“校企一体、师傅带徒弟”人才培养模式的实践研究	经济学	鹤壁汽车工程职业学院	杜玉红	自筹经费项目	
2013-QN-132	在城市空间中构建写作身份的村上春树研究	交叉学科/综合研究	鹤壁职业技术学院	郭　华	青年项目	5000
2013-QN-347	河南省豫北6市高校教师亚健康的现状调查及干预研究	体育科学	鹤壁职业技术学院	牛长江	青年项目	5000

续表

编号	项目名称	学科门类	申报单位	申报人	项目类别2	支持经费
2013-QN-549	葛浩文英译莫言作品的翻译策略研究	语言学	鹤壁职业技术学院	何　鹏	青年项目	5000
2013-QN-551	鹤壁市淇水诗苑和淇水乐园公示语英文译写规范研究	语言学	鹤壁职业技术学院	韩利伟	青年项目	5000
2013-ZC-023	人文素养在高职英语教学中的培养研究	教育学	鹤壁职业技术学院	韩　冰	自筹经费项目	
2013-ZD-002	新型农村社区软环境建设法律保障研究	法学	华北水利水电学院	王华杰	重点项目	20000
2013-ZD-058	城镇化进程中城市生态脆性发生机理研究	经济学	华北水利水电学院	黄志启	重点项目	20000
2013-ZD-130	基于XBRL的供应链会计信息披露机制研究	管理学	华北水利水电学院	张华平	重点项目	20000
2013-ZD-132	高校思想政治理论课功能研究	马克思主义理论	华北水利水电学院	杨国斌	重点项目	20000
2013-ZD-134	高校毕业生参军入伍征集工作与“河南模式”研究	管理学	华北水利水电学院	吕　冰		20000
2013-ZD-135	河南省毕业生特殊群体就业指导与对策	管理学	华北水利水电学院	杨占军		20000
2013-GH-002	醉酒型危险驾驶罪司法实践问题研究	法学	华北水利水电学院	郭玉川	规划项目	8000
2013-GH-004	中原经济区生态环境安全的法律对策研究	法学	华北水利水电学院	胡雁云	规划项目	8000
2013-GH-005	城乡统筹视域下的河南省城乡居民养老保险法律制度研究	法学	华北水利水电学院	郑永红	规划项目	8000
2013-GH-011	和谐家庭法制建设研究	法学	华北水利水电学院	王　敏	规划项目	8000
2013-GH-048	基于文献计量分析的河南省科技发展趋势研究	管理学	华北水利水电学院	李凌杰	规划项目	8000
2013-GH-085	基于无障碍人文环境理念下的城市新型社区模式研究	交叉学科/综合研究	华北水利水电学院	宋　岭	规划项目	8000
2013-GH-112	原始生命力的悖论	交叉学科/综合研究	华北水利水电学院	杨友玉	规划项目	8000
2013-GH-118	新型城镇化背景下有河南地域文化特色的历史古镇保护及更新设计研究	交叉学科/综合研究	华北水利水电学院	吴怀静	规划项目	8000
2013-GH-141	降低PM2.5的社区绿道空间模式研究	交叉学科/综合研究	华北水利水电学院	郝丽君	规划项目	8000

续表

编号	项目名称	学科门类	申报单位	申报人	项目类别 2	支持经费
2013－GH－153	面向大学生创新能力培养的多维实践型课堂教学模式构建——以城市规划专业为例	交叉学科/综合研究	华北水利水电学院	陈 萍	规划项目	8000
2013－GH－192	高校协同联动机制下人才战略问题研究	教育学	华北水利水电学院	刘 明	规划项目	8000
2013－GH－221	从民族认同感谈当代大学生人文素质的培养	教育学	华北水利水电学院	郭淑萍	规划项目	8000
2013－GH－338	河南省非正规就业女性群体的福利权益保障研究	社会学	华北水利水电学院	汤秀丽	规划项目	8000
2013－GH－344	河南省农民工群体的社会权利保障机制研究	社会学	华北水利水电学院	武玉敬	规划项目	8000
2013－GH－413	《远航》的美学叙事追求及其诗学阈值界定研究	外国文学	华北水利水电学院	郑茗元	规划项目	8000
2013－QN－028	中原经济区城镇化基础设施建设融资机制研究	管理学	华北水利水电学院	李慧敏	青年项目	5000
2013－QN－085	运用批判性思维提升社会矛盾化解能力研究	交叉学科/综合研究	华北水利水电学院	李志国	青年项目	5000
2013－QN－099	古小说中的乱世叙事研究	交叉学科/综合研究	华北水利水电学院	赵爱华	青年项目	5000
2013－QN－137	城市化加速推进时期生产性景观实践的意义与途径研究	交叉学科/综合研究	华北水利水电学院	王 凯	青年项目	5000
2013－QN－141	文化生态学视野下林语堂与闽南文化的关系研究	交叉学科/综合研究	华北水利水电学院	李晓筝	青年项目	5000
2013－QN－232	中原经济区城镇化协调度评价及地区差异分析——基于生态文明视角	经济学	华北水利水电学院	李晓燕	青年项目	5000
2013－QN－295	基于剩余格的计量逻辑学研究	逻辑学	华北水利水电学院	左卫兵	青年项目	5000
2013－QN－358	河南省全民健身服务体系发展研究	体育科学	华北水利水电学院	朱淑玲	青年项目	5000
2013－QN－387	后经典叙事学视阈下的希尔兹小说研究	外国文学	华北水利水电学院	卢红芳	青年项目	5000

续表

编号	项目名称	学科门类	申报单位	申报人	项目类别 2	支持经费
2013 - QN - 532	汉译外修辞研究	语言学	华北水利水电学院	贾英伦	青年项目	5000
2013 - QN - 561	河南省对外汉语专业文化基地建设全景研究	语言学	华北水利水电学院	吕振华	青年项目	5000
2013 - QN - 565	多模态理论指导下大学英语教学模式改革探索与实践	语言学	华北水利水电学院	穆志刚	青年项目	5000
2013 - ZC - 051	河南民间麦草画工艺品的创新研究及应用	艺术学	华北水利水电学院	刘亚平	自筹经费项目	
2013 - ZC - 057	课程论视角下的大学英语改革	语言学	华北水利水电学院	安晓宇	自筹经费项目	
2013 - ZD - 037	大学生思想政治教育社会化的途径与方法研究	教育学	黄河科技学院	李德敏	重点项目	20000
2013 - ZD - 072	流动儿童的家庭环境与社会适应:心理弹性的视角	社会学	黄河科技学院	程绍珍	重点项目	20000
2013 - GH - 016	我国刑罚目的再审视研究	法学	黄河科技学院	孙广坤	规划项目	8000
2013 - GH - 092	新时期高校网络舆情信息管理机制的构建研究	交叉学科/综合研究	黄河科技学院	张秋霞	规划项目	8000
2013 - GH - 150	高校实施军民融合式人才培养模式研究	交叉学科/综合研究	黄河科技学院	朱慈华	规划项目	8000
2013 - GH - 168	以就业为导向的大学生情商教育创新机制研究	教育学	黄河科技学院	吕春燕	规划项目	8000
2013 - GH - 190	基于应用科技大学建设的人才培养模式创新研究	教育学	黄河科技学院	李海霞	规划项目	8000
2013 - GH - 197	基于教学学术视角的高校教学管理制度创新研究	教育学	黄河科技学院	娄欣生	规划项目	8000
2013 - GH - 230	基于市场经济的民办院校大学生思想政治教育研究	教育学	黄河科技学院	李　耀	规划项目	8000

续表

编号	项目名称	学科门类	申报单位	申报人	项目类别 2	支持经费
2013 - GH - 242	河南省金融系统性风险防范研究	经济学	黄河科技学院	姚雁雁	规划项目	8000
2013 - GH - 279	中原经济区 30 市金融生态环境综合评价研究	经济学	黄河科技学院	李红欣	规划项目	8000
2013 - GH - 436	河南省大学生主观幸福感、社会支持及其干预研究	心理学	黄河科技学院	程贵林	规划项目	8000
2013 - GH - 501	美丽河南形象的修辞建构——基于英文博客的研究	语言学	黄河科技学院	李秀伟	规划项目	8000
2013 - GH - 506	河南豫剧舞台语言研究	语言学	黄河科技学院	张向阳	规划项目	8000
2013 - GH - 583	基于社会管理创新的公务员胜任力模型研究	管理学	黄河科技学院	王道勋	规划项目	8000
2013 - QN - 017	公众信赖利益保护与诚信政府构建研究	法学	黄河科技学院	张　攀	青年项目	5000
2013 - QN - 186	民办高校法人治理结构研究	教育学	黄河科技学院	汤保梅	青年项目	5000
2013 - QN - 200	欧洲应用科技大学对于我国地方本科高校改革的启示	教育学	黄河科技学院	张春月	青年项目	5000
2013 - QN - 228	促进农产品加工业发展的财税政策研究——以河南为例	经济学	黄河科技学院	朱会芳	青年项目	5000
2013 - QN - 257	河南省高新技术产业融资模式研究	经济学	黄河科技学院	潘丽丽	青年项目	5000
2013 - QN - 262	城中村改造的演化博弈研究	经济学	黄河科技学院	郭军峰	青年项目	5000
2013 - QN - 307	中国生态文明思想的马克思主义渊源研究	马克思主义理论	黄河科技学院	何书彩	青年项目	5000
2013 - QN - 454	明清行会赞助对中原瓷器设计的影响研究	艺术学	黄河科技学院	梁富新	青年项目	5000

续表

编号	项目名称	学科门类	申报单位	申报人	项目类别 2	支持经费
2013－QN－462	河南历史文化名城保护和发展研究	艺术学	黄河科技学院	董正磊	青年项目	5000
2013－QN－494	历史文脉在新型城镇景观设计中的应用研究	艺术学	黄河科技学院	阎　莉	青年项目	5000
2013－QN－496	后现代主义与当代艺术美学的范式转换研究	艺术学	黄河科技学院	葛小华	青年项目	5000
2013－QN－621	儒教视角下书院文献资料补—以文渊阁《四库全书》为考察对象	宗教学	黄河科技学院	胡朝阳	青年项目	5000
2013－QN－633	留守经历大学生负性情感调查研究	教育学	黄河科技学院	田玉霞	青年项目	5000
2013－QN－658	“和谐世界”外交新理念研究	政治学	黄河科技学院	张海丽	青年项目	5000
2013－GH－025	中原经济区社会管理创新特殊性研究	管理学	黄河水利职业技术学院	丁云霞	规划项目	8000
2013－GH－026	河南省国家示范性高职国际化程度评价及发展对策研究	管理学	黄河水利职业技术学院	张春满	规划项目	8000
2013－GH－076	高校内部审计质量控制研究	管理学	黄河水利职业技术学院	杨明太	规划项目	8000
2013－GH－088	云计算下建构主义对高校图书馆移动信息服务模式的影响研究	交叉学科/综合研究	黄河水利职业技术学院	王　宁	规划项目	8000
2013－GH－145	基于服务外包企业需求的高职商务英语人才校企合作培养模式研究	交叉学科/综合研究	黄河水利职业技术学院	顾　哲	规划项目	8000
2013－GH－159	高校思政课教师职业倦怠心理矫正对策研究	教育学	黄河水利职业技术学院	白　霞	规划项目	8000
2013－GH－195	学风建设视角下高职院校教育管理的理论与实践研究	教育学	黄河水利职业技术学院	高　杰	规划项目	8000
2013－GH－210	加强高职会计专业实训基础能力建设研究	教育学	黄河水利职业技术学院	陈素兰	规划项目	8000
2013－GH－263	支持中原经济区建设的税收政策的选择和适用	经济学	黄河水利职业技术学院	袁瑞英	规划项目	8000

续表

编号	项目名称	学科门类	申报单位	申报人	项目类别2	支持经费
2013－GH－272	河南农业产业集群发展相关问题研究	经济学	黄河水利职业技术学院	任青丝	规划项目	8000
2013－GH－289	河南省高校内部审计质量控制机制研究	经济学	黄河水利职业技术学院	陈志强	规划项目	8000
2013－GH－352	经济转型背景下的企业社会责任研究	社会学	黄河水利职业技术学院	曹玉华	规划项目	8000
2013－GH－508	计算机辅助语言学习下高职学生学习策略研究	语言学	黄河水利职业技术学院	王成伟	规划项目	8000
2013－QN－021	在校大学生实习及兼职期间劳动权益保护机制探索	法学	黄河水利职业技术学院	王　进	青年项目	5000
2013－QN－068	开封市居民休闲旅游的现状调查及对策研究	管理学	黄河水利职业技术学院	宋莎莎	青年项目	5000
2013－QN－102	中原经济区建设中高校与地方合作模式研究——以开封市为例	交叉学科/综合研究	黄河水利职业技术学院	赵俊亚	青年项目	5000
2013－QN－149	降低高校助学贷款还款违约风险机制研究	交叉学科/综合研究	黄河水利职业技术学院	王振强	青年项目	5000
2013－QN－157	生态文明视阈下的高校生态德育探赜	教育学	黄河水利职业技术学院	陈　洁	青年项目	5000
2013－QN－467	“社会生态”视角下的仪封三弦书研究	艺术学	黄河水利职业技术学院	李　冰	青年项目	5000
2013－QN－468	基于本土文化的品牌视觉识别设计研究	艺术学	黄河水利职业技术学院	李嫣韦	青年项目	5000
2013－QN－553	纪录片的生态翻译与国家形象的建构研究	语言学	黄河水利职业技术学院	宋　丽	青年项目	5000
2013－GH－422	特殊家庭结构大学生抑郁状况调查及影响因素模型构建	心理学	黄淮学院	张　静	规划项目	8000
2013－GH－443	突发公共卫生事件信息变异研究	新闻学与传播学	黄淮学院	刘　枫	规划项目	8000

续表

编号	项目名称	学科门类	申报单位	申报人	项目类别2	支持经费
2013－GH－456	中原文化视野中地方戏的功能与作用	艺术学	黄淮学院	刘爱珍	规划项目	8000
2013－GH－481	语言哲学视阈下中国古典诗歌英译研究	语言学	黄淮学院	朱　耕	规划项目	8000
2013－GH－514	现代汉语情态认知研究:情境化视角	语言学	黄淮学院	杨丽梅	规划项目	8000
2013－GH－563	明初文化政策与戏曲研究	中国文学	黄淮学院	闵永军	规划项目	8000
2013－GH－565	从《搜神记》看中原南渡士人的生命意识	中国文学	黄淮学院	赵　静	规划项目	8000
2013－GH－641	河南农业固碳减排的生态补偿机制研究	综合研究	黄淮学院	张新民	规划项目	8000
2013－QN－090	《水浒传》中的广告文化研究	交叉学科/综合研究	黄淮学院	张瑞	青年项目	5000
2013－QN－187	应用型本科院校动画专业工作室教学模式研究	教育学	黄淮学院	高丽娜	青年项目	5000
2013－QN－227	河南省农村空心化、农民兼业化与农民职业化的动态协调机制构建研究	经济学	黄淮学院	韩占兵	青年项目	5000
2013－QN－412	特殊结构家庭大学生幸福感调查及影响因素模型构建	心理学	黄淮学院	杨　阳	青年项目	5000
2013－QN－433	出镜记者培养机制研究	新闻学与传播学	黄淮学院	杜向菊	青年项目	5000
2013－QN－470	和谐社会背景下我省社区音乐文化建设和发展研究	艺术学	黄淮学院	刘楠楠	青年项目	5000
2013－QN－558	大学英语分级教学对学生英语学习影响的调查研究	语言学	黄淮学院	何　晴	青年项目	5000
2013－GH－276	新型城镇化进程中农民工市民化问题研究	经济学	济源职业技术学院	张志萍	规划项目	8000
2013－GH－586	手绘宣传品服务高校校园文化建设途经研究	交叉学科/综合研究	济源职业技术学院	王小林	规划项目	8000

续表

编号	项目名称	学科门类	申报单位	申报人	项目类别2	支持经费
2013－GH－593	高职《机械制造基础》课程项目化教学建设研究	教育学	济源职业技术学院	苗雅丽	规划项目	8000
2013－GH－618	“三化”协调背景下新型农业现代化研究	政治学	济源职业技术学院	王长坤	规划项目	8000
2013－QN－174	高职院校双师型教师队伍内涵建设研究	教育学	济源职业技术学院	郭　江	青年项目	5000
2013－QN－217	高职院校文化基础课功能发挥研究	教育学	济源职业技术学院	强　丽	青年项目	5000
2013－GH－496	河南方言文化遗产的保护与传承研究	语言学	焦作大学	徐　曼	规划项目	8000
2013－ZC－122	河南省城镇化建设与大学生就业问题研究	社会学	焦作大学	李玉琪	自筹经费项目	
2013－QN－478	黄河号子本体研究及保护传承探析——以河南焦作地区黄河流域为例	艺术学	焦作师范高等专科学校	汤　洁	青年项目	5000
2013－QN－568	豫北晋语入声的调查与比较研究	语言学	焦作师范高等专科学校	卢　海	青年项目	5000
2013－ZC－116	体验经济视角下河南旅游深度开发研究	经济学	焦作师范高等专科学校	岳　杰	自筹经费项目	
2013－ZC－129	仓头村澄泥砚现状保护及发展能力研究	艺术学	焦作师范高等专科学校	王　璞	自筹经费项目	
2013－GH－331	马克思主义民生观及运用研究	马克思主义理论	开封大学	常素芳	规划项目	8000
2013－GH－601	河南省第三产业发展评价与区域差异研究	经济学	开封大学	范金梅	规划项目	8000
2013－GH－602	河南省商务中心区和特色商业区建设研究	经济学	开封大学	马　倩	规划项目	8000
2013－GH－619	高职院校大学语文课程定位与教学方法研究	中国文学	开封大学	何明清	规划项目	8000

续表

编号	项目名称	学科门类	申报单位	申报人	项目类别2	支持经费
2013-QN-159	河南城镇化进程中职业教育资源优化配置研究	教育学	开封大学	林　宁	青年项目	5000
2013-QN-225	河南省农业现代化与农民增收的协同机制研究	经济学	开封大学	杨　强	青年项目	5000
2013-QN-248	基于分位数回归的河南省产业结构优化升级与R&D经费投入的动态分析	经济学	开封大学	杨卫涛	青年项目	5000
2013-QN-624	新会计规范体系下河南省上市公司财务竞争力研究	管理学	开封大学	张小刚	青年项目	5000
2013-QN-628	打造华夏历史文明传承创新区推进文化强省建设问题研究	交叉学科/综合研究	开封大学	王　茜	青年项目	5000
2013-ZC-040	马克思主义中国化视阈中的中国式民主模式研究	马克思主义理论	开封大学	吴贵武	自筹经费项目	
2013-ZC-069	职业教育校企合作模式及运行机制研究	教育学	开封大学	李　军	自筹经费项目	
2013-ZC-112	幼儿园教师主观幸福感、职业承诺、职业自我效能的状况及其关系研究	教育学	开封文化艺术职业学院	孟亭含	自筹经费项目	
2013-ZC-113	基于高职生职业核心能力培养的实践研究	教育学	开封文化艺术职业学院	韩　冰	自筹经费项目	
2013-ZD-133	洛阳地区现存道教碑刻整理与研究	宗教学	洛阳理工学院	扈耕田	重点项目	20000
2013-GH-055	基于职业教育视角的河南省人力资源提升模式研究	管理学	洛阳理工学院	勾晓瑞	规划项目	8000
2013-GH-087	华夏文明传承创新视域下的中原文化符号文化软实力研究	交叉学科/综合研究	洛阳理工学院	李焕有	规划项目	8000
2013-GH-215	当前社会功利思想渗透下高校大学精神的培育研究	教育学	洛阳理工学院	褚艳红	规划项目	8000
2013-GH-247	河南省地区性中心城市组团式发展的路径选择	经济学	洛阳理工学院	钟劲松	规划项目	8000
2013-GH-268	河南航空经济发展问题研究	经济学	洛阳理工学院	冯超	规划项目	8000
2013-GH-303	近代河南农业种植结构变化及对三农的影响1911-1937	历史学	洛阳理工学院	王志军	规划项目	8000
2013-GH-336	民族国家建设视角下汉族大学生的国家认同研究	民族学	洛阳理工学院	卢守亭	规划项目	8000

续表

编号	项目名称	学科门类	申报单位	申报人	项目类别2	支持经费
2013－GH－351	老龄化背景下老年社团组织的发展路径研究	社会学	洛阳理工学院	张瑞玲	规划项目	8000
2013－GH－370	河南省城市社区体育服务体系运行现状调查研究	体育科学	洛阳理工学院	杨旭峰	规划项目	8000
2013－GH－426	大学生创业学习的实证研究	心理学	洛阳理工学院	赵　辉	规划项目	8000
2013－GH－470	豫西民间美术沿革探究	艺术学	洛阳理工学院	马　河	规划项目	8000
2013－GH－637	社会主义核心价值体系与校园文化建设研究	政治学	洛阳理工学院	张宽亮	规划项目	8000
2013－QN－130	中原特色文化品牌培育之甲骨文多维视点取象用字系统研究	交叉学科/综合研究	洛阳理工学院	邢立志	青年项目	5000
2013－QN－139	新型城镇化背景下农民传统健身方式向现代社区体育转型研究	交叉学科/综合研究	洛阳理工学院	郑丽梅	青年项目	5000
2013－QN－203	网络环境下高校危机管理对策研究	教育学	洛阳理工学院	马玉乐	青年项目	5000
2013－QN－243	基于区域产业链优化的河南省产业承接政策研究	经济学	洛阳理工学院	周　岩	青年项目	5000
2013－QN－317	中原经济区非物质文化遗产保护利用与产业转化研究	民族学	洛阳理工学院	孟　展	青年项目	5000
2013－QN－483	城市形象群模式下河南省生态园林的营建与公众认知	艺术学	洛阳理工学院	郭红玲	青年项目	5000
2013－QN－490	基于传统文化创新的河南省博物馆文化创意产品设计开发研究	艺术学	洛阳理工学院	杨建宏	青年项目	5000
2013－QN－632	河南省网络形象塑造研究	交叉学科/综合研究	洛阳理工学院	徐光秀	青年项目	5000
2013－QN－664	河南省城市农民工文化权益保护研究	交叉学科/综合研究	洛阳理工学院	李　卉	青年项目	5000

续表

编号	项目名称	学科门类	申报单位	申报人	项目类别 2	支持经费
2013 - ZC - 049	城乡一体化进程中体育资源的转移与创新研究	体育科学	洛阳理工学院	王传方	自筹经费项目	
2013 - ZC - 063	诗词典故的哲理性与河南对外宣传	哲学	洛阳理工学院	乔红伟	自筹经费项目	
2013 - ZD - 032	阐释国学经典:建构生态教育文化	交叉学科/综合研究	洛阳师范学院	鹿　彬	重点项目	20000
2013 - ZD - 073	中国特色慈善文化构建研究	社会学	洛阳师范学院	陈立栋	重点项目	20000
2013 - ZD - 120	西方技术决定论思潮研究	哲学	洛阳师范学院	王建设	重点项目	20000
2013 - GH - 046	中国洛阳牡丹文化节对区域经济文化社会发展影响力的实证研究	管理学	洛阳师范学院	李朝晖	规划项目	8000
2013 - GH - 172	城镇化过程中的河南省中小学学生课业负担研究	教育学	洛阳师范学院	任宝贵	规划项目	8000
2013 - GH - 258	河南低碳城市建设路径和建设标准选择研究	经济学	洛阳师范学院	郭立珍	规划项目	8000
2013 - GH - 283	河南自驾车旅游开发研究	经济学	洛阳师范学院	杨会宾	规划项目	8000
2013 - GH - 296	秦汉时期洛阳研究	历史学	洛阳师范学院	吴　涛	规划项目	8000
2013 - GH - 304	《越南郑主政权对外关系研究(1600 - 1802)》	历史学	洛阳师范学院	徐芳亚	规划项目	8000
2013 - GH - 324	高校思想政治理论课实践教学机制建设研究	马克思主义理论	洛阳师范学院	栾　伟	规划项目	8000
2013 - GH - 387	碑志特色资源数字化建设研究	图书情报文献学	洛阳师范学院	牛红广	规划项目	8000
2013 - GH - 395	基于城乡文化一体化的农家书屋发展模式研究	图书情报文献学	洛阳师范学院	贺巷超	规划项目	8000
2013 - GH - 399	孙季良与《正声集》研究	图书情报文献学	洛阳师范学院	王东峰	规划项目	8000
2013 - GH - 423	青少年休闲模式与情绪健康关系的追踪研究	心理学	洛阳师范学院	胡炳政	规划项目	8000
2013 - GH - 485	隐喻的多维度认知语用研究	语言学	洛阳师范学院	赵冬生	规划项目	8000
2013 - GH - 490	信息环境下英语学习的革命与教师角色的转变	语言学	洛阳师范学院	常润芳	规划项目	8000

续表

编号	项目名称	学科门类	申报单位	申报人	项目类别2	支持经费
2013-GH-528	河南省高校语用教学设置与评估体系研究	语言学	洛阳师范学院	罗兰京子	规划项目	8000
2013-GH-536	基于当代心智科学哲学的自我意识问题研究	哲学	洛阳师范学院	刘高岑	规划项目	8000
2013-GH-540	风险社会境遇下的新个体伦理责任研究	哲学	洛阳师范学院	王建锋	规划项目	8000
2013-GH-550	河南城市社区党建与社会管理创新研究	政治学	洛阳师范学院	王向华	规划项目	8000
2013-QN-031	中原经济区节事旅游资源整合研究	管理学	洛阳师范学院	张　洁	青年项目	5000
2013-QN-047	网络群体性事件政府治理策略研究	管理学	洛阳师范学院	毕铁居	青年项目	5000
2013-QN-128	豫西地区非物质文化遗产的数字化保护研究	交叉学科/综合研究	洛阳师范学院	闰华芳	青年项目	5000
2013-QN-133	中原儒商和谐文化研究	交叉学科/综合研究	洛阳师范学院	李发亮	青年项目	5000
2013-QN-176	基于生源差异视角师范院校就业问题研究	教育学	洛阳师范学院	刘振中	青年项目	5000
2013-QN-188	协同创新背景下全日制教育硕士的培养模式研究与实践	教育学	洛阳师范学院	梁晓丽	青年项目	5000
2013-QN-453	高师声乐表演中实践教学的意义及发展研究	艺术学	洛阳师范学院	毕亚楠	青年项目	5000
2013-QN-500	河南省高师舞蹈学专业课程评估体系研究	艺术学	洛阳师范学院	王笑怡	青年项目	5000
2013-QN-504	中原城市软实力建设与影视文化关系研究	艺术学	洛阳师范学院	李　亚	青年项目	5000
2013-QN-525	基于河洛文化的中国话语资源探索和实践	语言学	洛阳师范学院	贾焕杰	青年项目	5000
2013-QN-572	高阶外语学习者语料方法研究	语言学	洛阳师范学院	丁　政	青年项目	5000
2013-QN-604	上古神话中神人形象演变研究	中国文学	洛阳师范学院	梁　奇	青年项目	5000
2013-QN-605	中国现代小说文体的形成与演变研究	中国文学	洛阳师范学院	王　萍	青年项目	5000
2013-QN-612	中国现代革命进展与革命文学的转型研究(1923-1932)	中国文学	洛阳师范学院	张　剑	青年项目	5000

续表

编号	项目名称	学科门类	申报单位	申报人	项目类别2	支持经费
2013－ZC－056	建构理论、本土化材料与汉英翻译能力培养	语言学	洛阳师范学院	步国峥	自筹经费项目	
2013－ZC－126	河南省高职院校教师职业倦怠心理问题调查研究	心理学	洛阳职业技术学院	管淑英	自筹经费项目	
2013－ZC－070	网络游戏对青少年的影响	教育学	漯河食品职业学院	李紫艳	自筹经费项目	
2013－ZC－074	技能大赛引领职业教育教学改革的研究	教育学	漯河食品职业学院	李亚兵	自筹经费项目	
2013－ZD－046	基于利益相关者理论的高职高专教育质量保障体系研究	教育学	漯河医学高等专科学校	黄小蕾	重点项目	20000
2013－GH－144	许慎《说文解字》对医学教育的价值研究	交叉学科/综合研究	漯河医学高等专科学校	丁　颖	规划项目	8000
2013－GH－158	医学高职院校人文教育体系的构建与实践	教育学	漯河医学高等专科学校	巩建鹏	规划项目	8000
2013－GH－234	地方高等院校大学生文化素质教育基地建设研究	教育学	漯河医学高等专科学校	杨新杰	规划项目	8000
2013－QN－192	关于高职高专音乐欣赏课程开发的研究	教育学	漯河医学高等专科学校	刘　冰	青年项目	5000
2013－QN－206	基于团队学习的教学模式在《基础护理学》实践教学中的探索与实践	教育学	漯河医学高等专科学校	范福玲	青年项目	5000
2013－QN－219	河南省高职高专公共音乐教育教学相关问题研究	教育学	漯河医学高等专科学校	刘　靓	青年项目	5000
2013－GH－061	河南省高等学校绩效工资分配制度研究	管理学	漯河职业技术学院	陈　磊	规划项目	8000
2013－GH－198	高职高专大学生英语学习状况和教学对策研究	教育学	漯河职业技术学院	李瑞玲	规划项目	8000
2013－GH－205	高职艺术设计专业教学改革研究	教育学	漯河职业技术学院	李晓宇	规划项目	8000
2013－QN－374	高校图书馆微博应用及未来发展路径探索	图书情报文献学	漯河职业技术学院	张佳琴	青年项目	5000
2013－QN－570	基于整体语言教学模式的外语口语能力提升改革研究	语言学	漯河职业技术学院	白巧灵	青年项目	5000

续表

编号	项目名称	学科门类	申报单位	申报人	项目类别2	支持经费
2013－QN－213	河南省新建本科院校青年教师教学生活研究	教育学	南阳理工学院	余瑞玲	青年项目	5000
2013－ZC－094	农民工工资法律保障机制研究	法学	南阳理工学院	钱　凯	自筹经费项目	
2013－ZD－031	网络集群行为的演化机理及调控策略研究	交叉学科/综合研究	南阳师范学院	张新刚	重点项目	20000
2013－ZD－077	武术文化空间传播模型研究	体育科学	南阳师范学院	李新锋	重点项目	20000
2013－ZD－129	大学生就业满意度的理论分析和实证研究	管理学	南阳师范学院	高艳君	重点项目	20000
2013－ZD－131	新会计制度对高校财务管理的影响与对策	管理学	南阳师范学院	杨　锋	重点项目	20000
2013－GH－014	学术期刊著作权使用与保护的法律问题研究	法学	南阳师范学院	谭笑珉	规划项目	8000
2013－GH－113	丹江口库区外迁移民方言、文化冲突对其生活稳定性影响的研究与对策	交叉学科/综合研究	南阳师范学院	袁善来	规划项目	8000
2013－GH－135	克里希那穆提生命治疗内涵与应用研究	交叉学科/综合研究	南阳师范学院	包　华	规划项目	8000
2013－GH－170	我国民办学前教育中公私合作模式研究	教育学	南阳师范学院	李　辉	规划项目	8000
2013－GH－248	基于自愿性会计政策变更的巨额冲销影响因素实证研究	经济学	南阳师范学院	王　宾	规划项目	8000
2013－GH－328	高校辅导员素质能力提升研究	马克思主义理论	南阳师范学院	任志强	规划项目	8000
2013－GH－400	高校移动图书馆服务模式及发展对策研究	图书情报文献学	南阳师范学院	杨莉萍	规划项目	8000
2013－GH－446	新媒体环境下美丽河南形象传播研究	新闻学与传播学	南阳师范学院	周　珂	规划项目	8000
2013－GH－498	翻译适应选择论与河南省外宣翻译研究	语言学	南阳师范学院	韦兰芝	规划项目	8000
2013－GH－537	互联网时代评价的特点和意义研究	哲学	南阳师范学院	靳安广	规划项目	8000
2013－GH－629	高校基本建设造价控制研究	管理学	南阳师范学院	何智才	规划项目	8000

续表

编号	项目名称	学科门类	申报单位	申报人	项目类别 2	支持经费
2013－QN－005	中原经济区建设背景下以地方立法促进河南省农民专业合作社发展研究	法学	南阳师范学院	武光太	青年项目	5000
2013－QN－048	新媒体时代社会慈善事业创新发展研究	管理学	南阳师范学院	黄　闯	青年项目	5000
2013－QN－053	农产品供应链协同运作创新研究	管理学	南阳师范学院	宁晓利	青年项目	5000
2013－QN－058	提升河南省民营科技企业创新能力研究	管理学	南阳师范学院	马　勇	青年项目	5000
2013－QN－061	河南省星级饭店时空分布研究	管理学	南阳师范学院	赵　莉	青年项目	5000
2013－QN－063	河南省新生代农民工培训实效研究	管理学	南阳师范学院	陈　京	青年项目	5000
2013－QN－067	高校人力资源会计核算可行性研究	管理学	南阳师范学院	江明伟	青年项目	5000
2013－QN－083	历代笔记小说中音乐史料研究	交叉学科/综合研究	南阳师范学院	李娟红	青年项目	5000
2013－QN－115	新媒体视域下高校网络舆情监控与学工队伍引导机制研究	交叉学科/综合研究	南阳师范学院	冷元峰	青年项目	5000
2013－QN－233	粮食主产区经营主体变化及其对粮食安全的影响研究：以河南省为例	经济学	南阳师范学院	王高华	青年项目	5000
2013－QN－263	伏牛山旅游发展与小城镇建设研究	经济学	南阳师范学院	黄慧玲	青年项目	5000
2013－QN－299	延安时期马克思主义大众化研究	马克思主义理论	南阳师范学院	焦金波	青年项目	5000
2013－QN－344	借鉴发达国家体育发展方式促进我国青少年全面发展	体育科学	南阳师范学院	王亚立	青年项目	5000
2013－QN－364	宋代编辑思想的历史考察与当代启示	图书情报文献学	南阳师范学院	李　乐	青年项目	5000
2013－QN－373	河南省文化信息资源共享工程实施现状调研及发展对策研究	图书情报文献学	南阳师范学院	徐丽晓	青年项目	5000
2013－QN－389	空间叙事理论视阈下的莫里森小说研究	外国文学	南阳师范学院	宋　歌	青年项目	5000
2013－QN－426	“中国梦”的媒介建构及对青少年的传播效果研究	新闻学与传播学	南阳师范学院	王　莹	青年项目	5000

续表

编号	项目名称	学科门类	申报单位	申报人	项目类别2	支持经费
2013－QN－461	独山玉雕人物造型特色及发展研究	艺术学	南阳师范学院	李新珂	青年项目	5000
2013－QN－475	中原民间玩具的设计与开发	艺术学	南阳师范学院	贺　萍	青年项目	5000
2013－QN－583	社会用语规范化状况的调查与研究	语言学	南阳师范学院	周同燕	青年项目	5000
2013－QN－609	七月诗派诗学理论研究	中国文学	南阳师范学院	王治国	青年项目	5000
2013－ZC－005	高校内部会计控制问题研究	管理学	南阳师范学院	刘红侠	自筹经费项目	
2013－ZC－006	煤炭企业兼并重组过程的财务风险管理	管理学	南阳师范学院	刘道旭	自筹经费项目	
2013－ZC－013	国库集中支付制度下高校财务管理问题研究	管理学	南阳师范学院	罗大勇	自筹经费项目	
2013－ZC－014	河南省上市公司高管薪酬激励机制研究	管理学	南阳师范学院	王　永	自筹经费项目	
2013－ZC－043	“三化”进程中农村环境问题研究	社会学	南阳师范学院	荣光汉	自筹经费项目	
2013－ZD－038	网络文化背景下的高校德育工作创新研究	教育学	南阳医专	马帮敏	重点项目	20000
2013－GH－398	张仲景医籍文献数据库	图书情报文献学	南阳医专	方家选	规划项目	8000
2013－QN－194	高职高专大学生英语学习动机研究	教育学	南阳医专	胡　凡	青年项目	5000
2013－ZC－124	高校图书馆信息服务模式创新研究	图书情报文献学	南阳医专	刘淑玲	自筹经费项目	
2013－GH－463	立体影像研究——以三维动画转换立体影像最终效果的优化分析为线索	艺术学	南阳职业学院	刘　洋	规划项目	8000
2013－GH－167	“本质安全”目标下的高职生素质教育研究	教育学	平顶山工业职业技术学院	刘春丽	规划项目	8000
2013－GH－183	高职院校实行“一年三学期”的研究	教育学	平顶山工业职业技术学院	李兴光	规划项目	8000
2013－GH－207	高职院校教师专业化成熟度测评体系研究与应用	教育学	平顶山工业职业技术学院	孙亚洲	规划项目	8000

续表

编号	项目名称	学科门类	申报单位	申报人	项目类别2	支持经费
2013－GH－636	教育公平视阈下河南高等教育发展现状与对策研究	教育学	平顶山工业职业技术学院	张朝阳	规划项目	8000
2013－QN－211	《电子产品设计与制作》课程教学改革	教育学	平顶山工业职业技术学院	高同辉	青年项目	5000
2013－GH－516	汉语特色新词语的英译研究	语言学	平顶山学院	单满菊	规划项目	8000
2013－QN－020	河南历史文化遗产的知识产权保护研究	法学	平顶山学院	李芳芳	青年项目	5000
2013－QN－087	美丽中国建设背景下区域旅游业生态效率模型构建与驱动机制研究	交叉学科/综合研究	平顶山学院	黄　芳	青年项目	5000
2013－QN－249	河南省农地使用权流转与规模经营问题研究	经济学	平顶山学院	于传岗	青年项目	5000
2013－QN－360	河南省产业结构与就业结构变动趋势研究	统计学	平顶山学院	张水利	青年项目	5000
2013－QN－606	“寻根文学”思潮论	中国文学	平顶山学院	焦红涛	青年项目	5000
2013－QN－629	电视广告媒介与先进性别文化构建研究	交叉学科/综合研究	平顶山学院	盛晓玲	青年项目	5000
2013－ZC－125	父母情绪表达与情绪教导对儿童攻击行为的影响研究	心理学	平顶山学院	衡书鹏	自筹经费项目	
2013－ZC－130	英文影视在高职英语专业教学中的应用研究	语言学	濮阳职业技术学院	闫晓红	自筹经费项目	
2013－GH－185	人伦文化的困境及其在道德教育中的价值建构	教育学	三门峡职业技术学院	宋五好	规划项目	8000
2013－QN－003	中原经济区生态文明建设的法律保障机制研究	法学	三门峡职业技术学院	朱丹果	青年项目	5000
2013－QN－189	行动导向教学法在高职公共英语教学中的实践探究	教育学	三门峡职业技术学院	胡二娟	青年项目	5000
2013－QN－236	旅游增权：理论与实证研究——基于制度约束的视角	经济学	三门峡职业技术学院	王会战	青年项目	5000
2013－GH－610	基于知识管理的异构数字化资源整合研究	图书情报文献学	商丘工学院	杜东亮	规划项目	8000
2013－GH－612	高校教材、图书采选过程管理机制及模式创新研究	图书情报文献学	商丘工学院	王秀霞	规划项目	8000

续表

编号	项目名称	学科门类	申报单位	申报人	项目类别2	支持经费
2013 - QN - 094	河南地方工科院校困难学生群体就业的SWOT分析及就业指导策略研究	交叉学科/综合研究	商丘工学院	闫　宇	青年项目	5000
2013 - QN - 127	经济建设环境下动漫专业人才培养分析与对策——以商丘地区动漫专业为例	交叉学科/综合研究	商丘工学院	张海娜	青年项目	5000
2013 - QN - 173	农村劳动力转移与高等职业教育问题研究	教育学	商丘工学院	刘晓光	青年项目	5000
2013 - QN - 215	应用型本科院校进行校企合作的研究	教育学	商丘工学院	陈　帅	青年项目	5000
2013 - QN - 400	海明威的存在主义视角 - 萨特存在主义视角下海明威作品的人物解析	外国文学	商丘工学院	张　洁	青年项目	5000
2013 - QN - 486	视觉元素在商丘旅游产品中的应用	艺术学	商丘工学院	宋江萍	青年项目	5000
2013 - QN - 499	基于符号学的城市街道景观设计研究——以商丘街道景观现状为例	艺术学	商丘工学院	陈　艳	青年项目	5000
2013 - QN - 581	与专业相融合、以就业为导向的高职公共英语课程教学改革研究	语言学	商丘工学院	王海霞	青年项目	5000
2013 - QN - 589	应用型院校学生英语泛在学习模式与实践能力培养研究	语言学	商丘工学院	平　君	青年项目	5000
2013 - ZD - 019	宋荦研究	交叉学科/综合研究	商丘师范学院	刘万华	重点项目	20000
2013 - ZD - 102	河南地区木版年画研究	艺术学	商丘师范学院	刘淑娟	重点项目	20000
2013 - ZD - 127	魏文帝集校笺	中国文学	商丘师范学院	杨鉴生	重点项目	20000
2013 - GH - 101	明人淑世意识与明代《左传》研究	交叉学科/综合研究	商丘师范学院	李卫军	规划项目	8000
2013 - GH - 169	教育公平视域下城乡义务教育资源均衡化研究	教育学	商丘师范学院	李国银	规划项目	8000
2013 - GH - 200	通识教育视角下英语专业创新型人才培养模式研究	教育学	商丘师范学院	高凤霞	规划项目	8000
2013 - GH - 245	劳动力回流返乡创业与县域经济发展研究	经济学	商丘师范学院	杨云霞	规划项目	8000
2013 - GH - 270	技术创新推动中原经济区“新型工业化”进程研究	经济学	商丘师范学院	李雪苑	规划项目	8000

续表

编号	项目名称	学科门类	申报单位	申报人	项目类别2	支持经费
2013－GH－275	河南农民收入倍增研究	经济学	商丘师范学院	刘辉	规划项目	8000
2013－GH－301	清代河南的县财政与基层社会管理	历史学	商丘师范学院	岁有生	规划项目	8000
2013－GH－302	河南道方镇辖区变动对唐后期政局影响	历史学	商丘师范学院	付先召	规划项目	8000
2013－GH－306	商丘火文化渊源研究	历史学	商丘师范学院	王小块	规划项目	8000
2013－GH－364	河南省地方体育旅游品牌创建路径研究	体育科学	商丘师范学院	牛　森	规划项目	8000
2013－GH－369	中国传统武术产业化发展的经济学分析	体育科学	商丘师范学院	王　辉	规划项目	8000
2013－GH－424	老年人孝道知觉问卷的编制及相关研究	心理学	商丘师范学院	张　焕	规划项目	8000
2013－GH－430	学业成绩影响儿童孤独感的结构方程模型建构	心理学	商丘师范学院	张连云	规划项目	8000
2013－GH－445	基于定位理论的品牌资产提升绩效研究	新闻学与传播学	商丘师范学院	周鹍鹏	规划项目	8000
2013－GH－460	高校艺术实践中音乐剧价值研究	艺术学	商丘师范学院	葛姝亚	规划项目	8000
2013－GH－494	中国典籍英译者的认知范式研究	语言学	商丘师范学院	杨　静	规划项目	8000
2013－GH－544	缩小贫富差距与实现分配正义的路径选择	政治学	商丘师范学院	李　玲	规划项目	8000
2013－GH－547	公民社会与农村社区治理	政治学	商丘师范学院	张春芳	规划项目	8000
2013－GH－556	徐铉及其文学研究	中国文学	商丘师范学院	李振中	规划项目	8000
2013－GH－575	20世纪中国政治文化中的郭沫若	中国文学	商丘师范学院	刘海洲	规划项目	8000
2013－GH－622	汉代梁国出土文物研究	考古学	商丘师范学院	李可亭	规划项目	8000
2013－QN－012	河南农地流转进程中的农民权益保护研究	法学	商丘师范学院	李维乐	青年项目	5000
2013－QN－143	藏语拉萨话的语料库构建及语音韵律研究	交叉学科/综合研究	商丘师范学院	高　璐	青年项目	5000

续表

编号	项目名称	学科门类	申报单位	申报人	项目类别2	支持经费
2013－QN－253	土地流转促进河南省新型农业现代化问题研究	经济学	商丘师范学院	刘艳丽	青年项目	5000
2013－QN－261	基于金融共生理论的河南省民间金融问题研究	经济学	商丘师范学院	朱兴勤	青年项目	5000
2013－QN－331	社会转型背景下河南省农村“空巢老人”养老问题研究——以商丘市为个案	社会学	商丘师范学院	朱　艳	青年项目	5000
2013－QN－580	“构式压制”研究	语言学	商丘师范学院	邱　峰	青年项目	5000
2013－QN－585	SPSS统计工具在外语教学研究中的应用情况调查	语言学	商丘师范学院	黄利花	青年项目	5000
2013－QN－588	叙事教学法与大学生英语自主学习能力培养研究	语言学	商丘师范学院	林富丽	青年项目	5000
2013－QN－602	济阳江氏与六朝政局及六朝文学研究	中国文学	商丘师范学院	时国强	青年项目	5000
2013－ZC－016	和谐社会视野下大学生思想政治教育激发大学生的精神动力价值研究	交叉学科/综合研究	商丘师范学院	丁　昀	自筹经费项目	
2013－ZC－037	宋代妇女价值观及对当代女性的影响研究	历史学	商丘师范学院	孔曼	自筹经费项目	
2013－ZD－056	河南省新型城镇化综合评价指标体系构建及实证研究	经济学	商丘学院	张果果	重点项目	20000
2013－ZD－107	从关联理论看《红楼梦》中称谓语的英译	语言学	商丘学院	王　坤	重点项目	20000
2013－GH－139	新型城镇化背景下河南农地非农化机制研究	交叉学科/综合研究	商丘学院	梁海军	规划项目	8000
2013－GH－529	认知语言学关照下的英语词汇学习及词典研编	语言学	商丘学院	马永田	规划项目	8000
2013－QN－323	河南省新生代农民工身份认同与阶层固化研究	社会学	商丘学院	郭　科	青年项目	5000
2013－ZC－075	四六级机考环境下大学英语教学模式探索	教育学	商丘学院	李　敏	自筹经费项目	
2013－ZC－137	生态文明视域下大学生生态道德教育研究	哲学	商丘医专	宋　晶	自筹经费项目	
2013－ZC－138	社会主义核心价值体系融入河南高校大学生思想政治教育研究	政治学	商丘医专	井阳军	自筹经费项目	

续表

编号	项目名称	学科门类	申报单位	申报人	项目类别2	支持经费
2013 - QN - 168	高职院校考试、考核模式改革研究	教育学	商丘职业技术学院	杜月云	青年项目	5000
2013 - QN - 634	基于工作过程的高职项目教学实证研究	教育学	商丘职业技术学院	郑凤婷	青年项目	5000
2013 - ZC - 105	基于云计算的政府信息资源的整合利用研究	交叉学科/综合研究	商丘职业技术学院	楚志凯	自筹经费项目	
2013 - ZC - 120	民族散杂居地区回汉通婚研究——以河南省睢县城关回族镇为例	社会学	商丘职业技术学院	井　莉	自筹经费项目	
2013 - ZC - 127	国家非遗四平调音乐研究	艺术学	商丘职业技术学院	蒋晓鹏	自筹经费项目	
2013 - GH - 138	网络信息污染与高校思想政治理论课的应对机制研究	交叉学科/综合研究	嵩山少林武术职业学院	白宝山	规划项目	8000
2013 - QN - 112	古塔:佛教文化中国化的缩影	交叉学科/综合研究	嵩山少林武术职业学院	田　冲	青年项目	5000
2013 - QN - 626	河南高校协同创新的途径与机制研究	管理学	嵩山少林武术职业学院	刘少鹏	青年项目	5000
2013 - ZD - 005	我国小学校园安全研究——以情景预防为视角	法学	铁道警官高等专科学校	崔海英	重点项目	20000
2013 - GH - 137	高铁时代下的乘警勤务模式研究	交叉学科/综合研究	铁道警官高等专科学校	赵建设	规划项目	8000
2013 - GH - 333	中原崛起与和谐校园下的高校师德建设	马克思主义理论	铁道警官高等专科学校	刘　卉	规划项目	8000
2013 - GH - 532	河南省中小学语文教材中的语言失范问题及应对策略研究	语言学	铁道警官高等专科学校	王慧菊	规划项目	8000
2013 - GH - 555	中原经济区建设与提升文化软实力问题研究	政治学	铁道警官高等专科学校	刘伯兰	规划项目	8000
2013 - QN - 019	法制改革视阈下减少未成年人重新犯罪的策略探究	法学	铁道警官高等专科学校	李　淼	青年项目	5000
2013 - QN - 138	企业技术创新的知识产权保障机制研究	交叉学科/综合研究	铁道警官高等专科学校	赵志强	青年项目	5000
2013 - QN - 417	人际信任建立与风险认知的关系	心理学	铁道警官高等专科学校	宋卫芳	青年项目	5000
2013 - GH - 067	高铁客流对河南省旅游产业影响实证研究	管理学	新乡学院	崔建勋	规划项目	8000
2013 - QN - 110	城市滨水空间景观指标评价体系的研究	交叉学科/综合研究	新乡学院	宋晶颖	青年项目	5000

续表

编号	项目名称	学科门类	申报单位	申报人	项目类别2	支持经费
2013-QN-392	加兹达诺夫小说诗学中蕴含的佛教哲学思想研究	外国文学	新乡学院	杜 荣	青年项目	5000
2013-QN-418	河南省市属新建本科院校大学生学习投入、心理弹性现状及其关系的研究	心理学	新乡学院	何冬丽	青年项目	5000
2013-QN-523	现代汉语新词语的使用及其扩散研究——以新乡市不同社会阶层的语言使用为例	语言学	新乡学院	康军帅	青年项目	5000
2013-GH-029	河南省城镇居民分级医疗就诊模式研究	管理学	新乡医学院	王桂霞	规划项目	8000
2013-GH-043	社会转型期河南省公立医院信用体系建设研究	管理学	新乡医学院	吕 晖	规划项目	8000
2013-GH-089	城镇化背景下的河南省卫生系统反应性研究	交叉学科/综合研究	新乡医学院	吴 辉	规划项目	8000
2013-GH-110	文化软实力与河南城市竞争力研究	交叉学科/综合研究	新乡医学院	焦石文	规划项目	8000
2013-GH-356	开设“台面性球类项目”对构建“病残弱”学生体育课程体系的可行性研究	体育科学	新乡医学院	郭照德	规划项目	8000
2013-GH-428	儿童行为问题与儿童被忽视、心理弹性的相关性研究	心理学	新乡医学院	杜爱玲	规划项目	8000
2013-GH-432	医学生感恩与人格、父母教养方式的关系研究	心理学	新乡医学院	孟 勇	规划项目	8000
2013-GH-435	大学生的道德判断能力、自我效能感与其道德行为的关系研究	心理学	新乡医学院	朱金富	规划项目	8000
2013-GH-486	语料库辅助下的英语写作教学改革	语言学	新乡医学院	仇桂珍	规划项目	8000
2013-GH-513	基础英语和医学英语词汇学习策略研究	语言学	新乡医学院	秦 晶	规划项目	8000
2013-GH-520	ESP视角下基于医学英语语料库的医学英语网络翻译教学研究	语言学	新乡医学院	王玉安	规划项目	8000
2013-GH-538	符号的宇宙—卡西尔符号哲学思想研究	哲学	新乡医学院	杨建坡	规划项目	8000
2013-QN-142	新医改背景下医疗危机的媒体建构及问题研究	交叉学科/综合研究	新乡医学院	崔 静	青年项目	5000
2013-QN-179	农村订单定向医学生学习倦怠状况及其影响因素研究	教育学	新乡医学院	李 强	青年项目	5000

续表

编号	项目名称	学科门类	申报单位	申报人	项目类别 2	支持经费
2013 – QN – 305	高校思想政治教育中融入人文关怀和心理疏导的实验干预研究	马克思主义理论	新乡医学院	李　杰	青年项目	5000
2013 – QN – 324	高血压患者社区护理干预模式研究	社会学	新乡医学院	张海洋	青年项目	5000
2013 – QN – 333	对护士“人文 + 心理”关怀视角下和谐护患关系的研究与实践	社会学	新乡医学院	张瑞芹	青年项目	5000
2013 – QN – 370	基于物联网的图书馆服务模式及内容研究	图书情报文献学	新乡医学院	田　梅	青年项目	5000
2013 – QN – 406	伍尔夫作品的福柯式解读	外国文学	新乡医学院	刘蕾蕾	青年项目	5000
2013 – QN – 408	独生子女与非独生子女共情的异同:来自眼动与 EEG 的研究	心理学	新乡医学院	张　猛	青年项目	5000
2013 – QN – 411	团体辅导对大学生考试焦虑的调节效应预测研究	心理学	新乡医学院	申鲁军	青年项目	5000
2013 – QN – 413	儿童欺负行为的认知机制研究	心理学	新乡医学院	武　萌	青年项目	5000
2013 – QN – 415	大学生羞耻感与抑郁的相关性研究—认知方式的中介作用	心理学	新乡医学院	王玉锋	青年项目	5000
2013 – QN – 416	儿童被忽视对行为问题的影响:心理韧性的中介作用	心理学	新乡医学院	邹　枫	青年项目	5000
2013 – QN – 419	学习、自尊与情绪激活对儿童孝道行为影响的实验研究	心理学	新乡医学院	谢志杰	青年项目	5000
2013 – QN – 421	免费医学生专业承诺、社会支持与学习自我效能感的相关研究	心理学	新乡医学院	杨　磊	青年项目	5000
2013 – QN – 517	医学文献英汉平行语料库的创建与应用研究	语言学	新乡医学院	原灵杰	青年项目	5000
2013 – QN – 534	大学英语学习者阅读理解中的隐喻能力发展障碍研究	语言学	新乡医学院	蒋　岚	青年项目	5000
2013 – QN – 540	支架式教学与基于语料库的英语词块学习模式研究	语言学	新乡医学院	刘艳芹	青年项目	5000
2013 – QN – 550	英语专业语音教材建设的实证研究	语言学	新乡医学院	沈　娜	青年项目	5000
2013 – QN – 618	中国古代小说契约叙事研究	中国文学	新乡医学院	闫　岑	青年项目	5000
2013 – QN – 668	河南省基本公共卫生服务均等化发展研究	管理学	新乡医学院	王　冉	青年项目	5000

续表

编号	项目名称	学科门类	申报单位	申报人	项目类别2	支持经费
2013-GH-156	中高职衔接的课程体系建设研究	教育学	新乡职业技术学院	董佩燕	规划项目	8000
2013-ZC-111	高校教育信息化应用现状分析与策略研究	交叉学科/综合研究	新乡职业技术学院	夏莹	自筹经费项目	
2013-ZC-123	河南城镇化建设中居民素质城镇化研究	社会学	新乡职业技术学院	崔立锋	自筹经费项目	
2013-GH-611	图书馆服务生态文明建设的途径和策略研究	图书情报文献学	信阳农业高等专科学校	刘月学	规划项目	8000
2013-QN-554	高职高专学生词汇学习策略研究及其对教学的启示	语言学	信阳农业高等专科学校	吴均	青年项目	5000
2013-QN-613	民族文化的对外传播问题研究——以中国古典文学翻译为例	中国文学	信阳农业高等专科学校	胡欣欣	青年项目	5000
2013-QN-649	多元智力理论在大学英语教学中的应用	语言学	信阳农业高等专科学校	马艳	青年项目	5000
2013-ZD-015	中原经济区城镇化与工业化协调发展机制及影响因素研究	管理学	信阳师范学院	郭卫东	重点项目	20000
2013-ZD-034	河南省中小学生课业负担监测制度建设研究	教育学	信阳师范学院	陈天顺	重点项目	20000
2013-ZD-089	多元文化视域下的美国女性文学身份建构研究	外国文学	信阳师范学院	朱丽	重点项目	20000
2013-ZD-100	多元融汇视角的中原文化与中原造物艺术	艺术学	信阳师范学院	高正	重点项目	20000
2013-ZD-103	《中原地区农村中小学音乐教育现状调查》	艺术学	信阳师范学院	梅胧文	重点项目	20000
2013-ZD-126	延安文学的精神实质与基本经验研究	中国文学	信阳师范学院	沈文慧	重点项目	20000
2013-GH-027	河南科技企业孵化器绩效评价与提升策略研究	管理学	信阳师范学院	方晓波	规划项目	8000
2013-GH-086	文化资本视野下河南皮影戏传承与发展的动力机制重构研究	交叉学科/综合研究	信阳师范学院	周全明	规划项目	8000
2013-GH-204	河南民办学前教育政府规制研究	教育学	信阳师范学院	余中根	规划项目	8000
2013-GH-222	河南高校民族团结教育研究——以A大学为例	教育学	信阳师范学院	郑雪松	规划项目	8000
2013-GH-255	基于农户融资供给的农村金融体系优化研究	经济学	信阳师范学院	贾蕊	规划项目	8000

续表

编号	项目名称	学科门类	申报单位	申报人	项目类别 2	支持经费
2013 - GH - 261	河南省农业产业化金融支持的障碍及对策	经济学	信阳师范学院	陈　俭	规划项目	8000
2013 - GH - 322	执政以来中国共产党的社会价值观调整与创新研究	马克思主义理论	信阳师范学院	朱进芳	规划项目	8000
2013 - GH - 340	河南省城乡居民社会养老保险统筹发展研究	社会学	信阳师范学院	崔秀荣	规划项目	8000
2013 - GH - 365	我省新农村公共体育设施建设问题及政府干预研究	体育科学	信阳师范学院	朱道宇	规划项目	8000
2013 - GH - 391	农村公共图书馆服务整体化平台建设的实证研究	图书情报文献学	信阳师范学院	王宏鑫	规划项目	8000
2013 - GH - 394	农家书屋建设与留守儿童教育服务研究——以信阳市为例	图书情报文献学	信阳师范学院	余纪珍	规划项目	8000
2013 - GH - 406	朗费罗诗学及其影响研究	外国文学	信阳师范学院	柳士军	规划项目	8000
2013 - GH - 493	杜甫诗歌历史句法研究	语言学	信阳师范学院	张延俊	规划项目	8000
2013 - GH - 512	语篇分析的系统功能语言学视域研究	语言学	信阳师范学院	傅　翀	规划项目	8000
2013 - GH - 515	汉语“来”的共时分布与历时演变情况研究	语言学	信阳师范学院	张言军	规划项目	8000
2013 - GH - 523	词汇文化伴随意义的英汉语言对比及应用研究	语言学	信阳师范学院	陈顺黎	规划项目	8000
2013 - GH - 527	光山方言变调构词研究	语言学	信阳师范学院	张贤敏	规划项目	8000
2013 - GH - 545	生态文明视角下的我国农村土地节约集约利用制度研究	政治学	信阳师范学院	胡春湘	规划项目	8000
2013 - GH - 546	社会资本视野下的村改居社区党组织建设	政治学	信阳师范学院	麻雪峰	规划项目	8000
2013 - GH - 561	当代文论的语言维度及其知识语境与问题意识	中国文学	信阳师范学院	王　丹	规划项目	8000
2013 - GH - 562	北宋时期河南文学区域地理研究	中国文学	信阳师范学院	朱国伟	规划项目	8000
2013 - GH - 576	《淮南子》系列神话研究	中国文学	信阳师范学院	闫孟莲	规划项目	8000
2013 - GH - 624	生态环境变迁与淮河流域经济中心空间移动规律研究	综合研究	信阳师范学院	王义民	规划项目	8000

续表

编号	项目名称	学科门类	申报单位	申报人	项目类别2	支持经费
2013－QN－032	河南省上市公司资本结构与经营绩效互动关系的实证研究	管理学	信阳师范学院	何　慧	青年项目	5000
2013－QN－104	陀思妥耶夫斯基小说的罪与救赎思想研究	交叉学科/综合研究	信阳师范学院	侯朝阳	青年项目	5000
2013－QN－116	食品安全背景下农产品供应链管理策略研究	交叉学科/综合研究	信阳师范学院	郭军升	青年项目	5000
2013－QN－153	技术支持下课程学习共同体构建与实证研究	教育学	信阳师范学院	卢　强	青年项目	5000
2013－QN－181	河南省农村家庭投资学前教育的现状及对策研究	教育学	信阳师范学院	王　冰	青年项目	5000
2013－QN－231	产业集聚与城镇化互动发展模式及对策研究—以中原经济区为例	经济学	信阳师范学院	张占涛	青年项目	5000
2013－QN－234	构建河南省"四化"同步发展创新模式研究	经济学	信阳师范学院	夏金梅	青年项目	5000
2013－QN－246	中原经济区现代农业支撑体系评价与优化研究	经济学	信阳师范学院	杜　辉	青年项目	5000
2013－QN－267	新型职业农民培育体系构建研究——以河南省为例	经济学	信阳师范学院	陶书志	青年项目	5000
2013－QN－283	清代河南籍治台官员与台湾开发	历史学	信阳师范学院	孙　炜	青年项目	5000
2013－QN－286	实学思潮与明清之际农学关系研究	历史学	信阳师范学院	李志坚	青年项目	5000
2013－QN－294	华人移民朝鲜半岛若干史实研究(13——14世纪)	历史学	信阳师范学院	芦　敏	青年项目	5000
2013－QN－302	红色文化在大学生思想政治教育中的功能及实现途径研究	马克思主义理论	信阳师范学院	李振东	青年项目	5000
2013－QN－310	手机上网对大学生思想政治教育的影响及对策研究	马克思主义理论	信阳师范学院	董玉刚	青年项目	5000
2013－QN－316	文化创意产业与河南旅游业融合发展研究	民族学	信阳师范学院	黄治国	青年项目	5000
2013－QN－319	豫南固始花挑舞的传承及文化适应研究	民族学	信阳师范学院	蔡亚玲	青年项目	5000
2013－QN－349	河南省农民工体育意识和行为与其城市适应性相关研究	体育科学	信阳师范学院	施仙琼	青年项目	5000
2013－QN－352	河南省中小学体育教师职业生存状态的研究	体育科学	信阳师范学院	葛　新	青年项目	5000

续表

编号	项目名称	学科门类	申报单位	申报人	项目类别2	支持经费
2013－QN－409	知觉干扰效应形成机制的实验研究	心理学	信阳师范学院	汪媛媛	青年项目	5000
2013－QN－439	罗山皮影艺术造型在信阳城市设计中的应用	艺术学	信阳师范学院	蔡森林	青年项目	5000
2013－QN－501	地方高师院校对当地民间音乐文化遗产的保护和传承研究	艺术学	信阳师范学院	陈帅璘	青年项目	5000
2013－QN－539	顺应－关联模式下的言语礼貌探究	语言学	信阳师范学院	曹　悦	青年项目	5000
2013－QN－654	中原经济区视阈下乡村政治与国家政治互动关系研究	政治学	信阳师范学院	王萃萃	青年项目	5000
2013－QN－657	新时期我国农民有序政治参与研究	政治学	信阳师范学院	李　锐	青年项目	5000
2013－ZC－064	政治视阈中的女性写作——二十世纪中国左翼女作家创作心理研究	中国文学	信阳师范学院	樊会芹	自筹经费项目	
2013－ZC－131	教育生态视域下英语课堂生态模型的建构	语言学	信阳师范学院华锐学院	夏元芬	自筹经费项目	
2013－ZC－132	基于免费在线语料库的英语口语与写作互换教学模式研究	语言学	信阳师范学院华锐学院	杨丽娜	自筹经费项目	
2013－ZC－135	认知理论在独立学院英语词汇教学中的应用研究	语言学	信阳师范学院华锐学院	冯　华	自筹经费项目	
2013－ZC－136	三本院校英语本科学生写作中的衔接错误研究	语言学	信阳师范学院华锐学院	夏小萍	自筹经费项目	
2013－GH－483	高等院校翻译人才“工学结合”培养模式研究	语言学	信阳职业技术学院	李志丹	规划项目	8000
2013－QN－399	寻找有意味的形式——伍尔夫现代小说形式理念研究	外国文学	信阳职业技术学院	段　红	青年项目	5000
2013－QN－643	中国民族声乐的概念流变与梳理展望	艺术学	信阳职业技术学院	张应辉	青年项目	5000
2013－ZD－057	“新型”循环经济发展模式建构	经济学	许昌学院	赵国党	重点项目	20000
2013－ZD－108	敦煌历文词汇研究	语言学	许昌学院	于正安	重点项目	20000
2013－GH－006	土地承包经营权流转的法律规制研究	法学	许昌学院	马洪伟	规划项目	8000
2013－GH－019	农村社会管理创新的法治化路径研究——以“三化”协调发展为视角	法学	许昌学院	赵丽敏	规划项目	8000

续表

编号	项目名称	学科门类	申报单位	申报人	项目类别2	支持经费
2013-GH-090	信息技术促进河南教育资源城乡均衡发展研究	交叉学科/综合研究	许昌学院	李国庆	规划项目	8000
2013-GH-091	土地流转:公司与农户的认知冲突及根源——基于河南省百村调查	交叉学科/综合研究	许昌学院	徐冠军	规划项目	8000
2013-GH-102	生存环境困境下的大学生公民文化建设	交叉学科/综合研究	许昌学院	张笑涛	规划项目	8000
2013-GH-177	许昌学院英语专业本科毕业论文改革追踪调查研究	教育学	许昌学院	贾军红	规划项目	8000
2013-GH-284	"新四化"同步发展的评价体系及体制机制创新研究	经济学	许昌学院	周颖杰	规划项目	8000
2013-GH-313	十六大以来党创新社会管理的基本经验	马克思主义理论	许昌学院	蔡清伟	规划项目	8000
2013-GH-431	大学生手机成瘾现状分析及干预对策研究	心理学	许昌学院	陈向丽	规划项目	8000
2013-GH-517	英语专业典籍翻译教学模式与人才培养研究	语言学	许昌学院	刘立胜	规划项目	8000
2013-GH-524	河南省对外汉语教学发展现状及问题研究	语言学	许昌学院	贺　洁	规划项目	8000
2013-GH-549	网络反腐中的公民有序化参与研究	政治学	许昌学院	张　磊	规划项目	8000
2013-GH-552	坚定制度自信与提升国家软实力问题研究	政治学	许昌学院	李家祥	规划项目	8000
2013-GH-557	三国文人区域迁移与曹魏文学嬗进	中国文学	许昌学院	张兰花	规划项目	8000
2013-GH-579	河南省中小企业传统销售渠道与网络销售渠道的整合研究	管理学	许昌学院	刘其涛	规划项目	8000
2013-GH-631	发展环境变化对河南经济发展的影响和应对措施研究	经济学	许昌学院	杨德岭	规划项目	8000
2013-QN-008	新型农业经营体系法律保障制度研究——以家庭农场为例	法学	许昌学院	魏庆爽	青年项目	5000
2013-QN-043	中原城市群环境友好型旅游业发展研究——以许昌市为例	管理学	许昌学院	刘　霞	青年项目	5000
2013-QN-044	农民自发的推进我省新型城镇化建设的路径研究——基于电子商务的视角	管理学	许昌学院	陈美菊	青年项目	5000

续表

编号	项目名称	学科门类	申报单位	申报人	项目类别2	支持经费
2013-QN-070	中原经济区下河南乡村休闲旅游发展研究	管理学	许昌学院	高洪涛	青年项目	5000
2013-QN-078	国内政治视角下越南海权主张的演变:以中越南海争端为例	国际问题研究	许昌学院	邱普艳	青年项目	5000
2013-QN-084	河南省城镇化进程中农村土地确权问题研究	交叉学科/综合研究	许昌学院	滕卫双	青年项目	5000
2013-QN-124	高校生态文明教育研究——以中原经济区建设为视角	交叉学科/综合研究	许昌学院	赵学琴	青年项目	5000
2013-QN-161	地方本科院校旅游教育与旅游产业互动协调研究——以许昌学院为例	教育学	许昌学院	刘红芳	青年项目	5000
2013-QN-175	学前教育专业人才评价指标体系建构研究	教育学	许昌学院	曹思敏	青年项目	5000
2013-QN-247	中俄两国经济区产业发展战略选择比较研究	经济学	许昌学院	吴　迪	青年项目	5000
2013-QN-341	借鉴与创新:中外竞技体育人才培养体制的比较研究	体育科学	许昌学院	张山佳	青年项目	5000
2013-QN-354	新型城镇化理念下河南省新型农村社区体育设施建设研究	体育科学	许昌学院	尹　杰	青年项目	5000
2013-QN-381	英国当代后殖民小说多元主题范式与奈保尔 创作个案研究	外国文学	许昌学院	郑志华	青年项目	5000
2013-QN-396	犹太传统“牺牲-救赎”思想在美国犹太小说中的文学表现	外国文学	许昌学院	彭晓燕	青年项目	5000
2013-QN-488	河南新农村文化艺术建设研究	艺术学	许昌学院	连凯凯	青年项目	5000
2013-QN-512	对外传播视角下中国文化“走出去”的翻译策略研究	语言学	许昌学院	曾尔奇	青年项目	5000
2013-QN-515	翻译学视域下的河南籍翻译家研究	语言学	许昌学院	高现伟	青年项目	5000
2013-QN-516	类型学视野下的汉语方言让步条件句研究	语言学	许昌学院	韩启振	青年项目	5000
2013-QN-535	河南省地方高校英语专业本科生思辨能力调查研究	语言学	许昌学院	刘丹丹	青年项目	5000
2013-QN-542	应用型本科院校大学生职业英语能力培养体系构建研究——以电气类专业为例	语言学	许昌学院	史丽萍	青年项目	5000

续表

编号	项目名称	学科门类	申报单位	申报人	项目类别2	支持经费
2013-QN-563	地方高校日语专业学生实践能力培养现状及策略研究	语言学	许昌学院	蔡忠良	青年项目	5000
2013-QN-567	基于市场需求的地方高校日语课程体系研究	语言学	许昌学院	周晓冰	青年项目	5000
2013-QN-584	功能主义翻译理论视角下钧瓷文化英译研究	语言学	许昌学院	陈瑞玲	青年项目	5000
2013-QN-593	现象学中的马里翁“还原实施者难题”研究	哲学	许昌学院	杜战涛	青年项目	5000
2013-ZC-002	我国乡村自治与宗教关系研究——对河南部分村落宗教现象的考察与反思	法学	许昌学院	董潇丽	自筹经费项目	
2013-ZC-015	城市历史文化旅游资源优化开发研究——以许昌市为例	交叉学科/综合研究	许昌学院	张　俊	自筹经费项目	
2013-ZC-020	高等院校服务河南文化创意产业发展研究	交叉学科/综合研究	许昌学院	张　娜	自筹经费项目	
2013-ZC-022	城乡一体化背景下的河南农民职业教育研究	教育学	许昌学院	魏会廷	自筹经费项目	
2013-ZC-038	“师夷长技以制夷”当代社会价值研究	历史学	许昌学院	陈会娟	自筹经费项目	
2013-ZC-047	河南省高校体育场馆对社会开放现状及对策研究	体育科学	许昌学院	易东燕	自筹经费项目	
2013-ZC-052	绘画写意元素在钧瓷造型设计中的应用研究	艺术学	许昌学院	王玉琼	自筹经费项目	
2013-ZC-140	文化困境中的突围:翻译视角下钧瓷艺术的国际化发展研究	综合研究	许昌学院	刘向辉	自筹经费项目	
2013-QN-072	我国高校国家助学金管理与实施问题研究	管理学	永城职业学院	张彩华	青年项目	5000
2013-QN-636	优化资源组合,打造河南旅游职教集团新品牌	教育学	永城职业学院	王晓艳	青年项目	5000
2013-GH-009	论禁治产制度与个人私有财产处分权的博弈	法学	郑州成功财经学院	王继风	规划项目	8000
2013-GH-032	大部制改革背景下河南省食品安全监管保障体系研究	管理学	郑州成功财经学院	封俊丽	规划项目	8000
2013-GH-075	小微企业供应链融资模式研究	管理学	郑州成功财经学院	王建业	规划项目	8000

续表

编号	项目名称	学科门类	申报单位	申报人	项目类别2	支持经费
2013-GH-243	河南省文化产业发展研究	经济学	郑州成功财经学院	董红杰	规划项目	8000
2013-GH-363	世界文化遗产"天地之中"民族传统体育文化可持续发展研究	体育科学	郑州成功财经学院	邓　浩	规划项目	8000
2013-GH-531	生态翻译学视阈下的河南文化建构	语言学	郑州成功财经学院	宋海英	规划项目	8000
2013-QN-045	河南省在中原经济区建设中的地区品牌战略研究	管理学	郑州成功财经学院	董甲婷	青年项目	5000
2013-QN-055	基于ERP模拟实验平台和校企合作背景下工商管理T型人才培养模式研究	管理学	郑州成功财经学院	刘升阳	青年项目	5000
2013-QN-119	二语学习中英语程式语的心理表征模式研究	交叉学科/综合研究	郑州成功财经学院	严　佳	青年项目	5000
2013-QN-210	基于校企合作高校ERP专业人才培养模式研究	教育学	郑州成功财经学院	周楠楠	青年项目	5000
2013-QN-493	郑州旧工业遗存的改造与更新研究	艺术学	郑州成功财经学院	吴　嵮	青年项目	5000
2013-QN-537	基于英语口译语料库和数据驱动学习的多维度语块研究	语言学	郑州成功财经学院	苏宝英	青年项目	5000
2013-ZD-001	我国司法能动实践状况的考察与分析	法学	郑州大学	王建国	重点项目	20000
2013-ZD-041	我国义务教育阶段公立学校法律地位研究	教育学	郑州大学	刘俊仁	重点项目	20000
2013-ZD-062	明清时期中原经济与生态环境研究	历史学	郑州大学	张民服	重点项目	20000
2013-ZD-069	党的十八大精神"三进"实效性研究	马克思主义理论	郑州大学	王国领	重点项目	20000
2013-ZD-085	协作内容创建系统的质量控制研究	图书情报文献学	郑州大学	金　燕	重点项目	20000
2013-ZD-094	电子媒介对儿童社会化的影响研究	新闻学与传播学	郑州大学	李凌凌	重点项目	20000
2013-ZD-121	县人大行政嵌入性运行逻辑与建设研究	政治学	郑州大学	樊红敏	重点项目	20000
2013-GH-096	维稳视角下的高校网络舆情工作研究	交叉学科/综合研究	郑州大学	戴国立	规划项目	8000

续表

编号	项目名称	学科门类	申报单位	申报人	项目类别2	支持经费
2013－GH－104	建设世界文化名城对于中原经济区建设的支撑作用研究——基于省会城市郑州的研究	交叉学科/综合研究	郑州大学	高　云	规划项目	8000
2013－GH－107	高校实施合同能源管理的现状分析及创新机制研究—以河南省高校为例	交叉学科/综合研究	郑州大学	魏新兴	规划项目	8000
2013－GH－187	大学英语第二课堂生态模式构建研究	教育学	郑州大学	段艳丹	规划项目	8000
2013－GH－229	网络交互教学模式的构建及其平台开发研究	教育学	郑州大学	赵江涛	规划项目	8000
2013－GH－240	河南省工业产能过剩问题及治理对策研究	经济学	郑州大学	樊瑞莉	规划项目	8000
2013－GH－250	河南城市基础设施建设投融资体系研究	经济学	郑州大学	李　祺	规划项目	8000
2013－GH－252	上市公司非财务信息披露问题研究——基于河南省上市公司的实证分析	经济学	郑州大学	陈　琪	规划项目	8000
2013－GH－265	河南省建立内陆开放高地的比较动态研究	经济学	郑州大学	王建丰	规划项目	8000
2013－GH－285	中原经济区“失地”农户发展及金融需求问题研究	经济学	郑州大学	王　芳	规划项目	8000
2013－GH－315	大学生道德问题与需要关系研究	马克思主义理论	郑州大学	蒋桂芳	规划项目	8000
2013－GH－325	中原地区文化产业竞争力提升研究	马克思主义理论	郑州大学	郭新建	规划项目	8000
2013－GH－326	邓小平法制思想:我国社会主义法治国家建设的理论源流	马克思主义理论	郑州大学	马　晓	规划项目	8000
2013－GH－335	非物质文化遗产保护视域下的文化自觉研究	民族学	郑州大学	高照明	规划项目	8000
2013－GH－355	河南省高等学校竞技体育发展现状分析与思考	体育科学	郑州大学	吴　健	规划项目	8000
2013－GH－358	河南省“足球进校园”活动竞赛体系研究	体育科学	郑州大学	黄迎乒	规划项目	8000
2013－GH－372	中国特色社会主义体育文化建设研究	体育科学	郑州大学	林克明	规划项目	8000
2013－GH－373	高校健美操教师建立“学习共同体”构建专业教学团队的措施研究	体育科学	郑州大学	冯　艳	规划项目	8000

续表

编号	项目名称	学科门类	申报单位	申报人	项目类别 2	支持经费
2013 - GH - 377	面向知识咨询服务的大数据技术研究	图书情报文献学	郑州大学	白广思	规划项目	8000
2013 - GH - 381	高校阅读推广品牌的创建与研究	图书情报文献学	郑州大学	曹炳霞	规划项目	8000
2013 - GH - 384	基于云计算的数字资源整合与服务模式研究	图书情报文献学	郑州大学	伏　琰	规划项目	8000
2013 - GH - 392	百链云、e 读、primo 三大资源发现系统中文图书揭示能力比较研究	图书情报文献学	郑州大学	杨鲁捷	规划项目	8000
2013 - GH - 397	河南省图书馆基本公共文化服务均等化现状调查、问题分析与对策研究	图书情报文献学	郑州大学	杨晓农	规划项目	8000
2013 - GH - 405	基于文化自觉自信的河南高校大学生阅读推广机制研究	图书情报文献学	郑州大学	张　研	规划项目	8000
2013 - GH - 407	新千年的美国新现实主义小说研究	外国文学	郑州大学	郝素玲	规划项目	8000
2013 - GH - 437	媒介融合下期刊数字化传播与转型研究	新闻学与传播学	郑州大学	向　飒	规划项目	8000
2013 - GH - 438	网络广告的监管困境与治理策略	新闻学与传播学	郑州大学	常燕民	规划项目	8000
2013 - GH - 459	戏曲文化的民间传播及其意义生产研究	艺术学	郑州大学	宋　正	规划项目	8000
2013 - GH - 480	《水经注》笺注	语言学	郑州大学	王　东	规划项目	8000
2013 - GH - 574	中国当代文学对外传播现状与对策研究	中国文学	郑州大学	王　萍	规划项目	8000
2013 - GH - 580	河南省中小企业信用再担保体系建设研究	管理学	郑州大学	刘艳琨	规划项目	8000
2013 - GH - 594	高校英语"任务型"教学法调查与研究	教育学	郑州大学	王剑果	规划项目	8000
2013 - GH - 616	文本体裁与阅读策略选择的相关性——一项基于"有声思维"的实证性研究	语言学	郑州大学	孟庆玲	规划项目	8000
2013 - GH - 625	传媒与留守儿童的社会化：基于河南的实证研究	教育学	郑州大学	厉　励	规划项目	8000
2013 - QN - 054	80 后创业者行为过程研究——来自河南省 30 位创业者的考察	管理学	郑州大学	倪细云	青年项目	5000

续表

编号	项目名称	学科门类	申报单位	申报人	项目类别 2	支持经费
2013 - QN - 107	以自我控制能力训练为核心的犯罪青少年心理矫治	交叉学科/综合研究	郑州大学	朱艳丽	青年项目	5000
2013 - QN - 134	汉语国际推广中河南地域文化教学资源的研究和开发	交叉学科/综合研究	郑州大学	毛　雪	青年项目	5000
2013 - QN - 240	国际金融危机治理体系构建研究——基于美国金融危机治理的经验研究	经济学	郑州大学	刘　霞	青年项目	5000
2013 - QN - 272	郑州国际航空物流产业发展对策研究	经济学	郑州大学	刘素霞	青年项目	5000
2013 - QN - 290	明清时期豫北商人研究	历史学	郑州大学	吴志远	青年项目	5000
2013 - QN - 298	日常思想政治教育中培养大学生核心价值观研究	马克思主义理论	郑州大学	赵　昕	青年项目	5000
2013 - QN - 369	基于作者链接关系的知识交流模式研究	图书情报文献学	郑州大学	杨瑞仙	青年项目	5000
2013 - QN - 372	河南省高校联合机构知识库构建研究	图书情报文献学	郑州大学	李亚梅	青年项目	5000
2013 - QN - 428	融媒体时代广告批判理论与媒介素养教育研究	新闻学与传播学	郑州大学	罗雁飞	青年项目	5000
2013 - QN - 469	黄帝文化对中国古代服饰文化影响的研究	艺术学	郑州大学	刘静轩	青年项目	5000
2013 - QN - 472	动画传播视阈下的河南非物质文化遗产传承研究	艺术学	郑州大学	严　琰	青年项目	5000
2013 - QN - 521	基于韩国汉字语料的汉字传播属性研究	语言学	郑州大学	温　敏	青年项目	5000
2013 - QN - 529	汉英学术书评的评价模式对比研究	语言学	郑州大学	陈令君	青年项目	5000
2013 - QN - 552	医学留学生汉语习得状况研究	语言学	郑州大学	林　琳	青年项目	5000
2013 - QN - 595	张申府与张东荪马克思主义哲学观比较研究	哲学	郑州大学	张永超	青年项目	5000
2013 - QN - 601	孙鑛《文选》评本整理与研究	中国文学	郑州大学	赵俊玲	青年项目	5000
2013 - QN - 607	传媒时代的小说叙事伦理研究	中国文学	郑州大学	刘宏志	青年项目	5000
2013 - ZC - 009	新时期公立医院法人治理结构理论和方法研究	管理学	郑州大学	闫生方	自筹经费项目	

续表

编号	项目名称	学科门类	申报单位	申报人	项目类别 2	支持经费
2013 - ZC - 050	体育在建构和谐社会中的重要作用	体育科学	郑州大学	任应斌	自筹经费项目	
2013 - ZC - 061	模因理论视角下英语中的汉语借词研究	语言学	郑州大学	丁　萌	自筹经费项目	
2013 - GH - 117	中原特色的新型城镇化发展模式研究	交叉学科/综合研究	郑州大学体育学院	宋雪梅	规划项目	8000
2013 - GH - 319	文化自觉视阈下的大学生思想政治教育研究	马克思主义理论	郑州大学体育学院	张　迪	规划项目	8000
2013 - GH - 640	运动训练对内分泌影响的研究	体育学	郑州大学体育学院	李　南	规划项目	8000
2013 - GH - 334	大学生认同与践行社会主义核心价值观研究	马克思主义理论	郑州大学体育学院	韩银廷	规划项目	8000
2013 - GH - 366	定向越野作为大学生有氧耐力运动主要手段的可行性研究	体育科学	郑州大学体育学院	尹　昊	规划项目	8000
2013 - GH - 615	高校公共艺术教育中学生创造力的培养	艺术学	郑州大学体育学院	张　扬	规划项目	8000
2013 - QN - 334	中原经济区体育教育资源共享服务平台构建研究	体育科学	郑州大学体育学院	高海潮	青年项目	5000
2013 - QN - 335	体育教育专业教育类课程改革探究——基于“反思型实践者”理念	体育科学	郑州大学体育学院	成聪聪	青年项目	5000
2013 - QN - 342	高等教育国际化进程中构建体育院校核心竞争力的模式研究	体育科学	郑州大学体育学院	张学领	青年项目	5000
2013 - QN - 345	河南省高校运动训练专业人才培养模式现状及对策研究	体育科学	郑州大学体育学院	肖　勇	青年项目	5000
2013 - QN - 346	河南省大学生营养状况与社会环境因素关系研究	体育科学	郑州大学体育学院	禹　洋	青年项目	5000
2013 - QN - 350	太极柔力球的文化内涵与发展策略研究	体育科学	郑州大学体育学院	范　磊	青年项目	5000
2013 - QN - 356	河南省体育院系优秀教学团队形成机制研究	体育科学	郑州大学体育学院	张建丰	青年项目	5000
2013 - ZC - 029	高校数字化校园建设存在的问题及对策研究	教育学	郑州大学体育学院	王小伟	自筹经费项目	
2013 - GH - 600	中原经济区商业银行竞争力的差异性研究	经济学	郑州大学西亚斯国际学院	张号栋	规划项目	8000
2013 - QN - 025	旅游流与目的地耦合:因素及模型与机制研究—以郑、汴、洛三大城市入境旅游为例	管理学	郑州大学西亚斯国际学院	李景初	青年项目	5000

续表

编号	项目名称	学科门类	申报单位	申报人	项目类别2	支持经费
2013-QN-241	河南文化产业和旅游产业融合发展路径研究	经济学	郑州大学西亚斯国际学院	华萍	青年项目	5000
2013-QN-464	多元文化视野下的我国高师音乐教育专业课程设置研究	艺术学	郑州大学西亚斯国际学院	陈音池	青年项目	5000
2013-QN-480	高校钢琴教学中的民族化发展研究	艺术学	郑州大学西亚斯国际学院	迟冰	青年项目	5000
2013-QN-482	合唱艺术在公共文化艺术事业的地位及在省内的发展现状之研究	艺术学	郑州大学西亚斯国际学院	常磊	青年项目	5000
2013-QN-489	河南省大学生本土音乐教育状况研究	艺术学	郑州大学西亚斯国际学院	刘华	青年项目	5000
2013-QN-503	“美声大众化”背景下的高校美声声乐教学创新研究	艺术学	郑州大学西亚斯国际学院	王丽	青年项目	5000
2013-QN-524	基于学生个人需求分析的大学英语教学研究	语言学	郑州大学西亚斯国际学院	王银平	青年项目	5000
2013-QN-630	文化与市场的纠缠——社会主义市场精神的培育研究	交叉学科/综合研究	郑州大学西亚斯国际学院	熊振均	青年项目	5000
2013-QN-255	河南省现代物流业发展中的税收问题研究	经济学	郑州电力高等专科学校	薛香梅	青年项目	5000
2013-ZC-106	关于父母“职业”持证上岗的可行性研究	交叉学科/综合研究	郑州电力高等专科学校	孙金梅	自筹经费项目	
2013-QN-204	对高职院校艺术设计专业教育现状及就业问题的分析	教育学	郑州电力职业技术学院	蒋琦	青年项目	5000
2013-ZC-103	基于BtoB环境下的大蒜供应链运作机制研究	管理学	郑州电力职业技术学院	杨延萍	自筹经费项目	
2013-ZC-104	爱心管理理念在人力资源管理中的应用	管理学	郑州电力职业技术学院	周东亚	自筹经费项目	
2013-ZC-109	基于“工学结合”的高职教学管理研究与探索	交叉学科/综合研究	郑州电力职业技术学院	潘爱民	自筹经费项目	
2013-ZC-134	高职语文教学中成语典故教学的研究	语言学	郑州工业安全职业学院	李芳	自筹经费项目	
2013-ZD-049	河南村镇银行创新发展研究	经济学	郑州航空工业管理学院	王伟	重点项目	20000
2013-ZD-052	河南发展航空经济的现状、对策及路径选择	经济学	郑州航空工业管理学院	郝爱民	重点项目	20000
2013-GH-015	犯罪参与体系中实质实行行为研究	法学	郑州航空工业管理学院	袁雪	规划项目	8000

续表

编号	项目名称	学科门类	申报单位	申报人	项目类别2	支持经费
2013 - GH - 024	多元社会利益衡平法律机制研究	法学	郑州航空工业管理学院	王晶宇	规划项目	8000
2013 - GH - 031	河南省上市公司战略漂移内部控制研究	管理学	郑州航空工业管理学院	董中超	规划项目	8000
2013 - GH - 034	非一体化供应链调度与协调管理研究	管理学	郑州航空工业管理学院	李志勇	规划项目	8000
2013 - GH - 041	基于生命周期理论的企业会计政策选择研究	管理学	郑州航空工业管理学院	杨红娟	规划项目	8000
2013 - GH - 056	河南省科技型小微企业创新能力诊断平台研究	管理学	郑州航空工业管理学院	常金玲	规划项目	8000
2013 - GH - 105	河南省“三化”协调发展的水资源保障体系建设研究	交叉学科/综合研究	郑州航空工业管理学院	李莲秀	规划项目	8000
2013 - GH - 256	河南省发展服务外包重点产业选择与扶植政策研究	经济学	郑州航空工业管理学院	马凌远	规划项目	8000
2013 - GH - 262	增长动力转换:机制、路径与效应研究	经济学	郑州航空工业管理学院	李雅丽	规划项目	8000
2013 - GH - 267	集体经济与新型农村社区持续发展研究	经济学	郑州航空工业管理学院	杨富堂	规划项目	8000
2013 - GH - 291	大学生失业的形式及其演变趋势研究	经济学	郑州航空工业管理学院	李　宁	规划项目	8000
2013 - GH - 347	pm2.5影响下的河南省新型农村社区规划研究	社会学	郑州航空工业管理学院	姜秀娟	规划项目	8000
2013 - GH - 414	从生态女性视角解读20世纪美国经典小说	外国文学	郑州航空工业管理学院	李艳芳	规划项目	8000
2013 - GH - 452	现代性视域下的审美救赎	艺术学	郑州航空工业管理学院	宋春丽	规划项目	8000
2013 - GH - 509	从语言经济学角度看我省的外语教育	语言学	郑州航空工业管理学院	许　峰	规划项目	8000
2013 - GH - 559	《剑侠传》校勘整理与版本系统考论	中国文学	郑州航空工业管理学院	杨　伦	规划项目	8000
2013 - QN - 026	基于三阶段DEA方法的河南省城市科技效率评价研究	管理学	郑州航空工业管理学院	刘绘珍	青年项目	5000
2013 - QN - 038	公共投资项目政府审计研究	管理学	郑州航空工业管理学院	冯梅笑	青年项目	5000
2013 - QN - 065	地方服务型政府绩效评估指标体系研究	管理学	郑州航空工业管理学院	郜绍辉	青年项目	5000

续表

编号	项目名称	学科门类	申报单位	申报人	项目类别2	支持经费
2013－QN－066	基于农民专业合作组织的郑州市都市农业发展研究	管理学	郑州航空工业管理学院	倪大钊	青年项目	5000
2013－QN－077	当今中国维护国家安全利益的研究	国际问题研究	郑州航空工业管理学院	刘　敏	青年项目	5000
2013－QN－082	河南省企业对外直接投资的区域选择与风险评估	交叉学科/综合研究	郑州航空工业管理学院	卞雅莉	青年项目	5000
2013－QN－098	低碳背景下的河南乡土景观价值传承和可持续发展研究	交叉学科/综合研究	郑州航空工业管理学院	朱丽娟	青年项目	5000
2013－QN－120	快速城市化进程中城市新区开发建设的伦理学审视和可持续发展研究	交叉学科/综合研究	郑州航空工业管理学院	崔秀敏	青年项目	5000
2013－QN－252	河南省城镇化过程中失地农民问题研究	经济学	郑州航空工业管理学院	柯瑞芬	青年项目	5000
2013－QN－264	郑州航空港区建设背景下中原经济区旅游业发展研究	经济学	郑州航空工业管理学院	殷小燕	青年项目	5000
2013－QN－270	河南省城镇化发展与粮食供需安全目标间的协调路径研究	经济学	郑州航空工业管理学院	蔡晓黎	青年项目	5000
2013－QN－288	国民政府时期河南灾荒救助体系研究（1927－1937）	历史学	郑州航空工业管理学院	孙训华	青年项目	5000
2013－QN－365	档案网站用户粘性研究	图书情报文献学	郑州航空工业管理学院	高大伟	青年项目	5000
2013－QN－385	20世纪美国文学中人与土地关系的伦理研究	外国文学	郑州航空工业管理学院	付文中	青年项目	5000
2013－QN－440	基于郑州航空港区的工业旅游产品设计研究	艺术学	郑州航空工业管理学院	杜　珊	青年项目	5000
2013－QN－443	阳明美学引导下郑州空港应用产品设计研究	艺术学	郑州航空工业管理学院	袁晓东	青年项目	5000
2013－QN－450	非物质文化遗产下的中原民俗品牌培育研究	艺术学	郑州航空工业管理学院	郭　苏	青年项目	5000
2013－QN－458	基于中原文化的产品设计创新理论与方法研究	艺术学	郑州航空工业管理学院	焦　斌	青年项目	5000
2013－QN－476	郑州市区立交桥附属空间景观改造研究	艺术学	郑州航空工业管理学院	黎　伟	青年项目	5000
2013－QN－481	基于动画艺术特征的叙事策略与方法研究	艺术学	郑州航空工业管理学院	栗晓枢	青年项目	5000
2013－QN－638	先秦公私思想研究	历史学	郑州航空工业管理学院	张靖人	青年项目	5000

续表

编号	项目名称	学科门类	申报单位	申报人	项目类别 2	支持经费
2013 - GH - 199	土木工程专业学生实践能力培养模式的研究	教育学	郑州华信学院	李志鹏	规划项目	8000
2013 - GH - 208	高校文化建设与道德培养关系研究	教育学	郑州华信学院	李宏岩	规划项目	8000
2013 - GH - 214	建筑装饰工程技术专业校企合作模式的研究与实践	教育学	郑州华信学院	李　莉	规划项目	8000
2013 - GH - 271	河南省小微企业融资问题研究	经济学	郑州华信学院	孟腊梅	规划项目	8000
2013 - GH - 327	中国特色社会主义制度研究	马克思主义理论	郑州华信学院	冯建业	规划项目	8000
2013 - GH - 342	河南省城乡医疗保障统筹发展研究	社会学	郑州华信学院	马　静	规划项目	8000
2013 - GH - 418	西尔科作品中印第安女性形象研究	外国文学	郑州华信学院	刘　丽	规划项目	8000
2013 - GH - 473	河南民间工艺美术产业化发展——大学生创业新天地	艺术学	郑州华信学院	时宗伟	规划项目	8000
2013 - QN - 164	高校创新创业型人才培养模式及途径研究	教育学	郑州华信学院	蒋文娟	青年项目	5000
2013 - QN - 166	基于需求分析的民办高校大学英语教学改革研究	教育学	郑州华信学院	马利娜	青年项目	5000
2013 - QN - 170	基于人文与创新的民办高校校园文化建设研究	教育学	郑州华信学院	贺　慧	青年项目	5000
2013 - QN - 183	文理兼收现状下教育教学改革的研究与实践	教育学	郑州华信学院	毛建景	青年项目	5000
2013 - QN - 190	大学物理实验教学研究	教育学	郑州华信学院	郭富强	青年项目	5000
2013 - QN - 393	马斯洛需求层次理论视域中的《S.》	外国文学	郑州华信学院	刘　霞	青年项目	5000
2013 - QN - 432	网络视频广告的价值研究	新闻学与传播学	郑州华信学院	徐丽静	青年项目	5000
2013 - QN - 434	传播学视域下的"美丽河南"形象建构研究	新闻学与传播学	郑州华信学院	姜一梅	青年项目	5000
2013 - ZC - 068	关于民办高校考试模式改革的探究与实践	教育学	郑州华信学院	姜亚玲	自筹经费项目	
2013 - ZC - 073	河南省民办高校校园文化建设对大学生道德培养影响的调查研究	教育学	郑州华信学院	李书平	自筹经费项目	

续表

编号	项目名称	学科门类	申报单位	申报人	项目类别2	支持经费
2013－ZC－076	土木工程专业应用型实验教学体系构建与管理的研究和实践	教育学	郑州华信学院	梁　美	自筹经费项目	
2013－ZC－078	高校药物制剂专业实践教学质量评价标准的探讨	教育学	郑州华信学院	刘秋伟	自筹经费项目	
2013－GH－080	城乡公共服务均等化研究	管理学	郑州交通职业学院	褚吉瑞	规划项目	8000
2013－GH－581	网络环境下数字出版产业发展问题研究	管理学	郑州交通职业学院	牛艳莉	规划项目	8000
2013－GH－582	区域经济发展与职业教育研究——基于劳动力转移策略	管理学	郑州交通职业学院	任俊峰	规划项目	8000
2013－QN－191	民办高校教师职业倦怠问题及对策研究	教育学	郑州交通职业学院	介石磊	青年项目	5000
2013－QN－273	科学发展汽车后产业,促进中原经济区建设	经济学	郑州交通职业学院	张一芳	青年项目	5000
2013－QN－422	河南省高校教师职业认同实证研究	心理学	郑州交通职业学院	种明慧	青年项目	5000
2013－QN－543	人本主义学习理论下的农民工子女英语教学模式研究	语言学	郑州交通职业学院	张梦娟	青年项目	5000
2013－QN－060	基于电子商务的平台式网购消费者隐私感知与采纳行为研究	管理学	郑州经贸职业学院	张艳格	青年项目	5000
2013－QN－071	中原经济区建设中河南民营企业系统风险预警机制研究	管理学	郑州经贸职业学院	胡久贵	青年项目	5000
2013－QN－125	郑州市科技金融创新体系研究	交叉学科/综合研究	郑州经贸职业学院	郑金芳	青年项目	5000
2013－QN－135	云计算教学平台下课程协作教学设计	交叉学科/综合研究	郑州经贸职业学院	钱素娟	青年项目	5000
2013－QN－207	《运用项目教学法提高室内设计专业学生 Photoshop 软件的应用能力》研究方案	教育学	郑州经贸职业学院	胡巧玲	青年项目	5000
2013－QN－208	高等职业院校大学数学教学改革与实践	教育学	郑州经贸职业学院	纪素娟	青年项目	5000
2013－QN－435	中国慈善公益组织的信用危机与品牌建设	新闻学与传播学	郑州经贸职业学院	李晓彦	青年项目	5000
2013－QN－474	高职院校应用艺术专业产学研一体化教学改革与实践	艺术学	郑州经贸职业学院	邓　丽	青年项目	5000
2013－QN－641	富媒体广告研究	新闻学与传播学	郑州经贸职业学院	赵素欣	青年项目	5000

续表

编号	项目名称	学科门类	申报单位	申报人	项目类别 2	支持经费
2013－QN－652	以市场为导向的高职专业英语课程设置探讨与研究	语言学	郑州经贸职业学院	雷　斐	青年项目	5000
2013－ZD－029	新型城镇化背景下农民工市民化的微观研究——以河南省为例	交叉学科/综合研究	郑州科技学院	孟　刚	重点项目	20000
2013－QN－220	拓展高校音乐院系学生人文素养培养途径研究	教育学	郑州科技学院	王含光	青年项目	5000
2013－QN－325	城镇化视域下，河南新生代农民工城市融入机制实证研究	社会学	郑州科技学院	蔡晓辉	青年项目	5000
2013－ZC－095	产业集群与城镇化互动发展研究	管理学	郑州科技学院	苑卫卫	自筹经费项目	
2013－ZC－096	集约、智能、绿色、低碳的中原经济区新型城镇化道路研究	管理学	郑州科技学院	梁　昊	自筹经费项目	
2013－ZC－097	低碳目标下河南省能源消费总量控制的途径与对策研究	管理学	郑州科技学院	权　丽	自筹经费项目	
2013－ZC－098	河南省服装行业在线营销渠道的构建及优化策略研究	管理学	郑州科技学院	肖丽平	自筹经费项目	
2013－ZC－099	新“四化”背景下我省女性的就业现状及发展变化研究	管理学	郑州科技学院	王巧丽	自筹经费项目	
2013－ZD－027	河南省红色旅游资源的开发与创新研究	交叉学科/综合研究	郑州旅游职业学院	杨懿娟	重点项目	20000
2013－QN－160	旅游类高职院校创新型人才培养评价体系研究	教育学	郑州旅游职业学院	胡红梅	青年项目	5000
2013－QN－640	元认知策略促进多媒体旅游英语自主学习	心理学	郑州旅游职业学院	刘燕方	青年项目	5000
2013－ZD－047	农牧院校经管类大学生综合素质培养模式的研究与实践	教育学	郑州牧业工程高等专科学校	李建宏	重点项目	20000
2013－GH－121	中原经济区“三化”协调发展试验区模式的研究	交叉学科/综合研究	郑州牧业工程高等专科学校	刘大宁	规划项目	8000
2013－GH－124	大学生创业心理素质培养途径研究	交叉学科/综合研究	郑州牧业工程高等专科学校	杜鹏娟	规划项目	8000
2013－GH－179	大学生理想信念教育研究	教育学	郑州牧业工程高等专科学校	马丽娟	规划项目	8000
2013－GH－186	应用型外贸人才创业素质培养研究	教育学	郑州牧业工程高等专科学校	陈延潼	规划项目	8000
2013－GH－220	中原经济区建设背景下河南高等农林教育与农业现代化建设研究	教育学	郑州牧业工程高等专科学校	宋　平	规划项目	8000

续表

编号	项目名称	学科门类	申报单位	申报人	项目类别2	支持经费
2013-GH-294	河南省生态畜牧业发展策略研究	经济学	郑州牧业工程高等专科学校	刘建铭	规划项目	8000
2013-GH-499	从隐喻视角看理想化认知模式在英汉科技翻译中的作用	语言学	郑州牧业工程高等专科学校	闻　华	规划项目	8000
2013-GH-571	严歌苓小说创作研究	中国文学	郑州牧业工程高等专科学校	李新宇	规划项目	8000
2013-GH-608	中国精神与大学生思想道德教育研究	社会学	郑州牧业工程高等专科学校	臧　梅	规划项目	8000
2013-GH-634	传统文化与中国梦	社会学	郑州牧业工程高等专科学校	刘　静	规划项目	8000
2013-QN-040	短生命周期产品供应链运作效率研究	管理学	郑州牧业工程高等专科学校	曾梦杰	青年项目	5000
2013-QN-092	新时期中国特色反腐倡廉科学化长效机制的实践与研究	交叉学科/综合研究	郑州牧业工程高等专科学校	海　娜	青年项目	5000
2013-QN-312	“我的中国梦”主题校园文化育人机制研究	马克思主义理论	郑州牧业工程高等专科学校	李建伟	青年项目	5000
2013-QN-380	河南省农林院校图书馆数字资源利用现状及策略研究	图书情报文献学	郑州牧业工程高等专科学校	王清飞	青年项目	5000
2013-QN-484	河南省艺术文化创意产业对高校艺术教育提出的挑战和对策研究	艺术学	郑州牧业工程高等专科学校	金云霞	青年项目	5000
2013-ZC-042	高职院校大学生就业核心竞争力的研究与实践	社会学	郑州牧业工程高等专科学校	王春明	规划项目	8000
2013-ZC-065	河南区域内孔子民间传说的研究	中国文学	郑州牧业工程高等专科学校	雷　鸣	自筹经费项目	
2013-ZD-050	郑州航空港经济综合实验区临空经济发展研究	经济学	郑州轻工业学院	王淑湘	重点项目	20000
2013-ZD-098	中原经济区建设中传统村落保护研究-以郑州周边传统村落为对象	艺术学	郑州轻工业学院	宗　迅	重点项目	20000
2013-GH-077	政府投资项目审计模式研究	管理学	郑州轻工业学院	邢　晟	规划项目	8000
2013-GH-166	关于我国当代教育的身体转向及其措施的问题研究——基于身体哲学的视角	教育学	郑州轻工业学院	冯合国	规划项目	8000
2013-GH-280	河南“省直管县”进程中的问题与对策研究	经济学	郑州轻工业学院	彭青秀	规划项目	8000

续表

编号	项目名称	学科门类	申报单位	申报人	项目类别 2	支持经费
2013 - GH - 458	地域性博物馆生态设计及文脉传承研究	艺术学	郑州轻工业学院	秦 方	规划项目	8000
2013 - GH - 507	大学生会话中的话语标记研究——语料库语言学视角	语言学	郑州轻工业学院	刘冬玲	规划项目	8000
2013 - GH - 542	诺丁斯关怀伦理视阈下以关怀为核心的高校师生关系研究	哲学	郑州轻工业学院	杨 晓	规划项目	8000
2013 - QN - 029	情感事件理论视角下差序式领导与新生代员工工作投入行为研究:跨层分析	管理学	郑州轻工业学院	许 颖	青年项目	5000
2013 - QN - 042	廉政视阈下公职人员利益冲突风险评估与管理机制研究	管理学	郑州轻工业学院	王天笑	青年项目	5000
2013 - QN - 097	新型城镇化推进背景下农村居民点用地演化与优化调控研究	交叉学科/综合研究	郑州轻工业学院	关小克	青年项目	5000
2013 - QN - 100	文化产业化过程中受众的文化认知及参与态度关联性研究——以少林文化为例	交叉学科/综合研究	郑州轻工业学院	矫 菲	青年项目	5000
2013 - QN - 239	产业选择视角下的传统农区新型城镇化的路径研究——以信阳市为例	经济学	郑州轻工业学院	李卓杰	青年项目	5000
2013 - QN - 260	“三化”协调发展中农产品价格形成机制研究	经济学	郑州轻工业学院	张卫宾	青年项目	5000
2013 - QN - 375	跨区域学科联盟构建策略及其绩效评估研究	图书情报文献学	郑州轻工业学院	兰晓霞	青年项目	5000
2013 - QN - 379	河南省高校图书馆数字资源分布与利用研究	图书情报文献学	郑州轻工业学院	刘 岩	青年项目	5000
2013 - QN - 384	白色的墨汁:伊萨克·迪内森的女性书写与书写女性	外国文学	郑州轻工业学院	翟文婧	青年项目	5000
2013 - QN - 388	乔治·艾略特早期作品的生态伦理学研究	外国文学	郑州轻工业学院	周晓红	青年项目	5000
2013 - QN - 451	高校美术类专业民间美术资源开发和利用研究	艺术学	郑州轻工业学院	苏娟娟	青年项目	5000
2013 - QN - 471	基于历史文化景观保护的郑州城市绿色线性空间规划研究	艺术学	郑州轻工业学院	路 爽	青年项目	5000
2013 - QN - 485	河南浚县历史文化景观的保护与旅游产业开发研究	艺术学	郑州轻工业学院	刘 谊	青年项目	5000
2013 - QN - 487	基于新郑地域文化景观保护与古城旅游产业开发研究	艺术学	郑州轻工业学院	陈 虎	青年项目	5000

续表

编号	项目名称	学科门类	申报单位	申报人	项目类别 2	支持经费
2013 - QN - 513	庞德语言能量观视域下汉诗外译策略研究	语言学	郑州轻工业学院	闫朝晖	青年项目	5000
2013 - QN - 519	区域软实力观照下中原民俗文化对外传播研究	语言学	郑州轻工业学院	李　磊	青年项目	5000
2013 - QN - 528	生态翻译视阈下莫言小说葛译本研究	语言学	郑州轻工业学院	许文丽	青年项目	5000
2013 - QN - 536	顺应论视角下旅游语篇翻译研究	语言学	郑州轻工业学院	柳学永	青年项目	5000
2013 - QN - 559	郑州市商店名称的调查及认知分析	语言学	郑州轻工业学院	贺　宁	青年项目	5000
2013 - QN - 587	英语专业学生思辨能力培养的研究与实践	语言学	郑州轻工业学院	郭　歌	青年项目	5000
2013 - QN - 648	英汉新词语的认知对比分析	语言学	郑州轻工业学院	赵　楠	青年项目	5000
2013 - ZC - 003	基本公共服务均等化的经济法制度研究	法学	郑州轻工业学院	仵明丽	自筹经费项目	
2013 - ZC - 004	多元化办学体制下的大学教育捐赠制度研究	管理学	郑州轻工业学院	张　宁	自筹经费项目	
2013 - ZC - 045	加强和创新中原经济区社会管理研究	社会学	郑州轻工业学院	胡　卉	自筹经费项目	
2013 - GH - 146	雾霾天气治理与中原经济区新型城镇化建设策略问题研究	交叉学科/综合研究	郑州升达经贸学院	刘洪芹	规划项目	8000
2013 - GH - 254	中国宏观税负合理性判断与政府收支体系重构	经济学	郑州升达经贸学院	陈颂东	规划项目	8000
2013 - QN - 250	河南省建设内陆开放高地的重难点及模式研究	经济学	郑州升达经贸学院	杨大凤	青年项目	5000
2013 - QN - 518	提升豫菜文化国际影响力之外宣翻译规范性调查研究	语言学	郑州升达经贸学院	赵祥云	青年项目	5000
2013 - ZC - 018	<新传媒 e 时代的网络文化环境与高校人文教育冲突之研究>	交叉学科/综合研究	郑州升达经贸学院	邓　玲	自筹经费项目	
2013 - ZD - 035	教师权力策略研究	教育学	郑州师范学院	杜志强	重点项目	20000
2013 - ZD - 045	中原经济区特殊教育教师队伍建设研究	教育学	郑州师范学院	郭爱鸽	重点项目	20000
2013 - GH - 178	郑州市“班班通”应用现状调查及可持续发展研究	教育学	郑州师范学院	李　莉	规划项目	8000

续表

编号	项目名称	学科门类	申报单位	申报人	项目类别2	支持经费
2013－GH－228	“双导师制”下的师范生教学实施能力研究	教育学	郑州师范学院	王念利	规划项目	8000
2013－GH－382	郑州都市区高校图书馆网上知识咨询服务体系构建及实现机制研究	图书情报文献学	郑州师范学院	袁红军	规划项目	8000
2013－GH－567	新世纪女性文学转型研究	中国文学	郑州师范学院	杨　烜	规划项目	8000
2013－QN－136	河南省“国培计划”小学英语教师培训实效性调查与研究	交叉学科/综合研究	郑州师范学院	李占启	青年项目	5000
2013－QN－197	基于TPACK框架的师范生教育技术能力培养策略研究	教育学	郑州师范学院	徐红梅	青年项目	5000
2013－QN－410	青少年自拍行为心理机制研究	心理学	郑州师范学院	晋　争	青年项目	5000
2013－QN－430	网络环境下新闻漫画的发展趋势研究	新闻学与传播学	郑州师范学院	徐继英	青年项目	5000
2013－QN－441	美术教育在河南省进城务工人员随迁子女城市融入过程中的作用研究	艺术学	郑州师范学院	商艳玲	青年项目	5000
2013－QN－447	素质教育视角下高师音乐学专业舞蹈教学的改革与探索	艺术学	郑州师范学院	盛　慧	青年项目	5000
2013－QN－598	伦理视阈下企业安全发展问题研究	哲学	郑州师范学院	孟维巍	青年项目	5000
2013－GH－129	新时期大学生对流行音乐歌词古典美的鉴赏能力培养研究	交叉学科/综合研究	郑州澍青医专	陈振艳	规划项目	8000
2013－ZC－108	校园诚信建设的对策研究	交叉学科/综合研究	郑州澍青医专	王　晨	自筹经费项目	
2013－ZC－110	高职高专美容专业人体解剖学教学研究	交叉学科/综合研究	郑州澍青医专	侯小丽	自筹经费项目	
2013－ZC－121	非公有制企业参与新型农村社区建设路径研究	社会学	郑州澍青医专	左铁光	自筹经费项目	
2013－GH－474	基于新加坡教学工厂理念的我省艺术设计专业校企合作机制的构建与研究	艺术学	郑州铁路职业技术学院	白玉成	规划项目	8000
2013－GH－592	英语教育与国民素质教育关联性研究	教育学	郑州铁路职业技术学院	王　伟	规划项目	8000
2013－QN－505	三大构成课外辅助教学网页开发研究	艺术学	郑州铁路职业技术学院	刘　莹	青年项目	5000

续表

编号	项目名称	学科门类	申报单位	申报人	项目类别2	支持经费
2013－QN－642	艺术设计专业毕业设计创新模式研究	艺术学	郑州铁路职业技术学院	宋　艳	青年项目	5000
2013－ZC－090	高职外语专业创新驱动发展教学模式的应用与研究	教育学	郑州铁路职业技术学院	乔　滢	自筹经费项目	
2013－ZC－102	经济转型期对创业环境因素的影响分析与研究——以河南省高校大学生为例	管理学	郑州铁路职业技术学院	刘　怡	自筹经费项目	
2013－ZC－133	语言顺应论框架内高职院校学生英语语用失误研究	语言学	郑州铁路职业技术学院	刘　波	自筹经费项目	
2013－GH－450	豫西北民间濒危剧种田野调查与研究	艺术学	郑州信息科技职业学院	李海安	规划项目	8000
2013－ZC－028	高职院校思想政治教育理论课教学策略研究	教育学	郑州信息科技职业学院	支天红	自筹经费项目	
2013－QN－216	幼儿英语教育存在的问题与对策探究	教育学	郑州幼儿师范高等专科学校	李　娜	青年项目	5000
2013－QN－575	英汉文学翻译中的语篇连贯与翻译策略探微	语言学	郑州幼儿师范高等专科学校	金怡文	青年项目	5000
2013－ZC－089	0－3岁婴儿早期教育专业人才职前培养研究	教育学	郑州幼儿师范高等专科学校	邓祖丽颖	自筹经费项目	
2013－GH－184	就业导向视觉下大学生综合素质创新研究	教育学	郑州职业技术学院	李智华	规划项目	8000
2013－GH－201	高职院校电子商务专业建设和行业人才需求接轨的研究	教育学	郑州职业技术学院	苗年立	规划项目	8000
2013－QN－171	高职院校校企合作长效机制研究	教育学	郑州职业技术学院	董英山	青年项目	5000
2013－QN－202	以服务区域经济为目标,构建高职校企合作长效运行机制	教育学	郑州职业技术学院	马朝华	青年项目	5000
2013－QN－301	河南高职院校大学生思想政治教育个性化培养模式研究	马克思主义理论	郑州职业技术学院	邱中成	青年项目	5000
2013－QN－359	河南省高等院校课余体育训练状况调查和对策研究	体育科学	郑州职业技术学院	张秀玲	青年项目	5000
2013－QN－423	中原经济区背景下食品安全舆情引导研究	新闻学与传播学	郑州职业技术学院	杨天瑜	青年项目	5000
2013－QN－431	互联网虚拟空间美丽河南形象建构研究	新闻学与传播学	郑州职业技术学院	朱云龙	青年项目	5000

续表

编号	项目名称	学科门类	申报单位	申报人	项目类别2	支持经费
2013－ZD－074	我省城市流浪乞讨人员救助管理制度创新研究－社会化救助视野下政府责任与民间组织责任	社会学	中原工学院	石燕捷	重点项目	20000
2013－ZD－087	记述黑人女性身份认同的血泪史——赫斯顿长篇小说研究	外国文学	中原工学院	杨道云	重点项目	20000
2013－GH－081	印度的战略文化与安全行为研究	国际问题研究	中原工学院	随新民	规划项目	8000
2013－GH－094	积极心理学在大学生心理健康教育中的应用研究	交叉学科/综合研究	中原工学院	刘　芳	规划项目	8000
2013－GH－123	中原经济区居民收入倍增理路研究	交叉学科/综合研究	中原工学院	李明桂	规划项目	8000
2013－GH－149	农村留守儿童的教育困境及救助机制研究——以河南省原阳县留守儿童学校为主要观察点	交叉学科/综合研究	中原工学院	王为东	规划项目	8000
2013－GH－218	依托学科交叉构建研究生教育创新体系	教育学	中原工学院	马肖华	规划项目	8000
2013－GH－323	“四化”同步发展背景下的乡民精神家园构建研究	马克思主义理论	中原工学院	陈锦晓	规划项目	8000
2013－GH－472	郑州商城墙遗址保护的艺术性应用研究	艺术学	中原工学院	白　冰	规划项目	8000
2013－GH－478	基于语料库的科技论文英文摘要语体研究	语言学	中原工学院	段士平	规划项目	8000
2013－GH－510	基于“卓越工程师培养计划”的河南省理工院校大学英语后续课程EAP的构建与研究	语言学	中原工学院	张海燕	规划项目	8000
2013－GH－541	基于生态伦理的郑州市低碳交通建设研究	哲学	中原工学院	虎业勤	规划项目	8000
2013－QN－009	中原经济区农村生态环境保护立法研究	法学	中原工学院	张金艳	青年项目	5000
2013－QN－291	“燃料危机”还是“燃料荒”——北宋东京能源安全问题研究	历史学	中原工学院	柴国生	青年项目	5000
2013－QN－330	“柔性机制”的引入与构建：郑州都市区建设中城管执法难题的破解及路径思考	社会学	中原工学院	杨林霞	青年项目	5000
2013－QN－507	立体三维模型试验在环境设计专业中的作用	艺术学	中原工学院	汤少哲	青年项目	5000

续表

编号	项目名称	学科门类	申报单位	申报人	项目类别2	支持经费
2013－QN－622	“草根”飞出的声乐思维—自我意识在声乐艺术中的构建	艺术学	中原工学院	王晓璐	青年项目	5000
2013－ZD－043	基于六西格玛的独立学院英语教学质量管理模式的构建	教育学	中原工学院信息商务学院	陈媛媛	重点项目	20000
2013－GH－471	基于中原经济区建设环境下纺织产品艺术设计专业培养模式研究	艺术学	中原工学院信息商务学院	牛玖荣	规划项目	8000
2013－GH－614	全媒体时代郑州城市文化传播形态创新研究	新闻学与传播学	中原工学院信息商务学院	聂　伟	规划项目	8000
2013－QN－111	传承创新华夏文化视野下之大学生文化身份认同研究	交叉学科/综合研究	中原工学院信息商务学院	王　磊	青年项目	5000
2013－QN－596	政治哲学视域下的公共传媒研究	哲学	中原工学院信息商务学院	雷英英	青年项目	5000
2013－ZC－101	基于生命周期理论的煤电企业财务战略研究	管理学	中原工学院信息商务学院	王素娟	自筹经费项目	
2013－ZD－040	中国高等工程专科教育的演变及其对高等职业教育的启示	教育学	中州大学	李宏德	重点项目	20000
2013－GH－108	中原艺术品投资市场发展的现状、面临的问题及应对策略研究	交叉学科/综合研究	中州大学	朱志学	规划项目	8000
2013－GH－120	中原经济区建设背景下的河南省职业教育集团发展问题研究	交叉学科/综合研究	中州大学	张美莉	规划项目	8000
2013－GH－467	河南豫剧男声声腔艺术研究	艺术学	中州大学	常德坤	规划项目	8000
2013－GH－495	基于SWOT分析的河南文化产业发展探析	语言学	中州大学	和　伟	规划项目	8000
2013－GH－569	夏承焘的词学批评之学研究	中国文学	中州大学	胡永启	规划项目	8000
2013－GH－587	高职高专英语情感教学策略研究	交叉学科/综合研究	中州大学	陈晓丹	规划项目	8000
2013－QN－074	基于因子分析的中原经济区上市公司绩效评价与提升策略研究	管理学	中州大学	管　伟	青年项目	5000
2013－QN－254	利用外资与提高河南开放型经济水平研究	经济学	中州大学	宋红军	青年项目	5000
2013－QN－259	中原经济区农产品绿色物流金融发展研究	经济学	中州大学	刘永焕	青年项目	5000
2013－QN－407	田纳西威廉斯剧作中隐匿的同性恋主题研究	外国文学	中州大学	马予华	青年项目	5000

续表

编号	项目名称	学科门类	申报单位	申报人	项目类别2	支持经费
2013－QN－407	田纳西威廉斯剧作中隐匿的同性恋主题研究	外国文学	中州大学	马予华	青年项目	5000
2013－QN－623	中原经济区城镇化立法对策研究	法学	中州大学	韩兴华	青年项目	5000
2013－ZC－062	当代美学研究新进展理论境遇中美学与美育的对接研究	哲学	中州大学	王珍珍	自筹经费项目	
2013－GH－224	“90后”大学生群体行为对高校稳定的影响研究	教育学	周口科技职业学院	许德宽	规划项目	8000
2013－ZC－080	高职教育对“中原经济区”建设和发展影响的研究	教育学	周口科技职业学院	张　奎	自筹经费项目	
2013－ZC－085	我省职教园区教育资源开发和共享模式研究	教育学	周口科技职业学院	许秋华	自筹经费项目	
2013－ZD－004	新刑事诉讼法实施背景下刑事和解制度研究	法学	周口师范学院	张　斌	重点项目	20000
2013－ZD－042	河南省城乡义务教育资源均衡化发展策略研究	教育学	周口师范学院	陈永光	重点项目	20000
2013－ZD－112	翻译目的论视角下食品包装文字说明的英译——以河南制造品牌为例	语言学	周口师范学院	张丽丽	重点项目	20000
2013－ZD－115	周口方言词语与民俗文化调查研究	语言学	周口师范学院	李秀红	重点项目	20000
2013－ZD－116	汉语认知词汇学的构建研究	语言学	周口师范学院	王振顶	重点项目	20000
2013－ZD－124	今文《尚书》文系年辑证	中国文学	周口师范学院	唐旭东	重点项目	20000
2013－GH－003	死刑的司法适用标准问题研究	法学	周口师范学院	孙廷然	规划项目	8000
2013－GH－155	义务教育均衡发展视域下农村中小学教育质量提升的“伙伴合作共同体”研究	教育学	周口师范学院	李清臣	规划项目	8000
2013－GH－188	基于社会性软件的大学生学习模式构建	教育学	周口师范学院	郭红霞	规划项目	8000
2013－GH－266	基于非物理空间依赖的欧债危机传导研究	经济学	周口师范学院	吴新生	规划项目	8000
2013－GH－300	近代以来乡村社会变迁下的庙会文化问题研究——以豫东一皖西淮河上游一带为中心的考察	历史学	周口师范学院	贾　滕	规划项目	8000

续表

编号	项目名称	学科门类	申报单位	申报人	项目类别2	支持经费
2013－GH－305	魏晋南北朝隋唐时期医僧研究	历史学	周口师范学院	付　爽	规划项目	8000
2013－GH－339	河南新型农村社区道德建设的内驱力研究	社会学	周口师范学院	黄兴华	规划项目	8000
2013－GH－357	中原经济区城市“城中村”体育活动开展状况研究——以周口市为例	体育科学	周口师范学院	王全军	规划项目	8000
2013－GH－367	不同运动项目对留守儿童心理和主观幸福感的影响	体育科学	周口师范学院	赵春琪	规划项目	8000
2013－GH－388	基于青年馆员工作满意度的离职倾向实证研究——以河南省高校图书馆为例	图书情报文献学	周口师范学院	程大帅	规划项目	8000
2013－GH－551	当前农村环境文化建设问题研究——以现代化为视角	政治学	周口师范学院	梁红泉	规划项目	8000
2013－GH－573	邱华栋城市小说研究	中国文学	周口师范学院	任　动	规划项目	8000
2013－GH－577	周口区域文学史研究	中国文学	周口师范学院	李治中	规划项目	8000
2013－GH－603	中原经济区农业产业化与农村城镇化协调发展研究	经济学	周口师范学院	皮国梅	规划项目	8000
2013－QN－080	转型背景下的河南省劳动关系生态系统研究	交叉学科/综合研究	周口师范学院	邓宏斌	青年项目	5000
2013－QN－086	文化认同视域下大学生心灵和谐问题研究	交叉学科/综合研究	周口师范学院	朱惠娟	青年项目	5000
2013－QN－155	“以人为本、因材施教”理念下地方高师院校学生教育管理工作创新研究	教育学	周口师范学院	刘自富	青年项目	5000
2013－QN－195	学生家长参与课外美术教学模式研究	教育学	周口师范学院	葛　琳	青年项目	5000
2013－QN－198	高校大学生素质教育过程中艺术教育的功用研究	教育学	周口师范学院	洪　严	青年项目	5000
2013－QN－201	中原经济区城乡基础教育协调互联发展机理、模式与路径研究	教育学	周口师范学院	张　涛	青年项目	5000
2013－QN－237	基于农户视角的农村土地承包经营权流转障碍研究	经济学	周口师范学院	徐其东	青年项目	5000
2013－QN－357	民族传统体育非物质文化遗产月山八极拳的高校教育传承与保护研究	体育科学	周口师范学院	张光芬	青年项目	5000

续表

编号	项目名称	学科门类	申报单位	申报人	项目类别2	支持经费
2013－QN－367	河南省高校图书馆开展学术诚信教育的现状调研及模式研究	图书情报文献学	周口师范学院	丁丽鸽	青年项目	5000
2013－QN－403	小说<<厨房>>的死亡主题与日本人生死观及国民性格之研究	外国文学	周口师范学院	韩艳平	青年项目	5000
2013－QN－465	淮阳宛丘古城环境设计视角下传统地域文化资源整合应用研究	艺术学	周口师范学院	李含飞	青年项目	5000
2013－QN－473	新媒体视角下网络流行音乐探究	艺术学	周口师范学院	姚宗华	青年项目	5000
2013－QN－555	评价理论视角下外媒对华国庆报道的历时研究	语言学	周口师范学院	肖显宝	青年项目	5000
2013－QN－562	“要点”字幕对中国学习者二语发展水平的影响	语言学	周口师范学院	张　博	青年项目	5000
2013－QN－600	唐顺之文艺理论与诗文创作研究	中国文学	周口师范学院	张慧琼	青年项目	5000
2013－QN－608	叙事学视野下的中国当代少数民族小说研究	中国文学	周口师范学院	樊义红	青年项目	5000
2013－ZC－044	人口大省向人力资源大省的跨越路径研究——以河南省为例	社会学	周口师范学院	邢海玲	自筹经费项目	
2013－ZC－054	师范院校音乐专业声乐作品鉴赏之研究	艺术学	周口师范学院	赵　华	自筹经费项目	
2013－ZC－059	大学英语教师课堂元话语对比研究	语言学	周口师范学院	王二丽	自筹经费项目	
2013－GH－596	河南省职业技术教育发展战略研究	教育学	驻马店职业技术学院	徐　宁	规划项目	8000

2013年度河南省教育厅人文社会科学(马克思主义理论学科)研究项目立项计划

项目编号	学校名称	项目名称	项目类别	申请人	资助经费
2013－MZD－001	郑州大学	大学生心理素质的影响因素及对策研究	重点项目	蒋桂芳	8000
2013－MZD－002	郑州大学	中国梦的重大意义、精神实质和实践要求研究	重点项目	朱西周	8000
2013－MZD－003	郑州大学	大学生思想政治教育前沿问题研究	重点项目	张贵星	8000
2013－MZD－004	郑州大学	维护高校稳定长效机制研究——基于网络舆情的视角	重点项目	戴国立	8000
2013－MZD－005	河南大学	马克思主义大众化的理论与实践研究	重点项目	原威则	8000
2013－MZD－006	河南大学	高校实践育人工作模式研究	重点项目	谢纳泽	8000
2013－MZD－007	河南农业大学	毛泽东对马克思主义中国化现代化大众化的理论贡献及当代价值研究	重点项目	孙金华	8000
2013－MZD－008	河南师范大学	维护高校稳定长效机制研究	重点项目	蒋占峰	8000
2013－MZD－009	河南财经政法大学	改革开放以来生态道德建设的历史演进及经验启示	重点项目	朱金瑞	8000
2013－MZD－010	河南中医学院	大学生思想政治教育测评研究	重点项目	张丽霞	8000
2013－MZD－011	河南教育学院	高校宣传舆论阵地建设研究	重点项目	杨少伟	8000
2013－MZD－012	许昌学院	中国道路的基本内涵及其世界意义研究	重点项目	李家祥	8000
2013－MZD－013	新乡医学院	大学生心理素质状况及对策研究	重点项目	孟　勇	8000
2013－MZD－014	周口师范学院	当代社会思潮对大学生思想和行为的影响及对策研究	重点项目	张苏峰	8000
2013－MZD－015	洛阳理工学院	雷锋精神的当代价值及实践路径研究	重点项目	贾金玲	8000

续表

项目编号	学校名称	项目名称	项目类别	申请人	资助经费
2013 - MGH - 016	郑州大学	维护高校稳定长效机制研究	规划项目	吴建军	5000
2013 - MGH - 017	郑州大学	教育现代化进程中学校德育体系构建问题研究	规划项目	陈垠亭	5000
2013 - MGH - 018	河南农业大学	学习雷锋活动长效机制探索与实践	规划项目	郭战伟	5000
2013 - MGH - 019	河南农业大学	基于公民认同的社会核心价值观研究	规划项目	徐玉明	5000
2013 - MGH - 020	河南师范大学	培育践行社会主义核心价值观路径研究	规划项目	孟　轲	5000
2013 - MGH - 021	河南师范大学	维护高校稳定长效机制研究	规划项目	丁笑生	5000
2013 - MGH - 022	河南师范大学	高校思想政治理论课课堂管理研究	规划项目	张进江	5000
2013 - MGH - 023	河南师范大学	高校心理健康教育有效途径研究	规划项目	陈军涛	5000
2013 - MGH - 024	河南师范大学	中国特色社会主义道路自信、理论自信、制度自信融入大学生思想政治教育研究	规划项目	葛照金	5000
2013 - MGH - 025	河南工业大学	网络视域下大学生思想政治教育实效性研究	规划项目	杨　丽	5000
2013 - MGH - 026	河南理工大学	大学生党员作风纯洁的理论探讨与实践路径	规划项目	洪振涛	5000
2013 - MGH - 027	河南理工大学	大学生心理素质状况及对策研究	规划项目	冯　平	5000
2013 - MGH - 028	河南财经政法大学	中国特色社会主义道路自信、理论自信、制度自信研究	规划项目	周树立	5000
2013 - MGH - 029	华北水利水电大学	马克思主义理论学科建设和思想政治理论课课程建设关系研究	规划项目	苏　森	5000
2013 - MGH - 030	华北水利水电大学	新媒体视野下高校思想政治教育研究 - 基于微博体系的高校正能量传播阵地建设研究	规划项目	费　昕	5000
2013 - MGH - 031	华北水利水电大学	网络视域下大学生思想政治教育实效性研究	规划项目	杜学礼	5000
2013 - MGH - 032	开封大学	当代社会思潮对大学生思想和行为的影响及对策研究	规划项目	李　明	5000
2013 - MGH - 033	河南科技学院	社会主义核心价值体系视野阈下的大学生思想政治教育研究	规划项目	曹永辉	5000

续表

项目编号	学校名称	项目名称	项目类别	申请人	资助经费
2013－MGH－034	信阳师范学院	生态观视域下马克思主义大众化的整体性研究	规划项目	徐化影	5000
2013－MGH－035	中原工学院	马克思主义在不同国家或地域的发展史研究——马克思主义在美国的发展史研究	规划项目	申治安	5000
2013－MGH－036	许昌学院	高校思想政治理论课实践教学体系研究	规划项目	王　彦	5000
2013－MGH－037	河南职业技术学院	高职院校心理健康教育的有效途径研究	规划项目	王黎明	5000
2013－MGH－038	河南中医学院	建设美丽中国的环境伦理选择——环境正义论	规划项目	张　斌	5000
2013－MGH－039	河南中医学院	医学类院校导师在研究生思想政治教育中的作用及途径分析	规划项目	蒋时红	5000
2013－MGH－040	河南中医学院	网络视域下大学生思想政治教育实效性研究	规划项目	常　瑞	5000
2013－MGH－041	郑州航空工业管理学院	大学生心理素质状况及对策研究	规划项目	朱杰堂	5000
2013－MGH－042	郑州航空工业管理学院	网络思想政治教育有效途径和方法载体研究	规划项目	申晓晶	5000
2013－MGH－043	郑州铁路职业技术学院	网络视域下大学生思想政治教育实效性研究	规划项目	胡宪刚	5000
2013－MGH－044	河南牧业经济学院	高校思想政治工作提升路径研究与实践	规划项目	王凌彬	5000
2013－MGH－045	河南牧业经济学院	网络视域下大学生思想政治教育实效性研究	规划项目	张广芝	5000
2013－MGH－046	河南牧业经济学院	培育践行社会主义核心价值观路径研究	规划项目	杨中冰	5000
2013－MGH－047	河南牧业经济学院	青年教师思想政治工作模式研究	规划项目	段金锁	5000
2013－MGH－048	安阳师范学院	青年教师思想政治工作模式研究	规划项目	翟传增	5000

续表

项目编号	学校名称	项目名称	项目类别	申请人	资助经费
2013－MGH－049	南阳师范学院	学习雷锋活动长效机制构建研究	规划项目	袁雅莎	5000
2013－MGH－050	新乡医学院	马克思主义大众化的理论与实践研究	规划项目	杨建坡	5000
2013－MGH－051	河南护理职业学院	高职院校实践育人工作模式研究	规划项目	陈　亮	5000
2013－MGH－052	郑州经贸职业学院	大学生思想政治教育管理干部队伍素质研究	规划项目	张亚贞	5000
2013－MYB－053	郑州大学	培育践行社会主义核心价值观路径研究	一般项目	时延春	
2013－MYB－054	郑州大学	思想政治教育的人文关怀和心理疏导研究	一般项目	高　昂	
2013－MYB－055	郑州大学	新媒体视野下高校思想政治教育研究	一般项目	杜社娟	
2013－MYB－056	河南师范大学	高校思想政治理论课实践教学体系研究	一般项目	范　彬	
2013－MYB－057	河南师范大学	传统文化现代化与马克思主义中国化实现路径研究	一般项目	刘巧凤	
2013－MYB－058	河南师范大学	大学生自我教育问题研究	一般项目	高　斐	
2013－MYB－059	河南师范大学	法律视角下大学生思想政治教育前沿问题研究	一般项目	祁　菲	
2013－MYB－060	河南师范大学新联学院	独立学院辅导员专业化职业化建设研究	一般项目	陈　勇	
2013－MYB－061	河南理工大学	高等教育新形势下高校辅导员队伍建设研究	一般项目	刘文军	
2013－MYB－062	河南科技大学	维护高校稳定长效机制研究	一般项目	梁妙荣	
2013－MYB－063	开封大学	大学生思想政治教育管理干部队伍素质研究	一般项目	陈友东	
2013－MYB－064	新乡医学院	中国道路的基本内涵及其世界意义研究	一般项目	焦石文	
2013－MYB－065	河南科技学院新科学院	高校思想政治工作提升路径研究	一般项目	苗文燕	
2013－MYB－066	黄河科技学院	高校思想政治理论课实践教学体系研究	一般项目	王亚娟	

续表

项目编号	学校名称	项目名称	项目类别	申请人	资助经费
2013 - MYB - 067	周口师范学院	“微”时代大学生思想政治教育模式创新研究	一般项目	师　曼	
2013 - MYB - 068	南阳医学高等专科学校	新媒体时代高校思想政治教育工作面临的危机与应对	一般项目	孙丁贺	
2013 - MYB - 069	平顶山学院	高校培育践行社会主义核心价值观路径研究	一般项目	李效武	
2013 - MYB - 070	平顶山学院	网络流行语视域下大学生思想政治教育实效性研究	一般项目	李建立	
2013 - MYB - 071	平顶山学院	新媒体背景下大学生价值观引导研究	一般项目	梁广成	
2013 - MYB - 072	商丘工学院	网络视域下大学生思想政治教育实效性研究	一般项目	崔　浩	
2013 - MYB - 073	许昌学院	生命教育——高校思想政治教育的新载体	一般项目	王丽英	
2013 - MYB - 074	郑州成功财经学院	高校思想政治教育人文关怀和心理疏导长效机制研究	一般项目	裴晓涛	
2013 - MYB - 075	郑州成功财经学院	马克思主义思想路线研究——基于新时期群众路线理论与实践创新研究	一般项目	张党诺	
2013 - MYB - 076	新乡学院	高校思想政治理论课实践教学体系研究	一般项目	沈田青	
2013 - MYB - 077	河南中医学院	新媒体视野下高校思想政治教育的传播策略研究	一般项目	李永菊	
2013 - MYB - 078	河南中医学院	高校培育和践行社会主义核心价值观的路径研究	一般项目	王　瑾	
2013 - MYB - 079	洛阳理工学院	新媒体视野下高校思想政治教育研究	一般项目	侯丙孬	
2013 - MYB - 080	洛阳理工学院	大学生思想政治教育工作测评研究	一般项目	徐光秀	
2013 - MYB - 081	洛阳理工学院	高校实践育人工作模式研究	一般项目	雷海栋	
2013 - MYB - 082	洛阳理工学院	传统文化与马克思主义中国化的关系研究	一般项目	武铁传	
2013 - MYB - 083	郑州升达经贸管理学院	三本院校思想政治教育有效资源整合研究	一般项目	李艳萍	
2013 - MYB - 084	郑州升达经贸管理学院	环境伦理与美丽中国建设研究	一般项目	李心记	

续表

项目编号	学校名称	项目名称	项目类别	申请人	资助经费
2013－MYB－085	河南护理职业学院	校企合作背景下高职思想政治教育创新研究	一般项目	张艳林	
2013－MYB－086	郑州大学体育学院	新媒体时代大学生社会主义核心价值观的培育机制研究	一般项目	刘　颖	
2013－MYB－087	安阳师范学院	学习雷锋活动长效机制构建研究	一般项目	熊小伟	
2013－MYB－088	安阳师范学院	大学生自我教育与自我管理问题研究	一般项目	侯爱花	
2013－MYB－089	河南工程学院	当代大学生培育和践行社会主义核心价值观路径研究—基于公民身份认同的视角	一般项目	王　晶	
2013－MYB－090	济源职业技术学院	高校思想政治理论课课堂管理研究	一般项目	刘红旗	
2013－MYB－091	济源职业技术学院	高校心理健康教育有效途径研究	一般项目	姜小军	
2013－MYB－092	济源职业技术学院	大学生心理素质状况及对策研究	一般项目	李　滟	
2013－MYB－093	中原工学院	形势与政策育人功能研究	一般项目	刘志刚	
2013－MYB－094	黄淮学院	高校思想政治理论课中大学生生态文明教育研究——基于黄淮学院个案研究	一般项目	朱大锋	
2013－MYB－095	黄淮学院	当代社会思潮对大学生思想和行为的影响及对策研究	一般项目	张　蕖	
2013－MYB－096	商丘师范学院	高校心理健康教育有效途径研究	一般项目	张　华	
2013－MYB－097	河南交通职业技术学院	大学生社会主义核心价值观的培育与践行的相关研究	一般项目	郭　强	
2013－MYB－098	安阳工学院	网络视域下大学生思想政治教育实效性研究	一般项目	刘万军	
2013－MYB－099	河南教育学院	青年教师思想政治工作模式研究	一般项目	王黎明	
2013－MYB－100	河南医学高等专科学校	高校思想政治理论课教师队伍建设问题探析	一般项目	王江涛	

续表

项目编号	学校名称	项目名称	项目类别	申请人	资助经费
2013－MFD－101	郑州大学	网络舆论视域下大学生思想政治教育实效性研究	辅导员专项	谭　宇	5000
2013－MFD－102	郑州大学	以微公益活动为切入点创新高校校园文化育人功能的实证研究	辅导员专项	曹恒涛	5000
2013－MFD－103	郑州大学	基于创新型人才培养的大学生思想政治教育工作研究	辅导员专项	王元锋	5000
2013－MFD－104	郑州大学	学校社会工作视域下高校资助工作的“过程模式”研究	辅导员专项	田昊然	5000
2013－MFD－105	郑州大学	在大学生中培育践行社会主义核心价值观路径研究	辅导员专项	赵　昕	5000
2013－MFD－106	河南大学	当代社会思潮对大学生思想和行为的影响及对策研究	辅导员专项	詹晓燕	5000
2013－MFD－107	河南大学	新媒体环境下90后大学生“三观“教育研究	辅导员专项	赵　雪	5000
2013－MFD－108	河南师范大学	网络语言对辅导员激发学生正能量的工具性价值研究	辅导员专项	田歧瑞	5000
2013－MFD－109	河南师范大学	思想政治教育的人文关怀和心理疏导研究	辅导员专项	王　娟	5000
2013－MFD－110	河南师范大学	浅析网络文化对大学生素质教育的影响	辅导员专项	曹　崇	5000
2013－MFD－111	华北水利水电大学	利用社交网络增强大学生思想疏导与教育实效性研究	辅导员专项	郑荣军	5000
2013－MFD－112	开封大学	高校群体性突发事件应急管理机制和路径研究	辅导员专项	杨　强	5000
2013－MFD－113	河南牧业经济学院	高校心理健康教育有效途径研究	辅导员专项	屈贞财	5000
2013－MFD－114	河南牧业经济学院	辅导员工作中文明礼仪教育研究	辅导员专项	杨　桦	5000
2013－MFD－115	郑州大学体育学院	网络视域下大学生思想政治教育实效性研究	辅导员专项	杨宜凡	5000
2013－MFD－116	郑州大学体育学院	社会转型时期大学生网络思想政治教育研究	辅导员专项	朱　静	5000
2013－MFD－117	河南科技学院新科学院	大学生自我教育与自我管理问题研究	辅导员专项	池　涵	5000
2013－MFD－118	河南科技学院新科学院	当代社会思潮对大学生思想和行为的影响及对策研究	辅导员专项	何　凡	5000

续表

项目编号	学校名称	项目名称	项目类别	申请人	资助经费
2013－MFD－119	河南科技学院新科学院	大学生心理素质状况及对策研究	辅导员专项	晋跃栋	5000
2013－MFD－120	河南科技学院新科学院	大学生心理素质影响因素及对策研究	辅导员专项	赵　蓓	5000
2013－MFD－121	河南科技学院新科学院	新形势下独立学院大学生心理健康问题及教育对策研究	辅导员专项	王秀鸽	5000
2013－MFD－122	河南科技学院新科学院	高校思想政治教育隐性环境建设研究	辅导员专项	朱国政	5000
2013－MFD－123	河南科技学院新科学院	河南高校大学生思想政治工作提升路径选择	辅导员专项	魏淑敏	5000
2013－MFD－124	河南科技学院新科学院	河南省高校辅导员绩效管理问题研究	辅导员专项	怀艳杰	5000
2013－MFD－125	周口师范学院	新媒体背景下大学生网络休闲引导研究	辅导员专项	刘吉杰	5000
2013－MFD－126	信阳师范学院	“三个自信”引领与大学生思想政治教育实践策略研究	辅导员专项	齐东伟	5000
2013－MFD－127	信阳师范学院	网络流行文化对大学生价值观的影响及对策	辅导员专项	张海霞	5000
2013－MFD－128	信阳师范学院	豫南地区师范类综合院校艺术专业学生自主管理能力培养研究	辅导员专项	张莹莹	5000
2013－MFD－129	信阳师范学院	中国优秀传统文化与大学生思想道德素质培养关系研究	辅导员专项	杨　帆	5000
2013－MFD－130	信阳师范学院	校本研修视阈下的高校辅导员专业发展研究	辅导员专项	姚新春	5000
2013－MFD－131	许昌学院	在音乐教育视野下的大学生思想政治教育研究	辅导员专项	刘毅飞	5000
2013－MFD－132	许昌学院	马克思“需求”理论视角下高校网络思想政治教育的实效性研究	辅导员专项	王光星	5000
2013－MFD－133	郑州成功财经学院	网络视域下大学生思想政治教育实效性研究	辅导员专项	郭晓红	5000
2013－MFD－134	南阳师范学院	新媒体视野下高校网络舆情引导与思想政治教育对策研究	辅导员专项	冷元峰	5000
2013－MFD－135	南阳师范学院	中国传统文化在大学生养成教育中的作用研究	辅导员专项	雷铁涛	5000
2013－MFD－136	南阳师范学院	育人为本引领下大学生思想政治素质提升机制研究	辅导员专项	沈洪豪	5000

续表

项目编号	学校名称	项目名称	项目类别	申请人	资助经费
2013-MFD-137	河南中医学院	青年马克思主义者培养问题研究——大学生党建带团建的探讨及实践	辅导员专项	宋学坤	5000
2013-MFD-138	河南中医学院	网络视域下大学生思想政治教育实效性研究	辅导员专项	杨　晓	5000
2013-MFD-139	河南中医学院	研究生思想政治教育有效途径和方法载体研究	辅导员专项	朱庆军	5000
2013-MFD-140	洛阳理工学院	思想政治教育视野下的大学生法制教育实践研究	辅导员专项	邵建伟	5000
2013-MFD-141	洛阳理工学院	高校基层学习型党组织建设研究	辅导员专项	郭　颖	5000
2013-MFD-142	河南科技学院	生态论视域下的高校思想政治教育研究——以河南省7所高校为例	辅导员专项	张雪霞	5000
2013-MFD-143	河南化工职业学院	大学生心理素质状况及对策研究	辅导员专项	张梨花	5000
2013-MFD-144	鹤壁职业技术学院	高校思想政治工作提升路径研究——督导员队伍建设视角	辅导员专项	韩　笑	5000

2013 年度河南省高等学校哲学社会科学重大课题攻关项目

序号	课题名称	首席专家	所在单位	资助经费
2013—ZG-001	城市化背景下河南教育资源的优化配置问题研究	宋飞琼	河南科技学院	12 万
2013—ZG-002	河南钧瓷文化传承创新研究	王庆斌	河南工业大学	10 万
2013—ZG-003	河南消费结构变动情况和趋势研究	肖婷婷	洛阳理工学院	10 万
2013—ZG-004	农村教师群体生存与发展研究	李清臣	周口师范学院	12 万
2013—ZG-005	农村转移人口离农机制研究	李　恒	河南大学	10 万
2013—ZG-006	新时期河南省农地流转与粮食生产的关系研究	马恒运	河南农业大学	12 万
2013—ZG-007	哲学社会科学评价体系建设研究	杨云香	郑州大学	12 万
2013—ZG-008	郑州航空港经济综合实验区航空经济产业体系研究	李新安	河南财经政法大学	12 万
2013—ZG-009	中原与闽台渊源关系研究	尹全海	信阳师范学院	10 万
2013—ZG-010	自媒体时代危机管理研究	董广安	郑州大学	12 万
2013—ZG-011	高职高专思想政治理论课教学改革和创新研究	赵水根	河南财政税务高等专科学校	12 万
2013—ZG-012	中原经济区农村人口向城镇有序转移研究	郑　云	信阳师范学院	10 万
2013—ZG-013	高校哲学社会科学创新制度研究	李洪河	河南师范大学	10 万

2013 年度河南省高等学校哲学社会科学优秀著作资助项目

序号	著作名称	所在学校	学科门类	申请人	出版单位
1	中国水利法制史研究	华北水利水电大学	法学	饶明奇	法律出版社
2	刑法适用方法研究	河南财经政法大学	法学	任彦君	郑州大学出版社
3	中部地区城镇化进程中的犯罪问题研究	河南财经政法大学	法学	王　冠	法律出版社
4	农业国际化背景下河南省农产品国际竞争力研究	河南科技大学	经济学	薛选登	郑州大学出版社
5	大学组织管理:文化、结构与环境	河南大学	管理学	宋　伟	郑州大学出版社
6	权力视阈下省级教育行政组织内部冲突机理及对策研究	河南科技大学	教育管理学	尤　莉	郑州大学出版社
7	教育财政投入理论与实践	河南财经政法大学	教育经济学	卫思琪	中国社会科学出版社
8	高校稳定工作长效机制构建研究	许昌学院	教育学	汪庆华	郑州大学出版社
9	大学生诚信教育论纲	河南科技学院	教育学	姚　刚	郑州大学出版社
10	廉洁文化在社会管理创新中的效能研究	河南理工大学	马克思主义理论	张国臣	郑州大学出版社
11	工程哲学	洛阳理工学院	哲学	吴现立	郑州大学出版社
12	广谱哲学浅说	华北水利水电大学	哲学	张玉祥	中国社会科学出版社
13	启蒙中国—20 世纪知识分子的思想苦旅	洛阳师范学院	历史学	张宝明	中国社会科学出版社
14	唐代诗序研究	黄淮学院	中国文学	张红运	郑州大学出版社
15	初唐弘文馆与文学	河南广播电视大学	中国文学	梁尔涛	郑州大学出版社
16	天人之际:比较视域下李泽厚“巫史传统论”研究	郑州大学	中国文学	张永超	郑州大学出版社
17	神秘文化与中国古代小说	黄淮学院	中国文学	朱占青	郑州大学出版社
18	“八十年代”与“革命重述”	许昌学院	中国文学	赵　牧	郑州大学出版社
19	《白门柳》的节奏结构艺术研究	郑州大学	中国文学	傅修海	郑州大学出版社

获奖成果

2013 年度河南省社会科学优秀成果获奖名单

荣誉奖(3 项)

成果名称	成果形式	发表时间	发表媒体	姓名	主要完成者	工作单位
河南省新型工业化系列研究	著作	13—9	河南人民出版社	陈雪枫	杨盛道　王照平 陈祥恩　袁其法 刘魁景　陈维忠	洛阳市委
关于我省“小微企业29条”贯彻落实情况的调研报告	调研报告	13—8	省工商联采用	梁　静	杨京伟　程国平 孔火团　杨龙驰 李　莉　张　涛	省工商联
河南省实施一方是独生子女夫妇可生育两个孩子政策研究	调研报告	13—12	省计生委采用	高体健	刘延军　程国平 丁树德　郎清义 崔志军　贺文星	省人口和计划生育委员会

特等奖(1 项)

成果名称	成果形式	发表时间	发表媒体	姓名	主要完成者	工作单位
中国农业产业革命探析	著作	13—1	河南人民出版社	杨承训		河南财经政法大学

一等奖(16 项)

成果名称	成果形式	发表时间	发表媒体	姓名	主要完成者	工作单位
需要与道德——中国青少年问题研究	著作	13—11	河南人民出版社	蒋桂芳		郑州大学

续表

成果名称	成果形式	发表时间	发表媒体	姓名	主要完成者	工作单位
河南推进新型城镇化的基本思路和着力点研究	调研报告	13—16	省委省政务采用	焦国栋	赵新浩 廖福洲 梁 丹 杜 爽 张延银	省委党校
河南生态文化史纲	著作	13—1	黄河水利出版社	刘有富	刘道兴 张新斌 徐 忠 杨晓周 王建华	省社科院
中国检察文化发展暨管理模式研究	著作	13—5	河南大学出版社	张国臣	鲍晋选 田 凯 刘怀印 丁 伟 张金海 杨 森	省人民检察院
马克思主义人学中国华新探	著作	13—8	人民出版社	辛世俊	郭彦森 魏长领 寇东亮 高宏利	郑州大学
中国区域企业发展的动力机制—以中原经济区为样本	著作	13—1	社会科学文献出版社	杨健燕	蔡树堂 杜智勇 刘忠生 任爱莲 侯金莉 王丙乾	河南财政政法大学
粮食主产区建设与区域经济协调发展	著作	13—12	社会科学文献出版社	剧乂文	李 恒	郑州轻工业学院
现代小说语言美学	著作	13—7	商务印书馆	刘 恪		河南大学
本科生导师制:症结与超越	论文	13—11	《教育研究》	刘济良	王洪席	河南大学
犹太文化	著作	13—5	人民出版社	张倩红	艾仁贵	郑州大学
打造河南经济升级版的若干重大问题研究	调研报告	13—10	省委省政府采用	喻新安	完世伟 赵西三 龚绍东 王玲杰 唐晓旺 杨兰桥	省社科院
统一战线和谐发展研究	著作	13—11	河南人民出版社	李 俊	蔡宏宇 厉有国 刘秀华	信阳师范学院
王恽全集汇校	著作	13—11	中华书局	杨 亮	宋福利 徐胜利	河南大学

续表

成果名称	成果形式	发表时间	发表媒体	姓名	主要完成者	工作单位
文字类型问题研究	著作	13—12	河南人民出版社	谢书民		商丘师范学院
坚持和完善中国特色社会主义经济制度	论文	13—12	《马克思主义研究》	张兴茂		河南大学
把人生理想融入国家和民族的事业中—关于当前知识分子对主流文化认同情况的调研报告	论文	13—5—4	《光明日报》	王桂兰	高　斐　马小利	河南师范大学

二等奖(144 项)

成果名称	成果形式	发表时间	发表媒体	姓名	主要完成者	工作单位
关于信息化与郑州航空港经济综合实验区建设的若干思考	调研报告	13—11	省社科联采用	王喜成	李二梅　李建华　王献福　薛瑞汉　何　勇	省社科联
中国早期电化教育人物思想及其当代价值	著作	13—12	中国社会科学出版社	汪基德	赵慧臣　蔡建东　李五洲　郝兆杰　曾　巍　颜荆京	河南大学
知识产权垄断的法律控制	著作	13—3	法律出版社	吕明瑜		郑州大学
媒介化社会中的农民工:利益表达与媒介素养教育	著作	13—1	中国社会科学出版社	郑素侠		郑州大学
“孤岛”文学期刊研究	著作	13—12	社会科学文献出版社	王鹏飞		河南大学
政治的定数——对《伯罗奔尼撒战争史》一个维度的研究	著作	13—7	社会科学文献出版社	卢向国		省委党校
百年汉诗形式的理论探求——20 世纪现代格律诗学研究	著作	13—1	人民出版社	刘　涛		河南大学

续表

成果名称	成果形式	发表时间	发表媒体	姓名	主要完成者	工作单位
毛泽东国际政治理论与实践研究	著作	13—3	中国社会科学出版社	孙君健		河南大学
“吴梅案”与判决后和解的处理机制——兼与王亚新教授商榷	论文	13—1	《法学研究》	吴泽勇		河南大学
规避“中等收入陷阱风险”的包容性体制构建研究	著作	13—9	经济科学出版社	李中建		郑州大学
甲骨文与殷商时代神灵崇拜研究	著作	13—12	中国社会科学出版社	具隆会 韩国		安阳师范学院
我国农村水污染受害者社会救助机制及对策研究	著作	13—8	经济科学出版社	周纪昌	王霄羽 杨林霞 石燕捷	中原工学院
产粮大省粮食产业链优化研究	著作	13—11	中国农业出版社	赵予新	康涌泉 杨 茂 谷秀娟 王松梅 李铜山 张祟杰	河南工业大学
中原经济区包容性增长路径研究	著作	13—7	经济科学出版社	高友才	王海杰 周 柯 牛树海 周阳敏 李中建	郑州大学
中小学教师教学技能研训	著作	13—9	教育科学出版社	魏宏聚		河南大学
教育投人理论与实践——以河南省为例	著作	13—8	中国社会科学出版社	卫思祺		河南财经政法大学
考场风云	著作	13—8	中华书局	王士祥		郑州大学
中国研发产业成长机理及其激励政策研究	著作	13—1	中国科学出版社	王文亮	王丹丹 韩 珂	河南农业大学
中国城乡统筹——城市增长管理视角	著作	13—4	科学出版社	刘荣增	王淑华 雒海潮 田 霖 谢 琼	新乡医学院
当代中国文化软实力研究	著作	13—11	人民出版社	刘德定		河南大学

续表

成果名称	成果形式	发表时间	发表媒体	姓名	主要完成者	工作单位
粉饰逆伪意识形态的书写策略	论文	13—3	《中国现代文学研究丛刊》	张先飞		河南大学
社会诚信建设理论与实践	著作	13—2	人民出版社	张国臣	史君锋　秦建辉　贾宝先　史德新　曹根记	河南理工大学
新生代农民工贫困代际传承问题研究	著作	13—12	社会科学文献出版社	李怀玉		省社科院
大学生闲暇生活质量研究	著作	13—5	新华出版社	李贵成		郑州轻工业学院
“中梗阻”的主要表现、产生原因及对策调研报告	调研报告	13—11	省委采用	李恩东	刘明定　翟道武	省委省直机关工委
马克思国际贸易理论及其在当代中国的实践	著作	13—11	经济管理出版社	杨玉华	丁泽勤　尹洪炜	河南科技大学
轨迹与启迪：马克思主义知识分子观中国化研究	著作	13—11	中央文献出版社	孟　轲		河南师范大学
中国共产党加强意识形态领导的机理与路径	著作	13—12	中央文献出版社	岳杰勇		河南师范大学
大学生诚信教育论纲	著作	13—12	郑州大学出版社	姚　刚		河南科技学院
元明之际士大夫政治生态研究	著作	13—7	人民出版社	展　龙		河南大学
困境与出路：河南省农产品国际竞争力研究	著作	13—11	中国社会学出版社	薛选登	高晓燕	河南科技大学
汉代小说文献与汉代文化研究	著作	13—12	中国社会科学出版社	魏鸿雁		安阳师范学院
道在途中——中国生态批评的理论生成	著作	13—8	学林出版社	马治军		河南师范大学

续表

成果名称	成果形式	发表时间	发表媒体	姓名	主要完成者	工作单位
列宁检察权思想理论研究	著作	13—9	北京大学出版社	王建国		郑州大学
中部地区工业化与城镇化互动协调发展研究	著作	13—11	经济管理出版社	王建国	王新涛 郭小燕 李建华 杨兰桥 柏程豫 韩 鹏	省社科院
李梦阳与明代诗坛	著作	13—10	南京大学出版社	刘 坡		河南理工大学
上市公司盈余质量评析与治理研究	著作	13—8	西南财经大学出版社	孙建华		河南财经政法大学
文化传播与国家形象塑造	论文	13—27	《光明日报》	宋 正		郑州大学
创业教育与专业教育耦合研究	著作	13—12	科学出版社	张项民	蒋 燕 郭献强 冯俊芹 李东升 王运玲 史俊洋	河南科技大学
新中国的美术观及其话语实践——以《美术》(1950—1966)为中心	著作	13—6	吉林美术出版社	李朝霞		郑州大学
合作经济的理论与实践模式——中国农村视角	著作	13—11	社会科学文献出版社	陈家涛		河南大学
基于管理心理学的高校教师工作倦怠研究	著作	13—12	河南人民出版社	周毅刚		郑州大学体育学院
生态危机视域中的马克思主义时代文化	论文	13—10	《社会主义研究》	林志友		河南大学
社会资本与区域经济增长——基于空间计量经济学的研究	著作	13—8	社会科学文献出版社	彭文慧		河南大学
新世纪底层文学论稿	著作	13—12	新华出版社	温长青	杨献锋 赵志敏	安阳师范学院
浪涌象牙塔——新视野下高效管理体制改革研究	著作	13—11	人民出版社	褚金海	高 昕	河南农业大学
论当代中国公务员考试制度的历史性与创新性	论文	13—5	《社会主义研究》	王文成		郑州大学

续表

成果名称	成果形式	发表时间	发表媒体	姓名	主要完成者	工作单位
中国农村金融排斥与包容——金融地理学视角的分析	著作	13—1	河南人民出版社	田　霖		郑州大学
生命的珍藏	著作	13—4	海燕出版社	白建国	白　婧	省委办公厅
中小企业发展的融资战略研究	著作	13—12	立信会计出版社	何　雄	谷秀娟　朱坤林　奚　宾　李文启　高懿洋	河南工业大学
列宁人权思想研究	著作	13—9	中国社会科学出版社	李　曼	车　华	省委党校
中国创业型经济政策研究	著作	13—5	河南人民出版社	李剑力	杨　贞	省委党校
中美煤矿安全管理体制机制的比较研究	著作	13—8	中国矿业大学出版社	李新娟		河南理工大学
中国工业结构调整的碳减排战略研究——基于 12 个行业的面板协整分析	论文	13—12	《经济学家》	杜书云	万宇艳	郑州大学
清末社会危机与政府应对	著作	13—7	人民出版社	苏全有		河南师范大学
多彩的女性文学世界	著作	13—6	新华出版社	周艳丽		安阳师范学院
理性与效率;农户粮食生产行为研究	著作	13—4	中国农业出版社	晋洪涛		河南农业大学
国际银行独立担保法律问题研究	著作	13—9	法律出版社	郭德香		郑州大学
从传统工业到新型工业——河南工业的转型方向与升级路径	著作	13—9	经济管理出版社	龚绍东	赵西三　宋　歌　唐海峰　王中亚　刘晓萍	省社科院
先秦女性审美研究	著作	13—9	中国社会科学出版社	程勇真		郑州大学
中国反有组织犯罪的刑事政策研究	著作	13—9	中国大百科全书出版社	蔡　军		河南大学
论地理学的本体论问题	论文	13—10	《自然辩证法研究》	刘　凯		河南财经政法大学
英语名词搭配发展特征研究	著作	13—11	上海交通大学出版社	孙海燕		河南师范大学

续表

成果名称	成果形式	发表时间	发表媒体	姓名	主要完成者	工作单位
WTO框架下我国农业补贴法律体系的建构	著作	13—10	法律出版社	吴喜梅		郑州大学
突发事件网络舆情研究:回顾、检视及反思	论文	13—2	《情报杂志》	张玉亮		河南理工大学
基于价值链视角的承接产业转移研究——以河南省为例	著作	13—5	河南人民出版社	陈维忠		省工业和信息化厅
民国时期社会救灾研究	著作	13—10	中国社会科学出版社	武艳敏		郑州大学
金融危机背景下的金融监管国际合作	著作	13—11	河南人民出版社	赵　然		省社科院
河南省公车治理改革研究	调研报告	13—11	省事管局采用	徐喜林	李建社　王新展　国德民　唐金培　孙远太　赵　培	省社科院
中国共产党党员主体地位与党内民主问题研究	著作	13—9	河北人民出版社	程晋富		信阳师范学院
国有大型企业的现代企业制度建设问题研究	著作	13—5	中国经济出版社	魏成龙	郑　志　张洁梅　任传普　张绍辉　施　媛	河南大学
数字保存系统质量保证体系研究	著作	13—5	北京邮电大学出版社	李伟超		郑州航空工业管理学院
论宗教自由法律保障的基本原则	论文	13—5	《郑州大学学报》	杨合理		省委党校
基于定位理论的晶牌资产提升绩效研究	著作	13—11	中国经济出版社	周鸥鹏		商丘师范学院
周易研究卮言	著作	13—11	宁夏人民出版社	冒建华	王钱林	河南理工大学
电视真人秀节目的戏剧化特征	论文	13—11	《中州学刊》	胡妍妍		河南艺术职业学院
构造的无羁与归敛——纳尔逊·古德曼哲学研究	著作	13—8	人民出版社	姬志闯		河南大学

续表

成果名称	成果形式	发表时间	发表媒体	姓名	主要完成者	工作单位
“十二五”时期工业节能潜力与目标分析	论文	13—3	《中国工业经济》	郭国峰	王彦彭	郑州大学
公共行政学	著作	13—6	高等教育出版社	楚明锟	崔会敏 李俊丽 楚迤斐	河南大学
现代体育理论与实践	著作	13—10	人民体育出版社	魏 烨	倪宏竹 杨 洪 高国军 丁 辉 常志良 董好杰	河南科技大学
竞争性选拔基本模式研究	著作	13—10	人民出版社	刘学民	王文成	郑州大学
近代以来日本国家战略的演变及其对中日关系的影响	著作	13—12	时事出版社	张卫娣	肖传国	河南科技大学
我国烟草管理体制创新探讨:日本经验与启示	论文	13—12	《中国行政管理》	李 纲	杨 雪 陈清棠	华北水利水电大学
全媒体时代的词传播	著作	13—8	吉林大学出版社	陈燕侠		中原工学院
大学生职业生涯规划教程	著作	13—8	河南人民出版社	周春辉	蒋小平 赫晓惠 张 豪 车风岚	中州大学
民国时期河南省人口研究	著作	13—5	人民出版社	郑发展		郑州大学
网络与青少年德育研究	著作	13—8	新华出版社	耿红卫		河南师范大学
国际贸易技术溢出对中国能源效率的影响研究	著作	13—12	中国环境出版社	高大伟		郑州轻工业学院
大学出版社经营管理浅论	著作	13—8	河南大学出版社	崔青峰		郑州大学
反抗虚无、身份认同与历史言说的葛藤——陈映真“文学左翼”意味及省思	论文	13—3	《郑州大学学报》	傅修海		郑州大学
法治河南热点问题研究	著作	13—12	中国法制出版社	丁同民	张林海 李宏伟	省社科院

续表

成果名称	成果形式	发表时间	发表媒体	姓名	主要完成者	工作单位
全球价值链分工中产业升级的微观机理:一个产权经济学的观点	论文	13—4	《中国工业经济》	王海杰		郑州大学
大股东终极控制及其现金股利行为研究	著作	13—7	经济科学出版社	刘孟晖		郑州大学
马克思主义人本思想研究	著作	13—1	郑州大学出版社	张富文		河南理工大学
北宋史学思想流变研究	著作	13—12	人民出版社	李　峰		河南师范大学
当代北京评书书场研究	著作	13—3	民族出版社	杨旭东		省社科院
陕甘宁边区音乐民族化的理论与实践(1938—1942)	论文	13—12	《音乐研究》	陈宗花		河南大学
英汉指示词对比研究	著作	13—7	外语教学与研究出版社	娄宝翠		河南师范大学
清末民初民事习惯法对社会的控制	著作	13—10	法律出版社	马　珺		河南财经政法大学
欧盟教育政策及对我国教育事业发展的启示	论文	13—7	《河南社会科学》	王云彪		周口师范学院
操纵体育比赛的刑法规制分析	论文	13—1	《体育文化导刊》	王利宾		河南警察学院
变革中的启蒙诉求—中国左翼启蒙派文艺思潮研究	著作	13—9	中国社会科学出版社	刘骥鹏		商丘师范学院
中原经济区乡村金融及其创新研究	著作	13—11	经济科学出版社	孙保营		郑州大学
体育社会学	著作	13—8	浙江大学出版社	何祖新	赵子建　王　璐　成聪聪　成　亮　孟欢欢　樊姝皎	郑州大学西亚斯国际学院
伏牛山文化圈概论	著作	13—9	中州古籍出版社	张清廉	袁桂娥　秦方奇　陈德鹏　陈建裕　于长立　路学军	平顶山学院

续表

成果名称	成果形式	发表时间	发表媒体	姓名	主要完成者	工作单位
管理学	著作	13—7	河南大学出版社	陈建华	乔晓雯 殷杰兰 胡建锋 杨 蕾	河南大学
形势与任务教育干部读本(2013 年)	著作	13—3	河南人民出版社	胜 栋	张云成 赵 琳 薛慧卿 廉 锐 郭 兵	省委讲师团
高校环境与创新人才培养	著作	13—11	河南人民出版社	夏新颜	赵 辉 韩小改 余亚辉 崔一鸣 马 琳	洛阳理工学院
主体功能区引领下的农业生态区农业发展模式比较研究	论文	13—12	《河南师范大学学报》	龚迎春		河南理工大学
生态文化研究	著作	13—12	法律出版社	舒坤尧		华北水利水电大学
房产税改革:争论与前景	论文	13—9	《学习论坛》	廖富洲		省委党校
加强国民健康教育迫在眉睫	论文	13—3	《人民政协报》	司富春		河南中医学院
隋唐地方行政与军防制度研究	著作	13—12	人民出版社	乔风岐		许昌学院
我国不同类别地区现代林业的差别性政策研究	著作	13—8	中国农业出版社	刘 宁		河南农业大学
语境语义与修辞	著作	13—6	中国言实出版社	刘 明	郭向敏 刘云霞 李富民 张廷远	河南科技学院
现代水利投入稳定增长机制研究	著作	2012—3	科学出版社	何 楠	韩宇平	华北水利水电大学
中原经济区三化协调路径及关键问题研究	论文	13—3	《农业经济问题》	吴一平	陈素云 孙德中	河南农业大学
自由、德性和正义:工程伦理的三重维度	论文	13—9	《哲学研究》	张 铃	洛阳师范学院	
“少林电影热”与河南少林文化产业构建发展研究	论文	13—5	《河南大学学报》	张霁月		河南大学

续表

成果名称	成果形式	发表时间	发表媒体	姓名	主要完成者	工作单位
促进就业的税收政策研究	著作	13—12	经济科学出版社	杨国政		黄河科技学院
青少年网络生活的心理学研究	著作	12—9	中国社会科学出版社	范丽恒		河南大学
构建新型党群关系的五大取向	论文	13—5	《中州学刊》	赵士红		省委党校
郑州市社区居民体育运动偏好客观条件的回归分析	论文	13—4	《河南师范大学学报》	翟小巧	刘成海	郑州大学
芬兰大众体育40年发展回顾及其启示	论文	13—8	《体育文化导刊》	王晓波		郑州轻工业学院
阶段转移事件对公平稳定性的影响	论文	13—5	《心理科学》	卢光莉	陈超然	河南大学
论马克思的社会抽象批判	论文	13—11	《思想战线》	田道敏		河南理工大学
我国综合性大学战略管理	著作	13—9	郑州大学出版社	孙长青		郑州大学
我国中部地区城市群综合竞争力提升研究	论文	13—2	《河南社会科学》	孙宏立		省政府办公厅
走向世界的中原功夫文化	著作	13—12	河南人民出版社	张　锐	卫绍生　李立新　席　格　杨　波　李孟舜	省社科院
现代农业发展、城乡一体化与生态文明建设——地方区域经济发展研究	著作	13—12	经济科学出版社	张良悦	郭素玲　李国强　刘　君　杨　群　程　芳　安鑫丽	安阳师范学院
中国区域经济协调发展动力机制——以中原经济区为样本	著作	13—4	社会科学文献出版社	李新安	王占波　李春花	河南财经政法大学
旅游资源开发研究——以河南省为例	著作	13—10	科学出版社	苗长虹	陈德广　李学鑫　任　瀚　吕连琴　陈玉英　朱青晓	河南大学

续表

成果名称	成果形式	发表时间	发表媒体	姓名	主要完成者	工作单位
我国公共图书馆科研实力的区域差异研究——基于论文产出视角的实证分析	论文	13—7	《图书馆论坛》	梁秀霞		河南工业大学
河南省循环经济财税政策研究	著作	13—12	中州古籍出版社	王全录		鹤壁职业技术学院
医德教育教程	著作	13—9	第二军医大学出版社	许二平	李东阳 张松峰 张会萍 张 楠 许菲斐 李永菊	河南中医学院
什么是最佳的特殊教育实践模式——兼与张婷、陆莎商榷	论文	13—4	《中国特殊教育》	杜志强		郑州师范学院
从停工事件看外资企业工会维权促稳功能的立法创新	论文	13—5	《学习论坛》	涂永珍		省委党校
我国上市公司CEO报酬的实证研究	著作	13—6	中国财政经济出版社	郭玲玲		华北水利水电大学
坚持实干兴邦是实现中国梦的根本途径	论文	13—4—10	《光明日报》	王少安	周玉清	河南理工大学
践行群众路线必须克服官僚主义	论文	13—7—23	《光明日报》	付钦太		省委党校
深化改革要突破利益固化的藩篱	论文	13—9—20	《光明日报》	陈明星	喻晓雯 赵 然	省社科院
让权力行使者不敢腐不能腐不易腐	论文	13—4—2	《光明日报》	侯远长	姚巧华 刘 晖	省委党校
以人民满意为标准切实改进工作作风	论文	13—4—16	《人民日报》	郭学德		省委党校
思想纯洁是全面深化改革的重要保证	论文	13—5—24	《人民日报》	韩 斌		省委党校

三等奖(101)项

成果名称	成果形式	发表时间	发表媒体	姓名	主要完成者	工作单位
网民政治参与对服务型政府建设的作用机理分析	论文	13—11	《领导科学》	周　静		省直机关党校
卫生法律制度研究	著作	13—12	长春出版社	余其营	王艳秋	南阳理工学院
中原经济区建设背景下的社会管理创新研究	著作	13—6	新华出版社	程　昆	龚志宏	商丘师范学院
我省土地托管的现状,存在问题与建议	论文	13—11—18	《河南日报》	杨　涛	李小云　何振江	省委农办
基于谷物当量的中国居民食物消费变化及其对农业生产需求分析	论文	13—11	《资源科学》	曹志宏		郑州轻工业学院
基于博弈视角的煤矿企业安全生产管制分析	论文	13—9	《管理世界》	张国兴		华北水利水电大学
儒学转向与诗学变革—明末清初诗学发展之一面观	论文	13—11	《河南师范大学学报》	李永贤	孙达时	河南师范大学
文学时空与主导流变研究	著作	13—7	黑龙江人民出版社	党荣珍	韩　霄　曹　蕾	南阳理工学院
形体礼仪实用教程	著作	13—2	中国戏剧出版社	杨　静		中原工学院
高校教师教学技能校本培训研究	著作	13—12	中国文史出版社	王凤玲	刘秋云　马　燕 董天鹅　王　晶	河南科技学院
关于中原经济区职教集团建设与发展研究	调研报告	13—5	省国防科工局采用	唐伯武	李荣胜　李陶然 杨俊峰　王　磊 宋柏男　武　剑	河南工业职业技术学院
在线纠纷解决机制的困境和对策	论文	13—11	《法律科学》	郑世保		郑州轻工业学院
福利制度与人权实现	著作	13—4	人民出版社	谢　琼		河南科技学院
文化生产要注重经济价值与文化价值的统一	论文	13—7	《学术论坛》	王志标		河南大学

续表

成果名称	成果形式	发表时间	发表媒体	姓名	主要完成者	工作单位
河南省耕地资源利用效益的影响因素及特征分析	论文	13—1	《中国人口·资源与环境》	张鹏岩	李金荣	河南大学
因“人”而异:新青年派与学衡派的入学话语比较分析	论文	13—5	《天津社会科学》	张宝明		洛阳师范学院
乡村社会秩序重构与灾害应对——以淮河流域商水县土地改革为例（1947———1954）	著作	13—1	社会科学文献出版社	贾　滕		周口师范学院
河南省普通高等教育投入问题研究	调研报告	13—2	省教育厅采用	王肖芳	张　扬　刘铁军 祖湘莎　李卓杰 邹　娟　王红利	郑州轻工业学院
国外最低工资就业效应分析及对中国的启示	论文	13—8	《现代经济探讨》	傅端香		河南理工大学
认知语言学视角的省略研究新探索——以日、汉语为中心	论文	13—6	《外语与外语教学》	朱立霞		解放军外国语学院
公安院校诊所式法律教学方法的探索与创新	论文	13—3	《教育与职业》	张国琦		河南警察学院
档案法立法研究	著作	13—4	上海世界图书出版公司	陈忠海	吴雁平　刘东斌	郑州大学
女教师的女性气质:学生道德成长的土壤——兼论当代女教师的身份认同危机	论文	13—11	《东北师范大学学报》	宋　哗	魏亚平	河南师范大学
布哈林工农业发展思想及其现实意蕴探析	论文	13—3	《农业考古》	申海龙		郑州师范学院
论新时期培育和践行核心价值观的五大举措	论文	13—8	《中州学刊》	周四选		省直机关党校
加快自主创新体系建设,实施创新驱动战略研究	调研报告	13—12	省政府发展研究中心采用	李雅莉	孙兆刚　魏少华 闫俊周　张黎阳 唐大鹏　王玉辉	省政府发研究中心
服装设计管理教程	著作	13—5	东华大学出版社	陈晓鹏		中原工学院
宋代传统燃料危机质疑	论文	13—4	《中国史研究》	王星光	柴国生	郑州大学

续表

成果名称	成果形式	发表时间	发表媒体	姓名	主要完成者	工作单位
航空经济与现代航空都市	著作	13—12	河南人民出版社	高林照		郑州市新型城镇化建设办公室
多重话语纠结下的叙事分裂——从丁玲《在医院中》看延安文艺运动	论文	13—3	《齐鲁学刊》	李炎超		漯河职业技术学院
鲁迅的版画情结	论文	13—6	《鲁迅研究月刊》	李　波		南阳理工学院
论间性理论视阈下的大学英语多模态教学与研究——兼论外语教育技术的哲学基础	论文	13—1	《外语电化教学》	郭万群		中原工学院
朝鲜朝语境中的满洲族形象研究	著作	13—7	光明日报出版社	刘广铭		解放军外国语学院
NSTL 营销实践与国外电子资源营销实践的对比分析	论文	13—10	《图书馆》	王丹丹		河南科技大学
职业教育与就业问题研究	著作	13—8	南京大学出版社	郑建英	黄东显	三门峡职业技术学院
河南省幼儿教育消费支出水平分析与建议——以大班幼儿家庭为例	论文	13—8	《学前教育研究》	杨雪萍		郑州幼儿师范高等专科学校
我国公共体育设施发展水平评估指标体系研究	论文	13—4	《体育科学》	张大超	李　敏	河南大学
农村体育事业发展难点与解决之道	论文	13—2—2	《光明日报》	李　浩	河南理工大学	
群众路线纵横谈	著作	13—11	河南人民出版社	杨家卿		焦作大学
承认理论视角下“法律孤儿”生存现状的个案研究	论文	13—10	《青年研究》	王君健		河南师范大学
基于性别差异的高校英语教师职业倦怠的统计学分析	论文	13—3	《外语教学》	刘英爽		南阳理工学院
大学英语课堂互动中的教师反馈语的调查研究	论文	13—11	《中国教育学刊》	滕冰冰		南阳理工学院

续表

成果名称	成果形式	发表时间	发表媒体	姓名	主要完成者	工作单位
高等教育公平问题研究	著作	13—8	中国水利水电出版社	田　晶		商丘师范学院
河南省卫生总费用核算研究（1995—2011）	著作	2013—12	郑州大学出版社	李广胜	周学山　王仲阳　董桂生　吴　建　谢双保　封颜辉	省卫生厅
河南省政府部门网站政府信息公开研究	调研报告	13—11	省商务厅采纳	李怀强	国志远　赵自平　王唯贤　陈　莉	河南财经政法大学
应急知识	著作	13—7	河南科学技术出版社	赵国新	何传军　黄永泽　何燕兰　郑　进　穆　强　陈志民	省红十字会
突发公共事件中科技新闻网络传播效应思考——以2013年3月爆发的H7N9禽流感为例	论文	13—10	《新闻大学》	董玉芝		周口师范学院
追寻历史幽深处的点点星光——浅析中国前现代性文学中的女性形象	著作	13—12	中国戏剧出版社	尚静宏	常云秀　高芳艳	河南科技学院
潘岳文化	著作	13—4	中国时代经济出版社	陈会丽	杨现钦　赵淑芳　陈建军　程贵荣　马志娟　李　琳	河南农业职业学院.
西汉并州军事地理研究	著作	13—2	西北工业大学出版社	杨　丽		河南工业大学
探析中央电视台新闻播音主持国际化转变	论文	13—5	《新闻知识》	闫　朝		中原工学院
刘峙主豫时期县长管理制度探析	论文	13—7	《史学月刊》	崔跃峰		郑州航空工业管理学院
十八世纪英国治安法官司法实践	论文	13—8	《历史研究》	杨松涛		河南大学
经济转型视野下的设计创意研究	著作	13—11	中国电力出版社	刘永涛		河南工程学院
写出一手好作文	著作	13—4	河南大学出版社	张彩红		文心出版社有限公司

续表

成果名称	成果形式	发表时间	发表媒体	姓名	主要完成者	工作单位
传承创新中原传统音乐,塑造城市文化品牌	调研报告	13—11	济源市社科联采用	闫飞	袁媛 康康 马莎莎 翟鑫 陈家宁 孙锐	中原工学院
基于农户满意视角的农村公共服务投资效率研究	著作	13—12	经济科学出版社	唐娟莉		郑州大学
中国节日风情论	著作	13—9	中国社会科学出版社	马福贞		河南大学
“道成化身”,老子“回家”——越调新编历史剧《老子》评析	论文	13—12	《文艺争鸣》	成军		周口师范学院
培养“能解决问题”的大学生	论文	13—2—23	《光明日报》	孔国庆	张长伟 张晨寒	河南师范大学
新加坡人民行动党形象建设论	论文	13—6	《河南师范大学学报》	孙景峰	陈倩琳	河南师范大学
秦汉律“购赏”考	论文	13—9	《法律科学》	宋国华		河南大学
道德信仰与社会和谐	著作	13—3	武汉大学出版社	魏长领	刘学民 刘晓靖	郑州大学
中原城市群空间联系研究	著作	13—7	河南人民出版社	余沛		河南科技大学
重构中的功能叙事——意识形态变迁及其实践意蕴研究	著作	13—9	人民出版社	戈士国		河南大学
图像表征的当代认识论危机	论文	13—7	《哲学动态》	李勇		河南大学
《尚书》历史思想研究	著作	13—8	中国社会科学出版社	王灿		河南科技大学
利益 精神 权力——三元协调驱动论	著作	13—11	河北人民出版社	杨云善	古杰一 时明德 王文臣	信阳师范学院
UCP600下货物“部分发运”规定与相关单证的缮制	论文	13—8	《对外经贸实务》	魏冉		中原工学院
毛泽东与新中国大国地位的确立	论文	13—12	《史学月刊》	何云峰		河南大学
产业集聚和FDI因果关系实证研究	著作	13—9	经济科学出版社	郭利平		中原工学院

续表

成果名称	成果形式	发表时间	发表媒体	姓名	主要完成者	工作单位
新时期推进河南省县域经济科学发展研究	论文	13—12	《经济研究参考》	苗　洁	吴海峰　杨志波	省社科院
全球生产网络的经济分析:分工、组织与利益博弈	著作	13—8	中国经济出版社	胡国恒		河南师范大学
学术研究方法与规范	著作	13—5	中华书局	张清民		河南大学
当代古典音乐传播的景观式存在辨析	论文	13—5	《现代传播》	吴文瀚		河南工业大学
基于自然灾害的应急资源一体化配置研究	论文	13—9	《河南社会科学》	周广亮		郑州轻工业学院
转型期城市公共服务设施供给模式——以广州为例	著作	13—9	东南大学出版社	高军波		信阳师范学院
中原根文化的内涵及其当代意义	论文	13—5—23	《光明日报》	曹玉涛		洛阳师范学院
20世纪英国小说流派研究	著作	13—12	新华出版社	段军霞	张月娥　石　卉　王志明	安阳师范学院
职业体育俱乐部核心竞争力理论与实	著作	13—12	郑州大学出版社	赵广涛		河南教育学院
弘扬生态伦理道德	论文	13—2—25	《人民日报》	于咏华	胡隆辉　付钦太	省委党校
注重深化改革的统筹谋划	论文	13—9—6	《经济日报》	王玲杰	刘晓萍　王志刚	省社科院
领导干部的"幸福之源"	论文	13—12—13	《人民日报》	王爱英	省委党校	
有序推进农业转移人口市民化	论文	13—3—29	《经济日报》	王新涛	喻新安　王建国	省社科院
用市场经济的理念审视经济发展中的问题	论文	13—4—26	《光明日报》	任太增	刘新争	河南师范大学
产业集聚协调发展与新型城镇化建设	论文	13—10—25	《光明日报》	任爱莲		河南财经政法大学

续表

成果名称	成果形式	发表时间	发表媒体	姓名	主要完成者	工作单位
破解产业集聚区发展难题	论文	13—4—11	《经济日报》	刘　晖 翟伟栋		省委党校
以整风精神开展批评与自我批评	论文	13—9—27	《经济日报》	向长艳		省委党校
实现中国梦必须增强国家凝聚力	论文	13—10—1	《光明日报》	朱耀先		省委党校
破除农业转移人口市民化的制度障碍	论文	13—3—17	《人民日报》	张月瀛		省委党校
以人为本加强和创新社会管理	论文	13—3—17	《人民日报》	郑会霞		省委党校
创新驱动发展的两大着力点	论文	13—3—1	《经济日报》	胡隆辉	付钦太	省委党校
转方式,首先转什么	论文	13—3	《求是》	赵西三	陈明星　赵　然	省社科院
优化国土空间开发格局的新路径	论文	13—11—8	《经济日报》	涂小雨		省委党校
拓展服务贸易新空间	论文	13—6—21	《经济日报》	涂小雨		省委党校
借鉴国际经验 加快科技创新	论文	13—5—3	《经济日报》	秦　健		省委党校
破除官僚主义须标本兼治	论文	13—11—1	《经济日报》	阎德民		省社科院
深化改革势在必行	论文	13—5—20	《经济日报》	曾　旗		河南理工大学
更加重视改革顶层设计	论文	13—1—30	《人民日报》	董立人		省委党校
以好的作风开展教育实践活动	论文	13—7—12	《经济日报》	樊金山		省委党校
采取有力举措加强网络内容建设	论文	13—5—7	《人民日报》	薛瑞汉		省委党校

2013 年度河南省教育厅人文社会科学研究成果奖

序号	成果名称	成果形式	出版社/刊物名称/采用机关名称	学科门类	申请人	所在单位	参与人	获奖等次	奖金
2013-t-001	贫困村灾害风险应对研究	专著	中国社会科学出版社	社会学	田丰韶	河南大学	田丰韶、凌文豪、戚静、赵炎峰、罗汉群、赫明轩等人	特等奖	5000
2013-t-002	十八世纪英国治安法官司法实践	论文	历史研究	历史学	杨松涛	河南大学		特等奖	5000
2013-t-003	《逸周书》文学研究	著作	中国社会科学出版社	中国文学	赵奉蓉	河南大学		特等奖	5000
2013-t-004	《百年汉诗形式的理论探求》	著作	人民出版社	中国文学	刘　涛	河南大学		特等奖	5000
2013-t-005	和谐社会的伦理意蕴——在黑格尔与马克思之间	著作	中国社会科学出版社	法学	彭晨慧	河南科技大学	苗贵山	特等奖	5000
2013-t-006	竞技体育刑法规制问题研究	著作	法律出版社	法学	郭玉川	华北水利水电大学		特等奖	5000
2013-t-007	竞争性选拔基本模式研究	著作	人民出版社	政治学	刘学民	郑州大学	刘晓靖	特等奖	5000
2013-t-008	中国研发产业成长机理及其激励政策研究	著作	科学出版社	管理学	王文亮	河南农业大学	王丹丹、韩珂、徐鹏飞	特等奖	5000
2013-t-009	宏观层面经济伦理研究	著作	人民出版社	哲学	乔法容	河南财经政法大学	朱金瑞、乔桂香	特等奖	5000
2013-t-010	社会资本与区域经济增长——基于空间计量经济学的研究	著作	社会科学文献出版社	经济学	彭文慧	河南大学	彭文慧、侯贝贝、常立青、王国勇	特等奖	5000
2013-t-011	边界·穿越·旅行:20 世纪 90 年代以来跨族裔导演的电影创作研究	著作	中国社会科学出版社	新闻学与传播学	崔　军	河南大学		特等奖	5000
2013-t-012	变革中的启蒙困境—中国左翼启蒙派文艺思潮研究	著作	中国社会科学出版社	中国文学	刘骥鹏	商丘师范学院		特等奖	5000
2013-t-013	轨迹与启迪——马克思主义知识分子观中国化研究	著作	中央文献出版社	马克思主义理论	孟　轲	河南师范大学		特等奖	5000
2013-t-014	自由、德性和正义:工程伦理的三重维度	论文	哲学研究	哲学	张　铃	洛阳师范学院		特等奖	5000
2013-t-015	民国时期社会救灾研究	著作	中国社会科学出版社	历史学	武艳敏	郑州大学		特等奖	5000
2013-t-016	1938-1942 年陕甘宁边区音乐民族化的理论与实践	论文	音乐研究	艺术学	陈宗花	河南大学		特等奖	5000
2013-t-017	《教育公平视阈下"特岗计划"实施成效研究	著作	中国社会科学出版社	教育学	高闰青	焦作师范高等专科学校		特等奖	5000

续表

序号	成果名称	成果形式	出版社/刊物名称/采用机关名称	学科门类	申请人	所在单位	参与人	获奖等次	奖金
2013-t-018	论跨学科研究与影响研究关系	论文	新华文摘	外国文学	李伟昉	河南大学		特等奖	5000
2013-t-019	中国电力普遍服务供给规制研究	著作	中国经济出版社	管理学	陈建华	河南大学		特等奖	5000
2013-t-020	利益博弈视角下本土企业的价值链升级与能力构建	论文	世界经济研究	经济学	胡国恒	河南师范大学		特等奖	5000
2013-t-021	《汉画像石审美研究》——以陕北晋西北地区为中心	专著	文物出版社	综合研究	王　娟	河南科技大学		特等奖	5000
2013-t-022	现代公共图书馆整体社会形象定位	著作	国家图书馆学刊	图书情报文献学	周九常	郑州航空工业管理学院	周九常、付永华	特等奖	5000
2013-t-023	服装静态展示设计的形式美原理与陈列形式	论文	文艺研究	艺术学	张　轶	郑州轻工业学院		特等奖	5000
2013-t-024	浪涌象牙塔——新视野下高校管理体制改革研究	著作	人民出版社	教育学	褚金海	河南农业大学	高 昕	特等奖	5000
2013-t-025	试论中庸诗歌翻译观的构建	著作	上海外语教育出版社	语言学	张俊杰	河南农业大学		特等奖	5000
2013-t-026	芥川龙之介的"文化基督徒"身份	论文	外国文学研究	外国文学	王　鹏	河南大学		特等奖	5000
2013-t-027	"现实"之重与"观念"之轻——论20世纪90年代以来的乡村小说叙事	著作	中国社会科学出版社	中国文学	李　勇	郑州大学		特等奖	5000
2013-t-028	债务重组、盈余管理与证券市场监管	著作	中国财政经济出版社	管理学	谢海洋	郑州航空工业管理学院		特等奖	5000
2013-t-029	理性与效率:农户粮食生产行为研究	著作	中国农业出版社	经济学	晋洪涛	河南农业大学		特等奖	5000
2013-t-030	隋唐地方行政与军防制度研究	专著	人民出版社	历史学	乔凤岐	许昌学院		特等奖	5000
2013-t-031	现代水利投入稳定增长机制研究	著作	科学出版社	管理学	何 楠	华北水利水电大学	何　楠、韩宇平	特等奖	5000
2013-t-032	中小学生公民意识教育研究	著作	人民出版社	马克思主义理论	张宜海	郑州大学		特等奖	5000
2013-t-033	生态文化研究	著作	法律出版社	综合研究	舒坤尧	华北水利水电大学		特等奖	5000
2013-t-034	科研压力对博士生学术不端行为的影响研究	论文	科研管理	教育学	张永军	河南大学		特等奖	5000

续表

序号	成果名称	成果形式	出版社/刊物名称/采用机关名称	学科门类	申请人	所在单位	参与人	获奖等次	奖金
2013－t－035	中国区域经济协调发展的动力机制——以中原经济区为样本	著作	社会科学文献出版社	经济学	李新安	河南财经政法大学	史自力、徐金安、李慧、李春花	特等奖	5000
2013－t－036	地方政府行为演进的机理——珠三角L镇政府的个案	著作	中国社会科学出版社	社会学	付光伟	河南大学		特等奖	5000
2013－t－037	口语中的前置性话题标记“就”	论文	中国语文	语言学	司罗红	郑州大学		特等奖	5000
2013－t－038	我国不同地区现代林业的差别性政策研究	著作	中国农业出版社	综合研究	刘　宁	河南农业大学		特等奖	5000
2013－t－039	走向农村公共图书馆服务的整体化平台	论文	中国图书馆学报	图书情报文献学	王宏鑫	信阳师范学院		特等奖	5000
2013－t－040	我国体育教师评价体系探索	著作	人民体育出版社	体育学	曾庆涛	河南大学		特等奖	5000
2013－t－041	体育文化国际传播的实践考察与理念创新	论文	体育科学	体育学	史友宽	河南大学		特等奖	5000
2013－t－042	大学生感恩内隐效应的实验研究	论文	心理发展与教育	心理学	何安明	信阳师范学院		特等奖	5000
2013－t－043	基础美术教育中的设计教育	著作	高等教育出版社	艺术学	席卫权	河南大学		特等奖	5000
2013－t－044	俄罗斯外语教育政策与外语教学变革	论文	比较教育研究	教育学	王　森	郑州大学		特等奖	5000
2013－t－045	英语名词搭配发展特征研究	著作	上海交通大学出版社	语言学	孙海燕	河南师范大学		特等奖	5000
2013－t－046	康拉德作品主体研究	著作	吉林大学出版社	外国文学	李长亭	平顶山工业职业技术学院		特等奖	5000
2013－t－047	朝鲜传奇文学对中国影响的接受与新变——从《从金鳌新话说起》	论文	人大复印资料·外国文学研究	外国文学	张丽娜	洛阳理工学院		特等奖	5000
2013－t－048	当代古典音乐传播的景观式存在辨析	论文	现代传播	艺术学	吴文瀚	河南工业大学		特等奖	5000
2013－t－049	农村体育事业发展难点与解决之道	论文	光明日报理论版	体育学	李　浩	河南理工大学		特等奖	5000
2013－t－050	语文：言语生命的赋形——贵州石门坎“波拉德”课程人类文化学探究	专著	中国书籍出版社	教育学	苑青松	周口师范学院		特等奖	5000
2013－t－051	教育公平分析	论文	华东师范大学学报	教育学	杨　密	河南师范大学		特等奖	5000
2013－t－052	基于集团序方法的推荐系统输出	论文	系统工程理论与实践	管理学	崔春生	河南财经政法大学		特等奖	5000

续表

序号	成果名称	成果形式	出版社/刊物名称/采用机关名称	学科门类	申请人	所在单位	参与人	获奖等次	奖金
2013-t-053	亚细亚生产方式与当代中国农业改革发展的基本方向	论文	当代经济研究	经济学	于金富	河南大学		特等奖	5000
2013-t-054	政治冲突中口译员的角色研究	论文	中国翻译	语言学	刘立胜	许昌学院		特等奖	5000
2013-t-055	湘语邵阳话中的重叠式反复问句及其类型学意义	论文	中国语文	语言学	蒋协众	河南科技大学		特等奖	5000
2013-t-056	考场风云	著作	中华书局	中国文学	王士祥	郑州大学		特等奖	5000
2013-t-057	城市绿地格局与减灾避难研究	著作	中国农业出版社	综合研究	樊良新	河南理工大学	樊良新、牛海鹏、佟艳	特等奖	5000
2013-t-058	学术的体悟与穷究：宋明学术论稿	著作	大象出版社	历史学	吴漫	郑州大学		特等奖	5000
2013-t-059	大学科研人员合作研究参与意愿的实证研究	论文	科学学研究	管理学	海本禄	河南师范大学		特等奖	5000
2013-t-060	规避"中等收入陷阱风险"的包容性体制构建研究	著作	经济科学出版社	经济学	李中建	郑州大学		特等奖	5000
2013-1-001	法律文书写作教程	著作	高等教育出版社	法学	杜福磊	河南财经政法大学	杜福磊、赵朝琴、张建成、马明利、王长江、裴小梅、高壮华、焦永刚	一等奖	2000
2013-1-002	气候与贸易的国际法进程研究——以议题交叉与体系协调为视角	著作	法律出版社	法学	李威	河南工程学院	李威	一等奖	2000
2013-1-003	论逆向定罪机制在刑事疑难案件审判中的适用	论文	法商研究	法学	任彦君	河南财经政法大学		一等奖	2000
2013-1-004	秦汉律"购赏"考	论文	法律科学	法学	宋国华	河南大学		一等奖	2000
2013-1-005	河南省重大经济活动知识产权特别审议机制研究	研究报告	河南省知识产权局	法学	王锋	郑州大学	郭民生、张德芬、杨红军、陈非、于国安、欧广元、张青华、石晓东、王海英、刘志南、刘涛	一等奖	2000
2013-1-006	WTO框架下我国农业补贴法律体系的建构	著作	法律出版社	法学	吴喜梅	郑州大学		一等奖	2000
2013-1-007	专家陪审制度探析	论文	郑州大学学报(哲学社会科学版)	法学	岳军要	郑州航空工业管理学院		一等奖	2000
2013-1-008	环境创新动因、创新战略与企业经济绩效——基于238家企业样本的实证分析	论文	科技进步与对策	管理学	卞雅莉	郑州航空工业管理学院		一等奖	2000

续表

序号	成果名称	成果形式	出版社/刊物名称/采用机关名称	学科门类	申请人	所在单位	参与人	获奖等次	奖金
2013－1－009	供应链协同对运营绩效的影响研究	论文	中国流通经济人大复印资料全文转载	管理学	曹永辉	河南科技学院		一等奖	2000
2013－1－010	主观认知视角下的彭罗斯内生成长理论	著作	经济科学出版社	管理学	陈　峥	河南财经政法大学		一等奖	2000
2013－1－011	我国零售企业自有品牌发展刍议	论文	郑州大学学报	管理学	丁　华	郑州航空工业管理学院		一等奖	2000
2013－1－012	中原经济区城镇化中的土地问题研究	著作	中国农业出版社	管理学	黄建水	华北水利水电大学	黄建水、黄鹏	一等奖	2000
2013－1－013	河南省统筹城乡社会养老保险体系进程中的问题研究	调研报告	《资政参考》河南省政府办公厅	管理学	凌文豪	河南大学	凌文豪，张玲，刘培培，常仁珂，罗汉群，汪璐蒙，尹曙光，胡萌萌，赫明轩	一等奖	2000
2013－1－014	会计信息质量对投资效率的影响研究	著作	经济科学出版社	管理学	罗斌元	河南理工大学		一等奖	2000
2013－1－015	价值链成本控制研究	著作	中国经济出版社	管理学	罗红雨	河南大学		一等奖	2000
2013－1－016	噪声交易者与中国 IPO 真实首日收益研究	著作	中国经济出版社	管理学	武　龙	河南大学		一等奖	2000
2013－1－017	新建本科院校大学章程建设的思考	论文	国家教育行政学院教育管理杂志社	管理学	许青云	平顶山学院		一等奖	2000
2013－1－018	高校哲学社会科学创新能力的提升路径	论文	中国高等教育	管理学	杨云香	郑州大学		一等奖	2000
2013－1－019	河南省直管县体制改革试点存在的问题	论文	改革内参	管理学	张　琳	河南牧业经济学院		一等奖	2000
20132000-020	中国文化语境下的休闲及相关概念的考察	论文	旅游学刊	管理学	张　野	河南大学			一等奖
2013－1－021	基于 GRA－PDEA 模型的应急点设计研究	论文	预测	管理学	周广亮	郑州轻工业学院		一等奖	2000
2013－1－022	民族地区旅游发展的社会文化效应	论文	西南民族大学学报	管理学	朱　伟	河南师范大学		一等奖	2000
2013－1－023	正本清源 创新工程硕士教育的思考	论文	研究生教育研究	教育学	海松梅	中原工学院		一等奖	2000
2013－1－024	我国基础教育学校课堂改革概览与展望	论文	中国教育学刊	教育学	李　辉	南阳师范学院		一等奖	2000
2013－1－025	困境与超越：专业学习共同体下的学习文化构建	论文	河北师范大学学报	教育学	李清臣	周口师范学院		一等奖	2000

续表

序号	成果名称	成果形式	出版社/刊物名称/采用机关名称	学科门类	申请人	所在单位	参与人	获奖等次	奖金
2013－1－026	当代大学生健康人格培育研究	著作	西安地图出版社	教育学	李修超	河南科技学院	邓沛栖,李印,吴姗,禹剑	一等奖	2000
2013－1－027	中原经济区建设背景下的河南省职业教育发展研究	论文	教育与职业	教育学	李运萍	河南科技学院		一等奖	2000
2013－1－028	幼教“去小学化”倾向阻滞因素分析及对策	论文	教育探索	教育学	刘翠花	商丘师范学院		一等奖	2000
2013－1－029	学习共同体内涵重审:课程教学的视域	论文	远程教育杂志	教育学	卢　强	信阳师范学院		一等奖	2000
2013－1－030	突出实践性实现师范院校与基础教育互动共生	论文	中国高等教育	教育学	马金岭	周口师范学院	马金岭、李清臣	一等奖	2000
2013－1－031	事业单位语境中的大学组织变革探析	论文	教育发展研究	教育学	王　晋	河南大学		一等奖	2000
2013－1－032	风险与回应:风险社会中的高等教育	论文	郑州大学学报编辑部/郑州大学学报	教育学	张　珺	河南工程学院		一等奖	2000
2013－1－033	河南省高职教育为中原经济区建设提供人才支撑问题研究	调研报告	河南省人力资源与社会保障厅、河南省扶贫办公室、河南省农业厅	教育学	张五钢	河南职业技术学院	范宁怡,张亚利,张曼,张鹏,彭景荣,刘语,朱兆阳,王德龙,杨旭,刘校培	一等奖	2000
2013－1－034	大中小学创业教育衔接问题研究	论文	教育发展研究	教育学	张务农	河南大学		一等奖	2000
2013－1－035	探索高职人才培养模式建立学生创业教育机制	论文	课程教育研究	教育学	张玉婷	郑州职业技术学院		一等奖	2000
2013－1－036	教育人类学视域下的非物质文化遗产传承体制研究	论文	河南大学学报	教育学	郑雪松	信阳师范学院		一等奖	2000
2013－1－037	博弈论视阈下的自愿性环保投资与回应型规制	论文	大连理工大学学报(社会科学版)	经济学	樊慧玲	河南工业大学		一等奖	2000
2013－1－038	碳标签制度的实施对我国农产品出口的影响	论文	对外经贸实务(中文核心)	经济学	樊晓云	许昌学院		一等奖	2000
2013－1－039	单整变更之间因果关系的一种检验程序	论文	数量经济技术经济研究	经济学	靳庭良	河南财经政法大学		一等奖	2000
2013－1－040	基于劳动者成本收益基础上的增收途径对比	论文	商业时代	经济学	刘　辉	商丘师范学院		一等奖	2000
2013－1－041	消费者对新疆特色农产品质量安全认知和购买的地区差异性分析	论文	地域研究与开发	经济学	刘瑞峰	河南农业大学		一等奖	2000
2013－1－042	农民工群体的结构分化与劳动力要素的再配置效应	论文	中央财经大学学报	经济学	刘新争	河南师范大学		一等奖	2000

续表

序号	成果名称	成果形式	出版社/刊物名称/采用机关名称	学科门类	申请人	所在单位	参与人	获奖等次	奖金
2013-1-043	中原经济区乡村金融及其创新研究	著作	经济科学出版社	经济学	孙保营	郑州大学		一等奖	2000
2013-1-044	中日工业化进程比较	著作	社科文献出版社	经济学	孙建国	河南大学	村上直树 陈文举	一等奖	2000
2013-1-045	金融包容:新型危机背景下金融地理学视阈的新拓展	论文	经济理论与经济管理	经济学	田 霖	郑州大学		一等奖	2000
2013-1-046	互惠贸易利益:基于马克思劳动价值论的现代证明	论文	当代经济研究	经济学	杨玉华	河南科技大学		一等奖	2000
2013-1-047	新生人口、家庭再分配与地区的文化服务消费	论文	商业经济与管理	经济学	于忠江	郑州航空工业管理学院		一等奖	2000
2013-1-048	FDI 波动、出口波动及产出波动的互动关系研究	论文	中央财经大学学报	经济学	郑展鹏	河南大学		一等奖	2000
2013-1-049	王国维陈寅恪国民性思想及其当代价值	论文	河南师范大学学报(哲学社会科学版)	历史学	郭现军	许昌学院		一等奖	2000
2013-1-050	北宋陕州漏泽园士兵墓志文研究	论文	中国史研究	历史学	淮建利	郑州大学		一等奖	2000
2013-1-051	从军事权贵到世家大族——以明代河南归德府为中心的考察	论文	河南大学学报(社会科学版)	历史学	李永菊	河南中医学院		一等奖	2000
2013-1-052	19 世纪中叶中西方军事技术优劣的思想层面探析	论文	自然辩证法研究	历史学	刘鸿亮	河南科技大学		一等奖	2000
2013-1-053	唐宋试判制度试探——兼论唐宋选官制度的变化	论文	文史哲	历史学	王 丽	河南大学		一等奖	2000
2013-1-054	中国传统目录学的文化品格及其价值取向	论文	河北学刊	历史学	王记录	河南师范大学		一等奖	2000
2013-1-055	中国传统涉外思想对越南的影响	论文	郑州航空工业管理学院学报(社科版)	历史学	王继东	河南工程学院		一等奖	2000
2013-1-056	州际竞争与美国福利政策的调整	论文	世界历史	历史学	杨成良	洛阳师范学院		一等奖	2000
2013-1-057	马克思主义民族理论中的“以人为本”思想及其现实启迪	论文	民族问题研究	马克思主义理论	程 伟	河南理工大学		一等奖	2000
2013-1-058	中国工农业发展关系研究 1949-2003	著作	中共党史出版社	马克思主义理论	高军峰	许昌学院		一等奖	2000
2013-1-059	马克思主义大众化的三重境界	论文	河南师范大学学报	马克思主义理论	林志友	河南大学	孙炳炎	一等奖	2000

续表

序号	成果名称	成果形式	出版社/刊物名称/采用机关名称	学科门类	申请人	所在单位	参与人	获奖等次	奖金
2013－1－060	共话中国梦	著作	郑州大学出版社	马克思主义理论	吴宏亮	郑州大学	张志坚、周倩	一等奖	2000
2013－1－061	高校学生思想政治工作中人文关怀和心理疏导研究	论文	科教导刊	马克思主义理论	张　娜	铁道警察学院		一等奖	2000
2013－1－062	五位一体视阈下以人为本思想的深度解读	论文	科学社会主义	马克思主义理论	张富文	河南理工大学		一等奖	2000
2013－1－063	理想 信念 信仰	著作	中国社会出版社	马克思主义理论	张国臣	河南理工大学	张国臣、程 伟、史君锋、李照修、田道敏、张尚字、黄保金、洪振涛	一等奖	2000
2013－1－064	性别比失衡背景下的农村男方婚姻支付	专著	中国社会出版社	社会学	栗志强	郑州轻工业学院		一等奖	2000
2013－1－065	改革红利视角下的高校创新人才培养制度设计	论文	河南社会科学	社会学	夏新颜	洛阳理工学院		一等奖	2000
2013－1－066	我国农村水污染受害者社会救助机制及对策研究	著作	经济科学出版社	社会学	周纪昌	中原工学院	周纪昌,王霄羽,杨林霞,石燕捷	一等奖	2000
2013－1－067	北京奥运会中国代表团礼服的文化探析	论文	体育文化导刊	体育学	高　泳	河南科技学院		一等奖	2000
2013－1－068	大学体育文化学	著作	浙江大学出版社	体育学	林克明	郑州大学	赵聂、赵广涛、张秀丽、杨静、郭红卫、吴丽珺、林粤婷、任应斌	一等奖	2000
2013－1－069	中学生体育锻炼与自我和谐心理健康的相关分析	论文	中国学校卫生	体育学	刘　洋	郑州大学体育学院	刘洋、郭玉江	一等奖	2000
2013－1－070	奥运会田径奖牌分布及对我国田径运动发展的启示	论文	体育文化导刊	体育学	杨　军	河南大学	闫建华 杨洋	一等奖	2000
2013－1－071	基于 Dynan 模型的农村居民预防性储蓄动机研究——以河南为例	论文	数理统计与管理	统计学	张玉周	河南财经政法大学		一等奖	2000
2013－1－072	知识资源管理与政府信息公开研究	著作	河南人民出版社	图书情报文献学	白清礼	郑州航空工业管理学院		一等奖	2000
2013－1－073	科学结构分析方法优化研究	著作	世界图书出版公司	图书情报文献学	任红娟	郑州航空工业管理学院		一等奖	2000
2013－1－074	高校图书馆核心竞争力诸要素解析	论文	图书馆工作与研究	图书情报文献学	王　琳	河南科技学院		一等奖	2000
2013－1－075	国内公共图书馆弱势群体服务现状调查与思考	论文	图书情报工作	图书情报文献学	王　平	郑州大学	王振蒙、黄尚	一等奖	2000
2013－1－076	NSTL 营销实践与国外电子资源营销实践的对比分析	论文	图书馆	图书情报文献学	王丹丹	河南科技大学		一等奖	2000

续表

序号	成果名称	成果形式	出版社/刊物名称/采用机关名称	学科门类	申请人	所在单位	参与人	获奖等次	奖金
2013-1-077	Web2.0 环境下知识交流模式与法律研究	专著	郑州大学出版社	图书情报文献学	杨瑞仙	郑州大学		一等奖	2000
2013-1-078	解读花木兰中西文化形象的冲突与融合	论文	电影文学	外国文学	包相玲	南阳理工学院		一等奖	2000
2013-1-079	沉默的言说者:论《宗教大法官》中的耶稣基督形象	论文	俄罗斯文艺	外国文学	侯朝阳	信阳师范学院		一等奖	2000
2013-1-080	茨威格的女性形象与女性精神分析	论文	北方文学	外国文学	刘彩霞	河南财政税务高等专科学校		一等奖	2000
20132000-081	《托马斯.哈代的思想在《苔丝》中的体现》	论文	作家	外国文学	王丽华	郑州师范学院			一等奖
2013-1-082	《乱世佳人》字幕翻译策略的归纳	论文	电影文学	外国文学	王欣欣	商丘师范学院		一等奖	2000
20132000-083	中外文学中"边缘人"形象浅析	论文	山花	外国文学	肖书珍	河南大学			一等奖
2013-1-084	走出人类中心主义的藩篱—乔伊斯·卡罗尔·欧茨小说中的生态伦理思想研究	著作	复旦大学出版社	外国文学	杨建玫	河南财经政法大学		一等奖	2000
2013-1-085	论简·奥斯丁小说中的母亲形象	论文	短篇小说	外国文学	于　淼	信阳师范学院		一等奖	2000
2013-1-086	《荒野的呼唤》中巴克形象解析	论文	短篇小说	外国文学	赵　阳	河南牧业经济学院		一等奖	2000
2013-1-087	母爱异化与女性关怀探索	论文	学术交流	外国文学	赵国龙	信阳师范学院		一等奖	2000
2013-1-088	约翰·福尔斯《收藏家》之多重主题研究	论文	作家	外国文学	赵晓晓	新乡学院		一等奖	2000
2013-1-089	乐观偏差的内隐	论文	心理科学	心理学	陈瑞君	郑州师范学院	秦启文,王晓刚,傅于玲,杨 帅	一等奖	2000
2013-1-090	拥挤的动机:公益投资中的公共服务动机与外部激励	论文	心理科学	心理学	李 明	河南师范大学	李明、郑强、秦玉、樊晓培	一等奖	2000
2013-1-091	汉语双字词语音关联对错误记忆的影响	论文	心理科学	心理学	孙文梅	河南师范大学	孙文梅、刘海伦	一等奖	2000
2013-1-092	学业成绩影响儿童孤独感的中介变量分析	论文	心理科学	心理学	张连云	商丘师范学院		一等奖	2000
2013-1-093	全媒体时代的词传播	著作	吉林大学出版社	新闻学与传播学	陈燕侠	中原工学院		一等奖	2000
2013-1-094	《今日说法》故事化叙事方式之利弊	论文	新闻知识	新闻学与传播学	江世明	河南艺术职业学院		一等奖	2000

续表

序号	成果名称	成果形式	出版社/刊物名称/采用机关名称	学科门类	申请人	所在单位	参与人	获奖等次	奖金
2013－1－095	中国编辑出版教育透视	著作	社会科学文献出版社	新闻学与传播学	李建伟	河南大学	张锦华	一等奖	2000
2013－1－096	网络反腐的符号传播逻辑及其社会整合作用——以“杨达才事件”为例	论文	新闻与传播研究	新闻学与传播学	张淑华	郑州大学		一等奖	2000
2013－1－097	媒介技术与移民儿童的社会融合——欧洲CHICAM项目及其启示	论文	新闻大学	新闻学与传播学	郑素侠	郑州大学		一等奖	2000
2013－1－098	《贺友直和<小二黑结婚>》	论文	《美术研究》	艺术学	郝米嘉	中原工学院		一等奖	2000
2013－1－099	《1919－1949年中国民间舞蹈革命化进程研究》	论文	北京舞蹈学院学报	艺术学	姬　宁	郑州师范学院		一等奖	2000
2013－1－100	太康道情戏剧目概述	论文	大舞台	艺术学	李　蕾	周口师范学院		一等奖	2000
2013－1－101	新中国的美术观及其话语实践——以《美术》（1950－1966）为中心	著作	吉林美术出版社	艺术学	李朝霞	郑州大学		一等奖	2000
2013－1－102	论文艺复兴时期服饰艺术的现代性及其影响	论文	郑州大学学报	艺术学	刘静轩	郑州大学		一等奖	2000
2013－1－103	垓下之战之楚歌考析	论文	音乐创作	艺术学	刘媛媛	河南大学		一等奖	2000
2013－1－104	视觉艺术审美心理特征分析	论文	美术教育研究杂志社	艺术学	任　凌	河南艺术职业学院		一等奖	2000
2013－1－105	中国画论中的生态审美智慧研究	专著	重庆出版集团重庆出版社	艺术学	邵金峰	许昌学院		一等奖	2000
2013－1－106	到伦敦，泡博物馆	著作	河南科学技术出版社	艺术学	王晓予	郑州大学		一等奖	2000
2013－1－107	书画有道	专著	河北美术出版社	艺术学	王学俊	郑州牧业经济学院		一等奖	2000
2013－1－108	庄子的音乐理念与艺术追求	论文	学术交流	艺术学	吴　璇	洛阳理工学院		一等奖	2000
2013－1－109	中国大片的新转机——兼及视觉转向中电影与文学的联姻	论文	中州学刊	艺术学	肖　帅	河南大学		一等奖	2000
2013－1－110	“少林电影热”与河南少林文化产业构建发展研究	论文	河南大学学报（社会科学版）	艺术学	张霁月	河南大学		一等奖	2000
2013－1－111	论间性理论视阈下的大学英语多模态教学与研究——兼论外语教育技术的哲学基础	论文	外语电化教学	语言学	郭万群	中原工学院		一等奖	2000

续表

序号	成果名称	成果形式	出版社/刊物名称/采用机关名称	学科门类	申请人	所在单位	参与人	获奖等次	奖金
2013－1－112	大学入校新生质量调查研究——一项基于新课标综合语言运用能力七级标准的调查分析	论文	外语教学	语言学	黄纪针	许昌学院		一等奖	2000
2013－1－113	相邻吸纳：语言结构创新的一个动因——以现代汉语动补结构的形成为例	论文	外语教学	语言学	刘辰诞	河南大学	刘辰诞 李恬	一等奖	2000
2013－1－114	从教师情商看英语课堂教学	论文	《疯狂英语》（教师版）	语言学	刘猋可	郑州升达经贸管理学院	周舒、孔洁、单雅波、付耀辉、许静、孙姗、袁亚敏	一等奖	2000
2013－1－115	基于性别差异的高校英语教师职业倦怠的统计学分析	论文	外语教学	语言学	刘英爽	南阳理工学院		一等奖	2000
2013－1－116	基于语料库的研究生学术英语语篇中外壳名词使用分析	论文	外语教学	语言学	娄宝翠	河南师范大学		一等奖	2000
2013－1－117	生态批评空间的翻译生产	著作	黑龙江人民出版社	语言学	鹿　彬	洛阳师范学院		一等奖	2000
2013－1－118	试论扬雄《方言》中的楚方言	论文	学术交流	语言学	王彩琴	洛阳理工学院		一等奖	2000
2013－1－119	当代西方修饰批评方法：多元性及其理据	论文	解放军外国语学院学报	语言学	王志伟	郑州大学		一等奖	2000
2013－1－120	《＜本草纲目＞“”字音义》商补	论文	中国语文	语言学	张春雷	南阳师范学院		一等奖	2000
2013－1－121	关于空间关系构式的几个基本问题	论文	山东外语教学	语言学	张克定	河南大学		一等奖	2000
2013－1－122	认知增强及其伦理社会问题探析	论文	自然辩证法研究	哲学	冯　烨	河南师范大学		一等奖	2000
2013－1－123	构造的无羁与归敛	著作	人民出版社	哲学	姬志闯	河南大学		一等奖	2000
2013－1－124	古希腊哲学视域中的个体性问题引论——以“原子论”与“知识论”为视角	论文	自然辩证法研究	哲学	王敏光	洛阳师范学院		一等奖	2000
2013－1－125	道德信仰与社会和谐	著作	武汉大学出版社	哲学	魏长领	郑州大学	刘学民、刘晓靖	一等奖	2000
2013－1－126	先秦名家哲学研究	专著	中国社会科学出版社	哲学	赵炎峰	河南大学	赵炎峰，段甜芳，南晗，徐小军，孙炳炎等人	一等奖	2000
2013－1－127	罗蒂新实用主义政治观研究	系列论文	道德与文明、北方论丛、河南师范大学学报（哲学社会科学版）	政治学	艾昆鹏	河南师范大学		一等奖	2000

续表

序号	成果名称	成果形式	出版社/刊物名称/采用机关名称	学科门类	申请人	所在单位	参与人	获奖等次	奖金
2013-1-128	城乡公平视域下的当代中国户籍制度研究	专著	中国社会科学出版社	政治学	别红暄	河南大学		一等奖	2000
2013-1-129	风险社会视域下的政治认同	论文	当代世界与社会主义	政治学	闫纪建	河南科技大学		一等奖	2000
2013-1-130	文学时空与主导流变研究	著作	黑龙江人民出版社	中国文学	党荣珍	南阳理工学院		一等奖	2000
2013-1-131	梁陈诗歌研究	专注	吉林文史出版社	中国文学	樊　荣	新乡学院		一等奖	2000
2013-1-132	五四女作家和圣经	专著	中国社会科学出版社	中国文学	郭晓霞	许昌学院		一等奖	2000
2013-1-133	“人生”问题与人道主义传播的困境	论文	文艺研究	中国文学	李建立	河南大学		一等奖	2000
2013-1-134	明末清初农民起义与北戏南传	论文	文艺研究	中国文学	刘红娟	郑州大学		一等奖	2000
2013-1-135	小说、批评与学院经验	论文	文学评论	中国文学	孟庆澍	河南大学		一等奖	2000
2013-1-136	说诗晬语笺注	著作	人民文学出版社	中国文学	王宏林	河南大学		一等奖	2000
2013-1-137	戏曲文物与戏剧形态	著作	光明日报出版	中国文学	元鹏飞	河南大学		一等奖	2000
2013-1-138	学术研究方法与规范	著作	中华书局	中国文学	张清民	河南大学		一等奖	2000
2013-1-139	基于SWOT分析的西南民族地区生态旅游发展战略选择	论文	西南民族大学学报(人文社会科学版)	综合研究	付景保	河南工程学院		一等奖	2000
2013-1-140	中原经济区三化协调发展水平的时空特征研究	论文	地域研究与开发	综合研究	龚迎春	河南理工大学	龚迎春、冯娟、罗静	一等奖	2000
2013-1-141	SRES B2情景下西南地区干旱致灾危险性时空格局预估	论文	中国人口·资源与环境	综合研究	贺山峰	河南理工大学	葛全胜、吴绍洪、戴尔阜	一等奖	2000
2013-1-142	论秦汉时期西王母信仰民俗的构建——兼论异地文化认同	论文	世界宗教研究	综合研究	李秋香	河南大学		一等奖	2000
2013-1-143	河南省A级旅游景区空间分布特征分析	论文	经济地理	综合研究	申怀飞	许昌学院		一等奖	2000
2013-1-144	道经图像概述	论文	宗教学研究	综合研究	许宜兰	洛阳师范学院		一等奖	2000
2013-1-145	利益 精神 权力——三元协调驱动论	著作	河北人民出版社	综合研究	杨云善	信阳师范学院	杨云善、古杰一	一等奖	2000

续表

序号	成果名称	成果形式	出版社/刊物名称/采用机关名称	学科门类	申请人	所在单位	参与人	获奖等次	奖金
2013－1－146	政策社会科学:何以可能与何以所为	论文	国外社会科学	综合研究	张云昊	河南师范大学		一等奖	2000
2013－2－001	国际银行独立担保法律问题研究	著作	法律出版社	法学	郭德香	郑州大学		二等奖	1000
2013－2－002	未成年人刑事案件诉讼程序理论与实践研究	著作	法律出版社	法学	李义凤	河南财经政法大学		二等奖	1000
2013－2－003	论生态文明建设中农村环境保护的问题与对策——基于政策与法律对比分析的视角	论文	湖北社会科学	法学	林云飞	许昌学院		二等奖	1000
2013－2－004	知识产权垄断的法律控制	著作	法律出版社	法学	吕明瑜	郑州大学		二等奖	1000
2013－2－005	墨家法律思想研究	著作	河北大学出版社	法学	王　宏	河南理工大学		二等奖	1000
2013－2－006	操纵体育比赛的刑法规制分析	论文	体育文化导刊	法学	王利宾	河南警察学院		二等奖	1000
2013－2－007	刑法禁止令的性质、适用条件与改革前瞻	论文	河南师范大学学报（哲学社会科学版）	法学	王鹏祥	河南师范大学	王鹏祥、闫 雨	二等奖	1000
2013－2－008	刑事回避制度的缺陷剖析及重构	论文	学术探索	法学	王淑华	铁道警察学院	王淑华	二等奖	1000
2013－2－009	俄罗斯反恐立法特点评介	论文	环球法律评论	法学	许桂敏	郑州大学		二等奖	1000
2013－2－010	民国刑事特别法研究	著作	法律出版社	法学	张道强	河南财经政法大学		二等奖	1000
2013－2－011	网络侵权及隐私权的保护	论文	河南师范大学学报	法学	周海玲	华北水利水电大学		二等奖	1000
2013－2－012	中国近代法制史学史研究	著作	上海人民出版社	法学	周会蕾	河南中医学院		二等奖	1000
2013－2－013	郑州城管执法现状及完善路径	调研报告	河南省商务厅	管理学	曹敏晖	郑州轻工业学院	曹敏晖	二等奖	1000
2013－2－014	郑州城市生态旅游空间构建与发展策略研究	论文	地域研究与开发	管理学	陈佳平	河南职业技术学院		二等奖	1000
2013－2－015	基于威胁树的第三方支付系统信息安全风险评估	论文	信息安全与技术	管理学	陈丽莉	河南工程学院	陈丽莉	二等奖	1000
2013－2－016	大学出版社经营管理浅论	著作	河南大学出版社	管理学	崔青峰	郑州大学	崔青峰	二等奖	1000

续表

序号	成果名称	成果形式	出版社/刊物名称/采用机关名称	学科门类	申请人	所在单位	参与人	获奖等次	奖金
2013－2－017	完善公共安全事件预防预警和应急处置体系研究——以重大铁道交通运输安全事件应急警务为视角	论文、调研报告	人民论坛	管理学	崔向前	铁道警察学院	袁广林、于 辉、贺恒、韩铮	二等奖	1000
2013－2－018	公司内部治理机制与非正常自愿性会计政策变更	论文	会计之友	管理学	丁庭选	河南牧业经济学院		二等奖	1000
2013－2－019	建设监理人员压力管理研究	著作	合肥工业大学出版社	管理学	董　萍	洛阳理工学院		二等奖	1000
2013－2－020	附加资源与环境保护约束的矿业权招标出让机制设计	论文	生态经济	管理学	段　涛	河南工业大学		二等奖	1000
2013－2－021	基于二元语义的煤炭企业安全文化评价研究	论文	中国煤炭	管理学	郭　凯	河南科技大学	郭　凯	二等奖	1000
2013－2－022	政府干预企业投资行为的制度背景、基础和路径	论文	财会通讯	管理学	李丰团	郑州航空工业管理学院		二等奖	1000
2013－2－023	粮食生产核心区建设中的粮食物流运作模型	论文	中国流通经济	管理学	李凤廷	河南工业大学		二等奖	1000
2013－2－024	我国服务价格与物价总水平波动互动关系研究	论文	经济问题	管理学	李迎君	信阳师范学院		二等奖	1000
2013－2－025	新创型公司治理、外部环境与高管变更的实证研究	论文	统计与决策	管理学	刘　阳	河南财经政法大学	司林胜、刘玉红	二等奖	1000
2013－2－026	基于 DEA 与 AHP 方法的中小企业绩效评价模型	论文	统计与决策	管理学	刘贵清	中原工学院		二等奖	1000
2013－2－027	协同创新背景下中国产业共性技术研发组织模式创新	论文	科技进步与对策	管理学	刘洪民	郑州轻工业学院		二等奖	1000
2013－2－028	城市消费者食品安全评价影响因素探析——基于郑州市的个案调查	论文	华南农业大学学报（社科版）	管理学	马　琳	郑州大学		二等奖	1000
2013－2－029	中国志愿服务法制化研究	专著	中国人民大学出版社	管理学	毛立红	河南大学		二等奖	1000
2013－2－030	论领导者个人形象的塑造及其对组织形象的影响	论文	云南行政学院学报	管理学	牛艳莉	郑州理工职业学院		二等奖	1000
2013－2－031	社会资本、知识获取与企业新产品开发能力关系研究	论文	财经论丛	管理学	潘宏亮	河南师范大学		二等奖	1000
2013－2－032	高职院校学生能力素质模型研究	研究报告	郑州市二七纪念塔爱国主义教育基地	管理学	全　丽	中州大学	汪笑云	二等奖	1000
2013－2－033	质量管理与新产品开发:理论与实务	著作	中国经济出版社	管理学	宋永涛	河南大学	宋永涛、苏秦	二等奖	1000

续表

序号	成果名称	成果形式	出版社/刊物名称/采用机关名称	学科门类	申请人	所在单位	参与人	获奖等次	奖金
2013－2－034	企业生命周期不同阶段治理模式研究	论文	商业时代	管理学	孙丽姗	河南财政税务高等专科学校		二等奖	1000
2013－2－035	《企业在员工“需求”与“激励”上存在的问题探究》	论文	中国商界	管理学	王浩乐	许昌职业技术学院		二等奖	1000
2013－2－036	河南省温泉旅游的现状、问题和对策研究报告	调研报告	河南省旅游局	管理学	王黎明	河南教育学院	王黎明、万三敏、贾玉芳	二等奖	1000
2013－2－037	事业单位固定资产核算之改进	论文	财会月刊	管理学	王留根	郑州航空工业管理学院		二等奖	1000
2013－2－038	改进型 RBF 神经网络在股票市场预测中的应用	论文	统计与决策	管理学	魏文轩	信阳师范学院		二等奖	1000
2013－2－039	影响高职财经类院校学生创新能力培养的因素分析	论文	教育研究与实验	管理学	夏维华	河南经贸职业学院		二等奖	1000
2013－2－040	补价不等的非货币性资产交换业务处理分析	论文	财会月刊	管理学	张卫丽	郑州成功财经学院		二等奖	1000
2013－2－041	用友软件凭证填制环节常见问题	论文	财会月刊	管理学	张渭育	河南牧业经济学院		二等奖	1000
2013－2－042	基于三角模型河南省耕地集约利用趋势及时空分异	论文	科学出版社《土壤通报》	管理学	张小虎	河南理工大学	张小虎、张合兵、赵素霞、牛海鹏	二等奖	1000
2013－2－043	河南省科技创新的突破战略研究	著作	河南人民出版社	管理学	张志宏	郑州航空工业管理学院	张志宏、张翠芬	二等奖	1000
2013－2－044	我国动漫产业发展能力的聚类分析	论文	学术论坛杂志社	管理学	赵意焕	河南农业大学		二等奖	1000
2013－2－045	零售商多任务参与的供应链激励合约设计	论文	华东经济管理	管理学	朱云章	河南科技大学		二等奖	1000

续表

序号	成果名称	成果形式	出版社/刊物名称/采用机关名称	学科门类	申请人	所在单位	参与人	获奖等次	奖金
2013－2－046	浅析近代日本"尚力"对外战略理念的成因	论文	日本研究	国际问题研究	张卫娣	河南科技大学		二等奖	1000
2013－2－047	教师专业发展的生态化探析	论文	教育理论与实践	教育学	常文梅	河南师范大学		二等奖	1000
2013－2－048	大学英语自主学习理论与实践	著作	吉林大学出版社	教育学	崔淑丽	信阳师范学院		二等奖	1000
2013－2－049	加拿大河谷学院"2020 发展愿景"及其启示	论文	中国职业技术教育	教育学	董克林	商丘职业技术学院		二等奖	1000
2013－2－050	基于效度分析的职业教育政策监测体系研究	论文	现代教育管理（人大复印资料《职业技术教育》	教育学	董天鹅	河南科技学院		二等奖	1000
2013－2－051	国际教学设计研究三十年	论文	开放教育研究	教育学	杜　华	安阳师范学院		二等奖	1000
2013－2－052	《什么是最佳的特殊教育实践模式——兼与张婷、陆莎商榷》	论文	中国特殊教育	教育学	杜志强	郑州师范学院		二等奖	1000
2013－2－053	压抑与超越——高校管理异化问题研究	著作	河南大学出版社	教育学	冯　平	河南理工大学		二等奖	1000
2013－2－054	美国教学督导理论的变迁和教学督导者的角色转变	论文	教育探索	教育学	高　佳	河南科技学院		二等奖	1000
2013－2－055	网络与青少年德育研究	著作	新华出版社	教育学	耿红卫	河南师范大学		二等奖	1000
2013－2－056	基于校企合作的生产性实训基地建设与实践	论文	中国职业技术教育	教育学	耿俊梅	济源职业技术学院	常小明,李春光 张端端,田江丽	二等奖	1000
2013－2－057	对外文化传播与中国梦的实现	论文	中国高等教育	教育学	侯景娟	河南大学		二等奖	1000
2013－2－058	实践性课程中对培养学生综合素质能力的研究	论文	职业技术	教育学	李　琴	郑州轻工职业学院		二等奖	1000
2013－2－059	应然与实然的距离：牛津大学导师制在我国的发展与困境	论文	中国高教研究	教育学	李国仓	河南工业大学		二等奖	1000
2013－2－060	基于网络环境的教师教学技能培训模式构建	论文	中国电化教育	教育学	李学杰	周口师范学院		二等奖	1000
2013－2－061	《河南省特殊教育教师队伍专业素质现状调查》	论文	中国特殊教育	教育学	李玉向	郑州师范学院		二等奖	1000
2013－2－062	中小学典礼教育：价值、问题和对策	论文	中国教育学刊	教育学	李中亮	河南大学		二等奖	1000
2013－2－063	高校教师教学权利的形态、根源及发展路径	论文	教师教育研究	教育学	刘冬梅	河南师范大学		二等奖	1000

续表

序号	成果名称	成果形式	出版社/刊物名称/采用机关名称	学科门类	申请人	所在单位	参与人	获奖等次	奖金
2013－2－064	美国融合型教师教育模式的结构特征分析——以恩伯利亚州立大学和夏威夷大学为例	论文	河北师范大学学报（教育科学版）	教育学	苗学杰	河南师范大学		二等奖	1000
2013－2－065	论教师专业化教育的实践转向	论文	郑州大学学报（哲学社会科学版）	教育学	邱九凤	河南师范大学		二等奖	1000
2013－2－066	实施素质教育对教师的能力要求	论文	齐齐哈尔师范高等专科学校学报	教育学	史丽燕	河南广播电视大学		二等奖	1000
2013－2－067	中西方教育理念下的大学机制运行比较研究	著作	郑州大学出版社	教育学	宋金花	郑州大学		二等奖	1000
2013－2－068	人伦文化批判的方法论研究	论文	求索	教育学	宋五好	三门峡职业技术学院		二等奖	1000
2013－2－069	终身学习认证的理论与实践	著作	中国水利水电出版社	教育学	宋孝忠	华北水利水电大学		二等奖	1000
2013－2－070	专业式与协作式研究生培养模式的比较及启示	论文	湖南社会科学	教育学	田　晶	商丘师范学院		二等奖	1000
2013－2－071	当代乡村教师的社会角色困境与公共性的建构	论文	当代教育科学	教育学	王　勇	信阳师范学院		二等奖	1000
2013－2－072	网络表达视角下“草根文化”发展探析	论文	湖北社会科学	教育学	王富强	周口师范学院		二等奖	1000
2013－2－073	课程改革的全球视野与本土行动	论文	教育理论与实践	教育学	王洪席	河南大学		二等奖	1000
2013－2－074	支持翻转课堂的网络教学系统模型探究	论文	现代教育技术	教育学	张新明	河南师范大学	张新明、何文涛	二等奖	1000
2013－2－075	寄宿制对小学生社会化的影响探析	论文	教学与管理	教育学	张耀庭	信阳师范学院		二等奖	1000
2013－2－076	制度分析视域下高等教育改革风险规避	论文	河南师范大学学报（哲学社会科学版）	教育学	赵广涛	河南教育学院		二等奖	1000
2013－2－077	中央政府在高等教育布局均衡发展中的有限责任	论文	江苏高教	教育学	郑利霞	河南师范大学		二等奖	1000
2013－2－078	农村道路供给农民满意度及其影响因素分析——基于5省2000农户的调查数据	论文	湖南农业大学学报（社会科学版）	经济学	邓蒙芝	河南农业大学		二等奖	1000
2013－2－079	我国最低工资标准和就业相互协调的思考	论文	经济研究参考	经济学	傅端香	河南理工大学		二等奖	1000
2013－2－080	实施河南省新型农业现代化制约因素的调查研究	调研报告	被河南省人民政府研究室采纳。另调研文章发表在:《经济经纬》《城市问题》	经济学	郭　震	河南财经政法大学	郭震，张冬平，陆程程，任艳霞，刘旗，姚利民，郭之茵	二等奖	1000

续表

序号	成果名称	成果形式	出版社/刊物名称/采用机关名称	学科门类	申请人	所在单位	参与人	获奖等次	奖金
2013-2-081	产业集聚和FDI因果关系实证研究	专著	经济科学出版社	经济学	郭利平	中原工学院		二等奖	1000
2013-2-082	农业生产性服务业对农业的外溢效应与条件研究	论文	南方经济	经济学	郝爱民	郑州航空工业管理学院		二等奖	1000
2013-2-083	通货膨胀周期性波动中的持久性与随机冲击效应	论文	金融经济学研究	经济学	花俊国	河南农业大学		二等奖	1000
2013-2-084	完善以土地公有为核心的新型产权制度	论文	马克思主义研究	经济学	冷元元	河南财经政法大学		二等奖	1000
2013-2-085	农户使用互联网获取市场信息的行为分析——基于种粮农户的实地调查	论文	西北农林科技大学学报(社会科学版)	经济学	刘　威	河南工业大学		二等奖	1000
2013-2-086	新农村建设背景下农村生产性公共产品供给效率研究——以河南省为例	论文	广东农业科学	经济学	刘其涛	许昌学院	刘其涛	二等奖	1000
2013-2-087	郑州航空港经济综合实验区建设研究	研究报告	省社科规划办	经济学	仝新顺	郑州轻工业学院	邢理平、蒋云兰、鞠红、金琳、柳建民、郑秀峰、金真、王淑湘	二等奖	1000
2013-2-088	我国农产品分销渠道模式发展策略浅析	论文	价格月刊	经济学	王宏伟	许昌学院	王宏伟	二等奖	1000
2013-2-089	政府与企业环境技术创新的互动决策分析	论文	资源开发与市场	经济学	王丽萍	河南理工大学		二等奖	1000
2013-2-090	基于AHP方法的河南省旅游竞争力研究	论文	地域研究与开发	经济学	吴丽霞	河南财经政法大学		二等奖	1000
2013-2-091	后经济危机时代河南省承接产业转移研究	调研报告	河南省商务厅	经济学	肖　飒	郑州电力高等专科学校	肖飒,汪云,任晔,郝会霞	二等奖	1000
2013-2-092	我国粮食主产区农产品国际竞争力比较研究	论文	统计与决策	经济学	薛选登	河南科技大学		二等奖	1000
2013-2-093	农村集体土地流转演化趋势分析	论文	西北农林科技大学学报	经济学	于传岗	平顶山学院		二等奖	1000
2013-2-094	基于博弈视角的煤矿企业安全生产管制分析	论文	管理世界	经济学	张国兴	华北水利水电大学		二等奖	1000
2013-2-095	现代制造业与生产性服务业互动融合发展研究—以河南省为例	著作	中国经济出版社	经济学	张洁梅	河南大学		二等奖	1000
2013-2-096	我国粮食增产与农民增收协同的制度研究	著作	中国财政经济出版社	经济学	张淑萍	河南师范大学		二等奖	1000
2013-2-097	后人口红利时代促进新生代农民工就业问题探析	论文	理论导刊	经济学	张玉鹏	信阳师范学院		二等奖	1000

续表

序号	成果名称	成果形式	出版社/刊物名称/采用机关名称	学科门类	申请人	所在单位	参与人	获奖等次	奖金
2013-2-098	基于技术守门员的产业集群技术流动研究——以张江集成电路产业为例	论文	经济地理	经济学	赵建吉	河南大学		二等奖	1000
2013-2-099	阿拉伯世界与巴勒斯坦问题	著作	世界知识出版社	历史学	陈天社	郑州大学		二等奖	1000
2013-2-100	成德镇辖区变化对唐后期政局的影响	论文	河南师范大学学报	历史学	付先召	商丘师范学院		二等奖	1000
2013-2-101	魏晋南北朝颜氏家风探析	论文	历史教学问题	历史学	洪卫中	许昌学院		二等奖	1000
2013-2-102	近代华北地区干旱灾害与农作物种植结构调整	论文	农业考古	历史学	胡　明	郑州职业技术学院	王世军、郭伟平、韩敏	二等奖	1000
2013-2-103	北宋史学思想流变研究	著作	人民出版社	历史学	李　峰	河南师范大学		二等奖	1000
2013-2-104	明清时期广东海防"分路"问题的探讨	论文	中国历史地理论丛	历史学	鲁延召	河南理工大学		二等奖	1000
2013-2-105	从政治角色错位看尼禄政治悲剧根源	论文	史学月刊	历史学	路运洪	许昌学院		二等奖	1000
2013-2-106	《汉代女性研究》	论著	河南人民出版社	历史学	田艳霞	河南中医学院		二等奖	1000
2013-2-107	《尚书》历史思想研究	著作	中国社会科学出版社	历史学	王　灿	河南科技大学		二等奖	1000
2013-2-108	清代流放制度研究	著作	人民出版社	历史学	王云红	河南科技大学		二等奖	1000
2013-2-109	宋代县级官员失职行为及其原因考察	论文	中州学刊	历史学	邢　琳	许昌学院		二等奖	1000
2013-2-110	论清末民初(1895—1916)陕西的庙产兴学运动	论文	西北大学学报(哲学社会科学版)	历史学	许效正	安阳师范学院		二等奖	1000
2013-2-111	"大礼议"的政治地位与嘉靖前期的政治局势	论文	《史学集刊》、《高等学校文科学术文摘》	历史学	翟爱玲	洛阳理工学院		二等奖	1000
2013-2-112	张居正改革时期民族政策研究	著作	人民出版社	历史学	展　龙	河南大学		二等奖	1000
2013-2-113	伏牛山文化圈概论	著作	中州古籍出版社	历史学	张清廉	平顶山学院		二等奖	1000
2013-2-114	解读毛泽东的新民主主义革命理论	论文	学术月刊	马克思主义理论	曹玉华	黄河水利职业技术学院		二等奖	1000
2013-2-115	中国共产党党员主体地位与党内民主问题研究	著作	河北人民出版社	马克思主义理论	程晋富	信阳师范学院	黄玲,王姣艳,李振东	二等奖	1000

续表

序号	成果名称	成果形式	出版社/刊物名称/采用机关名称	学科门类	申请人	所在单位	参与人	获奖等次	奖金
2013-2-116	网络时代高职院校艺术类大学生德育实效性问题研究	论文	中国成人教育杂志社	马克思主义理论	郭红艳	黄河水利职业技术学院		二等奖	1000
2013-2-117	让道德成为人的自觉需要	论文	光明日报(理论版)	马克思主义理论	蒋桂芳	郑州大学		二等奖	1000
2013-2-118	高职院校德育实践教育体系的改革与研究	研究报告	中共开封市委	马克思主义理论	李　明	开封大学	李明、郑强、秦玉、樊晓培	二等奖	1000
2013-2-119	人民主体地位与政治参与问题研究	论文	郑州大学学报	马克思主义理论	李　莹	郑州大学		二等奖	1000
2013-2-120	试论提高思想政治理论课课堂吸引力的路径	论文	《学校党建与思想教育》	马克思主义理论	李金锴	华北水利水电大学		二等奖	1000
2013-2-121	现代思想政治教育学范畴的本质规定性新探	论文	学校党建1与思想教育	马克思主义理论	南大伟	河南理工大学		二等奖	1000
2013-2-122	高校思想政治理论课“开放式教学”利弊分析-以《中国近现代史纲要》为例	论文	华北水利水电大学学报	马克思主义理论	尚发成	华北水利水电大学		二等奖	1000
2013-2-123	“意大利自由主义马克思主义”研究系列论文	系列论文	1、江海学刊 2、《马克思列宁主义研究》(人大复印资料) 3、社会科学家 4、广西社会科学 5、湖北社会科学 6、兰州学刊	马克思主义理论	宋晓杰	河南大学		二等奖	1000
2013-2-124	中国特色社会主义经济制度基础研究	著作	红旗出版社	马克思主义理论	王浩斌	河南大学		二等奖	1000
2013-2-125	反思与建构——思想政治教育基础理论发展研究	专著	知识产权出版社	马克思主义理论	王新刚	河南理工大学		二等奖	1000
2013-2-126	马克思主义中国化基本经验新探	论文	科学社会主义	马克思主义理论	吴德慧	许昌学院		二等奖	1000
2013-2-127	西方国家政治教育的特性主对我国的启示	论文	新乡学院学报	马克思主义理论		河南艺术职业学院	杨翠霞	二等奖	1000
2013-2-128	马克思主义大众化的本真内涵探究	著作	中央文献出版社	马克思主义理论	原威则	河南大学		二等奖	1000
2013-2-129	“四抓一依靠”,提高民办院校党建工作科学化水平	论文	河南教育	马克思主义理论	张亚贞	郑州经贸职业学院	张亚贞、董学力、景森	二等奖	1000
2013-2-130	远古余韵——商丘火神祭祀文化研究	专著	新华出版社	民族学	王小块	商丘师范学院		二等奖	1000
2013-2-131	流动现代性视野下的劳动关系批判	论文	现代经济探讨	社会学	郭伶俐	河南理工大学		二等奖	1000

续表

序号	成果名称	成果形式	出版社/刊物名称/采用机关名称	学科门类	申请人	所在单位	参与人	获奖等次	奖金
2013－2－132	《风险社会背景下城市居民安全感提升研究》	论文	国家行政学院学报	社会学	郭少华	郑州师范学院		二等奖	1000
2013－2－133	“共同体”到“联合体”：社区居委会面临的组织化风险与功能转型	论文	社会主义研究	社会学	孔娜娜	河南理工大学		二等奖	1000
2013－2－134	近代铁路兴建于豫北的城镇兴衰	论文	中州学刊	社会学	马义平	河南工业大学		二等奖	1000
2013－2－135	群众路线纵横	著作	河南人民出版社	社会学	杨家卿	焦作大学		二等奖	1000
2013－2－136	新型农村社区建设中居民社区参与的动力机制分析	论文	信阳师范学院学报	社会学	于　波	信阳师范学院		二等奖	1000
2013－2－137	论农民土地权益的制度保障	论文	学术交流	社会学	郑玉秀	信阳职业技术学院		二等奖	1000
2013－2－138	体育教育本科专业人才培养师范性的缺失及加强	论文	河北体育学院学报	体育学	成聪聪	郑州大学体育学院		二等奖	1000
2013－2－139	核心力量体能训练法	著作	化学工业出版社	体育学	崔东霞	郑州大学	李钊、乐严严、徐东、谭进、蒋艳阳、闫荣	二等奖	1000
2013－2－140	中原经济区新农村社区体育的发展	论文	体育学刊	体育学	董顺波	洛阳师范学院		二等奖	1000
2013－2－141	中国优秀男子跆拳道运动员前下劈技术肌肉用力表面肌电特征分析	论文	北京体育大学学报	体育学	郭海峰	河南科技大学	郭海峰、王卫星	二等奖	1000
2013－2－142	体育教学方法实施及创新研究	论文	北京体育大学学报	体育学	霍　军	河南师范大学		二等奖	1000
2013－2－143	第30届奥运会男子手球比赛各运动队攻防能力的比较研究	论文	中国体育科技	体育学	李　典	河南科技学院		二等奖	1000
2013－2－144	河北武术文化	专著	湖北人民出版社	体育学	申国卿	河南理工大学		二等奖	1000
2013－2－145	立式八段锦发展演变历程探究	论文	西安体育学院学报	体育学	杨红光	郑州大学体育学院		二等奖	1000
2013－2－146	中小学校园集体舞	著作	中央民族大学出版社	体育学	张秀丽	郑州大学		二等奖	1000
2013－2－147	基于逐步回归分析的2011——2012年CBA常规赛前八强得分能力研究	论文	河南师范大学学报（自然版）	体育学	张振东	郑州大学	蒋健涛、王敏娜	二等奖	1000
2013－2－148	的蒙卡特罗模拟及方差缩减技术探讨	论文	统计与决策	统计学	陈国栋	华北水利水电大学		二等奖	1000

续表

序号	成果名称	成果形式	出版社/刊物名称/采用机关名称	学科门类	申请人	所在单位	参与人	获奖等次	奖金
2013 - 2 - 149	人口空间分布及迁移影响的实证分析——基于空间计量方法与河南省数据	论文	统计与信息论坛	统计学	戴丽娜	郑州大学	王青玉	二等奖	1000
2013 - 2 - 150	国外高校图书馆信息共享空间网站调查分析	论文	图书馆	图书情报文献学	陈丽君	许昌学院		二等奖	1000
2013 - 2 - 151	泛在知识环境下图书馆学五定律的演绎	论文	情报资料工作	图书情报文献学	李明理	河南理工大学		二等奖	1000
2013 - 2 - 152	《清人别集总目》校订	论文	图书馆工作与研究	图书情报文献学	李淑燕	河南中医学院		二等奖	1000
2013 - 2 - 153	数字保存系统质量保证体系研究	著作	北京邮电大学出版社	图书情报文献学	李伟超	郑州航空工业管理学院		二等奖	1000
2013 - 2 - 154	文献信息资源配置效率的评价指标体系及实证研究	论文	图书管理理论与实践	图书情报文献学	梁秀霞	河南工业大学		二等奖	1000
2013 - 2 - 155	建国后我国图书馆发展战略思想演进特征分析	论文	图书情报工作	图书情报文献学	刘陆军	河南大学		二等奖	1000
2013 - 2 - 156	引用认同和引证形象研究	著作	上海世界图书出版公司	图书情报文献学	苏芳荔	郑州航空工业管理学院		二等奖	1000
2013 - 2 - 157	高校图书馆网络文化构建策略探讨	论文	社科纵横	图书情报文献学	田海燕	河南理工大学		二等奖	1000
2013 - 2 - 158	近现代藏书家典籍捐公行为试析	论文	图书馆理论与实践	图书情报文献学	王安功	河南师范大学		二等奖	1000
2013 - 2 - 159	图书馆,谁在关注国外	论文	图书馆理论与实践	图书情报文献学	杨俊丽	郑州大学		二等奖	1000
2013 - 2 - 160	论法院的行政规范审查权限	论文	河南师范大学学报(哲学社会科学版)	图书情报文献学	袁　勇	河南师范大学		二等奖	1000
2013 - 2 - 161	思想是图书馆学界的话语权	论文	图书馆杂志	图书情报文献学	张　瑜	信阳师范学院		二等奖	1000
2013 - 2 - 162	提供智慧服务:智慧图书馆服务模式及其实现路径	论文	电子世界	图书情报文献学	张新娜	漯河医学高等专科学校		二等奖	1000
2013 - 2 - 163	普希金的天空	著作	中国戏剧出版社	外国文学	杜　荣	新乡学院		二等奖	1000
2013 - 2 - 164	地心游记	译著	中国少年儿童出版社	外国文学	杜巧阁	河南工业大学		二等奖	1000
2013 - 2 - 165 1000	托尼·莫里森《最蓝的眼睛》技巧赏析	论文	安徽文学(下半月)	外国文学	姜晓娜	河南大学			二等奖
2013 - 2 - 166	雷孟德.威廉斯文化思想观念的哲学阐释	论文	长春教育学院学报	外国文学	李瑞玲	漯河职业技术学院	李瑞玲	二等奖	1000

续表

序号	成果名称	成果形式	出版社/刊物名称/采用机关名称	学科门类	申请人	所在单位	参与人	获奖等次	奖金
2013－2－167	俄罗斯文学	著作	中国戏剧出版社	外国文学	刘国利	河南理工大学	刘国利、王雷霞	二等奖	1000
2013－2－168	论电影《在云端》中爱与孤独的主题内涵	论文	电影文学	外国文学	刘金萍	郑州职业技术学院		二等奖	1000
2013－2－169	《接骨师之女》中母爱的颠覆与回归	论文	短篇小说	外国文学	刘向辉	许昌学院	刘向辉	二等奖	1000
2013－2－170	疯狂后的顿悟:《奇异的插曲》女主人公妮娜的精神生态女性主义解读	论文	西安外国语大学学报	外国文学	刘永杰	郑州大学		二等奖	1000
2013－2－171	《赛博朋克小说的后现代主义特质》	论文	社会科学家	外国文学	束　辉	郑州师范学院		二等奖	1000
2013－2－172	系统功能语言学下的英美文学赏析	论文	语文建设	外国文学	王翠芳	河南理工大学		二等奖	1000
2013－2－173	书写哥萨克:从壮士歌至今的文学与文化认同	论文（独著）	俄罗斯文艺	外国文学	杨素梅	河南大学		二等奖	1000
2013－2－174	新语境下的《双城记》与我国城市化进程中的民生取向	论文	河南社会科学	外国文学	尹康敏	中原工学院		二等奖	1000
2013－2－175	最是那瞬间的永恒——西方影坛经典邂逅的艺术表现	论文	长城	外国文学	张　静	河南牧业经济学院		二等奖	1000
2013－2－176	矛盾与困境:奈保尔早期小说狂欢化品格初探	论文	文学理论与批评	外国文学	郑志华	许昌学院		二等奖	1000
2013－2－177	《佛洛斯河磨坊》中玛姬的精神生态解析	论文	郑州大学学报（哲学社会科学版）	外国文学	周晓红	郑州轻工业学院		二等奖	1000
2013－2－178	自尊的归因偏向对大学生不良情绪的影响及教育对策研究	论文	心理与行为研究	心理学	高　丽	河南科技大学		二等奖	1000
2013－2－179	情绪表达、文化与心理健康	著作	南开大学出版社	心理学	朱艳丽	郑州大学		二等奖	1000
2013－2－180	突发公共事件中科技新闻网络传播效应思考——以2013年3月爆发的H7N9禽流感为例	论文	新闻大学	新闻学与传播学	董玉芝	周口师范学院		二等奖	1000
2013－2－181	试论我国学术论著出版存在的问题、原因和对策	论文	中国出版	新闻学与传播学	段乐川	河南大学	王振铎、孙韵、王丽媛、马好、马健赫、王竹青	二等奖	1000
2013－2－182	新闻评论分类写作研究	著作	东北林业大学出版社	新闻学与传播学	霍华民	洛阳理工学院		二等奖	1000
2013－2－183	基于JCR的食品科技类SCI来源期刊的统计与分析——兼谈我国食品科技期刊的国际化举措	论文	中国科技期刊研究	新闻学与传播学	金铁成	河南工业大学	金铁成	二等奖	1000

续表

序号	成果名称	成果形式	出版社/刊物名称/采用机关名称	学科门类	申请人	所在单位	参与人	获奖等次	奖金
2013－2－184	媒介文化美学表征形式的当代嬗变	论文	现代传播	新闻学与传播学	李　勇	河南大学		二等奖	1000
2013－2－185	微记录片:新媒体语境下纪录片的新样态	论文	电视研究	新闻学与传播学	王春枝	中原工学院		二等奖	1000
2013－2－186	西部地区印刷媒体对外传播现状及影响力提升策略研究	论文	新闻知识	新闻学与传播学	杨丽雅	河南工业大学		二等奖	1000
2013－2－187	论基于地域文化特色的旅游产品设计	论文	生态经济	艺术学	陈　岩	河南农业大学		二等奖	1000
2013－2－188	《中国传统戏曲海外传播问题探究》	论文	中国戏剧	艺术学	陈国华	郑州师范学院		二等奖	1000
2013－2－189	“平调”考辨	论文	音乐与表演	艺术学	成　军	中原文化艺术学院		二等奖	1000
2013－2－190	越调沿革考略	论文	文化遗产	艺术学	成　军	周口师范学院		二等奖	1000
2013－2－191	地域文化视角下非物质文化遗产的传承与保护	论文	中州学刊	艺术学	董明慧	河南师范大学		二等奖	1000
2013－2－192	《中国电影海报的设计风格演进》	论文	电影文学	艺术学	杜　霞	郑州升达经贸管理学院		二等奖	1000
2013－2－193	新媒体节目形态	著作	河南大学出版社	艺术学	高红波	河南大学		二等奖	1000
2013－2－194	文字视觉语言在平面设计中的应用	论文	河南工业大学学报	艺术学	何方园	郑州职业技术学院	张玉婷,邱艳艳,尹红领	二等奖	1000
2013－2－195	社会生活和宗教艺术的互相影响——以延安老醮会的“影”为例	论文	美术与设计	艺术学	呼延胜	河南师范大学		二等奖	1000
2013－2－196	平面设计中符号语言的意义探讨	论文	包装工程	艺术学	李　慧	河南机电高等专科学校		二等奖	1000
2013－2－197	以《春天的芭蕾》为例看民族声乐创作	论文	作家杂志	艺术学	李卫玲	许昌学院		二等奖	1000
2013－2－198	《钢琴伴奏与声乐演唱的关系》	论文	大舞台	艺术学	刘　洁	河南艺术职业学院		二等奖	1000
2013－2－199	豫南区罗山皮影艺术的发展现状与传承策略研究	论文	大舞台	艺术学	刘丽琼	河南机电高等专科学校		二等奖	1000
2013－2－200	漂移与融合—新媒体艺术对舞台设计语言的拓展与延伸	论文	鲁迅美术学院学报,美苑	艺术学	马丹华	河南艺术职业学院		二等奖	1000

续表

序号	成果名称	成果形式	出版社/刊物名称/采用机关名称	学科门类	申请人	所在单位	参与人	获奖等次	奖金
2013－2－201	论上海剧艺社导演艺术的特点与局限	论文	戏剧艺术	艺术学	穆海亮	河南大学		二等奖	1000
2013－2－202	《解读宋代文人画的传承思想》	论文	四川戏剧	艺术学	商艳玲	郑州师范学院		二等奖	1000
2013－2－203	一缕团香，一盏茶心——茶与宋代建盏艺术研究	论文	中国陶瓷	艺术学	孙晓燕	河南工业大学		二等奖	1000
2013－2－204	朱仙镇木版年画艺术资源的开发与再利用研究	论文	学园	艺术学	万陆洋	中州大学		二等奖	1000
2013－2－205	《可可西里》生态环境美学的体现	论文	电影文学	艺术学	王　敏	河南机电高等专科学校		二等奖	1000
2013－2－206	时尚女性水彩插画设计中的视觉表现	论文	包装工程	艺术学	王　娜	河南农业大学		二等奖	1000
2013－2－207	论民歌演唱的雅俗、大小	论文	课程教学研究	艺术学	王爰苹	濮阳职业技术学院		二等奖	1000
2013－2－208	黑土地上的俄式风情	著作	学苑出版社	艺术学	王安安	郑州大学		二等奖	1000
2013－2－209	谈舒曼钢琴套曲《童年情景》的教学价值	论文	美与时代	艺术学	吴　娜	河南大学		二等奖	1000
2013－2－210	我国古代历史版画中的佛像艺术研究	论文	兰台世界	艺术学	杨保玉	南阳理工学院		二等奖	1000
2013－2－211	略论淮河流域河南民歌音乐特征与文化成因	论文	乐府新声	艺术学	于立刚	信阳师范学院		二等奖	1000
2013－2－212	和谐社会视野中的都市家庭伦理电视剧研究	调研报告	2013.11 河南省文化厅采用	艺术学	赵玉芬	河南农业职业学院	赵玉芬、赵秀莲、王昕、马志娟、王雅、许亚萍、刘钰婕	二等奖	1000
2013－2－213	“V着”“V了”静态存在句的语境差异及体貌地位	论文	中南大学学报(社会科学版)	语言学	曹　爽	河南理工大学		二等奖	1000
2013－2－214	超声波成像技术在生理语音学中的应用	论文	南开语言学刊	语言学	陈　彧	河南师范大学		二等奖	1000
2013－2－215	美轮美奂的词义及其成词过程——兼论词汇化与词法构式的关系	论文	古汉语研究	语言学	褚俊海	河南师范大学		二等奖	1000
2013－2－216	基于规则的英汉商务信函语块提取研究	论文	外国语文	语言学	胡富茂	洛阳理工学院		二等奖	1000
2013－2－217	《维特根斯坦哲学理论对德国翻译功能目的论之启示》	论文	福建论坛	语言学	焦　丹	河南工业大学		二等奖	1000

续表

序号	成果名称	成果形式	出版社/刊物名称/采用机关名称	学科门类	申请人	所在单位	参与人	获奖等次	奖金
2013－2－218	数据驱动的对外汉语教学辅助模式研究	论文	语文建设	语言学	焦彬凯	许昌学院		二等奖	1000
2013－2－219	中日语态中的“责任认知”问题比较研究	著作	南开大学出版社	语言学	李　红	河南理工大学	李红、张 瑜	二等奖	1000
2013－2－220	《武术典籍中的术语及歌诀翻译策略浅析》	论文	海外英语	语言学	李　蕾	河南中医学院		二等奖	1000
2013－2－221	莫言小说的语言艺术研究	论文	芒种	语言学	梁　蕾	许昌学院		二等奖	1000
20131000-222	《现代汉语规范汉字的字元及造字模式》	论文	郑州师范教育	语言学	刘钦荣	郑州师范学院			二等奖
2013－2－223	经济建设视域下外宣型翻译人才培养策略	论文	黑龙江高教研究	语言学	刘卫红	中原工学院		二等奖	1000
2013－2－224	英语课堂焦虑与大学生英语成绩的相关性研究——以医学院校非英语专业学生为例	论文	商丘师范学院学报	语言学	刘艳芹	新乡医学院		二等奖	1000
2013－2－225	敬谦称谓的社交功能及语用原则	论文	河南社会科学	语言学	卢鑫莹	河南农业大学		二等奖	1000
2013－2－226	中外学术论文中英文摘要语料库的创建及应用	著作	知识产权出版社	语言学	牛桂玲	郑州大学		二等奖	1000
2013－2－227	正则表达式的获取及在语料库研究中的应用	论文	西安外国语大学学报	语言学	石志亮	中原工学院		二等奖	1000
2013－2－228	话剧《琐事》中人物台词的情态分析	论文	长城	语言学	王会凯	华北水利水电大学		二等奖	1000
2013－2－229	“韬光养晦”的认知与翻译	论文	河南科技大学学报社会科学版	语言学	严慧娟	河南科技大学	严慧娟、张喆、崔云波、刘红星、黄媛、唐亚娟、韩培毅	二等奖	1000
2013－2－230	基于语料库的科技英语论文四词词簇特点研究	论文	外语教学理论与实践	语言学	杨元媛	商丘师范学院		二等奖	1000
2013－2－231	评《二元·多元·综合——翻译本质与翻译标准研究》	论文	外语研究	语言学	袁帅亚	商丘师范学院		二等奖	1000
2013－2－232	英汉性别语言学对比研究	著作	苏州大学出版社	语言学	张新凤	洛阳理工学院	张新凤、胡富茂、焦丹(外校)	二等奖	1000
2013－2－233	“有关 NP”结构的多维度考察	论文	宁夏大学学报	语言学	张言军	信阳师范学院		二等奖	1000
2013－2－234	《认知诗学分析法在二语习得工作广度中的可及性变异效应研究》	著作	中国出版集团	语言学	郑茗元	华北水利水电大学		二等奖	1000

续表

序号	成果名称	成果形式	出版社/刊物名称/采用机关名称	学科门类	申请人	所在单位	参与人	获奖等次	奖金
2013－2－235	中原根文化的内涵及其当代意义	论文	光明日报	哲学	曹玉涛	洛阳师范学院		二等奖	1000
2013－2－236	古典隐喻理论的复兴等——论弗格林的比喻性比较理论	系列论文	《哲学动态》、《科学技术哲学研究》、《安徽大学学报》、《北方论丛》	哲学	陈四海	河南师范大学		二等奖	1000
2013－2－237	培养“能解决问题”的大学生	论文	光明日报(理论版)	哲学	孔国庆	河南师范大学	孔国庆、张长伟、张晨寒	二等奖	1000
2013－2－238	“反身性”多重内涵辨析	论文	理论与改革	哲学	马肖华	中原工学院		二等奖	1000
2013－2－239	从生活理想维度看人类中心主义与客观主义之争	论文	河南师范大学学报(哲学社会科学版)	哲学	王海琴	河南师范大学		二等奖	1000
2013－2－240	司马光与理学关系之再讨论	论文	晋阳学刊	哲学	魏　涛	郑州大学		二等奖	1000
2013－2－241	国家综合配套改革试验区行政体制研究	著作	中国社会科学出版社	政治学	崔会敏	河南大学		二等奖	1000
2013－2－242	协商民主:中国特色民主的自主性制度创新	论文	河南大学学报 中国社会科学文摘	政治学	寇鸿顺	许昌学院		二等奖	1000
2013－2－243	大学生闲暇生活质量研究	专著	新华出版社	政治学	李贵成	郑州轻工业学院		二等奖	1000
2013－2－244	阿马蒂亚.森反腐败思想简论	论文	学习论坛	政治学	刘晓靖	郑州大学		二等奖	1000
2013－2－245	论中国特色社会主义之根本特色	论文	河南师范大学学报(哲学社会科学版)	政治学	沙　莎	河南大学		二等奖	1000
2013－2－246	论当代中国公务员考试制度的历史性与创新性	论文	社会主义研究	政治学	王文成	郑州大学		二等奖	1000
2013－2－247	马歇尔计划与美国的实用主义	论文	当代世界与社会主义	政治学	王新谦	河南大学		二等奖	1000
2013－2－248	《青春之歌》:阶级话语与性别话语的有机融合	论文	文艺争鸣	中国文学	曹书文	河南师范大学		二等奖	1000
2013－2－249	不打旗帜的女性主义书写——大陆迁台女作家的家庭性别小说考察	论文	暨南学报	中国文学	樊洛平	郑州大学		二等奖	1000
2013－2－250	瞿秋白与中国现代集体写作制度	论文	中国现代文学研究	中国文学	傅修海	郑州大学		二等奖	1000
2013－2－251	孔颖达诗学的价值取向——对经学与文学互动关系的一种探讨	论文	文史哲	中国文学	韩宏韬	河南科技大学		二等奖	1000

续表

序号	成果名称	成果形式	出版社/刊物名称/采用机关名称	学科门类	申请人	所在单位	参与人	获奖等次	奖金
2013－2－252	从“才气横厉”到“唐神宋貌”	论文	文学遗产	中国文学	胡全章	河南大学		二等奖	1000
2013－2－253	从《谢康乐游山诗评》看冒襄的山水诗观	论文	学术交流	中国文学	扈耕田	洛阳理工学院		二等奖	1000
2013－2－254	《樵史通俗演义》成书及相关问题考论	论文	文学遗产	中国文学	姜荣刚	许昌学院		二等奖	1000
2013－2－255	现代家族文学中的“父亲”形象浅析	论文	江汉论坛	中国文学	解　浩	中州大学		二等奖	1000
2013－2－256	乔叶论	论文	小说评论	中国文学	吕东亮	信阳师范学院		二等奖	1000
2013－2－257	记忆危机后文学的重建	论文	文艺评论	中国文学	沙家强	河南财经政法大学		二等奖	1000
2013－2－258	新实践美学建设当代文论的学术努力	论文	湖南社会科学	中国文学	石长平	许昌学院		二等奖	1000
2013－2－259	论 20 世纪以来河南作家生态意识的生长	论文	文艺理论与批评	中国文学	王　欣	河南理工大学		二等奖	1000
2013－2－260	后经典时代的文学叙事研究	专著	郑州大学出版社	中国文学	文红霞	河南理工大学		二等奖	1000
2013－2－261	《〈春秋〉学派之于传统儒学的意义》	论文	甘肃社会科学	中国文学	徐继英	郑州师范学院		二等奖	1000
2013－2－262	羊很狼贪	论文	光明日报国学版	中国文学	杨继刚	许昌学院		二等奖	1000
2013－2－263	从选材视角论析《石点头》的艺术真实	论文	湖南师范大学社会科学学报	中国文学	张吉珍	郑州大学体育学院		二等奖	1000
2013－2－264	曲稗考论	著作	人民出版社	中国文学	张进德	河南大学		二等奖	1000
2013－2－265	《粉饰逆伪意识形态的书写策略——从王森然的＜周作人先生评传＞说起	论文	中国现代文学研究丛刊	中国文学	张先飞	河南大学		二等奖	1000
2013－2－266	《文选》史论三题	论文	河南大学学报	中国文学	张亚军	河南大学		二等奖	1000
2013－2－267	在文本的冲突中——读莫言的《蛙》及其他	论文	长江师范学院学报人大复印资料《中国现代、当代文学研究》	中国文学	赵　牧	许昌学院		二等奖	1000
2013－2－268	一曲人性的赞歌——《聊斋志异·连城》中乔生形象解读	论文	蒲松龄研究	中国文学		华北水利水电大学	赵爱华	二等奖	1000

续表

序号	成果名称	成果形式	出版社/刊物名称/采用机关名称	学科门类	申请人	所在单位	参与人	获奖等次	奖金
2013－2－269	《诗经》中周代婚俗文化解读	论文	兰台世界	中国文学	赵会莉	新乡学院	赵会莉	二等奖	1000
2013－2－270	加大根文化研发与利用建功中原经济区建设	调研报告	河南省文化厅	综合研究	段秋月	河南经贸职业学院	梁珊、潘称意、杜晓萍、陈开颖、肖盼章、郭婧婧、王萌	二等奖	1000
2013－2－271	基于P－S－R模型的郑州生态城市建设评价	论文	地域研究与开发	综合研究	高彩玲	河南理工大学	高彩玲、高 歌、	二等奖	1000
2013－2－272	转型期城市公共服务设施供给模式——以广州为例	专著	东南大学出版社	综合研究	高军波	信阳师范学院		二等奖	1000
2013－2－273	外籍教师教学管理刍议	论文	教育探索	综合研究	郝玉娟	中原工学院		二等奖	1000
2013－2－274	农地规模化经营研究	著作	中国书籍出版社	综合研究	黄延廷	河南师范大学		二等奖	1000
2013－2－275	电子信息环境下的犯罪行为研究	著作	中国人民公安大学出版社	综合研究	李俊莉	河南警察学院		二等奖	1000
2013－2－276	农民增收的突破与跨越—基于文化视角的思考	论文	社会科学战线	综合研究	刘 新	许昌学院		二等奖	1000
2013－2－277	社会主义核心价值体系大众化的策略研究	论文	人民论坛	综合研究	刘大宁	河南牧业经济学院		二等奖	1000
2013－2－278	审美快感的脑神经基础	论文	河南师范大学学报（哲学社会科学版）	综合研究	阮学永	河南师范大学		二等奖	1000
2013－2－279	国学讲座	著作	上海三联书店	综合研究	宋云海	河南机电高等专科学校		二等奖	1000
2013－2－280	会计模式：产权实现机制及其转型	著作	经济科学出版社	综合研究	宋智勇	河南大学		二等奖	1000
2013－2－281	开封城市生命周期探析	论文	江汉论坛	综合研究	吴朋飞	河南大学	吴朋飞、周亚	二等奖	1000
2013－2－282	中原城市群空间联系研究	著作	河南人民出版社	综合研究	余 沛	河南科技大学		二等奖	1000
2013－2－283	突发事件网络舆情研究回顾、检视及反思	论文	情报杂志	综合研究	张玉亮	河南理工大学		二等奖	1000
2013－2－284	中国式关系批判	著作	新华出版社	综合研究	赵建国	河南大学		二等奖	1000
2013－2－285	商务礼仪	著作	河南人民出版社	综合研究	周长根	中州大学		二等奖	1000

续表

序号	成果名称	成果形式	出版社/刊物名称/采用机关名称	学科门类	申请人	所在单位	参与人	获奖等次	奖金
2013－2－286	论思想理论教育的话语建构	论文	河南社会科学	马克思主义理论	谷佳媚	郑州大学		二等奖	1000
2013－2－287	民间艺术的奇葩—川北大木偶戏田调札记	论文	戏剧文学	艺术学	邬治国	郑州升达经贸管理学院		三等奖	
2013－3－001	论侦查询问中的交流技巧——以证人和被害人为中心	论文	中国刑事法	法学	方　斌	河南警察学院		三等奖	
2013－3－002	论宅基地不合理利用的法律规制—以城乡建设用地增减挂钩为视角	论文	理论与改革	法学	管新春	许昌学院		三等奖	
2013－3－003	财政转移支付的国际比较研究及其借鉴	论文	商丘师范学院学报	法学	胡　巍	河南大学		三等奖	
2013－3－004	领导特权治理的法治路径研究	论文	领导科学	法学	毛高杰	河南牧业经济学院		三等奖	
2013－3－005	加拿大粮食法体系及其借鉴	论文	世界农业	法学	穆中杰	河南工业大学		三等奖	
2013－3－006	基督教与多元社会结构的形成	论文	湖北社会科学	法学	乔　飞	河南中医学院		三等奖	
2013－3－007	第三人撤销诉讼立法的完善	论文	理论探索	法学	宋汉林	安阳师范学院		三等奖	
2013－3－008	劳动法实务研究	著作	黑龙江教育出版社	法学	孙金梅	郑州电力高等专科学校	孙金梅，马海霞李彦	三等奖	
2013－3－009	生态文明优位的我国知识产权制度重构	论文	学习论坛	法学	王　肃	中原工学院		三等奖	
2013－3－010	农村法治	著作	郑州大学出版社	法学	杨红朝	河南农业大学	张帅梁、赵菊敏、韩宁、毋晓蕾	三等奖	
2013－3－011	土地流转政策对现代农业旅游的推动作用	论文	时代经贸	管理学	鲍春裕	河南农业大学		三等奖	
2013－3－012	交易成本理论下的关系营销定位探讨	论文	商业时代	管理学	郭　强	河南机电高等专科学校		三等奖	
2013－3－013	市政规划过程中的公民参与探析	论文	河南师范大学学报（哲学社会科学版）	管理学	胡建锋	许昌学院		三等奖	
2013－3－014	影响民营科技企业隐性知识分享的因素研	论文	科技管理研究	管理学	孔令富	郑州航空工业管理学院		三等奖	
2013－3－015	汽车行业的网络营销现状研究	论文	科学. 经济. 社会	管理学	李　震	河南工业大学		三等奖	
2013－3－016	我国物流业对环境影响的动态效应研究——基于非限制性 VAR 模型的经验	论文	生态经济	管理学	上官绪明	信阳师范学院		三等奖	

续表

序号	成果名称	成果形式	出版社/刊物名称/采用机关名称	学科门类	申请人	所在单位	参与人	获奖等次	奖金
2013－3－017	时尚消费价值建构与实证研究－基于双因素情绪模型	论文	中国流通经济	管理学	田超杰	河南工程学院		三等奖	
2013－3－018	河南省物流业与制造业联动发展的协调性评价	论文	物流技术	管理学	田振中	郑州升达经贸管理学院		三等奖	
2013－3－019	利益相关者管理与营运资金管理:共生互动	论文	商业会计	管理学	席龙胜	河南大学		三等奖	
2013－3－020	家族企业的“二元忠诚”困境	论文	企业管理	管理学	夏红云	周口师范学院		三等奖	
2013－3－021	河南省社区卫生服务站中医服务调查分析	论文	中国全科医学	管理学	许　静	河南中医学院	许静、谢世平、段晓鹏	三等奖	
2013－3－022	绩效考核目标取向与员工创新行为:差错管理文化的中介作用	论文	科学学与科学技术管理	管理学	尹润锋	郑州航空工业管理学院	尹润锋、朱颖俊	三等奖	
2013－3－023	高校多渠道筹资与多元治理结构研究	论文	郑州轻工业学院学报(社会科学版)	管理学	张　宁	郑州轻工业学院		三等奖	
2013－3－024	后金融危机时代我国企业并购的困境与对策研究	论文	学习与实践	管理学	张瑞红	河南师范大学		三等奖	
2013－3－025	中小企业成长性评价指标及实证研究	论文	科技管理研究	管理学	朱彦杰	许昌学院		三等奖	
2013－3－026	合并报表中商誉减值测试方法的优化	论文	财会月刊	管理学	祝利芳	郑州成功财经学院		三等奖	
2013－3－027	美国与1963年韩国民主选举	论文	史学月刊	国际问题研究	冯东兴	河南大学		三等奖	
2013－3－028	CDIO模式下的高职课堂教学评价研究	论文	教育与职业	教育学	曹留成	驻马店职业技术学院		三等奖	
2013－3－029	信息时代高校大学生自主学习能力及其培养	论文	中国成人教育	教育学	陈永光	周口师范学院		三等奖	
2013－3－030	河南省高等教育发展纵横比较及现实问题探讨与对策	论文	信阳师范学院学报(社科版)	教育学	董　星	郑州轻工业学院	王伟、马寒、郑莺、王肖芳	三等奖	
2013－3－031	虚拟导游实训系统中交互功能的设计与实现——以《比干庙导游实训VR教学平台》为例	论文	现代教育技术	教育学	高义栋	河南师范大学	高义栋、杨小飞	三等奖	
2013－3－032	新时期高校青年教师职业压力及心理调适	论文	南都学坛	教育学	郭　俊	河南工程学院		三等奖	
2013－3－033	《师范院校创新创业培养体系研究与实践》	论文	哈尔滨师范大学社会科学学报	教育学	晋　争	郑州师范学院	胡丽华 袁 征	三等奖	

续表

序号	成果名称	成果形式	出版社/刊物名称/采用机关名称	学科门类	申请人	所在单位	参与人	获奖等次	奖金
2013-3-034	化学导课设计中情意目标达成的案例分析	论文	化学教育	教育学	刘玉荣	河南师范大学	刘玉荣、王后雄	三等奖	
2013-3-035	故事的道德教育力量解析	论文	教育评论	教育学	米　潇	河南牧业经济学院		三等奖	
2013-3-036	高校行政管理人员职业道德建设探究	论文	前沿	教育学	聂亚杰	河南警察学院		三等奖	
2013-3-037	功利主义背景下反思现代院校文化发展之"负能量"	论文	煤炭高等教育	教育学	强　丽	济源职业技术学院		三等奖	
2013-3-038	英语专业学生对中外籍英语教师教学评价研究	论文	教育探索	教育学	田秋香	河南教育学院		三等奖	
2013-3-039	"留白"理念在现代教学设计中的应用	论文	教育评论	教育学	王　丽	商丘师范学院		三等奖	
2013-3-040	民办高校旅游管理专业实践基地建设研究	论文	华北水利水电学院学报	教育学	王　敏	郑州华信学院		三等奖	
2013-3-041	网络时代非智力因素对青少年心理的影响与提升	论文	当代教育科学	教育学	王鸿政	许昌学院		三等奖	
2013-3-042	《论教育的游戏精神》	论文	宁波大学学报	教育学	王金娜	郑州师范学院		三等奖	
2013-3-043	基于终身教育理念下的现代职教体系构建	论文	职教论坛	教育学	闫梅红	河南科技学院		三等奖	
2013-3-044	从"乐业"到"乐生"——当代职业教育价值取向变革的正当性	论文	现代教育管理	教育学	殷文杰	河南医学高等专科学校		三等奖	
2013-3-045	从高校流行语看地方特色校园文化建设	论文	当代青年研究	教育学	张　虹	洛阳理工学院		三等奖	
2013-3-046	计算机信息技术渗透下的数学教学	论文	内蒙古师范大学学报	教育学	张文杰	新乡学院		三等奖	
2013-3-047	管窥《行政事业单位内部控制规范(试行)》的实施基础	论文	中国内部审计	经济学	曹若霈	安阳职业技术学院		三等奖	
2013-3-048	中东部地区区域金融发展差异——基于河南与粤、浙、苏、鲁四省份的比较及启示	论文	金融理论与实践	经济学	豆晓利	黄河科技学院		三等奖	
2013-3-049	我国农业保险研究:模式、技术与保障	著作	黑龙江人民出版社	经济学	高彦彬	河南理工大学		三等奖	
2013-3-050	移动互联网演进与新一代信息技术勃兴:2008～2011年	论文	刊物名称:改革,采用机关:中国铁通集团有限公司郑州分公司	经济学	郭鸿雁	郑州航空工业管理学院		三等奖	

续表

序号	成果名称	成果形式	出版社/刊物名称/采用机关名称	学科门类	申请人	所在单位	参与人	获奖等次	奖金
2013－3－051	河南省新型城镇化推进过程中存在的问题及对策——驳土地私有化观点	调研报告	对外经贸/河南社科办成果要报	经济学	郭荣朝	河南财经政法大学	郭荣朝、曲来超、胡俊辉	三等奖	
2013－3－052	比较优势、劳动力流动与农地流转	论文	云南财经大学学报	经济学	侯明利	河南师范大学		三等奖	
2013－3－053	基于粮食安全保障的粮食主产区利益补偿制度研究	论文	河南师范大学学报（哲学社会科学版）	经济学	康涌泉	河南工业大学		三等奖	
2013－3－054	中原经济区城镇化区域差异时空演化研究	论文	地域研究与开发	经济学	李　波	安阳师范学院		三等奖	
2013－3－055	区域生产要素在异质性企业间的配置效率研究	学术论文	经济地理	经济学	李　颖	河南大学		三等奖	
2013－3－056	基于灰色关联度的河南省产业集聚水平分析	论文	河南师范大学学报/新乡对外开放办公室	经济学	李爱真	河南机电高等专科学校		三等奖	
2013－3－057	中国城乡一体化进程中的产业合作问题研究	著作	经济科学出版社	经济学	李存贵	河南科技大学		三等奖	
2013－3－058	美日高新技术产业发展政策比较及启示	论文	河南师范大学学报（哲学社会科学版）	经济学	李刘艳	河南师范大学		三等奖	
2013－3－059	新型农业经营体系研究评述	论文	中州学刊	经济学	李铜山	河南工业大学		三等奖	
2013－3－060	基于“钻石模型”的中原经济区文化产业集聚区发展研究	研究报告	河南省商务厅	经济学	刘晓慧	黄河科技学院		三等奖	
2013－3－061	粮食价格波动及其效应研究	专著	中国时代经济出版社	经济学	苗珊珊	河南理工大学		三等奖	
2013－3－062	农业合作组织发展中的金融支持模式创新	论文	中州学刊	经济学	汪来喜	河南工业大学		三等奖	
2013－3－063	中国产业结构与就业结构协调发展研究	著作	经济科学出版社	经济学	王庆丰	中原工学院		三等奖	
2013－3－064	河南省史前人类遗址的时空分布及其驱动因子	论文	地理学报	考古学	李中轩	许昌学院	李中轩，朱诚，吴国玺，郑朝贵	三等奖	
2013－3－065	战后日英关系研究	著作	人民出版社	历史学	陈　巍	洛阳师范学院		三等奖	
2013－3－066	清帝退位前袁世凯对北方反共和势力的因应	论文	宁夏社会科学	历史学	丁　健	安阳师范学院		三等奖	
2013－3－067	阿哈德·哈姆论阿犹民族关系	论文	世界民族	历史学	贾延宾	河南师范大学		三等奖	

续表

序号	成果名称	成果形式	出版社/刊物名称/采用机关名称	学科门类	申请人	所在单位	参与人	获奖等次	奖金
2013-3-068	表象与本体——安克斯密特的历史表现理论	论文	史学理论研究	历史学	李　恒	河南大学		三等奖	
2013-3-069	文艺复兴时期西欧图书馆兴盛背景探析	论文	图书馆工作与研究	历史学	庞媛媛	信阳师范学院		三等奖	
2013-3-070	北宋宰辅政务决策与运作研究	著作	人民出版社	历史学	田志光	河南大学		三等奖	
2013-3-071	论弗雷格的量词-变元理论	论文	中州学刊	逻辑学	杨红玉	河南大学		三等奖	
2013-3-072	马克思的社会形态发展规律思想新探	论文	当代世界与社会主义	马克思主义理论	郭　强	河南大学		三等奖	
2013-3-073	现实的个人:社会主义核心价值观培育的逻辑起点	论文	中国特色社会主义研究	马克思主义理论	雷　骥	洛阳师范学院		三等奖	
2013-3-074	政治道德概念释义	论文	理论月刊	马克思主义理论	曲光华	中原工学院		三等奖	
2013-3-075	新媒体环境下大学生思想政治教育面临的挑战及对策研究	研究报告	河南化工职业学院采用	马克思主义理论	申新生	郑州大学	聂娜、杜晓华、于苏静、杨照帅、文佳、白晓虎、王海燕、刘永杰	三等奖	
2013-3-076	人民主体性:中国梦的现实基础与价值指向	论文	中国特色社会主义研究	马克思主义理论	原魁社	河南理工大学		三等奖	
2013-3-077	毛泽东与陕甘革命根据地的巩固与发展	论文	理论学刊	马克思主义理论	张俊国	河南科技大学		三等奖	
2013-3-078	高校思想政治理论课实践教学的现状、难点及对策研究	论文	高校思想政治理论	马克思主义理论	赵增彦	河南财经政法大学		三等奖	
2013-3-079	印度穆斯林种姓源流考论	论文	世界民族	民族学	蔡　晶	河南理工大学		三等奖	
2013-3-080	Physical Education 和 Education Physique 出现时间考	论文	体育学刊	体育学	郭红卫	郑州大学		三等奖	
2013-3-081	体育文化品牌定位评价指标体系研究	论文	武汉体育学院学报	体育学	潘丽英	周口师范学院	潘丽英、杨涛	三等奖	
2013-3-082	敏感期小学生灵敏素质促进的干预实验研究	论文	体育学刊	体育学	乔秀梅	安阳师范学院		三等奖	
2013-3-083	大型体育场馆市场化运营中获取大型活动资源策略分析	论文	首都体育学院学报	体育学	王　喆	郑州大学体育学院	王喆、陈元欣	三等奖	
2013-3-084	孔子学院发展对健身气功海外推广之启示	论文	武汉体育学院学报	体育学	王国营	河南牧业经济学院		三等奖	

续表

序号	成果名称	成果形式	出版社/刊物名称/采用机关名称	学科门类	申请人	所在单位	参与人	获奖等次	奖金
2013-3-085	我国动漫体育电影发展研究	论文	体育文化导刊	体育学	岳新坡	河南师范大学	岳新坡、董长雨	三等奖	
2013-3-086	张伯苓体育价值观研究	论文	体育文化导刊	体育学	周志刚	河南大学		三等奖	
2013-3-087	基于嵌套圆的可视化聚类方法研究	论文	情报杂志	图书情报文献学	陈 雪	许昌学院		三等奖	
2013-3-088	弱势群体图书馆权利的法律保护	论文	图书馆建设	图书情报文献学	何 瑜	河南化工职业学院		三等奖	
2013-3-089	图书馆官方微博阅读推广方式探究——“莫言作品微信息传播”带来的启示和思考	论文	图书馆论坛	图书情报文献学	刘 静	河南师范大学		三等奖	
2013-3-090	面向需求的知识服务共时与历时结构研究	论文	图书馆论坛	图书情报文献学	刘 军	信阳师范学院		三等奖	
2013-3-091	韩国“世界记忆工程”的建设与启示	论文	中国档案	图书情报文献学	毛建军	新乡学院		三等奖	
2013-3-092	个性化推荐系统关键技术	学术专著	郑州大学出版社	图书情报文献学	苏玉召	河南工程学院		三等奖	
2013-3-093	“2011 计划”对高校图书馆协同创新的影响分析	论文	图书馆工作与研究	图书情报文献学	王会丽	河南大学		三等奖	
2013-3-094	高校图书馆联盟研究对河南省高校图书馆联盟建设的启示	论文	河南图书馆学刊	图书情报文献学	王晓华	漯河职业技术学院		三等奖	
2013-3-095	《贝奥武夫—北海的诅咒》中的宗教寓意	论文	电影文学	外国文学	范 健	河南大学		三等奖	
2013-3-096	论莎士比亚作品中的自然场景意象	论文	短篇小说	外国文学	林富丽	商丘师范学院		三等奖	
2013-3-097	新时期外国文学期刊对英美文学的译介研究	论文	作家	外国文学	温晶晶	河南牧业经济学院		三等奖	
2013-3-098	论电影《安娜卡列尼娜》的银幕化差异	论文	电影文学	外国文学	严 佳	郑州成功财经学院		三等奖	
2013-3-099	主体的建构与分裂:齐泽克语域下的现代性文学	论文	江苏师范大学学报	外国文学	杨新立	河南工业大学		三等奖	
2013-3-100	病态社会下的神经症	论文	语文建设	外国文学	赵艳华	商丘师范学院		三等奖	
2013-3-101	河南省高职院校医学生心理资本的现状	论文	郑州大学学报	心理学	刘 畅	漯河医学高等专科学校	刘畅、张雁儒	三等奖	

续表

序号	成果名称	成果形式	出版社/刊物名称/采用机关名称	学科门类	申请人	所在单位	参与人	获奖等次	奖金
2013-3-102	"90后"高职新生适应与心理健康的关系:应对方式的调节作用	论文	广州职业教育论坛	心理学	温娟娟	河南职业技术学院		三等奖	
2013-3-103	认知闭合需要对个体前瞻记忆的影响	论文	中国临床心理学杂志	心理学	闫春平	新乡医学院	闫春平,孙丽君,杨世昌,杜卫,周丹丹	三等奖	
2013-3-104	城市营销与形象传播的建构——河南城市形象宣传片剖析	论文	城市发展研究	新闻学与传播学	曹毅梅	河南大学		三等奖	
2013-3-105	微博广告互动营销之发展路径探索	论文	郑州大学学报(哲学社会科学版)	新闻学与传播学	屈慧君	河南警察学院		三等奖	
2013-3-106	《媒体暴力对新闻价值的异化——电影《搜索》引发的思考》	论文	新闻界	新闻学与传播学	尚文静	郑州师范学院		三等奖	
2013-3-107	中原文化对外传播途经研究—以三国文化为例	论文	牡丹江大学学报	新闻学与传播学	徐忠勇	许昌学院		三等奖	
2013-3-108	论《放牛班的春天》的钢琴音乐魅力	论文	电影文学	艺术学	安　静	河南科技大学		三等奖	
2013-3-109	我国旅游城市公共信息导向系统设计与应用研究	论文	包装工程	艺术学	陈　豫	黄河水利职业技术学院		三等奖	
2013-3-110	版式设计诀窍	著作	河南理工大学出版社	艺术学	陈高雅	河南工业大学		三等奖	
2013-3-111	论拉赫玛尼诺夫前奏曲的演奏技法	论文	作家	艺术学	崔　源	河南大学		三等奖	
2013-3-112	鲁迅的版画情结	论文	鲁迅研究月刊	艺术学	李　波	南阳理工学院		三等奖	
2013-3-113	高校钢琴教学中学生积极品质的培养	论文	大舞台	艺术学	李　芳	郑州大学		三等奖	
2013-3-114	钢琴流变与教学实践研究	著作	哈尔滨地图出版社	艺术学	林　琳	河南师范大学		三等奖	
2013-3-115	时装摄影	著作	浙江大学出版社	艺术学	刘淑丽	河南科技学院	黄智高、刘淑丽、谢佳	三等奖	
2013-3-116	中原民俗文化的发展与保护研究-以淮阳泥泥狗的保护与开发为例	调研报告	中国人民政治协商会议河南省委员会	艺术学	牛　峰	河南机电高等专科学校	牛峰、蒲军、李跃红、侯怀青、张国云、张若莹、朱丹丹、王少云	三等奖	
2013-3-117	豫剧的演唱及语言运用	论文	大舞台	艺术学	王璐凡	洛阳理工学院		三等奖	
2013-3-118	美术鉴赏	著作	河北美术出版社	艺术学	薛文勇	南阳理工学院	薛文勇、李欣、何广涛、王军校、王忞、宋弘、赵晨旭	三等奖	

续表

序号	成果名称	成果形式	出版社/刊物名称/采用机关名称	学科门类	申请人	所在单位	参与人	获奖等次	奖金
2013－3－119	青花斗彩的艺术特征及审美意蕴	论文	信阳师范学院学报	艺术学	张　睿	信阳师范学院		三等奖	
2013－3－120	云南甲马图形语言诠释与创作	论文	装饰	艺术学	郑　凌	周口师范学院		三等奖	
2013－3－121	“腔”在传统戏曲理论中的含义解析	论文	戏剧文学	艺术学	周　咏	南阳师范学院		三等奖	
2013－3－122	谈功能对等理论在电影字幕翻译中的体现	论文	电影文学	语言学	曹红艳	商丘师范学院		三等奖	
2013－3－123	“大/中/小＋NP”的不对称性考察	论文	语文建设	语言学	贺　洁	许昌学院		三等奖	
2013－3－124	奈良时代中日两国律令制度比较	论文	河南师范大学学报	语言学	侯巧红	郑州大学	侯巧红	三等奖	
2013－3－125	和谐社会下的公示语顺应理论研究	论文	河南社会科学	语言学	靳亚铭	河南工业大学		三等奖	
2013－3－126	王椒升与易安词的英译	论文	洛阳师范学院学报	语言学	靳振勇	河南农业大学		三等奖	
2013－3－127	《录取通知书》:对传统教育的反思	论文	电影文学	语言学	李恩光	河南大学		三等奖	
2013－3－128	语境 语义与修辞	著作	中国言实出版社	语言学	刘　明	河南科技学院	刘明、郭向敏、刘云霞、李富民、张延远	三等奖	
2013－3－129	英语语法构建与英语复杂句型的研究	论文	辽宁工业大学学报	语言学	刘燕飞	洛阳理工学院		三等奖	
2013－3－130	“今之虚字,皆古之实字”考察	论文	语言科学	语言学	刘永华	河南大学		三等奖	
2013－3－131	社会符号学视阈下大学英语课堂教学的多模态性分析	论文	安阳工学院学报	语言学	毛现桩	河南财经政法大学		三等奖	
2013－3－132	大学生人文素质修养	著作	河南科学技术出版社	语言学	史菊梅	河南化工职业学院	肖斌、黄绿欣、姬彦红、张振华、黄体锐、张孝峰	三等奖	
2013－3－133	归化和异化视域中的英文电影片名翻译	论文	电影文学	语言学	王　伟	河南职业技术学院		三等奖	
2013－3－134	视角·结构·空间:艾萨克·辛格小说《巴士》的叙事艺术	论文	山东社会科学	语言学	杨惠莹	河南工业大学		三等奖	
2013－3－135	“朗读”与“默读”	论文	语文建设	语言学	尹亚辉	黄淮学院		三等奖	
2013－3－136	中西文化差异对英汉翻译的影响	论文	长春教育学院学报	语言学	游　渊	河南化工职业学院	游渊	三等奖	

续表

序号	成果名称	成果形式	出版社/刊物名称/采用机关名称	学科门类	申请人	所在单位	参与人	获奖等次	奖金
2013-3-137	生态翻译学视域下的景区公示语翻译——以河南世界文化遗产翻译为例	论文	郑州航空工业管理学院学报(社会科学版)	语言学	张伟红	郑州成功财经学院		三等奖	
2013-3-138	英语第二人称代词不定指功能探析	论文	外文研究	语言学	赵成新	河南大学		三等奖	
2013-3-139	西汉《书》博士初设考辨	论文	国学学刊	哲学	巴文泽	许昌学院		三等奖	
2013-3-140	环境正义——缘由、目标与实质	论文	广东社会科学	哲学	张　斌	河南中医学院		三等奖	
2013-3-141	探索哲学的现代科学形态之谜	论文	河南大学学报	哲学	朱晓鸿	华北水利水电大学		三等奖	
2013-3-142	新形势下农村干群和谐关系构建中的问题与对策	论文	河南社会科学	政治学	贾义保	信阳师范学院		三等奖	
2013-3-143	坚定制度自信是提升国家软实力的重要途径	论文	科学社会主义	政治学	李家祥	许昌学院		三等奖	
2013-3-144	论大学生思想政治教育中的法制教育	论文	淮海工学院学报	政治学	刘京雷	郑州职业技术学院	王世军	三等奖	
2013-3-145	新加坡人民行动党形象建设研究	系列论文	中国社会科学文摘、探索、河南师范大学学报(哲学社会科学版)、社会主义研究、深圳大学学报	政治学	孙景峰	河南师范大学	孙景峰、陈倩琳	三等奖	
2013-3-146	从司空图的理论来看唐代诗歌的语言张力	论文	文学评论	中国文学	杜巧月	信阳师范学院		三等奖	
2013-3-147	明代小说家清溪道人考辨	论文	明清小说研究	中国文学	贾海建	河南科技大学		三等奖	
2013-3-148	文学"再政治化"批判——兼论文学与政治的深层融通	论文	学习与探索	中国文学	李占伟	河南师范大学		三等奖	
2013-3-149	"言意之辩"与中国古典诗学的美学追求	论文	社会科学家	中国文学	宁智锋	商丘师范学院		三等奖	
2013-3-150	《楚辞》编纂体例"经传说"析论	论文	中国诗歌研究	中国文学	邵　杰	河南大学		三等奖	
2013-3-151	论贾岛"奇僻"诗风的多元成因	论文	学术交流	中国文学	涂承日	洛阳理工学院		三等奖	
2013-3-152	"意境"在现代文论话语中的四种用法	论文	学习与探索	中国文学	王天保	郑州大学		三等奖	
2013-3-153	祢衡之死与汉末士风	论文	郑州大学学报	中国文学	王允亮	郑州大学		三等奖	

续表

序号	成果名称	成果形式	出版社/刊物名称/采用机关名称	学科门类	申请人	所在单位	参与人	获奖等次	奖金
2013－3－154	林志浩《鲁迅传》：为鲁迅马克思主义思想探源寻踪	论文	鲁迅研究月刊	中国文学	赵焕亭	平顶山学院		三等奖	
2013－3－155	园林工程	教材	武汉理工大学出版社	综合研究	白　丹	郑州大学		三等奖	
2013－3－156	高校学生资助经费使用效益研究	论文	河南科技学院学报	综合研究	李红超	郑州大学体育学院	李红超、徐伟、丁晓冬、陈丹丹	三等奖	
2013－3－157	平顶山地区景观格局动态特征及驱动力	论文	中国环境监测	综合研究	刘　冰	信阳师范学院		三等奖	
2013－3－158	基于制约因素的城市应急避难场所运行能力评价指标体系构建－以汶川地震时某城市应急避难场所为例	论文	中国安全科学学报	综合研究	钱洪伟	河南理工大学	钱洪伟、尹香菊、佟艳	三等奖	
2013－3－159	中英鸦片贸易英文资料选择	著作	新华出版社	综合研究	睢萌萌	安阳工学院		三等奖	
2013－3－160	网络公共领悟对公民意识培育的影响	论文	人民论坛	综合研究	王振海	信阳师范学院		三等奖	
2013－3－161	国外农民职业教育经验比较及对我国的启示	论文	世界农业	综合研究	魏会廷	许昌学院		三等奖	
2013－3－162	天理、人性与程颢的修身之道	论文	中州学刊	哲学	李晓红	郑州大学		三等奖	
2013－3－163	英语专业学生对中外籍英语教师教学评价研究	论文	教育探索	教育学		河南教育学院	田秋香	三等奖	

2012年度河南省经济学优秀成果获奖名单

一等奖(5项)					
成果名称	形式	发表时间、媒体	姓名	主要参加者	工作单位
金融危机治理的国际比较研究	著作	2012－10 经济科学出版社	刘　霞		郑州大学
生产方式理论:经典范式与现代创新	著作	2012－12 中国社会科学出版社	于金富		河南大学
资本成本、可持续增长与分红比例估算研究	著作	2012－08 经济管理出版社	李光贵		河南财经政法大学
基于偏离－份额法的我国农民收入结构演进的省际比较	论文	2012－04 地理研究	万年庆	李红忠　史本林	河南教育学院
制度偏好对劳资谈判能力与契约剩余配置的影响	论文	2012－11 《现代财经》	孙慧文		河南师范大学
二等奖(10项)					
成果名称	形式	发表时间、媒体	姓名	主要参加者	工作单位
上市公司流动性影响因素研究	著作	2012－09 西南财经大学出版社	陈　霞		河南商业高等专科学校
隐性契约、声誉机制与农户借贷	著作	2012－11 经济科学出版社	黄晓红		郑州轻工业学院
中国经济波动特征(1978－2009)与政策研究	著作	2012－09 郑州大学出版社	刘　方		河南财经政法大学
循环经济的多维理论研究	著作	2012－08 中国环境科学出版社	刘贵清		中原工学院
中国农业支持制度创新与政策调整研究	著作	2012－06 经济科学出版社	杜　辉		信阳师范学院
我国城乡劳动力流动与收入差距关系研究	著作	2012－09 中国农业出版社	朱云章		河南科技大学
现代制造业与生产性服务业互动融合发展研究	著作	2012－12 中国经济出版社	张洁梅		河南大学
外资与产业集群作用下的区域经济协调发展	著作	2012－05 科学出版社	李　恒	彭文慧　刘胜建 徐瑕莲	河南大学
跳出资源陷阱	著作	2012－11 中共中央党校出版社	杨树平		中共三门峡市委
当前欧债危机的政治经济学分析	论文	2012－08 《理论月刊》	李本松		河南工业大学

三等奖(10项)					
成果名称	形式	发表时间、媒体	姓名	主要参加者	工作单位
我国政府主导型农地大规模流转演化动力分析	论文	2012－10 《农村经济》	于传岗		平顶山学院
中国能源效率区域分布差异的实证研究	论文	2012－12 《生态经济》	梁广华		许昌学院
我国农村金融包容的区域差异与影响要素解析	论文	2012－11 《金融理论与实践》	田　霖		郑州大学
农村信用社改革模式探析	论文	2012－04 《金融理论与实践》	王淑云		中国人民银行 郑州中心支行
河南省低碳农业发展战略研究	著作	2012－10 中国农业大学出版社	张新民	王方舟　秦春红	黄淮学院
证券公司发展中的问题与对策研究	论文	2012－02 《金融理论与实践》	刘增学		河南工业大学
县域金融的借贷行为与信贷风险管理研究	著作	2012－09 经济科学出版社	李　毓		信阳师范学院
打开决策“黑箱”:农村家庭高等教育投资行为研究	著作	2012－09 中国农业出版社	张学军	河南科技大学	
公司财务管理	著作	2012－11 北京大学出版社	胡振兴	韩　鹏　郑宏涛 王　鑫　杨合锋	河南理工大学
商务谈判理论与实务	著作	2012－07 南京大学出版社	王　潇	姚新庄　吴　潇	河南机电高等专科学校

中原学人

2012 年度河南省高等院校哲学社会科学年度人物简介

2013 年 4 月，河南省教育厅开展了 2012 年度河南省高校哲学社会科学年度人物评选活动，经过严格初审、网络投票、专家评审，共评选出 9 位 2012 年度河南省高校哲学社会科学年度人物。他们分别是：郑州大学寇东亮、余丽，河南大学王立群、程民生、耿明斋，河南财经政法大学李金铠，河南农业大学马恒运，河南师范大学王纪录，洛阳师范学院曹玉涛。这是我省首次评选高校哲学社会科学年度人物。

寇东亮，1965 年 11 月出生，哲学博士，郑州大学公共管理学院教授。教育部人文社科重点研究基地——郑州大学公民教育研究中心副主任，河南省高校哲学社会科学优秀学者、河南省教育厅学术技术带头人、中国人学学会理事、河南省哲学学会副秘书长。

在《哲学动态》《马克思主义与现实》《光明日报》等报刊发表论文 80 余篇，其中 6 篇被《新华文摘》全文或摘要转载，26 篇被人大复印资料、《全国高校文科学报学术文摘》等全文或摘要转载。

独著出版《公民荣辱观教育——基于德性论的分析》（人民出版社 2011 年）、《德性重建的自由根基——现代道德困境的人学解读》（河南人民出版社 2005 年）、《发展伦理学与科学发展观的伦理意蕴》（河南人民出版社 2009 年）等专著，合著出版著作、教材 7 部。

主持国家社科基金项目 2 项、教育部人文社科项目 3 项、省社科规划项目 3 项，获省级社科研究优秀成果一等奖 2 项、二等奖 3 项。

余丽，1964 年出生，法学硕士，郑州大学公共管理学院教授，博士生导师。郑州大学国际政治学、国际关系史学科学术带头人，兼任中国国际关系学会常务理事，河南省国际共运与国际政治研究会会长，中国社会科学院世界社会主义研究中心特约研究员。河南省优秀专家，河南省优秀社科青年专家，河南省教学名师。

其对互联网在国际政治中的作用与历史文化视域下的中国国际政治理论建构的研究在业界有一定的影响与知名度，是近年来河南省唯一主持国家社科基金研究重点项目、国家软科学研究计划及荣获国家级教学成果二等奖于一身的学者。有些研究报告，受到中央领导同志批示。《人民日报》刊发独著《如何认识与维护互联网主权》一文，全球 90 多个网站转载。《论制网权：互联网作用于国际政治的新型国家权力》《中国国家间道义思想探本溯源》等被《新华文摘》《高等学校文科学术文摘》《文摘报》《国际政治》分别转载或转摘。

王立群，1945年3月出生，硕士研究生，河南大学文学院教授，博士生导师。河南省省管专家，河南省文史馆研究员，中国《史记》研究会顾问、中国《文选》学会副会长。

研究集中在三个方面。一是古代游记，《中国古代山水游记研究》被誉为“20世纪中国学术史上第一部研究山水游记文体的通论之作”。二是《文选》研究，在《文学评论》等刊物发表多篇论文，出版《现代文选学史》《文选成书研究》，完成国家社科项目《文选版本、注释综合研究》，在学界有重大影响。三是《史记》研究，《历史建构与文学阐释》论文被《新华文摘》全文转载。在中央电视台《百家讲坛》八年讲史，致力于史学大众化，家喻户晓。研究融合文史，在国内外有较高的学术声誉。

程民生，1956年3月出生，历史学博士，河南大学学报主编，河南省特聘教授，博士生导师，中国宋史研究会副会长，韩国高丽大学客座教授，北京大学邓广铭学术基金评审委员。主要研究方向为宋史，兼治中国经济史、中国文化史。发表学术论文102篇，出版《宋代地域经济》《宋代地域文化》《中国神祠文化》《中国北方经济史》《河南经济简史》《宋代物价研究》《北宋开封气象编年史》等7部，另有主编、合著、参编著作10部。独自承担国家社科规划项目3项，主持完成教育部人文社会科学重点研究基地项目1项，河南省社科规划项目1项。河南省优秀专家，河南省首届中青年社会科学优秀专家，国务院特殊津贴专家。在国际宋史学界、国内文化史、经济史学界有广泛的影响。

耿明斋，1952年2月出生，现为河南大学经济学院名誉院长兼省政府研究室与河南大学共建中原发展研究院院长，国家教学名师，国家社科规划项目评审专家，国家社科基金重大项目首席专家，中国杰出人文社会科学家（中国校友会网2011年第三届入选），省级特聘教授，应用经济学博士一级学科及博士后流动站牵头人，国民经济学和区域经济学专业博士生导师。发表学术论文150余篇，出版专著15部，主持国家社科基金项目5项。

主要学术贡献为：从“自由人联合体”理论出发解释了农村集体经济组织变革的合理性；提出并论证了公有制基础上所有者与劳动者的双重身份和所有权与劳动贡献双重分配原则；提出并论证了欠发达平原农业区的概念并对其工业化路径进行了系统探索；回答了经济研究中的主观立场（价值取向）与事物的客观走向如何统一问题。

马恒运，1960年8月出生，博士，河南农业大学教授，博士生导师、教育部长江学者特聘教授。1982年7月获山东农学院农业经济系学士学位，2000年7月获中国农业科学院研究生院农业经济管理博士学位，2009年9月获新西兰Canterbury大学经济系博士学位。先后主持国家自然科学基金（2007）、教育部高等学校博士学科点专项科研基金（博导类）（2012）、农业部（2012）、环保部（2011）以及加拿大国际发展研究中心（2012）等国内外课题。

代表成果有：The evolution of productivity performance on China's dairy farms in the new Millennium（Journal of Dairy Science，2012）、China's energy situation in the new millennium（Renewable and Sustainable Energy Reviews，2009）、Are China's energy markets cointegrated?（China Economic Review，2011）、China's energy economy: technical change，factor demand and interfactor/interfuel substitution（Energy Economics，2008）、Substitution possibilities and determinants of energy intensity for China（Energy Policy，2009）、Capital Formation and Agricultural Growth in China（Asian Economic Papers，2012）、China's Energy Economy: Situation，Reforms，Behavior，and Energy Intensity（Springer，2012）。

学术影响：国际著名能源经济期刊（Energy Economics）副主编；新西兰University of Waikato兼职研究员；19个国际农业经济（Australian Journal of

Agricultural and Resource Economics, Agricultural Economics, Journal of Dairy Sciences, Journal of Productivity Analysis, Economic Modeling)和能源环境经济(Energy Economics, Environmental Modeling & Software, Environmental Science & Technology, Global Environmental Change)审稿人。2010 年发表在 Economic Systems 上的论文(China's energy economy: a survey of the literature),2008 年以来在该杂志发表所有论文中,引文率排第六。

王记录,1964 年 2 月出生,历史学博士,河南师范大学教授;河南省优秀中青年骨干教师,河南省教育厅学术技术带头人,河南省中小学幼儿园教师教育专家;兼任中国历史文献研究常务理事、河南省历史学会副会长、河南省华夏文化研究会副会长等。

主要研究领域为中国史学思想史、历史文献学和清代学术史。已发表学术论文近 100 篇,其中近 40 篇被《新华文摘》、《全国高校文科学报学术文摘》、人大复印资料等全文转载或论点摘登;出版专著 4 部,代表性成果有专著《中国史学思想通史·清代卷》《清代史馆与清代政治》《中国史学思想通论·历史文献学思想卷》,以上 3 部著作出版后得到学界好评,有多篇书评推介,其中多卷本《中国史学思想通史》(其撰写"清代卷")被誉为"奠定史学新学科的扛鼎之作"(《学术界》2003 年第 3 期),独著《清代史馆与清代政治》被誉为"为中国传统史学的研究开辟了新路径,提供了新方法,具有十分重要的学术价值和理论意义"(《中国出版》2010 年第 7 期);获得教育部高等学校科学研究优秀成果(人文社会科学)二等奖 1 项、河南省社会科学优秀成果一等奖 1 项、河南省社会科学优秀成果二等奖 1 项;在中国史学史和历史文献学领域具有较大影响。

李金铠,1973 年 10 月出生,河南财经政法大学教授,硕士生导师,河南财经政法大学产业与可持续发展研究所所长。北京大学光华管理学院博士后,加州大学伯克利分校及美国能源部劳伦斯伯克利实验室博士后访问学者。中国"双法"研究会能源经济与管理研究分会常务理事,商务部服务贸易专家,国家自然基金项目同行评议专家。

长期从事产业经济、能源经济理论与政策、可持续发展管理与战略、宏观经济管理与战略等研究。先后荣获教育部新世纪人才支持计划项目、河南省 811 青年人才工程人选、河南省学术技术带头人、河南省优秀社科青年专家、河南省优秀青年学术骨干教师、河南省高校创新人才资助计划项目人选、河南省教育厅学术技术带头人、河南省级优质课教师(一等奖)。2006 年以来,主持中标国家重大招标项目(软科学研究计划类)、国家自然基金面上项目等 4 项国家级课题以及中国博士后基金面上资助和特别资助项目、教育部人文社会科学青年基金项目等 10 项省部级项目;荣获河南省自然科学学术奖一等奖 1 项、河南省科技进步奖二等奖 1 项、河南省社会科学优秀成果三等奖 1 项、河南省社科联优秀调研成果特等奖 2 项,河南省教育厅科技进步二等奖 1 项。

曹玉涛,1971 年 10 月出生,洛阳师范学院教授,博士,校学术委员会委员。郑州大学、河南师范大学、河南理工大学硕士生导师,教育部新世纪优秀人才、河南省学术技术带头人、河南省科技创新人才(人文社科类)、河南省高校哲学社会科学优秀学者、河南省高校青年骨干教师、洛阳市优秀教师、洛阳市"五一"劳动奖章获得者。兼任中国马克思主义哲学史学会理事、中国人学学会理事、中国当代国外马克思主义研究会理事、河南省哲学学会理事兼副秘书长。

近年来,主持国家社科基金项目 2 项,省部级项目 6 项。在《哲学研究》《自然辩证法研究》《哲学动态》《教学与研究》等重要期刊发表学术论文 20 多篇,被《新华文摘》、《中国社会科学文摘》、人大复印资料转载 11 篇次。在人民出版社出版专著 1 部,获河南省社科优秀成果二等奖 1 项、三等奖 2 项,教育厅人文社科成果一等奖 4 项。

(注:排名不分先后)

社科成果选摘

成果名称:《关于我省“小微企业29条”贯彻落实情况的调研报告》

发表媒体:省工商联采用

发表时间:2013年8月15日

作者:梁静

内容摘要:通过调研深入了解国家和我省出台的一系列扶持小微企业发展政策措施贯彻落实情况,并从财税政策、解决融资难、政府服务、市场开拓、环境营造五个方面对政策落实情况进行评价,研究小微企业发展中存在的问题,一是成本攀升,二是税费较重,三是资金紧张,四是场地缺乏,五是政策落实难,并针对上述问题提出了针对性的意义建议。

成果名称:《河南省实施一方是独生子女的夫妇可生育两个孩子政策研究》

发表媒体:省计生委采用

发表时间:2013年12月30日

作者:高体健

内容摘要:本研究对河南实施一方是独生子女的夫妇可生育两个孩子的政策(单独两孩政策)进行了详尽研究,认为,河南实施单独两孩政策,是利国利民之举,是实事求是精神和以人为本思想在人口计划生育工作中的集中体现,利远大于弊。目前,河南在经济基础、群众观念、管理水平、舆论氛围等方面的条件已经具备,应尽快修订《河南省人口与计划生育条例》,启动实施单独两孩政策,坚持计划生育基本国策,促进全省人口与经济资源环境协调可持续发展。报告具有重大的现实和政策意义,对我省启动实施“单独两孩”政策产生了决定性影响,在报告的基础上,省人口计生委向省委、省政府提出了实施单独两孩政策的建议,省委’、省政府研究同意,省人大定于2014年5月修订《条例》,在我省启动实施单独两孩政策。

成果名称:《中国农业产业革命探析》

发表媒体:河南人民出版社

发表时间:2013年11月

作者:杨承训

内容摘要:该书前瞻性地提出:高科技支撑、多层循环的高端农业应当作为中国农业现代化的主旋律,这在认识上是一大飞跃。其创新性主要体现在以下几点:(1)首次提出农业产业革命,将农业发展分为三个历史阶段:原始生态农业——石化农业——高端生态农业;(2)形成“生态生产力”概念;(3)概括出高端生态农业主要是在先进技术引领支持下全面优化生态,实现优质、高产、高效、安全要素和取得生态、经济、社会、健康综合效益的现代农业,并论证了六个具体特点:生态全面高端优化,科技全创新集成,循环全程多层交错,资源全部科学配置,装配全套工程网络,模式全盘统分协同;(4)提出大农业循环,形成若干交错的层次,并与生物质能源利用组成循环互动的生产链工程;(5)重新认识土地价值和粮食价值构成;(6)勾画城乡连体生态结构;(7)主张构建市场、政策、科技相耦合的配置资源和宏观调控三元机制。

著名经济学家刘国光先生为本书撰写书评时认为:“该著就农业产业革命和中国农业现代化提出了诸多新论点新思路新模式,极具理论创新价值和实践参考价值,是一个很有份量的科研成果”。

成果名称:《马克思主义人学中国化新探》

发表媒体:人民出版社

发表时间:2013 年 8 月

作者:辛世俊

内容摘要:推进马克思主义中国化、时代化、大众化是党的十七届四中全会提出的重大命题,马克思主义人学中国化研究是马克思主义中国化研究的具体化。本书以马克思主义人学思想为基本依据,以马克思主义人学中国化的历史进程为须序,对马克思主义人学中国化的理论依据、实践基础、历史背景、思想来源等进行了深入考察和梳理,分别对马克思主义人学中国化的两次历史性飞跃和相对独立的四大理论形态——毛泽东人学思想、邓小平人学思想、江泽民人学思想、胡锦涛人学思想的内容、特点、传承关系进行了全面研究和论证,并对马克思主义人学中国化的实践效应、存在问题和研究前景进行了探讨和前瞻。

成果名称:《河南推进新型镇化的基本思路和着力点研究》

发表媒体:省委、省政府采用

发表时间:2013 年 6 月

作者:焦国栋

内容摘要:该研究报告内容包括一个总报告:《河南推进新型镇化的基本思路和着力点研究》和三个分报告:《关于我省产业集聚区与新型城镇化互动发展的调研与建议》、《关于我省新型镇化进程中农业转移人口市民化的调研与建议》、《关于我省新型城镇化进程中农村土地流转的调研与建议》。

该报告是根据郭庚茂书记在全省城镇化调研工作议事会上的重要讲话精神和省委的统一安排,省委党校调研组通过大量实地调研写成的,报告上报省委省政府主要领导及有关部门,得到了一致肯定和好评。在河南省委九届六次全体(扩大)会议上,谢伏瞻省长对包括省委党校在内的调研报告给予了充分肯定,为《中共河南省委关于科学推进新型城镇化的指导意见》的制定提供了实证基础和有益借鉴。

成果名称:《犹太文化》

发表媒体:人民出版社

发表时间:2013 年 5 月

作者:张倩红

内容摘要:该书以时间为线索,对犹太整个历史发展进程(古典时期、大流士时期、启蒙与改革时期、近现代时期)进行了全面叙叙述,着力展现犹太文化几千年时空之中的延续与演变、吸收与辐射,强调宗教性、民族性与世界性这三个方面的特征从内部孕育了犹太文化的凝聚力、兼容性与更新机制。

作为一部深入研究犹太文化的学术专著,该书的学术价值与创新之处在于:

(1)在内容的选取上,做到了宏观微观的统一。系统地对犹太文化的核心内涵进行了宏观与微观的文化学界定,这种内外兼顾、纵横结合的探究路径,对深化犹太学研究具有重要意义。

(2)该书还将许多史学前沿理论(例如集体记忆、族群认同等)引入犹太文化研究之中,这不仅提升了全书的理论高度与思想深度,而且开拓了研究视野,关注了学术前沿。

(3)在研究成果的指向上,达到了实用与前瞻的有机结合。该书既概括和提炼了犹太文化的许多元典型理念,又回应了犹太文化的历史演变与发展趋势,充分体现出犹太文化的重要价值与普遍意义。

总之,该书具有重要的现实意义,特别是犹太文化的历史遭遇及其应对现代化、全球化进程中的经验与教训,对于当前中国的文化建设无疑有着十分重要的启示作用。

成果名称:《关于信息化与郑州航空港经济综合试验区建设的若干思考》

发表媒体:省社科联采用

发表时间:2013 年 11 月

作者:王喜成等

内容摘要:本文从四个方面对如何推进郑州航空港经济综合实验区建设问题进行了研究:一是从信息化入手,系统分析了信息的性质、功能、特点,信息革命对经济、社会发展和人类进步的巨大作用。揭示信息作为客观世界各种事物的运动状态和变化反映,是人类社会联系、交流、沟通的重要介质。人类社会信息运动实质上就是能量在信息作用下,交换、分配、变化的结果。但信息运动传播的载体是交通工具,交通与信息密不可分。由此说明航空港建设与信息化建设的密切关系,从而为郑州航空港建设奠定理论基础。二是系统分析交通在经济社会发展中的重要地位和作用，论述各种交通工具如汽车、轮船、火车、飞机等发明后对人类社会所产生的作用，一些城市、地区、国家对交通发展的依赖，甚至直接就是交通的产物。而新的交通方式，如国际航班、互联网等，使漫无边际的世界变成了一个地球村。尤其是继海运、河运、铁路、公路运输之后出现的航空“第五冲击波”，它所形成巨大的人流、物流、资源流、技术流、信息流，将对区域经济的发展更是具有不可估量的作用。由此提供因交通因素而发展起来的城市和地区的大量例证。三是系统论述了推进郑州航空港经济综合实验区建设的战略思考。建设航空港是一个全新的概念和业态，推进这一重大发展战略，必须以开放的思维、战略的眼光，进行深入系统的思考和谋划。要明确战略定位，坚持规划先行，构建立体网络，注重改革创新，形成系统服务，将郑州航空港经济综合实验区打造成一个集空港、产业、居住、生态等多功能为一体的绿色智慧航空大都市，使之成为中原经济区的核心增长极。四是要着眼现实。推进郑州航空港经济综合实验区建设是一项系统工程，当前首先要解决好一系列重大现实问题。鉴于航空产业对资金、政策、技术、人才等的要求非常高，我们要充分利用有关政策给予的先行先试的历史性机会，积极探索在政策、资金、土地、人才，以及招商兴业、组织领导等方面如何提供支持，要坚持大胆探索、大胆试验、大胆突破、大胆创新，为郑州航空港经济综合实验区快速、健康、智慧、可持续发展，提供强有力的支撑和保障。

成果名称：《航空经济与现代航空都市》

发表媒体：河南人民出版社

发表时间：2013 年 12 月

作者：高林照

内容摘要：历史的车轮驶入 21 世纪，经济在快速发展，科技在加速推进，社会在飞速变革，人类历史进入了崭新的航空时代、速度时代，地球村不再是梦想。

随着航空经济的发展，航空港逐步由单纯的运输中心向加工分销中心以及最终达到区域经济中心转变，机场逐步由单纯的运输功能向机场城市及至航空都市转变，与之相适应的是，建立空港自由贸易区或航空经济区已成为一种大趋势。

近年来，随着我国中西部地区巨大市场的人力资源优势的逐步显现，依托航空物流而集聚的消费类电子、航空航材、精密设备制造、生化医药、高档耐用消费品等制造业物流业正加速由东部向内陆地区转移。2013 年 3 月 7 日，国务院正式批复建设郑州航空港经济综合实验区，这标志着我国开始在全国布局建设综合性的航空经济区，并有选择地在建设现代航空都市。

本书从航空经济与航空都市建设的内在联系出发，结合国内外航空枢纽、航空城、航空都市建设的一般理论思考和实践探索，努力寻求发展，推动航空枢纽城市实现由“城市机场”向“机场城市”乃至航空大都市的根本性转变。

成果名称：《中原经济区乡村金融及其创新研究》

发表媒体：经济科学出版社

发表时间：2013 年 11 月

作者：孙保营

内容摘要：本文深刻剖析了中原经济区乡村金融支农不足的原因，尝试阐释了中原经济区乡村金融创新策略，促进了乡村金融论理论内涵的系统和丰富。从区域发展的视角和系统论的视角和系统论的视角出发，将乡村金融视作一个完整的系统，较为全面地分析了乡村金融的各个组成部分对中原经济区建设在支持现状、问题、成因及创新策略，促进了乡村金融研究的系统化。提出的创新性观点对于发挥乡村金融对区域经济发展的促进作用，促进“三化”协调发展、转变乡村经济发展方式具有一定的决策参考价值，可以为政策安排提供理论支撑和方向指导。

成果名称：《从传统工业到新型工业》

发表媒体：经济管理出版社

发表时间：2013 年 9 月

作者：龚绍东

内容摘要：国际金融危机的冲击使得河南工业处在产业链前端的结构性矛盾充分暴露出来，传统优势产业支撑急剧下滑，新兴产业难以形成主力支撑，而且又面临着更加复杂多变的国内外经济环境。可以说河南工业站在一个十字路口上，建立在资源和投资驱动基础上的传统比较优势逐步丧失，新的增长点和竞争优势尚未形成，转型升级存在断档风险。作为一个后发地区，面临新的区域竞争格局,河南工业该向什么方向转型、沿什么路径升级、靠哪些动力驱动、由哪些主体推进、需向什么方向转型、沿什么路径升级、靠哪些动力驱动、由哪些主体推进、如何找到区域比较优势与产业发展趋势的最佳结合点、如何找到加快推进转型升级的战略突破口,均需要理论上做出回答。

成果名称:《旅游资源开发研究——以河南省为例》

发表媒体:科学出版社

发表时间:2013 年 10 月

作者:苗长虹

内容摘要:本书是一本全面论述河南省旅游资源特征和旅游业可持续发展战略的专著,对旅游资源及评价、旅游系统空间结构、旅游产品开发、旅游业发展支持系统、重点旅游区战略进行了系统分析,提出了旅游经济是注意力经济、体验经济、文化经济、生态经济、复合关联经济等创新观点。树立大旅游资源观、塑造旅游文化新形象、建立点 - 轴 - 网空间结构等创新战略,对沿黄旅游带的伏牛山、太行山、桐柏 - 大别山三大旅游区的资源特色、定位、产品和空间给织规划、发展对策等进行了深入分析论证,构建了以旅游资源系统开发与可持续利用为基础的旅游业可持续发展战略分析框架,为河南从旅游资源大省走向旅游经济大省进而发展成为旅游经济强省提供了战略和决策依据。

成果名称:《我国不同类型地区现代林业的差别性政策研究》

发表媒体:中国农业出版社

发表时间:2013 年 08 月

作者:刘宁

内容摘要:本书以县域林业为研究对象,以 2006 年县域农民人均纯收入为主要分类指标,将全国的县级单位划分为五类地区:发达地区、相对发达地区、中等发展地区、相对滞后地区和滞后地区,通过剖析五类地区区域经济的差异性、林业建设取得的经验、今后现代林业建设面临的困难等,从而研究出适合不同地区的林业政策。

成果名称:《河南省卫生总费用核算研究》

发表媒体:郑州大学出版社(1995—2011)

发表时间:2013 年 12 月 01 日

作者:李广胜

内容摘要:《河南省卫生总费用核算研究(1995 - 2011)》是我省卫生改革发展历史上第一本用于宏观卫生决策的参考书和工具书。该书在系统研究基础上,提出和制定了符合河南省省情的国家级卫生总费用核算体系;分别用筹资来源和机构去向法对全省"十一五"期间卫生总费用状况进行了系统测算;整理恢复了"九五"、"十五"期间全省卫生总费用的主要数据;是各级政府部门制定宏观卫生政策所必需的参考书,也是指导全省各级卫生、财政部门开展卫生总费用核算的重要参考指南和工具书。

成果名称:《加快自主创新体系建设,实施创新驱动战略研究》

发表媒体:省政府发展研究中心采用

发表时间:2013 年 12 月

作者:李雅莉

内容摘要:该成果提出了以制度创新为先导、科技创新为动力的自主创新体系建设的总体思路。创新驱动战略的实施主体是企业,政府是舵手,高校与科研究院所是助手,依托郑州航空港、华夏历史文明传承创新区、产业集聚区等载体,面向产业转型升级、农业现代化、科技成果转化等路径,形成较完善的政策引导和市场推进相结合的发展模式,实现创新资源的集聚和创新要素的有效整合。该成果在省发展研究中心内刊《调查研究报告》、《领导参阅》刊登,报送省委、省政府等四大班子领导参考,得到省政府徐济超副省长、介新副秘书长的肯定批示、部分内容在省委省政府《关于加快自主创新体系建设促进创新驱驱动发展的意见》(豫发[2013]7 号)中被采纳应用。

成果名称:《河南省耕地资源利用效益的影响因素及特征分析》

发表媒体:中国人口・资源与坏境

发表时间:2013 年 1 月

作者:张鹏岩

内容摘要:河南省作为全国的粮食主产区,粮食总产量占全国的 10% 以上,在全国粮食安全保障方面发挥着重要的作用。随着中原经济区建设和河南省社会经济的发展,耕地资源利用中诸多相关因素不断发生变化,粮食生产出现了不稳定的现象，对区域粮食安全产生重要影响。本文研究和探讨河南省耕地资源利用的效益的影响因素，深刻揭示河南粮食生产中的主要问题，对制定耕地资 源利用政策，改进耕地资源利用方式具有重要的参考价值。结合河南省实际，创新耕地资源利用模式，健全基本农田保护制度，保持耕地总量动态平衡，提高土地利用效率，推动土地利用方式由外延扩张向内涵挖潜、由粗放低效向集约高效转变，走出一条工业化、城镇化与粮食安全“双赢”的发展道路。

成果名称：《中国农村金融排斥与包容——金融地理学视角的分析》

发表媒体：河南人民出版社

发表时间：2013 年 1 月 30 日

作者：田霖

内容摘要：本书通过介绍最新的国外理论前沿进展，如金融包容、金融协调、过度负债、营养经济学等，厘清诸多理论层面内涵、外延的交叉口冲突，并尝试将其理论与方法应用于实际问题的分析当中，凸显其社会价值与实践意义。本书在研究方法上进行了深入拓展：对我国农村金融排斥与包容的现状格局、空间差异、诱因及后果展开全面分析，结合经典的时间序列分析、协调检验、格兰杰因果检验、面板分析及蕴含地理色彩的空间计量经济学的分析方法寻求城乡联动、协调发展的新方案。本书结合实地调研数据与资料，深入展开河南省的案例分析，不仅弥补了统计精度的不足，也为发达地区及发展中地区提供经验借鉴。拓展了区域金融研究的视野与思路，许多理论与概念也是作者首先引入国内的，如金融地理学、金融排斥、金融包容等；摈弃了割裂城乡的视角看待金融排斥问题，以城乡统筹、全面协调的视角，利用其金融系统的耦合机制与规律，实现农村金融外部性的内部化及金融资源的优化整合；多样化的方法，如空间计量、模糊曲线、营养经济学等，丰富了区域金融问题计量分析的手段。本书不仅对金融排斥理论进行了系统梳理，为未来的理论研究昭示了新的方向，同时在我国农村数据可得性困难、城乡可比性数据缺乏的情况下，选取多维度指标，进行空间差异与诱因的全面解析，弥补了量化研究的不足。

成果名称：《主体功能区引领下的农业生态区农业发展模式比较研究》

发表媒体：河南师范大学学报

发表时间：2013 年 12 月 15 日

作者：龚迎春

内容摘要：国务院印发的《全国主体功能区规划》是对国土空间差异化利用的行动方案，体现的是科学发展的理念。农业生态区是人类和自然提供农业生态源、产品和服务以用于消费的地理空间范围，它因农业系统类型、生态环境敏感性、生态服务功能的差异而表现空间分异的特征。结合《全国主体功能区规划》对国土空间开发内容的划分，将其分为进行农业生产的区域、农产品主产和重点生态功能区等三类区域。以主体功能区理念为引领，通过比较农业生态区农业的功能定位、发展导向、产品类型和产业化运作方式可知，不同类型的农业生态区可以开发出各具特色的农业发展模式。以差异化的国土空间利用基础形成生态区差异化的发展模式，因地制宜地确定行动路线，实现农业生态区的科学发展。

成果名称：《理性与效率：农户粮食生产行为研究》

发表媒体：中国农业出版社

发表时间：2013 年 4 月

作者：晋洪涛

内容摘要：本书构建了一个新的农民理性分析框架——家庭经济周期，并利用 1995 - 2010 年河南农村固定观察点 1000 农户数据，研究了农户粮食生产行为及其与粮食消费、劳转移行为的联动效应。

成果名称：《河南省普通高等教育投入问题研究》

发表媒体：省教育厅采用

发表时间：2013 年 2 月

作者：王肖芳

内容摘要：本文运用教育学、经济学跨学科、跨专业的前沿学科理论，对河南省普通高等教育投入问题深入调研，旨在构建 科学的河南普通高等教育投入保障机制，为夯实河南教育发展，推进河南高等教育改革提供理论论证和实践支持；为政府出台相关政策提供智力支持。重点研究普通高等教育投入在整体教育投入中的作用和地位，进而论证增加普通高等教育投入对加快河南省由人口资源大省向人力资源强省转变的战略意义。

成果名称:《大股东终极控制及其现金股利行为研究》

发表媒体:经济科学出版社

发表时间:2013 年 7 月

作者:刘孟晖

内容摘要:大股东控制类型与现金股利行为密切相关;异常派现行为体现了内部人利益,是一种非理性派现行为;异常高派现会使公司消耗现金资源,使公司资金减少,从而引发代理成本;异常低派现会降低资金使用效率,降低公司代理效率。

本书采用终级产权的分析框架,有效的克服前几大股东划分方式的缺陷,终极方式的划分方法,能够更加准确的把握大股东的股权特征,有利于进一步揭示其所控制公司的现金股利行为。因此,本书从大股东终极控制的视角研究了大股东控制公司的现股股利行为,具有重要的理论与现实价值。

成果名称:《马克思国际贸易理论及其在当代中国的实践》

发表媒体:经济出版管理社

发表时间:2013 年 11 月

作者:杨玉华

内容摘要:以科学劳动价值论为基础,根据马克思国际贸易思想的内在逻辑及其历史进程,运用马克思主义经济学的有关原理的范畴,构建包括国际贸易理论、国际贸易规律和国际贸易政策的马克思国际贸理论体系,并运用该理论对我国对外贸易实践进行验证、分析,提出对外贸易可持续发展的对策。该体系力求反映发展中国国家利益诉求和现代国际贸易发展的一般规律,服务于我国对外贸易实践,在本质上,揭示国际贸易关系的实质和特点,为维护民族利益和长远发展提供理论支持,弥补现有国际贸易理论教学和研究的缺失,创新发展中国风格马克思主义经济学。突出特色,忠于原著,深度创新,兼顾学术价值和实践需要,反映中国国家利益诉求,贴近中国实际。”

成果名称:《中国创业型经济政策研究》

发表媒体:河南人民出版社

发表时间:2013 年 5 月

作者:李剑力

内容摘要:利用我省市 785 份样本数据,通过创业活动差异分析,探究了其相应政策需求,以政策分类设计为基本出发点,从系统整合视角,基于创业活动过程,构建了一个中国创业型 经济发展的多层次政策体系。研究表明,创业型经济发展中存在着不同企业活动,且其差异性特征明显,具有不同政策需求;针企业活动不同需求进行政策分类设计,可以从根本上提升创业经济政策效率。主要创新在于:基于创业过程理论视角构建了一个创业型经济发展的多层次框架体系;基于创业活动差异进行了创业政策分类设计,明确了不同创业活动支持政策的着力点。

成果名称:《基于定位理论的品牌资产提升绩效研究》

发表媒体:中国经济出版社

发表时间:2013 年 11 月

作者:周鹍鹏

内容摘要:主要论点:(1)品牌定位具有内在的文化逻辑,这一逻辑主要体现在定位自身的文化性、品牌资产与文化具有天然的内在联系,文化是品牌资产的内在基因。(2)品牌资产的文化性具有内在联系,通过品牌提升品牌资产,能有效提升品牌资产,同时,还能避免品牌延伸所带来品牌资产稀释问题。(3)品牌文化定位是品牌资产提升的重途径,主要通过传统民族文化、当代社会文化、企业文化和产品文化提升品牌资产。成果价值:(1)理论价值,使品牌定位理论更系统,品牌资产提升理论更丰富,并使品牌定位理论和品牌资产理论有机结合。(2)应用价值,为国内企业挖掘文化资源,提升品牌资产提供一个可行的思路,这一成果已应用到七匹狼等企业,效果比较明显。

成果名称:《金融危机背景下的金融监管国际合作》

发表媒体:河南人民出版社

发表时间:2013 年 11 月

作者:赵然

内容摘要:本书在一定程度上厘清了金融监管理论长期的矛盾点,梳理了金融监管国际合作观点的争执,为金融监管国合作提供理论基础和实践探索。

次贷危机是促进金融监管国际合作的一个外部诱因,本书引入博弈论作为分析金融监管国际合作的工具,以静态一次博弈推演到动态博弈,从两国博弈扩展到多国博弈。

成果名称:《当代中国文化软实力研究》

发表媒体:人民出版社

发表时间:2013 年 11 月

作者:刘德定

内容摘要:对文化软实力的研究必须坚持马克思主义文化观,同时对西方与文化相关概念要做批判分析;文化在经济社会发展中地位提升、综合国力竞争加剧以及社会主义的健康发展呼唤加强文化建设等构成了这一部书的主要背景;提升文化软实力对当代中国发展具有重要意义;提升当代中国文化软实力,必须巩固社会主义价值理论体系,必须,完善社会主义制度文化,必须推动文化繁荣发展,必须提升国家形象的影响力。

成果名称:《毛泽东国际政治理论与实践研究》

发表媒体:中国社会科学出版社

发表时间:2013 年 3 月

作者:孙君健

内容摘要:该著作运用辩证唯主义和历史唯主义的基本方法,系统总结和分析了毛泽东国际政治理论产生的历史背景、理论渊源及其国际政治理论中的时代论、力量对比论、秩序论、战略论和价值取向等,认为毛泽东国际政治理论是国际社会弱势群体(包括阶级、民族、国家)争取和维护自身正当权利,追求国际社会正义和人类进步的一种国际政治理论,是以权利(ringhts)本体立为基础建立起来的一种具有中国特色的现实主义国际政治理论,与国际社会强势群体所建立的以权力(power)本体论为基础的西方现实主义国际政治理论有着本质的区别,其价值取向是反国际强权利益、维护国家主权利益。毛泽国际政治理论是与实践高度统一的典型的政治家的理论。它既是中国国际政治学的主要研究对象,又是中国国际政治学学科的主要理论基础之一。

成果名称:《列宁检察权思想理论研究》

发表媒体:北京大学出版社

发表时间:2013 年 9 月

作者:王建国

内容摘要:列宁是世界上第一个社会主义国家的创立者,他在继承和发展马克思主义国家和法的理论基础上,从俄国的政治经济条件出发,阐述了一系列有关社会主义检察权的理论。列宁认为,社会主义的检察权是司法权的一部分,检察权和审判权共同构筑社会主义的司法权;为了保障检察权独立行使不受地方主义的影响以利于维护法制统一,检察机关应当实行自上而下的垂直领导体制;检察机关的职能包括一般监督、诉讼监督和法制统一的监督。列宁的检察权思想理论,不论对前苏联检察制度的建立,还是对新中国检察制度的形成都产生了巨大的影响。虽然前苏联已经解体,但并不能因此否定列宁所建立的社会主义国家政权及其检察制度的正当性。列宁关于社会主义检察权的性质、检察体制以及检察监督职能,对于我们廓清社会主义检察权的性质、职能以及完善我国当代社会主义检察制度和捍卫社会主义检察权正当性,仍然有重要的理论价值和实践意义。

成果名称:《大学生诚信教育论纲》

发表媒体:郑州大学出版社

发表时间:2013 年 12 月

作者:姚刚

内容摘要:诚信是一切道德的基础,是人之为人的最重要的品质,也是一个社会赖以生存和发展的基石。大学生作为公民中素质较高的群体,其诚信道德状况不仅关系到自身的健康成长,亦对整个社会起到重要的示范引领作用。加强大学生诚信教育 ,是培养社会主义合格人才的需要,也是构建社会主义和谐社的要求。本专著从历史和现实、国内和国际、理论和实践等不同视角对诚信教育进行深入考察,运用政治教育学、高等教育学、伦理学等多理论开展研究,丰富了大学生诚信教育的研究视角、研究内容和研究方法;结合大学生诚信教育的内容、特点和现状,借鉴国内外相关进论,论证提出了大学生诚信教育三方面内在统一的标准即社会的标准、道德标准和成才标准,属理论上的重要创新;在深入分析大学生诚信教育存在问题的基础上,提出了加强大学生诚信教育相关措施和建议,对加强大学生诚信教育的实践有较强的现实指导意义。

成果名称:《中国共产党加强意识形态领导的机理与路径》

发表媒体:中央文献出版社

发明时间:2013 年 12 月

作者:岳杰勇

内容摘要:该专著论证了加强意识形态领导的内在机理:加强主流意识形态与所由产生的社会经济基础的建构;对社会意识进行整合与引领;促进社会大众对主流意识形态的认同。提出了加强意识形态领导的方法论原则:宏观领导与微观调控辩证统一;软件建构与硬件建设辩证统一;批判与建构证辩统一;统合与开放辩证统一。探讨了加强意识形态领导的路径:完善社会主义基本制度,为社会主义主流意识形态夯实基础;以马克思主义为指导,整合中国社会的社会意识;建构中国特色社会主义主流意识形态;促进社会主义主流意识形态的大众认同。

成果名称:《生命的珍藏》

发表媒体:海燕出版社

发表时间:2013 年 4 月

作者:白建国

内容摘要:如果把红军精神理解为民族之魂,红色收藏就就是民族之魂的“纪念章”,是红色藏品定格了那段历史,见证了那段历史的精神,更教育着今天的我们。整理红色藏品,将流动的随时会飘散到时间深处的事件凝固下来,让大家重新阅读历史、充分理解历史,在过去与现在之间架起桥梁,一起走向美好的明天。该系列书出版后,大家认为,通过红色珍藏,可以弘扬革命精神,激励大家珍惜来之不易的革命成果,始终保持和发扬党的优良传统和作风,更好地把中华民族伟大复兴的宏伟事业推向前进。

成果名称:《生态危机视域中的马克思主义时代化》

发表媒体:社会主义研究

发表时间:2013 年 10 月

作者:林志友

内容摘要:经典马克思主义危机理论主要关涉的是资本主义经济危机,对生态危机关涉的不多。并非是马克思主义理论的天然缺陷,更多是时代发展局限而已。在生态危机视域下,如何发展马克思主义,探寻破解生态危机之路,是马克思主义时代化绕不开的重要课题。中国在改革中,为应对发展困境提出的科学发展观、和谐社会理念及生态文明建设思想为推进马克思主义时代化,破解生态危机难题提供了理论指向。建设生态文明既是发展中国特色社会义的新任务,也是探索新型展模式的新尝试,更是马克思主义时代化的新要求。

成果名称:《大学生职业生涯规划教程》

发表媒体:河南人民出版社

发表时间:2013 年 8 月

作者:周春辉

内容摘要:高校学生具有较强的职业生涯规划知识与能力,将会对其身心健康、未来职业发展等诸多方面产生重大积极影响。而学生只有在对自身和职业进行全面细致了解的基础上进行科学的职业生涯规划的决策,努力寻找与自己的能力、兴趣、爱好相匹配的职业类型,才能做出正确的职业生涯规划,从而促进学业、职业的发展。本书全面系统介绍了职业生涯规划相关理论知识,同时注重学生职业生涯规划技能的培养与提高,通过提供大量相关资料,以求拓展教学内容、开阔学生视野,增强实效性。

成果名称:《河南生态文化史纲》

发表媒体:黄河水利出版社

发表明间:2013 年 1 月

作者:刘有富

内容摘要:就选题来讲,该书在全国范围内的区域生态文化研究方面尚属于先列。《河南省生态文化史纲》对河南省域内的古代生态文化进行了细致的梳理和研究,援引资料丰富翔实,大量考古资料以及生态学的研究成果,全方位地揭示了河南生态文化的灿烂和辉煌。全书采用上下篇分开的写作体例,上篇着重回顾河南古代态环境的演变过程,下篇着重探讨了河南古代生态文化的丰富内容,其分类详细、科学,基本上涵盖了古代生态文化的主要内容。本书系统研究区域生态文化史,时间涵盖整个中国古代,全景式地向读者展示了河南地区自古及今生态文化物质的和非物质的文化遗产,不仅在学界引起关注,而且对今日的生态文明建设也具有很大的指导意义。

成果名称:《知识产权垄断的法律控制》

发表出版媒体:法律出版社

发表时间:2013 年 3 月

作者:吕明瑜

内容摘要:本书探讨全新条件下"知识产权领域反垄断"这一世界范围内的前沿与热点问题,以知识经济条件下反垄断法的理论发展与制度创新为视角,提出"在现有反垄断法制度体系中构建与其传统三大支柱制度相并列的新的知识产权垄断法律控制制度,以适应解决具有知识经济特点的此类新型垄断问题的需要"这一创新观点,进而围绕这一观点,探讨了构建知识产权垄断法律控制制度的理论性依据、制度设计与规则体系等,并对中国知识产权垄断法律控制制度的构建提出了系统问题。

本项研究致力于以"新"取胜,即从知识经济这一"新视角"出发,研究知识产权领域的"新型垄断",界定并确立知识产权垄断这一"新概念范畴",并主张通过建立系统的"新制度规则体系"来解决。

成果名称:《公共行政学》

发表媒体:高等教育出版社

发表时间:2013 年 6 月

作者:楚明锟

内容摘要:本书立于中国国情,在吸收中外公共行政学理论精华的前提下,以行政组织篇、政府职能篇、行政过程篇和行政发展篇,系统地阐述了公共行政的架构、权力、资源、机关的关系,中国政府经济调节、市场监管、社会管理和公共服务的基本职能,决策、执行、效率、监督等行政过程,受制于行政环境的行政改革、服务型府建设等内容。全书形式新颖,结构合理,内容丰富,逻辑严密,语言流畅是一本突出中国特色、具有创新性和应用性的公共行政学教材。

成果名称:《我国农村污水污染受害者社会救助机制及对策研究》

发表媒体:经济科学出版社

发表时间:2013 年 8 月

内容摘要:如何对农村污染爱害者进行救助已经成为中国社会发展过程中全局性、战略性的、关系到民生的重大应用课题。本著作提出我国农村水污染受害者陷入了环境贫困需要社会救助,应包括政府、企业、社会力量、受害群体自身等多个主体,在社会救助中应加强主体间的协作沟通,构建一整套包括激励、约束、协议、需求表达、内在保障及效果评价等社会救助长效机制,这是一个系统而浩繁的工程,有待政府相应公政策的出台与推动。

成果名称:《列宁人权思想研究》

发表媒体:中国社会科学出版社

发表时间:2013 年 9 月

作者:李曼

内容摘要:列宁的人权思想绝非孤立存在,它前有渊源、后有延续,整个思想的演绎是一种气势礴的马克思主义人权史的凝练,具有"论从史出"的发展表征。全文从全六个方面,分别对这个一思想的渊源、历程、延续以及列宁关于人权本质、人权内容、人权保障的概括进行论述。

列宁人权思想在马克思主义人权理论中具有重要地位,因此,研究该思想对于论证人权与马克思主义之间的关联以及这种关联的合法性、对于丰富中国当代人权理论的研究内容、对于构建中国特色社会主义人权理论意义重大。另一方面,该思想不仅对中国当代人权建设尤其是人权保障具有借鉴意义,而且是社会主义中国应对西方"人权外交"的一剂良药。

成果名称:《"中梗阻"的主要表现、产生原因及对策调研报告》

发表媒体:省委采用

发表时间:2013 年 11 月

作者:李恩东

内容摘要:在经济社会发展过程中,公共政策在机关的执行中,因中层负责人的因素致使公共政策执行不能有效贯彻落实。这种"中梗阻"现象是加强机关作风和效能建设需要解决的一个突出问题。其表现形式多样。从宏观上讲,部门利益驱动是机关干部"中梗阻"现象的内在原因。微观上讲,既有国家政策和上级指令难以全面、正确贯彻原因,也有公职人员职业道德、干部管理机制及行政管理理体制方面的因素等。"中梗阻"现象增加了行政成本,降低了行政效能,损害了公共政策的权威性、合法性,贻误发展时机,影响党群关系,危害社会稳定,损害了党和政府的形象、机关的公信力、人民群众的利益。解决"中梗阻"现象必须"上下"联动,进行综合治理。

成果名称:《论当代中国公务员考试制度的历史性与创新性》

发表媒体:社会主义研究

发表时间:2013 年 10 月

作者:王文成

内容摘要:本文是以公务员选拔的识别系统——考试测评为研究对象,对当代中国公务员考试活动进行制度化研究,主要论点和价值在于:一是对当代中国公务员考试制度进行了历史考察晰划分了当代中国公务考试制度发展演变的四个阶段。二是从社会设置、价值理性、资源组配、公平正义等维度,把当代中国公务员考试制度与我国古代科举考试制度进行对比分析,深入探究了当代中国公务员考试制度对科举考试制度合理内核择善吸收的内在机制,探寻了当代中国公务员考试制度健康发展的历史基因。三是从考试标准、考试内容、考试管理、考试方法技术等维度探讨了当代中国公务员考试制度的时代创新,为该制度的升级提供了路径选择。

成果名称:《郑州市社区居民体育运动偏好客观条件的回归分析》

发表媒体:河南师范大学学报

发表时间:2013 年 4 月

作者:翟小巧

内容摘要:偏好理论是微观经济学的理论基础和分析工具,对事物效用的“偏好”不仅仅局限在人们消费的领域,人类社会生活中的每一个选择都充斥着“偏好”。体育运动是人类最具特征的客观条件,性别、年龄结构的人体体质指数的差异程度承民体育运动偏好的关系,为研究体育运动偏好理论研究奠定实验基础。成果对郑州市社区居民体育运动偏好客观条件进行研究得出:郑州市居民的客观年龄结构、身高和体重对体育运动偏好有一定的预测作用。

成果名称:《我国烟草管理体制创新探讨:日本经验与启示》

发表媒体:中国行政管理

发表时间:2013 年 12 月

作者:陈清棠

内容摘要:随着市经济体制改革的不断深入,我国以烟草专买特征的管理体制出现了诸多问题,面临着多方压力挑战,使得烟草行业无法应对国际市场竞争,难以适应社会经济发展的需要,烟草管理体制改革势在必行。本文认为,鉴于和日本烟草业发展的历史可比性,我国可以借鉴日本烟草管理体制改革的经验,立足当前烟草行业发展实际,采取立法先行、渐进改革的思路,逐步取消烟草专买、构建符合市场经济要求的烟草管理体制,并从烟草生产与定价、烟草税种设置和征收、营销体系构建和政企分开等方面提出了具体政策建议。

成果名称:《河南省公车治理改革研究》

发表媒体:省事管局采用

发表时间:2013 年 11 月

作者:徐喜林

内容摘要:公车治理改革不仅是对公务用车方式的调整和改变,而且是深化行政体改革的重要举措。本调研报告在深入调查并占有第一手资料的基础上,借鉴国内外公车治理改革经验教训并结合我省具体工作实际,运用比较研究和综合分析的方法,对我省公车治理现及状现全面推进公车改革的必要性进行了简要分析,并对我省公车改革的价值取向和目标预期进行了探讨,然后提出我省公车改革的思路和对策及相应的保障措施与效益评估体系。这对深化公车治理改革,进一步提高公车配备使用管理的科学化、规范化和制度化水平,提高领导机关工作效能,构建社会主义和谐社会等,都有重要价值。

成果名称:《“吴梅案”与判决后和解的处理机制——兼与王亚新教授商榷》

发表媒体:法学研究

发表时间:2013 年 1 月

作者:吴泽勇

内容摘要:基于现行法的严格解释,“吴梅案”中确认的规则只是对“二审期间达成和解协议是否可以阻碍一审判决的执行”问题作出了否定回答,并未将民事诉讼法第 230 条的效力扩张到二审和解协议。对“被告履行和解协议后原告申请继续执行原生效判决”的案件,应当允许继续执行。此种规则可以拓展到其他判决后和解的处理。执行中的和解异议不能纳入执行异议中处理。如果允许被执行人另行起诉,可能会带来新判决与原执行行为的冲突问题。本文填补国内相关研究的空白,具有领先地位,发表在权威期刊《法学研究》上足以证明研究价值。

成果名称:《尚书》历史思想研究

发表媒体:中国社会科学出版社

发表时间:2013 年 8 月

作者:王灿

内容摘要:中国向来以“历史的国度”著称于世,“历史思想”是中国传统学术的重要内容,在中国典籍中蕴丰富且影响巨大,并与其他思想范畴有着密切联系。《尚书》是中国古代最重要的经典之一,也是中国最早的历史古籍,对中国古代史学和整个传统文化产生了重要影响,在其思想内容、编纂体例等方面,都渗透着古人历史思想。本书选取“《尚书》的历史思想”作为研究对象,系统考察《尚书》华夏历史意识、历史天人观念、历史变动观念、历史功用思想、历史审美思想等诸多方面,评述了《尚书》历史思想的影响和当代价值,第一次对《尚书》历史思想做了全面、系统考察,具有一定的学术价值深化对国情和民族文化基因的认识。

成果名称:《北宋陕州漏泽园士兵墓志文研究》

发表媒体:中国历史研究

发表时间:2013 年 5 月 20 日

作者:淮建利

内容摘要:本文廓清了带有番号的士兵墓志所反映的北宋军队种类,论述了这批墓志文在补充传世文献对宋朝军队番号和钱监名号记载的阙失、纠正《宋史·兵志》的记载错误、反映宋朝军队分布和规模的动态变化以及递补等方面的重要史料价值,指出《宋史·兵志》对军队规模的记载是某一时期的数字,有关军队分布地的记载反映的是特定时期状况,并不能完全反映北宋时期军队规模的变化全貌,这对学术研究中科学把握《宋史》和《宋史·兵志》的史料价值具有重要的借鉴意义。本文纠正了已有研究成果对士兵墓志文的释读错误以及对宋朝军队番号的错误解释,对前人未加解释的墓志文中军队序列的含义作出了解读,弥补了学术研究的缺憾。

成果名称:《近代河南茧绸生产及其市场变迁略论》

发表媒体:中国经济史研究

发表时间:2013 年 9 月

作者:武强

内容摘要:近代以来河南逐步融入世界市场的趋势,促使茧绸成为对外贸易的主要商品,更加深刻地影响了近代河南的经济发展。基于深厚的历史积累与区域基础,近代河南茧绸业的生产进行了较全面的改良与革新,进而形成茧绸对外贸易的原料生产及运输、野蚕丝缫制、茧绸加工、对外出口的完整体系,汉口、上海等通商口岸成为主要的贸易集散地。但是,近代河南茧绸业的产销体系,因为生产的相对落后、国内市场运行的缺陷等不利因素,无法实现对整个河南地区产业体系由传统增长方式向现代增长方式转变的有利影响。本成果弥补了学术研究的相关不足,更理清了其作为绿色产业百余年的发展脉络,在当代中原崛起的大背景下,为今后产业结构的优化提供了亟需关注的传统产业的价值。

成果名称:《清代流放制度研究》

发表媒体:人民出版社

发表时间:2013 年 6 月

作者:王云红

内容摘要:本书以有关档案、官书、律例为基本资料,采取以史为经,以法为纬的分析方法,力图从历史视角考察清代流放制度的形成发展、调适演变及其终结,从法的视角考察清代流放制度在特定历史时期的制度规范及其实践情况,以期重新认识传统法律制度,尝试重建清代的“法律帝国”。本书既有纵向的历史研究又有横向的历史社会研究。与此同时,传统流放的很多司法实践对于我们今天的司法改革也具有一定的资鉴作用。可以说,本书既具有重要的学术价值,又颇具一定的社会价值。

成果名称:《清代乾隆朝省级司法实践研究》

发表媒体:中国人民大学出版社

发表时间:2013 年 10 月

作者:魏淑民

内容摘要:本书系中国人民大学出版社“清史研究丛书”遴选书目,围绕督抚两司等省级司法主体,深入考察传统司法链条中承上启下的关键环节——省级层面。成果价值和创新之处在于:(1)首次明确以省级司法为研究对象,可以说是近年来史学和法学界唯一一部专门研究(清代)省级司法学术专著。(2)最大特色是采用地方行政君臣关系的研究视角,剖析动态的司法实践过程。既深入展现了地方行政宏观范畴之下刑名与钱粮的关系,督抚两官员的司法职能特点,更生动刻画了外省督抚和乾隆皇帝之间复杂而微妙的君臣关系状态,进一步修正了学界对专制君主"乾隆独断"论的传统认识。(3)多阶段性成果已在《清史研究》、《中州学刊》等CSSCI期刊刊发,并被《中国社会科学文摘》、人大复印资料《明清史》等全文转载。

成果名称:《近五年来袁世凯研究述评》

发表媒体:中州学刊

发表时间:2013年9月

作者:郭常英

内容摘要:近五年来袁世凯研究较前取得较为丰硕成果,呈现出研究领域日渐扩大、人物评价更加理性、研究方向趋于多样化、研究队伍不断扩展等特点。但存在不足也非常明显,研究需要拓展深度和广度,加强海内外学术交流,进一步挖掘和利用好新史料,不断壮大研究队伍。

成果价值:袁世凯的人生具有突出的两面性。改革开放后的学术界对袁的研究有了较大突破,各类成果日渐增多,但是从深度和广度上看,目前的研究数量还远远达不到应有的程度。阶段性地对研究现状进行总结和公析,有助于推动研究领域的进一步深入和拓展,使研究进入新的阶段。

成果名称:《明清时期伶仃洋区域海防地理特征研究——基于海防对象的多样性与海防重心的阶段性》

发表媒体:暨南学报(哲学社会科学版)

发表时间:2013年9月

作者:鲁延召

内容摘要:明清时期,伶仃洋区域的海防对象具有多样性,既有东来的倭寇,又有西来的夷人,也有汪洋中出没无常的海盗集团。在当时财力、物人、人力有限情形下,政府防御部署重心随着海防对象的危害程度的变化随之发生阶段性转移,具体表现是:从海疆行政区划这个横向区域划分看来,由于"东防倭,西防夷"的双重需要以及两者之间力量的此消彼长,广东海防重心由东路逐步向中路转移,并在伶仃洋区域形成了以香山为中心,东莞、新安为左翼,新会、新宁为右翼的"小三路"防御格局;从陆海地理空间纵向区域的海防划分来看,其经历了从明代陆海地理空间多层防御的形式到清代嘉庆时期的"近海防御重心"的确立,即经历了由内洋到外洋,再由外洋到内洋的重心转移过程。

成果名称:《民权牛牧岗与豫东考古》

发表媒体:科学出版社

发表时间:2013年11月

作者:张国硕

内容摘要:本著作系统报道了民权牛牧岗遗址考古发掘和周边考古调查成果,并对豫东考古70多年工作进行总结、分析与综合研究。上篇牛牧岗遗址发掘报告内容涉及仰韶、龙山、先商、早商、晚商、春秋、战国、汉代、唐宋时期的文化遗存,其中下七垣文化遗存和战国汉代墓葬系在豫东西部首次发现,为研究豫东地区的考古学文化及社会面貌提供了较为丰富的实物资料。下篇豫东考古发掘与研究之内容涵盖述论、考古调查与发掘、考古研究、文化面貌、资料索引等,对全面了解、认识和深入研究豫东考古多有裨益。

本著作是第一部全面、系统论述豫东考古的集大成专著,填补了学界系统研究豫东考古的空白。其依托一处重要遗址而进行区域考古系统研究的模式受到学界的赞赏。

成果名称:《科举制是如何产生的》

发表媒体:光明日报

发表时间:2013年12月

作者:牛建强

内容摘要:科举制是中国封建社会后期选拔官僚的重要的核心性政治制度,在存续千余年间对封建官僚政治产生了重要响。科举制产生于隋唐,从此官僚政治替代门阀政治,门第社会跨入科举社会。经过宋元明清代时期的完善,其公正性和客观性不断强化,促动了社会阶层的上行流动,扩大了国家统治的社会基础。同时,科举考试促使识字率提高,从而提升了社会整体素质;对偏远地区实行科举资源配置,增强了边疆地区对国家的认同感和内聚力。当然,科举制也有其局限,如五经四书的八股体制禁锢了思想的自由表达;考试科目的单一化阻滞了多方面人才的成长。

成果名称:《论中国特色法治之路的形成与发展》

发表媒体:学习论坛

发表时间:2013年11月

作者:杨宝成

内容摘要:中国特色法治之路是中国共产党人的伟大创举。中国特色法治之路是在总结改革开放前三十年的经验教训的基础上,在改革开放三十多年的进程中逐渐形成和发展起来的。中国特色法治之路具有“三个统一”的基本内涵,有党的领导、国家推进、人民主体以及重视国情等鲜明的特点。中国特色法治之路将不断丰富拓展,引导和保障我们实现中华民族伟大复兴的中国梦。

本文不仅总结了我党探索和发展中国特色法治之路的有益经验,更重要的是对中国特色法治之路的未来发展进行了前瞻,这将有益于更好的贯彻党的十八届三中全会的战略部署,有力推动法治中国建设。

成果名称:《利益 精神 权力——三元协调驱动论》

发表媒体:河北人民出版社

发表时间:2013 年 11 月

作者:杨云善

内容摘要:该成果重在分析社会发展进程中的利益驱动、精神驱动和权力驱动三种方式及其协调驱动,借以实现社会又好又快发展。

主要论点和创新有以下三方面:1. 各个国家和民族自古到今都在试图采用最大限度地激发居民热情,以促使社会快速、稳定、健康发展的激励手段,概括起来无非是利益驱动、精神驱动和权力驱动三种;2. 每种驱动手段和驱动模式的实施都会产生大小不等的积极和消极的效应;3. 利用激励手段实施高效驱动时,必须在对社会进行深入“诊断”的基础上,实施科学的、复合的、动态协调的驱动,以取得最佳的驱动效果;4. 建设社会主义强国,既需要充分发挥激励手段的驱动作用,又必须摆脱片面驱动,实施三元协调驱动。

该成果提出必须在对社会状态进行深入“诊断”的基础上,实施科学的、复合的、动态协调的驱动的观点,具有一定的原创性和应用价值。

成果名称:《加强和创新社会管理中思想政治教育的途径探讨》

发表媒体:当代世界与社会主义

发表时间:2013 年 4 月

作者:赵平

内容摘要:主要论点:1、思想政治教育能够提高社会管理的效率、增强社会管理的柔韧性和丰富社会管理的人本性,在加强和创新社会管理中有其独特的优势。2、思想政治教育要更有效地服务于社会管理,必须对急剧变化的社会现实积极回应,与社会管理积极互动。其中,途径的优化和创新是关键。首先,充分开发思想政治教育资源,加强教育阵地建设。其次,建立健全思想政治教育的沟通机制。最后,开拓公民意识教育视野。

成果价值:1、有助于拓展思想政治教育研究的领域,深化对思想政治教育理论的认识,丰富思想台教育要素理论。2、有助于充分发挥思想政治理教育“生命线”作用,深化思想政治教育的内容,增强思想政治教育的实效性,为社会管理提供有力的支撑。

成果名称:《海军外交论》

发表媒体:军事科学出版社

发表时间:2013 年 3 月

作者:张启良

内容摘要:2012 年作为军队唯一的军队学术专著入选《国家哲学社会科学成果文库》。

不同于其他武力量形态,海军是“养兵千日,用兵千日”的战略性、综合性、国际性军种。海军外交论,旨在回答我国海军在新时期如何从战略层面综合运用海军资源,常态伦参与国家外交活动、支持国家外交斗争的重大问题。本书通过梳理历史脉络、廓清基本范畴,揭示海军外交的本质特征和作用规律,观察、认识和总结海军外交这一古老又充满生机的军事社会实践式,此外,成果提出的海军外交的各类概念和命名方案,丰富了我军战略研究的话语体系,有助于我们构建具有中国风格的海军战略学理论架构。本成果深入探析和全面观察了海军外交的理论和实践,系统探索新时期海军外交服务国家外交的理论和实践,系统探索新时期海军外交服务国家外交的方法途径,对有效运用军事资源以有力支持国家对外政策的基础性研究具有重大的现实价值和深远的历史影响。

成果名称:《秦汉律“购赏”考》

发表媒体:法律大学

发表时间:2013 年 9 月

作者:宋国华

内容摘要:"购"的内容是"财","赏"的内容则不限于"财";"购"必须是事先设定的。"赏"则可在事后临时为之。其内容是金钱、赃物、拜爵、赏宅、晋职等。购赏的对象是执行追捕的吏性,购赏在司法实践中取得一定的实效。秦汉律中"购赏"的存在,以及以后朝代法典中"购赏"的变化,说明了中国传统法律文化中蕴含着重视法律激励的传统。

进行社会主义现代化建设,法律要全面回应社会治理的当代要求,法律的激励机制应当成为治国理政的手段之一。对秦汉律购赏的研究,或许可以为当今法律激励机制的构建提供某些参考、借鉴。

成果名称:《新加坡人民行动党形象建设论》

发表媒体:河南师范大学学报

发表时间:2013 年 6 月 30 日

作者:孙景峰

内容摘:本文试图首先构建高性能政党形象的相关理论框架,诸如政党形象定义、形象之于执于政党的意义、执政党形象的途径等,进而评估分析新加坡人民行动党形象建设,在解析其形象内涵的基础上,概括出新加坡人民行动党形象建设具体特点。本文以新加坡人民行动党为个案,试图建构执政党形象建设的理论体系,尝试提炼出党建理论中关于政党形象建设的普遍性原理,为执政党的研究另辟出一个新范畴。

成果名称:《洛阳流散唐代志墓志汇编》

发表媒体:北京图书馆出版社

发表时间:2013 年 12 月

作者:毛阳光

内容摘要:2000 年以来,洛阳及其周边地区出土了大量唐代墓志,这些墓志具有很高的文献和艺术价值,但期中许多墓志出土后就流散民间,难得一见。该书收录了编者五年来搜集到的流散民间的洛阳唐代墓志拓本 322 种。书中对墓志进行了科学的整理和释读,除了高清拓片外,每方墓志都著录其尺寸、书体、行款等相关信息。书后附有人名索引,便于使用查询。本书为学术界提供了大量研究唐代文史的新资料,墓志涉及唐代社会各个阶层,从皇室贵族、将相高官、高门大族、文人名士,仍至僧人、道士、处士、外国移民及家庭妇女,绝大多数都是首次刊布,对推动唐代历史、文学、艺术的研究有重要意义,也有利于推进社会各蜀对洛阳唐代墓志的研究和保护。

成果名称:《国有大型企业的现代化企业制度建设问题研究》

发表媒体:中国经济出版社

发表时间:2013 年 5 月

作者:魏成龙

内容摘要:针对国有大型企业发展的主要障碍,提出了深化国有企业改革应围绕国资管理和国企管理展开。国资管理体制的改革就是从外部改进政府对国有企业的管理,包括完善分类管理的国资监管体系和通过兼并重组优化国有企业结构;国企管理的体制改革就是完善市场化导向的选人用人机制,建立激励和约束机制。

该成果是国家社科基金的最终成果,丰富发展了国企改革理论,被国内相关研究参考引用 1000 多次,对贯彻行十八届三中全会关于国企改革的精神,指导国企实践有较大的应用价值。

成果名称:《我国中部地区城市群综合竞争力提升研究》

发表出版媒体:河南社会科学

发表时间:2013 年 2 月

作者:孙宏立

内容摘要:城市群综合竞争力是区域竞争力的标志。我国中部地区城市群在区域发展格局中具有举足轻重的战略地位。该论文从培育中部地区"三化"协调发展增长极和区域战略优势的角度出发,系统论述城市群综合竞争力的内涵和特征,运用因子分析法,建立量化指标体系,分析判断出不同城市发展的相对优势与劣势,对中部地区城市群一体化发展和综合竞争力提升提出相关对策建议。

成果名称:《管理学》

发表媒体:河南大学出版社

发表时间:2013 年 7 月

作者:陈建华

内容摘要:本书融合管理学科的基本理论,将公司部门管理活动创造性地提炼为管理基础 - 管理职能 - 管理绩效的因果关联模式,并以此关联模式为编写框架,逐一展开分析,以便给予读者一个较明晰、通用的学习参考或实践体验。其突出特点是:结构严谨有新意,内容融合不冗杂,选择性荟萃了20世纪90年代以来管理学各领域所有重要的和最新的研究成果,在教材建设上具有创新性。

成果名称:《“十二五”时期工业节能潜力与目标分析》

发表媒体:中国工业经济

发表时间:2013年3月

作者:郭国峰

内容摘要:本文以万元工业增加值能耗作为工业潜力分析代表性变量,对“十二五”时期中国工业能力进行了分析,并对工业节能目标进行了评估。研究发现,“十二五”时期万元工业增加值能耗降幅为20% -24%,工业和信息化部制定的仅工业领域就实现节能6.7亿吨标准煤和重点行业节能降耗的目标,超越了经济社会发展的承受能力和范围。“十二五”时期要注意加大工业节能减排研究的投入和财政支持力度,加快工业节能减排技术的研究发和推扩;完善节能减排能力评估与节能减排信息监管平台建设,加强工业节能减排的监测和考核;政府部门应加快完善工业节能减排相关政策、制定奖惩措施,联合工业企业克服国际技术贸易避垒,加快国外先进工业节能减排技术的引进。

成果名称:《中部地区工业化与城镇化互动协调发展研究》

发表媒体:经济管理出版社

发表时间:2013年1月

作者:王建国

内容摘要:本书从工业化与城镇化关系的一般理论综述入手,完善工业化与城镇化发展的内在机理,对世界不同类型国家工业化与城镇化互动发展的历程进行比较分析,总结工业化与城镇化互动协调发展的经验启示,在此基础上对中部地区工业化与城镇化互动发展进行实证考察,深入研究中部地区工业化与城镇化协调互动发展的影响因素及互动发展机制,并以河南为例,对农业大省工业化与镇化协调互动发展进行典型研究,提出工业化与城镇化协调互动发展机制及其内涵、运行机制、着力点和对策建议,最后针对工业化与城镇化过程中的土地问题、人口问题、粮食安全问题、生态建设问题和和谐社会建设问题进行研究,提出相应对策。研究价值主要体现在两个方面:(1)理论上对工业化与城镇化互动协调发展内在机理进行总结和完善,阶段性 发表的论文被多次下载引用;(2)实践上为有关部门制定推动工业化与城镇化互动协调发展提供建议。

成果名称:《房产税改革:争论与前景》

发表媒体:学习论坛

发表时间:2013年9月

作者:廖富洲

内容摘要:自上海、重庆试行征收房产税以来,关于房产税改革的各种观点争论沸沸扬扬,其争论的主要焦点包括征收房产税是否合法、是否重复征收、是否能抑制高房价、能否替代土地财政等。从发展前景看,房产税改革必然从扩容发展至在全国推广,从增量征收扩展至存量征收,计税依据房产原值转变为市场评估价格,各地房产税具体政策各有差异,财政管理体改革步伐将加快等。

成果名称:《合作经济理论与实践模式——中国农村视角》

发表媒体:社会科学文献出版社

发表时间:2013年11月

作者:陈家涛

内容摘要:本书从合作经济理论与实践模式两个方面,阐述了合作经济的理论演化和合作经济组织的发展历史和现实状况。主要论点:合作经济产生与空想社会主义有关,合作社就是其组织基础。合作社是一种特殊类型的企业,并不是独立于企业之外的另一种组织形式。理论上,农民合作经济组织是弱势群体为了改善自己的经济生活和社会地位而建立的。实践上,农民合作经济组织已经成为推进农业产业化生产和经营的一种有效载体,能够减少市场交易风险和提高农民收入,同时消除小农户与大市场之间交易费用过高,交易效率低下的问题。

成果名称:《产粮大省粮食产业链优化研究》

发表媒体:中国农业出版社

发表时间:2013年11月

作者:赵予新

内容摘要:本书是国内首部系统研究粮食产业链及其优化的学术专著,书中全面研究了粮食产业链的基本理论,在深入考察国内产粮食大省粮食产业链优化的基础与制约因素的基础上,设计了粮食产业链优化的目标、内容路径,提出了优化粮食产业链的六大重点建设工程和相应支持政策。

书中对粮食产业发展方式转变的绩效评价方法的高性能计和实证研究如粮食企业战略重组、技术创新六大重点建设工程等在该领域中属于首例,具有创新性和较强的可操作性。本研究为加快我国产粮大省粮食产业发展方式转变、提升粮食产业核心竞争力、保障国家粮食安全提供了理论支撑和决策依据。

成果名称:《我省土地托管的现状、存在问题与建议》

发表媒体:河南日报

发表时间:213 年 11 月

作者:杨涛

内容摘要:本文针对近年来我省普遍出现的土地托管新形式,运用数据测算、模式对比等方法,深入分析了土地托管模式的成效,指出了我省当前土地托管存在的问题,提出了比较可行的政策建议。该文得到了省委副书记邓凯同志的充分肯定,并作出重要批示。主要成果被 2014 年省委 2 号文件采用,成为推进全省农村土地流转的重要措施之一。该文还被省委办公厅《综合与摘报》摘发(综合与摘报第 43 期)。

成果名称:《河南省循环经济财税政策研究》

发表媒体:中州古籍出版社

发表时间:2013 年 12 月

作者:王全录

内容摘要:本书回答了三个问题:第一:河南省发展环经济必要性。第二:河南省发展循环经济离不开财政和税收的支持。河南省在循环经济发展过程中,存在着财政投入不足,税收政策不配套等问题。通过财政资金有效配置促进资源节约、环境保护;通过税由的生产收入效应与消费收入效应,能有效减少资源开发与消耗,促进资源循环利用,第三:利用财税政策促进河南循环经济发展。

成果名称:《中国城乡统筹——城市增长管理视角》

发表媒体:科学出版社

发表时间:2013 年 4 月

作者:刘荣增

内容摘要:本书以城市增长管理为出发点,在对城乡统筹理论演进、城乡统筹测度全面分析的基础上,分别就我国的城乡产业统筹、城乡基础设施统筹、城乡空间规划统筹、城乡教育统筹、城乡金融统筹、城乡社会保障统筹、城乡生态环境统筹等问题展开了深入研究,最后,提出了城镇密集区、经济发达地区率先建成城乡统筹示范区的构想及中原经济区实现"三化"协调的对策建议。

成果名称:《基于价值链视角的承接产业转移研究——以河南省为例》

发表媒体:河南人民出版社

发表时间:2013 年 5 月

作者:陈维忠

内容摘要:该书结合第四次产业转移的时代特征,基于价值链理论,阐述了几个主要观点:一是通过产业转移构建与全球价值链(GVC)并行的国内价值链(NVC),是一种战略选择,也是促进产生升级和区域协调的有效途径。二是不同的 NVC 构建模式有着不同的驱动力、治理模式和转移路径。三是不同的 NVC 构建直接决定着区域产业集群的升级轨迹。四是政府在区域产业转移和产业升级中大有可为。

文章突出案例研究,通过模型对河南承接产业的梯度、重点行业、空间布局进行深入研究,选择四个类型的样本进行了专门分析,定性与定量相结合,理论与实践相结合,不仅在理论上对全球价值链、国内价值链的研究有所深化和发展,而且对河南省承接产业转移促进产业升级的实践具有重要指导作用。

成果名称:《社会资本与区域经济增长——基于空间计量经济学的研究》

发表媒体:社会科学文献出版社

发表时间:2013 年 8 月

作者:彭文慧

内容摘要:本书系统研究社会资本与区域经济增长的因果机制,发现:(1)区域经济增长存在强烈的空间自相关特征;(2)社会资本对经济增长作用显著;(3)社全资本对区域经济增长非线性性质,探讨影响区域经济增长的社会因素及其作用机制,丰富和完善经济增长理论和区域经济协调理论,也为经济学、社会学和地理学等相关交叉学科理论发展提供素材。第二，将空间素纳入模型，运用空间计量经济学方式研究区域经济增长，从而使研究结论更加符合经济运行现实，提供了相关研究的新方法和新思路。

成果名称：《促进就业的税收政策研究》

发表媒体：经济科学出版社

发表时间：2013 年 12 月

作者：杨国政

内容摘要：就业关系着国家经济发展和社会稳定。当前，我国就业形势非常严峻，经济结构调整、农村劳动力转移、大学生毕业找工作等，形成了巨大的就业压力。“十二五”规划纲要强调，要实施更加积极的就业政策，把促进充分就业作为经济社会发展的优先目标。运用政策管理来解决就业非常必要，而税收作为国家宏观调控的重要工具之一，应当在促进就业方面发挥应有的职能作用，通过发挥好这一作用，促进社会充分就业，实现科学发展。

本书对税收与就业之间的关系进行了分析，对税收政策在就业中的拉动效应进行了阐述，对我国现行税收收政策在促进就业中的作用效果进行了总结，在此基础上得出了利用税收政策增进就业的原则和方向，就解决就业问题提出了政策建议。

成果名称：《规避“中等收入陷阱”风险的包容性体制构建研究》

发表媒体：经济学出版社

发表时间：2013 年 9 月

作者：李中建

内容摘要：该著作在充分吸取国际上跨越“中等收入陷阱”正反两方面经验教训的基础上，立足于中国未来的经济社会发展挑战，提出以包容性增长理念为引领，倡导通过构建包容性的制度来规避中国经济和社会发展面临的主要风险，这些风险主要包括收入差距拉大、就业不平等、阶层身份固化、金融风险、创新能力薄弱、城乡割裂、生态环境恶化等。

该著作是国内学术界“中等收入陷阱”问题研究的一部新作，其价值在于倡导用包容的理念治理和防范割裂和冲突，书中部分观点已经在《当代经济研究》杂志发表。

成果名称：《上市公司盈余质量评析与治理研究》

发表媒体：西南财经大学出版社

发表时间：2013 年 8 月

作者：孙建华

内容摘要：会计盈余对投资者、债权人具有重要的决策价值，同时是资本市场发审监管的重要依据。财务舞弊、盈余质量低劣已经成为制约我国资本市场健康发展的一个突出问题。如何鉴别、评价、治理盈余质量以防范舞弊和欺诈，保护投资者的合法权益，具有十分重要的意义。

本书的贡献和创新：（一）尝试利用因子分析法、主成分分析法构建上市公司盈余质量综合评价数量模型，并通过实证分析证明模型的有效性，克服了以往评价上市公司盈余质量评价与分析的新领域。（二）本书创新性提出上市公司盈余量治理新理念，采用时空分析法，从产生、形成和影响盈余的基础环境、形成规则、监管规则三个维度展开，科学地提出并构建了治理盈余质量的三位一体多元化治理机制。（三）本书从理论和案例两条主线发展系统论述了基于财务报告视角的盈余质量分析思路、方法和步骤。

本书研究结论有助于推动上市公司盈余质量评价的理论创新；有助于提高会计信息质量，提升资源配效置率，促进我国证券市场健康发展。

成果名称：《中原经济区包容性增长路径研究》

发表媒体：经济学出版社

发表时间：2013 年 7 月

作者：高友才

内容摘要：本书主要论点：中原经济区建设应当走包容增长之路，前提是两不牺牲，核心意旨是经济科学发展、社会和谐稳定，最终目标是富民强（省）区，通过“三化”协调、产业均衡发展、区域均衡发展、资源合理利用等“路径”合力来实现，以分配制度改革、科技创新、社会保障等构建坚实战略支撑体系。

本书价值：提出比较完整的包容性增长概念体系，丰富完善了包容性增长理论；率先综合运用增长级理论、均衡发展和非均衡发展理论、产业集聚和梯度转移理论，集中研究一个欠发达的典型区域的包容性增长，创新丰富了欠发达地区包容性增长理论;提出了“新农镇”概念和建设思路;以“两不牺牲”为前提,探索通过“三化”协调或城乡统筹路径、收入分配制度改革、科技创新等战略支撑实现中原经济区的包容性增长,不仅对中原经济区包容性增长具有现实指导作用,对其他同类区域也具有借鉴和推广价值。

成果名称:《教育投入理论与实践——以河南为例》

发表媒体:中国社会科学出版社

发表时间:2013 年 8 月

作者:卫思祺

内容摘要:从教育经济学的视角,运用系统的分析方法,科学地分析河南省近几十年来社会经济发展与教育投入状况,深刻剖析教育投入取得的成就与存在的问题:教育投入总量增长快,但与教育发展需求有较大差距;教育公平有较大改善,但与全面实现小康社会要求还有非常大的差距;教育经济费来源多元化逐步形成,但各个来源主体所占有比重还不合理等。结合河南省教育发展目标和教育经费需求情况,尝试探讨建立政府投入为主、多元化的教育经费投入机制,建立健全各级各各类教育经费保障机制等符合教育发展需求的教育投入保障机制,为政府相关部门制定有针对性的政策措施提供了理论支持的实践辅证,对推动教育投入的科学性和教育健康发展发挥着重要作用。

成果名称:《现代农业发展、城乡一体化与生态文明建设——地方区域经济发展研究》

发表媒体:经济科学出版社

发表时间:2013 年 12 月

作者:张良悦

内容摘要:农村区域发展,既涉及粮食安全,又涉及到农村反贫困,还关涉新型城镇化,是一个综合发展问题,需要发展理念的更新、发展方式的转变和产业结构的调整。区域经济发展,应依托资源禀赋特点,凸显示区域优势。河南是我国重要的粮食生产基地和欠发达农业区域,更需要解决好这一问题。基于上述理念和背景,本书对河南区域内现代农业、城乡一体化及生态农业等问题进行了综合研究,认为发展现代农业必须加快土地流转,解决土地细碎化和农业副业化问题;促进城乡一体化发展,实现就地城镇化和乡村区域更新;与生态环境紧密相联,积极探索绿色、循环农业,走低碳发展之路。本书的研究对于河南区域经济发展,特别是中原经济发展区建设具有一定的借鉴价值。

成果名称:《中国研发产业成长机理及其激励政策研究》

发表媒体:科学出版社

发表时间:2013 年 1 月

作者:王文亮

内容摘要:在对研究与发展产业(R&D 产业)的基础理论和成长体系深入研究基础上,系统分析R&D 产业的成长规律,对区域 R&D 产业的发展进行了聚类分析。在此基础上,分析了中国的相关R&D 产业激励政策,从宏观、微观方面分析了现行的财政税收政策,就当前 R&D 产业发展遇到的问题提出了具有可操作性的对策和建议。本研究成果对促进中国 R&D 产业成长与发展具有重要的理论价值和实践意义,对政府制定相关激励政策,推动我国企业自主创新能力建设,实现从科技大国向科技大国向科强国转变,有重要指导和借鉴意义。

成果名称:《困境与出路:河南省农产品国际竞争力研究》

发表媒体:中国社会科学出版社

发表时间:2013 年 11 月

作者:薛选登

内容摘要:在农业国际化背景下,作为农业大省,河南面临农产品产量名列全国前茅和出口数额较小、竞争力较弱的矛盾与困境。本书以当前流行的迈克尔·波特的钻石理论及相关国际竞争力理论为基础,选取国际市场占有率、出口贡献率、TC 指数、出口增长优势指数、RCA 指数、显示性竞争优势指数(CA)、出口依存度七个国际竞争力指标,选用山东、河北、辽宁、吉林等十三个粮食主产区作为比较对象,构建农产品国际竞争力评价指标体系,运用主成分分析和聚类分析方法,对河南农产品国际竞争力水平进行测度,分析影响河南农产品国际出口的因素。

对河南农产品国际竞争力的现实状况进行全面、系统地研究,从理论角度,进一步完善区域农产品的出口,提高农民收入,解决河南农业大省与出口小省的矛盾,实现国内国外两个市场均衡发展,加快实现中部的崛起具有现实深远的意义。

成果名称:《文化生产要注重经济价值与文化价值的统一》

发表媒体:学术论坛

发表时间:2013 年 7 月

作者:王志标

内容摘要:主要论点:(1)文化生产的矛盾体现在:一方面,一些文化精品内涵丰富,却得不到欣赏,甚至被束之高阁;另一方面,媚俗之作充斥市场,比较低的水平迎合着人们的精神需要。(2)文化领域的贫困系文化能力缺失所致。(3)专家评价、第三方评价与消费者打分的综合会使文化价值更趋于客观。(4)经济价值与文化价值的统一要求文化生产者在生产正式开展以前就树立起统一的目标,但不意味着将文化产品的文化价值与经济价值按比例分配,也不意味着文化生产者对每一文化产品都要进行这样的设定。

成果价值:(1)论证了在文化生产中将经济价值与文化价值进行统一的必要性、科学内涵、现实意义和实现途径;(2)提出了文化能力概念,以解释文化消费不足;(3)提出了文化产品价值综合的思路。

成果名称:《基于谷物当量的中国居民食物消费变化及其对农业生产需求分析》

发表媒体:资源科学

发表时间:2013 年 11 月

作者:曹志宏

内容摘要:就整体趋势而言,我国居民食物消费仍以素食消费为主,逐渐向营养均衡化和多样化演替,食物消费结构优化调整对农业资源压力不断增加;就城乡差异而言,虽然城乡居民食物消费数量整体趋同,但城镇消费品质高于农村,且城乡差异有逐渐增加的趋势;就地域空间分布特征而言,我国各地居民食物消费谷物当量呈现出结构一致性、南北差异和民族差异特征;就食物消费结构而言,我国居民直接食物对农业资源的需求不断降低,但畜产品生产饲料需求对农业资源压力不断增加,在未来 20 年间对农业资源的需求量约增长 25.23%,首次定量证明饲料消费已经取代人口增长成为影响我国食物供应安全的首要因素。

成果名的称:《中国工业结构调整的碳减排战略研究——基于 12 个行业的面板协整分析》

发表媒体:经济学家

发表时间:2013 年 12 月

作者:杜书云

内容摘要:要跨越以消耗化石能源为支撑的高碳经济发展模式,走一条低碳发展的道路,首要战略是实现工业的低碳化发展,而我国工业发展的高污染、高能耗问题主要根源在于工业结构的不合理。本文依托 2000 - 2011 年我国工业 12 个主要碳排放行业的截面数据,建立工业各行业碳排放的面板协整模型分析显示工业各行业的碳排放量、实际工业总产值和碳效率之间存在长期均衡关系。工业结构调整重点对象依次为:(1)对碳排放量的静态依赖性强,对碳排放需求的收入弹性高,碳效率的提高对降低碳排放量影响显著的行业;(2)碳排放需求的收入弹性高,碳效率的提高对降低碳排放量影响显著的行业;(3)对碳排放量的静态依赖性较强,碳效率的提高对降低碳排放量影响显著的行业。

成果名称:《现代水利投入稳定增长机制研究》

发表媒体:科学出版社

发表时间:2013 年 1 月

作者:何楠、韩宇平

内容摘要:水利事业是关系生命、生产、生态、治国安邦的伟大事业;水利产品的属性决定水利投资结构的复杂性、多样性;我国以财政投资为主的水利投资结构是不合理、不科学、不可持续的;加大社会投资是我国水利事业持续稳定增长的有效途径;加大现代水利社会投资的关键是完善、创建、创新机制体制。

本研究以公共物品理论为支撑,以可持续发展观为指导,对水利的地位、属性、投资理论等进行诠释,对我国财政投资为主导的投资结构进行全面剖析,提出现代水利稳定增长的社会投资理论;在借鉴国外水利投资先进经验的基础上,以水利大省河南为实例,对其投资结构、需求预测、重大水利项目建设融资需求等进行深入分析,提高研究成果的推广应用及实践价值。

成果名称:《全球价值链分工中产业升级的微观机理:一个产权经济学的观点》

发表媒体:中国工业经济

发表时间:2013 年 4 月

作者:王海杰

内容摘要:随着产业内分工深化和竞争模式的改变,根植于企业资源能力和业务流程等因素的企业产权的多维属性的分立和重组,造成了 GVC 上企业内部产权碎化和外部产权弱化。与企业内部产权碎化相伴的次级"类产权"组织彼此之间扩其与一级产权组织之间,与外部产权被弱化相伴的 GVC 弱势企业与控制企业之间,各权力主体均围绕处在不同领域的关键资源能力而展开多元博弈,博弈各方都力图并获得较高的次位,提升外部产权职度,从而实现价值链升级并获得较多的组织租金或价值链租金。产业是以企业产权外部强度提升为基础的多元权力主体的动态博弈过程,GVC 弱势企业可通企业内外关链资源能力的重组和提升,在维持内部权力均衡的同时,借助实现策略性冲击实现价值链升级。

该成果从产权经营的微观层面创新性提出产业升级的机理与路径,是对理论与实践的贡献,该成果被人大复印资料《国民经济管理》2013 年第 7 期全文转载。

成果名称:《中原经济区三化协调路径及关键问题研究》

发表媒体:农业经济问题

发表时间:2013 年 3 月

作者:吴一平

内容摘要:基于中原经济区发展状况,应创造经济增长极,加速工业化进程以促进中原经济区建设,而农业地位突出又求该区域的发展不能经牺牲粮食、耕地为代价,不能加大城乡差距,因此必须考虑"三化"协调发展。中原经济区三化协调的路径应立足于农业资源禀赋,通过资产要素向小城聚集,产生增长极带动农村发展;通过农村发展拉动需求、促进消费、加速工业化进程;经工业化创造的设备装备农业,实现农业现代化。在新型城镇化引领的三化协调发展过程中需解决以下关键问题:依托产业形成村镇增长极,产业向高效农业集聚;推进土地整治和流转,集约节约利用土地;循序渐进城镇化,保障农户土地权益;整合各类资金,破解资金瓶颈。该研究成果为城镇化提供了理论依据,并对城镇化过程中可能出现的关键问题进行了梳理,并提出了相应的对策建议。

成果名称:《中国区域经济协调发展的动力机制——以中原经济区为样本》

发表媒体:社会科学文献出版社

发表时间:2013 年 4 月

作者:李新安

内容摘要:统筹区域发展,是我国区域战略及政策制定的出发点及目标所在。本书立足河南省委谋划实施三大国家战略规划和布局协调发展的要求,以中原经济区为研究样本,以社会主义市场经济法则要求为依据,紧紧围绕中原崛起河南振兴富民强省总目标,对加快推进我省区域协调发展的动力机制进行研究。成果针对我省区域空间分化主导、空间组织动力等视角进行深入的理论和实证剖析,在借鉴国内外经济区域发展实践及统理中原经济区各现实基础和制约因素基础上,提出了区域内部竞争效应、加速分工体系形成,并通过构建和完善一个载体、三个体系,进而打造四化协调同步发展路径的保障机制及相关政策的研究,为我省提高发展质量和效益、科学调控区域经济制定相应的科学发展政策提供相应的理论支撑。

成果名称:《道德信仰与社会和谐》

发表媒体:武汉大学出版社

发表时间::2013 年 3 月

作者:魏长领

内容摘要:该成果拓展了伦理学的研究视野,加深了伦理学的研究深度。道德信仰体现着一种道德体系的价值目标和理想人格,整合着各种道德规范和各种行为选择,并为这种道德体系提供一种论证或支撑,解答"人为什么要有道德" 这一至关重要问题,由此决定了各种道德信仰问题在伦理学理论中的重要地位,对其它伦理学研究的深度和广度影响甚大。和谐社会的构建离不开人们的价值认同,离不开人们的道德信仰,当社会道德真正内化于人们的道德信仰,人们之间才能产生更多的理解、沟通、关心,和谐而温馨的人际关系和社会环境才能形成和巩固。

成果名称:《魏晋南北朝琅琊王氏家族文化研究》

发表媒体:中华书局

发表时间:2013 年 12 月

作者:赵静

内容摘要:本书用文化阐释的方法,重点分析地域文化对于琅琊王氏家族文化影响,深刻剖析历史、地域与文化之间的关系;采取数据统计方法,在繁复的文献中爬梳剔抉,对琅琊王氏文学作品进行了较为完整的统计辑补。其研究价值在于能够传承江南文化等,考察魏晋南北朝时期琅琊王氏文化与文学创作的发展流变,分析琅琊王氏家族成员的文学创作在魏晋南北朝文学中的地位和影响。

成果名称:《传统媒体跨界经营刍议》

发表媒体:新闻爱好者

发表时间:2013 年 9 月

作者:张靖

内容摘要:网络诞生以后传统媒体受到了挑战,依据网络的各种媒体层出不穷,媒体的格局了生了很大的变化。新媒体在新闻播形式等方面大大超过了传统媒体,传统媒体的读者不断分流,自身生存受到了前所未有的挑战。本文基于传统媒体的生存现状,探讨了传统媒体跨界经营的问题,并得出了相关结论,发挥核心竞争力、联系到联网、整合营销。传统媒体跨界经营要谨慎为之,要为专业的团队或是与其他专业的企业联合进行操作,经营新闻出版以外的尤需谨慎。

成果名称:《20 世纪英国小说流派研究》

发表媒体:新华出版社

发表时间:2013 年 12 月

作者:段军霞

内容摘要:本书概述了 20 世纪英国小说各大流派产生的社会缘由,借助其代表性作品分析各流派的哲学思考及其写作特色。指出这一时期的英国小说在传统与反传统、现代主义与反现代主义之间呈钟摆式移动,同时创作手法的守旧与革新以及二者的糅合与交叉交替上演。这种特色与当时的英国乃至国际社会的政治动荡、人们的心理取向是非标准等有着必然的内在联系。对 20 世纪英国小说流派的研究,不仅有利于广大英语专业教师和学生了解和梳理这一时期小说流派及其创作手法更有助于人们解读现代英国乃至整个西方社会的风云变化和人们的生存现状及心理状态,同时亦可帮助读者把握 21 世纪英国文学的发展方向。

成果名称:《重拾乾嘉年间京师流行"秦腔"的话题》

发表媒体:戏曲艺术

发表时间:2013 年 11 月

作者:陈文革

内容摘要:"耿藏"曲谱"改调减词而歌"体现了清代文人尊雅抑俗的心理惯性和倾向。《钵中莲》的演出形态与清代中期完全吻合,从《钵中莲》推断早期梆子腔源于明代万历年间的史料是靠不住的。从目前的史料看,有关明代就有梆子腔的说法需要谨慎。在花雅同本的演出融合中,清康乾年间的秦腔形成了亦梆、亦昆、亦戈、亦柳的基本面貌。

论文站在清代早中期经济社会发生转型,花雅争胜中花雅同本、多腔共和、交替变化的大背景上,把握和探索梆子腔的起源及向山陕梆子的转型,提出早期梆子腔起源时间为清代早期,而非明代万历年间,山陕梆子起源在清代中期。

成果名称:《中国节日风情论》

发表媒体:中国社会科学出版社

发表时间:2013 年 9 月

作者:马福贞

内容摘要:1. 成果价值:第一,本书观点新颖,具有一定的学术价值。第二,本书适应于传统文化的普及,具有较高应用价值。2. 主要论点:本书选择中国农耕文明时期发展并逐渐形成的节日信仰文化为研究对象,认为节日习俗是古代传统文化重要组成部分,是民众精神生活的一种表现形式,是几千年来传统文化的精神支柱,它的普遍传播与广泛影响对中华民族传统文华的传承与发展意义重大。作为一种民俗化和生活原则和观念引导,岁时俗信对人的社会行为起到很大的规范、警示的指导作用,岁时俗信在古代社会化教育中发挥重要作用。

成果名称:《认知语法基础》

发表媒体:北京大学出版社

发表时间:2013 年 11 月

译者:牛保义

内容摘要:《认知语法基础》是认知语言学的创始人之一 R. W. Langacker 教授的代表作,被誉为认知语言学研究的"圣经"。本书对认知语法理论的主要思想和观点做出了精辟的阐释,展示给读者一种全新的语言学研究视角。认知语法的核心思想是,语法与词库是一个连续系统,可以用象征单位对其详细描述。与目前正统的观念相对,作者主张:语法是非自足的,不能脱离语境存在;语法缩减为组织和象征概念内容的模式。

本书出版于1987年,这本译著可能是国内首次尝试,这一成果将会对我国的认识语言学研究做出较大的贡献,

成果名称:《图象表征的当代认识论危机》

发表媒体:哲学动态

发表时间:2013年7月

作者:李勇

内容摘要:主要论点:图像表征的本性是“仿”现实。在媒介时代图像转向文化语境下,“仿”现实常异化为“非”现实。当代表征内在机制和效果的认识变化正隐藏于此。从起点也即图像的“仿”化机制来看,由于外在意识形态与身符号机制限制之双重干扰,其表征效果与文字表征形成较大反差。从运动过程和结果看,图像表征既有运作秩序出现了根本性的危机,它寓言了形而上学终极存在的退场。以这种认识论危机的眼光重审表征的接受效果,所谓图像文化“主体”,只能以自身真性力在意识和无意识层面的双重“丢失”作为无奈的“配合”。

创新之处:(1)多哲学层面梳理了图像表征的动作过程及其对传统认识论的逆转;(2)与既有研究相比,在图象之真与现实之真、图像深度等问题上进行更为深入思考,提出了意识形态“隙缝”,真性力的丢失脉络等观点;(3)作为媒介批判理论的基本话题,本文对传播学媒介批判理论学科建设有重要意义,在媒介素养教育与媒介文化建设等领域亦有一定的借鉴意义和实用价值。

成果名称:《“道成化身”,老子“回家”——越调新编历史剧<老子>评析》

发表媒体:文艺争鸣

发表时间:2013年12月

作者:成军

内容摘要:2012年度“国家舞台艺术精品工程”剧目评选工作已尘埃落定,由河南省文化厅举荐、河南省越调剧团排演的越调新编历史《老子》成功入选“十大精品目”(排名第二)。这部由孟华编剧、李利宏与陈新丰执导的《老子》是第一个登上戏曲舞台的圣贤“老子”形象,也是第一个获得政府“文化奖”的越调剧目。

把古代先贤的圣哲形象巧妙的转化为舞台上的艺术形象,越调《老子》无疑具有开创性意义。越调《老子》的成功演绎不仅在中国戏曲发展史上占有突出的地位,而且对于当代中国大众文化的和谐发展亦产生积极而深远影响。

成果名称:《关于中国当代重要作家年谱编撰的几点想法——以<韩少功研究资料>为例》

发表媒体:文艺争鸣

发表时间:2013年10月

作者:武新军

内容摘要:本文对编撰中国当代重要作家年谱的意义、方法进行了系统阐释,于《文艺争鸣》头条刊出,对推动中国当代文学史料的整理与文学史研究的深化,具有重要理论意义与实践意义。

成果名称:《影像媒介叙事中的民族集体记忆建构——以四部“南京大屠杀”题材的电影为例》

发表媒体:中州学刊

作者:李娟

内容摘要:作为媒介的电影成为民族文化性格与文化态度的标识,成为人类借助镜象发现自我与他我的独特方式,成为民族心灵成长进程中的特殊记录者。通过考察“南京大屠杀”这一特殊历史事件为题材的影像,审视主观表达民族记忆建构之间的亲系,不失为研究影像媒介与集体意识建构的重要角度。受西方主流价值观影响的影像正经历跨国界、跨区域的全球化认同价值重构,民族电影愈发需要加强影叙述事的理论研究,从现代性中寻找自身的文化主体,寻找符合民族价值取向的历史书写视野。让民族文化形象通过影像置于全球化语境中,建构民族文化的表达权与话语权。该论文对于拓宽影像中的民族文化形象的研究视野,补充建构当代文艺实践中民族文化形象研究的总体框架具有参考借鉴价值。

成果名称:《我国优秀散打运动员成长过程不同阶段的训练特征研究》

发表媒体:北京体育大学出版社

发表时间:2013年10月

作 者:毛爱华

内容摘要:我国优秀散打运动员的成长过程具有明显的阶段性特点,这些阶段之间既相互区别又相互联系,共同构成一个有机的训练体系。在训练过程中,既要考虑到不同阶段的特殊性,合理设置各自的训练目标和任务,并采取相应的训练措施;同时又不能破坏运动员成长过程的完整性,任何阶段的训练目标和任务以及相应的训练措施都必须服从于使运动员在适当的年龄达到最高竞技水平,并在重大比赛中创造处优异的运动成绩的最终目的。该著作以训练适应理论作为理论基础,在培养优秀散打运动员的过程中,应该适时、适量地对运动员的机体实施有效的刺激,使机体机能不断产生良性的适应反应,从而促进竞技能力快速、有序的提高。

成果名称:《主流文化认同研究》
发表媒体:河南人民出版社
发表时间:2013 年 4 月
作 者:王桂兰

内容摘要:该专著主要围绕主流文化的大众认同问题,集中探讨主流文化自身的建设、促进其大众认同的路径和方式、主流文化对青年学生成长成才作用等问题,包括两大部分:第一部分为主流理论研究篇,主要包括十个篇章:社会主义荣辱观思想教育方法论创新的特色、社会主义意识形态吸引力影响力之来源、增强主流意识形态影响力的理念更新、主流理论的形态特征与大众化的路径选择、政治和谐与知识分子参与、文化和谐与当代知识分子的文化使命、核心价值与知识分子认同的对接要素、六个“为什么”对执政理论的丰富与发展、当代中国知识分子认同主流文化的路径、社会主义核心价值体系的大众认同。第二部分为主流文化专题篇,主要包括八个篇章:正确认识我国社会主义改革实践进程对人们的思想影响、文化建设的战略价值与使命、社会主义核心价值体系与青年成才、“五四”精神及其当代价值、志愿服务精神与青年社会责任、《六个“为什么”》热点解读、建设社会主义文化强国、社会主义核心价值观与大学人文精神。

成果名称:《轨迹与启迪:马克思主义知识分子观中国化研究》
发表媒体:中央文献出版社
发表时间:2013 年 11 月
作 者:孟轲

内容摘要:主要内容包括三部分。第一部分,马克思主义知识分子观是马克思主义理论体系的重要组成部分,也是马克思主义知识分子观中国化的理论渊源。马克思主义中国化及其基本经验、中国知识分子问题的产生及其解决、党和国家事业发展对知识分子的迫切需要,特别是中国知识分子在中国革命、建设和改革实践中不可或缺的作用是马克思主义知识分子观中国化的时代动因。

第二部分,中国共产党自成立之日起就开始运用马克思主义知识分子观的基本原理,指导中国革命、建设与改革实践,探索制定出一系列具有中国特色的知识分子理论和政策,即中国化的马克思主义知识分子观。90 多年来,在以毛泽东、邓小平、江泽民、胡锦涛等为代表的中国共产党人代代传承、坚持不懈的探索中,马克思主义知识分子观中国化不断深化发展,先后经历了早期探索(1921.07 –1934.12)、初步成熟(1935.01 –1949.09)、曲折前进(1949.10 –1976.09)、拨乱反正(1976.10 –1982.08)、创新升华(1982.09 至今)等五个不同的历史阶段,并取得了丰硕的理论成果。

第三部分,马克思主义知识分子观中国化曲折发展的演进历程启迪我们:必须深刻理解和全面把握马克思主义知识分子观的基本原理;科学认识和正确评价知识分子的社会地位和作用,依靠知识分子实现社会发展和文明进步;科学制定和切实落实党的知识分子宏观和微观政策,积极引导知识分子走与工农相结合、与实践相结合的成才之路;坚持马克思主义知识分子观中国化的与时俱进;积极吸收和借鉴人类文明中有关知识分子问题的一切有益成果,不断开拓马克思主义知识分子观中国化的新境界。

成果名称:《全球生产网络的经济分析:分工、组织与利益博弈》
发表媒体:中国经济出版社
发表时间:2013 年 8 月
作 者:胡国恒

内容摘要:该书以中国迅速成长的国内市场和不断改善的契约制度环境为现实背景,以新新贸易理论、不完全契约理论和议价博弈理论为分析工具,在标准的北—南两国框架内对全球生产网络的空间组织、控制结构和利益博弈机制进行了系统的理论研究。围绕国际生产理论的最新进展和全球生产网络在中国迅速发展的经济现实,全书着重回答以下问题:第一,国际生产转移是如何发生的?为什么有些采用直接投资而另一些采用契约安排?第二,不同行业的全球生产网络为何变现出结构性差异?第三,东道国的制度环境和禀赋因素如何影响国际生产转移?制度变迁和市场规模对国际生产活动在中国的迅速发展有何特殊意义?第四,决定跨国公司与本土企业利益分配的关键因素是什么?后发国家的本土企业如何摆脱"分工陷阱"的锁定(lock - in)实现从价值链低端到高端的升级和跨越?通过对 Melitz 异质性贸易理论、GHM 不完全契约理论和 Nash 议价理论的扩展,该书构建了一个统一的广义契约分析框架来解决上述问题。首先,暂不考虑契约摩擦,用涵盖区位因素的供应成本替代传统的生产成本,将 Melitz 的异质性企业贸易模型扩展为涵盖产品内分工和市场规模差异的异质性企业 FDI 模型;进而综合考察要素禀赋、贸易投资成本和市场规模对比较优势变迁的动态作用,揭示市场规模对国际生产转移的杠杆作用机制。随后,以制度质量反映契约不完全程度,进而将 GHM 的绝对不完全契约模型扩展为制度质量从 0 到 1 连续变化的广义契约模型;进而利用该模型综合考察制度、技术和禀赋因素相互作用条件下贸易、直接投资和国际外包的演变机制,揭示制度质量对国际生产转移规模和技术层次的双重作用机制。最后,以广义契约模型为基础对影响全球价值链及国际生产利益分配的关键变量进行参数化定义,从而实现了全球价值链分析的模型化;并从博弈规则和企业能力两方面揭示跨国公司与本土企业利益分配不平衡的根本原因,提出改变谈判结构、提高本土企业谈判能力的可行策略。传统的贸易理论和直接投资理论过于强调发展中国家的要素成本优势,忽略了本地市场规模和本地制度质量对东道国比较优势变迁和全球生产网络演变的重要性。

本书构建的理论模型强调东道国市场规模和制度质量在国际生产转移中的决定性作用,尤其吻合全球生产组织范式变革和中国作为制度转轨中后起大国迅速崛起的现实背景,初步构建起符合中国现实的国际生产理论分析框架。全书以广义契约理论为基础建立的模型体系具有共同的理论基准和明确的逻辑一致性,在理论上是一个严格自洽的分析系统,模型的可仿真性使相应理论结论在政策应用方面具有确定的可操作性,结合中国现实背景的理论构架更突出了其应用价值。

成果名称:《网络与青少年德育研究》

发表媒体:新华出版社

发表时间:2013 年 8 月

作　者:耿红卫

内容摘要:青少年是上网群体中的主要成员,他们的好奇心强、自制力差、社会经验少等特点,使他们在网络中很容易迷失自己,在网络活动和现实生活中出现了许多令人担忧的问题。网络带来的消极影响,尤其是青少年的网络道德问题,对当前的道德教育提出了前所未有的挑战。因此,青少年网络道德教育作为一个新问题突出的摆在了人们的面前,探讨和研究该问题已成为当务之急。本书从宏观全局角度探讨网络对青少年思想道德的影响和教育对策以及青少年在网络道德、网络犯罪、人格发展等方面存在的诸多问题,并有针对性的提出了具体的德育策略。

成果名称:《道在途中——中国生态批评的理论生成》

发表媒体:学林出版社

发表时间:2013 年 8 月

作　者:马治军

内容摘要:该书是一本生态文艺理论学术著作。通过对中国生态批评 20 多年发展状况的观照,为建构更为完善的中国生态话语体系做出了努力。全书共四章节,内容包括西方生态批评的中国之路、中国古典生态理论资源的现代转换、生态学视野下的文学批评实践等。

成果名称:《清末社会危机与政府应对》

发表媒体:人民出版社

发表时间:2013 年 7 月

作　者:苏全有

内容摘要:该书主要从六个大的方面论述了清末社会危机与政府应对的问题。其一,新军失控与政府应对问题。作者以袁世凯军队控制成功作为逆向参照,主要阐述了新军失控、清政府对新军失控失败的原因以及影响新军失控的非政府原因等问题进行了系统分析。其二,资产阶级革命派的武装起义与政府应对问题。作者具体从丁未黄冈起义、武昌起义为例,就清末民初的武装革命以及清政府的应对措施进行了论述。其三,报刊舆论失控与政府应对问题。作者主要针对报刊舆论失控问题、政府应对问题以及报刊舆论失控的非政府因素等具体问题进行了梳理。其四,民众运动与政府应对问题。作者具体以拒俄运动以及1910年长沙抢米风潮阐述了当时的民众运动风潮以及在危机面前,清政府的应对措施。其五,财政危机与政府应对问题。作者首先对清末民初的财政危机进行了阐述,在此基础上,着重分析了清政府财政危机应对的失策问题。其六,教化危机与政府应对。本节中,作者具体就清末民初的教化危机以及清政府对教化危机应对的失当问题进行了探讨。

成果名称:《北宋史学思想流变研究》

发表媒体:人民出版社

发表时间:2013年12月

作　者:李峰

内容摘要:该书将时代的变迁、史学发展的"内在理路"与史学命题有机地结合在一起,从通贯的角度对北宋史学思想的流变进行了系统而全面的探析,通篇论述严谨,行文流畅,新见迭出。本书特色有三:其一,从时代变迁入手,将北宋史学思想流变与时代的发展变化紧密地联系在一起,通过对时代命题的剖析,作者认识到自有国家以来,每一个时代都面临着政权合法性问题、发展问题以及稳定问题。而历代关心国是的学者的学术也正是围绕着这些问题展开的,由于史学与现实的关系尤其密切,因而,史学的发展更是与这些问题息息相关。有鉴于此,作者在对北宋时代变迁的探讨中,非常注重对这些问题的剖析,进而认识到时代不同,学者需要解决的政权合法性问题、发展问题以及稳定问题的具体内容也各不相同。因此,就史学而言,学者也需要顺应时代的要求,不断深化史学研究。其二,从"内在理路"入手,着力探讨北宋史学思想流变的学术原因。尤其对北宋前期至庆历之际史学思想"内在理路"的梳理尤其细致,也最见功力。作者首先探讨了北宋前期学术变革诸要素的生成问题,继而对庆历之际新春秋学的兴起进行了深入探讨,其中孙复的新春秋学思想于时代有开风气之功。在孙复的倡导下,学者们纷纷对《春秋》传疏提出质疑,力求突破《春秋》传注的束缚。在新学风的鼓荡下,源自中唐的古文运动再次复兴,孙甫、尹洙、欧阳修等又多预此流,修习古文。在此过程中,他们不约而同地将文以载道的思想用之于史学领域,纷纷主张以经学思想尤其以新春秋学思想为指导治史,从而使北宋史学思想的面貌为之一新。其三,该书另辟蹊径,以独特的视角,采用史学命题的形式,推演北宋史学思想的发展变化历程。从总体上来看,该书正是紧紧围绕正统问题、资治问题以及教化问题等核心命题展开探讨的。在作者看来,这三个命题不仅主导着中国古代史学思想的走向,而且对古代政治也有着深远的影响。其中,正统史观是为了应对政权的合法性问题,史学的资治功能是为了应对朝代的发展问题,而史学的教化功能则是为了应对社会秩序的稳定问题。

成果名称:《社会主义核心价值与当代中国社会思潮》

发表媒体:河南人民出版社

发表时间:2013年11月

作　者:吴成

内容摘要:劳动是社会主义核心价值的重要观点之一,也是科学社会主义区别于其他意识形态的根本标志。作者认为马克思的核心价值观以宗教救赎为逻辑起点,通过三次飞跃——自由、现实社会人和劳动,最终把科学社会主义核心价值观落脚到劳动之上,从而为人类开辟了一条理论与实践相结合的通往幸福之路。作者还提出,马克思的剩余价值学说不只局限于政治经济学层面,而是上升到哲学层面。从意识形态建设的规律来看,在其起点寻找其核心价值是合理的,社会主义的革命和建设实践也表明,其强大的生命力源自对劳动者的保护和对劳动积极性的调动。

成果名称:《教育与人生:人生哲学视域下的健康人生教育》

发表媒体:中国海洋大学出版社

发表时间:2013年8月

作　者:陈荣

内容摘要:除引言和结语外,本书为四部分(共五章)。本书以人生哲学为视角,将教育放在更广阔的视野中,热切关注并积极尝试解决教育的现实问题,在探寻教育的人生哲学立场的基础上完成了对"健康人生教育的建构"。研究切中教育之时弊、反映时代之所需,具有较大的理论及实践价值。教育是一种人类特有的价值建构系统和指导人生的桥梁。然而,近些年来,整个社会对教育的质疑、指责日渐激烈,社会对于教育的反思乃至教育本身的改革,都深受自由开放市场的商业思想或时髦价值观念的影响,功利主义盛行,商业气息浓厚;相当多的人应时而变,越来越重视教育的某些功能,而轻视教育中的人,这些人本该拥有一个个具体、健康而鲜活的人生,并以之实现社会的健康与和谐。“教育与健康人生”这一教育哲学命题,正是对以上问题的热切关注和对解决问题的积极尝试,这一命题切中教育之时弊、反映时代之所需,具有较大的理论及实践价值。全书以人生哲学为视角,探寻教育的人生哲学立场,并在此基础上完成对“健康人生教育的建构”。

成果名称:《把人生理想融入国家和民族的事业中——关于当前知识分子对主流文化认同的调研报告》

发表媒体:光明日报

发表时间:2013 年 5 月 14 日

作　者:王桂兰

内容摘要:文章认为,在国家和民族的发展进程中,知识分子是负有重大责任的特殊群体。知识分子对主流文化的认同,对其他社会群体具有巨大的示范作用,也是当前我国建设社会主义文化强国、培育社会主义核心价值观的重要内容。研究表明,当前我国知识分子对主流文化的认同总体上呈现出可喜的态势,但也存在不同程度的认识误区和盲区。当前我国知识分子对主流文化的认同,包括对党的基本理论及其指导作用的认同、对国家基本政治制度和中国共产党执政的认同、对国家大政方针和社会现状的认同、对社会主义核心价值的认同等,其主导面是值得充分肯定的,这也是长期以来党对知识分子工作实践的基本面和主流。深入分析探讨知识分子和主流文化之间的内在关联性,对于我们强化认识、寻找对策具有积极意义。知识分子与主流文化的内在关联主要表现在:主流文化的品质要素与知识分子群体特征具有内在契合性、主流文化具有天然的社会传播优势、主流文化可以为知识分子实现人生价值建功立业提供时代坐标和现实文化场域、文化价值多元、社会变革剧烈、西方文化渗透等,给知识分子对主流文化的认同带来严峻挑战。当前,促进知识分子对主流文化的认同,需要在准确把握思想文化认同规律和知识分子认同特点的基础上,进一步强化主流文化自身建设与传播效能。

成果名称:《比较优势、劳动力流动与农地流转》

发表媒体:云南财经大学学报

发表时间:2013 年第 04 期

作　者:侯明利

内容摘要:劳动力和土地作为经济社会的两大要素,二者的配比直接影响社会经济效益,其同步发展也是经济良性发展的关键指标。目前,我国农村劳动力的就业结构发生了根本变化,过密化的农业人口压力已基本缓解,但合乎逻辑的大规模快速的农地流转却没有发生,劳动力流动与土地流转的不协调严重影响了社会经济的良性发展。因此,如何推动农村土地流转,促进劳动力的稳定流动成为我国解决“三农”问题的重要课题,也是政府和学界关注的焦点。本文基于比较优势视角,从农户个体比较优势与区域产业比较优势出发探讨了劳动力流动与农地流转的内在机理,分析结论如下:对农户家庭而言,劳动力流动并不必然引起农地流转;对各地区而言,劳动力流动对农地流转的推动程度与区位特征关系密切。进而进行实证分析,根据全国农村固定观察点数据,先运用回归模型对农户兼业进行显著性检验,继而通过速率比较分析考察各区域劳动力流动与农地流转的关系,结果显示:劳动力流动不一定引起农地流转,现实中大幅增加的兼业农户减缓了劳动力流动对农地流转的推动作用;劳动力流动对农地流转的推动作用与区位特征关系密切,较高的劳动力流动率并未带来较快的农地流转率。结合现实,可从农户、土地和政府三个方面考察其根本原因,农户层面:兼业化减缓了农村劳动力流动对农地流转的推动作用;土地层面:土地其他功能的依附抑制了劳动力流动对农地流转的影响;政府层面:政府功能的缺失影响了劳动力流动与农地流转的并进。最后根据不同区域的现实情况,给出了劳动力流动与农地流转良性互动的路径选择旨在为我国现代农业发展提供一个可供参考的解决思路。

成果名称:《城市内层边缘区农户宅基地腾退

影响因素研究——基于河南省6地市33个自然村的调查》

发表媒体:中国土地科学

发表时间:2013年第9期

作　者:杨玉珍

内容摘要:城市内层边缘区位于建成区外10 km以内的地带,是城市化最活跃的地区,也是土地资源浪费严重的地区。论文主要研究城市内层边缘区农户宅基地腾退的影响因素,以期将农户宅基地使用中超面积、闲置部分释放出来,满足工业化、城镇化刚需用地。依据豫西、豫北、豫南、豫中等6地市内层边缘区33个自然村、1152户农户的调研数据,建立反映宅基地特征、农户个体特征、理性和生存预期特征、社会性行为特征等20项指标的影响因素集,采用Logistic回归模型测度各因素对农户宅基地腾退的影响系数。研究结果显示,有宅基地腾退意愿的农户比例接近50%。按照系数从大到小排列,影响农户宅基地腾退的因素依次为农户腾退政策满意度、社会保障问题、家庭成员的赞同意见、房屋建筑年限、腾退成功者的赞同意见、让子女接受更好的教育、宅基地距城镇距离、农户的受教育程度、人均住房面积等。由此,城市内层边缘区宅基地腾退应注意保护农户合法利益,针对农户关心的就业、社保、子女教育问题,将宅基地腾退与产业发展、农民安居、培训、就业相结合,切实完善户籍、社保、医疗、就业等各项制度。

成果名称:《现行土地流转制度改革的理性反思:制度缺陷及矫正》

发表媒体:现代经济探讨

发表时间:2013年第5期

作　者:张秋

内容摘要:实践表明,要把农民从土地上解放出来,促进农业规模经营,加快城镇化发展,最重要的一个措施就是适度推进农村土地流转。近年来,我国土地流转规模不断加大、流转速度不断加快。同时,全国各地也进行了大量的农村土地流转制度改革探索。天津市于2005年率先进行了“宅基地换房”试点改革,其后,嘉兴、重庆、成都等地也开始以不同的模式进行土地流转制度改革。无论是天津的“宅基地换房”、嘉兴的“两分两换”,还是重庆的“地票”,都是在现有的制度框架下进行的土地流转制度改革,其积极意义不可否定。但是,各地土地流转过程中出现的一些问题,在一定程度上暴露出现行土地流转制度改革的制度缺陷:制度安排缺乏对政府的制衡,地方政府难抑“强行流转”冲动;农民利益缺乏制度保障,农民没有多少选择权和参与权;土地流转后的配套制度欠缺以及土地使用、保护缺乏必要的制度约束等。农村土地流转制度改革涉及农民、集体经济组织、政府等不同利益主体,利益关系极为复杂。因此,由现行土地流转制度改革的制度缺陷引发的多种风险同样不容忽视。农村土地的流转是适应农村社会经济发展而进行的一项土地制度上的创新,但土地流转制度改革应有一定的原则,不能侵害农民的根本权益,不能触碰18亿亩耕地红线,不能危及粮食生产安全。针对现行土地流转制度改革的制度缺陷,我们需要进行理性反思,从根本上改进现行制度设计,不断完善土地流转制度改革,如规范政府在土地流转中的行为,加强对土地流转的宏观监管与服务;确保农民在土地流转制度改革中的主体地位,保障农民利益;建立健全土地流转的配套制度,促进土地流转;完善耕地占补平衡的相关制度,加强流转后的土地监管力度等。

成果名称:《计文君论》

发表媒体:中国现代文学研究丛刊

发表时间:2013年第12期

作　者:孙先科

内容摘要:该论文通过对计文君的小说创作的系统之美学分析,从叙事学的角度切入,视察计文君小说创作的文字组织能力,也通过这一具体的研究个案,阐释叙事学的功能和结构的变化,展现叙事学研究的研究方法和细节分析能力。

成果名称:《赘婿非奴新证》

发表媒体:史学月刊

发表时间:2013年第3期

作　者:王绪霞

内容摘要:该文对赘婿问题进行一番重新的考证和阐释,以丰富的史料和严谨的治学态度,深入分析、思考赘婿的历史身份问题,考察出赘婿原本并非就是奴这一历史事实,同时也通过这一系列的考察,厘清了赘婿的纷争问题,梳理了赘婿是如何会被误认为奴的历史进程,为赘婿问题的研究做出了重要贡献。

成果名称:《中国传统目录学的文化品格及其价值取向》

发表媒体:河北学刊

发表时间:2013 年第 2 期

作　者:王记录

内容摘要:作者认为,中国传统目录学的文化品格及其价值取向主要表现在三个方面:一是文献分类具有弘道设教、崇经重儒等超文本的道德劝戒和伦理教化的功能,在目录分类的表象背后蕴含着适应专制统治的政教人伦观念。二是具有“辨章学术,考镜源流”的学术认知思想。考辨学术派别及源流是古代目录学家最看重的目录功用之一,图书的分类与流变反映的是学术的分野和衍化,目录学担当着学术史的重任。三是具有损益旧制、另开新篇的批判创新意识。传统目录学家不断反思前人目录分类的利弊得失,根据文献及学术发展的不同特点和规律在分类与著录方面进行变革,在学术演进的整体框架中推论图书要旨。总之,传统目录学触及了文献背后的文化意蕴,展示了文献背后所蕴含的政治观、伦理观和学术观。

成果名称:《论庆历之际的新春秋学及历史编纂》

发表媒体:史学月刊

发表时间:2013 年第 1 期

作　者:李峰

内容摘要:作者认为,庆历之际,与史学密切相关的春秋学在孙复等的倡导下,成为当世显学。受春秋学变革的影响,庆历之际的史学也发生显著变化,在欧阳修、孙甫、尹洙等的倡导下,意欲以新春秋学思想为指导来重新研究史学的思潮也随之兴起,在此过程中,学者们进行了一系列有益的尝试,并取得了颇为突出的成就,如司马光的《资治通鉴》、范祖禹的《唐鉴》、李焘的《续资治通鉴长编》、徐梦莘的《三朝北盟会编》、李心传的《建炎以来系年要录》、郑樵的《通志》等,都可称得上是两宋杰出的史学著作。

成果名称:《西方道德教育发展历程的现代与后现代探析》

发表媒体:重庆工商大学学报

发表时间:2013 年 2 月

作　者:高中建

内容摘要:以西方道德教育发展历程为主线,按时间顺序进行阶段性的划分,从中分析其具有的现代或后现代特性,并进一步审视这些特性在当时的历史条件下对道德教育发展的作用,总结西方道德教育的现代经验及后现代启示,为创新我国德育教育提供新的借鉴。

成果名称:《高校生态文明素质教育的德育审视》

发表媒体:河南师范大学学报(哲学社会科学版)

发表时间:2013 年 8 月

作　者:路琳

内容摘要:生态文明建设已成为中国特色社会主义事业总体布局的重要组成部分,这对高校人才素质培养提出了新的更高要求。高校生态文明素质教育与学校德育体系的有机结合,将人与自然之间的伦理关系纳入整个道德调整领域,丰富着高校德育内涵。高校生态文明素质教育所具有的和谐属性、价值属性、系统属性、实践属性和发展属性,充分体现着生态文明建设背景下高校德育的内在价值和理想追求。生态文明素质教育应从整体世界观、生态善恶观、生态公平和正义、生态人格塑造、生态实践等方面进行理论探索与实践创新,进而构建体现生态文明价值取向的高校德育模式。

成果名称:《高校教师教学权利的形态、根源及发展路径》

发表媒体:教师教育研究

发表时间:2013 年 4 月

作　者:刘冬梅

内容摘要:1)教师教学权利源于教师职业身份,经历了不同的权利形态。从历史的角度看,高校教师的教学权利历经自然权利到法定权利的不同形态,教师的从业资格也经历了一个从非专业到专业化的的演变历程。2)现代高校教师教学权利是公共性权利和专业性权利的统一体,是一种复合型权利。3)大学作为研究高深学问的场所,学术自由是大学的精神所在,高校教学不只是传授知识,更重要的是传递一种人文精神,是师生间精神的契合与心灵的沟通,提供宽松的教学和研究空间,是高等教育发展的内在要求

重点理论文章

河南省中特中心署名文章

更加重视改革顶层设计

河南省中国特色社会主义理论体系研究中心

如何进一步深化改革，是全面建成小康社会、加快推进社会主义现代化的一个重大命题。习近平同志强调："我们要尊重人民首创精神，在深入调查研究的基础上提出全面深化改革的顶层设计和总体规划，尊重实践、尊重创造，鼓励大胆探索、勇于开拓，聚合各项相关改革协调推进的正能量。"当前，我国改革已进入攻坚阶段，有效推进改革需要高度重视和认真搞好改革的顶层设计。

科学理解顶层设计的涵义

"顶层设计"这一概念源自系统工程学，原本指运用系统论的方法，从系统全局和高端出发，对工程的各个层次、要素进行总体构想和战略设计。后来人们把这一理念引入社会科学领域，意在强调规划设计要突出整体战略和理性思维。在改革中强调"顶层设计"，要求我们在改革中具备战略思维和全局视野，通过统筹考虑完善改革的整体思路、重点任务、关键领域和先后顺序等，从而全面系统、积极稳妥地推进改革。

之所以在改革中强调顶层设计，是因为改革是一项复杂的系统工程。当前强调更加重视改革的顶层设计有着深刻的现实背景：第一，我国已经进入全面建成小康社会的决定性阶段和深化改革开放、加快转变经济发展方式的攻坚时期，各方面的改革任务十分繁重，亟须明确改革的时间表和优先顺序，使改革有序推进；第二，加快推进社会主义现代化需要全面推进经济、政治、文化、社会、生态文明建设，需要整体配套、协调推进各个领域的改革，亟须对各个领域的改革进行系统设计、制定总体规划；第三，随着我国国际地位的提高，我国国内改革也会对世界产生影响，需要立足世界政治经济格局的新变化、统筹考虑国际国内的各种条件和因素。

把握改革顶层设计的基本原则

坚持以人为本。改革顶层设计的重要意蕴就是强调改革要有价值高度，形成明确的战略目标和有效的动力机制。为此，必须深入贯彻落实科学发展观。科学发展观的核心是坚持以人为本，强调发展为了人民、发展依靠人民、发展成果由人民共享。在新的历史条件下进行改革顶层设计，必须坚持以人为本，尊重人民群众的真实意愿，维护人民群众的根本利益，不断满足人民群众日益增长的物质文化需要。尤其是要使出台的政策能够有效化解人民内部的利益摩擦，兼顾不同群体的利益诉求，形成改革的最大公约数，确保改革公平公正，最广泛地凝聚深化改革的力量。

遵循客观规律。规律是指事物之间内在的必然联系，它是客观的、不以人的意志为转移的，但人们能够通过实践认识它、运用它。搞好改革顶层设计,需要尊重客观规律、把握客观规律、科学运用客观规律。具体到实践中,就是深刻认识当前我国发展新阶段的新特点,通过遵循客观规律,最大限度减少顶层设计的随意性、盲目性,使顶层设计经得起实践、历史、人民的检验。

尊重实践和人民首创精神。进行改革顶层设计不能闭门造车,而应尊重实践和人民的首创精神。人民是历史的创造者,人民的智慧是无穷的、力量是无限的。人民对国家富强、民族复兴、生活幸福的美好憧憬和不懈追求,是改革不断深化的力量源泉。改革开放以来的伟大实践充分证明,唯有尊重实践、尊重人民首创精神,鼓励大胆探索、勇于创新,才能始终保持锐意改革的朝气,不断增强深化改革的动力。因此,在改革顶层设计中必须尊重实践,坚持问政于民、问需于民、问计于民。

(执笔:董立人 来源:2013 年 01 月 30 日人民日报)

弘扬生态伦理道德

河南省中国特色社会主义理论体系研究中心

所谓生态伦理道德,是指人类在处理人与自然关系上所应遵循的行为准则和规范。生态伦理道德是生态文明不可或缺的重要内容,建构和弘扬生态伦理道德并使其融入现代化建设各方面和全过程,是生态文明建设的题中应有之义。应通过建构与弘扬生态伦理道德,唤醒人们的生态良知、生态道德自觉,增强人们的生态正义感和生态伦理责任感,促进人与自然和谐相处。弘扬生态伦理道德,应从以下几个方面努力。

热爱自然环境,尊重自然规律。生态文明体现的是人与自然之间的关系。人与自然和谐既是生态文明的本质内涵和生态文明建设的目标指向,也是现代化建设应遵循的客观规律。人类与自然界之间是相互影响、相互作用、共生共存共赢和互馈的关系。自然界是人类社会存在和发展的基础和载体,是人类的衣食父母,人类的衣食住行用等无不直接或间接地来自自然。生产力是推动人类社会发展的最终动力,而生产力是一个多层次的系统,包括自然力、劳动力和科学技术力等,其中以土地、森林、河流、草原、矿藏等自然资源为主要内容的自然力,构成了生产力的前提和基础,是支撑生产力发展的物质基础。珍爱、尊重、顺应、呵护自然,实质上就是善待人类自身。

保护生态环境,积极防治污染。近年来,虽然我国政府采取了一系列治理污染、保护环境的强有力措施,使环境质量有所改善,但是水污染、大气污染、土壤污染等环境问题仍十分严重。这其中的原因是多方面的,而生态伦理道德缺失不能不说是重要原因之一,主要表现为有的企业盲目追求经济效益,有的环境执法机构对污染环境行为视而不见,有的地方政府忽视环境而片面追求经济增长,等等。因此,亟须把保护生态环境上升到生态伦理道德的高度来认识,在全社会弘扬珍爱、保护环境的生态伦理道德。政府和企业要切实担负起保护环境、治理污染的责任,并切实采取措施防治污染;每个公民都要培养和塑造爱护环境的道德风尚,养成珍爱环境的生活方式和生活习惯。

躬行节约节俭,杜绝铺张浪费。节约节俭是中华民族的传统美德。在物质财富、物质生活日渐丰裕的现代社会,一些人淡忘了这一传统美德。当然,随着经济社会的发展和生活水平的提高,人们适度享受无可厚非,但过度追求物质享受、铺张浪费甚至暴殄天物则是不可取的。自然资源的有限性要求人类必须有节制地利用资源,做到资源的代际公平配置与公平利用。在自然资源日益减少甚至濒临枯竭的背景下,节约节俭已被赋予生态道义的内涵,打上了生态伦理道德的烙印。从资源代际公平利用乃至永续发展的视角看,如果说节约节俭是为子孙为长远谋利的话,那么,挥霍浪费、无节制地开发利用资源实质上就是断子孙路、断长远发展路。因此,应在全社会倡导节约节俭的美德,狠刹奢靡浪费之风,并有计划、有节制地开发利用资源,延长资源的利用周期,实现资源配置与利用的代际公平和永续发展。

维护群众生态权益,建设美丽中国。生态权益是人在与自然界发生关系的过程中所产生和拥有的对于自然环境的基本权利以及行使此种权利所带来的利益。生态权益直接关系人的生活是否美好幸福、身心是否愉悦、身体是否健康。不重视人的生态权益,以人为本就会沦为一句空话。那种只为了人类自己而不惜破坏生态环境以及为了获取利润而肆意污染环境、破坏性开发资源的极端利己主义,在破坏资源环境的同时,实质上也是在侵犯和损害广大群众的生态权益。建设美丽中国,给子孙后代留下天蓝、地绿、水净的美好家园,是党和政府建设生态文明、切实保障人民群众及后代子孙生态权益的庄严承诺。而这一承诺的实现有赖于全社会正确认识和处理人与自然的关系,牢固树立尊重自然、顺应自然、保护自然的生态文明理念,并将其变成建设生态文明的自觉行动。

(执笔:胡隆辉、付钦太、于咏华 来源:2013 年 02 月 25 日人民日报)

以人为本加强和创新社会管理

河南省中国特色社会主义理论体系研究中心

社会管理,说到底是对人的管理和服务。面对社会需求多样化、思想观念多元化的新形势,加强和创新社会管理必须坚持以人为本、执政为民,牢固树立"尊重人、理解人、发展人"的理念,彰显人文情怀,增进人民福祉。

以改善人民生活为核心。社会管理和人民生活紧密相关。新世纪新阶段,在我国经济社会持续快速发展的同时,在就业、收入分配、社会保障、住房、医疗、教育、安全生产、社会治安、环境保护等方面也出现了一些影响人民群众切身利益的突出问题,由此引发的一些社会矛盾和冲突直接影响社会和谐稳定。这些问题关系国计民生,耽误不得,失误不起。加强和创新社会管理,应顺应时代要求和人民愿望,以改善人民生活为核心,把保障和改善民生放在重要位置,特别是把人民最期盼、最迫切、最急需解决的民生问题作为加强和创新社会管理的切入点、着力点,让人民群众的合理诉求得到及时回应、合法权益得到切实维护,不断提高人民生活水平。

以维护人民利益为重点。随着经济社会结构深刻调整和社会加速转型,由利益分配所引起的社会矛盾日趋尖锐,利益关系更加复杂,群众间的利益矛盾成为人民内部矛盾的主要表现形式。加强和创新社会管理,应以维护人民根本利益为重点,深刻认识和分析我国社会利益结构、利益关系的发展变化及其趋势,妥善处理社会各方面的利益关系、利益要求和利益矛盾;实现好、维护好、发展好最广大人民根本利益,在制度安排和政策导向上充分考虑大多数人的利益,促进分配公平,缩小收入差距;重点加大对困难群体权益的保护,让人民群众从改革发展中得到实实在在的利益和实惠。

以实现人民共享为宗旨。人民是社会历史活动的主体,社会的物质财富和精神财富是人民创造的,也应由人民共同享有。改革开放 30 多年来,我国发展取得了巨大成就,人民生活水平不断提高,但还存在民生改善与经济增长不协调的问题。随着经济快速发展和国家综合实力不断增强,应把更多的财政资金投向公共基础设施建设和公共服务领域,加大教育、卫生、文化、社会保障、公共服务、社会治安等方面的投入,更好地保障和改善民生。加强和创新社会管理,应积极回应人民群众的新期待,更加自觉地贯彻落实科学发展观,运用统筹兼顾这个根本方法,建立以共享发展成果为导向的制度和政策,加大力度、加快进度,保障人民共享改革发展成果。

以增进人民幸福为目标。幸福是人类追求的基本目标。推动科学发展、促进社会和谐,要求在大力发展经济的同时提高人民的幸福感。幸福的一个重要表现是对现实生活满意。把群众满意不满意作为加强和创新社会管理的出发点和落脚点,实际上就是把增进人民福祉作为加强和创新社会管理的出发点和落脚点。这是我国改革发展进入新阶段的必然要求,也是党的宗旨和执政理念的集中体现。为此,应从广大人民群众最关心、最直接、最现实的利益问题入手,通过社会事业的健康发展和公共服务水平的不断提高,使人民群众的生活状态不断改善、生活水平持续提高、满意度和幸福感明显增强;注重维护社会公平正义,确保权利公平、机会公平、规则公平,让人民群众在公平的社会环境中生活,逐步实现自由全面的发展。

(执笔:郑会霞 来源:2013 年 03 月 17 日人民日报)

采取有力举措加强网络内容建设

河南省中国特色社会主义理论体系研究中心

随着我国互联网迅猛发展和网民数量剧增,互联网在促进经济社会发展、为人们工作生活带来便利的同时,也带来新的挑战和问题,特别是对互联网内容管理提出了新课题。党的十八大报告指出,“加强和改进网络内容建设,唱响网上主旋律”。贯彻落实这一要求,必须切实增强责任感和紧迫感,采取更加有力的举措加强和改进网络内容建设,推进网上思想文化阵地建设。

(一)

网络已成为民意表达的重要渠道。截至2012年12月,我国网民数量已超过5亿,以互联网媒体、手机媒体等为代表的新媒体正在成为影响我国经济社会发展的重要力量,在社会舆论生态中发挥日益重要的作用。网络所具备的即时、互动等特点为民意表达提供了方便而快捷的平台,公众可以通过网络对社会事务发表自己的意见,表达自己的诉求。尤其是发生突发事件或社会热点问题时,不少民众往往会在第一时间通过互联网来获取或传递信息,通过论坛、博客、微博等表达意见、参与讨论。一旦网络热点形成,各种舆论交织叠加,就会对现实生活产生影响。

网络舆论的非理性情绪容易引发极端事件。透过频频发生的网络事件,网络舆论的作用已经不可小觑。但是也不能不看到,在大量网民参与网络事件过程中,对信息的辨析、价值的判断往往处于一种理性与非理性混杂的状态。在这种状态下,话语并非完全来源于通过传播形成的认识。互联网的兴起,既赋予了人们更多表达利益诉求的途径,也为网民抒发抑郁不平情感提供了载体。当前网络舆情的非理性因素突出,处理不当甚至会诱发各类突发事件,影响社会的稳定和谐。比如,部分网络谣言是网民无意识传播的,可信度不高。但时有发生的网络谣言和恶意炒作也可能混淆公众视听,误导受众,甚至引发社会恐慌。

(二)

坚持一手抓繁荣、一手抓管理,是我们发展互联网的宝贵经验。应通过不懈努力,切实抓好网络内容建设,真正把互联网建设成为传播社会主义先进文化的新阵地。

坚持正确导向,加强网上思想舆论阵地建设。网络已成为影响广泛、发展迅速的大众传媒,必须把坚持正确导向摆在突出位置,加强网上思想舆论阵地建设,积极培育和践行社会主义核心价值观。积极倡导富强、民主、文明、和谐,倡导自由、平等、公正、法治,倡导爱国、敬业、诚信、友善,使社会主义核心价值观成为当代中国的最强音、时代进步的主旋律,形成是非分明、惩恶扬善的网络舆论氛围。

强化法制建设,促进网络规范形成。社会生活有边界,网络世界也应有底线。虚拟的互联网,不能脱离公序良俗的规制,成为一个“只要自由、不要约束”的王国。应针对网络社会中出现的问题进行专门立法,严厉打击各种非法行为,加大对手机淫秽信息和网络谣言的整治力度,进一步规范网络秩序,促使网络行为规范化。通过互联网立法、网络规范,引导公众更有序、更规范、更合法地享有自由权益。

采取有效措施,提高政府引导能力。作为互联网内容管理的主体,政府应发挥好政策制定、政策指导和工作协调等重要作用。对于网络信息的内容安全管理,政府应采取有效措施,强化对互联网信息的引导,逐步推动互联网的信息发布和网络经营行为的规范化;围绕网站内容建设、论坛管理等,加强对网站的工作指导,强化网上舆情的收集和分析,及时处理违法违规行为,抑制有害信息传播。

依靠技术手段,维护网络信息秩序。网络舆情信息量大,实现信息管理、维护网络安全需要借助于一定的技术手段。为此,应加强网络管理技术的研究和利用,积极发展先进网络管理技术,通过技术强化网络舆情管理,维护网上信息秩序,促进互联网健康发展。比如,发展智能搜索技术、语音识别技术、数据挖掘技术、信息关防和过滤等网络技术,加大对网络舆情监测软件开发和更新的支持力度,构建互联网舆情研判平台。

倡导行业自律,管理网络信息传播。加强互联网管理,推进网络内容建设,必须依靠政府、业界、公众三方的共同努力,形成政府监管、行业自律与公众监督相结合的管理格局。应进一步发挥互联网行业组织作用,推动互联网业界加强行业自律,督促网络运营服务企业履行法律义务和社会责任,不为有害信息提供传播渠道,不断增强企业的公信力。

(执笔:薛瑞汉 来源:2013年05月07日 人民日报)

思想纯洁是全面深化改革的重要保证

河南省中国特色社会主义理论体系研究中心

改革开放是坚持和发展中国特色社会主义的必由之路。这是一项长期的事业,只有进行时没有完成时。习近平同志指出,改革发展稳定任务越繁重,我们越要加强和改善党的领导。我们党对国家和社会的领导首先是思想上的领导,而思想纯洁是实现思想领导的基础和前提。因此,全面深化改革,必须把思想纯洁作为重要保证。

思想纯洁,才能在深化改革中坚定信仰信念。保持思想纯洁,最重要的是保持对共产主义的坚定信仰、对中国特色社会主义的坚定信念。共产主义是中国特色社会主义的必然趋势和最终目标,中国特色社会主义是共产主义的必要准备和必经阶段。一方面,思想纯洁,才能深刻认识改革开放是坚持和发展中国特色社会主义的必由之路。改革开放使中国特色社会主义生机勃勃;中国特色社会主义在改革开放的伟大实践中产生,也在改革开放的伟大实践中发展壮大。中国特色社会主义,只有在指导改革发展实践、实现好维护好发展好最广大人民的根本利益中,才能更加深入人心;只有在破解改革发展难题、实现科学发展中,才能与时俱进。另一方面,思想纯洁,才能深刻认识中国特色社会主义是改革开放的行动指南。改革开放之所以硕果累累,就在于它是坚持中国特色社会主义的改革开放。坚定信仰信念就要坚持深化改革。离开深化改革的伟大实践,信仰信念必然流于空谈。因此,坚定共产主义信仰和坚定中国特色社会主义信念必然落实于深化改革的实践中。党员干部要在深化改革中把中国特色社会主义内化于心、外践于行,真学、真懂、真信、真用,在改革发展的实践中坚定信仰信念。

思想纯洁,才能在深化改革中坚持党的基本路线。历史经验表明,党的基本路线是党和国家的生命线。贯彻执行好党的基本路线,既是思想纯洁的必然要求,也是深化改革的必然要求。党的十八大报告强调,在任何情况下都要牢牢把握社会主义初级阶段这个最大国情,推进任何方面的改革发展都要牢牢立足社会主义初级阶段这个最大实际。这就要求我们在深化改革中把握党的基本路线,增强长期坚持党的基本路线的认识自觉、政治自觉、行动自觉,始终坚持“一个中心、两个基本点”不动摇,自觉做到思想上坚信、政治上坚定、行动上坚决。思想纯洁,才能在深化改革中不断增强贯彻执行党的基本路线的自觉性和坚定性,在是否深化改革、为谁深化改革、怎样深化改革等重大问题上保持清醒不糊涂,把稳“航向”不动摇;在改革发展的关键时刻,在遇到各种干扰的时候,把思想统一到党的基本路线上来,始终把改革创新精神贯彻到治国理政各个环节。

思想纯洁,才能在深化改革中增强党性、经受考验。思想纯洁,是党性坚强的基础,也是在深化改革中经受住党性考验的保证。思想纯洁的价值取向是实现好、维护好、发展好最广大人民的根本利益。改革开放之初,我们党为了让人民群众富起来,勇于冲破思想观念的障碍,是坚强党性的体现。现在,我们为了让人民群众更多更好地共享改革发展成果,继续深化改革,则是对党性更加严峻的考验。实践证明,基于党性谋划改革,改革就不会走偏方向;立足党性推进改革,改革才不会“浅尝辄止”。思想纯洁,党性坚强,我们才能把人民利益放在首位,谋民生改善于改革发展。把握广大人民群众的新期待,坚持正确道路、正确方向,处理好改革发展稳定的关系,重点突破关键领域改革。既正确把握最广大人民根本利益、现阶段群众共同利益、不同群体特殊利益的关系,又坚定站在人民的立场上,在深化改革中解决好学有所教、劳有所得、病有所医、老有所养、住有所居等人民群众最关心最直接最现实的利益问题,让人民群众共享改革发展成果。

思想纯洁,才能用正确的世界观、权力观、事业观深化改革。全面建成小康社会,实现中华民族伟大复兴的中国梦,要求我们牢固树立正确的世界观、权力观、事业观。思想纯洁,才能以正确的世界观顺应改革发展大势,以正确的权力观为民深化改革,以正确的事业观献身改革伟业。既克服改革“懈怠症”,永不僵化,永不停滞,以更大的政治勇气和智慧深化改革;又防范改革“焦虑症”,充分认识深化改革是一项长期、艰巨、繁重的任务,是一项为民、惠民、靠民的复杂社会系统工程,以“功成不必在我”的精神,积极稳妥推进改革。既不一劳永逸、踟蹰不前,又不一蹴而就、毕其功于一役,在不失时机深化重要领域改革的同时,多做打基础、利长远、惠民生的事。以踏石留印、抓铁有痕的精神,深化收入分配、社会保障等关系群众切身利益的各项改革,把改善民生作为正确处理改革发展稳定关系的结合点,把改革的力度、发展的速度和社会可承受程度有机统一起来,尊重人民主体地位,保障人民合法权益,不断促进人的全面发展,形成推动改革发展的强大力量。

(执笔:韩 斌 来源:2013 年 05 月 24 日人民日报)

领导干部的“幸福之源”

河南省中国特色社会主义理论体系研究中心

幸福是人类永恒的追求。我们党自成立之日起,就把为人民谋幸福作为一切工作的出发点和落脚点。幸福作为当下的热词,不仅是普通人所追求的目标,也日益成为党和国家制定大政方针的重要指向。领导干部是党和国家事业的骨干,只有树立科学的幸福观、找到“幸福之源”,才能更好地为人民谋幸福,让自己得幸福,更好地推动党和国家事业发展,为实现中国梦增添正能量、提供新动力。

幸福源于不断学习。领导干部加强学习是一种政治责任、一种精神追求、一种思想境界,是保持正确政治方向、提高工作水平、打开工作局面的有效方法,也是获得幸福的源头活水。领导干部如果不抓紧学习,知识就会老化、思想就会僵化、能力就会退化,就难以很好完成工作任务。通过不断学习,领导干部可以修身养性,达到“腹有诗书气自华”。“腹有诗书”是学习的一种境界,“气自华”则是人生的一种幸福。因此,领导干部要获得幸福,就要做学习型领导,树立终生学习的理念。应通过加强理论学习,坚定理想信念、保持正确政治方向;通过向实践学习,增强本领和能力;通过向他人学习,汲取智慧、弥补不足。

幸福源于懂得感恩。滴水之恩当涌泉相报,是中华民族的传统美德。感恩是幸福的一颗种子,可以消解人内心的积怨,提升人的幸福感。领导干部要常怀感恩之心,以良好的精神状态投入工作和生活之中,更好地为广大人民群众谋幸福。要懂得感恩党,对党忠心。没有党的培养,没有组织提供的机会、平台,领导干部就算知识再多、能力再强、本事再大,也可能碌碌无为。对党忠心,就要尽心尽力做好工作,以优异工作业绩回报党组织的培养。要懂得感恩人民,努力为人民服务。人民是我们的衣食父母,要权为民所用,把人民赋予的权力用于服务人民、造福人民;要情为民所系,想群众所想、急群众所急、帮群众所需;要利为民所谋,全心全意为人民群众的幸福生活而奋斗。要懂得感恩家人,对家人有爱心。对父母要有孝心,努力回报父母的养育之恩;对爱人要能知心,做到贫病不嫌弃、富贵勿相忘。

幸福源于宽容大度。俗话说,有容乃大。拥有宽容之心是做到德行高尚所必需,也是获得个人幸福所必需。领导干部要容人之言。广开言路,善于倾听不同意见,了解民情、反映民意。要容人之长。每个人都有自己的长处,取人之长补己之短,才能促进事业发展。要容人之过。成功是在不断纠正错误的过程中实现的,宽容下属的过错,给以安慰和帮助,可以使他们迸发出更大的激情和创造力。要容人之功。有功之人对单位、对社会作出了贡献,也是领导选人用人能力的体现。有容人之功的气度,群众才会真心实意地信赖你,下属才会心悦诚服地拥护你。幸福源于内心简单。大道至简。幸福还来自于简单。在社会日益多样化的时代背景下,保持内心简单是提升修养的一种途径。一方面，简化人际关系。简化与上级的关系，既尊重和服从上级，又不搞阿谀奉承、人身依附那一套庸俗的东西；简化与下级的关系，对下级一视同仁、公平相待，不搞封官许愿、拉帮结伙；简化与朋友的关系，慎重交友，划出公私分明的界限。另一方面，简化私人生活。减少过多的应酬，抛弃繁琐的讲究，不搞特殊，不沉溺于吃喝玩乐，不为物欲所累。

幸福源于恰当比较。能不能进行恰当的比较，是一个人是否幸福的重要原因。作为领导干部，在精神上向上比，才能越比心灵越高洁，越比行为越高尚；在物质上向下比，才能越比心理越坦然，越比行为越无私。一些领导干部幸福指数不高就源于不恰当的比较，总觉得自己的权力没有别人大、钱没有别人多、房子车子没有别人豪华，越比越生气、越比越泄气。长此以往，对工作、对自己都没有好处。每个人的出身不同、阅历不同、禀赋不同，所在单位、岗位不同，只要做到了尽心尽力、尽职尽责，就可以无愧于党和人民、无愧于自己，就是幸福的。

（执笔：王爱英 来源：2013 年 12 月 13 日人民日报）

让权力行使者不敢腐不能腐不易腐

河南省中国特色社会主义理论体系研究中心

习近平总书记指出："要加强对权力运行的制约和监督，把权力关进制度的笼子里，形成不敢腐的惩戒机制、不能腐的防范机制、不易腐的保障机制。"加强顶层设计，用制度管住权力，通过惩戒、防范、保障机制建设，让权力行使者不敢腐、不能腐、不易腐，为新的历史条件下反腐倡廉的深入开展指明了方向。

1. 加大惩戒力度，形成不敢腐的惩戒机制

不敢腐，讲的是惩戒。加大惩戒力度，必须"敢"字当头，针对的是那些胆大包天、胆大妄为、敢于腐败的官员。官员敢不敢腐败，其动因是多方面的，但最主要取决于两"率"：第一个"率"是腐败案件的查处概率，即案发率。腐败分子在腐败过程中，通常会做一个风险评估，即腐败的风险系数有多大。当查处概率过低、腐败的风险系数较小时，反腐犹如"隔墙撂砖头"，腐败分子就会产生一种赌一把的侥幸心理。反之，当腐败的风险系数较大时，多数腐败分子很难成为漏网之鱼，他们会作出"莫伸手、伸手必被捉"的判断，从而自动中止贪腐念头。第二个"率"是腐败收益和违法成本之间的比率。经济学研究表明，腐败收益和腐败成本的对比是行为主体产生腐败动机、作出腐败行为选择的重要决策依据。当腐败行为的预期收益远远超过其预期成本时，腐败分子就会放手一搏、选择腐败；而当腐败行为的预期收益等于或小于其成本时，当事人会自动阻断腐败。

因此，要解决官员"敢"于腐败的问题，一要努力提高案件查处率，充分发挥严查腐败案件的巨大震慑功能。要克服"不敢查、不想查、压案不查、查而无果"的种种困难，树立腐败无"特区"、反腐无"禁区"的理念，坚持"有腐必反、有贪必肃"、"老虎、苍蝇一起打"，断绝腐败官员的"漏网"心态，令官员谈"腐"色变。二要始终保持惩治腐败的高压态势，对于已浮出水面的案件，要加大惩治力度，提高违法成本，减少腐败收益，令腐败分子得不偿失而不敢腐败。

2. 加强对权力的制约和监督，形成不能腐的防范机制

腐败分子"能够"腐败，说明他具备了腐败的"能量"，并且"有机会"。这个"能量"就是权力，这个"机会"就是防范机制的纰漏即监督制衡的缺位。任何形式的腐败，不论具体原因如何，根子都在于官员权力过大，不受或少受监督。邓小平在《党和国家领导制度的改革》中指出，腐败的"总病根"就是"权力过分集中"。权力具有扩张性，扩张的权力如猛虎。适度的权力，则虎虎生廉，成就官员干事创业；权力过大，则易滋生专权淫威，祸国殃民。英国历史学家阿克顿说过："权力导致腐败，绝对权力导致绝对腐败。"当权力过分集中，腐败的官员也因此获得了"通天"的本领。同时，监督效力长期严重缺位。权力监督之难，早已成为顽疾，对权力的监控呈现出空监、弱监和虚监的尴尬与无奈。而当监督缺位时，权力便会被滥用，官场就可能沦为腐败的寄生圈和利益共生圈。

要形成不能腐的防范机制，一方面，要解决权力过分集中的弊端。扬汤止沸，不如釜底抽薪。要改变权力过于集中于某个人或某个机构的情况,使官员的腐败"神通"——权力从无限的空间紧缩到有限的范围,从根本上克服"一言九鼎"的权力弊端。法国著名思想家孟德斯鸠说过:"有权力的人使用权力一直遇到有界限的地方才休止。"要"把权力关进制度的笼子里",首先要把"笼子"设计出来。只有有了"笼子",权力才知道哪里是它活动的空间和延伸的边界,才知道它行使到哪里就应该"休止"。另一方面,要形成立体监督格局。欲让狼叼不到羊,就必须提高和加固羊圈的栅栏,就是设防,使拥有一定权力的官员即使具备了"权力条件"但却"没机会"。从根本上说,腐败现象是由不受监督和制约的高度集中的权力造成的。遏制腐败现象,必须加大对权力的监督。习近平同志在《领导干部要树立正确的世界观权力观事业观》中指出:"有权力的地方必须有监督,没有监督的权力必然导致腐败。""有了监督,领导干部就可以在自律的同时再加上一把保险锁。"如何提高监督成效?过去我们的监督主要是体制内监督,如党内监督、人大监督、纪委监督等。这些监督有一个共同点,都是权力体系内部的监督。体系内监督的突出特点是官员监督官员,权力监督权力,即"同体监督"。由于监督者与被监督者的利益具有极大的一致性、关联性,腐败官员之间一荣俱荣、一损俱损。面临反腐风暴,为了避免"拔出萝卜带出泥"的牵连,不少腐败腐败分子结党营私、形成权力庇护关系网,逃避监督、拒绝监督,进而使体制内的监督沦为空监、虚监。"上级监督太远、同级监督太软、下级监督太险"便是对体制内监督困境的形象概括。左手给右手开刀,自己革自己的命,如何下得了手?这是体制内监督的重大弊端,也是我们长期以来监督乏力的重要根源。因此,要提高监督成效,必须改革原有的监督格局,在完善"同体监督"的同时,强化"异体监督"。所谓"异体监督",就是非权力主体的监督,不掌握权力的主体加强对权力主体的监督,包括舆论监督、群众监督、媒体监督、网络监督等。近年来的反腐实践也证明,舆论监督、网络监督、群众监督雀起,已形成一股"燎原之势"。小至一块高档手表,大至上亿资产,都在无处不在的"异体监督"视野下无处遁形。不少大案要案在媒体、网民的举报、揭发、"围观"和推波助澜中浮出水面,倒逼体制内的监督创新监督方式、提高监督成效。因此,要从提升监督成效入手,推动监督方式从封闭转向开放、从单一的党内监督转向全方位监督,在强化组织监督、纪检监督、司法监督、审计监督的同时,注重发挥媒体、网络、群众等新生监督主体的强大威力,形成立体式、全方位、多渠道的监督网络。

3. 切实规范权力运行程序,形成不易腐的保障机制

"不易腐的保障机制"中的"不易",是"不容易",是指建立起严密的权力运行机制,使搞贪腐之事变得十分困难。"把权力关进制度的笼子",这个笼子应该像"鱼缸"一样是透明的,腐败分子若想玩弄程序、暗箱操作、以权谋私,每走一步都会受到方方面面条件的掣肘。纵观我国社会发展的诸多领域,制度已不少。但由于程序的不完善,仍然为一部分投机钻营者留下了空间。长期以来,我们的制度设计中存在着这样一个问题,即程序的漏洞难以有效杜绝"个人意志",以至于原本好的制度规定在执行的过程中"走形变样"。这种情况在手握重权者那里更为普遍。权力大于程序、程序被玩弄、程序被架空,"程序是合法的、意志是个人的"权力隐性运作之弊明显。邓小平早就强调过,"制度好可以使坏人无法任意横行,制度不好可以使好人无法充分做好事,甚至走向反面。"要使制度有效管好权力,必须规范权力运行程序,形成不易腐的保障机制。一是要坚持依法、高效、规范、透明的原则,编制决策、执行、监督等权力运行流程,明确行使权力的主体、条件、运行步骤、完成时限、监督措施等,提高权力运行程序化、规范化水平。真正落实党的十八大提出的"干部清正、政府清廉、政治清明"要求。二是要尝试以设置限权为起点,以公开为手段,以事项透明、流程透明、责任透明为"分解动作",让权力在既定的轨道、按既定的线路运行,是防错纠错、防腐不腐的重要渠道。

综上所述,反腐倡廉是一个系统工程,只有形成"不敢腐的惩戒机制、不能腐的防范机制、不易腐的保障机制",才能"把权力关进制度的笼子里",才能更好地坚持中国特色社会主义反腐倡廉道路,坚定不移反对腐败,建设廉洁政治,永葆共产党人的清正本色,最终实现习近平总书记提出的"树立正确的权力观,为人民掌好权用好权"的要求。

(执笔:侯远长 姚巧华 刘晖 来源:2013 年 04 月 2 日光明日报)

坚持实干兴邦是实现中国梦的根本途径

河南省中国特色社会主义理论体系研究中心

党的十八大号召全党要“坚持实干富民、实干兴邦”。党的十八大以来，习近平同志多次强调“空谈误国，实干兴邦”，强调实干兴邦同实现中华民族伟大复兴中国梦的必然联系，明确指出“全面建成小康社会要靠实干，基本实现现代化要靠实干，实现中华民族伟大复兴要靠实干。”这表明，坚持实干兴邦是贯彻落实十八大精神、实现伟大中国梦的根本途径。

坚持实干兴邦是实现中国梦的实践基础

“谈”和“干”的关系即言和行、说和做、理论和实践的关系。“空谈”和“实干”二者在本质上是相互对立的。“空谈”就是言行不一、谈而不干、只说不做、“干打雷不下雨”。“空谈”的表现形式主要有两种：一种是标准的、典型的“空谈”，“谈”与“干”毫不相干，只说不做，讲过的话、发过的文、承过的诺完全“一风吹”、不算数，不贯彻、不执行、不作为。另一种是变相的、似干非干的“空谈”。这种“空谈”貌似有说有干，其实是该干的不干，不该干的乱干，是“挂羊头卖狗肉”。相对于“空”而言，“实”就是实心、实在、老实、切实、踏实；相对于“空谈”而言，“实干”就是实心实意地干、老老实实地干、实实在在地干，就是言行一致、说到做到、言而有信、有诺必践。“实干”包括多个环节，是实心实意的动机、老老实实的态度、切切实实的办法、埋头苦干的过程、实实在在的结果的统一。

习近平同志在第十二届全国人民代表大会第一次会议闭幕式上的讲话指出：实现中华民族伟大复兴的中国梦，就是要实现国家富强、民族振兴、人民幸福；实现中国梦必须走中国道路即中国特色社会主义道路，必须弘扬中国精神即以爱国主义为核心的民族精神、以改革创新为核心的时代精神，必须凝聚中国力量即中国各族人民大团结的力量。要实现这些、做到这些，从根本上说就是要“坚持实干富民、实干兴邦”。第一，走中国特色社会主义道路，贯彻落实党的理论、路线、方针和国家一切法律制度、政策、措施，归根到底靠“实干”。没有“实干”，写在纸上的东西无论多么美好动人，终究无法成为现实。第二，实现国家富强、民族振兴、人民幸福靠“实干”。“实干”是一切社会物质财富的源泉。“天上不会掉馅儿饼”，任何物质财富都是通过人的“实干”创造的。物质财富是人类安身立命、生存发展的基础条件，也是家庭幸福、百业昌盛、人民富裕、国家富强的基本标志。通过“实干”，创造越来越多的物质财富，增强社会的物质实力，是实现人民安居乐业、社会安定和谐、国家兴旺发达、民族自立自强的根本之道；脱离“实干”的“空谈”不创造任何物质财富，“国家富强、民族振兴、人民幸福”只能是空话。第三，弘扬中国精神、凝聚“中国力量”靠“实干”。“实干”是一切社会精神财富的源泉。其一，社会的一切精神文化产品的创作和生产，必须依靠精神文化生产者通过深入生活、深入实际、深入群众，通过“实干”来创造；“空谈”只能制造误国误民的“精神垃圾”。其二，“实干”是“实干精神”生成的源泉和发展的动力。“实干精神”是反映“实干”的需要和规律，并在实干过程中生成和发展的各精神要素的总和，主要包括尊重规律、求真务实的精神，勇于担当、埋头苦干、任劳任怨的精神，不怕挫折、攻坚克难的精神，团结合作、顾全大局的精神，等等。实干精神，人们只有在“实干”的历练过程中才能够创造它、理解它、珍惜它、升华它、享有它，“空谈”是与实干精神格格不入的。其三，“实干”是塑造健康人格、培育“中国精神”的园地。“实干”改造客观世界，也改造人的主观世界；创造物质财富，也创造精神财富。对于个人来说，“实干”是修身养性、陶冶情操、立德励志、享受人生的根本途径，是“立德、立信、立言”之本。对于社会来说，“实干”是引导观念、涵养精神、弘扬文化、凝心聚力的根本途径。

“空谈误国，实干兴邦”深刻揭露了“空谈”是实现中国梦道路上的“拦路虎”，具有鲜明的现实针对性

党的十八大和习近平同志强调坚持“实干兴邦”，显然是针对眼下一些党政机关和党员干部中存在的理论脱离实际、言行不一、弄虚作假、形式主义等现象而发出的严重警示。

一段时间以来,一些党政机关和党员干部包括一部分领导干部,表现出了越来越严重的“空谈”问题。第一,热热闹闹的教条主义。一些机关部门和党员干部对中国特色社会主义理论和党的路线方针政策采取教条主义的态度,学习时热热闹闹,贯彻时冷冷清清,习惯于“空谈一阵,束之高阁,并不实行”。第二,越陷越深的“文山会海”。一些机关和党员干部特别是领导干部,常常陶醉于“八股会”、“八股文”,会越开越多,套话越说越多,文件越写越长,“其结果,往往是‘下笔千言,离题万里’,仿佛像个才子,实则到处害人。”第三,忙忙碌碌的官场应酬。一些机关和干部特别是领导干部长年累月奔波于官场之中,不断地拜访交流、公款吃喝、迎来送往、检查评比等,久而久之,形成了领导干部中特有的吹吹拍拍的“关系文化”。第四,弄虚作假的表面功夫。一些地方、部门和单位,养成弄虚作假、欺上瞒下的工作习惯,“以空对空”、“以假对假”成为一种工作方式,以至于流行着“会干不如会说,会说不如会编”、“干部出数字,数字出干部”的“潜规则”。第五,阳奉阴违的个人主义。一些党员干部党性修养差,说话办事装腔作势、哗众取宠、言行不一,说的是马克思主义,做的是自由主义;对人是集体主义,对己是个人主义甚至是肆意妄为、腐败犯罪。第六,执法违法、执纪违纪的“法纪空谈”。一些执法执纪单位和个人,一边“空谈”法律法纪,一边实行“职务潜规则”,利用职务之便欺压百姓、吃拿卡要,使法律法纪沦为某些单位和个人牟取私利、收敛钱财的工具;有令不行、有禁不止的情况已成常态化。第七,形式主义的基层调研。一些上级机关工作人员和领导干部到下级或基层调研,不真接触群众、不接触“真”群众,官架子十足,习惯以“钦差大臣”自居。

上述种种“空谈”是实现中华民族伟大复兴中国梦道路上的一群“拦路虎”。它们严重影响党的理论、路线、方针贯彻落实,严重干扰国家的法律、制度、政策、措施的实施,严重助长党员干部脱离实际、脱离群众和主观主义、官僚主义倾向,严重损害党员干部的诚信形象,严重破坏党和政府在人民群众中的凝聚力、号召力,严重误导和败坏社会风气,其“误国”之害昭然若揭。如果不能有效解决干部队伍特别是领导干部的“空谈”问题,不仅中国梦无法实现,甚至整个党和国家的前途都会被“空谈”所葬送。

“空谈误国,实干兴邦”指明了实现中国梦的根本途径,吹响“攻坚克难”新的改革号角

从历史的经验看,党政机关和领导干部的“空谈”陋习是一个“顽症”,从根本上遏止并“治愈”它,意义很大难度也很大。这不仅由于“空谈”之风产生和蔓延的原因是深刻的、多方面的,不容易根治,极容易“复发”;还由于这是领导干部自己给自己“治病”,是党政干部队伍从领导方式、工作作风方面必须开展的一场深刻改革。这场改革,要站在党的十八大之后新的历史起点上,按照发展中国特色社会主义对干部队伍的新要求,以加强党的执政能力建设、先进性和纯洁性建设为主线,有效解决一些同志不愿实干、不会实干、不敢实干、不能实干、不真实干的问题。

大力推进有利于党政干部队伍遏止“空谈”、激励“实干”的制度改革。要改革自上而下层层下指标的“承包式”工作模式,中央或上级机关对地方或下级机关下达计划、指示、任务,要尊重规律、切合实际、留有余地。要改革党政领导干部选拔任用制度,“使那些对群众感情真挚、深得拥护,说话办事有灼见、有效率,对上对下都实实在在、不玩虚招,清正廉洁、公众形象好的干部,得到褒奖和重用”。要改革党政机关和领导干部的业绩考核评价制度,完善考核评价的内容体系和评价机制;“对干部干与不干、干好干坏、干多干少要有明确的区分,褒奖那些埋头苦干、狠抓落实的干部,教育和调整那些只尚空谈、不干实事的干部,问责和惩处那些因弄虚作假、失职渎职造成重大损失和严重后果的干部”,形成奖罚分明、能上能下、能出能进的管理机制。要深入学习和切实贯彻中央政治局关于改进工作作风、密切联系群众“八项规定”的基本精神,完善党政机关和领导干部的会议制度、接待制度、调研制度等具体工作制度,以制度引导和规范领导干部的职务行为。中央政治局关于改进工作作风、密切联系群众的“八项规定”,以及各中央机关和地方党委政府出台的贯彻“八项规定”精神的工作制度,内容详细具体且彰显刚性,对于有效克服重形式轻内容、重程序轻实效、重“对下”轻“对上”、重“对外”轻“对内”的“制度性空谈”,引导和培养党政机关和领导干部的实干作风,是一个令人鼓舞的良好开端和经典范例;无论遇到怎样的阻力和反复,都应坚持下去、推而广之。

大力推进党政干部特别是领导干部的实干能力建设。党政干部特别是领导干部要校正能力培养和发展的方向,舍弃"空谈"的"能力",发展"实干"的能力。多数党政干部原本具备实干的素质,他们中的不少同志是依靠自己卓有成效的埋头苦干走上领导岗位的。然而,一些人进入党政机关、走上领导岗位以后,有了一定的权力地位,应酬多了,受各种不良风气的熏染多了,开始高高在上、养尊处优;为适应于官场"空谈",其个人素质和能力逐渐朝着发展"嘴上功夫"而脱离实干、脱离基层、脱离群众的方向发生蜕化,有的则蜕化到离开稿子不会讲话的地步。显然,一些领导干部急需从"空谈"的桎梏中解脱出来,把精力回复到"实干"能力建设上来。

坚持实干兴邦,就要"真"反"空谈",认真到底,持之以恒。真反"空谈"要自上而下,从高层领导做起。中央政治局公布并实施"八项规定",为各级领导干部切实改进工作作风做出表率,展示出新一届中央领导集体的决心和态度;各中央机关和地方党委政府纷纷跟进,体现出中央政治局审时度势的决策力、号召力和凝聚力。领导干部要恢复和发扬批评与自我批评的优良作风,勇于坚持真理、修正错误,有勇气检讨自己、超越自己,有勇气接受人民群众和社会舆论的监督和批评,培育闻过则喜、闻过则改的精神品质。要不断培育建设中国特色社会主义的实干精神,养成不尚空谈、埋头苦干的社会风尚。要认真揭露和彻底清算阳奉阴违、弄虚作假的恶劣思想和行为,打好清除"官场潜规则"的改革攻坚战,为真正摒弃"空谈"、进一步崇尚"实干"创造社会条件,为实现中华民族伟大复兴的中国梦扫清前进的障碍。

(执笔:王少安、周玉清 来源:2013 年 04 月 10 日《光明日报》)

把人生理想融入国家和民族的事业中

——关于当前知识分子对主流文化认同情况的调研报告

河南省中国特色社会主义理论体系研究中心

在国家和民族的发展进程中,知识分子是负有重大责任的特殊群体。知识分子对主流文化的认同,对其他社会群体具有巨大的示范作用,也是当前我国建设社会主义文化强国、培育社会主义核心价值观的重要内容。研究表明,当前我国知识分子对主流文化的认同总体上呈现出可喜的态势,但也存在不同程度的认识误区和盲区。

当前,我国处于社会转型期,主流文化的主导地位面临着严峻挑战。为了倡导和践行社会主义核心价值观,促进社会思想文化的内在和谐,明确思想文化的是非标准,提高思想文化免疫力,本课题组围绕知识分子对主流文化的认同展开调查研究,以期探索出符合知识分子群体实际的认同途径和接受方式。本课题范围的知识分子是指具有大专以上受教育经历,从事知识的继承、传播、管理、创造等相关职业,以脑力劳动为主要工作方式,并具有一定社会责任感的人。主流文化是指以中国共产党的执政意识形态,即社会主义核心价值体系为导向的相关社会文化圈层。

当前我国知识分子对主流文化的认同状况

课题组先后在北京、上海等 12 个城市的 5 个国家级研究院所、16 所高校以及 4 家省市级文化和医疗机构,随机作了 1000 余份问卷调查。调查内容涉及当前我国知识分子对党的基本理论、对中国共产党执政、对当前中国社会发展现状、对社会主义核心价值等方面的看法。

1.对党的基本理论及其指导作用的认同

党的基本理论,包括马克思主义基本原理及其中国化的一系列成果。从调查结果来看,当前我国知识分子对党的基本理论的整体认同度较高。

第一,大部分知识分子注重学习党的基本理论。调查结果显示,对于《马克思恩格斯选集》、《毛泽东选集》等经典著作,有 59.1% 的知识分子选择"全部读过"或"读过一部分"。

第二,知识分子普遍认同马克思主义的指导作用。调查显示,分别有 37.8% 和 51.4% 的被调查者认为马克思主义对中国的革命和建设"有重要的指导意义"和"有一定指导意义"。

第三,知识分子充分认可马克思主义中国化成果对革命和建设实践所发挥的巨大指导作用。调查显示,超过68%的知识分子认为“21世纪中国主导精神”是中国特色社会主义理论体系。对于“当前科学发展观在实际生活中发挥指导作用的状况”,有59.4%的被调查者认为“很好”或“比较好”。

第四,知识分子肯定党的基本理论对个人成才的作用。有33.5%的被调查者认为党的基本理论“有非常重要的作用”,有46.1%的被调查者认为“有一定的作用”;有34.8%的被调查者认为其作用是“能指导人生发展”,有39.8%的被调查者认为其作用是“能提高综合素质”。

2.对国家基本政治制度和中国共产党执政的认同

第一,知识分子对当代中国基本政治制度的认同较高。一方面,知识分子积极参与人大代表选举,作为各级人大代表,他们认真履行职能,代表人民行使权利、表达人民的愿望与要求。另一方面,知识分子认同中国共产党领导的多党合作和政治协商制度。上海社会主义学院的调查研究数据显示,民主党派成员中99%的人认为“坚持中国共产党的领导不仅是历史的选择,也是中国现代化进程的必然选择”,90%的成员认为“中国共产党领导的多党合作和政治协商制度符合中国国情,是我国政治制度的特点和优点。”

第二,多数知识分子对中国共产党的执政评价较好。调查结果显示:有56.4%的被调查者赞成“中国共产党始终代表先进生产力的发展要求、先进文化的前进方向、最广大人民的根本利益”的观点,有56.7%的被调查者认为目前中国共产党的执政能力“较强,且在不断提高”。另有相关调查显示,有59.6%的知识分子对目前党风状况给予积极评价。

第三,知识分子在思想政治上拥护党的领导并积极要求入党。一项关于“高校知识分子政治倾向”的调查中,有58%的人愿意加入中国共产党;有71%的人入党动机纯正,把共产主义信仰作为自己的人生理想和追求。本次调查中,对于“远离政治或与政治保持距离才是真正的知识分子”观点,65.2%的被调查者明确表示“不同意”。

3.对国家大政方针和社会现状的认同

第一,绝大多数人对国家大政方针比较熟悉。如对“四项基本原则”的具体内容,有59.6%的被调查者能准确说出,有36.6%的被调查者能大致说出。

第二,在对科学发展观和建设生态文明的认同方面,认为科学发展观是“党的一次重大理论创新”的知识分子占36.6%,认为是“顺应了广大人民心愿”的占25.8%,认为是“适应了新的发展要求”的占38.1%。

第三,对中国未来的经济发展,选择“充满信心”的知识分子占65.4%,选择“不太乐观”的占20.1%,认为“无法预测”的占14.5%。

第四,对当前党的知识分子政策,有72%的被调查者感到“满意”或“基本满意”;关于当前知识分子与执政党的关系,有67.1%的被调查者认为“融洽”或“比较融洽”。

4.对社会主义核心价值的认同

第一,在对社会主义核心价值重要观点的认同方面,有76.3%的被调查者认为爱国“是一位公民的基本素质”;关于全心全意为人民服务,有55.6%的被调查者认为“每个人都应该做”。

第二,对“当前我国文化建设的关键”,有39.4%的被调查者选择“普及主流文化教育”,48%的选择“倡导社会文明风尚”,22.4%的认为是“促进文化机制创新”,6.9%的选择“开发文化产业”。

第三,知识分子肯定信仰对人生的价值和意义。调查显示,认为信仰对人生“十分重要”的占50.7%,认为“比较重要”的占36.3%。

同时,统计结果也显示出尚不尽如人意的一面:第一,对主流文化存在认识盲区。比如,关于“中国特色社会主义理论体系是马克思主义中国化最新成果”的观点,有25.6%的被调查者表示尚不清楚。第二,在主流文化认识方面存在误区。

知识分子与主流文化的内在关联

调查结果说明,当代我国知识分子对主流文化的认同呈现出的主导面是值得充分肯定的,这也是长期以来党对知识分子工作实践的基本面和主流。但不容否认,目前还存在不同程度的认识误区和盲区。因此,深入分析探讨知识分子和主流文化之间的内在关联性,对于我们强化认识、寻找对策具有积极意义。

1.主流文化的品质要素与知识分子群体特征具有内在契合性

促进文化认同必须遵循思想文化的内在规律。

研究表明,主流文化的科学性品质与知识分子追求真理的群体品质相契合,主流文化的创新性品质与知识分子求新求变的学术追求相契合,主流文化的包容性品质与知识分子善于比较选择的思维方式相契合,主流文化的实践性品质与知识分子关注现实的社会责任感相契合,主流文化的广泛代表性品质与知识分子关切民生的大众情怀相契合。知识分子对主流文化呈现出的基本认同,与这些契合要素的内在对接密切相关。但与此同时,部分盲区和误区的存在,则与之契合度有限有关。因此深入挖掘主流文化的内在品质与知识分子群体特征的相关性和对接点,充分彰显主流文化的品质特征,善于激发知识分子的群体特性,对于促进其认同意义重大。

2.主流文化具有天然的社会传播优势

主流文化作为当今中国的执政文化,具有一系列得天独厚的政治优势。主要包括国家制度的设计优势、主导社会舆论的政治优势、掌控媒体组织的组织优势等。通过这些优势,党对知识分子在认同主流文化方面,通过一系列主要途径取得了积极的成效。

比如,教育型认同途径,即通过国家教育制度设计的系统性学习认识过程;舆论型认同途径,即日常生活中的各种媒体的舆论引导性过程,据调查,有超过70%的知识分子喜欢通过电视、报纸和网络渠道了解国家大事;体验型认同途径,即通过一定或相关的社会观光考察,亲身感受国家发展的过程;职业型认同途径,即通过从事哲学社会科学教育专业和新闻媒体等文化岗位工作认同的过程;活动型认同途径,即通过参与国家组织的集中教育活动认同的过程。不可否认,这些途径为知识分子认同主流文化发挥了极其重要的作用,但同时也必须承认,这些传统途径也遭遇了前所未有的挑战,其效果明显低于预期。

3.主流文化可以为知识分子实现人生价值建功立业提供时代坐标和现实文化场域

主流文化是当今中国占主导地位的文化,它所描绘的当代中国发展蓝图,尤其是正在展开的有中国特色社会主义建设事业,不仅能够最大限度地为知识分子提供建功立业的时代舞台,而且也被实践证明是唯一能够带领中华民族实现伟大复兴的正确道路,这与知识分子报效祖国的群体追求相一致。

这种富有正能量的主流文化场域,一方面为知识分子确定实现个人人生价值与国家建设事业坐标的重合点提供了重要的时代背景,另一方面也是不断激励知识分子拼搏奉献、建功立业的强大精神力量。

4.文化价值多元、社会变革剧烈、西方文化渗透等,给知识分子对主流文化的认同带来严峻挑战

第一,文化是环境的产物。我国30多年改革开放带来的社会经济成分、生活方式、经济利益、社会组织形式、就业岗位和就业方式的多样化,导致了社会文化和价值的多元。

第二,随着经济全球化步伐的不断加快,世界范围思想文化的交流、交融、交锋日益频繁,西方敌对势力对中国的文化渗透日益广泛,而知识分子则是其渗透的重点对象。

第三,文化是社会相对稳定发展的产物,社会变革迅速导致主流文化建构缺失,主要体现为文本权威缺失和价值权威缺失。文本形态是政治文化赖以存在和征服社会、树立权威的重要方式。当代中国的主流文化,由于社会变革迅速,缺乏系统严谨的文本建构,与人们对科学理论体系的经验性期待不符,容易导致认同的文本权威障碍。而价值权威障碍,主要体现在其所倡导的价值体系在计划经济时期由于"左"的指导思想,导致其价值观念超越社会发展的阶段实际和人们的思想实际,缺乏现实的引领力;改革开放以来,由于过于注重物质层面的发展,再加上对计划经济时代价值观的颠覆和否定,新的价值文化建构相对滞后,对人们思想道德的社会引导和约束过于松散,导致价值观断代和真空,出现价值多元和混乱现象。

第四,主流文化的社会传播方式与快速发展的信息化趋势不相适应。选择适当的传播手段是促进文化认同的重要途径。信息技术的发展和普及,在很大程度上改变了我们的思维和生活方式。人们对信息的获取方式,不再依靠传统的纸质媒介和会议方式。由于知识分子脑力劳动方式的特殊性,对现代信息技术手段具有天然的亲近和青睐。而长期以来,由于种种复杂的原因,主流文化在传播手段信息化方面相对滞后于其他文化,往往习惯于开大会、作报告、发报纸等传统方式,导致其在覆盖面、即时性、多样化、直观化、信息量等方面呈现相对弱势,在一定程度上影响认同效果。

促进知识分子认同主流文化的疏导对策

促进知识分子对主流文化的认同,需要在准确把握思想文化认同规律和知识分子认同特点的基础上,进一步强化主流文化自身建设与传播效能。

1.强化疏导理念

第一,强化遵循思想文化内在规律的针对性疏导理念。

文化认同作为一个思想文化命题,是由多方面因素共同作用的结果。过度使用行政手段不易于激发认同主体的自觉性和主动性;过度彰显行政手段的强制性功能,会诱发其逆反心理,增加认同阻力,弱化认同效果。认同主体在选择和接受主流文化的过程中,一般存在需要驱动规律和自主选择规律。主体文化认同需要的广泛性决定了实现疏导途径的多样性和针对性。知识分子的需要驱动主要体现在精神文化归类、文化享受、思想认识提升和专业追求等方面。自主选择规律是指认同主体在对主流文化的接受认同过程中的主动性和目的性,即自觉性和能动性特征。表现为主体在多元文化基础上的比较选择性认同,价值判断基础上的价值求同性认同,对先进文化的吸引性认同等等。

第二,强化以教育引导为主的过程性疏导理念。

转变过分依赖灌输方式的观念。灌输式教育是指有目的、有计划地进行相关理论的系统教育的传统教育方法。对知识分子来说,主流文化建设的落脚点需要从偏重"外部"灌输转向注重"内外共生"。一方面,认同主体随着知识、阅历、修养、环境等的不断发展变化,其对主流文化的内在需要也会不断提升;另一方面,主流文化本身也是一个开放的体系,正是由于二者都存在一个不断发展建构的动态统一过程,需要进一步强化疏导的过程性理念,因而不能期待一蹴而就。

第三,强化关注成才需要的发展性疏导理念。

知识分子往往把最大限度地实现人生价值视为毕生的追求,而主流文化则是唯一能够为之提供用武之地的文化。实践证明,知识分子自我实现的追求与其对主流文化认可的程度往往成正比关系。知识分子从事的行业主要是知识、文化的创造和传播领域,属于人类精神财富的积聚层面,这种工作需要耐得了寂寞。尽可能减轻他们"为稻粱谋"的疲惫程度,会增强其对主流文化的认可度和亲近感。

第四,强化发挥自身优势的选择性疏导理念。

切实克服当前宣传存在的"官话"、"套话"现象,增强对主流文化的亲近感。主流文化、精英文化、大众文化虽然各自的总体目标、核心内容、面对群体、表达方式均不相同,但其内容却彼此交叉,表达方式也相互影响。必须大力推动三者之间的良性互动,使主流文化以其比较优势,赢得知识分子的认同。增强主流文化的包容度和开放性,就是在允许文化存在差异性和多样性的同时,不断从所引导的其他文化中汲取新鲜、合理的成分,在巩固自身主导地位的同时赢得动态发展,取得相对的比较优势。

2.完善疏导路径

第一,坚持科学性,增强兼容性,体现多样性。

主流文化需要通过汲取传统文化精华和广泛借鉴世界文明成果,来建构和不断完善其科学体系,充分彰显其科学魅力。知识分子在思想观点和价值观念的选择上存在着较大差异。主流文化的任务不是也不可能规避、消灭其他文化形态,而是要将不同理论流派的冲突规范化,"使适当的争论成为主流意识形态的活力源泉"。允许知识分子在经过自我体悟之后,实现对主流文化的理性认同。主流文化在形式上要尽可能摆脱以往生硬、造作、板起脸来教训人的架势,除了有计划、有组织、分步骤的理论学习和集中教育之外,应着重在日常工作生活中通过观念引导、典型引导、热点引导等方式潜移默化地实现疏导。通过丰富多彩的文化载体和形式多样的文化产品,使人们乐于接受。比如,借鉴大众文化的时效性、现实性、时尚性和普及性等特点,并以真实性赢得传播的良好信用和效果。

第二,增强时代性,强化畅通性,注重实效性。

进入21世纪以后,手机、互联网等现代信息手段越来越普及,也越来越成为人们获取文化信息、传播思想观点的重要载体。"网络传播的全球性、开放性、交互性、匿名性等特征打破了国家对信息的垄断和控制,形形色色的各种主义、思潮并存于网络空间中,主流意识形态一统天下的局面已被打破",现代信息手段作为一种工具,任何文化形态都可以利用。主流文化要利用网络平台对一些重大理论和现实问题作出深入浅出、令人信服的阐释;对网上的不实信息,要善于用事实说话,使谣言和谎言丧失存活空间;以现代信息手段的即时互动功能,使之在思想交流、交锋和对话中促进认同;在网评中善于运用“网言网语”循循善诱，做到有的放矢，以情动人、以理服人。

第三，注重对等性，强化体验性，增强典范性。

当前我国知识分子认同主流文化途径中的体验型认同具有认同感受的深刻性和认同结论的由衷性、持久性等特点。引导知识分子参与主流文化的构建过程，有利于促进其深入了解。当前我国主流意识形态“作为政治标签的刚性特征正在逐渐被学术研究的理性话语所替代，意识形态日益渗透到学术研究之中，通过学术思潮、学术话语等加以表达”，这种趋势既是知识分子参与主流文化建构的一种反映，也是进一步推进主流文化的科学性建设，在交流协商中促进其认同的双赢选择。社会实践体验是增进文化认同的基本途径。通过蕴含主流文化的场景教育和实践体验，能够强化认同主体对主流文化的接受情感、接受信念和接受意志。到各种类型的革命纪念馆、博物馆、革命老区、革命战争遗址、改革开放的前沿地区进行场景体验等，都是运用典范效应，在为其带来心灵触动的基础上增进对主流文化认同的有效路径。

（调查人：王桂兰 高斐 马小利 2013 年 05 月 14 日《光明日报》）

践行群众路线必须克服官僚主义

河南省中国特色社会主义理论体系研究中心

官僚主义最基本的表现就是脱离群众、脱离实际，因而也是执政党的最主要危险。在全党深入开展以为民务实清廉为主要内容的党的群众路线教育实践活动，着力解决人民群众反映强烈的突出问题，提高做好新形势下群众工作的能力，显示了党中央整治官僚主义沉疴顽疾的坚强决心。

改革开放以来，我们党在转变工作作风、密切联系群众、反对官僚主义与形式主义方面做了大量工作，取得了显著成绩。但是我们也应看到，在一些党员干部身上，仍然程度不同地存在着官僚主义倾向，其主要表现有：一是高高在上，官气十足，强制命令，动辄训人；二是脱离群众，脱离实际，盲目决策，瞎胡指挥；三是无视民主，独断专行，搞家长制、一言堂；四是墨守成规，照抄照搬，精神懈怠，懒字当头，浑浑噩噩，无所用心，不思进取；五是尸位素餐，玩忽职守，敷衍应付，不负责任；六是弄虚作假，欺上瞒下，“上有政策，下有对策”；七是办事拖拉，推诿扯皮，“打太极、踢皮球”，不讲效率；八是滥用职权，徇私枉法，吃拿卡要；九是贪图享受，奢靡铺张，公款消费，公费旅行；十是文山会海，忙于应酬，忙于拉关系、走门子，不干实事。

官僚主义与党的群众路线格格不入，是贯彻党的群众路线的拦路虎，主要危害有：

妨碍工作效率提高。官僚主义严重的地方、部门或个人，其工作效率必然低下。官僚主义是负能量，是低效率的代名词。提高工作效率，增强正能量，就必须克服官僚主义，官僚主义不除，其他任何有助于提升工作效率的手段、方法都会因之而大打折扣。

贻误社会主义现代化建设事业。有的官僚主义行为直接造成经济损失，有的间接造成经济损失，甚至造成重大经济损失。总体而言，官僚主义行为给国家和人民群众利益造成的损失根本无法估量。官僚主义猖獗，使得能办的事办不成；使得早就该办成的事拖至很久很晚才能办成；使得本来能解决的问题和矛盾久拖不决，甚至使问题愈积愈多、矛盾愈演愈烈，严重挫伤群众的积极性。

损害党和政府的形象。官僚主义行为弱化政府公信力，恶化党群干群关系，动摇党的执政根基。从本质上看，官僚主义是剥削阶级统治的遗留物，无论何时何种官僚主义，其基本特点都是脱离人民群众、脱离实际。官僚主义的所做所为都会在不同程度上偏离国家和人民的根本利益并引起社会和人民群众的不满，从而损害党和政府的形象。

纵容助长腐败。官僚主义与腐败同宗同源，二者都与国家机关及其工作人员手中掌握的权力有着直接关系，是权力的不当使用甚至滥用。滥用权力、徇私枉法等歪风既是官僚主义的极端表现形式，也是明显的腐败行为。在市场经济条件下，官僚主义与市场机制相结合，更容易产生腐败。有的官僚主义者利用职务之便，为腐败分子提供便利条件，甚至阻挠对腐败分子的查处。官僚主义严重的地方，往往也是腐败的高发区，反腐倡廉法规措施难以落实，此即官僚主义使然。

克服官僚主义须多管齐下、综合治理。

加强思想政治教育与加强党性修养和从政道德修养相结合,提高党员干部的思想政治素质和从政道德水平。从思想道德和认识论的层面看,官僚主义的滋生主要是“官本位”意识、极端利己主义、主观主义、历史唯心主义等作祟。党政机关的工作作风说到底是个党性问题,它体现着党政干部的思维方式、价值追求和工作态度,而思维方式、价值追求和工作态度则体现着党政干部的世界观、人生观、价值观、事业观和党性状况以及思想道德水准。实践证明,思想政治教育可以有效地增强党员干部尤其是领导干部的思想政治素质,增强他们改造主观世界的自觉性、主动性。因此,要改进思想政治教育方式,多措并举,增强教育的针对性和有效性,使之能够像春风化雨般入脑入心。同时,广大党员干部要自觉强化党性修养和从政道德修养,用社会主义核心价值体系武装头脑、净化心灵,慎独慎微,锤炼作为一名党员干部应有的先进性和纯洁性;常修为政之德,常省为政之过,常励为民之志,常警贪欲之祸;时刻牢记自己是人民公仆、是人民的勤务员;牢记“领导就是服务”,牢记党性和从政道德的精髓在于为民、务实、清廉,牢记权力意味着责任和义务,权力的价值在于为人民群众谋福祉,行权之道在于秉公祛私;经常以党性之水灭私欲之火,以道德之帚扫贪欲之尘;以艰苦奋斗、奋发有为、昂扬向上的精神风貌克服庸懒散奢,以坚定的理想信念担起责任、抗住诱惑、守住底线、守住清白、远离“高压线”,“任重不泯济民志,位高不移公仆心”,做一名经得起实践、历史和群众检验的优秀公仆。

以改革创新精神完善制度体制,从制度体制上铲除官僚主义滋生的温床。目前,制度缺失或不健全,缺乏规范性、协调性和可操作性;机构臃肿,职能重叠交叉,权责不明,权责错位,权力过于集中,政府管了许多不该管的事,行政审批项目过多过滥,体制不顺,运行不畅等,依然是我们的体制机制存在的主要弊端。这些体制机制弊端是滋生官僚主义的重要根源。克服官僚主义,根本在于通过深化改革,形成一套科学的、完善的、系统的、协调的、可操作性强的行政管理制度,用制度来规范公务人员的从政行为。同时,要深化政府管理体制改革,铲除官僚主义滋生的体制土壤。一是精简机构,优化行政层级,合理界定中央政府和地方各级政府的职责权限,并厘清各个部门和岗位的权限与责任,做到权力与职能、责任相统一,并理顺部门之间的关系,健全部门之间的协调配合机制;二是加快推进政企分开、政资分开、政社分开,减少政府对微观经济活动的干预,充分发挥市场配置资源的基础性作用;三是适度分解领导干部尤其是一把手的权力,完善民主集中制和权力运行程序,实现权力运行科学化、民主化、制度化、规范化;四是适应市场经济发展要求,转变政府职能,大幅度削减行政审批项目,由全能政府向有限政府转变,由管制型政府向服务型政府转变,减少政府对经济活动的干预。

建立健全科学有效的民主监督制约机制。党政干部手中或多或少都掌握有一定的公共权力,而公共权力具有易变性和膨胀性,缺乏监督的权力往往容易产生异化,改变权力为公为民的正确运行方向,滋生官僚主义甚至走向腐败。公共权力来自人民,由民所赋,人民有权监督公共权力的运行。为了提升监督的有效性,要加快推进民主法治建设,依法保障人民知情权、参与权、表达权、监督权,调动人民监督政府的积极性。从有利于克服官僚主义的角度讲,知情权是人民群众行使监督权的重要内容和前提条件。保障人民群众的知情权,要求必须加大党务公开、政务公开、司法公开和各领域办事公开的力度和范围,让权力在阳光下、在人民群众的视线内运行。要拓展群众反映问题的渠道,尤其是专职监督机构要敞开群众反映问题的大门。要形成包括纪检监察审计专职监督、上下级之间互相监督、群众监督、法律监督、媒体舆论监督等在内的强大监督合力,将权力置于严密而强有力的监督网之下,让官僚主义乃至腐败无所遁形。

需要指出的是,领导干部发挥表率作用,带头改进工作作风,密切联系群众,上下联动,才能使优良作风在党政机关蔚然成风。领导干部的作风有着很强的示范效应,潜移默化地影响着广大干部的作风乃至社会风气,一般干部往往通过对领导干部的作风表现作出评价来决定自己的行为方式。喊破嗓子,不如做出样子。如果领导干部作风不端,而要求下面如何如何,即使喊破嗓子也是白搭。因此,改进工作作风,密切联系群众,须从高层领导机关、领导干部做起,要求下面做到的,领导机关、领导干部须率先垂范,以身作则。只有这样,才能上下联动,形成铿锵有力的改进工作作风大合唱,使优良作风光昭日月,使官僚主义无所遁形，似过街老鼠，人人喊打。

（执笔：尹书博 付钦太 来源：2013 年 07 月 23 日光明日报）

深化改革要突破利益固化的藩篱

河南省中国特色社会主义理论体系研究中心

近日召开的中共中央政治局会议研究了全面深化改革的重大问题，强调“必须充分认识改革面临的矛盾和困难”“勇于突破利益固化的藩篱”。这是我国改革进入深水区和攻坚期的新要求和必然选择。我们要着眼实现“中国梦”和“两个一百年”的奋斗目标，以更大的政治勇气和智慧，积极寻求各方利益的平衡点和最大公约数，不断突破利益固化的藩篱，不断将改革向纵深推进。

释放“改革红利”必须突破利益固化藩篱

改革的实质是利益关系的调整。我国 30 多年的改革，带有一定的“普惠式”特点，但“普惠”不等同于“均衡”，具体到各个地方、部门乃至个体，不均衡的利益分配机制加之长期制度安排的惯性，使其在成就伟大历史变迁的同时，也逐步形成了各类特殊的既得利益群体。稀缺资源的垄断、市场调节的受阻、寡头集团的崛起、部门立法的滋扰等，使各类不合理的既得利益合法化，不断得到强化和固化。

当前，这种利益固化的趋势已渗透到经济社会生活的多个方面。如中央与地方之间、城乡之间、国有经济与民营经济之间、地区之间、行业之间、不同社会群体之间，等等。利益固化不仅阻碍资源要素的正常流动和优化配置，抑制经济发展和社会创造的活力，而且会侵蚀社会成员向上流动的空间和机会。如果处理不好，就可能使改革受到掣肘，从而侵蚀改革开放的成果，削弱社会发展和进步的动力。特别是当前我国经济正处于增长速度换挡期、结构调整阵痛期、前期刺激政策消化期叠加的阶段，加上世界经济还处于深度调整之中，使我国经济发展的内外环境更趋复杂，要释放“改革红利”，必须突破利益固化的藩篱，进一步激发和凝聚社会创造力。

然而，“触动利益比触动灵魂还难”，作为改革过程中出现的问题，利益固化本身也是改革不到位的表现和产物，只能通过深化改革来解决。深化改革不仅要突破当前利益固化的藩篱，实现现代化成果的公平分享，更重要的是以此为契机，从根本上打破利益固化的制度安排，通过新的制度设计来彻底规避和防范新的利益固化的形成。这是当前在突破利益固化藩篱问题上深化改革的更深要义所在，但同时，这也意味着突破利益固化的樊篱绝非一朝一夕之功，既需要壮士断腕的勇气和多谋善断的智慧，也需要做好长期努力的准备。

突破利益固化藩篱的重点领域和关键环节

突破利益固化藩篱，保障改革顺利向纵深推进，必须从人民群众最关心、最迫切、最需要、最受益的问题入手，善于抓住重点领域和关键环节。

加快政府职能转变。要厘清政府角色定位，着力扭转在原有考核评价机制下的 GDP 至上倾向，矫正由部门利益、地方利益、行业利益导致的对政府公共利益代表者角色的扭曲。要处理好政府和市场的关系，切实发挥市场在资源配置中的基础性作用，加快形成统一开放、竞争有序的市场体系，着力清除市场壁垒，提高资源配置效率，把错装在政府身上的手换成市场的手。要继续把深化行政审批制度改革作为重要抓手和突破口，继续简政放权，清理压减行政审批事项，切实加大放权力度，增强经济发展内生动力。

深化收入分配制度改革。要提升利益预期，千方百计增加居民收入，努力实现居民收入增长和经济发展同步、劳动报酬增长和劳动生产率提高同步。要调节利益分配，综合运用税收、社会保障、转移支付等手段，调节过高收入、增加低收入群体保障，着力解决收入差距过大的问题，把社会各阶层收入差距和利益分化控制在适度的范围内。要规范利益来源，明确划分合法收入与非法收入的界限，保护合法收入，取缔非法收入，整顿不合理收入。

推动行政性垄断行业改革。要尽可能引入竞争机制，推进市场化取向的分类改革，通过竞争性领域放开市场、资本多元化改造、可竞争性环节分离等措施，着力打破行业垄断与地区封锁，化解民企市场准入的“玻璃门”,保证各种所有制经济依法平等使用生产要素、公平参与市场竞争、同等受到法律保护。要加强监管和监督,强化对垄断企业的政府监管和社会监督,防止其滥用市场支配地位,通过高价格和高收费等方式损害消费者权益,并对其他市场主体产生“挤出”和排斥效应。

畅通向上流动渠道。要积极推进公共服务均等化,改革户籍制度,破除附着在户籍身份上的不平等公民待遇,在教育、医疗、社会保障等方面实现国民待遇的统一化和标准化,着力提高社会成员向上流动的能力,增强社会各阶层参与和支持改革的自觉性。要着力打破就业和创业壁垒,破除种种不合理的障碍以及歧视性的政策措施,共同营造兼顾公平与效率的社会氛围。要构建公平公正的向上流动机制,杜绝用人和选拔等过程中的各种不正之风,打造有利于向上流动的社会环境。

推进民主法治建设。要强化民主法治理念,将突破利益固化藩篱上升到法治建设高度,更加注重发挥法治在国家治理和社会管理中的重要作用,凝聚突破利益固化藩篱的共识。要提高运用民主法治思维和方式突破利益固化藩篱的能力,对利益固化藩篱实现“阳光突破”,杜绝以深化改革之名,借公权力之便,行谋取私利之实,造成新的利益固化。要营造公平公正的环境,按照“权利公平、机会公平、规则公平”的要求,通过制度安排,依法保障人民权益,让全体人民依法平等享有权利和履行义务。

在深化改革中不断突破利益固化的藩篱

深化改革、打破利益固化的藩篱,不仅需要勇气和胆识,更需要信心和智慧,要善于找到改革发展的“最大公约数”,最大限度地凝聚深化改革的共识,形成深化改革的合力。

增量改革和存量改革协调。在突破利益固化问题上,增量改革有利于减少改革阻力,推动改革的顺利推进,存量改革阻力大却有利于形成共识。但必须认识到,改革进行到一定程度,如果仍只有增量改革而回避存量改革,不仅难以实现权利公平、机会公平和规则公平,改革本身也容易陷入“路径依赖”,难以取得重大突破,而且容易形成短期利益预期,进一步加剧利益固化格局。因此,要善于在利益增量上做文章,在利益预期上作调整,同时稳妥推进存量利益的优化,以更好地凝聚共识,减少改革的阻力。

顶层设计与基层探索并进。在法律法规不断健全的今天,要突破利益固化藩篱,不可避免地要涉及对部分现行规定的调整,这就决定了必须通过顶层设计,对突破利益固化藩篱的走向、重点、路径等进行统筹安排、科学谋划,以增强改革的系统性、整体性、协同性。但同时,如果一味等待顶层设计,则可能错过改革的良好时机,也不利于基层首创精神的发挥。因此,要把顶层设计和基层探索结合起来,赋予地方先行先试的权利,聚合各项相关改革协调推进的正能量,鼓励大胆探索、勇于开拓,并在总结经验的基础上,梳理形成可操作性的顶层方案。

问题破解与制度纠偏并重。突破利益固化的藩篱不可能一蹴而就,更不可能毕其功于一役,因此,不能急于求成,要从眼前若干具体问题入手,由易到难,依次突破。但这绝不是“头痛医头脚痛医脚”,而是要在问题破解中推动生成改革的内在逻辑与动力,促成“关键环节”和“核心问题”的最终解决。更为重要的是,要以此倒逼一系列制度的渐变,促进发展效率和分配公平的协调,促进权利公平、机会公平、规则公平的社会公平保障体系的形成,逐步逼近并最后形成防范和规避利益固化的有效制度与长效机制。

利益协调与权力制约并举。突破利益固化的藩篱是利益协调的过程,要通过建立健全利益表达机制、利益疏导机制、利益调节机制、利益补偿机制、利益冲突化解机制等,在既得利益集团和其他社会阶层之间寻求平衡点,找到“最大公约数”,最大限度地凝聚共识,形成改革的合力。同时,要着力破解政府权力部门化、部门权力利益化的困局,遏制权力的滥用,“把权力关进制度的笼子里”,健全权力运行制约和监督体系,坚持科学决策、民主决策、依法决策,健全决策机制和程序,确保决策权、执行权、监督权既相互制约又相互协调,确保国家机关按照法定权限和程序行使权力。

(执笔:喻新安、陈明星、喻晓雯、赵然 来源:2013 年 09 月 20 日《光明日报》)

实现中国梦必须增强国家凝聚力

河南省中国特色社会主义理论体系研究中心

实现中华民族伟大复兴,是中华民族近代以来最伟大的梦想。实现中华民族伟大复兴的中国梦必须凝聚中国力量,必须增强和提升整个民族和国家的凝聚力,这是实现中国梦的重要条件和保证。

增强国家凝聚力是实现中华民族伟大复兴中国梦的内在要求

国家凝聚力是国家综合国力的灵魂和精神支柱。一个国家的综合国力是指一个主权国家赖以生存与发展所拥有的全部实力以及国际影响力的合力。它既包括地理环境、自然资源、人口等自然因素,也包括经济、科技、军事等物质因素,还包括政治、外交、文化、民族精神、国家凝聚力等精神因素。国家凝聚力是国家综合国力的重要组成部分,是一个国家中不同民族、不同群体、不同政党和不同政治力量,在社会共同利益、共同理想、共同目标等一致基础上所产生的吸引力、聚合力。它一方面体现为国家特别是执政党和政府以其执政理念、方针政策、实践行为以及所倡导的政治信仰、意识形态、核心价值、民族精神等对民众所产生的吸引力、亲和力、感召力;另一方面又体现为民众对国家特别是执政党和政府的政治权威、执政理念、方针政策、实践行为以及所倡导的政治信仰、意识形态、核心价值、民族精神等的认同和由此所产生的向心力、聚合力。与经济、科技、军事等物质力量要素相比,国家凝聚力是国家综合国力的核心要素,是国家综合国力的灵魂和精神支柱,在实现国家富强、民族振兴、人民幸福伟大中国梦的历史进程中起着重要甚至关键性作用。

增强国家凝聚力是实现中华民族伟大复兴中国梦的内在要求和必要条件。大量历史事实表明:国家凝聚力在国家存续发展、民族振兴强盛过程中具有重要乃至决定性的作用;国家凝聚力强,则国强;国家凝聚力弱,则国弱。历史上一些国家的兴起与衰落,除了各方面因素和条件外,都与其当时国家凝聚力的强弱有直接关系。在中国近代历史上,由于政府腐败无能,民族矛盾、阶级矛盾激化,外敌乘机入侵,国家一盘散沙、人心涣散,民族和国家凝聚力极其衰弱,致使国家和民族到了亡国灭种的危险境地。新中国成立之后,在中国共产党领导下,全国各族人民万众一心、众志成城,各民族空前团结,国家凝聚力空前增强,在短短的时间内,新中国不仅迅速医治好了战争创伤,而且建立了完整的工业体系和强大的国防,使中华民族巍然屹立于世界的东方,赢得了世界的尊敬。

实现中华民族伟大复兴的中国梦之所以需要增强和提升国家凝聚力,是因为国家凝聚力具有以下功能和作用:一是聚合功能。国家凝聚力具有将一个国家中不同民族、不同政党以及不同阶层的人们吸引、凝聚在一起,去为共同理想和目标进行奋斗的功能和作用。二是化解功能。国家凝聚力具有化解内部矛盾、消弭意见分歧、促进社会和谐、维护国家稳定,以及促进民族认同、社会认同、国家认同的功能和作用。三是抵御功能。国家凝聚力具有有效抵御敌对势力进行分化、溶化、消解国家统一、民族团结、国家意志的功能和作用。四是提振功能。国家凝聚力具有强化民族自尊心、自信心、自豪感,提振民族精神、社会责任、国家意识的功能和作用。五是激励功能。国家凝聚力具有激励民众去为国家强盛、民族振兴、人民幸福而忘我奋斗的功能和作用。

国家凝聚力是一种强大的电磁场和黏合剂,它可以把不同民族、不同阶层的人民聚合起来,融合在一起,形成一种强大的国家力量。在当前国际形势纷繁复杂、国内改革发展稳定任务艰巨繁重的新形势下,进一步增强整个民族和国家的凝聚力和向心力,是我们实现中国梦的内在要求和必要条件。

大力增强和提升国家凝聚力

第一,必须大力增强民族文化自信自强,打牢增强国家凝聚力的精神基础。中华传统文化是我们民族的血脉和灵魂,是国家发展、民族振兴的重要支撑,也是中华儿女共有的精神家园。中华文化积淀着中华民族最深沉的精神追求,是中华民族几千年生生不息、不断发展壮大的丰厚滋养。丢弃了传统文化,我们就失去了赖以生存和发展的文化根基和精神家园。为此,必须始终坚持以中华优秀文化传统为根基,不断提高文化自觉,增强文化自信,实现文化自强。同时,坚持开放包容精神,学习借鉴人类社会一切优秀文明成果,坚持对各个国家、各个民族的优秀文化辩证取舍、科学吸纳并使之与中华优秀传统文化有机融合,成为中华文化新的组成元素,为增强国家凝聚力打牢坚实的精神基础。

第二,必须大力加强社会核心价值体系建设,打牢增强国家凝聚力的思想基础。一个民族和国家的凝聚力主要来自于人们对社会核心价值的认同。社会主义核心价值体系是当代中国社会主流意识形态的本质体现,是兴国强国之魂,在整个文化建设中居于统摄和支配地位。增强国家凝聚力,必须把社会主义核心价值体系建设作为重中之重,努力在全社会形成统一的指导思想、共同的理想信念、强大的精神支柱和基本的道德规范。为此,必须坚持不懈地用马克思主义中国化最新成果武装全党、教育人民,用中国特色社会主义共同理想凝聚力量,用以爱国主义为核心的民族精神和以改革创新为核心的时代精神鼓舞斗志,用社会主义荣辱观引领风尚,从而巩固全党全国各族人民团结奋斗的共同思想基础。

第三,必须坚决清除消极腐败现象,打牢增强国家凝聚力的社会基础。消极腐败现象是兴国强国的大敌,它损毁执政党的形象,削弱政府的权威,激化社会矛盾,引发社会动荡。同时,消极腐败现象是社会的腐蚀剂,它败坏党风民风,污染社会风气,毒化人们的思想,是国家向心力、凝聚力的大敌。增强国家凝聚力,实现中华民族伟大复兴的中国梦,必须下决心消除各种消极腐败现象,建设廉洁政治。要坚持“老虎”“苍蝇”一起打,坚决遏制腐败蔓延的势头,坚决消除腐败滋生的土壤,真正做到干部清正、政府清廉、政治清明,从而凝聚社会共识,激发群众爱国热情,打牢增强国家凝聚力的社会基础。

第四,必须大力建设诚信政府,打牢增强国家凝聚力的行政基础。在现代社会中,政府处于主导和引导地位。在现代社会诚信体系中,政府诚信是整个社会诚信体系的基础和核心。政府要赢得民众信任,必须把自己建设成为诚信政府,诚实履行对社会和公众所承诺的义务和责任。为此,各级政府及其工作人员必须严守信用、诚实履职、模范尽责;必须做到有法必依、有章必循、有制必守、有诺必行。只有这样,才能凝聚民心、聚合国力,打牢增强国家凝聚力的行政基础。

第五,必须大力加强执政党建设,打牢增强国家凝聚力的政治领导基础。中国共产党成立以来90多年的历史充分证明,只有中国共产党,才能引领中国发展进步,才能领导中国人民实现中华民族伟大复兴的中国梦。当前,我们党虽然面临着诸多挑战和考验,但我们坚信,党完全具有自我净化、自我完善、自我革新、自我提高的能力,完全有能力把自身建设好,始终成为中国特色社会主义事业的坚强领导核心,带领全国各族人民,最终实现中华民族伟大复兴的中国梦。

(执笔:朱耀先 来源:2013年10月04日《光明日报》)

有序推进农业转移人口市民化

河南省中国特色社会主义理论体系研究中心

要围绕提高城镇化质量,把有序推进农业转移人口市民化作为重要任务抓实抓好,走集约、智能、绿色、低碳的新型城镇化道路。

城镇化是我国现代化建设的历史任务,也是扩大内需的最大潜力所在。近年来,我国城镇化水平的提高,很大程度上源于农业人口向发达地区和大城市的大规模转移。推进农村人口向城镇有序转移,不仅能促进经济社会健康持续发展,还能推进城乡一体发展。

但我们也要看到,在城镇化进程中也面临一些问题,一是土地城镇化速度快于人口城镇化速度,二是常住人口城镇化速度快于户籍人口城镇化速度,三是大中城市和沿海发达地区城镇化速度快于小城市(镇)和中西部地区城镇化速度。

之所以产生这样的矛盾和问题,关键在于我国在推进城镇化的进程中,忽视了城镇化发展在时间上的推进节奏,在空间上的合理均衡布局。因此,促进农村人口有序转移,有序推进农业转移人口市民化,是新型城镇化的必然要求。

推进农村人口向城镇有序转移,实际上是生产力空间布局与人口空间布局相适应、新型城镇化战略布局与人口战略布局相协调发展格局形成的过程,它体现了人口与城镇建设、人口与经济发展在空间、时序上的均衡与协调。客观上要求具备一定的条件:一是布局合理功能完善的城镇体系。城镇体系是人口由农村向城市转移的空间支撑。城镇体系布局是否合理,功能是否完善,必然影响着区域生产要素的流动效率与产业空间布局的合理性,直接影响着新型城镇化进程中人口的有序转移的水平与质量。按照规模适度、合理布局、特色鲜明和功能互补的原则,着力构建和完善包括省域中心城市、区域中心城市、中小城市、小城镇和新型农村社区在内的五级城镇体系,是实现新型城镇化进程中农村人口有序转移的重要条件。二是结构优化质量较高的产业体系。产业支撑是人口由农村向城市转移的关键。规模小、专业化与产业化程度较低的第一产业必然会聚集大量富余劳动力;高能耗、高污染、资本密集型为主要特征的第二产业对劳动力的吸纳作用有限;以传统服务业为主、发展速度偏慢、发展相对滞后的第三产业也抑制了农村富余劳动力向非农产业的转移。因此,必须要构建起能够支撑"两型"社会建设、实现"三化"协调发展和人口有序转移的结构优化、质量较高的新型产业体系。

在新型城镇化进程中实现农村人口有序转移,要按照因地制宜、分类指导、稳步推进的原则,依照新型城镇化的空间布局,有规划、有节奏、有重点地推进农村人口向大中小城市、小城镇和新型农村社区有序转移,促进人口合理分布,加快新型城镇化健康发展。

一是按照区域城镇空间布局规划科学合理引导人口有序转移。一方面,采取积极政策措施,着力推动和合理引导农村劳动力富余地区的人口,向城市群、大中城市适度集中和集聚;另一方面,把县城、中心镇等中小城市和小城镇作为人口转移的主要承接地,着力增加公共产品供给,强化产业支撑,不断提高小城市和小城镇的承载吸纳能力,实现农村人口的就近转移就业。同时,要因地制宜探索新型农村社区建设模式,稳步开展试点示范工作,实现农村人口集中居住、集聚发展。

二是给予具备一定条件的农民工完全的市民化待遇。要秉持分类指导、平稳有序的理念,有序推进农民工的市民化进程。给予落户农民工真正的市民化待遇,使其在教育、医疗、就业、住房、养老等方面享受同等待遇,并尽快融入城市。积极探索建立合理的征地补偿和利益分享机制,以及农村居民的土地退出机制,保障进城落户农民工家庭的土地财产收益,为农业转移人口市民化积累资金成本。

三是有重点地促进农村富余劳动力向中小城市转移。积极鼓励中小城市在土地、户籍、社会组织、社会保障等方面进行制度创新和改革试点,加快落实放宽中小城市、小城镇特别是县城和中心镇落户条件的政策,促进符合条件的农村转移人口在小城市和小城镇落户。积极创造条件,促使重大项目和重要产业的产业链从大中城市向中小城市转移,并通过主导产业的培育来带动相关配套领域、服务业发展,创造更多的就业机会。加大政策和资金支持力度,着力实施中小城市城镇功能提升计划,全面加强中小城市道路交通、通信网络、给排水、电力设施等基础设施建设,着力推进教育、医疗卫生、文化等公共服务设施建设,不断提升中小城市的人口承载能力。

四是依托区域产业集群鼓励农村居民就近就地非农化就业。充分发挥区域产业集群的重要作用,积极承接产业转移,大力发展非农产业,促进农村富余劳动力进入区域产业集群工作就业。在传统农区规划和建设一批特色乡镇工业园和工业小区,推进乡镇企业向园区集中、集聚,促进农村人口就近转移和就近就业。对进入区域产业集群和特色园区就业的转移农民进行技能培训,不断提高其就业能力。

(执笔:喻新安 王建国 王新涛 来源:2013 年 03 月 29 日《经济日报》)

借鉴国际经验 加快科技创新

河南省中国特色社会主义理论体系研究中心

科技进步与创新是经济发展方式转变的核心和根本动力,也是经济发展方式转变的决定性因素。当前,我们正处在建设创新型国家的关键时期,如何借鉴国际经验,加快科技创新,是一个值得我们深入思考的重大问题。纵观美、日等传统工业强国和后发赶超国家的经济发展史,通过科技创新战略,加快经济发展方式转变和经济转型的成功案例很多,虽然这些国家的国情和科技发展水平存在着种种差异,但其在科技创新方面的成功经验和实践值得我们学习和借鉴。

一是政府高度重视,注重发挥科技政策的引导作用。在过去50年里,发达国家依靠科技创新,大力开发新产品、新服务与制造业系统,经济增长有很大一部分来源于创新及产业化发展。因此这些国家越来越重视依靠科技创新来推进产业结构调整和经济发展方式的转变。比如,美国政府高度重视科技创新,一直将科技创新视为国家经济未来发展的关键。在促进美国经济发展方式转变的各种因素中,以信息技术革命为主导的技术创新处于首位。在科技政策方面,政府出资支持大量的科研活动,制定了以“信息高速公路”计划为代表的科技发展规划,对技术创新活动给予正确的引导。再如,韩国政府早在20世纪80年代就提出了“科技立国”口号,进入21世纪,为应对日益激烈的国际科技竞争格局,韩国政府又提出“第二次科技立国”战略,2011年初,韩国知识经济部公布了2020年产业技术创新战略思路,提出要实现从“快速跟踪”战略到“领跑者”战略的转变。可以说,韩国能在落后条件下迅速实现经济发展方式转变与韩国政府重视科技创新、适时制定和调整科技政策、加强政策引导是密不可分的。

二是注重产学研合作,加快科技成果转化。在政府的引导下,将企业和高校、科研机构联合起来,实现产学研合作是科技创新的必由之路。比如,美国政府非常重视科技成果在经济上的应用,支持国家实验室、大学、科研院所与企业合作,促进科技成果商业化。其产学研合作计划强调以项目、资金为纽带,促进若干大学机构与企业、科研院所组成新的研究实体,通过扶持、培育形成坚实的研发能力,在竞争环境下进入良性循环,进而走上独立自主的发展道路。再如,日本政府通过建立辅助金制度、完善相关法律等配套措施,扶持各地的专门技术学校以及中小企业大学的设立,加强了对企业专业人才的培养,实现了大学与企业之间的联动。此外,还通过设立相应的中介机构来促进大学科研成果向民营企业转移和研究成果产业化。

三是注重完善科技立法。国外推进经济转型和发展方式转变的科技政策体系表明,为了更有效地支持科技发展和技术创新,必须制定支撑系统的法律法规。比如,日本为了加快国家科技创新方面的进步,早在1995年就制定了关于科技发展的纲领性法规《科学技术基本法》,明确了国家科技创新发展的宏观导向,为科技创新提供了一个良好的外部法律制度环境。

四是注重科技创新人才队伍建设。科技进步与科技创新需要各种类型的高素质的创新人才,人力资源已经成为决定在未来国家竞争中能否取胜的关键因素,因而许多国家都在积极实施教育优先投资战略,加大对创新人才的培养与引进力度。美国非常重视科技创新的人才队伍建设,一方面依靠多层次的教育大量培养本国具有较强创新精神和基础研究能力的科技型人才,另一方面采取多种措施吸引国外优秀人才来美国发展,为美国经济发展方式的转变提供了强有力的智力支持。日本长期以来也十分重视对高科技、高素质人才的培养,并逐步建立起了良性的人才培养、交流和充满竞争的研究环境。比如,进一步促进高等职业教育的实质性发展,并推进高层次远程教育,倡导终身学习;建立企业人才成长评价制度,提升职工的知识水平和训练水平,等等。

总之,美、日等传统工业强国和一些亚洲新兴工业国家的科技政策对我们的启示是多方面的。作为发展中国家,我们在促进科技创新过程中还有诸多不适应加快经济发展方式转变的环节,这就需要我们在充分借鉴国际经验的基础上,结合我国国情,努力走出一条具有中国特色的科技创新推进经济发展方式转变之路。

(执笔人:秦 健 来源:2013年05月03日《经济日报》)

深化改革势在必行

河南省中国特色社会主义理论体系研究中心

改革开放30多年来,我国经济、政治、科技、文化等各项事业都取得了显著成就,综合国力不断增强,人民生活水平稳步提升。实践证明,改革开放是党在新的历史条件下领导人民进行的新的伟大革命,它不仅是发展的强大动力,也是加快转变经济发展方式的强大动力;不仅是决定当代中国命运的关键抉择,也是坚持和发展中国特色社会主义、实现中华民族伟大复兴的必由之路。

在充分肯定改革开放成果的同时,我们也要清醒地认识到,改革任重而道远,不可能一蹴而就。当前在某些领域还存在着改革不到位和不彻底的问题,甚至衍生出了大量的既得利益群体。从某种程度上讲,如果利益格局固化了,经济社会发展就缺乏活力,而且会严重阻碍社会各领域的自我完善和进步。当前和今后一个时期,巩固改革开放成果的惟一选择,就在于进一步深化改革,突破利益固化格局,完善社会主义市场经济体制。可以说,深化改革,势在必行。

党的十八大报告提出全面建成小康社会和全面深化改革开放的目标。要实现这些目标,必须进一步深化改革开放,坚决破除一切妨碍科学发展的思想观念和体制机制弊端。首先,要完善和拓展改革开放的路径。其次,要坚持走发展和调整优化相结合的道路,在改革中不断完善和进步。再次,要充分认识到进一步深化改革开放面临的两大难题,思想观念障碍和利益固化藩篱。最后,必须把握时机,在解放和转变人们的思想和观念的前提下,循序渐进地进行利益固化调整。具体而言,需要做好以下几个方面的工作:

第一,用科学发展观武装头脑,冲破思想和观念障碍。当前和今后一个时期,全面贯彻落实党的十八大精神,全党乃至全国人民都要用科学发展观武装头脑,实现思想解放和观念更新,革除一切落后和保守的旧思想和旧观念,打破利益固化藩篱,树立全局意识和远大目标。进一步深化改革开放,必须鼓励和支持创新意识,力争尽早尽快实现思想上大的解放和突破。比如,鼓励和支持通过试点的办法先行先试,在取得成果之后再在全国更大范围内推广。值得注意的是,坚持解放思想、实事求是,必须顺应人民期待和时代潮流,确保公平和效率有机协调,积极夯实进一步深化改革开放的群众基础和思想基础。

第二,尊重人民首创精神,搞好改革的顶层设计。深入调查和研究,尊重事实和实践,特别要尊重人民首创精神,鼓励和支持大胆探索和创新。在深入调查研究的基础上,提出进一步深化改革的顶层设计和总体规划,充分考虑人民群众的需求和期待,聚合各项相关改革协调推进的正能量,使民众共享改革红利。深化改革的顶层设计和总体规划,必须真正考虑到民众的切身利益,设计出更加公平、科学和合理的制度与法律,有效制约权力滥用。当然,我国国情复杂,一时看不准、吃不透的改革,可先选择一些地区和领域开展试点,以点带面,并有及时调整和纠错的机制,在探索中“排雷”和清除“荆棘”,从而为改革攻坚提供实践标杆和新鲜经验。此外,还要认真总结经验和教训,尊重自然规律和经济发展规律,不断转变政府职能,处理好政府与市场、与社会的关系,经济领域要更多发挥市场配置资源的基础性作用,社会领域要更好地利用社会的力量,把应该由市场和社会发挥作用的交给市场和社会,通过整合国内外各种有效资源,为实现全面建成小康社会和社会主义现代化的目标而努力。

第三,进一步解放和发展生产力,增强改革动力和活力。发展是硬道理,尤其是在当前改革攻坚期和转型期,更需要坚定不移地坚持科学发展,为进一步深化改革提供坚实的物质基础。深化改革开放,必须以科学发展为主题、以加快转变经济发展方式为主线,迎难而上、攻坚克难,坚决破除一切妨碍科学发展的体制机制弊端,有效激发社会各类市场主体的动力和活力,不断增强经济社会长期发展的后劲。借鉴先进国家经验和结合我国实际,要通盘考虑改革策略,打破既得利益格局的约束,摆脱改革路径依赖的困扰,将改革的力度与经济发展的速度以及社会可承受度有机结合起来,有效推进改革。

第四,有效调整利益格局,推进利益增量优化存量。现阶段推进改革不仅要继续解放思想,转变观念,在很大程度上要触动利益。而调整利益格局,不仅要鼓励和支持社会各群体识大体、重大局,放远眼光,超越短期利益、群体利益和部门利益,还要善于在利益增量上做文章,在利益预期上作调整,同时稳妥推进存量利益的优化,这样可以更好地凝聚共识,减少改革的阻力。在深化改革开放过程中,要始终坚持公平原则,特别要注意权利公平、规则公平以及机会公平,使所有人有机会通过自身努力获得应有利益。尤其涉及深水区的改革,更要坚持公开、公正和公平。此外,深化改革千头万绪,但不能眉毛胡子一把抓,要注意采取适合的方式方法,化繁为简,突出重点,积极寻找牵一发而动全身的突破口,从而达到事半功倍的效果。

与此同时,还要完善相关法律法规,巩固改革成果。深化改革,突破利益固化格局,必须运用法治思维和法治方式,充分发挥聪明才智,不断推进制度创新、理论创新和实践创新,推进社会主义市场经济稳步向前发展。值得注意的是,在这一过程中,必须从法律法规的建立健全出发,从根子上破除阻碍改革的制度障碍,而且要充分肯定经过试行取得成功的成熟改革经验,有的可以依照法定程序将其上升到法律和法规,运用法律的权威巩固改革成果。

(执笔:曾 旗 来源:2013 年 05 月 20 日《经济日报》)

拓展服务贸易新空间

河南省中国特色社会主义理论体系研究中心

伴随经济全球化深入发展和产业结构深刻调整,新兴服务业和服务贸易成为推动世界经济和贸易增长的重要动力。在经济全球化、贸易自由化和便利化深入发展的趋势中,着力提升服务贸易发展水平、不断拓展服务贸易新空间,对于推动经济结构战略性调整、深化改革开放、扩大国际合作,对于在世界经济格局深刻变化的大背景下打造经济增长的新引擎都具有十分重要的意义。

扩大服务贸易的规模。服务贸易是跨境的服务业。去年中国服务贸易总额占全部贸易额的10%左右,明显低于全球20%左右的平均水平。中国要积极拓展信息、金融等服务贸易,不断开拓服务贸易新领域,促进服务贸易进出口均衡发展。中国信息服务贸易基本接近世界平均水平,但总体竞争力不强,比较优势不明显。虽然中国信息服务贸易进出口额在世界排名靠前,但却没有显示出竞争优势。要通过制定相应的法律法规,完善政府职能、调整税制结构,保护国内市场、调整和优化我国信息服务贸易产业结构,加大开发信息服务贸易的人力资源、切实落实知识产权保护政策,不断提升中国信息服务贸易竞争力。近年来,中国金融服务业伴随着国民经济的快速发展取得了长足的进步,但由于"基础差"、"底子薄"等条件的制约,导致我国的金融服务业发展缓慢,并存在着金融服务贸易类型结构不平衡、跨境支付金融服务贸易常年逆差、金融服务贸易内部结构发展差距大以及金融服务业监管制度不完善等矛盾和问题。要加大政府支持力度、创造良好金融服务贸易环境;完善金融监管、提升金融服务贸易国际信用度;加快"走出去"战略、拓展金融服务贸易空间;完善法律法规、提供健全的法律保障;加快金融市场化改革、培育多元化金融主体,不断增强我国金融服务贸易的国际竞争力。同时,要推动企业更多承接服务外包业务,也欢迎外国公司在华开拓服务外包等业务。

促进服务领域相互投资。目前,全球跨国直接投资大部分流向服务领域。2012 年,我国服务业吸收外资占全国实际使用外资总额的48.2%,连续两年超过制造业,中国服务业已经成为吸收外资最多的领域。我国商贸企业"走出去"还处于起步阶段,亟待借鉴国际经验、采取灵活的经营方式、完善政府支撑体系,探索"走出去"的新路径。中国将继续支持有实力的服务业企业走出去,积极参与境外服务业建设与发展。鼓励外资投向现代服务业,欢迎跨国公司和外国企业投资中国服务产业,引进高技术含量、高端环节的外商投资,完善外商投资研发中心的发展政策,促进外商投资企业引进先进技术和高端人才,推动外资参与国内的研发活动,加强国际技术合作,继续鼓励跨国公司设立地区总部和研发中心、数据中心、采购中心等功能性机构。中国政府将探索建立自由贸易区试验区,在发展服务业上先行先试，带动产业结构优化升级。

构建公平竞争的服务贸易市场环境。我国已经确立了服务贸易战略地位，以此作为经济发展的战略重点。“十二五”期间，服务贸易的目标为进出口总额达到6000亿美元，年均增速超过11%。为确保“十二五”服务贸易目标的实现，首先要继续推动重点行业服务出口，在进一步巩固运输、旅游、建筑等行业规模优势的同时，要积极推进中医药、文化艺术、广播电视等行业的服务出口，并重点培育通信、金融、会计等高附加值服务贸易。其次，要培育具有较强国际竞争力的服务贸易企业，推进服务贸易领域自主创新，促进服务贸易区域协调发展，加快发展与战略性新兴产业相配套的服务贸易。要制定服务贸易发展政策，采取多种措施支持服务贸易的发展，完善服务贸易法律法规体系、政府部门和中介组织协同推进体系，搭建公共服务平台、贸易促进平台、中小企业融资平台，为包括外商投资企业在内的各类企业提供服务。同时将加强人员流动、资格互认、行业标准制定等方面的国际交流。

推动国际服务贸易自由化和便利化。我国正处于调整经济结构和转变发展方式的关键时期，服务业发展面临历史性的机遇，发展潜力巨大，即将迎来快速发展的春天。要深入推进服务领域各项改革，积极扩大服务业对外开放，大力优化服务业结构，努力营造有利于服务业发展的政策环境。当前，世界经济复苏曲折艰难。国际社会应当携起手来，共同推动服务贸易自由化便利化，促进国际服务贸易发展，为实现世界强劲、可持续、平衡增长提供有力支撑。

（执笔：涂小雨 来源：2013 年 06 月 21 日《经济日报》）

以好的作风开展教育实践活动

河南省中国特色社会主义理论体系研究中心

在这次教育实践活动中，要抓住党和人民群众关系这个根本问题，把“照镜子、正衣冠、洗洗澡、治治病”总要求贯穿始终，以好的作风深入开展教育实践活动。

我们党在领导革命、建设、改革的实践中，历来坚持根据形势和任务的新变化、时代发展对党的建设的新要求，在全党开展马克思主义集中教育活动，以更好促进党和人民事业发展。尽管不同时期开展的集中教育活动背景、任务、内容、做法有所不同，但每一次都把集中教育实践活动作为解放思想、统一认识、振奋精神的总动员，起到了坚定理想信念、密切党群关系、强健组织机体的重要作用。在收到良好成效的同时，历次集中教育实践活动也积累了诸多好经验。这次开展党的群众路线教育实践活动，也应当继承以往开展集中教育实践活动的好经验，特别要抓住党和人民群众关系这个根本问题，以好的作风确保这次教育实践活动取得实效。

把理论学习放在首位。开展党内教育实践活动，最重要的就是要增强理论学习的自觉性，提高用马克思主义立场、观点和方法分析解决问题的能力，使全党能够把马克思主义理论与中国的实际更好地结合起来，解决党的事业所面临的问题。因此，我们党的历次教育实践活动，都强调把学习马克思主义理论放在首要位置，以若干经典学习材料为依据，原原本本地进行学习。在这次教育实践活动中，中共中央文献研究室专门出版了《论群众路线——重要论述摘编》等，就很好地继承了重视理论学习这一好经验。

重点解决突出问题。相较经常性的党内教育，党内集中教育活动具有持续时间较长、投入多、要求严、内容广等特点。因而在这个过程中，重点解决突出存在的问题，反倒具有诸多便利条件，同时有助于增强党内集中教育实践活动的针对性和有效性。延安整风之所以能够取得突出成效，很重要的一个原因，就是创造性地提出并贯彻了理论联系实际原则，在普遍提高党员特别是党的高级领导干部马克思主义素养基础上，重点解决了党的思想路线问题。这次教育实践活动中强调主要任务聚焦到作风建设上，集中解决形式主义、官僚主义、享乐主义和奢靡之风这“四风”问题，就很好地坚持了这一经验。

遵循民主集中制原则。由于党内集中教育实践活动具有动员性、组织性、互动性和规模化的特点,因而比平时更加需要充分调动广大党员和党的基层组织的积极性、主动性和创造性,因而也就需要比平时更加注重发扬党内民主。延安整风期间,我们党创造了批评与自我批评等一系列好做法,这不仅使整风取得重大成效,而且成为党不断传承的优良作风。对于这次党的群众路线教育实践活动,中央创造性地提出了"照镜子、正衣冠、洗洗澡、治治病"的总要求,强调要以整风精神开展批评和自我批评,达到自我净化、自我完善、自我革新、自我提高的目的。这充分体现了对延安整风运动所奠定的好经验一以贯之的继承。

以先进性和纯洁性为诉求。保持党的先进性和纯洁性,是我们党应对和经受各种考验、化解和战胜各种危险的重要法宝。在党搞好自身建设的任何活动中,都应当牢牢把握这个诉求目标。历次党内集中教育实践活动都因时因地强调保持先进性和纯洁性的具体要求,从而收效良多。这次活动以为民务实清廉为主要内容,把贯彻落实中央八项规定精神作为切入点,着力解决突出问题,可以说抓住了根本,抓到了点子上。

总之,纵观历次党内集中教育实践活动,都坚持了继承基础上的创新,既有继承,又有创新,把继承与创新很好地结合起来,从而收到了显著效果。我们有理由相信,只要认真继承以往的好经验,在继承的基础上进行创新,这次群众路线教育实践活动就一定能够取得巨大成绩,为实现中国梦奠定良好的精神气质和工作状态。

(执笔:樊金山 来源:2013 年 07 月 12 日《经济日报》)

注重深化改革的统筹谋划

河南省中国特色社会主义理论体系研究中心

近日召开的中央政治局会议研究了全面深化改革的重大问题,强调必须"注重深化改革的统筹谋划、协同推进各项改革"。这是我国改革进入深水区和攻坚阶段的基本要求。我们要充分理解统筹谋划、协同推进各项改革的出发点和着眼点,进而明确统筹谋划、协同推进各项改革的基本路径。

全面深化改革必须统筹谋划、协同推进

当前,我国正处在增长阶段转换与发展方式转型并行的关键期,经济结构正在深度调整,体制机制上的顽瘴痼疾亟待攻克,思想观念上的重重障碍、利益固化产生的新旧藩篱都亟须破除。改革的关联性更强,任何一项改革都可能"牵一发而动全身",单兵突进式改革已难以奏效,统筹布局、长远谋划,综合治理、协同推进各项改革成为必然选择。

党的十八大描绘了全面建成小康社会、加快推进社会主义现代化、实现中华民族伟大复兴的宏伟蓝图,发出了向实现"两个一百年"奋斗目标进军的时代号召。而要实现这些宏伟目标,就必须坚定不移地用好改革开放这一决定当代中国命运的"关键一招"。尤其现阶段,深化改革的任务日益艰巨复杂。不平衡、不协调、不可持续问题依然突出,稳增长、转方式、调结构依然面临严峻挑战。逆水行舟、不进则退。要啃硬骨头、过险滩,必然要求更深层次、更好质量、更高水平的全面改革,必然要求更具有系统性、整体性、协同性的全面改革。为此,必须拿出大智慧,走统筹谋划、协同推进的深化改革之路。

改革越是全面深入推进,就越要保持党同人民群众的血肉联系,把实现好、维护好、发展好最广大人民群众的根本利益作为处理好改革发展稳定关系的结合点。尤其改革进入攻坚阶段,推进实施中必然要触及深层利益调整,既要攻克既有利益格局的阻碍和制约,还要协调处理各种复杂的利益关系,化解各种社会矛盾。这就需要统筹协调不同地区、不同群体的利益诉求,统筹谋划推进改革的时机和步骤、方法和力度,协同推进各种综合配套改革措施,更好地实现公平正义,让改革发展成果惠及全体人民。

统筹谋划、协同推进各项改革的出发点着眼点

明晰统筹谋划、协同推进各项改革的价值取向。从有利于保持改革的持续性出发,着眼于新阶段、新问题、新要求下的顶层设计和总体规划,在统筹谋划、协同推进各项改革中将解放和发展生产力提升到新的层次和水平;从有利于激发改革的动力活力出发，着眼于体制机制创新这一突破口，着力调动并发挥各方的积极性、主动性、创造性；从有利于惠民富民出发，着眼于让人民群众更多分享改革发展红利，着力打破各种藩篱和瓶颈制约，在利益格局调整和重构上取得新进展；从有利于国家富强出发，着眼于增强改革措施的科学性、针对性、实效性，推动更协调、更公平、更高效的发展，全面提升国家综合实力和竞争力。

把握统筹谋划、协同推进各项改革的关键环节。抓好不同领域的统筹谋划。按照“五位一体”的总布局，综合考虑经济体制、政治体制、文化体制、社会体制和生态文明建设等重点领域的改革，增强各方面、各层次改革的协调性、联动性和配套性。抓好改革路径的统筹谋划。在战略思考的基础上对改革的方向、模式及重点任务、重点策略等做好全局谋划、综合协调。同时，促进改革认识的协同，坚定改革信心、坚持正确方向，最大限度凝聚共识，形成推动改革全面深化的环境与氛围，提高改革效率，减小改革阻力。促进各项改革的协同。更加注重各项改革的相互促进、良性互动，最大程度释放改革红利，形成全面深化改革的强大合力。促进改革手段的协同。把顶层设计、总体规划与因地制宜、实践创新结合起来，把解决区域发展实际问题与攻克共性难题结合起来，把重点突破与整体推进结合起来，打好“组合拳”。

统筹谋划、协同推进各项改革的基本路径

积极寻求统筹谋划、协同推进的最大公约数。一要寻求深化改革的聚焦点，明确统筹谋划协同推进的突破口。要立足当前政府越位缺位错位、收入差距扩大、资源价格机制扭曲、征地拆迁混乱、食品药品安全隐患等热点难点问题，大力推动政府职能、收入分配、垄断行业、财税体制、城乡二元结构等重要领域及关键环节的民意聚焦、利益聚焦，加快形成全面深化改革的共鸣点、统筹谋划协同推进的突破口。二要找准各方利益均衡点，提高统筹谋划协同推进的科学性。不谋全局者，不足谋一域，统筹谋划协同推进各项改革，要求我们必须注重深化改革的顶层设计与总体规划，综合考虑不同群体的利益要求，找准各方利益的均衡点，聚合众力、融合众智，切实通过综合平衡增强深化改革的科学性。三要正确处理重大关系，增强统筹谋划协同推进的协调性。全面深化改革，要处理好解放思想和实事求是、整体推进和重点突破、顶层设计和摸着石头过河、胆子要大和步子要稳、改革发展稳定等重大关系。当前，改革已进入“攻坚区”和“深水区”后，进一步深化各项改革都是牵一发而动全身，统筹谋划协同推进必须牢牢把握这一系列重大关系，把准改革脉搏，推动各项改革发挥最大效能。

着力创新统筹谋划协同推进的机制与方法。一是探索统筹谋划协同推进的机制创新。梳理当前困扰改革进程的问题，不难发现很多难题的缓解和突破都有赖于推进机制的创新，全面深化改革需要选择重点领域率先启动。比如，积极推动决策机制创新，大力开发和整合民间决策咨询资源，构建开放型、多元化的决策咨询系统，充分发挥学术团体、科研机构、民间咨询组织在决策咨询上专业性强、创新能力高、价值中立、较少利益诉求等特色，推动决策机制由经验型向科学化转变、由主观型向程序化转变、由封闭型向开放型转变、由无风险决策向责任追究决策转变。二是探索统筹谋划协同推进的方法创新。工欲善其事必先利其器，方法得当与否直接影响统筹谋划、协同推进各项改革的最终成效。创新统筹谋划协同推进的方法，要求把单个领域突破与综合配套联动相结合、把纵向博弈与横向博弈相结合、把全局的渐进变革与局部的先行突破相结合、把宏观思考同微观探索相结合，更加注重各项改革的相互促进、良性互动。

统筹谋划、协同推进要聚焦各类壁垒的突破。深化改革的艰巨性和复杂性，要求各级领导干部以更加坚定的政治勇气和智慧，勇于向既得利益、既有权利挑战，带头率先突破阻碍深化改革的各类壁垒。从而凝聚人心、凝聚共识、凝聚改革正能量。

（执笔人：喻新安 王玲杰 刘晓萍 王志刚 来源：2013 年 09 月 06 日《经济日报》）

破除官僚主义须标本兼治

河南省中国特色社会主义理论体系研究中心

集中解决作为“四风”问题之一的官僚主义，是党的群众路线教育实践活动聚焦于党的作风建设的一项重要任务。官僚主义是党群关系的天敌，不仅极大地涣散党的凝聚力战斗力，严重干扰党的大政方针的贯彻执行，影响党的事业，而且损害人民利益，破坏党群干群关系，败坏党的形象和社会风气，为广大群众深恶痛绝。能不能坚决、有力地克服官僚主义，是一个关系到党的生命和中国特色社会主义事业兴衰成败的大问题。我们必须从党的事业兴衰、人心向背、生死存亡的高度，旗帜鲜明地反对官僚主义，坚持标本兼治，从根子上整肃和清除这一作风之弊、行为之垢。

改革开放以来，我们党在转变工作作风、密切联系群众、反对官僚主义与形式主义方面做了大量工作，取得了显著成绩。但是我们也应看到，在一些党员干部身上，仍然程度不同地存在着官僚主义倾向：有的脱离实际、脱离群众，高高在上、漠视现实，唯我独尊、自我膨胀；有的居官自傲、官气十足，独断专行、作风霸道；有的对实际情况不了解不关注，不愿深入困难艰苦地区，不愿帮助基层和群众解决实际问题，甚至不愿同基层和普通群众打交道，怕给自己添麻烦；有的拍脑袋决策、拍屁股走人，盲目铺摊子、上项目，留下一堆后遗症；有的对上吹吹拍拍、曲意逢迎，对下喝五吆六、横眉立眼，门难进、脸难看、事难办……凡此种种，做官心理浓厚，惰政思维盛行，权力观念错位，映照出官僚主义的病症和丑态，群众对此十分反感。

值得深思的是，我们一贯反对官僚主义，但官僚主义却频现反弹，成了一种顽症，在个别地区和部门甚至愈演愈烈，原因何在？究其根源，就在于一些党员干部群众观念弱化、为民信念缺失、执政理念模糊。一些人之所以沦为官僚主义的俘虏，正是在于动摇了与人民同呼吸共命运的立场，淡忘了全心全意为人民服务的宗旨，丢弃了群众是真正英雄的历史唯物主义观点，在“为了谁、依靠谁、我是谁”上犯了迷糊。要看到，官僚主义是当前群众反映强烈的突出问题之一，也是目前正在开展的党的群众路线教育实践活动所要集中解决的作风问题之一。整肃和清除官僚主义须从根本和源头做起，标本兼治。

首先，要肃清“官本位”思想，树立为民意识。要教育和引导各级领导干部牢固树立权为民所赋、权为民所用的观念，充分认识到：共产党员来自人民，植根人民，除了服务人民，没有任何特殊权力。不论居于多高职位、掌握多大权力，都要牢记全心全意为人民服务的宗旨，切实把立党为公、执政为民根植于心、外化于形，时刻把群众利益放在心中最高位置。

其次，要切实摆正位置，践行群众路线。党员干部是党联系群众的桥梁，只有始终站稳群众立场，摒弃官僚主义作风，在思想上尊重群众、感情上贴近群众、工作上依靠群众，才能赢得人民群众的信任和拥护。此次党的群众路线教育实践活动，中央把“为民”作为反对官僚主义的着力点，找准了病根，抓住了关键。虚心向群众学习，真心对群众负责，热心为群众服务，诚心接受群众监督，才能杜绝官僚主义的潜滋暗长，涵养一心为民的公仆情怀。

此外，官僚主义是权力刚性约束不力的表现，反对和克服官僚主义，必须着力完善制度机制。当前，制约权力的“笼子”尚不完善，一些工作领域权力过分集中，管理制约机制不够健全，权力运行缺乏有效监督，为官僚主义的滋生和蔓延提供了温床。要把权力关进制度的“笼子”，关键在于建设科学有效的制度之笼，同时提高贯彻落实制度机制的刚性约束。比如，把党和国家各项事业和各项工作纳入法制轨道，坚持用制度管权管事管人；深化干部人事制度改革，建立和完善科学的考核标准，严格干部评价考核机制；建立惩治预防长效机制，充分发挥信息网络、新兴媒体等舆论监督作用，努力形成反对和抵制官僚主义的强大社会力量。

（执笔：阎德民 来源：2013 年 11 月 01 日《经济日报》）

以人民满意为标准切实改进工作作风

河南省中国特色社会主义理论体系研究中心

工作作风上的问题绝对不是小事。当前，一些领导干部在工作作风上存在官僚主义、形式主义和铺张浪费等问题，严重损害了党的形象、影响了事业发展。改进工作作风并不容易，必须统一思想、提高认识、严明纪律、严格制度，采取果断措施，并且持之以恒，方能取得实效。

工作作风关乎党的形象、政府威信、事业成败。党的十八大闭幕不久，中央政治局专门召开会议，研究如何改进工作作风问题，并制定了关于改进工作作风、密切联系群众的八项规定。在十八届中央纪委二次全会上，习近平同志再次强调，工作作风上的问题绝对不是小事，如果不坚决纠正不良风气，任其发展下去，就会像一座无形的墙把我们党和人民群众隔开，我们党就会失去根基、失去血脉、失去力量。贯彻落实中央八项规定和习近平同志讲话精神，切实改进工作作风，是当前的一项重要政治任务。

工作作风问题绝对不是小事

工作作风是领导干部在工作中所表现出的态度和行为。工作作风反映领导干部的世界观、人生观和价值观，反映领导干部的思想品质、道德修养和文化素养，在一定程度上代表党和政府的形象，影响政风民风，关系党和国家事业的兴衰成败。

工作作风与党的形象紧密相连。一个政党的形象如何，一方面与这个政党所遵循的理论和所确立的路线方针政策是否科学、是否正确紧密相连，另一方面与每一名党员特别是领导干部的作风紧密相连。这是因为，党所遵循的理论和确立的路线方针政策是通过千千万万名党员特别是领导干部的实际工作来贯彻落实和具体体现的。在现实生活中，人民群众也总是从身边的党员尤其是领导干部在日常工作中的表现来认识和评价党的。如果领导干部在工作作风方面宗旨意识淡薄、官僚主义十足、形式主义盛行、工作方法简单，甚至弄虚作假、铺张浪费、奢靡享乐、腐化堕落，就会极大地败坏党的形象。

工作作风影响政风民风。我们党是执政党，是中国特色社会主义事业的领导核心，党的各级领导干部大都处于社会管理的特殊位置，这决定了领导干部的工作作风对政风民风具有重要的示范、引领作用。如果各级领导干部在工作实践中能够牢记宗旨、亲民爱民、求真务实、艰苦奋斗、勤政廉政，就能对政风民风产生积极影响，正所谓党风正则政风清，政风清则民风淳；如果各级领导干部在工作实践中不能坚持和发扬党的优良作风，而是官僚主义、形式主义盛行，铺张浪费、奢靡享乐之风泛滥，就不仅会败坏党的形象，而且会带坏政风民风，进而严重损害党的事业和人民利益。

工作作风关系党和人民事业的兴衰成败。工作作风问题，说到底是领导干部对人民群众的感情和态度问题，是党与人民群众的关系问题。大量事实证明，领导干部作风好，真正视人民为父母，与人民群众建立血肉联系，我们就能克服各种困难，党和人民的事业就能取得成功；反之，如果领导干部作风出了问题，视人民为仆人，我们就会脱离群众，甚至会走向群众的反面，党和人民的事业就会遭受损失。当前，我们党正在带领全国各族人民为实现全面建成小康社会的宏伟目标而奋斗。各级领导干部只有发扬党的优良作风，不断解决工作作风方面存在的问题，才能真正赢得人民群众的信任和拥护，与人民群众一道攻坚克难，夺取全面建成小康社会事业的新胜利。

改进工作作风需要着力解决几个突出问题

当前，领导干部的工作作风总体上说是好的。但毋庸讳言，在一些地方和单位，少数领导干部在工作作风方面还存在严重问题，引起了人民群众的极大不满，必须着力加以解决。

官僚主义。官僚主义是我们党一贯反对的旧社会遗留下来的官僚衙门作风，它主要表现为脱离群众、脱离实际、不关心群众利益、当官做老爷的作风。当前，一些领导干部宗旨观念淡薄，高高在上，不深入基层了解实情，不深入群众倾听呼声，不关心群众生活,对群众的疾苦、困难知之甚少;官气十足,唯我独尊,习惯于发号施令,听不得不同意见;工作方法简单,工作方式粗暴,不考虑客观条件,不考虑群众承受能力,而是滥用职权、强迫命令。

形式主义。形式主义也是我们党一贯反对的一种十分有害的工作作风。它是指片面追求形式而忽视内容和实际效果的工作作风。当前,一些领导干部作风漂浮,工作不具体、不扎实、不深入,热衷于夸夸其谈,说起来头头是道,实际上百无一用;好大喜功,热衷于"政绩工程"、"形象工程"、"面子工程",甚至为了捞取"政绩"不惜弄虚作假;沉湎于"文山会海",满足于文件批转,习惯于以文件贯彻文件、以会议落实会议,结果实际问题一个也解决不了。

铺张浪费。铺张浪费就是对人民的犯罪。当前,一些领导干部讲排场、比阔气,在工作中一味追求个人安逸和物质享受,出则高档轿车,住则高级宾馆,吃则高档饭店;一些地方在公务接待中盲目追求上档次、上规模,公款招待、公款吃喝费用惊人;一些地方、一些单位大兴土木,大建楼堂馆所,大搞豪华装修。

下大力气切实改进工作作风

改进工作作风并不容易。必须统一思想、提高认识、严明纪律、严格制度,采取果断措施,并且持之以恒,方能取得实效。

领导干部要以身作则、率先垂范,发挥好示范作用。改进工作作风,最重要的是领导干部以身作则、率先垂范,发挥好示范作用,要求别人做到的自己首先做到,要求别人不做的自己坚决不做。在这方面,中央领导同志已经为各级领导干部作出了榜样。当前,最重要的是严格按照中央八项规定,切实把改进工作作风、密切联系群众的各项具体要求落到实处,真正做到克服形式主义,切实改进调查研究;精简会议活动,切实改进会风;精简文件简报,切实改进文风;厉行勤俭节约,严格遵守廉洁从政有关规定;等等。只有这样,我们党的作风才能越来越好,始终得到人民群众的信任和拥护。

严明纪律,严格制度,坚决实行责任追究。改进工作作风,除了提高思想认识,还要严明纪律要求,严格执行制度。各级党组织和领导干部一定要牢固树立大局观念和全局意识,自觉做到在思想上政治上行动上同党中央保持高度一致,切实保证中央政令畅通,决不允许以"地区特点"和"情况特殊"为借口而搞"上有政策、下有对策",决不允许有令不行、有禁不止,决不允许在贯彻执行中央决策部署上打折扣、做选择、搞变通。对于违反中央八项规定的行为和现象,要敢于碰硬、敢于动真,严格追究责任,发现一起处理一起,不搞下不为例。

建立健全改进工作作风的长效机制。改进工作作风不可能一蹴而就、毕其功于一役,必须建立健全长效机制。当前,重要的是结合本地区、本部门实际,制定贯彻落实中央八项规定的实施细则和实施办法,并在实践中不断丰富和完善,以之规范工作作风。同时,将各部门、各单位制定的贯彻落实中央八项规定的实施细则和要求公布于众,将领导干部的工作作风和行为置于人民群众和社会舆论的监督之下。

以人民群众满意为标准检验改进工作作风的成效。改进工作作风的成效如何,要以人民群众是否满意为检验标准。这是因为,改进工作作风的目的是为了密切党同人民群众的血肉联系,使各级党组织和领导干部真正赢得人民群众的信任和拥护。因此,改进工作作风的标准只有一个,即人民群众满意。在改进工作作风的实践中,各级党组织和领导干部一定要虚心听取群众的意见和建议,诚恳接受群众的批评和帮助,自觉接受群众的评议和监督。只有这样,才能实现领导机关和领导干部工作作风的持续改进。

(执笔:郭学德 来源:2013 年 04 月 16 日人民日报)

经济社会转型期创新驱动发展的两大着力点

河南省中国特色社会主义理论体系研究中心

党的十八大报告多次提到“创新”一词，并明确提出，实施创新驱动发展战略，这为下一步一创新驱动经济发展方式转变指明了方向。

目前我国正处于经济社会转型的关键期，实施创新驱动发展战略无疑是关系到发展全局的重中之重，扎扎实实抓好实施这一重大战略，将有力地推动经济发展方式转变，进而促进科学发展。其中，有两大重要着力点。

第一，着力推进科技自主创新，为加快转变经济发展方式提供强大的科技支撑。

科学技术是第一生产力，是经济社会发展的决定性因素。如今，世界已步入知识经济时代，知识、科学、技术已成为经济社会发展最强大的推动力，而创新则是知识、科学、技术的灵魂，离开了创新，无论是知识还是科学技术，都会显得陈旧、落伍而缺乏鲜活的生命力。因此，只有创新才是知识、科学、技术的真正价值之所在。而经济社会也只有在创新再创新的持续运动中才能不断添加推动其发展的不竭动力。世界经济发展史表明，只要世界上出现了由创新驱动下的、重大的、突破性的科技革命，就一定会出现经济社会的飞跃式发展；反之，经济社会发展就会显得步履蹒跚。

无论是转变经济发展方式还是科学发展，都亟须科技创新来驱动。为此，必须重点抓好以下几点：

一要建设一支宏大的善于进行科技创新的人才队伍。科技进步的关键在人才。要大力培养、积极引进、合理使用科技人才，努力创造吸引人才、用好人才、留住人才、人尽其才的育才用才机制。

二要积极营造有利于促进科技创新的人文环境与政策环境。要在全社会营造并形成崇尚科学、尊重人才的良好社会风尚，形成鼓励人才干事业、支持人才干成事业的人文环境。

三要加快建设以企业为核心、产学研有机结合良性互动的技术创新体系。充分发挥经济科技政策的导向作用，确立企业在技术创新中的主体地位；鼓励企业与高等院校、科研机构建立各类技术创新联合组织，促进“协同创新”。

四要加强科技宏观管理与协调。包括加强各相关部门在决策方面的协调，使科技政策和产业政策步调一致；统筹协调、科学配置科技资源，使其发挥最大效用等等。此外，还要加强科技立法，大力发展科技中介服务，完善自主创新的市场环境，把全社会智慧和力量凝聚到创新发展上来。

第二，着力推进制度和体制创新，为加快转变经济发展方式提供科学的制度与体制保障。如今，我国正处于经济社会转型期，各种经济社会矛盾凸显且盘根错节、错综复杂。从发展全局来看，制约科学发展和加快转变经济发展方式的各种“瓶颈”亟须通过制度体制创新来破解，从而为加快转变经济发展方式、实现科学发展开辟道路。

制度和体制创新涉及经济、政治、社会、文化等方方面面，其中，应特别注意抓好以下几个方面：

其一，要继续深入地解放思想，打破惯性思维，实事求是地探索发展实践中出现的新情况新矛盾新问题，找出解决矛盾和问题的办法，推进思想理论创新和制度体制创新，从而指导推动实践向前发展。其二，要通过制度和体制创新推进制度体制的高效化、规范化、协调化、科学化建设。其中，科学化是制度体制建设和创新的总体性要求。一种制度创新也许有助于提升效率，却未必能体现社会公平，这样的制度创新就谈不上科学。因此，制度体制创新一定要以促进科学发展为总体目标指向，遵循客观规律，统筹兼顾，力戒主观片面性，通过制度体制创新，提升制度体制的科学化水平。

（执笔：胡隆辉 付钦太 来源：2013 年 03 月 01 日《经济日报》）

破解产业集聚区发展难题

河南省中国特色社会主义理论体系研究中心

加快产业集聚区建设是创新体制机制、培育区域竞争新优势的客观需要,是落实科学发展观的实现途径,也是转变发展方式的突破口。

产业集聚区作为构建现代产业体系、现代城镇体系和自主创新体系的有效载体,对于促进“工业化、城镇化、农业现代化和信息化”协调发展,优化经济结构,承接产业转移,强化创新驱动,实现节约集约发展,发挥着重要的载体与基础性作用。加快产业集聚区建设是创新体制机制、培育区域竞争新优势的客观需要,也是转变发展方式的一个重要突破口。

当前国际经济形势错综复杂、充满变数,世界经济进入深度转型调整期。在这种形势下,应抓住国际金融危机倒逼我国扩大内需、提高创新能力、促进经济发展方式转变的新机遇,将经济重心由出口转向内需,大力发展绿色产业和循环经济。特别是中部地区,应着力在承接产业转移中优化资源整合、创新体制机制。

当前,从整体上来看,我国产业集聚区的发展势头良好,其主导产业日渐明晰,产业基础日益雄厚,配套功能趋于完善,综合带动效应越来越明显,已经成为区域经济科学发展、转型升级的突破口。但是我们也应清楚地看到,各地产业集聚区的发展基础和发展条件不尽相同,发展水平参差不齐,产业层次低、发展方式粗放、效益偏低、资源环境约束加剧等矛盾与问题客观存在,制约着集聚区的可持续发展。一是当前我国发展仍面临不少风险与挑战,经济增长下行压力和产能相对过剩的矛盾有所加剧,企业生产经营成本上升,产业集聚区建设资金不足的矛盾突出。尽管有的产业集聚区已建立自己的融资公司,但前期建设投入数额往往比较巨大,负债运行,势力单薄,缺乏有效的融资手段,融资实力不强。二是我国正步入工业化加速阶段,坚守耕地红线不动摇与产业集聚区项目建设用地不足的矛盾彰显。土地资源少、土地供应难、项目落地难日益成为产业集聚区发展的制约因素。三是随着大批项目入驻产业集聚区,企业用工大量增加劳动力供给趋紧,技能型、复合型人才显得不足,专业技术人才引进难、留住难、成本高。与此同时,产业集聚区人力资源培养机制尚未形成,加之市场配置人力资源的作用更加明显,人才流动性增强,也从一定程度上加剧了人力资源紧张的状况;四是产业集聚区的许多企业技术创新孵化模式比较单一,创新驱动和创新发展能力有限,创新投入不足,研发成果不多,技术创新显得力不从心。

因此,必须加快调整产业结构,提高产业整体素质,实现尊重经济规律、有质量、有效益、可持续的发展。扬弃传统的产业集聚区发展模式,推动科技创新,转变发展方式,在未来的发展中占据主动、赢得先机,就能够更好地解决资源要素制约难题,提升集聚区节约集约发展和要素保障水平,为产业集聚区的持续、快速、健康发展提供重要保障。

一要加快资金融通平台建设,强化资金保障。首先应尽快理顺体制,增强融资实力。理顺产业集聚区管理体制和辖区村居管理体制,壮大经营性资产规模,为投融资工作提供条件。整合产业集聚区土地、房屋、道路、基础设施等经营性资产,完成优质资产注入。其次,拓展融资渠道,提高融资成效。加强与金融机构的合作,签订授信协议,扩大融资规模。可考虑争取政府财政专项资金支持,设立产业投资基金,发行企业债券。吸收民间资本,引导、带动、促进民间资金参与产业集聚区基础设施及配套建设。再次,加强业务锤炼,提升融资运作水平。采取市场化选聘、专业培训等方式,进行针对性培训和业务指导,建设熟悉资本运作的专业人才队伍,提高产业集聚区融资平台人员的业务素质。

二要加快人力资源平台建设,满足人才需求。首先,建设信息平台,完善就业公共服务。依托集聚区网络系统,创建“产业集聚区人力资源信息网”,适时发布人才需求信息,为广大求职者和企业提供个性化服务,解决集聚区内企业招工难等问题,实现人才的有序流动。定期组织辖区企业联合开展人才招聘活动,为企业招工和劳动力求职搭建桥梁;其次,加强职业技能培训,解决企业用工需求。面向产业集聚区,利用雨露计划、阳光工程等各类培训补贴,全方位开展职业技能培训。加强农村劳动力转移就业培训和返乡农民工专项技能再培训;再次,强化"校企"合作,推动培训、实习、就业一体化。加大订单培训、定向培训、定岗培训力度,减免实习实训基地、工厂的税费,支持大专院校与集聚区内企业联合共建实习基地和培训基地,适度采用"工学交替"模式安排大学生顶岗实习,实现技能培训与企业用工需求无缝对接;最后,引进高层次人才,解决高新技术力量不足问题。与人事、科技、商务等部门通力合作,制定优惠政策,发布产业集聚区高层次人才需求目录,建立健全人才的引进、安置、留住、用好机制,为产业集聚区的可持续发展提供智力保障。推进企业经营管理人才的市场化和职业化,提高其经营管理水平。

三要加快技术创新平台建设,促进科技成果转化。首先,加大投入,建立公共创新平台。依托现有基础和产业优势,增加资金投入力度,建设科技研发的基础设施,为企业提供公共创新平台;其次,政府引导,建设企业创新平台。加强政府引导,推进以企业技术中心为核心的技术创新体系建设。加快企业研发平台的构建,提升产业核心竞争力。以市场为导向,与高等院校、科研机构建立多种形式的产学研合作关系,提高企业的自主创新能力;再次,加快转化,建设产业孵化平台。按照规模化、多元化、专业化、市场化要求,推动科技企业孵化园建设,促进科技创新成果转化,不断提升科技创新的产业化水平。

(执笔:刘 晖 翟伟栋 来源:2013 年 04 月 11 日《经济日报》)

以整风精神开展　批评与自我批评

河南省中国特色社会主义理论体系研究中心

批评和自我批评是发扬党内民主、增进党的团结的法宝,是从严治党、保持党的先进性和纯洁性的必然要求。当前,围绕保持党的先进性和纯洁性,以为民、务实、清廉为主要内容的党的群众路线教育实践活动,正在全党陆续展开。在这一过程中,特别需要各级党组织特别是领导干部带头发扬民主,进行积极健康的思想斗争,以整风精神开展批评和自我批评,对形式主义、官僚主义、享乐主义、奢靡之风来一次切实有效的大扫除。

一是消除思想顾虑。近年在党内政治生活中,出现了一种将批评与自我批评庸俗化的不良倾向,无论是在日常工作中还是在民主生活会上,很难听到严肃认真的自我批评尤其是批评他人的声音,党内民主生活会大多流于形式。一些党员干部在批评与自我批评问题上顾虑重重:自我批评怕暴露问题,怕丢面子;批评他人更是三缄其口,批评上级怕"穿小鞋",批评同级怕影响关系,批评下级怕丢选票,故而不敢或不愿进行批评和自我批评,或者即使进行批评,也是蜻蜓点水,避实就虚;有的党员干部则奉行"只栽花,不栽刺"的好人主义。党内政治生活中的这种庸俗化倾向是极其有害的,它背离了实事求是的原则,实质是不负责任。批评与自我批评,是医治疾患的苦口良药,是纠正缺点错误的利器。严于解剖自己,是自我觉悟的表现,是进步的象征。善意地实事求是地指出他人的缺点错误,实乃关心帮助他人的负责任之举,得到的将是理解和感激。所以,真正的共产党人从来不怕批评与自我批评。在党的群众路线教育实践活动中,每个党员干部都应放下思想包袱,以对党对同志对人民负责任的态度,勇敢地拿起批评与自我批评这一有力武器,按照"照镜子、正衣冠、洗洗澡、治治病"的总要求,重点针对"四风"问题,严肃认真地查摆问题并搞好整改。

二是坚持理论联系实际。开展批评和自我批评,就是打扫和洗涤思想与工作中的灰尘的过程。广大党员干部应克服心理障碍,以党章和党内法规为镜,以为民务实清廉的要求为镜,以社会主义核心价值体系为镜,以先进典型为镜,既紧密联系各自的思想实际和工作实际,又紧密联系自己在党性修养和作风方面的实际;既认真查找本单位存在的突出问题,又认真查找党员干部尤其是领导干部自身存在的工作作风方面的突出问题。要真正做到自我批评抛开面子,敞开思想,不怕揭短亮丑,从世界观、价值观、人生观上深入剖析造成工作作风方面问题的原因;批评他人要敢于动真碰硬,触及思想实质,触及灵魂痛处,敢于向一切损害党的事业和人民利益的思想和行为"亮剑",不绕弯子兜圈子。只有从实际出发,对症下药,才能达到出汗排毒、匡正作风的目的。

三是正确把握出发点和落脚点。首先,要以增进团结为出发点和落脚点。坚持达到“团结—批评—团结”的方针,从团结的愿望出发,将批评与自我批评作为增进团结的重要手段,在提高认识、统一思想的基础上,达到新的团结和共同进步的目的。倡导同志之间真诚平等地进行交流帮助,推心置腹地分析引起问题的思想根源。其次,要以改进工作作风、密切联系群众为出发点和落脚点。各级党组织要通过召开高质量的民主生活会,进行积极健康的思想交锋,通过群众提、上级点、自己找、互相帮等方式,深挖形式主义、官僚主义、享乐主义和奢靡之风的深层次根源。要遵循“惩前毖后,治病救人”的原则,对存在的“四风”方面的问题不遮遮掩掩,不文过饰非,既要深挖思想根源,又要着眼于“毖后”,从普遍存在的问题入手,认识和把握“防病治病”的规律,在治本上下功夫,做到防微杜渐。再次,要以增强党的先进性和纯洁性为出发点和落脚点。党员干部只有以为民务实清廉为价值取向,永葆作为一个共产党员应有的先进性和纯洁性,才能保持与人民群众的血肉联系。为此,就必须经常性地加强党性锻炼,尤其是要把批评和自我批评作为加强党性锻炼的有效手段,以坚强的党性营造抵御“四风”的防风林和密切联系群众的纽带。

四是营造浓厚的民主氛围。浓厚的民主氛围是开展好批评与自我批评的前提条件,开展批评与自我批评,必须充分发扬民主。在党的群众路线教育实践活动中,党员干部尤其是领导干部要以诚恳的态度广泛征求群众、下级单位、服务对象的意见和建议,并雷厉风行负责任地解决群众反映强烈、应该解决、有条件解决的问题,让广大群众实实在在感受到党员干部接受批评、解决问题的诚意。要充分发挥民主生活会的党性锻炼功能,在民主生活会上,主要领导干部要切实发挥表率示范作用,不但要勇于严于解剖自己,而且要诚恳欢迎和接受他人对自己的批评和监督,同时也要对领导班子其他成员存在的问题提出善意而又尖锐的批评。要落实党员权利保障条例,建立健全党内情况反映制度,疏通拓展下情上达的渠道,营造宽松的党内不同意见平等讨论交流的环境,鼓励党员讲真话实话心里话。

五是创新方式方法。开展批评与自我批评,也有个方式方法问题,方式方法得当,可收到事半功倍之效,反之则可能收效甚微。要在继承和发扬我们党长期形成的如今依然行之有效的批评与自我批评的原则和方法的基础上,与时俱进,创新批评与自我批评的方式方法,把原则性和灵活性、艺术性有机地结合起来,增强批评与自我批评的科学性和有效性。比如,既可面对面征求或提出意见,也可采取意见箱、网络问政参政等方式征求或反映意见建议;把公开的批评与个别谈心交流结合起来;将会上的自我批评与会下的自我反省结合起来,等等。通过创新方式方法,从而真正用好批评与自我批评这个武器。

(执笔:向长艳 来源:2013 年 09 月 27 日《经济日报》)

优化国土空间开发格局的新路径

河南省中国特色社会主义理论体系研究中心

随着改革开放和社会主义现代化建设向纵深发展,我国国土空间整体面貌发生了深刻变化,既有力支撑了经济社会的持续快速发展,同时也出现了一系列需要着力解决的突出问题,如耕地减少过多过快、生态系统功能退化、资源开发强度过大、环境问题凸显、空间结构不合理、绿色生态空间减少过多等。因此,不断探索我国国土空间开发格局的新路径,对于优化生态文明建设的空间载体,切实转变经济发展方式,保持经济持续、健康、稳定发展具有十分重要的现实意义。

坚持集约利用资源。优化国土空间开发要坚持集约利用资源的原则,促进生产空间集约高效、生活空间宜居程度、生态空间山清水秀。让生产空间、生活空间、生态空间更好地匹配,更好地保护资源,更加集约利用资源,是优化国土空间开发的核心理念。目前一些地区的国土开发方式仍以粗放式、无节制的过度开发为主,导致水资源短缺、能源不足等问题越来越突出,大规模长距离调水、运煤、送电、输气的压力越来越大,带来了交通拥挤、地面沉降、绿色生态空间锐减等问题。同时,我国生态脆弱区域面积广大,中度以上生态脆弱区域占全国国土空间的一半以上。因此,我们必须走空间节约集约的发展道路,要按照人口资源环境相均衡、经济社会生态效益相统一的原则,控制开发强度,调整空间结构,加倍珍惜土地,向空中要空间,向地下要空间。

落实国土空间规划体系建设。国土空间规划体系具有综合性、基础性、战略性和约束性,对土地规划、区域规划、城乡规划等空间规划及相关专项规划具有引领、协调和指导作用。目前,土地利用总体规划由国土资源系统编制实施,城市发展总体规划由地方住房和城乡建设系统编制实施,产业发展总体规划由发展改革委系统负责编制实施,由于缺乏最上位的国土空间规划,不能从整体上编制国土空间开发规划,三种规划之间的统筹协调往往出现问题。具体的国土规划、经济发展规划、产业规划,都应该在整体国土空间规划体系下实施。优化国土空间开发格局,最重要的就是落实国土空间规划体系建设。目前的各种规划部门色彩过于浓厚,很难超越部门利益与视野来制定整个国土空间开发体系。必须从更高层面出台国土空间开发规划,统领不同部门、不同区域之间的规划,从而保障人口、资源、环境协调发展落到实处。国土空间开发规划应该是超越部门的,不可能由某一个部门来指导规划体系,而应该是各个部门联合起来搞规划。

促进陆地国土空间与海洋国土空间统筹协调开发。要树立大国土理念,坚持陆海统筹发展,充分发挥海洋国土作为经济空间、战略通道、资源基地、环境本底和国防屏障的重要作用,从发展定位、产业布局、资源开发、环境保护和防灾减灾等方面构建协同共治、良性互动的陆海开发格局,促进陆地国土空间纵深开发,促进海洋强国建设。海洋主体功能区规划要与陆地国土空间的主体功能区规划相协调,沿海地区集聚人口和经济的规模要与海洋环境承载能力相适应,统筹考虑海洋环境保护与陆源污染防治。

(执笔:涂小雨 来源:2013 年 11 月 08 日《经济日报》)

其他重点理论文章

农村体育事业发展难点与解决之道

李　浩

我国是发展中国家,农村人口是国民主体,其健康状况决定国民整体健康水平。在我国现有的医疗卫生条件下,大力提倡参加体育运动,锻炼身体,是提高全民健康水平的重要途径。因此,发展农村体育的重要意义不言而喻。建设社会主义新农村必将呼唤和孕育新的农村体育,为农村体育的发展带来新机遇、提出新任务、注入新活力。农村体育的发展必将服务和促进新农村建设,为新农村建设增添新手段、提供新载体、贡献新支持。

农村体育是当前发展全民健身事业的重中之重,也是最大的难点所在。目前,我国农村体育发展存在的主要问题有:其一,农村体育发展不平衡。我国经济发展在地域上呈现出城市与农村、东部地区与西部地区发展的不均衡性,体育的发展受经济的制约,也呈现出这一特点。城市与农村、东部地区与西部地区、发达地区与欠发达地区农村体育发展不够平衡,特别是体育健身意识、场地设施、经费投入、科学指导等方面较为突出。以体育场馆资源分布情况为例,我国现有各类体育场馆近75万个,其中占国土面积16.5%和占人口42%左右的城镇,占全部体育场馆的比重为79.8%,而占国土面积83.5%并拥有58%左右人口的广大农村地区却只占20.2%的体育场馆资源。其二,农村体育人口偏少。体育人口是经济和社会发展到一定历史阶段的人口现象和体育现象。它是一项重要的社会体育指标,反映了人们对体育的参与程度,是经济和社会发展程度的一个标志,也是制定社会发展规划与进行发展战略研究的一个重要依据。中国群众体育现状调查与研究显示:城镇人口中有51.23%的人参加过体育活动,而农村人口中只有28.97%的人参加过。其三,农民体育健身意识普遍淡薄。农村生产力落后于城市生产力,人们的余暇时间支配也不如城市居民,农民对体育的理解和认识受传统道德和价值观的影响,春播夏管,秋收冬藏,体力劳动量较大,认为劳动就是体育运动,缺少自觉投身和参与的意识。其四,农民体育消费水平低。现今农民收入逐步增长,农民生活质量明显改善,消费水平有所提高。但与城市居民相比,农民收入和消费水平还存在较大差距,大多数农民还不愿意把钱花在体育健身上。农村体育健身消费水平的提高将是一个渐进过程。

改变我国农村体育发展现状,必须对症下药,着眼于不同地区的实际问题,可从以下方面着手:搞活农村经济,为农村体育的发展奠定坚实的物质基础。经济是体育发展的基础,经济状况对体育的发展起着决定性的作用,农村体育的发展更是受到当地经济发展的影响;发展农村体育文化市场,因地制宜,大力发展传统体育项目。开展"体育三下乡"活动,面向农村,服务农民,开展"体育健身设施、体育健身指导、体育科普知识宣传"为主要内容的活动,增强农民的健身意识,改善农村的健身条件,培养农村居民健康、积极向上的生活方式;拓宽农村体育经费来源,加大基础设施建设。实施"农村体育以乡、镇为重点"发展战略,中央投资和国家财政补贴应该是农村体育经费的重要来源之一。另外,还应广泛吸纳社会捐赠、资助、基金会资助、团体和个人会费等,以弥补开展农村体育活动经费之不足;健全农村社区体育组织,加强乡镇体育组织网络建设。各级体育部门要会同各级文化部门、农业部门,依托乡镇人民政府和村民委员会,加快文体站(中心)、农民体育协会的建设。同时,开展乡镇单项体育协会和健身指导站(点)的建设,形成县、乡、镇体育组织网络;构建合理的农村体育竞赛体制。各地要结合自身实际,本着小型、多样、文明、节俭的原则,积极发展与地方经济发展水平和农业生产条件相适应的群众体育活动,构建具有地方特色的,集多样性、参与性、趣味性于一体的农村体育竞赛体制。

除此之外,还要进一步加强乡镇体育骨干队伍建设,注重引导和扶持。体育行政部门有责任制定相关措施有计划地帮助农村社区培养数量多、能力强的社区体育骨干、体育指导员和积极分子,确保农村地区能经常性地开展体育活动。农村体育骨干的任务是,通过宣传体育,增强广大农民的体育健身意识,倡导、培养健康文明的生活方式,组织农民进行体育锻炼并分类进行指导,提高农民科学进行体育锻炼的水平。要加强群众体育学科建设,适应群众体育发展的需要。我国目前对农民体质健康状况的研究是非常薄弱的,要使我国农村体育有新的突破,必须加强对群众体育的研究,动员各级体育研究实体部门、医疗保健、卫生等社会相关系统,多角度对群众体育健身科学化等问题进行探索,建立身体锻炼效果的测试与评价标准和方法,对农村不同性别、年龄、不同环境的人群锻炼特点、原理、原则与方法进行研究;建立适合不同锻炼者的锻炼负荷控制参数,重视运动健身处方的研究、开发和运用;建立各类形式的群众体育指导中心。

总之,发展农村体育应以经济建设为中心,以推动全民健身计划纲要为契机,以提高农村人口素质、满足农村体育需求为主要任务,以发动、组织、引导为主要形式,扩大体育健身功能的影响,进一步推动农村群众性体育活动的发展。

(作者单位:河南理工大学体育学院　来源:2013 年 02 月 02 日光明日报)

培养“能解决问题”的大学生

孔国庆　张长伟　张晨寒

创新是一个民族进步的灵魂,是一个国家兴旺发达的不竭动力。当前,我国正在加快建设创新型国家,《国家中长期教育改革和发展规划纲要(2010－2020 年)》提出了创新人才培养模式的重大战略任务。2010 年全国教育工作会议指出,要创新人才培养模式,适应国家和社会发展需要,遵循教育规律和人才成长规律,注重学思结合、知行统一、因材施教,创新教育教学方法,倡导启发式、探究式、讨论式、参与式教学,激发学生好奇心,发挥学生主动精神,鼓励学生进行创造性思维,改变单纯灌输式的教育方法。积极推进人才模式创新,需要在准确把握学生个性差异和不同特点的基础上,为学生搭建创造平台,提升创造权利,砥砺创造思维。

创新型国家建设呼唤人才培养模式创新

建设创新型国家必须培养大批创新型人才。以创新为核心的知识经济使人类经济社会生活发生着新的巨大变化,创新日益成为一个国家在全球背景下保持竞争优势的核心,创新能力决定着民族的兴衰与国家的存亡。建设创新型国家,关键在人才,特别是创新型人才的规模与数量。在中国特色社会主义建设过程中,我们还存在着诸多问题急需高层次、高素质、具有创新精神和创新能力,能够“思考人类、适应时代、服务社会”的人才来解决。

培养创新型人才的关键是人才培养模式的创新。世界上 20 多个创新型国家在人才培养上,无一例外都强调培养学生独立思考的能力、创造的想象力、实践动手的能力,注重学生个性的培养,注重引导学生敢于提出自己的见解。而我国传统的教育往往是灌输式的,学生不需要思考,只需按照老师的讲解领会,在这种被动接受的模式下,学生的创新思维根本无法培养。同时,随着社会的转型,人们思想的独立性、选择性、多变性、差异性明显增强。在此背景下,青年学生的性格特征、心理状态和思维方式愈加多样化、特色化。因此,要按照创新型国家的要求培养创新型人才,就要创新人才培养模式,让学生的创造才能竞相迸发。

为学生成长搭建创造平台

学生的创造能力不是与生俱来的,它需要在长期的学习过程中不断实践才能得来。要做到这一点,就要为学生成长成才搭建宜于创造权利生长的创造平台,让学生在广阔自由的空间中成长成才。因此,今天的教育一定要摒弃传统做法,为学生创造独立思考、勇于创新的环境,鼓励学生开拓前人未涉的领域,鼓励学生敢于做前人未做过的事。著名科学家钱学森的母校上海交通大学近几年一直尝试建立三维立体化的目标体系,就是要打造拥有“知识整合力”、“沟通能力”和“会提问,能解决问题”的大学生。

为学生成长搭建创造平台,首先,在理念上要从过去的“以教育者为中心”转向“以学生成长为中心”。我们不能习惯于把教育者的主观意志强加给学生,要真正从学生的成长和发展的需要出发,为学生创造素质的养成提供充分的发挥空间。其次,从教学内容、教学方法上彻底改变“满堂灌”、“填鸭式”的传统做法,真正使学生成为课堂的主人。此外,还必须不断提高教师的创造素质,培养和造就一大批创新型的教师。当创造环境和创造平台形成后,学生的创造能力就会逐步养成。

分层次分阶段推进学生成长成才

教育内容只有得到教育对象的自觉认同,实现受教育者主体的合目的性,其创造源流才能打开,创造激情才能激发,创造素质才能养成。要做到这一点,我们的教育就要在看到学生身上“同质性”的同时,又要重视其“异质性”的存在。如果对所有学生“一刀切”地采取一种标准、一种要求,无视不同层次学生的接受水平和实际需要,教育内容就很难得到学生的主动接受。在这种教育模式下,学生没有机会去发展自己的个性,其创造素质的养成将成为无源之水、无本之木。

孔子的人文教育、德性教育在对人性深刻把握的基础上,非常尊重人们情感的发展规律,十分注重人的层次性和教育的梯级性,从而针对不同成长阶段和不同层次的人施以不同的教育。以此审视今天学生的成长和发展,我们同样可以发现,学生具有明显的个体、群体差异和渐进性特点,相同阶段不同个体的个性差异是显著的。因此,要遵循学生个性差异和明显特征,做到因人施教,才能取得理想的教育效果,才能为学生创造素质的养成提供广阔的空间。要做到这一点,就必须掌握学生成长的实际特点和实际需要,使不同层次的学生都能找到适合自己的成长学习需求,增强他们对教育内容最大限度的认同。只有认同所接受的教育内容,学生才能对其深入思考,才能触类旁通、举一反三,才能成为知识的主人,从而在解决问题中不断培养创造素质。只有这样,才能使学生找到一条最能鲜明地发挥他将来为社会谋福利并给他带来创造欢乐的那条“含金的矿脉”。

(作者单位:河南师范大学　来源:2013 年 02 月 23 日《光明日报》)

用市场经济的理念审视经济发展中的问题

任太增　刘新争

30 多年的改革开放,在取得巨大成绩的同时,社会经济生活中也出现了诸多的矛盾和问题,如经济波动、收入差距不断扩大、就业形势日益严峻、诚信缺失、食品安全令人担忧等。由于这些问题和矛盾是在构建社会主义市场经济体制的过程中出现的,因此很容易使部分人把问题的产生归咎于改革,归咎于市场经济,从而对社会主义市场经济的改革方向表示担忧甚至怀疑。其实,科学的态度应是从改革的角度,用发展的眼光和市场经济的理念审视经济发展中出现的矛盾和问题。

首先,经济发展中的许多问题和矛盾是改革进入攻坚阶段的表现。从 20 世纪 90 年代开始,我国逐渐从放权让利式改革转向以制度重建、结构调整为主的改革,从具有普惠意义的增益型改革阶段过渡到利益重构型改革阶段,利益重构型改革阶段是调整社会经济资源与财富分配格局的时期,当改革触及到传统体制的根本、触及到既得利益者的利益时,矛盾和问题的出现不可避免。

其次,经济发展中的许多问题和矛盾是转型期制度真空造成的。一方面,在经济转型过程中,原有体制被打破,新的体制尚未完善,制度真空导致诚信缺失、市场秩序混乱等现象出现。另一方面,计划经济条件下政府拥有的许多权力没有随着市场经济体制的确立还给市场和企业,由于政府将权力带入市场,造成了市场经济公平竞争机制的扭曲,也滋生了腐败的土壤。

第三,有的问题是与市场经济俱生的。这又分两种情况,一种是已经找到了解决办法,如自发的市场经济导致的失业、收入差距扩大等,这些可以通过再分配、社会保障制度加以解决。一种是还没有找到根治的办法,如经济的周期性波动,对此,我们必须接受它。

用市场经济的方法解决经济发展中的矛盾,首先要具有市场经济的理念。在我国,最常见的说法是,社会主义市场经济体制,是我们在总结新中国成立以来经济建设的经验教训基础上提出来的,是我们在改革实践中通过“摸着石头过河”找到的符合国情的经济体制。其实,这样的表述远远不够,必须强调在可供选择的经济体制中,市场经济体制是最适合社会化大生产内在要求的经济体制。

用市场经济的方法解决经济发展中的矛盾,要求进一步发挥市场机制在资源配置中的基础作用,把由政府主导、市场运作的经济发展模式转到由市场主导、政府调控的发展轨道上来。我国目前在资源配置方面,市场的基础性作用受到了相当的限制,某种意义上属于“政府主导、市场运作”的资源配置方式。这种方式在特定时期对经济发展起到过积极作用,但随着政府权力的不断膨胀,极易滋生腐败,可能导致大的系统性失误。

用市场经济的方法解决经济发展中的矛盾,要求我们尊重并相信每一个市场主体,给他们以充分的参与平等竞争的机会,尊重他们的选择权。在市场经济条件下,不同性别、不同户籍的劳动者的地位应是平等的,不同性质、不同规模、不同地区、不同国别的企业也应是平等的,政府的责任是为他们创造平等地参与竞争的法律和政策环境。

用市场经济的方法解决经济发展中的矛盾,要求我们尽快建立起符合市场经济有效运行的各种配套措施。选择了市场经济,就必须尊重市场经济自发调节的结果,允许失业、允许初次分配领域较大收入差距等问题的存在。承认市场经济的缺陷,不意味着坐视问题的存在而无动于衷,更不意味着要否定市场经济。市场经济虽然一直伴随着失业、分配不公等问题,但同时也找到了化解矛盾和冲突的办法——建立起一系列保障市场经济有效运行的各种配套制度。我国在建立市场经济体制过程中出现的许多矛盾和冲突,很多是因为配套制度不完善带来的,解决的办法只能是深化改革、不断完善市场经济体制。

用市场经济的方法解决经济发展中的矛盾,要求我们理性地对待市场经济发展中出现的一些问题。经济的周期性波动一直伴随着市场经济制度,二战之后,发达国家政府试图通过宏观调控熨平经济的周期性波动,虽然取得了一定成效,但并没有改变周期性波动的总趋势。对此,我们应该理性看待,一方面它是问题,是市场经济的疾病,另一方面,波动本身也是对市场经济运行中出现问题的自我矫正,是市场经济的纠错机制。对于周期性的经济波动,我们须有足够的耐心和一定的承受能力。在实施反危机的措施时,要符合市场经济的内在要求。

(作者单位:河南师范大学　来源:2013 年 4 月 26 日《光明日报》)

中原根文化的内涵及其当代意义

曹玉涛

《国务院关于支持河南省加快建设中原经济区的指导意见》指出,中原地处我国中心地带,是中华民族和华夏文明的重要发源地,“要传承弘扬中原文化,充分保护和科学利用全球华人根亲文化资源;培育具有中原风貌、中国特色、时代特征和国际影响力的文化品牌,提升文化软实力,增强中华民族凝聚力,打造文化创新发展区。”如何发掘包括根文化在内的中原文化内涵,使华夏文明在传承中不断创新发展,成为摆在中原经济区建设面前的一道战略命题。

一

“中原根文化”是指起源于中原地区的在中华民族发展中起主导作用、处于核心地位的主流思想和文化。参天之木必有其根,怀山之水必有其源。中原根文化博大精深,内容十分丰富,不仅包括以姓氏文化、客家文化、炎黄文化等为核心的中原根亲文化,还包括华夏精神信仰之根、文明文字之根、华夏帝都之根、文学艺术之根、古代教育之根以及农业和商业文化之根等。

华夏民族血脉之根。伏羲、女娲、炎帝、黄帝、颛顼、帝喾、帝舜,这些中华人文始祖当年都曾在中原沃土繁衍生息。伏羲与炎帝定都淮阳,黄帝定都新郑,伏羲以及颛顼、帝喾分别葬在淮阳与内黄。体现民族血脉的中华姓氏中,古今有 1500 个姓氏起源于河南,在依人口数多少排序的 300 大姓中有 171 个起源于河南,包括有“陈林半天下,黄郑排满街”之称的海外四大姓氏均起源于河南。客家先民原是中原汉民族,所以客家人的祖根也多在中原。

华夏精神信仰之根。古代的中原地区也是中华文明和思想的创新核心区,儒家、道家、佛教、道教等思想文化的起源与传播,都与中原大地有着密切的关系。如儒家起源于周公在洛阳的制礼作乐,其礼乐思想影响了孔、孟等儒家学者。道家的创始人老子是楚国苦县(今河南周口)人,又长期在洛阳东周朝廷任职。中原地区是中国佛教的发祥地,白马寺被誉为“释源”、“祖庭”,龙门石窟是佛教艺术与石窟造像的完美结合。

华夏文字之根。汉字文化中迄今发现最早的文字雏形为舞阳贾湖遗址的契刻符号,传说中的字圣和斯文鼻祖的仓颉,就是今天的南乐县人。从安阳小屯发现的甲骨文可以证明,殷商时期在中原已形成成熟的文字体系,此后经历了甲骨文、金文、小篆、隶书、楷书等变化,一直沿用至今。

华夏帝都之根。河南拥有洛阳、开封、安阳和郑州四座古都,以洛阳建都最早,建都时间最长,建都朝代最多,北魏洛阳城范围约100平方公里,是世界上最大的古代都城;二里头夏都斟鄩被称为“中华第一都”,它与其后发现的尸乡沟商城遗址、东周王城遗址、汉魏故城遗址、隋唐东都城遗址被誉为世所罕见的“五都荟洛”奇观,充分展现了古都文化的丰富内涵,博大精深。

文学艺术之根。中华古典文学、传统音乐、绘画、雕塑、舞蹈、戏曲等艺术门类的起源,很多都与中原大地有着密切的关系。以“河图”与“洛书”为代表的传统文化源头在洛阳;作为中国文学主要源头之一的《诗经》中的“十五国风”在河南即占其七。河南作家的创作活动贯穿于唐代各个时期,涉及文学的各种领域,涌现了杜甫、韩愈、白居易、李商隐等领军人物,为唐代文学的繁荣作出了巨大贡献。

古代教育之根。中原地区是古代教育最发达的地域,在上古时代已出现学校的萌芽。鼎盛于春秋战国时期的诸子,著书立说,布道授徒,擎起了百家争鸣的大旗。中原地区与此有关的丰富的遗迹和历史纪念性建筑,见证了诸子于教育中所展示出的真知灼见。东汉洛阳的太学诸生已增至3万多人,洛阳太学在发展中形成了一套比较系统的管理制度,培养了一大批优秀人才,诸如思想家王充、科学家张衡、史学家和文学家班固、班昭,经学大师郑玄等。宋代以后,书院兴起,中国四大书院中,河南占其二,嵩阳书院、应天书院分别位于今河南登封和商丘,而理学家程颐在洛阳伊川建立伊皋书院(元朝改名伊川书院)是理学思想的策源地之一。这些对继承和传播中华民族的历史文化起到了积极的作用,在中国和世界教育史上占有重要地位。

华夏农业和商业文化之根。中国是农业文明古国,河南则是农业大省。早在文明初期,神农氏就“因天之时,分地之利,制耒耜,教民农作”,成为中华农耕文明的始祖。自石器时代直至宋、元、明、清,河南农耕在中国历史上的地位有所变化,但其以农为本的宗旨始终没有变。河南也有着悠久的商业文化传统,是考古界、史学界公认的中国商人、商业和商业文化的重要起源地,在中国商业文明进程中占据着重要的地位。据考证,商先公活动的地点主要集中在豫东,商丘的“丘”字在《说文解字》中是集市交易的场所,翦伯赞指出,商部落最早的商品交易市场在今天河南商丘的火神台。洛阳人白圭,善于经营,“人弃我取,人取我与”,被后人誉为商圣。

二

作为人类文化遗产的重要分支,中原根文化是祖先留给我们的文化财富,也是华夏五千年文明史的文化意识、智慧结晶和精神体现,彰显华夏民族的生命力和创造力,蕴含着巨大的文化价值和经济价值,对中原地区经济社会和文化发展有着重要作用。

对传播华夏文明具有重要的学术价值。文化是民族的血脉,是人民的精神家园。在中华文明进化和发展过程中,中原文化在相当长的时间内引领着华夏文明走向和文化发展方向。都城文化、青铜文化、甲骨文化,多由河南为圆心向外发散;礼乐文化、老庄哲学、汉代经学、魏晋玄学、宋明理学、易学文化等,都在中原地区孕育而生;因此,中原根文化研究对于推动华夏文明的传承创新和文化大发展大繁荣具有不可替代的价值。同时,作为传统文化的缩影和精髓,依托中原根文化的研究与开发,有利于把中原文化的优秀传统推向世界,让世界更好地了解中国,让中国更好地走向世界。

有助于弘扬礼仪文化和传统美德,丰富社会主义核心价值体系。通过弘扬礼乐文化中亲切、和谐、敦厚、诚信等良好传统,引导人们用宽容、豁达、开放、开朗的心态包容世界。华夏文明的重要特征是独特的道德礼仪,中原乃周公制礼作乐之处,孔子入周问礼之地，礼仪制度源远流长，在愚公移山精神、红旗渠精神、焦裕禄精神和中原传统美德的滋养下，中原大地英杰辈出，义举不断。市场经济条件下，一些领域道德失范、诚信缺失，一些社会成员人生观、价值观扭曲。通过对根文化的研究，深入开拓中原根文化中的礼仪文化和传统美德，开发一批陶冶情操、愉悦身心、寓教于乐的艺术作品，对抵制当前的庸俗、低俗和媚俗之风，树立正确的荣辱观具有重要的现实意义。

有助于增强中华民族的文化自信心、凝聚力。近代以来西方文明的强烈冲击，严重地动摇了中华民族的文化自信心和文化认同感。中原根文化作为中华文化的重要组成部分，加强这方面的研究无疑有助于弘扬中华文化，培养高度的文化自觉和文化自信，增强民族文化自尊心、自信心、自豪感。中原文化是华夏文明之魂，根文化是中原文化之本，“万姓同根，万宗同源”。中原地区、炎黄故里是中华民族的根脉所在，“根在河洛”、“寻根中原”早已成为海内外华人的共识。加强根文化研究，使全球华人真正认识到根在中原、源在华夏，能够切实增强中华民族的向心力、凝聚力，从而使人们更加自觉地同祖国心连心、同呼吸、共命运，共同推动中华民族伟大复兴的中国梦早日实现。

（作者单位：洛阳师范学院　来源：2013 年 05 月 23 日《光明日报》）

产业集聚协调发展与新型城镇化建设

任爱莲

在当前我国经济迅猛发展、新型城镇化建设快速推进的背景下，实现城乡一体化，首先要推动城镇化建设与产业集聚的协调发展，以产业集聚带动城镇化，以城镇化促进产业集聚。但在目前的城镇化建设与产业集聚互动发展进程中，还存在着不协调等种种问题，我们需要采取各种措施，促进二者的协调健康持续发展。

城镇化建设与产业集聚协调互动发展存在的问题

城镇空间布局不尽合理，中小城市产业集聚能力有待提高。改革开放以来，我国城镇化建设取得了飞速发展。但由于城市空间布局不够合理，大中小城市发展不协调，对大城市来说，不仅数量少，对周边带动能力不够，而且还因人口压力偏大，与资源、土地、生态环境的矛盾日益加剧，环境污染严重，增加了经济社会和生态环境成本。对中小城镇来说，数量多、规模小、相对封闭、承载和服务功能弱，很难形成有竞争力的城市群，没有形成城镇化与工业化的联动发展，中小城镇的产业集聚能力有待提高。

部分城市产业集聚有名无实，“被城镇化”造成土地的浪费。在城镇化建设过程中，我们发现存在着“城市用地超过国家标准，农村人口减少农村建设用地反而增多”的现象。加快产业发展和集聚，以此促进城镇化进程本无可厚非。但不少城市在规划建设时，没有科学考虑产业和人口聚集能力，一味赶大超小，建大马路、大广场，建“工业园区”“开发区”“城市新区”。这种“被城镇化”现象蕴藏着巨大风险，一方面增加了资源环境与经济社会发展的矛盾；另一方面，因产业集聚有名无实，相应开发的房产等行业出现萎靡，住宅房卖不出去，商品房租不出去，造成所谓的“空城”。

人的城镇化发展滞后于城镇化建设与产业集聚的发展。部分地区违背农民意愿，征用农村土地和村庄用于城市扩张，同时对农民失地后的就业保障和生活保障缺乏全面考虑，部分土地征用、房屋拆迁补偿标准偏低；进城后的农民在户籍、就业、社会保障等方面的问题没有妥善解决，导致矛盾激化。虽然一些地区也在致力于解决城镇化后农民面临的实际问题，如针对农民开展技术培训等，但总体收效不大。

促进城镇化建设与产业集聚协调发展的必要性

促进城镇化建设与产业集聚协调发展是地区经济社会现代化发展的必然过程。促进城镇化建设和产业集聚协调发展是人类文明从农耕文化向工业文明转变，由乡村型向城市型转化的必然过程，是全面深化经济体制改革、全面实现小康社会的重要举措之一。只有促进城镇化建设和产业集聚协调发展，才能解决农民在家就业、社会保障、公共卫生、劳动报酬少等问题，才能使城乡居民共享经济社会现代化发展的成果。

合承载力。

促进城镇化建设与产业集聚协调发展是缩小城乡差距的有效手段。目前,城市和农村、发达与不发达地区的经济鸿沟越来越大,而城乡差距造成的直接后果是收入差距。促进城镇化建设是缩小城乡差距的有效手段。产业集聚协调发展作为城镇化建设的重要手段,将加快农村的产业建设,引领农村社区经济的转型。转型的农村将在生活方式、管理方式、生产方式上发生转变,从而出现服务集聚、技术集聚、财富聚集,实现现代农民的“致富梦”。

促进城镇化建设与产业集聚协调发展是扩大内需的最大潜力所在。城镇化要成为扩大内需的最大潜力所在,就必须坚持以城镇化带动农业现代化、工业化和现代化,推进经济可持续发展。而产业集聚协调发展是带动工业化、现代化的最好手段。产业集聚协调发展可将农民转为市民,使农民在城市能够从事生产服务,提高生活水平,继而拉动消费。

城镇化建设与产业集聚协调发展的路径

以产业集聚区为载体,走集约、节能、低碳的城镇化发展道路,实现城镇化与产业集聚的可持续发展。一方面要以产业集聚区为载体,把产业集聚区作为城镇优先开发区域,加快配套基础设施建设,实现企业集聚、项目集中、土地集约,促进城镇化与产业集聚的协调发展。另一方面,要走集约、节能、低碳的可持续发展道路,将城镇化与产业集聚建立在环境、资源等承载能力基础之上,提高城市的综合承载力。

构建特色鲜明的产业体系,坚持“产城结合”,把城镇化与调整优化产业结构结合起来。城镇发展的历程表明,农业是城镇化的初始动力,工业是城镇化的根本动力,服务业则是城镇化的后续动力,所以产城结合十分重要。要因地制宜、因势利导,培育鲜明特色和较强竞争力的优势产业;加大资源整合力度,提高产业集中度;发挥企业集群的整体效应,打造区域性品牌。对传统产业,要改造升级;对新兴产业,要大力发展;对现代服务业,要积极发展。

强化产业集聚区服务功能,坚持“以人为本”,将城镇化建设与产业集聚协调发展的成果惠及农民。一是建设城市公共基础设施,通过优化环境和强化产业集聚区与区外设施的互动对接和共享,保证产业集聚区项目的入驻;二是提升集聚区的软实力,增强服务意识,确保整个集群的良性竞争;三是建立社会服务机构,在集聚区建立法律、会计、审计、信息咨询等社会服务机构,形成功能健全、网络覆盖、服务到位的社会服务体系;四是打造产业集聚区文化,塑造创业精神,增强集聚区发展的精神内动力。通过城镇化建设与产业集聚的协调发展,解决农民变市民后在就业、医疗、教育、社保、住房等方面问题,将城镇化与产业集聚协调发展的成果惠及农民,真正提高城镇化的质量。

(作者单位:河南财经政法大学工商管理学院　来源:2013 年 10 月 25 日《光明日报》)

文化传播与国家形象塑造

宋　正

国家形象是国内外公众对一国经济、政治、文化等各方面状况的综合认知和整体评价。良好的国家形象不仅能够提升一国的国际影响力,而且能够增强本国公众的凝聚力。现阶段,文化传播对国内外经济、政治、文化等方面的影响日趋加强,越来越多的国家开始认识到文化传播之于国家形象塑造的必要性和重要性。我国当前正处于社会转型期、实现中国梦的关键期,同时也是利用文化传播塑造良好国家形象的机遇期,应当高度重视文化传播,塑造积极、正面的国家形象。与此同时,我们要清醒地认识到,塑造良好的国家形象是一个复杂的系统工程,需要从战略、思想、行动、措施等方面进行统筹安排和构建。

构建以实现中国梦为目标的国家战略体系

随着经济全球化的快速推进,世界各国相互依存日益加深,经济、政治以及文化等方面的联系更加密切。习近平总书记提出的中国梦伟大战略构想,充分反映了全国各族人民内心的热烈期盼,也为中国国家形象的塑造指明了方向。对中国而言,塑造一个自信、开放和成功的国家形象与构建以中国梦为目标的国家战略体系不谋而合,这不仅能够让世界看到中国维护自身核心利益的坚定意志,也能够让世界看到一个新兴大国的正面形象。而文化传播本身所具有的通俗易懂、辐射面广等特点，能够帮助国内外公众更加深入了解中国梦，提升中华文化的国际影响力。在利益和思想多元化的时代，“中国梦”的提出和传播，激励和鼓舞了全国各族人民的干劲，凝聚了人心，也成为新时期中国的对外宣言书。

构建以实现中国梦为目标的国家战略体系，在国际社会塑造良好的国家形象，可以通过文化传播和文化外交的手段，将中国的自信、自强、团结和理性展现给世界，从而赢得国际社会更多的尊重、理解和支持，提升中国的国家形象。要在坚持和平发展的基础上，秉承建设和谐世界的理念，通过文化传播将中华文明中“包容”“开放”“以人为本”等内在诉求体现为行为行动，在国际社会塑造中国“发展、和平、合作”的正面国家形象。在保持与国家战略体系高度统一的前提下，采取通过文化外交塑造国家形象的“柔性手段”，为国家使命服务。

构建以社会主义核心价值体系为核心的思想理论体系

塑造国家形象，必须有思想理论体系的支撑。社会主义核心价值体系是立足于社会主义经济基础之上的价值认同系统，是社会主义制度的生命和灵魂，塑造国家形象必须以社会主义核心价值体系建设为根本和核心。社会主义核心价值体系包括马克思主义指导思想、中国特色社会主义共同理想、以爱国主义为核心的民族精神和以改革创新为核心的时代精神、社会主义荣辱观。树立社会主义核心价值理念，有助于塑造和提升国家形象，彰显中华民族的价值追求和精神风貌。

构建以社会主义核心价值体系为核心的思想理论体系，塑造良好的国家形象，必须灵活运用文化传播的方式和方法。对于外来文化，要求同存异，吸收其精华，摒弃其糟粕。在重视传统媒介的基础上，充分了解和利用新兴媒体的传播优势和特点，坚持全面、客观报道。要讲究文化传播艺术，积极融入世界话语体系，提高对外文化传播的实效。要正视社会主义核心价值体系和西方国家价值观的区别，结合国内外实际，适当转换对外宣传模式，实现从政治意识形态色彩浓厚的对外宣传转换成开放性的大众传播。在文化传播中要尊重文化差异，针对某一国家或地区的文化传播，必须采用适合其民众思维方式和心理特点的传播方式，在潜移默化中使得外国政府和人民产生对中国的亲近感，增强国家的亲和力。

构建以政府、组织、公民为主体多层面参与的多元行动体系

维护国家利益，塑造良好的国家形象，绝对不是某个部门或某个人能独立完成的，它需要多元力量的共同推进。但长期以来，国家形象的塑造或者对外宣传，被很多人误认为是党、政府以及外宣部门的独立职能或专门业务，与其他人毫无关联。实际上，国家形象的塑造是一项极其复杂的系统工程，它需要自上而下各层次多主体的全方位参与，其主体不仅应包括党和政府，同时也应包括每一个组织和每一个公民。

构建以政府、组织、公民为主体多层面参与的多元化行动体系，塑造良好的国家形象，必须充分调动党、政府、组织以及公民的积极性，整合全部优势力量，统筹安排和调度。政府要充分发挥引导和调控作用，做好塑造国家形象的表率。政府需要制定正确的方针和政策，做好监督、引导和资金支持工作，而具体实践工作则可交由半官方或民间机构实施。从国际角度讲，政府要注意维护国家形象，积极参与世界格局的调整，维护世界和平和稳定；从国内角度讲，政府要起带头作用，做塑造国家形象的表率，积极引导和监督各种组织以及公民做好本职工作。企业作为一种营利性社会组织，主要通过其产品和服务参与国家形象的塑造，这尤以外向型企业更加明显。因此，必须引导和监督企业不断提高产品的科技含量和附加值，重点培育拥有自主知识产权的国际知名品牌，树立良好的产品和服务形象。随着经济全球化的推进，中外文化交流日益频繁，每一个公民理应成为国家形象塑造与传播的主体。以国民出境旅游为例，如果中国公民在国外旅游过程中，遵纪守法谦逊文雅，必将使得当地公民对中国人产生极其美好的印象，从而提升中国的国家形象。要引导和推动公民的文明意识，提升文明道德素质，以良好的言谈举止展现文明中国、礼仪之邦的风采。

构建以整合传播为特征的立体化传播体系

塑造国家形象是一项复杂的系统工程，不可能一蹴而就。以整合传播为特征的立体化传播体系的核心，是坚持以和平发展为导向，加强文化传播。长期以来，中国国家形象的塑造和传播，缺乏系统化的战略规划和路线图，亟须引入“整合传播”的理念。换句话说,国家形象的塑造和传播不能依靠某一个单独的部门实施,必须建立一个多种传播渠道、多种主体共同参与的综合体系,综合经济、政治以及文化等各方面因素,有计划、有步骤、分层次地逐步实施。

构建以整合传播为特征的立体化传播体系,塑造良好的国家形象,必须高度重视软实力与硬实力的整合、经济外交与文化外交的整合、公共外交与政府外交的整合,政府、组织以及个人行为的整合。在“整合传播”理念的指引下,构建一个合理、科学的战略框架,探索成立国家级的国家形象塑造和传播协调机构;制定科学的长期、中期和短期目标及切实可行的对外传播总体方针和策略;对政府、组织以及公民在国家形象塑造和传播过程中的责任进行合理分配;充分发挥人际传播、大众传播以及组织传播的最大功能,整合不同类型的传播渠道、传播主体和传播方式,构建以整合传播为特征的立体化传播体系,实现各种资源的相互补充与合作,最终实现整体传播效果。我国作为最大的发展中国家和新兴经济体,要在把握文化传播规律的基础上,尽早建成国际一流的现代文化传媒基地,有效整合电视、广播、网络等不同传播手段的作用和功能,注重发挥互联网的重大作用,使其成为对外交流的新平台、文化传播的新阵地和公共服务的新战场,尽快由主导国内舆论向影响国际舆论转变。要坚定不移地走媒介集团化、产业化和多样化的道路,鼓励和支持更多富有现代气息、反映时代需要、具有中国特色的文化品牌、文化标志以及文化符号走出去,增强中华文化在国际社会的感召力和影响力,不断增强中国媒体的话语权,形成与我国国际地位相称的舆论力量。

总之,文化传播和国家形象塑造关系密切。合理利用现代文化传播手段和方法,塑造和传播良好的国家形象,应该以国家软硬实力为依托,对国家形象的传播内容做出科学、合理的总体战略规划顶层设计,并需要整合各种层次、各种形式的宣传资源,力争早日建成民间与官方相结合、多渠道多形式的文化传播体系和网络,为塑造良好的国家形象而努力。

(作者单位郑州大学音乐学院　来源:2013 年 10 月 27 日《光明日报》)

科研机构

高等院校

郑州大学

党委书记:郑永扣　　党委副书记、校长:刘炯天

郑州大学由原郑州大学、郑州工业大学、河南医科大学于2000年7月10日合并组建而成。原郑州大学创建于1956年,是新中国成立后国家创办的第一所综合性大学;原郑州工业大学成立于1963年,是原化工部直属的重点院校;原河南医科大学成立于1928年,是以医学为主的省属重点高等医科院校。经过长期建设和发展,学校已成为一所涵盖理学、工学、医学、文学、历史学、哲学、法学、经济学、管理学、教育学、农学、艺术学12大学科门类的综合性大学,是国家"211工程"重点建设高校,是国家"中西部高校提升综合实力计划"入选高校,是河南省人民政府与国家教育部共建高校。

郑州大学办学资源充足。校本部包括4个校区,总占地面积6493亩,其中坐落在郑州高新技术产业开发区的主校区占地面积4845亩,总建筑面积165万平方米。

郑州大学办学规模宏大,师资力量雄厚。校本部现有全日制普通本科生5.2万余人,各类研究生1.5万余人,外国留学生1400余人;在岗教职工近6000人,其中院士24人(专职6人,双聘18人),教授721人,国家"杰出青年基金"获得者5人、国家"百千万人才工程"人选19人、国家"千人计划"人选4人、省"百人计划"人选6人,副教授1600余人,具有博士学位的教师1700余人。

郑州大学人才培养体系完备。设有46个院(系),9个附属医院,107个本科专业,55个一级学科硕士点,237个二级学科硕士点;21个一级学科博士点,124个二级学科博士点。另有1个专业博士学位点,19种专业硕士学位点,23个博士后科研流动站。有国家级精品课程14门,国家级特色专业14个,国家级实验教学示范中心3个,国家级人才培养模式创新实验区2个,国家级工程实践教育中心7个、国家级大学生创新性实验计划项目、创新创业训练计划项目210项,国家级教学团队4个,国家级教学名师5人,国家级双语教学示范课程2门。学校现有1个国家理科基础科学研究和教学人才培养基地,1个国家大学生文化素质教育基地,1个教育部高校辅导员培训和研修基地,1个国侨办华文教育基地,6个国家级重点(培育)学科,37个国家临床重点专科建设项目,214个省级重点学科,4个学科(领域)ESI排名进入全球前1%。

郑州大学科研基础坚实。有各级、各类科研机构330多个。其中,1个国家工程研究中心,1个国家技术研究推广中心,1个国家级国际联合研究中心,1个国家化工安全工程技术中心,1个国家药物安全性评价研究中心,2个国家药品临床研究基地,3个教育部重点实验室,2个教育部工程研究中

心;1个省部共建高校人文社科重点研究基地;1个国家体育总局体育文化发展研究中心体育文化研究基地;1个国家知识产权培训基地;6个河南省协同创新中心;省级重点实验室、工程技术研究中心、工程实验室、国际联合实验室、人文社会科学重点研究基地,省高校重点学科开放实验室、工程技术研究中心、国家重点实验室培育基地等104个,省部级以上重点科研机构达到125个,具有较强的基础研究、应用研究和科技开发能力。

郑州大学基础设施完善,办学条件优越。是全国绿化委员会授予的"造林绿化400佳单位"。学校图书馆建筑面积8.4万平方米,馆藏图书797.1万余册。拥有1个出版社;公开出版发行学术期刊14种。学校还合作兴办有西亚斯国际学院、体育学院。

郑州大学学术气氛活跃,对外交流广泛。先后与北京大学、清华大学、中国科学院等20余家国内高校、科研院所建立了合作关系,与美国、英国、法国、日本、俄罗斯、加拿大、澳大利亚、韩国、哈萨克斯坦、白俄罗斯、芬兰、乌克兰等国家和我国的香港、台湾等40多个国家和地区的170余所知名高校建立了校际合作关系。学校坚持以人为本,注重学生素质全面发展,为社会培养了一大批合格人才,在党建和思想政治工作、教学、科研、医疗、管理、学生工作和后勤服务等方面获得多项省级以上荣誉称号。

郑州大学的建设和发展得到了中央和地方各级领导的亲切关怀和大力支持。党和国家领导人李克强、刘云山、刘延东、吴邦国、贾庆林、李长春、贺国强、李岚清、罗干、陈至立、顾秀莲、成思危、张思卿、徐匡迪、张榕明等分别到校视察指导工作,教育部、省委、省政府主要领导多次来学校调研或现场办公。在上级领导的关心和支持下,学校在人才培养、师资队伍建设、学科建设、科学研究、校园建设、党的建设和思想政治工作等方面都取得了长足进步,呈现出良好发展势头。郑州大学将坚持以"一省一校"为主线,以协同创新为抓手,加快学校转型发展与内涵建设步伐,全面提高教育教学质量和办学水平,力争在本世纪中叶把郑州大学建设成为国内一流、国际知名、具有区域示范作用的高水平大学,为全面建设小康社会、实现中原崛起做出新的更大的贡献。

(以上数据截止日期为2013年12月)

河南大学

党委书记:关爱和　　校长:娄源功

河南大学坐落在历史文化名城、八朝古都开封东北隅。这里曾是河南贡院的所在地,1903、1904年全国会试在这里举行,上千年的科举制度在这里划上句号。20世纪初的欧风美雨和辛亥革命胜利的曙光,孕育催生了这所大学。1912年,以林伯襄为代表的一批河南仁人先贤在这里创办了河南留学欧美预备学校,成为当时中国的三大留学培训基地之一。后历经中州大学、国立第五中山大学、省立河南大学等阶段,1942年改为国立河南大学,成为拥有文、理、工、农、医、法等6大学院的综合性大学,是当时学术实力雄厚、享誉国内外的国立大学之一。新中国成立后,经院系调整,河南大学农学院、医学院、行政学院分别独立设置为河南农学院、河南医学院、河南行政学院,水利、财经等院系也先后调入武汉大学、中南财经政法大学等高校,校本部更名为河南师范学院。后又经开封师范学院、河南师范大学等阶段,1984年恢复河南大学校名。2008年10月17日,河南省人民政府和教育部签订共建协议,河南大学正式进入省部共建高校行列。

建校百余年来,河南大学严守"明德新民,止于至善"的校训,在一代代学人的精心铸造下,逐渐形成了"团结、勤奋、严谨、朴实"的优良校风和前瞻开放、面向世界,坚持真理、追求进步,百折不挠、自强不息,兼容并包、海纳百川,不事浮华、严谨朴实的河大精神,在推动社会发展、科技进步、经济建设和教育振兴的过程中实现着自身的价值。在以范文澜、冯友兰、董作宾、冯景兰、罗章龙、郭绍虞、罗廷光、萧一山、樊映川、毛礼锐、姜亮夫、嵇文甫、任访秋、党鸿辛等一大批专家学者、院士为代表的名师执教下，河南大学已培养了40余万名各类专门人才。在河大校友中，有院士、学部委员56人，省部级以上领导干部近150人。不少校友如侯镜如、袁宝华、王国权、赵毅敏、尹达、邓拓、白寿彝、杨廷宝、高济宇、姚雪垠、周而复、吴强、马可、赵九章、梁光烈等都成为蜚声中外的社会名家。

改革开放以来，河南大学的建设步入了快速发展的时期，通过加强学科建设、培养与引进高层次人才和扩大招生、新校区建设等，在提高办学层次、教育质量、学术水平和扩大发展规模、办学空间、对外开放等方面都实现了跨越式发展，取得了历史性突破，已经成为一所拥有文、史、哲、经、管、法、理、工、医、农、教育、艺术等12个学科门类的综合性大学，先后与40多个国家和地区的百余所高校建立了友好合作关系，是世界大学联合会和亚太大学联合会成员。河南大学现设有文学院、历史文化学院、教育科学学院、哲学与公共管理学院、法学院、新闻与传播学院、外语学院、经济学院、工商管理学院、数学与信息科学学院、物理与电子学院、计算机与信息工程学院、环境与规划学院、生命科学学院、化学化工学院、土木建筑学院、艺术学院、体育学院、医学院、药学院、护理学院、淮河临床学院、东京临床学院、国际教育学院、软件学院、民生学院、国际汉学院、欧亚国际学院、人民武装学院、远程与继续教育学院、马克思主义学院、大学外语教学部、公共体育教研部、基础实验教学中心等学院(部)，89个本科专业，42个硕士学位授权一级学科，18种硕士专业学位授权类型，12个博士学位授权一级学科，15个博士后科研流动站。现有教职工4200多人，其中专兼职工作的院士13人，正副高级职称1500多人。全日制在校生6万人，其中研究生近1万人，留学生近200人。学校拥有棉花生物学国家重点实验室1个，特种功能材料、植物逆境生物学、黄河中下游数字地理技术实验室等教育部重点实验室3个，教育部工程研究中心1个，省级协同创新中心4个。建有国家教育部黄河文明与可持续发展研究中心、国家教育部体育艺术师资培训培养基地、国家体育总局社会科学研究基地及国家大学生文化素质教育基地等4个国家级教育、科研基地。办有出版社和多种学术刊物，图书馆藏书650万册(件)。校区总面积220万平方米，建筑面积147万平方米。其中明伦校区近代建筑群是国家重点文物保护单位。

作为一所具有厚重历史的高校，河南大学的建设一直受到各级政府和领导的重视。近年来，习近平、李克强、江泽民、贾庆林、李岚清、吴官正、李长春等领导同志先后莅校视察，对河南大学的发展寄予厚望。2004年7月江泽民同志视察时亲笔书写了“与时俱进，开拓创新，把河南大学办成全国一流高校”的题词。2012年9月，时任中共中央政治局常委、国务院总理温家宝同志为河南大学建校100周年题词“办好河南大学振兴中原教育”。河南省委、省政府历来也十分重视河南大学的建设，一直把河南大学作为河南省重点建设高校，并比照“211工程”项目学校在建设资金方面给予了重点扶持。2011年，国务院《关于支持河南省加快建设中原经济区的指导意见》中明确提出“支持河南大学创建国内一流大学”，河南省人民政府也专门颁布了《百年名校河南大学振兴计划(2011—2020年)》，进一步确立河南大学重点建设、优先发展的战略地位，河南大学的发展正面临着重大的机遇。在中共河南大学第九次代表大会上确定了学校今后一个时期的奋斗目标：到2020年，全面提升人才培养质量、科学研究水平、社会服务能力以及教育国际化程度，综合实力显著增强，办学特色更加鲜明，在省部共建的基础上，争取进入国家重点支持的高水平大学行列；到本世纪中叶，成为国内一流、国际上有一定影响的综合性、研究型、国际化高水平大学。

百年的风雨和磨砺，百年的奋斗与辉煌，河南大学正乘风扬帆，充满信心，朝着建设高水平大学的方向迈进。

(以上数据截止日期为2013年11月)

河南理工大学

党委书记:王少安　　党委副书记 校长:邹友峰

河南理工大学始建于1909年,是我国第一所矿业高等学府和河南省建立最早的高等学校。在一个世纪的办学历程中,曾10次迁址,辗转4省,9易其名,历经焦作路矿学堂、福中矿务大学、私立焦作工学院、西北工学院、国立焦作工学院、焦作矿业学院等重要历史时期,1995年恢复焦作工学院校名,2004年更名河南理工大学。

20世纪上半叶,著名教育家蔡元培、地质学家翁文灏、工矿泰斗孙越崎和张仲鲁、张清涟、丁观海、张伯声、邓曰谟、李钟美等众多留美学者先后出任学校领导职务或教授,引领学校承载起培养工矿高级技术人才的历史责任,为民族工业振兴、国家经济发展和社会文明进步作出了特殊贡献。历经时艰形成的"自强不息、奋发向上"传统精神和"明德任责"校训、"好学力行"校风更是生生不息、代代相传。

新中国成立后,学校坚持服务煤炭工业的办学方向,为中南五省以及华北、西北地区煤炭工业发展输送大批高级专门人才,成为煤炭工业重要人才培养基地,赢得"关内看焦作"之美誉。进入改革开放时期,学校在强化为地矿服务的同时,着力拓宽学科专业领域,积极发展研究生教育,实现由行业院校向通用工科及多科性院校的根本转变。特别是新世纪以来,学校牢牢把握高等教育大发展的历史机遇,紧紧围绕建设高水平大学的目标,锐意改革,开拓进取,各项事业实现跨越式发展。学校于2002年后相继获得博士学位授予权、省重点建设骨干高校、教育部本科教学工作水平评估优秀学校、河南省与国家安全生产监督管理总局共建高校、"中西部高校基础能力建设工程"高校,办学层次、水平、实力和知名度、影响力显著提升。

学校安全、地矿特色鲜明,理学、人文等学科协调发展,设有75个本科专业。拥有4个一级学科博士后科研流动站、4个一级学科博士点、32个二级学科(方向)博士点、18个一级学科硕士点、117个二级学科(方向)硕士点,并在17个工程领域招收培养工程硕士。全日制在校生规模36000余人。

学校拥有国家级教学质量工程项目51个、省级教学质量工程项目84个,国家重点实验室培育基地和省(部)级重点实验室、协同创新中心、人文社科基地等41个,省一级重点学科21个,其中4个博士授权学科在2012年国家学科评估中居全国前十位。拥有省部级创新团队16个,年度获973或重大攻关及国家自然、社科基金项目81项、科研总经费突破2.7亿元。

百年理工,世纪风华。今天的河南理工大学,正以党的十八大和十八届三中全会精神、习近平总书记系列重要讲话精神为指导,按照学校党代会和"十二五"事业发展规划确定的目标任务,解放思想,深化改革,全面推进发展方式转变,着力提升人才培养质量、科学研究水平、服务经济社会发展和文化传承创新能力,奋力开创特色鲜明高水平大学建设新局面,为服务中原经济区建设,实现中华民族伟大复兴的中国梦做出新的更大的贡献!

(以上数据截止日期为2013年12月)

河南工业大学

党委书记:戚世钧　　党委副书记、校长:张 元

位于河南省会郑州市,是河南省重点建设高校。建校以来,学校秉承“明德,求是,拓新,笃行”的校训,大力弘扬“崇尚科学,勇于探索,报国兴学,自强不息”的工大精神,坚持“育人为本、质量立校、特色发展”,在人才培养、科学研究和社会服务方面作出了重要贡献。

学校始建于1956年,1959年开始本科教育,1979年开始培养硕士研究生。从建校至上世纪末,学校为中央部属院校;1998年8月划归河南省管理;2010年1月,河南省人民政府和国家粮食局签约共建河南工业大学。

学校已形成以工学为主、多学科协调发展的办学格局,是河南省人民政府立项建设的博士授权单位,是教育部“卓越工程师教育培养计划”入选高校。学校办学特色鲜明,学科优势突出,拥有全国最完整的粮油食品学科群和实力雄厚的超硬材料学科群。现有教学单位20个,本科专业53个(含一本招生专业5个),省级重点学科25个,硕士一级学科点18个(含硕士二级学科点108个);国家级特色专业5个,省级名牌或特色专业11个;工程硕士、MBA、农业推广等专业硕士学位授权点3个,工程硕士领域9个;具有同等学力申请硕士学位授予权和高等学校教师硕士学位授予权。

学校大力实施“人才强校”战略,名师荟萃,英才云集。现有中国科学院、中国工程院双聘、特聘院士10人,长江学者1人,设立省级特聘教授岗8个,博士生导师14人,国务院政府特殊津贴专家25人,全国优秀教师6人,省、部级优秀教师、优秀专家、有突出贡献专家等40人,河南省学术技术带头人、杰出人才创新基金获得者等共200余人。学校具有副教授任职资格评审权。

建校以来,学校涌现了大批知名专家。老一辈专家教授中,中国储粮昆虫分类学科创始人陈启宗教授,粮食缺氧储藏研究的开拓者路茜玉教授,率先掌握大豆磷脂提取加工技术的张根旺教授,解决了粮食筒仓防爆难题的周乃如教授,开创了国内砂轮制造、研磨工业学的汪璠、张国贤教授等。他们潜心学术,立德树人,奖掖后进,功勋卓著,为我国粮食事业和超硬材料行业及学校发展作出了开拓性贡献,为后继者树立了榜样。

现任教师中,有国际标准化组织食品技术委员会谷物与豆类分会主席卞科教授、国际谷物科技协会主席王凤成教授、三届奥运会田径裁判王晏教授等知名学者,还有一批专家教授担任中国粮油学会、中国粮食工程建设委员会、全国磨料磨具标准化技术委员会、中国热处理学会、中国化学会有机化学磷化学专业委员会等学术机构理事长或副理事长职务,他们在各自专业领域和教学岗位上,教书育人,竭诚奉献,堪称楷模。

现有在校生25000余人。其中,全日制本专科生23800余人,硕士研究生1032人,外国留学生近百人。另有继续教育学生8000余人。

学校一直面向全国招生,已为国家输送10万余名合格毕业生。大批毕业生已成为中国特色社会主义事业各条战线的技术骨干和管理骨干,正在为祖国的繁荣富强奉献着聪明才智,也为学校赢得了尊重和赞誉。

近年来,学校通过不断深化教育教学改革,大力推进素质教育,积极开展创新教育,人才培养质量不断提高。先后获得国家教学成果二等奖等一大批省部级以上教学研究成果,并在教育部本科教学工作水平评估中获评优秀;在全国“挑战杯”大学生课外学术科技作品竞赛中,总分连续6届名列全省高校前茅,并荣获全国“优胜杯”;毕业生就业率连续9年位于河南省高校前列,连续两次被评为“全国普通高等学校毕业生就业工作先进集体”;学校还获得“河南公众最满意的十佳本科院校”和“河南省最具影响力的十大教育品牌”等荣誉称号。

学校占地面积2826亩,建筑面积89万平方

米,体育运动场地面积 8.7 万平方米,教学科研仪器设备总值近 3 亿元,馆藏图书 362 万册,建有河南省第一个万兆校园网。现有小麦和玉米深加工国家工程实验室、粮食储运国家工程实验室、教育部重点实验室、国家粮食局工程研究中心、省重点实验室等省部级以上实验室、工程中心 15 个和各类校级教学、科研、实习、实训平台近百个,教学科研设施齐全,功能完善。另外,学校还与社会共建了"河南省工业技术研究院"、"河南省民营经济研究院"和河南高校首家院士工作站等省级产学研平台。

学校科学研究成果丰硕,在中国气调储粮理论及技术、储粮昆虫分类学、磷脂粉末化技术及理论、粮食散体物料压力理论、筒仓防爆技术、低温陶瓷结合剂超硬磨具、高温树脂结合剂超硬磨具、柔软耐水砂布等研究方面,诞生了一批国内外公认的研究成果。

近三年,获得国家科技进步奖 7 项,其中一等奖 1 项、二等奖 6 项;承担国家自然科学基金、国家哲学社会科学基金、国家 863 计划、国家科技攻关计划、国家科技支撑计划等国家级科研项目 143 项,承担省部级科技项目 272 项;主持或参与制(修)订国际、国家标准 52 项,授权发明专利 30 项; SCI 、EI 等收录论文 1157 篇;出版学术著作、教材 233 部。

学校是国家火炬计划河南超硬材料产业基地主要成员单位,是河南省国家大学科技园主体单位之一。《河南工业大学学报》(自然科学版)是全国中文核心期刊,《河南工业大学学报》(社会科学版)是河南省一级期刊。

学校积极服务国家和地方经济社会发展,在粮食精深加工与综合利用、粮食机械、粮食储运、仓厂建设、粮食经济与物流管理、超硬材料及磨料磨具等方面取得了一批优秀成果,有力地推动了行业技术进步,产生了显著经济社会效益。目前,全国约 70% 的大中型小麦加工企业、50% 的植物油加工企业、90% 的大豆磷脂加工企业采用学校提供的技术。学校作为"利用世界银行贷款改善中国粮食流通"项目中坚力量,完成大部分核心技术和工程设计,为构建现代中国粮食流通体系作出了突出贡献。国家投资 337 亿元的国家储备粮库建设及粮食物流设施建设重大项目,全部采用学校研发的储藏工艺,同时,学校还承担了 1/3 工程设计,使国家储备粮库的技术与设施达到了国际先进水平。学校负责编制的国家粮食仓库建设标准和设计规范,为国家粮食重大工程建设提供了强有力的技术支撑。

学校积极探索产学研合作人才培养模式,与国家粮食局科学研究院、河南省科学院、郑州机械研究所、郑州磨料磨具磨削研究所等开展校研合作;与郑州市、周口市、鹤壁市人民政府和省商务厅、工业和信息化厅等开展校地合作;与中国储备粮管理总公司、中粮集团、上海良友集团、双汇集团、三全集团、思念集团、许继集团、郑州现代物流有限公司(香港)等开展校企合作。

学校充分利用国际优质教育资源,积极开展中外合作办学,与英国威尔士大学、瑞丁大学联办 5 个本科专业;与美国堪萨斯州立大学、意大利都灵理工大学等开展在校生交流。2007 年开始招收外国留学生。

与联合国粮农组织、国际谷物科技协会等国际组织保持着良好合作关系;与美国小麦协会、加拿大小麦局、法国小麦协会、澳大利亚国际农业发展中心等进行合作交流;成功举办了"联合国粮食物流国际区域研讨会"、"国际小麦品质及面粉改良研讨会"等国际学术会议;2008 年被批准为国家援外人力资源开发合作项目承办单位,迄今已培训来自 55 个发展中国家的粮食行政与技术官员 200 余名。

学校形成了"团结进取,务实高效"的校风、"博学奉献"的教风和"勤奋诚信"的学风。学校坚持文化育人,开设人文教育公选课,举办系列校园科技文化体育活动,开展形式多样的心理健康教育,以及数量众多、内容丰富的学生社团活动,为大学生素质教育搭建了广阔平台,促进了校园文化建设与学生全面发展。

学校坚持"围绕发展抓党建,抓好党建促发展",党组织凝聚力和战斗力不断加强,广大党员先锋模范作用得到充分发挥,为推动学校发展提供了坚强保障;学校积极开展富有特色的思想政治工作,着力打造和谐校园,营造了团结进取、干事创业的良好氛围。近年来,学校先后荣获河南省高等学校先进党委、河南省五好基层党组织、河南省思想政治工作先进单位、河南省五一劳动奖状、河南省文明单位、全省学校行风建设先进单位和全国五四红旗团委等荣誉称号。

河南科技大学

党委书记:严全治　　党委副书记、校长:孙金锋

河南科技大学坐落在“千年帝都、牡丹花城、河洛之根、丝路起点”,现代化工业城市,中原经济区副中心城市——洛阳。学校是一所工科优势突出、文理农医等特色明显、多学科协调发展的综合性大学。

学校1952年始建于北京。1956年,为配合国家工业基地的建设迁至洛阳,更名为洛阳工学院,隶属于国家机械工业部。1998年,由国家机械工业部划转至河南省,实行中央与地方共建。2002年,河南省委、省政府为了优化省内高等教育结构布局,经国家教育部批准,由洛阳工学院、洛阳医学高等专科学校、洛阳农业高等专科学校等三所高校合并组建了河南科技大学。学校是河南省重点支持建设的第三所综合性大学。

在60多年的办学历程中,河南科技大学始终秉承“一切以人才培养和学术进步为本”的办学理念,深化教育教学改革,着力培养创新型人才。建校以来,已为社会输送了20多万名高级专门人才,为国家和地区的经济社会发展作出了突出贡献。近三年来,学校学生在各级各类学科竞赛中,获得国家级奖励40项,省级奖励332项。学校毕业生就业率保持在河南省高校前列,招生就业形势持续向好。学校在教育部本科教学工作水平评估中获得优秀成绩。近年来,学校连续高位入选“河南公众最满意的十佳本科院校”、“河南最具影响力的十大教育品牌”、“河南考生心目中最理想的高校”、“河南省大学生创业教育示范高校”、“河南高等教育质量社会满意院校”和“河南最具就业竞争力示范院校”。

学校坚持以学科建设为龙头,不断优化学科专业布局。学校现设31个学院,90个本科专业;3个博士学位授权一级学科,12个博士学位授权二级学科;28个硕士学位授权一级学科,156个硕士学位授权二级学科,8个专业学位研究生招生类别,52个专业学位研究生招生领域,涵盖理、工、农、医、经、管、文、法、史、艺术和教育学11大学科门类。学校面向30个省、市、自治区招生,并接收来自世界各地的留学生,现有全日制本科生、研究生和留学生等学生5万余人。学校现有28个河南省一级重点学科、153个河南省二级重点学科,12个河南省特聘教授设岗学科;拥有“矿山重型装备国家重点实验室”、“摩擦学与材料防护教育部工程研究中心”等44个国家级、省部级重点实验室、工程技术研究中心和人文社科研究基地;拥有“机械装备先进制造”和“有色金属共性技术”2个河南省协同创新中心。学校有20个国家级、省级特色专业建设类项目,35个国家级、省级课程建设类项目,6个省级教学名师奖,7个省级实验教学示范中心;9个本科专业、5个硕士专业获批教育部卓越培养计划。《河南科技大学学报》有自然科学版、社会科学版和医学版,其中自然科学版是全国中文核心期刊,获教育部“全国高校优秀科技期刊一等奖”;社会科学版是河南省一级期刊,被全国高等学校文科学报研究会评为“优秀社科学报”。学校有9所附属医院,其中第一附属医院、第四附属医院和附属三门峡市中心医院为三级甲等医院。

学校大力实施“人才强校”战略,建设了一支结构合理、素质优良的师资队伍。现有专任教师2267人,其中,具有教授、副教授等高级职称的教师944人,具有博士学位的教师863人;有共享院士7人,中原学者2人,省级特聘教授12人,博士生导师61人;“百千万人才工程”国家级专家、享受国务院政府特殊津贴专家、河南省优秀专家等高级人才249人,“先进耐磨材料”教育部长江学者和创新团队等国家级、省级科技创新及教学团队19个。

学校长期坚持面向国民经济主战场,立足于服务中原经济区的建设,深入开展基础研究、应用基础研究和工程技术研究,不断提升科技创新能力。历经长期的积累和凝炼,学校在机械、材料、装备、电子信息等多个学科领域形成了突出的优势;在肿瘤学、法医学、显微外科学、农副产品加工技术、作物旱作栽培与育种、预防兽医学、动物育种与繁殖、牡丹栽培与产品加工等研究方面具有显著特色。

近5年来,研究成果先后荣获国家科技进步二等奖5项,省部级科技进步二等奖58项,三等奖45项。

学校办学条件优良,教学支撑体系完备,公共服务设施齐全。学校现有开元、西苑、景华和周山4个校区,占地面积4600亩,校舍建筑面积151万平方米,其中专业实验室面积32.7万平方米。教学科研仪器设备总值4亿元。图书馆建筑面积9.9万平方米,馆藏文献364万册,中外文期刊18万册。学校数字化校园建设达到国内先进水平,荣获中国教育信息化建设优秀奖。

学校坚持开放办学,积极发展对外交流合作。作为教育部首批认定有条件接收外国留学生的高校,学校充分利用国际优质教育资源,积极开展中外合作办学项目,长期与美、英、日、德等国家和地区的63所高校和科研机构进行研究生、本科生的双向交流和教师培训,并建立了稳定的科研合作与学术交流关系。学校还常年聘请美、英、日等国的外籍专家来校任教。

站在新的历史起点上,河南科技大学将以建设高水平教学研究型综合性大学为目标,秉承“明德博学 日新笃行”的校训,强化内涵建设,提升教育质量,努力开创学校事业发展的新局面,为国家和区域经济社会发展做出新的更大贡献!

(以上数据截止日期为2014年8月)

河南农业大学

党委书记:程传兴　　党委副书记、校长:张改平

筚路蓝缕,栉风沐雨,河南农业大学走过了百余年的办学历程。学校源自1902年创办的河南大学堂,先后经历了河南高等学堂、河南高等学校、河南公立农业专门学校、国立第五中山大学农科、河南大学农学院等办学阶段。1952年全国院系调整时重新独立建制,更名为河南农学院。1984年12月更名为河南农业大学。2009年9月成为农业部与地方省政府共建的第一所省属农业高校。2012年11月成为国家林业局与省政府共建高校。2013年5月学校牵头的河南粮食作物协同创新中心入选国家首批“2011计划”。

学校下设20个学院,设有农、工、理、经、管、法、文、医、教、艺10大学科门类。拥有1个一级学科国家重点学科,16个一级学科省部级重点学科;6个博士后科研流动站,5个博士学位一级学科授权点,25个博士点,80个硕士点,30个专业学位硕士点,84个本科专业(方向)。各类在校生32000多人。

学校在职教职员工1891人。其中教授、副教授等高级专业技术职务624人,博士学位440人;中国工程院院士1人,国家杰出青年科学基金获得者1人,教育部长江学者特聘教授1人,“新世纪百千万人才工程”国家级人选5人,省“百人计划”人选1人,中原学者3人,河南省特聘教授13人;获国家“中华农业英才奖”专家2人,国家有突出贡献中青年专家3人,国家骨干教师2人,享受国务院特殊津贴专家38人,农业部现代农业产业技术岗位科学家10人。

学校建有国家“2011计划”河南粮食作物协同创新中心、国家小麦工程技术研究中心、省部共建小麦玉米作物学国家重点实验室、新农村发展研究院、郑州国家玉米改良分中心、教育部作物生长发育调控重点实验室、农业部农村可再生能源重点开放实验室、国家烟草栽培生理生化研究基地等34个国家和省部级研究中心、重点实验室、研究基地。

学校建有郑州市文化路、龙子湖和许昌新区三个校区,占地面积5000亩。建有两地三校区互联、全方位覆盖的信息网络环境,以及数字化校园综合应用信息共享平台、国家农村信息化综合服务平台。

学校面向国家和地方经济社会发展需求,长期以来为国家粮食安全和地方经济社会发展作出积极贡献。近年来,学校坚持科学发展,坚持规模与内涵并重,以改革为动力,以学科建设为龙头,突出办学特色,正在努力建设一所以生命科学及其相关基础学科为先导、以农业科学为优势、特色明显的教学研究型大学,努力成为河南高级农业人才的培养基地、农业科技创新的依托基地、农业高新技术的孵化基地、农业发展战略的研究基地。

河南师范大学

党委书记:周铁项　　党委副书记、校长:王键吉

河南师范大学是一所建校历史较长的省属重点大学。学校北依巍巍太行,南滨滚滚黄河,位于京广、太荷铁路交汇处的豫北名城新乡市,坐落在广袤的牧野大地、美丽的卫水之滨。河南师范大学的前身是创建于1923年的中州大学(原国立河南大学前身)理科,1953年与平原师范学院合并,改称河南师范学院,后更名为新乡师范学院。1985年始称河南师范大学。

九十年来,特别是新中国成立以来,河南师范大学以振兴中国教育事业为已任,坚持以培养人才为中心,筚路蓝缕,艰苦创业,与时俱进,开拓创新,逐步发展成为一所涵盖经济学、法学、教育学、文学、理学、工学、农学、历史学、管理学、艺术学等10大学科门类的综合性师范大学。目前,学校占地面积148万平方米,建筑面积80多万平方米,教学科研仪器设备总值达2.6亿元,馆藏图书330万册;设有24个学院,71个本科专业,各类学生40000余人,在岗教职工2300余人,专任教师1600余人。现有24个省级重点学科,4个博士后科研流动站,2个博士学位授权一级学科,16个博士学位授权二级学科,25个硕士学位授权一级学科,7个专业硕士学位授权点;设有省部共建国家重点实验室培育基地1个,教育部重点实验室2个,省级重点实验室、工程技术研究中心、工程实验室、人文社科重点研究基地等15个,河南省协同创新中心2个,厅级科研平台19个,新乡市重点实验室、工程技术研究中心8个,校特色与应用研究基地11个。学校建有河南省规模最大、种类最多的生物标本馆,设有独立学院(新联学院)、附属中学、附属小学、幼儿园。2012年,学校顺利入选国家中西部高等教育振兴计划支持高校,为学校再上新台阶奠定了坚实基础。

河南师范大学尊师重教,唯才是举,师资力量雄厚。建校以来,曹理卿、郝象吾、孙祥正、赵新吾、赵纪彬、李俊甫、姚从工、魏明初、樊映川、杜孟模、孙作云、黄敦慈、许梦瀛、卢锦梭等一批国内外知名专家、学者先后在校执教。近年来,又涌现出王键吉、鲁公儒、徐存拴、郭宗明等一大批在国内外有影响的专家、学者。学校现有中国科学院、中国工程院双聘院士5人,国家有突出贡献的中青年专家、享受国务院政府特殊津贴专家、省级以上教学名师、中原学者、河南省优秀专家等80余人,教育部科技创新团队1个,设立省级特聘教授岗12个。在2012年中国大学评价中,本校教师水平和教师绩效均位居河南省高校第一。

河南师范大学以校风淳、教风正、学风浓、教学水平高享誉省内外。作为教育部本科教学工作水平评估优秀学校,设有3个国家级、8个省级实验教学示范中心,拥有国家级教学质量工程项目40项。学校优质生源充足,数学与应用数学、英语、化学、生物科学、日语、物理学、汉语言文学等专业2007年进入本科一批招生;化学、物理学、生物科学、环境工程、环境科学等专业2012年实现本硕连读招生。近年来,学校不断深化教学改革,教育教学质量不断提高,学生在国际、国内竞赛中屡获佳绩,先后获得中国音乐金钟奖、中国校园戏剧奖、中国舞蹈荷花奖、中国青少年科技创新奖以及省部级音乐、美术奖励80余项。毕业生年底就业率保持在90%以上,应届本科毕业生考取硕士研究生的比例稳定在30%以上,学校社会声誉日益提升。

河南师范大学十分重视科学研究和技术开发,注重产学研相结合。近五年来,学校先后主持承担包括国家"863"、"973"、国家科技支撑计划、国家自然科学基金、国家社科基金、国家星火计划项目、河南省重大科技专项等在内的国家级、省部级科研项目1271项,获得省部级以上科研成果奖励127项,包括国家自然科学奖二等奖1项,教育部自然科学奖二等奖1项,主编(著)出版学术著作、教材226部,以第一作者单位在SCI、SSCI、A&HCI、EI源期刊发表学术论文1590篇,在CSSCI、中文核心期刊发表论文6148篇,授权国家发明专利35项;2012年1篇博士论文入选全国百篇优秀博士学位

论文,实现了河南省和我校该项荣誉的突破。基础数学、理论物理、物理化学、生物工程、药物合成、环境科学、当代中国政治文化领域的研究成果居于国内先进水平。据美国科技信息所对全球高校和科研机构近10年发表论文被引用情况的分析报道,河南师范大学进入世界前1%,在我国进入前1%的96所高校中位居63位。据中国科技信息研究所统计,河南师范大学发表的学术论文被国际著名检索系统SCI收录的数量,自1994年至2001年高校大规模并校之前一直居全国高校前50位,其中1995年曾名列第29位,全国师范院校第4位。SCI论文引证在全国排序自1995年以来一直居前51位,最高位次为第30位。《河南师范大学学报》哲学社会科学版和自然科学版均为中文核心期刊,哲学社会科学版跻身CSSCI来源期刊,成为学界公认的名刊。

河南师范大学积极开展对外交流,先后与美国、英国、德国、日本、韩国、巴西等国的40多所院校建立了校际联系和友好协作关系,派出800多位次专家、学者赴国外讲学、深造、进行学术交流。诺贝尔奖获得者柏诺兹、中国科学院院士冯端、汪尔康、吴祖泽、赵玉芬,著名作家二月河,美国生物化学家陈亨,德国社会学家史耐德尔等300多位国内外知名学者被聘为名誉教授或兼职教授。学校还常年聘有美国、英国、日本、意大利、韩国等国的外籍专家来校任教。九十年沧桑砺洗,蕴积涵育,一代代师大人团结勤奋、求实创新、严谨治学、甘于奉献,办学效益显著。作为河南省人才培养的摇篮,建国以来,学校已为社会培养各类毕业生20万余人,他们当中有的成为教书育人的典范,有的成为科学研究的楷模,有的成为发展经济的企业家,有的成为政绩卓著的党政领导。他们以良好的政治素质、扎实的专业技能、严谨的工作作风和骄人的工作业绩博得了社会各界的赞誉,为国家的现代化建设做出了贡献,也为母校赢得了荣誉。

近年来,学校解放思想,更新观念,扎实工作,开拓创新,教学、科研、管理工作均取得了突出成绩,被授予"全国文明单位"、"全国高校毕业就业工作先进单位"、"全国教育系统人事工作先进集体"、"全国优秀教务处"、"全国五四红旗团委"、"全国模范职工之家"、"全国教育工会民主管理先进单位"、"全国高等院校后勤工作先进集体"、"全国学校艺术教育工作先进单位",连续多年被授予"全国大学生社会实践活动先进单位";先后被评为"河南省高校党的建设与思想政治工作先进单位"、"河南省依法治校示范校"、"河南省学校行风建设先进单位"、"河南省学位与研究生教育先进单位"、"河南省思想政治工作先进单位"、"河南省思想道德建设先进单位"、"河南省五好党组织"、"河南省文明学校"、"河南省高校校风校纪建设先进单位"、"河南省高等学校学生管理工作先进集体"、"河南省园林单位"、"河南省卫生先进单位"等荣誉称号。

河南师范大学以"厚德博学 止于至善"为校训,经过几代人的努力,逐步形成了"明德正学倡和 出新"的校风,"修至学 立世范 启智慧 益品行"的教风和"尚诚朴 勤学问 重团结 养正气"的优良学风。展望未来,学校将以科学发展观为指导,深化各项改革,优化整合办学资源,不断提高办学水平和质量,进一步突出特色,发挥优势,为把学校全面建设成为国内影响较大的具有教师教育特色的综合性教学研究型大学而努力奋斗!

(数据截止2013年12月)

河南财经政法大学

党委书记:杨健燕　　党委副书记、校长:李小建

位于河南省郑州市,地处中华腹地,九州通衢,北邻黄河,西依嵩山。学校由原河南财经学院和原河南省政法管理干部学院于2010年3月合并组建而成,是省属公办全日制普通高等学校,是河南省重点支持建设的骨干高校之一,是河南省博士学位授予权立项建设单位。

学校现有文北校区、文南校区和龙子湖新校区3个校区,占地面积近2000亩,总建筑面积52万

平方米,在建建筑面积 14 万平方米。学校建有各类教学实验室,图书馆藏书近 300 万册,教学、科研、体育场等基础设施齐全。校园四季环境幽雅、花木繁茂、碧草如茵、景色宜人,是郑州市花园式单位,是读书治学的理想园地。

学校以经济学、管理学、法学为主干,兼有文学、理学、工学等六大学科门类。现有 45 个本科专业、8 个一级学科硕士学位授权点、53 个二级学科硕士学位授权点,另有工商管理硕士(MBA)、会计硕士、金融硕士、国际商务硕士、应用统计硕士、资产评估硕士、农业推广硕士 7 个硕士专业学位授权点。有金融学、会计学、工商管理、国际经济与贸易 4 个国家级特色专业建设点。有理论经济学、应用经济学、管理科学与工程、工商管理、农林经济管理 5 个省级重点建设一级学科,25 个省级重点建设二级学科。

学校拥有一支阵容整齐、结构合理、学术精湛、锐意创新的师资队伍。现有教职工 1806 人,其中专任教师 1200 余人,教授 172 人,副教授 452 人,具有博士学位教师 228 人、硕士学位教师 590 人。拥有一批国家有突出贡献专家、享受国务院政府特殊津贴专家、国家"百千万人才工程"第一层次、省管优秀专家、省 555 人才工程专家及省级特聘教授、省级跨世纪学术和技术带头人。聘请于光远、刘国光、卫兴华、厉以宁、李京文、郭重庆等百余名知名专家学者为我校兼职教授或名誉教授。全校现有全日制在校学生 25000 余人。

学校注重培养应用型创新人才,教育教学质量上乘,就业形势良好。2008 年在教育部本科教学工作水平评估中荣获优秀等次。学校建设有河南省实验教学示范中心——经济管理实验教学中心。学生在全国"挑战杯"大学生课外学术科技作品竞赛、全国大学生数学建模竞赛、全国大学生英语竞赛等专业竞赛中,获得国家级奖励 190 多项次。学校设有本科生导师制,以本科生为主力撰写的《退休行为及退休年龄研究》、《生育行为与生育政策》、《种粮行为与粮食政策》、《房地产买卖行为与房地产政策》4 部专著先后由社会科学文献出版社出版,其中一些观点被作为全国两会提案依据,引起社会强烈反响。多年来,毕业生年底就业率始终保持在 94% 以上,毕业生深受用人单位欢迎,连续获得"河南省大中专毕业生就业工作先进单位"等荣誉称号,是河南省确立的"河南省毕业生就业市场财经政法类分市场"。

学校立足服务地方经济社会发展,建立健全科研机构,涌现了一批原创性、标志性、前沿性研究成果。学校坚持学术兴校,建设有河南经济研究中心、河南经济伦理研究中心、复杂系统建模与分析实验室、应用经济学开放研究中心、诉讼法研究中心 5 个省级重点实验室(重点研究基地)。近 5 年来,共承担国家级科研项目 50 多项,获得省部级以上科研成果奖 100 多项。学校专家的论著多次被国务院、省委、省政府主要领导给予批示和高度评价,开展的投资理论与对策研究、未来 20 年河南产业发展研究、中原城市群理论研究、经济伦理研究等均在河南经济社会领域发挥了重要作用。学校教授参与起草了《中华人民共和国司法鉴定法》,主持起草的《河南省司法鉴定管理条例》已经颁布实施。学报《经济经纬》为"中文核心期刊"、"中文社会科学引文索引(CSSCI)来源期刊"和"全国百强社科学报";《河南财经政法大学学报》为"中文核心期刊"。学校积极发挥学科、人才和信息优势为国家和地方经济社会发展服务,特别是全方位服务中原经济区开发开放,成为地方经济社会发展的"智囊团"和"人才库"。

学校坚持国际化办学,培育了良好的社会形象。学校与美国、英国、法国、俄罗斯、新西兰、爱尔兰等国的大学及文化教育机构建立了友好关系,通过合作办学,派出访问学者,选送教师出国进修,互派留学生,邀请国外学者来访等多种形式,共同培养具有世界眼光的高层次经济管理法律人才。近年来,学校荣获"河南公众满意的十佳本科院校"、"河南最具影响力的十大教育品牌"、"河南考生心目中最理想的高校"和"河南本科院校综合实力 20 强"等称号;先后获得"省级文明单位"、"河南省思想政治工作先进单位"、"河南省文明标兵学校"、"河南省普通高校先进党委"等荣誉称号。

目前,全校师生正按照学术兴校、质量立校、特色名校、人才强校、制度治校的发展战略,团结拼搏、众志成城,为建设基础雄厚、多学科协调发展、特色鲜明的高水平大学而努力奋斗!

华北水利水电大学

党委书记:朱海风　　党委副书记、校长:严大考

华北水利水电大学坐落在中华民族的母亲河——黄河之滨的郑州市,是水利部与河南省共建、以河南省管理为主的高校,是河南省重点支持建设的骨干高校。

新中国成立伊始,为了满足国家对水利建设人才的需求,在时任国家水电部部长傅作义先生的关心和大力支持下,1951 年学校的前身北京水利水电学院正式建立,隶属国家水电部管理。1960 - 1978 年,著名水利专家、新中国水利科技开拓者、中国科学院首届学部委员汪胡桢先生担任学校校长。1978 年更名为华北水利水电学院,1990 年学校迁至河南省郑州市办学,2000 年起,学校划转地方,实行水利部与河南省共建、以河南省管理为主的管理体制。2009 年,水利部与河南省签署共建华北水利水电学院战略协议,成为河南省第三所省部共建院校,2013 年更名为华北水利水电大学。

学校现有水利学院、资源与环境学院、土木与交通学院、机械学院、电力学院、环境与市政工程学院、建筑学院、管理与经济学院、信息工程学院、数学与信息科学学院、外国语学院、法学院、思想政治教育学院、软件学院、体育教学部、人文艺术教育中心、国际教育学院、继续教育学院、电大开放教育办公室等 19 个教学单位;水利部水务研究培训中心、水利部开放教育试点办公室设在我校;学校还设有黄河科学研究院、岩土工程与水工结构研究院、城市水务研究院、钢结构研究院、艺术教育研究中心等 30 多个研究院(中心/所)。目前,学校已发展成为一所拥有 61 个本科专业,3 个博士学位授权一级学科,12 个硕士学位授权一级学科,涵盖了 58 个硕士学位二级学科点、3 个专业学位类别、14 个专业硕士学位领域,全日制在校本科生、研究生 25000 多名,以工学为主干,理学、管理学、经济学、文学、法学、农学和艺术学等学科门类协调发展的高等学校。

学校是 1978 年首批获得国家硕士学位授予权的高校,是国家首批具有推荐并接受应届本科毕业生免试攻读硕士研究生资格的高校,是河南省唯一具有研究生单独招考资格的高校和唯一承担国家“少数民族高层次骨干人才计划”的高校,是具有同等学力和专业硕士学位授予资格的高校。博士学位授权一级学科包括水利工程、地质资源与地质工程、管理科学与工程等 3 个学科。

学校高度重视学科建设,以省级重点学科和骨干硕士学位授权点学科为基础,以博士学位授权学科建设为引领,整合学科优势资源,加强内涵建设,培育了水利工程、地质资源与地质工程、管理科学与工程等一批在国内有较大影响的优势和特色学科。拥有 13 个省级一级重点学科,1 个省级二级重点学科,5 个省部级重点实验室。

学校拥有一支科研能力强、教学水平高、结构合理、数量充足的高素质人才队伍。现有教职工 1700 余人,其中专任教师 1345 人;具有硕士以上学位教师 1039 人,其中博士学位教师 396 人,;教授 185 人,副教授 387 人。中国工程院院士顾金才、王浩、倪维斗、周丰峻、中国科学院院士王光谦为学校教授、双聘院士;学校聘请王思敬、赵国藩、厉以宁等百余名国内外知名学者、中国科学院或工程院院士担任学校兼职教授。学校拥有国家级和省级特色专业建设点 17 个,国家级和省级卓越工程师专业教育建设点 8 个,国家级和省级专业综合改革试点 8 个,省级特色专业 11 个,省级教学团队 5 个,省级实验教学示范中心 6 个,省级精品课程 15 门。地质资源与地质工程学科的“地质工程教学团队”、水利工程学科的“水力发电动力工程教学团队”、土木工程学科的“土木工程结构类课程教学团队”、机械工程学科的“机械类专业基础课程教学团队”和应用数学学科的“工科数学分析”等 5 个省级教学团队。水利工程学科的“水工混凝土结构耐久性科研团队”为河南省科技创新团队。在近两届教学成果奖评选中获得省级特等奖 2 项、一等奖 5 项、二等奖 5 项。

近五年,主持承担科研项目 1564 项,其中国家

级项目103项，省部级重大（点）项目127项；获得国家科技进步奖二等奖3项、省部级以上奖励97项；发表论文5964篇，其中被SCI、EI、ISTP收录1417篇；出版专著110部，教材356部；在2008年国家水利科技大会上，学校被授予“全国水利科技先进集体”荣誉称号。

学校始终坚持“育人为本，学以致用”的办学理念，“从严治校，从严执教”的“两严”方针，确立了“厚基础、宽专业、强素质、重实践、有创新”的人才培养目标，建立了“平台+模块”的本科教育课程结构体系，深化了“基础、实践、创新”的三位一体人才培养模式，构建了“目标明确、信息全面、评价合理、过程严密”的本科教学质量监控与评价体系，有效保证了人才培养质量，受到社会的广泛赞誉。2005年，在全国高等院校本科教学工作水平评估中被国家教育部评为优秀学校。2007年学校教务处被国家人事部、教育部评为“全国教育系统先进集体”。

学校十分重视大学生社会实践活动和大学生艺术教育。连续16年荣获“河南省暑期社会实践活动先进单位”，连续18年荣获河南省及郑州市暑期“三下乡”社会实践活动先进单位；2010年获得中国志愿者集体的最高荣誉——“第八届中国志愿者优秀组织奖”；连续四届被评为“河南省艺术教育一类院校”；2010年被评为“全国学校艺术教育先进单位”。

经过多年的人才培养改革和探索，学校逐步形成了“下得去、吃得苦、留得住、用得上”的人才培养特色，学校这一鲜明的人才培养特色得到用人单位的公认。2008年以来，“河南省毕业生就业市场水利电力类分市场”、“全国高校毕业生就业市场河南分市场”和“河南省大中专毕业生就业创业服务基地”先后落户学校。近五年，学校毕业生一次就业率一直保持在95%以上，位居河南省高校前列。2009年荣获“全国高校毕业生就业工作先进集体”称号。2011年在河南省毕业生就业工作评估中位居第一名并获得“优秀”称号。建校63年来，学校为国家水利电力建设事业培养了15万余名专业技术与管理人才。在全国水利系统厅局级领导干部中，华北水利水电大学毕业生约占30%，学校校友中，不仅有以水利部部长陈雷、国务院南水北调工程建设委员会办公室主任鄂竟平等为代表的多位省部级领导，更有一大批默默无闻的基层水利工作者，奋战在长江三峡、南水北调、小浪底、万家寨、紫坪铺等世纪大工程中，担当技术骨干。学校每年约有10%的毕业生志愿服务西部、边远地区，约有70%的水利类专业毕业生在水利系统一线从事规划、设计、施工、监理等工作，毕业生足迹遍布祖国的江河湖海。

学校坚持依法治校，全面协调可持续发展，强化内部管理，积极营造奋发向上的人文环境、风清气正的育人环境和干事创业的工作环境。2007年被教育部授予“全国教育系统纪检监察先进单位”，2008年被河南省授予“依法治校示范学校”称号。学校连续三届被河南省省委、省政府评为“省级文明单位”。

面向未来，学校将继续深入贯彻落实科学发展观，不断加强内涵建设，持续提高办学水平，努力建设水利电力优势突出、工科理科基础雄厚、多学科协调发展的高水平教学研究型大学，为我国的高等教育事业发展做出更大的贡献。

（以上数据截止日期为2013年12月30日）

郑州轻工业学院

党委书记：剧乂文　　党委副书记、院长：石恒真

郑州轻工业学院位于河南省会郑州市，是河南省重点建设高校。建校以来，学校秉承“为之则易、不为则难”的校训，抓住国家促进高等教育发展的历史机遇，不断开拓创新、砥砺奋进，经过三十多年的发展，已经成为一所以工为主，工、理、文、艺、经、管、法、教、农等多学科协调发展的高等学府。

学校从1977年建校至上世纪末，为中央部属本科院校；1998年转为中央和河南省共建，以河南省管理为主；2011年，河南省人民政府和国家烟

草专卖局签约共建郑州轻工业学院。

学校办学特色鲜明,学科优势突出,近年来,以教学质量工程建设为契机,大力推进教育教学改革,教育质量稳步提高。目前,学校是河南省博士授予权立项建设高校,拥有一级学科硕士授权点10个、二级学科硕士授权点47个,专业硕士学位授权点16个,3个学科领域培养工程硕士,有同等学力申请硕士学位授予权,与华中科技大学等国内知名高校联合开展博士生培养。学校有58个本科专业,其中,4个国家级特色专业、14个省级特色专业,有21门国家级和省级精品课程、2门省级双语示范课程、2门省级精品资源共享课程,有6个省级教学团队、7个省级实验教学示范中心。在狠抓教学质量的同时,学校高度重视学科建设,主动适应经济社会和行业发展需要,不断凝练学科方向,突出学科特色,目前拥有13个省级一级重点学科、3个省级二级重点学科,食品科学与工程、化学工程与技术、电气工程、机械工程等传统优势学科实力雄厚。

学校始终坚持办学以人才为本,以教师为主体,大力推进人才强校战略,汇聚和造就了一批高水平学科带头人和学术骨干。学校现有教职工1600余人。其中,专任教师1100余人,副高级职称以上教师600余人,拥有博士学位教师近300人,硕士及以上学位教师的比例达到80%以上。双聘中国工程院院士2人,省级院士工作站3个,省级特聘教授岗位8个,河南省"百人计划"1人,拥有享受政府津贴专家、省管优秀专家、省级中青年骨干教师、省厅级以上学术技术带头人200余人,形成了以院士及河南省特聘教授为核心,以学术造诣深厚的教授、博士为中坚,以中青年教师为支撑的专业技术职务、学历层次和年龄结构比较合理,专兼结合,具有较高教学科研水平的师资队伍。学校有副教授任职资格评审权。

近年来,学校持续推进"招生-培养-就业"联动改革,生源质量稳步提升,招生规模位居河南省高校前列。现有在校生25000余人。其中,全日制本专科生23000余人,硕士研究生700余人。另有合作办学联合培养学生10000余人。学校一直面向全国招生,已为国家输送10多万名合格毕业生,毕业生整体就业率始终保持在95%以上,学校多次被评为"河南省普通高校毕业生就业工作优秀单位"和"河南最具就业竞争力示范院校"。全国烟草行业、家电行业、电池行业、食品行业、工业设计行业的大批中高层管理人员和技术骨干都是我校的毕业生。如我国烟草企业中近1/3的厂级领导和近一半的技术骨干毕业于我校。学校获得"全国贯彻《学校体育工作条例》优秀高等学校","全国高校军训先进单位","河南公众最满意的十佳本科院校"、"河南最具影响力的十大教育品牌"、"河南考生心目中最理想的高校"、"河南高校综合实力20强"等荣誉称号,入选"2012年度河南最具就业竞争力示范院校"。

学校设有河南省环境污染治理与生态修复协同创新中心、河南省信息化电器重点实验室、河南省表界面科学重点实验室、国家烟草专卖局烟草工业生物技术重点实验室、应急平台信息技术河南省工程实验室、河南省烟用香精香料工程技术研究中心、河南省高校生产力促进中心、郑州市食品工程技术研究中心等近40个科研机构,加入了河南省国家大学科技园。学校拥有1个教育部科技创新团队、7个河南省科技创新团队、2个河南省高校科技创新团队、5个郑州市科研创新团队。近年来,承担包括国家自然科学基金项目、国家社会科学基金项目在内的各类科研项目1000余项,其中承担国家级科研课题80余项,获得包括国家科技进步二等奖在内的省部级以上科研奖励70余项。自然科学研究论文被SCI、EI、ISTP收录的数量达500余篇,出版专著和教材400余部。《郑州轻工业学院学报》(自然科学版)是全国科技类核心期刊,《郑州轻工业学院学报》(社会科学版)是河南省一级期刊。

学校与许昌市、新郑市等地市签订了合作协议,与国内一批烟草企业建立了战略联盟,与轻工及相关领域的大型企业如三全、双汇等知名食品企业,新飞、海尔等知名家电企业保持着长期而深入的合作关系,为其提供重要的技术支持;香精香料、动力锂离子电池、新型功能材料、食品加工、轻工机械、智能控制的研究等项目,在实现产业化方面进行了积极的探索,并长年为红塔集团、海尔集团、美的集团、神马集团等著名企业提供技术和人才支持。

学校占地面积1600亩,建筑面积56万平方米,拥有田径场、体育馆等良好的体育设施,教学设施先进,校园环境优美;教学科研仪器设备总值3亿余元,拥有透射电子显微镜、热场发射扫描电子显微镜、X射线单晶衍射仪等一大批先进的仪器设备;馆藏图书210万册,有中国期刊全文数据库、人大报刊资料数据库、SCOPUS数据库等36个数据库,并配备有电子阅览、语音听力等现代化设备;高速宽带信息网便捷地连通教学楼、实验楼、办公楼、学生宿舍等校园的每一角落,学校被评为“河南省高校数字化校园建设示范工程单位”。

学校在利用国际和社会教育资源开展合作办学方面走在河南高校的前列。学校先后与美国、英国、日本、澳大利亚、韩国、加拿大等国10余所院校建立了合作办学关系,经常选派专家、学者赴国外讲学、深造、考察,并聘请外籍专家来校任教、进行学术交流。学校设有河南省最早的雅思考试中心,并被英国驻华使馆誉为“中国最好的考点之一”。

学校凝炼了“为之则易,不为则难”的校训,形成了“崇德、尚学、和谐、创新”的校风。学校坚持文化育人,积极开展大学生社会实践、科技文化艺术节、社团潮等第二课堂活动,为大学生素质教育搭建了广阔平台,促进了校园文化建设与学生全面发展。

学校始终坚持社会主义办学方向,高度重视党建思想政治工作,有力保证了学校教学、科研、学科等各项事业的建设发展,党组织的凝聚力和战斗力不断加强,广大党员先锋模范作用得到充分发挥,学校着力打造和谐校园建设,营造了团结进取、干事创业的良好氛围。近年来,被授予“河南省文明学校”、“河南省思想政治工作先进单位”、“河南省依法治校示范校”、“河南省高校‘五好’党组织”等荣誉称号。

(以上数据截止日期为2013年10月)

中原工学院

党委书记:谢振山　　党委副书记、院长:崔世忠

中原工学院是一所以工为主,以纺织服装为特色,工、管、文、理、经、法多学科协调发展的高等学校。学校始建于1955年,原隶属于纺织工业部;1998年学校划转河南省管理;2000年更名为中原工学院。学校分南区、北区和西区三个校区,占地1560亩,建筑面积57.2万平方米。学校现有教职工1550人,其中专任教师1029人,具有高级职称教师450人,博士学位教师239人。学校有二级学院20个,55个本科专业,各类在校生3万余人,其中:本科生18792人、研究生435人,留学生30余人,专科生1841人,成教生14737人。

近三年来,学校以“加强内涵建设,提高教育质量,彰显办学特色,促进科学发展”为主题,取得显著成绩。一是教学质量稳步提升。现有国家级特色专业4个、专业综合改革试点1个;省级特色专业10个、专业综合改革试点4个、教学团队5个、实验教学示范中心6个、精品课程16门、精品资源共享课1门、双语教学示范课2门、工程教育人才培养模式改革试点3个。二是学科建设成效显著。现有8个一级学科硕士学位授权点、33个二级学科硕士学位授权点,2个硕士专业学位授权类别。纺织学科在全国同类学科中,位居第七名,该学科承担2项河南省重大公益项目,高效节能棉纺精梳机关键技术及成套设备获2013年度中国纺织工业联合会科学技术一等奖,为冲刺国家级奖励奠定了基础。有河南省重点学科一级学科8个、二级学科3个、省级学科平台12个、省级协同创新中心1个。三是科研创新能力显著增强。学校承担国家自然科学基金项目35项、社会科学基金项目3项,参与国家重大科技专项及国家级科研项目8项,省院合作项目1项、省科技攻关等省部级科研项目255项;获省部级以上科研奖励26项,获国家科技进步二等奖1项;获授权发明专利104件;发表论文被三大检索收录800余篇。我校牵头与郑州华晶金刚石股份有限公司、郑州金海威科技实业有限公司、郑州磨料模具磨削研究所联合申报的“金刚石高效精密锯切工具技术国家地方联合工程实验室”正式获批,实现了学校在国家级科技创新平台建设方面的突破,有力带动了学校科研创新能力的大幅提升。四是社会服务能力明显提高。学校积极融入和服务中原经济区,建设科技园区(河南省唯一独立自建的高校科技园区),推动由

我校牵头的河南纺织服装产业协同创新中心的工作开展,新型纺织纤维关键技术研究、新一代高效节能成套精梳设备研究开发 、节能环保型热泵空调新技术与设备、超硬材料及制品、精密与超精密机床制造等一批与我省产业发展关联度高的项目均取得重要阶段性成果。

近年来,由于办学成绩显著,学校深受上级主管部门和社会的厚爱。2004 - 2006 年,中原工学院连续三年专利受理量位居河南省高校第一名;2005 年,顺利通过教育部本科教学工作水平评估并在全国介绍经验;2006 年,在河南省委高校工委、省教育厅组织的德育评估中获“优秀”;2007 年,被评为全国发展最快的大学之一; 2013 年,与百度营销大学签署“合作共建百度互联网营销实验室协议”,成为河南省唯一“百度互联网营销人才培养基地”。学校先后被河南省委、省政府授予河南省文明单位、河南省思想政治工作先进单位、教师培训年工作先进单位等称号,被评为河南公众最满意的十佳本科院校、河南最具影响力的十大教育品牌、河南考生心目中最理想的高校和全省大中专毕业生就业工作先进集体。在全省第 20 次高校党建工作会上,学校被授予全省高校党建工作先进单位称号;2012 年,校党委被省委授予 2010 - 2012 年度全省创先争优活动先进基层党组织称号。

目前,全校围绕“提高水平、更名大学,建设一批独具特色的学科和专业,获得博士学位授权立项建设单位”的发展目标,以队伍建设为基础,以项目工程为抓手,以服务中原经济区和郑州航空港经济综合实验区建设为导向,以即将开展的党的群众路线教育实践活动为契机,全面加强党的建设,追求卓越,加快积累,努力实现学校的又好又快发展。

(以上数据截止日期为 2013 年 11 月)

河南科技学院

党委书记:牛书成　　党委副书记、校长:王清连

河南科技学院是一所省属普通本科院校。始建于 1949 年,前身是渊源于延安自然科学院生物系的北京农业大学长治分校和平原省立农业学校,历经平原农学院、百泉农业专科学校、河南职业技术师范学院等时期。2004 年 5 月,经国家教育部批准,更名为河南科技学院。

学校地处中原名城新乡市,占地面积 2478 亩,校舍面积 62 万平方米。图书馆各类文献资源总量达 210 万册,中外文期刊 1300 余种。现有 21 个省、部级重点学科开放实验室、工程实验室和工程技术研究中心,省高校工程技术研究中心及省高校实验教学示范中心,13 个河南省科技创新团队、省高等学校科技创新团队、省高等学校教学团队。有省博士后研发基地和院士工作站 3 个。有“职业技术教育与经济社会发展研究中心”省教育厅人文社科重点研究基地。学校建有国家级现代蜜蜂产业技术综合试验站,是教育部确定的首批“全国重点建设职教师资培训基地”、“国家高职高专师资培训基地”、河南省“阳光工程”农民创业培训基地和农业新技术培训基地。

学校设 19 个教学学院,60 个本科专业,学科专业涵盖农学、工学、教育学、管理学、文学、理学、经济学、法学、艺术学等 9 大学科门类。学校有国家级特色专业、国家级综合改革试点专业和国家级职教师资专业建设点专业 6 个,河南省特色专业、名牌专业、综合改革试点专业 22 个。有河南省重点一级、二级学科 18 个,硕士学位授权一级学科 4 个、硕士学位授权二级学科 21 个,有农业推广、机械工程和教育学硕士专业学位授权点,硕士专业学位研究生教育涵盖 3 个类别 15 个领域。学校办有成人教育学院和民办独立学院——新科学院。

目前有各类在校生 45000 余人,其中全日制在校生 31000 余人,成人教育学生 14000 余人,形成了以本科教育为主体,兼有研究生教育、高职教育、成人高等教育等多层次、多科性的办学格局。建校以来,共向社会输送了 80000 余名各类专业技术人才,为我国尤其是河南省的经济建设和社会发展做出了突出贡献。

学校大力实施“人才强校”战略,拥有一支数量充足、结构合理、素质优良的师资队伍。现有教

职工1600余人,其中专任教师1198人,博士、硕士生导师175人,“双聘院士”6人,省级特聘教授1人,校级特聘教授4人,教授122人,副教授423人;博士、硕士1018人。国家有突出贡献的中青年科技管理专家、国家有突出贡献专家、河南省优秀专家16人,全国模范教师、优秀教师11人,河南省教学名师、河南省学术技术带头人、河南省优秀教师、河南省优秀中青年骨干教师等149人,河南省杰出人才创新基金、河南省杰出青年科学基金、河南省高校杰出科研人才创新工程、河南省高校科技创新人才支持计划等项目获得者40人。聘请中科院院士赵其国、盖钧镒、成卓敏等60余名国内外知名专家、学者为兼职教授、客座教授。

学校大力实施“质量立校”战略,教育教学质量稳步提高。根据经济社会发展对人才的需求,适时进行教学内容和课程体系改革,突出实践性教学环节,创造性构建了在全国颇具影响的“双师型素质、双基地建设、双技能训练、双证书制度”“四双”工程人才培养模式,实施了职教师资培养的“双岗实习、置换培训”实习新模式,开展了“专业+专项+专证”和“学科+专业+基地+公司+农户(企业)”的人才培养模式创新实践。2001年以来,完成教育部教改项目8项、河南省教改项目57项;先后获国家级教学成果二等奖2项、省级教学成果奖50项。通过人才培养模式的改革创新,学生综合素质和创新能力显著增强,近几年毕业生就业率一直保持在95%以上,用人单位对毕业生满意率达95%以上。

学校大力实施“科技兴校”战略,科技创新能力显著提升。改革开放以来,完成国际合作项目,国家“863”、“973”计划、自然科学基金、重大科技攻关、转基因生物重大科技专项等科研课题2228项,获科技成果奖1110项,其中国家技术发明二等奖2项,国家科技进步奖7项,国家发明专利多项。学校培育的小麦高产品种“百农3217”,获国家发明二等奖,创造社会经济效益50亿元;双价转基因抗虫棉花新品种“百棉1号”,通过国家农作物新品种审定,获国家农业转基因生物安全证书和植物新品种权证书,在全国大面积种植并推广到吉尔吉斯斯坦等中亚国家,累计增产效益超过30亿元,国家批准学校以棉花品种等为主体在吉尔吉斯斯坦建立“中国—吉尔吉斯斯坦农业科技示范园区”。小麦新品种“百农矮抗58”,连续5年成为河南及黄淮南部麦区第一大小麦品种,累计种植面积超过2.3亿亩,累计增产效益达100余亿元,2013年荣获国家科技进步一等奖,为国家粮食核心区和中原经济区建设做出了重大贡献。

学校坚持开放办学。积极开展国际学术交流与合作,先后与德国、澳大利亚、西班牙、美国、英国、荷兰、加拿大等多所国外高校建立了校际友好关系,与美国布瑞纳大学、韩国江原大学、荷兰农业学生交换及学习访问基金会等开展了合作办学,常年聘有美、英等国的外籍专家任教。

学校的办学成就,得到了社会各界的广泛好评。近年来,先后荣获全国大学生社会实践先进单位、河南省文明单位、河南省大中专毕业生就业工作先进集体、河南省教学改革先进单位、河南省教师培训先进单位、河南省科技创新十佳单位、河南省高等学校数字化校园示范单位等50余项荣誉称号。

为进一步提高教育教学质量,办人民满意的大学,河南科技学院将继续秉承“求真务实,敬业奉献”的优良传统和“艰苦奋斗,自强不息”的学校精神,以更加饱满的进取精神和更加蓬勃的昂扬斗志,与时俱进,改革创新,为早日把学校建成职教师资培养特色更加鲜明,农科优势更加突出,在同类院校有重要影响、在国内有一定知名度的多科性教学研究型大学而努力奋斗!

(以上数据截止日期为2013年12月)

河南中医学院

党委书记:孙建中　　党委副书记、院长:郑玉玲

创建于1958年,是全国建校较早的高等中医药院校之一,前身是开办于1953年的河南省中医进修学校。学校位于省会郑州,现有4校区,分别为龙子湖校区、东明路校区、人民路校区、东风路校区,占地面积1579.76亩。是河南省人民政府和国家中医药管理局共建高校,博士学位授权单位,2012年,学校进入全国“中西部高等教育振兴计划”高校序列,获批国家“中西部高校基础能力建设工程”项目,是教育部中国政府奖学金生培养高校。是河南省中医药人才培养、科技创新、医疗及社会服务和文化传承的龙头和中心。

50多年来,学校已由单一的中医药学科发展为医、理、管、工、文等多学科协调发展,涵盖本科、研究生(博士、硕士)、留学生、继续教育等多个培养类别的综合性中医药大学。现设有基础医学院、药学院、针灸推拿学院、第一临床医学院、护理学院、第二临床医学院、骨伤学院、人文学院、外语学院、信息技术学院、软件职业技术学院、国际教育学院、继续教育学院、思想政治理论教研部、体育教研部、职业技能培训鉴定中心等16个院(部、中心)。学校面向全国29个省、市、自治区及港澳台、海外招生,全日制统招在校生16000余人。

学校大力实施“人才兴校”战略,打造了一支实力雄厚的人才队伍。有首届国医大师1人,享受国务院政府特殊津贴专家22人,全国名老中医药专家学术经验继承工作指导教师36人,全国优秀中医临床人才13人;省特聘教授4人,省优秀专家25人,河南中医事业终身成就奖获得者20人等。先后有20多人次获全国“模范教师”、“优秀教师”、“师德建设先进个人”等殊荣;140余人次被评为省“优秀教师”、“师德建设先进个人”、“劳动模范”和“教育教学先进工作者”。

不断加强学科、专业建设,全面提升教学水平。现设有中医学、针灸推拿学、中西医临床医学、预防医学、护理学、康复治疗学、医学检验技术、医学影像技术、应用心理学、中药学、药学、中药资源与开发、药物制剂、中药制药、制药工程、生物工程、计算机科学与技术、市场营销、公共事业管理、信息管理与信息系统、文化产业管理、英语、汉语国际教育等23个本科专业和1个应用心理学第二学位专业;有4个国家级高等学校特色专业建设点、2个国家级“专业综合改革试点”项目、7个省高等学校特色专业建设点、4个省“专业综合改革试点”项目、5个省高等学校优秀教学团队、6个省高等学校实验教学示范中心等。

高度重视学位与研究生教育。现有中医学、中药学、中西医结合、药学、基础医学、临床医学、马克思主义理论等7个硕士学位授权一级学科,涵盖53个硕士学位授权学科、专业和2个自主设置二级学科(医事管理、药事管理)。2003年被教育部批准为联合培养博士研究生工作单位,2006年被人事部批准为博士后科研工作站,2013年,中医学、中药学两个一级博士授权学科获得河南省和国务院学位办正式批准。

学校下设3所集教学、医疗、科研为一体的直属附属医院,中医医疗、教学、科研队伍实力雄厚,具有完善的教学辅助体系。已为全省乃至全国培训各类人员1.66余万人次,促进了基层医疗卫生服务水平的提升;有国家级重点专科(专病)33个、省级重点专科16个。学校有5所非直属附属医院(洛阳正骨医院、郑州市中医院、安阳市中医院、开封市中医院、濮阳市中医院)和125个临床教学基地。图书馆各类图书115.3万册,中外文期刊1515种,馆藏的中医线装古籍文献尤为丰富,收藏量居全国中医药院校前列。

坚持教学与科研并重。现有科技部国际科技合作基地、国家中医临床研究基地、国家中医药管理局中医药国际合作基地、省高校人文社科基地、省非物质文化遗产研究基地等。有2个国家中医药管理局重点研究室,6个国家中医药管理局三级实验室,1个省级协同创新中心,2个省重点实验室,2个省工程技术中心,1个产学研共建工程研发

创新平台,3个省高校工程技术研究中心等。学校有分析测试中心、药理药效实验中心等6个公共科研平台及中医内科重点学科开放实验室。近5年来,学校在科研方面取得了显著进步,承担科研项目863项,其中“十一五”、“十二五”国家科技支撑计划、国家自然科学基金重点项目、国家软科学等国家级项目88项,省部级项目257项;获国家科学技术进步一等奖1项、二等奖2项,省部级科研奖励86项;获国家授权专利217项;发表学术论文9402篇,被SCI、EI、ISTP等收录216篇;出版学术专著(译著)、教材共计604部。

学校主办有《河南中医》和《中医学报》两种学术期刊,国内外公开发行,均为中国核心期刊(遴选)数据库收录期刊、中国学术期刊(光盘版)全文收录期刊、中国学术期刊综合评价数据库来源期刊、美国乌利希期刊指南收录期刊。《河南中医》为中国科技核心期刊、中国科技论文统计源期刊、全国中医药优秀期刊、全国高校优秀科技期刊、省优秀科技期刊;《中医学报》为国家级杂志、中国科技核心期刊、中国科技论文统计源期刊、中国高校特色科技期刊、全国中医药优秀期刊、美国化学文摘收录期刊、波兰哥白尼索引来源期刊、省一级期刊、省自然科学“二十佳期刊”。

学校开展国际合作与交流逾30年。目前与世界近50所大学、科研院所、医院等实现了教学、科研、医疗等方面的合作。在中医药科学研究、人才培养、文化传播等方面开发了一系列中外合作项目,在国际中医药推广等方面形成了显著的特色和优势。

大力开展校地、校企合作,全方位服务经济社会发展,在卢氏、济源、西峡等地建有14个中药材规范化种植示范基地,承担全省30多个、70余万亩中药材规范化种植基地的技术指导任务,带动了近30万药农致富。与宛西制药、羚锐制药、辅仁药业等多家企业开展了合作,增强了办学活力;与济源市、新乡市、信阳市新县人民政府等签订了校地合作协议,在人才培养、医院建设与医疗服务、中医药资源开发、中医药产业等方面开展合作,成效显著。

学校秉承“厚德博学,承古拓新”校训,凸显“立德铸魂,德术兼备”育人理念,为社会培养各类中医药人才6万余名。毕业生中涌现出了一批在全国有重要影响的科学家、名医大家、企业家、管理专家等。涌现出了以首届“全国道德模范”、“中国大学生十大年度人物”王一硕和“全国三好学生标兵”、“中国大学生自强之星标兵”白云苹等为代表的感动中原、唱响全国的优秀大学生先进群体,展示了我校良好的育人成果。

学校积极发挥文化传承创新职能,以打造中原中医药文化品牌为目标,加大特色校园文化景观建设,拥有中药标本馆、人体科学馆、远程医疗模拟实验室三个中医药文化宣传教育场馆,以及中原文化、中医文化、大学文化等展厅,在建的有河南中医药文化博物馆、河南中药植物园。在满足学校教学科研的同时,面向社会开放,积极向各界宣传、展示中医药文化。2013年学校获批为“河南省中医药文化宣传教育基地建设单位”。

全面提升综合办学实力,学校竞争力和社会声誉不断提高。近年来,中央、省、市等新闻媒体对我校整体发展、教学改革、思想道德教育、社会实践活动成效和师生先进事迹等进行了广泛报道。学校先后获“全国师德建设先进单位”、“全国医学教育系统思想政治工作先进集体”、“河南省思想政治工作先进单位”、“河南省行风建设先进单位”等诸多殊荣,在本科教学工作水平评估、高校德育评估中均获优秀。

目前,在校党委、行政的领导下,全体师生员工正以饱满的激情和昂扬的斗志,以科学发展观为统领,认真贯彻落实十八大精神,扎实推进学校“十二五”规划,为建设特色鲜明的高水平中医药大学而努力奋斗!

新乡医学院

党委书记:邢 莹　　党委副书记、院长:段广才

位于太行山麓、黄河之滨的牧野名城新乡市，是河南省属普通本科院校，也是河南省目前唯一一所独立建制的西医本科院校。

学校文化底蕴深厚,其渊源可追溯到1896年英国人劳海德在古城卫辉开办的西医诊所。1903年“博济医院”在该诊所基础上建成。1920年医院扩建后更名为“惠民医院”。1922年加拿大人维特立夫创办“惠民医院”护士学校,招收四年制护理专业学生并由中华护理学会(1923年名为“中华护士会”)颁发文凭,成为学校教育教学史的开端。1949年,冀鲁豫行署卫生学校和哈利逊医院从山东迁入卫辉,与惠民医院及护士学校合并,并接收解放军第三机动医院部分医护人员和干部,于1950年成立平原省医科学校。1952年11月,平原省撤销,学校由华北行政委员会接管,更名为华北第二医士学校。后又历经新乡专区医学院、河南省汲县医学专科学校等,1962年学校更名为豫北医学专科学校。1982年,学校升格为本科,定名为新乡医学院。1998年6月,经国务院学位委员会批准,成为硕士学位授予单位。2006年顺利通过教育部本科教学水平评估并获得优秀。一个世纪的风雨沧桑,90余年的办学经历,学校探索走出了一条独特的发展之路,为我国医学教育和医药卫生事业做出了积极贡献。

学校占地面积1868亩,校舍建筑面积95.96万平方米。教学科研仪器设备总值2.3亿元,纸质图书100.59万册,电子图书3753.13GB。创办有《新乡医学院学报》、《眼科新进展》、《中华实用儿科临床杂志》、《临床心身疾病杂志》、《中华脑科疾病与康复杂志(电子版)》等5种国内外公开发行的刊物,其中《眼科新进展》和《中华实用儿科临床杂志》为全国中文核心期刊。建有4所直属附属医院,设置床位8000余张,拥有14所非直属附属医院和百余个教学实践基地。

学校设有19个教学院(系、部),具有研究生、本科生、留学生、中外合作办学、成人教育等较为完备的高等教育体系,建有一个独立学院——三全学院。拥有医学、理学、工学、文学、法学、管理学、教育学等7个学科门类,23个本科专业,为国家临床医学专业综合改革试点和国家卓越医师培养计划试点单位,建有临床医学、医学检验技术、护理学和药学等4个国家级特色专业,应用心理学、生物技术、生物医学工程、法医学和英语等10个省级特色专业,16门省级精品课程,7个省级实验教学示范中心,4个省级优秀教学团队,4个省级专业综合改革试点,2个省级卓越医生教育培养计划试点,1个省级工程教育人才培养模式改革试点。拥有基础医学、临床医学、药学、生物学、心理学、生物医学工程等6个一级学科硕士学位授权点、50个二级学科学位点和临床医学、公共卫生、护理、公共管理4个专业硕士学位授予点,建有省重点实验室、省工程研究中心、省协同创新中心、博士后科研工作站、院士工作站等18个省部级以上科研基地。拥有河南省最大临床技能培训中心、护理技能培训中心。

截至2013年12月,学校有各类在校生43727人。其中,校本部本科生12486人、研究生564人、来华留学研究生、本科生16人、成人学历教育学生15222人;三全学院有本专科学生14647人。现有教职工8366人(含附属医院),其中高级专业技术职务人员939人。有3个省级特聘教授设岗学科,2人入选国家百千万人才工程。拥有全国优秀教师、全国模范教师、政府特殊津贴享受者、中原学者、省管优秀专家、省教学名师、省特聘教授、海外留学归国专家、知名学者等300余人。

近年来,学校坚持走内涵式发展道路,通过加强学科建设、师资队伍建设、条件装备建设和提高教学质量,在人才培养、科学研究、社会服务等方面都取得了重大突破,极大提升了办学水平和办学空间,为我省医学教育和医疗卫生事业发展做出了积极贡献。2005、2012年先后两次被评为“河南省文明单位”、2010－2013年连续四年被评为“河南省考生心目中最理想的高校”、“河南省最具就业竞

争力示范院校”、“河南省高等教育质量社会最满意高校”、“河南省本科高校综合实力20强高校”。高考第一志愿报考率连年位居河南省理科类院校前列、招生录取分数位居河南省二本批次第一名。2013年,我校临床医学专业的国家“卓越医生计划”首次列入本科一批招生,录取分数线在河南本科一批11所高校中名列第二名。本科生年底就业率保持在97%以上,连续四年获得河南省大中专毕业生就业工作先进单位称号。坚持教学科研并重,凝练科研方向,科研水平和科技创新能力大幅提升。近年来,已经形成食管癌发病机制、医学组织再生、干细胞工程技术、神经科学与精神卫生等较为稳定的研究方向,2013年获批国家自然科学基金21项,位居河南省高校第8位;2013年发表SCI论文300余篇,位列河南省高校第6位,2008-2012年发表SSCI论文数量位居河南省高校第3位,走在了河南省高校前列。

学校注重对外学术交流与合作,先后与英国伍斯特大学、澳大利亚科文大学开展了中外合作办学项目;与马来西亚理工大学联合开展博士培养项目,与德国罗斯托克大学、耶拿大学开展了科学研究合作项目,与美国路易斯安娜州立大学、伊利诺伊大学、哈佛大学,日本北海道大学,加拿大多伦多大学等多所国际知名院校建立了长期合作关系,先后选派多名优秀教师到美国、日本、澳大利亚、加拿大等国进修、讲学或进行学术研究,邀请国际国内知名专家来校做学术报告,营造了良好的学术氛围。

在长期的办学实践中,历代新医人秉承“明德博学,至爱致用”的校训,薪火相传,矢志不渝,不懈奋斗,形成了“艰苦创业,自强不息”的优良传统和“团结奋斗,求实创新”的良好校风。潮平两岸阔,风正一帆悬,新乡医学院正在深入贯彻落实科学发展观,实施质量立校、科技兴校、人才强校战略,主动适应经济社会发展需求,融入和服务中原经济区建设,立足中原,面向全国,走向世界,朝着建设省内一流,国内知名,以医学为主体,文理工等多学科协调发展,具有一定国际影响的教学研究型医科大学的宏伟目标阔步迈进。

(以上数据截止到2013年12月)

信阳师范学院

党委书记:孙宏典　　党委副书记、院长:卢克平

信阳师范学院所在地——信阳市,位于河南省南部,东邻安徽,南接湖北,是江淮河汉间的战略要地,鄂豫皖区域性中心城市。山水秀丽,气候宜人,素有“北国江南,江南北国”之美誉,是中国著名的宜居之城、旅游之城、创业之城。学校坐落在信阳市贤山北麓、浉水之滨,西临“长淮明珠”南湾湖,南望“云中公园”鸡公山,风光旖旎,景色宜人;校园绿树成荫,鸟语花香,四季如春,秀丽的自然风光为学校平添了无尽的诗情画意,被教育部、河南省有关领导一致赞誉为“河南省最美的校园”、“中国最美的大学之一”。

信阳师范学院创建于1975年,原名为开封师范学院(今河南大学)信阳分院。1978年经国务院批准为本科建制并改为现名,次年成为首批学士学位授权单位。1998年经国务院学位委员会批准为硕士学位授权单位,2004年具有同等学历人员申请硕士学位授予权,2008年具有教育硕士专业学位授予权,2010年具有翻译硕士和工程硕士专业学位授予权。

信阳师范学院是河南省两所重点本科师范院校之一;2007年在教育部本科教学工作水平评估中被评为优秀学校;是河南省唯一蝉联“全国文明单位”荣誉称号的本科高校;被原全国人大常委会副委员长、著名社会活动家、教育家费孝通先生誉为“教师之摇篮”。

学校占地1500余亩,建筑面积60余万平方米;现代化的图书馆藏书185万余册,中外文期刊4499多种;现有各类实验室110多个,多媒体教室、微格教室110多个;是河南省高校数字化校园示范学校。

学校设有19个学院和1个独立学院,3个直属教学教研部,拥有文学、史学、理学、工学、经济

学、管理学、法学、教育学、艺术学9大学科门类,现设65个本科专业,有9个硕士学位授权一级学科、67个硕士学位授权二级学科,有7个河南省一级重点学科、3个河南省二级重点学科。学校现有教职工1400余人,其中具有高级专业技术职务的500余人(教授130余人);具有硕士、博士学位的教师800余人;享受国务院特殊津贴专家、河南省优秀专家、河南省特聘教授、河南省学术技术带头人、河南省教学名师等100余人。学生来自全国27个省、市、自治区,全日制在校硕士生、普通本专科学生3万余人。

学校始终坚持以教学工作为中心。现有3个国家级特色专业、2个国家级专业综合改革试点专业、13个省级特色专业、3个省级专业综合改革试点专业、1个省级工程教育人才培养模式改革试点专业、6个省级优秀教学团队、1门国家级精品资源共享课程、14门省级精品课程、8门省级精品资源共享课程、2门省级双语教学示范课程、6个河南省高校实验教学示范中心,建有河南省基础教育研究中心。应届毕业生考取研究生的比例在全国同类高校中名列前茅,部分专业超过了50%;毕业生就业率一直保持在95%以上。30多年来,先后为国家输送各级各类人才10万多人,王立新等400多人成为全国和河南省优秀教师,王金安等一大批校友成为国内外知名专家学者。

学校高度重视科学研究工作。现有3个河南省高校人文社科重点研究基地、1个河南省高校人文社科重点研究建设培育基地、1个河南省非物质文化遗产研究基地、1个河南省中原文化与闽台寻根研究中心、1个河南省红色资源研究中心;1个河南省工程技术研究中心、1个河南省工程实验室;1个河南省院士工作站、2个河南省高校工程技术研究中心、1个河南省高校重点实验室、2个河南省高校重点实验室培育基地、2个河南省高校重点学科开放实验室。拥有"生物数学"、"新型功能材料"、"大别山动植物遗传资源研究与种质创新"等3个河南省创新型科技团队、3个河南省高校科技创新团队。学校重视和加强协同创新,与中国林科院共建"大别山种群生态模拟与控制重点实验室"、与信阳市人民政府共建"矿物节能材料协同创新中心"、与信阳市浉河区科技局共建"信阳市机电公共技术服务平台"、与信阳方浩实业有限公司共建"非金属矿研发中心"等。2006年—2013年,教师主持承担省部级以上科研项目521余项,其中国家社科基金项目、国家自然科学基金项目及国务院部委项目138项。在国内外公开发表学术论文8454篇,其中被SCI、EI、ISTP、CSSCI等国内外权威数据库收录1022篇;出版著作244部,获地厅级以上科研奖励2125项。《信阳师范学院学报》发行10多个国家和地区,其中自然科学版先后入选全国中文核心期刊、中国科技核心期刊、中国高校优秀科技期刊,哲学社会科学版被评为全国百强社科学报、中国人文社科学报核心期刊、河南省一级期刊。

学校坚持开放办学。先后与美国、英国、加拿大、澳大利亚、新西兰、日本、韩国、意大利、以色列等国高校建立了校际联系,开展合作办学。先后选派学生到美、英、新等国高校深造,并接收美、韩等国留学生。

学校高度重视党建和思想政治工作,扎实推进精神文明建设。先后荣获全国精神文明建设工作先进单位、全国普通高校毕业生就业工作先进集体、全国五四红旗团委、河南省"五好"基层党组织、河南省学校行风建设先进单位、河南省思想政治工作先进单位、河南省园林单位等荣誉称号,连续13年被评为全国大学生社会实践活动先进单位,并被教育部授予"中华扫盲奖"。2010年被评为"河南考生心目中最理想的高校",2013年被评为"河南高等教育质量社会满意院校"。

建校30多年来,学校牢固树立为河南基础教育和地方经济社会发展服务的思想,坚持质量立校、特色兴校、人才强校、勤俭建校、依法治校,遵循"厚德崇实 善学敏行"的校训,致力于培养品德高尚、基础扎实、作风朴实,具有创新精神和实践能力的优秀教师及其他专业人才,形成了"环境优美,校风优良,质量过硬"的办学特色。当前,全校上下正按照"提高质量、提升层次、增强特色、增进效益"的发展战略,为建设教师教育特色鲜明、多学科协调发展的教学研究型师范大学而努力奋斗!

(以上数据截至日期为2013年12月)

周口师范学院

党委书记:俞海洛　　党委副书记、院长:刘湘玉

是河南省属普通本科高校,地处三皇故都、老子故里、陈楚旧地、历史文化名城周口市。周口历史悠久,文化灿烂,人杰地灵,素有“华夏先驱,九州圣迹”之誉。颍河、沙河、贾鲁河在此交汇,不尽东流;漯阜铁路连线京广和京九线,横穿周口;宁洛高速、大广高速在此交汇,是连南贯北、承东启西的重要交通枢纽。校园内花木交荫,绿围翠绕,鸟语花香,四季如春,风光旖旎,景色宜人。

吮千年文化滋养,依厚重历史沉淀。始建于1973年的周口师范学院,栉风沐雨,由小到大,由弱变强,筚路蓝缕,艰苦创业,砥砺前行、激扬奋进,实现了一次次历史跨越。历经周口师范学校、周口师范专科学校、周口师范高等专科学校诸阶段,2002年经教育部批准升格为本科高等院校。随着我国改革开放和高等教育事业持续、快速、健康发展,周口师范学院加大改革力度,加快基本建设步伐,拉大办学框架,拓宽办学途径,丰富办学内涵,提高办学层次,各项事业得到前所未有的发展和提高。建校40年来,积累了丰富的办学经验和较为雄厚的办学实力,形成了师范教育和非师范教育并存、特色鲜明、优势互补、协调发展的办学格局。2013年6月,学校通过了教育部本科教学工作合格评估,各项工作受到了专家组和省教育厅领导的高度评价。

学校坚持“质量立校、人才强校、科研兴校、特色铸校、科学治校”基本方略,凸显“质量、特色、创新”发展主题,坚持走内涵驱动发展战略,努力为地方经济社会发展培养高层次应用型人才。学校校园文化生活丰富多彩,学生社团活动十分活跃,为学生培养、锻炼、展现才能提供了广阔的舞台。近年来,我校毕业生以过硬的思想素质、良好的业务素质以及全面的综合素质赢得了用人单位的青睐,毕业生考研录取率、一次性就业率保持较高水准,在全省同类高校中位居前列。

学校占地面积1511亩,建筑面积50万平方米,教学仪器设备总值1.6亿元,图书资料120万册,中外文期刊2200余种,建有中国学术期刊网镜像站点和5000多种期刊集成化全文数据库;拥有2个省级重点实验室培育基地、1个河南工程实验室、1个省高校人文社科研究重点培育基地、1个国家级大学生实践教学基地、5个省级实验教学示范中心;是河南省首批文化改革发展人才培养基地、河南省首批非物质文化遗产研究基地、河南省教师教育改革创新示范区和“国培计划”培训基地。

学校现有文学院、政法学院、外国语学院、数学与统计学院、物理与机电工程学院、化学化工学院、生命科学与农学学院、计算机科学与技术学院、教育科学学院、音乐舞蹈学院、美术与设计学院、体育学院、经济与管理学院、新闻与传媒学院、软件学院、继续教育学院、思想政治理论教学部、公共艺术和职业技能教学部等18个教学院(部),开设有48个本科专业,涵盖文学、理学、工学、法学、历史学、教育学、管理学、经济学、艺术学等9大学科门类。现拥有省级教学团队2个、省级重点学科4个、国家级特色专业1个、省级特色专业6个、省级精品课程9门、省级优秀课程2门、省级精品资源共享课程3门、国家级质量工程项目1项、省级质量工程项目6项、双学位教育试点专业6个。先后与郑州大学、常州大学、中国农学院研究生院联合培养硕士研究生。

学校现有本科生22000余人,教职工1360人,外籍教师6人,其中教授、副教授等高级职称356人,拥有博士、硕士学位的教师847人。有河南省教学名师、优秀专家、跨世纪学术和技术带头人、省级骨干教师、省优秀教师50人,聘请省内外兼职教授28人。学校注重加强对外学术交流与合作,具有招收外国留学生资格,先后与美国、英国、澳大利亚、日本、韩国、台湾等境外高校建立了校际联系,并与其中一些高校开展合作办学,互派交流生。

学校坚持以科研促教学,以教学带科研,科研成果丰硕。近年来,学校教师主持国家自然科学基金、国家哲学社会科学基金项目等省部级以上科研

项目150余项。发表学术论文4700余篇,其中中文核心期刊1400余篇;出版专著、教材及工具书190部;获河南省高等教育教学成果特等奖1项,一、二等奖10余项。《周口师范学院学报》国内外公开发行,是《中国核心期刊(遴选)数据库》收录期刊、全国高校优秀社科期刊。

学校以育人为根本,立足周口,服务河南,面向全国,40年来,为国家建设和社会发展培养了数以万计的各类人才,声教迄四海,桃李满天下。先后被授予"全国高校实验室管理工作先进单位"、"省级文明单位"、"省级文明学校"、"省级卫生先进单位"、"河南省园林单位"、"河南省高校基本建设管理先进单位"、"河南省教育科学研究先进集体"、"河南省教育质量管理先进单位"、"河南省校园文化艺术工作先进单位"、"河南省高等学校数字化校园示范学校"、"河南省大中专毕业生就业工作先进集体"、"全国大学生社会实践活动先进单位"、"河南高等教育质量社会满意院校"、"河南高校思想政治工作先进单位"等荣誉称号。

千秋基业,教育为本;艰难困苦,玉汝于成。托中原文化之底蕴,乘科学发展之东风,周口师范学院正以本科教学合格评估整改工作为契机,瞄准河南"十二五"发展需要,加快转型升级,努力向综合性、应用型本科高校不断迈进。

(以上资料统计截至2013年12月)

安阳师范学院

党委书记:郑邦山　　党委副书记、院长:赵卫东

位于世界文化遗产——殷墟所在地、中国八大古都之一的安阳市,是一所省属普通高等学校,前身是始建于1908年的彰德府安阳师范传习所,1949年7月被平原省人民政府命名为平原省立安阳师范学校,1958年经河南省人民政府批准成立河南省安阳师范专科学校,2000年4月经国家教育部批准升格为安阳师范学院。2007年11月,学校以同类院校并列第一的优异成绩顺利通过了教育部本科教学工作水平评估。2011年11月被国务院学位办批准成为硕士专业学位研究生培养试点单位。

学校现设20个学院,2个教学部,1个继续教育学院和1所独立学院。开设1个硕士专业、60个本科专业,涵盖文学、历史学、理学、工学、教育学、法学、经济学、管理学、艺术学9个学科门类。现有教职工1342人,其中,具有高级专业技术职务教师440人,具有硕士、博士学位教师874人。学校占地1909亩,建筑面积81.8万平方米,仪器设备总值1.82亿元,馆藏图书202万册。学校面向全国招生,现有普通全日制在校生25000余人,其中弦歌大道校区20000余人,文明大道校区4600余人。

学校现有国家级特色专业2个、国家级实践教学基地1个,省级重点学科4个、省级特色专业8个、省级精品课程8门、省级精品资源共享课程5门、省级教学团队3个、省级实验教学示范中心6个、省级教学名师2人。学校始终把人才培养作为中心工作,坚持"育人为本、德育为先、能力为重、全面发展"的理念,教育教学质量稳步提高,在全国大学生电子设计竞赛、数学建模竞赛、英语竞赛、"挑战杯"等赛事中屡获佳绩,本科生就业率和硕士研究生考取率处在省内同类院校前列。

近三年来,学校共承担省部级以上科研项目205项,其中国家自科基金34项,国家社科基金16项,教育部项目17项,有115项科学研究成果获省部级以上奖励。出版学术著作126部,发表学术论文2672篇,其中核心期刊以上1471篇。学校建有河南省"2011计划"汉语海外传播省级协同创新中心、河南省汉语国际推广基地、河南省重点社科研究基地(中原文化研究中心)、河南省非物质文化遗产研究基地、河南省高校人文社科重点研究培育基地(汉字文化研究中心)、河南省高校人文社科重点研究基地(甲骨学与殷商文化研究中心)、河南省人民政府宗教事务局宗教问题研究基地、河南省高校重点实验室培育基地(甲骨文信息处理、中美智能信息处理联合实验室)、河南省工程实验室

(化学节能材料开发与应用、先进机器人研发)、河南省硅材料光伏产业院士专家工作站、河南省高校工程技术研究中心(新能源光伏并网发电)、安阳市医药化工工程技术研究中心、安阳市数字化甲骨文工程研究中心等研究机构。公开出版的《殷都学刊》为中国殷商文化学会会刊,发行到世界数十个国家和地区,2012年入选教育部名栏建设和全国社科规划办资助工程。

学校充分利用地域特色,发挥文化传承创新优势,大力服务国家文化战略,把汉语国际推广与学科建设相结合、与科学研究相结合、与学校对外开放相结合、与教师培训相结合、与平台建设相结合、与人才培养相结合,在汉字文化研究、汉字文化海外传播、汉字文化体验等方面探索出一套成功的经验。近年来,先后派出186多名教师、志愿者到美国、德国、意大利、泰国、约旦、尼泊尔等国进行汉语教学,并与加拿大爱德华王子岛大学、荷兰学院等国外高校进行合作办学。

近年来学校先后荣获河南省文明单位、河南省普通高校先进党委、河南省思想政治工作先进单位、河南省学校行风建设先进单位、中华全国总工会“模范职工之家”、全国“五四红旗团委”、河南省高校学生管理工作先进集体、河南省学生资助工作考核先进单位、河南省暑期社会实践先进单位、河南省普通高校毕业生就业工作评估优秀单位、河南省普通大中专毕业生就业工作先进集体等荣誉称号。

“十二五”时期学校办学的指导思想是:高举中国特色社会主义伟大旗帜,以邓小平理论、“三个代表”重要思想、科学发展观为指导,贯彻落实党的十八大精神,以科学发展为主题,以转变发展方式为主线,以内涵建设为重点,以学科建设为龙头,以建成硕士学位授权单位为突破口,以建设教学研究型院系为抓手,以人才培养为根本任务,继续解放思想,坚持改革开放,抢抓发展机遇,敢于率先突破,实施质量立校、学科兴校、人才强校三大战略,坚定不移地走好“十条办学之路”,加快实现“一个目标、两大跨越”战略任务的步伐,把学校办成本科教育与研究生教育相衔接、教师教育优势明显、科研能力和社会服务功能较强、开放办学程度较高的多科性、教学型大学。

百年弦歌不辍,百年薪火相传,学校科学发展、全面提升的壮美画卷正徐徐展开,安阳师范学院的明天将更加辉煌!

(以上数据截止日期为2013年12月)

许昌学院

党委书记:王清义　　党委副书记、院长:陈建国

坐落于汉魏故都——河南省许昌市。许昌地处中原腹地,既是一座历史悠久的文化名城,又是一座蓬勃发展的现代新城。许昌三国文化底蕴深厚,钧瓷艺术独具魅力,地理位置优越,经济发展迅速,城市环境优美,先后获得国家优秀旅游城、国家园林城、国家森林城、国家卫生城、中国花木之都、中国十佳宜居城市等称号。

许昌学院前身是创建于1942年8月的河南省第五行政区联立师范学校。1946年7月,河南省立许昌师范学校成立,随后五区联师并入许昌师范学校。新中国成立后学校健康发展,1959年经国务院批准为师范专科学校,1963年因国家经济困难调整为中等师范学校,1978年首批复办师范专科,2002年3月升格为本科院校。许昌卫生学校始建于1952年,是一所国家级重点职业学校、河南省示范性中等职业学校。

学校2012年通过教育部普通高等学校本科教学工作合格评估,2013年被确定为河南省“地方本科高校转型发展试点单位”,并拟更名为“河南工业学院”。

学校现有两个校区,校园占地近1700亩,建筑面积60余万平方米,教学仪器设备总值1.53亿元,馆藏纸质图书160.3万册,电子图书资源丰富。拥有功能齐全的音乐厅、学术报告厅、大学生活动中心和先进的远程双向视频教学系统、数字化校园网络系统、高标准塑胶运动场等,建有中原农耕文

化博物馆、钧瓷文化艺术馆、吴道子美术馆等。

学校现有教职工1391人,其中专任教师1052人,有副高以上职称325人,博士和硕士学位744人。有全国优秀教师3人,全国五一劳动奖章获得者1人,全国师德先进个人1人,河南省教学名师1人;2人入选教育部新世纪优秀人才支持计划,1人入选河南省科技创新人才支持计划,7人入选河南省高校科技创新人才支持计划,拥有2个河南省创新型科技团队、2个河南省高校科技创新团队和3个省级教学团队。

学校设有25个教学院部,举办有54个本科专业和14个专科专业,涵盖理学、工学、文学、史学、法学、经济学、管理学、教育学、艺术学、医学等十个学科门类,是一所理工为主、多科协调、富有特色的综合性应用型本科院校。有10个国家级和省级特色专业、综合改革试点专业等,4个河南省高校实验教学示范中心。与大连理工大学、华中师范大学、郑州大学、河南大学、西南石油大学等联合培养研究生,并具有留学生招生资格。现有全日制在校生两万三千人。

学校成立有表面微纳米材料研究所、应用数学研究所、工笔画研究所、魏晋文化研究中心、钧瓷文化与产业研究中心、中原农村发展研究中心、数字信号处理与智能控制工程技术研究中心等科研机构,拥有4个河南省重点学科、1个河南省重点实验室、1个河南省高校工程技术研究中心、1个河南省高校人文社科重点研究基地培育基地、1个河南省高校重点实验室培育基地,还设有河南省微纳米能源材料院士工作站、河南省非物质文化遗产研究基地等。《许昌学院学报》先后被评为全国社科百强学报和河南省十佳学报,“魏晋史研究“栏目入选教育部“全国高校哲学社会科学学报名栏建设工程”。

学校坚持开放办学,与俄罗斯南乌拉尔大学、加拿大荷兰学院、美国蒙大拿州立大学(比灵斯)、美国西俄勒冈大学、美国肯塔基州莫瑞州立大学、美国缅因大学、英国伍斯特大学、印度斯坦文理学院等国外高校开展合作办学,共同培养高素质专门人才。与加拿大西安大略大学、上海交通大学等著名大学和河南省盐业总公司、河南万里路桥集团等知名企业建立了联合实验室和协同创新中心,共同开展科学研究。与河南瑞贝卡集团联合成立了“瑞贝卡学院”,与许继集团、双汇集团、众品集团等著名企业加强产学研合作教育,不断强化专业及人才培养的社会适应度,努力提升服务地方经济社会发展的能力。

学校校园文化独具特色,学生社团十分活跃,各类活动丰富多彩,教育教学质量不断提高。学生在全省全国竞赛活动中屡屡获奖,在“挑战杯”全国大学生课外学术科技作品竞赛、全国大学生数学建模竞赛、全国大学生英语竞赛等活动中成绩优异,先后获得河南省首届大专电视辩论赛冠军,第六届中国舞蹈“荷花奖”校园舞蹈大赛编导银奖,第十届河南省音乐舞蹈大赛金奖第一名,舞蹈啦啦队获全国第四届健康活力大赛亚军,并代表中国参加世界啦啦队锦标赛。学校秉承“崇德砺志、博学敬业”的校训,弘扬“教学神圣、崇尚学术”的办学理念,致力于培养实基础、强能力、有个性、富有社会责任感和创新精神的高素质应用型人才。坚持“质量立校、人才强校、特色兴校、开放活校”的办学方针,着力建设“和谐校园、活力校园、学术校园、文明校园”,形成了“团结和谐、勤奋严谨、文明诚信、求实创新”的优良校风。曾获得全国大学生社会实践活动先进集体、全国“挑战杯”大学生课外学术科技作品竞赛优秀组织奖、全国高校校园文化建设优秀成果奖、全国模范职工之家、河南省思想政治工作先进单位、河南省依法治校示范校、河南省高校德育评估优秀单位、河南省行风建设先进单位、河南省思想道德建设先进单位等荣誉称号。

站在新的历史起点,学校将牢牢把握社会主义办学方向,坚持“地方性、应用型、服务型”的办学定位,坚持融入地方办学,强化内涵提升,突出特色建设,为把学校建设成为特色鲜明的高水平应用技术大学而努力!

(以上数据截止日期为2013年12月)

南阳师范学院

党委书记:黄荣杰　　党委副书记、院长:王利亚

是河南省省属全日制普通本科高等院校,办学历史可追溯到1907年,有着深厚的文化底蕴和优良的办学传统,已形成了师范教育和非师范教育并存、特色鲜明、优势互补、协调发展的办学格局。2007年以优异成绩通过教育部本科教学工作水平评估。2011年获批为硕士专业学位研究生培养单位,2012年开始招收研究生,在办学层次上实现重大跨越。

学校位于历史文化名城南阳市。南阳历史悠久,文化灿烂,是楚汉文化和三国文化的集中地,也是是科圣张衡和医圣张仲景的故里。校区坐落于南阳卧龙岗上,紧邻驰名中外的诸葛武候祠景区。北眺独山秀峰,南揽白河胜景,书香墨韵与青山白水相得益彰,环境幽雅,景色宜人,是莘莘学子修身治学的理想场所。

学校占地2375亩,现有校舍面积75万平方米,教学科研仪器设备总价值1.8亿元,馆藏纸质图书170万册。学校下设21个学院,并设有河南省文化改革发展人才培养基地、成人教育学院等人才培养机构,与美国布瑞诺大学、韩国京畿大学、澳大利亚科廷大学、南澳大学、西南大学、河南天冠集团等国内外多所院校及企业建立了良好的合作关系。现有全日制在校生近25000人,成人在籍生16000余人,教职工1500余人,专任教师1100余人,其中教授126人,副教授375人,具有博士、硕士学位教师900余人,其中博士229人,形成了合理的教师梯队。

学校现有63个本科专业,具有国家级特色专业、省级特色专业、省级重点学科、省级精品课程、省级实验教学示范中心和省级教学团队等教学质量品牌。本科专业涵盖文学、理学、工学、法学、经济学、教育学、历史学、管理学、农学、艺术学等十大学科门类。

学校设有24个科研机构,26个实验室(中心)。建有省级重点实验室、省级工程实验室、省高校重点实验室培育基地、省高校工程技术研究中心、省高校人文社科重点研究基地、文化部民族民间文艺发展中心“中原曲艺研究基地”、河南省非物质文化遗产研究基地、南阳发展战略研究院、南阳玉文化研究院、省级创新团队等学术科研平台。大力推进“科研兴校”工程,产出了一批标志性的科研成果,核心竞争力不断增强。学校主办的《南都学坛》、《南阳师范学院学报》均被评为河南省一级期刊、全国百强社科学报、中国人文社科学报核心期刊。

学校大力实施“质量立校工程”,坚持教学工作的中心地位,完善本科教学质量监控保障的长效机制,按照“宽口径、厚基础、强能力”的培养原则,大力培养学生的实践能力和创新精神,“卧龙学子”人才培养品牌享誉中原。学生在国家、省市组织的各类大赛中频获殊荣,学生考研成绩突出,深得社会好评。

学校高度重视就业工作,实施“招生—培养—就业”一体化的教育管理模式,率先在全国开展大学生专业技能岗位对接培训,积极开展职业规划教育,职业技能培训和就业推介,是劳动部最早授予的全国大学生职业指导教学训练基地,也是全国本科院校中唯一的国家级职业指导工作室建设试点单位,“南阳师范学院——河南天冠企业集团有限公司工程实践教育中心”获立为国家级大学生校外实践教育基地。积极拓展就业市场,在北京、上海、广州、深圳等大中城市建立100多个就业基地,为学生搭建就业平台。重职业意识训练,重职业技能培训,重就业市场建设已成为我校的显著特色,被《中国教育报》称誉为“给大学生一把就业的金钥匙”。近年来,毕业生就业率稳定在90%以上,用人单位满意度超过90%。

近年来,南阳师范学院确立了突出内涵发展的新思路,强化人才是第一资源的认识,先后启动了“3300”工程和“引进海内外杰出人才计划”,着力打造一支高水平的师资队伍,为全面提高人才培养质量、科研水平和社会贡献率打下坚实基础。2013

年分别获立22项国家自然科学基金和5项国家社科基金,比上年增长170%,立项数量在全国500余所新升本科院校中排名第一,在全国师范学院类院校中排名第一。

近年来,学校先后荣获"全国绿化模范单位"、"全国学校民主管理先进单位"、"全国大学生社会实践活动先进单位"、"河南省高校党建工作先进单位"、"河南省校务公开示范单位"、"河南省职业道德建设十佳单位"、"河南省思想政治工作先进单位"、"河南省文明单位"、"河南省高校学生宿舍食堂评比第一名"、"河南省高校德育评估第一名"、"河南省属本科高校行风评议第一名""河南省学生资助工作先进单位"、"河南省教育系统信息工作先进单位"等荣誉称号,根据《中国大学评价》2007年公布的研究结果显示,我校跨入"全国发展最快大学"行列。在2010年度河南考生心目中最理想的高(学)校大型调查评选中,学校荣获"河南考生心目中最理想的高校"荣誉称号并受到表彰。2011入选"河南高校综合实力20强",2012年入选"河南最具就业竞争力示范院校",2013年被评为"河南高等教育质量社会满意本科院校"。

学校遵循"博大、厚重、睿智"的大学精神,弘扬"博学求是、笃行自强"的校训,秉承"勤勉严谨,和谐进取"的校风,肩负大学使命和社会重托,立足南阳、服务中原、面向全国,努力建设特色鲜明、水平较高的应用性教学型多科性大学,把学校建设成为育人的高地、人才集聚的高地、创新的高地、服务的高地,力争为社会培养出一批德才并具、通专兼备的创造性人才。

潮平两岸阔,风正一帆悬。全体南阳师院人正以昂扬的斗志,在学校新一届领导班子带领下,阔步迈向新的征程。

洛阳师范学院

党委书记:时明德　　院长:梁留科

洛阳师范学院是一所省属普通高等师范本科院校,位于千年帝都、牡丹花城——洛阳,文脉传承,底蕴丰厚。学校北依洛河,碧水东流,杨柳堆烟,流传着洛神宓妃的美丽传说;南望关林和世界文化遗产龙门石窟,泱泱万佛,蜚誉寰中,绽放着世界文化遗产的璀璨光芒。

洛阳师范学院的前身是始建于1916年的河洛道师范学校,历经河南省立河洛道师范学校、河南省立第四师范学校、河南省立洛阳师范学校、洛阳师范专科学校、洛阳师范高等专科学校诸阶段,2000年升格为本科院校,定为现名。2007年,学校以优异成绩通过教育部本科教学工作水平评估,2011年获批教育硕士专业学位研究生培养试点单位。近年来,学校获得"河南省文明标兵学校"、"河南省文明单位"、"河南省思想政治工作先进单位"、"河南省普通高等教育本专科学生管理工作先进集体"、"河南省普通高校毕业生就业工作先进单位"等荣誉称号。

学校现有文学与传媒学院、历史文化学院、政法与公共管理学院、外国语学院、数学科学学院、物理与电子信息学院、化学化工学院、信息技术学院、教育科学学院、生命科学系、商学院、体育学院、音乐学院、美术学院、国际教育学院、继续教育学院、软件职业技术学院、学前教育学院18个院系,4个公共教研部,59个本科专业,涵盖文学、理学、工学、经济学、管理学、法学、历史学、教育学、艺术学、农学等10大学科门类。学校有全日制在校生26000余人,各类成人教育学生4000余人。

学校始终坚持教学工作的中心地位,以质量工程建设为主线,深入开展教育教学改革。现有国家级特色专业2个,省级特色专业8个,国家级专业综合改革试点1个,省级专业综合改革试点4个,省级本科工程教育人才培养模式改革试点专业1个,省级实验教学示范中心3个,省级教学团队5个,省级精品课程17门,省级双语示范课程1门,国家级教师教育精品资源共享课程1门,省级教师教育精品资源共享课程4门,国家级人才培养模式创新实验区1个,国家级校外大学生实践教育基地1个,省级教师教育改革创新实验区1个。近十年来,学校获得省部级以上教育教学成果奖80余项,省部级以上教改项目立项50余项。

学校大力实施“人才兴校”战略，建设了一支结构合理、素质优良的师资队伍。学校有教职工1300余人，其中专任教师1200余人。专任教师中具有高级专业技术职务的教师448人，具有博士学位的教师190人、硕士学位的教师686人。学校有享受国务院政府特殊津贴专家2人，新世纪百千万工程国家级人选1人，教育部新世纪优秀人才2人，省优秀专家、省学术技术带头人17人，市厅级学术技术带头人、优秀专家、市创新英雄等各类专家人才200余人，30余名教授被多所大学聘为兼职博士、硕士研究生导师。

学校坚持以学科建设为龙头，积极实施“科研强校”战略。现有国家体育总局体育文化研究基地1个，全国泡沫混凝土发泡剂研发基地1个，省级重点学科4个，河南省高校科技创新团队3个，河南省工程实验室2个，河南省高校重点实验室培育基地2个，河南省高校人文社科研究基地2个，河南省非物质文化遗产研究基地1个，河南省高校工程技术研究中心1个，洛阳市重点实验室5个，洛阳市工程技术研究中心1个，洛阳市人文社会科学研究基地7个。近三年来，学校教师主持和参加国家自然科学基金项目、国家社会科学基金项目、全国教育规划项目和全国艺术科学规划项目等省部级以上科研项目400多项，在国际权威期刊发表并被《SCI》、《EI》收录的学术论文1000余篇，荣获省级以上科研奖和优秀教学成果奖300多项。

学校实施开放办学，与意大利都灵理工大学、美国佛罗里达大学、美国中密西根大学、美国克拉克大学、新西兰惠灵顿维多利亚大学、爱尔兰卡罗理工学院、爱尔兰沃特福德学院等院校合作办学，并加入了世界大学校长联合会。

学校现有安乐、伊滨两个校区，安乐校区占地1000余亩，伊滨校区规划用地2850亩。其中，占地560余亩、建筑面积27.7万㎡的一期工程已全部建成并投入使用，12000余名师生顺利入驻，成为新家园的见证者和守护者；建筑面积近40万㎡的二期工程即将开工。学校固定资产总值约8.36亿元，图书馆藏书近200万册，中外文期刊4741种，电子图书30万余册，是中国知识工程文献检索二级中心。学校建有“千兆主干、百兆桌面”的校园网络，是“河南省高等学校数字化校园示范学校”。

目前，学校正按照“以人为本，以文为魂，以水为韵，功能合理、生态和谐、持续发展”的设计理念，全力推进新校区建设，力争建成环境优美、功能合理、文化气息浓厚的大学校园。“十二五”期间，学校将以科学发展观为指导，解放思想，更新观念，扎实工作，开拓创新，坚持“建新校、强内涵、惠民生、促和谐”协调发展，深入实施“一工程五战略”，加快推进“两大跨越”建设步伐，为建设成为一所立足河南、面向全国，综合实力和办学水平位居全国同类院校先进行列，以教师教育和应用型人才培养为特色的多科性大学而努力奋斗！

校风：厚德博学、励志笃行

“厚德”语出《周易》：“君子以厚德载物。”意思是说，以深厚的德泽育人利物；“博学”、“笃行”语出《礼记·中庸》“博学之，审问之，慎思之，明辨之”和《礼记·学记》“博学而不穷，笃行而不倦”。厚德博学而无往不利，励志笃行乃世之风范。厚德方以励志，励志才能笃行，师生之道由此突显，“传道授业解惑”由此张扬也。归结起来，“厚德博学、励志笃行”即以崇高的道德、博大精深的学识培育学子成长、成才，踏踏实实、坚持不懈地践履所学，向着既定的目标和事业奋进不已。

教风：德以修己、教以育人

教育者的胜人之处在于以德化人，以至德求至善。所谓“修身，齐家，治国，平天下”，以修身求德为根本；同时要能够充分运用自己博大精深的学识、精心组织的教学设计和精湛优雅的教学手段、方法施之于教学过程。以之教人，则无人不成才。

学风：勤学善思、知信达贤

勤学善思是学习的理想境界，勤学以乐学为根基，以学习为乐，让勤奋学习内化为自己灵魂深处的自觉追求，同时要善于思考，让勤学与善思完美结合，才能真正达到“知信达贤”的人生理想境界，使所学真正能够致用，成为民族发展进步的有用人才。

商丘师范学院

党委书记:刘纯献　　党委副书记、校长:曹 奎

位于历史文化名城商丘市,北依风景优美的黄河故道国家森林公园;南望历史上人文荟萃的归德古城和应天书院;地处京九铁路、陇海铁路,310、105国道、济广和连霍高速公路交汇的黄金交通枢纽之地。

商丘师范学院的历史可以追溯到1905年创办的"归德府中学堂"。几经分合,历经商丘师范专科学校、商丘师范高等专科学校等阶段,2000年经教育部批准升格为商丘师范学院。

商丘师范学院占地2000余亩,建筑面积64万余平方米,馆藏纸质图书168万册,古籍珍善本45种,中外文期刊4930种,电子资源数据库17个;教学仪器设备总价值约11000万元,拥有省级重点实验室1个,省高校实验教学示范中心2个,省级高校工程技术研究中心1个。

学校现有普通全日制在校生21276人,在职教职工1687人,专任教师中教授、副教授367人,博士、硕士674人。30余人次被评为全国模范教师、全国优秀教师、全国师德先进个人、河南省优秀教师、河南省文明教师、河南省优秀专家、河南省跨世纪学术技术带头人,15人次获得曾宪梓教育基金教师奖,60余人被确定为河南省教育厅学术技术带头人、河南省高校青年骨干教师资助对象;20名教师被聘为其他高等学校、科研院所的博士、硕士研究生导师。学校还聘有兼职教授、客座教授和外籍教师近200人。

学校设有19个院系,2个教学部,现有55个本科专业,27个专科专业,涵盖文学、历史学、理学、工学、教育学、法学、经济学、管理学、农学等九大学科门类。拥有国家级特色专业建设点2个,省级特色专业建设点4个,校级特色专业14个;省级重点学科2个,校级重点学科17个;省级精品课程9门,校级精品课程62项;省级教学团队2个,校级教学团队14个。

学校坚持以科研促进教学,以教学带动科研,科研成果丰硕。近年来,学校教师主持和参加国家自然科学基金项目、国际合作科研项目、全国高校古籍整理项目等省部级以上科研项目近100项,在国家一级期刊、国际权威期刊发表、被EI、SCI收录、被人大复印资料全文复印的学术论文600余篇。获得各级政府部门的科研奖励350余项,取得自主国家知识产权8项。出版各类专著近200部,各级各类获奖文艺作品200余项。

学校对外交流和办学渠道不断扩展,与郑州大学、河南大学、河南师范大学、河南农业大学等省内高校签订了联合培养研究生计划。与美国爱达荷大学、英国伍斯特大学、美国印第安那理工大学、韩国岭南大学、美国卡普兰大学等多所大学建立友好合作关系,与英国伍斯特大学、韩国岭南大学、美国卡普兰大学签订合作办学协议。

学校牢固树立为基础教育和经济社会发展服务的思想,教学与科研并重,坚持人才强校、质量立校,狠抓教学与科研管理,大力推进教育教学改革,教学质量与科研水平不断提高。先后荣获"省级文明单位"、"河南省高校'五好'党委"、"省级'两课'教学先进单位"、"省级体育教学先进单位"、"河南省高校后勤工作先进单位"、"河南省大专毕业生就业工作先进集体"、"全国大学生社会实践活动先进单位"等40多项省级以上荣誉称号。

经略既张,宏图将举。学校认真贯彻实践科学发展观,全面贯彻党的教育方针,以"内涵建设有特色,科学发展上水平"为指针,以提升人才培养质量为重点,以学科建设为龙头,以调整优化结构为抓手,以打造科研高地为引擎,力争办学上特色、招生上规模、学科上层次、教学科研上质量、管理服务上水平,努力把商丘师范学院建设成一所立足河南,服务全国,在省内外有一定影响、具有教师教育特色、多学科协调发展的综合性教学型本科院校。

郑州航空工业管理学院

党委副书记、院长:施进发

在60多年的办学历程中,学校秉承“严谨、求实,开拓、进取”之校训,不断探索适应河南经济和航空工业发展需要的人才培养模式,形成了“管理学科为主,管理学与工学郑州航空工业管理学院是一所全日制普通本科院校,其前身是1949年成立的平原省财经学校,后几经更名和迁址,1964年在全国16所航空学校专业调整合并时,更名为郑州航空工业学校。1978年升格为郑州航空工业管理专科学校,1984年升格为郑州航空工业管理学院(本科),1989年获得学士单位授予权。1999年,学校隶属关系发生转变,由中国航空工业总公司主管转变为中央与地方共建,日常管理以河南省为主的办学体制。2009年,顺利通过硕士单位立项建设评审,2013年,国务院学位委员会第三十次会议审批通过我校新增为硕士学位授予单位,学校办学水平上了一个新的台阶。

密切结合”的人才培养特色,确立了在航空工业管理和技术应用研究领域中的较强优势。学校现已建设成为管理学科优势明显,多学科协调发展,培养复合型应用人才的重要基地。

学校基础设施不断完善,教学、科研、生活、体育设施齐全,较好地满足了发展的需要。学校现有东、南、北共三个校区,占地面积1900余亩,建筑面积97万余平方米,资产总值10亿多元。设有管理工程实验中心、会计实验中心、信息技术实验中心等35个教学科研实验中心,其中陶瓷材料界面实验室、航空物流实验室、高透水性路面材料实验室被列为河南省工程实验室,航空材料与工程技术实验室被列为河南省高校重点实验室培育基地立项建设,航空制造及装备研究中心、高性能土木工程材料与环境工程技术研究中心被列为河南省高校工程研究中心,管理工程实验中心、会计实验中心被列为河南省高等学校实验教学示范中心。实验室面积6.6万平方米。图书馆现有藏书196万余册,中外文期刊1200多种,各类专业数据库近21个。学校现已建成“核心层万兆主干、汇聚层千兆主干、百兆交换桌面”的现代校园网络系统,约28 000个信息点遍布教学、科研和生活场所,一个现代化、数字化的校园环境正在形成。

学校现有管理学、经济学、工学、法学、文学、理学、艺术学七大学科门类,设有会计学院、工商管理学院、经贸学院、信息科学学院、管理科学与工程学院、机电工程学院、外语系、法律系、土木建筑工程学院、计算机科学与应用系、数理系、人文社会科学系、电子通信工程系、艺术设计学院、航空工程系、国际学院、继续教育学院、体育教学部、思想政治理论教学部等19个教学院、系、部,1个软件学院,66个本科专业及专业方向和8个专科专业。其中会计学、工业工程、审计学被列为国家级特色专业;档案学、工程管理、人力资源管理、市场营销学、统计学、信息管理与信息系统、财务管理、机械设计制造及其自动化、电气工程及其自动化9个专业被列为省级特色专业;会计学、工业工程、经济学、财务管理、档案学5个教学团队为河南省高等学校教学团队;管理工程、会计学、材料工程、机电工程4个实验教学中心为河南省实验教学示范中心;工业工程、会计学、经济学3个专业为河南省“专业综合改革试点”项目。管理科学与工程、工商管理、图书情报与档案管理被确定为省一级学科重点学科;机械工程及其自动化、材料学、结构工程、区域经济被确定为省二级学科重点学科。

学校注重师资队伍建设,不断加大培养和引进力度,师资力量日益雄厚。现有专任教师900余人,其中教授、副教授近400人。“百千万人才工程”国家级人选1人,教育部新世纪优秀人才3人,享受国务院政府津贴的专家11人,全国优秀教师5人,省管专家和省级学术带头人5人,河南省教育厅学术技术带头人和骨干教师89人。聘请了中国工程院郭重庆、张彦仲等5位院士以及郭道扬、齐二石、毕强等近百位国内知名专家为兼职教授。学校有3人被有关高校聘为博士生导师,52人被聘为硕士生导师。

学校确立了“德育首位,教学中心,质量至上,育人为本”的办学理念,坚持“管工结合”的办学特色,注重培养学生的创新意识,人才培养质量不断提高,先后为国家建设各条战线尤其是国防工业培养输送各类人才12万余名,成为航空工业和河南省管理及专业技术人才的重要培养基地。学校现有全日制在校生2.8万余人,在数学建模竞赛、大学生英语竞赛、工业设计大赛等国家级赛事以及挑战杯等团学活动中获得省级以上表彰的有100余项,学校连年被国家或河南省评为大学生社会实践活动先进集体。在大学生就业竞争日趋激烈的情况下,历届毕业生就业率均在95%以上,位居河南省高校前列。

学校以提升科研水平为目标,采取一系列政策和措施,加大科研基础建设。先后获得国家杰出青年科学基金1项,国家自然科学基金项目52项,基于NSFC国际合作项目12项,国家社会科学基金项目21项。近五年来,承担国防科研项目近63项,省部级项目760多项。

学校现有中国航空工业质量与生产力改进研究中心、会计与财务研究中心、CAD/CAM研究所、土木工程与管理技术研究所等近20个科学研究机构。学校成功举办了"第十届中国科协年会中部地区物流产业体系建设论坛"、"中国会计学会管理会计与应用专业委员会2011学术年会"、"中国会计学会会计教育专业委员会2011学术年会""质量管理与经济发展国际会议"、"中韩质量科学与生产力促进国际会议"等国内外有较大影响的学术会议,有力地促进了学术交流与合作。

学校主动适应河南经济社会和航空工业发展的需要,结合自身办学特色和学科优势,主动参加到郑州航空经济综合实验区建设中,力求在郑州航空经济综合试验区建设中创特色、求发展,提高学校的综合竞争力。学校成立了航空经济发展协同创新中心和航空材料技术协同创新中心,聘请了《航空大都市》的作者、美国北卡罗莱纳大学教授约翰·卡萨达为航空经济发展协同创新中心的首席科学家,设立了"约翰·卡萨达中国工作室"。航空经济发展协同创新中心已经列入河南省协同创新中心建设计划。

学校坚持国际化办学思路,积极推进国际交流与合作向全方位、多领域、深层次发展。2013年4月,学校与坦桑尼亚多多马大学合作建立孔子学院,成为河南省继郑州大学、河南大学之后在海外建立的第3家孔子学院,也是河南省在非洲设立的第一家孔子学院。

学校先后荣获"郑州市文明单位标兵"、"河南省文明学校"等荣誉称号,2009年获得"河南最具公信力的十大教育品牌",2011年荣膺"河南本科院校综合实力20强",2012年被选为"河南最具就业竞争力示范院校",2013年被评为"河南高等教育质量社会满意院校"。学校以六十多年的办学积淀为基石,全校师生正以昂扬的姿态,继往开来,与时俱进,为实现更名为郑州航空大学的光荣梦想而努力奋斗。

黄淮学院

党委书记:杨德东　党委副书记、院长:介晓磊

黄淮学院是经教育部批准,由河南省人民政府主办,在原驻马店师范高等专科学校、中原职业技术学院基础上于2004年合并组建而成,是一所涵盖理学、工学、经济学、管理学、文学、艺术学、农学、法学、教育学、医学等10大学科门类的综合性全日制普通本科高校,教育部应用技术大学改革战略研究试点院校,河南省文明单位,河南省行风建设工作先进单位。

学校位于驻马店市经济开发区,占地2460亩,校舍面积53.9万平方米,教学科研区、体育活动区、师生生活区布局合理,设施完善、功能齐全,已经形成了集数字化、信息化、园林化、生态化于一体的现代大学园区。学校教学仪器设备资产总值1.39亿元,馆藏各类图书246万册、中外文期刊1000余种。设有15个教学院系,5个公共教学部,49个本科专业,22个专科专业,全日制普通在校生1.8万人。在职教职工1100余人,专任教师835人,其中教授、副教授280余人,博士、硕士630余人,国务院特殊津贴获得者、省管优秀专家、省级骨干教师等专业技术拔尖人才60余人,从国内外著名大

学和科研院所聘请60余名兼职教授,从行业企业聘请兼职教师180余名。依托学科专业,建有近30项国家级、省级教学质量工程项目和17个省市级工程技术研究中心或研究所。学校主办的学术期刊《天中学刊》被评为河南省一级期刊、全国百强社科学报、中国人文社科学报核心期刊。

学校秉承"厚德、博学、笃行、自强"的校训,牢固树立"育人为本、质量立校、学科交融、特色取胜"的办学理念,坚持"特色鲜明的应用型本科高校"的办学定位和"就业能称职、创业有能力、深造有基础、发展有后劲"的应用型人才培养定位,强力实施"质量立校、人才强校、专业集群、项目带动、开放合作"五大发展战略,以"合作、发展、共赢"为宗旨,组建"黄淮学院合作发展联盟",与国内165家大中型行业、企业、高校科研院所等开展深度合作,通过"开放式办学引进优质教育资源 国际化合作牵手世界知名高校",与英国、印度、美国、澳大利亚等国家的13所知名大学和台湾地区4所高校建立了校际合作关系。

学校坚持以教学为中心,走内涵式发展道路,大力推进"产学研相结合,教学做一体化"的人才培养模式改革,注重学生"知识、能力、素质"培养和个性发展,近3年,学生在挑战杯、大学生创业设计大赛、数学建模竞赛、电子设计大赛、计算机软件设计大赛等各类竞赛活动中获省级以上奖励475项,其中国家级奖项85项,5个学生社团被命名为国家级优秀团队,学校连续多年被评为"河南省大学生社会实践活动先进单位"、"河南省大中专毕业生就业工作先进集体"、"河南省高等学校思想政治工作先进单位"等,并获得"中原经济区建设最佳服务高校"、"河南发展(成长)最快的院校"、"河南高等教育质量社会满意院校"、"河南省大学生创业教育示范校"等称号。

站在新的起点上,黄淮学院以科学发展观为指导,认真贯彻落实学校第二次党代会精神,抢抓高等教育改革发展机遇,强力推进学校转型提升,努力把黄淮学院建设成为"地方性、国际化、开放式、应用型"的国内知名应用技术大学,为全面建成小康社会、实现中原崛起做出新的更大的贡献。

平顶山学院

党委书记:许青云　　党委副书记、校长:王文鹏

创建于1977年,是一所综合性全日制普通高等院校,位于中国重要能源和原材料工业基地、中国优秀旅游城市、国家园林城市、国家森林城市、中国曲艺城、中国书法城、中国汝窑陶瓷艺术之乡、中国魔术之乡、中国观音文化之乡的平顶山市,坐落在新城区平西湖畔,依山傍水,环境优雅,景色宜人,是读书求学的理想园地。

学校占地面积154.6万平方米,建筑面积55.49万平方米,形成了功能完善的教学科研区、体育活动区、学生和教师生活区。图书馆现有藏书212.3余万册,中外文期刊1859余种。学校网络中心是河南省教育和科研计算机网平顶山市网络接点中心,信息点遍布教学、科研和生活场所,现代化、数字化的校园环境正在形成。

学校现有教职工1283人,具有硕士及其以上学历(学位)823人,副教授和高级实验师以上职称人员374人。有河南省省管优秀专家、曾宪梓教育基金奖获得者、国家级优秀教师和教育工作者、河南省跨世纪学术和技术带头人和河南省高校优秀中青年骨干教师等70余人,聘有两院院士、知名专家教授80余人为兼职教授、客座教授。

学校设有文学院、新闻与传播学院、外国语学院、数学与信息科学学院、经济与管理学院、化学化工学院、医学院、电气信息工程学院、计算机科学与技术学院、软件学院、师范教育学院、政法学院、国际教育交流学院、艺术设计学院、资源与环境科学学院、体育系、音乐系等17个教学院(系)和公共外语教学部、思想政治理论教学部、现代教育技术中心、网络计算中心等4个教学部(中心)。现有48个本科专业、12个专科专业,拥有3个省级重点学科,8个省级特色专业建设点,5个省级综合改革试点专业,4门省级精品课程(成功转型省级精品

资源共享课程1门),2个省级教学团队,2个省级实验教学示范中心,1个国家级大学生校外实践教育基地 。学校现有全日制在校生17300余人,继续教育学员近10000人。

学校低山丘陵区生态修复实验室为河南省林业厅重点实验室,是平顶山学院、中国林业科学研究院、河南省林业厅三方合作共建实验室,经河南省政府批准建立了“低山丘陵区生态修复院士工作站”、“博士后研发基地”。成立了伏牛山文化圈研究中心、高压智能开关工程技术研究中心、陶瓷研究所、“三苏”文化研究所等科研机构。伏牛山文化圈研究中心被河南省教育厅批准为河南省普通高等学校人文社会科学重点研究基地;高压智能开关工程技术研究中心被选为河南省高校工程技术研究中心;陶瓷研究所完成的唐代花釉瓷复仿制作技术研究,恢复了失传近千年的唐代花釉瓷制作技术,填补了我国陶瓷研究领域的空白。学校雅乐团为中国大陆高校第一个雅乐团;学校舞龙队多次获得全国、国际舞龙比赛金奖。

学校积极开展对外交流与合作办学。与英国、美国、加拿大、新加坡等十余个国家和台湾地区的高等院校及科研机构建立了交流与合作关系。近年来先后派出140余名师生到海外访问学习。在长期的办学历程中,学校确立了“文理渗透,博学专长,教学与实践结合,理论与技能统一”的办学理念,形成了“艰苦创业,自强不息,无私奉献”的学院精神,致力于培养“具有理想信念和独创精神,经过良好训练的、基础实、能力强、素质高、有社会责任感,能够创造幸福生活和服务于社会的应用型人才”。

站在新的历史起点上,平顶山学院将秉承“厚德博学 求是创新”的校训,坚持“质量立校、人才兴校、科研强校、特色名校”的发展战略,为建设成为特色鲜明、优势突出、教育质量上乘的多科性、应用型地方本科院校而努力奋斗!

洛阳理工学院

党委书记:苟义伦　　党委副书记、院长:杨小林

建于1956年,是一所以工学为主,兼有理学、管理学、文学、经济学、法学、教育学、艺术学等学科的省属普通本科院校。

学院地处十三朝古都洛阳,占地面积2229亩,分3个校区,总校舍建筑面积90.12万平方米,教学科研仪器设备总值1.70亿元,拥有各类实验室48个,校内外实习基地123个,图书馆馆藏纸质图书182.80万册,电子图书128.03万册,中外文期刊2400余种,拥有中国学术期刊、中国优秀博硕论文等23个全文数据库。

学院现有教职工1819人,其中正高级职称104人,副高级职称433人,博士学位教师164人,硕士学位教师777人,享受政府特殊津贴专家7人,新世纪百千万人才工程国家级人选1人、省级人选4人,河南省优秀专家4人,洛阳市优秀专家13人,有“工商管理专业核心课程教学团队”、“计算机控制系列课程教学团队”2个省级教学团队,并聘有包括两院院士、博士生导师在内的100余名兼职教授和客座教授。

学院现有全日制普通在校生2.6万余人,共设置17个系(部)和国际教育学院、软件职业技术学院、继续教育学院、天瑞干部学院、中迈干部管理学院、洛阳市服务外包学院等6个专门教育学院,37个本科专业,“无机非金属材料工程”、“机械设计制造及其自动化”、“自动化”、“计算机科学与技术”、“工商管理”、“材料成型及控制工程”等6个省级特色专业建设点;“建材机械基础教学实验教学中心”、“水泥生产模拟实验教学中心”、“电气工程与自动化实验教学中心”、“工程训练中心”、“物联网工程实验教学中心”等5个河南省高等学校实验教学示范中心建设点;《网络营销理论与实训》、《模拟电子技术》2门国家级精品课程;《数据结构》、《钢结构》、《建材设备与机械》、《浮法玻璃生产技术与设备》4门省级精品课程;近5年来,学院荣获省级教学成果一等奖8项。

学院注重产学研结合,发挥特色优势,服务建

材行业与地方经济。学院设立有中国建材联合会、中国机冶建材工会培训基地,有“河南省隧道与地下工程院士工作站”、“河南省水泥与混凝土制品生产力促进中心”、“固体废弃物开发利用河南省工程实验室”、“河南古都文化研究中心”、“硅酸盐材料洛阳市重点实验室”,“应用经济研究所”等43个科研机构。近5年来,学院承担了国家自然科学基金项目、国家社会科学基金项目、863计划、973项目、十二五国家科技支撑计划项目、省杰出青年基金等省级以上科研项目共计344余项,荣获省部级以上科研成果奖25项,获得国家专利授权222项。

学院坚持开门办学,与俄罗斯科斯特罗马国立工艺大学、澳大利亚北墨尔本高等技术学院、意大利都灵理工大学、美国孟菲斯大学、英国胡弗汉顿大学、爱尔兰阿斯隆理工学院、韩国映像大学等14所国外高校开展教学和科研合作。学院与意大利都灵理工大学联合建立了材料研究中心;与俄罗斯和澳大利亚的4个合作办学专业在校生567人,并接受俄罗斯、韩国、日本等国家的留学生。

学院管理规范,享有较好的社会声誉,是全国精神文明建设先进单位、全国模范职工之家。学院历来重视素质教育,强调综合能力和创新意识的培养,鼓励并引导学生积极参加课外科技创新和社会实践活动,增强学生的自主性、创新性、开拓性和责任感,建有青年志愿服务基地和大学生创新创业基地。近3年来,共获得“挑战杯”全国大学生课外学术科技作品大赛、全国大学生电子设计竞赛、全国大学生数学建模竞赛等省级以上竞赛奖励1350项,其中国家级奖励251余项。毕业生以良好的综合素质和扎实的专业基础知识深受用人单位好评,毕业生就业率保持在90%以上。

洛阳理工学院将秉承50余年的办学传统,发挥优势,突出特色,为建设一所特色鲜明的教学型优质本科院校而努力奋斗。

新乡学院

党委书记:陈兴民　　院长:杨宏志

是一所公办全日制普通本科院校,坐落在豫北历史名城新乡市,拥有65年的办学历史,具有优良的办学传统。

学校占地面积115.37万平方米,建筑面积68.63万平方米,校园环境优雅,景色宜人。学校具有优越的办学条件,现有教学科研仪器设备总值1.4亿多元,馆藏图书143.92万多册,电子图书100.62万种,电子期刊12023种,各类数据库36个,多媒体教室和语音室座位数20000余个,计算机5700余台,有完善的计算机网络服务系统,拥有现代化的教学楼、实验楼、图书电教大楼、学生公寓和标准的运动场馆等。

学校现设有工学、理学、管理学、经济学、教育学、文学、法学、艺术学等8个学科门类的38个本科专业,机械设计制造及其自动化、化学工程与工艺、生物技术、会计学、土木工程等专业为省级特色专业,汉语言文学、化学、广播电视编导、化学工程与工艺、会计学等专业为省级专业综合改革试点。

学校现有全日制普通本、专科在校生20816人,拥有一支师德高尚、业务精湛、结构合理、充满活力的高素质专业化人才队伍,为教育教学提供了良好的人才保证。现有教职工1558人,其中专任教师943人,具有高级职称的专任教师307人,具有博士、硕士学位专任教师723人,有“新世纪百千万人才工程”国家级人选1人、全国优秀教师1人、享受国务院政府津贴专家4人、河南省优秀教师10人、河南省学术技术带头人6人、河南省中青年骨干教师25人。

学校以培养“适应地方经济社会发展需要,专业基础扎实,实践能力强,具有社会责任感和创新精神的高素质应用型人才”为目标,深入推进教育教学改革,积极创新人才培养模式,构建起“教书育人、实践育人、管理育人、服务育人”的“四育人”体系,努力培育实践育人特色,人才培养质量迅速提高。

近三年,学生在全国大学生数学建模大赛、

“蓝桥杯”全国软件设计大赛、“挑战杯”大学生课外学术科技作品大赛等多项国家级、省级比赛中，获得奖项300余项。其中，音乐剧《让理想飞翔》在全国第三届大学生艺术展演活动中荣获表演类国家级一等奖及优秀创作奖，纪录片《盆窑工》在2012年国际大学生微电影盛典上获得最高纪实奖。我校毕业生具备良好的综合素质和扎实的专业基础知识，深受用人单位好评，毕业生当年就业率始终保持在96%以上。

学校坚持走国际化办学道路，积极开展国际教育交流与合作，聘请国外知名学者担任客座教授。先后与英国东伦敦大学、澳大利亚墨尔本博士山TAFE学院、加拿大北方应用理工学院等国外高校签订合作办学协议，联合培养高素质应用型人才。

近年来，学校获得了“国家级语言文字规范化示范校”、“省级文明单位”、“河南省高等教育教学先进单位”、“河南省普通高等学校德育工作评估优秀单位”、“河南省普通高等教育本专科学生管理工作先进集体”、“河南省教育科研计算机网建设工作先进单位”、“河南省园林单位”等20余项荣誉称号。

学校将继续坚持“以人为本，厚德强能，开放创新，和谐发展”的办学理念，弘扬“艰苦奋斗，自强不息”的办学精神，秉持“开放、包容、求实、创新”的校训，实施“质量立校，人才强校，科技兴校，特色名校，文化厚校，开放活校”六大战略，为建成省内有地位、国内有影响、具有鲜明特色的高水平应用型大学而努力奋斗！

（以上数据截止日期为2013年12月）

安阳工学院

党委书记：马跃进　　党委副书记、校长：任中普

坐落于历史文化名城、中国八大古都之一的河南省安阳市。安阳位于晋冀鲁豫交汇处，西依太行、东临沃野、南望河洛、北联京畿，交通便利，京广铁路、京广高铁、京港澳高速公路贯穿南北，长兖铁路、南长高速公路横跨东西。安阳是甲骨文的故乡、《周易》发祥地、岳飞故里，是曹操高陵、人工天河红旗渠和中国文字博物馆所在地，文化底蕴深厚。

安阳工学院是一所“省市共建，以市为主”的全日制普通本科高校。学校前身为安阳大学，始建于1983年，2004年5月经教育部批准升格为普通本科院校，更名为安阳工学院。

学校现占地面积90.1万㎡、总建筑面积61万㎡，其中教学行政用房总面积25.6万㎡、运动场馆总面积约7.9万㎡；现有教学仪器设备价值1.1亿元、各类校内综合实验实训室58个；馆藏纸质图书121.6万册、电子图书30万种、中外文纸质期刊1126种、电子期刊15000种。

学校现有专任教师807人，其中具有正高职称的教师85人、具有副高职称的教师185人、具有硕士及以上学位的教师669人；有全日制普通本专科在校生17906人，设置有18个教学院部，开设46个本科专业，涵盖工学、理学、管理学、经济学、文学、法学、艺术学、农学等8个学科门类。

学校秉承“明德修身，立风养性，博学致知，笃行建业”的校训，坚持以教学为中心，以提高教学质量为生命线，积极开展科学研究，大力推进产学研合作，教学和科研工作均取得了显著的进展。学校现有6个省级特色专业、4个省级专业综合改革试点、2个省级本科工程教育人才培养模式改革试点专业、2个省级实验教学示范中心、1个省级教学团队、2门省级精品课程，一批本科教学质量工程项目正在发挥引领示范作用；学校有3个省级重点学科、1个省高校工程技术研究中心，获国家自然科学基金立项6项、国家社科基金立项2项、省市级立项科研项目多项。从2011年开始，联合培养硕士研究生工作进入实质性阶段。

学校重视校园文化和校园环境建设，将安阳厚重历史和地域特色文化融入到校园建设中，用周易六十四卦象铺设的旭日花园，以电子阴阳对撞为核心扩展的求索广场，以金木水火土为元素的五行门雕塑和以甲骨文撰写的百家姓文化墙等把传统文

化与现代元素贯通与交融。学校在校园整体布局和单体建筑设计方面，强调自然与人文的和谐，校园教学、生活、运动休闲区域布局合理、功能完善，校园环境优美、绿树成荫、芳草萋萋。春天，正己路樱花灿若烟霞；夏天，旭日花园芳草如茵；秋天，明德湖、至善湖波光粼粼；冬天，求索广场、年轮广场安详宁静。

学校注重加强内涵建设，着力推进科学发展，人才培养质量不断提高，教学科研水平不断提升，社会声誉不断增强。当前，全体师生员工正在为将学校建设成特色鲜明、功能完善的应用型本科院校而不懈努力。

河南工程学院

党委书记：周太良　　党委副书记、校长：刘文锴

具有百年办学历史，著名抗日将领杨靖宇将军即为学校的知名校友。薪火相传，茁壮成长，学校历经时光流转，心血沉淀，已经发展成为一所办学理念清晰、特色鲜明、开放创新、朝气蓬勃的省属普通本科院校。学校位于河南省会郑州市，分为龙湖校区和桐柏路校区。校园总占地面积 2668 亩，建筑面积 90 多万平方米，教学仪器设备总值 1.8 亿余元，图书馆藏书 180 万册，电子图书 1900GB；共有 140 个校内实验室，200 多个稳定的校外实习实训基地；建有现代化的多媒体演示室、计算中心、实习车间、体育馆、室内游泳馆、体育场和学生活动中心等。

学校现有专任教师 1400 多人，其中正教授 140 人、副教授 360 多人，博士 245 人、硕士 700 余人。享受国务院政府特贴专家、河南省省管专家、河南省学术技术带头人、河南省教育厅学术技术带头人、国家级及省级优秀教师 60 余人，并聘有包括工程院院士、博士生导师在内的 100 余名客座教授和特聘教授。多年来，学校依托河南省两大传统支柱产业——煤炭行业和纺织行业，紧紧围绕经济社会发展的需要，为地方、行业培养了大量的工程技术和管理人才，在办学实践中形成了鲜明的办学特色。学校现有在校生 25000 人。共开设 39 个本科专业，41 个专科专业，涵盖工学、管理学、经济学、理学、艺术学、文学 6 大学科，形成了以工学为主，多学科协调发展的办学格局。

多年来，学校坚持“立德树人”，以人文精神培养为核心，不断强化应用型人才培养，育人质量不断提高。学校有安全工程专业 1 个国家级特色专业，纺织工程、高分子材料、轻化工程、艺术设计、电气工程及其自动化、环境工程等 6 个省级特色专业；土木工程专业 1 个国家级综合改革试点专业，采矿工程专业等 4 个省级综合改革试点专业；纺织工程学科 1 个省级重点学科；机械制图等 2 门省级精品资源共享课，针织工程等 2 门省级精品课程；市场营销等 2 个省级教学团队。

学校高度重视科技创新，先后承担了国家自然基金、国家社科基金等国家级研究项目及省部级重点研究项目共 190 多项，获国家级及省部级成果奖励近 70 项。煤炭地质、纺织服装团队分别参与了河南省协同创新中心体，获得了良好的社会效益。学校工程实践教育中心，被评为国家级大学生校外实践基地；现有纺织新产品开发河南省工程实验室等 2 个省级重点实验室，轻化工程实验室等 2 个省级重点实验室培育基地，电子与电气工程等 2 个省级实验教学示范中心。

学校始终坚持开放办学，积极拓展国际合作交流渠道，先后与美国威尔克斯大学、澳大利亚堪培拉大学、荷兰撒克逊应用科技大学等 20 多所国外大学、研究机构建立了合作关系，在人才培养、学术交流和科学研究等方面广泛开展合作。

学校享有良好的社会声誉。近年来，先后荣获了“省级文明单位”、“省级文明标兵学校”、“全国大学生社会实践先进单位”、“河南省大中专毕业生就业工作先进单位”、“河南省卫生先进单位”等多项荣誉称号。学生多次在全国数学建模大赛、全国英语大赛等重大比赛中取得佳绩，服装表演专业学生多次在国际模特大赛中摘取桂冠；毕业生就业率一直稳定在 93% 以上，办学水平和教育质量得到了社会各界的广泛认同。

目前,学校正积极抢抓高等教育改革发展的战略机遇,坚持以立德树人为根本任务,全面提高人才培养质量和科技创新能力,为建设特色鲜明、优势突出的高水平应用型本科院校而努力奋斗!

南阳理工学院

党委书记:刘 建　　党委副书记、校长:姚锡远

坐落在南阳美丽的白河之滨,是一所经教育部批准的全日制普通本科院校。学校前身是1987年5月河南省人民政府批准筹建的南阳大学。1993年1月,原国家教委正式批准,定名为南阳理工学院;原张仲景国医大学并入。2004年5月,国家教育部批准,升格为本科院校,实行省市共建、以市为主的办学体制。2005年,先于同批升本高校取得学士学位授予权。2011年,被批准为河南省2000年以来升本高校中第一所也是唯一一所教育部"卓越工程师教育培养计划"试点学校。

学校占地1760亩,建筑面积54万平方米,有大型运动场2个,综合体育馆1座。教学科研仪器设备固定资产总值14702万元,拥有河南省工程实验室1个,河南省高校实验教学示范中心4个,南阳市重点实验室6个,中央财政支持地方高校发展专项资金建设实验室5个。图书馆藏书168万册,电子图书3500GB。主干带宽千兆、出口带宽2034M的校园网覆盖全校,局部建设了纯IPV6实验网和IPV4/IPV6双栈网络,终端计算机13000余台。

学校以"以人为本,全人教育,崇德尚术,通识专才,服务社会"为办学理念,致力于为地方经济社会发展培养具有扎实专业基础、较强实践创新能力、综合素质优良的高级应用型人才。现有普通本专科生和留学生20000余人,其中本科生18259人,来自全国31个省、市、自治区。近3年,在"挑战杯"全国大学生课外学术科技作品竞赛、"高教社杯"全国大学生数学建模大赛、"广茂达杯"中国智能机器人大赛、全国ITAT教育工程就业技能大赛、全国大学生先进制图技能大赛、全国大学生英语竞赛、"飞利浦"杯全国大学生足球联赛、北京电影学院第十届动画学院奖等赛事中获全国特等奖2项,全国一等奖20项,二等奖45项,三等奖28项,省级奖励189项。代表河南高校出征国际大学生程序设计大赛,获亚洲区铜奖3项;第三届全国软件专业人才设计与开发大赛,获全国一等奖,总排名第三名,奖牌总数在河南省14所参赛高校中居第一位;两年一度的全国大学生电子设计大赛,获全国一等奖1个,全国二等奖2个;2012年全国第七届信息技术应用水平大赛,获全国特等奖1个,一等奖4个,二等奖3个,并列全国本科组第一。

近年第一志愿报考率和新生报到率持续走高,本科二批招生计划全部第一次投档完成。2011年,理科、文科分别超出省定分数线13分、9分。2012年,理科、文科分别超出省定分数线21分、13分。2013年,理科、文科分别超出省定分数线26分、17分。近5年毕业生就业率始终保持在95%以上,一直处在省内高校前列。2006年、2008年、2012年连续三次获"河南省普通大中专毕业生就业工作先进集体",2011年获"河南省高校毕业生就业评估优秀单位"。学校以"重点发展工科、积极发展特色学科(专业)、稳步发展基础学科和人文学科"为指导思想,基本形成以工科为主,理、管、文、经、教育、法、医、艺术等学科协调发展,以本科教育为主,兼有联合培养研究生、专科和留学生教育,以全日制教育为主,兼有继续教育的多学科、多层次、开放型办学格局。现有17个院——机械与汽车工程学院、计算机与信息工程学院、电子与电气工程学院、土木工程学院、建筑与城市规划学院、艺术设计学院、经济与管理学院、外国语学院、数理学院、音乐学院、文法学院、生物与化学工程学院、张仲景国医学院、软件学院、国际教育学院、教育学院、成人教育学院,2个部——体育教学部、政治理论教学部,45个本科专业。现有省级重点学科3个,省级特色专业建设点7个,省级综合改革试点专业3个,省级精品课程4门,省级精品资源共享课1门,立项建设省高校教师教育精品资源共

享课程2门。

学校以“高起点、分步走、双师型、可持续”为师资队伍建设指导思想，培养与引进相结合、专职与兼职相结合、理论教师与实践教师相结合、学校教师与企业工程师相结合，建设一支师德高尚、爱岗敬业、业务精湛、治学严谨、结构合理、高素质高水平的师资队伍。学校现有教职员工1400余人；专任教师1090人，其中教授、副教授435人，博士、硕士学位教师740人。拥有省级教学团队2个，河南省创新型科技团队1个，设有“河南省博士后研发基地”。

学校坚持“教学为重，教学与科研并举，以教学带动科研、以科研服务教学质量”的理念。鼓励教师将最新科研成果应用到教学实践，促进教学内容更新，形成科研与教学的良性互动。近3年立项科研项目308项，其中国家级7项、省部级120项；鉴定各级各类科研项目333项；地厅级以上科研成果获奖236项；承接横向课题45项；公开发表论文2331篇，其中SCI、EI、ISTP、CSSCI等检索收录345篇，中文核心915篇；出版专著、译著13本，主参编教材164部。主办的《南阳理工学院学报》国内外公开发行，影响力不断提高。

学校植根南阳、立足河南、面向全国，以“学研产相结合”为发展方向，主动适应地方需要，大力开展校企、校地合作，为地方经济社会发展提供科技支撑。设有河南省制造业信息化服务中心、计算机网络中心、张仲景国医研究院、高等教育发展研究中心、建筑设计研究院和土木工程研究所、结构仿真与设计研究所、光电技术研究所。围绕南水北调中线工程生态环境和水资源保护及经济可持续发展，建立南阳高校第一个院士工作站——河南省水资源与生态环境保护院士工作站。与河南陆德公司联合开发的“产品图纸自动审核及智能拼图软件”获第四届河南省青年创新软件设计大赛金奖，是该奖项设立以来河南省地方高校第一次获金奖。2011年启动实施校企合作“星月计划”。与美国通用电气、德国博世等共建多个实验室，与长城计算机共建中国首个校企共建的“云计算实验室”，开办“九州通班”、“华新班”、“三荣班”等多个校企联合班。2012年，学校获“中原经济区建设最佳服务高校”称号。

学校以“从内到外、从外到内、双向交流、互利双赢”为对外合作办学理念，积极开展国际交流与合作。在韩国设立2个分院，招收中医学韩国留学生。与新西兰惠灵顿维多利亚大学、英国北安普顿大学合作举办4个中外合作办学项目，与美国天普大学、东斯特拉兹堡大学、英国诺森比亚大学等建立校际合作关系。设有中原中韩文化交流中心、南阳中日文化交流中心，成为南阳市对外开放交流的重要窗口之一。

学校秉承“厚德、博学、求真、至善”的南工校训，弘扬“不甘示弱”的南工精神，紧密围绕教学工作“一个中心”，坚持走产学研用一体化和开放办学“两条道路”，推进思维方式、领导方式和发展方式“三个转变”，以实现办学实力、管理水平、人才培养质量、创新科研能力、社会服务能力“五大提升”，实施守正出奇、质量固本、人才支撑、科研引领、特色致胜、蓝海生态“六大战略”，努力建成一所在全国同类高校中办学特色鲜明、学科专业优势突出、综合竞争力较强的高水平应用型理工大学。

（以上数据截日期为2013年12月）

河南城建学院

党委书记：李德平　　党委副书记、院长：孔留安

坐落在河南省平顶山市新城区白龟湖畔，是河南省唯一一所以工科为主，以“城建”为特色的省属本科高校。其前身是创建于1983年的平顶山城建环保学校和1985年的武汉城建学院河南分院，1993年武汉城建学院河南分院经原国家教委批准更名为河南城建高等专科学校，2000年两校合并成立新的河南城建高等专科学校，2002年3月经国家教育部批准升格为本科院校——平顶山工学院，2008年11月经国家教育部批准更名为河南城建学院。

学校人才培养体系配置合理,城建特色鲜明。设有土木学院、市政学院、建筑学院、能源学院、管理学院、测绘学院、交通学院、计算机学院、电气学院、化工学院、生科学院、工商学院、数理学院、外语学院、法学院、艺术学院、国际学院、继续教育学院等18个学院。有52个本科专业、11个专科专业,涵盖工、管、理、文、法、经、农、艺等八大学科门类,面向全国31个省、直辖市、自治区招生,目前全日制在校生19500人。建校以来,共为国家培养6万多名各级各类专业技术人才。

学校占地面积1730亩,草木葱茏,鸟语花香,学习生活环境宜人。校舍总建筑面积63万多平方米,教学科研仪器设备总值1.4亿多元,教学实验室(中心)82个,纸质藏书140多万册,电子图书47万多种,各类中外文数据库23个,各类运动场和体育馆面积近11万平方米。在职教职工1100多人,其中专任教师860多人,教授79人、副教授256人,具有博士、硕士学位的教师668人。

学校拥有1个国家级特色专业建设点,1个国家级大学生校外实践教育基地,6个省级特色专业建设点,5个省级实验教学示范中心,1个省级虚拟仿真实验教学中心,2个省级教学团队,2门省级精品资源共享课程,8门省级精品课程,5个省级高等学校专业综合改革试点,2个省级普通高校本科工程教育人才培养模式改革试点专业,完成省级教改项目29项,获得省级教学成果奖7项。毕业生的全国大学英语四、六级累计通过率达到70%,考研率达到25%。学校拥有4个省级重点学科,2个省级工程技术中心,1个河南省工程实验室,1个河南省高校工程技术研究中心。近三年来,承担包括“863”计划、国家自然科学基金、省市级以上科技攻关项目523项;出版著作、教材212部;发表学术论文2638篇,其中,被SCI、EI、ISTP、CSSCI收录634篇;申请并获得发明及实用新型专利47项;获得河南省科技进步奖等省部级奖励127项,地厅级奖励249项。

学校重视学生综合素质和创新能力培养,每年举办“挑战杯”大学生科技文化艺术节,举办专业技能大赛、辩论赛、宿舍文化节等活动,邀请校内外名家学者开设各类学术讲座,使大学生综合素质和创新能力不断提升。三年来,在国家和省、市级各类大学生技能竞赛中获得200多项奖励。“河南省大中专毕业生就业市场城建类分市场”设在学校,为学校乃至全省城建类毕业生就业提供了便利条件。近年来毕业生就业率一直保持在95%以上,稳居全省同类高校前列。曾被MyCOS网大学生就业能力排行榜列为中南地区非“211”本科院校第20位,是河南省唯一一所非“211”院校排名进入前20位的高校。2012年荣获“全国高校毕业生就业典型50强”、河南最具就业竞争力示范院校称号,2013年荣获河南高等教育质量社会满意院校称号。

学校坚持走开放式办学道路,对外合作交流不断拓展深化。先后与美国、英国、德国、澳大利亚、俄罗斯、马来西亚等国外知名大学建立了合作关系,开展学者互访、专家讲学、科研合作、学生交流、合作办学等活动。2011年,与马来西亚林登大学的专科合作办学项目获得省政府批准,正式招生;2013年与英国高地群岛大学的本科课程合作项目获得河南省教育厅批准,正式招生。还与郑州大学、河南理工大学、河南科技大学等国内高校联合培养硕士研究生。

学校内涵外延统筹推进,发展成绩显著。先后被授予河南省文明单位、河南省文明学校、河南省学校行风建设先进单位、河南省高等学校党建工作先进单位、全国五四红旗团委、全国模范职工之家、全国高校后勤十年社会化改革先进院校、河南省思想道德建设先进单位、河南省最具公信力的十大教育品牌、河南省校园文化建设先进单位、河南省国家助学贷款工作先进单位、河南省大中专毕业生就业工作先进单位等荣誉称号。

河南警察学院

党委书记:熊文修

前身是1949年2月成立的中共豫西区党委社会部保卫干部训练班,历经河南省公安干部学校、河南省人民警察学校、河南公安高等专科学校等发展时期。2010年3月,教育部同意在河南公安高等专科学校基础上建立普通本科层次的河南警察学院。2010年5月,河南省人民政府正式批准建立河南警察学院。2012年8月,经省编办同意,开封警校、洛阳警校正式并入河南警察学院。目前,河南警察学院是我省唯一的公安院校,是全省公安机关的重要组成部分。学院实行参照公务员法管理。

学院立足于为河南公安工作和公安队伍建设服务,为河南经济社会发展服务,突出地域和行业特色。以本科教育为主,保留专科教育,适度开展继续学历教育,强化在职民警培训。培养基础理论扎实、实践能力强、综合素质高、具有创新精神的应用性、复合型公安高级专门人才。学院于2009年经教育部、公安部批准列为全国政法院校招录培养体制改革试点院校,并于当年招收首届试点专科专业学生。2010年起,招收首届试点本科专业学生,设有侦查学和治安学2个专业。首届试点本科专业学生已于2012年毕业,第二届试点本科专业学生将于2013年毕业。学院现有全日制本、专科在校学生8624人,其中,本科生5783人,专科生2841人。

学院现有三个校区,分别位于郑州、开封和洛阳,占地总面积1800余亩。学院现有教职工700余人,专任教师490人,具有副高级专业技术职务以上的148人;具有博士、硕士学位的224人。拥有河南省教育厅学术技术带头人13人,河南省中青年骨干教师12人,公安部特聘教官3人,全国公安系统模范教师、二级英模1人,河南省优秀人民教师和文明教师8人。学院现有教学科研仪器设备总值5242.55万元。建有校内实验、实训室16个,校外实习、实训基地22个。馆藏纸质图书86.26万册,电子图书14.32万种(册),期刊杂志876种,报纸144种,有8个自购数据库和6个自建特色数据库。

学院现有侦查学、治安学、刑事科学技术、交通管理工程、法学、经济犯罪侦查、行政管理、信息管理与信息系统、应用心理学、警务指挥与战术、禁毒学11个本科专业和侦查、治安管理、交通管理、刑事技术、公共安全管理、经济犯罪侦查、安全保卫、警察指挥与战术、信息网络安全监察、警察管理、法律文秘、法律事务12个专科专业,其中法学专业为省级专业综合改革试点专业,侦查专业为省名牌专业建设点和省级示范专业,交通管理专业为省级特色专业和省级教改试点专业,刑事技术专业为省级教改试点专业,公共安全管理专业教学团队为省级专业教学团队,交通管理专业实训基地为河南省示范性实训基地。现有国家级精品课程2门、公安部精品课程4门、河南省精品课程4门。近年来,共主持完成省部级科研教研项目71项、地厅级科研教研项目359项;获省部级科研奖11项、地厅级科研教研奖147项、省高等教育教学成果奖2项。

学院先后被评为全国公安系统A等学校、省级文明单位、省级文明学校。学院党委先后被评为全省高校先进党委、全省教育系统五好基层党组织。2012年8月,学院在公安部组织的全国公安院校首届教学技能大赛中荣获本科组一等奖。1978年开办学历教育以来,学院毕业生中涌现出以时代楷模任长霞为代表的一大批先进模范人物,其中有11人获全国公安系统英模称号,近万人立功受奖。目前,全省公安民警中学院毕业生将近半数,绝大多数已成为公安队伍的中坚力量,学院被誉为“中原警官的摇篮”。

黄河科技学院

党委书记:丁松林　　校长:杨雪梅

位于河南省郑州市,是经国家教育部批准成立的一所民办普通本科高校,创立于1984年。1994年第一个经国家教委批准实施专科学历教育,2000年第一个经教育部批准实施本科学历教育;2004年取得学士授予权;2008年通过国家教育部普通本科教学工作水平评估;2013年被教育部批准为“应用科技大学战略研究试点单位”。黄河科技学院在郑州市有两个校区,济源市有一个校区,占地2600余亩,校舍建筑面积80多万平方米。学院现有工学院、医学院。应用技术学院等14个二级学院;设有工学、理学、文学、医学、管理学等九大学科门类;开设电子信息工程、临床医学、工商管理等58个本科专业,数控技术、护理等31个专科专业;其中区域经济学、通信与信息系统、机械制造及其自动化3个学科为河南省重点学科;护理学、机械设计制造及其自动化、电子信息工程、音乐表演、计算机科学与技术、材料成型及控制工程6个专业为河南省特色专业;通信工程、材料成型及控制专业为河南省民办教育品牌专业;建有纳米功能材料研究所、民办教育研究所等9个研究所;设有国家职业技能鉴定站、国家大学生校外实践教育基地、国家专业综合改革试点、河南省博士后研发基地、工程技术研究中心、重点学科、特色专业、实验教学示范中心等高层次教学科研平台42个。现有全日制在校生27000余人,专任教师1256人,兼职教师669人,拥有“双师型”教师630余人;教学科研仪器设备价值1.74亿元;馆藏图书289.7万册。

现任校长杨雪梅,教授,博士,硕士生导师,黄河科技学院院长,第十二届全国人大代表,民建中央委员,民建河南省委常委,河南省青联副主席,河南省民办教育协会常务副会长兼秘书长,中华职教社河南分社副主任,曾任河南省政协常委。先后荣获全国五一劳动奖章、全国五一巾帼奖章、全国青年五四奖章、全国三八红旗手、河南省青年联合会杰出贡献奖、河南省科技创新领军人物等荣誉称号。

多年来,她致力于民办教育领域理论研究,出版专著3部,发表论文30余篇,主持参与《民办高校实施内涵式发展的战略研究》等省部级课题10余项,先后荣获河南省哲学社会科学研究成果一等奖1个,二等奖2个,被授予首批“2012年度河南省学术技术带头人”荣誉称号。

黄河科技学院办学30年来,学院秉承“为国分忧、为民解愁、为社会主义现代化建设服务”的办学宗旨,坚持社会主义办学方向,育人为本,德育为先,创立了“以党建为核心,全面加强思想政治工作”的思想政治工作模式;以培养一线创新人才为目标,积极深化教育教学改革,构建了“本科学历教育与职业技能培养相结合”的人才培养模式,为国家培养了一大批“下得去、留得住、用得上”的应用型高级专门人才。建校以来,在没有国家财政教育经费投入的情况下,为国家培养了十余万名毕业生。学院曾荣获“全国民办高校先进单位”、“全国诚信自律先进单位”、“黄炎培优秀学校”、“全国三八红旗集体”、“全国五四红旗团委”、“全国优秀高等教育研究机构”、“省级文明单位”、“全省创先争优先进基层党组织”、“河南省高校毕业生就业工作优秀单位”、“河南省高等学校党建工作先进单位”、“河南省优秀民办学校”、“河南省普通大中专毕业生就业工作先进集体”等多种荣誉称号。

东方之子——黄河科技学院创办人胡大白教授

黄河科技学院创办人、董事长胡大白教授,第十届全国人大代表,享受国务院特殊津贴的专家,中国民办教育协会监事会主席,河南省民办教育协会执行会长,河南省残联名誉主席;先后荣获第三届“中国十大女杰”、“全国三八红旗手”、“河南省劳动模范”、河南省“十大女杰”、河南省“十大新闻人物”、河南省“优秀共产党员”、“60年60人中国教育成就奖”等荣誉称号。2011年又荣登“中国好人榜”,获河南省道德模范荣誉称号,2012年获得“中国好校长”。新华社、《人民日报》、《光明日报》、中央电视台“东方之子”栏目、“半边天”、“对话”栏目、新浪网、《中国教育报》、《瞭望》、《中国青年报》、中国教育电视台等各大媒体都曾专题报道过她的先进教育管理经验和办学事迹。

设施先进 凸显实力

学校注重教学设施建设，建有工学、理学、医学等学科类的实验(实训)室105个(实验分室270个)，校内实训基地15个、校外实训基地208个；现有教学用计算机8401台，多媒体教室和语音实验室座位数26516个。教学科研仪器设备48985台(套)，设备总值1.77亿元，生均设备值6465.39元。学校国家级大学生校外实践教育基地已通过评审；已建省级工程技术中心、省级实验教学示范中心4个；市级重点实验室8个。

学校现有馆舍面积41659平方米，设有18个书库，各类图书资料289.7万册，其中纸质图书189.4万册、电子图书100.3万种；中外文期刊2341种、报纸178种，其中专业类期刊占总数的90%以上；阅览室18个，座位4600余个；拥有中外文数据库23个；通过馆际互借和文献传递等方式，共享包括清华、北大在内的全国著名高等学府的各类优质资源，成为CALIS在河南省13个成员馆中的唯一的民办高校图书馆。成为继郑州大学图书馆之后在河南省第二个最先建成了“读秀跨库检索信息平台”的图书馆，荣获“河南省科学技术情报学会先进集体”等称号。

学校已建成“千兆主干到楼宇、百兆交换到桌面”的高速校园网络系统。校园网出口带宽达3.2Gbps，交换设备600多台，信息点数12000多个，建立了教务、科研、图书、学工、校友、精品课程、网络课堂等信息化管理系统，实现了数字化校园建设目标，被评为“河南省高等学校数字化校园示范工程单位”、“河南省高等学校数字化校园示范学校”。

群贤毕至 名师强校

学校师资队伍雄厚，现有专职教师1256人，外聘教师559人，其中具有高级职称的教师近50%，青年教师中80%具有研究生学历。各学科专业都拥有高水平的学术带头人。拥有享受国家政府津贴的专家、国家教学成果奖获得者、国家优秀教师、省级优秀教师、省级教学名师、省级学术技术带头人、省级教学标兵等荣誉的教师100余人；拥有工程师暨教师、律师暨教师、会计师暨教师等各类“双师型”教师500余人，使教学与生产、教学与科研、教学与社会紧密结合。

学校科研能力显著提升，科研成果取得新突破。继2010年获批国家自然科学基金课题，2011年又获批国家社科基金课题后，2012年高层次项目实现新突破。首先，获准立项399项，其中国家级1项，省部级36项，陈厚样教授主持的《高分子胶束在纳米粒子周围相行为的分子模拟和密度泛函理论》获得国家自然科学基金项目，实现同年获取3项教育部人文社会科学研究基金项目的突破；同时，取得了河南省、国家体育总局、国家民委、共青团中央、航空工业部等省部级课题的突破，如《济源地区不同野生品系冬凌草的药效评价》和《基于无线传感器网络的智能监控系统》项目，获得河南省科技攻关重点项目。其次，鉴定结项292项，其中国家级一项，省部级33项。获奖成果实现新突破。共获得科研成果奖486项，还获得河南省社科优秀成果奖一等奖1项、二等奖1项、三等奖2项。2012年间共发表学术论文1040篇，其中核心期刊195篇，三大检索收录论文67篇，2012年共获得授权专利12项，其中发明专利、外观设计专利各1项，实用新型专利10项。

为开阔学生视野，启迪学生思维，塑造学生人格，弘扬先进文化，传承大学精神，构建文化氛围浓郁的校园环境，黄河科技学院精心打造了“黄河讲坛”，广泛邀请知名专家、教授、社交文化名流、企业精英等开坛设讲，内容主要涉及学术前沿、社会热点、先进文化与思想动态。自2007年11月开坛以来，“黄河讲坛”已举办108期，直接和间接受益人数达数万之众，其影响在河南省高校同类讲坛中处于领先水平。

服务为本 终身就业

学校高度重视毕业生就业工作，积极实施“毕业生就业工程”：对每一位学生“量身打造”，进行职业生涯规划，开设全程化、专业化的就业创业指导课程，紧密结合市场经济和社会发展对人才的需求，为学生提供终身就业服务。

学校培养了一大批“下得去、留得住、用得上”的应用型高级专门人才，受到社会各界和用人单位的欢迎和好评，曾荣获：“全国高校毕业生预征入伍先进单位”、“中国民办高校毕业生竞争力调查年度十佳样本院校”之一、“全国企业招聘首选十佳院校”之一、“河南最具公信力十大教育品牌”之

一、"河南省大中专毕业生就业制度改革优秀单位"、"河南省大中专毕业生就业宣传优秀单位"、"河南省创业教育示范高校"、"河南省普通高校毕业生先进单位"等荣誉。

1997年,学校在全国高校中第一个把人才市场引进校园,让学生与用人单位面对面交流,人才供需双方实现双向选择。学校积极开拓就业市场,与用人单位开展多种合作,先后在北京、上海、广东、浙江、河南等地建立600余个就业(实习)基地,与黄河实业集团、邮电设计院、郑州空军医院等3000余家大中型企事业单位建立长期合作关系。

学校毕业生的就业情况在全国同类高校中始终居于前列。毕业生的去向主要集中于国家机关、事业单位、国有大中型企业、金融保险、高校科研、外商投资企业、民营企业等单位。如:国家海洋技术中心,人民日报社,中国建筑工程总公司上海分公司,河南省国土资源厅,河南省审计厅,河南省人力资源开发中心,河南省遥感测绘院,河南电视台,河南省交通建设工程有限公司等。

黄科大学子在近几年考研大潮中取得了骄人的成绩,众多学子以优异成绩考入清华大学、北京大学、中国人民大学、浙江大学、中山大学、武汉大学、北京外国语学院、上海大学、中南财经政法大学、华中师范大学等名牌高校,攻读硕士研究生学位。

海纳百川 育无国界

黄河科技学院是具有接收国外留学生资格的民办高校。学校重视对外合作与交流,以交流促友谊,以合作促发展,先后与美国、加拿大、英国、德国、法国、澳大利亚、俄罗斯、白俄罗斯、韩国、日本等国的一些著名高校建立起友好合作关系。2004年,学校与美国肖特学院签订合作办学协议,成立国际学院,2009年与爱尔兰垂利理工学院合作办学,共同成立黄河科技学院垂利国际学院。

凭借丰富的国际化办学经验和鲜明的中西方有效结合的管理特色,黄河科技学院赢得了社会各界的众多赞誉,为地方经济和社会发展、为中西文化的融合作出了重要贡献。

郑州升达经贸管理学院

创办人:王广亚 董事长:王淑芳 院长:崔慕岳

创办时间:1993 年 3 月 6 日

校址:新郑市龙湖宜居教育园区文昌路一号

电话:0371 - 62566808 **邮编**:451191 **传真** 0371 - 62577766 **网址**:http://www.shengda.edu.cn

【创办人及学院简介】创办人王广亚博士,原籍河南省巩义市,毕业于日本亚细亚大学经济系,先后获美国加州联合大学荣誉教育学博士、韩国清州大学名誉经营学博士、韩国南部大学名誉哲学教育博士、日本创价大学名誉博士学位。王广亚博士从事教育事业 60 余年,曾担任台湾私立教育事业协会理事长 30 余年,并获"台湾十大杰出教育事业家"称号。上世纪 40 年代以来,王广亚博士在海峡两岸创办学校 10 余所,培养学子 40 多万人,人才辈出,遍及世界各地,声誉海内外,先后荣膺"感动中原 60 年 60 人 "、"全国教育行业最具影响力人物"、"中国民办教育终生成就奖"、"中原之子"、"2013 年中国突出贡献教育人物"、"黄河之子"、"河南省民办教育先进个人"等荣誉称号。

郑州升达经贸管理学院,始建于 1993 年,前身为郑州大学升达经贸管理学院。2011 年 4 月,经国家教育部批准,学院转设为独立设置的全日制民办普通本科高校。学院位于郑州南龙湖宜居教育园区,校园风景优美,湖光楼影、绿树成荫、水木清华、景色宜人,被评为河南省园林单位,是读书和求学的理想境地。学院现有教职工千余人,学生 18500 余人,开设 70 多个本专科专业,涵盖管理学、经济学、文学、法学、工学、艺术学等六个学科门类;现有省级实验教学示范中心 1 个,金融学、会计学、市场营销等省级和校级重点学科、品牌专业、特色专业建设点、专业综合改革试点 10 余个,市场营销学、管理学等省级和校级精品(资源共享)课程近 20 门,有沙盘模拟实验室、同声传译实验室、3D 仿真实训中心、金融控制中心、语音教室、电脑教室等特种教室三百余个。图书馆各类藏书近二百多万册(种)。2013 年学院被授予中国最具魅力高校、全国全民阅读先进单位、河南高等教育质量社会满意十佳院校、河南省民办教育十大名校、河南省高等学校实验教学示范中心建设单位、河南省注册会计师行业后备人才培养基地、河南省全民阅读先进单位、河南省全国大学英语四六级考试优秀考点、郑州市涉外工作先进单位、郑州地方高校学生管理示范性建设工作先进单位、郑州市全国计算机等级考试优秀考点。

信阳师范学院华锐学院简介

Xin yang shi fan xue yuan hua rui xue yuan jian jie

信阳师范学院华锐学院是经教育部批准设立、拥有学士学位授予权的全日制普通本科院校。校园占地面积57.79万平方米，教学、科研仪器设备总值达5000余万元，图书馆藏书100多万册；现有教师558名，其中教授、副教授178名，具有博士、硕士学位教师390名。开设了8个系、42个本科和11个专科专业，生源来自14个省区市。

学院坚持“师生为本，服务社会”的办学理念，以学生发展为根本、出路为导向，采取人才分类培养模式，着力培养社会急需的高素质应用型人才，形成了“校园越来越好、队伍越来越好、质量越来越好、声誉越来越好”的良好发展态势。近年来，华锐学子在考研、特岗教师招考、各类考级考证考试中的通过率及就业率均居省内外同类院校前列。2013年，学院被省教育厅命名为“河南省优秀民办学校”，并获得“中国十大品牌独立学院”称号；常务副院长高云荣获河南省2013“感动中原”年度教育人物。

目前，华锐学院顺应时代和社会发展要求，大力实施向应用技术型高校转型的发展战略，扎实推动“转、改、建”工作，坚持产教融合、协同发展，积极提升服务地方经济社会发展的能力和水平。

学院领导参加教育部地方本科高校转型发展座谈会

学院领导合影

学院常务副院长高云与润州汽车销售服务有限公司董事长刘广州签署合作办学协议

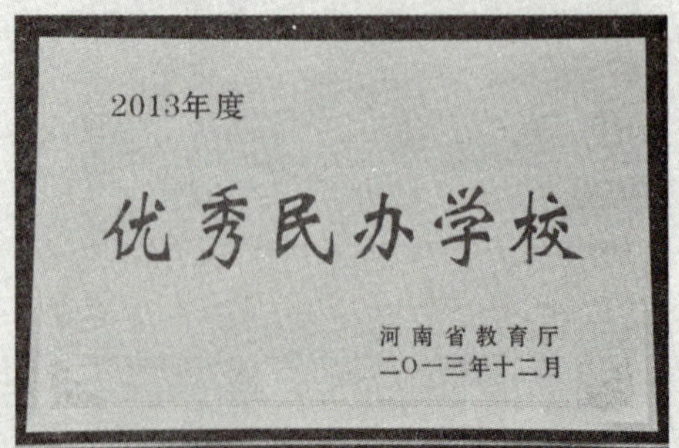

学院被省教育厅命名为河南省“优秀民办学校”

河南职业技术学院

党委书记:王长钦　　党委副书记、院长:李四清

河南职业技术学院的前身为河南省机器制造技工学校,创建于1954年12月。1956年更名为河南省工人技术学校,1960年更名为河南省工业技术师范学校,1961年更名为河南省技工教育师范学校,1992年更名为河南职业技术教育学院。1999年3月,经国家教育部批准改制为新型高等职业院校,现在是100所国家示范高职院校之一。学院先后被确定为国家级高技能人才培训基地、国家职业教育数控技术实训基地、国家汽车运用与维修专业技能型紧缺人才培养培训基地、首批国家高技能人才培养示范基地、省级技能人才公共实训鉴定示范基地、河南省博士后研发基地、河南省高技能人才培训基地、海尔人才培养基地等。

学院位于省会郑州市,占地面积1240亩,建筑面积近50万㎡。各类在校生达1.9万余人。学院共有在职教职工761人,具有副高以上职称的教师近300人,有获国务院特殊津贴教师3名,省教学名师4人,省教育厅学术技术带头人14人,近200名技师和高级技师,还从行业企业聘请了200多名能工巧匠和技术能手作校内兼职教师。

学院教学仪器设备总值近1亿元,各类图书藏量120余万余册,各类金属切削机床、数控车床、铣床、加工中心和数控电火花机床等300余台,各种型号的实训小轿车、面包车和客车40多辆,有400亩园林花卉和占地100多亩的驾校实训基地。学院拥有机电实训中心和汽车维修实训中心两个国家级实训基地,建成了与之配套的生产型车间,形成了前校后厂的格局,提供真实生产性的实训实习条件。另外还有餐旅实训中心、环艺实训中心、信息工程实训中心、工商管理实训中心、音乐学院实训中心和学院计算机中心等8个实训中心,拥有各类实验实训室154个,大多数具有仿真或真实职业工程氛围。同时学院还与德国工商协会、海尔集团、许继集团、郑州宇通客车股份有限公司、浙江开元旅业集团和广东三正集团等200多家知名企业,联合建立了长期稳定的校外实习基地。

学院实行院、系两级管理,现设有机电工程系、电气工程系、烹饪食品系、旅游管理系、信息工程系、工商管理系、环境艺术工程系、汽车工程系、音乐学院、附属技校等10个系(院、校)及基础教学部、思想政治理论教学部、继续教育学院等3个教学部。开设有47个专业和28个专业方向,其中有4个国家示范重点专业,7个省级示范重点建设专业,4个省级特色专业和省级教育教学改革试点专业。课程建设整体水平较高,省级精品课程7门。

学院秉承“德厚技高、务实创新”的校训,树立了“诚信、勤俭、清正、奉献”的校风和“崇德、严谨、强技、爱生”的教风以及“尚德、勤学、重技、自强”的学风,形成了具有鲜明特色和独特魅力的校园文化。

学院坚持把教书育人、管理育人、服务育人、生产育人和环境育人的“五育人”理念贯穿教育教学始终;坚持把行政工作围绕教学转,教学工作围绕就业转,就业工作围绕市场转的“三个围绕”的办学理念贯穿学院工作方方面面,确保“毕业生就业一个都不能少”;坚持把竞争上岗,淘汰末位,今天不敬业,明天就失业,今天不爱岗,明天就下岗,今天工作不努力,明天努力找工作的竞争理念贯穿各项管理的全过程。

立足河南,面向全国,以就业为导向,以教学工作为重心,以专业建设为核心,以加强实训、实习教学为手段,最大程度地开发学生的智能、技能,办出一所具有鲜明特色的高等职业院校;形成集学历教育、成人教育、职业技能培训与鉴定、校企合作为一体的多层次、多形式、全方位的办学模式;实施工学结合具有订单特色的“2+1”人才培养模式和“讲—演—练—评”四位一体教学模式,不断强化内涵建设,进一步增强社会服务能力和可持续发展能力,为社会经济发展培养学技双修、智技兼备的“双证书”高技能人才,做改革的先锋,管理的示范,发展的示范,引领河南省现代制造业和服务业高等职业教育持续健康发展。

学院始终把就业工作作为“一把手”工程，不断创新就业工作机制和思路，建立院系两级就业服务机构，对各系就业工作进行量化评估；设立河南省毕业生就业市场郑东新区分市场，开办河南猎头职业介绍所，举办和参加职业生涯规划大赛，建立创业孵化园，联合河南机电职业学院等 10 所院校成立就业联盟，与郑州海尔工贸有限公司等 200 家企业签订了合作协议。目前，在引导学生到境外就业领域，也取得了新的突破，已经成功输送 27 名学生到新加坡、日本等国家就业，成为学院工作的一个亮点。1999 年至 2007 年，学院连续被评为毕业生就业工作先进集体，2008 年又被河南省人事厅和教育厅联合授予“河南省普通大中专就业工作先进集体”。2008 年被中国青年报评为首届高等职业院校“就业星级示范校”。继 2010 年与北京大学、清华大学等高校一同首次被评为“2009 年度毕业生就业典型经验高校”之后，2011 年学院又荣获河南省普通高校毕业生就业工作优秀单位，2012 年获省高校毕业生就业工作评估优秀单位，省政府给予我院毕业生就业工作先进奖励资金。

鲜明的办学特色，科学的教学模式，突出的技能优势，使学院师生在各类技能大赛中屡获殊荣。

近年来，学院多次代表河南省参加全国大赛，获国家级奖项 40 余次，省级奖项 100 余次。在第一届全国数控技能大赛河南赛区决赛中，参赛学生包揽全部三个工种比赛的第一名，获得两个第二名，荣获学生组团体第一名，参赛教师获得数控铣床第一名。师生代表河南参加全国决赛，全部进入前 40 名，并获得劳动部颁发的“技师”证书，河南代表队获得团体总分第二名，学院被授予“突出贡献奖”荣誉称号，参赛学生获得加工中心个人第三名。在第二届全国数控技能大赛河南赛区选拔决赛中，学院囊括教师组和高职高专学生组三个工种的第一、二名。在全国决赛中，学院学生荣获个人第五、六名。在第三届全国数控技能大赛河南赛区选拔赛中，参赛教师获得了两个项目的前两名和一个项目的第二名，参赛学生包揽了三个项目的前三名。在第四届全国数控技能大赛河南赛区选拔赛中，参赛教师获得了一个项目的前两名和两个项目的第一、第二名，参赛学生包揽了三个项目的前三名。在全国决赛中，参赛教师分获两个项目的第一名和一个项目的第二名，参赛学生分获三个项目的第一名。第五届全国数控技能大赛河南赛区选拔赛中，参赛学生荣获三个项目的第一名、第二名，教师学生合组项目中获得第一名。在全国决赛中，参赛教师获一个项目的第三名，参赛学生分获三个项目的第三名、第八名、第十四名。

在 2008 年全国高职技能大赛河南选拔赛中，我院参赛选手获得数控和自动线安装两个项目的一等奖和机器人、模具两个项目的二等奖，决赛中有两个项目分获二、三等奖。在 2009 年全国高职技能大赛河南选拔赛中，我院参赛选手囊括四个项目的第一名，决赛中有两个项目获三等奖。在 2010 年全国高职技能大赛河南选拔赛中，我院参赛选手分获六个项目的一等奖和一个项目的二等奖，决赛中有四个项目分获二等奖。在 2011 年全国高职技能大赛河南选拔赛中，我院参赛选手分获三个项目的一等奖，决赛中有一个项目获二等奖，两个项目分获三等奖。2012 年“全国职业院校技能大赛高职组河南省选拔赛”中，参赛学生获得十三个项目的一等奖，三个项目的二等奖；全国决赛中，二个项目获得一等奖，三个项目获得二等奖，四个项目获得三等奖。2013 年“全国职业院校技能大赛高职组河南省选拔赛”中，参赛学生获得十个项目的一等奖，八个项目的二等奖，二个项目的三等奖。

目前，在河南高职高专院校中，我院在各类技能大赛上获奖数量最多、规格最高。通过参加技能大赛，集中检验和展示学院人才培养成果，提升学院社会知名度和美誉度。

学院设有国家级职业技能鉴定中心，牢固树立为当地经济建设和企业发展服务的观念，积极利用职业教育资源优势，加大培训和社会服务工作力度，得到上级主管部门和社会的高度认可。学院先后被济南军区、省教育厅、省人力资源和社会保障厅、省扶贫办确定为“士官考试基地”、“河南省职业院校师资培训基地”、“河南省农村劳动力转移就业定点培训机构”、“河南省贫困县农民工技能培训定点单位”和“河南省扶贫开发‘雨露计划金蓝领’工程培训基地”。

目前学院拥有中、高级技术资格的考评员 180 人，能够承担 40 个工种的初、中、高级工的技能鉴定工作。除了满足本院学生技能鉴定的需要，还向其他职业院校、工矿企业及社会提供技能培训和鉴定服务。近三年共开展各类技能鉴定 11211 人次，其中高级工以上占 15%，有 6700 人次通过我院鉴定所报名参加了营销师、企业人力资源管理师等工种(职业)的职业技能鉴定全国统一考试。

近年来,学院围绕地方产业升级和民生工程,为高质量就业服务、为全民技能振兴工程服务、为产业集聚区建设服务、为招商引资服务,面向社会开展多种培训鉴定服务,如举办了全省技校校长培训、农村富余劳动力转移培训、艾滋病村技能培训、河南省金蓝领高技能人才培训、扶贫培训、失地农民培训、劳务输出技能培训和高技能人才培训等,为中原崛起提供智力和技术支持。学院还积极参与援疆支教项目,对口支援新疆阿克苏地区和中部地区16所职业院校,为构建和谐社会贡献力量。

学院办学特色鲜明,办学成绩显著,在河南省高职高专院校人才培养工作水平评估中获得优秀等次。先后被评为河南考生心目中最理想的高校、河南省最具影响力的十佳职业学院和河南公众最满意的十佳高职高专院校、河南省职业教育先进单位、河南省大中专毕业生就业工作先进集体、全国高职院校就业“星级示范校”、“全国毕业生就业典型经验高校”,获国家技能人才培育突出贡献奖,院长王爱群同志被评为全国职业教育先进个人。

中央电视台新闻联播、《中国教育报》、《河南日报》、河南电视台和《大河报》等10余家新闻单位,先后对学院进行了宣传报道,其办学成就多次受到省领导的赞誉。河南职业技术学院将进一步聚精会神抓内涵,改革创新谋发展,更加积极主动融入国家和区域经济社会发展,为建设中原经济区、实现中原梦、全面建成小康社会做出新的更大的贡献。

三门峡职业技术学院

党委书记:郑建英　　党委副书记、院长:吴勇军

是1999年经教育部批准成立的一所公办全日制高等专科院校,河南省同类院校中办学历史最长、获得高职教育资格最早的院校之一。学院坐落在被誉为“黄河明珠”、“天鹅之城”的三门峡市。校园东临市区、南连天鹅湖、西接陕州古城、北承黄河故道,九曲黄河顺势环绕,千亩砚池碧波荡漾,园林绿化四季如春,层台累榭新颖别致,是莘莘学子读书求学的理想场所。

学院占地1400亩(另有2000亩新校区正在规划建设中),校舍建筑38万㎡,各项教学生活设施齐全,布局合理、功能完善。学院设有11个教学系(部)、50余个招生专业,涉及农林、生化、制造、土建、财经、旅游、材料能源、电子信息、文化教育、艺术设计和医学护理专业门类,已经形成以工科为主,融理、经、文、管、教育、艺术等协调发展的专业体系。有各类在校生22000余人,其中全日制在校生18000余人,成人电大在校生4000余人;有教师900余人,其中教授、副教授215人,博士、硕士275人。校内建有面积4000㎡的体育训练馆和面积1万多㎡的图书馆,馆藏图书100万余册,活力徜徉的知识殿堂尽展眼前。

凭借卓有成效的办学发展,学院在2006年、2010年先后两次全面通过全国高职院校人才培养工作水平评估,后又获得“河南省职业教育攻坚先进单位”、“河南省豫西高职教育集团和豫晋陕黄河金三角职业教育集团依托单位”、“河南省落实毕业生就业政策优秀学校”、“河南省公众最满意的十佳高职高专院校”等多项殊荣,近两年被确定为“河南省骨干高职院校建设单位”、“河南省职业教育示范院校”,内涵发展之路越走越宽。除此之外,学院还先后成为河南省思想道德建设先进单位、河南省教育科研先进单位、河南省文明单位、河南省高校基本建设管理先进单位和省级园林单位等称号,各项事业亮点频现。

突出教学,科研策进,“质量立校”先进理念彰显雄厚办学实力。目前,学院已建成省级教学改革试点专业3个、省级特色专业建设点5个、省级专业综合改革试点2个,省级精品课程3门,省级精品资源共享课1个,省级优秀教学团队2个。而“河南省高校节能照明工程技术研究中心”和“三门峡生物重点实验室”先后通过验收,极大地促进了学科专业建设,提升了科技服务能力。现在,学

院是全国及河南省教育信息化试点建设单位,河南省首批文化改革发展人才培养基地、河南省新农村建设科技培训基地、河南省高校数字化校园示范工程建设单位、河南省示范性软件职业技术学院建设单位、国家劳动和社会保障部批准的“职业技能鉴定中心”等;并取得各项科研成果1600余项,出版专著(教材)200余部,发表学术论文1200余篇,获奖科研项目180余个,其中,生物技术研究和数控机床研发等10余项通过省级鉴定,处于国内领先水平。

学院按照培养“品质优良、技术精湛”高端技能型人才的要求,构建文化育人和专业育人“两大育人体系”。目前已建成建筑、模具、数控、汽车、金工、电力、生物、化工、旅游、物流和应用电子、软件技术等涵盖各专业门类的实验实训室109个,其中中央财政支持建设的实训基地2个、省级示范性实训基地6个,并与企业共建校外实习实训基地121个。通过开展以实训基地建设为保障的全面教学改革,在促进学生“学会做人、学会做事、学会学习、学会创新”的过程中,不断深化“岗位主导 项目带动”人才培养模式,使教学内容、学生技能与职业岗位的“零距离对接”,从而实现毕业生“能就业”、“会就业”和“就好业”的目标。多年来,学院毕业生就业率一直保持在96%以上,用人单位满意率一直保持在98%以上。学院除与50多家大中型企业和研发中心开展订单式合作办学模式,更与中德诺浩公司、中青旅集团、广东永顺集团、人本集团合作成立企业制学院,校企深度合作进入全新阶段,为学生就业提供了更为广阔的发展和空间。

学院拥有完善的学生资助体系,对品学兼优和家庭经济困难学生实施奖贷助补政策,其中国家奖学金8000元/生/年;国家励志奖学金5000元/生/年;国家助学金人均3000元(覆盖面约20%);家庭经济困难学生申请国家助学贷款,最高额度达6000元/生/年。同时,学院还设有“自强之星”等多项奖学金和多种勤工助学岗位,以帮助家庭经济困难学生顺利完成学业。

学院与英美等多个国家的多所高校开展国际合作,其中与英国提赛德大学合作的机电一体化和会计电算化2个专业,与爱尔兰唐道克理工学院合作的建筑工程和生物制药工程2个专业,均已纳入统招计划,为学生出国深造提供了更加便利的条件。

“中原经济区”建设号角响彻云霄,“四大一高”战略蓝图宏伟铺就,这片古老而神奇的崤函大地上,处处春潮涌动,展示出勃勃生机!学院将坚持“立足三门峡,面向金三角,服务大中原”的办学定位,不断强化人才培养、持续加强内涵建设、全面提高办学水平、大力推进技术创新、脚踏实地服务社会,在“特色鲜明、质量过硬、省内一流、人民满意”的发展道路上阔步前进,朝着建设成为应用型本科院校的宏伟目标而全力奋斗!

郑州铁路职业技术学院

党委书记:穆瑞杰　　院长:苏东民

创建于1951年,1994年开始举办高等职业教育,1999年经教育部批准成为全日制普通高等学校,是全国铁路第一所独立设置的高等职业技术学院,河南省唯一的轨道交通类高职院校。学校位于中国铁路重要交通枢纽、河南省政治、经济、文化中心郑州市中心城区,在建新校区位于地理位置优越、发展前景广阔的郑州新区。

学校占地1315亩,工、医、文、管、经济、艺术6大类54个专业协调发展,对外合作办学设置医护类、轨道类和管理类等专业9个,形成了主干的轨道类、医护类专业,精干的人文艺术类专业布局。现有教职工874人。其中教授、副教授占专任教师总数28%,博士、硕士占48%,双师素质教师占73%,聘用企业兼职教师500余名;享受国务院特殊津贴专家、省级学术技术带头人和河南省高校教学名师16人。

科研成果大幅增长。2007年以来,获得国家专利12项,校级以上教科研鉴定、结项成果350项,校级以上教科研获奖成果296项,EI、SCI和ISTP收录论文第一作者52篇。2009年,被批准为国家自然科学基金依托单位,2010 年,首获国家自然科学基金立项。

近年来,学校坚持走内涵提高为主的发展道路,紧紧围绕建设"特色鲜明、国内一流"高职院校的奋斗目标,深入实施"质量立校、人才强校、特色兴校、开放活校"的发展战略,形成了"立足地方,依靠行业,服务铁路和地方经济建设"的办学思想。乘着中原经济区建设的东风,紧扣轨道交通大发展的脉搏,学校主动出击,寻求与企业合作培养高端技能型人才。通过搭建校企合作大平台、共建二级学院及就业实习基地等途径,服务区域经济社会发展,增强办学活力。

学校不断优化专业结构,始终追踪产业升级,轨道交通类专业设置涵盖轨道交通运输业所有岗位工种,护理专业在全国高职高专院校中率先开设护理专业(ICU 方向)和呼吸治疗技术专业。面向全国 26 个省、市、自治区招收新生,2013 年录取人数创历年新高,省内普通类专科一批文、理科上线考生第一志愿总人数分别是招生计划的 303% 和 143%,在省内同类院校中名列前茅。文史类专科一批录取最高分 522 分,最低 427 分,平均分为 452 分,高于专科一批录取最低控制线 131 分,高于本科三批录取最低控制线 45 分;理工类专科一批录取最高 499 分,最低分 360 分,平均 398 分,高于专科一批录取最低控制线 138 分,高于本科三批录取最低控制线 47 分。在全省七所试点单独招生的院校中,招生项目、招生专业、招生计划总数、报考及录取人数最多。2012 年单独招生计划 1000 人,实际录取 1143 人;2013 年单独招生计划总数为 1310 人。著名教育数据咨询与教育评估机构麦可思 2011 年发布的权威数据显示我校就业现状满意度、毕业生工作与专业的相关度等指标均高于全国示范性高职院校 2011 届平均值。

一次性就业率连年保持在 90% 以上。人才培养质量深得用人单位及社会赞誉。连续 10 年毕业生一次性就业率保持在 90% 以上,2013 届我校毕业生一次性就业率为 95.3%。其中高速铁道技术等轨道类专业毕业生的就业率都达到了 100%。

学校先后荣获"河南省普通高校毕业生就业工作优秀单位"、"河南省普通大中专毕业生就业工作先进集体"。

学校注重引进国外优质教育资源,推动教育教学深层次改革。2007 年以来,学校先后与澳大利亚霍尔姆斯学院、俄罗斯圣彼得堡国立交通大学开展合作办学,成立了国际教育学院和欧亚交通学院。目前,设置医护类、轨道类和管理类等专业 9 个,办学规模 1700 余人。

2012 年,欧亚交通学院首届 2010 级 22 名学生到俄罗斯圣彼得堡国立交通大学出国留学,2011 级 10 名学生赴俄夏令营活动,同时也实现了与台湾中国医药大学互派交换生,此外,学校还承接了俄罗斯人民友谊大学赴我国冬令营团组,拓展了学校的师资培训空间和办学空间。

学校主动出击,坚持深度融入式校企合作办学。通过搭建校企合作大平台、共建二级学院及就业实习基地等途径,服务区域经济社会发展,增强办学活力。

2009 年,与 21 家铁路企业共同组建了"郑州铁路高等职业教育集团";2009 年,与郑州市轨道交通有限公司共建"郑州市轨道交通人才培养基地";2010 年,与 46 家企业和 2 家高校共同组建河南省轨道交通产业技术创新战略联盟。

2011 年以来,与郑州市轨道交通有限公司共建郑州轨道交通学院,与中兴通讯股份有限公司共建轨道通讯学院,与河南君兰影视动画有限公司共建君兰动漫学院,与宝视达眼镜(连锁)有限公司共建宝视达眼视光学院。

2013 年,河南省教育厅和郑州铁路局签署合作建设郑州铁路职业技术学院协议,厅局携手建设铁路高职院校。另外,还先后与美国通用电气 GE 智能平台、河南辉煌股份有限公司、郑州铁路装备制造有限公司、许继停车系统有限公司、索凌电气有限公司、河南省人民医院、郑州市食品药品监督局等单位共建实验室、实训培训及实习就业基地。

基于对学院办学质量的高度认可,2004 年开始,许多省内外大型企业纷纷在学校组成订单班,学生在校内就成为企业的"准员工"。近年来,先后为郑州铁路局、武汉铁路局、青藏铁路公司、淮南矿业集团、郑州市轨道交通有限公司、深圳市地铁有限公司、宇通重工、许继集团等 30 多家国有大中型企业组成订单班。订单培养涵盖铁路运输、城市轨道交通、钢铁、矿业、医院和物流等领域,订单培养规模呈递增趋势,订单学生比例超过 50%。

特色办学使学生创新精神和实践能力显著增强,连年在全国职业院校技能大赛、全国大学生电子设计竞赛、全国大学生数学建模竞赛斩获大奖,很多赛项实现了河南省获得全国一等奖零的突破。2007年以来,获得国家级竞赛金奖1项、特等奖2项、一等奖21项、二等奖32项、三等奖11项;省级竞赛金奖、特等奖、一等奖70余项。

中州大学

党委书记:周春辉　　党委副书记、校长:司福亭

创建于1980年。是经国家教育部批准,由郑州市人民政府创办的一所公办全日制综合性普通高等学校。老一辈无产阶级革命家、时任中共中央副主席的陈云同志亲笔为学校题写了校名。

学校座落在河南省省会郑州市北大学城,占地面积1420余亩,以高起点、高标准、高质量建设的生态园林化、现代智能化的中州大学,处处焕发着勃勃生机。校园内树木成荫,环境幽雅,是莘莘学子学习深造的理想场所。

建校30年来,学校秉承“修德、敏学、笃行、拓新”的校训,立足郑州,面向河南。以培养适应生产、建设、管理、服务一线需要的、德智体美全面发展的高级应用型人才为培养目标,努力创建特色鲜明、省内一流、全国知名的高等院校。历经几代人励精图治、艰苦创业,现已发展成为一所专业门类齐全、培养体系完善、办学条件优良、师资力量雄厚、教学科研相得益彰的以工为主,文、理、经、法、管、教育产学结合的应用型高等院校。

学校面向北京、江苏、河南、天津、河北、内蒙古、吉林、黑龙江、浙江、安徽、福建、江西、山东、湖北、湖南、广东、广西、海南、重庆、四川、贵州、云南、陕西、甘肃、青海、宁夏、新疆、山西、辽宁、西藏30个省、市、自治区招生。

中州大学是教育部批准的中西南省区最早允许单独招收聋人学生和举办高等聋人特殊教育的高校。自2001年以来,学校已面向全国招收了10届聋生,取得了良好的社会效果,在国内外产生了较大的社会影响。

学校建立多种奖励制度,鼓励学生刻苦学习,奋发向上,全面发展。对家庭经济确有困难的学生,学校设有勤工助学岗位和助学贷款,帮助其完成学业。

学校设有工程技术学院、化工食品学院、信息工程学院、管理学院、经济贸易学院、文化与传播学院、艺术设计学院、体育学院、外国语学院、音乐舞蹈学院、国际教育学院、特殊教育学院、继续教育学院及德育教学部、艺术教育中心共15个教学机构。开设60个专业,涵盖工、经、法、文、教育、管理6个学科门类,其中国家级教学改革试点专业1个,中央财政支持的职业教育实训基地建设项目2个,省级教学改革试点专业3个,省级教学改革示范专业3个,省级特色专业5个,省级示范性实训基地4个,省级教学团队3个,市级示范专业4个,市级重点专业9个,市级重点实验室7个,省级精品课程3门,市级精品课程2门,校级精品课程26门,获得省级教学改革成果30余项。学校拥有一支高素质的师资队伍,其中,正、副教授、外籍专家及其他高级专业技术人员350余人,讲师及其他中级专业技术人员500余人。建有高标准的现代化教学大楼、学术交流活动中心、实验中心、计算机中心,拥有先进的多媒体教室、数字化语音室、计算机网络系统,有设施良好的公寓式学生宿舍、标准体育运动场和功能齐全的现代化大型学生活动中心。学校图书馆藏书145余万册,拥有各类中外文期刊1697种。馆内的图书借阅、查询等实现了计算机自动化管理,并设有电子阅览室,阅览室可同时容纳4000多人阅览。

近年来,学校以就业为导向,灵活设置专业,准确制定培养目标,加强对学生实际操作技能训练,使学生毕业时能同时获得相应的学历证书和职业资格证书。学校毕业生就业指导服务中心,为毕业生拓宽就业渠道,搞好就业指导服务,引导推荐学生就业。中州大学毕业生的就业率历年来名列同类院校前列。

开封大学

党委书记:张新梅　　党委副书记、校长:拜五四

是经河南省人民政府批准、教育部备案,由开封市人民政府主办的一所全日制综合性普通高校,创建于1980年,成立之初为河南师范大学(现河南大学)分校;1981年更名为开封市走读大学;1984年更名为开封大学。

多年来,开封大学秉承"明德、励学、笃行、创新"的校训,遵循"以德治校、质量强校、科研兴校、特色立校"的办学理念,坚持"以就业为导向,以育人为根本,以服务为宗旨"的办学宗旨,形成了"就业、培养、招生"相结合、"生产、教学、科研"相结合的办学模式和以"学历教育为主,集职业培训、技术服务、技术开发为一体"的办学格局,各项事业实现了全面、协调、可持续发展。

学校占地1000余亩,设有11院2部5个公共教研部,开设40余个专业,涵盖工、管、文、经、医、艺6大类,全日制在校生12000余人。现有教职工900余人,固定资产3.6亿元,教学及科研仪器设备总值近1亿元。设有职业技能鉴定机构13个,可鉴定工种46个。拥有中央财政支持的高等职业学校提升专业服务产业发展能力项目2个,省级名牌、特色专业5个,省级示范重点专业5个,省级教学改革试点专业5个,省级精品课程6门,省级优秀教学团队2个。拥有国家级紧缺人才培养培训基地2个、中央财政支持的职业教育实训基地建设项目1个、省级示范性实训基地建设项目2个、省非物质文化遗产研究基地1个,校外实习实训基地237个。生源遍布全国30个省(市、自治区),就业率连年达到95%以上,已向社会输送各类毕业生4万余名。

学校创办有《开封大学学报》和《中原儒学》两种刊物;河南省学生体育总会跆拳道协会,开封市公共关系学会、跆拳道协会、宋代文化研究所等均设于我校。学校具有接收留学生资格和派出留学生中介资格,与加拿大、新西兰、英国等国家均有联合办学项目。于1994年成立了以香港金鑫国际集团董事局主席李金松博士为董事长的开封大学董事会,与珠三角、长三角等140多个单位建立了校企合作关系。

学校入选中国职业教育研究会常务理事单位,被确定为教育部高职高专院校人才培养工作水平评估优秀院校、省首批示范性高等职业院校立项建设单位、省德育工作评估优秀院校、省就业工作评估优秀院校,被评为省职业教育攻坚工作先进单位、全国预征工作先进集体、国家级语言文字规范化示范学校、河南考生心目中最理想的高校、河南专科院校综合实力20强、河南最具就业竞争力示范院校、省高校校园文化建设先进单位、省军事技术人才培养基地、长三角学生就业协作网企业公认"就业服务"特色院校;校团委被团中央授予"全国五四红旗团委"称号。

展望明天,开封大学将继续坚定不移地走内涵发展、特色发展、科学发展之路,努力建成国内知名、特色鲜明、水平一流的示范性高等职业院校。

信阳农林学院

党委书记:刘世华　　党委副书记、校长:郭长华

是一所公办全日制普通本科学校,坐落于历史文化名城信阳。信阳地处河南省南部,东邻安徽、南接湖北,楚风豫韵交汇交融,素有"北国江南,江南北国"之美誉,是中国著名的宜居之城、旅游之城、创业之城,其优越的地理区位、优美的自然环境、深厚的文化底蕴和活跃的地方建设,为莘莘学子学习深造提供了优越条件。

学校前身为信阳农业高等专科学校,办学历史可追溯到1910年成立的汝宁府中等实业学堂。一百多年来,学校发扬"艰苦创业、负重奋进、团结拼搏、追求卓越"的精神,秉承"志向立高远、学问做精细"的校训,已建设成为一所服务农林产业产前、产中、产后全过程,集农学、理学、工学、管理学等学科门类为一体,具有鲜明豫南特色和良好办学基础的应用型本科高校,为社会培养各类人才近10万人,为河南经济社会发展作出了重要贡献。

学校现有3个校区(羊山校区、浉河校区、南湾校区),校园占地1430余亩,校舍建筑面积41万余平方米。在校学生1万余人,教职工850余人,其中专任教师650余人,具有高级专业技术职务教师230余人,具有博士、硕士学位教师400余人。有国家教学名师1人,河南省教学名师2人,省管专家、学术技术带头人、省级骨干教师等高层次人才30余人,省级优秀教学团队2个。学校设有农业科学系、林学系、水产科学系、茶学系、动物科学系、食品科学系、园艺系、规划与设计系、计算机科学系、生物技术系、管理科学系、财经系、外语系、旅游管理系、体育教学部、人文社科部、国际合作教学部、继续教育学院共18个教学单位,设置有植物保护、林学、水产养殖学、茶学、动物医学、食品科学与工程、园艺、城乡规划、网络工程9个本科专业和生物技术及应用、物业管理、环境艺术设计、会计电算化、商务英语、旅游管理等50多个专科专业。

学校教学科研仪器设备总值近7000万元,建有植物保护、林木繁育、水产养殖、茶叶加工、动物疫病检测、食品营养与检测等各类实验室70个,稳定的校内外实习实训基地200个,国家级职业教育实训基地2个,省级示范性实训基地4个,农林实习场1个。图书馆藏书95.3万余册,学术期刊1000多种,可利用电子图书35万册(种),建有较完善的现代图书管理系统和计算机网络服务体系。

学校坚持"质量立校,特色兴校,人才强校"的办学思想,坚持以育人为中心、以提高人才培养质量为核心的教学理念,实施"质量提升,内涵带动"发展战略,大力推进教学质量工程建设,形成了鲜明的办学特色。坚持以"两队"建设为抓手,构建"教学新秀 - 骨干教师 - 教学名师"层次化培养体系及教学团队建设体系,致力于打造师德高尚、业务精湛、结构合理、充满活力的学术技术梯队和教学团队。坚持以特色专业和精品课程建设为抓手,瞄准产业升级改造老专业、追踪社会发展设置新专业,提升专业服务经济、社会能力,同时全力打造校级、省级及国家级精品课程,建设精品课程体系,建设有河南省特色专业11个,中央财政支持提升专业服务能力项目建设专业2个,国家级精品课程4门,河南省精品课程7门,省级精品资源课程2门。学校坚持以教研促教改,以教改促教学,促进教学质量的提高,大力推动教学研究,获省级教学成果48项,其中省级教学成果特等奖1项,一等奖7项,二等奖17项。坚持以培养学生能力为主线,改革人才培养模式,突出学生职业能力和创新精神的培养,促进学生知识、能力、素质协调发展,人才培养质量稳步提升,毕业生就业率近年来一直保持在95%以上,用人单位满意率在86%以上。

学校坚持以提升师资队伍学术水平和社会服务能力为主要目标,利用建设的河南省产业技术创新战略联盟、博士后研发基地、河南省高校工程技术研究中心、信阳市工程技术研究中心、信阳市重点实验室等15个科研平台,面向信阳及周边地区粮食、林果、水产、茶叶、畜禽、花卉等产业,积极开展应用研究、技术开发和成果转化,走产学研结合道路,为地方经济建设和社会发展提供科技支撑,

有10项成果获河南省科技进步二等奖，在水稻、油菜品种改良，信阳毛尖品质升级，淮南猪品种选育，固始“笨蛋”增产增收，华英鸭、南湾鱼技术服务，生态鳖、高产虾科技攻关等方面成绩卓著、贡献卓越。教师近年来公开发表学术论文2344篇，出版学术著作、教材348部，承担省部级以上科研项目245项，获得省部级奖85项，获国家专利35项；主持起草制定《地理标志产品－信阳毛尖茶》国家标准（GB/T22737－2008）于2008年颁行，实现信阳市制定国家标准“零”的突破。2011年学校获河南省农业科技工作先进单位称号。

学校坚持围绕“三农”办教育，立足地方谋发展，以“三农”专家服务团和科普传播工程为平台，以省、市科技特派员为载体，积极开展社会服务。近年来主动参与信阳“华英富民工程”，承担河南省“科普及适用技术传播工程”项目137项，推广杂交稻栽培技术、畜禽疫病防控技术、茶叶无公害生产技术等农业科研成果75项，开展农业实用技术培训3.5万人次。还先后与河南华英集团、河南泛亚农大集团、郑州后羿集团、河南众诚康华等几十家企业联合，实施“订单人才培养班”，已培养学生数千人；华英、森隆、大用等数十家企业集团、企业在学校设立了奖、助学金。学校获河南省科技特派员工作先进集体、“教师回报社会”活动示范单位等称号。

在省市领导大力支持和全校教职工的不懈努力下，学校办学赢得多方肯定，在教育部2006年人才培养工作水平评估中被评为优秀，2012年通过教育部人才培养工作评估，还先后获有“省级文明学校”、“省级文明单位”、“河南省高等学校先进党委”、“河南省高等学校党建工作先进单位”、“河南省学校行风建设先进单位”、“河南省职业教育工作先进单位”、“河南省普通高校大中专毕业生就业工作先进集体”、“河南省教育系统先进集体”等荣誉。学校还成为河南省数字化校园示范工程项目单位，校园网在全省高校门户网站评估中被评为“河南省高等学校优秀门户网站”，学报多次被评为“河南省一级期刊”，在河南最具就业竞争力教育品牌大型调查评选活动中被评为“河南最具就业竞争力示范院校”。

站在新的历史起点上，全校师生正以饱满的热情、昂扬的斗志掀开学校建设发展的新篇章，为实现学校的跨越发展而努力奋斗。

河南机电高等专科学校

党委书记：李 勇　　党委副书记、校长：罗士喜

始建于1975年，位于京广、太荷铁路交汇处的豫北名城新乡市，是一所主要为装备制造业和电子信息业培养高素质技术技能型专门人才的省属公办普通高等学校，是教育部确定的全国示范性高等工程专科重点建设学校，省级文明单位。2004年被国务院授予“全国就业先进工作单位”；2011年被教育部评为“全国毕业生就业典型经验高校”。

学校现有平原路和宏力大道两个校区，总占地面积813435平方米，校舍总建筑面积469417平方米。现有全日制在校生10758人，设有15个教学系（部），50个专业，形成了以制造类、电子信息类专业为主，制造、电子信息、财经、旅游、艺术设计传媒和文化教育等多专业类别协调发展的专业格局。现有国家级示范专业3个、国家级精品建设试点专业2个，教育部提升服务产业发展能力建设项目专业2个；省名牌建设及特色建设专业7个，省高职高专教育示范教学改革及试点专业6个，国家级、省级精品课程和优质课程8门。

学校现有教职工896人，专任教师698人；具有高级专业技术职务的教师222人，其中教授38人；硕士及以上学位教师504人；享有政府特殊津贴的专家4人；国家级省级教学名师4人，全国及省优秀教师9人，省优秀专家4人，河南省高等学校青年骨干教师18人，厅级以上学术技术带头人30人，河南省优秀教学团队3个。

学校现有实验仪器设备总值1.12亿元；馆藏适用纸质图书89.3万册，电子图书1800GB，电子资源数据库11种，中外文期刊1500余种，建有功

能齐全的电子阅览室和视听系统。建有132个各类实验室、实训基地,其中,计算机应用与软件技术、数控技术和电气自动化专业等3个实训基地为中央财政支持建设的国家级实训基地,拥有包括长春一汽——大众汽车有限公司、河南许继集团等企业共建校外生产实习基地176个。学校雄厚的办学实力和优良的师资队伍为同学们创造了良好的学习条件。

近年来,学校始终围绕人才培养这一中心工作,坚持以服务为宗旨,以就业为导向,不断改革创新人才培养模式,教育教学改革卓有成效,学校产教融合、毕业生就业、科技创新、品牌专业创建等工作特色鲜明,"工学结合、校企合作"、"2+1"、"订单式"等人才培养模式构建的现代职业教育体系初步成熟。学校"2+1"产学合作人才培养模式在国内有较大影响,被教育部作为典型在全国推广。近年来,学校在"订单式"人才培养方面又进行了深入探索,先后与郑州宇通客车股份有限公司、济源钢铁集团公司等20多家企业开展订单式培养。卫华集团有限公司、远东电缆有限公司等10多家企业在学校设立了奖学金和奖扶金。学生实践能力和创新能力培养成果丰硕,在全国大学生数学建模竞赛和电子设计竞赛中多次获得国家和河南赛区一、二等奖,在河南省专科英语应用能力测试中连续多年获得团体和个人第一。学校在全国率先提出"全员参与,带着感情抓就业"的工作理念,毕业生就业工作成绩突出。自1999年以来,学校毕业生一次就业率连年在省内乃至全国高校中名列前茅,连续16年被评为全省高校就业工作先进集体。"好就业、就业好"已经成为学校的一张亮丽名片。

40载栉风沐雨,40载春华秋实,学校秉承着"开拓创新、坚韧不拔、精益求精、服务社会"的精神,主动适应区域经济社会发展和产业结构调整需要,先后为社会培养了4万多名具有理想信念和创新精神,有社会责任感、能够创造幸福生活和服务社会的高素质技术技能型人才。面对高等教育发展的大好机遇,学校党委正团结带领全校师生员工,认真学习贯彻党的十八大、十八届三中全会和习近平总书记系列重要讲话精神,以中国特色社会主义理论为指导,以发展为主题,以育人为根本,本着"开放办学、内强素质、外树形象、强化特色、彰显品牌"的发展思路,振奋精神,锐意进取,凝心聚力,加快发展,为早日将学校建成工科特色更加鲜明的应用技术型大学而不懈奋斗!

焦作大学

党委书记:郭维杰　　党委副书记、校长:林效廷

是由焦作市政府投资建设的一所培养应用型人才的综合性地方院校。学校座落在豫西北新兴的中国优秀山水旅游城市——焦作市,环境幽雅,交通便利,是大学生成才深造的理想场所。

焦作大学创建于1981年,前身是焦作市职工大学,1986年正式更名为焦作大学。经过筹备创建、充实整顿、探索提高和快速发展等四个阶段,学校已成为一所规模较大,师资力量雄厚,办学条件完善的综合性大学。学校目前占地面积1392亩,建筑面积48万平方米。现有教职工1000余人,在专任教师中具有副高级以上专业技术职务的266人,具有硕士以上研究生学历的466人。全日制在校生13000余人。教学仪器设备总值9113万元。图书馆藏书127.52万册。另有电子图书27万余种;中外文期刊1200余种;拥有CNKI等12个数据库;拥有先进的数字信息资源管理系统和文献计算机集成管理体系。学校现有校内实验(实训)室、中心57个,教学实习工厂5个,校外实习基地97个。学校拥有先进的电教室、语音室、舞蹈练功房、计算机校园网络系统、体育运动场,拥有条件良好、设施齐全的学生公寓和普通宿舍。公开发行《焦作大学学报》和《焦作大学报》。

学校现有工学、人文学科、社会学科、管理学四大学科门类,52个专业,其中工学类专业21个,人文学科类专业15个,管理学类专业11个,社会学科类专业5个。设有机电工程学院、信息工程学

院、土木建筑工程学院、化工与环境工程学院、人文学院、艺术学院、经济管理学院、外国语学院、法律与政治教育学院、太极武术学院、基础科学系等10余个院系，开设有太极拳、计算机网络技术、装饰艺术设计、电子商务、旅游管理、酒店管理、汉语言文学、旅游英语、电脑美术设计、舞蹈表演等52个专业，其中机电一体化专业是国家教育部教育教学试点专业，化工工艺专业是河南省教育教学试点专业；生物化工工艺、市场营销两专业是省级特色专业建设点；建筑工程技术和旅游管理两专业是财政部、教育部提升专业服务行业发展能力的专业建设项目；机械制造与自动化专业、市场营销专业获得省示范性实训基地建设项目资助。《三维动画》、《建筑材料与检测》、《计算机工程制图》等课程获得省级精品课程称号。应用化工技术专业教研室被评为省级教学团队。

学校努力推进学研产一体化改革模式，加快技术转化，积极服务社会，建立了怀药工程技术研究中心、新型建筑材料研究所等15个科研机构，并与中科院谢毓元院士团队联合建立河南省四大怀药院士工作站，进一步提升了科研水平。积极推进科技成果转化，研发的怀参汁饮料、三味地黄饮获河南省科技新产品称号，铁棍山药酒等已进入产业化阶段。14名教师加入省、市科技特派员计划，与焦作科霖达生物科技公司等企业合作开发新产品，完成省级鉴定成果40余项，科研服务经济社会发展能力进一步增强。

学校始终坚持“育人为本，严谨治学，服务地方，和谐发展”的办学理念；确立了“特色立校、人才强校、创新兴校”的学校发展途径；实行“以法治校、以德治校、以情治校”的治校方略；形成了“崇学笃行、敬业乐群”的校训，“勤奋、严谨、务实、创新”的校风，“施教有道、育人有情”的教风和“乐学、唯实”的学风。多年来，学校始终坚持服务地方经济社会发展的办学方向，不断调整和优化学科专业结构，努力实现学校发展与经济社会发展需求的紧密对接，为焦作市经济社会发展提供了大量应用型人才。建校以来为国家培养输送了6万余名各级各类合格人才，他们在经济建设和社会发展中发挥着积极的作用。

近年来，学校在各方面都取得了较大成绩，其发展成就被中央电视台、《光明日报》、《中国教育报》等新闻媒体报道。学校先后荣获“省级文明单位”、“河南省文明学校”、“河南省思想政治工作先进单位”、“河南省普通高等学校毕业生就业工作优秀单位”、“河南省大中专毕业生就业工作先进单位”、“河南省卫生先进学校”、“河南省行风评议先进单位”、“河南省六好基层工会”、“省五四红旗团委”、“焦作市花园式单位”、“焦作市综合治理先进单位”等荣誉称号。

面对新的机遇和挑战，焦作大学将以科学发展观为指导，立足焦作，面向河南，辐射周边，重点培养工科类、应用型人才，服务中原经济区建设，更好地满足中原经济区经济转型示范市建设对人才的需求。

河南财政税务高等专科学校

党委书记:王雪云　　党委副书记、校长:赵水根

位于河南省会郑州市，前身是创建于1963年的河南省会计学校，1985年经河南省人民政府批准成立河南省财政税务专科学校，1992年更名为河南财政税务高等专科学校。

学校校园占地面积706亩，校舍建筑总面积25.7万平方米。学校教学基础设施完备，建有58个校内实验实训室，119个校外实习实训基地，教学科研仪器设备总值5612.3万元，馆藏图书95万余册。

学校面向河南、江苏、吉林等19个省份招生，现有全日制普通专科生8000余人。学校积极引进优质教育资源，先后与俄罗斯圣彼得堡国立文化艺术大学、德国北黑森应用技术大学、美国韦伯国际大学等国外知名高校开展中外合作办学；2013年与郑州大学联合举办会计专业本科教育。

学校现有教职工604人，其中教授37人、副教

授126人、博士29人、硕士295人。现有享受国务院特殊津贴专家1人;河南省优秀专家、河南省职业教育教学专家、河南省学术技术带头人、河南省教学名师5人;河南省教育厅学术技术带头人23人。近三年来,先后有15名教师分别获得河南省优秀教师、河南省文明教师、河南省教学标兵和河南省师德先进个人等荣誉称号。

学校现设有财政税务系、会计系、对外经济贸易系、金融系、工商管理系、信息工程系、工程经济系、法律系、文化传播系、外语系和韦伯国际学院、社科部、体育部、继续教育学校等14个教学单位,开设有财政、税务、会计等44个专业(含专业方向)。现有5个省级名牌特色专业、5个省级教改试点专业和专业综合改革试点项目,2个中央财政支持的重点建设专业,3个省级优秀教学团队,5门省级精品课程。

学校科研成果丰硕。近三年来,教师在国内外学术刊物上公开发表论文816篇,其中核心期刊479篇;主(参)编省部级规划教材102部;承担国家级科研项目8项,省部级科研项目229项,地厅级科研项目526项;获省部级科研成果奖11项,地厅级科研成果奖217项。2011年,《河南财政税务高等专科学校学报》被评为河南省高校特色期刊。

学校坚持把提高育人质量放在突出位置,不断深化教育教学改革,人才培养工作取得显著成绩,赢得了良好的社会声誉。学校招生就业工作一直保持良好态势,考生第一志愿上线率、毕业生就业率、"专升本"升学率连续多年位居全省同类院校前列。学校在全国和全省各类竞赛中屡获殊荣。近年来,先后在河南省首届大学生创新创业大赛中荣获总决赛一等奖,在教育部举办的"金蝶杯"全国大学生创业大赛中分别荣获河南赛区选拔赛和全国北方区半决赛团体一等奖;在第六届"用友杯"全国大学生会计信息化技能大赛全国总决赛中荣获团队特等奖,在全国职业院校会计技能、报关技能、民政职业技能大赛中分别荣获团体二等奖;在全国首届"鲁班杯"建筑工程识图技能大赛中荣获团体一等奖,在第五、第六届"广联达杯"全国高等院校工程算量软件大赛、安装工程算量大赛中分别荣获新人奖总冠军和一等奖。建校50年来,为社会输送了6万多名高素质财经专门人才,一大批毕业生已成长为我省财税、金融系统以及其他企事业单位的业务骨干,学校已成为财经类专门人才培养和财税系统干部在职培训的重要基地。学校先后被授予全国普通高校毕业生预征工作先进集体、中国教育总评榜全国教育改革卓越成就奖、河南高等教育质量社会满意院校、河南最具就业竞争力示范院校、河南省大中专毕业生就业工作先进单位、河南省普通高校学生管理工作先进单位、河南省学生资助工作先进集体、河南省大学生暑期社会实践活动先进单位、河南省教育科学规划先进集体等荣誉称号。

濮阳职业技术学院

党委书记：崔士民　　党委副书记、院长：张双田

坐落在市城区主干道黄河路西段，2001 年 4 月经河南省人民政府批准、国家教育部备案，由原濮阳教育学院、濮阳广播电视大学、濮阳师范学校、濮阳工业学校合并组建而成，是一所全日制公办高等职业院校。全国政协副主席卢展工、中国人民武装警察部队原司令员吴双战、国家教育部原副部长张保庆、省委书记郭庚茂、原省长李成玉等各级领导多次莅临学院视察指导工作。

学院紧邻晋豫鲁铁路通道和大广、范辉高速公路出口，交通十分便利。与学院隔路相望的国家 4A 级旅游景区中原绿色庄园和濮上园全年免费开放，建有豫北最高摩天轮等高档娱乐设施，每逢节假日车水马龙，游人如织。

学院占地 1162 亩、建筑面积 31.1 万平方米，校园生态环境高雅优美，景色清新怡人，花木葱茏，拥红叠翠，三季有花，四季常青，楼在花中卧，人在绿上行，春季樱花盛开时节，吸引众多游人来校观赏，是一所花园式现代化高等学府。

学院设有人文科学系、教育科学系、外语系、体育系、数学与信息工程系、艺术系、石油化工系、机电工程系、生物工程系、工商管理系、建筑工程系等 11 个教学系，开设 56 个专业及方向，涵盖理工、文史、农林、经管、艺术等学科门类。国家级重点专业 2 个，省级特色专业和综合改革试点专业 11 个，省级精品课程 11 门。

学院师资力量雄厚，现有专任教师 640 人，教授 52 人、副教授 198 人，博士 13 人、硕士 231 人，“双师型”教师 400 余人，国务院津贴专家和省级教学名师、省职教专家、省管优秀专家、省级骨干教师 15 人，省市级专业技术带头人、拔尖人才 46 人，营销与策划专业教学团队被评为河南省高等学校优秀教学团队。

学院办学条件优越，固定资产总值 8.55 亿元，教学仪器设备总值 1.05 亿元，馆藏图书 100 余万册，拥有建筑面积 2.21 万 m2 的图书大楼、1.8 万 m2 的综合实训楼和 1.8 万 m2 室内体育馆，建有国家级示范性实训基地建设项目 2 个，省级示范性实训基地建设项目 5 个，市级重点实验室 3 个，校内外实践实训基地总数达 233 个。校园生活服务设施齐全，省级标准化学生公寓冬有暖气，夏有风扇；省级标准化学生餐厅可容万人就餐，食品品种齐全，安全卫生，价格低廉；设有商贸、银行、医疗、通讯、快递等服务网点，学生在校生活学习经济实惠，方便快捷。

学院注重学生职业技能训练，对照行业企业标准，以训带学、以赛带练、以赛促能，科学引导，适当激励，近年来，我院有 300 多名学生在全国、全省职业技能重大赛事中获省部级二等以上奖励。设有国家计算机等级、英语四六级（A、B 级）考点；国家职业技能鉴定所具有 156 个工种的高、中、初级技工鉴定资格。学生在校期间可考取多个职业资格证书和职业技能等级证书。师范类专业学生，毕业时可同时取得毕业证和教师资格证。校内建有驾驶员培训中心，学生可以在校考取驾驶证，同时享受我院在校生独有的优惠政策。

学院毕业生前景广阔。大力推进人才订单培养，强化学生与用人单位“零距离”对接，长期合作用人单位数百家，实现“入学即就业”。每年组织举行校园招聘会几十场，毕业生就业率连年保持在 96% 以上。石油工程、应用化工、建筑工程等多个专业毕业生出现了供不应求的局面。许多学生已成长为党政机关、企事业单位的业务骨干，他们以过硬的专业知识、动手能力、扎实的专业素质，倍受用人单位的青睐。此外，学生可自主选择参加专升本继续深造，又可通过专本套读同时获取专科学历和本科学历学位，还可参加自学考试、电大、函授获得本科文凭。

学院十分重视资困育人工作，大力落实“奖、贷、助、补、减”政策，设立国家奖学金（8000 元/年.生）、国家励志奖学金（5000 元/年.生）、国家助学金（3000 元/年.生）以及优秀学生奖学金等，奖助学金覆盖面达学生总数 1/3 以上。此外，帮助困难

学生完成助学贷款(6000 元/学年.生),为家庭经济困难新生开通绿色通道,争取财政生活补助,设立勤工助学岗位,确保困难学生顺利完成学业。

传承 64 年的办学历史文化和 30 年的专科发展积淀,学院主动站位,科学谋划,抢抓机遇,在教育部高职高专院校人才培养工作水平评估中被评为"优秀院校",荣获河南省高等职业教育品牌示范院校、河南省骨干高职院校项目建设单位、河南省全民技能振兴工程高技能人才培养示范基地和河南省职业教育攻坚工作先进单位、河南省大中专毕业生就业先进单位等数十项称号,相继成功创建为省级文明单位、省级园林单位、省级卫生单位和国家级语言文字规范化示范校,已发展成为一所办学设施完善、功能齐全、特色鲜明的现代化高校。

桃李经年呈馨瑞,栋梁化育柱长天。忆往昔,濮河水悠悠,我们铸就辉煌;展未来,龙湖波荡漾,我们豪情满怀。为打造特色鲜明、全省一流、全国知名的高等职业院校,早日突破办学层次,濮阳职业技术学院人正满怀信心,秉承"团结拼搏、开拓创新、迎难而上、勇于奉献"的学院精神,创新思想观念,坚持科学发展,凝心聚力,克难攻坚,开拓进取,务实重干,意气风发地迈向新的未来。

郑州电力高等专科学校

党委书记:魏兆龙　　党委副书记、校长:梁海江

办学历史悠久,特色鲜明。学校以电力技术类专业为主,兼有制造、电子信息、财经类等专业,是培养电力建设、生产和管理人才的摇篮和基地。

学校老校区位于河南省郑州市管城回族区商城路东段,与著名商城遗址和郑州城隍庙毗邻,占地面积 10 余万平方米,环境优美,设施完善,校园学术文化氛围浓郁,是青年学子求学成才的理想学府。

学校新区位于郑州新区中牟产业带白沙职教园,占地近 40 万平方米,地理位置优越,交通便利,建成后将给广大学子提供一个现代化、园林式、生态型的新校园。

学校的前身是创建于 1933 年的郑县工业职业学校(后更名为郑州高级工业职业学校),1953 年由中南五省六所高级工业学校的电机科合并,成立了郑州电力工业学校。其后,历经河南电力学院、郑州电力学院、郑州电力学校等发展阶段,于 1994 年建立郑州电力高等专科学校。

学校办学实力雄厚。现有教职工 399 人,其中专任教师 244 人,教授 24 人,副教授、高级工程师 104 人,具有硕士学位的教师 119 人,"双师"素质教师 91 人,建立了以河南省电力技术院 159 名技术专家、79 名技能专家为主体的稳定的校外外聘兼职教师专家库,构成一支数量充足、素质优良、专业配套、结构合理,专兼结合、奋发向上的教师队伍。

学校拥有固定资产 1.58 亿元,教学设备总值 4423 万元。拥有 71 个校内实训实验室和 29 个校外实习基地。设施完备的教学楼、实验楼、实训楼、办公楼和英语培训中心集中于典雅的教学区内,馆藏丰富的图书馆、标准化的体育场地、整洁的学生宿舍和可同时容纳数千人的学生食堂组成了条件优越的学生生活区。变电和调度运行仿真专业实训基地、变电检修专业实训基地、营业用电专业实训基地、电力系统微机保护实训室、电站仿真培训中心、清洁煤燃烧技术研究中心、电力营销模拟实训室、数控加工实训中心、机电综合实训室、计算机网络实训室、实时录播教室、外语学习电台、CAI、CAD 等独具特色的现代化教学设施在人才能力素质培养中发挥着巨大的作用。

学校面向全国招生,目前专科在校生 4593 人,专科函授在册学生 451 人,本科函授在读学生 1376 人,自考本科助学学生 1020 人,并承担河南省电力公司的多项培训任务和职业技能鉴定任务。学校坚持多层次、多形式办学,开设了 26 个专科专业、10 个函授专科专业、3 个函授本科专业和 4 个自考本科助学专业。其中发电厂及电力系统、电厂热能动力装置、火电厂集控运行、供用电技术和机电一体化技术 5 个专业被确定为河南省特色专业建设点。学校设有电力行业职业技能鉴定站、电子

商务师考点、机电工种技能鉴定站等共58个工种的技能鉴定站点。形成了电力工程系、动力工程系、经济贸易系、机电工程系、电子信息系、国际教育部、社会科学部、体育部、艺术部、培训教育部等五系五部的办学格局。

近年来,学校瞄准市场需求调整专业结构,依据职业标准构建课程体系,围绕能力目标实施教学环节,立足行业优势凝练办学特色,融合先进理念探索教育创新。学校以“培养具有较高职业素质、较强社会适应性的高等技术应用性人才和高端技能型人才”为使命,全面贯彻国家教育方针,以就业为导向,以质量为根本,以服务为宗旨,立足电力,面向市场,服务社会,形成了“明德循理,精业育人”的优良教风和“立德修能,知行合一”的务实学风。

在培养学生的过程中,学校始终秉承“以学生为主体,倡导实践创新;以教师为主导,坚持科学育人”的教育理念,坚持“规范管理,从严治教”的工作作风,确立“校企合作、工学结合、顶岗实习”的人才培养模式,形成了独具特色的优质办学风貌。

学校设立了完善的奖学金制度,建立了以国家助学贷款为主,包括“奖、贷、助、勤、补”和“绿色通道”在内的贫困生资助体系,在全省高校国家助学贷款和学生资助工作评估中,连续获得优秀单位称号;积极创造条件,鼓励学生参与科研工作,学生科技作品连续在全国“挑战杯”及河南省“挑战杯”大学生课外学术科技作品竞赛中获奖。

学校积极开展对外交流与合作,先后与美国、加拿大、澳大利亚、新西兰、挪威等国家的十多个知名高校建立了校际合作关系。2003年,经教育部批复同意,学校参与由中国电力企业联合会牵头、十余所电力高职高专院校共同参与的中澳合作办学项目,与澳大利亚启思蒙学院合作开展职业教育,引进澳大利亚TAFE体系,对人才培养模式、教育教学模式进行综合性改革试点,成效显著。学校多次受邀出席国际职业教育高级论坛和会议,成为学校办学亮点。

良好的教学工作环境,完善的教学生活设施,科学规范的教学管理体系和优美浓郁的校园文化氛围,使学校成为电力高等职业教育的精品学校,2004年、2008年学校连续当选为中国电力教育协会电力职业技术教育委员会主任单位。学校毕业生素质高、适应快、能力强、后劲足,吸引了众多的用人单位,毕业生一次就业率、就业质量保持在河南省同层次院校前列,学校先后被评为“河南省高等职业教育先进单位”和“河南省普通高校毕业生就业工作优秀单位”,被国家电网公司、华中电网集团公司、河南省电力公司和河南省教育厅授予“文明单位”,多次被河南省电力公司党组评为党风廉政建设“先进单位”,多次在河南省高校行风评议考核中获得“行风建设先进单位”。

“十二五”期间,学校将贯彻落实全国教育工作会议和《国家中长期教育改革和发展规划纲要》,全力推进新区建设,着力提高教育教学质量,努力建设成一所教育质量高、社会声誉好、服务能力强、特色鲜明的电力高等学校,在助推电力事业发展、加快中原经济区建设的伟大实践中再谱新篇。

焦作师范高等专科学校

党委书记:张丙辰　　党委副书记、校长:张战营

是经国家教育部批准,在原焦作教育学院、焦作师范学校和沁阳师范学校的基础上合并组建的一所以教师教育为主的全日制普通高等学校。其办学历史可追溯到创办于1907年(清光绪33年)的“怀庆府师范学堂”,至今已有106年的办学历史。

栉风沐雨,世纪沧桑,弘文励教,薪火相传。建校百余年特别是新中国成立以来,学校始终高扬师范教育旗帜,秉承“育人为本、德育为先、学术唯真、教学至上”的办学理念,发扬“艰苦奋斗、严谨治学、自强不息、开拓创新”的办学传统,已累计为社会培养输送10万余名毕业生,为河南省特别是豫西北地区的基础教育和经济社会发展做出了历史性的贡献。据统计,焦作、济源地区80%以上的

中小学骨干教师和优秀教师均毕业于焦作师专。

目前,学校占地面积544,122平方米,校舍建筑总面积296,832平方米,其中,教学科研行政用房192,469平方米;教学科研仪器设备总值5718.41万元,馆藏图书96.53万册,存有《四库全书》等珍贵文献;学校设有12个学院,涵盖人文、社会、历史、教育、艺术、法、工、理、管、农10大学科门类43个专业,招生范围覆盖全国22个省(市)、自治区。学校现有教职工770人,专任教师501人,其中,正高级职称43人,副高级职称179人,"双师型"教师214人,具有硕士以上学历人员303人,享受国务院特殊津贴专家1人,市厅级以上学术技术带头人、专业技术拔尖人才58人,聘请行业企业技术专家担任兼职教师187人。学校具备较为完善的教学实验条件,拥有现代化的校园局域网、闭路电视教学系统、多媒体语音室、微格教学室、数码钢琴教室、精品课程录播室、动植物标本室、沙盘游戏室、心理宣泄室、生物园地、师源幼儿园等教学仪器设施与实训场所。

长期以来,学校始终坚持正确的办学方向,全面贯彻党的教育方针、政策和路线,以育人为根本,以服务为宗旨,以质量为核心,不断加大教育教学改革力度,内涵建设成果显著,教学质量稳步提高,人才培养水平逐步提升。学前教育、太极拳2个专业被教育部、财政部确定为"支持高等职业学校提升专业服务能力"重点建设专业;计算机应用技术专业实验室、教师技能培训中心、应用电子技术实训基地3个"省级示范性实训基地项目"、语文教育、应用电子技术专业被确定为"省级教改试点专业",生物教育、音乐教育、初等教育、应用电子技术、学前教育5个专业被确定为"省级特色专业建设点",生物教育教学团队被评为省级教学团队,《音乐欣赏》、《团体心理咨询》、《太极拳》3门课程被评为省级精品课程;《太极拳》和《学前教育原理》2门课程分别被河南省教育厅确定为"首批省级精品资源共享课程"和"首批高等学校教师教育资源共享课程"。2013年7月,学校被批准为"河南省教师教育改革创新实验区"。在近4届河南省师范生教学技能大赛中,学校有36人获得一等奖,39人获得二等奖,其中4人获得第一名,获优秀组织奖2项和集体一等奖3项。在刚刚结束的第十一届河南省师范生教学技能大赛中,有5人获得一等奖,其中1人获得小学语文组第一名。在近三届全国大学生数学建模竞赛、全国职业院校技能大赛中,获得全国二等奖1个,全国三等奖1个,省级一等奖7个,省级二等奖6个。在河南省第12届大学生科技文化艺术节中,获得一等奖11个,二等奖12个,三等奖10个,并获得优秀组织奖。在河南省第三届大学生艺术展演活动中,学校获得一等奖5个、二等奖20个、三等奖22个,并获得"优秀组织奖"。在河南省第十五届、第十六届、第十七届大学生田径运动会中,学校连续三届荣获专科组团体总分第一名,获得奖牌128枚,其中金牌64枚。学校近年来探索性和创新性的发展成绩受到了社会的高度认可和关注。学校的心理健康教育、普通话推广、"国培计划"等多项工作被《光明日报》、《中国教育报》等国家级重要媒体报道;覃怀文化、太极拳文化研究等,取得了一系列研究成果,引起了国内外学界的关注。学校还积极探索办学新模式,先后与北大青鸟公司合作开办了国际软件工程师班,与新西兰奥克兰商学院、俄罗斯圣彼得堡国立文化艺术大学以及美国、澳大利亚、韩国、吉尔吉斯斯坦、乌克兰、白俄罗斯、台湾等国外和地区知名高校开展了合作办学。学校还取得了开展外国留学生教育资质。

近年来,学校各项事业步入了发展的快车道,呈现出了健康、有序、稳定、向上的良好势头,取得了显著成绩。2008年,学校在教育部人才培养工作水平评估中获得"优秀"格次;在河南省成人高等教育检查评估中被确定为"优秀"格次;被中宣部、司法部、全国普法办联合表彰为"全国'五五'普法中期先进单位";被国家语言文字工作委员会授予"国家级语言文字规范化示范校";连续两届被河南省委、省政府授予"省级文明单位";被中共河南省委、河南省人民政府表彰为"2006-2010年全省法制宣传教育和依法治理工作先进单位";被省委组织部、省委高校工委授予"河南省高等学校党建工作先进单位(2008年-2010年)";被中共河南省委组织部、河南省委高校工委、共青团河南省委表彰为"河南省高校党建带团建先进单位";连续两年被共青团中央、全国学联授予河南省唯一一所寻访中国大学生自强之星活动"优秀组织奖";被河南省高校工委、省教育厅表彰为"思想政治工作先进单位";被河南省教育厅表彰为"高等教育教学工作先进集体""普通高等教育学生管理工作先进集体"、"普通大中专毕业生就业工作先进集体”、“学生资助工作先进集体”;被河南省人力资源和社会保障厅、河南省教育厅联合表彰为“教育系统先进集体”;被河南省公安厅出入境管理局授予“境外人员管理服务五A级单位”;被河南省纠风办、河南省教育厅表彰为“全省学校行风建设先进单位”;连续七年被焦作市委宣传部、组织部表彰为“全市党委(党组)中心组理论学习先进单位”;被中共焦作市委表彰为“焦作市思想政治工作先进单位”;被中共焦作市纪律检查委员会表彰为全市反腐倡廉“好制度”和“制度建设示范单位”;青年社会主义学社团支部被团中央授予“2009年度全国五四红旗团支部”称号。学校还先后被授予全国科普教育基地、全国中小学创造教育实验基地、国家心理咨询师培训基地、河南省青少年科技教育示范基地、河南省未成年人心理健康辅导示范基地、河南省非物质文化遗产社会传承基地及研究基地、中国舞蹈家协会舞蹈培训基地、焦作市非物质文化遗产社会传承基地及研究基地。

百年弦歌不辍,百年薪火相传。在党的十八大精神指引下,学校提升办学层次、实现跨越式发展的壮美画卷正徐徐展开,焦作师范高等专科学校的明天将更加辉煌。

(以上数据截止日期为2013年11月)

郑州师范学院

党委书记:于向英　　党委副书记、院长:赵健

是经教育部批准,于2010年3月在郑州师范高等专科学校的基础上建立的一所全日制普通本科院校。原郑州师范高等专科学校始建于1952年,至今已有60年的办学历史。学院是一所以师范教育为主体,师范、非师范专业并举,文、理、工、管协调发展的现代化新型高校。学院占地面积1143.87亩,建筑总面积28.98万平方米,各类校内实验实训室132个,教学仪器设备总价值近亿元;附属中、小学6所,校外实习实训基地141个;集藏、借、阅功能为一体的图书馆,拥有纸质图书100余万册、电子图书30万册、报刊2033种、电子资源数据库8个,并建有千兆光纤接入、万兆双核心校园网。

学院实施“人才强校”战略,并为人才搭建科学研究、施展才华的平台。目前具有教授和正高级专业技术人员近百人,副教授和其他副高级专业技术人员260余人;教师中有博士、硕士近500人;国家级优秀教师1人、省级优秀教师5人、省级学术技术带头人16人、省级骨干教师7人、省级高校青年骨干教师资助对象8人。学院成立了教育科学、中原文化、生物技术、软件科学、3S、戏曲等6个研究所和河南省特殊教育、郑州市兰花工程技术、郑州市残疾人教育工作3个研究中心,建立了郑州市廉政文化研究基地、郑州市社会科学普及教育研究基地及多个教授专家工作室等,为郑州市乃至河南省提供了一定的智力支持和人才支撑。

学院现有17个本科专业、52个专科专业(其中师范类专业26个)。拥有省级专业改革综合试点1个、教育教学改革试点专业2个、特色专业建设点3个、省高等教育示范性实训基地1个、省级精品课程3门、优秀课程1门。并与郑州大学签定了教育经济与管理、植物学、中国古代文学3个专业的联合培养研究生协议,实现了研究生联合培养工作的突破。

学院不断创新人才培养模式,培养培训双项驱动。现为国家教育部“国培计划”示范性项目和中西部项目承担者、河南省新课改培训者和小学省级骨干教师培训基地、河南省中小学校长培训基地、援疆项目培训基地、英特尔未来教育项目河南总执行机构。

学院积极开展对外交流与合作,与美、英、加、俄等9个国家的12所院校建立合作关系,承担了郑州市与巴西若茵维莱市教育交流项目。范曾、李学勤、周思源、沈伯俊、孙立群及韩国延世大学孙行策等90余位国内外知名学者被聘为名誉教授或兼职教授。

学院先后被授予“全国语言文字工作先进单位”、“河南省文明单位”、“河南省文明标兵学院”、

“河南省教师教育先进单位”等荣誉称号 50 多项，并荣获 2011 年度“河南省本科院校综合实力 20 强”、2012 年度“河南最具就业竞争力示范院校”等称号。

学院主办有《郑州师范教育》社科版和理科版、《郑州师范学院报》等报刊。

腾飞正当时，风劲好扬帆。郑州师范学院正励精图治、锐意进取，积极建设中原一流、全国知名的普通本科师范院校，为中原经济区的发展做出新的贡献。

许昌职业技术学院

党委书记：袁海涛　　党委副书记、院长：晁召行

是经河南省人民政府批准，国家教育部备案的一所公办全日制普通高等专科学校，学院成立于 2001 年，从事高等职业教育和师范专科教育。2008 年 2 月被确定为河南省示范性高等职业院校建设单位，12 月顺利通过高等职业院校人才培养工作评估；2009 年 2 月被省教育厅批准试办示范性软件职业技术学院；2012 年 12 月被省教育厅、人力资源和社会保障厅、财政厅、发改委确定为河南省第一批职业教育品牌示范项目院校；2013 年 3 月被省教育厅确定为单独招生改革试点院校。

学院座落在曹魏故都许昌，校园绿树常青、绿草如茵，育人环境优美。学院新校区占地 1000 亩，建筑面积 35.98 万平方米。拥有现代化的教学、实训大楼和 80 多个实验实训室，有专用的校内实习工厂及校外实习基地。有先进的电教室、语音室、多媒体教学设备、计算机网络系统和设施良好的公寓式学生宿舍、食堂、标准体育运动场。图书馆藏书 80 多万册，各种中外期刊、电子期刊 5174 余种，电子阅览室可供 1000 多人同时阅览。

学院现有教职工 952 人，专任教师 851 人，其中具有研究生学历或硕士学位、博士学位的教师 201 人，教授、副教授及高级专业技术职务人员 192 人，“双师素质”教师 415 人。拥有河南省学术技术带头人、河南省教育厅学术技术带头人、省级教学名师、河南省职业教育教学专家、河南省师德先进个人、许昌市学术技术带头人、许昌市拔尖人才和院级专业带头人、骨干教师。目前，各类全日制在校生 16898 人。

学院设有信息工程系、机电工程汽车系、财贸经济系、人文系、艺术系、外语系、规划建筑工程系、园林园艺系和成人教育部、五年制部等 10 个系部和 1 个省级示范性软件职业技术学院。开设有机电一体化、汽车检测与维修、计算机应用、电子商务、财务管理、食品加工技术等 56 个专业，其中机电一体化技术和汽车检测与维修技术两个专业为省级教改试点专业；建筑工程技术、园林技术、机电一体化技术专业为河南省高校“专业综合改革试点”项目；计算机网络技术、汽车检测与维修、园艺技术、模具设计与制造、建筑工程技术专业为省级高等学校特色专业建设点；学院·NET 技术开发教学团队、文秘专业教学团队、机电一体化专业教学团队和旅游英语专业教学团队为省级高等学校优秀教学团队；《电控发动机检测与维修》、《园林植物》、《网站设计与制作》和《大客户服务与管理》课程为省级高校精品资源共享课程；《涉外导游英语》课程为国家教育部、财政部确定的国家级高校精品资源共享课程；学院计算机网络技术实训基地为中央财政支持的职业教育实训基地建设项目；现代工业技术及信息化实训基地为河南省高等职业教育示范性实训基地建设项目。

学院始终坚持以邓小平理论和“三个代表”重要思想为指导，认真贯彻落实科学发展观，遵循高等职业教育发展规律，秉承“以人为本，构建和谐校园；质量立院，培养高素质技能人才”的办学理念，优化资源配置，改善办学条件，增强办学实力，以人才培养工作为核心，加强内涵建设，紧紧围绕创建省级示范性高职院校和中原地区富有特色一流院校的办学目标，坚持以服务为宗旨，以就业为导向，走产学结合之路，形成了特色鲜明的专业体系和较为完善的人才培养机制，实现了规模、结构、效益协调发展。学院专业设置紧密联系区域经济社会发展需要，与富士康等省内外多家企业建立长

期合作关系,得到了企业行业的大力支持,在工学交替、校企合作、订单培养等方面迈出了坚实的步伐,形成了独具特色的办学模式。

学院的人才培养工作得到了学生、社会和用人单位的认可,2005 年被省劳动和社会保障厅、省教育厅认定为河南省高职院校毕业生职业资格培训工程实施基地;2007 年被河南省人事厅、河南省教育厅授予“全省普通大中专毕业生就业工作先进集体”荣誉称号;2008 年被省教育厅认定为河南省中等职业学校教师教育技术能力培训基地;2010 年被许昌市人民政府确定为职业教育攻坚工作先进单位和许昌市全民技能提升工程培训基地;2012 年被评为河南省职业教育攻坚工作先进单位;2013 年被许昌市人民政府表彰为全民技能提升工程先进单位。

(以上数据截止日期为 2013 年 12 月)

铁道警官高等专科学校

党委书记、校长:闫继忠 党委副书记、院长:郝宏奎

是公安部直属的我国唯一一所培养铁路警务人才的全日制本科院校。学院 1950 年经中央人民政府批准,由铁道部创建于北京,先后辗转沈阳、上海、西安、唐山等地办学,1980 年迁建河南郑州,开始举办全日制普通中专学历教育,1985 年开展全日制成人专科教育,1992 年与石家庄铁道学院联合举办普通专科教育,1999 年与石家庄铁道学院联合举办普通本科教育。2000 年,由铁道部划归公安部管理,改建为铁道警官高等专科学校。2013 年,经教育部批准,更名为铁道警察学院,开始举办全日制普通本科教育。

建校以来,学院为铁路公安机关培养各类毕业生 3 万余人,培训在职民警近 2 万人。目前,在全国 7 万多名铁路公安民警中,我校毕业生占 1/3 以上,大部分成长为铁路公安机关各级领导干部和业务骨干,20 余人被授予全国公安系统一级或二级英模荣誉称号,150 余人被评为“全国优秀人民警察”或荣获“五一”劳动奖章,万余人次立功受奖,涌现出了以“90 后最美学警”李博亚、“欧阳海式的好民警”雷宏、一级英模沈战东等英模校友群体,为铁路公安事业和铁路运输安全做出了卓越贡献,被誉为“铁道卫士的摇篮”。

学院占地 671.37 亩,校舍总建筑面积 15.71 万平方米,建有音视频侦查技术、心理测试技术、生化快速鉴别等基础和专业实验室 20 个,铁路站车查缉战术、模拟铁路派出所等实训室(场)34 个;在全国公安机关建立了 25 个实践教学基地;建立了“公安部警务实战训练铁警基地”。教学科研仪器设备总值 3639.60 万元,图书馆馆藏适用纸质图书 55.10 万册,电子图书 140 万册,建有现代电子图书系统、图书自动化管理系统。

学院始终坚持“政治建校、质量立校、特色强校、发展兴校”的办学方针,以服务铁路公安工作和队伍建设为宗旨,恪守“至诚、至公、敏学、笃行”的校训,实施严格的警务化管理,加强以忠诚教育为核心的人民警察核心价值观教育。开设有治安学、侦查学、公安管理学、刑事科学技术 4 个本科专业,侦查、治安管理、刑事技术、警察管理、信息网络安全监察、经济犯罪侦查、警卫 7 个专科专业。目前拥有河南省特色专业建设点 2 个,河南省综合改革试点专业 1 个,河南省教育教学改革试点专业 1 个;中央财政支持发展专业 2 个。

学院设有侦查系、治安系、公安管理系、公安技术系、法律系、公共基础教研部、铁路与公安基础教研部、政治理论教研部、警察体育与战术训练教研部等 9 个系部。在校生 4200 人。

学院现有教职工 416 人。专任教师 306 人,其中教授 31 人,副教授 72 人,拥有享受部级津贴专家 5 人,博士研究生导师 1 人,全国公安科技先进个人、省部级优秀教师、教学标兵等 11 人,河南省学术技术带头人 7 人,荣获二级英模荣誉称号教师 3 人,以及一批在铁路公安实战中发挥重要引领作用的专家;拥有由公安部“送教西部行”特聘教官、全国铁路公安技能考核评委、司法鉴定专家等组成的优秀教学和学术团队。

学院坚持将办学工作融入公安工作大局,融入

高等教育改革发展,不断深化教育教学改革,强化内涵建设,突出铁路特色,完善了学练一体、练战交融的“教、学、练、战一体化”教学模式;将一学年两学期制改为一学年四学期制,把铁路春运、暑运时段确定为校外实践教学学期,探索了校局合作、警学交替的“2+2”人才培养模式,教学、科研工作取得了丰硕成果。拥有国家级精品课程1门、省部级精品课程6门;获教育部高校校园文化建设优秀成果二等奖2项,省部级优秀教学成果奖一等奖3项、二等奖3项、三等奖6项,河南省教学技能竞赛一等奖4项、二等奖5项,公安部优秀教材一等奖1项、二等奖1项、三等奖4项,公安部优秀培训教材奖2项;主编国家级规划教材6种,主编、参编省部级规划教材9种;参加国家级专业教学资源库建设项目1项。近5年来,出版专著、教材72部;发表学术论文916篇,其中核心期刊论文173篇,CSSCI来源期刊论文46篇,被SCI、EI、ISTP收录论文9篇;承担各级各类科研项目500余项,其中省部级63项;获省部级科研成果奖1项,厅局级科研成果奖128项,被公安部列入科技成果推广计划1项,一批研究成果在公安实战中发挥了重要作用。学院司法鉴定中心每年鉴定各类刑事、民事案件500余起。在校学生先后获全国公安院校学生科技应用创新成果一等奖6项、二等奖11项、三等奖31项,全国计算机和信息技术类竞赛一等奖2项、二等奖4项、三等奖16项;获河南省大学生运动会团体和个人冠军34项、亚军14项。

依托校内、路内、国内三级实践教学平台,组织学生积极参加铁路春运、暑运安保工作和国内大型安保活动,履行了公安院校服务公安中心工作、服务社会的功能和责任。学院先后被公安部授予“全国公安系统抗雪救灾先进集体”和“北京奥运会、残奥会安全保卫工作先进集体”等荣誉称号,荣立上海世博会安保集体二等功、世界大学生运动会安保集体三等功。在校学生74人荣立个人三等功,820人受到嘉奖。毕业生具有较高的警察职业素养、较强的公安专业能力、过硬的铁路警务技能和牢固的专业思想,深受用人单位欢迎。

在公安部党委的领导下,学院将不断加强内涵建设,提高综合实力和办学水平,以特色创优势,以创新求发展,为推动转型发展、建设成为合格的公安院校而努力奋斗。

郑州华信学院

校长:赵国运　　党委书记:吴廷伟

是国家教育部批准设立的一所全日制民办普通本科院校,位于河南省政治、经济、教育、文化中心郑州市的南郊,这里东临京珠高速、京广铁路、石武高速铁路、新郑国际机场,西邻107国道,交通便利;这里又是中华人文始祖轩辕黄帝出生、建都之地,有着八千多年的裴李岗文化,五千多年的黄帝文化,二千七百多年的郑韩文化,历史悠久、文化底蕴深厚,如今已成为全球华人寻根拜祖的圣地。

学校实行多层次办学,目前学校为“一校两区”,占地面积2185亩,校舍总建筑面积57.54万㎡,图书资料173万余册。现有六个二级学院和6个教学系部,设置本科专业17个,高职高专专业39个(含对外合作办学专业3个),各层次在校生26000多人,形成了以工学为主,管理、医学、人文、社科等多学科协调发展的办学格局。

学校坚持依靠大师办大学的指导思想,经过多年的优化,已经形成了年龄结构、职称结构合理的教师队伍。现有专任教师797人,兼任教师459人,专任教师队伍中具有副高以上职称的教师258人,占专任教师总数的32.37%,具有硕士以上学位的教师256人,占专任教师总数的32.12%;兼任教师中,具有副高以上职称的教师165人,占兼任教师总数的35.95%,具有硕士以上学位的教师224人,占兼任教师总数的48.8%。学校主要培养面向生产、建设、管理、服务第一线需要的高级应用型人才。

学校校长赵国运教授提出的“笃诚勤奋,自强不息”的校训和“理论奠基、强化实践、激励创新、重在应用”的办学理念,已成为全校师生的共识,激励广大学生奋发学习,积极向上。学校坚持“教育以育人为本、德智体美以德育为先”的指导思想，确立了“三个一”素质培养目标，即养成一个好习惯，学到一门好专业，修养一个好品德，培养了一大批“健全人格＋复合专业＋实践技能”深受社会欢迎的实用型技术人才。

学校注重产学研结合，发挥特色优势，服务于区域经济社会发展。学校设立有“电工电子实训中心”、“模拟导游实训中心”等6个校级重点实验室，“建筑技术实训中心”为省级示范性实训基地建设点；建有“民办教育研究所”、“管理科学研究所”、“经济研究所”等3个人文社科研究基地，以及“建材技术研究中心”、“汽车技术研发中心”等2个科研开发机构。近三年来，学校承担了厅级以上教科研项目136项，荣获厅级教科研成果奖56项。

学校现有校内实验室122个，校内实习工厂4个，稳定的校外实习基地148个，教学仪器设备总值达9736万元。学校东校区建设有高标准的室内体育场馆、运动场和游泳馆，西校区体育运动场馆面积2.52万平方米，建有400米标准塑胶跑道、篮球场、排球场、文体中心等，体育设施齐全，教学、生活设施配套，网络服务完善，住宿条件优越。校园环境优雅，文化氛围浓厚。

学校经过十余年的发展，积累了丰富的办学经验，具备了优越的办学条件，形成了“校企一体、工学结合、资源共享”的办学特色，走出了一条企业集团投资办学的成功之路。目前学校进入建设高水平本科院校的新阶段，重点是加强学科建设和内涵建设。新校区现代化的建筑和一流的实验设备及更加完善的办学条件，将使华信学院插上飞翔的翅膀，成为中原大地上高校中一颗璀璨的明珠。

学校管理规范，办学实力、规模及社会声誉不断提升，先后荣获“河南省社会力量办学先进单位”、“河南省民办教育先进单位”、“郑州地方高校教育教学先进单位”、“郑州市民办教育办学先进单位”、“郑州市职业教育先进单位”、“河南省大中专毕业生就业工作先进集体”、“2009年在豫招生最具影响力的十大院校”、2010年获“中国教育科研网”全国民办高校考生报考热度排行榜第5名，河南省第1名，2011年获“河南省优秀民办高校”等荣誉称号。随着新校区现代化校园的建设并投入使用，办学条件不断完善，目前学校已进入建设高水平应用型本科院校的新阶段。

平顶山工业职业技术学院

党委书记：蔡志刚　　院长：任文杰

是由国家教育部、河南省政府批准的全日制普通高等职业院校，是首批国家示范性高等职业院校、全国文明单位、全国普通高等学校毕业生就业工作先进集体和河南省文明标兵学校。学院占地面积1454亩，建筑面积41.83万平方米，固定资产4.98亿，其中教学仪器设备总值1.43亿元。学院开设高职专业50个，其中，国家重点建设专业6个，省级教学改革试点专业7个，省级特色专业建设点6个，各类在校生2.3万余人，其中，高职在校生15665人。现有教职工921人，专任教师672人，具有高级职称教师169人，其中，国家级教学团队1个，省级教学团队3个，省级教学名师3人，省级学术技术带头人13人。

学院教学设备齐全。建有院士实验楼、中央支持的煤矿安全实训基地、河南省政府支持建设的瓦斯防治实验室、中国平煤神马集团国家级技术中心重点实验室、国家二级安全培训基地。拥有与设置专业配套的、具有真实场景的实验、实训室（车间）98个，校外实习基地96个，设有省内最大的职业技能鉴定站。图书馆藏书97.6万册。建有51个多媒体教室、4个标准化学生食堂和26幢标准化学生公寓。体育运动设施完善，拥有现代化运动场、体育馆、网球场等体育教学设施，为学生提供了良好的学习环境和生活环境。

在近40年的办学实践中，学院始终坚持“以人为本，质量立校，让每个学生走向成功”的办学理念，注重学生整体素质的提高和职业技能的培养，已向企业和社会输送各类毕业生3.1万人，为企业培训在职人员5.6万余人,煤炭行业主体专业毕业生实现100%就业,行业相关专业毕业生就业率保持在95%以上。

"十二五"时期,学院将主动适应经济发展方式转变和企业社会发展需要,坚持稳定规模、优化结构、提高质量、培育特色的发展思路,深化"一本两翼"发展战略,着力推动现代职业教育体系建设,重点做好"十个衔接"、"五个对接",力争把学院建设成为国内一流、国际有影响的现代化高等职业院校。

周口职业技术学院

党委书记:杨箴红　　院长:张卫宪

是经河南省人民政府批准成立,国家教育部备案,具有普通高等学历教育招生资格的全日制公办高等职业技术学院。

学院坐落在"三皇故都"周口市,地理位置优越,校园环境幽雅,师资力量雄厚,教学设施完善。学院占地面积1325亩(北校区806亩,南校区519亩),总建筑面积24.7万平方米,固定资产总值4.4亿元,馆藏图书68.6万册,教学仪器设备总值4908万元,校内实验实训场所117个,校外实习实训基地68个,多媒体教室和语音室座位3024个,教学用计算机1013台,标准田径运动场3个,篮球、排球、乒乓球、网球等运动场地齐全。学院现有教职工723人,其中新世纪百千万人才工程国家级人才1人,国家级有突出贡献的中青年专家1人,享受国务院特殊津贴专家1人,外聘知名专家学者94人,省市级拔尖人才30人,专任教师486人;技师14人;副高以上职称125人,双师素质教师168人,具有博士学位的教师26人;有研究生学历和硕士以上学位的150人。近年来,共承担国家、省(市)级科研成果62项,主编(参编)教材87部,发表论文916篇。学院现设8个系,35个全日制高职专业,在校生12000余人。现已发展成为一所集普通专科教育、成人专科教育、远程教育、技术培训为一体的优秀高等职业技术学院。

学院立足周口,面向河南,辐射全国,为区域经济发展和新农村建设服务,赢得了社会的广泛赞誉:先后荣获"河南省文明单位"、"河南省园林单位"等称号;在"河南省高职高专人才培养工作水平评估"中荣获优秀等次,被河南省教育厅批准为"河南省示范性高职院校"建设单位、"河南省首批语言文字规范化示范学校"、"河南省高等职业教育示范性实习实训基地"、"河南省依法治校示范学校"。

2013年,学院面向河南、山西、山东、河北、安徽、陕西、甘肃、内蒙古等省区招收高中(中专)毕业起点的普通专科生。

河南司法警官职业学院

党委书记:李金华　　院长:董世平

位于郑州市文化路北段,是以高等司法警官教育为主、多种职业教育并举,培养应用型、复合型人才的专科层次的全日制普通高职院校,隶属于河南省司法厅。

学院占地606亩(含正在建设的郑东新区龙子湖高校园区新校区),拥有教学楼、干训楼、办公楼、学生公寓、学生餐厅、浴池等主体设施,以及警体训练、驾驶培训、刑侦实验、司法鉴定中心、心理咨询与测试、模拟法庭、计算机教室、射击馆、运动场、图书馆等教学实验、实践设施和场所。图书馆现有藏书50余万册,电子阅览室设备先进、功能齐全,可满足师生教学科研和学习需要。学院就业信息网站为毕业生提供就业政策发布、信息共享、网上招聘、优秀毕业生推荐、远程面试、就业指导咨询、职业测评等就业服务。学院设有法律系、监所管理系、警察学系、司法行政系、信息技术系、基础部和警体部等七个教学系(部)。有刑事执行、司法警务、安全保卫、警察管理、法律事务、法律文秘、司法助理、法律事务(社区矫正方向)、会计、计算机应用技术、心理咨询、司法鉴定技术、法律事务(企业法律顾问方向)、社会工作(法律服务方向)等专业。学院开设的社区矫正专业被批准为省级特色专业,《商法原理与实务》被评为省级精品课程。目前,全日制在校生6000多人,生源遍布河南、山东、山西、陕西、安徽、河北等多个省。

学院拥有一支业务能力强、学术水平高的师资队伍。近年来,学院教师共主编、参编教材300余部,出版专著50部;发表各种学术论文1000余篇,其中获奖论文200多篇;完成各类科研课题160项,获地厅以上科研成果奖150多项,省部级以上成果奖100余项。学院公开出版发行的《河南司法警官职业学院学报》,为广大师生进行学术研究与交流提供了重要阵地。

学院确立了“以质量求生存,以特色求发展”的办学理念,不断探索实用型人才培养模式,加强实践性教学环节。除了在课程设置、教学上体现专业特色外,学院还在学生管理上形成了符合警察类院校实际的警务化管理模式。不仅增强了学生的组织纪律观念、团队意识,也培养了学生严谨务实、雷厉风行的作风和积极向上的精神。建校20多年来,学院共为社会培养层次毕业生近2万多人。历届毕业生中,多人立功受奖,绝大部分已成为所在单位骨干。

近年来,学院先后被授予“省级文明学校”、“省级文明标兵学校”、“省思想政治工作先进单位”和“省级文明单位”等荣誉称号,还被国家司法部荣记集体一等功。由于办学特色鲜明,学院先后被评为“2008河南公众最满意的十佳高职高专院校”;“2009河南最具影响力的高职高专类十大教育品牌”;2010年被评为河南省行风建设先进单位;2011年被评为“河南高职高专院校综合实力20强”;2012年荣获“中原经济区建设最佳服务高校”称号。

为适应办学规模不断扩大的需要,学院正在郑东新区龙子湖高校园区建设新校区。即将建成的新校区,为广大学员提供更加舒适的学习生活环境,也将为学院的进一步发展提供更加广阔的空间。

河南工业职业技术学院

党委书记:唐伯武　　院长:李生平

坐落在国家历史文化名城、中国优秀旅游城市——南阳。创建于1973年,时名五三一机械工业学校,1978年更名为中原机械工业学校,2001年经河南省政府批准升格为独立设置的全日制高等学校,2010年被省政府确定为“重点支持建设的示范性高职院校”,被教育部、财政部确定为“国家骨干高职院校立项建设单位”,被人力资源和社会保障部授予“国家技能人才培育突出贡献奖”。学院先后隶属于第五机械工业部、兵器工业部、机械工业委员会、机械电子工业部、兵器工业总公司和河南省人民政府。在长期服务军工中形成了鲜明的军工办学特色:大力弘扬军工精神,培养具有“忠”、“毅”品性的人;牢固树立军工标准意识,培养具有“严”、“细”作风的人;高度重视军工质量文化建设,培养具有“精”、“优”质量观念的人。

学院占地658亩,建筑面积41.4万平方米,固定资产总值4.34亿元,有全日制在校生13000余人。现有机械工程系、机电工程系、汽车工程系、电气工程系、电子工程系、计算机工程系、建筑工程系、建筑环境设备工程系、化学工程系、经济管理系、外语系、光电工程系、基础科学教学部、社会科学教学部、体育教学部、艺术教育中心16个教学系部和软件职业技术学院、继续教育学院、星光机电学院、中光学光电学院、前进化工学院等二级学院。开设有40个高职专业,其中4个军工特色专业,5个省级特色专业,3个省级教改试点专业。学院有教职工810人。专任教师中,博士、硕士学历教师260人,教授、副教授、高级工程师153人,享受国务院政府特殊津贴专家3人,省管优秀专家、省学术技术带头人12人,河南省教学名师3人,国家级教学团队1个,省级教学团队两个,专业课教师中"双师素质"占75.4%。同时,学院从企业聘请专业技术人员260多人担任兼职教师,聘请中国科学院院士杨叔子,工程院院士张勇传、潘垣,"中华技能大奖"获得者、"中国十大高技能人才楷模"鲁宏勋等人为客座教授或兼职教师。近年来,教师主、参编教材168部,发表论文1500多篇,荣获国家精品教材2部,获得地(厅)级以上科研奖励570多项。

学院坚持教学中心地位,与行业企业共同制订专业人才培养方案,参照职业岗位任职要求,以职业能力和职业素质培养为核心进行课程设计与开发,积极探索实施"项目导向""任务驱动""实践先导""工作室培养""导师制培养"等教学模式,有《建筑装饰设计》、《建筑工程计量与计价》、《建筑装饰材料与实务》、《单片机技术应用》4门国家级精品课程,《机械制造基础》、《建筑设计》、《计算机应用基础》、《现代供配电技术》、《数控机床故障诊断与维修》、《商务英语函电》、《机械设计与应用》7门省级精品课程,11项河南省高等教育教学成果奖。

学院重视学生职业能力培养,建有集教学、培训、技能鉴定和技术服务等功能为一体的机械类、电气类、电子类、光电类、建筑类、计算机类、管理类实验室、实训室150多个。同时,与军工和地方大型企业合作建立了280多个校外实训基地,满足了实践教学和学生顶岗实习需要。学院是教育部、财政部确定的中央财政支持建设的数控技术实训基地和计算机应用与软件技术实训基地,是全国首批15家国防科技工业职业教育实训基地之一。

学院是教育部等六部委确定的"国家数控技能型紧缺人才培养培训基地"、"国家职业技能鉴定所",是"河南省高技能人才培训基地"和"剑桥商务英语(BEC)考点"、"再就业培训定点学校"。可以开展车工、钳工、铣工、焊工、车辆运行与维修、建工类施工员、维修电工、计算机系统操作工、火炸药药理分析工等40多个工种的职业技能鉴定与培训工作,毕业生双证率达100%。

学院高度重视学生的就业问题,学生就业服务大厅为学生就业等提供了"一站式"服务,为学生开辟了一条"诚信、稳固、快捷"的就业通道,实现了毕业和就业的零距离,并且是深圳华为公司、富士康科技集团、中国电子科技集团公司第27研究所、中铁11局、宇通公司、永煤集团、平高集团、中信重型机械公司等60多家企业的优秀合作院校,毕业生一次就业率连年保持在98%以上。

近年来,学院荣获"国家技能人才培育突出贡献奖"、"国家骨干高职院校建设单位"、"全国职业教育先进单位"、"全国军工文化教育基地"、"国家国防科技工业军工文化教育基地"、"全国群众体育先进单位"、"河南省文明单位"、"河南省职业教育先进单位"、"河南省职业教育攻坚先进单位"、"教育部高职高专院校人才培养工作水平评估优秀院校"、"河南省普通高等学校德育工作评估优秀单位"、"河南省文明学校"、"河南省高等学校先进基层党组织"、"河南省大中专志愿者暑期"三下乡"社会实践活动先进单位"、"河南省普通大中专毕业生就业工作先进集体"、"河南省职业道德建设先进单位"、"河南省依法治校示范校"、"河南省学校行风建设先进单位"、"河南省最具特色的十佳职业院校"、"河南省军工系统党建和思想政治工作先进单位"等多项殊荣。《中国教育报》、《中国职业技术教育》、《河南日报》、《河南教育(高教版)》、河南电视台、南阳电视台、《南阳日报》、《南阳晚报》、光明网等媒体多次介绍学院的办学成就,对学院的特色办学和办学经验给予了充分的肯定。原国家教委副主任何东昌,教育部原副部长张保庆,国家督学郭长宇,原兵器工业总公司总经理来金烈,河南省原省委书记马忠臣等领导先后到学院指导工作或题词鼓励,肯定学院的办学成绩,对学院的发展寄予了厚望。

目前,学院正以科学发展为主题,以国家骨干高职院校建设为主线,以改革创新促进全面发展,以校企合作增强办学活力,以工学结合促进人才培养质量提高,以社会服务促进办学功能发挥,以军工特色打造高职教育品牌,乘着国家大力发展高等职业教育的东风,向着更加美好的明天阔步前进!

郑州经贸职业学院

党委书记:耿富德　　院长:王新民

地处河南省会郑州市,是经河南省人民政府批准、教育部备案的一所全日制民办普通高等院校。学院现有两个校区,老校区位于郑州市航海西路108号,新校区位于郑州市惠济区天河路19号,共占地900余亩,地理位置优越,交通便利。学院现有7系3部,在校生近万人。

学院坚持以服务为宗旨,以就业为导向,以育人为根本。确立"坚持一个中心、抓住两个重点、实行三大战略、推进四项建设"的工作思路。即坚持教学中心地位,抓住职业能力培养和思想道德培养两个重点,实行质量立校、人才强校、依法治校三大战略,推进突出财经和信息类为重点的专业建设、突出"双师"素质的教师队伍建设、突出应用技能的教学改革与建设、突出加强实践教学的基础设施建设。坚持质量、规模、效益的统一,打造高素质技能型经贸人才培养基地。

全面贯彻党的教育方针,坚持社会主义办学方向和教育公益性原则,依法办学;遵循高职高专教育规律,以服务为宗旨,以就业为导向,以提高教育质量为重点,走产学结合的发展道路;培养拥护党的基本路线,基础素质优良、必备知识扎实,适应生产、建设、管理、服务第一线需要的德、智、体、美、劳全面发展的高素质技能型专门人才,努力办好人民满意的高职教育,为建设中原经济区和地方经济社会的发展做出贡献。

学院占地面积900余亩,建筑面积约57万平方米。基础设施完善,校内建有功能先进的各类实验实训室62个,有校外实习实训基地125个,其中会计电算化和计算机应用技术两个专业的实训基地被教育厅确定为河南省高职教育示范性实训基地建设项目。学院现有教学用计算机2574台,多媒体网络教室和多媒体语音室4个,图书馆藏书133万余册,覆盖各系部、实验中心和学生公寓的千兆校园网已与国际互联网链接,使我院教学及各项管理手段实现了规范化、现代化、信息化,学生宿舍全部实行公寓化管理,有学生食堂5个,学院建有塑胶田径场、篮球场、排球场、网球场、绿荫足球场等各类现代化体育设施,能够很好的满足体育教学和学生体育锻炼需要。

经多年的发展,学院已形成一支数量充足、结构合理、师德高尚、素质优良的师资队伍。现有教授、副教授、讲师等专职教师570名,研究生学历和学位的教师190名,聘请各类专业技术水平高的实践课指导教师40名。学院现承担46项厅级以上研究课题,3项教学改革课题通过省级鉴定,1项获得省级优秀成果二等奖。近几年来,教师发表论文419篇,主编、参编各种著作与教材94部。教师的学术水平不断增强,科研成果硕果累累,成为青年学生健康成长的指导者和引路人。

良好的学风、校风和科学的管理制度,优质的教学质量、特色化的办学定位为学院赢得了较高的社会声誉,学院先后获得"河南省文明学校"、"河南省民办学校先进单位"、"市级文明单位"、"郑州市花园式单位"、"郑州市先进团委"、"全国1+N复合型人才职业培训十佳教学基地"、"河南省教师培训年活动先进单位"、"河南省依法治校示范校"、"河南省教育管理年先进单位"等荣誉称号,在2008年进行的教育部人才培养水平评估中被评为优秀,同时在2010年被评为"诚信办学单位"和"河南考生心目中最理想的高校"。

办学十几年来,学院不断发展,随着2010年学院北大学城新校区的建设顺利进行,一座崭新的高等学府将屹立于中原大地。厚德砺志笃学敏行塑造优秀经贸人才,团结勤奋求实创新开拓你我锦绣前程,开放而富有活力的郑州经贸职业学院热忱欢迎广大有志青年报考!

以全日制高职教育为主,围绕培养社会主义现代化建设和全面建设小康社会需要的高素质技能型专门人才的目标,建设教育教学质量优良、特色鲜明的民办高等职业院校。坚持以服务为宗旨,以就业为导向,依托行业,立足郑州,服务河南,辐射全国,为河南及全国输送具有高尚思想品德,良好文化素养,专业理论扎实,较高职业技能,综合素质高的合格毕业生。

学院把工学结合作为人才培养模式改革的切入点,大力推进校企合作、顶岗实习、工学交替、订单式培养等不同的产学结合办学模式。注重教学过程的实践性、开放性和职业性。如计算机系与上海大数智能系统有限公司联合开办电脑艺术设计专业(动漫方向),与翰子昂集团共同开办了软件技术特色班,会计系与河南百业会计咨询公司、郑州万锦财务咨询公司等企业合作,经济系与阿里巴巴网站签订电子商务合作方向,建筑工程系与帝湖花园、金色港湾等10多个建筑工地合作,一些合作单位不但与学院实现实习实训合作,还签订订单培养协议,选拔优秀毕业生。为更好推动工学结合培养模式,校企合作单位还派出具有丰富实践经验的技术人员、管理人员来我院讲学,指导学生实训和顶岗实习,把产学结合落实到人才培养的全过程。通过校企合作使职业教育与社会实践紧密结合,学校培养与社会需求保持一致;通过顶岗实习,学生提前接触到工作岗位,既促进了自身职业能力的锻炼和提高,又为企业发展做出了贡献;通过工学交替,将学习和职业岗位提前结合在一起,学生学习效果显著;通过订单式培养,使培养的人才更符合企业生产实际,从根本上解决了"对口"就业难的问题。

学院始终坚持职业教育与职业技能培训和鉴定的衔接,大力推行"双证书"制度,将职业技能要求纳入教学计划,建立了职业技能测试试题库,对学生进行强化训练,学生在毕业前一般都能掌握从事该职业的核心技能,为学生就业奠定良好的基础。通过组织学生参加职业资格证书的培训和考试,学生提前接触到职业氛围,对职业岗位要求有了感性认识,使学生毕业前均能考取相关职业技能证书或从业资格证书。学院目前有职业技能培训点、考点12个,可使学生参加导游、营销员、电子商务师、网页设计师、造价员、会计电算化、秘书等36种资格证书的鉴定与考试。这些考点和培训点的设立,为学生顺利就业创造了有利条件。

学院以职业素质教育为核心,全面推进素质教育,成立素质教育工作领导小组,制定了《大学生素质教育培养方案》、《大学生素质拓展证书实施办法》等系列文件,把素质教育贯穿于学生在校教育的全过程。多途径加强职业道德教育和法制教育,重视培养学生的诚信品质、敬业精神、责任意识和遵纪守法意识。坚持以"两课"教学为主渠道,以丰富多彩的科技文化活动为载体,积极组织学生开展社会实践活动和志愿服务。将人文素质教育纳入教学计划,举办内容丰富的人文知识讲座。成立心理咨询室,积极开展学生心理健康教育和心理疏导。

倡导学生"参加一个社团,培养一种兴趣,掌握一项技能",引导学生社团发挥"繁荣校园文化,全面提高素质,培养团队精神,促进学生成才"的作用。全院现有24个学生社团,其中物流协会在同类院校中享有较高的声誉,成功举办了河南省首届中原高校物流节,青年志愿者协会和圆梦文学社多次被河南省教育厅、团省委评为大学生优秀社团。

学院十分重视毕业生就业指导工作,坚持"全员参与、全程指导、全方位服务"的就业工作方针。始终把就业教育和指导贯穿于学生从入校到毕业的全过程,做到三年不断线。一年级进行专业教育,二年级进行职业规划设计,三年级进行就业素养及技巧教育,有针对性地指导学生择业、就业和创业。

学院注重全方位提供就业信息,建立就业信息网,定期举办"毕业生就业洽谈会"以及大中型企业用人专场招聘会,邀请各地用人单位到校直接与学生面谈,双向选择,签订就业协议。在广州、苏州、无锡、深圳等经济发达地区常年设立实习就业联络站,在长三角、珠三角设立了就业办事处,为我院毕业生提供了充分的就业保障。2008年、2009年和2010年三年毕业生平均就业率为94.05%,高于同类院校的平均就业率。

同时学院还积极推进学校与企业之间开展多种合作,先后与上海大数集团、福建荣誉集团、河南思念果岭集团、郑州八方物业公司、河南豫鑫物流公司、郑州全日通物流公司、雅芳(中国)郑州地区配送中心等单位建立了长期的用人关系。我院毕业生以其综合素质高、适应性强而备受用人单位的普遍欢迎和好评。

河南检察职业学院

党委书记:张永健　　院长:万忠宪

是经国家教育部备案批准的全国检察机关唯一一所面向社会招生的全日制普通高等院校,与国家检察官学院河南分院一个机构两个牌子。学院隶属于河南省人民检察院,目前开展有普招大专、成人大专、与中国政法大学联办成人本科班、研究生班、与国外合办专科、本科、硕士连读等多层次学历教育,目前全日制大专在校学生近4000人,是培养优秀检察官和国家法治人才的摇篮

学院位于河南省郑州市新郑龙湖大学园区,占地1018亩,规划设计总建筑面积18万平方米,预计投资2.9亿元,拟建教学楼、办公楼、培训楼、综合服务楼、图书馆、体育场、学生宿舍、学生餐厅、洗浴中心等,目前第一期工程已经竣工并投入使用。教学设备有多媒体电化教室、微机室、痕迹检验实验室、文字检验实验室、刑事照相实验室、语音室、模拟法庭等,教室和会议室均配有彩电和教学音像设备,教学实验仪器设备价值近2千万元。学生公寓设有暖气、阳台、卫生间,配有电话、因特网接口等设施,全部实行社会化管理,全力为学生打造宾馆式的住宿条件、就餐环境,将建成一所高标准、正规化、现代化、生态化、园林式的高等本科院校。

学院拥有一支经验丰富、治学严谨、爱岗敬业的高水平教师队伍,拥有大批优秀的教学、科研和管理人才,连年大力引进高学历、高水平人才,具有研究生以上学历教师占专任教师比例达到78.9%。学院在河南省各市检察院及部分县、市、区检察院设立教学实习基地40个,为检察机关培养了一大批高素质、专业化、应用型人才。

河南教育学院

党委书记:刘金海　　党委副书记、院长:李金铭

是全省唯一的一所以培养培训中小学教师、教育行政干部为主的省属成人本科高等师范院校,前身是成立于1955年的河南省教育行政干部学校,1978年正式设立为河南教育学院。学院坐落在“中国八大古都”之一的郑州市,地理位置优越,交通信息便捷,环境氛围优雅,是青年学子读书学习的理想场所。长期以来,学院坚持立足基础教育,服务基层,走内涵发展和特色办学道路,逐步形成学历和非学历教育并重,普通和成人教育并举,职前和职后教育一体的办学格局。

学院拥有纬五路和龙子湖两个校区,占地676083.38平方米,建筑面积318099.34平方米,教学科研仪器设备总值4413.88万元,馆藏图书89.1万册。建有高标准的教学大楼、行政管理中心、学生餐厅等;建有标准田径运动场1个,篮(排)球场25个,网球场6个;投入800余万元推进数字化校园建设,大大提高了学院教学、科研和管理的信息化程度。现有全日制在校生8800人,专任教师518人。教师中,正高级职称教师50人,副高级职称教师112人,硕士学位以上教师269人,兼职博士生、硕士生导师18人。国家级模范教师、国家优秀教师5人,享受省管专家津贴3人,省教育厅学术技术带头人26人。设有15个系、5个二级学院、2个教研部。承担省级教育教学改革项目11项,拥有省级教育教学改革试点专业2个,省级特色专业3个,省级精品课程3门。学院教学科研成果丰硕。2008年以来,我院相继以优异的成绩通过了省教育厅组织的高职高专人才培养工作水平评估、大学生就业工作水平评估、高校党建工作水平评估和学报工作水平评估。2007—2011年,

学院共承担国家自然基金项目3项、国家社科基金项目2项、省部级以上科研课题112项、市厅级课题373项;发表学术论文2千余篇,其中国外期刊和中文核心期刊450篇,被SCI、EI、ISTP收录论文90篇。出版学术著作142部;获省级优秀成果奖9项,厅局级优秀成果奖270项,植物新品种保护1项。学院小麦育种中心在王世杰博士的带领下研发的豫教系列小麦新品种相继在河南、安徽、湖北等地推广种植面积达1500万亩,社会经济效益显著。《河南教育学院学报》哲学社会科学版先后荣获"全国百强社科学报"、"中国人文社会科学学报核心期刊"等荣誉称号。

为顺应教师教育培养培训一体化的办学趋势,学院从1993年开始举办普通专科教育,先后开设有语文教育、数学教育等25个专业。2004年开始举办普通本科教育,先后开设汉语言文学、英语教育等12个专业,积累了较为丰富的普通本科教育教学经验,提高了学院的办学层次。

学院担负着为我省基础教育培养培训师资和教育行政干部的主要任务,是河南省教师教育的重要基地。河南省中小学教师继续教育中心、河南省教育干部培训中心、河南教师教育研究中心、全国中小学教师继续教育网河南总站等机构均设在我院。学院以此为依托,共培养培训出具有良好政治素质和业务素质的中小学教师、教育行政干部及其他专业人才32万余人。

学院人才培养工作得到了社会各界的广泛认可和欢迎。生源质量连年提高,就业形势逐年看好,毕业生平均就业率位居我省高校前列。先后荣获"全国成人高等教育先进学校"、"河南省成人高等教育先进学校"、"河南省省级文明学校"、"郑州市级文明单位标兵"、"河南省五好党组织"、"河南省大学生就业工作先进集体"、"普通高等学校招生工作先进集体"、"全国模范职工之家"。在河南日报和大河网组织的评选活动中,学院连续三年进入"河南本科院校综合实力20强"行列。2012年4月,由河南日报报业集团主办的第三届(中部)高等教育发展高端研讨会上,我院获得2012年度河南最具就业竞争力示范院校称号。

省直社科研究机构

中共河南省委党史研究室

中共河南省委党史研究室,系中共河南省委直属事业单位;既是中国共产党历史研究部门,又是省委主管党史业务的工作部门。主要职能:贯彻中央和省委关于党史工作的指示、决定和部署,制定党史工作规划,指导和协调全省党史工作。进行党史研究,为解决重大党史事件、重要党史人物有关问题提供咨询和意见,为省委决策服务。负责中共河南党史资料的征集、整理和编纂;负责市、县党史史稿的审查工作。负责中共河南党史、河南各革命根据地史、河南党史专题研究丛书、河南党史人物传丛书和《党史博览》等重要书刊的编辑、撰写、协调、审查和出版发行工作。组织开展党史、革命史的宣传教育,参与举办重大党史事件和重要党史人物的纪念活动。组织全省党史系统课题研究和业务骨干培训。指导河南省中共党史学会、河南省中共党史人物研究会、河南省延安精神研究会等党史学会和研究会的工作。承办省委和中央党史研究室交办的其他事项。

中共河南省委党校(河南行政学院)

中共河南省委党校(河南行政学院)是河南省委、河南省政府直属正厅级事业单位,是省委、省政府直接领导下的培养党员领导干部、理论干部和中高级公务员的学校。河南省委党校始建于1949年7月1日。1996年3月12日,河南行政学院正式在河南省委党校挂牌,与党校实行统一领导、统一管理、一个机构、两块牌子、两种职能并存的办学体制。

省委党校实行校务委员会领导体制,行政学院设立党组。省委副书记邓凯兼任校(院)长,日常工作由常务副校(院)长、党组书记主持。

学校现有处级部门25个,其中参照公务员管理部门13个,教学部门9个,教辅部门3个;教职工402人,其中正高级职称人员29人,副高级职称人员63人;享受国务院特殊津贴专家6人,河南省优秀专家6人,省学术技术带头人10人,省青年社科专家5人,省宣传文化系统“四个一批”人才6人。

2011年以来,特别是新校区投入使用以来,河南省委党校(行政学院)全面贯彻落实科学发展观,紧紧围绕省委、省政府工作大局,着眼争创全国一流省级党校和全国文明单位的奋斗目标,开拓创新、务求实效,各项事业取得了新进展,较好发挥了干部培训主渠道和学习宣传研究马克思主义、毛泽东思想、中国特色社会主义理论体系的主阵地及省委、省政府科学决策的思想库作用。2011年以来,我校累计举办主体班次104个,培训干部6021人次;承办社会培训班次109个,培训学员24148人次,圆满完成了各项培训任务。先后荣获全国党校系统教材建设优秀奖、全省自主选学优秀培训机构、十八届三中全会精神宣讲工作先进集体称号,在中组部对全国组织工作满意度民意调查中,我省干部教育培训工作的满意度连续两年名列全国第四位;连续三年被省委宣传部评为河南省重点社科研究基地先进单位,连续两届获得全国党校系统科研工作进步奖,4名同志荣获全国党校系统优秀科研管理工作者奖;中标国家社科基金项目20项,位居全国省级党校前列;中标省部级科研项目114项,获得省部级优秀科研成果一、二、三等奖73项,教研人员在省部级以上报刊发表学术文章1800余篇;《学习论坛》成功入选全国中文核心期刊,连续两年全文转载量位居全国党政干部院校学报首位,连续三届荣获河南省20佳期刊和河南省一级期刊。

河南省委党校(行政学院)是连续三届省级文明单位。

河南省人民政府发展研究中心

河南省人民政府发展研究中心(河南省农村发展研究中心)是省政府领导下从事综合性政策研究和决策咨询服务的研究机构,为省政府直属参照公务员管理的事业单位,机构规格正厅级。

主要职能:开展对全省国民经济和社会发展的全局性、长期性、战略性、综合性问题的研究,为省委、省政府提供决策建议和咨询意见,为制定全省中长期发展规划和行业、区域发展政策提出建议。研究国民经济发展动态,分析宏观经济形势,对全省经济发展趋势进行定量研究和中长期预测。研究计划、财政、金融、税收等经济调节手段的综合运用和体制建设问题,对宏观经济政策的综合运用提出意见和建议。研究全省产业发展状况和发展趋势,提出产业发展规划、产业政策、优化结构、提高效益、加快发展的建议。研究我省经济社会发展的新情况、新问题,探讨经济社会良性运行、协调发展的机制和途径,为国民经济和社会的可持续发展提供对策建议。按照省委、省政府的有关部署,组织、协调有关部门、地区、科研院所、大专院校,围绕跨行业、跨部门、跨领域的重大经济社会问题进行研究和论证。接受委托与或组织对有关部门和地区发展规划的研究、论证,提出意见和建议。承办省委、省政府交办的其他事项。

河南省社会科学院

河南省社会科学院成立于1979年12月,是省委、省政府直属事业单位。按照河南省三定方案的职能定位,省社科院是"我省哲学社会科学研究的最高学术机构和全省社会科学综合研究中心"。承担着服务省委省政府决策、推进理论创新、弘扬中原文化等任务。

目前全院设8个职能处室,10个研究所:经济研究所、工业经济研究所、农村发展研究所、城市与环境研究所、金融与财贸研究所、政治与法学研究所、社会发展研究所、哲学与宗教研究所、中原文化研究所、历史与考古研究所;3个杂志社:《中州学刊》、《区域经济评论》、《中原文化研究》;1个文献信息中心。还设有河洛文化研究中心、中原文化研究中心、河南经济研究中心(中原崛起研究中心)、河南省廉政理论研究中心、河南省姓氏祖地与名人里籍研究认定中心、河南省工业发展研究中心等。

全院拥有研究员38人,副高职称人员44人,博士、硕士学位人员114人;享受政府特殊津贴专家31人,河南省优秀专家22人,河南省学术技术带头人25人,全国宣传文化系统"四个一批"人才1人,河南省宣传文化系统"四个一批"人才13人;建院30多年来,坚持以科研为中心,累计承担国家、省社科基金项目400多项;发表论文8000多篇;出版学术著作800部,为省委、省政府提供应用对策研究报告2000余篇,获得国家级、省部级奖励230多项。

近年来,河南省社科院深入贯彻落实中央和省委繁荣发展哲学社会科学的精神和要求,坚持和巩固马克思主义在意识形态领域的指导地位,以当好省委省政府"思想库"为己任,不断深化改革,推进科研转型，在服务全省工作大局中找位置，在助推中原崛起中显身手，开展了一系列具有全局性、战略性、前瞻性的研究，提出了许多有重要价值的对策和建议，为建设中原经济区、加快中原崛起河南振兴提供了有力的理论支持，赢得了领导的认可、业界的认同和社会的尊重。

加大科研转型力度，明确自身职能定位。认真贯彻落实中央关于"地方社会科学研究机构应主要围绕本地区经济社会发展的实际开展应用对策研究，有条件的可开展有地方特色和区域优势的基础理论研究"的基本定位，加大科研转型力度，以服务现实为着眼点，以应用对策研究为主攻方向，追踪研究河南社会发展中的热点难点问题，着力从战略、宏观、全局角度为省委、省政府决策服务。同时，注重横向联合，延伸服务触角，深化院市合作、院厅合作、院企合作，为地方政府和有关部门提供决策依据。为适应科研转型的需要，加大学科调整步伐，逐步建立起以应用对策研究为主体、以特色理论研究为支撑、以重点和优势学科为依托的科研体系；每年组织开展大型省情调研活动，积极建设中国社科院国情调研河南省基地，增强对国情省情的把握；创办直接反映专家学者研究成果和对策建议的内刊《领导参阅》和《科研专报》，实现对策研究与领导决策的"对接"，更好地为省委、省政府决策服务；深入开展对中央和省委重要会议精神的研究和宣传，把中央和省委的重大政策宣传到位、解释到位、引导到位，努力推进社科理论研究贴近实际、贴近生活、贴近群众。

强化应用对策研究，提高咨政服务水平。为切实加快科研转型，围绕中原崛起做文章，建立快速反应机制，开展一系列应用对策研究，为中原崛起建言献策。尤其是在中原经济区研究中，抽调多名专家学者参与省委省政府组织的中原经济区重大课题研究和文件起草，参与编制华夏历史文明传承创新区发展规划等，组织开展中原崛起总体战略系统化研究等重大课题，及时撰写出版《中原经济区研究》、《中原经济区策论》和探索中原经济区"两不三新"科学发展之路的理论著作，适时在"三报一刊"等中央媒体发表了《积极探索"三化"协调发展之路》、《中原崛起与中国特色社会主义道路》、《破解科学发展难题的创新举措》等10多篇理论文章，解疑释惑、交流探讨，为推进中原经济区建设提供了有力的理论支持，成为省内公认的中原崛起和中原经济区研究中心。

全面推进学术创新，不断推出精品力作。围绕出大力、出大作、出大家，以申报国家、省和院三级课题出版学术精品、发表高质量论文为重点，凝结创新成果，搭建学术平台。积极开展有河南特色和区域优势的基础理论研究，深化以炎黄文化、河洛文化、姓氏文化为代表的"根"文化研究，加强老子文化、墨子文化、易学文化研究。2011年，立项国家社科基金项目10项，在全国地方社科院中居第二位。以系列蓝皮书为载体，打造继《中州学刊》等之外的又一学术品牌，目前已推出经济、社会、文化、城市、工业五个系列。以"学术文库"等形式，鼓励科研人员专注学术方向，提升学术素养，推出精品力作，目前已陆续出版多部专著。以"青年学术成果奖"等形式，发现和培养崭露头角的学术新秀，培养各学科各专业的领军人物和有较高素质的后备人才。为积极营造有利于新思想、新观点、新理论和新人才脱颖而出的学术氛围，河南省社科院不断修改完善考核评价、精品奖励、职称评聘等规章制度，以激发科研人员的积极性和创造性。

展望未来，河南省社科院将以饱满的精神、创新的勇气，坚持"思想领先、应用为主、学术本位、专家治研、项目带动、统筹发展"的办院理念，立足河南，研究河南，服务河南，不断提升省委省政府满意度、社会知名度和学界认可度，努力建设成为河南省应用对策研究中心、河南哲学社会科学理论创新基地、服务河南省委省政府宏观决策的高水平智库。

1. 经济研究所

成立于1979年，是专门从事理论经济和应用经济研究的科研机构。研究所现下设国民经济研究室、数量经济研究室、财政金融研究室等，主要从事经济理论、宏观经济、区域经济、数量经济、人口资源与环境、产业经济、劳动经济、科技经济、财政金融、企业改革和发展等方面的研究。

建所30年来，经济研究所坚持理论联系实际的原则和"双百"方针，坚持社会科学研究为省委省政府党政决策服务、为"三个文明建设"服务的方向，以河南经济建设和改革开放中的理论与实践问题为研究重点，密切关注河南经济建设和改革开放中的热点、难点问题，艰苦探索，勇于创新，取得了一批质量较高的研究成果。据统计，承担国家及省课题30余项，出版专著及合著30余部，横向委托课题50余项,发表论文及调研文稿1000余篇。获得国家及省部级以上奖励50余项。

研究所现有人员10人,其中研究员1人(省优秀专家、博士),副研究员3人(含省"555"人才1人、博士2人),助理研究员3人(含博士1人),研究实习员2人。第一任领导徐亮夫(副所长)、杨承训(副所长),第二任领导贾毓荣(副所长)、巫继学(副所长),第三任领导樊纪宪(所长),第四任领导谷建全(所长),现任所长完世伟,副所长王玲杰。

2. 工业经济研究所

成立于1991年2月。由1979年12月成立的河南省社会科学院经济研究所及1985年创办的《企业活力》编辑部分解后,以原河南省社会科学院经济研究所工业经济研究室为主而组建。研究所下设民营经济研究室、产业经济研究室、企业管理研究室。主要从事工业发展战略及政策措施、工业规划制定、产业经济理论与实践、中小企业、民营经济持续发展、企业组织与制度、企业改革发展战略、企业文化建设研究。其中研究工业经济、企业管理、民营经济发展与运行的基础理论、方法及重大现实问题,跟踪和掌握国内外产业经济(工业经济)、民营经济、企业管理的发展趋势及理论动态,承担涉及以上领域各类问题的研究与咨询、为河南工业经济的发展建言献策为主要工作任务。

建所18年来,共撰写出版论著40多部,发表论文、调研报告300余篇,获各种奖项100余次。其中有"国家级企业现代化管理创新奖",河南省社科优秀成果奖、河南省人民政府实用社会科学(省政府发展奖等)。此外,还大量承担了中国工业经济学会,国家环境保护委员会,省委、省政府及其主要部门交办的研究任务。其成果多次获省委、省政府主要领导批示,有不少进入省委重要决策。

研究所现有人员11人(含资深研究员1人),其中研究员3人(含享受国务院政府津贴1人,国家科技部专家委员会和省优秀专家1人)。副研究员2人,助理研究员4人,研究实习员1人。第一任所长为唐有功,现任所长为龚绍东,副所长为樊万选。

3. 农村发展研究所

原名为农村经济研究所,成立于1991年10月,2007年9月更名为农村发展研究所。研究所下设新农村建设、区域经济、资源与环境三个研究室,主要从事农村经济、区域发展与旅游开发规划、环境经济与可持续发展的研究。

建所近20年来,该所取得了大量研究成果。共完成国家社会科学基金项目约30项(其中,主持国家社会科学基金项目15项),主持各类省部级项目40余项;获省部级一、二等奖以上奖项40余项;独立和合作出版著作80多部;在《人民日报》、《光明日报》、《经济日报》、《农民日报》、《求是》、《中国农村经济》、《中国经济问题》、《经济研究参考》、《中国社会导刊》、《调研世界》、《经济要参》、《世界农业》、《生态经济》等具有全国性影响的重要报刊上发表文章数百篇。一些研究成果引起理论界的广泛关注,在全省乃至全国产生了一定影响;一些研究成果为省委省政府提供了决策参考,对经济建设尤其农村发展做出了应有贡献。

农村发展研究所现有人员9人,其中研究员4人,副研究员3人,助理研究员2人;享受国务院津贴专家、省管优秀专家1人,省学术技术带头人2人,四个一批优秀人才2人。第一任所领导为郭纪元(所长)、吴海峰(副所长),现任所长吴海峰。

4. 城市与环境研究所

成立于2012年10月。研究所现下设城市规划、城市管理、城市经济3个研究室,以城市发展研究为主攻方向,主要从事我省区域经济、城市经济、城镇发展、城市管理、城市文化、资源经济和休闲文化等学科研究,为河南省各级政府和社会单位提供决策服务和咨询服务。

建所以来,取得了丰硕的研究成果,其中,承担国家和省社科基金项目7项,共撰写出版论著10余部(含参编),发表论文、调研报告100余篇。研究成果获得了河南省社会科学优秀成果一、二等奖等多种奖项。此外,研究所还承担了大量省委、省政府及其职能部门交办的研究课题,其成果获得省委省政府领导的肯定和批示。

该所现有人员11人,其中研究员2人(含省优秀专家1人),副研究员1人,助理研究员7人,科辅人员1人。研究所领导为王建国(所长),王景全(副所长)。

5. 金融与财贸研究所

从事金融财贸基本理论研究、河南金融业发展相关问题研究、河南财政经济与贸易经济相关问题研究、河南开放型经济相关问题研究。

6. **政治与法学研究所**

原为科学社会主义研究所，成立于1983年10月，2007年更名为党建与政治研究所。2013年，更名为政治与法学研究所。第一任所领导为李钰山（副所长），第二任所领导为南俊英（所长）、王友洛（副所长），第三任所长王友洛、副所长阎德民，现任所长阎德民。

7. **社会发展研究所**

前身是1986年3月16日成立的法学社会学研究所。2008年1月1日，法学社会学研究所被分为两个研究所，其中之一就是社会发展研究所。研究所现下设人力资源管理，民族宗教、社会发展3个研究室。全所以社会发展问题研究为主攻方向，联系河南实际，负责社会主义和谐社会建设问题研究，围绕河南社会发展、人口、民族宗教、社会伦理、社会保障、社会管理、社区建设等问题开展研究；注重现实问题与学术问题相结合，注重实地调查和社区研究相结合，为政府及有关部门提供决策参考。负责年度《河南社会蓝皮书》的编辑出版工作。

自建立以来，社会发展研究所在全体科研人员的共同努力下，取得了丰硕的研究成果，影响力日益增大，在省内处于领先的地位。近年来，该所共计发表学术论文300余篇，出版各类著作二十余部；主持科研项目33项，其中国家级12项，省部级8项，国际资助项目5项，横向课题8项；获得省部级社会科学奖9项，其中一等奖1项，二等奖4项，三等奖4项；获得发展研究奖1项，国家一级学会奖1项；获得全国性学术研讨会优秀论文一、二、三等奖多项；撰写研究报告45项，其中被省级采纳5项。影响较大的研究成果有牛苏林研究员的《马克思主义宗教观与当代社会研究》、刘俊喆的《中原人口》、刘倩研究员的《南街社区研究》、水镜君研究员的《中国清真女寺史研究》、孟白副研究员的《乡镇事业体制改革研究》等。

研究所现有人员12人（含办公室主任1人），其中研究员2人（含省管优秀专家1人），副研究员5人（含河南省学术技术带头人1人），助理研究员4人，已初步形成了老中青结合的科研梯队。现任所长为牛苏林，副所长为周全德。

8. **哲学与宗教研究所**

前身为原中国科学院河南分院哲学社会科学研究所，1979年河南省社会科学院建院时为哲学研究所，2007年更名为哲学与中原文化研究所，2013年更名为哲学与宗教研究所。研究所下设中国哲学研究室、中原文化研究室和文化产业研究室，以中国哲学为主攻方向，主要从事马克思主义哲学、中国哲学、中原文化与文化产业研究。

1979年以来，研究所取得了丰硕的科研成果，出版各类著作100多部，发表论文500余篇。研究成果获得各种奖项100余项（次），其中，获得第十届中国图书奖1项，第四届金岳霖学术奖1项，河南省“五个一工程奖”1项，河南省社会科学优秀成果一等奖、二等奖、三等奖多项，河南省优秀图书一等奖1项，河南省优秀调研成果一等奖、二等奖多项，河南省科学技术进步二等奖1项。另外，有多篇调研报告得到省委、省政府主要领导的批示。

研究所现有人员6人，其中研究员2人（含河南省学术技术带头人1人），助理研究员4人；博士2人，硕士3人。历任所长刘竞宇、卢广森、崔大华、王中江、刘勇，副所长吴士英、田伯泰、刘怀玉等；现任副所长高秀昌主持工作。

9. **中原文化研究所**

在建院之初为语言文学研究室，1982年改称文学研究所至今。主要从事中国古代文学、近现代文学及文艺思潮，我省当代作家、作品，我省文学、文艺的历史、现状和发展规律、中原文化与文化产业研究等方面研究。

自建所以来，文学研究所在中国古代文学、中国现当代文学和文艺理论、中原文化等方面的研究取得了较为突出的成就，在学术界产生了广泛影响。共出版各类著作约220馀种，其中王永宽的《河图洛书探秘》、葛景春主编的《杜甫与中原文化》、卫绍生的《魏晋文学与中原文化》许凤才的《郁达夫与鲁迅》等均在学界产生了一定影响。在包括《人民日报》、《光明日报》、《文学评论》、《文学遗产》等报刊上发表学术论文及其他各类文章2000馀篇，多篇文章被《新华文摘》、《中国社会科学文摘》、《文摘报》、《人大复印报刊资料》、《高校文科学报文摘》等转载或摘要。由文学研究所科研人员主持完成的国家哲学社会科学规项目8项、河南省社科规划项目12项。获得过国家新闻出版总署“三个一百创新奖”、“鲁迅文学奖”、“冯牧文学奖”、“冰心文学奖”、“庄重文文学奖”、“青年批评家奖”、河南省社会科学优秀成果一等奖、河南省文学艺术优秀成果奖等多项奖励。

研究所现有人员16人(资深研究员3人,科辅人员1人),其中研究员6人(含享受国务院特殊津贴专家、省优秀专家各1人),副研究员2人,助理研究员6人,研究实习员1人。首任所长由当时的副院长龚依群兼任,副所长为胡世厚;第二任所长为孙广举,副所长先后有王永宽、王守国;第三任所长为王永宽,副所长先后有何向阳、卫绍生;第四任所长为何向阳,副所长为卫绍生;现任所长卫绍生,副所长闫德亮。

10. 历史与考古研究所(河洛文化研究中心)

原为历史研究所与考古研究所两个所,2007年8月29日,两所合并为历史与考古研究所。原历史研究所,创建于1958年,是我省第一个社会科学研究机构。后来一度隶属于中国科学院河南分院,1979年河南省社会科学院成立,成为本院的一个研究所。在1984年至1991年间,曾分设为历史研究所和近现代史研究所。原考古所创建于1983年。历史与考古研究所目前下设办公室、中国历史研究室、地方历史研究室、考古研究室、河洛文化与姓氏文化研究室。河南省河洛文化研究中心挂靠在历史与考古研究所,河南省姓氏祖地与名人里籍研究认定中心,也与历史与考古研究所合署办公。研究所与中心以中国历史研究为主攻方向,联系我省实际,负责中国历史、河南地方史、姓氏文化、中原文化、河洛文化、河南考古与历史文化遗产的研究与开发,总结历史经验,探索发展规律,服务现实需要。

建所以来,取得了丰硕的科研成果,共撰写出版论著300余部(含参编),发表论文、调研报告900余篇,研究成果获各种奖项60余项。研究所还承担国家社科基金课题10余项,省社科基金重大项目等省级课题20余项。还完成省委、省政府及其主要部门交办的研究课题,其成果多次获省委、省政府领导批示,有不少进入省委的重要决策。

历史与考古研究所建所以来,先后涌现出嵇文甫、朱芳圃、孙海波、王天奖、马世之、郑杰祥、程有为、任崇岳、李绍连、单远慕等在国内历史考古界有影响的专家。研究所现有人员12人,其中研究员2人、副研究员5人、助理研究员5人,其中获得博士学位的研究人员3人。1997年以来,程有为、蔡万进历任原历史所所长,马世之、萧鲁阳、张新斌历任原考古所所长。现任所(中心)领导为张新斌(所长、执行主任)、穆朝庆(副所长)、陈建魁(副主任)

11.《中州学刊》

《中州学刊》是河南省社科院主管主办的综合性社科类学术理论期刊。1979年创办时名为《学术研究辑刊》,1981年更名《中州学刊》,1982年改为双月刊,正式交邮局向国内发行;1984年第1期起由河南省社科院主办,对国内外公开发行。1996年第1期起,每期由128页改为144页,并于当年加入《中国学术期刊(光盘版)》,由清华大学光盘国家工程研究中心学术电子出版物编辑部出版并向世界发行。自2013年起改为月刊,每月15日出版,页码改为176页。

《中州学刊》以"崇尚科学、追求真理、提倡原创、打造精品"为办刊理念,广集百家睿智,编发精品力作,弘扬中原文化,服务改革开放。曾先后被认定为全国中文核心期刊,中国人文与社会科学核心期刊,中文社会科学引文索引(CSSCI)来源期刊,中国期刊方阵双效期刊;连续多年被评为河南省社科类优秀期刊、一级期刊、二十佳期刊。《中州学刊》是国际学术交流期刊,是中原学术交流的重要窗口,发行范围遍及中国大陆及港、澳、台地区,远及东南亚、欧美等地。

中州学刊杂志社目前设有编务室、第一编辑室、第二编辑室、第三编辑室。现在工作人员11人,其中正高职称2人(含省优秀专家1人),副高职称4人,中级职称5人。《中州学刊》主编由河南省社会科学院院长兼任。首任主编为胡思庸,其后依次为舒新辅、王天林、王彦武、张锐,现任主编为喻新安。杂志社历任主要行政领导有张静波、蒋金波、汤漳平。现任社长李太淼,副社长郑志强;现任副主编李太淼(常务)、任晓莉。

12. 中原文化研究杂志社

中原文化研究杂志社成立于2013年初,是河南省社会科学院下属二级机构。主编谷建全(河南省社会科学院副院长兼),副主编闫德亮。杂志社现有工作人员5人,其中正高职称1人,副高职称2人,中级职称2人,拥有博士学位3人。杂志社人员先后主持国家社科基金项目3项,主持承担河南省哲学社会科学规划项目10项,出版专著10余部,在国内重要学术期刊上发表论文数十篇,多篇被《新华文摘》、《人大复印资料》、《中国社会科学文摘》、《中国社会科学报》、《社会科学报》等报刊全文转载或摘编,并多次参与河南省委省政府调研课题及院内重大科研项目的研究工作。

中原文化研究杂志社主要工作任务是编辑出版学术理论期刊《中原文化研究》(双月刊)。2013年《中原文化研究》正式创刊。本刊秉持科学理性、兼容并包的文化精神,深入挖掘和整理中原文化资源,开展系统理论研究,传承和弘扬中华文化,密切关注中国文化建设及世界文化发展的前沿理论与实践问题,充分展示当代学人的思想与探索,努力打造国内文化研究的高端学术平台。同时,《中原文化研究》立足河南,面向全国,采众家之长、聚各方之智,服务于华夏历史文明传承创新区建设,促进中原地区经济文化发展,为提升我国的文化软实力贡献力量。杂志目前已经与中国知网、万方、维普等国内重要文献数据库签约合作。

13. **区域经济评论杂志社**区域经济评论杂志社的前身为创刊于1985年的企业活力杂志社。目前由中国区域经济学会与河南省社会科学院共同主办,2013年正式出刊(双月刊)。杂志的国际标准刊号:ISSN2095 - 5766,国内统一刊号:CN41 - 1425/F,邮发代号:36 - 44,国外代号:BM5690。杂志社坚持理论联系实际和“双百方针”,注重刊物的学术性、创新性、前瞻性和应用性,面向全国,致力于为我国区域经济发展提供理论支持,为广大学者和经济工作者提供学习、交流的阵地,为区域经济研究顺利开展提供新的平台。

区域经济评论杂志社编委会主任由中国社会科学院学部委员、工业经济研究所所长、中国区域经济学会理事长金碚研究员担任;河南省社会科学院院长、中国区域经济学会副理事长喻新安研究员、中国区域经济学会副理事长兼秘书长陈耀研究员担任杂志主编,任晓莉任副主编。目前的主要栏目有1. 区域经济理论;2. 区域经济学流派评析;3. 区域经济论著评析;4. 区域格局与产业发展;5. 区域转型发展;6. 区域可持续发展研究;7. 区域经济政策;8. 区域增长极研究;9. 区域财政与金融研究;10. 主体功能区研究;11. 综合配套改革试验区和经济区研究;12. 城乡一体化与城乡协调发展;13. 城市经济与城市群研究;14. 新型城镇化发展研究;15. 区域旅游经济。

河南省社会科学界联合会研究中心

2012年10月,河南国史研究室更名为河南省社会科学界联合会研究中心。主要任务是:承担重大课题调研;承担哲学社会科学政策研究、理论动态、社科信息等工作。

省部级人文社科重点研究基地

教育部人文社会科学重点研究基地(河南省)一览表

基地名称	负责人	所属学科	所在单位
中国公民教育研究中心	王东虓	教育学	郑州大学
黄河文明与可持续发展研究中心	苗长虹	综合	河南大学

河南省高等学校人文社会科学重点研究基地(含培育基地)一览表

序号	基地名称	基地类别	所在学校
1	马克思主义哲学研究中心	社科重点研究基地	郑州大学
2	历史文化遗产保护研究中心	社科重点研究基地	郑州大学
3	公共管理研究中心	社科重点研究基地	郑州大学
4	宪法与行政法研究中心	社科重点研究基地	郑州大学
5	系统经济学研究所	社科重点研究基地	郑州大学
6	中原文化资源与发展研究中心	社科重点研究基地	郑州大学
7	近现代河南与中国研究中心	社科重点研究基地	郑州大学
8	私法研究中心	社科重点研究基地	郑州大学
9	英美文学研究中心	社科重点研究基地	郑州大学
10	教育改革与发展研究中心	社科重点研究基地	河南大学
11	中国现当代文学研究中心	社科重点研究基地	河南大学
12	中国古代史研究中心	社科重点研究基地	河南大学
13	文艺学研究中心	社科重点研究基地	河南大学
14	英语语言文学研究中心	社科重点研究基地	河南大学
15	中原发展研究院	社科重点研究基地	河南大学
16	区域发展与规划研究中心	社科重点研究基地	河南大学

17	科技与社会研究所	社科重点研究基地	河南师范大学
18	公共政策与社会研究中心	社科重点研究基地	河南师范大学
19	青少年问题研究中心	社科重点研究基地	河南师范大学
20	河南经济伦理研究中心	社科重点研究基地	河南财经政法大学
21	河南经济研究中心	社科重点研究基地	河南财经政法大学
21	产业与金融发展研究中心	社科重点研究基地	河南财经政法大学
23	诉讼法研究中心	社科重点研究基地	河南财经政法大学
24	河南教育统计研究中心	社科重点研究基地培育基地	河南财经政法大学
25	物流研究中心	社科重点研究基地	河南工业大学
26	粮食经济研究中心	社科重点研究基地	河南工业大学
27	农业政策与农村发展研究中心	社科重点研究基地	河南农业大学
28	科学发展与农民权利研究中心	社科重点研究基地培育基地	河南农业大学
29	安全与应急管理研究中心	社科重点研究基地	河南理工大学
30	能源经济研究中心	社科重点研究基地培育基地	河南理工大学
31	高等教育与区域经济发展研究中心	社科重点研究基地	河南科技大学
32	中医药与经济社会发展研究中心	社科重点研究基地	河南中医学院
33	职业技术教育与经济社会发展研究中心	社科重点研究基地	河南科技学院
34	系统与工业工程技术研究中心	社科重点研究基地	中原工学院
35	知识产权研究中心	社科重点研究基地培育基地	中原工学院
36	社会发展研究中心	社科重点研究基地	郑州轻工业学院
37	非物质文化研究中心	社科重点研究基地培育基地	郑州轻工业学院
38	会计与财务研究中心	社科重点研究基地培育基地	郑州航空工业管理学院
39	河洛文化国际研究中心	社科重点研究基地	洛阳师范学院
40	河南文化传播与社会发展研究中心	社科重点研究基地	洛阳师范学院
41	区域经济研究中心	社科重点研究基地培育基地	洛阳理工学院
42	河南古都文化研究中心	社科重点研究基地培育基地	洛阳理工学院
43	伏牛山文化圈研究中心	社科重点研究基地	平顶山学院
44	甲骨学与殷商文化研究中心	社科重点研究基地	安阳师范学院
45	汉字文化研究中心	社科重点研究基地培育基地	安阳师范学院
46	魏晋文化研究中心	社科重点研究基地培育基地	许昌学院

续表

序号	基地名称	基地类别	所在学校
47	汉文化研究中心	社科重点研究基地	南阳师范学院
48	中原戏曲曲艺研究中心	社科重点研究基地培育基地	南阳师范学院
49	汉梁文化研究中心	社科重点研究基地	商丘师范学院
50	当代马克思主义研究所	社科重点研究基地	信阳师范学院
51	课程与教学改革研究所	社科重点研究基地	信阳师范学院
52	淮河文明研究中心	社科重点研究基地	信阳师范学院
53	大别山区经济社会发展研究中心	社科重点研究基地培育基地	信阳师范学院
54	豫东南文化传承与发展研究中心	社科重点研究基地培育基地	周口师范学院
55	中原民俗与传统文化研究中心	社科重点研究基地培育基地	黄淮学院

河南省协同创新中心(人文社科类)一览表

中心名称	负责人	牵头单位	参与单位	成立时间
黄河文明传承与现代文明建设河南省协同创新中心	关爱和	河南大学	河南省文化厅、河南省社会科学院、信阳师范学院、洛阳师范学院、安阳师范学院、南阳师范学院、河南科技大学、河南博物院、许昌学院	2012
社会管理河南省协同创新中心	郑永扣	郑州大学	河南财经政法大学、河南理工大学、郑州轻工业学院、中共河南省委组织部、中共河南省委宣传部、河南省民政厅、河南省人力资源和社会保障厅、河南省发展和改革委员会	2012
中原经济区“三化”协调发展河南省协同创新中心	李小建	河南财经政法大学	河南大学、河南农业大学、河南工业大学、河南师范大学、郑州航空工业管理学院、河南省人民政府发展研究中心、中国人民银行郑州中心支行、河南省社会科学院、河南省住房和城乡建设厅、河南省工业和信息化厅、中共河南省委农办	2012
新型城镇化与中原经济区建设河南省协同创新中心	耿明斋	河南大学	中国社会科学院工业经济研究所、河南省发展和改革委员会、河南省人民政府研究室、河南省住房和城乡建设厅、河南省工业和信息化厅、河南师范大学	2013
航空经济发展河南省协同创新中心	张宁	郑州航空工业管理学院	河南省发展和改革委员会、河南省工业和信息化厅、河南省民航发展建设委员会办公室、河南省机场集团有限公司、河南民航发展投资有限公司、中国城市临空经济研究中心	2013

学术团体

河南省哲学学会 河南省从事哲学研究与交流的学术性团体。成立于1964年2月,挂靠在河南省社科联。截至2013年年底,共有团体会员26个,个人会员100余人。学会下设辩证唯物主义、历史唯物主义、马克思主义哲学史、中国哲学史、西方与外国哲学等专业研究委员会。河南省哲学学会第八次会员代表大会选举产生了新一届河南省哲学学会理事会、常务理事会和领导班子,郑州大学党委书记郑永扣教授当选为新一届河南省哲学学会会长 ,《郑州大学学报》主编辛世俊教授当选为副会长兼秘书长。

河南省逻辑学学会 河南省从事逻辑学研究与交流的学术性团体。成立于1987年7月,挂靠于河南省教委。截至2013年,共有个人会员80人。历任会长为马佩、周洪仁、时明德。历任秘书长为葛黔君(1任)、马全智(1任)、柳昌清(1任)、曾昭式(2任)、许锦云(现任)。2007年第六次会员代表大会,选举新一届学会理事和理事会负责人。洛阳师院院长时明德教授连任河南省逻辑学会会长。

河南省伦理学学会 河南省从事伦理学方面研究与交流的学术性团体。成立于1987年4月,挂靠于中共河南省委党校。截至2013年12月,共有个人会员302人。学会下设职业道德、社会公德、家庭道德三个专业委员会。第四届会长王春峰,副会长张培强、任河身、蒋笃运、胡隆辉,秘书长胡隆辉(兼)。

河南省历史学学会 河南省从事历史学方面研究与交流的学术性团体。成立于1964年2月,其前身为1951年成立的中国新史学学会河南分会(会长嵇文甫),挂靠在河南省社科联。截至2013年12月,共有个人会员645人。第六届会长高敏,副会长朱绍侯、杨凤阁、唐嘉弘、王天奖、戴可来(常务),秘书长马小泉。

河南省文物考古学学会 河南省从事文物考古研究与交流的学术性团体。原名河南省考古学会,成立于1980年12月,挂靠在河南省文物局。截至2013年年底,共有团体会员3个,个人会员376人。学会下设:史前专业委员、夏商专业委员会、古代石刻艺术专业委员会、古城考古专业委员会、陶瓷专业委员会、文物摄影专业委员会、建筑考古专业委员会、文物旅游研究专业委员会、流散文物保护专业委员会、科技考古专业委员会。历任会长为欧阳道力、许顺湛、杨焕成,历任秘书长为许顺湛、杨育彬、秦文生。

河南省博物馆学学会 河南省从事博物馆学研究与交流的学术性团体。成立于1984年12月,挂靠在河南省文物局。截至2013年12月,共有团体会员37个,个人会员688人。第四届会长张文军,副会长孙英民、王绣、陈素秀,秘书长孙英民(兼)。

河南省钱币学学会 河南省从事钱币学研究与交流的学术性团体。成立于1984年9月,挂靠在中国人民银行郑州中心支行。截至2013年12月,共有团体会员18个,个人会员397人。第五届会长计承江,副会长杜迎伟,秘书长刘森。

河南省地方史志协会 河南省从事地方史志研究与交流的学术性团体。成立于1984年10月,挂靠在河南省地方史志办公室。截至2013年12月,共有会员单位20个,个人会员2000余人。历任会长为李之放、李振华、鲁德政、许还平、霍宪章,历任秘书长为郭颖生、于平天、冯普友、袁伦中、王卫明。

河南省地名学学会 河南省从事地名学和地名工作研究与交流的学术性团体。成立于1988年3月,挂靠在河南省民政厅。截至2013年12月,共有个人会员372人。第二届会长杨德恭,副会长李至兴、李金台、尚世英、崔灿、徐志刚、傅贵林、杨占山、翟中洲,秘书长张水。

河南省档案学学会 河南省从事档案学和档案管理工作研究与交流的学术性团体。成立于1981年7月,挂靠在河南省档案局。截至2013年12月,共有团体会员25个,个人会员1150人。第四届会长胡绍华,副会长李振华、梁向国、顾生法,秘书长顾生法(兼)。

河南省中共党史学会 河南省从事中共党史研究与交流的学术性团体。成立于1980年5月,挂靠在河南省社科联。截至2013年12月,共有个人会员507人。学会下设毛泽东思想、民主革命时期、社会主义时期、李大钊研究、鄂豫皖根据地、革命印刷史等专业委员会。第五届会长孙保定,副会长胡文澜、贺永芳、王桂兰、许还平、郭晓平,秘书长尹书博。

河南省中共党史人物研究会 河南省从事中共党史人物方面研究与交流的学术性团体。成立于1984年9月,挂靠在中共河南省委党史研究室。截至2013年12月,共有团体会员20个,个人会员485人。第三届会长胡文澜,副会长王怀安、李志强、张林南、路海江,秘书长王怀安(兼)。

河南省中华人民共和国国史研究会 河南省从事中华人民共和国国史研究与交流的学术性团体。成立于1993年12月,挂靠在中共河南省委党史研究室,2007年后挂靠在省社科联。截至2013年12月,共有团体会员1个,个人会员155人。第二届名誉会长林炎志、胡悌云,会长侯志英,副会长葛纪谦、王海成、王天林、申志诚,秘书长唐菊成。

河南省建筑史研究会 河南省从事建筑史方面研究与交流的学术性团体。成立于1989年3月,挂靠在河南省建设厅。截至2013年12月,共有个人会员130人。第三届会长郧学德,副会长杜宝成、王文章、肖宗林、刘炎、盛养源、张家泰、樊鸿卿,秘书长刘炎(兼)。

河南省新四军和华中抗日根据地历史研究会 河南省从事新四军和华中抗日根据地历史研究与交流的学术性团体。成立于1985年8月,挂靠在中共河南省委党史研究室。截至2013年12月,共有团体会员7个,个人会员210人。第三届会长冯登紫,副会长任永全、叶本瑞、董岐峰、曹鹤、张留学、孟庆琦、郭荣魁、王延章,秘书长陈随源。

河南省刘少奇党建经济思想研究会 河南省从事刘少奇党建经济思想研究与交流的学术性团体。成立于1996年11月,挂靠在河南省教委。截至2013年12月,共有个人会员80余人。第一届会长申志诚,副会长胡文澜、孙保定、王天文、张善余、张绛、张硕岭、穆来安,秘书长张绛(兼)。

河南省邓小平理论研究会 河南省从事邓小平理论研究与交流的学术性团体。成立于1998年8月,挂靠在河南省社科联。截至2013年12月,共有团体会员62个。历任会长有王春峰、黄亮宜,历任秘书长喻新安(兼)、程传兴、王作鑫。

河南省高校学报研究会 河南省高校学报研究会成立于1984年5月,挂靠在郑州大学学报编辑部。截至2013年12月,共有个人会员600余人。历任会长有宋应离、王振铎、关爱和、辛世俊,历任秘书长有王振铎、杨时勋、刘献、乔学杰。

河南省精神文明建设研究会 河南省从事精神文明建设研究与交流的学术性团体。成立于1997年5月,挂靠在中共河南省委党校。截至2013年12月,共有个人会员112人。第一届名誉会长侯志英,会长林炎志,副会长王春峰、杨永德、石训、黄振英、舒新辅、肖新生、杨焕成、徐志刚、滕世宗、毛万春、李留恩、黄亮宜、马正跃、桑智卿,秘书长孙玉杰。

河南省延安精神研究会 河南省从事延安精神研究与交流的学术性团体。成立于1996年10月,挂靠在中共河南省委党史研究室。截至2013年12月,共有团体会员22个,个人会员56人。第二届会长葛纪谦,副会长王春峰、舒新辅、李振华、史先民、刘春伟、薛英杰、王宏斌、赵汝湘,秘书长赵汝湘(兼)。

河南省党建学会 河南省从事党的建设方面研究与交流的学术性团体。成立于1988年12月,挂靠在中共河南省委组织部。截至2013年12月,共有团体会员 51 个。学会下设党的思想建设、理论建设、组织建设、作风建设和统战建设 5 个专业委员会。第二届会长刘广祥,副会长王海成、董万民、冯文元、冯炳勋、常有功、何广才、孙保定、王永忠,秘书长王永忠(兼)。

河南省科学社会主义学会 河南省从事科学社会主义研究与交流的学术性团体。成立于 1983 年 10 月,挂靠在河南省社科联。截至 2013 年 12 月,共有个人会员 60 余人。历任会长有吴清波、马任平、舒新辅、杨勇德、黄亮宜,历任秘书长有南俊英、林金柱、刘树亮、侯远长、王松德。

河南省政治学学会 河南省从事政治学研究与交流的学术性团体。成立于 1985 年 5 月,挂靠在河南省教委。截至 2013 年 12 月,共有个人会员 400 多人。第三届会长樊道远,副会长赵怀让、曹文光、吕志培、谢宝兴,秘书长曹文光(兼)。

河南省法学学会 河南省从事法学研究与交流的学术性团体。成立于 1982 年 3 月,挂靠在河南省司法厅。截至 2013 年 12 月,共有团体会员 12 个,个人会员 2300 人。学会下设民法学研究会、经济法学研究会、刑法学研究会、警察法学研究会、青少年犯罪研究会和法理法制史研究会。第五届会长徐国红,副会长徐生富、范萍、吴祖谋、肖乾刚、陈景良、张绍谦,秘书长杨克志。

河南省宪法学研究会 河南省从事宪法学研究与交流的学术性团体。成立于 2006 年 8 月,挂靠在河南省省委党校。截至 2013 年 12 月,共有团体会员 12 个,个人会员 169 人。会长为郭学德,秘书长为杨合理。

河南省检察学学会 河南省从事检察学与检察工作研究和交流的学术性团体。成立于 1989 年 3 月,挂靠在河南省检察院。截至 2013 年 12 月,共有团体会员 16 个,个人会员 1600 余人。第三届会长王田海,副会长闫河川、朱亚滨、李春长,秘书长刘玉建。

河南省监狱学学会 河南省从事监狱学与监狱工作研究和交流的学术性团体。成立于 1993 年 12 月,挂靠在河南省司法厅。其前身为 1988 年 12 月成立的河南省法学学会劳改法学研究会,正式成立省一级学会时称河南省劳改学学会,1996 年年底改现名。截至 2013 年 12 月,共有团体会员 11 个,个人会员 960 人。第三届会长李祥生,副会长严新堂、刘寿歧,秘书长严新堂(兼)。

河南省警察学学会 河南省从事警察学与警察工作研究和交流的学术性团体。成立于 1993 年 12 月,挂靠在河南省公安厅。截至 2013 年 12 月,共有团体会员 3 个,个人会员 400 余人。第二届会长王明义,副会长李承先,秘书长郑水恩。

郑州铁路法学会 郑州铁路局系统从事法学研究和交流的学术性团体。成立于 1993 年 8 月,挂靠在郑州铁路运输中级法院。截至 2013 年 12 月,共有团体会员 99 个,个人会员 1943 人。第二届会长杨贵钧,秘书长李学安。

河南省纪检监察学会 河南省从事纪检监察方面研究与交流的学术性团体。成立于 1995 年 12 月,挂靠在中共河南省纪委(河南省监察厅)。截至 2013 年 12 月,共有团体会员 81 个。第四届会长齐新安,副会长侯玉林、周富强、刘林、郭佑安,秘书长郭佑安(兼)。

河南省行为科学学会 河南省从事行为科学研究与交流的学术性团体。成立于 1996 年 5 月,挂靠在河南省社科联。截至 2013 年 12 月,共有个人会员 1 688 人。历任会长为崔承东、赵怀让、王长山、李兴成,秘书长为马运来。

河南省社会学学会 河南省从事社会学研究与交流的学术性团体。成立于 1995 年 10 月,挂靠在河南省社科院。截至 2013 年 12 月,共有团体会员 14 个,个人会员 180 人。第一届会长葛纪谦,副会长舒新辅、刘蔚峰、刘连超、王文金、郑永扣、郑效畏、林世选、翟钧聚,秘书长刘俊哲。

河南省统战理论学会 河南省从事统战理论研究与交流的学术性团体。成立于 1985 年 4 月,挂靠在中共河南省委统战部。截至 2013 年 12 月,共有团体会员 212 个,个人会员 935 人。第二届会长郭国三,副会长耿开昌、赵微、杨宏信、袁祖亮,秘书长姚龙其。

河南省工人运动研究会 河南省从事工人运动研究与交流的学术性团体。成立于 1988 年 4 月,挂靠在河南省总工会。截至 2013 年 12 月,共有团体会员 100 个。第三届会长李率印,副会长闪国兴,秘书长闪国兴(兼)。

河南省妇女问题理论研究会 河南省从事妇女问题研究与交流的学术性团体。成立于 1986 年 7 月,挂靠在河南省妇联。截至 2013 年 12 月,共有个人会员 150 人。第三届会长吴全智,副会长祁敦芳(常务),秘书长刘梦霞。

河南省少先队工作学会 河南省从事少先队工作研究与交流的学术性团体。成立于 1981 年 5 月，挂靠在共青团河南省委。截至 2013 年 12 月，共有团体会员 70 个。第五届会长张笑东，副会长孟玄英、陈嵩山、皇甫鸿昌，秘书长孟玄英(兼)。

河南省职工思想政治工作研究会 河南省从事职工思想政治工作研究与交流的学术性团体。成立于 1985 年 5 月，挂靠在中共河南省委宣传部。截至 2013 年 12 月，共有团体会员 133 个。第九届会长林炎志，副会长葛纪谦、常有功、王忠厚、贾连朝、吴灵臣、张世余，秘书长权红军。

河南省高校思想政治教育研究会 河南省从事高校思想政治教育研究与交流的学术性团体。成立于 1984 年 6 月，挂靠在中共河南省委高校工委。截至 2013 年 12 月，共有团体会员 60 个。第四届会长王际欣，副会长张秉义、孙培新、黄遂清、李其然，秘书长赵豫林。

河南省领导科学研究会 河南省从事领导科学研究与交流的学术性团体。成立于 1985 年 3 月，挂靠在中共河南省委党校。截至 2013 年 12 月，共有团体会员 216 个，个人会员 600 人。会长胡悌云，历任秘书长为黄雪林、张起扑、胡隆辉。

河南省劳动和社会保障学会 河南省从事劳动和社会保障研究与交流的学术性团体。成立于 1985 年。截至 2013 年 12 月，共有个人会员 107 人。历任会长为李本立、赵钟恒，秘书长为王新华。

河南省投资学会 河南省从事投资研究和交流的学术性团体。成立于 1986 年，2007 年重新登记。截至 2013 年年底，共有个人会员 60 人。历任会长为姚中民、许会斌，历任秘书长为刘培显、朱天舒。

河南省行政管理研究会 河南省从事行政管理研究与交流的学术性团体。成立于 1988 年 1 月，挂靠在河南省人事厅。截至 2013 年 12 月，共有个人会员 380 人。历任会长为李应龙、王菊梅，历任秘书长为刘运珍、吕传文、方铁、杨东风、张天运。

河南省政策科学研究会 河南省从事政策科学研究与交流的学术性团体。成立于 1994 年 11 月，挂靠在中共河南省委政研室。截至 2013 年 12 月，共有团体会员 60 个，个人会员 150 人。第一届会长崔承东，副会长蒋金波、赵怀让、王光鹏、李新民、王彦武，秘书长刘本在。

河南省决策咨询研究会 河南省从事决策咨询研究与交流的学术性团体。成立于 1992 年 12 月，挂靠在河南省政府发展研究中心。截至 2013 年 12 月，共有团体会员 17 个，个人会员 355 人。第二届会长(暂缺)，副会长周德章、赵怀让、杨承训、赵硕，秘书长苗万选。

河南省秘书协会 河南省从事秘书学与秘书工作研究与交流的学术性团体。成立于 1984 年 5 月，初名河南省速记速读研究会，后改为河南省速记速读学会，1993 年 1 月改现名。挂靠在河南省政协。截至 2013 年 12 月，共有个人会员 2 529 人。历任会长为张书德、马云祺、吕华森、李中央，历任秘书长为黄少良、巴宏德、何家乡、吕缜毅、刘德洲。

河南省人才学会 河南省从事人才研究与交流的学术性团体。原名河南省人才研究会。成立于 1985 年 3 月，挂靠在河南省科委。截至 2010 年 12 月，共有团体会员 5 个，个人会员 1 017 人。学会下设农业人才、人才史、医药卫生人才等专业委员会。第三届会长董万民，副会长杨林波(常务)、王天兴、王新义、谢德民，秘书长王天兴(兼)。

河南省未来学学会 河南省从事未来学研究与交流的学术性团体。成立于 1984 年 8 月，挂靠在河南省教委。截至 2013 年 12 月，共有个人会员 300 余人。第二届会长亓国瑞，副会长黄雪林、严延英、张建斌、巫继学、杨林军、李景才，秘书长何大明。

河南省教育学学会 河南省从事教育学研究与交流的学术性团体。成立于 1979 年 10 月，挂靠在河南省教委。截至 2013 年 12 月，共有团体会员 17 个，个人会员 12000 余人。学会下设教育学、教育管理等 39 个专业委员会。第四届会长徐玉坤，副会长马振海、刘振中、王文仓、杨玉厚、刘彬荣、王汉澜、王玉洁、岳庭耀，秘书长孙增福。

河南省高等教育学会 河南省从事高等教育研究与交流的学术性团体。成立于 1987 年 11 月，挂靠在河南省教委。截至 2013 年 12 月，共有团体会员 84 个。学会下设高校教材、高校研究生教育、高校校报、高校图书馆、高校保卫等专业委员会。历任会长为徐玉坤、亓国瑞、王艳玲，历任秘书长为杨善、贾修国、韩小爱。

河南省高校后勤管理研究会 河南省从事高校后勤管理方面研究与交流的学术性团体。成立于 1985 年 10 月，挂靠在河南中医学院。截至 2013

年12月,共有团体会员55个。研究会下设思想政治工作、伙食、房地产、绿化、幼儿教育等专业委员会。第四届会长王日新,副会长王春昶、刁玉华、陈鸣、宗根法、宁金成、郭天榜、王玉斌、徐振鲁、刘运才、曹兴霖、翟俊仁、孙天华、高建设、颜福海、李俊云、郎发轩,秘书长张璞。

河南省高等学校学报研究会 河南省从事高等学校学报研究与交流的学术性团体。成立于1984年5月,挂靠在河南大学。截至2013年12月,共有团体会员62个,个人会员362人。研究会下设社会科学版、自然科学版、青年和学术工作3个专业委员会。第四届会长关爱和,副会长辛世俊、邓莹、闫志平、丁承志、赵炳耀,秘书长刘献。

河南省党校教育研究会 河南省从事党校教育研究与交流的学术性团体。成立于1990年11月,挂靠在中共河南省委党校。截至2013年12月,共有团体会员25个,个人会员88人。第二届会长王春峰,副会长郝建武、黄亮宜、师桂新、白威凉、程传兴、王克信、孙保定,秘书长程传兴(兼)。

河南省家庭教育研究会 河南省从事家庭教育研究与交流的学术性团体。成立于1986年5月,挂靠在河南省妇联。截至2013年12月,共有团体会员17个。第一届会长王洪范,副会长张新华、李萍等。

河南省老年学学会 河南省从事老年学与老年工作研究和交流的学术性团体。成立于1992年10月,挂靠在河南省老龄委。截至2013年12月,共有团体会员4个,个人会员173人。学会下设老年保健等专业委员会或研究会。第二届会长侯志英,副会长李本立、吴清波、曹中原、谭恩河、申凤珍、魏太星、林富瑞、胡大白、张德建、李显成,秘书长张德建(兼)。

河南省文学学会河南省从事文学研究与交流的学术性团体。成立于1981年3月,挂靠在河南省社科联。截至2013年12月,共有个人会员350人。第五届会长孙广举,副会长关爱和、陈继会、王永宽、谭兴戎、刘建生、杨贵才、傅瑛,秘书长袁凯声。

河南省外国文学学会 河南省从事外国文学研究与交流的学术性团体。成立于1985年3月,挂靠在河南省教委。截至2013年12月,共有团体会员1个,个人会员113人。第二届会长王明元,副会长梁工、李公昭、吕伟民、郭英剑,秘书长袁若娟。

河南省语言学学会 河南省从事语言学研究与交流的学术性团体。成立于1981年4月,挂靠在中州大学。截至2013年12月,共有团体会员3个,个人会员328人。学会下设推广普通话研究会、许慎研究会和汉字教育研究会。第七届会长张静,副会长陈信春、许梦麟、孟昭泉,秘书长孟昭泉(兼)。

河南省世界语协会 河南省从事世界语研究与交流的学术性团体。成立于1985年9月,挂靠在河南省教委。截至2013年12月,共有团体会员1个,个人会员150人。第三届会长张昊光,副会长李云楼、郭喜照,秘书长张文祥。

河南省文字学学会 河南省从事文字学研究与交流的学术性团体。成立于1994年10月,挂靠在河南省教委。截至2013年12月,共有团体会员4个,个人会员120人。第二届会长董希谦,副会长王蕴智、张生汉、徐豫生、魏清源、郝本性,秘书长李建伟。

河南省写作学学会 河南省从事写作学研究与交流的学术性团体。成立于1994年11月,挂靠在河南省教委。截至2013年12月,共有团体会员218个,个人会员386人。第二届会长管金麟,副会长贾占清、金长民、建留宝、孙春,秘书长程英。

河南省新闻学学会 河南省从事新闻学与新闻工作研究和交流的学术性团体。成立于1982年2月,挂靠在河南日报社。截至2013年12月,共有团体会员160个。第四届会长宋国华,副会长刘少宇、王天林、孙泉砀、王明堂、张银波、邓质钢、高世铭、李新全、杨丽萍、梁臻、梁志林,秘书长侯庆学。

河南省新闻摄影学会 河南省从事新闻摄影研究与交流的学术性团体。成立于1986年12月,挂靠在河南日报社。截至2013年12月,共有团体会员50个,个人会员570人。第三届会长李怀燎,副会长耿则先(常务)、郭玉山、范鸣涛、王刚法、孙沛然、牛子祥、贺海龙、周绍成、孙德侠、栗殿刚、王福顺、罗克忠,秘书长罗克忠(兼)。

河南省广播电视学会 河南省从事广播电视研究与交流的学术性团体。成立于1988年9月,挂靠在河南省广播电视厅。截至2013年12月,共有团体会员130个。历任会长有李光照、宋国华、赵景春、高世铭、周绍成,历任秘书长王树茂、李富娥、高汉青。

河南省电影电视评论学会 河南省从事电影电

视评论研究与交流的学术性团体。成立于1987年11月,挂靠在河南省电影公司。截至2013年12月,共有团体会员23个,个人会员66人。第一届会长于友先,副会长刘清惠、耿恭让、胡世厚、王明堂,秘书长石明生。

河南省图书馆学学会 河南省从事图书馆学与图书馆工作研究和交流的学术性团体。成立于1979年10月,挂靠在河南省图书馆。截至2013年12月,共有个人会员2 650余人。历任会长为班寿山、童吉永、陶善耕、王爱功,历任秘书长为曲伸、申畅、谢其元、宋学清、孔德超。

河南省版权学会 河南省从事版权研究与交流的学术性团体。成立于1991年11月,挂靠在河南省新闻出版局。截至2013年12月,共有团体会员82个,个人会员328人。历任会长为李社来、刘海程,历任秘书长为牛新民、李桂银。

河南省群众文化学会 河南省从事群众文化研究与交流的学术性团体。成立于1985年5月,挂靠在河南省文化厅。截至2013年12月,共有团体会员20个,个人会员220人。第二届会长丁发杰,副会长李祥辰、陶善耕,秘书长胡广爱。

河南省东方文化研究会 河南省从事东方文化方面研究与交流的学术性团体。成立于1993年2月,挂靠在河南省教委。截至2013年12月,共有个人会员1200余人。研究会下设东方文化传播中心、东方民族文化艺术发展中心等。第二届会长李民,副会长许永璋、王培刚、王新义、温玉成、史善刚、蔡运章,秘书长张玉润。

黄河文化研究会 河南省从事黄河文化方面研究与交流的学术性团体。成立于1990年11月,挂靠在河南省社科院。截至2013年12月,共有个人会员245人。研究会下设黄帝文化、旅游文化、汤斌文化、宗教文化、城市文化等专业研究委员会。第一届会长张文彬,副会长杨凤阁、许顺湛、刘蔚峰、郑洪芳、张锐、蒋书铭、胡世厚、侯彦彬,秘书长马世之。

河南省宗教文化研究会 河南省从事宗教文化研究与交流的学术性团体。成立于1993年10月,挂靠在河南省宗教局。截至2013年12月,共有个人会员260人。第二届会长麻天祥,副会长李邦儒、吕鸿儒、朱和平、徐金星,秘书长赵世立。

河南省民俗学学会 河南省从事民俗学研究与交流的学术性团体。成立于1993年12月,挂靠在河南省民政厅。截至2013年12月,共有团体会员1个,个人会员120人。学会下设有礼仪专业委员会。第一届会长刘蔚峰,副会长许顺湛、张振犁、高天星、崔灿、朱可先、任聘、李绍连、马连会、孟宪明、刘永立,秘书长刘永立(兼)。

河南省社会工作者协会 河南省从事社会工作理论与实践研究和交流的学术性团体。成立于1993年12月,挂靠在河南省民政厅。截至2013年12月,共有个人会员130人。第一届会长杨德恭,副会长刘蔚峰、高冠英、李福业、徐晖、申振军、朱悦强、窦宪章,秘书长马连会。

中原宋学研究会 河南省从事宋学研究与交流的学术性团体。成立于1993年4月,挂靠在中共河南省委党校。截至2013年12月,共有个人会员80余人。第一届会长石训,副会长李保林、化汉三、师玉庆,秘书长李保林(兼)。

中原孔子学会 河南省从事孔子与孔学研究和交流的学术性团体。成立于1993年11月,挂靠在河南省文化厅。截至2013年12月,共有团体会员3个,个人会员386人。第二届会长王振铎,副会长朱保书、李玉洁、董希谦、尹建章、李绍连、苗春德、屈春山、骆承烈,秘书长孔德舜。

河南省老子学会 河南省从事老子与老学研究和交流的学术性团体。成立于1994年1月,挂靠在河南省社科院。截至2013年12月,共有团体会员2个,个人会员150人。第二届会长杨丙安,副会长吴士英、宋育文、王崇献、王富国、朱俊武、崔大华、王中江、赵保佑,秘书长赵保佑(兼)。

河南省墨子学会 河南省从事墨子与墨学研究和交流的学术性团体。成立于1997年10月,挂靠在河南省社科院。截至2013年12月,共有个人会员50人。历任会长为葛纪谦、赵保佑,历任秘书长为萧鲁阳、高秀昌。

河南省中原姓氏历史文化研究会 河南省从事中原姓氏历史文化研究与交流的学术性团体。成立于1995年7月,挂靠在河南省地方史志办公室。截至2013年12月,共有个人会员75人。第二届会长林雪梅,副会长鲁德政、李振华、张锐、许还平、杨静琦、贾英歌、萧鲁阳,秘书长刘翔南。

河南省中原客家研究会 河南省从事客家研究与交流的学术性团体。成立于1994年10月,挂靠在河南省文化厅。截至2013年12月,共有个人会员136人。第二届会长周鸿俊,副会长崔灿、周常林、赵保佑,秘书长朱和平。

河南省楹联学学会 河南省从事楹联学研究与交流的学术性团体。成立于1995年6月,挂靠在河南省文化厅。截至2013年12月,共有团体会员9个,个人会员257人。第二届会长彭玮,副会长徐豫生、李恩东、胡吉祥、丁林、苗鸿伟、李文郑,秘书长李文郑(兼)。

河南省人大制度新闻协会 河南省从事人大制度新闻工作研究与交流的学术性团体。成立于1997年5月,挂靠在河南省人大常委会办公厅。截至2013年12月,共有个人会员86人。第二届会长吕志培,副会长张玺均、王发水、韩华春,秘书长何建舟。

河南省信息学协会 河南省从事信息学研究与交流的学术性团体。成立于1990年6月,挂靠在河南省计划委员会。截至2013年12月,共有团体会员160个。第三届会长赵硕,副会长王润理、陈国斌,秘书长卫乃良。

河南省经济学学会 河南省从事经济学研究与交流的学术性团体。成立于1964年2月,挂靠在河南省社科联。截至2013年12月,共有个人会员300余人。学会下设《资本论》研究会、政治经济学研究会、中外经济学说史研究会等。第五届会长杨承训,副会长喻新安、孙新雷、宋光华、张怀宇、王永苏、侯苏庆、田鸿钧、赵怀让、夏宗勇,秘书长郭军。

河南省经济战略学会 河南省从事经济发展战略方面研究与交流的学术性团体。成立于1992年12月。截至2013年12月,共有团体会员180个,个人会员50人。第二届会长张学仁,副会长唐明寅、熊维政、赵海军、赵剡水、杨建华、赵庆新、张庆灵、张红恩、齐建华、晁凤仙、郑志强、薛兴国、魏华钧,秘书长唐明寅(兼)。

河南省经济体制改革研究会河南省从事经济体制改革方面研究与交流的学术性团体。成立于1988年10月,挂靠在河南省体改委。截至2013年12月,共有团体会员68个。第二届副会长方略、古灿云、张华贵、李天申,秘书长张富生。

河南省财政学会河南省从事财政理论与实践方面研究和交流的学术性团体。成立于1980年8月,挂靠在河南省财政厅。截至2013年12月,共有团体会员18个。第四届会长胡树理,副会长庞学孟、鲁轶、喻新安、赵杰,秘书长赵杰(兼)。

河南省会计学会 河南省从事会计学与会计工作研究和交流的学术性团体。成立于1980年8月,挂靠在河南省财政厅。截至2013年12月,共有团体会员26个。第四届会长谭恩河,副会长张鹤喜、孙延喜、范业骏、钱国玉、崔建庄、侯相恩,秘书长邢安会。

河南省预算会计研究会河南省从事预算会计研究与交流的学术性团体。成立于1991年9月,挂靠在河南省财政厅。截至2013年12月,共有团体会员17个。第一届名誉会长胡树理,会长夏清成,副会长杨承训、王天林、王民有、宋兰亭、邢振太,秘书长杨玲。

河南省金融会计学会 河南省从事金融会计研究与交流的学术性团体。成立于1994年8月,挂靠在中国人民银行郑州中心支行。截至2013年12月,共有团体会员17个。历任会长为裴群国、杨子强、庞贞燕,历任秘书长为王毅民、刘秋香。

河南省外商投资企业会计学会 河南省从事外商投资企业会计研究与交流的学术性团体。成立于1993年3月,挂靠在河南省财政厅。截至2013年12月,共有团体会员20个,个人会员528人。第二届会长李现宗,秘书长王俊玲。

河南省商业经济学会 河南省从事商业经济方面研究与交流的学术性团体。成立于1983年7月,挂靠在河南省贸易厅。截至2013年12月,共有团体会员52个,个人会员122人。第三届会长孙胜名,副会长张慧玉、李殿元、杨承训、侯恒,秘书长李恩贤。

河南省农业经济学会 河南省从事农业经济方面研究与交流的学术性团体。成立于1981年8月,挂靠在河南省农业厅。截至2013年12月,共有个人会员500多人。第三届会长胡廷积,副会长马政萱、周德章、赵怀让、谷复钧、何天顺、陈章博、欧阳俊斌,秘书长欧阳俊斌(兼)。

河南省商品学学会 河南省从事商品学研究与交流的学术性团体。成立于1989年4月,挂靠在河南财经学院。截至2013年12月,共有团体会员68个,个人会员225人。第六届会长侯恒,副会长陆观霄、李福乾、陈明秀、贾建锡、荀自钧,秘书长荀自钧(兼)。

河南省金融学会 河南省从事金融理论与实践方面研究和交流的学术性团体。成立于1980年6月,挂靠在中国人民银行郑州中心支行。截至2013年12月,共有团体会员34个,个人会员320

人。第五届会长贾灿宇，副会长胡国瑞、李春亭、陈洪范、张彦森、邓世敏、张庆修、王国生、郭宏学，秘书长庞贞燕。

河南省农村金融学会 河南省从事农村金融方面研究与交流的学术性团体。成立于 1984 年 9 月，挂靠在中国农业银行河南省分行。截至 2013 年 12 月，共有团体会员 18 个，个人会员 560 人。第四届会长傅春生，副会长张银海、范来成、周照良、黄建德、吕耀宗、盛德用，秘书长董心奎。

河南省城市金融学会 河南省从事城市金融方面研究与交流的学术性团体。成立于 1990 年 6 月，挂靠在中国工商银行河南省分行。截至 2013 年 12 月，共有团体会员 17 个，个人会员 450 人。历任会长为王浩、张文学、李松保、明柱亮，历任秘书长为施鸿秀、宇琍燕、田发明、宋春歌。

河南省保险学会 河南省从事保险理论与实践方面研究和交流的学术性团体。成立于 1991 年 8 月，挂靠在中国人民银行郑州中心支行。截至 2013 年 12 月，共有团体会员 57 个，个人会员 4 人。第四届会长张建民，秘书长牛新中。

河南省工商行政管理学会 河南省从事工商行政管理方面研究与交流的学术性团体。成立于 1984 年 4 月，挂靠在河南省工商局。截至 2013 年 12 月，共有团体会员 18 个，个人会员 230 人。第四届会长岳同生，副会长李长胜、房延修、顾俊、阮中亨、王贤婷，秘书长张全海。

河南省审计学会 河南省从事审计理论与实践方面研究和交流的学术性团体。成立于 1985 年 4 月，挂靠在河南省审计厅。截至 2013 年 12 月，共有个人会员 144 人。历任会长为王英杰、杨万书、冯义申、张文武，历任秘书长为程保立、刘国斌、树冀鄂、张新中国成立、唐海文、叶鹏飞、解鹏里。

河南省税务学会 河南省从事税收理论与实践方面研究和交流的学术性团体。成立于 1985 年 12 月，挂靠在河南省地税局。截至 2013 年 12 月，共有团体会员 19 个，个人会员 806 人。第二届会长魏如，副会长宋兰亭、王国英、王连清、李德章、郭乃斌、赵纬金，秘书长吕献东。

河南省统计学会 河南省从事统计理论与实践方面研究和交流的学术性团体。成立于 1983 年 12 月，挂靠在河南省统计局。截至 2013 年 12 月，共有团体会员 27 个，个人会员 1 500 余人。第四届会长缪盛鸿，副会长陈相成，秘书长金美江。

河南省人口学学会 河南省从事人口学研究与交流的学术性团体。成立于 1979 年 5 月，挂靠在河南省计生委。截至 2013 年 12 月，共有团体会员 13 个，个人会员 266 人。第四届会长申景仁，副会长梁维钊、张怀宇、林富瑞、张宏宇、郭光宇、马振海、徐晖、赵喜朝，秘书长马建勋。

河南省供销合作经济学会 河南省从事供销合作经济研究与交流的学术性团体。成立于 1988 年 1 月，挂靠在河南省供销合作总社。截至 2013 年 12 月，共有团体会员 35 个，个人会员 16 人。第二届会长邓建民，副会长张建刚、李海涛、张华贵、喻新安，秘书长刘兆杰。

河南省国际经济贸易学会 河南省从事国际经济贸易方面研究与交流的学术性团体。成立于 1986 年 9 月，挂靠在河南省外贸厅。截至 2013 年 12 月，共有团体会员 120 个，个人会员 272 人。第三届会长侯国富，副会长阎宝来、刘祖玉，秘书长任风轩。

河南省计划经济学会 河南省从事计划经济研究与交流的学术性团体。成立于 1985 年 4 月，挂靠在河南省计划委员会。截至 2013 年 12 月，共有团体会员 17 个，个人会员 300 余人。第二届会长宋绍明，副会长杨承训、侯恒、喻新安、杨显明，秘书长王双全。

河南省国有经济研究会 河南省从事国有经济研究与交流的学术性团体。成立于 1996 年 9 月，挂靠在河南省政府发展研究中心。截至 2013 年 12 月，共有个人会员 60 余人。第一届会长赵怀让，副会长周德章、谷灿云、胡国瑞，秘书长陈晓平。

河南省民营经济研究会 河南省从事民营经济研究与交流的学术性团体。成立于 1997 年，是河南省涉及民营经济创建最早的社团组织，挂靠在河南省社科联。第一届名誉会长王全书，会长周德章，副会长有喻新安、李天申、赵怀让、党中选、张林等人。

河南省价格学会 河南省从事物价研究与交流的学术性团体。成立于 1983 年 12 月，挂靠在河南省物价局。截至 2013 年 12 月，共有团体会员 72 个，个人会员 1 000 余人。历任会长为方略、王颖俊、张应祥、刘尚武、杨显明，历任秘书长为焦维、陈伟光、张天民、宗长青、高树印、许贵舫。

河南省企业管理协会 河南省从事企业管理方面研究与交流的学术性团体。成立于 1982 年 8

月,挂靠在河南省经贸委。截至 2013 年 12 月,共有团体会员 208 个,个人会员 2530 人。第四届会长杨显明,副会长范保国、贾连朝、林艾英、孙仁清、张大岭、沈秋萍、马连兴,秘书长何再福。

河南省物资经济学会 河南省从事物资经济方面研究与交流的学术性团体。成立于 1984 年 6 月,挂靠在河南省物资集团公司。截至 2013 年 12 月,共有团体会员 112 个。第四届会长黄振英,副会长宋俊杰、梁明本、解学恒、卜道广、高秀英,秘书长赵文华。

河南省劳动学会 河南省从事劳动工作理论与实践研究和交流的学术性团体。成立于 1985 年 1 月,挂靠在河南省劳动厅。截至 2013 年 12 月,共有团体会员 134 个。第三届会长李本立,副会长张国良、李福业、邓永俭、钟文珍、马永志、董其武、李鸿昌、宋春迎,秘书长王新华。

河南省城市科学研究会 河南省从事城市科学方面研究与交流的学术性团体。成立于 1986 年 7 月,挂靠在河南省建设厅。截至 2013 年 12 月,共有团体会员 17 个,个人会员 1 530 余人。研究会下设历史名城、小城市、城市经济、城建监察、城建档案史志等专业委员会。历任会长秦建修、刘征远、蒋书铭,历任秘书长赵楷、张泽高。

河南省基本建设经济研究会 河南省从事基本建设经济方面研究与交流的学术性团体。成立于 1981 年 11 月,挂靠在河南省计划委员会。截至 2013 年 12 月,共有个人会员 150 人。第三届会长杨信倚,副会长周胜祥,秘书长昝淑兰。

河南省乡镇经济学会 河南省从事乡镇经济方面研究与交流的学术性团体。成立于 1989 年 10 月,挂靠在河南省教委。截至 2013 年 12 月,共有团体会员 2 个,个人会员 240 人。第三届会长张履鹏,副会长陈书栋、毕赶生、梁金玉、王文广、侯远东,秘书长孙陶生。

河南省建制镇改革与发展研究会 河南省从事建制镇改革与发展方面研究和交流的学术性团体。成立于 1993 年 10 月,挂靠在河南省体改委。截至 2013 年 12 月,共有团体会员 53 个。第一届会长张华贵,副会长刘征远、李金台,秘书长陈振民。

河南省粮食经济学会 河南省从事粮食经济方面研究与交流的学术性团体。成立于 1986 年 8 月,挂靠在河南省粮食厅。截至 2013 年 12 月,共有个人会员 223 人。历任会长为袁世民、张文哲、秦玉甫、崔银太、卢彦超,历任秘书长为姚伦湘、李静、吴明合、王亚明。

河南省煤炭经济研究会 河南省从事煤炭经济方面研究与交流的学术性团体。成立于 1982 年 12 月,挂靠在郑州煤炭管理干部学院。截至 2013 年 12 月,共有团体会员 25 个,个人会员 1 972 人。第二届会长孙国成,副会长陈碧川、李永新、陈雪枫、周庆安、刘建民、袁清伟、梁克光,秘书长陈洪杰。

河南省卫生经济学会 河南省从事卫生经济方面研究与交流的学术性团体。成立于 1985 年 3 月,挂靠在河南省卫生厅。截至 2013 年 12 月,共有团体会员 25 个,个人会员 500 余人。第三届会长徐晖,副会长何敬一、夏祖昌、穆伟山,秘书长朱洪彪。

河南省渔业经济研究会 河南省从事渔业经济方面研究与交流的学术性团体。成立于 1986 年 12 月,挂靠在河南省水利厅水产局。截至 2013 年 12 月,共有团体会员 4 个,个人会员 280 人。第三届会长夏长安,副会长逯好聪、姬广闻、王忠民、王飞,秘书长王忠民(兼)。

河南省生态经济学会 河南省从事生态经济方面研究与交流的学术性团体。成立于 1986 年 6 月,挂靠在河南省社科院。截至 2013 年 12 月,共有团体会员 12 个,个人会员 340 人。学会下设区域生态经济、城市生态经济、农村生态经济、林业生态经济和生态经济理论等专业委员会。第三届会长胡廷积,副会长蒋书铭、张松涛、张守印、冯长海、刘洪涛、王全新,秘书长樊万选。

河南省旅游学会 河南省从事旅游方面研究与交流的学术性团体。成立于 1986 年 9 月,挂靠在河南省旅游局。截至 2013 年 12 月,共有团体会员 4 个,个人会员 120 人。学会下设旅游地理等专业委员会。第三届会长蔡流海,副会长尤滋洲、张天涛、许顺湛、张华珏、谢钧祥,秘书长张天涛(兼)。

河南省工业经济管理学会 河南省从事工业经济管理方面研究与交流的学术性团体。成立于 1992 年 4 月,挂靠在河南省社科院。截至 2013 年 12 月,共有团体会员 183 个,个人会员 2 760 人。第一届会长胡悌云,副会长杨承训、陈义初、彭春成、肖继仁、喻新安,秘书长寇伟。

河南省企业管理与教育研究会 河南省从事企业管理与教育方面研究和交流的学术性团体。成立于1986年11月,挂靠在河南省经贸委。截至2013年12月,共有团体会员24个,个人会员110余人。第五届会长贾连朝,副会长黄炎中、杨承训、吴铁铸、王俊山、何再福,秘书长王文亮。

河南省城区改革与发展研究会 河南省从事城区改革与发展方面研究和交流的学术性团体。成立于1994年6月,挂靠在河南省体改委。截至2013年12月,共有团体会员37个。第一届会长张志平,副秘书长王旭。

河南省企业名人研究会 河南省从事企业名人研究和交流的学术性团体。成立于1996年7月,挂靠在河南省社科联。截至2013年12月,共有团体会员180个,个人会员200余人。第二届会长秦科才,副会长王庆宗、李天申、赵怀让、周德章、王颖俊、喻新安,秘书长申自强。

河南省豫菜文化研究会 河南省从事豫菜烹饪文化研究和交流的学术性团体。成立于2000年3月,挂靠在河南省社科联。截至2013年年底,共有团体会员47个,个人会员110余人。第一届顾问范钦臣、林炎志、陈全国,会长侯志英,常务副会长王崇献、副会长赵怀让、练岚、任素莲、徐忠、张琇、张玉蟲,秘书长苏锡国。

河南省经济伦理研究会 河南省从事经济伦理研究和交流的学术性团体。成立于2000年5月,挂靠在河南省社科联。第一届会长王纪年,副会长乔法容、何再复、刘怀廉、赵志正、刘金山、郭军,秘书长乔法容(兼)。

河南省红旗渠精神研究会 河南省从事红旗渠精神研究和交流的学术性团体。成立于2001年12月,挂靠在河南省水利厅。历任会长为赵德润、韩天经,秘书长为魏德忠。

河南省医疗工伤生育保险协会 河南省从事医疗工伤生育保险研究和交流的学术性团体。成立于2002年11月。截至2013年年底,共有个人会员200余人。历任会长为王流章、韩志奎,秘书长为王新华。

河南省经济新闻研究会 河南省从事经济新闻研究和交流的学术性团体。成立于2004年12月。截至2013年年底,共有个人会员98人。会长为葛纪谦,秘书长为张博。

河南省法律咨询协会 河南省从事法律咨询研究和交流的学术性团体。成立于2004年7月。截至2013年年底,共有个人会员389人。历任会长为黄思远、吴合振,历任秘书长为陈爱国、乔治。

河南省先进文化研究会 河南省从事先进文化研究和交流的学术性团体。成立于2005年9月。会长为张放涛,秘书长为牛玉乾。

河南省劳动教养学会 河南省从事劳动教养研究和交流的学术性团体。成立于2008年7月,挂靠在河南省司法厅劳动局。截至2013年年底,共有个人会员283人。会长为贾书魁,秘书长为杨冀平。

郑州铁路检察学会郑州铁路局从事铁路检查研究和交流的学术性团体。成立于2004年4月,挂靠在郑州铁路局。截至2013年年底,共有团体会员66个,个人会员190人。历任会长为王德福、刘玉生,历任秘书长为牛松林、赵建义。

河南省愚公精神研究会 是一个致力于研究和弘扬、愚公精神的协会组织。成立于2013年6月。会长为李长铎,秘书长为王天顺,荣誉会长为毛新宇、虞云耀、徐光春、张程峰。

河南省愚公移山精神研究会第一次委员会代表暨成立大会

成果载体

《中州学刊》

是河南省社会科学院主管主办的综合性社科类学术理论期刊。1979 年创办时名为《学术研究辑刊》,1981 年更名《中州学刊》,1982 年改为双月刊,正式交邮局向国内发行;1984 年第 1 期起由河南省社科院主办,对国内外公开发行。1996 年第 1 期起,每期由 128 页改为 144 页,并于当年加入《中国学术期刊(光盘版)》,由清华大学光盘国家工程研究中心学术电子出版物编辑部出版并向世界发行。自 2013 年起改为月刊,每月 15 日出版,页码改为 176 页。

《中州学刊》以“崇尚科学、追求真理、提倡原创、打造精品”为办刊理念,广集百家睿智,编发精品力作,弘扬中原文化,服务改革开放。曾先后被认定为全国中文核心期刊,中国人文与社会科学核心期刊,中文社会科学引文索引(CSSCI)来源期刊,中国期刊方阵双效期刊;连续多年被评为河南省社科类优秀期刊、一级期刊、二十佳期刊。《中州学刊》是国际学术交流期刊,是中原学术交流的重要窗口,发行范围遍及中国大陆及港、澳、台地区,远及东南亚、欧美等地。2012 年 11 月,《中州学刊》荣登国家社会科学基金学术期刊资助第二批百家入选名单。

《河南社会科学》

《河南社会科学》杂志创刊于 1993 年,是河南省社会科学界联合会主办的综合性社会科学学术期刊。《河南社会科学》以繁荣和发展河南的社会科学为目的,以探讨河南的经济社会文化发展的理论问题和实践问题为重点,反映河南社会科学界学术研究的成果,交流省内外和国内外学术信息。设有专题研究、法学研究、经济学研究、文学研究、哲学研究等栏目。现为全国中文核心期刊、“中国社会科学引文索引(CSSCI)”来源期刊、中国人文社会科学核心期刊、河南省二十佳期刊、河南省一级期刊。

《史学月刊》

《史学月刊》创刊于 1951 年 1 月,原名《新史学通讯》是河南大学和河南省历史学会共同主办的大型历史学专业刊物。该刊坚持双百方针,发表高水平的史学研究成果,主要栏目有史学理论、史学评论、社会史、城市史、乡村史、生态环境史、文化史、学术史、电脑与史学应用、新资料的发掘与研究等。现为全国中文核心期刊。2012 年 6 月,入选国家社科基金第一批学术期刊资助名单。

《中原文物》

《中原文物》创刊于 1977 年,由河南博物院主办。原名《河南文博通讯》,1981 年更名为《中原文物》季刊,并向国内外公开发行。2000 年改为双月刊,全国中文核心期刊,河南省一级期刊。主要栏目:考古新发现、研究与探索、文物与科技、博物精华、博物馆论坛、收藏与鉴定、文物与旅游、书刊评介、学术动态、文博简讯等。尤其是史前文化、夏商文化、楚文化、汉画等一系列与中原相关的重大课题的研究,为学术界所注目。目前,《中原文物》的年发行量在12000册左右,其中国外的年发行量在2000册左右,远销到日本、美国、法国、新加坡、泰国、韩国等二十多个国家和地区,是河南省期刊中对外发行量最大的一家。

《华夏考古》

《华夏考古》是河南省文物考古研究所和河南省文物考古学会主办的考古学专业学术期刊,创刊于1987年,季刊,至今已出版100(2012年第2期)。刊物集考古学资料性和学术性为一体,开辟有田野考古报告、考古文物研究、古文字研究、考古学理论与方法、考古技术与文物保护、译文园地、学者学术史、书评等栏目。是河南乃至全国发表文物考古研究成果的重要园地。曾被评为全国优秀社科学术理论期刊、中国期刊方阵双效期刊、中文核心期刊、中国人文社会科学核心期刊、中国人文社会科学引文索引来源期刊(CSSCI)、河南省十佳期刊、河南省一级期刊、河南省优秀社科期刊。

《河南图书馆学刊》

《河南图书馆学刊》杂志(曾用名河南图书馆季刊)创于1981年,双月刊,是由河南省图书馆主管,河南省图书馆学会和河南省图书馆主办内外公开发行的图书类期,内容主要包括图书馆学理论研究,图书馆工作经验交流以及普及图书馆知识。主要读者对象是广大图书馆工作者和情报工作者。

《金融理论与实践》

《金融理论与实践》创刊于1979年,月刊,是由中国民银行郑州中心支行和河南省金融学会主办的以金融理论经研究和金融业务实践探索为主要任务的专业性学术期刊。本刊立足金融,面向社会,融各类金融理论与实务为一体,坚持金融理论与金融实践的紧密结合,既突出理论研究、注重学术价值,又重视实践探索、关注业务拓展,适应金融改革的发展形势,具有鲜明的个性特色,在全国金融理论与金融业务领域里具有重大影响,具有较高的知名度和品牌效应;有较高的学术地位、文化品位和专业水准;并有准确的市场定位,读者反映良好,市场占有量不断扩大,发行量居全国同类金融期刊前列。常设栏目有理论探索、金融改革、金融观察、行长论坛、问题探讨、农村金融、保险世界、证券之窗、调查报告、参考与借鉴等,非常设栏目有专论、特稿、政策性金融、国际金融、金融与法、银行与企业、金融述评等。

本刊三度入选全国货币·银行类中文核心期刊,其中第三次入选时荣膺全国该类中文核心期刊第一名,1999年入选中国社会科学院中国人文社会科学核心期刊,多次被评为中国人民银行系统优秀期刊,曾评为河南省一级期刊、《CAJ-CD规范》执行优秀期刊,在全国经济金融理论界具有较大影响。

《决策探索》

《决策探索》杂志创刊于1985年,是由河南省人民政府发展研究中心主管、主办,以研究决策科学为特色、探索成功为目的的社科类刊物。主要栏目:决策论坛、决策创新、领导论谈、党建专论、高层动态、官场新政、探索争鸣、百姓关注。

《党的生活》

《党的生活》是中共河南省委主管主办的大型综合性党建月刊,是省委、省政府指导全省各项工作的重要宣传舆论阵地,在及时传达中央和省委、省政府的声音,统一全省党群思想,增强全省人民的凝聚力,推进我省改革开放和现代化建设,全面实施各阶段的政治任务和各项工作的顺利开展中,发挥着其它媒体不可替代的重要作用。

《党的生活》创刊于1952年,全国统一刊号CN41-1001/D,国内公开发行。版式采用国际流行的大16开本装订印刷,期发行量40余万份。除立体覆盖河南省村级以上党支部及党员干部外,在全国各省、市、自治区拥有一定量的读者。其影响力之大、覆盖面之广、权威性之高,具有其它媒体无法替代的优势,且有一定的资料保存价值。

《妇女生活》

《妇女生活》：杂志创刊于1932年，复刊于1982年。《妇女生活》是河南省妇联主办的社科文化生活期刊。1982年3月复刊以来，始终坚持正确的政治方向和舆论导向，坚持健康、文明、向上的宣传基调，不断强化精品意识、创新意识和读者意识，注重文化含量和文化品位，逐渐形成了高雅、厚重、朴实、鲜活，导向性强、可读性强、贴近生活、贴近时代的鲜明特色，经久不衰地吸引着众多读者，读者群遍布全国，并远销十几个国家和地区。

《妇女生活》曾连续6次被评为河南省一级期刊、优秀期刊、二十佳期刊；6次荣获国家级大奖：1995年荣获全国优秀社科期刊奖、1997年、1999年两次入选"全国百种重点社科期刊"，1999年、2003年、2005年三次荣获"国家期刊奖"，是河南省唯一六次荣获国家级大奖的"六连冠"期刊。2002年被中宣部和国家新闻出版署列入"中国期刊方阵·双奖期刊"。2003年荣获第二届中国女性文学评选"女性期刊特别奖"。多次代表中国优秀期刊成功参加了在美国、法国、德国、日本、澳大利亚等国举办的国际期刊博览会。

《郑州大学学报》(哲学与社会科学版)

《郑州大学学报》(哲学与社会科学版)创刊于1960年，为社会科学和人文科学综合性学术期刊。主要刊发哲学、政治学、法学、经济学、社会学、史学、图书情报学、文学、语言学、新闻学等方面的学术性文章，设有"人学研究"、"环境资源法研究"、"书简学研究"、"中国现当代文学研究"等栏目。为全国中文核心期刊，中国人文社会科学核心期刊，中国社会科学引文索引(CSSCI)来源期刊，中国期刊方阵双效期刊，全国三十佳社科学报，河南省高校优秀哲学社会科学学报，曾连续四届获河南省优秀社科期刊暨"河南社科期刊二十佳"称号，教育部第二批名栏建设入选期刊——美学·环境美学。学报(哲社版)现任主编辛世俊编审、副主编乔学杰编审均被评为"全国社科学报优秀主编"。

《河南大学学报》(社会科学版)

《河南大学学报》(社会科学版)创刊于1934年，是全国较早创办的高校学报之一，在国内外学术界享有盛誉，嵇文甫、高亨、冯友兰、姜亮夫、张邃青、任访秋等著名教授都是该刊的作者。刊物几经沧桑，数易其名，始终以"活跃学术思想、传播科学文化"为宗旨，立足河南、面向全国，报道科研成果，展现学者风范，为科研与教学服务，为社会主义建设服务，更好地发挥哲学社会科学认识世界、传承文明、创新理论、梓政育人、服务社会的重要功能。

《河南大学学报》(社会科学版)始终把刊物的学术本位摆放核心位置，坚持学术性特色，促进学术交流和文化传播。除保持"历史学研究"、"文学研究"、"经济学研究"、"哲学研究"、"法学研究"、"管理学研究"、"社会学研究"、"编辑学研究"等常规栏目外，先后推出"名家代表作"、"新秀展台"、"宋代研究"等特色专栏，并组织、策划一系列有特色、有价值、有影响的笔谈和专题研究。自1934－2011的78年间，《河南大学学报》(社会科学版)延续出版51卷243期，发表文章6434篇6000多万字。在这些论文中，涌现出一大批具有原创性和较高学术价值的代表性著作，为我国哲学社会科学的繁荣发展做出重要贡献。

《河南大学学报》(社会科学版)刊发的文章具有三个鲜明特点：第一，关注社会生活，理论联系实际，注意解决社会实际问题；第二，反映各学科学术热点，代表该学科不断发展的学术水平；第三，选题针对性强，社会影响广泛，社会效益良好。

根据《中南财经政法大学图书馆信息检索报告》统计数据，2008—2010年所刊登论文被转载、摘登的总篇目，以及在全国综合性大学学报中的排序情况：2008年为64篇，在全国综合性大学学报被转载篇目排序中列第9位；2009年为47篇，在全国综合性大学学报被转载篇目排序中列第15位；2010年为56篇，在全国综合性大学学报被转载篇目排序中列第11位。

根据南京大学中国社会科学研究评价中心的期刊排序，2006年度的影响因子数值为0.0523，在全国高校综合性社科学报类期刊中排名93位，被引次数数值为114，排名30位；2007年度的影响因子数值为0.0788，被引次数数值为137；2008年度影响因子数值为0.2354，被引次数数值为299；2009年度影响因子数值为0.1683，被引次数数值为191。

根据清华大学图书馆、中国科学文献计量评价研究中心发布的《中国学术期刊影响因子年报》(2009－2011版)统计数据,《河南大学学报》(社会科学版)影响因子排名在全国人文社科期刊中分列第30、39、43位。

根据中国科学技术信息研究所、万方数据股份有限公司联合发布的《中国期刊高被引指数》(2009年)统计数据,本刊以近五年被引503次,位居人文社科大学学报类全国第七名,居河南省同类期刊之首;近五年影响因子为0.389,在河南省社科期刊中名列第二,在全省综合期刊中位居第一。

《河南大学学报》拥有良好的学术品牌和学术影响。1999、2002、2006年,被评为"全国百强社科学报";连年被评为"河南省社会科学二十佳期刊"、"河南省一级期刊";2004年,被评为"全国中文核心期刊"、"中国人文社会科学核心期刊";2008年,再度入选"全国中文核心期刊"、"中国人文社会科学核心期刊";同年,入选中文社会科学引文索引(CSSCI)扩展版来源期刊;2010年,正式成为中文社会科学引文索引(CSSCI)来源期刊;2010年,被评为"全国高校三十佳社科期刊"。

《河南师范大学学报》(哲学与社会科学版)

《河南师范大学学报》(哲学与社会科学版)是由河南师范大学主办的综合性社会科学学术理论刊物,创刊于1960年。原为《新乡师范学院学报》,1985年随校名变更改为现名。本刊现为全国中文核心期刊,中国人文社会科学核心期刊,中文社会科学引文索引(CSSCI)来源期刊,全国高校百强社科期刊,河南省社会科学二十佳期刊。

《教育科学文摘》

《教育科学文摘》是河南师范大学主办的教育类学术文摘期刊,秉承好中选优,精益求精的宗旨,摘编各类学报、教育专业期刊等社会科学类期刊上的最新教育研究成果,具有信息量大、权威性高、摘录面广、理论性强的特点。本刊立足大教育视角,从社会教育、学校教育、家庭教育相融合的角度精选、摘编,在大的社会背景下反映当前教育领域内重大理论建设成果和教育实践中存在的现实问题及成就,为广大教育工作者提供信息导航。

《信阳师范学院学报》(哲学社会科学版)

《信阳师范学院学报》(哲学社会科学版)创刊于1981年,是信阳师范学院主管主办的综合性学术理论刊物,为双月刊。刊物的宗旨是坚持社会主义办刊方向,坚持"百花齐放,百家争鸣"的方针,促进文化交流,繁荣学术研究,提高刊物质量,推动教学科研。《信阳师范学院学报(哲学社会科学版)》的国际标准刊号为:ISSN 1003－0964,国内统一刊号为:CN 41－1030/C;所发文章被《新华文摘》、《全国高校文科学报文摘》、中国人民大学复印报刊资料等国内权威性文摘的摘转率,在全国师范学院学报中一直名列前茅;1999年被中国社会科学院评为中国人文社会科学核心期刊。是《中国核心期刊数据库》收录期刊、《中国学术期刊综合评价数据库》、《中国人文社会科学引文数据库》固定来源期刊,《中国学术期刊(光盘版)》全文收录期刊。2002年被中国人文社会科学学报研究会评为"全国优秀社科学报",2010年被全国高等学校文科学报研究会评为全国高校百强社科期刊。

主要专栏有:专题论坛、社会主义理论与实践、哲学逻辑学、法学研究、经济学研究、语言文字学研究、写作学研究、文学研究、中国古代史研究、中国现代史研究、心理学教育学研究、学术研究综述、淮河文化研究、信息与循环理论研究、移民文化研究、红色历史文化研究等。

《洛阳理工学院学报》(社会科学版)

《洛阳理工学院学报》由原《洛阳工业高等专科学校学报》和《洛阳大学学报》合并而成,《洛阳理工学院学报》(社会科学版)创刊于1984年,分别于1998年、1999年经国家新闻出版署审批为国内、外公开发行学报。学报为大16开96页,双月刊,中国期刊全文数据库全文收录期刊、中国学术期刊综合评价数据库统计源期刊、中国核心期刊(遴选)数据库收录期刊。《学报》坚持贯彻"百花齐放"、"百家争鸣"的方针,以"活跃学术思想、增进学术交流、推动教学改革,促进科技进步”为宗旨。《学报》主要内容有:政治理论与基础理论研究、贸易经济、工商经济管理、会计与经济信息管理等社科论文以及中外文学赏析、教学研究等。

《经济经纬》

《经济经纬》是河南财经政法大学主办的经济和管理类学术理论刊物,创刊于 1984 年,1994 年由《河南财经学院学报》更名为《经济经纬》,国内外公开发行,是中国经济类核心期刊、中国社会科学引文索引(CSSCI)来源期刊、全国百强社科学报。国内统一刊号:CN－1223/F,国际标准刊号:ISSN 1006－1096。

《经济经纬》编辑部聘请于光远、厉以宁、刘国光、樊纲、陆大道等我国著名经济学家为顾问。设有理论经济学、宏观经济、产业经济、国际经济、区域经济、财务会计、劳动经济、企业管理、商业经济、三农研究、财政金融等主要栏目。

《经济经纬》创刊以来,坚持“学术第一、精编细审、求实创新”的原则,关注创新性、前瞻性、全局性的重大理论问题,旨在为展示校内外最新科研成果和繁荣我国经济建设服务。“走精品化道路,争创名牌期刊”是本刊一贯追求的目标。

《经济经纬》坚持正确的办刊宗旨,遵循社会科学发展规律,及时了解和掌握学科研究的动态和趋势,重视研究重大理论问题、热点难点问题以及新兴学科问题,推出了不少有较高学术水平和较大学术影响的力作。所刊文章多次被《人大报刊复印资料》、《中国人文社会科学学术文摘》、《中国社会科学文摘》、《新华文摘》等报刊转载,综合影响因子、人文社科影响因子均位居河南省同类学术期刊第一名。引用频次、访问量不断攀升,社会影响日益扩大,受到了上级有关部门及社会各界的广泛关注和高度评价。曾被多次被评为“全国百强社科学报”、“河南省二十佳社科期刊”、“河南省一级期刊”,入选“中国经济类核心期刊”、“CSSCI”来源期刊、“中国学术综合评价数据库来源期刊”,《CAJ－CD 规范》“执行优秀奖”。

《天中学刊》

《天中学刊》为黄淮学院主办的综合性学术理论刊物,双月刊,其中第 1、3、4、6 期为社会科学版,第 2、5 期为自然科学版。其前身是《驻马店师专学报》,创刊于 1986 年,1994 年 8 月在国内外公开发行。国内统一刊号为 CN41－1232/C,国际标准刊号为 ISSN1006－5261,1995 年,原《驻马店师专学报》更名为《天中学刊》。

特色栏目有:当代学者研究、教育经济研究、天中历史文化研究

,固定栏目有政治·法律研究、哲学·社会学研究、经济·管理研究、文学·语言研究、历史·文化研究、教育·心理研究

在 20 多年的办刊过程中,《天中学刊》以“弘扬科学精神,恪守学术规范,紧跟学术前沿,倡导学术争鸣,扶持学术新人”为宗旨,以其高质量、高品位赢得了良好的社会声誉。曾被评为河南省 A 级学报、“河南省一级期刊”、“河南省优秀学报一等奖”,荣获“全国高专学报质量进步奖、“全国高专优秀学报一等奖”,入选“第一至四届全国百强社科学报”、“中国人文社科学报核心期刊”

《中国学术期刊(光盘版)》收录期刊、《中国学术期刊综合评价数据库》来源期刊、《万方数据——数字化期刊群》收录期刊、《中国核心期刊(遴选)数据库》来源期刊。

《洛阳师范学院学报》

《洛阳师范学院学报》是由洛阳师范学院主办的综合性学术期刊。1、3、4、6 期为人文社科版。《洛阳师范学院学报》为大 16 开本,每期内文 176 页,定价 12 元。期印数 1500 册。国内发行自办,国外由中国出版对外贸易总公司代理。曾被评为河南省一级期刊,获首届全国优秀社科学报奖、河南省高校学报优秀一等奖。为中国期刊网全文收入期刊,加入中国学术期刊光盘版和有关网络传播,成为在教育界、学术界有广泛影响的学术期刊。

自创刊以来,本刊一直坚持“面向全国,面向世界”、“高水平,高质量”、“求新求实”的办刊原则,坚持人文社会科学的正确导向,刊出大量促进哲学、法学、经济学、文学、史学、语言学等学科发展的文章。本刊的用稿原则是:理论观点有新见,学理探讨有深度,研究资料有新证。提倡简明扼要的文风,也欢迎论题重大、言之有物的长文。刊物按学科设置栏目,另有“河洛文化研究”、“科学技术

哲学研究”、“中国古典解释学”、“女性文学研究”、“当代大众文化研究”、“中国古代小说研究”等专栏,并有“学术平台”刊载精彩短论。

《商丘师范学院学报》

《商丘师范学院学报》是由河南省教育厅主管、商丘师范学院主办,《商丘师范学院学报》编辑部编辑,以反映本校教学科研成果为主的综合性学术研究期刊,月刊;1985 年创刊,1989 年更名为《黄淮学刊》,1999 年国内外公开发行,2000 年更名为《商丘师范学院学报》,是中国核心期刊(遴选)数据库收录期刊、中国人文社会科学核心期刊,是国内外 28 种权威二次文献固定引用期刊。曾荣获河南省 A 级学报、河南省优秀学报一等奖、全国高校优秀学报一等奖、全国地方高校优秀学报一等奖、C 类全国第一名、《CAJ - - - CD》执行规范优秀奖,被评为河南省一级期刊、河南省十佳优秀期刊、全国优秀社会科学学报。社会科学方面主要发表哲学、文学、历史、经济、政治、法学等方面的理论研究文章;学报设有地方特色研究栏目—“庄子·道家·道教”研究;全年 12 期,每期 140 页。国际连续出版号:ISSN1672 - 3600;全国统一刊号:CN41 - 1303/Z。

《南阳师范学院学报》

《南阳师范学院学报》为南阳师范学院主办的文理综合性学报,创刊于 1986 年,2000 年面向国内外公开发行。月刊,其中,第 1、2、4、5、7、8、10、11 期为社会科学版,大 16 开,128 页,每月 26 日出版。社会科学版开设有“思想文化研究”、“法学研究”、“经济学研究”、“历史学研究”、“文学研究”、“汉语言文字研究”、“教育科学研究”、“艺术学研究”、“民俗学研究”等栏目,并开设“冯学研究”、“词学论坛”、“诗学前沿”、“文论互喻”、“简帛研究”、“学术史研究”等专栏;其中,《词学论坛》栏目获中国人文社科学报第五届“全国社科学报优秀栏目”。社会科学版被评为全国百强社科学报并入选中国人文社科学报核心期刊,河南省一级期刊。国际标准刊号为 ISSN1671 - 6132, 国内统一刊号为 CN41 - 1327/Z;国内邮发代号为 36 - 265。

《郑州轻工业学院学报》

《郑州轻工业学院学报》(社会科学版)2000 年创刊,国内统一刊号 CN 41 - 1312/C,国际标准刊号 ISSN 1009 - 3729,邮发代号 36 - 200,广告经营许可证 4100004000075,双月刊。

本刊是中国学术期刊综合评价数据库来源期刊、中国人文社科引文数据库来源期刊、中国人文社科计量指标数据库来源期刊、中国核心期刊(遴选)数据库收录期刊、中国学术期刊(光盘版)固定全文收录期刊,其刊载的所有资讯均通过中国期刊网及万方数据资源系统面向世界传播。曾被评为河南省一级期刊、全国优秀社科学报。

本刊坚持开放办刊,一视同仁地发表校内外作者在哲学社会科学领域内理论研究和应用研究的最新成果,既尊重名家名作,又注意发现和培养具有开拓和创新精神的中青年作者。刊载内容遍及文史哲、经管法、文化与艺术等哲学社会科学诸学科,重点刊载经济与管理研究、区域社会经济研究、文学与文艺学研究、哲学与历史研究、政治学与行政学研究、社会学与法学研究、艺术与文化研究以及其他专题研究等学术成果。其中,“艺术设计研究”与“区域社会经济研究”是本刊的两个特色栏目。为强化特色,本刊于 2005 年开始以艺术设计为专题出版“艺术空间”专刊,每年 2 期。本刊重质量,讲信誉,坚持“质量第一”的原则。作为轻工院校为数不多的一家哲学社会科学综合性学术理论刊物,本刊立足学校发展与社会需求,业已展现出工科院校社会科学刊物独有的特色。

《河南广播电视大学学报》

《河南广播电视大学学报》创刊于 1987 年,是由河南省教育厅主管、河南广播电视大学主办的河南电大系统唯一的以进行远程教育研究为主的综合类学术期刊。学报以马列主义、毛泽东思想、邓小平理论、“三个代表”重要思想和科学发展观为指导,全面及时展示河南广播电视大学的最新学术成果,积极开展现代远程教育研究和学科基础理论研究,理论联系实际,为繁荣我国社会科学事业,促进河南广播电视大学学科建设和人才培养,推动国内外学术交流和科研工作的发展做出贡献。

本刊编发论文着重学术性、时效性和地方性,在立足河南广播电视大学的同时，依托河南，面向全国，积极同省内外兄弟高校和科研院所的社会科学工作者加强联系，携手合作，共同努力。本刊以极大的兴趣关注学术界的前沿课题，关注思想界对重大理论问题和现实问题的探讨和争鸣。在此前提下，本刊以哲学社会学、政治学、经济学与管理学、法学、文学、历史与文化等学科的研究成果作为发稿重点。本刊为中国学术期刊综合评价数据库来源期刊、中国人文社会科学期刊引文数据库来源期刊、《中国期刊网》全文收录期刊和《中国学术期刊(光盘版)》全文收录期刊，印刷质量精美，版式周正得当，装帧美观悦目。本刊为全国广播电视大学编辑与记者协会副会长单位，与国内多家高校、科研机构和图书馆建立了长期的业务交流关系，所得反映甚好。

主要栏目政治理论、开放教育、学术探究、教学园地、法律、网络天地、艺术之窗。同时，设置专题研究栏目“现代远程教育”，鲜明地反映本刊、本校的个性特征，力争办出水平，办出特色。曾获全国电大优秀期刊、《CDJ－CD 规范》执行优秀期刊。

《中共郑州市委党校学报》

《中共郑州市委党校学报》(以下简称《学报》)是由中共郑州市委主管、中共郑州市委党校主办的社科类综合性期刊(双月刊)。《学报》创刊于 1990 年，前身为《郑州党校》、《中州论坛》，属连续性内部资料，2002 年以现名公开出版发行，国际标准刊号：ISSN1671—6701，国内统一刊号：CN41—1331/Z。

《学报》的办刊宗旨是以马克思列宁主义、毛泽东思想、中国特色社会主义理论体系为指导，着眼开展哲学、政治、经济、文化等学科和带有地方性、区域性理论与现实问题的研究，积极传播、弘扬先进文化，为改革建言、为发展助力，努力打造一份理论学术品位高、现实指导性强、体现党校性质与特色的优秀期刊。《学报》设有“马克思主义研究”、“党的建设”、“哲学·经济学研究”、“政治与公共管理”、“社会学研究”、“法学研究”、“市情省情研究”、“文史教育”等栏目。

在市委及校党委的领导下，《学报》坚持正确的政治方向和舆论导向，各项工作取得明显进步，受到了主管部门和同行的好评和肯定。《学报》从2006 年起先后与中国学术期刊(光盘版)电子杂志社、万方数据－数字化期刊群(中国核心期刊<遴选>数据库)、维普资讯(中文科技期刊数据库)等签订了入网合同。入网以来，《学报》下载率、转载率不断提高。编辑部全体同志在确保《学报》政治方向的同时，努力提高理论学术水平和编校质量，取得了明显的成效。一是《学报》牢牢把握坚定正确的政治方向，编校质量不断提高，在 2008—2009 年度和 2010—2011 年度连续被评为河南省一级期刊。二是《学报》所发表的文章具有一定的学术性且理论联系实际，关注现实问题的研究探索，产生了较好的社会效益，影响日益扩大，目前已有 34 个国家和地区的 4000 多个用户(包括机构和个人)下载参考《学报》的有关文章。三是《学报》得到了国家、省、市有关业务部门、省内外不少专家学者及广大读者的好评。

《周口师范学院学报》

《周口师范学院学报》是周口师范学院主办的综合性学术理论期刊(双月刊)，1984 年创刊，名为《周口师专学报》。1998 年 9 月经国家新闻出版总署批准，对国内外公开发行。2002 年 7 月，更名为《周口师范学院学报》。《学报》1、3、4、6 期为社会科学内容，主要栏目有：韩愈研究、道文化研究、马克思主义中国化研究、乡村社会问题研究、文学研究、语言学研究、法学研究、哲学·历史·社会学研究、经济·管理学研究、教育·教学研究、图书情报学研究、新闻传播学研究、艺术研究学研究。

《学报》坚持社会主义的办刊方向，坚持为学校的教学和科研服务、为三个文明建设服务，积极进取，奋力开拓，其学术性、师范性和地域性特色日益突出。通过《中国知网》、《万方数据—数字化期刊群》、《中文科技期刊数据库》、《CEPS 思博网》等网络传播，网上下载量和引用频次逐年提高，读者遍及亚、欧、美洲。先后成为《中国社会科学文摘》、《新华文摘》、《中国高校文科学术文摘》以及“人大复印资料”来源期刊。被评为“河南省高校特色期刊”，“全国优秀社科学报”。

《许昌学院学报》

《许昌学院学报》，原名《许昌师专学报》，1982

年4月创刊,1985年公开发行。2002年6月,经国家新闻出版总署批准,《许昌师专学报》更名为《许昌学院学报》。双月刊,其中,第1、3、4、6期为社会科学版,大16开,156页,单月30日出版,重点栏目:魏晋史研究(全国社科学报优秀栏目)、钟嵘与《诗品》研究、"理论之光"、"国情国策"、学术回顾与展望、中华名镇研究。国际标准刊号为ISSN 1671-9824,国内统一刊号为CN41-1346/Z;国内邮发代号为36-86。

本刊长期坚持"凸显特色,质量至上"的办刊原则和"新、真、深、慎"的编辑方针,其学术水平和整体质量得到了学术界的关注和认同。曾被评为全国百强社科学报、中国人文社科学报核心期刊、河南省一级期刊、河南省高校优秀社会科学期刊、《CAJ—CD规范》执行优秀期刊,被《中国核心期刊(遴选)数据库》、《中国期刊网》、《中国学术期刊(光盘版)》、《中国学术期刊综合评价数据库》、《中国人文社会科学引文数据库》收录。

《管理学刊》

《管理学刊》(双月刊)由原《新乡教育学院学报》(创办于1988年)改刊而来,是经国家新闻出版总署批准,由河南省教育厅主管、中国经济规律研究会和新乡学院主办的国内外公开发行的管理类专业学术刊物。2009年4月7日,国家新闻出版总署新出综合[2009]304号文批准,将《新乡教育学院学报》更名为《管理学刊》,新编国内统一连续出版物号为:CN41—1408/F,主办单位由新乡市教育学院变更为新乡学院。本刊以马列主义、毛泽东思想、邓小平理论、"三个代表"重要思想和科学发展观为指导,以繁荣管理科学为目标,以理论与实践的结合为特色,贯彻"百花齐放、百家争鸣"的方针,面向科研院所、政府机关、企业、高校,为管理者及研究人员提供一块学术交流的园地。主要栏目:本刊特稿、著名学者介绍、宏观经济管理、产业经济管理、工商管理、公共管理、论文选登。

《焦作师范高等专科学校学报》

《焦作师范高等专科学校学报》系焦作师范高等专科学校主办的综合性学术理论刊物,1985年创刊,2001年正式公开发行,不断得到发展。主要栏目:覃怀文化、职前职后教育一体化、文学研究、语言文字研究、政治经济研究、教育教学、心理研究、法学研究。

《殷都学刊》

安阳师范学院主办的《殷都学刊》创刊与1980年,1984年获准向全国发行,1985年经新闻出版署批准向海外公开发行,1989年获得ISSN国际标准连续出版物编号。主要栏目:甲骨学研究、殷商史研究、夏商周考古、历史研究、元代文化研究、文学研究。

《学刊》不仅发行到全国所有省、市、自治区(包括台湾省),还发行到美国、英国、法国、德国、日本、澳大利亚。瑞典、新加坡以及香港等近二十个国家和地区,在国内外学术界享有一定的学术声誉,已经成为一个甲骨文和殷商文化的研究中心。曾获评河南省一级期刊、全国首届社科百强学报。

《南都学坛》

《南都学坛》为南阳师范学院主办的人文社会科学学报,原名《南阳师专学报》,1981年创刊,1987年更为现名,1989年面向国内外公开发行。双月刊,大16开,140页,逢单月10日出版。辟有"汉代文化研究"、"历史学研究"、"现当代文学研究"、"古代文学研究""法学研究"、"政治学研究"、"经济学研究"等栏目。现为全国高校百强社科期刊、中国人文社科学报核心期刊、河南省一级期刊。国际标准刊号:ISSN1002-6320、国内统一刊号:CN41-1157/C、国内邮发代号:36-258。

《南都学坛》创刊30余年来,始终把政治方向放在首位,坚持改革,锐意创新,强化精品意识,严把稿件质量关,努力办出刊物特色。已经连续四次被评为全国百强社科学报,连续五次被评为河南省一级期刊,并荣获河南省社科期刊二十佳提名奖、河南省高校十佳优秀社科学报、中国人文社会科学学报核心期刊。2004、2012年,在河南省高校工委、省教育厅组织的全省高校学报评估中,均获十佳优秀社科学报第四名。据中南财经政法大学图书馆信息服务中心统计,自2003年以来,《南都学坛》所发文章,被《新华文摘》、《中国社会科学文摘》、《中国人民大学报刊复印资料》、《高等学校文科学术文摘》等转摘数篇,10 年连续稳居全国师范学院学报第一名。

《南阳理工学院学报》

《南阳理工学院学报》是由河南省教育厅主管、南阳理工学院主办的综合性学术期刊,创刊于 2009 年,双月刊,A4 开本,本刊分为自然科学版和社会科学版,单月 25 日出版,国内外公开发行。本刊社会科学版立足南阳,面向全国,探索创新,注重理论联系实际,择优登载哲学、经济学、史学、社会学、语言文学等方面的文章。

《平顶山学院学报》

《平顶山学院学报》是平顶山学院创办的唯一的一本学术性理论期刊,前身是《平顶山师专学报》。1999 年 1 月,开始公开发行,季刊,综合版。2002 年改为双月刊。2004 年 12 月,正式更为现名,国际标准连续出版物号:ISSN1673 - 1670,国内统一连续出版物号:CN41 - 1377/Z。现为中国学术期刊综合评价数据库来源期刊,《中国学术期刊(光盘版)》入编期刊、执行优秀期刊,《中国期刊网》入网期刊,《全国报刊索引》检索核心期刊。

社科版创办于 1986 年,现开有“21 世纪中国修辞学研究”,“河南作家作品研究”,“应用数学”,“中部崛起论坛”,“传统文化研究”等常设栏目,其中“21 世纪中国修辞学研究”,“河南作家作品研究”,“中部崛起论坛”等专栏已在国内产生较大影响。

《铁道警官高等专科学校学报》

由公安部主管,铁道警官高等专科学校主办,在全国公开发行的唯一的铁路公安专业期刊。立足于对铁路公安实践与理论的研究、以研究、探讨铁路公安专业理论和业务工作为主题,及时反映铁路公安工作中新情况、新问题以及普遍关注的焦点问题,交流新经验,探索新对策,传播新成果,是铁路公安工作理论与实践联系的桥梁。主要栏目:法制论坛、侦查研究、治安管理、警官管理、公安教育、刑事技术、犯罪研究。曾被评为全国优秀社科学报。

《河南工业大学学报》(社会科学版)

《河南工业大学学报》(社会科学版)2005 年 1 月创刊,为哲学、社会科学和人文科学综合性学术期刊。主要刊发哲学、政治学、法学、经济学、社会学、教育学、史学、图书情报学、文学、语言学、新闻学和文化传播学等方面的学术性文章。是《中国期刊网》全文收录期刊,中国学术期刊光盘版固定全文收录期刊,中国学术期刊综合评价数据库来源期刊,中文科学技术期刊数据库固定收录期刊,中国台湾 CEPS 数据资料库固定收录期刊。

《河南理工大学学报》(社会科学版)

《河南理工大学学报》(社会科学版)创刊于 2000 年 1 月。是经国家新闻出版署正式批准为国家公开发行的社科类综合性中文学术刊物。季刊,国际标准刊号:1673 - 9779,国内统一刊号:41 - 1376/C。主要刊登文化、艺术,哲学、经济、教育学、法学、外语等社会学领域的研究性学术论文。

《河南金融管理干部学院学》

《河南金融管理干部学院学》为中国人民银行直属院校——中国人民银行郑州培训学院主办的金融、经济类期刊。双月刊。长期以来,本刊立足金融,面向经济,注重学术性、实践性、时代性和前瞻性,坚持以求空创新的精神传导金融政策、探讨金融理论、考察金融生活、聚焦金融教育、善于抓取经济、金融业发展中热点和难点问题,重视对我国经济、金融体制改革与发展过程中各种新动向、新问题的研究的探索,是广大经济金融工作者、高校师生及研究人员进行理论探讨、政策研判、信息沟通、工作交流等不可缺少的助手。

《河南商业高等专科学校学报》

《河南商业高等专科学校学报》是由河南省教育厅主管、河南商业高等专科学校主办,主要反映财经领域尤其是商业经济最新理论研究成果的学术性刊物。创办于1988年,现为双月刊。国内统一刊号:CN 41 - 1266/F,国际标准刊号:ISSN 1008 - 3928。主要栏目有:豫商之道、宏观经济、贸易经济、企业经济、区域经济、旅游经济、经济与法、商业文化等。

《学报》突出商业特色,学报质量稳步提高,在全省高校学报界及全国商业理论界有一定影响。在全国和省内期刊检查、评估中多次获奖,曾被评为全国高校优秀社科期刊(河南省唯一一家获此称号的专科学校学报)、全国商业高校优秀学报并获一等奖、全国高职高专院校优秀学报、河南省高校优秀学报、河南省一级期刊、河南省高校特色期刊。

《焦作大学学报》

《焦作大学学报》(综合版)是河南省教育厅主管、焦作大学主办的社科版和自然版方面的综合性学术刊物,现为季刊。1987年创刊,1998年面向国内外公开发行。

社科版主要栏目为:文学·语言研究、政治思想文化研究、文章学研究、经济管理研究、怀川文化研究、旅游经济研究、法律研究、教育教学研究、百家辑览等。在栏目的设置上,特别注重地域特色栏目的建设,“怀川文化研究”、“旅游经济研究”栏目。

《焦作大学学报》是中国学术期刊综合评价数据库来源期刊、《中国期刊网》入网期刊、《中国学术期刊(光盘版)》全文收录期刊、“万方数据——数据化期刊群”入网期刊。

《开封大学学报》

《开封大学学报》是由河南省教育厅主管、开封大学主办的文理综合性学术刊物。1987年6月创刊,国内外公开以发行。1998年面相国内外公开发行。国内统一刊号:CN41 - 1277/G4;国际标准刊号:ISSN1008 - 343X。学报现为季刊,大16K本,每期96页码。本刊定位于学术性、应用性、地方性。常设栏目有“宋代文化研究”、“古都研究”、“开封经济文化研究”、“高校校报研究”、“教育教学研究”等。是全国地方院校优秀学报、中国“CAJ - CD规范”执行优秀期刊,《中国期刊网》全文收录期刊。

《河南教育学院学报》(哲学社会科学版)

《河南教育学院学报》(哲学社会科学版)是由河南省教育厅主管、河南教育学院主办的综合性学术刊物。创刊于1982年,国内外公开发行(ISSN 1006 - 2920 CN 41 - 1093/I)》,为双月刊,每期144页,。除自办发行外,先后与全国600余家高等学校学报交流信息,交换期刊。现为中国人文社科学报核心期刊、全国百强社科学报、全国教育院校十佳学报、河南省一级期刊、河南省高校优秀哲学社会科学学报、中国人文社会科学引文数据库来源期刊、中国核心期刊(遴选)数据库收录期刊、中国学术期刊综合评价数据库来源期刊、中国学术期刊(光盘版)固定全文收录期刊、中国知网固定全文收录期刊、中文科学技术期刊数据库固定收录期刊、万方数据资源系统数据化期刊固定收录期刊。现设有重点栏目:百年红学、非物质文化遗产、体育经纬、当代美育、教师教育等。学科研究栏目包括教育学、心理学、政治、经济与管理、历史、哲学、法学、文学、语言、艺术等。同时设有新课程探究与实践、高校课堂。

《河南财政税务高等专科学校学报》

《河南财政税务高等专科学校学报》是由河南省教育厅主管、河南财政税务高等专科学校主办的经济类综合性学术期刊,创刊于1987年、现为双月刊。主要栏目:财税问题研究、会计与审计、企业管理与改革、经济与法、金融与投资、经济理论与实践、中部经济、高等教育研究与实践。本刊以刊登经济研究成果为主,突出财经特色和中部经济特色,兼顾高等教育理论研究和实践成果的刊发。

附　　录

2013 年度中国十大学术热点

编者按

年度十大学术热点既可谓一年来学术研究的纪录,也是对现实社会焦点问题、深层问题的折射。2013 年度"中国十大学术热点"评选活动,由光明日报理论部与学术月刊编辑部、中国人民大学书报资料中心联合主办,经过学界推荐、文献调研、学者研讨、专家评议、投票确定等程序,现已评选出来,今予公布,以飨读者。

热点 1:民族复兴与中国梦研究

■入选理由　民族复兴中国梦,是新一届中央领导集体提出的重大战略思想。"中国梦"提出一年就吸引了多学科的共同关注,学界围绕以下几个层面展开了理论建构:1. 中国梦提出的意义和背景。从纵向与横向两个维度高度评价了中国梦的历史背景和重大意义。从纵向来说,中国梦与近代中华民族的奋斗历史是紧密相连的。许多学者从中国近代以来中国人民的奋斗历程来阐释中国梦的历史传承,强调了改革开放前 30 年创造的财富和积累的经验为国家改革开放后的爆发式发展奠定了基础,毛泽东的许多有益思想是当今建设小康社会过程中应该加以继承的宝贵精神财富。从横向上来说,比较分析了中国梦与其他大国梦在价值理念和发展目标上的区别,强调了中国梦的世界意义。2. 中国梦的内涵和特征的理解。围绕实现民族复兴和现代化,学者们对中国梦的内涵作了多维度考察,从不同侧面剖析了中国梦在国家、民族、个人三个层面的深刻内涵和有机联系。3. 中国梦的理论框架。在宏观层面,集中探讨了中国梦与中国特色社会主义的关系,认为中国特色社会主义就是中国梦的根本方向和价值指标,中国梦的表述实现了话语体系的转换。在具体层面,将中国梦与十八大以来理论创新相结合,落实中国梦在社会主义建设方方面面的理论价值和实践意义。4. 中国梦的实现路径。要想把中国梦变为现实,必须从社会主义初级阶段的基本国情出发,清醒面对一系列挑战。学者们从中国共产党与中国梦的实现、三个自信与中国梦的实现、改革开放与中国梦的实现、实干兴邦与中国梦的实现等多个维度探讨了中国梦的实现途径。

■专家点评　目前的研究还处在起步阶段,有待深入和拓展:一是进行多维度、多学科的交叉研究,如从历史、现实与未来,国家、民族、社会与个人,道路、理论体系与制度,经济、政治、文化、社会与生态文明建设,国际与国内等不同视阈进行学术研讨;二是继续深入研究中国梦提出的时代背景、现实依据和重大意义,中国梦的本质属性、基本内涵、价值诉求、目标要求和现实路径;三是加强对近代以来民族复兴思想的学术史研究,夯实民族复兴与中国梦研究的学术根基,彰显本研究应有的学术价值。

(点评人王顺生,中国人民大学马克思主义学院教授)

热点 2:马克思主义与分配正义

■入选理由 当前我国正处在社会、经济全面转型的重要历史时期,收入分配的城乡差距、地区差距、行业差距日趋扩大,引起了社会各界的普遍关注,也引起了学界的反思与探讨。如何运用马克思主义指导我国的收入分配改革并实现分配正义,成为一个时代课题。有关讨论近年来持续升温,到2013年成为一个热点。围绕马克思主义与分配正义问题的探讨主要体现在以下几个方面:1.在学理层面,学界关心的是马克思主义究竟讲不讲公平正义问题,以及所讲的能否用于探讨和解决中国面临的问题。否定论者认为马克思在构建历史唯物主义时消解了正义观念,相反的观点则认为马克思对无产阶级的正义要求持明确肯定态度,由此形成了争论。2.深度挖掘马克思的理论资源,探讨分配不正义现象存在的社会根源。3.探讨分配正义的实现,指出实现正义分配的根本途径在于推翻资本主义私有制,建立共产主义公有制;共产主义社会的正义分配原则为人的全面自由发展提供了制度保障。4.比较分析马克思主义与以罗尔斯为代表的西方自由主义分配正义理论的异同,并基于马克思主义立场反观其理论得失,拓展应对现实问题的理论资源。

■专家点评 从2013年的相关研究成果来看,从事马克思主义研究的学者虽然已取得不少成果,但还有一些深层问题需要做进一步的探讨。例如,分配正义所讲的"正义"是一种价值判断还是事实判断,在这个问题上,人们的认识还存在很大的分歧。再如,如何看待马克思主义的剥削理论,能否直接用它来解释当前中国存在的分配不公问题?如若不能,那能否根据马克思主义经典作家的思想资源建构马克思主义的新的分配正义理论?再有,自罗尔斯的《正义论》问世以后,当代西方政治哲学家提出了许多基于"平等"的分配正义理论,他们的理论对于解决我们当前面临的分配有无借鉴意义?这些深层问题的解决无论从理论上还是从实践上都具有重大的意义。

(点评人段忠桥,中国人民大学哲学院教授)

热点 3:全面深化改革整体性战略研究

■入选理由 党的十八大明确提出了全面深化改革开放的目标,十八届三中全会对全面深化改革做出系统部署,标志着中国新一轮改革启幕。一年来专家学者围绕这项重大议题展开了广泛深入的研讨:1.梳理和总结了改革开放35年的历史成就,揭示改革是中国最大红利重要论断的深刻内涵;2.深入探析全面深化改革的核心要义,清晰界定和处理好政府和市场的关系;3.沿着经济、政治、社会、文化、生态五条改革主线,破解和消除经济社会持续健康发展的体制机制障碍;4.寻找和开拓实现改革目标的重要途径,注重改革的系统性、整体性和协同性;5.研究构建可持续的改革动力机制和新的利益调整机制,有效凝聚社会各阶层的共识,突破利益固化的藩篱,等等。

■专家点评我们有充分的理由将全面深化改革的整体性战略研究作为2013年经济学研究的最重要热点。首先,全面深化改革整体性战略问题对于中国当前和未来发展具有重大现实意义。其次,全面深化改革整体性战略问题涉及范围较广泛,从经济学研究涉及的文献来看,除涉及宏观经济问题外,还涉及金融改革、财税改革、国有企业与国有资本改革、土地制度改革、人口与劳动力、城镇户籍制度改革等多个领域的改革。最后,到目前为止,在全面深化改革的理论,尤其是全面深化改革的政策实践方面,还存在许多不同观点的争论,还需要通过今后深入的讨论和调查研究来逐步达成基本共识。

(点评人左学金,上海社会科学院经济研究所研究员)

热点 4:大数据国家战略研究

■入选理由

从学术界层面来看,2013年学者对大数据作为国家战略资源的认识更加深刻,将其提升到国家战略高度来考量,围绕大数据国家发展战略展开了一系列研究:1.制定大数据国家战略的意义。大数据作为国家战略资源,将会影响国家的方方面面。2.大数据国家战略规划的内容,主要包括构建大数据研究平台、大数据良性生态环境、大数据产业链等。3.确定大数据产业发展的重点。应该通过国家层面的战略规划明确大数据产业的发展重点、空间布局和保障措施，推动和改善与大数据相关的收集、储存和分析工具及技术，并在公共服务领域，如安防、医疗、卫生、教育等开展大数据应用示范，提高应急处置能力和安全防范能力，提升服务能力和运作效率。4. 大数据环境下的信息安全战略。大数据安全问题既包括上至国家安全与军事战略，下至数据库、企业以及个人等的网络与信息安全问题的研究，也包括来自法律、政策、标准、技术等层面对于安全的研究。同时，海量数据的汇集无疑加大了用户隐私泄露的风险，因此，应该从政府层面制定完善的法律条文，从行业层面制定严苛的行业规则，从技术层面保证信息安全，也是人们研究的重要课题。

■专家点评　大数据国家战略成为年度学术界热点议题，反映了信息时代大数据在国家经济建设与社会发展中的重要价值。首先，大数据已成为国家的重要战略资源。目前，信息产业发达国家，如美、英、德、日等国已经将大数据提升为国家层面的战略，大数据领域的竞争，事关国家安全和未来。其次，大数据已成为国家的核心竞争力。国家层面的竞争力将集中体现为一国拥有数据的规模、活性以及解释、运用的能力，数字主权将是继边防、海防、空防之后，又一个大国博弈的空间。第三，大数据具有巨大的商业价值。大数据的出现，正在引发全球范围内深刻的商业变革。在商业模式上，对商业竞争的参与者来说，大数据意味着令人振奋的业务与服务创新机会。目前，百度、谷歌、阿里巴巴等公司正在积极研究如何利用大数据开发新的商业模式。这些探索对于推动信息经济的发展意义重大。

（点评人卢小宾，中国人民大学信息资源管理学院教授）

热点 5：网络时代与虚拟社会治理

■入选理由　为回应互联网技术革命导致的社会结构转型与社会行为模式重构，学界近年来对网络社会的研究持续加强，并出现了新的问题意识、理论概念和研究范式。相关讨论主要围绕以下几个方面展开：1. 在社会变迁层面探讨互联网带来的全新时代，认为以互联网技术为核心的时代变迁再造了一个全新的社会——“虚拟社会”。这一全新社会呼唤着重新审视网络时代的新型社会结构。2. 更加积极地探讨互联网在中国语境下的独特涵义。互联网在中国不只是一种技术平台，同时也具有改变了以往社会关系的平台意义，因而，互联网在社会群体性事件、环境运动、慈善捐赠等具体领域的研究愈加深化。3.“网络反腐”在一定程度上激起了民众网络参政议政的热情，为学界对这一领域的研究提供了丰富的素材。4. 网络语言、网络思想等线上文化研究占据一席之地，通过解析其出现缘由、表现形式和背后内涵，认为线上文化能够折射现实社会的种种深层问题，具有重大意义。5. 虚拟社会治理研究持续升温，一些网络“大 V”落网、对网络谣言加强管控等社会现实，刺激学界进一步探索规范网络社会秩序的可行性。

■专家点评　毋庸置疑，网络时代正在对当今的社会结构产生着举足轻重的影响，其中包括网民（传统社会统称为个体）之间的互动重构了社会的生活方式、创新了人们的利益诉求方式、改变了人们的价值观念等等。当然，网络语境下的虚拟社会毕竟是现实社会的延伸，并不完全是颠覆，因此它也会反映现实的社会结构形态。鉴于此，对于网络时代的虚拟社会治理不仅考验着全社会从容应对网络时代社会结构变化的勇气，同时也是检验着其社会治理的智慧。

（点评人陆杰华，北京大学社会学系教授）

热点 6：科学发展观统领下的新型城镇化建设

■入选理由　有关城镇化问题的讨论，这些年一直都在持续。2013 年，学界从政治、经济、文化、社会、历史角度，从不同层次对新型城镇化进行了深刻的解读，主要集中如下：1. 新型城镇化的内涵，其本质是用科学发展观来统领城镇化建设。2. 新型城镇化的核心是人的城镇化。要着眼农民，涵盖农村，破除城乡二元结构对城乡发展一体化的制约，推进城乡要素平等交换和公共资源均衡配置。3. 新型城镇化要统筹“新四化”发展，平衡多方面关系。4. 新型城镇化需要加大制度变革，实现政府、市场、社会充分互动。必须健全城镇化健康发展体制机制，形成以工促农、以城带乡、工农互惠、城乡一体的新型工农城乡关系，让广大农民平等参与现代化进程、共同分享现代化成果。

■专家点评　新型城镇化问题对中国未来的

发展有着长远和全局性的意义,它与新型工业化、信息化、农业现代化,与生态文明建设有着广泛的、深刻的综合关联效应。新型城镇化必须研究农村、农民、农业经济问题,而它们可能是中国未来学术研究取得突破的领域。这是科学发展观统领下的新型城镇化建设成为2013年学者们关注热点的深层原因。

(点评人郝旭光,对外经济贸易大学国际商学院教授)

热点7:司法体制改革进一步助推法治建设

■入选理由在改革进入"深水区"的当下,我国面临着各种挑战,如何立足我国国情,进行"改革顶层设计",构建中国特色社会主义司法制度,成为党的十八大后亟待探究的理论和实践课题。2013年围绕这一议题,学术界展开了充分的理论研讨:1.在权力配置方面,确保人民法院、人民检察院依法独立公正行使审判权、检察权。2.在权力运行方面,健全司法权力运行机制,统筹协调政府等权力机关与司法机关之间的关系。3.在权力监督方面,深化司法公开,着力推进审判公开、检务公开、警务公开和狱务公开制度建设。4.在司法系统内容管理方面,建立符合职业特点的司法人员管理制度,推进司法人员分类管理改革。5.在权利保障方面,废止劳动教养制度,完善对违法犯罪行为的惩治和矫正法律,规范大案、要案办案程序,实现个案正义和社会公平,等等。

■专家点评 2013年度,中国的法学界和法律界围绕党的十八大报告提出的"进一步深化司法体制改革,坚持和完善中国特色社会主义司法制度"进行了广泛而深入的研究,发表了数量不少的有关司法体制改革的研究文章,也召开了数量不少的专题性研讨会,形成了法学界的一个学术热点。到了11月,十八届三中全会提出了"推进法治中国建设"的重要任务,对司法体制改革提出了一系列具体的改革措施和任务,这将会成为下一步中国法制建设尤其是司法体制改革和建设的重要方面,也会成为法学界关注和研究的重点领域。

(点评人刘作翔,中国社会科学院法学研究所研究员)

热点8:"新型大国关系"的意涵探索

■入选理由 对"新型大国关系"的理论内涵、实践路径作深入探讨,将有助于推动国际和平共识的达成、国际关系民主化的实现和国际制度的改革朝向更加有利于发展中国家的方向发展。目前研究情况大致如下:1.对"新型大国关系"概念、内涵和意义的阐释。围绕十八大提出的国际关系"平等互信、包容互鉴、合作共赢"的新精神,学者们从大国之间对外关系的时代要求、战略出发点与归宿、现实利益与分歧、相互关系的复杂程度等多个维度探讨了新型大国关系与传统大国关系的不同,深刻剖析了"新型大国关系"所具有的"不对抗、不冲突""相互尊重""合作共赢"等多重内涵;2.以中美关系为案例的研究。涉及构建中美新型大国关系的可能性、必要性,指导原则,构建的路径及影响因素,中美"新型大国关系"的未来设想等。3.将新型大国关系的思维拓展到与美国以外的其他国家间关系的经验研究以及国际治理的语境中,发掘与传统大国、新兴大国、周边大国、地区强国等在内的大国之间关系的新内涵、新特点,使得"新型大国关系"理念更带有全局性,充实了中国多边外交的新理念。4.强调中国在构建新型大国关系中的核心作用,深入挖掘传统文化中"和合"外交、"共生"原则、"天下体系"等智力资源以丰富西方主导的传统国际关系理论。

■专家点评 "新型大国关系"之所以成为2013年中国学术热点,主要原因有三:一是因为党的十八大报告正式将"推动建立长期稳定健康发展的新型大国关系"作为中国改善和发展同发达国家关系的重要目标;二是因为构建"新型大国关系"成为本年度中美关系的主旋律;三是因为构建"新型大国关系"是前无古人的开创性事业,急需理论创新、观念创新、实践创新,由此激发中国学界从更广阔的时空视野展开学术研讨和课题研究。

(点评人袁鹏,中国现代国际关系研究院研究员)

热点9:中国当代文学的海外传播及其翻译研究

■入选理由 2013年,中国当代文学的跨文化传播及其翻译研究被提升到比以往更为关注的层面上来讨论,主要定位在以下几个方面:1.介绍与研究中国当代作家及其作品在异域不同语境下的翻译与接受现象。相关学者采用统计列表、问卷调查、抽样分析等方法对中国当代主要作家及其作品的不同语种翻译与接受现象做出了初步的研究分析。2. 一部分文章较为深入地分析了中国当代文学在翻译的推动下在海外所遭遇的如何传播的问题。全球化时代的当代文学书写不再是作家本土化的私语性表达，而是在文学创作的自觉中能够把支撑民族自信的文化风俗及其世界性元素整合为一体，这种世界性书写对于把中国当代文学翻译为多种异域语言提供了最大且恰切的接受性可能。3. 部分学者开始从翻译研究的视域讨论中国当代文学向海外传播的问题与路径，并以此形成了一系列的问题意识：如西方译者对中国当代文学作品进行翻译时的选择立场，译者的跨国文化策略；中国当代文学向海外的传播，是依凭中国本土的译者还是依凭外域汉学家的问题；中国当代文学作品在翻译中所呈现的创造性书写与过度性书写问题；对中国当代文学作品的翻译，是坚守异化翻译还是接受归化翻译的问题等等。上述问题的深度化讨论已经初步关涉到了中国当代文学研究与翻译伦理学的逻辑关系等。

■专家点评　中国当代文学的海外传播及其翻译研究作为 2013 年中国学界的热点，已经取得了一些含有学术价值的研究成果，从中国知网上检索可以看到近百篇与此相关的报刊论文和硕博论文，相关的著作也有出版。所存在的问题是，这一研究热点对中国当代文学研究的学术视域及其方法论也提出了新的挑战。中国当代文学研究必须要走出纯然的本土性批评，以更为宽阔的研究视域有效地面对国际学界，并且西方四十年来所积累的翻译研究理论等也应该是中国当代文学研究者所必备的知识结构，这也要求学者们在国际工作语言上有自我调整的自觉。虽然这一热点还是初步的崛起，但其中蕴含着强大的理论蓄势，为中国当代文学的海外传播及其翻译研究在未来几年的持续性讨论提供了卓然且必要的准备。这也必然推动了中国当代文学研究进一步走向国际化，最终与国际比较文学研究接轨且形成交集。

（点评人杨乃乔，复旦大学中文系教授）

热点 10：钓鱼岛历史文献的发掘与解读

■入选理由　日本在钓鱼岛问题上采取了一系列挑衅行动，促使钓鱼岛争端迅速升级，钓鱼岛问题也成为学术界的研究热点，历史学者们运用历史学和考据学等方法，从历史文献、历史地理及中外关系史等若干领域对钓鱼岛问题进行了如下全面而深度的论述：

1. 学者们通过充分发掘和考证散见于中外古籍中关于钓鱼岛的历史文献及相关古地图，证明钓鱼岛最初是由中国人首先发现、命名、开发和管辖的，钓鱼岛主权属于中国是一个不争的事实。

2. 学者们根据翔实的档案和史料，阐述了日本利用中国近代一系列内忧外患无暇顾及之机，非法窃取钓鱼岛的过程，从而有力地反驳了日本军国主义分子歪曲历史的行径。

3. 学者们对与钓鱼岛问题密切相关的琉球问题等进行了深入研究，通过考证关于钓鱼岛的所有文献记述，无不证明钓鱼岛一直被记载在中国海疆之内，并非“无主地”，不是琉球的一部分，更不是日本的一部分，而是中国的领土。这些都为中国拥有钓鱼列屿主权提供了坚实的依据。

■专家点评　钓鱼岛问题由于涉及国家主权和历史问题、法律问题及其敏感的现状成为一个社会热点，也成为过去一年来中国学界研究的热点，一年来有大批新的学术成果面世，涉及历史、国际法、国际关系等学科领域。在这些研究当中，引人注目的是对钓鱼岛文献的发掘与解读，学界不满足在寻求钓鱼岛属于中国的历史地理依据方面的论述，对与钓鱼岛相关的中日关系、琉球问题等也纳入研究视野，在此基础上把钓鱼岛问题放在第二次世界大战之后国际新秩序的角度进行了深入思考。这种“问题意识”在钓鱼岛历史文献的发掘与解读中起着导向作用，除了为中国拥有钓鱼列屿主权提供坚实的历史依据外，还推进了钓鱼岛及其相关问题在学术上的研究。

（点评人熊月之，上海社会科学院历史研究所研究员）

2013 年思想理论领域的热点问题

2013 年是全面贯彻落实党的十八大精神的开局之年,也是党的十八届三中全会召开之年。我国思想理论领域总体保持积极健康向上的良好态势,广大理论工作者认真学习贯彻党的十八大、十八届三中全会、全国宣传思想工作会议精神特别是习近平总书记系列重要讲话精神,深入研究阐释中国梦等党的理论创新成果,取得了显著成绩。同时,围绕政治、经济、文化、社会以及党的建设等领域一些重大理论和现实问题,理论界展开了讨论和争论,形成了若干热点。

热点一:关于中华民族伟大复兴的中国梦

2012 年 11 月,习近平总书记在参观《复兴之路》展览时,第一次提出实现中国梦;2013 年 3 月,他在第十二届全国人民代表大会第一次会议闭幕时的讲话中对中国梦作了系统阐释。此后,又在不同场合多次论述了中国梦。中国梦已成为当代中国的时代最强音,也成为思想理论界热议的话题。

思想理论界普遍认为,中国梦生动形象地表达了全体中国人民的共同理想追求,昭示着国家富强、民族振兴、人民幸福的美好前景,为坚持和发展中国特色社会主义注入了新的内涵和时代精神。习近平总书记提出的"国家好,民族好,大家才会好"、"中国梦归根到底是人民的梦"、"共同享有人生出彩的机会,共同享有梦想成真的机会,共同享有同祖国和时代一起成长与进步的机会"、"中国梦是和平、发展、合作、共赢的梦"等重要论述,是对中国梦内涵的科学阐释。学者们认为,中国梦紧密承接了历史、现实和未来,是全体中国人民共同理想追求的生动表达。学者们强调,实现中国梦就要坚持中国道路、弘扬中国精神、凝聚中国力量,大力培育和践行社会主义核心价值观,更好地引导全国各族人民为实现国家富强、民族振兴、人民幸福而顽强奋斗、艰苦奋斗、不懈奋斗。国外专家、学者也高度关注中国梦。多数人认为,中国梦与世界各国人民的美好梦想紧密相连。中国的发展也是世界的机遇。中国梦的实现,必将对人类发展作出新的更大贡献。

学者们反映,在关于中国梦的讨论中也出现一些歪曲解读和认识误区。一是把中国梦曲解为"宪政梦"。这种观点认为宪政代表了中国的未来,要实现中国梦,就必须走西方式的宪政民主道路。对此,学者们指出,中国近代历史早已证明中国走资产阶级宪政道路走不通,坚持宪政道路无异于做无用功。关于"宪政梦"的歪曲解读,其实质是不认同中国特色社会主义道路的历史必然性。二是认为中国梦即个人梦。学者们指出,这种认识的错误在于对中国梦主体内涵的误读。中国梦是国家梦、民族梦、个人梦三者的辩证统一。对国家、民族来讲,中国梦是一个个具体的个人梦的汇聚;对个人来讲,中国梦是个人梦的坚实承载舞台,是个人梦想实现的有力保障。中国梦的实现对于国家、民族、个人来讲,是一个同步的过程,即要让每个人在"国家好,民族好,大家才会好"的逻辑中梦想成真。三是认为中国梦即美国梦。一种观点认为,中国所要实现的目标就是美国的现实,换言之,美国的今天就是中国的明天。对此,一些专家明确指出,"中国梦就是美国梦"的言论,抹杀了中国和美国在性质、制度、道路、价值观等方面的根本差别,其真实意图在于从意识形态上引导国际社会对于美国梦的全球认同。另一种观点认为,中国梦崛起于美国梦衰落之时,中国梦要动美国梦的奶酪,要取代美国梦的霸主地位,中国梦是对世界的威胁。对此,一些学者指出,这种观点源于西方一些政要、学者和主流媒体的强国争霸思维,反映了西方国家对"中国崛起"的担忧。事实上,这样的担心是没有必要的。中国梦倡导和平、合作、共赢,中国梦是中国的福祉,更是世界的红利。中国不会妨碍其他国家实现自己的梦想,中国实现梦想的经验可以为世界各国特别是发展中国家提供借鉴,同时中国梦的实现也有赖于吸收和借鉴其他国家的有益经验。

热点二:关于深入开展党的群众路线教育实践活动

中央决定从2013年下半年开始,用一年左右时间,在全党自上而下分批开展党的群众路线教育实践活动。学者们充分肯定深入开展党的群众路线教育实践活动的重大意义,并就如何增强活动的实效性进行积极探讨。

学者们强调,党的群众路线是马克思主义基本原理同中国具体实际相结合的一个独创性成果,是党的生命线。坚持群众路线是党永远立于不败之地的根本保证。学者们指出,在全党深入开展党的群众路线教育实践活动,是我们党在新形势下加强同人民群众联系的重要举措。它对于教育引导党员干部牢固树立宗旨意识和马克思主义群众观点,赢得人民群众的信任和拥护,夯实党的执政基础,巩固党的执政地位,具有重大而深远的意义,需要我们长期坚持,认真贯彻。当前,全国第一批群众路线教育实践活动已取得初步成效,要巩固第一批教育实践活动成果,善始善终抓好第二批教育实践活动,努力使党的群众路线在全体党员干部中深深扎根,使践行党的根本宗旨成为党员干部的普遍自觉,使各项事业推进有更加深厚的群众基础。

针对如何更好地贯彻落实群众路线这一问题,学者们提出了以下意见和建议:一是要自觉地站在人民群众的立场上,真正解决好“为了谁、依靠谁、我是谁”的问题。二是要切实做到为民务实清廉。为群众办实事,解决好人民群众的切身利益问题,切实保障人民民主权利。三是要加强制度机制建设,把党的群众路线教育实践活动长期化、常态化,避免一些地方和部门在贯彻落实群众路线时流于形式,或者把开展群众路线教育实践活动当作一阵风。

热点三:关于意识形态领域突出问题的争论

中央充分肯定当前意识形态领域主流积极健康向上,并指出当前意识形态领域值得注意的一些突出问题,如西方宪政民主、普世价值等思潮,引起思想理论界的高度关注。

从总体上看,绝大多数学者认为中央对当前意识形态领域主流态势的认识客观、定位准确,对当前意识形态领域值得注意的突出问题分析深刻、态度坚定,对意识形态领域斗争的尖锐性、复杂性有清醒的认识。但也有一些人持否定态度,比如,有人在网上散布说,这就是“七不讲”禁令,等等。同时,一些人仍然在极力主张、鼓吹和宣扬一些错误思潮。比如,在宪政民主问题上,有人提出,宪政是实现一个国家政局稳定的基础,宪政之路是中国未来的必由之路,反对“宪政”是对人治的迷恋,是阻挠依法治国。在普世价值问题上,一些人认为,普世价值是客观存在的,是放之四海而皆准的。对于这些错误思潮,学者们积极回应,认为主张在中国实行西方宪政民主、普世价值,其政治图谋就是要按照西方资本主义国家的政治和价值标准来改造我国的社会主义制度,这是非常危险的,必须旗帜鲜明地反对这些错误思潮。

学者们指出,在错综复杂的国际国内形势下,牢牢把握意识形态工作的领导权、管理权、话语权至关重要。当前,应积极引导广大人民群众坚定中国特色社会主义道路自信、理论自信和制度自信,大力培育和践行社会主义核心价值观,自觉抵制各种错误思潮的影响和侵蚀。

热点四:关于网络安全与网络治理

2013年的网络世界极不平静。从国际看,美国“棱镜门”事件持续发酵,在世界范围引发轩然大波。从国内看,互联网已成为最大的公共舆论空间,成为今天中国面对的一个“最大变量”。面对错综复杂的互联网,政府主动“亮剑”加强治理,依法打击网络暴力、网络谣言、网络欺诈等违法犯罪活动,刑拘“秦火火”等大V,出台“转发500次以上入罪”等司法解释,使网络空间逐步重新清朗起来。这一系列网络热点事件也引发思想理论界对网络安全、网络治理以及网络反腐等问题的高度关注。

一是关于网络安全问题。美国“棱镜门”事件引发思想理论界对网络安全的高度关注。学者们普遍认为,“棱镜门”事件彻底掀开了美国一直宣扬的“民主”、“自由”、“人权”、“法制”的虚伪面纱,网络安全威胁已成为全世界各国共同面临的重大挑战。有学者认为,美国一边高呼取消网络管制、力倡“信息自由流动”,一边暗中监听监看公民隐私;一边以受害者的姿态非难别国发起网络战,一边又组织跨国网络攻击的做法,不仅十分虚伪,而且居心叵测。这正暴露了美国长期奉行的所谓“双重标准”。有学者指出,这其实就是美国价值观的体现:只要有利可图,只要能掌控全世界,就敢撒弥天大谎,就敢践踏一切人类良知、道德和法律。面对网络安全威胁,学者们认为,世界各国携手应对挑战,是维护网络信息安全必要途径。对我国来说,把握好互联网这个“最大变量”,最关键的是要有“阵地不能丢”的忧患意识,有“兴利除弊”的媒介素养,有“能力升级”的创新精神。

二是关于加强网络治理。学者们认为,网络谣言侵蚀着社会诚信,瓦解着社会道德基础,危害极大。打击网络大谣,净化网络环境,刻不容缓。有学者认为,网络可以降低发言的“门槛”,但不是“法外之地”。只有遵守文明上网“七条底线”等基本规则,网络才能健康发展。政府提倡言论自由,但言论自由不代表言论可以无底线、无操守、无良知,批评不代表可以肆意攻击、恶意丑化、随意歪曲。意见领袖作为网络上有影响的人物,尤其要做促进社会和谐进步的好榜样。有学者反映,极少数心理阴暗的人利用网络造谣传谣,其目的是反党、反社会主义、颠覆中华人民共和国,他们有的已为西方反华势力所利用,或者和西方反华势力沆瀣一气。这种现象必须引起我们的高度警惕。

学者们认为,必须提高网络舆论引导能力,多渠道加强创新网络管理。有学者建议,政府应善于倾听“网络民声”,把网络作为开展调查研究、了解社情民意、做好群众工作、维护社会稳定的重要载体,及时掌握最新舆情,积极回应网上议论。特别是当前我国正处于改革发展关键期和社会矛盾凸显期,一些敏感问题和突发事件很容易在网上形成热点。面对网上热点,相关部门决不能失语或妄语,而应及时有效应对。一些学者认为,加强相关立法建设是打击网络谣言和网络犯罪事件的根本保障。还有学者指出,治理网络谣言,除了通过立法、加强行业自律、提高网民的媒介素养外,更需要充分调动全社会的积极性,最大限度激发社会“正能量”。

三是关于网络反腐。2013 年以来,上海高院 5 名官员集体嫖娼等事件延续着舆论对网络反腐的关注。网络反腐也日益成为思想理论界热议的话题。学者们在积极评价网络反腐正能量的同时,更加关注其背后的问题和隐患。有学者反映,在网络反腐过程中,一方面由于缺乏有效的法律制度约束,虚假举报、不实举报频现,“反腐”误伤他人的可能性越来越大,一些人的合法权利受到了威胁;另一方面由于公众的“猎奇心理”、“猛料思维”,一些假反腐之名的艳照和视频在网上大肆传播,不仅污染了网络环境,同时也挑战着法律底线。有学者指出,网络反腐能带来一时之快,却不是防治腐败的根本武器;网络给反腐带来了有益补充,反腐却不能止于网络。那么,如何规范和引导网络反腐?如何更好地发挥出网络反腐的正能量?学者们指出,只有将网络反腐纳入制度化、法治化轨道,与传统防腐反腐手段互动,形成合力倒逼官员清廉从政的机制,才能发挥出其最大效能,最大限度地释放反腐正能量。

热点五:关于学习贯彻全国宣传思想工作会议精神

2013 年 8 月 19 日至 20 日,全国宣传思想工作会议在京召开。习近平总书记在会上发表重要讲话,深刻阐述了事关宣传思想工作长远发展的一系列重大理论和现实问题,进一步明确了新形势下宣传思想工作的方向目标、重点任务和基本遵循。思想理论界围绕习近平总书记的重要讲话展开了热烈而深入的学习讨论。

学者们高度评价全国宣传思想工作会议和习近平总书记的重要讲话,一致认为习近平总书记的讲话统揽全局、思想深刻,具有很强的战略指导性和现实针对性,为不断开创宣传思想工作新局面、扎扎实实做好意识形态工作指明了方向。加强和改进宣传思想工作,巩固马克思主义在意识形态领域的指导地位,巩固全党全国人民团结奋斗的共同思想基础,牢牢把握意识形态工作的领导权、管理权和话语权,是凝聚全社会力量,同心同德实现“两个一百年”奋斗目标和中华民族伟大复兴中国梦的基本要求。

学者们认为,做好宣传思想工作要从党的领导干部抓起。一要提高领导干部的马克思主义理论素质,坚定他们的政治立场和信仰,增强他们自身的政治敏锐性和政治鉴别力,帮助他们澄清模糊认识;二要培养他们对党对人民高度负责、敢于担当的精神,引导他们在大是大非或政治原则问题上旗帜鲜明,敢于亮剑,带头与各种错误思想作斗争;三要严肃党的纪律，对那些看到攻击我们党和国家的错误言论无动于衷的干部追究责任，对那些本身就是某些错误言论或思潮的代言人的领导干部严加处理。

学者们指出，做好宣传思想工作重在切实解决好我国经济社会发展中的突出矛盾和问题。很多错误思想或思潮的鼓吹者就是利用社会问题和矛盾，攻击党的领导和社会主义制度，散播反党反社会主义的言论。因此，坚持人民主体地位，切实解决好我国社会发展中的突出矛盾和问题，是做好宣传思想工作的关键。这就要求我们更加科学地处理好经济基础与上层建筑的关系，加快转变经济发展方式，更加关注民生，从而为做好宣传思想工作奠定坚实的物质基础和民心基础。

学者们强调，加强宣传思想工作必须加强青年马克思主义理论队伍建设。巩固马克思主义在意识形态领域的指导地位，需要培养一代又一代信仰坚定的马克思主义者。如果我们忽视加强青年马克思主义理论队伍建设，未来马克思主义人才队伍将青黄不接。

热点六：关于学习贯彻党的十八届三中全会精神

思想理论界高度关注党的十八届三中全会，尤其是全会召开以来，对全会精神以及《中共中央关于全面深化改革若干重大问题的决定》（以下简称《决定》）的解读，迅速成为理论界关注的热点问题。

一是关于全面深化改革的重大意义。学者们高度肯定党的十八届三中全会和全面深化改革的重大意义，普遍认为全会以全面深化改革为主题，充分体现了我们党坚定不移推进改革开放的高度自觉。学者们认为，全会通过的《决定》描绘了全面建成小康社会的崭新蓝图，制定了全面深化改革的总体战略，汇集了全面部署改革的重大举措，是新一届党中央动员全党全国各族人民全面深化改革的行动纲领、进军号角，是指导新形势下全面深化改革的一个纲领性文件，必须牢固树立进取意识、机遇意识、责任意识，切实把思想统一到全会精神上来，齐心协力贯彻落实全会作出的各项决策部署。

二是关于国家治理体系和治理能力现代化。《决定》指出："全面深化改革的总目标是完善和发展中国特色社会主义制度，推进国家治理体系和治理能力现代化。"学者们认为，这是《决定》的总纲提领。不少学者强调，必须全面准确深入地理解把握这一总目标的内在逻辑和科学含义，历史地、全面地、准确地理解全面深化改革总体目标中"国家治理"的概念：一要历史地理解。中国共产党人运用的"治理"概念，既不同于中国传统皇权统治者的"治国理政"，也不同于西方政治和管理理论中倾向于向政府分权、实现社会多中心治理和社会自治的"治理"概念，而是在中国特色社会主义道路的既定方向上，在中国特色社会主义理论的话语语境中，在坚持和完善中国特色社会主义制度的意义上，中国共产党领导人民科学、民主、依法和有效地治国理政。二要全面地理解。全面深化改革，推进国家治理体系和治理能力现代化，必须在坚持中国特色社会主义制度的前提下进行，在完善和发展中国特色社会主义制度的方向上进行。三要准确地理解。推进国家治理体系和治理能力现代化，是在完善和发展中国特色社会主义制度的前提下，在中国共产党领导下，优化和创新国家治理的主体格局、体制机制和流程环节，提升治国理政的能力，把我国的根本制度与基本制度内含的巨大能量和活力充分释放出来，最终实现我国根本制度和基本制度内含的价值规范和主张要求。

学者们强调，深刻理解"国家治理"的含义，要注意防止两种错误倾向：既不能简单片面地按照西方"治理"概念的含义解释，又不能简单认为"治理"的概念只是西方政治理论和管理理论的专利。实际上，中国共产党在探索中国特色社会主义道路的长期历史过程中，已经积累了丰富的治国理政的经验。党的十八届三中全会把"推进国家治理体系和治理能力现代化"确定为全面深化改革的目标内容之一，其根本理论逻辑出自于马克思主义国家理论，其历史逻辑出自中国共产党人建设中国特色社会主义的历史过程，其实践逻辑出自中国改革开放和问题解决的实践进程。

三是关于市场与政府的关系。学者们指出，"使市场在资源配置中起决定性作用和更好发挥政府作用"，是党对社会主义市场经济体制改革认识不断深化的结果，是进一步推进社会主义市场经济体制改革的必然要求，也是彻底理顺政府与市场关系，让市场和政府更好地发挥自身作用的必然要求。要将市场决定性作用和更好发挥政府作用看作一个有机的整体。既要用市场调节的优良功能去抑制国家调节失灵,又要用国家调节的优良功能来纠正市场调节失灵,从而形成高效市场即强市场和高效政府即强政府的“双高”或“双强”格局。

但是,有些学者在解读市场与政府的关系时,仅仅将政府的作用局限于“服务”上面,这与西方政府的“守夜人”理论如出一辙;也有一些学者片面强调市场,忽视政府的作用,企图将我国的改革引入新自由主义的邪路。对此,一些学者明确回应,要注意划清中国特色社会主义的“市场决定作用论”与中外新自由主义的“市场决定作用论”的界限,划清发展社会主义市场经济与“市场原教旨主义”的界限,自觉抵制西方自由主义特别是新自由主义思潮的影响和侵蚀。

四是关于公有制经济和非公有制经济都是重要组成部分。《决定》指出:“公有制经济和非公有制经济都是社会主义市场经济的重要组成部分,都是我国经济社会发展的重要基础。”学者们认为,这是我们党对我国基本经济制度认识的深化。既符合我国现阶段的实际情况,也强调了公有制经济在市场经济中的地位,回答了一些人的公有制经济退出竞争领域的主张。有的学者认为,这一表述第一次将非公有制经济与公有制经济置于同等重要的地位,表明我们党对非公有制经济的认识达到一个新的高度,对于激发非公有制经济活力和创造力,具有重要意义。

学者们建议,要认真落实习近平总书记的重要批示要求,“联系实际、研机析理、解疑释惑,努力讲全、讲透、讲实,帮助广大党员、干部、群众全面准确领会全会精神,全面准确领会全会提出的新思想、新论断、新举措”。对各种曲解三中全会精神、宣扬错误观点的言论思潮,要加强监控,及时制止和批驳,不能放任自流。

热点七:关于当前西方资本主义危机的讨论

2013年,国际金融危机继续向纵深发展,思想理论界高度关注当前西方资本主义发展的阶段性特征,也在研究中进一步认识到了马克思主义的强大生命力。

一是关于资本主义发展新阶段。当前的资本主义处于什么样的阶段?学术界展开了热烈的讨论。国外一些学者认为当前资本主义已经进入“金融帝国主义新阶段”,具有垄断性、金融资本主导性、停滞、危机等特征。国内一些学者认为,当前资本主义成为信息化、全球化、金融化和新自由主义化的垄断资本主义。也有的学者认为这一新阶段是高度虚拟化走向泡沫化的国际超级金融垄断资本主义。

二是关于资本主义的制度危机。2008年爆发的国际金融危机仍在发酵,2013年6月在纽约召开的全球左翼论坛的主题是“为生态转型和经济转型而努力”,表明连西方一些左翼学者都认为,当前资本主义处于生态危机和经济危机交困的局面中。国内的学者们认为,经济持续低迷,贫富两极分化加剧,金融资本的寄生性和掠夺性日益加深,环境和生态危机不断恶化,财政赤字无节制膨胀,垄断资本对民主政治和社会舆论的操控加强,霸权主义和军事干涉盛行,这些弊端相互交织和集中爆发清楚地表明,这次国际金融危机并非一般的周期性危机,而是系统的制度性危机,是资本主义基本矛盾在新的历史条件下的总爆发。

三是关于国际金融危机的解决方案。有的学者认为,面对持续不断的危机,欧美各国政府试图运用国家力量“重塑资本主义”,但政策屡屡破产。美国推出了数轮量化宽松货币政策,实质是通过滥印美钞合法地获取别国财富,但无法摆脱财政问题困扰。国会两党、府院间的政治斗争一度导致政府被迫关门,政府关门和债务上限危机交织,不仅使美政治体制运作陷于瘫痪,也将危害外溢于整个世界,充分暴露了美政坛政治极化加剧、社会结构性矛盾激化的弊端。欧洲力图削减社会福利,为政府解套,但至今仍在债务危机的泥淖中挣扎。有的学者认为,面对这次国际金融危机,无论新自由主义,还是国家干预主义,都显得力不从心。实行新自由主义,难以解决资本主义经济所固有的失业、经济危机和贫富分化等严重问题;实行国家干预主义,会损害私有制神圣不可侵犯的原则,损害资本主义经济的活力。

学者们认为,在资本主义陷入困境的地方,往往最能显示马克思主义的生命力。在国际金融危机深度发酵的欧美国家,各类国际论坛剑指资本主义痼疾,探讨现实危机出路和替代方案。人民大众在经济全球化中的地位、作用与组织形式,全球和各国财富的贫富分化及其负效应,国际经济组织的改革与人类社会的进步等问题，成为这些论坛的主要议题。大量马克思主义著作问世，深入探讨马克思主义、全球正义、人类社会发展方向以及未来世界发展趋势等问题。

热点八：关于纪念毛泽东同志诞辰 120 周年

长期以来，对毛泽东同志、毛泽东思想的历史评价一直是思想理论界关注的热点问题。2013 年，是毛泽东诞辰 120 周年，中央隆重召开纪念毛泽东同志诞辰 120 周年座谈会，中央有关部门举办全国纪念毛泽东同志诞辰 120 周年学术研讨会，把纪念活动推向高潮。思想理论界围绕对毛泽东同志、毛泽东思想的评价及改革开放前后两个 30 年和马克思主义中国化两大理论成果的关系等问题展开了热烈讨论。

从整体上看，思想理论界对毛泽东同志评价客观，对毛泽东思想认识深刻，但也存在着一些值得注意的倾向和问题。学者们认为，全面地历史地公正地评价毛泽东同志，必须站在人民的立场，必须站在党和国家的角度。以个人得失作为评价毛泽东同志的标准是简单的实用主义态度，缺乏实事求是的精神，是完全不可取的。

学者们说，习近平总书记在纪念毛泽东同志诞辰 120 周年座谈会上的重要讲话，全面科学地评价了毛泽东同志和毛泽东思想的历史功绩和历史地位，系统论述了实事求是、群众路线、独立自主这个活的灵魂的基本内涵和时代要求，历史地看待毛泽东同志晚年的错误，强调必须毫不动摇走党和人民在长期实践探索中开辟出来的正确道路，把中国特色社会主义伟大事业继续推向前进。讲话内涵丰富、思想深刻，具有很强的理论性、战略性、指导性，为新形势下深入研究毛泽东思想提供了根本遵循。学者们强调，对毛泽东同志及毛泽东思想的评价是一个历史问题，更是一个现实的政治问题。毛泽东同志晚年犯了错误，要承认和纠正这些错误，但他不愧为一个伟大的马克思主义者，伟大的无产阶级革命家、战略家、理论家，是马克思主义中国化的伟大开拓者，是近代以来中国伟大的爱国者和民族英雄，是党的第一代中央领导集体的核心，是领导中国人民彻底改变自己命运和国家面貌的一代伟人。毛泽东同志为中国新民主主义革命的胜利、社会主义革命的成功、社会主义建设的全面展开，为实现中华民族独立和振兴、中国人民解放和幸福，作出了彪炳史册的贡献。毛泽东思想是马克思列宁主义在中国的创造性运用和发展，是关于中国革命和建设的正确理论原则和经验总结，是中国共产党集体智慧的结晶。只讲毛泽东同志晚年的错误，全盘否定毛泽东同志的历史功绩与历史地位，丑化毛泽东同志伟大的历史形象，实质是对毛泽东同志领导的、以毛泽东思想为指导的新民主主义革命、社会主义革命和建设的否定，是对以毛泽东同志为代表的中国共产党的丑化，必然导致对中国共产党的领导和社会主义制度的否定，也必然导致对中国特色社会主义的否定。我们应当永远铭记毛泽东同志的历史功绩，永远高举毛泽东思想的伟大旗帜。

有学者反映，一段时间以来，否定新中国成立后的前 30 年、割裂马克思主义中国化两大理论成果的关系，成为否定毛泽东同志和毛泽东思想的历史功绩与历史地位的一种重要手段。对此，学者们强调，新中国成立后的前 30 年，在毛泽东同志和中国共产党领导下，我国在各个方面所取得的成就是十分显著的，为改革开放后 30 多年的发展打下了重要而坚实的基础。改革开放前的 30 年和改革开放后的 30 多年，是中华人民共和国连续不断而又有所不同的两个历史时期。不能将这两个历史时期割裂开来，更不能对立起来、互相否定。

学者们指出，否定毛泽东同志、毛泽东思想和新中国成立后前 30 年历史的思潮背后，实际上是近年来盛行的历史虚无主义思潮在作祟。任由这股思潮泛滥，势必会混淆人们的历史观，搞乱人们的思想，甚至可能出现社会动荡。苏联解体、苏共垮台的一个重要原因，就是全面否定苏联历史、苏共历史，否定列宁等领袖人物，搞历史虚无主义，把人们的思想搞乱了。针对当前否定毛泽东同志、毛泽东思想的种种言论，决不能掉以轻心，必须加强对广大人民尤其是党的各级领导干部和青少年学生的历史教育。

热点九：关于党风廉政与法治中国建设

以习近平同志为总书记的新一届中央领导集体上任以来，迅速推出改进工作作风、密切联系群众的八项规定，加强党风廉政建设与反腐败斗争，推进法治中国建设，在思想理论界受到广泛好评，也成为思想理论界关注的热点问题。

一是关于党的作风建设。学者们对中央出台八项规定、纠正“四风”等一系列举措给予积极评价,对贯彻落实中央八项规定精神、纠正“四风”取得的进展和成效普遍表示认可,一致认为作风体现党的性质、代表党的形象,关乎党和国家事业的兴衰成败。中央八项规定和整治“四风”的举措,展示了新一届领导人实干兴邦、求真务实、密切联系群众的风格,映射出中国未来施政动向。在充分肯定落实中央八项规定精神、纠正“四风”取得明显成效的同时,也有不少学者对于改进作风的可持续性表示出一定程度的担忧,担心抓作风转变是“一阵风”,担心以形式主义反“四风”等。

二是关于反腐败斗争。习近平总书记在2013年初的反腐讲话中强调,从严治党,惩治这一手决不能放松。要坚持“老虎”、“苍蝇”一起打,既坚决查处领导干部违纪违法案件,又切实解决发生在群众身边的不正之风和腐败问题。要坚持党纪国法面前没有例外,不管涉及谁,都要一查到底,决不姑息。这些思想观点受到理论界的好评。学者们认为,反对腐败、建设廉洁政治,是党一贯坚持的鲜明政治立场,是人民关注的重大政治问题。始终保持惩治腐败高压态势,表明了我们党反对腐败的鲜明立场和坚定决心,是我们党有力量的表现,也是反腐败取信于民的关键。多数学者坚信,随着党的十八届三中全会推进全面深化改革,随着各项反腐制度的完善、社会民意的不断汇聚,一定能放大反腐正能量,让未来的反腐斗争更有成效,带给社会更多的廉政信心。

三是关于法治中国建设。法治是治国理政的基本方式。习近平总书记年初明确发出了建设法治中国的号召,强调要全面推进科学立法、严格执法、公正司法、全民守法,坚持依法治国、依法执政、依法行政共同推进,坚持法治国家、法治政府、法治社会一体建设,不断开创依法治国新局面。学者们表示,习近平总书记的重要讲话,为全面推进依法治国勾画了更加清晰的奋斗愿景,为实现中华民族伟大复兴的中国梦赋予了新的历史使命,为建设富强民主文明和谐美丽中国提供坚实法治保障指明了前进方向。

围绕建设什么样的法治中国,有的学者表示,建设法治中国决不是一句时髦的口号,而是有着十分丰富内涵的真实目标,其最基本的要素是宪法法律具有最高地位和最大权威的中国,是全体公民依法享有广泛权利和自由的中国,是政治清明、经济富强、文化繁荣、社会和谐、生态文明的中国。有的学者认为,建设法治中国是一项综合性的系统工程,要使每一项立法都得到人民群众的普遍拥护,要使每一部法律法规都得到严格执行,要使每一个司法案件都体现公平正义,要使每一名公务员和普通公民都成为法治的忠实崇尚者、自觉遵守者和坚定捍卫者。学者们表示,实现中国梦,法治是最根本的保障。党的十八届三中全会为建设法治中国勾勒了改革整体框架。建设法治中国,行动就在当下。只要我们胸怀理想、坚定信念、百折不挠,就一定能在建设富强民主文明和谐美丽中国的进程中,奋力建成一个法治中国,创造法治建设的中国奇迹。

(祝念峰 郑丽平 王雪凌 作者单位:教育部高等学校社会科学发展研究中心)